宋代文人与党争

[修订本]

北宋篇

沈松勤 著

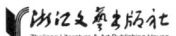
浙江文艺出版社
Zhejiang Literature & Art Publishing House

图书在版编目（CIP）数据

宋代文人与党争 / 沈松勤著. -- 杭州：浙江文艺出版社，2025. 6. -- ISBN 978-7-5339-7930-0

Ⅰ. D691

中国国家版本馆CIP数据核字第2025T9F050号

图书策划	邵 劼	学术协助	张宜喆 陆 乐
责任编辑	邵 劼	封面设计	甘信宇
责任校对	牟杨茜 萧 燕	责任印制	吴春娟
营销编辑	周 鑫	数字编辑	姜梦冉 诸婧琦

宋代文人与党争

沈松勤 著

出版发行	浙江文艺出版社
地　　址	杭州市环城北路177号
邮　　编	310003
电　　话	0571-85176953（总编办）
	0571-85152727（市场部）
制　　版	浙江新华图文制作有限公司
印　　刷	浙江新华数码印务有限公司
开　　本	880毫米×1230毫米　1/32
字　　数	908千字
印　　张	36.25
插　　页	11
版　　次	2025年6月第1版
印　　次	2025年6月第1次印刷
书　　号	ISBN 978-7-5339-7930-0
定　　价	178.00元（全二册）

版权所有　侵权必究

宋代文人与党争
[修订本]

北宋篇

沈松勤 著

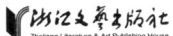

图书在版编目(CIP)数据

宋代文人与党争 / 沈松勤著. -- 杭州：浙江文艺出版社, 2025. 6. -- ISBN 978-7-5339-7930-0

Ⅰ. D691

中国国家版本馆CIP数据核字第2025T9F050号

图书策划	邵　劼	学术协助	张宜喆　陆　乐	
责任编辑	邵　劼	封面设计	甘信宇	
责任校对	牟杨茜　萧　燕	责任印制	吴春娟	
营销编辑	周　鑫	数字编辑	姜梦冉　诸婧琦	

宋代文人与党争

沈松勤 著

出版发行	浙江文艺出版社
地　　址	杭州市环城北路177号
邮　　编	310003
电　　话	0571-85176953(总编办)
	0571-85152727(市场部)
制　　版	浙江新华图文制作有限公司
印　　刷	浙江新华数码印务有限公司
开　　本	880毫米×1230毫米　1/32
字　　数	908千字
印　　张	36.25
插　　页	11
版　　次	2025年6月第1版
印　　次	2025年6月第1次印刷
书　　号	ISBN 978-7-5339-7930-0
定　　价	178.00元(全二册)

版权所有　侵权必究

关于《北宋文人与党争》推荐书

傅璇琮

《北宋文人与党争》原为沈松勤同志1988年6月在杭大中文系的博士论文，后被列入第二届"全国百篇优秀博士学位论文"。住返修改、充实后，于1998年12月由人民出版社出版。当于这篇论文[涂改]，已有好几位教授加以评阅。出书后，《文学遗产》、《浙江社会科学》和季刊物上皆有书评，都作出很高的评价。浙江大学历史系徐规先生在书前的序言中对国书的特色，概括为三点，即以党争的主体作家为主线展开论述；既是鲜明，又能发前人所未发之覆；学风严谨，实事求是。我觉得上述学者的评论、评语，皆极为中肯，今特我直读全书后的意见略述

○ 傅璇琮先生推荐《北宋文人与党争》的手稿

○ 吴熊和先生评价
《北宋文人与党争》《南宋文人与党争》的手稿

沈松勤

杭州师范大学人文学院教授,浙江大学博士生导师,兼任中国宋代文学学会副会长(筹)、中国词学学会副会长。承担多项国家级和省级社科基金项目,在《中国社会科学》《历史研究》《文学评论》《文艺研究》《文学遗产》等刊物发表数十篇学术论文,著有《宋代政治与文学研究》《唐宋词社会文化学研究》《明清之际词坛中兴史论》等相关学术著作十余种。

序

中外史家都认为宋代在中国历史上占有关键性的地位：我国学者钱穆先生认为"论中国古代社会之变，最要在宋代"。严复也说："若研究人心政俗之变，则赵宋一代历史，最宜究心。"日本东洋史大师内藤虎次郎等人有唐宋社会变革期之说。法国汉学家白乐日认为宋代的历史，一半属于古代和中世纪，一半属于近代。也就是说，中国封建社会在宋代已发育到成熟阶段，近代中国的某些因素在宋代早已出现。

以上说法，均发表于20世纪70年代之前。据近年来我国史学界的研究，大致认为宋代是中国封建社会从前期进入后期发生剧变的关键时期，处在承先启后的重要地位，值得探索的问题不少。

北宋党争是北宋中后期政治史上的重大问题，特别是对熙宁变法中的新旧党争，历来评价不一，众说纷纭，迄无定论。我校中文系沈松勤君择此重大研究课题为核心，评述新旧党争的双方之言行、性格，采取实事求是、不偏不倚的态度，脱出前贤的窠臼。至于党争与文人、文学的关系，时贤虽有所涉及，但沈君则在更广阔的视野上，用力给予较深入的探讨，创获良多。

本书的特色，概括而言，主要有如下三个方面：

以党争的主体性质为主线展开论述，是本书的特色之一。

北宋激化的新旧党争始于神宗熙宁二年（1069），终于钦宗靖康元年（1126），历时半个多世纪之久，是北宋后期政治的主要表现形态。新旧党争由王安石变法（即熙宁变法）引起，涉及政治、经济、军事、文化诸领域，是宋史研究的重要课题。沈君以党人融合参政、学术和文学三位于一体的主体性质为主线，考察党争与学术、文学之间的互动关系，以及三者在相互渗透、交互影响中的正面促进与负面效应，体现了作者对北宋党争的认识和把握。人是各种历史活动的主体，所谓历史也就是人的历史，因而人无疑是历史研究的主要对象和内容。作者确认了北宋党人的主体性质后，对他们既志在济世又党同伐异的矛盾特征，以及在这一特征的作用下产生的种种历史现象诸如党争各阶段出现的文字狱与文禁、文士群体的分化组合与政治命运、文学创作的价值取向与主题取向的变易等，展开评述。以此立论，既有了明显的突破和进展，又为更全面、更深层地把握新旧党争的特质或熙宁以后文学创作的演变轨迹，提供了新的思想和方向。

观点鲜明，又能发前人所未发之覆，是本书的特色之二。

本书在整体立论上勇于创新，观点鲜明；在许多具体环节上，又能发前人所未发之覆。作者对新旧党争的整体把握，并没有停留在"改革派"与"保守派"或"君子党"与"小人党"之争的简单化的结论上，而是在梳理党争的历史现象的基础上，注重探索由初始的政见之争蜕变为意气之争，最终走向全面党锢的深层原因，并提出了一些视角独特、颇具启示的新问题和新诠释。其中对新旧党士大夫的言行、性格的剖析，尤见新意。作者强调了新旧党人因在儒家经世之学的影响下，共同具有通变救弊、振时兴治的强烈社会责任感和济世精神，故促进了政见之争；同时又因党争双方都潜藏着传统文化中的封闭性、排他性，并不时地表现出缺乏宽容、固执成见、排斥异己的病态性格，故激化了政见之争，乃至加速了北宋政局的衰败。对这些正负因素的剖析，既切中肯綮，又富有现实意义。至于将三司与制置三司条例司之争、兼并与摧制兼并之争视为引发新旧党争的两大焦点及其论述，台谏官在台谏制度下形成的病态势力对党争的影响之考察，对新党文人的文学造诣和创作业绩的钩沉，对党争各阶段文学创作的特征的论断，等等，也颇有见地。其中所得出的结论，大抵可信。

以文学创作为例，如沈君认为"元祐诗歌的历史，就是展现排他性文化心理和党同伐异的文化性格，在元祐时期发展成为意气倾轧后，参政主体与文学主体畏祸及身、'身自不安'的心态史"，绍圣以后出现的以自我镇定的人生哲学为底蕴的文学主题，"是士大夫群体在党同伐异、自相倾轧而导致的悲剧命运中，不断发展，不断成熟，并用以自救自安的产物"，"在整个中国文学史上，则取得了与诗、骚鼎足而立、平分秋色的地位"。新颖独到，令人折服！

学风严谨，实事求是，乃本书的特色之三。

书中剖析问题辩证，议论风起云涌，且资料翔实，能做到论从史出，文史互证，略无空泛之辞。关于北宋党争的文献资料很多，其范围包括各种正史、野史、文集、笔记、方志、类书等，其中有的真伪杂陈。作者在所引用的二百余种文献中，尽量选取最原始、最可靠的资料，对失之偏颇或失真的记载和论述，不轻信盲从，保持了审慎的态度，体现了作者严谨的学风和扎实的治学功底。

本书也难免存在一些缺点和不足。如：在论述党争的成因时，忽视了代表当时南北地域不同利益的士人的政见之争；在总结文士群体的分野时，只注意到了新党以及苏轼与"苏门弟子"和黄庭坚与"江西诗人"群，其实朔党、洛党也是因党争分野而形成的重要群体。对党争与文学关系的论析，虽抓住其要害，但如能进一步加强这方面的评述，当可更臻完善。

沈君以规喜谈宋事，猥承不弃，携书稿来征询鄙见，并嘱为之作序，黾勉从命，愧乏新意！

徐规
1998年10月于浙江大学
（西溪校区）历史系

导论 / 1

第一章 积弊与救弊：北宋党争的历史背景与主体精神
- 2　　第一节　北宋的统治政策与积贫积弱的窘况
- 15　　第二节　"世之名士常患法之不变"的精神与实践
- 28　　第三节　熙宁新旧党争的焦点与实质

第二章 君子小人之辨：北宋党争的理论依据与主体性格
- 54　　第一节　君子小人之辨与朋党论
- 64　　第二节　君子小人之辨与党同伐异的主体性格
- 80　　第三节　党同伐异的主体性格与"一二大臣所学不同"

第三章 台谏制度与台谏势力：北宋党争的催化剂
- 99　　第一节　北宋台谏的新特点与政治品格
- 109　　第二节　台谏势力在党争中的催化作用

第四章 北宋党争的特点与文人和文化的命运
- 130　　第一节　兴治文字狱：以"文字"排击异党
- 186　　第二节　党禁与文禁：因排击异党而禁毁"文字"

第五章 北宋党争与文人的分野
- 204　　第一节　王安石与新党文人群
- 228　　第二节　苏轼与"苏门诸子"
- 244　　第三节　黄庭坚与"江西"诗人群

第六章　北宋党争与文学创作的互动

270　　第一节　熙丰政见之争与文学创作的互动
323　　第二节　元祐意气之争与文学创作的互动
361　　第三节　"绍述"党锢与文学创作的互动

附录　"崇宁党禁"下的文学创作趋向 / 415

本书主要引用书目 / 441

（初版）后记 / 457

（初版）重印后记 / 460

导　论

　　作为中国封建专制的派生物或封建统治内部的权力之争的产物，朋党与朋党之争，历代有之。但历代党争的层次与内涵，似乎都不及北宋党争来得丰富和深沉。北宋士大夫因政见引起的党争，萌芽于仁宗景祐、庆历年间，盛行于神宗熙宁以后，直至北宋灭亡。这场长达半个多世纪之久的朋党之争，犹如一面多棱镜。棱面之一，是由政治革新引起的纷争，并呈现出多变的政治画面；棱面之二，是复兴于庆历以后的儒学在政治斗争中的一次实践，从中可以审视到北宋文化的某些原生状态；棱面之三，与文学具有明显的互动关系，成了把握庆历，尤其是熙宁以后文学创作的历程及其脉搏的不可或缺的背景。三者相互关联，形成了一个有机统一体。其实，这并不出于偶然，而是在必然之中。其必然性在于北宋士大夫的主体性质。王水照先生指出："宋代士人的身份有一个与唐代不同的特点，即大都是集官僚、文士、学者三位于一身的复合型人才，其知识结构一般远比唐人淹博融贯，格局宏大。"并说："政治家、文章家、经术家三位一体，是宋代'士大夫之学'的有机构成。"①这种有机构成,使宋代文人同时具有了参政主体、文学主体和学术主体,呈现出复合型的主体特征。因此,既决定了北宋党争与文学的互动关系,又决定了北宋党争与学术的合力共振。而士大夫的这一主体特征在党争历程中的具体表现,在表现中对文学创作和文化建设所产生的正、负效应,自然也成了我们审视的对象和论述的范围。

北宋士大夫因政见不同而群体结党,相互交争,是有其特定的历史背景的。其背景是由北宋统治政策带来的积贫积弱的窘况,标志是冗兵、冗吏和冗费。"三冗"在太宗朝就已露端倪,至仁宗朝日趋明显,成了困扰统治者的一大难题。对此,士大夫呼唤通变救弊,振时兴治。如果说在太宗时期,通变救弊的呼声并不嘹亮,那么至仁宗景祐、庆历以后,则汇为巨响,成为一股势不可遏的社会思潮。正是在这股思潮的驱使下,范仲淹首次发起了庆历新政。至熙宁,王安石继而展开了更大规模的变法运动,但与庆历新政一样,立即招致朝中"老成"之人的反对,遂成新旧党争,论争不已。论争的原因,在于政见相左,各不相能。从中既体现了北宋政治的活跃,并具有了近代政党的某些因素;又充分展现了论争双方在经世之学下孕育而成的经世致用、舍我其谁的主体精神。

作为复兴儒学的产物,经世之学是宋学的主脑。邓广铭先生在论述宋学的代表人物时指出:"因为要'致广大',所以要经世致用,都有其治国平天下的抱负;因为要'尽精微',所以都要对儒家学说的义理进行深入的探索。这二者,可以概括为宋学家们所都

---

① 王水照:《宋代文学通论》,河南大学出版社1997年版,第27页。(作者按:以下所引书目的出版单位与年月,详见"本书主要引用书目",注中恕不标出。另,合刊本中的本册注释与引用书目有所增补,以示与初版的区别。)

具有的特点。"①因此，范仲淹、欧阳修、司马光及三苏等人，"也全都可以归入宋学家这一流派之内的，尽管他们的相互之间，……的思想见解有大不相同之处"②。而这种大不相同的思想见解，正是他们在党争中政见相左、各不相能的学术基础。因此，从这个意义上说，北宋党争又是一种学术之争、文化之争。其中的一个突出现象，便是君子小人之辨。君子小人之辨的起点是义利之辨，循此以往，又有性善性恶之辨、忠直邪正之辨，是宋学家"尽精微"的具体表现，也是宋学的重要主题；并在此基础上，确立了前所未有的"君子有党论"，具有划时代的理论意义。然而，君子小人之辨，却成了党争的理论依据，党派双方均以"君子"自居而指斥对方为"小人"，在履行经世之学中，表现出强烈的封闭性和排他性，因而极大地张扬了喜同恶异、党同伐异的主体性格。这一性格随着党争的不断激化，得到了不断的强化，使之与经世致用、舍我其谁的主体精神相伴而行，相辅相成，化而为一，成了鲜明的时代特征；反过来，它又不断激化了原来的政见之争，产生了严重的负面效应。当经世之学作用于参政主体时，便表现为"感激论天下事，奋不顾身"③的参政姿态，而这一姿态在台谏官身上，却得到了特殊的表现。北宋台谏制度是有别于以往的一种监察制度，其主要标志是台官与谏官事权相混，合成一势，成为"人主之耳目"，并享有"风闻言事"④，无须查实，即可弹劾官员的特权。台谏制度和台谏势力得到了空前的加强，其意义不仅在于强化了君主集

---

①② 邓广铭：《略谈宋学——附说当前国内宋史研究情况》，邓广铭、徐规等主编《宋史研究论文集 一九八四年年会编刊》，第12—13页。
③ 脱脱等：《宋史》卷三一四《范仲淹传》，第10268页。
④ 脱脱等：《宋史》卷三二一《吕诲传》，第10427页。

权,同时"正像复兴儒学有助中央集权的巩固,巩固中央集权斗争的需要又使儒家文化进一步觉醒和发展一样,北宋台谏制度的加强,与宋学的崛起,也表现为一种互相影响、互相促进的关系"①。而在维护君主集权的过程中,台谏因其特殊的身份和权力,所以较其他官僚更勤于言事、勇于言事,典型地体现了宋学好议论的作风。但是,由于台谏有着与生俱来的封建专制的工具品格,其言事议论对具体的政事来说,多半不干事理,甚至阻碍了政事的顺利进行,在党争中明显地表现出承风希旨的性能,形成了一股对党争影响不小的病态势力。这股势力催化了党争双方喜同恶异、党同伐异的主体性格,加深了北宋文化的封闭性、排他性,因而进一步激化,乃至毒化了党争,加速了北宋政治的衰败。

北宋新旧党争大致经历了熙丰新政、"元祐更化"和绍圣以后的"绍述"三个发展阶段,前后性质不尽相同,但贯穿始终和作用其间的,是建立在士大夫复合型主体特征基础上的志在当世之主体精神与党同伐异之主体性格的化合体。在这个化合体的支配下,北宋党争形成了有别于其他时代之党争的特点,那就是:兴治文字狱,以"文字"排击异党;因排击异党而禁毁"文字"。以政治干预"文字"的产物文字狱在西汉就已有之,但其兴盛,却始于北宋党争。在北宋党争的每一个发展阶段,无不通过兴治文字狱,对政敌异党进行一次全面的排击或清除,而且在同党内部再分党与时,同样以这一手段相诋毁、相排击。元祐时期,又因排击异党,禁毁"荆公新学";至"绍述",则又发展成为全面禁毁包括诗文、诗论、史学、学术等多个文化层面的"元祐学术",出现了自秦始皇以来

---

① 陈植锷:《北宋文化史述论》,第50页。

又一次文化大劫难。这是北宋文化的封闭性、排他性和喜同恶异、党同伐异的性格在党争中的一种不可避免的逻辑发展。换言之,作为在"以儒立国""重文轻武"的国策下走上政治舞台的新儒者,北宋士人既是振兴儒学、创建宋学的主要力量,他们以饱满的热情发展了儒家学说,但由于喜同恶异、党同伐异,又自我践踏了文化,阻碍了文化的健全发展。

当作为一个纯粹的学者或纯粹的文化人出现时,北宋士大夫却又表现出另一种风范。在学派中,观点上对立最尖锐的,莫过于王安石"新学"与二程"洛学"。熙宁变法时,二程对"荆公新学"抨击不已,但在治学过程中,却又积极吸取王学的成果。据邵雍之孙邵博说,他曾亲眼见过程颐从弟程颢"出伊川之书盈轴,必勉以熟读王介甫《易》说云云跋下方"①。苏轼与王安石在政治上是劲敌,而元丰末年两人的金陵之会,则对彼此道德文章互致仰慕,苏轼还深叹"从公已觉十年迟"②,并邀请王安石在文学创作上指点自己的门生秦观。至元祐年间,苏轼又因政治斗争的需要,诅咒已故的王安石"矫诈百端,妄窃大名"③,变法害民。这种学术或道德人格与政治人格的分离,在当时是一种十分普遍的现象。但在经世的实践中,在党争的驱使下,学术或道德人格最终被政治所异化,被政治所扭曲。所以,不仅导致了自我践踏文化的文化大劫难,同时又造成了文人的政治分野。就文学创作而言,自熙宁以后,形成了三大文人群:王安石和以王安石门生故吏为主干的新党文人群、苏轼与"苏门诸子"、黄庭坚与"江西"诗人群。这三大

---

① 邵博:《邵氏闻见后录》卷五,第38页。
② 苏轼:《次荆公韵四绝》其三,《苏轼诗集》卷二四,第1252页。
③ 苏轼:《论周穜擅议配享自劾札子二首》,《苏轼文集》卷二九,第834页。

文人群都具有以师友为纽带、以文事为因缘的特点。况且，王安石与苏轼都是"欧门"翘楚，黄庭坚则又是"苏门"高足，三者之间都有密切的师友渊源，在创作上也都有共通之处。但在政治上，却彼此对立，视若仇敌。"苏门"文人群就是在新党文人的倾覆和迫害下，过早地结束了政治和文学的生涯。这种分野和对立，一直延伸到了第二代、第三代文人身上，以黄庭坚为"初祖"的"江西"诗人群，就是在此基础上形成的横跨两宋的、具有鲜明党派色彩的一个文学流派。

　　北宋党争对文学的影响，还直接体现在具体的创作中，而且这种影响不是表层的，而是深层次的。不过，这深层次的影响，不体现在所有的文学创作而体现在创作主体上；因为创作主体与参政主体、学术主体三而合一，所以又形成了党争与文学创作的互动关系。这种互动关系，则又决定了创作心态和创作的价值与主题取向，并随着党争的变化而变化。熙丰党争虽然一开始便承袭并发展了庆历党争中党同伐异的故态，但它是围绕新法的是非得失展开的，主要表现为政见之争。故而新旧两党均既以"感激论天下事，奋不顾身"为政争姿态，又以"言必中当世之过"[①]为创作倾向，以文论事，以诗托讽，"庶几有补于国"[②]为价值取向，有时诗文创作径直成了党争的重要手段和方式。也正因为如此，诗文成了执政党监督的对象，苏轼的乌台之勘，就是一个明证。"乌台诗案"的出现，使创作主体在积极参与政争中，加速了畏祸及身的心理活动。至"元祐更化"，围绕新法是与非的政见之争蜕变成了意气之

---

① 苏轼：《凫绎先生诗集叙》，《苏轼文集》卷一〇，第313页。
② 苏辙：《亡兄子瞻端明墓志铭》，《栾城后集》卷二二，《苏辙集》，第1120页。

争。元祐党人不仅全面废弃了熙丰新法，还罗织罪名，蓄意炮制文字狱，借以倾覆熙丰新党，而且其内部也攻讦不已，倾轧不断，致使身自不安，参与和畏祸的矛盾心理随之日渐突出，以诗托讽，"庶几有补于国"的诗人之义，大为削弱，辐辏于以生命为本质的个体的情感、自由和价值，成了元祐时期文学创作的主题取向。绍圣以后，新党复起，主持"绍述"之政，报复元祐党人，自绍圣至崇宁，又出现了全面的党锢。大批士大夫相继废黜被贬，迁谪流放，投荒万死，历尽坎坷。在士大夫社会中，普遍弥漫着遭贬处穷和贬中忧生的双重情累。面对这双重情累，是自我镇定，不为所累，还是不堪其累，悲苦不振，则是这一时期创作主体的一场激烈的心理挣扎，也是其感怀兴寄时主题取向的心理本源。因此，不妨说，熙宁以后文学创作的历史，就是与新旧党争的演进历程互动的历史，是宋代文化史的一个重要组成部分。

对于宋代文化，不少先哲前贤曾作有高度的评价和热情的赞美。或谓"天水一朝人智之活动与文化之多方面，前之汉唐，后之元明，皆所不逮也"[1]；或称"华夏民族之文化，历数千载之演进，造极于赵宋之世"[2]；或誉"宋代是我国封建社会发展的最高阶段。两宋期内的物质文明和精神文明所达到的高度，在中国整个封建社会历史时期之内，可以说是空前绝后的"[3]。这些评价，无疑是建立在直觉之上的，是对对象的整体性把握。而从具体的文化层面而言，程朱理学之前有孔孟，宋禅宗之前有唐禅宗，宋书画之前有晋

---

[1] 王国维：《宋代之金石学》，《王国维遗书》第3册《静庵文集续编》，第709页。
[2] 陈寅恪：《邓广铭宋史职官志考证序》，《金明馆丛稿二编》，第245页。
[3] 邓广铭：《谈谈有关宋史研究的几个问题》，《社会科学战线》1986年第2期，第138页。

及唐书画，宋文之前有汉及唐文，宋诗之前有唐诗。由此观之，"造极""空前"之说，似难成立。不过，宋代文化确有其自身的特征。不仅是其学术、文学等多个文化层面，包括其影响文化的政治，在中国封建社会中，都是一个重要的发展阶段；宋代士人也是整个中国封建士人中的典型代表，在他们身上，既典型地体现了华夏文化的精华，也典型地体现了华夏文化的劣根性。北宋党争便是这方面的一个典型案例。解剖这个案例，对此做实事求是的考察和审视，在研究"政治家、文章家、经术家三位一体"的宋代"士大夫之学"和北宋文学史时，是一个不可或缺的重要课题，对传统文化现代化的文化重建，也不无借鉴意义。

第一章

积弊与救弊：北宋党争的历史背景与主体精神

北宋文人因国事而群体结党，相互交争，始于仁宗朝的庆历党争，盛于自神宗熙宁以后的新旧党争。庆历党争因范仲淹主持以整顿吏治为中心的新政而起，为时不长，论争的范围也不广；新旧党争缘王安石推行以理财为中心的新法而起，延续了半个世纪之久，为北宋后期政治斗争的主要表现形式。不过，庆历新政和熙宁变法都是为了振时兴治，摆脱宋廷长期以来积贫积弱的窘况，都体现了通变救弊、志在当世的主体精神。通变救弊之精神早在宋初就已萌芽，至庆历以后，成了一种社会思潮和时代要求。范仲淹整顿吏治、王安石大规模地更张法制，都顺应了这一思潮和要求。由此引起的庆历党争和新旧党争，首先是建立在这个基础之上的。本章的任务就是通过对赵宋建国以后积弊表现的总结，考察通变救弊思潮的形成和发展，以揭示北宋党争的基本前提和最初导致新旧两党交争不已的焦点。

第一节　北宋的统治政策与积贫积弱的窘况

宋太祖、太宗有鉴于唐末以来皇权式微、天下分崩的教训,采取了一系列措施,强化中央集权,巩固君主专制。太祖以兵变的手段,从后周孤儿寡妇的手中夺得帝位后,首先想到的是:"天下自唐季以来,数十年间,帝王凡易十姓,兵革不息,苍生涂地,其故何也?吾欲息天下之兵,为国家建长久之计,其道何如?"对于太祖的这种心理,大臣赵普理解得十分透彻,当即进言:"唐季以来,战斗不息、国家不安者,其故非他,节镇太重,君弱臣强而已矣。今所以治之,无他奇巧也,惟稍夺其权,制其钱谷,收其精兵,则天下自安矣。"①这个收地方政权、财权(钱谷)和兵权悉归中央,以强化中央集权的建议,为太祖采纳,遂成有宋三百余年的基本国策。

北宋统治者强化中央集权,成功地结束了五代方镇割据的分裂局面,使百姓消除了长年战火之苦,安居乐业,发展生产力,这无疑具有重要的历史意义。然而,这一统治政策却产生了负面效应,使北宋王朝陷于积贫积弱的困境之中,其主要标志是"三冗"。

所谓"三冗",就是指冗兵、冗吏、冗费。"三冗"之说,在太宗、真宗二朝就已出现,至仁宗、英宗两朝,成了官僚议政的一个突出主题。自太宗至英宗,该说的内涵略有变化。至道三年(997),王禹偁将冗费的原因归结为"冗兵"、"冗吏"和僧尼的过多。②宝元初年(1038),宋祁在《上三冗三费疏》中,将"三冗"概括为

---

① 司马光:《涑水记闻》卷一,第11页。
② 王禹偁:《应诏言事》,《全宋文》卷一四九,第7册,第374—376页。

"天下有定，官无限员，一冗也；天下厢军不任战而耗衣食，二冗也；僧尼道士日益多而无定数，三冗也"，"三费"为"道场斋醮"之费、"京师寺观"之费和"使相节度"之费。① 熙宁二年（1069），苏辙上书总结以往弊政时，将"三冗"概括为"冗吏""冗兵""冗费"②。后世论者评论北宋前期之弊，多从苏辙之说。但"三冗"之中，冗兵尤为突出，危害也最大。

兵是帝王的依恃，也是帝王的心腹之患。五代十国，兵骄逐帅，帅骄叛上，兵权在握，则随之以兴；兵权所去，则随之以亡。所以，宋太祖黄袍加身后的第一个重大政治举措就是解除禁军宿将的兵权而归中央，在独掌兵权的同时，奉行养兵政策。太祖对奉行养兵政策的意义和作用做了这样的论证："吾家之事，唯养兵可为百代之利。盖凶年饥岁，有叛民而无叛兵，不幸乐岁变生，有叛兵而无叛民。"③ 而对所养之兵，尤重畿兵，以贯彻"强本弱末"（即"强干弱枝"）的政策。所谓"强本"，即仁宗朝包拯所谓："京师者，乃天下之本也。王畿之内，列营屯聚，此强本之兵也。……强本者，畿兵尔，本固且强……若调发不已，则耗其财力而弱其根本，不惟隳祖宗之制，独不念唐天宝、建中之事乎！"④ 以畿兵固京师之本，实际上就是巩固中央集权。此项政策亦出自赵普之谋。《长编》卷六"乾德三年八月戊戌"条载：

---

① 宋祁：《上三冗三费疏》，《全宋文》卷四八九，第23册，第224—226页。
② 苏辙：《上皇帝书》，《栾城集》卷二一，《苏辙集》，第367—379页。
③ 邵博：《邵氏闻见后录》卷一，第1页。
④ 李焘：《续资治通鉴长编》（以下简称《长编》）卷一六六"皇祐元年二月辛未"条，第3986页。

令天下长吏择本道兵骁勇者,籍其名送都下,以补禁旅之阙。又选强壮卒,定为兵样,分送诸道。其后又以木梃为高下之等,给散诸州军,委长吏、都监等召募教习,俟其精练,即送都下。上每御便殿亲临试之,用赵普之谋也。①

这种做法成为定制后,起到了"诸镇皆自知兵力精锐非京师之敌,莫敢有异心者"②的效果。但随着养兵和"强本"政策的不断实施,冗兵之弊日趋明显,至仁、英两朝更为突出。《宋史》卷一八七《兵志》有太祖、太宗、真宗、仁宗和英宗五朝全国常备军人数增长情况的记录:

开宝之籍,总三十七万八千,而禁军马步十九万三千;至道之籍,总六十六万六千,而禁军马步三十五万八千;天禧之籍,总九十一万二千,而禁军马步四十三万二千;庆历之籍,总一百二十五万九千,而禁军马步八十二万六千,视前所募兵浸多,自是稍加裁制,以为定额。……盖治平之兵一百十六万二千,而禁军马步六十六万三千云。③

其中禁军就是用于"强本"的畿兵,畿兵以外又有厢军,厢军为诸州之镇兵。禁、厢二军是组成北宋常备军的两大兵种。上述记载说明,各个时期的禁军都占了全国常备军数量的二分之一强,至庆历时期常备军人数超过了宋初的三倍,禁军则超过了宋初的四倍还

---

① 李焘:《长编》卷六"乾德三年八月戊戌"条,第156页。
② 司马光:《涑水记闻》卷一,第13页。
③ 脱脱等:《宋史》卷一八七《兵志》,第4576页。

多。可见北宋前期冗兵的现象在禁军中尤为突出。

国家豢养如此庞大的常备军,势必给财政带来压力。真宗即位之初,京西路转运副使朱台符就已指出了这一点,他说:"方今患在农少而粟不多,兵多而战未胜。农少则田或未垦,兵多则用常不足,故储蓄空虚,而聚敛烦急矣。民利尽归于国,国用尽入于军,所以民困而国贫也。"①不过,对于这一弊端,太祖早已有所预料,并愿迁都关中,据其山河险胜而去冗兵。《长编》卷一七"开宝九年二月癸卯"条云:

> 上(太祖)生于洛阳,乐其土风,尝有迁都之意。始议西幸,起居郎李符上书,陈八难……上不从。既毕祀事,尚欲留居之,群臣莫敢谏。铁骑左右厢都指挥使李怀忠乘间言曰:"东京有汴渠之漕,岁致江、淮米数百万斛,都下兵数十万人,咸仰给焉。陛下居此,将安取之?且府库重兵,皆在大梁,根本安固已久,不可动摇。若遽迁都,臣实未见其便。"上亦弗从。晋王(太宗)又从容言曰:"迁都未便。"上曰:"迁河南未已,久当迁长安。"王叩头切谏。上曰:"吾将西迁者无它,欲据山河之胜而去冗兵,循周、汉故事,以安天下也。"王又言:"在德不在险。"上不答。王出,上顾左右曰:"晋王之言固善,今姑从之。不出百年,天下民力殚矣。"②

暂且不论太祖迁都关中的设想是否符合实际,但他欲循周、汉故

---

① 李焘:《长编》卷四四"咸平二年闰三月庚寅"条,第936页。
② 李焘:《长编》卷一七"开宝九年二月癸卯"条,第369页。

事,建首都于长安,凭借关中险胜地形,减少强本的畿兵数量,不能不说是出于对冗兵危害性的认识,他的预料"不出百年,天下民力殚矣"不久便成了事实。故八十年后,范仲淹无可奈何地感叹道:

> 我祖宗以来,罢诸侯权,聚兵京师,衣粮赏赐,常须丰足,经八十年矣。虽已困生灵、虚府库,而难于改作者,所以重京师矣。①

弱末原为强本,而强本衍为冗兵,冗兵则"困生灵、虚府库",使本腐自弱。北宋积贫积弱的一个重要原因,便在于此。

在冗兵的同时,又出现了冗官。冗官之弊,也与赵宋王朝的统治政策有关。"以士大夫治天下",实施文官政治,是北宋有别于前朝的又一统治政策。这一政策与收兵权、抑武将的方略具有内在联系。宋太祖宣称:"五代方镇残虐,民受其祸。朕今用儒臣干事者百余人分治大藩,纵皆贪浊,亦未及武臣十之一也。"②据《长编》卷一"建隆元年十月乙酉"条载:"先是两京军巡及诸州马步判官,皆以补将吏,于是诏吏部流内铨,注拟选人。"③以文士处理军中事务,大概始于此。自此以后,文臣替代武将主持地方大政,甚至以大量文职代理军权,遂成常制。官僚率皆文士,就难以称兵逞强,威胁君权。所以,对于文士,宠以名位爵禄,致使官僚人数迅猛增加,这在太宗时期已露端倪。淳化二年(991),御史中丞王化基上

---

① 李焘:《长编》卷一四三"庆历三年九月丁卯"条,第3441页。
② 陈邦瞻:《宋史纪事本末》卷二《收兵权》,第10页。
③ 李焘:《长编》卷一"建隆元年十月乙酉"条,第27页。

《澄清略》，所言五事，其四就是省冗官：

> 昔唐、虞建官惟百，亦克用乂，故曰："官不必备，惟其人。"斯乃率从简易，去其烦扰也。国家封疆民物，广逾前世，恢张万务，分设庶官，方之近朝，实倍常数，意欲丰财厚利，尽入牢笼，其如蠹国耗民，转加残弊！臣尝思二十年前，客游江、淮诸郡，其间扬、楚，最曰要冲，水陆两途，咽喉数国，务穰事众，地广民繁，然止设知州一人在衙区分，其余通判本州，推官及州官等，并皆分掌盐酒商税、仓场库务，当时亦闻办集，兼少刑狱争讼。臣昨十年前任扬州职官时，见朝廷添置监临事务朝官及使臣等，有逾本州数倍，实恐天下诸州似此繁多。①

真宗即位初，王禹偁亦云："臣本鲁人，占籍济上，未及第时，常记只有刺史一人，李谦溥是也；司户一员，今司门员外郎孙贲是也。……当时未尝阙一事矣。自后始有团练推官一员，今枢密直学士毕士安是也。太平兴国中，臣及第归乡，有刺史陈廷山、通判阎昕、副使阎彦进、判官李延、推官柳宣、兵马监押沈继明、监酒榷税算又增四员，曹官之外，更益司理。"②王禹偁为太宗太平兴国八年（983）进士，其言增官时间和情况与王化基所言大致相同。据《宋史》卷八五《地理志一》，至太平兴国四年（979），赵宋版图凡三百八十三个郡州府，按王化基、王禹偁所言设置州府官员的演变情况约略推算，太平兴国以前，郡州官员不到千人，太平兴国中，

---

① 李焘：《长编》卷三二"淳化二年九月庚子"条，第722页。
② 王禹偁：《应诏言事》，《全宋文》卷一四九，第7册，第374页。

却不下三四千,仅州府官员一项,就增加了近四倍。随着时间的推移,官员人数又不断剧增。仁宗皇祐元年(1049),户部副使包拯《论冗官财用等》云:

> 臣伏见(真宗)景德、祥符中,文武官总九千七百八十五员。今内外官属总一万七千三百余员。其未授差遣京官、使臣及守选人不在数内。较之先朝,才四十余年,已逾一倍多矣。①

神宗元丰三年(1080),勾当三班院曾巩在《议经费札子》中又指出:"景德官一万余员,皇祐二万余员,治平并幕职、州县官三千三百余员,总二万四千员。"②其中景德、皇祐官员人数,与包拯所言略有差异,但都说明了自真宗至仁宗,官员的数量以成倍的速度增长,至英宗朝又有增无减。若与唐代相比,更可见出当时冗官之程度。下面不妨以唐天宝年间和北宋治平年间的人口与官员比例做一对照③:

时 间	人口数	官员数	比 例
唐天宝元年(742)	50975543	19000	0.0373%
宋治平元年(1064)	28823252	24000	0.0833%

从官员来源的角度观之,北宋这一冗官现象主要是科举与恩荫

---

① 李焘:《长编》卷一六七"皇祐元年是岁"条,第4026页。
② 李焘:《长编》卷三一〇"元丰三年十一月壬子"条,第7517页。
③ 表中人口数字引自梁方仲《中国历代户口、田地、田赋统计》第86、124页。唐代官员数据《新唐书·百官志》及同书《地理志》统计而成(其中主管道关人员未统计在内),非专指天宝元年(742)为官人数。治平官员数,据曾巩《议经费札子》(其中当不含选人),非专指治平元年(1064)。

制度造成的。

宋初诸帝重文轻武，尤重科举。太宗曾云："朕欲博求俊乂于科场中，非敢望拔十得五，止得一二，亦可为致治之具矣。"①在这种思想指导下，取士名额不断扩大，据统计，北宋开科六十九次，共取进士一万九千一百四十七人，诸科一万五千零十六人，两科合计三万四千一百六十三人，其中取士数量最多的是：太宗朝五千八百一十六人，真宗朝五千五百八十八人，仁宗朝九千七百六十六人，几占整个北宋取士人数的三分之二，尤其是仁宗朝，平均科取士达二百三十九人。②在这些取士人数中，尚且不包括恩科人数。恩科亦称特奏名，指举人应省试或殿试多次不第，特赐出身。唐代取士，无恩科。北宋恩科始于太祖开宝三年（970），该年贡举，在录取礼部奏名进士张拱等八人后，又特取进士、诸科十五举以上未及第人司马浦等一百零六名。③至仁宗景祐元年（1034），恩科取士成为定制，其条件是："凡年五十，进士五举、诸科六举；尝经殿试，进士三举、诸科五举；及尝预先朝御试，虽试文不合格，毋辄黜，皆以名闻。"④所谓"皆以名闻"，指允许他们参加殿试，别作一甲奏名。据载，在一次特奏名殿试时，一位年逾七十的老儒，在试卷上仅写了"臣老矣，不能为文也，伏愿陛下万岁、万万岁"，便获得"特给初品官，食俸终其身"的待遇，⑤这说明特奏名殿试

---

① 李焘：《长编》卷一八"太平兴国二年正月丙寅"条，第393页。
② 何忠礼：《试论北宋科举制度的特点及其历史作用》，邓广铭、郦家驹等主编《宋史研究论文集 一九八二年年会编刊》，第254页。
③ 李焘：《长编》卷一一"开宝三年三月甲辰""开宝三年三月庚戌"条，第243页。
④ 脱脱等：《宋史》卷一五五《选举一》，第3612页，引文参考何忠礼《宋史选举志补正》（修订本），第30页。
⑤ 朱彧：《萍洲可谈》卷一，第122页。

不过是徒具形式罢了。所以,较礼部奏名、特奏名更滥,从而使科举取人滥而难精。关于这一点,宋人常有提及,如仁宗至和二年(1055)右谏议大夫李柬之奏云:

> 唐制,明经、进士及第,每岁不得过五十人,今三四年间,放四五百人;校年累举,不责词艺,谓之恩泽者又四五百人;……诸科虽专记诵,责其义理,一所不知,加之生长畎亩,不习政术,临民治众,能晓事者十无一二,岁亦放五百余人。此所谓选举之路未精也。①

因此,官吏增冗也就是必然的了。不仅如此,恩科以外,又有恩荫。恩荫并非始于北宋,但入宋以后,任子恩荫的范围不断扩大。一官荫及数代子孙,姻亲、门客皆可恩荫授官,有时一次庆典,赐恩荫官数以百计,这在仁宗朝尤为突出。皇祐二年(1050),侍御史知杂事何郯进《上仁宗乞官僚奏荫亲属以年月远近为限》云:

> 文臣自御史知杂已上,武臣自阁门使已上,每岁遇乾元节,得奏亲属一人;诸路转运使、提点刑狱、三司判官、开封府判官推官,郎中至带馆职员外郎,诸司使至副使,遇郊禋,得奏亲属一人。总计员数,自公卿下至庶官子弟以荫得官及他横恩,每三年为率,不减千余人。②

---

① 李焘:《长编》卷一八一"至和二年九月辛巳"条,第4375页。
② 李焘:《长编》卷一六九"皇祐二年八月己未"条,第4055页。

至和二年（1055），谏议大夫李柬之亦奏：

> 今文武官三司使副、知杂御史、少监、刺史、阁门使以上，岁任一子；……文武两班可任子者，比之祖宗朝，多逾数倍。遂使绮纨子弟，充塞仕途，遭逢子孙，皆在仕宦，稚儿外姻，并沾簪笏之荣。而又三丞已上致仕者，任一子。……嫔嫱之侍，宗室之妻，有邑视品者，皆得奏弟侄。又皇亲纳婿，皆得白身受官。①

总之，"荐辟之广，恩荫之滥，杂流之猥，祠禄之多，日增月益，遂至不可纪极"②，在仅数十年间，便由科举和恩荫二途，造就了一个庞大的食禄阶层。

豢养一支庞大的常备军，支撑一个庞大的食禄阶层，经费开支之巨大不难想见，冗费之弊也在所难免。治平三年（1066），处理财政事务的三司使蔡襄上《论兵十事奏》，疏中对当时的军费开支和财政岁入岁出的情况，做了较为详细的计算和对勘，汪圣铎先生据以做如下数据表③：

岁出入项目	钱/贯		匹帛绢/匹	
	入	出	入	出
岁出入数	36820541	33170631	8745535	7235641
军队开支	9941047（南郊赏给不在内）		7422768	

---

① 李焘：《长编》卷一八一"至和二年九月辛巳"条，第4375—4376页。
② 赵翼著，王树民校证：《廿二史札记校证》卷二五"宋冗官冗费"条，第538页。
③ 汪圣铎：《两宋财政史》，第26页。

续表

军队开支在岁出入中所占比例	十分中三分有余		十分有余	
岁出入项目	粮/石		草/束	
岁出入数	入	出	入	出
	26943575	30472708	29396113	29520469
军队开支	23170223		24980464	
军队开支在岁出入中所占比例	八分		八分	

蔡襄由此得出结论:"一岁所用,养兵之费常居六七,国用无几矣。"①但蔡襄在另一篇奏章中又云:"臣约一岁总计,天下之入不过缗钱六千余万,而养兵之费约及五千(余万)。是天下六分之物,五分养兵,一分给郊庙之奉,国家之费,国何得不穷?民何得不困?"②熙宁二年(1069),知谏院陈襄论冗兵之费与此相同,他说:"臣观治平二年天下所入财用大数,都约缗钱六千余万,养兵之费约五千万,乃是六分之财,兵占其五。"③但无论是"一岁所用,养兵之费常居六七",还是"六分之财,兵占其五",军费开支,已大大超过了所有财政开支的半数,是毋庸置疑的。

冗兵之费几竭国用,冗官之费则更加深了民困财匮的程度。关于官吏俸禄支费,史无详细记载,但在有关资料中可见大概。前引王化基《澄清略》在指出太宗时州郡官吏于短期内增加了数倍后,又指出:

---

① 蔡襄:《论兵十事奏》,《全宋文》卷一〇〇三,第46册,第384页。
② 蔡襄:《强兵》,《全宋文》卷一〇〇三,第46册,第375—376页。
③ 陈襄:《论冗兵札子》,《全宋文》卷一〇八一,第50册,第53页。

> 今以朝官、诸色使臣及县令、簿、尉等所费，高卑相半，折而计之，一人月费不翅十千，以千人约之，岁计用十余万，更倍约之，万又过倍。此或皆是廉白之吏，止伤于公府之费尔。若或贪婪之吏布于天下，则兼更取于民间者，又数倍焉。①

按千人岁用十余万计，至治平官员增至二万四千人，每年官费支出，就在二百四十万以上。据方勺《泊宅编》卷一〇：熙宁末，"在京岁支宰臣已下百官料钱五十二万九千九百五十七贯四百二十六文，诸路官料钱二百二十五万六千八百六十七贯"②。共计二百七十八万六千八百余贯。惜此记载仅限料钱一项，若加上其他规定的粮粟绢帛等支给项目，以二万四千人计，岁支俸禄远远超过了三百万。吴曾《能改斋漫录》卷一三"熙宁月俸"条引唐子方语云："京师百官月俸四万余缗，诸军十一万缗，而宗室七万余缗，其生日折洗、昏嫁丧葬、四季衣不在焉。"③以此观之，官员俸禄支出则约为军费的三分之一，是宗俸的二分之一强。这说明冗兵和宗俸之费大得惊人，冗官支费在每年财政的出入比例中，亦不是个小数。其实，除了妇女以外，宗室成员一般都有官职，所以宗室俸禄多半可以归入冗官支费的范围之内。

马端临论宋代财政"所以疲弊者，曰养兵也，宗俸也，冗官也，郊赉也。而四者之中，则冗官、郊赉尤为无名"④。所谓"郊

---

① 李焘：《长编》卷三二"淳化二年九月庚子"条，第722—723页。
② 方勺：《泊宅编》卷一〇，第57页。
③ 吴曾：《能改斋漫录》卷一三"熙宁月俸"条，《全宋笔记》第37册，第115页。
④ 马端临：《文献通考》卷二四《国用考二》，第704页。

赉",即指郊祀时对文武百官所行的赏赐,以示皇恩浩荡。而这种赏赐,则与冗官成正比。曾巩云:"景德官一万余员,皇祐二万余员,治平……总二万四千员。景德郊费六百万,皇祐一千二百万,治平一千三百万。以二者校之,官之众一倍于景德,郊之费亦一倍于景德。"①便指出了郊赉之费,随着官员的增长而增长。除了这批定期的支费外,还有非定期的特例恩赏。赵翼《廿二史札记》卷二五"宋恩赏之厚"条云:

> 宋制,禄赐以外,又时有恩赏。李沆病,赐银五千两;王旦、冯拯、王钦若之卒,皆赐银五千两,此以宰执大臣也。雷有终平蜀有功,特给廉镇公用钱岁二千贯,既没,宿负千万,官为偿之,此以功臣也。戴兴为定国军节度使,赐银万两,岁加给钱千万;王汉忠出知襄州,常俸外增岁给钱二百万,此以藩镇大臣也。若李符为三司使,赐银三千两。李沆、宋湜、王化基初入为右补阙,即各赐钱三百万,湜知制诰,又赐银五百两、钱五十万。杨徽之迁侍御史,赐钱三十万。魏廷式为转运使,赐钱五十万。宋搏为国子博士,赐钱三十万。班仅庶僚,非有殊绩,亦被横赐。甚至魏震因温州进瑞木,作赋以献,遂赐银二千两,毋亦太滥矣。仁宗崩,遗赐大臣各直百万……②

以上所引,仅为宋初至仁宗朝的记载,而其中所记亦挂一漏万的举例而已。因此,赵翼在同书同卷"宋制禄之厚"条中不无感叹地指

---

① 曾巩:《议经费札子》,《曾巩集》卷三〇,第451页。
② 赵翼著,王树民校证:《廿二史札记校证》卷二五"宋恩赏之厚"条,第537页。

出:"给赐过优,究于国计易耗。恩逮于百官者惟恐其不足,财取于万民者不留其有余,此宋制之不可为法者也。"①

不过,此制是建立在较深厚的经济基础之上的;冗兵、冗官也是以较强的经济实力为后盾的,而造成积贫积弱的根源主要在于冗兵。实行募兵制度、豢养数量众多的常备军,对内虽可弭乱,对外却不能御侮,北宋在与辽、西夏的对抗中一直处于劣势,又使军费开支居高不下,给财政带来了极大的负担。至于实施科举制度,广罗人才,无疑是政治开明和社会文明的表现,但由于择焉不精,泥沙俱下,加上恩荫、恩赐太滥,既导致了食禄阶层的不断膨胀,又加重了财政负担。财政负担的加重,势必促使暴敛苛政的实施。因此赵宋建国以后,经济较唐代有了长足的发展,百姓的生活也比唐人富庶得多,但常常处于不堪暴敛的困境中。总之,冗兵加上冗官,带来了冗费,造成了兵弱、财匮、民困的局面,成了长期困扰北宋君主政治的一大难题,从而激发了文人士大夫忧国忧民的意识和通变救弊的精神。

第二节 "世之名士常患法之不变"的精神与实践

南宋吕中指出:"我朝善守格例者,无若李沆、王旦、王曾、吕夷简、富弼、韩琦、司马光、吕公著之为相;破格例者,无若王安石、章子厚(惇)、蔡京、王黼、秦会之(桧)之为相。考其成效,验其用人,则破格例者诚不若用格例者为愈也。"②所谓"格

---

① 赵翼著,王树民校证:《廿二史札记校证》卷二五"宋制禄之厚"条,第534页。
② 吕中:《宋大事记讲义》卷六"宰相""执政"条,第20a页。

例",就是祖宗既定之法;"破格例"即指更张祖宗法制。"破格例者诚不若用格例者为愈"之论,虽然基于北宋政治革新运动归于失败的事实,但也明显流露出以因循祖宗法度为是、更张祖宗法制为非的是非观。其实,"方庆历、嘉祐,世之名士常患法之不变"①。无论是王安石还是反对王安石变法的司马光,凡是具有高度社会责任感的士大夫,对积弊日深以及由弊政带来的各种社会危机,都有深刻的认识,也都怀有通变救弊的热望。通变救弊成了一股势不可遏的社会思潮、一种强烈的时代要求。从其形成和发展的过程观之,大致可划分为以下两个阶段。

一、从太宗中后期通变救弊之思的萌芽到仁宗时期的变革实践庆历新政

太宗在晚年曾深忧"费用如此,民力久何以堪"②,因而责怪三司使陈恕理财无方,陈恕却当面顶撞,指出当今"国用军须,所费浩瀚","纵使耿寿昌、桑弘羊复生,亦所不逮"③。在陈恕看来,造成费用浩瀚的原因,并不在于理财不高明,而在于制度和国策不适合。其实,对于这一点,皇帝心中十分清楚,早在开宝九年(976,同年十二月改年号为"太平兴国")议论迁都时,就因冗兵而预感到民力将殚(见前文)。太平兴国七年(982),直史馆田锡则具体地指出了因"军兵数广,支用处多"而造成的困民情形:

> 管榷货财,网利太密;躬亲机务,纶旨稍频。臣所谓网利太密者,酒曲之利,但要增盈;商税之利,但求出剩。或偶有

---

① 陈亮:《铨选资格》,《陈亮集》卷一二,第134页。
② 李焘:《长编》卷三二"淳化二年四月庚午"条,第714页。
③ 李焘:《长编》卷三七"至道元年五月丁卯"条,第815页。

出剩，不询出剩之由；或偶有亏欠，必责亏欠之过。递年比算，只管增加；递月较量，不管欠折。然国家军兵数广，支用处多，课利不得不如此征收，管榷不得不如此比较。穷尽取财之路，莫甚于兹；疏通殖货之源，未闻适变。似不知止，殊无定期。……民生于利，亦犹鱼生于水也；民困于利，又如水涸于鱼也。愿更生于谠议，别布新条。①

由于"军兵数广，支用处多"，促使朝廷"管榷货财，网利太密"，从而孕育了竭泽而渔的态势，故主张更改法制，"别布新条"，以抑止这一态势的进一步发展。太宗虽然没有"别布新条"，但对于像田锡这样的呼声，亦非无动于衷，他曾屡屡下诏，要求直言朝政阙失，并派遣辅臣，巡视州郡，体察民情，反映民疾，以补时阙。王禹偁《皇华集序》云：

皇上……以为四海之大，……兆民之众，茕嫠困于豪右，非询问则情不达；百吏之广，循良杂于苛暴，非考核则人不劝。……乃诏辅臣，精择邦彦，按郡国之政，张朝廷之威。召于延英，授以密旨，膺是命者，凡若干人。济阳丁君（谓），实使闽越。……今春赴朝集之期，奏风谣之事，虚怀见纳，前席移时，黜者无怨言，升者无异议，尽以民瘼，达于帝聪。②

"皇华"本为上古民间流行俗曲，这里借指风谣；而所谓"奏风谣

---

① 田锡：《上太宗条奏事宜》，《全宋文》卷八五，第5册，第99—100页。
② 王禹偁：《皇华集序》，《全宋文》卷一五四，第8册，第25页。

之事",就是指继承先秦采诗传统,讽刺时政。证诸史实,太宗中后期,士大夫采诗之风颇为流行。如雍熙年间,罗处约曾"乘使车,将帝命,按狱讼于江浙,采风谣于湘潭"①。田锡《送韩援赴阙》诗云:"昔时汉家称八使,登车便有澄清意。吾皇宵旰念黎民,歌咏皇华遣使臣。"②至道元年(995),张咏赴蜀,作《悼蜀四十韵》,其自序云:"呜呼!虽采诗之官阙之久矣,然歌咏讽刺,道不可寂然。某敢作悼蜀古风诗四十韵,书于视政之厅。"③自雍熙至淳化年间,王禹偁亦作有《对雪》《感流亡》《金吾》《畬田词》《秋霖》《乌啄疮驴歌》等反映民瘼、"歌咏讽刺"之作。据其《畬田词·序》云:"亦欲采诗官闻之,传于执政者,苟择良二千石暨贤百里,使化天下之民如斯民之义。"④可知王禹偁的这些诗歌也是采风谣的产物。这次采风谣,"尽以民瘼,达于帝聪"的活动,是促使宋初诗风新变的一个重要契机,而其目的则在于指陈朝政阙失,救弊图治。至道三年(997)五月,太宗去世,真宗即位之初,知扬州王禹偁继而上书言事,书中全面总结了时政之弊,并指出:

> 冗吏耗于上,冗兵耗于下,此所以尽取山泽之利,而不能足也。夫山泽之利,与民共之。自汉以来,取为国用,不可弃也;然亦不可尽也。只如茶法从古无税,唐元和中,以用兵齐、蔡,始税茶。唐史称是岁得钱四十万贯,今则数百万矣,民何以堪?臣故曰减冗兵,并冗吏,使山泽之饶,稍流于下者

---

① 王禹偁:《东观集序》,《全宋文》卷一五四,第8册,第18页。
② 田锡:《送韩援赴阙》,《全宋诗》卷四六,第1册,第494页。
③ 张咏:《悼蜀四十韵》,《全宋诗》卷四八,第1册,第521页。
④ 王禹偁:《畬田词》,《全宋诗》卷六四,第2册,第717页。

此也。①

故要求真宗"治之维新，救之在速"，而勿为"三年无改于父之道"的陈规②，延误通变救弊的时机，较田锡"愿更生于谠议，别布新条"，说得更斩绝，态度也更坚决。

然而，治标容易治本难。要更改用以强化中央集权的养兵制度、巩固统治基础的官僚制度，并非易事。前引范仲淹关于畿兵"虽已困生灵、虚府库，而难于改作者"之叹，便说明了这一点。因此，统治者陷入了两难境地：一方面认识到"冗吏耗于上，冗兵耗于下"的危害性，亦曾采取过减冗省费的种种举措③；另一方面对于涉及制度本身的冗兵、冗吏，则未能从根本上加以触动，又不断滑向"三冗"的深渊。其结果是非但没有"减人民之赋，宽山泽之利"，在榷利上反而越来越苛刻，越来越变得须臾不能离之。《宋史》卷一七九《食货志·会计》载："真宗嗣位，诏三司经度茶、盐、酒税以充岁用……是时，条禁愈密，较课以祖额、前界、递年相参。"④较太宗朝又有增加。据《宋会要辑稿·职官》卷一一之六，真宗景德四年（1007），榷货岁课增入达八百余万贯之多。治平四年（1067），翰林学士承旨张方平进《上神宗论国计》云：

---

① 脱脱等：《宋史》卷二九三《王禹偁传》，第9796页。
② 王禹偁：《应诏言事》，《全宋文》卷一四九，第7册，第373—377页。
③ 如真宗咸平四年（1001），"朝廷遣使减省天下冗吏"（李焘：《长编》卷四十九"咸平四年六月癸卯"条，第1063页）；仁宗天圣元年（1023），"命三司及中丞刘筠等取景德一岁用度较天禧所出，省其不急。宝元中，贾昌朝言省不急用度，密命学士张若谷、谏议任中师、司谏韩琦议省冗费"（王应麟：《玉海》卷一百八十六《食货·理财·天圣节浮费》，第20b页）。
④ 脱脱等：《宋史》卷一七九《食货志》，第4349页。

庆历五年（张方平时为三司使），取诸路盐酒商税岁课，比《景德会计录》皆增及三数倍以上。景德中收商税四百五十余万贯，庆历中一千九百七十五万余贯；景德中收酒课四百二十八万余贯，庆历中收一千七百一十万余贯；景德中收盐税课三百五十五万余贯，庆历中收七百一十五万余贯；但茶亦有增而不多尔。天下和买绸绢，本以利民，初行于河北，但资本路军衣，遂通其法以及京东、淮南、江浙。景祐中诸路所买不及二百万匹，庆历中乃至三百万匹。自尔时及今及二十年，但闻比较督责，不闻有所宽减也。如此浚取，天下岂复有遗利？自古有国者，货利之入无若是之多，其费用亦无若是之广也。①

这组对比数字说明了仁宗朝榷利又数倍于真宗时期，至英宗朝仍"但闻比较督责，不闻有所宽减"，刻剥百姓的"定制"依然故我，且愈演愈烈。

从经济制度观之，北宋基本上承袭了唐末五代重额赋税的旧制，由于冗兵、冗官、冗费，重额赋税又有了进一步的发展，故欧阳修云："今取民之法尽矣。昔者赋外之征，以备有事之用。今尽取民之法，用于无事之时，悉以冗费而縻之矣……"②常备军的不断扩充，食禄阶层的日趋庞大，冗费的包袱不断加重，国家财政越来越陷于不能自拔的困境。为了在困境中维持赵氏政权的运转，自然要不择手段，用尽取民之法，竭泽而渔，刻剥不已。这不仅加深

---

① 张方平：《论国计事奏》，《全宋文》卷七九〇，第37册，第130页。
② 欧阳修：《通进司上书》，《欧阳修全集》卷四五，第2册，第641页。

了积贫积弱、内外交困的程度，也加重了人民的负担，使百姓处于困境之中，甚至连生活在经济发达区域的"东南之民，大率中产以下往往乏食"①。因此，又给有识之士平添了几许不安与忧虑。宝元二年（1039），贾昌朝云："西夏不足虑，而民困为可忧。"②庆历四年（1044），富弼云："天下民人恩信不及，配率重大，攘肌及骨，悲愁怨恨，莫不思乱。近年凡有盗贼，应者如云，足见人心多叛。"③至和元年（1054），范镇云："夫官所以养民者也，兵所以卫民者也。今养兵卫民者反残民矣，而大臣不知救。臣恐朝廷之忧，不在边陲，而在冗兵与穷民也。"④这种具有普遍性和持续性的不安与忧虑，昭示了由"三冗"孕育的社会与政治的危机，在不断滋生和扩展。

如果说太宗、真宗时期在冗兵、冗吏中，已暴露出冗费和"穷尽取财之路"的弊端，但由于社会相对安定，经济处于发展阶段，所以田锡、王禹偁等人"别布新条""治之维新，救之在速"的更张呼声尚未形成一股强劲的思潮；那么到了仁宗时期，随着祖宗法度之弊日趋明显，各种社会和政治危机不断加深，更张法制、革弊求治的要求日趋强烈，许多人还明确提出"祖宗不足法"。李觏曾大声疾呼："今日之事，可谓急矣。""弱甚矣，忧至矣，非立大奇，不足以救。"⑤韩琦亦尖锐指出：理财旧制若不更改，后果难以设想，主张"凡奢靡之饰，奇巧之玩，无名之赐，无度取索，一切罢

---

① 李焘：《长编》卷一五四"庆历五年正月丙戌"条引田况语，第3743页。
② 吕中：《宋大事记讲义》卷一一"省财费""崇节俭"条，第1b页。
③ 李焘：《长编》卷一五三"庆历四年十二月乙卯"条，第3730页。
④ 李焘：《长编》卷一七七"至和元年十月己亥"条，第4285页。
⑤ 李觏：《寄上孙安抚书》，《李觏集》卷二八，第324、328页。

之"①。包拯则云:"冗兵耗于上,冗吏耗于下,欲救其弊,当治其源。治其源者,在乎减冗杂而节用度。冗杂不减,用度不节,虽善为计者,亦不能救也。方山泽之利竭矣,征赋之入尽矣……若不锐意而改图,但务因循,必恐贻患将来,有不可救之过矣。"②在这种思潮的驱使下,范仲淹毅然发起了庆历新政。

范仲淹的通变救弊之思,早在天圣年间就已形成,其天圣三年(1025)《奏上时务书》、天圣五年(1027)《上执政书》、天圣七年(1029)《上资政晏侍郎书》等著名奏章,对吏治、军事、科举、教育、文学等领域存在的弊端,做了全面而又深刻的分析,认为革除弊端是当务之急。庆历三年(1043)九月,仁宗起用范仲淹,拟订更张措施。范仲淹进《答手诏条陈十事》,又具体提出了十项改革纲领:"一曰明黜陟""二曰抑侥幸""三曰精贡举""四曰择官长""五曰均公田""六曰厚农桑""七曰修武备""八曰减徭役""九曰覃恩信""十曰重命令"。③前四项为改革吏治之法。"明黜陟"旨在革除官吏升迁过滥造成的员多阙少的冗官之弊;"抑侥幸"旨在变革荫恩任子制度,以减少因门荫而入仕的人数;"精贡举"是通过更张考试内容和方式,"取以经济之才",杜绝"选人壅塞"、择人不精之弊。通过吏治的革新,精简官吏队伍,以达到抑制冗官支费的目的。"修武备"旨在以府兵制替代募兵制,主张"先于畿内并近辅州府,召募强壮之人,充京畿卫士","使三时务农,大省给赡之费,一时教战,自可防虞外患",其目的在于"减省冗兵"。④其

---

① 韩琦:《冗费宜节奏》,《全宋文》卷八四二,第39册,第178页。
② 李焘:《长编》卷一六七"皇祐元年是岁"条,第4027页。
③ 范仲淹:《答手诏条陈十事》,《范仲淹全集》政府奏议卷上,第461—475页。
④ 范仲淹:《答手诏五事》,《范仲淹全集》政府奏议卷上,第484页。

余"均公田""厚农桑""减徭役""覃恩信"诸项,旨在放宽赋敛,减少徭役,减轻农民负担,发展农业生产,也与理财密切相关。这十项纲领,于庆历三年(1043)底开始实施,是为庆历新政。庆历新政是北宋前期通变救弊思潮下的一次著名的变革实践。

二、从庆历以后通变救弊思潮的日益高涨到熙宁大规模的变法运动

范仲淹提出的十项变革纲领没有得到很好的实施,庆历新政在激烈的朋党之争中,很快归于失败,庆历党争是由范仲淹新政引起的。《长编》卷一五〇"庆历四年六月壬子"条在记述庆历新政失败,范仲淹出为陕西、河东路宣抚使一事后云:

> 始,范仲淹以忤吕夷简,放逐者数年,士大夫持二人曲直,交指为朋党。及陕西用兵,天子以仲淹士望所属,拔用护边。及夷简罢,召还倚以为治,中外想望其功业,而仲淹亦感激眷遇,以天下为己任,遂与富弼日夜谋虑,兴致太平。然规摹阔大,论者以为难行。及按察使多所举劾,人心不自安;任子恩薄,磨勘法密,侥幸者不便;于是谤毁浸盛,而朋党之论,滋不可解。①

范仲淹以言事忤宰相吕夷简,致使"士大夫持二人曲直,交指为朋党",时在景祐三年(1036)。随着庆历新政的展开,又"谤毁浸盛,而朋党之论,滋不可解",迫使范仲淹放弃新政,离朝外任。这场"滋不可解"的"朋党之论",虽然表现为改革势力与保守势

---

① 李焘:《长编》卷一五〇"庆历四年六月壬子"条,第3637页。

力之间的冲突，最后以庆历新政的夭折、范仲淹新政官僚的被逐而告终，但一方面其间掺杂着多种复杂因素，另一方面并没有因此削弱"世之名士常患法之不变"的意志，恰恰相反，庆历以后，更张法制、救弊图治，"兴致太平"的呼声日趋高涨，成了时代的最强音。王安石的《上仁宗皇帝万言书》以及《省兵》《兼并》《发廪》《收盐》等一系列诗文作品，十分鲜明地表达了更新天下的种种理想和主张，为其熙宁变法张本。尤其值得注意的是，通变救弊的呼声，更多地发自熙宁以后反对王安石变法、恪守祖宗"格例"的文人的心腑。

张方平既是攻讦范仲淹等新政官僚，又是后来反对王安石新法的主要人物之一，但他于庆历间任三司使，主持财政工作，对"三冗"和理财之弊有着深切的体会和认识，故于通变救弊上，又前与范仲淹，后与王安石有诸多相同之处，其主张对理财实施全面改革的奏议亦较多。《国朝诸臣奏议》卷一〇一、卷一〇二前后选录了他作于庆历至治平年间（1041—1067）的《上仁宗论民力大困起于兵多》《上仁宗乞裁减内外费用》和《上神宗论国计》，所论无不切中时弊，而且每每引经据典，申述更张法制的合理性和迫切性。其《上神宗论国计》一疏云：

《易》曰："穷则变，变则通，通则久。"又曰："变而通之以尽利。"《节》卦之辞曰："节以制度，不伤财，不害民。"故伤财害民之事，当为制度以节之尔。若但遵常守故，龊龊细文，避猜嫌，顾形迹，恤浮议而废远图，忽人谋而徼天幸，日月逝矣，岁不我与，后虽噬脐，何嗟及矣！①

作为反对王安石新法的"赤帜"，司马光于庆历至治平间同样怀有这种迫切心情，而且对"但遵常守故"的朝政持有强烈的批判态度。嘉祐六年（1061），他在《论财利疏》中，提出了改进理财机构，革除三司原有理财之弊的主张，同时严厉抨击了朝廷养官务多，使"俸禄有增无损"，养兵务多，"则力用寡而衣粮费，衣粮费则府库耗"的弊政，认为："凡此数者，皆所以竭民财者也，陛下安得熟视而无所变更耶？"并云：

> 夫库府金帛，皆生民之膏血。州县之吏，鞭挞其丁壮，冻馁其老弱，铢铢寸寸而聚之。今以富大之州，终岁之积，输之京师，适足以供陛下一朝恩泽之赐，贵臣一日燕饮之费。陛下何独不忍于目前之群臣，而忍之于天下之百姓乎！夫以陛下恭俭之德拟于唐虞，而百姓穷困之弊钧于秦汉。秦汉竭天下之力以奉一身，陛下竭天下之力以资众人，其心虽殊，其病民一也。此臣之所以尤戚戚者。②

读了这段文字，令人不禁想起杜甫的旷世杰作《自京赴奉先县咏怀五百字》，深感其批判精神和力度，不让杜诗专美于前。司马光《道傍田家》诗亦可与此参看，诗云：

> 道傍田家翁妪俱垂白，败屋萧条无壮息。

---

① 张方平：《论国计事奏》，《全宋文》卷七九〇，第37册，第131页。
② 司马光：《论财利疏》，《司马光集》卷二三，第2册，第621页。

翁携镰妪携箕，自向薄田收黍稷。
静夜偷舂避债家，比明门外已如麻。
筋疲力弊不入腹，未议县官租税足。①

其《论财利疏》与范仲淹庆历《答手诏条陈十事》、王安石嘉祐《上仁宗皇帝万言书》相比，虽缺乏全面系统的变革思想和措施，但其批判的大胆和深刻，却为范、王所无；同时，司马光在疏中还具体言及祖宗成法如差役法之弊。治平四年（1067），又上《衙前札子》，重论差役之害，认为"若因循不改，日益久则患益深矣"，强烈要求"别立条法"。②这与后来王安石改差役为免役的思想同出一辙，故《文献通考》卷一二称此"即熙宁之法"。这些足以表明，司马光与范仲淹、王安石一样怀有通变救弊、"兴致太平"的热望，都不同程度地表现出"祖宗不足法"的思想。

熙宁以后，与司马光结成一党，极力反对王安石变法的程氏兄弟和苏氏兄弟，在仁宗嘉祐至神宗即位初期，也无不怀有这一热望和思想，程颐《上仁宗皇帝书》《为家君应诏上英宗皇帝书》③与程颢《论王霸札子》《论十事札子》④，便表现出强烈的变革要求。嘉祐五年（1060），苏轼以策论五十篇献宰相富弼⑤，其中"如均户口、较赋役、教战守、定军制、倡勇敢之类，是煞要出来整理弊坏

---

① 司马光：《道傍田家》，《司马光集》卷二，第1册，第26页。
② 司马光：《衙前札子》，《司马光集》卷三八，第2册，第861页。
③ 程颐：《河南程氏文集》卷五，程颢、程颐《二程集》，第510、518页。
④ 程颢：《河南程氏文集》卷一，程颢、程颐《二程集》，第450、452页。
⑤ 苏轼：《上富丞相书》，《苏轼文集》卷四八，第1375页。

处"①。同年，苏辙也进策二十五道②，所论与苏轼相同；熙宁二年（1069）初，又《上皇帝书》，书中将冗兵、冗吏、冗费危害国计财用的形势，比作"弊车羸马而引丘山之载"，认为这个问题已到了非解决不可的地步，造成这一问题的根源的祖宗"格例"，亦到了非破不可的时候了。③

朱熹在总结王安石熙宁变法的原因时指出："只当是时非独荆公要如此，诸贤都有变更意。"④又云："熙宁更法，亦是势当如此。"⑤他所谓的"势"，就是在庆历以来日趋高涨的通变救弊的思潮中形成的，是庆历以来众心思变的产物。而这，又完全出于文人的自觉精神。北宋建国后，实施文官制度，文人成了政治主体，使之"从内心深处涌现出一种感觉，觉到他们应该起来担负着天下的重任。范仲淹为秀才时，便以天下为己任。他提出两句最有名的口号来，说：'士当先天下之忧而忧，后天下之乐而乐。'这是那时士大夫社会中一种自觉精神之最好的榜样"⑥。因此，面对"三冗"之弊带来的各种社会和政治危机，士大夫能以高度的社会责任感和使命感，呼唤通变救弊、纷陈救弊之策，并付诸实践，"兴致太平"，孜孜以求，奋发不息。

当然，我们不否认庆历新政以后还存在着另一种声音，即文彦博在一份奏章中所说的"臣以为方今之务，正在谨守祖宗之成法，

---

① 黎靖德编：《朱子语类》卷一三〇，第3100页。
② 苏辙：《栾城应诏集》卷六至卷一〇，《苏辙集》，第1283—1337页。
③ 苏辙：《上皇帝书》，《栾城集》卷二一，《苏辙集》，第367—380页。
④ 黎靖德编：《朱子语类》卷一三〇，第3111页。
⑤ 黎靖德编：《朱子语类》卷一三〇，第3101页。
⑥ 钱穆：《国史大纲》，第558页。

使爵赏刑罚不失其当耳",唯其如此,便可"无为而与虞舜比隆,而下视三代之盛矣"①。但这绝不是主流,对"三冗"带来的各种社会与政治危机有一定认识并具有高度社会责任感的士大夫是"常患法之不变"的,作为最高统治者,英宗亦惊呼:"积弊甚众,何以裁救。"②神宗即位不久,则又斩钉截铁地宣称:"天下弊事至多,不可不革!"③正是在这种来自君臣上下、代表时代要求的通变救弊思潮的再次推动下,王安石主持发动了比庆历新政规模更大的变法运动。

王安石云:"法之初行,异论纷纷,始终以为可行者,吕惠卿、曾布也;始终以为不可行者,司马光也。余人则一出焉,一入焉。"④上述表明,"余人则一出焉,一入焉"的原因,不在于祖宗成法该不该破,而在于怎样破、如何破中有立。司马光"以为不可行",同样出于对新法的不同看法,而不是为了死守祖宗"格例"。也就是说,熙宁"法之初行,异论纷纷",遂分党与,相争不息,是建立在庆历以来"世之名士常患法之不变"的救弊思潮基础之上的,共同体现了志在当世的主体精神。

第三节　熙宁新旧党争的焦点与实质

熙宁新法初行,引起了当时士大夫群体的纷争,以王安石为代表的主张变法图强的所谓新党,与以司马光为代表的反对变法革新

---

① 文彦博:《进无为而治论》,《文彦博集校注》卷九,第504页。
② 李焘:《长编》卷二〇一"治平元年五月辛亥"条,第4868页。
③ 毕沅:《续资治通鉴》卷六六"熙宁元年二月丙辰"条,第1617页。
④ 王称:《东都事略》卷九五《曾布传》,第6b页。

的所谓旧党遂同时产生。上文已述,司马光等旧党人员自庆历以来,大多怀有通变救弊、振兴时治的热望;既然如此,又为何强烈反对王安石的变法实践?这里面有许多复杂的问题需要做详细的探讨。就新法本身而言,首先促使士大夫群体分党与而论争的焦点,主要有以下两个方面。

一、三司与制置三司条例司之争及其实质

熙宁二年(1069)二月,为了拟订和推行新法,宋廷于三司以外另设制置三司条例司,"命知枢密院陈升之、参知政事王安石取索三司应干条例文字看详,具合行事件闻奏,别为司名曰制置三司条例"[①],次年五月,诏制置三司条例司归中书,不久,王安石以同中书门下平章事衔入相,受命"提举编修三司令式并敕及诸司库务岁计条例"[②]。这是北宋宰相干预财政的开端,为宋初以来既是财制史上的又是政制史上的重大变革。这一变革大大削弱了原有理财机构三司的权力,扩大了宰执的权力范围。与此相适应,于熙宁二年(1069)置提举常平司,差官提举诸路常平、广惠仓兼管勾农田水利差役事,使各路于原来的转运司之外,多了一个与财计有关的"监司",而提举常平司上隶于司农寺而不隶于三司,新法的推行主要由制置三司条例司、司农寺和各路提举常平司负责,司农寺在制置三司条例司罢归中书后,成为推行新法的主要执行机构。王安石新法的核心是理财,新法的推行主要由司农寺而不由三司负责,是削弱三司权力的具体表现。因此,朝廷顿起非议,"议者皆言三司条例司不当置"[③]。其中,司马光非议较为频繁。熙宁二年

---

① 黄以周等辑注:《续资治通鉴长编拾补》卷四"熙宁二年二月甲子"条,第155页。
② 李焘:《长编》卷二一八"熙宁三年十二月庚辰"条,第5308页。
③ 吕中:《宋大事记讲义》卷一六"置检正五房并习学"条,第7a页。

(1069)，他上疏反对设立制置三司条例司，次年二月二十日，又作《乞罢条例司常平使》，同月二十七日，又作《与王介甫书》，要求速罢制置三司条例司，恢复三司的职权。《与王介甫书》云：

> 申明去岁之论，进当今之急务，乞罢制置三司条例司，及追还诸路提举常平广惠仓使者。主上以介甫为心，未肯俯从。光窃念主上亲重介甫，中外群臣无能及者，动静取舍，唯介甫之为信，介甫曰可罢，则天下之人咸被其泽；曰不可罢，则天下之人咸被其害。方今生民之忧乐，国家之安危，唯系介甫之一言。①

不罢制置三司条例司，"天下之人咸被其害"，罢则"天下之人咸被其泽"，其中的利害得失，可谓一言道尽。又《宋史》载司马光与朝臣论新法语曰：

> 治天下譬如居室，敝则修之，非大坏不更造也。公卿侍从皆在此，愿陛下问之。三司使掌天下财，不才而黜可也，不可使执政侵其事。今为制置三司条例司，何也？宰相以道佐人主，安用例？苟用例，则胥吏矣。今为看详中书条例司，何也？②

司马光怀有通变救弊的热望，但反对激进的社会变革，主张对社会

---

① 司马光：《与王介甫书》，《司马光集》卷六〇，第2册，第1261—1262页。
② 脱脱等：《宋史》卷三三六《司马光传》，第10764页。

进行逐步的改良，即所谓"治天下譬如居室，敝则修之，非大坏不更造"，这是他反对王安石新法的思想基础，而这一思想首先体现在维护"非大坏"的三司主财制度、反对"执政侵其事"之上，扩而言之，"法之初行，异论纷纷"而促成党争的首要原因之一，亦在于此。

那么，"议者"为什么如此强烈地反对制置三司条例司和宰执干预财计国用？神宗和王安石又为什么非改革旧有的理财体制不可？熙宁二年（1069）十月，吕公著上疏指出：制置三司条例司"名分不正"，"尤非制世御下之术"①，何以见得？苏轼在极言"复人心而安国本，则莫若罢制置三司条例司"，莫若停止事"不由中书"的"乱世之法"后，做了如下解答：

> 古者建国，使内外相制，轻重相权。如周如唐，则外重而内轻。如秦如魏，则外轻而内重。内重之弊，必有奸臣指鹿为患。外重之弊，必有大国问鼎之忧。圣人方盛而虑衰，常先立法以救弊。我国家租赋籍于计省，重兵聚于京师，以古揆今，则似内重。恭惟祖宗所以深计而预虑，固非小臣所能臆度而周知。②

"外重"指地方势力，"内重"则指中央集权。"外重之弊"容易造成地方势力过强，重现春秋时期五霸之一楚庄王陈兵周原问九鼎轻重的忧虑；"内重之弊"容易造成宰相权力过重，重蹈奸臣赵高指

---

① 吕公著：《乞罢制置三司条例司奏》，《全宋文》卷一〇九三，第50册，第285页。
② 苏轼：《上神宗皇帝书》，《苏轼文集》卷二五，第739—740页。

鹿为马、专擅秦政的覆辙。北宋设置禁军，"强本弱末"，成功地避免了外重之弊，而内重之弊则随之成为新的危险。于是最高统治者运用分解权力之术，"租赋籍于计省"，兵权隶于枢密，中书仅掌主民的政权，三者各自为政，相互牵制，以达到消除任何威胁君权的危险的目的。其中的"计省"是盐铁、度支、户部的总称，又称三司。唐代由宰执主财计，直至晚唐天祐以前，无三司之名。乾元元年（758），第五琦除度支郎中，系衔诸道盐铁使；乾元二年（759），吕諲除兵部侍郎、同中书门下平章事，充句当度支使。①这是最早的盐铁使、度支使。肃宗以后，盐铁权利日趋重要，为李唐财计所倚仗，所以理财由户部转变为盐铁、度支、户部并列的三个机构，但终唐无统领盐铁、度支、户部的三司使。"（唐末）天祐三年，以朱全忠为盐铁、度支、户部三司都制置使，三司之名始于此。全忠辞不受。"②三司使的真正设立，始于五代后唐明宗长兴元年（930），第一任三司使是张延朗③。北宋"沿五代后唐之制，置三司使以总国计，应四方贡赋之入，朝廷（中书）未尝预焉，一归三司"④，三司成了国家财政的首脑机构。南宋林駉云：

> 我朝以宰相主民，枢府主兵，三司主财。国家大务莫重三者，故不得不专其职也。（三司）有正使，位亚执政，官称省主；有副使，位亚待制者，称省副；外此有判官，其员有二，

---

① 王溥：《唐会要》卷五九、卷八八，第1015、1608页。
② 吴曾：《能改斋漫录》卷二，《全宋笔记》第36册，第84页。
③ 薛居正等：《旧五代史》卷一四九《职官志》，第1996页；欧阳修撰，徐无党注：《新五代史》卷二六《张延朗传》，第282页。
④ 林駉：《古今源流至论》后集卷二《三司》，第25a页。

资序视转运；有子司，其员有六，资序视提刑，通称曰省判。①

可见三司职权之重，几与中书、枢府相等。三司、枢府、中书各专其职，直接对皇帝负责，形成了三驾马车式的政治权力结构，其意义就是苏轼所谓"立法以救（内重之）弊"，为防"奸臣指鹿为患"的措施之一。也就是说，作为直辖于皇帝麾下的三司的设立，不仅是理财而且关涉到能否巩固君主集权的重大政治问题。因此，当宋廷于三司以外另立制置三司条例司、实施宰执入主财政之制时，无怪乎"议者"站在"安国本"的高度，斥之为"非制世御下"的"乱世之法"了。

北宋王辟之《渑水燕谈录》卷五"官制"条云："（后）唐明宗始号三司，总以一使。本朝或曰判三司，或曰权判，或曰点检三司。开宝中，以参知政事二人点检三司，既而更用宰相为提举。兴国中，分二使同判三司，逾年，复析为三使。淳化中，又合为三司，而又以天下为十道，两京为左、右计，置二计使，判为十道。别命三司总计使判左、右计事，三司如故。"②太宗朝，三司有过分与合的变动，其间，宰执一度兼事三司，但这种变动为时极短，后来更无宰执插手其间的现象，中书、三司、枢府互不相涉，各自为政，甚至连对方的政务状况亦各不相知。仁宗至和二年（1055）四月，知谏院范镇上疏云：

臣伏见周制，冢宰制国用；唐宰相兼盐铁转运使，或判户

---

① 林駉：《古今源流至论》后集卷二《三司》，第24b页。
② 王辟之：《渑水燕谈录》卷五《官制》，第58页。

部,或判度支。然则宰相制国用,从古然也。今中书主民,枢密院主兵,三司主财,各不相知,故财已匮而枢密院益兵不已,民已困而三司取财不已。中书视民之困,而不知使枢密减兵、三司宽财以救民困者,制国用之职不在中书也。而欲阴阳和,风雨时,家给人足,天下安治,不可得也。欲乞使中书、枢密院通知兵民财利大计,与三司量其出入,制为国用,则天下民力庶几少宽,以副陛下忧劳之心。此非使中书、枢密大臣躬亲繁务如三司使之比,直欲令知一岁之计以制国用尔。①

对于这种"各不相知"带来的弊端,在真宗朝已为君臣所认识,故于景德四年(1007)立"互报法"②,但未能坚持。范镇所言,就是长期以来流行于中书、枢密、三司之间的作风。这并非出于偶然,而是为了"救内重之弊"所采取的分解国家中枢权力,使之相互牵制的统治术在实践过程中的必然结果。换言之,在这种统治术下,三司、枢密、中书三驾马车无法步调一致,必然会导致"财已匮而枢密院益兵不已,民已困而三司取财不已。中书视民之困,而不知使枢密减兵、三司宽财"的东奔西突、背道而驰的政局状态。如果从国家机器运转的角度而言,财政上的不少混乱与苛征暴敛,都可以从这里找到根源。司马光《论财利疏》又云:

> 祖宗所为置内藏者,以备饥馑兵革非常之费,非以供陛下奉养赐予之具也。今内藏库专以内臣掌之,不领于三司,其出

---

① 范镇:《乞中书枢密院通知兵民财利札子》,《全宋文》卷八六四,第40册,第191页。
② 吕中:《宋大事记讲义》卷六"宰相""执政"条,第21b页。

纳之多少，积蓄之虚实，簿书之是非，有司莫得而知也。若皆以奉养赐予而尽之，一旦有饥馑、兵革之事，三司经费自不能周，内藏又无所仰，敛之于民，则民已困竭，得无狼狈而不支乎？①

"内藏"又称封桩库。"太祖讨平诸国，收其府藏贮之别府，曰封桩库。每岁国用之余皆入焉。"②后遂成固定的橐名和数额的赋入，由皇帝亲掌。太宗云："此盖虑司计之臣不能节约，异时用度有阙，复赋率于民。朕不以此自供嗜好也。"③南宋李心传亦指出："二圣削平诸国，亲祀郊丘，所费不赀，皆出于是（内藏库），三司所假，凡六千万。自淳化迄景德，每岁多至三百万，少亦不下百万。三年不能偿，即蠲除之。此库乃为计司备经费耳。故仁宗后，西北事起，大率多取给于内藏。"④宋沿后唐置三司，"于天下财计无所不统"⑤，使财政高度集权化，财权的高度集中，还体现在皇帝对财计之事较以往更多的亲自干预上，把赋入分为朝廷公财与内藏私财，便是皇帝亲自干预的具体表现。皇帝控制一部分财赋与三司主财制度的实施，本来都是为了强化君主集权，但内藏"不领于三司，其出纳之多少，积蓄之虚实，簿书之是非，有司莫得而知"，却给三司理财带来了困难，常常因"经费自不能周"而向内藏挪

---

① 司马光：《论财利疏》，《司马光集》卷二三，第2册，第620页。
② 王辟之：《渑水燕谈录》卷一《帝德》，第3页。参李焘：《长编》卷六"乾德三年三月"附，第152页。
③ 脱脱等：《宋史》卷一七九《食货志·会计》，第4370页。
④ 李心传：《建炎以来朝野杂记》甲集卷一七"内藏库"条，第384页。
⑤ 徐松：《宋会要辑稿》食货五六之一〇，第7287页。

借、挪借的同时，又不得不千方百计地"敛之于民"，以弥补赋入的不足，因而进一步加深了"民已困而三司取财不已"的程度，财政上的诸多混乱和苛征暴敛，也就更加难以避免了。

中书、枢密、三司各自为政，"各不相知"，已使三司无法以全局的观念，从整个政治、经济、军事发展的具体情况进行综合性的理财，而内藏的建立，又使三司对财赋本身也难以做全盘计用，常常陷于困窘之中。其结果不仅使百姓"困竭"，又使国用匮乏而处于"狼狈"的境况。在神宗的支持下，王安石不顾朝臣的强烈反对，于三司以外另设制置三司条例司，以宰执主财事的前提，便在于此，所以，吕中虽然指斥王安石"夺三司之利权"，"以天下之事惟出于我者为是，而天下之财惟出于新法者为己之私有"，但亦否定当时"议者""以为三司未尝阙事"的看法，认为"庆历以来用度不足已久，岂足以塞安石之辨哉"！①

然而，需要说明的是，王安石创设制置三司条例司，恢复宰相制国用的古制，并不在于削弱中央对国用财计的控制权，恰恰相反，是为了强化财政集权，将利权收归国家，以开阖敛散的行政干预手段，使社会财富归国家支配，是王安石理财的用意所在，而其最终目的，则在于进一步加强君权的统治力度。熙宁二年（1069）后，朝廷封桩制度的实施，就是收利权"归之公上"的诸多举措中的一项。林駉《古今源流至论》续集卷二引《蔡（察）官制》云：

> 王安石为相，与三司分权，凡赋税常贡征榷之利方归三司，摘山、煮海、坑冶、榷货、户绝、没纳之财悉归朝廷，与

---

① 吕中：《宋大事记讲义》卷一六"创制置三司条例司""置提学常"条，第5b—6a页。

常平、免役、坊场、河渡、禁军阙额。地利之资皆号朝廷封桩，又有岁课上供数，尽入京师，别创库以贮之，三司不与。①

熙宁以前由皇帝亲掌的封桩库所藏，是在地方输入京师财赋总额中提取的部分，而这里所谓的朝廷封桩，则是地方"岁课上供数"以外的钱物，属"额外之求"。地方上的朝廷封桩钱物归常平司掌管，不隶转运司。《玉海》卷一八六载："神宗始分天下之财以为二司，转运司独用民常赋与州县酒税之课，其余财利悉归常平司掌其发敛，储之以待非常之用。"②这是制置三司条例司在运转过程中的一个具体表现。但隶属于条例司的常平司对地方上的朝廷封桩财赋只有管理权而无支配权，除青苗散敛外，其余封桩财物的使用一概要申奏朝廷，由皇帝和宰执共同裁决，以便严格控制地方财赋。这无疑是为了克服以往财政史上的混乱局面，使财计国用有了自上而下的统一而又严格的管理。然而，由于这种财制较以往更加集权化，不仅导致了地方财政的支绌，而且削弱了各路转运使的理财能力，给财计带来了新的弊端，即苏辙所谓："欲求富国，而先困转运司；转运司既困，则上供不继；上供不继，而户部亦意矣。"③又陈次升云："熙宁以前，上供钱物无额外之求，州县无非法之敛。自后献利之臣不原此意，唯务刻削，以为己功。若减一事一件，则据其所减色额，责令转运封桩上供，别有增置。合用之物，又合自办，上供名件，岁益加多。有司财用日惟不足，既无家

---

① 林駉：《古今源流至论》续集卷二，第33b页。
② 王应麟：《玉海》卷一八六，第16b页。
③ 苏辙：《转对状》，《栾城集》卷四一，《苏辙集》，第729页。

资之可助，又无邻粟之可贷，必至多方以取于民。非法之征，其来乃自乎？"①

为了解决"三冗"引发的社会和政治危机，王安石以理财为核心，通变救弊，而变革的首要任务是建立新的理财制度，但新财制的实施，引起了激烈的争论，遭到了强烈的反对。反对者从中书主民、枢密主兵、三司主财的三驾马车式的权力结构出发，力陈其害，固然出于"救内重之弊"，维护君主集权政治和原有的财政集权，但王安石于三司以外新设制置三司条例司，使中书在主民的同时，兼领财政，并不是为了削弱君权，而是通过对地方赋入包括整个财计国用的更为严密的控制，进一步加强了君权的统治力度。宋初以来，三司主财的制度暴露出许多弊端，甚至影响到了整个国家机器的正常运转，完全有变更的必要，但王安石在变更中产生的新财制，却又带来了新的弊端。而这些新、旧弊端都源自赵宋王朝高度集权化的经济与政治形态。无论是熙宁以前呼喊通变救弊的"言者"，抑或熙宁以后将通变救弊的呼声付诸实践的"行者"，对于这一基本形态都不想改，不敢改，也不能改。王安石一变宋初以来三司主财的旧制而为宰执制国用的目的，在于以新的财制进一步强化旧的经济与政治形态，由此引起的三司与制置三司条例司之争，则是建立在这一基本形态之上的，属于同一性质的不同政见之争。

二、兼并与抑制兼并之争及其实质

"法之初行，异论纷纷"，促成党争的又一重要因素，在于兼并与抑制兼并之争。不抑兼并，是宋初以来的国策之一，它与官僚士大夫的经济利益密切相关，而王安石制定的主要新法，则明显具有

---

① 陈次升：《上哲宗论理财》，《全宋文》卷二二四〇，第102册，第355页。

抑制兼并的意图,如熙宁二年(1069)九月实施的青苗法,就是为了解决"人之困乏,常在新陈不接之际,兼并之家乘其急以邀倍息,而贷者常苦于不得"①的问题;熙宁四年(1071)十月,朝廷在宣布实施免役法的诏令中,亦称此法"所宽优者,村乡朴蠢不能自达之穷氓;所裁取者,乃仕宦并兼能致人语之豪户"②。所以,新法尚未实施,便遭朝臣的非议与反对。

熙宁三年(1070)三月,右正言孙觉上疏指出:"新法将以振乏绝,抑兼并,此诚为天子者之所虑。"以为将会像晁错"以谪削诸侯之地,而致七国之祸,汉室几亡"那样,后果不堪设想,故"老臣疏外而不见听,辅臣迁延而不就职,门下执奏而不肯行,谏官请罪而求去"③,全面反映了朝臣们对新法"振乏绝,抑兼并"的对立情绪。当时,神宗与王安石起用了一批熙宁以前渴望通变救弊的官僚,从事变法,但不久这些官员却因此纷纷离去,孙觉便是其中的一人。又如苏辙,他于熙宁二年(1069)入制置三司条例司,参与制定新法,但当议定抑兼并且损及仕宦之家经济利益的免役法时,却认为王安石"不究本末,徒闻汉世宰相之子不免戍边,遂使衣冠之人与编户齐役",不分主次本末,非治国良法,故乞求离开朝廷,差遣州郡,表示出坚决不合作的态度。④熙宁三年(1070)正月,翰林学士范镇批评因"嫉富人之多取"而设的青苗法时指出:

---

① 徐松:《宋会要辑稿》食货四之一六,第6041页。
② 李焘:《长编》卷二二七"熙宁四年十月壬子"条引《宋史·食货志》,第5522页。
③ 孙觉:《论条例司画一申明青苗事》,《全宋文》卷一五八三,第72册,第365页。
④ 苏辙:《制置三司条例司论事状》附《条例司乞外任奏状》,《栾城集》卷三五,《苏辙集》,第608—612页。

> 贫富之不均久矣,贫者十盖七八,何也?力役科买之数也,非富民之多取也。富者才二三,既榷其利,又责其保任下户,下户逃则于富者取偿,是促富者使贫也。①

认为青苗法的实施,破坏了原有贫富差别的正常秩序。而其所谓"富民",当然也包括了苏辙所说的"衣冠之人"。可见范镇在当初之所以成为反对新法的"勇决"之人②,一个重要的原因,便在于反对抑制兼并,维护官僚士大夫的自身利益。枢密使文彦博也同样为此呼号。《长编》卷二二一"熙宁四年三月戊子"条载文彦博与神宗论新法语曰:

> 彦博又言:"祖宗法制具在,不须更张以失人心。"上曰:"更张法制,于士大夫诚多不悦,然于百姓何所不便?"彦博曰:"为与士大夫治天下,非与百姓治天下也。"③

按照当时的观念,苏辙属于年轻官僚中的"新进"分子,范镇于仁宗朝累迁起居舍人、知谏院,则属"老成"之人,文彦博于仁宗朝官至宰相,又是"老成"中的名流重臣;苏辙、范镇于仁、英两朝都怀有变革求治的思想,文彦博则主张谨守祖宗成法,无为而治。三人在政治地位上属于不同层次的官僚,在治世上又代表了不同的思想,但对待抑制兼并的态度却非常一致。文彦博以"与士大夫治

---

① 范镇:《再请罢青苗法疏》,《全宋文》卷八六七,第40册,第232页。
② 司马光:《论王安石疏》,《全宋文》卷一二〇八,第55册,第328页。
③ 李焘:《长编》卷二二一"熙宁四年三月戊子"条,第5370页。

天下"为由,加以反对,则更直截了当地道出了反对派的共同心声。

"与士大夫治天下"和不抑兼并都是赵宋祖宗既定的国策。对于后者,太宗曾做过说明,他说:"富室连我阡陌,为国守财尔。缓急盗贼窃发、边境扰动,兼并之财,乐于输纳,皆我之物。"①在这一国策下,仕宦之家即官户的利益得到了保障。

宋代"官户"一词的内涵与前代不同。唐代官户是封建政府役使下的半奴隶②,宋初以后则指品官之家,凡"进纳、军功、捕盗、宰执给使、减年补授、转至升朝官,即为官户"③。官户相对民户而言,官户与有产民户均属主户。宋代主户有五等之分。在北宋,五等户划分的财产标准不尽相同。吕陶云:"天下郡县所受版籍,随其风俗,各有不同。或以税钱贯百,或以地之顷亩,或以家之积财,或以田之受种,立为五等。就其五等而言,颇有不均,盖有税钱一贯,或占田一顷,或积财一千贯,或受种一十石为第一等;而税钱至于十贯,占田至于十顷,积财至于万贯,受种至于百石,亦为第一等。其为等虽同,而贫富甚相远。"④五等中又分上、中、下三户,其分类亦不尽一致,或以第一、二、三等户为上户,第三、四等为中户,第四、五等为下户。但不管如何,上户"乃从来兼并之家"⑤,而作为赵宋王朝的主要统治力量和基础,官户则在上户之列,而且基本上属于一等户。⑥为了保护官户的利益,宋廷还制

---

① 王明清:《挥麈录余话》卷一,《全宋笔记》第57册,第306页。
② 长孙无忌等:《唐律疏议》卷六,第131页。
③ 脱脱等:《宋史》卷一七八《食货志》,第4334页。
④ 李焘:《长编》卷三七六"元祐元年四月乙卯是月"条,第9133—9134页。
⑤ 脱脱等:《宋史》卷一七六《食货志》,第4279页。
⑥ 周宝珠、陈振主编:《简明宋史》,第128页。

定了"官户法"①。而不抑兼并，立法保护官户的利益，则是"与士大夫治天下"的一项实实在在的内容。因此官僚士大夫不仅合法购置兼并土地，而且在兼并中还与富族豪门相争。嘉祐五年（1060），王安石作《兼并》诗云：

> 三代子百姓，公私无异财。
> 人主擅操柄，如天持斗魁。
> 赋予皆自我，兼并乃奸回。
> 奸回法有诛，势亦无自来。
> 后世始倒持，黔首遂难裁。
> 秦王不知此，更筑怀清台。
> 礼义日已偷，圣经久埋埃。
> 法尚有存者，欲言时所哈。
> 俗吏不知方，掊克乃为材。
> 俗儒不知变，兼并可无摧。
> 利孔至百出，小人私阖开。
> 有司与之争，民愈可怜哉。②

所谓"俗儒""有司"，就是指朝廷命官。由于不抑兼并，他们可合法地与富家豪门一起争利，鱼肉百姓，所以他们对秦始皇以来的兼并之术"不知变"，亦不愿变。因而在全国造成了兼并之家愈争愈富而"黔首遂难裁""愈可怜"的贫富差别和阶级对立。该诗鲜明

---

① 李焘：《长编》卷二五六"熙宁七年九月壬子"条，第6255页。
② 王安石：《兼并》，《王安石诗笺注》卷六，第223—224页。

地体现了作者抑制兼并的政治理想和主张。王安石制定的主要新法具有抑制兼并的意图，无疑与这一理想与主张有关。因此，苏辙指出：

> 古者大邦、巨室之害不见于今矣。惟州县之间，随其大小皆有富民，此理势之所必至，所谓"物之不齐，物之情也"。然州县赖之以为强，国家恃之以为固，非所当忧，亦非所当去也。能使富民安其富而不横，贫民安其贫而不匮，贫富相恃，以为长久，而天下定矣。王介甫，小丈夫也。不忍贫民而深疾富民，志欲破富民以惠贫民，不知其不可也。方其未得志也，为《兼并》之诗。……及其得志，专以此为事，设青苗法，以夺富民之利。①

宋初以来的"与士大夫治天下"和不抑兼并，对官僚来说，前者是获得政治特权的基础，后者则是获取经济利益的保障，两者是互为一体的。而王安石新法欲"使衣冠之人与编户齐役"，用以"振乏绝，抑兼并"，则触犯了士大夫的切身利益，所以新法尚未实施，便遭反对，也就是必然的了。苏辙就是因此退出变法行列、不与王安石合作的官僚之一；上列对王安石的批评，则再次明确地表示反对新法"破富民以惠贫民"的抑兼并措施，以维护自身利益。因而，这往往成为后人赞扬王安石忧民爱民的谈资或用以认定新法"振乏绝，抑兼并"之效果的佐证。

然而，熙宁新法制定和推行之初，围绕兼并与抑制兼并之争的

---

① 苏辙：《诗病五事》，《栾城三集》卷八，《苏辙集》，第1230页。

实质,并非那么简单。苏辙等人反对新法抑制兼并,固然出于自身利益,但苏辙在"使富民安其富而不横,贫民安其贫而不匮"的前提下,认为"贫富相恃,以为长久,而天下定矣",较客观地总结了北宋王朝实施兼并国策过程中所取得的效果。不抑兼并,实行土地自由买卖的制度,是北宋商品经济较为发达的产物。因此,"贫富无定势,田宅无定主,有钱则买,无钱则卖"①,成了当时经济生活中的一种普遍现象。在这一现象中,虽然难免"小人私阇开""有司与之争"的行为和"民愈可怜"的境况,但并不损害国家利益,国家不管土地掌握在谁的手中,只要按照土地的多少收取赋税就是了,也就是太宗所谓"富室连我阡陌,为国守财尔","兼并之财,乐于输纳,皆我之物";从整个国家经济发展的角度观之,这"贫富无定势,田宅无定主"的现象,在一定程度上,为经济领域引入了竞争机制,激发了经济活力,不失为一种良性循环,也促使了"国家恃之以为固"。而作为政治家和理财家,王安石对兼并所起的这一作用,同样有着清楚的认识。熙宁三年(1070),王安石与神宗讨论范育所进《复田役书》时,明确指出:

> 今朝廷治农事未有法,又非古备建农官大防圩埠之类,播种收获,补助不足,待兼并有力之人而后全具者甚众,如何可遽夺其田以赋贫民?此其势固不可行,纵可行,亦未为利。②

《复田役书》的主要内容是主张恢复井田制。以恢复井田制的形式,

---

① 袁采:《袁氏世范》卷三"富室置产当存仁心"条,第22a页。
② 李焘:《长编》卷二一三"熙宁三年七月癸丑"条,第5181页。

抑制兼并,是当时颇为流行的主张。如张载《经学理窟》,开篇就提出关于井田的种种意见,认为"治天下不由井田,终无由得平。周道止是均平",并指出:"治天下之术,必自此始!"①李觏《平土书》则指出:"法制不立,土田不均,富者日长,贫者日削……"②故认为"正经界"与"均井地"为"治之大本"。程颢《论十事札子》即以行《周礼》中的井田之制为先务。③王安石也说:"先王有经制,颁赉上所行。后世不复古,贫穷主兼并。非民独如此,为国赖以成。筑台尊寡妇,入粟至公卿。我尝不忍此,愿见井地平。"④但一接触到实际情况,深明经术的王安石马上意识到夺兼并之家的田产以赋贫民,使"国家恃之以为固"的"富贫相恃"均平化,不可取,更"不可行,纵可行,亦未为利"。因此,王安石自嘉祐以来,虽然在不少场合中说过抑制兼并的话,在熙宁所制定的新法中,也含有"振乏绝,抑兼并"的意图,但并没有真正地实现这一意图,苏辙批评王安石执政后,专为"破富民以惠贫民"之事,不完全符合事实。

事实还充分表明,在新法的实施过程中,非但没有真正实现"振乏绝"的意图,反而加深了贫民的疾苦。对此,陆佃归结为:"法非不善,但推行不能如初意,还为扰民。"⑤吕陶又以免役为例,指出了"还为扰民"的具体情形:"近制役钱宽剩不过二分,……有司奉法太过,条目滋蔓,于雇役钱外,尚有数等。如耆户长不雇

---

① 张载:《经学理窟》,《张载集》,第248—249页。
② 李觏:《平土书》,《李觏集》卷一九,第191页。
③ 程颢:《河南程氏文集》卷一,程颢、程颐《二程集》,第453页。
④ 王安石:《发廪》,《王安石诗笺注》卷一七,第645—646页。
⑤ 脱脱等:《宋史》卷三四三《陆佃传》,第10917页。

而敛,则有桩留钱;桥梁廨舍之类数年一修,而逐年计费;知县簿尉二年一替,而每岁计署中什物,则有费用钱,非泛差出役人及起发雇人,则有准备钱。此外方始谓之宽剩。"①这不失为新法走向"振乏绝"之反面的重要因素,但其根源却在于:

其一,王安石的理财宗旨。

王安石《兼并》诗固然表现出抑制兼并的政治主张,但其中"公私无异财""赋予皆自我",一切财富应归皇帝所有,一切征收颁赐当归皇帝掌握的观念,也十分明确。这一观念决定了王安石的理财宗旨,促使他进行经济立法,用以制约"阡陌闾巷之贱人,皆能私取予之势,擅万物之利"②而与人主争财利的经济行为,使整个社会财富成为国家的"专利"。订立和实施均输、青苗、免役、市易等新法的宗旨,便在于此。为了实现这一宗旨,如前文所述,王安石将利权收归国家,对地方赋税加以严格控制,进行统一支配,使理财制度进一步高度集权化、专制化,这样必将给地方财计带来困难,使之处于支绌无措之中,因此有司不得不"奉法太过"。元丰间(1078—1085),吕大忠已中肯地指出了由此带来的不良后果:

> 古者理财,视天下犹一家。朝廷者家,外计者兄弟,居虽异而财无不同。今有司惟知出纳之名,有余不足,未尝以实告上。故有余则取之,不足莫之与,甚大患也。③

---

① 吕陶:《奏为役钱乞桩二分准备支用状》,《全宋文》卷一五九一,第73册,第120—121页。
② 王安石:《王安石文集》卷八二,第4册,第1431页。
③ 脱脱等:《宋史》卷三四〇《吕大防传》附弟大忠传,第10845页。

一方面迫使有司想方设法，巧立名目，搜刮百姓，以解地方财计支绌之急；另一方面又弄虚作假，虚报数字，欺骗朝廷。于是上下交征利，形成了新的利孔。其中，最终受害的是贫民。如散青苗钱，明文规定取二分息，但在实施中，"盖名则二分之息，而实有八分之息"①。甚者加倍纳息，如陕西散青苗钱，司马光称："以一斗陈米散与饥民，却令纳小麦一斗八升七合五勺，或纳粟三斗，所取利约近一倍。"②为了与朝廷交征利，有司还将城镇坊郭户，乃至客户，纳入抑配青苗钱的行列。其结果迫使贫民"乃复举贷于兼并之家，出倍称之息，以偿官逋"。

其二，王安石的理财目的。

王安石的理财目的在于富国强兵，以摆脱长期以来"外则不能无惧于夷狄"的局面。熙宁四年（1071），王安石谓神宗曰："今所以未举事者，凡以财不足。故臣以理财为方今先急。未暇理财，而先举事，则事难济。"③所谓"举事"，就是指用兵西北，制服西夏与契丹。这里，将"理财"与"举事"对举，便说明其推行以理财为中心的新法的最终目的。熙宁八年（1075），王安石指出："苟能摧制兼并，理财则合与须与，不患无财。"④道出了抑制兼并是为了聚敛财富，充实国库。此所谓"抑制兼并"，并不是改变宋初以来不抑兼并的国策，而是抑制兼并之家与人主争财利之势，使"赋予皆自我"；而其所敛之财，无疑主要来自兼并之家。所以，当有人

---

① 晁说之：《元符三年应诏封事》，《全宋文》卷二七九八，第129册，第396页。
② 司马光：《奏为乞不将米折青苗钱状》，《司马光集》卷四四，第2册，第959页。
③ 李焘：《长编》卷二二〇"熙宁四年二月庚午"条，第5351页。
④ 李焘：《长编》卷二六二"熙宁八年四月甲申"条，第6407页。

提出以恢复井田之制抑制兼并时，王安石深表反对，认为"如何遽夺其田以赋贫民？此其势固不可行，纵可行，亦未为利"①。因此，在制定和推行新法的过程中，没有也不可能把"振乏绝""惠贫民"放在首位。熙宁四年（1071），御史中丞杨绘奏云：

> 如酸枣县乡村第一等元申一百三十户，今司农寺抛降却要二百四户，即是升起七十四户。第二等元申二百六十户，今司农寺却抛降三百六户，乃是升起四十六户。第三等元申三百三十九户，今司农寺却抛降四百五十九户，乃是升起一百二十户。臣窃谓凡等第升降，盖视人户家活，高下须凭本县，本县须凭户长里正，户长里正须凭邻里，自下而上，乃得其实。今来却自司农寺预先画下数目，令本县依数定簿，岂得民心甘服哉！②

免役法涉及户等、税籍、职役的清理、整顿等方面的事，相当复杂，所以虽于熙宁二年（1069）即已提出，至熙宁四年（1071）十月才全面推行。杨绘所奏，则反映了当时清理、整顿的真实情况，全国户等的籍定，亦于此可见一斑。作为新法的执行机构，司农寺按照既定的数字，肆意篡改户籍等级，无疑是奉王安石旨意行事。况且早在熙宁二年（1069）始议免役法时，王安石就曾主张无论上户还是下户，富民抑或贫民，"例使出钱助役"③。当免役法实施之际，其宣布令又在"半年之间，改动者数四"："令依仿府界之法，

---

① 李焘：《长编》卷二一三"熙宁三年七月癸丑"条，第5181页。
② 杨绘：《再论助役奏》，《全宋文》卷一五六二，第72册，第57页。
③ 苏辙：《制置三司条例司论事状》，《栾城集》卷三五，《苏辙集》，第610页。

又令四等以下均出役钱,未几又令只据税钱,不用等第,又令那移补助。"①在具体的实施过程中,由于"役钱额大,上户不能敷足","故所在临时肆意升补,下户入中,中户入上"②。将本来属于下户的贫民拉入中户,使中户改为上户,其目的无非是扩大征敛的范围和数量,以充实国库,实现富国强兵。其结果确实达到了富国的目的,改变了以往国家财计收支持平或收支有绌的局面,这从下列统计表中可见一斑③:

年 度	计量单位	岁 入	岁 出	收支情况
仁宗皇祐元年(1049)	贯石匹斤	126251964	126251964	收支持平
英宗治平二年(1065)	贯石匹斤	116138405	120343174	亏4204769
神宗熙丰年间	贯(专指缗钱)	60000000	4320000	盈55680000

在熙丰年间的岁入岁出中,仅缗钱一项,盈利五千五百六十余万。这一盈利既来自对兼并之家,又来自对中、下户的暴敛;换言之,王安石的理财宗旨和目的决定了无法实现"振乏绝""惠贫民"的良好愿望。当初,由于新法具有"振乏绝,抑兼并"的意图,在理论上对官僚士大夫的自身利益构成了威胁,而且在新法的实施中,仕宦衣冠之户例皆入"所裁取者"之列,如李中师知河南府,"富弼告老家居,中师籍其户等,令与富民均出钱"④,故招致争议和反对,成了士大夫群体分党与相争的首要因素之一。随着新法在事

---

① 冯山:《议免役疏》,《全宋文》卷一七〇八,第78册,第268页。
② 李焘:《长编》卷三六四"元祐元年正月戊戌"条记王岩叟、刘挚语,第8704、8700页。
③ 引自梁方仲:《中国历代户口、田地、田赋统计》,第288、297页。
④ 李焘:《长编》卷二四一"熙宁五年十二月己丑"条,第5883页。

实上走向"振乏绝"的反面,党派双方的争论更多的是新法在具体实施过程中的利弊得失。其中,新法加深了百姓疾苦,却成了反对抑制兼并者的口实。范镇便指出:"至于言青苗,则曰有见效者,岂非岁得缗钱数十百万?缗钱数十百万,非出于天,非出于地,非出于建议者之家,一出于民。民犹鱼也,财犹水也,水深则鱼活,财足则民有生意。养民而尽其财,譬犹养鱼而欲竭其水也。"①陈舜俞亦云:行青苗法"是使吾民一取青苗钱,终身以及世世,一岁常两输息钱,无有穷已。万一如此,则是别为一赋以敝生民"②。在当时,诸如此类的奏章俯拾皆是,不胜枚举。本来反对"振乏绝,抑兼并"而遭批评的旧党,反而成了为民请命者;本欲为民请命者因愿望与事实的背离而成了被批评的对象。

不过,这种被批评对象的转换,并不存在谁是下户贫民或中小地主利益的代表者、谁是上户豪门或官僚大地主利益的代表者的问题。无论是以司马光为首的旧党,还是以王安石为首的新党,都是在宋廷"与士大夫治天下"过程中的既得利益者,谁也不愿放弃自己作为官僚地主的利益。以王安石为例,他于晚年捐给太平兴国寺"江宁府上元县荒熟田,元契共纳苗三百四十二石七斗七升八合,簸一万七千七百七十二领,小麦三十三石五斗二升,柴三百二十束,钞二十四贯一百六十二文省"③。王曾瑜先生根据契约上的这些数字,按每亩一斗的高额折算,所施至少有良田三千四百二十七亩④;又据黄潜《半山报宁寺记》,王安石长媳萧氏亦曾向该寺赠田

---

① 李焘:《长编》卷二一六"熙宁三年十月己卯"条,第5264页。
② 陈舜俞:《奉行青苗新法自劾奏状》,《全宋文》卷一五三四,第70册,第322页。
③ 王安石:《乞将田割入蒋山常住札子》,《王安石文集》卷四三,第2册,第723页。
④ 王曾瑜:《王安石变法简论》,《中国社会科学》1980年第3期,第151页。

"为亩一千"①。两者相加，竟达四千四百余亩。仅此观之，王安石可称一等户中的"出等户"。这里我们并不否定王安石在思想意识上"振乏绝"的真实性，但不可否认在特权的庇护下，他也充当了"仕宦兼并之家"。因此，不必指责王安石的政敌在变法之初极力反对抑制兼并的思想行为，维护封建制度所赐予的特权与利益是官僚士大夫共同具有的、无法改变的本性，是时势使然。

与此同时，"三冗"引起的国用匮乏不仅是王安石，而且是整个统治阶级所悬心的根本问题。故面对王安石理财富国的成效，旧党人员具有明显的认同心理。元祐初，户部尚书李常称："昔先帝（神宗）勤劳累年，储蓄边备，今天下常平、免役、坊场积剩钱共五千六百余万贯，京师米盐钱及元丰库封桩钱及千万贯，总金银谷帛之数，复又过半，边用不患不备……"②包括李常在内的元祐党人，在熙丰间攻伐新法，执政后又尽废新法，但不得不承认王安石的"富国"之术，而且当他们考虑到国用这个根本问题时，对新法还流露出依恋之情。元祐更化之初，吕公著一方面认为"青苗、免役之法行，而取民之财尽；保甲、保马之法行，而用民之力竭，市易、茶盐之法行，而夺民之利悉"；另一方面却以为"更张青苗、助役等法，则向去国用必至不足"③。其中被斥为"扰民"最烈的新法之一青苗法废除不久，范纯仁"以国用不足，建议复散青苗钱"，司马光亦为之犹豫不决。④这种矛盾心理进一步佐证了新旧两

---

① 黄潜：《半山报宁寺记》，《黄潜集》卷一五，第592页。
② 李焘：《长编》卷四〇七"元祐二年十一月是月"条，第9904页。
③ 吕公著：《论更张新法当须有术奏》，《全宋文》卷一〇九五，第50册，第313—314页。
④ 李焘：《长编》卷三八四"元祐元年八月辛卯"条，第9366—9367页。

党对待扭转"国用不足"之局面的一致性。王安石以"振乏绝,抑兼并"为口号而推行新法的前提和目的在于此,旧党反对"振乏绝,抑兼并",亦心系于此,两者殊途同归。

总之,三司与制置三司条例司之争、兼并与抑制兼并之争,是熙宁议定和推行新法之初,士大夫群体纷争不已的两个焦点,也是促成新旧两党的首要因素;而围绕这两个方面的论争,皆出自不同的政见,其实质属于政见之争。

第二章

君子小人之辨：北宋党争的理论依据与主体性格

南宋陈亮指出："方庆历、嘉祐，世之名士常患法之不变也；及熙宁、元丰之际，则又以变法为患。虽如两苏兄弟之习于论事，亦不过勇果于嘉祐之制策，而持重于熙宁之奏议，转手之间而两论立焉……"①造成这一现象，有其政治方面的原因，也有其深刻的文化因素。北宋党争不仅是一种政治现象，同时也是一种文化现象。促成北宋党争，尤其是新旧党争的，既在于不同的政见之争，又在于君子小人之辨。事实充分表明，君子小人之辨与不同政见之争是同步进行的，并始终成为朋党之争的理论依据。而区分君子与小人的标准是义与利。"义利之说乃儒者第一义"②，为北宋儒学的一个重要主题，也是当时士大夫经世致用的理论基石。从文化的角度观之，熙宁以前"世之名士常患法之不变"，熙宁以后"则又以变法为患"，并交相攻讦，导致党祸连接，文祸盛行，与君子小人之辨息息相关。

---

① 陈亮：《铨选资格》，《陈亮集》卷一二，第134页。
② 朱熹：《与延平李先生书》，《全宋文》卷五四六七，第244册，第236页。

北宋君子小人之辨，源自朋党论。就其理论本身而言，有着十分重要的意义和价值，也极大地激发了北宋文人志在当世的主体精神。然而，君子小人之辨，在指导朋党之争的过程中，则又极大地诱发了积淀于传统文化中的劣根性，进一步扭曲了文人的主体性格，普遍表现出喜同恶异、拒绝异端、排斥异己的党同伐异的行为模式，使之与学以致用、积极经世、舍我其谁的主体精神相伴而行、合而为一，形成了北宋士大夫社会中的一个鲜明特征，从而激化乃至毒化了基于变革救弊的思潮基础上的朋党之争。

第一节　君子小人之辨与朋党论

作为北宋儒学的重要主题，君子小人之辨并没有停留在概念的内涵与外延上，更主要的是用于解释和指导现实生活和政治斗争，而且，北宋君子小人之辨最初来自重新解释党争、公开宣扬"君子有党"的朋党论。宋初王禹偁《朋党论》云：

> 夫朋党之来远矣，自尧舜时有之。八元、八凯，君子之党也；四凶族，小人之党也。惟尧以德充化臻，使不害政，故两存之。惟舜以彰善明恶，虑其乱教，故两辨之。由兹而下，君子常不胜于小人，是以理少而乱多也。夫君子直，小人谀。谀则顺旨，直则逆耳。人君恶逆而好顺，故小人道长，君子道消也。[①]

---

① 王禹偁：《朋党论》，《全宋文》卷一五五，第8册，第43页。

这是北宋"君子有党论"的最初的理论形态。自汉至唐，朋党之争屡有发生，朋党论时有所闻，但《尚书·洪范》"无偏无党，王道荡荡；无党无偏，王道平平"①，《论语·为政》"君子周而不比，小人比而不周""君子群而不党"②的经典之说，深深地影响着官僚士大夫的观念世界，谁也不敢承认君子有党。西汉末年，刘向上书元帝避党之名，认为君子"忠于为国、无邪心"，故"不为比周"，"不为朋党"。③范晔为东汉末年的党人作《党锢列传序》，实际上是一篇朋党论，但文章认为他们仅因"清心忌恶"而"终陷党议"，并不视之为朋党。唐代李党党魁李德裕在《朋党论》中指出："今之朋党者，皆依倚幸臣，诬陷君子，鼓天下之动以养交游，窃儒家之术以资大盗（原注：大盗谓幸臣也。）。"④此即以"朋党"之名攻击政敌。而稍前的李绛则在指出"自古及今，帝王最恶者是朋党"的同时，认为唯"小人"有党，"朋党"一词常被小人用以"潜毁贤良"⑤。王禹偁则一反传统观念，提出了不仅小人有党，而且君子亦有党的全新见解，甚至将其理论依据溯至尧舜时的"八元、八凯"与"四凶族"。"八元、八凯"与"四凶族"是否果有其人其事并不重要，王禹偁以后，欧阳修《朋党论》、司马光《朋党论》（上、下篇）、苏轼《朋党论》、秦观《朋党论》（上、下篇）等政论文，都以此作为论据，其无非是为了说明君子党与小人党对垒相争，自远古便有之，借以重新解释汉唐，尤其是本朝统治阶级内部

---

① 孔安国传，孔颖达正义：《尚书正义》卷一二，《十三经注疏》，第403页。
② 何晏集解，邢昺疏：《论语注疏》卷二，《十三经注疏》，第5348页。
③ 班固撰，颜师古注：《汉书》卷三六《刘向传》，第1945页。
④ 李德裕：《朋党论》，《全唐文》卷七〇九，第7282页。
⑤ 李绛：《对宪宗论朋党》，《全唐文》卷六四五，第6526页。

的朋党之争。

不过，王禹偁《朋党论》的确切作年不详。据考，在"直史馆时作，至迟不晚于淳化二年"[①]。太宗端拱年间至淳化二年（988—991），以赵昌言为首的新进同年党和以赵普为首的元老派，吕蒙正及其同年和以寇准为代表的同榜进士之间，为了各自的政治利益，曾先后暗地结党，明争暗斗，相互倾轧[②]，这可能是王禹偁撰此《朋党论》，率先提出君子小人各自有党的现实动因。至仁宗朝，"君子有党论"的确立与朋党之争的因果关系，已昭然若揭。据《长编》卷一四八"庆历四年四月戊戌"条，庆历新政的反对派指使宦官蓝元震上疏攻击范仲淹等新政官僚云：

> 范仲淹、欧阳修、尹洙、余靖，前日蔡襄谓之"四贤"，斥去未几，复还京师。"四贤"得时，遂引蔡襄以为同列。以国家爵禄为私惠，胶固朋党，苟以报谢当时歌咏之德。今一人私党，止作十数，合五六人，门下党与已无虑五六十人。使此五六十人递相提挈，不过三二年，布满要路，则误朝迷国，谁敢有言？挟恨报仇，何施不可？九重至深，万机至重，何由察知？[③]

景祐三年（1036），范仲淹以言事忤宰相吕夷简，又作四论，讥切时政，蔡襄作《四贤一不肖》诗，赞扬范仲淹及其同志欧阳修、尹洙、余靖。吕夷简则"诉仲淹越职言事，荐引朋党，离间君臣"，

---

① 徐规：《王禹偁事迹著作编年》，第62页。
② 详见何冠环：《宋初朋党与太平兴国三年进士》，第24—40页。
③ 李焘：《长编》卷一四八"庆历四年四月戊戌"条，第3582页。

于是范仲淹贬知饶州，欧阳修贬知夷陵，并准侍御史韩渎"以仲淹朋党榜朝堂"之请①。庆历年间，范仲淹回朝主持新政，反对派重操故技，以"胶固朋党"之名攻范仲淹等新政官僚。不过，这种攻讦不完全是捕风捉影。在景祐贬范事件中，不少朝臣"以希文（范仲淹）贤者，得为朋党幸矣"，竟以身列范党为无上荣光，②而太子中允、馆阁校勘尹洙则自称与范仲淹"义兼师友"，竟"乞从降黜"③。庆历新政期间，范仲淹取得了宰相杜衍，枢密副使富弼、韩琦的大力支持，在周围又团结了欧阳修、苏舜钦、王益柔等一批朝臣；其中苏舜钦为杜衍之婿，他与王益柔又是范仲淹荐举的。如此等等，或多或少地表现出党同之迹。又《长编》卷一四八"庆历四年四月戊戌"条载：

> 上谓辅臣曰："自昔小人多为朋党，亦有君子之党乎？"范仲淹对曰："臣在边时，见好战者自为党，而怯战者亦自为党。其在朝廷，邪正之党亦然，惟圣心所察尔。苟朋而为善，于国家何害也？"④

范仲淹的回答，无疑承认了自己与君子同道而朋的行为，其目的在于正面驳斥政敌的朋党论，以释仁宗之惑，换取他对新政的全力支持。但范仲淹的"君子有党论"，语焉不详。同日，欧阳修进《朋党论》，则从理论上具体回答了仁宗提出的这个问题：

---

① 李焘：《长编》卷一一八"景祐三年五月丙戌"条，第2784页。
② 李焘：《长编》卷一一八"景祐三年四月丙戌"条，第2784页。
③ 李焘：《长编》卷一一八"景祐三年五月"附，第2786页。
④ 李焘：《长编》卷一四八"庆历四年四月戊戌"条，第3580页。

臣闻朋党之说，自古有之，惟幸人君辨其君子小人而已。大凡君子与君子，以同道为朋，小人与小人，以同利为朋，此自然之理也。然臣谓小人无朋，惟君子则有之，其故何哉？小人所好者禄利也，所贪者财货也，当其同利之时，暂相党引以为朋，伪也。及其见利而争先，或利尽而交疏，则反相贼害，虽其兄弟亲戚不能相保，故臣谓小人无朋，其暂为朋者，伪也。君子则不然，所守者道义，所行者忠信，所惜者名节，以之修身，则同道而相益，以之事国，则同心而共济，终始如一，此君子之朋也。故为人君者，但当退小人之伪朋，用君子之真朋，则天下治矣。①

认为"同道"与"同利"是君子与小人各自为党的"自然之理"，尚"道"与尚"利"便是君子与小人之党的根本区别所在。在欧阳修看来，"道义"与"禄利"具有悠久的生成时间和广阔的存在空间，在这个时空中，始终存在着分别追求"道义"和"禄利"的彼此对立的两个群体，所以，"君子与君子以同道为朋，小人与小人以同利为朋"，也就"自古有之"了。接着，欧阳修又以远古至唐代的朋党之争为依据，加以论证，并特地强调尧舜时，因退共工、驩兜等小人之朋，进八元、八恺君子之朋而"天下大治"；汉献帝尽取君子党人而"囚禁之"，"后方悔悟，尽解党人而释之，然已无救矣"；唐昭宗时，杀君子党人，"或投之黄河，曰：'此辈清流，可投浊流'，而唐遂亡矣"。用以证明"为人君者，但当退小人之伪

---

① 李焘：《长编》卷一四八"庆历四年四月戊戌"条，第3580—3581页；欧阳修：《朋党论》，《欧阳修全集》卷一七，第297页。

朋，用君子之真朋"对治世的重要性。为什么君子小人各自为党，自古皆然？其本质区别何在？又如何待之？这些重大问题，在王禹偁的《朋党论》中均无说明，欧阳修则做了透辟的阐述。需要说明的是，其"小人无朋"之说与北宋其他朋党论者相比，有独特之处，亦更走向了"君子周而不比，小人比而不周"的反面，但并不意味着否定小人党的存在，只是为了刻意说明君子结党的合理性和必要性而做出的一种反衬，确切地说，是为了回答仁宗提出的"小人多为朋党，亦有君子党乎"的问题，从理论上彻底击败目前"以同利为党"的政敌，保证庆历新政的继续实施。

在先秦，作为区分不同群体的一对范畴，"君子"与"小人"有着不同的指向，有时用以划分不同阶级或阶层的群体，即统治者为君子，被统治者为小人；有时则用以区分不同人格的群体，即《论语·里仁》所谓"君子喻于义，小人喻于利"[①]。而"义利之说，乃儒者第一义"，尚义弃利是传统儒学的价值取向。欧阳修在王禹偁《朋党论》的基础上明确提出君子之党"所守者道义"，小人之党"所好者禄利"，以义与利作为甄别统治阶级内部成员的不同追求和不同人格的标准，既出于当时政治斗争的需要，又合乎儒学的价值取向。所以，其"君子有党论"虽然有违"君子群而不党"的经典之说，但不是对儒学的背弃，而是对儒家文化的继承和发展，在宣扬君子结党的合理性与必要性的同时，给传统的君子小人之辨注入了新的时代内涵。

其实，这也是当时振兴儒学的思想产物。北宋儒学的中兴始于庆历年间，其标志既在于"庆历之际，学统（儒学派别）四起"[②]，

---

① 何晏集解，邢昺疏：《论语注疏》卷四，《十三经注疏》，第5367页。
② 全祖望：《宋元儒学案序录》，黄宗羲撰，全祖望补修《宋元学案》卷首，第2页。

又在于开始发明儒典精义，使汉唐注疏之学转向了义理之学。朱熹在论及欧阳修《诗本义》时指出：

> 理义大本复明于世，固自周程，然先此诸儒亦多有助。旧来儒者不越注疏而已，至永叔（欧阳修）原父（刘敞）孙明复（复）诸公，始自出议论，如李泰伯（觏）文字亦自好。此是运数将开，理义渐欲复明于世故也。①

所谓"不越注疏"，就是指墨守汉儒为经书所作的传注而不敢异议；"旧来儒者"当包括了庆历以前的学者。对此，吴曾亦有明言："庆历以前，学者尚文辞，多守章句注疏之学。"②庆历之际，学者开始跨越章句注疏之域，"始自出议论"，发明义理之学，颇得儒典精义。朱熹又云：

> 国初人便已崇礼义，尊经术，欲复二帝三代，已自胜如唐人，但说未透在。直至二程出，此理始说得透。③

"国初人"，即其前所称欧阳修、刘敞、孙复诸人。欧阳修等人"崇礼义，尊经术，欲复二帝三代"，正为庆历间儒者发明的"道"，程颐说："欲趋道，舍儒者之学不可。"④并认为"欲趋道"，须先注意个体的心性修养："凡学之道，正其心，养其性而已。中正则诚，

---

① 黎靖德编：《朱子语类》卷八〇，第2089页。
② 吴曾：《能改斋漫录》卷二，《全宋笔记》第36册，第91页。
③ 黎靖德编：《朱子语类》卷一二九，第3085页。
④ 程颐：《河南程氏遗书》卷一八，程颢、程颐《二程集》，第187页。

则圣矣。君子之学必先明诸心，知所养（一作"往"）然后力行以求至，所谓自明而诚也。"①学者诚意、正心、养性，即可成就圣人人格，进而可复二帝三代之礼义。朱熹所谓"直至二程出，此理始说得透"，当即此意。程氏的"道"或正心养性的"君子之学"，是程氏洛学的基本内容，但其要义却与欧阳修在《朋党论》中提出的君子用以"修身"的"道义"并无二致。换言之，欧阳修的君子小人之辨，一反经典之说，公然宣扬"君子有党论"，并认为君子"所守者道义"，故"用君子之真朋，则天下治"，虽于理义"说未透在"，但亦不失为朱熹所谓"始自出议论"而"崇礼义，尊经术，欲复二帝三代"的表现之一。

与此同时，朱熹将"理义渐欲复明于世"即儒学始兴的原因，归结为"运数将开"。所谓"运数将开"，主要是指中央集权深入贯彻后，作为政治主体的文人对儒家传统文化开始觉醒，试图重构中央集权所需要的社会道德准则和社会政治理想。欧阳修《新五代史》卷五四《冯道传》序论云：

> 传曰："礼义廉耻，国之四维；四维不张，国乃灭亡。"善乎，管生之能言也！礼义，治人之大法；廉耻，立人之大节。盖不廉，则无所不取；不耻，则无所不为。人而如此，则祸乱败亡，亦无所不至，况为大臣而无所不取不为，则天下其有不乱，国家其有不亡者乎！予读冯道《长乐老叙》，见其自述以为荣，其可谓无廉耻者矣，则天下国家可从而知也。②

---

① 程颐：《颜子所好何学论》，《伊川先生文集》卷八，程颢、程颐《二程集》，第577页。
② 欧阳修撰，徐无党注：《新五代史》卷五四《冯道传》，第611页。

五代时期，干戈纷纷，"天下荡然，莫知礼义为何物矣"①，儒学衰竭，礼义忠信，荡然无存。冯道历仕四朝，三入中书，居相二十余年，晚年自作《长乐老叙》云："孝于家，忠于国，为子、为弟、为人臣、为师长、为夫、为父、有子、有孙。时开一卷，时饮一杯，食味、别声、被色，老安于当代，老而自乐，何乐如之？"但当其卒后，"时人皆共称叹，以谓与孔子同寿，其喜为之称誉盖如此"②。至开宝七年（974），薛居正等人在编写《五代史》（即《旧五代史》）时，虽仍称颂冯道"郁有古人之风"，"深得大臣之体"，但严厉责斥其"事四朝，相六帝，可得为忠乎！夫一女二夫，人之不幸，况于再三者哉"③！由此可知，随着中央集权的重建，儒家提倡的尊王忠君之礼义，再次被运用到历史人物的评价中。欧阳修则不仅从"礼义"而且从"廉耻"的角度，对冯道的为人做了彻底的否定；而将"礼义廉耻"视为"国之四维"，同国家的兴亡联系起来，已不完全出于对五代历史的评价，更主要的是出于中央集权深入贯彻后的现实需要。赵宋建国后，虽实现了大一统，但"天下之士有二党焉，其一曰：我发必危言，立必危行，王道正直，何用曲为？其一曰：我逊言易入，逊行易合，人生安乐，何用忧为？斯二党者，常交战于天下，天下理乱，在二党胜负之间尔"④。既有"危言""危行"，以挽狂澜为己任的卓尔不群之士，又有"逊言""逊行"，以"人生安乐"为目的的不廉不耻之群，使"天下理乱"

---

① 司马光：《谨习疏》，《司马光集》卷二二，第2册，第605页。
② 欧阳修撰，徐无党注：《新五代史》卷五四《冯道传》，第614—615页。
③ 薛居正等：《旧五代史》卷一二六《冯道传》，第1666页。
④ 范仲淹：《上资政晏侍郎书》，《范仲淹全集》文集卷一〇，第201页。

于二者的交战之中。因此，必须全面振兴儒家传统文化，建立起儒家倡导的社会道德准则，否则，很难巩固业已深入贯彻的中央集权。欧阳修将以"礼义廉耻"为具体内容的士大夫个人的道德修养同国家兴亡联系起来的主要前提，便在于此，以"礼义廉耻"作为在中央集权下士大夫社会的道德准则之意，亦昭然若揭。

重建儒家倡导的"礼义廉耻"的道德准则，既出于维护和巩固中央集权的需要，又是文人成为政治主体后的社会理想和价值意识的体现。率先将这一理想和意识付诸实践而成为文人之典范的是范仲淹。史称范仲淹"每感激论天下事，奋不顾身，一时士大夫矫厉尚风节，自仲淹倡之"①，而其"先天下之忧而忧，后天下之乐而乐"的献身精神，更是激励和感染了一代士风，张扬了儒学所大力提倡的"士不可以不弘毅，任重而道远。仁以为己任，不亦重乎！死而后已，不亦远乎"②的当世之志和精神风貌。庆历新政就是在这一文化背景下展开的。然而庆历新政引起了激烈的朋党之争。为此，欧阳修作《朋党论》，严辨君子小人，公然宣扬"君子有党论"和君子结党的合理性及必要性，既是对范仲淹等新政官僚以天下为己任的精神和行为的总结，又是对儒学复兴后在具体的政治实践过程中的理论阐发，体现了北宋儒学的社会政治理想和价值意识。欧阳修以后，撰文呼应者不绝于时。嘉祐元年（1056），司马光在《越州张推官字序》中指出：

> 天下之事，未尝不败于专而成于共。专则隘，隘则暌，暌

---

① 脱脱等：《宋史》卷三〇四《范仲淹传》，第10268页。
② 何晏集解，邢昺疏：《论语注疏》卷八，《十三经注疏》，第5401页。

则穷;共则博,博则通,通则成。故君子修身治心,则与人共其道;兴事立业,则与人共其功;道隆功著,则与人共其名;志得欲从,则与人共其利。是以道无不明,功无不成,名无不荣,利无不长。小人则不然,专己之道而不能从善服义以自广也;专己之功而不能任贤与能以自大也;专己之名而日恐人之胜之也;专己之利而不欲人之有之也。是以道不免于蔽,功不免于楛,名不免于辱,利不免于亡。此二者,君子小人之大分也。①

这一君子小人之辨与欧阳修《朋党论》如出一辙。

综上所述,不妨说欧阳修《朋党论》以"道义"和"禄利"为标准,对统治阶级内部的君子之党和小人之党所做的理论探索,不仅标志着北宋"君子有党论"的确立,同时又为北宋儒学的社会政治理想和价值意识的全面形成,建构了最初的理论框架。庆历以后,宋学家关于君子与小人、义与利以及由此引发的善与恶、邪与正之辨,便是在这个框架基础上展开并加以深化和系统化的,同样也用于解释和指导现实中的朋党之争。

第二节 君子小人之辨与党同伐异的主体性格

作为振兴儒学的思想产物,君子小人之辨以及在君子小人之辨基础上形成的"君子有党论",虽然有其重要的理论意义和价值,对发扬和光大传统儒家文化,激发志在当世的主体精神,也具有重要的推进之功,但从实际的政治后果观之,其消极作用却远远大于

---

① 司马光:《越州张推官字序》,《司马光集》卷六四,第3册,第1331—1332页。

积极的一面。对此，宋人已为道出。元祐四年（1089），范纯仁进《上哲宗论不宜分辨党人有伤仁化》疏云：

> 窃以朋党之起，盖因趋向异同。同我者谓之正人，异我者疑为邪党。既恶其异我，则逆耳之言难至；既喜其同我，则迎合之佞日亲。以至真伪莫知，贤愚倒置，国家之患，何莫由斯。①

元祐四年，元祐党人为置元丰大臣蔡确于死地，炮制"车盖亭诗案"，并借此根除熙丰党人。范纯仁因反对"以语言文字之间暧昧不明之过，诛窜大臣"和因蔡确"傍及枝叶"，倾轧新党②，故有此疏。所谓"正人"，即君子；"邪党"则为小人。此疏指出了作为义理之学的君子小人之辨被转化为"同我者谓之正人，异我者疑为邪党"的具体的人事关系，以及由此形成的喜同恶异、党同伐异的主体性格和行为模式，因而造成了"逆耳之言难至""迎合之佞日亲"的现象，并认为"国家之患，何莫由斯"！

熙宁以来由王安石变法引起的新旧党争，"皆缘国事"③、"皆主于救国"④，属于不同的政见之争；君子小人之辨则是为了弘扬儒学的社会政治理想和价值意识，为了"天下治矣"。前者体现了士大夫志在当世、舍我其谁的精神，后者则是经世治国的理论基

---

① 范纯仁：《上哲宗论不宜分辨党人有伤仁化》，赵汝愚《宋朝诸臣奏议》卷七六，第829页。
② 脱脱等：《宋史》卷三一四《范纯仁传》，第10288页。
③ 王安石：《答吕吉甫书》，《王安石文集》卷七三，第4册，第1272页。
④ 柳诒徵：《中国文化史》，第519页。

石，两者是互为表里、相得益彰的。那么，为什么会转化为喜同恶异、党同伐异的主体性格和行为模式呢？就其文化积淀而言，促成这个转化过程的要素，主要来自以下两个方面。

（一）来自传统文化中的线性思维方式

君子小人之辨是对尚道义之君子的推崇和对逐禄利之小人的贬斥，诚然体现了士大夫在经世治国中对儒家道德规范的自律和对理想人格的追求，以达到"同道而相益""同心而共济"的目的，但由于区分君子与小人的标准仅义利而已，义利只是一个十分抽象而又极端化的概念，所以无论用它评价个体人格，还是用它划分社会群体，都处于相互对立、相互排斥的状态之中，而任何一种理论的产生，都离不开其思维方式。确立于欧阳修而盛行于熙宁以后的、用于解释和指导朋党之争的两极理论君子小人之辨，则是中国传统文化中线性思维的产物，是线性思维构成了该理论本身的严重缺陷。

关于线性思维的特征，金克木先生曾做有精辟的分析，他说："就我们中国人熟悉的说，思维往往是线性的，达不到平面，知道线外还有点和线也置之不顾。只愿有一，不喜有二，……这种思维中的线实际上是单一线。线外一点上说是有线好像彼此平行，不过是虚设，真正心中承认的只有一条直线。……所以天理、人欲、正派、邪说，左、右、前、后，说是两点，实际只有一点。从来不容两线平行，承认的是一个否定另一个，一实一虚，一真一假；有此无彼，非全宁无，所谓'你死我活'是也。太极生两仪，再生四象、八卦，千变万化不离其宗，万法归一。孔子曰：'吾道一以贯之。'平行线不是两条或多条而是只有一条单行线。这条线是有定向的。一方为正号，是我。一方为负号，是反对我的，异己的。我是对的，所以对的都是我的。反我的是错的，所以错的都不是我的。"①因此在君子与小人的道德评价和人格区分上，唯有"君子喻于义，小人喻于利"的正、负两极连成的一条单一的直线。义为善之本，善则仁、则忠、则直；利为恶之源，恶则邪、则奸、则谀，万变不离其宗。换言之，无论用以评价个体人格，抑或用以解释统治阶级内部成员的朋党之争，都不可能是平面的，而是非此即彼式的。一个人一旦被称誉为"君子"，就意味着对其人格的毫无保留的肯定，倘若被视作"小人"，即便不乏善举，饶有政绩，亦会被人抹杀无遗。一旦落实到士大夫因政见、缘国事而分化、而组合的群体关系时，亦只能非此即彼地划分君子之党和小人之党两个极端，而身处这条直线两端的群体，"只愿有一，不喜有二"，同我者君子，异我者小人，"有此无彼，非全宁无"。因此，喜同恶异、党同伐异的主体性格和行为模式，也就应运而生了。

（二）**根植于传统文化中的排他性心理和性格**

如果说，用以划分统治阶级内部成员因政见不同而形成的政治群体的君子小人之辨，其构成的基本要素来自该学说本身的思维方式，是其线性思维带来了无法克服的理论缺陷；那么这个非此即彼的两极理论得以盛行的另一根源，则在于传统文化中的排他性心理和性格。

排他性早在儒学的集大成者孔子身上就有所表现了。《论语·卫灵公》云："道不同不相为谋。"②同书《为政》篇又曰："攻乎异端，斯害也已！"③所谓"异端"就是不同的主张，亦即不同的道。

---

① 金克木：《文化呓言》，第13—14页。
② 何晏集解，邢昺疏：《论语注疏》卷一五，《十三经注疏》，第5471页。
③ 何晏集解，邢昺疏：《论语注疏》卷二，《十三经注疏》，第5348页。

在孔子看来，对于异端异道，必须加以排斥而不可存有"它山之石，可以攻玉"的心理。否则祸害毕至，道将亡焉。孔子所说的"道"是不同于其他学派的学术思想之根本所在，排斥异端是儒家学派固其根本的关键，亦是儒学的一项心理原则。不过，在先秦，这项原则也时为其他学派所坚持。《史记》卷六三《老子韩非子列传》说："世之学老子者则绌儒学，儒学亦绌老子。'道不同不相为谋'，岂谓是邪？"[①]即为一例。先秦以后，排他性作为一种历史积淀，既不断作用于学术领域，又渗透到了人们的观念和行为之中，构成了中国士人传统文化心理和性格的一部分。一旦际遇政治上的朋党之争，这部分心理和性格就很快地凸现出来，成为朋党之间相互排击、相互倾轧的主要驱动力。北宋党争虽然与东汉党锢、唐代牛李党争的性质迥然有别[②]，但同样十分明显地表现出"道不同不相为谋"的排他性文化心理和性格，从而推进了同我者君子、异我者小人的思维逻辑的发展，使之越陷越深。反言之，作为党争的理论依据，非此即彼式的君子小人之辨极大地诱发和强化了积淀于传统文化中的那部分排他性心理和性格，两者相并而行，相互激发。

因此，当君子小人之辨被运用到具体的政治实践，解释和指导朋党之争时，不仅缺乏赖以立论的现实依据而表现出捉襟见肘之弊，同时必将导致士大夫之间的党同伐异，激化统治阶级内部的矛盾和斗争。这一点，在"君子有党论"确立之初，就有了明显的表现。

---

① 司马迁：《史记》卷六三《老子韩非子列传》，第2143页。
② 东汉党锢是阉寺势力迫害士人官僚群的一场政治斗争。唐代牛李党争是因"其根本在两晋、北朝以来，山东士族与武高宗、武则天之后由进士词科进用之新兴阶级，两者互不相容"（陈寅恪：《唐代政治史述论稿》，第87页）而展开的。

上节已表明，自景祐间吕夷简指责范仲淹"荐引朋党，离间君臣"，至庆历新政的反对者指使蓝元震以"朋党"之名相攻讦等一系列事件，是欧阳修提出"君子有党论"，并加以理论探索的契机。这就决定了其君子小人之辨的目的，不仅在于重新解释党争的历史，还在于指导现实中的政治斗争，故而其赖以立论的依据亦主要来自现实，即主要依据现实政治斗争中士大夫的道德人格划分为君子党和小人党两个极端化的群体。如庆历三年（1043）九月范仲淹回朝实施新政之际，欧阳修上疏弹劾吕夷简"罪恶满盈"，唯利是图，是个十足的奸邪小人；[①]庆历五年（1045）三月，欧阳修为包括自己在内的范仲淹新政官僚所作的辩护词也说明了这一点，他说："去一善人而众善人尚在，则未为小人之利，欲尽去之，则善人少过，难为一二求瑕，惟指以为朋党，则可以一时尽逐。"[②]因为，"自古及今，帝王最恶者是朋党"[③]，故"惟指以为朋党"，善

---

① 李焘：《长编》卷一四三"庆历三年九月丁卯"条，第3444页。
② 李焘：《长编》卷一五五"庆历五年三月是月"条，第3764页。
③ 李绛：《对宪宗论朋党》，《全唐文》卷六四五，第6526页。按：仁宗对所谓"君子之党"也是心存芥蒂的。就在欧阳修上《朋党论》的前一月，仁宗在迩英阁出御书十三轴，凡三十五事，"辨朋比"即为其中之一。（《长编》卷一四七"庆历四年三月己卯"条，第3566页）又范仲淹荐举名列景祐"四贤"的尹洙，而"洙竟不召，亦不迁"（《长编》卷一四七"庆历四年三月是月"条，第3571页），这也说明，仁宗在任用改革者试图有所作为时，对"同道"之党也是严加防范的。故庆历四年（1044）六月，谣言四起，范仲淹托河东有警而请求离开朝廷时，仁宗未予固留，任其一走了之。同年十一月，又专门下诏："朕闻至治之世，元、凯共朝，不为朋党……朕昃食厉志，庶几古治，而承平之弊，浇竞相蒙，人务交游，家为激讦，更相附离，以沽声誉，至或阴招贿赂，阳托荐贤。……自今委中书、门下、御史台采察以闻。"（《长编》卷一五三"庆历四年十一月己巳"条，第3718页）这实际上彻底反驳了范仲淹、欧阳修的"君子有党论"，也给庆历新政以最后的判决。

人"则可以一时尽逐"。而其所谓"善人",显然是指以范仲淹为首的君子之党,"小人"则为庆历新政的反对派,亦即其《朋党论》所谓的"见利而争先,或利尽而交疏,则反相贼害,虽其兄弟亲戚不能相保"的小人之伪朋,但事实上并非全然。就吕夷简而言,其"罪莫大于因私惑而预瑶华之议(参与仁宗废郭后),因边事而忌富弼之能";其"功莫大于释仲淹之宿怨,容孙沔之直言"①,而且夷简再入相,帝谕仲淹使释前憾。仲淹顿首谢曰:"臣乡论盖国家事,于夷简无憾也。"②庆历新政实施后,"以为难行"③的论者,主要有章得象、贾昌朝、宋祁、王拱辰、张方平、刘元瑜、钱明逸等人,也是他们结成一党,反对新政,并于庆历四年(1044)炮制"进奏院狱",借以将范仲淹新政官僚一网打尽。④但他们并非都是见利忘义之徒,其中为首者章得象自景祐以来,"在中书八年,畏远名势,宗党亲戚,一切抑而不进"⑤,不乏君子风范。他们攻讦和倾轧"范党",使之"一时尽逐",原因是多方面的,但与欧阳修的君子小人之辨不无关系,史称其分辨君子小人的理论,"为朋党者益恶焉"⑥,便指出了这一点。或者说,欧阳修严辨君子小人,固然是为了排除政敌的干扰,维护救弊图治的庆历新政,体现了志在当世的精神,但由于在划分君子党与小人党中,既缺乏足够的现实依据,又以君子自居而斥对方为小人,致使政敌"益恶焉",从而激

---

① 吕中:《宋大事记讲义》卷八"宰相""执政"条,第19b—20a页。
② 脱脱等:《宋史》卷三一四《范仲淹传》,第10270页。
③ 李焘:《长编》卷一五〇"庆历四年六月壬子"条,第3637页。
④ 详陈邦瞻:《宋史纪事本末》卷二九《庆历党议》,第231—250页。
⑤ 李焘:《长编》卷一五五"庆历五年四月戊申"条,第3769页。
⑥ 李焘:《长编》卷一五五"庆历五年三月是月"条,第3766页。

化了矛盾，在一定程度上加速了庆历新政的失败。在庆历党争中，范仲淹、欧阳修等新政官僚明显具有一种"君子有党"的党派意识，作为其对立面即新政的反对派在行为上虽结成一党，而在意识上却不承认自己有党，而且将"朋党"一词作为攻击"范党"的主要依据。至熙宁以后的新旧党争，情况有所变化。两党在交争中，不仅政见相左，各不相能，同时双方都明显具有党派意识，也都以君子自居。熙宁二年（1069）二月，在制置三司条例司刚设立，王安石与同道始议新法之际，富弼便上疏将王安石等人一概视作"不耻不仁，不畏不义，不见利不劝，不威则不惩"的小人，加以贬斥，进而指出：

> 夫内外大小之官，所以致其不和者何哉？止由乎君子小人并处其位也。盖君子小人，方圆不相入，曲直不相投，贪廉进退不相侔，动静语默不相应，如此而望议论协和，政令平允，安可得邪？安可幸而致邪？……必无两立之理。①

王安石是否属于"小人"，历史早有定论。参与王安石变法的官僚，在道德修养、人格品质上，良莠夹杂、参差不齐，但在熙宁二年（1069）二月，即便是吕惠卿，尚未表现出小人行径，况且，嘉祐六年（1061），欧阳修在举荐吕惠卿充馆职时，还称其"材识明敏，文艺优通，好古饬躬，可谓端雅之士"②。富弼因与王安石政见不合而有以上奏论，并提出了君子小人不可并处、不可两立之理。熙

---

① 富弼：《论辨正邪奏》，《全宋文》卷六〇六，第28册，第373—374页。
② 欧阳修：《举刘攽吕惠卿充馆职札子》，《欧阳修全集》卷一一三，第5册，第1715页。

宁四年（1071），富弼因阻拦新法的实施，被罢使相，改判汝州，王安石犹未甘心，谓"弼虽责，犹不失富贵。昔鲧以方命殛，共工以象恭流，弼兼此二罪，止夺使相，何由沮奸"①，乃斥弼归洛，在王禹偁、欧阳修的《朋党论》中，共工在"四凶族"，属小人党。此喻富弼，正与富弼一样，以君子自居而斥对方为小人，相互攻讦，势不两立。这说明了在政见相左、各不相能的交争中，双方均以君子小人为理论依据，也典型地体现了在非此即彼的线性思维下的排他性文化性格和党同伐异的作风。

随着新旧党争的日渐激烈，士大夫之间的情绪日趋对立，党同伐异、相互攻讦之风日炽。在理论上，又从原先的君子小人不可并处发展到必相排斥的"自然之理"。《资治通鉴》卷二四五记唐大和八年（834）文宗每叹"去河北贼易，去此间朋党难"时，以"臣光曰"的形式发论曰：

> 夫君子小人之不相容，犹冰炭之不可同器而处也。故君子得位则斥小人；小人得势则排君子。此自然之理也。②

熙宁三年（1070），司马光因反对新法，遭新党排斥，故自请离朝，次年，退居洛阳，编写《资治通鉴》，至元丰末年完稿。这段文字表面上用以解释历史，实则有感于熙丰党争而发。或者说，它给现实中的君子小人两党之争赋予了历史依据，把历史作为现实中的君子之党与小人之党交争的参照系。所以，当司马光元祐回朝任相，主持朝政后，这一"自然之理"便成了他施政的基本思路和方针，

---

① 脱脱等：《宋史》卷三一三《富弼传》，第10256页。
② 司马光：《资治通鉴》卷二四五，第7899页。

在尽废新法的同时,全力排斥熙丰小人之党,使原先的不同政见之争开始全面向意气化倾向转化,致使"浇风一扇,名实大乱"。对此,罗从彦不无感慨地说:

> 光之相也,天子幼冲,太皇太后临朝,天下之事听其所为,其所改法令,无不当于人心者,惟去元丰间人与罢免役二者失之。夫天下之士未有甘自为小人者也,御之得其道,则谁不可使者?今皆指为党人,使不得自新,人情天理,岂其然乎?故浇风一扇,名实大乱,世所谓善人君子者,特贾祸耳,可胜叹哉!①

这里上文用"小人",下文用"党人",两词同义,可以互易,即指熙丰新党人物。罗从彦是南渡后将"靖康之难"归咎于王安石变法的论者之一②,对司马光多有推尊褒颂之辞,但上列文字,不乏平实之论。"世所谓善人君子者,特贾祸耳",是指元祐党人因炮制"车盖亭诗案",借以置蔡确于死地和根除熙丰新党势力而遭绍圣新党的报复性倾轧。对此,后世论者往往将炮制"车盖亭诗案"之举孤立起来,认为因少数人"不知国体"所致。如邵伯温云:"刘挚、梁焘、王岩叟、刘安世忠直有余,然疾恶已甚,不知国体,以贻后日缙绅之祸……"③所指即为诸人炮制"车盖亭诗案";朱熹也认为刘安世等人,"不知以诗治人不当","遂起大祸",若"温公

---

① 罗从彦:《遵尧录》卷七"司马光"条,《全宋笔记》第24册,第276页。
② 其论详见罗从彦:《遵尧录》序,《全宋笔记》第24册,第185—186页。
③ 脱脱等:《宋史》卷四三三《邵伯温传》,第12853页。

(司马光)治时，必不如此"①，罗从彦将元祐党人"特贾祸"与司马光执政后力排熙丰小人的"浇风"联系起来，较邵伯温、朱熹等人的说法更全面，也较全面地揭示了新旧两党在党同伐异、相互排击中的互动关系。事实上，刘安世、梁焘等人"不知国体""以诗治人"，是对司马光在君子小人之两极理论下的既定思路和方针的极端发展，进而言之，是士大夫自欧阳修严辨君子小人以来而形成的党同伐异的主体性格和行为模式不断发展的产物。而这种性格和行为不仅体现在刘安世等"以诗治人"上，在整个元祐时期，也屡有所见。王明清《挥麈录余话》卷一载：

> 元丰末，章子厚（惇）为门下侍郎，以本官知汝州（时在元祐二年闰二月）。时钱穆父（勰）为中书舍人，行告词云："鞅鞅非少主之臣，悻悻无大臣之操。"子厚固怨之矣。元祐间，穆父在翰苑，诏书中有"不容群枉，规欲动摇"以指子厚，尤以切齿。绍圣初，子厚入相，例遭斥逐。穆父既出国门，蔡元度（卞）饯别，因诵其前联云："公知子厚不可撩拨，何故诋之如是？"穆父愀然曰："鬼劈口矣。"元度曰："后来代言之际，何故又及之？"穆父笑曰："那鬼又来劈，一劈了去。"②

元祐元年（1086）二月，章惇据理与司马光力争免役法，遭到司马光安排就位的承风希旨的台谏官的肆意攻伐，被斥为"奸邪小人"，出知汝州（说详第三章）。钱勰告词题为《正议大夫知枢密院事章

---

① 黎靖德编：《朱子语类》卷一三〇，第3107页。
② 王明清：《挥麈录余话》卷一，《全宋笔记》第57册，第316页。

惇知汝州》，载《宋文鉴》卷四〇①。其诋章惇，为时势使然。第二次代言，在元祐四年（1089）"车盖亭诗案"结案后。元祐党人为了进一步打击和根除新党势力，对已贬的新党人物重加贬斥，章惇被劾与蔡确"公然朋比"②，动摇朝政，降授通议大夫、提举杭州洞霄宫。钱勰将二次诋章，比喻为"鬼劈口"，则形象地表达了自己和整个元祐党人在君子小人之辨下的性格和行为特征，也说明了章惇再次执政后对他进行报复的原因。又朱彧《萍洲可谈》卷一载：

> 元祐初，吕惠卿责建州，苏轼行词有云："尚宽两观之诛，薄示三危之窜。"其时士论甚骇闻。绍圣初，苏轼再责昌化军，林希行词云："赦尔万死，窜之遐陬，虽轼辩足以惑众，文足以饰非，自绝君亲，又将谁憝。"或谓已甚，林曰："聊报东门之役。"③

据朱弁《曲洧旧闻》卷七，吕惠卿贬建州的"行词"，本命刘攽草制，苏轼却"呼曰：'贡父（攽）平生作刽子，今日才斩人也。'贡父急引疾而出。东坡一挥而就"④，不论这段记载真实与否，苏轼确实充当了"斩人"之"刽手"，而其所"斩"的对象，的确是个典型的小人。吕惠卿的小人品格，主要体现在对待王安石的关系上。在王门中，吕惠卿是王安石最为器重的一个。因为有王

---

① 按：《宋文鉴》卷四〇"悻悻无大臣之操"作"硁硁无大臣之节"，第606页。
② 李焘：《长编》卷四二八"元祐四年五月丁酉"条，第10343页。
③ 朱彧：《萍洲可谈》卷一，第117—118页。
④ 朱弁：《曲洧旧闻》卷七，第186页。

安石的器重和提携,加之在变法前期表现出来的异常坚定与积极,吕惠卿在政治上迅速发迹。史称王安石第一次罢相时,"惠卿使其党变姓名,日投匦上书留之。安石力荐惠卿为参知政事,惠卿惧王安石去,新法必摇,作书遍遗监司、郡守,使陈利害"①。可见王安石对吕惠卿信任之笃和吕惠卿对新法用情之专。然而,吕惠卿在任参知政事后,"得君怙权,虑荆公复进"②,故在王安石居金陵期间,就施展手段,排挤王安石。王安石复相后,吕惠卿时而无故生非,与王安石产生摩擦,进而丑化王安石形象,力图破坏神宗对王安石的印象,从而达到固宠保位的目的。在争论《三经新义》的部分内容的解释时,吕惠卿又借题发挥,对王安石滥加非毁之辞,复以去相位要挟③,最终发展到离心离德,反目成仇。吕惠卿也因此遭到神宗的贬斥,元丰间一直在外任地方官。苏轼作吕惠卿贬词,是为了严正吕惠卿在推行新法中犯下的"滔天之罪,永为垂世之规"④,使之永世不得翻身,其中亦当包含了对吕惠卿因固持官位禄利而忘恩负义之举的蔑视心理,但其用语不免太重,连其同党范纯仁亦以为"过诋惠卿"⑤,且有落井下石之嫌。绍圣初,林希为"报东门之役",作苏轼贬词,用语更甚,实更有过之而无不及。而后世论者则往往专斥林希极小人丑诋之能事⑥,又《宋史》卷三四

---

① 脱脱等:《宋史》卷四七一《吕惠卿传》,第13706页。
② 魏泰:《东轩笔录》卷五,第55页。
③ 李焘:《长编》卷二六六"熙宁八年七月癸未"条,第6532—6534页;同书卷二六八"熙宁八年九月辛未"条,第6563—6568页。
④ 苏轼:《吕惠卿责授建宁军节度副使本州安置不得签书公事制》,《苏轼文集》卷三九,第1100页。
⑤ 黄以周等辑注:《续资治通鉴长编拾补》卷九"绍圣元年正月壬子"条,第402页。
⑥ 周煇撰,刘永翔校注:《清波杂志校注》卷六"苏林交情凶终"条,第267页。

三 《林希传》云：

> 自司马光、吕公著、（吕）大防、刘挚、苏轼、（苏）辙等数十人之制，皆希为之，词极其丑诋，至以"老奸擅国"之语，阴斥宣仁，读者无不愤叹。一日，希草制罢，掷笔于地曰："坏了名节矣。"①

林希是否真的因"坏了名节"而自我忏悔，并不重要，重要的是林希的这种小人之举，与司马光的"更化"政治下钱勰的"鬼劈口"和苏轼的落井下石一样，并非个人行为，亦非出于偶然，而是当时士大夫群体在君子小人之辨下普遍形成的党同伐异之性格和行为模式的具体体现，来自新旧两党相互排击的互动之中。《宋宰辅编年录校补》卷一〇"绍圣元年四月壬戌"条引《丁未录·陈瓘传》：

> 绍圣初，章惇以宰相召，道过山阳，与陈瓘适相遇。惇素闻瓘名，独请登舟，共载而行，访以当世之务曰："计将安出？"瓘曰："请以所乘舟以喻，偏重其可行乎？或左或右，其偏一也。明此，则可行矣。"惇默然未答。瓘复曰："上方虚心以待公，公必有以副上意者。敢问将欲施行之序，以何事为先？何事当急？谁为君子？谁为小人？谅有素定之论，愿闻其略。"惇复伫思良久曰："司马光奸邪，所当先辨，无急于此！"②

---

① 脱脱等：《宋史》卷三四三《林希传》，第10913页。
② 徐自明撰，王瑞来校补：《宋宰辅编年录校补》卷一〇"绍圣元年四月壬戌"条，第620页。

所谓辨司马光"奸邪","无急于此",实际上就要将打击元祐党人作为当务之急。绍圣、元符年间,大量元祐党人被流放远恶军州的事实表明,新党重新执政后,完全实施了章惇的这一既定思想和方针。章惇复起之际,便以君子自居,以打击司马光等元祐党人之奸邪为急务,固然是庆历以来盛行的君子小人之辨的驱使下党同伐异的表现之一,但其前提却"实基于元祐嫉恶太甚焉"①,是重复了司马光执政后对待新党时恪守不渝并身体力行的"君子小人之不相容,犹冰炭之不可同器而处也。故君子得位,则斥小人"的"自然之理",以其人之道,还治其人之身。

　　走极端和不可调和,是线性思维下士大夫党同伐异的性格和行为的表现特征,亦是君子小人之辨的必然结果。这不仅激化了统治阶级内部矛盾和斗争,而且导致了士大夫被迫害、被流放的悲剧命运。因此,在意气倾轧后,头脑转为清醒的官僚曾试图改变这种思维方式和行为特征。元祐五年(1090),"宰相吕大防与中书侍郎刘挚建言,欲引元丰党人,以平旧怨,谓之'调停'"②;"建中靖国改元,当国者欲和调元祐、绍圣之人,故以'中'为言"③。"调停"与"和调"都是为了取乎"中","中"包含了中庸的意思。就思维方式而言,中庸与线性思维不同,"中"者,无过而无不及也,而不是非此即彼,你死我活,然而,欲走中庸之道的"调停"并非出于主动。"车盖亭诗案"结案后,蔡确被贬往岭南新州,范纯仁曰:"此路荆棘,七八十年矣,奈何开之,吾侪正恐亦不免耳!"④

---

① 王明清:《玉照新志》卷一,《全宋笔记》第58册,第51页。
② 徐自明撰,王瑞来校补:《宋宰辅编年录校补》卷九,第578页。
③ 脱脱等:《宋史》卷三四五《任伯雨传》,第10965页。
④ 李焘:《长编》卷四二七"元祐四年五月丁亥"条,第10326页。

此语系对主张严厉打击蔡确和元丰新党的吕大防所说，其中用了"吾侪"二字，显然表明了范纯仁是为了整个元祐党人的前途着想的。事后不久，吕大防建言"调停"。"以平旧怨"的出发点，也同样在于此，是严厉打击异己以后深虑自身前途的被动选择。建中靖国元年（1101），曾布欲"和调元祐、绍圣之人"，也是因为"元祐、绍圣，均有所失"，①"而偏见异论之人各私其党，又有报复怨仇之意，纷纷不已"，使"士类不安"，②国无宁日，故出此策。不过，两次"调停"均未真正实施。第一次因御史中丞苏辙指责吕大防、刘挚二人"皆持两端，为自全计"，并坚守君子小人犹冰炭薰莸，"视同冰炭，同处必争"，"一薰一莸，十年尚犹有臭"之理③，极力反对，遂使"兼用邪正之说始衰"④，第二次"和调"，也在"消弭朋党，须先分别君子小人，赏善罚恶"⑤，"人才固不当分党与，然自古未有君子小人杂然并进可以致治者"⑥的反对声中，昙花一现。建中靖国以后，宋廷内部因此进入了更为激烈的意气之争，甚至到了你死我活的地步，直至北宋灭亡前夕，其中全然无涉国家治体。

事实充分表明，非此即彼的两极理论君子小人之辨，始终是党派双方喜同恶异、党同伐异的理论依据，是士大夫自我标榜儒家道义而排斥异己，甚至迫害政敌的思想武器，并随着党争的不断激

---

① 陈邦瞻：《宋史纪事本末》卷四八《建中初政》，第473页。
② 杨仲良：《皇宋通鉴长编纪事本末》（下文简称《长编纪事本末》）卷一三〇《久任曾布》，第2197页。
③ 苏辙：《颍滨遗老传下》，《栾城后集》卷一三，《苏辙集》，第1027—1028页。
④ 李焘：《长编》卷四四三"元祐五年六月乙卯"条，第10672页。
⑤ 曾肇语，见脱脱等：《宋史》卷三一九《曾布传》附弟肇传，第10394页。
⑥ 任伯雨语，见脱脱等：《宋史》卷三四五《任伯雨传》，第10965页。

化，越来越变得须臾不能离去，亦越来越变得荒唐不堪。反之，它不断激化了党派之争，促使政治走向周期性反复动荡的怪圈，使"天子无一定之衡，大臣无久安之计，或信或疑，或起或仆，旋加诸膝，旋坠诸渊，以成波流无定之宇"①，终成"国家之患"，也使"崇礼义，尊经术，欲复二帝三代"，成了一句空话。

第三节　党同伐异的主体性格与"一二大臣所学不同"

在君子小人之辨的两极理论下，士大夫自我标榜道义，为排斥异己倾轧政敌树旗扬帜，普遍具有喜同恶异、党同伐异的主体性格。这固然深深根植于传统文化中的线性思维和排他性心理，但它在北宋党争，尤其在新旧党争中得到不断的张扬，还与"一二大臣所学不同"息息相关。徽宗即位之初，李朴在总结熙宁以来朋党之争的原因时指出：

> 熙宁、元丰以来，政体屡变，始出一二大臣所学不同，后乃更执圆方，互相排击……②

所谓"政体屡变"，就是指政见屡变，"学"即儒家的经世之学，"一二大臣"则主要是指王安石和司马光。李朴认为熙宁以来新旧两党"更执圆方，互相排击"，致使"政体屡变"，是王安石、司马光之间不同的经世之学所使然，则又从学术文化的角度揭示了引发新旧党争的原因。而两人不同的经世之学，又为熙宁以后以义

---

① 王夫之：《宋论》卷四，第87页。
② 脱脱等：《宋史》卷三七七《李朴传》，第11655—11656页。

利为中心的君子小人之辨注入了具体的内涵,也为熙宁以后党同伐异的主体性格的进一步张扬提供了新的驱动力。

王安石是"荆公新学"的创始人,司马光是"朔学"的代表①。"荆公新学"与司马光"朔学"都以儒为本,以经世致用为要。熙宁初,王安石入对,神宗曰:"人皆不能知卿,以为卿但知经术,不可以经世务。"安石对曰:"经术者,所以经世务也,果不足以经世务,则经术何赖焉。"②随后,王安石为天下理财,也多把新法与儒家经典联系起来,他说:"免役之法,出于《周官》所谓府、史、胥、徒,《王制》所谓'庶人在官'者也。……保甲之法,起于三代丘甲。……市易之法,起于周之司市、汉之平准。"③其以经术治世之意甚明。司马光"朔学"同样如此,前引其《论财利疏》《衙前札子》,主张救弊图治,是因其学而然。其门下士刘安世还认为:"学问必见于用乃可贵,不然,即腐儒尔!"④但"荆公新学"与"朔学"在具体主张上不尽相同,当其用于经世时,则又明显地呈现出相互排击的态势。司马光《迂书·兼容》一章以其问答形式自明其志云:

> 或曰:"甚矣,子道之隘也,奚容之不兼?"迂夫曰:"沱潜之于江也,榛楛之于山也,兼容焉,可也。莠之于苗也,水之于火也,欲兼,得乎哉!"⑤

---

① 司马光卒于蜀、洛、朔三党形成之前,但朔党、朔学中多其弟子,故此以司马光归朔党、朔学。
② 黄以周等辑注:《续资治通鉴长编拾补》卷四"熙宁二年二月庚子"条,第153页。
③ 王安石:《上五事札子》,《王安石文集》卷四一,第2册,第689页。
④ 马永卿:《元城语录解》卷下,第16b页。
⑤ 司马光:《迂书》,《司马光集》卷七四,第3册,第1520页。

在司马光看来，吸收可以利用的观点和主张，融化到自己的学术文化体系中来，是有前提的。其前提就是对我有用，于我无用者，坚决予以排斥，否则，犹如莠与苗、水与火，贻害无穷；尤其是用于经世时，不仅断难兼容，连"容之不兼"也是有害的。熙宁三年（1070）五月，司马光在《奏弹王安石表》中指出："安石首倡邪术，欲生乱阶，违法易常，轻革朝典。学非言伪……臣之与安石，犹冰炭之不可共器，若寒暑之不可同时……"①所谓"邪术""学非言伪"，就是指王安石用于经世的"荆公新学"。司马光视之为异端"邪术"，力加排斥，其因既在于自己的经世之学与"荆公新学"形同冰炭，无法兼容，又在于在经世致用中与王安石政见相左，各不相能。

那么，"荆公新学"与司马光"朔学"形同冰炭，具体表现在什么地方？全面回答这个问题不是本文的任务。下面主要从"新学"和"朔学"在经世致用中体现出来的不同特征出发，探讨王安石与司马光对义与利、君子与小人的不同认识，以及由此引起的冲突。

嘉祐年间，王安石针对当时的弊政，提出了治理天下的三大要素：

> 夫合天下之众者财，理天下之财者法，守天下之法者吏也。吏不良，则有法而莫守；法不善，则有财而莫理。有财而莫理，则阡陌闾巷之贱人，皆能私取予之势，擅万物之利，以

---

① 司马光：《奏弹王安石表》，《司马光集》补遗卷二，第3册，第1651页。

与人主争黔首，而放其无穷之欲，非必贵强桀大而后能如是，而天子犹为不失其民者，盖特号而已耳。虽欲食蔬衣弊，憔悴其身，愁思其心，以幸天下之给足而安吾政，吾知其犹不得也。然则善吾法而择吏以守之，以理天下之财，虽上古尧、舜犹不能毋以此为先急，而况于后世之纷纷乎？①

将理财、立法、择吏，视为自古以来治理天下之政的三大要素。这一点屡为王安石所强调，其中犹重法与人。他说："盖夫天下至大器也，非大明法度不足以维持，非众建贤才不足以保守。苟无志诚恻怛忧天下之心，则不能询考贤才，讲求法度。贤才不用，法度不修，偷假岁月，则幸或可以无他，旷日持久，则未尝不终于大乱。"②而在"明法度"与"建贤才"之间，又以前者为关键。"盖君子之为政，立善法于天下，则天下治；立善法于一国，则一国治。如其不能立法，而欲人人悦之，则日亦不足矣。"③以立法与变法在先，继而"众建贤才"，保证法制的贯彻实施，以理天下之财，达到富国强兵的目的，是王安石在通变救弊思潮中提出的具体主张，也是"荆公新学"在经世致用中的一个鲜明特征。

与王安石相反，司马光却主张"急于求人，而缓于立法"。江少虞《宋朝事实类苑》卷一五载：

熙宁二年十一月庚辰，司马光读《资治通鉴·汉纪》，至曹参代萧何为相国，一遵何故规。因言参以无事镇抚海内，得

---

① 王安石：《度支副使厅壁题名记》，《王安石文集》卷八二，第4册，第1431页。
② 王安石：《上时政书》，《王安石文集》卷三九，第2册，第662页。
③ 王安石：《周公》，《王安石文集》卷六四，第3册，第1110页。

守成之道,故孝惠、高后时,天下晏然,衣食滋殖。上(神宗)曰:"使汉常守萧何之法,久而不变,可乎?"光曰:"何独汉也!夫道者,万世无弊,夏、商、周之子孙,苟能常守禹、汤、文、武之法,虽至今存可也。武王克商曰:'乃反商政,政由旧。'虽周,亦用商政也。《书》曰:'毋作聪明,乱旧章。'然则祖宗旧法,何可变也?汉武帝用张汤之言,取高帝法纷更之,盗贼半天下。宣帝用高帝旧法,但择良二千石使治民,而天下大治。元帝初立,颇改宣帝之政,丞相衡上疏言:'臣窃恨国家释乐成之业,虚为此纷纷也。'陛下视宣帝、元帝之为政,谁则为优?荀卿曰:'有治人,无治法。'故为治在得人,不在变法也。"上曰:"人与法,亦相表里耳。"光曰:"苟得其人,则无患法之不善。不得其人,虽有善法,失先后之施矣。故当急于求人,而缓于立法也。"①

"为政之要在于用人"②,"人君之事守,莫大于知人"③。这一点,司马光在仁、英、神宗三朝和哲宗元祐年间执政之际再三强调,并将用人上升到"治乱安危存亡之本"④的高度加以认识。人既为"治乱安危存亡之本",那么,在人与法之间必以知人、用人为主、为先,立法、变法为次、为后,"苟得其人,则无患法之不善"。这是司马光经世之学有别于"荆公新学"的一个鲜明特征,也是两者形同冰炭的关键所在。

---

① 江少虞:《宋朝事实类苑》卷一五,第181—182页。
② 司马光:《上皇帝疏》,《司马光集》卷二五,第2册,第654页。
③ 司马光:《知人论》,《司马光集》卷七〇,第3册,第1434页。
④ 司马光:《进修心治国之要札子状》,《司马光集》卷四六,第2册,第985页。

王安石主张为政先须"明法度",其次"建贤才",然后理财富国;并对"人之才"具体提出了"教之""养之""取之""任之"之道①,从而保证法制的贯彻实施。这一经世之学对摆脱当时积贫积弱的窘况,振兴时治,是比较全面也是比较切合实际的。司马光强调以人为本,用人为要,而用人犹重其德,"以德行为先,其次经术,其次政事,其次艺能"②,道出了千古治世的法则,但他认为"为治在得人,不在变法","苟得其人,则无患法之不善",这在当时积重难返的情况下,不免有片面和脱离实际之嫌。因而,既影响他对历史的认识,又影响了其现实中的思想与行为。上引其读《资治通鉴·汉纪》时与神宗的一段对话,便反映了一种残缺的历史观,故遭到了吕惠卿的驳斥:"司马光言汉守萧何之法则治,变之则乱,臣窃以为不然。惠帝除三族罪、妖言令、挟书律,文帝除收孥令,安得谓之不变哉?武帝以穷兵黩武,奢淫厚敛,而盗贼起。宣帝以总核名实,而天下治。元帝以任用恭、显,杀萧望之,而汉道衰。皆非由变法与不变法也。夫以弊则必变,安得坐视其弊而不变邪?……光之措意,盖不徒然,必以国家近日多有更张旧政,因此规讽。"③而这,其"为治在得人,不在变法"的经世之学有以致之。司马光于庆历后"常患法之不变","及熙宁、元丰之际,则又以变法为患";勇于嘉祐、治平之策,"而持重于熙宁之奏议,转手之间,而两论立焉",亦因其学而然。

　　熙宁年间,司马光与王安石展开的义与利、君子与小人之辨,

---

① 王安石:《上仁宗皇帝言事书》,《王安石文集》卷三九,第2册,第641—659页。
② 司马光:《论举选状》,《司马光集》卷一九,第2册,第549页。
③ 江少虞:《宋朝事实类苑》卷一五,第182—183页;参杨仲良:《长编纪事本末》卷五三《经筵》,第939页。

并由此引起的严重对立,就是建立在上述形同冰炭的"新学"与"朔学"的基础之上的。

庆历年间,欧阳修在《朋党论》中虽然对义与利、君子与小人的本质特征做了严格的区分,但对义利的解释尚处于整体的把握之中,作为其政敌,庆历新政的反对派也没有与之展开具体的争辩。至王安石、司马光,对义利的解释则趋向具体和丰富,并明显呈现出争夺义利的解释权的态势。王安石"新学"的主要内容是为国立法理财,理财就是求利,而求利是小人的本性特征,所以必须对理财求利做出合法的解释。晁公武《郡斋读书志》卷二《新经周礼义》按语曰:

> 熙宁中,设经义局,介甫自为《周官义》十余万言,不解《考工记》。按:秦火之后,《周礼》比他经最后出,论者不一。……离去人情远甚,施于文则可观,措于事则难行……介甫,以其书理财者居半,爱之,如行青苗之类,皆稽焉,所以自释其义者,盖以其所创新法尽傅著之,务塞异议者之口。后其党蔡卞、蔡京绍述介甫,期尽行之。①

对此,四库馆臣又做了进一步发挥:"安石之意,本以宋当积弱之后,而欲济之以富强,又惧富强之说必为儒者所排击,于是附会经义,以钳儒者之口,实非真信《周礼》为可行。"②其实,《周礼》中的"先王之政"难行于后,王安石自己十分清楚,早在嘉祐

---

① 晁公武著,孙猛校证:《郡斋读书志校证》卷二,第81—82页。
② 永瑢等撰:《四库全书总目》卷一九,《周官新义》提要,第150页。

四年（1059），他在《上仁宗皇帝言事书》中便指出：

> 夫以今之世，去先王之世远，所遭之变、所遇之势不一，而欲一二修先王之政，虽甚愚者犹知其难也。然臣以为今之失，患在不法先王之政者，以谓当法其意而已。……法其意，则吾所改易更革，不至乎倾骇天下之耳目，嚣天下之口，而固已合乎先王之政矣。①

"实非真信《周礼》为可行"于后世之意，于此从实道出，而"法其意"就是晁公武所谓"以其所创新法尽傅著之（经义）"。嘉祐年间，王安石把"今之失"归咎于不法先王之意，意思就是说没有利用士人崇拜先王和孔子的心理，进行改易变革，通变救弊。所以，熙宁执政后，便"借用"先王之政，孔子之经，鼓吹变法。既然如此，一个首要的任务，就是获取对经典中关于义利之说的解释权，给自己以理财求利为中心的变法活动以合理性、正义性的解释。熙宁二年（1069），王安石为其主持的制置三司条例司做辩护，在引述先王理财之法后指出：

> 凡此非专利也。盖聚天下之人而治之，则不可以无财；理天下之财，则不可以无义。夫以义理天下之财，则转输之劳逸不可以不均，用度之多寡不可以不通，货贿之有亡不可以不制，而轻重敛散之权不可以无术也。②

---

① 王安石：《上仁宗皇帝言事书》，《王安石文集》卷三九，第2册，第642页。
② 徐松：《宋会要辑稿》职官五之二，第3122页。

熙宁三年（1070）初，在《答曾公立书》中，又为青苗法做辩解：

> 示及青苗事。治道之兴，邪人不利，一兴异论，群聋和之，意不在于法也。孟子所言利者，为利吾国（原注：如曲防遏籴），利吾身耳。至狗彘食人食则检之，野有饿莩则发之，是所谓政事。政事所以理财，理则乃所谓义也。一部《周礼》，理财居其半，周公岂为利哉？奸人者因名实之近，而欲乱之，以眩上下，其如民心之愿何？始以为不请，而请者不可遏；终以为不纳，而纳者不可却。盖因民之所利而利之，不得不然也。①

以《周礼》为依据，引用《论语》《孟子》中关于义利之说，将利分为三种不同性质的类型：一是"利吾国"（小集团之利），一是"利吾身"（个人私利），一是"民之所利"（百姓之利），并声称推行青苗法，既合乎先王周公理财之政，又遵循了圣人经典大力提倡的"因民之利而利之"②的道德原则，完全是抑制小人牟利、弘扬圣人至道大义的君子行为，而"因名实之近，而欲乱之"者，不仅是逐利之小人，而且是有乱圣人道义的地道的奸邪了。

王安石依附经典，法先王之意，给新法提供理论依据，赋予传统儒学以正统地位，实际上是托古改制。托古改制是"荆公新学"的一大表现形式，而其目的就是以圣人经典"塞异议者之口"，排斥异端异己。而司马光则力斥王学之伪，严重违背了圣人的道义，

---

① 王安石：《答曾公立书》，《王安石文集》卷七三，第4册，第1271—1272页。
② 何晏集解，邢昺疏：《论语注疏》卷二〇，《十三经注疏》，第5509页。

在用"祖宗之制"相压的同时,也托圣人经典排斥这一异端"邪术"。熙宁三年(1070)二月,司马光作《与王介甫书》,书中有云:

> 介甫以为此皆腐儒之常谈,不足为思,得古人所未尝为者而为之。于是财利不以委三司而自治之,更立制置三司条例司,聚文章之士及晓财利之人,使之讲利。孔子曰:"君子喻于义,小人喻于利。"樊须请学稼,孔子犹鄙之,以为不知礼义信,况讲商贾之末利乎?使彼诚君子邪,则固不能言利;彼诚小人邪,则固民是尽,以饫上之欲,又可从乎?是知条例一司,已不当置而置之。又于其中不次用人,往往暴得美官。于是言利之人,皆攘臂圜视,炫鬻争进,各斗智巧,以变更祖宗旧法。①

"君子喻于义,小人喻于利",是孔圣人的至理名言,况且"樊须请学稼,孔子犹鄙之",而王安石变法则以理财为中心,在司马光看来,这自然违背了圣人之道,故将变法士人尽数纳入"小人"之列。其实,孔子并没有全盘否定利,对"因民之利而利之"的利是大力提倡的。司马光原本亦不想无视人类的生存条件和发展规律而将义与利如此截然地对立起来,他于嘉祐六年(1061)所作的《论财利疏》,就是一篇专门言财讲利之文,文中还提出三司应"随材用人而久任之",对于"晓财利之人",无须"顾其出身、资叙何

---

① 司马光:《与王介甫书》,《司马光集》卷六〇,第2册,第1256—1257页。

如",便可委予财计重任①,这与王安石"不次用人"的实践可谓表里;同时,如前文所述,司马光对"三冗"造成的国用不足,深怀忧虑,亦不无"饫上之欲",这里,他之所以将义与利截然对立起来,将变法者统斥为"小人",反对于三司以外设立制置三司条例司是一个直接的原因,但根源却在于"为治在得人,不在变法",得人"以德行为先"的经世之学。或者说,司马光强拉孔子从己,争夺对"义利"的解释权,既出于维护和固守自己的经世主张,又为传统的排他性文化心理和性格所驱使。在紧接着的《与王介甫第二书》中,司马光便自称"至于义利之说,至为明白。介甫或更有它解,亦恐似用心太过也"②,断言自己的解释符合圣人原义,千真万确,不管王安石如何巧辩,都是错误的!为了固执己见,排斥异端而争夺对经典的解释权,于此又昭然若揭。熙宁四年(1071)六月,司马光的追随者、"朔学"的另一位代表刘挚进《上神宗乞谨好恶重任用》,亦以"君子小人之分,其实义利而已"为界说,指出君子尚义,性善而忠直,小人逐利,性恶而善谀,"故君子常难进,而小人常可以得志,此不可不察也",要求神宗以罢逐"喜于敢为"而"以守道为无能"的"嗜利者"变法"小人"为急务③,则不仅是争夺"义利"的解释权,而且在解释中较司马光更直接地用于权力之争了。熙宁变法初期,论争义利、辨别君子小人的,远不止于王安石与司马光,"蜀学"中的二苏,"洛学"中的二程,也是十分活跃的人物。"蜀学"、"洛学"和"朔学"的经世主张不尽

---

① 司马光:《论财利疏》,《司马光集》卷二三,第2册,第614页。
② 司马光:《与王介甫第二书》,《司马光集》卷六〇,第2册,第1264页。
③ 李焘:《长编》卷二二四"熙宁四年六月戊午"条,第5441—5443页;刘挚:《上神宗乞谨好恶重任用》,《忠肃集》附录一,第480—481页。

相同,在"元祐更化"期间,各分党与,也攻讦不已,但对待王安石起用"小人",理财求利的态度却相一致,故共同加入了司马光排击王安石和新法新党的行列。

苏轼蜀学纵横捭阖,变化多端,但也以儒为本,以经世致用为要。苏辙谓乃兄"奋厉有当世志"①,朱熹云"凡荆公所变更者,初时东坡亦欲为之"②,至王安石真的推行新法后,却去攻击他。苏轼攻击王安石的理论依据,也是义利之辨。如熙宁二年(1069)十二月,苏轼进《上神宗皇帝书》,对神宗以万乘之主而言利,王安石以天子之宰而治财,表示强烈不满,进而批评:"夫制置三司条例司,求利之名也。六七少年与使者四十余辈,求利之器也。"因为在他看来,"国家之所以存亡者,在道德之深浅,不在乎强与弱,历数之所以长短者,在风俗之厚薄,不在乎富与贫"③。与司马光一样,苏轼将道义与物质世界隔离开来,对立起来。

二程"洛学",亦主张以经术治世务。程颐说:"语学而及政,论政而及礼乐兵刑之学,庶几善学者。"④所谓"及政之学",就是儒家的经世之学。本章第一节引朱熹"国初人便已崇礼义,尊经术,欲复二帝三代,已自胜如唐人,但说未透在。直至二程出,此理始说得透"云云,知二程倡导儒家的经世之学,目的在于实现"二帝三代"式的社会理想。抱着这样的理想,程颢渴求全面变革。熙宁元年(1068),其《论十事札子》向神宗提出了通变救弊的具

---

① 苏辙:《亡兄子瞻端明墓志铭》,《栾城后集》卷二二,《苏辙集》,第1117页。
② 黎靖德编:《朱子语类》卷一三〇,第3101页。
③ 苏轼:《上神宗皇帝书》,《苏轼文集》卷二五,第731、737页。
④ 程颐:《论学篇》,《河南程氏粹言》卷一,程颢、程颐《二程集》,第1196页。

体主张①，不久还参与了王安石的变法活动②。同时，二程亦十分推崇《周礼》，认为在这一经典中，"富国之术存焉"③。不过，与王安石托《周礼》之名以行理财之实不同，二程推崇《周礼》，旨在恢复《周礼》所载井田等先王之制④。一为附会经典，托古改制；一为名实并重，恢复古制，主张不同，性质不一。故"道不同不相为谋"，程氏旋即退出变法行列。在王安石任参知政事期间，程颢在神宗面前攻击"王安石之学不是"⑤；又当面斥责"参政之学如捉风"⑥。所谓"不是""如捉风"，就是指"荆公新学"附会经义，言财讲利。故据此指责王安石变法尽用"小人"，使"君子"憔悴：

> 自古治乱相承，亦常事。君子多而小人少，则治；小人多而君子少，则乱。然在古，亦须朝廷之中君子小人杂进，不似今日剪裁得直是齐整，不惟不得进用，更直憔悴善类……⑦

前称"君子"，后曰"善类"，两词同义。程颢的这种指责同样基于对义利的解释。关于对义利的认识，二程较司马光、苏轼有了进一步的发展。程颐云："不独财利之利，凡有利心，便不可。如

---

① 程颢：《论十事札子》，《河南程氏文集》卷一，程颢、程颐《二程集》，第452页。
② 据毕沅《续资治通鉴》卷六六"熙宁二年四月"条载，为了推行新法，程颢与另七人"行诸路，察农田、水利、赋役"，第1640页。
③ 程颢、程颐：《河南程氏遗书》卷一〇，《二程集》，第111页。
④ 详见程颢：《河南程氏文集》卷一，程颢、程颐《二程集》，第453页；程颢：《河南程氏遗书》卷一〇，程颢、程颐《二程集》，第111页。
⑤ 程颢、程颐：《河南程氏遗书》卷二上，《二程集》，第17页。
⑥ 程颐：《河南程氏遗书》卷一九，程颢、程颐《二程集》，第255页。
⑦ 程颢、程颐：《河南程氏遗书》卷二下，《二程集》，第51页。

作一事，须寻自家稳便处，皆利心也。"①"财利"就物质而言，"利心"则指精神、道德、政治方面的得失，包括停留在意识深处的利己念头。所以程颐又指出："义与利，只是个公与私也。才出义，便以利言也。只那计较，便是为有利害。若无利害，何用计较？"②程颢则说得更绝："大凡出义则入利，出利则入义，天下事，惟义利而已。"③归纳二程对义利的解释，明显含有"存天理、灭人欲"的思想。因此，王安石新法遭到他们的抨击，更在情理之中了。然而，二程并没有彻底否定利在人类生存过程中的重要性，从心底里承认"人无利，直是生不得，安得无利"④的事实，而为了排击异端"荆公新学"及其变法实践和新党，却与司马光等人结成联盟，严辨君子小人，共争义利的解释权。

熙宁变法前期，因"一二大臣所学不同"而"更执圆方，互相排击"，大致如上所述。由此引起的在人事关系上的喜同恶异、党同伐异的情形，从中也可以想见。为了有助于了解这方面的具体情形，不妨将司马光于熙宁四年（1071）二月所进之《论王安石疏》一文抄录如下：

> 臣之不才，最出群臣之下，先见不如吕诲，公直不如范纯仁、程颢，敢言不如苏轼、孔文仲，勇决不如范镇。
> 诲于安石始知政事之时，已言安石为奸邪，谓其必败乱天下。臣以谓安石止于不晓事与很愎尔，不至如诲所言。今观安

---

① 程颐：《河南程氏遗书》卷一六，程颢、程颐《二程集》，第173页。
② 程颐：《河南程氏遗书》卷一七，程颢、程颐《二程集》，第176页。
③ 程颢：《河南程氏遗书》卷一一，程颢、程颐《二程集》，第124页。
④ 程颐：《河南程氏遗书》卷一八，程颢、程颐《二程集》，第215页。

石引援亲党，盘据津要，摈排异己，占固权宠，常自以己意阴赞陛下内出手诏，以决外廷之事，使天下之威福在己，而谤议悉归于陛下。臣乃自知先见不如诲远矣。

纯仁与颢皆与安石素厚，安石拔于庶僚之中，超处清要。纯仁与颢睹安石所为，不敢顾私恩，废公议，极言其短。臣与安石南北异乡，取舍异道，臣接安石素疏，安石待臣素薄，徒以屡尝同僚之故，私心眷眷，不忍轻绝而预言之，因循以至今日。是臣不负安石，而负陛下甚多。此其不如纯仁与颢远矣。

臣承乏两制，逮事三朝，于国家义则君臣，恩犹骨肉。睹安石专逞其狂愚，使天下生民被荼毒之苦，宗庙社稷有累卵之危，臣畏懦惜身，不早为陛下别白言之。轼与文仲皆疏远小臣，乃敢不避陛下雷霆之威、安石虎狼之怒，上书对策，指陈其失，黩官获谴，无所顾虑，此臣不如轼与文仲远矣。

人情谁不贪富贵、恋俸禄，镇睹安石荧惑陛下，以佞为忠，以忠为佞，以是为非，以非为是，不胜愤懑，抗章极言，自乞致仕，甘受丑诋，杜门家居。臣顾惜禄位，为妻子计，包羞忍耻，尚居方镇。此臣不如镇远矣。

臣闻居其位者必忧其事，食其禄者必任其患，苟或不然，是为盗窃。臣虽无似，尝受教于君子，不忍以身为盗窃之行。今陛下唯安石之言是信，安石以为贤则贤，以为愚则愚，以为是则是，以为非则非，谄附安石者谓之忠良，攻难安石者谓之谗慝。臣之才识，固安石之所愚，臣之议论固安石之所非。今日所言，陛下之所谓谗慝者也。伏望陛下圣恩裁处其罪，若臣罪与范镇同，即乞依范镇例致仕；若罪重于镇，或窜或诛，所不敢逃。①

熙宁三年（1070）九月，司马光因极力反对新法，坚决不与王安石合作，出知永兴军，次年二月，朝廷命其自永兴军移知许州，而司马光则固请西京留台，未报，故上此文，以明心志，旋而退居洛阳，潜心去编修《资治通鉴》了。文中所称誉的吕诲、范纯仁、程颢、苏轼、孔文仲和范镇，或刻意攻讦王安石，或言新法不便，均遭王安石不同程度的打击，如熙宁三年（1070）十月，范镇因屡屡攻击新法，被以翰林学士，依前户部侍郎致仕。范镇贬词，王安石先命蔡元庆草制，"不称意，更命王益柔，而安石又自窜改其辞"，云："以盖其附下罔上之丑，力引小人，而狃于败常乱俗之奸，稽用典刑，诚宜窜殛，宥置田里，姑示宽容"，并且"凡所应得恩例，悉不之与"。②而司马光极誉诸人对王安石的"奸邪"、新法的毒害在认识与批判上的"先见""公直""敢言""勇决"，则同样是喜同恶异、党同伐异的表现；不唯如此，还严厉指责王安石"引援亲党，盘据要津，摈排异己，占固权宠"，神宗为其所惑，受其驱使，君臣沆瀣一气，共斥忠良，共用奸佞，致使贤愚倒置，是非不分，纲纪纷隳，名分大乱。司马光不避神宗"雷霆之威"，敢触王安石"虎狼之怒"，抗章极言，固然出于不胜愚忠愤懑之情，体现了舍身报国的崇高精神，但这种指责不能不说攻讦太甚，有失理性。其实，王安石为了推行新法而引援新进"小人"，是司马光等"老成""君子"不与合作所致，即邓之诚先生所云："安石未执

---

① 司马光：《论王安石疏》，《司马光集》补遗卷三，第3册，第1668—1669页。
② 李焘：《长编》卷二一六"熙宁三年十月己卯"条，第5265页。

政，已中举朝之忌，后来一切实施，不论是非，动遭抨击，不与为伍，安石不得不引用新进者，以为己助。"①

造成邓先生所揭示的这一现象，原因是多方面的，在经世之学上与"荆公新学"形同冰炭，不失为一个重要因素，围绕新法理财求利而引发的义与利、君子与小人之辨，则又是其中的一个重要动因。因此，为了进一步"塞异议者之口"，全面排斥异端，使天下"一道德"，王安石在神宗的支持下，于熙宁中设立经义局，自释《周礼》，不久《周礼新义》以及由王安石主持、分别由其子王雱和女婿蔡卞执笔的《书新义》《诗新义》播诸学官，成为官学，"用其说者入官，不用其说者黜落，于是天下靡然雷同，不敢可否"②。至此，不仅标志着王安石全面获取了经典的解释权，而且使"荆公新学"成为统治思想而具有了政治权力的性质。

其实，当儒学与政治联姻而成为经世之学时，便自然会出现解释权的问题。汉武帝"罢黜百家，独尊儒术"后，亦存在由谁来解释、怎样解释儒家经典的问题。石渠阁会议后出现的经学分家而家法森严的格局和家法之家也相互排击的态势，就是因解释的纷争引起的；白虎观会议则统一了五经解释权，使"上无异教，下无异学"，"一时循吏多能推明经意，移易风化，号以经术饰吏事"③，儒经具有了更广泛的应用能力和更强的统一思想的功能。北宋是继汉代以后的第二个儒学中兴时期。北宋儒学的影响，也不仅在人伦日用和维护社会秩序上，同时还在经世治国之中。但汉代儒学定于一尊后，儒者恪守师法，复古守成，思想僵化，而北宋则学派纷

---

① 邓之诚：《中华二千年史》卷四，第137页。
② 王称：《东都事略》卷一〇五《崔鶠传》，第11a页。
③ 皮锡瑞：《经学历史》，第103页。

呈，疑古，疑经，疑传，发明义理，观点不一，主张有异，当其用作经世，特别是与政见相左、各不相能的朋党之争合力共振时，儒者抑此伸彼，唯胜是求，为了求胜，"强经以从己"，相互争夺经典的解释权，以圣人对抗圣人，以儒学排斥儒学。前述王安石与司马光等人围绕新法展开的"儒者第一义"的义利以及基于义利的君子小人的解释和争辩中，还明显地表现出这样一种观念，即只承认自己的主张和观点代表了圣人道义和终极真理，而自己正是这一道义和真理的代表者。这种观念进一步加深了庆历党争以来喜同恶异、党同伐异的主体性格。随着新旧党争的发展，新旧两党的更替执政，这一主体性格与志在当世、舍我其谁的主体精神，相伴而行，合而为一，成为北宋中后期的一个鲜明的时代特征，从而不断激化了党争，反过来又危及儒学本身。元祐党人执政后，焚毁"荆公新学"，崇宁新党则又以"荆公新学"为思想武器，全面禁毁包括司马光"朔学"、二苏"蜀学"和二程"洛学"在内的整个"元祐学术"，南渡后又因"最爱元祐"[①]而禁"荆公新学"，从先前的相互排击发展到了相互践踏，相互毁灭（说详第四章）。

[①] 宋高宗语，见李心传：《建炎以来系年要录》卷七九，第1289页。

第三章

台谏制度与台谏势力：北宋党争的催化剂

《宋史》卷三九〇的李衡、王自中、家愿传论，有"宋之立国，元气在台谏"①之说。作为一种监察制度，北宋台谏在巩固君主集权中，确曾起过积极作用；台谏对北宋学术文化的繁荣所起的促进作用，近来也为人们开始认识②，但这仅仅是一个方面。由于台谏有着与生俱来的封建专制的工具品格与性能，对北宋的政治和文化均产生过不可忽视的负面效应。北宋党争的激化，便与台谏的参与密不可分。北宋台谏制度完备于仁宗朝，台谏就开始诱发党争、掀动政潮的活动。神宗以后，随着王安石变法的开展，官僚士大夫之间喜同恶异、党同伐异的主体性格日趋膨胀，政治对立情绪日渐尖锐，台谏的活动更起了催化，乃至毒化的作用。在长达半个世纪之久的北宋党争中，台谏的工具品格和性能，从原先的"人主之耳目"，向"大臣之私人"延伸，承风希旨，排击政敌，形成了一股病态势力；在承风希旨中，又罗织罪名，倡兴文字狱，对文学与文

---

① 脱脱等：《宋史》卷三九〇《沈作宾传》后，第11963页。
② 详陈植锷：《北宋文化史述论》，第35—59页。

化的发展造成了严重的后果。因此，考察北宋台谏在其品格与性能基础上形成的病态势力在党争中的具体表现及其作用，不只为探讨党争的成因所必需，在研治北宋党争与文学、文化发展的联系时，亦不容回避。

第一节　北宋台谏的新特点与政治品格

台谏是御史台和谏院的合称。在北宋载籍中，又常将台官和谏官统称为台谏，比作"人主之耳目"。治平初，吕公弼向英宗所进资治要语中，形象地说明了台谏和宰执作为国家政治生活的两个主要实体与君主之间的依从关系："谏官、御史，为陛下耳目，执政为股肱。股肱耳目，必相为用，然后身安而元首尊。"①北宋台谏与宰执、君主之间形成的这种关系，在唐代尚未出现，它体现了宋代监察制度的新特点。形成这一新型的监察制度的要素，大致有三方面。

（一）台官与谏官事权相混，合成一势

自秦至唐，御史台都是独立的建制，掌弹劾，"凡中外百僚之事应弹劾者，御史言于大夫，大事则方幅奏弹，小事则署名而已"②，是代表君主监察百官的专门机构。唐于御史台之外，又置谏院，掌言职，"直言君之过失"③，是代表臣下监察君主的专门机构。南宋洪迈《容斋四笔》卷一四《台谏分职》云："居此二雄职者，在唐日了不相谋。"各司其职，各自为政；又云：

---

① 脱脱等：《宋史》卷三一一《吕公弼传》，第10213页。
② 李林甫等：《唐六典》卷一三《御史台》，第379页。
③ 李林甫等：《唐六典》卷八《门下省》，第247页。

元丰中，赵彦若为谏议大夫，论大臣不以道德承圣化，而专任小数，与群有司较计短长，失具瞻体。因言门下侍郎章子厚（惇）、左丞王安礼不宜处位。神宗以彦若侵御史论事，左转秘书监。盖许其论议，而责其弹击为非也。元祐初，孙觉为谏议大夫，是时谏官、御史论事有分限，毋得越职。觉请申《唐六典》及天禧诏书，凡发令造事之未便，皆得奏陈。然国史所载，御史掌纠察官邪，肃正纲纪，谏官掌规谏讽谕，凡朝政阙失，大臣至百官，任非其人，三省至百司，事有失当，皆得谏正。则盖许之矣。①

天禧诏书，见于《长编》卷八九"天禧元年二月丁丑"条："别置谏官、御史各六员，增其月俸，不兼他职，每月须一员奏事，或有急务，听非时入封。及三年则黜其不胜任者。"②这是北宋设专职台谏的开始。诏令中对谏官和御史没有做明确的分工，而是以"每月须一员奏事"混而言之。当年四月，首预其选的右正言刘烨所进第一封奏章，就是"请策免宰相，以应天变"③，亦证明了这一点。洪迈所引《国史》云云，则从总体上申明了谏官可兼行御史之职，其监督对象已由唐代的专对君主转向了宰执百官。又《长编》卷一五四"庆历五年正月乙亥"条载：

复置言事御史，以殿中侍御史梅挚、监察御史李京为之。

---

① 洪迈：《容斋四笔》卷一四《台谏分职》，《容斋随笔》，第800—801页。
② 李焘：《长编》卷八九"天禧元年二月丁丑"条，第2040页。
③ 脱脱等：《宋史》卷二六二《刘温叟传》附子烨传，第9074页。

……唐制,御史不专言职,故天禧初,始置言事御史六员,其后久不除。至是,以谏官员不足,复除之。今御史台中丞厅之南,有谏官御史厅,盖御史得兼谏职也。①

所谓"天禧初始置言事御史六员",当指天禧元年(1017)所置专职谏官,这里作"言事御史",是出于当时谏官兼弹劾而与御史职权相混的事实,因而又衍生出兼言事的言事御史,遂成"御史得兼谏职"的新制。从此以后,台官和谏官互行其职,事权不分,成为常制。《建炎以来朝野杂记》甲集卷一〇《官制》云:"国家累年以来",谏官"居其位者,往往分行御史之职"②。《宋会要辑稿》职官一七之八云:"侍御史、殿中侍御史、监察御史,旧制通为言事官……"③谏官与御史事职相混,合成一势,则是台谏共为"人主之耳目"的不可或缺的一环。

(二) 谏院独立,台谏由君主亲自除授

在唐代,"两省自谏议大夫至拾遗、补阙,共二十人,每宰相奏事,谏官随而入,有阙失,即时规正,其实皆中书、门下之属官"④,所以其谏诤之权,操于宰相之手;同样,"唐世台官,虽职在抨弹,然进退从违,皆出宰相"⑤,名义上离相权而独立,实际上仍受制于宰相。北宋台谏合一,其为"人主之耳目",与"股肱"官宰相对举,表明了与相权的脱节;而谏院的独立,台谏由君主亲

---

① 李焘:《长编》卷一五四"庆历五年正月乙亥"条,第3736页。
② 李心传:《建炎以来朝野杂记》甲集卷一〇,第205页。
③ 徐松:《宋会要辑稿》职官一七之八,第3452页。
④ 李焘:《长编》卷一四二"庆历三年八月戊戌"条引田况语,第3415—3416页。
⑤ 洪迈:《容斋四笔》卷一一《唐御史迁转定限》,《容斋随笔》,第768页。

除,则是台谏与宰相距离日远,其行使职权,宰相无得预焉的又一要素。王栐《燕翼诒谋录》卷四指出:

> 明道元年七月辛卯,又以谏官无治所,乃以门下省充谏院,而别创门下省于右掖门之西。盖朝臣皆有入局之所,独谏院无之故也。①

《长编》卷一一一仁宗"明道元年七月辛卯"条,也有相似的记载,并称本朝"置谏院,自此始"②。这证明了谏院与两省彻底分裂而与御史台携手,成为直接受制君主,与政事堂并驾齐驱的一个权力中心。与此相适应,台谏由君主亲除的制度,亦于明道年间日趋明确。明道二年(1033)十一月,仁宗斥责宰相李迪、吕夷简欲除张汸和韩渎为台官,有坏法度。③宝元元年(1038)正月,宋祁奏论"谏官、御史由宰司之进拔者,非陛下之利"④。同年十二月,仁宗下诏:"御史阙员,朕自择举。"⑤庆历三年(1043)三月和四月,御笔亲除欧阳修、余靖、王素和蔡襄为谏官,时称盛事。⑥次年八月,又下诏强调:"今除台谏官,毋得用见任辅臣所荐之人。"⑦所以,"时选谏官、御史,有执政之臣当荐举者,皆以嫌

---

① 王栐:《燕翼诒谋录》卷四,第34页。
② 李焘:《长编》卷一一一"明道元年七月辛卯"条,第2585页。
③ 李焘:《长编》卷一一三"明道二年十一月丁未"条,第2647页。
④ 李焘:《长编》卷一二一"宝元元年正月丙辰"条,第2855页。
⑤ 脱脱等:《宋史》卷一〇《仁宗纪二》,第206页。
⑥ 李焘:《长编》卷一四〇"庆历三年三月、四月"纪事,第3359页;洪迈:《容斋三笔》卷一四《亲除谏官》,《容斋随笔》,第592—593页。
⑦ 李焘:《长编》卷一五一"庆历四年八月戊午"条,第3691页。

不用"①，可见立制之严。台谏之官由君主钦选，目的在于断绝台谏与宰执的人事因缘，纯化"耳目"品格，使之"惟结主知"②，但知奉行帝旨而已。

（三）享有"风闻言事"，无须查实的奏事特权

如果说台官与谏官事权相混，合成一势，并由君主亲除，为北宋新型台谏制度的形成，奠定了组织人事上的基础，那么许以"风闻言事"，则为这一制度的全面形成，并充分发挥"耳目"职能，提供了权力上的保障。所谓"许风闻言事者，不问其言所从来，又不责言之必实。若他人言不实，即得诬告及上书诈不实之罪，谏官、御史则虽失实，亦不加罪"③。也就是说，台谏对传闻中得到的材料，不必追究真实与否，也不必书告事人的姓名，便可据而弹劾，而不负任何责任。据洪迈《容斋四笔》卷一一《御史风闻》，这一特权在晋宋时就已出现，但仅限于台官，又由于它不利于国体人事，唐玄宗于开元十四年（726）正式取消了不题告事人姓名的"风闻言事"。④至北宋，不仅在御史中重新恢复了这一传统，也特许谏官行使。北宋台官和谏官均得"风闻言事"的新制，亦始于仁宗朝。《长编》卷九一"天禧二年二月甲寅"条载，右正言鲁宗道常常"风闻"论例，"上意颇厌其数"⑤。这表明真宗后期虽有"风闻言事"的现象，却未得到君主的一律认可。仁宗为了使"耳目"官"广开言路"，这一特权始为台谏普遍行使。尤其是庆历年间，

---

① 王称：《东都事略》卷七〇《王尧臣传》，第2a页。
② 李心传：《建炎以来系年要录》卷一七〇，第2783页。
③ 李焘：《长编》卷二一〇"熙宁三年四月壬午"条引王安石语，第5106页。
④ 洪迈：《容斋四笔》卷一一《御史风闻》，《容斋随笔》，第768页。
⑤ 李焘：《长编》卷九一"天禧二年二月甲寅"条，第2104页。

台谏"风闻言事"的奏章,连篇累牍,俯拾皆是。庆历三年(1043)九月,范仲淹言及滕宗谅被弹劾贬斥一事时说:"台谏官风闻未实,朝廷即便施行。"①可见台谏"风闻言事"之一斑。次年八月,欧阳修罢谏官而出为河北都转运按察使时,仁宗还面谕有事仍可"风闻"而奏,"修对以谏官乃得风闻,今在外使事有指,越职罪也"②,从中又不难想见仁宗特许"风闻言事"的心理。台谏官既为君主亲除,又复享有"不问其言所从来,又不责言之必实"的奏事特权,其权重气盛,越发不可一世。

宝元元年(1038)正月,苏舜钦上疏云:"台谏官既得其人,则近臣不敢为过,乃驭下之策也。"③一语道破了仁宗创置"耳目"、许以"风闻"的奥秘。熙宁二年(1069)十二月,苏轼亦指出:"仁宗之世,议者讥宰相但奉行台谏风旨而已。圣人深意,流俗岂知。台谏固未必皆贤,所言亦未必皆是,然须养其锐气而借之重权者,岂徒然哉,将以折奸臣之萌,而救内重之弊也。"④"内重之弊",指宰执权力过重,对君权产生的威胁;"救内重之弊",就是利用"耳目"官,监视近臣,扼制相权,以防宰辅擅权。因此,相权每每受制于台谏。元祐元年(1086)正月,侍御史刘挚言及仁宗朝的台谏势力时说:"执政臣僚苟犯公议,一有台谏论列,则未有得安其位而不去者。其所弹击,又不过一二小事,或发其阴私隐昧之故,然章疏入,即日施行。"⑤事实亦如是,据统计,自明道初至

---

① 李焘:《长编》卷一四三"庆历三年九月戊子"条,第3458页。
② 李焘:《长编》卷一五一"庆历四年八月癸卯"条,第3684页。
③ 李焘:《长编》卷一二一"宝元元年正月乙卯"条,第2854页。
④ 苏轼:《上神宗皇帝书》,《苏轼文集》卷二五,第740页,系年据《长编纪事本末》卷六二改正。
⑤ 李焘:《长编》卷三六四"元祐元年正月庚戌"条,第8720页。

嘉祐末的三十余年里，由台谏论列而罢免的宰执，达三十三人之多。①

皇祐元年（1049），御史唐介据文彦博"知益州日，作间金奇锦，因中人入献宫掖，缘此擢执政"的传闻，上疏弹劾他"阴结贵妃，外陷陛下"②。文彦博是否因贿赂贵妃而掌执柄，仁宗当然清楚，所以即日贬唐介春州别驾，次日却又依唐介的不实之弹，罢去文彦博的相权，而旋诏唐介回朝为殿中侍御史。对此，王称作了这样的评论：

> 唐介之论彦博，若其言不至于大讦，则彦博去位而介亦安于职矣；惟其讦，乃所以见黜也。且彦博虽有过，宰相也；使廷辱宰相而不问，则于眷礼大臣之道有所未尽，故斥介以慰彦博。介虽讦，台谏也；或偏信大臣而抑台谏，则于听言之美为有愧，故罢彦博而行介之言，使之俱无怨焉。③

孤立起来看，这似乎事无是非，行无准则，实际上，仁宗以台谏监察近臣、扼制相权，正遵循了"异论相搅"的家法。"异论相搅"一语，出于真宗之口④，意即让政见相左，乃至怀有宿怨的大臣共处一朝，使之相互纠讦牵制，以达到控制大臣的目的。仁宗则

---

① 梁天锡《北宋台谏制度之转变》一文统计为十五人，见台湾《宋史研究集》第九辑；罗家祥《试论北宋仁、英两朝的台谏》一文又补充八人，见《西南师范大学学报》1989年第1期。
② 毕沅：《续资治通鉴》卷五二"皇祐三年十月丁酉"条，第1259页。
③ 王称：《东都事略》卷七三《唐介传》，第14b—15a页。
④ 李焘：《长编》卷二一三"熙宁三年七月壬辰"条记真宗语，第5169页。

以严格的台谏制度，使"异论相搅"的心术具体化、制度化。王称的论述，就是以具体事例，指出了仁宗利用台谏"异论相搅"、驾驭重臣的经验。秦观《主术》中的一段话，又对仁宗的这一统治术做了总结："仁祖时……一切委之执政"，但"一旦谏官列其罪，御史数其失，虽元老名儒上所眷礼者，亦称病而赐罢。政事之臣得以举其职，议论之臣得以行其言，两者之势适平"。①

宰执之臣"得以举其职"，台谏之臣"得以行其言"——台谏以其纠弹之言控制宰执的所作所为，宰执畏台谏之言而谨守其职，这对"折奸臣之萌而救内重之弊"，巩固君主专制集权，无疑起到了重要作用。但正如时人所云："台谏用事，朝廷命令之出，事无当否悉论之，必胜而后已。"②换言之，"耳目"性能的生成，"风闻"特权的授予，保证了台谏自由论事，勇于弹劾，使其监察职能得以充分发挥；同时又赋予了争斗好胜和以"一二小事"或"阴私隐昧"相诋毁的品格习性，形成了抑制自由、有碍政事顺利进行的病态势力，其负面效应也是相当明显的。对此，程颢曾不无感叹地说：

> 新政之改，亦是吾党争之有太过，成就今日之事，涂炭天下，亦须两分其罪可也。……大抵自仁祖朝优容谏臣，当言职者，必以诋讦而去为贤，习以成风，惟恐人言不称职以去，为落便宜。昨来诸君，盖未免此。苟如是为，则是为己，尚有私意在，即不在朝廷，不干事理。③

---

① 秦观：《主术》，《淮海集笺注》卷一二，第508页。
② 李焘：《长编》卷一八四"嘉祐元年九月癸卯"条记李沆语，第4448页。
③ 程颢：《河南程氏遗书》卷二上，程颢、程颐《二程集》，第28—29页。

"吾党"就是指反对王安石新党集团推行新法的旧党;"昨来诸君"即"吾党"中的台谏。激化新旧两党之争的因素是多方面的,既有政见相左,各不相能而造成的政治对立情绪,又有"一二大臣所学不同"而引起的"更执圆方,互相排击",但程颢强调旧党中台谏"争之有太过",不失为一个重要因素,亦有着大量的事实依据;而在仁、英两朝,由仁宗"优容"而成的台谏,"必以诋讦而去为贤"的政治品格,"惟恐人言不称职以去,为落便宜"的心理定式,就有了明显的表现,并不断掀动政潮,诱发党争。

对于仁、英两朝台谏掀动朝政、诱发党争的事实,梁天锡先生曾做过考察,并将仁、英两朝的党争次数和参与党争的人数列为五表,每表后都对台谏与党争的关系做了扼要的说明[①]:

1.废后之争——明道二年(1033)十月

主废后派三人,属台谏者一;反废后派十一人,属台谏者十。废后之争,可称"宰相、内侍(吕夷简同平章事、阎文应为内侍副知都)与台谏之争"。

2.景祐党争——景祐三年(1036)五月

范(仲淹)党四人;吕(夷简)党二人。六人中,仅吕党韩渎一人为殿中侍御史。此次党争又称为"范、吕朋党之争"。

3.夏竦与王拱辰之争——庆历三年(1043)三月至四月

夏党二人,王党三人。王党皆属台谏。此次党争可称"枢密、内侍(夏竦为枢密使、刘仲愿为内侍)与台谏之争"。

4.韩(琦)、范(仲淹)、杜(衍)、富(弼)与王(拱辰)、章

---

① 梁天锡:《北宋台谏制度之转变》,《宋史研究集》第九辑,第293—299页。

（得象）之争——庆历四年（1044）六月至五年（1045）十一月

韩、范、杜、富党九人，仅蔡襄一人为谏官；王、章党六人，属台谏者三。此次党争受台谏影响仍大。

5.濮议之争——治平二年（1065）四月至三年（1066）三月

称皇伯派十一人，台谏占十人；称皇亲派（尊王为皇）十人，一人为御史中丞，另二人旋起台谏。

由上可见，在仁、英两朝接踵而至的朋党之争中，均有台谏参与，其中不少还主要表现为台谏与非台谏之争。庆历四年（1044）由范仲淹"新政"引起的党争中，王、章党中的台谏，又促使仁宗收回范仲淹、杜衍、富弼、韩琦等人的两府大权，并蓄意炮制"进奏院案"，借以将新政官僚一网打尽，首开北宋党争以文字狱的形式倾轧政敌之风气。

英宗治平年间的"濮议之争"，则以执政获胜，大部分台谏被贬而告终。两者遭遇不同，但台谏习于诋讦的政治品格并无二致。"濮议之争"是宰相韩琦、参知政事欧阳修遵照仁宗遗旨，尊新君英宗生父濮安懿王赵允让为皇亲，而台谏司马光、王珪、贾黯、吕诲、范纯仁、吕大防、傅尧俞、赵瞻、赵鼎、马默诸人则以为"为人后者为之子，不得顾私亲"①，应称皇伯，遂分党与，交相争论。两党相争，气激词愤，尤其是台谏一党，梁启超谓其"争之不得，则发愤而诬人私德，至谓韩魏公（琦）交结中官，谓欧阳公（修）盗甥女，夷考当时交攻韩欧之言。曰：乱大伦，灭人理。曰：含生之类发愤痛心。曰：奸邪之人，希恩固宠，自为身谋，害义伤孝。曰：百计搜求，务为巧饰，欺罔圣听，支吾言者。夫韩欧二公之立

---

① 脱脱等：《宋史》卷三三六《司马光传》，第10760页。

身事君，其大节昭昭在人耳目，曷尝有如言者所云云"[①]。濮议本是皇族内事，台谏过于参与，发愤相争，已是失态，争之不得，又离争辩的主题，转攻韩琦"交结中官"、欧阳修"盗甥女"，诬人私德，侮辱人格，则更有失理性了。

其实，上述台谏的个人品格并不坏，尤其是首攻濮议的司马光，其道德名望，众口皆碑，但他们在履行台谏之职时，却不免争斗好胜、"不干事理"、有失理性的病态的政治品格。这不能完全归咎于个人，而主要是台谏制度所使然，是这一制度赋予了权重气盛的台谏官习于攻讦诋毁、意气用事的品性，并如弦上之箭，势在必发。在神宗熙宁以后政见相左、各不相能的新旧党争中，台谏的这部分品格习性，得到了进一步张扬，其负面效应更为突出。

第二节　台谏势力在党争中的催化作用

作为"人主之耳目"，台谏虽然于"中外事皆得风闻，盖补益聪明，以防壅蔽"[②]，而且还具有不畏权贵、勇于言事的精神，但事实表明，在扮演"耳目"的角色中，台谏又具有十分突出的工具性能，两者是融为一体、相辅相成的。台谏在政治生活中表现出来的缺乏理性的病态品格，正是其承风希旨的工具性能所决定的。台谏在仁宗朝"惟结主知"，其工具性能主要体现在君主"养其锐气而借之重权"上。神宗熙宁以后，却为党派所利用，沦为党争工具，即吕中所云："治平以前，为大臣者，皆以台谏之言而去；治

---

① 梁启超：《王安石传》，第23页。
② 李焘：《长编》卷二〇六"治平二年十月癸卯"条记吕诲语，第5004页。

平之后,为台谏者,皆以大臣之怒而去;而熙宁四年之后,为台谏者,皆大臣之私人也。"①因而,台谏与生俱来的工具性能,得到了进一步张扬,在党争中发展成了一股不可小视的病态势力。

不过,台谏在党争中沦为"大臣之私人",并不意味着其原有"人主之耳目"的属性消失,而是这一属性的一种自然延伸。由王安石变法引起的新旧党争,经历了熙丰新政、元祐更化和绍圣以后的"绍述"三个阶段。三个阶段中,新旧两党更迭执政,无不有着君主的信任和支持,他们以台谏为"私人",也同样受着君权的控制与支配。而综观新旧党争每个阶段的初期历史,还可以发现这样的"三部曲":一是新君即位,改变前政;二是君主或君臣合力,控制台谏;三是利用台谏,击败政敌。在这"三部曲"中,台谏的工具性能和病态势力,已有了明显的表现。

第一阶段熙宁二年至四年(1069—1071),是王安石新法实施之始,也是新旧党争的序幕。新旧两党对台谏的控制与反控制,则是这一序幕中的重要节目;属于旧党的台谏由于"争之有太过",率先起了催化作用。

熙宁二年(1069)二月,王安石设立制置三司条例司,实施新法;次年,韩绛权御史中丞,擢李定为监察御史里行、谢景温为侍御史知杂事,以便控制台谏重地。但反对新法的台谏很快集合起来,一致向变法者发动攻击。熙宁二年(1069)五月,御史中丞吕诲进《论王安石奸诈十事状》,其中之一是"朋奸之迹甚明",并力

---

① 吕中:《宋大事记讲义》卷一七"诸君子争论新法"条,第8b—9a页。

诋王安石"外示朴野,中藏巧诈,骄蹇慢上,阴贼害物"。①熙宁三年(1070)四月,监察御史里行张戬上疏,抨击韩绛"左右徇从安石,与为死党","今辅以绛之诡随,台臣又得李定之比,继继其来,牙蘖渐盛,臣岂敢爱死而不言哉"。②在制造党论的同时,又"风闻言事",大肆攻讦,其中最耸人听闻的是御史中丞吕公著的"赵鞅举甲"论。《长编》卷二一〇"熙宁三年四月戊辰"条载:

> (吕)公著数言事失实,又求见,言"朝廷申明常平法意,失天下心。若韩琦因人心如赵鞅举甲,以除君侧恶人,不知陛下何以待之"?因涕泣论奏,以为此社稷宗庙安危存亡所系。③

"赵鞅举甲",典出《公羊传》哀公十三年,指晋赵鞅在内讧中,以清除君侧之恶为名,兴晋阳之兵,击败了荀寅和范吉射。这里的"君侧恶人",指王安石、韩绛、李定、吕惠卿等人。吕公著借用韩琦之名,"风闻"论列,无事生非,扩大事端,目的在于迫使神宗停止支持变法。不料招致神宗的强烈不满,以为"诬方镇有除恶之谋,深骇予闻,乖事理之实"④,旋罢其御史中丞之职。又熙宁四年(1071)御史中丞杨绘进《论王安石之文有异志奏》云:

> 王安石《杂说》曰:"鲁之郊也,可乎?曰有伊尹之志,则放其君可也。有汤之仁,则绌其君可也。有周公之功,则用

---

① 吕诲:《论王安石奸诈十事状》,《全宋文》卷一〇三九,第48册,第142、140页。
② 李焘:《长编》卷二一〇"熙宁三年四月壬午"条,第5107页。
③ 李焘:《长编》卷二一〇"熙宁三年四月戊辰"条,第5097页。
④ 李焘:《长编》卷二一〇"熙宁三年四月戊辰"条,第5095页。

郊不亦可乎？"王安石《杂说》曰："周公用天子礼乐可乎？周公之功，人臣所不能为。天子礼乐，人臣所不得用。有人臣所不能为之功，而报之以人臣所不得用之礼乐，此之谓称。"王安石《杂说》曰："有伊尹之志，而放君可也。有周公之功，而代兄可也。有周之后妃之贤，而求贤审官可也。夫以后妃之贤，而佐王以有天下，其功岂小补哉！与夫妇人女子从夫子者，可同日语乎？"臣窃谓孟子劝齐王无毁明堂者，盖当时天下无定主，故敢尔。若言之于一统之世，则孟子岂不为罪人？今王安石于君尊臣卑、重熙累盛之朝，而显然再三丁宁于伊尹放君，周公用天子礼乐之事，臣愿陛下详其文而防其志。①

《杂说》又称《淮南杂说》，作于嘉祐年间，"洛学"程颐所谓"荆公旧年说话煞得"②，即指《淮南杂说》。程颐高足尹焞，也认为王安石《杂说》论性理有"粹处"③。陆佃云："嘉祐、治平间……（傅）明孺尚未冠，予亦年少耳。淮之南学士大夫宗安定先生之学，予独疑焉。及得荆公《淮南杂说》与其《洪范传》，心独谓然，于是愿扫临川先生之门。"④这说明《淮南杂说》作为一部学术专著，得到了学者的首肯。然而，杨绘为了制止变法，却深文周纳，穿凿附会，称王安石有异志，欲使之背上诛灭九族的谋反篡位之罪，失去了最起码的理智。所以在王安石请求"杨绘不宜在言

---

① 杨绘：《论王安石之文有异志奏》，《全宋文》卷一五六二，第72册，第56页。
② 程颐：《河南程氏遗书》卷一九，程颢、程颐《二程集》，第247页。
③ 《河南程氏外书》卷一二录祁宽所记《尹和靖语》，程颢、程颐《二程集》，第434页。
④ 陆佃：《傅府君墓志》，《全宋文》卷二二一〇，第101册，第244页。

职"后,神宗罢其御史中丞之职,出知郑州。①

熙宁三年(1070)四月,司马光为保护台谏中的反变法势力,在吕公著被罢御史中丞之际,极力为之辩护,先是否认吕公著有"赵鞅举甲"论,后在神宗的驳斥下,承认吕公著的论列"欲朝廷从(韩)琦言罢青苗耳。语虽过差,原情亦可恕也"②。无论是吕公著,还是吕诲、张戬、杨绘,"原情"都是为了制止变法,但都语极"过差","不干事理",反而更加激起了神宗和王安石的反感。而对于台谏的作风,王安石在嘉祐六年(1061)知制诰时,就向仁宗表示了不满。③所以,变法之初,开始了驱逐原有台谏的活动。《宋大事记讲义》卷一六,列有王安石"逐谏官""罢谏院""排中丞""罢中丞贬御史"诸条,《宋史·王安石传》也列举了熙宁元年至四年(1068—1071),被王安石罢免的十九名台谏名单。但王安石驱逐台谏,是得到神宗支持的。为了保证新法的实施,神宗不能不更换原有的"耳目",而且,对于反对新法的台谏奏议,还要求做出"分析"。《长编》卷二一〇"熙宁三年四月壬午"条载:

> 右正言、秘阁校理李常落职为太常博士,通判滑州。常言:"散常平钱流毒四海,又州县有钱未尝出而徒使民入息者。"上(神宗)令具州县吏姓名至五六,终不肯具,而求罢职,故黜。前此,上谓执政曰:"李常终不肯分析,朕再三谕以此止是欲行遣违法官吏,常坚云体不合分析。"曾公亮曰:

---

① 李焘:《长编》卷二二四"熙宁四年六月甲寅"条,第5439页;同书卷二二五"熙宁四年七月"记事,第5488页。
② 李焘:《长编》卷二一〇"熙宁三年四月甲申"条,第5113页。
③ 详李焘:《长编》卷一九三"嘉祐六年六月戊寅"条,第4677—4679页。

"台谏官自前许风闻言事,难令分析也。"上曰:"欲令说是何人言,或以所言不实罪谏官,即壅塞言路。今令说违法官吏是何人,因何却不肯?"……上令改常正言为博士,仍明著常罪曰:"言事反复,专为诋欺。"①

同卷又载:"是日又呈常疏,有云:'陛下一宫殿之费百余万,一宴游之费十余万,乃令大臣剥肤椎髓掊敛百姓。'上笑曰:'近闻人谤如此,乃是常疏中语。'安石曰:'陛下即位,未尝营缮及事外游宴,惟修太皇太后、皇太后两宫尔。'"在斥责司马光为吕公著"赵鞅举甲"论辩护时,神宗又说:"有诈为谤书,动摇军众,且曰'天不祐(佑)陛下,致圣嗣不育'。……台谏所言,朕未知,外人已遍知矣。"②可见,当时台谏反对新法的议论,不仅诋毁王安石,而且攻讦到了神宗身上。这不失为神宗毅然更换"耳目"的又一原因。

《长编》卷二一○"熙宁三年四月己卯"条引吕本中《杂说》云:

> 正叔(程颐)尝说新法之行,正缘吾党之士攻之太力,遂至各成党与,牢不可破。且如青苗一事,放过何害?伯淳(程颢)作谏官,论新法,上令至中书议。伯淳见介甫,与之剖析道理,气色甚和,且曰:"天下自有顺人心底道理,参政何必须如此做?"介甫连声谢伯淳曰:"此则极感贤诚意,此则极感

---

① 李焘:《长编》卷二一○"熙宁三年四月壬午"条,第5106—5107页。
② 李焘:《长编》卷二一○"熙宁三年四月甲申"条,第5107、5114页。

贤诚意。"此时介甫亦无固执之意矣。却缘此日张天祺（戬）至中书力争，介甫不堪，自此彼此遂分。①

张戬时为监察御史里行。这里将"各成党与"的原因，归结为反变法之士"攻之太力"，并认为台谏张戬的"力争"是"彼此遂分"党与的导火线，基本上是合乎事实的。王安石主政后，旨在变法图治，以国事为重，初无结党和党同伐异之意。但是在议定和推行新法之初，富弼、韩琦、司马光等名流重臣既不与之为伍，又严辨君子小人，高举仁义道德的大旗，大加讨伐，迫使王安石亦以君子自居，以道义为武器，做出正面反击。在这种交战中，以君子自居的反变法台谏，则充分利用"他人言不实，即得诬告及上书诈不实之罪，谏官、御史则虽失实，亦不加罪"的特权，不择手段，肆意攻讦，"专为诋欺"，从而不仅在政见，还在情绪上结成了党与，使之"牢不可破"。而台谏的这种表现，则坚定了神宗和王安石加以排斥的态度。

熙宁四年（1071）七月，杨绘与另一个时时向新法发难的侍御史刘挚被逐出台谏重地后，神宗与王安石全面控制了台谏势力。被控制的台谏以其维护君主集权与君主授予新党变法权力的双重工具性能，立即发挥了出击政敌的作用。该年，侍御史知杂事邓绾弹劾左仆射、同平章事判亳州富弼拒绝推行青苗法，"乞尽理根治"。富弼、徐公衮、石夷庚及其他依富弼行事的州县官吏均被收容审查。②经过两个月的推治，富弼落使相，徙判汝州，旋归洛阳，这

---

① 李焘：《长编》卷二一〇"熙宁三年四月己卯"条，第5104页；参程颢、程颐：《河南程氏遗书》卷二上，《二程集》，第28—29页。
② 李焘：《长编》卷二二二"熙宁四年四月丁卯"条，第5404页。

是所谓"护法善神"的台谏弹劾而成的第一起大狱,史称"青苗狱",对抑制旧党反对新法的势头起了重要的缓冲作用。

第二,元祐"更化"阶段。在这个阶段之初,元祐党人以控制台谏为先务,与新党展开了控制与反控制的斗争。较之前一阶段,"三部曲"的节奏更快,台谏的工具性能和催化作用更显著。

元丰八年(1085)三月,神宗去世,年幼的哲宗继位,宣仁太后高氏垂帘听政。由于高氏坚持"守静"的治世思想,并有鉴于新法造成的种种弊端,决定起用司马光、吕公著等"老成"之人,实施全面废弃新法的"更化"之政。该年四月,吕公著以资政殿大学士、银青光禄大夫兼侍读,七月,又加尚书左丞;六月,司马光代章惇为门下侍郎。但在当时,新党的头面人物蔡确仍为左仆射,章惇罢门下侍郎却又入主枢密院,韩缜也为右仆射,给废除新法带来了极大阻碍。于是,在高氏的支持下,司马光与吕公著立即策划控制台谏的具体事宜。六月癸未,吕公著进《上哲宗乞选置台谏罢御史察案》:

> 御史之官,号为天子耳目,而比年以来,专举六察故事……伏乞尽罢察案,只置言事御史四人或六人。仍诏谏官、御史,并须直言无讳,规主上之过失,举朝政之疵谬,指群臣之奸党,陈下民之疾苦。言有可用,不以人微而废言;令或未便,不为已行而惮改。所言无取,姑亦容之,以示明盛之世,

终不以言罪人。若缄默选懦,畏避不言者,明正其罚。①

"六察"是六部监察司的简称。据《宋会要辑稿》职官一七之三四、三五:"国家每入阁、国忌,临时差。六察:吏察、兵察、户察、刑察、礼察、工察。元丰中,神宗始置六察司于御史台。"其任务是"点检所隶百司簿书之稽违"。②是神宗元丰五年(1082)改制时改革台谏制度的一项内容;同时又将御史与谏官的职权分开,即前文引《容斋四笔》所说的二者"论事有分限,毋得越职"。这些改革与神宗在熙宁初修正"风闻言事"的目的一样,使台谏各司其职,循名责实,以改善其"不干事理"的希风和浮躁的作风。吕公著要求尽罢"察案",恢复台谏旧制,使之放言"举朝政之疵谬,指群臣之奸党",用意昭然若揭,即任用旧党人员为台谏,专事攻击新党、新法。"若缄默选懦,畏避不言者,明正其罚"云云,又显然是为驱逐新党中的台谏制造舆论。不久,御史中丞黄履因交结"奸佞"蔡确,而被贬往散地③,就证明了这一点。同时,吕公著又提出了具体的人事安排:孙觉"可充谏议大夫或给事中";范纯仁"可充谏议大夫或户部右曹侍郎";李常"可备御史中丞";刘挚"可充侍御史";苏辙、王岩叟"可充谏官或言事御史"。④司马光随即上疏表态:"公著所陈,与臣所欲言者,正相符合。"⑤同月,王岩叟出任监察御史;九月,刘挚为侍御史;十月,又与高氏相

---

① 李焘:《长编》卷三五七"元丰八年六月癸未"条,第8546—8547页。
② 徐松:《宋会要辑稿》职官一七之三四、三五,第3467页。
③ 陈邦瞻:《宋史纪事本末》卷四六《绍述》,第450页。
④ 李焘:《长编》卷三五七"元丰八年六月戊子"条,第8551—8552页。
⑤ 李焘:《长编》卷三五七"元丰八年六月戊子"条,第8552页。

谋,以"中旨"除范祖禹、范纯仁、唐淑问、苏辙、朱光庭五人为谏官,但遭到章惇的抨击。《长编》卷三六〇"元丰八年十月丁丑"条:

> 太皇太后问:"此五人何如?"执政对:"协外望。"章惇曰:"故事,谏官皆令两制以上奏举,然后执政进拟,今除自从中出,臣不知陛下从何知之,得非左右所荐,此门不可浸启。"太皇太后曰:"此皆大臣所荐,非左右也"。惇曰:"大臣当明扬,何以密荐?"由是吕公著以范祖禹,韩缜、司马光以范纯仁亲嫌为言。惇曰:"……故事,执政初除,亲戚及所举之人见为台谏官,皆徙他官。今皇帝幼冲,太皇太后同听万机,当动循故事,不可违祖宗法。"(司马)光曰:"纯仁、祖禹作谏官,诚协众望,不可以臣故妨贤者进,臣宁避位。"惇曰:"……万一他日有奸臣执政,援此为例,引亲戚及所举者居台谏,蔽塞聪明,非国之福……"①

章惇以"祖宗法"进行抨击,其言论无懈可击,迫使高太后部分地改变成命,范纯仁改除天章阁待制,范祖禹为著作郎。但至元丰八年(1085)底,台谏重地基本上为元祐党人所控制,为驱逐新党人员提供了足够的力量。

自元丰八年(1085)九月监察御史王岩叟抛出第一篇措辞激烈的弹文后②,由司马光、吕公著安排就位的台谏,向新党发起了强

---

① 李焘:《长编》卷三六〇"元丰八年十月丁丑"条,第8606—8607页。
② 李焘:《长编》卷三五九"元丰八年九月戊午"条,第8600—8603页。

烈的攻势。如左司谏苏辙弹击蔡确"险佞刻深"、韩缜"识性暴，才疏行污"，张璪、李清臣、安焘等，皆"斗筲之人，持禄固位"，请予罢黜，"以弹压四海奸雄之心"。①综观《长编》卷三五九至三六九关于元丰八年（1085）八月至次年元祐元年（1086）闰二月的记事，几乎都是诸如此类的弹文，其中侍御史刘挚一人的弹文，竟达十章之多。也许出于稳重之见，至元祐元年（1086）二月，高氏对台谏提出罢免蔡确等人的要求，没有做任何反应，所以不少弹文还责问高氏为何迟迟不罢免蔡确、章惇、韩缜的两府之权。元祐元年（1086）二月，右正言朱光庭又径直请罢蔡确，"司马光补其阙"；罢韩缜，"范纯仁补其阙"；罢章惇，"韩维补其阙"；并说"司马光今疾矣，陛下早屏去奸邪"，司马光代蔡确为左相而"司马光必安"。②在台谏的轮番攻击下，高氏终于在元祐元年（1086）闰二月，将蔡确罢知陈州，章惇罢知汝州，不久，韩缜、安焘、张璪、李清臣、张商英等也相继贬往散地，朝政完全由元祐党人把持。对于这段历史，吕中做有高度的评价，又盛赞元祐台谏为"君子"，而斥责熙宁四年（1071）之后的台谏为"小人"。③然而，司马光在全面废除新法中，不免有刚愎自用之嫌，在排击新党时，又坚持其"君子小人……犹冰炭之不可同器而处"，君子得位，必排小人的斗争哲学。元丰八年（1085）十一月，为了促使高太后尽快驱逐以蔡确、章惇为首的小人党，还提出"两贵之不能相事，两贱之不能相使，此乃物理自然，人情之常"④的观点，更趋极端化。

---

① 李焘：《长编》卷三六七"元祐元年二月丙戌"条，第8819—8820页。
② 李焘：《长编》卷三六五"元祐元年二月庚申"条，第8746页。
③ 吕中：《宋大事记讲义》卷一八"求直言""举谏官"条，第15a—15b页。
④ 李焘：《长编》卷三六一"元丰八年十一月丁巳"条，第8648页。

台谏则承其风旨，充当工具，大肆攻伐。元祐元年（1086）二月，右正言王觌上疏云：

> 光之论事，虽或有所短，不害为君子。惇之论事，虽时有所长，宁免为小人？大凡国家之事，须执政大臣同心协力而后可成。惇之奸邪欺罔，著闻有素。于此役法一事，尤见其处心积虑，欲以倾光，而不顾其有伤于国体、有误于陛下也。①

将君子小人之辨政治化，以道德为大旗，攻击政敌，是熙宁以来党派相争的普遍现象，更是元祐台谏党同伐异的主要手段，王觌对章惇的弹劾就是其中的一个表现。然而，一方面正如南宋李纲评论元丰八年（1085）十月章惇反对司马光"密荐"台谏一事时所云："荐引士大夫固大臣之职也，然不当密荐，（密荐）之弊有二，一则开多歧之门，而权去朝廷；二则彰私恩之地，而浸成朋党。庶官犹且不可，况台谏乎？观子厚之言，可谓切当于理矣。方子厚当轴，士大夫喜诋呵其失，然自今观之，爱惜名器，坚守法度，诸子虽擢第，仕不过管库州县，岂不贤哉！"②即便是《宋史》的编纂者，虽将章惇列入《奸臣传》，但不得不承认章惇在处理个人利益上"不肯以官爵私所亲，四子连登科，独季子援尝为校书郎，余皆随牒东铨仕州县，讫无显者"③的优秀品质。而元丰八年（1085）之后，元祐党人的头面人物文彦博、吕公著、吕大防、范纯仁等，则直接为自己的子弟亲戚求取美官，史载他们滥除子弟亲戚时，

---

① 李焘：《长编》卷三六六"元祐元年二月乙酉"条，第8814页。
② 李纲：《书章子厚事》，《全宋文》卷三七六〇，第172册，第198页。
③ 脱脱等：《宋史》卷四七一《章惇传》，第13713页。

"上等知州、通判,在京寺监、宫教,畿内知县之类,号为优便者,尽属堂除"。①另一方面王觌明知章惇在与司马光争新法中有其"长"处,却认为他"宁免为小人";司马光有"短"处,却"不害为君子";"时有所长"的"小人""有伤于国体","时有所短"的"君子"则"有利于国体"。由此可见,君子小人成了元祐台谏党同伐异的一对政治术语而失去了应有的客观标准。如果说尚有其标准的话,那就是凡是政敌拥护的,必须反对,凡是政敌反对的,必须拥护;凡是政敌,在道义上虽有其所长,都属奸邪小人,必须加以彻底否定,坚决排斥;凡是同党,即便是有时丧失道义,都属正人君子,必须予以全面肯定,坚决拥护。这是更化之初台谏迎合司马光、吕公著风旨而出击政敌时所普遍奉行的斗争哲学。元祐元年(1086)闰二月,右司谏苏辙对章惇的弹击亦证明了这一点:

> 臣窃见知枢密院章惇,始与三省同议司马光论差役事,明知光所言事节有疏略差误,而不推公心,即加详议,待修完成法然后施行,而乃雷同众人,连书札子,一切依奏。及其既已行下,然后论列可否,至纷争殿上,无复君臣之礼。然使惇因此究穷利害,立成条约,使州县推行更无疑阻,则惇之情状犹或可恕。今乃不候修完,便乞再行指挥,使诸路一依前件札子施行,却令被差人户具利害实封闻奏。臣不知陛下谓惇此举其意安在?惇不过欲使被差之人有所不便,人人与司马光为敌,但得光言不效,则朝廷利害更不复顾。用心如此,而陛下置之

---

① 李焘:《长编》卷三五六"元丰八年五月庚戌"条,第8519页;同书卷四一三"元祐三年八月辛丑"条,第10046页。

枢府，臣窃惑矣。尚赖陛下明圣，觉其深意，中止不行。若其不然，必害良法。且差役之利，天下所愿，贤愚共知，行未逾月，四方鼓舞，惇犹巧加智数，力欲破坏。……岂不深误国计！故臣乞陛下早赐裁断，特行罢免，无使惇得行巧智以害国事。①

差役是仁宗旧法，王安石改为免役。在王安石的诸多新法中，免役还是利多于弊的，司马光却不问是非优劣，凡是新法，一切废除，且持不废免役就死不瞑目的偏激态度②，所以也遭到了部分元祐党人的异议。苏轼就认为免役不可废，还为此与司马光面折于廷，争之不得，乃呼之为"司马牛"③。而新党的头面人物更是据理力争，尤其是章惇。朱熹说，司马光"被他一一捉住病痛，敲点出来"④，这就是苏辙所谓的"惇得行巧智，以害国事"。同时，元祐元年（1086）二月恢复差役后，"监司已有迎合争先，不校利害，一概差定，一路为之骚动"⑤，并非"四方鼓舞"。实际上，对于役法，苏辙与其兄轼都有着较为客观的认识。在司马光废除免役时，苏辙就提出："盖朝廷自行免役，至今仅二十年，官私久已习惯，今初行差役，不免有少龃龉不齐。"⑥直至晚年为苏轼所撰墓志中，

---

① 苏辙：《乞罢章惇知枢密院状》，《栾城集》卷三七，《苏辙集》，第647—648页；李焘：《长编》卷三六九"元祐元年闰二月丙午"条，第8906—8908页。
② 吕中：《宋大事记讲义》卷一八"罢置等法"条，第2b页。
③ 蔡绦：《铁围山丛谈》卷三，第60页。
④ 黎靖德编：《朱子语类》卷一三〇，第3126页。
⑤ 脱脱等：《宋史》卷三四〇《刘挚传》，第10855页。
⑥ 苏辙：《论罢免役钱行差役法状》，《栾城集》卷三六，《苏辙集》，第626页。

还批评司马光"知免役之害而不知其利,欲一切以差役代之"①的做法,但在章惇与司马光争役法时,却违背事实,放弃原则,希合司马光,诋讦章惇。不过,对这种有失君子之态的表现,苏辙是相当反感的,他在后来回忆"更化"初期的历史时,便指斥"台谏官多君实(司马光)之人,皆希合以求进"②,可自己为台谏时,却不免此嫌。而高太后和司马光、吕公著正利用了这一点,达到了驱逐新党,实施"更化"之政治目的。

第三,绍圣阶段。与前述两个阶段不同,这时新旧两党并没有为台谏展开斗争,而是由哲宗亲自控制;在除授上无大臣的举荐或反对,真正恢复了仁宗旧制,但台谏的工具性能和催化作用却得到了空前的发挥。

元祐八年(1093)九月,高太后去世,哲宗亲政,同年十二月,侍御史杨畏奏请更法立制,以垂万世。乞赐讲求以成继之道。疏入,帝即召对,询以先朝故臣,孰可用者?畏遂列上章惇、安焘、吕惠卿、邓伯温、李清臣等行义,各加品题,且密具万言,具陈神宗所以建立法度之意与王安石学术之美,召章惇为相。帝深纳之③。杨畏于元祐六年(1091)任殿中侍御史,是御史中丞赵君锡举荐的,"君锡荐畏,实(刘挚)风旨也。然畏卒助大防击挚"④;元祐八年(1093)十二月,"吕大防为山陵使,甫出国门",杨畏又

---

① 苏辙:《亡兄子瞻端明墓志铭》,《栾城后集》卷二二,《苏辙集》,第1121页。
② 苏辙:《亡兄子瞻端明墓志铭》,《栾城后集》卷二二,《苏辙集》,第1121页。
③ 杨仲良:《长编纪事本末》卷一〇一《逐元祐党人上》,第1735—1738页。
④ 杨仲良:《长编纪事本末》卷九九《朋党》,第1713页。

"首叛大防"①，进万言奏章，给哲宗"绍述"上了第一堂课。史称李清臣首倡"绍述"，其实开其端绪者是杨畏。次年二月，哲宗除李清臣正议大夫、守中书侍郎，邓伯温左光禄大夫、尚书左丞；三月，在元祐时已入台谏之地的殿中侍御史来之邵，奏乞先逐宰相吕大防，"以破大臣朋党"②，哲宗从之。四月十二日改元绍圣的前几天，哲宗又罢去范纯仁的相位，除翟思、上官均、张商英、周秩、刘拯为台谏；闰四月，黄履出任御史中丞，章惇自苏州至阙执政，蔡卞、曾布诸人也相继还朝。自元祐八年（1093）九月至次年闰四月，台谏完全由哲宗控制，"绍述"政局随之全面形成。

在哲宗控制台谏的过程中，没有出现熙宁新政和元祐"更化"之初那种控制与反控制，原因之一就在于台谏在政局剧变之际，竭尽观望迎合之能事。上述杨畏、来之邵就是一个显例。又《续资治通鉴》卷八三"绍圣元年四月"记事云：

> 台臣共言苏轼行吕惠卿制词，讥讪先帝，壬子，诏轼落职，知英州。范纯仁上疏曰："熙宁法度，皆吕惠卿附会王安石建议，不副先帝爱民求治之意。至垂帘时，始用言者，特行贬窜，今已八年矣，言者多当时御史，何故畏避不即纳忠，而今乃有是奏，岂非观望邪！"③

又绍圣四年（1097），陈并上书云：

---

① 陈邦瞻：《宋史纪事本末》卷四六《绍述》，第445页。
② 杨仲良：《长编纪事本末》卷九九《朋党》，第1719页。
③ 毕沅：《续资治通鉴》卷八三"绍圣元年四月"记事，第2117页。

> 侍御史董敦逸、司谏郭知章，乃是元祐用事之人，在元祐则不言元祐之非，所以能安其身；逮绍圣之后，争言元祐所用所行无一事是，乃获安其身。此两面之人，操两可之说，非所谓一心事上者也。……今所力言者，不过暴斥垂帘之事，多形琐碎之言，一切迎合。①

这里所谓的"言者"，也主要是指台谏。其中郭知章于元祐时期任监察御史，绍圣元年（1094）二月为殿中侍御史，五月，上疏弹劾司马光等人弃安疆、葭芦、浮图、米脂四寨与西夏，"外示以粥（弱），实生寇心"，乞"列其名氏，显行黜责"。章惇随后开列司马光、文彦博以下十一人主张放弃四寨的"挟奸罔上"的"奸党"名单，请予以"深治"，"上以为然"。②这是"绍述"政局形成后的第一次具有针对性的弹击元祐党人的"朝政之疵谬"，也是"绍述"台谏观望迎合的表现之一。

其实，观望迎合是台谏在党争中的常见病，其病灶就是承风希旨的工具性能，只是在不同时期，其表现程度有所不同罢了。绍圣台谏"一切迎合"，甚至出现了一批在以往台谏中不多见的"获安其身"的"两面之人"，正是这种通病在高太后去世后的政局剧变中进一步恶化的结果。或者说，他们"操两可之说"，并不是陈并所批评的"非所谓一心事上者"，而恰恰是"惟结主知"，只是此时的"人主"是对高太后和元祐党人怀有仇恨心理的哲宗。

---

① 陈并：《答诏论彗星陈四说疏》，《全宋文》卷二六三五，第122册，第194页；参陆心源：《宋史翼》卷五《陈并传》，第107—108页。
② 杨仲良：《长编纪事本末》卷一〇一《逐元祐党人上》，第1741页；毕沅：《续资治通鉴》卷八三"绍圣元年五月甲寅"条，第2122页。

元祐八年（1093）十月，元祐党人李之仪向苏轼解释哲宗"必有所更张"时云："垂帘共政，八年于此，主上未尝可否一事。诸公奏行，将太母之令。太母权为正，而正固在位也；其未尝可否者，盖退托而有所待也。方其政之在我也，岂无舍其旧而求同于我？或有所不纳，既不得同，必退而为异日之谋。"[1]朱熹则直截了当地指出：元祐后期，高太后"不肯放下"，不愿撤帘还政，故"哲宗甚衔之"[2]。哲宗罢吕大防相权，就是因为"大防当宣仁圣烈皇后垂帘时，位首相。逾六年，上春秋既长，大防第专意辅导，未尝建议亲政"[3]。哲宗的这种心理，既决定了"绍述"的必然性，又促使了绍圣台谏竭尽观望迎合以"获安其身"之能事，成为哲宗发泄"衔之"心绪的工具。所以，在章惇尚未入朝时，哲宗便一帆风顺地控制了台谏势力，为章惇执政后进行"绍述"，倾陷元祐党人，提供了现存的工具力量。

在熙丰新政、元祐"更化"和"绍述"三个阶段的初期，台谏沦为党争工具，并在充当工具时形成的病态势力，大致如上所述。当然，台谏在党争中的工具性能和病态势力，并不仅仅体现在这三个阶段的初期，而是贯穿于整个党争的历史。在新旧两党的党同伐异包括两党内部的相互倾轧中，台谏承风希旨，以政治干预"文字"，屡兴文字狱，就是一个突出的表现。这不仅同样催化了朋党之争，而且严重地摧残了北宋文学和学术等文化层面。关于这一点，我们将在下章总结北宋党争的特点时，做详细的考察。

在结束本章之前，尚需做如下说明。

---

[1] 李之仪：《仇池翁南浮集序》，《全宋文》卷二四二一，第112册，第118页。
[2] 黎靖德编：《朱子语类》卷一二七，第3047页。
[3] 杨仲良：《长编纪事本末》卷九九《朋党》，第1719页。

关于宋代台谏制度的是非得失,古今学者多有论述,但结论不尽相同,有的还大相径庭。本章不是对宋代台谏做全面评价,主要是考察台谏的性能与势力在北宋党争中的具体表现及其作用。事实证明,其作用是十分消极的;而其催化党争的消极作用,是在台谏制度与朋党之争的互动中产生的。

南宋卫泾说:"台谏给舍,人主之法家拂士也。人主以为是,台谏给舍以为非,人主以为可,台谏给舍以为不可,台谏给舍非敢与人主争是非可否者,顾不如是无以重其权,不重其权非所以尊朝廷而修君德也。"[①]仅此观之,宋代台谏制度是一项开明的政制。可惜的是,在北宋党争中,其负面效应远远超越了正面作用。庆历台谏反对为仁宗认可的范仲淹"新政";治平台谏反对韩琦、欧阳修遵照仁宗遗旨,尊新君英宗生父濮安懿王赵允让为皇亲;熙宁初,旧党台谏反对王安石变法,均属"与人主争是非",是勇于言事的表现,但其言事并非来自健全的理性世界,而是断以己意,恣加论奏,攻讦诋毁,不干事理。这与北宋统治者创置"耳目",许以"风闻",使之权重气盛,借以"尊朝廷,修君德"的初衷,是既相对立又相统一的两个方面。或者说,台谏勇于言事,是建立在"耳目"性能及其"必以诋评而去为贤"的品格和势力基础之上的。正因为台谏具有这种特殊的性能和势力,在新旧两党更迭执政的初始阶段,君主或君臣合力,控制台谏,使之成为党争工具,借以重党事之权;而在整个新旧党争中,台谏又因受到变相的纵容,其性能和势力得到进一步的恶性发展,由此带来的消极作用也得到了进一步的强化。在元祐台谏梁焘、刘安世等人希合高太后和宰相吕大防

---

① 卫泾:《轮对札子》,《全宋文》卷六六二六,第291册,第248页。

炮制"车盖亭诗案"中，不少台官因持反对意见而遭斥逐，致使"御史府为之一空"①，则又从反面证明了这一点，也反证了台谏势力与朋党之争相互激化的互动关系。

总之，党争激发了台谏固有的性能与作用，反过来，又激化了党争，从而加速了北宋政治的衰败，消耗了赵宋元气，并在以政治干预"文字"的过程中，摧残了文学和学术等文化层面。

---

① 脱脱等：《宋史》卷三四一《傅尧俞传》，第10885页。

第四章

北宋党争的特点与文人和文化的命运

在古代中国，朋党与朋党之争历代有之，其性质都是封建专制主义的派生物，也都是封建统治阶段内部权力之争的产物。但北宋党争与其他时代的朋党之争诸如东汉党锢、唐代牛李党争、明代东林党祸不尽相同。如果说东汉党锢与明代东林党祸是汉、明政权赖以生存的主要力量士人集团与帝王豢养的阉寺势力之间的冲突，唐代牛李党争主要属于门阀士族与寒门庶族之间的交争[①]，那么，北宋党争则由不同的政见引起，就其范围而言，以文人士大夫为限，就其主体结构观之，既是政治上的主体，又是文学上的和学术上的主体，政治主体、文学主体和学术主体融于一身。因此，北宋党争不仅出现了与学术合力共振的现象，而且又与文学产生了紧密的联系。这一复合型的主体结构及其表现形态，使北宋党人在喜同恶异、党同伐异的过程中，形成了有别于其他时期朋党之争的一个鲜明特点，即兴治文字狱，以"文字"排击异党和在排击异党时，禁毁"文字"。由此造成的文人士大夫因"文字"而遭斥被贬，和包

[①] 此依陈寅恪先生之说，见其《唐代政治史述论稿》，第87页。

括学术、文学和史学等多种文化层面的"文字"因党争而遭禁被毁的命运，也是在其他时期的党争中少见的。

第一节 兴治文字狱：以"文字"排击异党

作为政治干预"文字"的产物，文字狱并非始于北宋。早在西汉宣帝朝，杨恽因"田彼南山，芜秽不治。种一顷豆，落而为萁"一诗，被罗织成讥毁朝政之罪，遭腰斩的厄运。[①]不过，像这样的诗案在两汉及汉以后极少发生。在唐代，虽有"刘禹锡种桃之句，不过感叹之词耳，非甚有所讥剌也，然亦不免于迁谪"之诗祸[②]，但总体上，"唐人歌诗，其于先世及当时事，直词咏寄，略无避隐。至宫禁嬖昵，非外间所应知者，皆反复极言，而上之人亦不以为罪"[③]，统治者对"文字"还持有相当宽容的态度。至北宋，文网渐密，文字狱渐盛。

北宋文字狱肇始于庆历党争，盛行于绍圣以后的"绍述"。自庆历至元祐，文字狱几乎都出自台谏之门，绍圣以后，已不完全是台谏所为，对"文字"的纠劾权也为非台谏广泛行使。但无论是绍圣以前还是绍圣以后，北宋文字狱是党争的产物，是文人士大夫党同伐异之主体性格的一个显著标志。而且还可发现，在党争的每个发展阶段，无不通过兴治文字狱对异党进行一次全面的排击。庆历台谏就是以"进奏院案"将范仲淹新政官僚一网打尽的，是这起文字狱宣告了"范党"的彻底失败，也给自明道废后之争以来的仁宗

---

① 班固撰，颜师古注：《汉书》卷六六《杨恽传》，第2896页。
② 罗大经：《鹤林玉露》乙编卷四"诗祸"条，第187页。
③ 洪迈：《容斋续笔》卷二"唐诗无讳避"条，《容斋随笔》，第239页。

朝的朋党之争画上了句号。熙宁以后的新旧党争大致经历了熙丰党争、元祐党争和绍圣以后的"绍述"三个发展阶段。在这三个阶段中，文字狱也起有关键性的作用。元丰"乌台诗案"，用以全面抑制政敌的异论，保证新法的顺利实施，是熙丰党争中重大的政治事件。元祐"车盖亭诗案"，则用以全面根除熙丰新党势力，成了激化，乃至毒化新旧党争的转折点，导致了绍圣新党的报复性倾轧。而绍圣新党东山再起之初，首拿《神宗实录》开刀，立案勘治，为其"绍述"新法和全面排斥元祐党人张本正名。绍圣"同文馆狱"是仿效"车盖亭诗案"的一起大冤案，它昭示了新旧党争从元祐时期的意气之争发展成了你死我活之争，为崇宁立"元祐党人碑"开了先声。即便是同党内，部分党与相互倾轧时，也以文字狱的形式排击对方。元祐苏轼策题与题诗之谤，就是元祐党人内部蜀、洛之争的产物，也同样含有借"文字"彻底根除蜀党在朝势力的用意。"嘉禾篇案"则出于"绍述"新党内部的相互倾轧，作者张商英因此被列入"元祐党人碑"。在众多的文字狱中，大致有两种情形，一是深文周纳，一是治有确证，但都体现了北宋党争以"文字"排击政敌异党的特点，都深深地影响了文人的政治命运。因此，文字狱成了研究北宋党争的一个重要的切入点，也是考察北宋党争与文学的关系时不可或缺的方面。下面按时代先后，就其要者分述之。

一、"进奏院案"与庆历党争

庆历党争由范仲淹新政所致。范仲淹新政在"谤毁浸盛，而朋党之论，滋不可解"[①]的激烈的党争中，很快归于失败，而范仲淹新政官僚则又在政敌据王益柔《傲歌》炮制的文字狱"进奏院案"

---

① 李焘：《长编》卷一五〇"庆历四年六月壬子"条，第3637页。

中,被一网打尽。这起文字狱由王拱辰、张方平等台谏官一手炮制而成。《宋史纪事本末》卷二九《庆历党议》载:

> (杜)衍好荐引贤士而抑侥幸,群小咸怨,衍婿苏舜钦,易简子[孙]也,能文章,论议稍侵权贵,时监进奏院,循例祠神,以伎乐娱宾。集贤校理王益柔,曙之子也,于席上戏作《傲歌》。御史中丞王拱辰闻之,以二人皆仲淹所荐,而舜钦又衍婿,欲因是倾衍及仲淹,乃讽御史鱼周询、刘元瑜举劾其事。拱辰及张方平(时为权御史中丞)列状请诛益柔,盖欲因益柔以累仲淹也。①

事发于庆历四年(1044)十一月。该年初,范仲淹发起的以改革吏治为中心的新政全面展开,宰相杜衍、枢密副使富弼、韩琦为之辅助,但遭到了反对派枢密使章得象、御史中丞王拱辰等人的反对,加上夏竦"怨(石)介斥己,又欲因以倾弼等,乃使女奴阴习介书,习成,……且伪作介为弼撰废立诏草,飞语上闻。帝虽不信,而弼与仲淹恐惧,不自安于朝"②,范仲淹于当年六月离开了朝廷。但反对派犹未甘心,以《傲歌》为奇货,炮制了这起文字狱,借以倾陷范、杜,将新政官僚一网打尽。据《长编》卷一五三"庆历四年十一月甲子"条,结案后,苏舜钦、王益柔,以及与苏、王同席的"当世名士"均遭贬斥,具体是:

---

① 陈邦瞻:《宋史纪事本末》卷二九《庆历党议》,第247页。
② 陈邦瞻:《宋史纪事本末》卷二九《庆历党议》,第245页。

监进奏院右班殿直刘巽，大理评事、集贤校理苏舜钦并除名勒停。

工部员外郎、直龙图阁兼天章阁侍读、史馆检讨王洙落侍讲、检讨，知濠州。

太常博士、集贤校理刁约通判海州。

殿中丞、集贤校理江休复监蔡州税。

殿中丞、集贤校理王益柔监复州税，并落校理。

太常博士周延隽为秘书丞。

太常丞、集贤校理章岷通判江州。

著作郎、直集贤院、同修起居注吕溱知楚州。

殿中丞周延让监宿州税。

校书郎、馆阁校勘宋敏求签书集庆军节度判官事。

将作监丞徐绶监汝州叶县税。

对此，"世以为过薄，而拱辰等方自喜，曰：'吾一举网，尽矣！'"①随之，于次年正月，杜衍罢相知兖州，范仲淹罢参知政事知汾州，富弼罢枢密副使知郓州；三月，韩琦也罢枢密副使知扬州；五月，欧阳修愤而上书，为之做辩护，遭谏官钱明逸弹劾，"下开封鞫治"；八月，"犹落龙图阁直学士，罢都转运按察使，降知制诰，知滁州"。②至此，新政官僚全部被贬出朝。

王益柔《傲歌》今存"醉卧北极遣帝扶，周公孔子驱为奴"③一联，纯系酒后"戏语"，台谏却"希望沽激，深致其文"，指为

---

① 李焘：《长编》卷一五三"庆历四年十一月甲子"条，第3716页。
② 胡柯：《欧阳修年谱》，欧阳修《欧阳修全集》附录卷一，第2603页。
③ 见李焘：《长编》卷一五三"庆历四年十一月甲子"条注，第3716页。

"谤及时政","列章墙进,取必于君",①终成大狱,借以将范仲淹新政集团一网打尽,根除了其在朝势力。而王拱辰、张方平、鱼周询、刘元瑜等台谏能以这种"过薄"的行为取信仁宗,彻底击败政敌异党,一方面基于以"人主之耳目"为特征的台谏制度,和由仁宗"优容"而成的台谏"必以诋评而去为贤"的性能与势力,另一方面,还有其深层的历史原因,即与庄献明肃刘太后驾崩前后由仁宗亲政问题引发的政争,以及仁宗亲政后对刘后势力纠缠不清的清算有关。

乾兴元年(1022),真宗去世,其第六子祯即位,即为仁宗。仁宗即位时仅十三岁,由刘太后垂帘听政。刘太后听政后不肯撤帘,直至明道二年(1033)三月去世,长达十一年之久。刘太后听政时期,多排斥异端,起用亲信,驾崩后,"言者多追斥太后时事",仁宗"不忍闻",故亲政后,"诸尝为太后谪者皆内徙,死者复其官"。②刘太后垂帘后期,范仲淹曾奏请撤帘还政,遭晏殊斥责;刘太后驾崩后,范仲淹却又奏请仁宗:"太后保佑圣躬十余年,宜掩小过以全大德。戒中外无得言垂帘事。"但仁宗却"与夷简谋,以张耆、夏竦、陈尧佐、范雍、赵稹、晏殊皆太后所任用,悉罢之,以李迪同平章事,焚垂帘仪制"③。仁宗非刘太后所产,其生母是李宸妃。刘太后无子,仁宗在襁褓中就被取为己子养之,"人畏太后,亦无敢言者,终太后世,仁宗不自知为(李)妃所出",刘太后驾崩,"燕王为仁宗言:'陛下乃李宸妃所生,妃死以非命。'

---

① 苏舜钦:《与欧阳公书》,《苏舜钦集编年校注》卷九,第609页。
② 脱脱等:《宋史》卷二四二《章献明肃刘皇后传》,第8615页。
③ 吕中:《宋大事记讲义》卷八"尊太后""抑外家"条,第11a页。

仁宗号恸顿毁，不视朝累日"①。李宸妃卒于明道元年（1032），时刘太后仍在位，而"妃死以非命"云云，则使仁宗"号恸顿毁"之余，不免疑窦环生，故加深了对刘太后政权的忌恨，全力清算刘后势力。又天圣二年（1024），刘太后立平卢节度使郭崇孙女郭氏为仁宗皇后，但"非上（仁宗）意"，而"（郭皇）后又挟庄献（刘太后）势，颇骄"，使仁宗更受制于刘太后势力。至刘太后驾崩，"上稍自纵。吕夷简以前罢相，故怨后，而范讽与夷简相结，讽乘间言后当废，夷简赞其言"，仁宗同其意，郭后被废为净妃、玉京冲妙仙师，赐名清悟，居长乐宫。在废后期间，右司谏范仲淹、御史中丞孔道辅等十余名台谏伏庭奏争，"皇后不当废"，范仲淹还与吕夷简怒争于庭，为仁宗所恶。范仲淹旋贬睦州，孔道辅亦出知泰州。②此为废后之争。暂且不论争论双方的是与非，郭皇后被废，范仲淹、孔道辅等台谏被贬，同样是由仁宗清算刘太后势力引起的。

　　北宋党争，滥觞于仁宗朝，开其端者为明道废后之争，余波所及，则有景祐与庆历朋党。在这三次党争中，均有台谏参与。景祐三年（1036），知开封府范仲淹"以吕夷简执政，进用多出其门"，上《百官图》，进"四论"："大抵讥切时弊，且曰：'汉成帝信张禹，不疑舅家，故有新莽之祸。臣恐今日亦有张禹，坏陛下家法。'"③将吕夷简比作汉代佞臣张禹。吕夷简则"诉仲淹越职言事，荐引朋党，离间君臣"。范仲淹又被贬饶州，其同志欧阳修、尹洙、余靖也被逐出朝廷；御史中丞韩渎又承望风旨，奏诸"以仲

---

① 脱脱等：《宋史》卷二四二《李宸妃传》，第8616—8617页。
② 彭百川：《太平治迹统类》卷一〇《范仲淹出处大节》，第34a—37a。
③ 陈邦瞻：《宋史纪事本末》卷二九《庆历党议》，第231—232页。

淹朋党榜朝堂"，仁宗从之（见前引）。史称吕夷简"在中书二十年，三冠辅相，言听计从，有宋得君，一人而已"①。原因之一，吕夷简在仁宗亲政后清算刘太后势力中，立有汗马功劳，而且在葬仁宗生母李宸妃时，刘太后欲以一般宫妃之礼葬之，吕夷简却奏请"礼从厚"，刘太后已察觉其意，谓："卿何为间我子母？"对曰："太后他日不欲全刘氏乎？"于是，以太后之礼厚葬李氏。②这无疑又赢得了仁宗的好感。在景祐党争中，吕夷简以"朋党"及"离间君臣"之名击败范党，固然切中了"帝王最恶者是朋党"的心理，但他在仁宗亲政前后与仁宗建立的这层关系，不能不说起有重要作用，况且，景祐范吕之争与明道废后之争有着密切的联系。

庆历三年（1043）九月，吕夷简因疾"固请老"，以太尉致仕。当时，仁宗已起用范仲淹等人，准备改革时弊，试图有所作为。但有志于通变救弊的某些官僚，却把长期以来的积弊归咎于吕夷简的弄权，如谏官欧阳修屡屡上疏，弹劾吕夷简为相期间，"专夺主权，胁制中外"，致使"四郊多垒，百姓内困，贤愚倒置，纪纲大隳"，"罪恶满盈，事迹彰著"，而"夷简平生罪恶，偶不发扬，正赖陛下始终保全，未污斧锧"。③南宋吕中在总结吕夷简的功过时云："夷简之罪，莫大于因私憾而预瑶华之议（废郭后），因边事而忌富弼之能；夷简之功莫大于释仲淹之宿怨，容孙沔之直言。"④欧阳修抨

① 吕中：《宋大事记讲义》卷八"宰相""执政"条，第19b页。
② 吕中：《宋大事记讲义》卷八"尊太后""抑外家"条，第10b页；脱脱等：《宋史》卷二四二《李宸妃传》，第8617页。
③ 李焘：《长编》卷一四三"庆历三年九月丁卯"条，第3444—3445页。
④ 吕中：《宋大事记讲义》卷八"宰相""执政"条，第19b—20a页；又据《宋史纪事本末》卷二九《庆历党议》，庆历四年（1044）六月，范仲淹路过郑州时，已致仕的吕夷简还为其处境出谋献计，第246页。

击吕夷简隳乱纪纲,"罪恶满盈",当然也包括了其助仁宗废后;同时又显然承接了景祐之争的余绪。吕夷简与由范仲淹新政引起的庆历党争并无直接关系,但欧阳修的这些不无意气化的弹劾,却再次诱发了仁宗在亲政后对刘太后势力纠缠不清的清算时积淀下来的特殊心理;当保守势力重操景祐吕夷简故技,以"朋党"之名相攻讦,而范仲淹、欧阳修公开宣扬"君子有党"论时,更使仁宗心存芥蒂。所以,至庆历四年(1044)六月,谣言四起,范仲淹托河东有警而请求离开朝廷时,仁宗未予固留,任其一走了之。该年十一月,为了进一步倾陷范仲淹及其同党,台谏以《傲歌》"戏语"为奇货,并能取信仁宗,兴狱治案,亦正迎合了仁宗的这种特殊心理。

  由上述可知,庆历党争虽由范仲淹新政引发,但与明道废后之争、景祐范吕之争有着千丝万缕的联系。从历史渊源观之,不妨说,庆历党争是此前的废后之争和范吕之争的延续和发展。台谏以"文字"排击政敌,根除异党势力的"过薄"之举,固然基于不同的政见及其"必以诋评而去为贤"的品性,但之所以能取得成功,与上述仁宗在废后之争中业已积淀下来的这种特殊心理息息相关。而这一政治事件,则伤害了有志之士的政治理想,也影响了其政治命运,其中以苏舜钦为最。"进奏院案"结案后,苏舜钦在《与欧阳公书》中指出:

> 国朝本以仁爱抚天下,常用宽典,今一旦台中(台谏)蓄私憾结党,绳小过以陷人,审刑持深文以逞志,伤本朝仁厚之风,当涂者得不疾首而叹息也。
>
> 舜钦年将四十矣,齿摇发苍,才为大理评事。廪禄所入,

不足充衣食。性复不能与凶邪之人相就，近今得脱去仕籍，非不幸也。自以所学教后生，作商贾于世，必未至饿死。故当缄口远遁，不复更云。但以遭此构陷，累及他人，故愤懑之气不能自平，时复嵘岈于胸中，一夕三起，茫然天地间无所赴诉。天子仁圣，必不容奸吏之如此，但举朝无一言以辨之，此可悲也！①

所谓"累及他人"，即指参与祀神宴会的王洙等人。他们中绝大部分并不属于范仲淹新政集团，只是在章得象、王拱辰一党倾陷范仲淹、欧阳修自称的所谓"君子党"中，充当了替罪羊。其中，唯苏舜钦、王益柔与杜衍、范仲淹有着明显的党同之迹，而且，苏舜钦有着异常强烈的救弊图治、兴致太平的热望和政治理想。庆历四年（1044）五月，他作《上范公参政书》，书中还对范仲淹的新政提出了尖锐的批评，理由是"今所建事，不合指极"，意即范仲淹的新政缺乏改革的广度和深度，原因是范仲淹变革之勇气"少衰，不锐于当年"，并附《咨目七事》，极论弊政当革，并主张治标须治本，多所建树。②但在这场党争中，不仅连范仲淹"不合指极"的新政很快受阻失败，自己也遭谤坐狱，被革职为民。故其"不能自平"的"愤懑之气"，不仅为因"进奏院案""累及他人"而生，更主要的是来自自己的不幸遭遇和政治理想的遭际重创。景祐三年（1036），范党遭贬，苏舜钦作《闻京尹范希文谪鄱阳，尹十二师鲁以党人贬郓中，欧阳九永叔移书责谏官不论救而谪夷陵令，因成此

---

① 苏舜钦：《与欧阳公书》，《苏舜钦集编年校注》卷九，第610—611页。
② 苏舜钦：《上范公参政书》，《苏舜钦集编年校注》卷八，第527—548页。

诗，以寄且慰其远迈也》，诗中颂扬了范仲淹、欧阳修、尹洙"大议摇岩石，危言犯采旒"的"直节"和精神，并劝慰"吾君思正士，莫赋《畔牢愁》"。①《畔牢愁》，汉扬雄所著。《汉书·扬雄传》："又旁《惜诵》以下至《怀沙》一卷，名曰《畔牢愁》。"②颜师古注："畔，离也。牢，聊也。与君相离，愁而无聊也。"以"莫赋《畔牢愁》"相劝，意思就是不要为暂时去国，愁而无聊。而自己在获罪闲居吴门，面对被革职为民的命运时，"畔牢愁"则成了其自身的主要心态。试看其《独步游沧浪亭》：

> 花枝低欹草色齐，不可骑入步是宜。
> 时时携酒只独往，醉倒唯有春风知。③

在"花枝""春风"的表象中，刻画了"独往"、"醉倒"、孤寂迷惘、借酒浇愁的身形和心态。又《冬夕偶书》：

> 谩走声名三十年，亦曾文采动君前。
> 玉颜皓齿他人乐，独守残灯理断编。④

昔日"文采动君前"，而今却"独守残灯理断编"，其孤群离索、愁

---

① 苏舜钦：《闻京尹范希文谪鄱阳，尹十二师鲁以党人贬郢中，欧阳九永叔移书责谏官不论救而谪夷陵令，因成此诗，以寄且慰其远迈也》，《苏舜钦集编年校注》卷一，第42页。
② 班固撰，颜师古注：《汉书》卷八七《扬雄传》，第3515页。
③ 苏舜钦：《独步游沧浪亭》，《苏舜钦集编年校注》卷四，第284页。
④ 苏舜钦：《冬夕偶书》，《苏舜钦集编年校注》卷四，第296页。

而沉郁的心绪也跃然纸上。至如《西轩垂钓偶作》："曾以文章上石渠，忽因谗口出储胥。致君事业堆胸臆，却伴溪童学钓鱼。"①感叹自己虽满怀"致君事业"，却因文字狱而闲居"学钓鱼"，孤愁之中又夹杂了几分愤慨。这些，可视作苏舜钦一生政治理想和命运的自我总结。庆历八年（1048），朝廷虽然恢复了其官职，除湖州长史，但未上任，他就在疾病与愁愤交加中，离开了人世。

二、"乌台诗案"与熙丰党争

"进奏院案"开了北宋党争以"文字"排击政敌异党的先声，在熙宁以后的新旧党争中，遂成"定制"。王明清《挥麈后录》卷六载：汪辅之……熙宁中为职方郎中、广南转运使，蔡持正（确）为御史知杂，摭其谢表有"清时有味，白首无能"，以谓言涉讥讪，坐降知虔州以卒……后数年，兴东坡狱，盖始于此，而持正竟以诗谴死岭外。②

这三起文字狱均由台谏炮制而成。蔡确于熙宁四年（1071）八月由御史知杂事邓绾举荐为监察御史里行，至元丰二年（1079）五月除参知政事，其间历任御史知杂、右谏议大夫、权御史中丞。史称蔡确在此期间，"皆以起狱夺人位"，并"屡兴罗织之狱"。③他曲解汪辅之谢表文字，使之坐"讥讪"罪，降知虔州以卒，就是其中一例。但蔡确于元祐四年（1089）反被梁焘、刘安世、吴安诗等台谏罗织成"车盖亭诗案"，贬死岭南新州，极富讽刺意味。从中不难想见熙宁至元祐时期台谏对"文字"的监控程度和力度。无怪刘攽看了苏轼寄寓政治情怀的小词后，顿生担忧，旋作《见苏子瞻所

---

① 苏舜钦：《西轩垂钓偶作》，《苏舜钦集编年校注》卷四，第298页。
② 王明清：《挥麈后录》卷六，《全宋笔记》第57册，第160页。
③ 脱脱等：《宋史》卷四七一《蔡确传》，第13699页。

作小诗因寄》相诫:"灵均此秘未曾睹,郢客探高空自欺。不怪少年为狡狯,定应师法授微辞。"①该诗作于熙宁八年(1075),四年以后,刘攽的这一担忧便变成了事实。与汪辅之相同,苏轼第一次因"文字"罹祸,亦由谢表文字引起。元丰二年(1079)二月,苏轼自徐州移知湖州,到任时进《湖州谢上表》,监察御史里行何正臣、舒亶、御史中丞李定,先后据以弹劾,遂成"乌台诗案"。元丰二年(1079)三月二十七日,何正臣奏曰:

> 臣伏见祠部员外郎、直史馆、知湖州苏轼《谢上表》,其中有言:"愚不识时,难以追陪新进;老不生事,或能牧养小民。"愚弄朝廷,妄自尊大,宣传中外,孰不叹惊。夫小人为邪,治世所不能免,大明旁烛,则其类自消。固未有如轼为恶不悛,怙终自若,谤讪讥骂,无所不为,道路之人,则又以为一有水旱之灾,盗贼之变,轼必倡言,归咎新法,喜动颜色,惟恐不甚。……今法度未完,风俗未一,正宜大明诛赏,以示天下。如轼之恶,可以止而勿治乎?②

但宋廷未立即采取治罪行动。同年七月二日,御史中丞李定上疏续弹苏轼,径言"轼有可废之罪四",主要是针对苏轼以诗文讥刺新法,制造混乱而言。③同日,舒亶也配合李定进行弹劾,其弹文又具体地罗列了苏轼讥刺新法的诗歌:

---

① 刘攽:《见苏子瞻所作小诗因寄》,《全宋诗》卷六一二,第11册,第7272页。
② 朋九万:《东坡乌台诗案》,第1页。
③ 朋九万:《东坡乌台诗案》,第3—4页;《长编》卷二九九"元丰二年七月己巳"条,第7265—7266页。

（苏轼）近谢上表，有讥切时事之言，流俗翕然，争相传诵，忠义之士，无不愤惋。且陛下自新美法度以来，异论之人，固不为少。然其大，不过文乱事实，造作谗说，以为摇夺沮坏之计；其次，又不过腹非背毁，行察坐伺，以幸天下之无成功而已。至于包藏祸心，怨望其上，讪谑慢骂，而无复人臣之节者，未有如轼也。盖陛下发钱以本业贫民，则曰："赢得儿童语音好，一年强半在城中。"陛下明法以课试郡吏，则曰："读书万卷不读律，致君尧舜知无术。"陛下兴水利，则曰："东海若知明主意，应教斥卤变桑田。"陛下谨盐禁，则曰："岂是闻韶解忘味，迩来三月食无盐。"其他触物即事，应口所言，无一不以讥谤为主。小则镂板，大则刻石，传播中外，自以为能……①

舒亶还缴上苏轼印行的诗稿三卷。于是神宗立刻诏命知谏院张璪、御史中丞李定立案推治。

八月十八日，苏轼自湖州入御史台狱。二十日，台谏初勘。苏轼供云："除《山村》诗外，其余文字，并无干涉时事。"二十二日，又虚称更无往复诗等文字。二十四日，又虚称别无讥讽嘲咏诗赋等应系干涉文字，直至三十日，苏轼始供出"自来与人有诗赋往还人数姓名"。②因此，乌台之勘又给当时其他文人带来了牵连之祸。据《长编》卷三〇一"元丰二年十二月庚申"条，经过四个多

---

① 朋九万：《东坡乌台诗案》，第1—2页；《长编》卷二九九"元丰二年七月己巳"条，第7266页。
② 朋九万：《东坡乌台诗案》，第31页。

月的勘治，此案的结果揭晓，被贬和受责的有：

祠部员外郎、直史馆苏轼责授检校水部员外郎、黄州团练副使，本州安置，不得签书公事。

绛州团练副使、驸马都尉王诜追两官，勒停。

著作佐郎、签书应天府判官苏辙监筠州盐酒税务。

正字王巩监宾州盐酒务。

太子少师致仕张方平、知制诰李清臣罚铜三十斤。

端明殿学士司马光、户部侍郎致仕范镇、知开封府钱藻、知审官东院陈襄、京东转运使刘攽、淮南西路提点刑狱李常、知福州孙觉、知亳州曾巩、知河中府王汾、知宗正丞刘挚、著作佐郎黄庭坚、卫尉寺丞戚秉道、正字吴琯、知考城县盛侨、知滕县王安上、乐清县令周邠、监仁和县盐税杜子方、监澶州酒税颜复、选人陈珪、钱世雄，各罚铜二十斤。①

在这次文字狱中，被贬逐和责罚者，共二十六人，其中绝大部分与苏轼一样反对王安石变法，"乌台诗案"是继"奏进院案"以来又一次以"文字"全面排击政敌异党的政治事件。但与"奏进院案"相比，"乌台诗案"有其自身的特点。

其一，治有确证而非深文周纳。

自熙宁以来，苏轼一直反对变法，写下了不少讥刺新法的诗文，由于其文名和诗艺之高，"传于人者甚众"②，故台谏奏以勘之。

在被勘的作品中，大致可分为四类。一类是切中新法病民之

---

① 李焘：《长编》卷三〇一"元丰二年十二月庚申"条，第7333页。
② 朋九万：《东坡乌台诗案》，第1页。

弊，如《东坡乌台诗案》"与王诜往来诗赋"条：

> （《戏子由》）又云："平生所惭今不耻，坐对疲氓更鞭棰。"……言鞭棰此等贫民，轼平生所惭，今不耻矣，以讥讽朝廷，盐法太急也。……又（《山村》）第二首云："老翁七十自腰镰，惭愧春山笋蕨甜。岂是闻韶解忘味，迩来三月食无盐。"意山中之人，饥贫无食，虽老犹自采笋蕨充饥。时盐法峻急，僻远之人无盐食，动经数月，若古之圣人，则能闻韶忘味，山中小民，岂能食淡而乐乎，以讥讽盐法太急也。①

盐法又称"劝盐"，"劝盐"即配买官盐，配买官盐也是新法的一项。盐原为国家专利，但国家先将盐贩于商人，由商人来卖给用户，称为"通商"。实施新法后，禁止"通商"，由国家直接卖给消费者，称"官卖"。"官卖"虽在措施得当时能为政府赢利，但由于封建官僚机构的特点使它不宜于经商，加上官吏的贪污腐败，使"官盐"的成本比"商盐"高得多，且"官盐"在营行中往往被掺入泥沙，老百姓不愿买这价高质劣的"官盐"，"官盐"卖不出去，只好采用抑配的方式，先收民户的钱，然后发盐，遇到贪污之徒，又往往食钱不配盐，从而成为一大弊政，招致百姓的不满和抵制。熙宁四年（1071）底，苏轼因反对王安石新法，离开朝廷，通判杭州。但作为地方官，苏轼又不得不执行这一弊政，《戏子由》"平生"二句便真实地反映了这种痛苦心理。据王文诰注："是时犯盐

---

① 朋九万：《东坡乌台诗案》，第7页。

者,例皆徒配,得罪者岁万七千人,公执笔为之流涕。"①故在乌台之勘中,苏轼供言不讳:"平生所惭,今不耻矣。"《山村》诗也作于杭州通判任上,其所述者,同为当时真实之事。

一类是述新法不利地方官员行政生活之状。《东坡乌台诗案》"和李常来字韵"条:

> 熙宁八年六月,李常来字韵诗一首与轼,即无讥讽。轼依韵和答云:"何人劝我此中来,弦管生衣甑有埃。绿蚁沾唇无百斛,蝗虫扑面已三回。磨刀入谷追穷寇,洒涕循城掩弃骸。为郡鲜欢君莫笑,何如尘土走章台。"此诗讥讽朝廷,新法减削公使钱太甚,及造酒不得过百石,致管弦生衣甑有尘……②

同书"为王安上作公堂记"条亦载苏轼供词:"此记大率讥讽朝廷新法已来,减削公使钱,裁损当直公人,不许修造屋宇,故所在官舍,例皆坏陋也。"③宋制,各路州军皆给公使钱,用以宴请、馈赠和官员赴任、罢官及入京往来、修葺官舍时费用,并设公使库,经营回易,开抵当、卖熟药、酿公使酒。据《文献通考》卷二三《国用考一》:"自(熙宁五年)专置(帐)司,继以旁通目子,而天下无遗利,而公使钱始立定额,自二百贯至三千贯止。州郡所入,才醋息、房园、祠庙之利,谓之收簇。守臣窘束,屡有奏陈。(原注:谓如本州额定公使钱一千贯,则先计其州元收坊场、园池等项课利钱若干,却以不系省钱贴足额数。然诸项课钱逐年所收不等,或亏

---

① 引自《苏轼诗集》卷七,第325—326页。
② 朋九万:《东坡乌台诗案》,第20页。
③ 朋九万:《东坡乌台诗案》,第21页。

折不及元数，而所支不系省钱贴足之钱更不增添，则比额定数有不及一半者，此其所以窘束也。）"①对公使钱进行定额管理，是王安石新法对地方财政严格控制，使财政进一步集权化的一个表现，也是新法给地方财政带来困难的表现之一，致使"守臣窘束，屡有奏陈"，苏轼则以文学作品反映了"窘束"之状。但减削公使钱对抑制地方官员铺张浪费或滥支公钱，却取得了一定效果。邵雍《无酒吟》诗云："自从新法行，尝苦樽无酒。每有宾朋至，尽日闲相守。必欲丐于人，交见自无有。必欲典衣买，焉能得长久。"②邵氏终生布衣，在洛阳，生活在文彦博、富弼、王拱辰、司马光等人的社交圈子里，在他们的资助下，享有优厚的物质待遇，并于天津桥边拥有豪华的住宅。他埋怨新法使他费用拮据，交游稀少，又"尝苦樽无酒"，当与苏诗"绿蚁沾唇无百斛"一样，是减削公使钱的结果。

一类是讥刺科场取人之法。《东坡乌台诗案》"知徐州作《日喻》一篇"条：

> 元丰元年，轼知徐州，十月十三日，在本州监酒、正字吴琯锁厅得解，赴省试，轼作文一篇，名为《日喻》，以讥讽近日科场之士，但务求进，不务积学，故皆空言而无所得，以讥讽朝廷更改科场新法不便也。③

"科场新法"即指王安石改以诗赋取士为以经义取士，《东坡乌台诗案》"与僧居则作《大悲阁记》"条，亦载苏轼供词："意谓旧

---

① 马端临：《文献通考》卷二三《国用考一》，第693—694页。
② 邵雍：《无酒吟》，《全宋诗》卷三六七，第7册，第4523页。
③ 朋九万：《东坡乌台诗案》，第22页。

日科场,以赋取人,赋题所出,多关涉天文、地理、礼乐、律历,故学者不敢不留意于此等事。今来科场,以大意取人,故学者只务空言高论,而无实学。以讥讽朝廷,改更科场法度不便也。"①对于王安石更改科场之法,苏轼一直持反对态度。早在熙宁四年(1071),王安石议定以经义取士之法时,苏轼便上书力加反对。②该法实施后,苏轼屡言其不便,在其他文人中,也不乏反感情绪。如吕南公《与汪秘校论文书》云:"窃有所疑者。当今文与经家分党之际,未知秘校所取何等之文耳。若尧、舜以来,扬、马以前,与夫韩、柳之作,此某所谓文者。若乃场屋诡伪劫剽,穿凿猥冗之文,则某之所耻者。"③吕南公于熙宁中试进士不第后,"退筑室灌园,不复以进取为意"④,一个重要原因就是耻于"场屋诡伪劫剽,穿凿猥冗之文",亦即王安石用以取士的经义策论之文。不过,并非所有的旧党人员都反对科场以经义取士,即便是王安石的劲敌司马光,也认为这是"百世不易之法"(说详本章第二节)。

一类是述因政见不合而不容于时的不平心境。《东坡乌台诗案》"与湖州知州孙觉诗"条:

> 轼作诗与孙觉云:"若对青山谈世事,直须举白便浮君。"轼是时约孙觉并坐客,如有言及时事者,罚一大盏。虽不指时事,是亦轼意言时事多不便,更不可说,说亦不尽。⑤

---

① 朋九万:《东坡乌台诗案》,第23页。
② 详苏轼:《议学校贡举状》,《苏轼文集》卷二五,第723—725页。
③ 吕南公:《与汪秘校论文书》,《全宋文》卷二三六五,第109册,第204页。
④ 脱脱等:《宋史》卷四四四《吕南公传》,第13122页。
⑤ 朋九万:《东坡乌台诗案》,第18页。

所谓"言时事多不便",既指新法不便,又指推行新法者多小人,多谗谤。同书"游杭州风水洞留题"条,载苏轼供其"世事渐艰吾欲去,永随二子脱讥谗"句意云:"意谓朝廷行新法,后来世事,日益艰难,小人多务谗谤,轼度斯时之不可以合,又不可以容,故欲弃官隐居也。"①

以上仅大略归类举例而已,被勘治的苏轼诗文,对新法的其他条例如免役法、青苗法、农田水利法等,多有直接或间接的批评,体现了苏轼反对新法的政治观点和情绪。台谏兴狱治案,就是建立在这个基础之上的,与庆历台谏据王益柔《傲歌》中的"戏语",深文周纳迥然有别。

其二,以政见之争践踏儒家诗学。

苏轼以诗文讥刺新法与台谏据以兴狱治案,是不同政见之争的产物。而苏轼讥刺新法的作品,无论是切中要害,抑或属于"诽谤",都体现了其"言必中当世之过"②的创作精神。《宋史》卷三三八《苏轼传》谓轼"以诗托讽,庶有补于国"。讽刺与美颂都是儒家诗学的传统,其中的讽刺尤其可贵。因此,在台谏推治"乌台诗案"期间,张方平曾上疏营救苏轼,疏中以儒家经典为营救之资:"自夫子删《诗》,取诸讽刺,以为言之者无罪,闻之者足以戒。故诗人之作,其甚者以至指斥当世之事,语涉谤黩不恭,亦未闻见收而下狱也。"③张方平于庆历期间任台谏时,参与弹劾王益柔《傲歌》"谤及时政",并"列状请诛益柔"。但此疏却不乏理智。他

---

① 朋九万:《东坡乌台诗案》,第25页。
② 苏轼:《凫绎先生诗集叙》,《苏轼文集》卷一〇,第313页。
③ 张方平:《论苏内翰奏》,《全宋文》卷七九五,第37册,第194页。

以儒家文化中的诗学思想，肯定苏轼"讽刺"时事之作，并作为营救苏轼的依据，在儒学业已全面复兴的当时，应该说是最具说服力，也最有效果的，然而，事实上并非如此。儒家诗学在政见之争面前，显得十分软弱，无法挽救苏轼坐狱被贬的政治命运。换言之，随着苏诗被勘和苏轼被贬，儒家诗学在儒家文化主导整个人文世界的背景下，再次遭到了践踏。

对此，后世论者往往归咎于炮制该案的台谏之"率意径行"。如清丁绍仪认为，舒亶词不减秦观、黄庭坚，但"在小人得志之秋，率意径行"，炮制诗案，用以"倾陷坡公（苏轼）"，故世"恶其人，并陋其词"。①舒亶以文学见知于王安石，不仅善词，在北宋诗文坛坫亦不失为一作手，因与何正臣、李定一起炮制了"乌台诗案"，世恶其人品低劣，并陋其词品与诗品，至今研治宋代文学者，也绝少齿及其作品。舒亶擅长文学而以文学"倾陷坡公"，难免为世人唾弃，然而，舒亶和同台炮制"乌台诗案"，以"文字"排击政敌，践踏儒家诗学，不完全属于个人的"率意径行"。

元祐三年（1088）十一月，苏轼上疏指出，元丰台谏炮制"乌台诗案"，"以倾陷善良"，"王安石实为之首"。②王安石于熙宁九年（1076）第二次罢相后，就已退居金陵，不与朝政，与"乌台诗案"的炮制并无直接联系，但苏轼将此案的发生归咎于王安石，却不无道理。熙宁二年（1069）五月，神宗欲以苏轼修中书条例，王安石谓"轼与臣所学及议论皆异，别试以事可也"③；并"素恶其议论

---

① 丁绍仪：《听秋声馆词话》卷二，唐圭璋编《词话丛编》，第2597页。
② 苏轼：《论周穜擅议配享自劾札子二首》，《苏轼文集》卷二九，第833页。
③ 杨仲良：《长编纪事本末》卷六二《苏轼诗狱》，第1109页。

异己"①。舒亶诸御史弹击苏轼,即与此有关。苏轼下狱后,王安礼欲救之,李定告诫云:"轼与金陵丞相论事不合,公幸勿营解,人将以为党。"②苏轼与王安石"论事不合",正说明了乌台之勘的原因之一。与此同时,《石林诗话》卷中云:"熙宁初,时论既不一,士大夫好恶纷然。"③具体地说,在道德判断上,体现为同我者君子,异我者小人;在政见上,体现为各不相能,相互排击。王安石素恶他人所学及议论异己,就是一个突出的表现。随着新法的深入实施,士大夫之间的这种好恶纷然之势日渐强化。台谏弹击并勘治苏轼诗文,亦此势所使然。又罗大经云:

> 东坡文章,妙绝古今,而其病在于好讥刺。文与可戒以诗云:"北客若来休问事,西湖虽好莫吟诗。"盖深恐其贾祸也。乌台之勘,赤壁之贬,卒于不免。④

指出苏轼讥刺时政的诗文被立案勘治,在所难免。熙宁以前,苏轼怀有通变救弊的热望,对"均户口、较赋役、教战守、定军制、倡勇敢之类,是煞要出来整理弊坏处。后来荆公做出,东坡又却尽底翻转,云也无一事可做"⑤;"遂不复言,却去攻他"⑥。"尽底翻转"与新法病民有关;"却去攻他",则与王安石"素恶其议论异

---

① 脱脱等:《宋史》卷三三八《苏轼传》,第10802页。
② 李焘:《长编》卷三〇一"元丰二年十一月庚申"条,第7336—7337页。
③ 叶梦得:《石林诗话》卷中,何文焕辑《历代诗话》,第417页。
④ 罗大经:《鹤林玉露》乙编卷四"诗祸"条,第188页。
⑤ 黎靖德编:《朱子语类》卷一三〇,第3100—3101页。
⑥ 黎靖德编:《朱子语类》卷一三〇,第3101页。

己"一样,是苏轼在政见上"素恶"王安石的表现。也就是说,苏轼继承儒家诗学的传统,缘诗人之义,以诗托讽,是以政见相左、各不相能引起的这种好恶为前提的。这一点,苏轼在徐州《与滕达道》一文中说得十分清楚:"某欲面见一言者,盖谓吾侪新法之初,辄守偏见,至有异同之论。虽此心耿耿,归于忧国,而所言差谬,少有中理者。"①上文所举苏轼讥刺新法的作品中,也不乏好恶成分。故其"乌台之勘,赤壁之贬,卒于不免"。而就党争工具台谏而言,干预讥刺时政的"文字",则是其不可推卸的职责。《长编》卷二二八"熙宁四年十一月戊申"条注引林希《野史》云:

> 苏颂子嘉在太学,颜复尝策问王莽、后周改法事,嘉极论为非,在优等。苏液密写以示曾布曰:"此辈唱和,非毁时政。"布大怒,责张琥曰:"君为谏官、判监,岂容学官、生员非毁时政而不弹劾!"遂以示介(甫),介大怒,因更制学校事,尽逐诸学官,以李定、常秩(二人时为台官)同判监,令选用学官,非执政喜者不预。②

在这次以政治干预"非毁时政"的"文字"中,台谏虽未参与,但作为渎职之过,遭王安石、曾布的怒斥。何正臣、舒亶、李定弹劾

---

① 苏轼:《与滕达道》,《苏轼文集》卷五一,第1478页。按:歌颂王安石变法的诗文,在当时也不乏其例。如吕南公《谢邻翁》诗引邻翁语曰:"熙宁大丞相,周孔登台衮。手运道德枢,生灵借针诊。劳神十五载,坐许无遗恨。"该诗结尾又云:"低回向翁谢,老语真明允。惭愧失路贤,吾贫固当忍。"(《全宋诗》卷一○三四,第18册,第11820页)吕南公因反对新法,绝意仕进,以灌园终其身。故诗云:"惭愧失路贤,吾贫固当忍。"
② 李焘:《长编》卷二二八"熙宁四年十一月戊申"条注,第5546页。

苏轼讽刺新法的诗文，正履行了这一职责，并得到了神宗的支持。《长编》卷三〇一"元丰二年十一月庚申"条据田画《王安礼行状》云：

> 轼既下狱，众危之，莫敢正言者。直舍人院王安礼乘间进曰："自古大度之君，不以语言谪人。按轼文士，本以才自奋，谓爵位可立取，顾碌碌如此，其中不能无觖望。今一旦致于法，恐后世谓不能容才，愿陛下无庸竟其狱。"上曰："朕固不深谴，特欲申言者路耳，行为卿贳之。"既而戒安礼曰："第去，勿泄言。轼前贾怨于众，恐言者缘轼以害卿也。"①

同时，章惇也规谏神宗云："轼十九擢进士第，二十三应直言极谏科，擢为第一。仁宗皇帝得轼以为一代之宝，今反置在囹圄，臣恐后世以谓陛下听谀言而恶讦直也。"②对于王安礼和章惇的规谏，神宗拒之不听，坚持"特欲申言者路"。"申言者路"，就是辅拂台谏、养其锐气、广开言路的意思，其目的在于利用台谏，抑制异论，排除干扰，保证新法的继续实施。神宗欣赏苏轼的才华，屡见载籍，但对苏轼反对新法的言论颇为不满。熙宁八年（1075）二

---

① 李焘：《长编》卷三〇一"元丰二年十一月庚申"条，第7336页。
② 周紫芝：《诗谳》，第12—13页。按：自嘉祐以来，章惇与苏轼私交甚笃。据叶梦得《石林诗话》卷上，乌台之勘时，宰相王珪指苏轼咏桧"根到九泉无曲处，世间惟有蛰龙知"诗句，有"不臣"意，欲置苏轼于死地，章惇"亦从旁解之，遂薄其罪"。（《石林诗话》卷上，何文焕辑《历代诗话》，第410页）苏轼贬居黄州时，作《与章子厚参政书二首》，其一云："一旦有患难，无复有相哀者。惟子厚平居遗我以药石，及困急又有以收恤之，真与世俗异矣。"（《苏轼文集》卷四九，第1412页）

月,神宗对复相不久的王安石云:"小人渐定,卿且可以有为。"又云:"自卿去后,小人极纷纭,独赖吕惠卿主张而已。"①所谓"小人",即指反对新法者。熙宁七年(1074)五月,左司郎、天章阁待制李师中疏请召回司马光、苏轼兄弟,便是熙宁七年(1074)四月王安石第一次罢相后"小人极纷纭"的表现之一。对此,神宗还愤而批示:"师中敢肆诞谩,辄求大用,朋邪罔上,愚弄朕躬,识其奸欺,所宜显黜。"②不仅将李师中及其推崇的司马光、苏轼等人视为"小人",而且又斥之为"朋邪罔上",可见在政见上神宗对苏轼的反感。与此同时,熙宁八年(1075),王安石与吕惠卿交恶,新党内部产生了分裂,内讧不已,严重地损坏了其整体形象,为反变法分子的攻击提供了重要的口实。《长编》卷二六九"熙宁八年十月"条附张方平一疏云:"今习俗奔竞,偷敝成风,交党相倾,势利相轧,攻讦起于庙堂,辨讼兴于台阁,非所以昭圣化也。"③同书同卷所载吕公著一疏,与张方平的攻击大同小异;同书卷二七六"熙宁九年六月"所录富弼的奏章,却因此直斥神宗"缘误用一二奸人,则展转援致,连茹而进,分布中外,大为朝廷之害,卒难救整"④。元丰二年(1079),苏轼《湖州谢上表》又云:"知其愚不适时,难以追陪新进;察其老不生事,或能牧养小民。"⑤对神宗仍用新进小人,继续推行新法之举,再次表示不满,进一步触犯了其变法图强的政治理想。所以,神宗"特欲申言者路",不惜将苏轼

---

① 李焘:《长编》卷二六一"熙宁八年三月乙未"条,第6365页。
② 李焘:《长编》卷二五三"熙宁七年五月戊戌"条,第6188页。
③ 李焘:《长编》卷二六九"熙宁八年十月"条,第6613页。
④ 李焘:《长编》卷二七六"熙宁九年六月"条,第6757页。
⑤ 苏轼:《湖州谢上表》,《苏轼文集》卷二三,第654页。

继承儒家诗学"讽刺"传统的诗歌"致于法",并借以全面排击反变法者,抑制其异论,而台谏因苏轼与王安石"论事不合",弹劾其讥刺时政的诗文,则又显然恪守了"人主之耳目"的职责。

要之,舒亶诸人在扮演"人主之耳目",暨"大臣之私人"的角色中,炮制"乌台诗案",与其说是"小人得志之秋,率意径行",倒不如说是北宋台谏制度所赋予的工具性能在党争中的具体表现,是士大夫在党争中志在当世、舍我其谁的主体精神与喜同恶异、党同伐异的主体性格相伴而行、合力共振的产物。

三、"车盖亭诗案"与元祐党争

"车盖亭诗案"的引发者,为知汉阳军吴处厚。吴处厚"与(蔡)确有隙","始,蔡确尝从处厚学赋,及作相,处厚通笺乞怜,确无汲引意";右相王珪擢吴处厚为大理丞,并"请除处厚馆职,确又沮之";蔡确为永裕山陵使,遂出吴处厚知通利军,徙知汉阳军,"处厚不悦"。[1]元祐元年(1086)初,宰相蔡确出知陈州,寻除知亳州,次年又谪知安州。在安州安陆,蔡确作《夏日登车盖亭》十绝句。吴处厚偶得这组绝句后,遂起报复之心,于元祐四年(1089)四月笺而上奏,谓"内五篇皆涉讥讪,而二篇讥讪尤甚,上及君亲"[2]。梁焘等台谏"自吴处厚奏至,皆手舞足蹈相庆,不食其肉,不足以餍"[3],频频上疏,论列蔡确之罪,《长编》卷四二五至卷四二八关于元祐四年四月至五月的记事,只有比例甚小的文字涉及其他,大部分则是左谏议大夫梁焘、右谏议大夫范祖禹、右司谏吴安诗、右正言刘安世、御史中丞傅尧俞、侍御史朱光庭等人

---

[1] 脱脱等:《宋史》卷四七一《吴处厚传》,第13702页。
[2] 李焘:《长编》卷四二五"元祐四年四月壬子"条附,第10270页。
[3] 李焘:《长编》卷四二六"元祐四年五月庚辰"条,第10309页。

弹劾蔡确的奏章。在台谏的弹劾下，遂成大狱。于同年五月结案，蔡确被贬岭南新州，四年以后，困死于新州瘴气之中。

为了便于说明，现录吴处厚所笺《夏日登车盖亭十绝》其中五首如下：

> 静中自足胜炎蒸，入眼兼无俗物憎。
> 何处机心惊白鸟，谁人怒剑逐青蝇。
>
> 纸屏石枕竹方床，手倦抛书午梦长。
> 睡起莞然成独笑，数声渔笛在沧浪。
>
> 风摇熟果时闻落，雨滴余花亦自香。
> 叶底出巢黄口闹，波间逐队小鱼忙。
>
> 矫矫名臣郝甑山，忠言直节上元间。
> 古人不见清风在，叹息思公俯碧湾。
>
> 喧豗六月浩无津，行见沙洲束两滨。
> 如带溪流何足道，沉沉沧海会扬尘。①

那么，吴处厚是怎样笺解蔡确这五首绝句的？其笺释在这起文字狱中究竟起了何种作用？《尧山堂外纪》卷五十一云：

---

① 蔡确：《夏日登车盖亭十绝》，《全宋诗》卷七八三，第13册，第9077页。

时吴处厚知汉阳军,笺注以闻。其略云:"五篇涉讥讽,'何处机心惊白鸟,谁人怒剑逐青蝇',以讥谗谮之人;'叶底出巢黄口闹,波间逐队小鱼忙',讥新进用事,别无谤讪君上;'睡起莞然成独笑',方今朝廷清明,不知确独笑何事?'矫矫名臣郝甑山,忠言直节上元间',按郝处俊,封甑山公,唐高宗欲逊位天后,处俊上疏谏,此事正在上元三年。今皇太后垂帘,遵用章献、明肃故事,确指武后以比太母;'沉沉沧海会扬尘',谓人寿几何,尤非佳语。"①

在吴处厚的笺章中,引起台谏论列不已的,是"讥讪尤甚,上及君亲"②,即诽谤宣仁高太后的"矫矫名臣郝甑山,忠言直节上元间"两句,蔡确最终贬死新州的契机,也是因为写了这两句咏史诗。郝甑山,名处俊,安州安陆人(今湖北安陆),唐高宗朝忠直之士,袭封甑山县公。上元三年(676,同年十一月改年号为"仪凤"),高宗因风疹欲逊位武后,处俊谏曰:"陛下正合谨守宗庙,传之子孙,诚不可持国与人,有私于后族。"③此乃蔡确所咏之史,吴处厚则释为"指武后以比(宣仁高)太母"。清赵翼认为吴处厚的笺释合乎蔡诗本意,"兼有'沧海扬尘'等语,尤悖逆",蔡确"设心之奸险,措词之凶悖,虽诛戮尚不足蔽辜",但"仅从远窜",

---

① 此段文字节录吴处厚奏章,见蒋一葵:《尧山堂外纪》卷五一,第808页;全文见李焘:《长编》卷四二五"元祐四年四月壬子"条附,第10270—10274页。
② 李焘:《长编》卷四二五"元祐四年四月壬子"条附,第10270页。
③ 刘昫等:《旧唐书》卷八四《郝处俊传》,第2800页。

实属"宽典"①。今亦有人以为蔡确"作《车盖亭诗》，用武则天篡唐事影射高太后，其'悖逆'远甚于苏轼之讽刺新法，而其处分只是'贬英州别驾、新州安置'而已"②。这些评论，都是与清代文字狱相比较而言的。其实，蔡确此诗包括其他九首绝句，都是其领"无事州"③安陆时的即兴之作，并无"凶悖"或"悖逆"之处，吴处厚的笺释，纯系穿凿附会，这一点无须详辨。吴处厚进笺释蔡诗的奏章不久，便"悔悟"其非，曾"遣数健步觅给缗钱追之"④。元祐五年（1090）五月，梁焘也指出："吴处厚所笺诗章，乃安陆前古人物遗迹所在，章咏偶及之。至于怨谤君父，必不敢至此。"并自称在炮制"车盖亭诗案"时，"未尝专指诗什"。⑤又据王巩《随手杂录》，高太后初阅吴处厚的笺释，"殊无怨色"，仅说了一句"执政自商量"的话；旋经梁焘等台谏，据"邢恕极论蔡确有策立（哲宗）功，真社稷臣"的言论相弹劾后，高太后"始怒"，遂从台谏起狱治之，并在"博士"文彦博的指点下，下达蔡确新州责命。次年，高太后对中书官员云："（蔡）确不为渠吟诗谤讟，只为此人于社稷不利；若社稷福之时，确当便死。"⑥再次说明了导致蔡确新州之祸的原因，不在于以诗讥讪，而在于他对社稷不利；对社稷

---

① 赵翼著，王树民校证：《廿二史札记校证》卷二六"车盖亭诗"条，第563—564页。
② 金铮：《文官政治与宋代文化高潮》，《国际宋代文化研讨会论文集》，第23—24页。
③ 范雍《安陆》诗："安陆号方镇，江边无事州。民淳讼词少，务简官政优。"（《全宋诗》卷一五三，第3册，第1737页）王得臣《麈史》卷下亦云："安陆虽号节镇，当南北一统，实僻左无事之地。"（《全宋笔记》第14册，第264页）
④ 王明清：《挥麈第三录》卷一，《全宋笔记》第57册，第252页。
⑤ 李焘：《长编》卷四四二"元祐五年五月庚寅"条，第10640页。
⑥ 李焘：《长编》卷四六四"元祐六年八月辛亥"条，第11088页。

不利，则在于人言蔡确有策立哲宗之功。蔡确被遣新州。高太后宣谕三省，还特地强调了这一点：

> （蔡确）自谓有定策大功，意欲他日复来，妄说事端，眩惑皇帝，以为身谋。……恐皇帝制御此人不得，所以不避奸邪之怨，因其自败，如此行遣，盖为社稷也。①

至此不难看出，吴处厚对蔡诗的笺释，不过是台谏蓄意炮制"车盖亭诗案"的一种凭借罢了。台谏首先是为了维护高太后的权益，借以根勘蔡确，以正其罪；高太后为了打消蔡确有定策大功的言论，以解后顾之忧，纵容"耳目"，借车盖亭诗，起狱治之。与"乌台诗案"一样，人主与耳目、专制与工具的关系，在罗织这起文字狱中，有了淋漓尽致的表现。

不过，"乌台诗案"不仅治有确证，而且苏轼以诗讥刺时政，神宗依然"怜之，以黄州团练副使安置"，寻"有意复用"。②"车盖亭诗案"则纯系曲解附会，逐蔡确于岭南，却又意味着将永不复用之，亦即高太后所谓虽"不杀他"，却"教他自生自死"③，两者性质迥然有别。与此同时，勘治苏轼的依据，在于其诗文有"讥切时政"之实，正蔡确之罪的依据，则主要是"理"。起居舍人、权中书舍人王岩叟为朝廷行蔡确责词曰：

---

① 李焘：《长编》卷四二七"元祐四年五月丁亥"条，第10328页。
② 脱脱等：《宋史》卷三三八《苏轼传》，第10809页。
③ 李焘：《长编》卷四二七"元祐四年五月丁亥"条引王巩《随手杂录》，第10327页。

> 人臣之议，莫重于爱君。天下之诛，无先于讪上。确奸回无惮，险诐不疑，以舞文巧诋为身谋，以附下罔上为相业。先帝与子，何云定策之功？太母立孙，乃敢贪天之力。阴结朋邪之助，显为众正之仇。……考杨恽"南山"之句，彼若无情；方孔融北海之谈，汝为有实。致之于理，谁曰不然！犹念股肱，曲全体貌……尚以列卿，俾分留务，聊著为臣之戒，用严垂世之规，往服宽恩，罔贻尤悔。①

在右相范纯仁的极力辩护下，元祐四年（1089）五月辛巳日，蔡确责授左中散大夫、守光禄卿分司南京，故责词云："尚以列卿，俾分留务。"杨恽因"南山"之句而"腰斩"，前文已述；孔融缘"北海之谈"而"弃市"，见《后汉书》卷七〇本传。责词举之，并云"致之于理，谁曰不然"，显为数天后流放蔡确，使之"自生自死"张本。清戴震《孟子字义疏证》卷上云："苟舍情求理，其所谓理，无非意见也。"卷下云：以意见为理"适成忍而残杀之具，为祸又如是也"。卷上又云："人死于法，犹有怜之者，死于理，其谁怜之？"②元祐党人以诗歌为借口，"致之于理"，诛窜蔡确，迫害异己，亦犹此之谓也。

元祐党人"以意见为理"，实基于庆历以来君子小人之辨的两极理论和"同我者谓之正人，异我者疑为邪党"的是非观，是在这一理论和观念指导下喜同恶异、党同伐异的排他性文化性格恶性膨胀的结果。吴处厚曲解蔡确车盖亭诗的笺章刚至，左谏议大夫梁焘

---

① 李焘：《长编》卷四二七"元祐四年五月辛巳"条，第10315—10316页。
② 戴震：《孟子字义疏证》，第5、58、10页。

第四章　北宋党争的特点与文人和文化的命运　　159

便上疏弹劾蔡确"合党诞妄",乞求严辨邪正,其疏略云:

> 蔡确怨望,见于诗章,包藏祸心,合党诞妄,上欲离间两宫,下欲破灭忠义,清议沸腾,中外骇惧,以为确不道不敬,罪状明白……
>
> 贴黄:吴处厚孤寒小官,不畏大奸,独以君臣大义,纳忠朝廷,是能不亏臣子之节。窃恐党人反谓处厚险薄而以为罪,如此则是朋奸罔上,伏望圣慈,深察其言,以辨邪正。①

此为台谏炮制"车盖亭诗案"时的第一篇弹文,嗣后台谏所进大量奏章,亦都持此基调。吴处厚为报"二十年深仇",曲解蔡诗,连其子柔嘉,亦当面泣斥"此非人所为"。②但在梁焘等"耳目"官的心目中,却成了"不畏大奸,独以君臣大义,纳忠朝廷"的正人君子,为其"同我者谓之正人,异我者疑为邪党"的是非观做了注脚。而元祐台谏弹劾"蔡确怨望,见于诗章,包藏祸心,合党诞妄"的最终目的,则在于通过迫害蔡确,全面根除新党势力。毕沅《续资治通鉴》卷八一"元祐四年五月丁亥"条载:

> 初,梁焘之论蔡确也,密具确及王安石之亲党姓名以进。曰:"臣等窃谓确本出王安石之门,相继秉政,垂二十年。群小趋附,深根固蒂,谨以两人亲党,开具于后:
>
> 确亲党:安焘、章惇、蒲宗孟、曾布、曾肇、蔡京、蔡

---

① 李焘:《长编》卷四二五"元祐四年四月壬子"条,10273—10274页。
② 王明清:《挥麈第三录》卷一,《全宋笔记》第57册,第252页。

卞、黄履、吴居厚、舒亶、王觌、邢恕等四十七人。

安石亲党：蔡确、章惇、吕惠卿、张璪、安焘、蒲宗孟、王安礼、曾布、曾肇、彭汝砺、陆佃、谢景温、黄履、吕嘉问、沈括、舒亶、叶祖洽、赵挺之、张商英等三十人。"

梁焘于帘前进此党人名单后，高太后当即宣谕宰执："确党多在朝。"范纯仁本着"朋党难辨，恐误善人"的想法，进曰："（蔡）确无党。"吕大防、刘挚却认为"确党甚盛"[1]。于是，元祐党人在蔡确被遣新州的同时，一方面将蔡确和王安石亲党名单"榜之朝堂"[2]，以警示同党，严加防范，以绝后患；另一方面，对元祐元年（1086）被司马光斥逐的新党人员再次予以降职重贬，并对在朝的熙丰余党进行清算。如：中书舍人彭汝砺因蔡确新州责命下达时，封还辞头，不肯草制，被定为"沮格诏旨，奋力营救"蔡确和"每怀蔡确私恩，朝夕望其复至"之罪[3]，罢知徐州，中书舍人曾肇被视作"尤险诈，变态百出"[4]之奸邪，出知颍州。

上述可见，"车盖亭诗案"成了自庆历以来朋党之争以"文字"排击政敌面最广、力度也最大的一起文字狱。

不过，以兴治文字狱排击政敌的做法，并没有得到当时士大夫

---

① 毕沅：《续资治通鉴》卷八一"元祐四年五月丁亥"条，第2055页。
② 王明清：《玉照新志》卷一，《全宋笔记》第58册，第51页。按：蔡确亲党"四十七人"，《玉照新志》作"六十人"；并谓这两张党人名单，是宰相吕大防与台谏梁焘、刘安世一起商定的。
③ 李焘：《长编》卷四二七"元祐四年五月辛巳"条，第10315页。
④ 李焘：《长编》卷四二七"元祐四年五月辛巳"条，第10315页。

的全面认同。梁焘、刘安世等台谏炮制"车盖亭诗案"时，就遭到了包括宰相范纯仁在内的不少元祐党人的反对，刘挚曾试图制止此案的发生①，蔡确入狱后，苏轼又上疏为之营救②。然而，一方面"司谏吴安诗、正言刘安世，交章击纯仁党确"③，范纯仁成了蔡确"邪党"中的一员而旋被罢相；另一方面正由于这种"同我""异我"的是非观和排他性心理和性格的恶性膨胀而成为鲜明的时代特征，为"耳目"官兴治文字狱带来了不可或缺的驱动力。元祐元年（1086）以后，新党官僚被贬散地，失去了执政的客观条件，适值元祐三年（1088）十二月，郓州教授周穜向朝廷建议以故相王安石配享神宗，翰林学士苏轼当即据以上疏，认为以蔡确、吕惠卿为首的"如蛆蝇"一般的"小人"，虽已被斥逐，却"皆矫情匿迹，有同鬼蜮，其党甚坚，其心甚一"，蠢蠢欲动，"朝廷近日稍宽此等"，王安石新法"必有时而复"，"臣实忧之"，要求严惩不贷。④当时正处蜀、洛、朔三党纷争激烈、交攻不已之际，但苏轼此疏引起了三党的高度警惕，暂时停止了内部的交攻，很快集合起来，一致向新党发起了新的攻势。元祐四年（1089）二月，右正言刘安世奏云："（蔡）确之朋党大半在朝，夙夕引领，以俟复用。若使渐得亲近，广为歧路，异日盗权乱政，无不由此而始。"⑤这与苏轼的观点完全相同。同年三月，中书侍郎刘挚所进奏章，更加极端化："今布列内外，搢绅之间，在职之吏，不与王安石、吕惠卿，则与蔡

---

① 李焘：《长编》卷四二七"元祐四年五月丁亥"条引王巩《随手杂录》，第10326页。
② 详苏轼：《论行遣蔡确札子》，《苏轼文集》卷二九，第837页。
③ 脱脱等：《宋史》卷三一四《范纯仁传》，第10288页。
④ 苏轼：《论周穜擅议配享自劾札子二首》，《苏轼文集》卷二九，第833页。
⑤ 李焘：《长编》卷四二二"元祐四年二月己巳"条，第10223页。

确、章惇者，率十有五六。"均"腹非新政（元祐"更化"）"，"此臣所以寝食寒心，独为朝廷忧也"，乞请如"斩草除根"，使"其不复生"。[1]因此，尽管苏轼、刘挚反对以"文字"罪人，但他们的这种观念和言行，为台谏承风希旨，纠劾蔡确以诗讪谤，"合党诞妄"，通过迫害蔡确，根除新党势力的活动，起了导夫先路的作用，成了罗织"车盖亭诗案"的前奏曲。

如果说，元丰台谏在充当"耳目"过程中，无视儒家诗学，炮制"乌台诗案"，倾陷苏轼及其同党，主要是为了维护新法；那么，元祐台谏承风希旨，曲解附会，炮制"车盖亭诗案"，迫害蔡确，全面根除熙丰新党势力，则完全出于意气之争。朱熹云："后治元祐诸公，皆为蔡（确）报怨也。"[2]虽非全然，却说明了"车盖亭诗案"是新旧党争的转折点和毒化点。

四、苏轼策题、题诗之谤与蜀、洛之争

在元祐党人排击，乃至肆意倾轧熙丰新党的同时，其内部也各分党与，形成了以苏轼为首的蜀党，以程颐为首的洛党和以刘挚、梁焘等人为首的朔党，"诸党相攻击不已"[3]。元祐党人内部分党与而"相攻不已"，与他们合力攻击新党的性质不尽相同，但作为北宋党争的组成部分，三党尤其是蜀、洛之争都体现了喜同恶异、党同伐异的主体性格，也同样表现了以"文字"相排击的特点，因而其内部也出现了"文字"之祸。苏轼的两次策题之谤和扬州题诗之谤，即为其中之一。

蜀、洛之争大约始于元祐元年（1086）九月，止于元祐八年

---

① 李焘：《长编》卷四二三"元祐四年三月甲申"条，第10241页。
② 黎靖德编：《朱子语类》卷一三〇，第3107页。
③ 邵伯温：《邵氏闻见录》卷一三，第146页。

（1093），其间亦关涉到朔党。蜀、洛党争有许多错综复杂的问题需要做详细的研究。这里仅就其成因做一粗略的考察，以明造成苏轼"文字"之祸的渊源与实质。

蜀、洛党争是程颐与苏轼在元祐元年（1086）九月办理司马光丧事时的失欢引发的，对此，宋代载籍记述颇多，但说法不一。或以为程颐主丧事，守古礼，阻止苏轼凭吊，苏轼与之争辩，"伊川（程颐）不能敌其辩"①，故而失欢；或以为苏轼与程颐争主丧权不得而刻意讥辱程颐，从而导致交争②。《长编》卷三九三"元祐元年十二月壬寅"条载吕陶奏章曰：

> 明堂降赦，臣僚称贺讫，两省官欲往奠司马光。是时，程颐言曰："子于是日哭则不歌，岂可贺赦才了，却往吊丧？"坐客有难之曰："孔子言：'哭则不歌。'即不言'歌则不哭'。今已贺赦了，却往吊丧，于礼无害。"苏轼遂戏程颐云："此乃枉死市叔孙通所制礼也。"众皆大笑，其结怨之端，盖自此始。③

吕陶时为殿中侍御史，陈此事的时间离事情发生的当年九月，只有三个月之遥，当符合事实的本来面貌。然而，这仅仅是一根导火线。朱熹《伊川先生年谱》"（元祐）七年，服除，除秘阁，判西京国子监"下引《王公系年录》云：

> 初，颐在经筵，归其门者甚盛；而苏轼在翰林，亦多附之

---

① 邵博：《邵氏闻见后录》卷二〇，第160页。
② 张端义：《贵耳集》卷上，《全宋笔记》第81册，第146—147页。
③ 李焘：《长编》卷三九三"元祐元年十二月壬寅"条，第9569页。

者，遂有洛党、蜀党之论。二党道不同，互相非毁，颐竟为蜀党所挤。今又适轼弟辙执政，才进禀，便云："但恐不肯靖。"帘中入其说，故颐不复得召。①

这里将蜀、洛党争的成因归结为"道不同"，由"道不同"引起了政治上的相互非毁和排挤。所谓"道不同"，就是指蜀、洛两党不同的学术思想。朱熹曾将引起两党交争的不同的"道"，概括为"敬"与"不敬"，他说："看当时如此，不当论相容与不相容，只看是因甚么不同，各家所争是争个甚么。东坡与荆公固是争新法，东坡与伊川是争个甚么？……只看东坡所记云：'几时得与他打破这"敬"字！'看这说话，只要奋手挢臂，放意肆志，无所不为，便是。只看这处，是非曲直自易见。"②程颐主张敬诚格物，以致天理，其门人亦如此。如朱光庭立朝"端笏正立，严毅不可犯，班列肃然"③，平日又将"毋不敬，思无邪"④作为座右铭。以苏轼为首的蜀党人物，在朱熹看来"大概皆以文人自立"，"都不曾向身上做工夫，平日只是以吟诗饮酒，戏谑度日"。⑤这就是其所谓"敬"与"不敬"的具体表现。而这，实际上反映了蜀学与洛学对礼的不同认识与实践。程氏洛学强调礼在实际言行中的体现，"动遵礼度"，连哲宗于宫中折一柳枝，程颐亦斥之以"方春万物生荣，

---

① 朱熹：《伊川先生年谱》，《河南程氏遗书》附录，程颢、程颐《二程集》，第344页。
② 黎靖德编：《朱子语类》卷一三〇，第3110页。
③ 程颢、程颐：《河南程氏外书》卷一一，《二程集》第414页。
④ 程颢、程颐：《河南程氏遗书》卷二上，《二程集》第35页。
⑤ 黎靖德编：《朱子语类》卷一三〇，第3113页。

不可无故摧折"。①苏氏蜀学则强调礼本人情,注意从人情的角度论礼,所以,他们在司马光丧礼问题上,对"哭则不歌"与"歌则不哭"的礼节,各持己见,公开构隙;又因在司马光丧葬期间,程颐与门人朱光庭等主食素,苏轼与门人黄庭坚等主食荤,而交相"极诋之"。②

学术上的"道不同",固然是引起蜀、洛党争的一个重要原因,但这仅仅是一个方面,另一方面,还与元祐党人内部在政见上的某些分歧和政治派系息息相关。元祐四年(1089),苏轼在给杨绘的一封信中,便指出了这一点:

> 某近数章请郡,未允。数日来,杜门待命,期于必得耳。公必闻其略,盖为台谏所不容也。昔之君子,惟荆(王安石)是师。今之君子,惟温(司马光)是随。所随不同,其为随一也。老弟与温相知至深,始终无间,然多不随耳。致此烦言,盖始于此。③

所谓"烦言",即指两次策题之谤;"多不随"盖指元祐元年(1086)初议役法时与司马光不合之事。据蔡絛《铁围山丛谈》卷三:"东坡公元祐时既登禁林,以高才狎侮诸公卿,率有标目殆遍也,独于司马温公不敢有所重轻。一日相与共论免役差役利害,偶

---

① 沈作喆:《寓简》卷五,《全宋笔记》第40册,第46页。
② 朱熹:《伊川先生年谱》引鲜于绰《传信录》,《河南程氏遗书》附录,程颢、程颐《二程集》,第343页。
③ 苏轼:《与杨元素十七首》其十七,《苏轼文集》卷五五,第1655—1656页。

不合同。及归舍，方卸巾弛带，乃连呼曰：司马牛！司马牛！"①因而促使了"惟温是随"的台谏对苏轼的攻讦。对此，苏轼也做过明确的解释："只从参议役法，及蒙擢为学士后，便为朱光庭、王岩叟、贾易、韩川、赵挺之等攻击不已，以至罗织语言，巧加酝酿，谓之诽谤。……盖缘臣赋性刚拙，议论不随，而宠禄过分，地势亲迫，故致纷纭……"②而台谏对苏轼的攻讦，则又反映了元祐前期旧党内部政治势力的组成特点。元祐前期，高太后对苏轼兄弟一直抱有好感，但她倚重的是司马光、吕公著而非二苏。熙丰年间，司马光居洛十五年，结识了一批服膺其道德品格的北人；执政后，这批北人成了其"更化"之治的基本力量。程颐亦因此成了政治上的幸运儿，在司马光的荐举下，他由布衣一跃而为崇政殿说书，这在有宋一代是不多见的。同时，程颐与吕公著亦相交甚厚，熙宁八年（1075），吕公著批评新法的《应诏上神宗皇帝书》，便由程颐代写③；司马光去世后，"吕申公（公著）为相，凡事有疑，必质于伊川"④。因此，在人事安排上，不仅司马光门下士朔党人物，程颐弟子亦得到了优待。如："司马光既殁，太皇太后问吕公著：'光门下士素所厚善、可任台谏者，孰当先用？'"⑤吕公著以刘安世为对，刘安世遂被擢为右正言。在此以前，司马光门人刘挚因吕公著荐而任侍御史，刘挚入台谏重地后，又按司马光、吕公著旨意，将朱光庭、王岩叟引为言官。⑥而朔党刘安世、王岩叟在学问上又受

---

① 蔡絛：《铁围山丛谈》卷三，第59—60页。
② 苏轼：《乞罢学士除闲慢差遣札子》，《苏轼文集》卷二八，第816页。
③ 见程颐：《河南程氏文集》卷五，程颢、程颐《二程集》，第529—532页。
④ 程颢、程颐：《河南程氏外书》卷一一，《二程集》，第416页。
⑤ 杨仲良：《长编纪事本末》卷一〇五《刘安世居谏职》，第1822页。
⑥ 脱脱等：《宋史》卷三四〇《刘挚传》，第10855页。

过程颐的影响，在《程氏外书》《程氏粹言》中，二人问学于程颐的记录不少。因此，洛、朔两党在学术与政治主张上虽然不同，相互之间亦不乏摩擦交争，但在这个犬牙交错的关系形成的支配朝政的势力网中，两党常联手攻击蜀党；也正因为如此，"自苏轼以策题事为台谏官所言，而言者多与程颐善"①，原本不属洛、朔两党的"言者"即台谏，加入了攻讦苏轼的行列。

总之，政治上的这种关系和学术上的"道不同"，是导致蜀、洛党争的基本成因。②而蜀、洛党争的始作俑者，乃程颐门人、左司谏朱光庭。朱光庭首次借以弹劾的，是苏轼于元祐元年（1086）十二月学士院试馆职所撰的《师仁祖之忠厚、法神考之励精》之策题。其弹文云：

> 学士院试馆职策题云："欲师仁祖（仁宗）之忠厚，而患百官有司不举其职，或至于偷；欲法神考（神宗）之励精，而恐监司守令不识其意，流入于刻。"又称："汉文宽大长者，不闻有怠废不举之病；宣帝综核名实，不闻有督察过甚之失。"臣以谓仁祖之深仁厚德，如天之为大，汉文不足以过也；神考之雄才大略，如神之不测，宣帝不足以过也。……今来学士院考试不识大体，以仁祖难名之盛德、神考有为之善志，反以偷

---

① 李焘：《长编》卷四〇四"元祐二年八月辛巳"条，第9828页。
② 朱光庭在解释为何攻击苏轼时也说："轼尝骂司马光及程颐。"（《长编》卷三九三"元祐元年十二月壬寅"条，第9565页）"骂司马光"即指苏轼因与司马光争役法不得而呼之"司马牛"；"骂程颐"即指苏轼在司马光丧事中与程颐的戏言。前者由政见分歧引起，后者则因学术主张不同所致。

刻为议论，独称汉文、宣帝之全美，以谓仁祖、神考不足以师法，不忠莫大焉。伏望圣慈察臣之言，特奋睿断，正考试官之罪，以戒人臣之不忠者。①

认为"偷""刻"二字是苏轼对仁宗、神宗的概括，深含诽谤之意，故定下了"为臣不忠"的罪名。奏进，即诏放罪苏轼。②轼闻后自辩云：

> 臣窃闻谏官言臣近所撰试馆职人策问，有涉讽议先朝之语。臣退伏思：……臣之所谓"偷"与"刻"者，专指今之百官有司及监司守令，不能奉行，恐致此病，于二帝何与焉？至于前论周公、太公，后论文帝、宣帝，皆是为文引证之常，亦无比拟二帝之意。③

高太后看了苏轼的辩词，也许觉得朱光庭所说纯系捕风捉影，遂追回前日"放罪指挥"。然而，由于"或传朝廷谓光庭所言非是，将逐去"，所以很快引起了与朱光庭休戚相关的同僚的忧虑，"御史中丞傅尧俞、侍御史王岩叟相与言朝廷命令反复，是非颠倒，不可不辩。又恐遂逐光庭，则所损益大，因欲于未逐前早救之，乃各上疏论轼不当置祖宗于议论之间，犹未显斥其有讥讽意也"。④其中，朔党、侍御史王岩叟疏云：

---

① 李焘：《长编》卷三九三"元祐元年十二月壬寅"条，第9564—9565页。
② 李焘：《长编》卷三九三"元祐元年十二月壬寅"条，第9565页。
③ 李焘：《长编》卷三九三"元祐元年十二月壬寅"条，第9565页。
④ 李焘：《长编》卷三九三"元祐元年十二月壬寅"条，第9565页。

臣窃伏思陛下至公至明之初心，必无所惑，应有奸言邪说，颠倒是非，变乱白黑，以移陛下之意者。自古奸人之心，利在人主不纳谏而忠臣杜口，则欲以行其私，非有忠于社稷之志也……臣观汉、唐以来至于本朝，策问不可胜数，无有此体。陛下博览文史，试取而比类之，轼之罪不难见矣。①

较前引朱光庭弹文，语气更重，用意更尖刻。但傅尧俞、王岩叟忿而上疏后，"疏入不报"②。并下诏说明："苏轼所撰策题，本无讥讽祖宗之意，又缘自来官司试人，亦无将祖宗治体评议者，盖学士院失于检会。札子与学士院共知。"③至此，蜀、洛之争告一段落。

然而，苏轼的这次策题之谤，却为后来元祐党人内部绵延不息的攻讦开了端绪。在此后的内讧中，"文字"依然是一项重要的资助。元祐二年（1087）十二月，苏轼再次为试职官撰策题《两汉之政治》，台谏又据以为奇货，交章奏劾，出现了第二次策题之谤。从监察御史杨康国、赵挺之，侍御史王觌的弹文中可知，这次策题之谤，缘策中王莽篡国易、曹操得国难之意而发。其中，值得注意的是王觌的弹文：

苏轼去冬学士院试馆职策题，自谓借汉以喻今也。其借而喻今者，乃是王莽、曹操等篡国之难易，缙绅见之，莫不惊

---

① 李焘：《长编》卷三九三"元祐元年十二月壬寅"条，第9567—9568页。
② 彭百川：《太平治迹统类》卷二三《元祐党事始末上》，第3a页。
③ 李焘：《长编》卷三九四"元祐二年正月丙子"条，第9607页。

骇。轼习为轻浮，贪好权利，不通先王性命道德之意，专慕战国纵横捭阖之术，是故见于行事者，多非理义之中，发为文章者，多出法度之外。此前日策题所以亏损国体而震骇群听者，非偶然过失也。轼之意自以为当如此尔。臣见轼胸中颇僻，学术不正，长于辞华，而暗于义理。若使久在朝廷，则必立异妄作，以为进取之资；巧谋害物，以快喜怒之气。朝廷或未欲深罪轼，即宜且与一郡，稍为轻浮躁竞之戒。①

王觌与杨康国、赵挺之，均非洛党中人。王、赵二人，在元祐四年（1089）又被列入梁焘开具的蔡确、王安石亲党名单中。此时他们攻讦苏轼，是在"言者多与程颐善"的背景下，成为洛党同调的，与元祐元年（1086）蔡京希合司马光风旨，在五日之内废除免役法的举措相仿佛。王觌的这篇弹文，则又一变就文论文，孤立地曲解文意的弹劾方式，在攻讦苏轼策题"亏损国体"，以及苏轼"习为轻浮，贪好权利"时，与苏氏蜀学紧密联系起来，认为这是苏轼"学术不正"的必然结果，而"非偶然过失"，这就从政治上的排击延伸到了学术上的攻讦。如前文所述，蜀、洛党争的成因之一，在于学术上的"道不同"，而王觌的弹劾，则显然是代表了洛学对蜀学的一次直接攻击。

对于来自政敌的攻势，蜀党当然不会无动于衷。元祐二年

---

① 李焘：《长编》卷四〇八"元祐三年正月丁卯"条，第9922—9923页。杨康国、赵挺之弹文见同书卷四〇七"元祐二年十二月丙午"条，第9914—9915页；杨仲良：《长编纪事本末》卷一〇三《台谏言苏轼》，第1783页。

(1087),左谏议大夫孔文仲力诋程颐"人品纤污,天资憸巧,贪黩请求,元无乡曲之行"①,是个十足的小人。据载,孔文仲诋评程颐为苏轼所驱使。②无论这真实与否,苏轼曾自称"素疾程颐之奸,未尝假以色词"③,而孔文仲则为"清江三孔"之一,在当日文坛享有盛名,黄庭坚有"二苏(轼、辙)上连璧,三孔(文仲、武仲、平仲)立分鼎"④之语,属蜀党中人。元祐二年(1087)十月,朱光庭除太常少卿,孔文仲也屡有文字论列,以为除不当。⑤与整个北宋党争一样,蜀、洛两党自苏、程于司马光丧事中的失欢,到后来绵延不息的攻讦,都处于相互激发的互动之中。元祐六年(1091)二月,苏轼还朝为翰林学士承旨,苏辙迁中大夫、守尚书右丞,又引起了洛党包括朔党中人的强烈不满。朔党、右司谏兼给事中杨康国力请罢免苏辙⑥,并把苏辙的升迁与苏轼的还朝,说成是"豺狼当路"⑦;而洛党、侍御史贾易,也许有鉴于"车盖亭诗案"将熙丰新党一网打尽的成功经验,千方百计地觅猎能根除蜀党势力的"文字",同年八月,终于觅得苏轼扬州题诗一首,居为奇货,上疏弹劾:

> 暨先帝(神宗)厌代,轼则作诗自庆曰:"山寺归来闻好语,野花啼鸟亦欣然。""此生已觉都无事,今岁仍逢大有年。"

---

① 李焘:《长编》卷四〇四"元祐二年八月辛巳"条,第9829页。
② 李焘:《长编》卷四〇九"元祐三年三月戊辰"条注引《孔文仲旧传》,第9957页。
③ 苏轼:《再乞郡札子》,《苏轼文集》卷三三,第913页。
④ 黄庭坚:《和答子瞻和子由常父忆馆中故事》,《黄庭坚诗集注》卷六,第217页。
⑤ 李焘:《长编》卷四〇七"元祐二年十一月乙卯"条,第9894页。
⑥ 李焘:《长编》卷四五五"元祐六年二月癸巳"条,第10908—10909页。
⑦ 李焘:《长编》卷四五五"元祐六年二月丁未"条,第10908页。

书于扬州上方僧寺，自后播于四方。……原轼、辙之心，欲兄弟专国，尽纳蜀人，分据要津，复聚群小，俾害忠良，不亦怀险诐、覆邦家之渐乎？①

元丰八年（1085）三月，神宗去世，五月，苏轼在扬州作《归宜兴留题竹西寺》诗，诗中有"山寺归来闻好语"诸句，故"当时谤者遂谓东坡以迁谪之故（贬谪黄州），忻幸神宗上仙而作是诗"。②造谤者贾易将此与苏轼兄弟"尽纳蜀人，分据要津，复聚群小"，颠覆"邦家"联系起来，则不仅欲借此置苏轼于死地，而且明显具有借以将蜀党一网打尽的用意。因苏轼立马上疏自辩："若稍有不善之意，岂敢复书壁上以示人乎？又其时先帝上仙，已及两月，决非'山寺归来'始闻之语。事理明白，无人不知。"③才免去了一场大祸，唯苏轼被命出守扬州而已。

苏轼策题与题诗之谤，虽未使苏轼及其党人身罹大祸，但在当时和绍圣年间，对苏轼及其党人，甚至其他蜀人的政治命运，都产生了不同程度的影响。在策题之谤期间，苏轼的门下士也成了被攻击的对象。元祐三年（1088），苏轼曾为之辩护云："臣所举自代人黄庭坚、欧阳棐，十科人王巩，制科人秦观，皆诬以过恶，了无事实。"④此后，黄庭坚、秦观等人屡遭弹劾。元祐三年（1088）五月诏："新除著作郎黄庭坚依旧著作佐郎，以御史赵挺之论其质性奸

---

① 李焘：《长编》卷四六三"元祐六年八月己丑"条，第11055、11057页。
② 袁文：《瓮牖闲评》所附佚文，《全宋笔记》第42册，第193页。
③ 苏轼：《辨题诗札子》，《苏轼文集》卷三三，第937—938页。
④ 苏轼：《乞郡札子》，《苏轼文集》卷二九，第829页。

回，操行邪秽，罪恶尤大，故有是命。"①右正言刘安世又奏："望陛下以挺之所奏（黄庭坚），付外施行，庶使是非明辨，众听不惑。"②元祐五年（1090）五月，右谏议大夫朱光庭弹劾"新除太学博士秦观，素号薄徒，恶行非一，岂可以为人之师？伏望特罢新命。诏：观别与差遣"③。元祐六年（1091）八月，贾易因造苏轼扬州题诗之谤而罢侍御史后，高太后认为宇文昌龄可补其阙，吕大防、刘挚却同奏："昌龄清修诚实，可副圣择，然是川人，与苏辙同乡里，连姻亲。昨日攻苏氏兄弟甚急，自罢丞杂，及轼出外任，人情方似定叠。若忽以昌龄补台端，必又纷纷，上烦圣听。"④宇文氏补侍御史事，因此作罢。尽管宇文昌龄"清修诚实"，与蜀、洛之争无丝毫联系，贾易弹劾苏诗也明显是深文周纳，蓄意造谤，但还是因苏轼诗祸影响了其仕进。这种做法的必然结果，是所有蜀人深感其政治命运只能与蜀党相沉浮而依附之。后来，连苏颂、范百禄等人，也身不由己地被卷入蜀、洛之争。高太后去世，哲宗亲政，新党东山再起，苏轼遭谪居岭南之祸，则与其策题之谤有着直接的联系。绍圣元年（1094）四月，殿中侍御史来之邵云："轼在先朝，久以罢废，至元丰，擢为中书舍人、翰林学士。轼凡作文字，讥斥先朝，援古况今，多引衰世之事，以快忿怨之私。"⑤苏轼随之贬知英州。"讥斥先朝，援古况今"，正苏轼元祐试馆职策题之谓。可见，苏轼绍圣岭南之祸，首先基于元祐策题之谤。王明清亦

---

① 李焘：《长编》卷四一一"元祐三年五月丁巳"条，第10000页。
② 李焘：《长编》卷四一一"元祐三年五月丁巳"条，第10000页。
③ 李焘：《长编》卷四四二"元祐五年五月庚寅"条，第10641页。
④ 李焘：《长编》卷四六四"元祐六年八月癸卯"条，第11083页。
⑤ 黄以周等辑注：《续资治通鉴长编拾补》卷九"绍圣元年四月壬子"条，第401页。

云：苏轼绍圣之贬，"盖权舆于是，史册可以具考"①。

五、"神宗实录案"、"同文馆狱"、"嘉禾篇案"与"绍述"党争

绍圣元年（1094），哲宗亲政，重新起用章惇、曾布、蔡卞等熙丰新党人物，更张元祐政治，"绍述"熙丰新法。章惇等人一上台，就拿《神宗实录》开刀，斥之为"谤书"，兴狱治案，以史料文字排击元祐党人。不过这起文字狱不是深文周纳，而是与"乌台诗案"一样，治有确证。

《神宗实录》曾三次编修，有三种不同的版本：一是元祐史官始修的墨本；一是绍圣史官修改墨本的朱本，又称朱墨本；一是绍兴史官再次修的新本，或称朱黄本。墨本"多取司马文正公《涑水纪闻》"②；绍圣修改本"尽取王荆公《日录》无遗，以删修焉，号朱墨本"③；"旧文以墨，新修（指绍圣本）以朱，删出以黄"④，是为绍兴史官所修本。李心传指出，在三次编修《神宗实录》中，"史官各以私意去取，指为报复之资"⑤。又《长编》作者李焘云：

> 臣尝尽力史学，于本朝故事，尤切欣慕，每恨学士大夫各信所传，不考诸实录、正史，纷错难信。如……熙宁之更新、元祐之图旧，此最大事，家自为说。臣辄发愤讨论，使众说咸

---

① 王明清：《挥麈录余话》卷一，《全宋笔记》第57册，第313页。
② 王明清：《玉照新志》卷一，《全宋笔记》第58册，第52页。
③ 王明清：《玉照新志》卷一，《全宋笔记》第58册，第52页。
④ 李心传：《建炎以来系年要录》卷九三，第1548页。
⑤ 李心传：《建炎以来系年要录》卷一一一，第1804页。

会于一……①

所谓"家自为说",当包括了元祐、绍圣、绍兴史官在分别编修《神宗实录》时的"各以私意去取"。这三本《神宗实录》已失传。在今存辑本《长编》中,由于李焘的"咸会于一",使我们得以窥见当时史官"家自为说"之一斑。胡昭曦先生曾将散见于《长编》中的墨本、朱本和新本《神宗实录》的资料辑出百余条,约数万字,并将它们分为四类:朱本删削墨本者,墨本不载而朱本新添者,朱、墨二本记载不同者,新本与朱本不同者。经过比照指出:《神宗实录》的三次修纂,"确乎是李心传所说'史官各以私意去取'。这样,就使得历史的真象被搅混了。从而,给后世研究王安石及其变法,乃至宋神宗朝的历史,造成了困难"②。而始作俑者,乃元祐史官。

元祐元年(1086)二月,诏修《神宗实录》,由蔡确提举,邵伯温、陆佃修撰,林希、曾肇检讨;蔡确罢相,司马光为提举;司马光去世,吕公著为提举,黄庭坚、范祖禹为检讨;吕公著作古,由吕大防提举。元祐六年(1091),"进《神宗实录》……凡三百卷"③。绍圣元年(1094),新党重新主持朝政时,台谏翟思上疏指出:"元祐间,吕大防提举《实录》,祖禹、庭坚等编修,刊落事

---

① 马端临:《文献通考》卷一九三《经籍考二十》卷二〇引李焘进《长编》状,第5611页。
② 胡昭曦:《〈宋神宗实录〉朱墨本辑佚简论》,《四川大学学报(哲学社会科学版)》1979年第1期,第77页。
③ 李焘:《长编》卷四五六"元祐六年三月癸亥"条附录王岩叟奏章,第10918—10919页;《郡斋读书志》及《文献通考》作"二百卷",当指绍兴修本《神宗实录》。

迹,变乱美实,外应奸人诋诬之辞。"①故首起"神宗实录案"而勘之,元祐史官皆待罪陈留,逐一受审。《宋史》卷四四四《黄庭坚传》:

> 哲宗立,召为校书郎,《神宗实录》检讨官。……绍圣初,出知宣州,改鄂州。章惇、蔡卞与其党论《实录》多诬,俾前史官分居畿邑以待问,摘千余条示之,谓为无验证。既而院吏考阅,悉有据依,所余才三十二事。庭坚书"用铁龙爪治河,有同儿戏",至是首问焉。对曰:"庭坚时官北都,尝亲见之,真儿戏耳。"凡有问,皆直辞以对,闻者壮之。②

铁龙爪与浚川杷是熙宁六年(1073)王安石设立的疏浚黄河时用以治理河道的工具。自熙宁五年至元丰二年(1072—1079),黄庭坚任大名府国子监教授,目睹用这种工具疏治河道的场面,并作有数诗批评这一工程,如《和谢公定河溯漫成八首》其二:"直渠杀势烦才吏,机器爬沙聚水兵。河面常从天上落,金堤千里护都城。"③认为"河面常从天上落",河沙淤积太快,用简陋的机械铁龙爪治河无济于事,故书入《神宗实录》,视为"有同儿戏"。从今看来,黄庭坚的这一批评不乏合理之处,但作为当时的新法之一,农田水利法的实施不仅具有良好的愿望,而且在某些方面或某些地区取得了一定成效,并非都像旧党人物所批评的那样不切实际或劳民伤财。就都水丞范子渊以铁龙爪、浚川杷治黄河而言,虽数为文

---

① 晁公武著,孙猛校证:《郡斋读书志校证》卷六《神宗朱墨史》提要,第232页。
② 脱脱等:《宋史》卷四四四《黄庭坚传》,第13110页。
③ 黄庭坚:《和谢公定河溯漫成八首》其二,《黄庭坚诗集注》外集卷四,第862页。

彦博所嘲弄，但此法亦曾使"水悉归故道，退出民田数万顷"①。又《长编》卷二六八"熙宁八年九月癸酉"条载：

> 判大名府文彦博言："大河衍溢，坏民田，多者六十村，户至万七千；少者九村，户至四千六百。乞蠲被水民户租税。"从之，仍诏都水监勘会，官司不申奏，因依以闻。既而本监言："惟滨州薄有水患不多，已奏外，余皆无之。"②

"既而"以下，"墨本"不载，"新本"亦无，李焘据朱本新添入者。李焘注云："存此可见当日事情，故不当删。"所谓"当日事情"，就是指浚治河道对抑制黄河水涝亦起一定的作用，文彦博却如此夸大其词，混淆是非，制造矛盾，阻拦新法的实施，而黄庭坚与元祐史官则书此舍彼，明显带有偏见。又如元丰七年（1084）西夏攻兰州事，从元丰七年（1084）正月至八月，神宗先后有六次诏书（其中四次手诏），亲自部署突围兰州战事，墨本均只字未提，而《长编》据朱本增入。这亦体现了元祐史官"以私意去取"的事实。又《宋史》卷三四三《陆佃传》云：

> （陆佃）数与史官范祖禹、黄庭坚争辩，大要多是安石，为之隐晦。庭坚曰："如公言，盖佞史也。"佃曰："尽用君意，岂非谤书乎？"

---

① 脱脱等：《宋史》卷三一三《文彦博传》，第10262页。又李焘：《长编》卷二六三"熙宁八年闰四月乙巳"条载，程昉治河役，"淤却田四十项，出却田二万余顷"，第6440页。
② 李焘：《长编》卷二六八"熙宁八年九月癸酉"条，第6569页。

由此可知，对于《神宗实录》的取舍，在当日史官内部也曾产生过较大的意见分歧。陆佃为王安石门人，但其政见与王安石不尽相同，故"安石以佃不附己，专付之经术，不复咨以政"[1]。也许是这个原因，陆佃才能厕身编修《神宗实录》之列。或者说，作为王门弟子，陆佃与范祖禹、黄庭坚争辩，虽难免师生私情，但绝非都是为王安石变法的历史护短，他批评范、黄"尽用君意，岂非谤书乎"，是有事实依据的，也是可信。范祖禹、黄庭坚与其他史官"以私意去取"而与陆佃相争，虽非出于个人恩怨，却鲜明地体现了履行"元祐更化"之治的自觉态度和坚定立场。作为检讨官，范祖禹和黄庭坚则又是贯彻旧党集团确定的编修宗旨、在编修中决定取舍标准的人物，所以陆佃的争辩是无济于事的。而其编修宗旨"止是尽书王安石过失，以明非神宗之意"[2]，这一宗旨决定了元祐史官在编修《神宗实录》的过程中，不仅仅是"以私意去取"王安石变法的具体事件，更主要的是为了在意识形态上全盘否定熙丰新法，为"元祐更化"制造舆论，提供理论依据。因此，当绍圣新党"绍述"王安石新法之初，首拿《神宗实录》开刀，立案勘治，也就在必然之中了。

结案后，元祐史官均遭贬逐，连陆佃也未能免却贬谪之祸。[3]除陆佃、范祖禹、黄庭坚外，参与编修《神宗实录》的还有赵彦

---

[1] 脱脱等：《宋史》卷三四三《陆佃传》，第10918页。
[2] 此语为范冲向高宗介绍其父祖禹编修《神宗实录》的"大意"时所说，见李心传：《建炎以来系年要录》卷七九"绍兴四年八月戊寅"条，第1289页。
[3] 脱脱等：《宋史》卷三四三本传云："绍圣初，治《实录》罪，坐落职，知泰州，改海州。"第10919页。

第四章　北宋党争的特点与文人和文化的命运

若。①又王明清《玉照新志》卷一云："元祐初，修《神宗实录》，秉笔者极天下之文人，如黄（庭坚）、秦（观）、晁（补之）、张（耒）是也，故词采粲然，高出前代。"②据此，"苏门四学士"也曾预《实录》编修。然《宋史》卷四四四本传，称黄、秦、晁三人"坐修《神宗实录》失实"，而未言及张耒预修，仅言张耒于绍圣初"坐党籍徙宣州"。其实张耒被贬，也与修史有关。元祐七年（1092），《神宗实录》完稿后，又以吕大防为提举，范祖禹、赵彦若、张耒为修撰，编《神宗国史》，"限一年毕"③。次年，"进《神宗皇帝纪》（即《神宗国史》中的《帝纪》部分）草"④。《神宗实录》是编年体史书，《神宗国史》为纪传体史书，两书的编修宗旨同为"止是尽书王安石过失，以明非神宗之意"，故亦遭贬斥。这次"神宗实录案"对于"四学士"包括吕大防、范祖禹、赵彦若来说，决定了他们自此以后的政治命运。绍圣以后，他们不但没有还朝，范祖禹、黄庭坚、赵彦若、秦观等人，还卒于贬所。而绍圣新党兴治"实录案"的目的，不仅在于贬斥元祐史官，还在于为"绍述"王安石新法，全面排斥元祐党人张本正名。

《神宗实录》是元祐以后新旧党争的一个重要焦点，绍圣新党因《神宗实录》失实而立案勘治，便是表现之一。如果说"神宗实录案"治有确证，那么，绍圣四年（1097）八月由一封书信引发的"同文馆狱"，则纯系曲解附会。但前者以史料文字"为报复之资"，后者同样出于报复，只是其报复由具体的人事关系引起，两者内容

---

① 晁公武著，孙猛校证：《郡斋读书志校证》卷六《神宗朱墨史》提要，第232页。
② 王明清：《玉照新志》卷一，《全宋笔记》第58册，第51—52页。
③ 李焘：《长编》卷四七五"元祐七年七月癸巳"条，第11320页。
④ 李焘：《长编》卷四八二"元祐八年三月己亥"条，第11472页。

不同，性质却一，都是士大夫党同伐异的主体性格在党争中相互激发的产物。《长编》卷四九〇"绍圣四年八月丁酉"条载：

> 承奉郎、少府监主簿蔡渭奏："臣叔父硕，曩于邢恕处见文及甫元祐中所寄恕书，具述奸臣大逆不道之谋。及甫乃文彦博爱子，必知当时奸状。"诏翰林学士承旨蔡京、同权吏部侍郎安惇即同文馆究问。

所指即"同文馆狱"。疏中提到文及甫所寄邢恕私牍，有"司马昭之心，路人皆知，又济之以粉昆，朋类错立，欲以眇躬为甘心快意之地"诸语。文及甫始为蔡硕释其义时云："司马昭，指刘挚；粉昆，指韩忠彦；眇躬，及甫自谓。"同文馆究问时，却又改释原义，谓："以（司马）昭比（刘）挚，将谋废立，眇躬乃以指上（哲宗），而粉昆指王岩叟、梁焘。岩叟面如傅粉，焘字况之，以况为兄也。"又言："父彦博临终，屏左右，独告以挚等将谋废立，故亟欲罢平章事。"①可见，炮制"同文馆狱"是以治刘挚、梁焘等元祐党人谋废哲宗之罪为由的。蔡渭（后改名懋），蔡确之子，蔡京之婿，他奏论文及甫所寄邢恕书信，显然是为父报仇，同时又有表彰其父"定策"之功的用意。邢恕因出入司马光、吕公著之门而登进士第，尝与王雱言新法不便，王安石恶之，遂出知延陵县，后与宰相蔡确相结纳。神宗不豫，蔡确与邢恕密谋援立高太后子雍王赵颢，事不果。邢恕反谓高太后有废立之意（即废哲宗而立雍王）。

---

① 李焘：《长编》卷四九〇"绍圣四年八月丁酉"条，第11628页。

后会蔡确南迁新州,邢恕亦责监永州酒。章惇、蔡卞复起后,欲治元祐党人,引邢恕为御史中丞,"恕既处风宪,遂诬宣仁后有废立谋","又教蔡懋上文及甫私牍为廋词,历诋梁焘、刘挚"①,同样是为了发泄私愤。文及甫之父文彦博,本是元祐党人的重要人物,文及甫与新党亦无太紧密的关系,为什么提供并诬解私牍文字?《长编》是这样解释的:"及甫除都司,为刘挚论列;又挚尝论彦博不可除三省长官,故止为平章重事。及彦博致仕,及甫自权侍郎以修撰守郡,母丧除,及甫与恕书,论请补外,因为躁忿诋毁之辞。"②这就是说,文及甫因自身利益受损害,才对刘挚怀恨在心,而出此报复之举,其性质与元祐间吴处厚因仇恨蔡确而曲解蔡诗如出一辙。

"同文馆狱"立案后,"问其证验,则俱无有也"③,无法深罪已谪居岭南的刘挚、梁焘诸人;又时隔不久,梁焘卒于贬所化州,刘挚卒于贬所新州,故难以锻炼成狱。虽然,宋廷"乃下诏禁锢挚、焘子孙于岭南,勒停王岩叟、朱光庭诸子官职"④。以刘挚诸人之子孙无辜遭迫害而告终。梁焘诸子寻徙昭州居住⑤,刘挚家属令于英州居住⑥。据刘挚之子跂《谢昭雪表》,此案使其家"阖门百口,益复幽囚。御瘴疠者十丧,隶臣妾者三岁"⑦。可见迫害之深。蔡絛《国史后补·党籍篇》云:"元祐始责蔡丞相确过重,且终元

---

① 脱脱等:《宋史》卷四七一《邢恕传》,第13704页。
② 李焘:《长编》卷四九〇"绍圣四年八月丁酉"条,第11629页。
③ 李焘:《长编》卷四九〇"绍圣四年八月丁酉"条,第11628页。
④ 陈邦瞻:《宋史纪事本末》卷四四《宣仁之诬》,第434页。
⑤ 李焘:《长编》卷四九三"绍圣四年十一月丁丑"条,第11705页。
⑥ 李焘:《长编》卷四九三"绍圣四年十二月癸未"条,第11709页。
⑦ 刘跂:《谢昭雪表》,《全宋文》卷二六五九,第123册,第186页。

祐不内徙而死，及绍圣初章丞相（惇）当国，则罪元祐之臣深惨。……及邢尚书恕发文及甫书事，谓元祐大臣欲废天子者。……乃命鲁公（蔡京）及御史中丞黄履、知开封府路昌衡鞫之。"①蔡絛乃蔡京之子，故不言父在推治此案时的险恶用心。其实，"蔡京觊求执政，故治（同文馆）狱极意罗织元祐诸贤"②，及"蔡京等究治同文馆狱，卒不得要领，乃更遣（吕）升御及（董）必使岭外，谋尽杀元祐党"③。但不管如何，"同文馆狱"的炮制，盖与元祐党人以诗迫害蔡确，并借以根除新党势力的活动密切相关，即朱熹所谓"为蔡（确）报怨"，是直接仿效"车盖亭诗案"炮制的一起大冤案。

"同文馆狱"是一起由个人书信造成的颇为奇特的文字狱，它不仅表明了新旧党争的手段增多，北宋文字狱增添了新的种类——私牍案，同时昭示了对"文字"的纠劾权为非台谏广泛行使后，任何一种"文字"都有引发兴狱治罪的可能性。尤其是蔡京执政后，文网更密，文字狱更为盛行。

在蔡京执政后的诸多文字狱中，既有新党继续迫害元祐党人或新党内部纷争所致，又有文人相轻或士大夫之间争宠夺利所为。据《宋史》卷三一四《范纯仁传》，"疾革，以宣仁后诬谤未明为恨，呼诸子口占遗表，命门生李之仪次第之"④。《宋史》卷三四四《李之仪传》又云："徽宗初，提举河东常平，坐为范纯仁遗表，作行

---

① 引自李焘：《长编》卷四九八"元符元年五月辛亥"条注，第11842页。
② 陈邦瞻：《宋史纪事本末》卷四四《宣仁之诬》，第434页。
③ 李焘：《长编》卷四九四"元符元年二月丙申"条，第11754页。
④ 脱脱等：《宋史》卷三一四《范纯仁传》，第10292页。

状,编管太平。"①所指即"遗表案"。王明清《挥麈后录》卷六载:"值范忠宣公(纯仁)疾笃,口授其指,令(李之仪)作遗表。上(徽宗)读之,悲怆之余,称赏不已,欲召用之,而蔡元长(京)入相,……兴狱治遗表中语,端叔(之仪)坐除名,编管太平州。"②范纯仁是元祐党人的主要人物之一,李之仪是其门人,又与苏轼交往甚密,政治上倾向于元祐之政,其《代范忠宣公遗表》(见《姑溪居士文集》卷一二),表中有"若宣仁之诬谤未明,致保佑之忧勤不显。本权臣务快其私忿,非泰陵(哲宗)实谓之当然"③诸语,故遭权臣蔡京忌恨,兴治"遗表狱",打击李之仪。又岳珂《桯史》卷七"嘉禾篇"条:

> 张丞相商英媚事绍圣,共倡绍述,崇宁二年,遂为尚书左丞。会与蔡元长异论,中执法(御史中丞)石豫、殿中御史朱绂、余深,以风旨将劾奏之,而无以为说。或言其在元祐中,尝著《嘉禾篇》,拟司马文正(光)于周公;且为开封府推,当其薨时,代府尹为酹祭文,有褒颂功德语,因请正其罚。④

同卷又录了张商英《嘉禾篇》全文,台谏纠劾《嘉禾篇》的弹文,见《续资治通鉴长编拾补》卷二二"崇宁二年八月戊申"条。⑤熙

---

① 脱脱等:《宋史》卷三四四《李之仪传》,第10941页。
② 王明清:《挥麈后录》卷六,《全宋笔记》第57册,第167页。
③ 李之仪:《代范忠宣公遗表》,《全宋文》卷二四〇九,第111册,第231页。
④ 岳珂:《桯史》卷七"嘉禾篇"条,第81页。
⑤ 黄以周等辑注:《续资治通鉴长编拾补》卷二二"崇宁二年八月戊申"条,第764页。

宁初，章惇经制夔州，得张商英，并荐诸王安石。因御史台失出劫盗，张商英遇责，遂沉沦下僚十年。元祐初，起为开封府推官，因言熙丰新法不可改，出为河东提点刑狱、江西和淮南转运副使，逾五年不复召。《嘉禾篇》即作于元祐二年（1087）河东提点刑狱任上，以河东守臣李昭叙所得祥瑞之物嘉禾为言，谓哲宗嗣位，高太后听政，司马光辅之，嘉禾即其祥瑞之兆。其目的在于亟望擢升而非推赏"元祐更化"之政。绍圣元年（1094）四月，张商英擢右正言，便"攻元祐大臣不遗余力"①。崇宁台谏希合蔡京风旨，以《嘉禾篇》为借口，弹劾张商英，显属新党内部的相互倾轧。结案后，张商英出知亳州。又同年八月，臣僚言："通议大夫、新知亳州张商英作为谤书（即指《嘉禾篇》），肆行诬诋，固宜更加诛责，置之元祐籍中，昭示无穷之戒。及商英所撰《嘉禾篇》并《司马光祭文》等，乞下有司模印，颁示四方，益明陛下绍述先猷之意，以惩为臣之怀贰者。"②因此，次年十一月，张商英入元祐党籍，蔡京所借《元祐党人碑》，原本用于元祐旧党，及崇宁新党内部纷争，亦用于禁锢同党中的异议者，而禁锢的途径之一，则是兴治文字狱。

　　崇宁以后，士大夫动辄以"文字"获罪，难以一一列举。最后附加说明的是，在屡兴文字狱中，还出现了以"文字"杀戮文士的现象。据《挥麈后录》卷三，王寀早年入甲科，善议论，工词翰，曾以秘阁知汝州，秩满守陕，后因与门人语犯受宠于徽宗的羽流林灵素，获罪下狱。在狱中，王寀作诗赠狱吏，诗中言及刘炳（昺）。

---

① 杨仲良：《长编纪事本末》卷一三一《张商英事迹》，第2209页。
② 杨仲良：《长编纪事本末》卷一三一《张商英事迹》，第2213页。

刘炳是其内侄，与弟焕并为徽宗宠臣，开封尹盛章"思有以害其宠"，上疏"乞并治之"；旋得刘炳酬王寀"白水之年大道盛，扫除荆棘奉高真"诗句，命其子并释以进："'白水'，谓来年庚子寀举事之时；炳指寀为高真，不知何人为荆棘？将置陛下于何地？岂非所谓大逆不道乎？"疏入，王寀与门客"皆极刑，炳以官高得弗诛，削籍窜海外，焕责团练副使、黄州安置。凡王、刘亲属等第斥谪之"①。较汉代杨恽狱，这起诗案更奇特，更酷烈。当然，这是个别现象，也与政治上的朋党之争无关，但它一方面毕竟破了赵宋"不杀文士"的祖训，一方面显然是北宋党争以"文字"排击异党的特点和风气的一种延伸。

第二节　党禁与文禁：因排击异党而禁毁"文字"

政治、学术和文学三位一体的复合型主体和党同伐异的主体性格，决定了北宋党争兴治文字狱，以"文字"排击异党的特点在所难免。随着党争的不断激化，以及党同伐异的主体性格日渐膨胀，因排击政敌异党而禁毁包括学术、文学、史学等多种文化层面的"文字"，也成了一种必然现象，成了北宋党争的又一鲜明特点。

熙宁以后，新旧两党更替执政，使北宋中后期"政体屡变"，进入了周期性反复动荡的怪圈。如第二章所述，这个怪圈赖以形成的理论因素，在于君子小人之辨，和"一二大臣所学不同"所致。从当日士大夫的斗争哲学观之，即如刘挚所总结的："政在则人存，政异则人息。"②这里的"政"，既指政见政体，又包括了指导政见、

---

① 王明清：《挥麈后录》卷三，《全宋笔记》第57册，第125—127页。
② 李焘：《长编》卷四二三"元祐四年三月甲申"条，第10241页。

维护政体的学术。而一种政见政体替代另一种政见政体，关键在于人，所以必须排击持有不同的政见、维护不同政体的政敌异党。为了排击彻底，清除干净，干脆禁毁政敌异党用以指导其政见、维护其政体的学术以及与此相关的"文字"，以免藕断丝连，影响政局，甚至与政敌关系甚密者的"文字"，有时也被置入禁毁之列。绍圣以后出现的党禁与"元祐学术"之禁，便充分地证实了这一点。而开其端者乃元祐党人。元祐初，司马光"更化"集团在全力排击熙丰新党的同时，禁毁"荆公新学"之举也随之产生。

禁毁"荆公新学"，时在元祐元年（1086），肇事者为国子司业黄隐。全祖望《记荆公〈三经新义〉事》云：

> 荆公《三经新义》，至南渡而废弃。元祐时，不过曰经义兼用注疏及诸家，不得专主王氏之解，所禁者《字说》耳。独莆田黄隐作司业，竟焚其书。当时在廷诸公，不以为然，弹章屡上。案《山堂考索》所载，元祐元年十月癸丑，刘挚言："国子司业黄隐，学不足以教人，行不足以服众。故相王安石经训，视诸儒义说，得圣贤之意为多，故先帝立之于学，程式多士，而王安石晚年《字说》，溺于释典，是以近制禁学者无习而已。至其经义，盖与先儒之说并存，未尝禁也。隐猥见安石政事多已更改，妄意迎合，欲废其学；每见生员试卷引用，辄加排斥，何以劝率学校？"同时吕陶亦言："经义之说，盖无古今新旧，惟贵其当。先儒之传注，未必尽是，王氏之解，未必尽非。隐之诵记王氏新义，推尊久矣，一旦闻朝廷议科举，则语太学诸生，不可复从王氏，或引用者，类多黜降。诸生有闻安石之死，而欲设斋致奠，以伸师资之报者。隐辄忿怒，欲

绳以法，尤可鄙也。"于是上官均等，皆乞罢隐，慰公论。由此观之，元祐诸贤平心，亦已至矣。嗟呼！蔡京之欲毁《通鉴》，盖隐有以启之，韩忠献所云"鬼怪辈坏事"也。①

刘挚、吕陶、上官均三人弹劾黄隐之文，俱见《长编》卷三九〇"元祐元年十月癸丑"条。《长编》于上官均弹文后注："二年八月，黄隐乃自司业改鸿胪少卿。"②不过，刘挚、吕陶、上官均三人的弹文，虽然表现了元祐党人"已至"的"平心"，但"鬼怪辈"黄隐焚毁《三经新义》之举，并非完全属于个人的行为。南宋施宿《东坡先生年谱》"元祐四年三月"条按语曰：

> 元祐诸贤欲革弊而不思所以自善其法，欲去小人而不免于各自为党，愤嫉太深而无和平之烝，攻诋已甚而乖调复之方，同异生于爱憎，可否成于好恶，朝廷之上，议论不一，差役科场，久而不定，更易烦扰，中外厌之，故中丞李常亦论变法以来，差役之害溥加农民，科场之弊广及士子，大略可见。③

北宋科举有三次较大的改革。第一次是仁宗天圣年间，在承袭唐代进士以诗赋分等第的同时，兼以策论升降天下之士；第二次是仁宗庆历年间，进士重策论和诸科重大义；第三次是神宗熙宁年间，罢诗赋、帖经、墨义，专考策议和经义。第三次改革也是王安

---

① 引自黄宗羲撰，全祖望补修：《宋元学案》卷九八《荆公新学略》，第3253页。
② 李焘：《长编》卷三九〇"元祐元年十月是月"条，第9501页。
③ 施宿：《东坡先生年谱（下）》，李之亮笺注《苏轼文集编年笺注》附录一一，第12册，第652页。

石变法的内容之一。熙宁六年（1073）三月，实施贡举改革后的第一届考试结束后，神宗谓执政曰："今岁南省所取多知名举人，士皆趋义理之学，极为美事。"①"士皆趋义理之学"，正是庆历以来学术思潮在科举制度中的反映，也是北宋学术确立并走向繁荣的标志。为了使这一学术思潮进一步制度化、普及化，熙宁八年（1075），宋廷颁布《三经新义》，作为科场与学官的法定教科书。王安石的这一改革，在熙丰旧党中曾引起不同的反响，有的对策论和经义取士，基本持肯定态度，有的则极力加以反对，如苏轼《议学校贡举状》云："近世士大夫文章华靡者，莫如杨亿，使杨亿尚在，则忠清鲠亮之士也，岂得以华靡少之。通经学古者，莫如孙复、石介，使孙复、石介尚在，则迂阔矫诞之士也，又可施之于政事之间乎？自唐至今，以诗赋为名臣者，不可胜数，何损于天下，而必欲废之！"②所以，"元祐更化"前期，对"科场"一事，"议论不一"，"久而不定"。"礼部请置《春秋》博士，专为一经，尚书省请复诗赋与经义兼行"；而司马光则以为"神宗专用经义，论策取士，此乃复先王令典，百王不易之法，但王安石不当以一家私学，令天下学官讲解"。③然而，一方面驱逐熙丰"小人"和废除熙丰新法是司马光的既定方针；另一方面诋毁王安石新学是当时势不可遏的政治潮流，连朱服因所荐之人方素于庐州学舍讲及《三经新义》，也遭苏辙弹劾，坐降知寿州。④这也就是施宿所谓元祐诸贤"愤嫉

---

① 李焘：《长编》卷二四三"熙宁六年三月庚戌"条，第5917页。
② 苏轼：《议学校贡举状》，《苏轼文集》卷二五，第724页。
③ 脱脱等：《宋史》卷一五五《选举志一》，第3620页。"百王"，《司马光集》卷五二《起请科场札子》作"百世"，第2册，第1082—1083页。
④ 朱彧：《萍洲可谈》卷一，第117页。

太深而无和平之冇,攻讦已甚而乖调复之方,同异生于爱憎,可否成于好恶"。黄隐诋毁安石之学,焚毁《三经新义》,正是司马光集团"更化"政治,以及作用于"更化"政治的元祐党人的这种政治与文化品格的具体表现。事实上,黄隐禁毁《三经新义》,得到了"更化"政治的认可,即便是刘挚,虽然承认"王安石经训,视诸儒义说,得圣贤之意为多",但涉及"更化"科举时,却主张"《新经》《字说》之学者,一切皆在所弃之列"①;同时,自元祐四年至八年(1089—1093),还逐步废除了熙丰科举之制,"乃立经义、诗赋两科","复用祖宗法,试诗赋、论、策三题","帝(哲宗)亲政,群臣多言元祐所更学校、科举制度之非是",绍圣初,"乃诏进士罢诗赋,专习经义"。②又清蔡上翔《王荆公年谱考略》卷二四云:

> 公(王安石)自熙宁九年谢政归金陵,至元祐元年而薨,则已十年矣。而京师太学诸生闻之,犹为设斋致奠,及司业黄隐不悦,且欲毁之安石《新经》,则有吕陶起而攻之。是年,杨中立(时)亦甚攻王氏之学,见于《与吴国华书》,更阅四十年,至靖康元年,上疏追夺王(安石)爵,罢配享孔子,且欲劈毁《三经》,士子不乐,遂相与聚问《三经》有何不可,辄欲毁之?③

杨时是程门四大弟子之一,两宋之交理学的重要传人。靖康元

---

① 刘挚:《论取士并乞复贤良科疏》,《忠肃集》卷四,第93页。
② 脱脱等:《宋史》卷一五五《选举志一》,第3620—3622页。
③ 蔡上翔:《王荆公年谱考略》卷二四,詹大和等撰《王安石年谱三种》,第583页。

年（1126），其追夺王安石爵的奏文，见于《宋史》卷四二八本传，其中有云：

> 谨按（王）安石挟管、商之术，饰六艺以文奸言，变乱祖宗法度。当时司马光已言其为害见于数十年之后，今日之事，若合符契。其著为邪说以涂学者耳目，而败坏其心术者，不可缕数……①

该疏抨击王安石新学，已不局限于是否以经义取士和以王安石《三经新义》为法定教科书，更重要的是将安石之学与"变乱祖宗法度"联系起来。当然，这种联系并非牵强附会，如前文所述，王安石自释经义，争夺经典的解释权，目的首先在于为其新法寻找经典依据，为其排斥异端而实施政治和文化上的"一道德"提供思想武器，"荆公新学"成了托古改制、变更祖宗法度的重要组成部分而被实用化、功利化和政治化了。而熙丰旧党在攻击王安石新法的同时，往往与攻击王安石"新学"联系在一起。如司马光奏弹："安石首倡邪术，欲生乱阶，违法易常，轻革朝典。学非言伪，王制所诛。非曰良臣，是为民贼。而又牵合衰世，文饰奸言，徒有啬夫之辨谈，拒塞争臣之正论。"②所谓"邪术""学非言伪""文饰奸言"，也就是杨时所说的"安石挟管、商之术，饰六艺以文奸言"的"荆公新学"。因此，在司马光集团凡是新法、一切根除的"更化"政治下，"荆公新学"的被禁，不完全为了或者说不是主要为了改变

---

① 脱脱等：《宋史》卷四二八《杨时传》，第12741页。
② 司马光：《奏弹王安石表》，《司马光集》补遗卷二，第3册，第1651页。

以王安石"一家私学,令天下学官讲解"的教育与学术的专制制度,而主要为了"更化"政治。换言之,"荆公新学"既然是熙丰新法的重要组成部分,那么,禁废"荆公新学",也自然成了元祐党人废除熙丰新法的不可或缺的一环。所以,无论刘挚等人怀有多大的"平心",即便元祐元年(1086)黄隐无毁《三经新义》之举,王安石"新学"在元祐时期的遭禁,也只是个时日问题。钦宗靖康年间,宋廷废除了绍圣以后的"绍述"新法之政,并诏除元祐党籍和"元祐学术"之禁①,禁毁"荆公新学"也随之被杨时等人提上了议事日程,不久,在南渡后宋廷"最爱元祐"②的意识形态下,《三经新义》再遭禁废,同样是学术政治化和以政治干预学术的表现。

元祐党人以政治干预学术,是限制在"荆公新学"中的《三经新义》和《字说》而没有扩大化,绍圣以后,新党为了"绍述"王安石新法,恢复了"荆公新学"的政治地位,并在全面排击和驱逐元祐党人,以及实施元祐党禁的同时,出现了全面禁毁"元祐学术"的局面,造成了继秦始皇焚书坑儒以来的又一次人为的文化大劫难。葛立方《韵语阳秋》卷五云:

> 绍圣初,以诗赋为元祐学术,复罢之。政和中,遂著于令,士庶传习诗赋者,杖一百。畏谨者至不敢作诗。③

周密《齐东野语》卷一六"诗道否泰"条也指出:"诗为元祐学

---

① 诏书见脱脱等:《宋史》卷二三《钦宗纪》,第424页。
② 李心传:《建炎以来系年要录》卷七九,第1289页。
③ 葛立方:《韵语阳秋》卷五,何文焕辑《历代诗话》,第524页。

术。"又云：政和中，御史中丞李彦章"上章论渊明、李（白）、杜（甫）以下皆贬之，因诋黄（庭坚）、张（耒）、晁（补之）、秦（观）等，请为禁科。何清源至修入令式，诸士庶习诗赋者，杖一百。闻喜（宴），例赐诗，自何文缜后，遂易为诏书训戒"。①均明言诗赋为"元祐学术"。变诗赋取士为经义取士，是王安石变法改制的内容之一，"元祐更化"，尽废新法，重新恢复了以诗赋取士的内容。故新党复起后，"以诗赋为元祐学术，复罢之"，至徽宗朝，又累及古人诗歌。但从下列材料中，可见不唯诗赋为"元祐学术"，元祐党人的文集包括诗论、史论著述亦含其中：

> 崇宁元年十二月，诏："诸说诐行非先圣人之书，并元祐学术政事，不得教授学生，犯者屏出。"②
>
> 崇宁二年四月，诏："焚毁苏轼《东坡集》并《后集》印板。"诏"三苏（洵、轼、辙）集及苏门学士黄庭坚、张耒、晁补之、秦观及马涓文集、范祖禹《唐鉴》、范镇《东斋记事》、刘攽《诗话》、僧文莹《湘山野录》等印板，悉行焚毁"。诏："程颐，追毁出身以来文字，除名。其入山所著书，令本路监司常切觉察。"③
>
> 崇宁二年十月，诏："以元祐学术政事聚徒传授者，委监司举察，必罚无赦。"④

---

① 周密：《齐东野语》卷一六"诗道否泰"条，第292—293页。
② 黄以周等辑注：《续资治通鉴长编拾补》卷二〇"崇宁元年十二月丁丑"条，第725页。
③ 黄以周等辑注：《续资治通鉴长编拾补》卷二一"崇宁二年四月丁巳""崇宁二年四月乙亥""崇宁二年四月戊寅"条，第739、741、742页。
④ 毕沅：《续资治通鉴》卷八八"崇宁二年十一月庚辰"条，第2261页。

此为崇宁"元祐学术"之禁。二十年后,"元祐学术"再次罹祸。宣和五年(1123)七月,诏:"毁苏轼、司马光文集板,已后举人习元祐学术者,以违诏论。明年,又申禁之"①。这次诏毁苏轼、司马光文集的原因,在于"福建印造苏轼、司马光文集"②。所谓"明年,又申禁之",即指宣和六年(1124)十月庚午之诏。《宋史》卷二二《徽宗纪》录此诏云:"有收藏习用苏、黄之文者,并令焚毁,犯者以大不恭论。"③《续资治通鉴长编拾补》卷四七"宣和五年七月己未"条引《九朝编年备要》云:"朕自初服,废元祐学术,比岁至复尊事苏轼、黄庭坚;轼、庭坚获罪宗庙,义不戴天,片纸只字,并令焚毁勿存,违者以大不恭论。"④这次禁毁的书目,主要是苏轼、司马光和黄庭坚三家,因为民间违背了崇宁禁令而收藏或印造三家文集,故有此禁。

由上可知,崇宁与宣和所禁,均在于"元祐学术"和"元祐政事"。所谓"元祐政事",就是指元祐时期旧党之政治。而崇宁新党在禁"元祐学术"中,既明显具有因人废书的倾向,又与禁"元祐政事"不无内在联系。

因人废书又包括了两种情况:一是作者为旧党人员而其书无涉"元祐学术"或"元祐政事",如刘攽《诗话》(即《中山诗话》)。

---

① 黄以周等辑注:《续资治通鉴长编拾补》卷四七"宣和五年七月己未"条引《续宋编年资治通鉴》,第1455页。
② 黄以周等辑注:《续资治通鉴长编拾补》卷四七"宣和五年七月己未"条引《续宋编年资治通鉴》,第1455—1456页。
③ 脱脱等:《宋史》卷二二《徽宗纪》,第414页。
④ 黄以周等辑注:《续资治通鉴长编拾补》卷四七"宣和五年七月己未"条引《九朝编年备要》,第1456页。

在北宋所禁书目中，时人诗话唯刘颁一家。从现存的《中山诗话》观之，其中并没有记录作者或时人反对新法的言论。该书被禁是因为刘攽属于旧党人员。熙宁三年（1070）二月，刘攽致书王安石云："介甫为政，不能使民家给人足，无称贷之患，而特开设称贷之法，以为有益于民，不亦可羞哉？甚非圣人之意也。"①其反对新法之意甚明。熙丰间，刘攽与苏轼有交往，两人诗词唱和亦颇多。苏轼入御史台，李定、舒亶等人即曾以苏轼《和刘攽韵》一诗为证，宋人朋九万《东坡乌台诗案》记此甚详。东坡此案发后，受牵连者近三十人，刘攽即其中之一。又司马光主持修《资治通鉴》，辟刘攽为属官，使之专掌汉史。正因为以上原因，在崇宁禁书中，《中山诗话》难逃其劫。二是作者既非元祐党人，其书亦无涉新法，只是作者与元祐党人有关系。苏洵《嘉祐集》的被禁，就是个显例。苏洵是元祐党人苏轼之父。按：南宋后，传苏洵作有攻讦王安石的《辨奸论》，但《辨奸论》是否出于苏洵之手，争论不一，笔者倾向于《辨奸论》非苏洵所作。苏洵卒于治平三年（1066），此时王安石尚未致显，故无以作此文攻讦王安石的动机。若苏洵作此文，绍圣、崇宁新党定会检勘不已，甚者入于党籍，然宋人史籍、笔记均无此记载。南宋尤其是高宗、孝宗两朝的意识形态，是"最爱元祐"而反对王安石变法的，所以，《辨奸论》极有可能为此时士人托名所撰。《嘉祐集》的被毁，当受元祐党人牵连所致。文同家人窜改文同《丹渊集》中出现的苏轼姓字，亦可佐证这一点。南宋家诚之《丹渊集拾遗跋》云：

---

① 刘攽：《与王介甫书》，《全宋文》卷一四九七，第69册，第81页。

间有诗与坡（苏轼）往还者，辄易其姓字，如杭州凤咮堂，坡所作也，则易以胡侯（指《丹渊集》卷一〇《寄题杭州胡学士官居诗四首》，首句为"胡侯外补来钱塘"）。诗中凡及子瞻者，率以子平易之。盖当时党祸未解，故其家从而窜易，斯文厄至于如此，可胜叹哉！①

文同字与可，苏轼表兄，仁宗皇祐元年（1049）进士，神宗熙宁三年（1070）召知太常礼院，元丰二年（1079）卒于赴任湖州途中。文同以画竹饮誉当时，有"竹派"之称，在政治上颇为谨慎，对苏轼以诗批评王安石新法，不以为然，当苏轼通判杭州时，还以"北客若来休问事，西湖虽好莫吟诗"相诫。②但文同与苏轼是表兄弟，在禁"元祐学术"中，其家人深恐因此遭祸，改去集中出现的苏轼姓字。这既体现了与元祐党人有亲缘关系者的畏祸心理，又说明了《嘉祐集》的被毁在必然之中。不唯如此，在因人废书中，与元祐党人相交甚厚者的"文字"，亦难逃厄运。僧文莹《湘山野录》的被禁，即其一例。学者多以为《湘山野录》遇禁，是因为书中或记北宋前期君臣德行美政，或录当时阴暗衰朽之事，但该书被毁的一个最直接的原因，当在于作者与元祐党人过从甚密。文莹虽为僧人，然多与达官贵人如丁谓、欧阳修等人交往；同时又与旧党中人相知甚深。郑獬、刘挚，都为文莹集作过序，尤其是曾执"元祐更化"之牛耳的宰相刘挚与文莹"相与周旋二十年之间"③，又时相

---

① 家诚之：《丹渊集拾遗跋》，《全宋文》卷六六四五，第292册，第145—146页。
② 叶梦得：《石林诗话》卷中，何文焕辑《历代诗话》，第417页。
③ 刘挚：《文莹师集序》，《忠肃集》卷一〇，第213页。

唱和。刘挚《代书寄文莹道人》诗云："二十年间四相遇,童颠疏鬓霜各增。寒斋笑语极微妙,共以身世均鹍鹏。"①两人相得之乐,溢于言表。文莹文祸,当与此有关。刘挚亦有文集传世,名《忠肃集》,凡四十卷,《四库全书》录之。卷首有刘安世序,序谓："宣和四年七月六日,宣教郎、知开封府临河县丞刘跂(刘挚之子)寓书于元城刘安世,曰:先人平生为文,方弃诸孤,仅存一箧,类次之已成编集。"②由此可知,《忠肃集》至宣和六年(1124)尚未付诸印板,否则,必在焚毁之列。

因人废书的倾向表明,崇宁新党已将元祐党人以政治干预学术的文化之禁扩大化,是肆意践踏文化的表现之一。而在崇宁所禁书目中,有的则与"元祐政事"有着内在的联系。苏轼、苏辙是"元祐学术"中蜀学的代表。蜀学以儒为本而参之以纵横,庞杂多端而以经世致用为首要,但与王安石新学多有龃龉。熙丰期间,二苏反对新法,抨击新党,其学有以致之;"元祐更化"期间,其经世之主张与观点,则多形诸诗文、奏章。故蔡京执政后,"专尚王氏之学,凡苏氏之学,悉以为邪说而禁之"③,并毁其文集印板。又《长编》卷四八五"绍圣四年四月乙未"条载:

> (陈)瓘为太学博士。薛昂、林自之徒为正录,皆蔡卞之党也,竞推尊安石而挤元祐,禁戒士人不得习元祐学术。下方议毁《资治通鉴》板,瓘闻之,用策士题,特引序文(指《资治通鉴》神宗序),以明神考有训。于是林自骇异,而谓瓘曰:

---

① 刘挚:《代书寄文莹道人》,《忠肃集》卷一六,第348页。
② 刘安世:《忠肃集序》,刘挚《忠肃集》附录三,第666页。
③ 汪藻:《靖康要录》卷五"靖康元年五月五日"记事,第12b页。

"此岂神考亲制耶？"瓘曰："谁言其非也？"又曰："神考少年之文尔。"瓘曰："圣人之学，根于天性，有始有卒。岂有少长之异乎？"林自辞屈愧歉，遽以告卞。乃密令学中置板高阁，不复敢议毁矣。瓘又尝为别试主文，林自复谓蔡卞曰："闻陈瓘欲尽取史学而黜通经之士，意欲沮坏国事而动摇吾荆公之学。"卞既积怒，谋将因此害瓘而遂禁绝史学。①

唯赖神宗赐序，《资治通鉴》才免毁板之劫。据上所载，蔡卞议毁《资治通鉴》印板，是因为陈瓘"欲尽取史学而黜通经之士，意欲沮坏国事（指"绍述""新法"之政）而动摇吾荆公之学"。但在"绍述"期间，《资治通鉴》一直被视作"元祐学术"而束之高阁，却与该书本身有关。《资治通鉴》始撰于治平间，成于元丰七年（1084），历时十九年之久。司马光在主持编修这部史学巨著时，继承了中国史学经世致用的传统，把历史与现实紧密结合起来，表现出强烈的以史资治的政治意识。其《乞令校定〈资治通鉴〉所写〈稽古录〉札子》云："臣闻史者，今之所以知古，后之所以知先，是故人主不可以不观史。善者可以为法，不善者可以为戒。自古生民以来，帝王之盛者，无如尧舜，《书》称其德，皆曰'稽古'，然则治天下者，安可以不师古哉！"②将"师古"与治天下联系起来，强调"师古"的现实意义，表明了《资治通鉴》的编撰动机，是给现实政治赋予历史依据，把历史作为现实政治的参照系。司马光在《资治通鉴》中，对史料的选择排比，尤其是以儒学为指导思想的

---

① 李焘：《长编》卷四八五"绍圣四年四月乙未"条，第11531页。
② 司马光：《乞令校定〈资治通鉴〉所写〈稽古录〉札子》，《司马光集》卷五一，第2册，第1077页。

大谈名分纲纪的史论，目的就是通过对历史的评价，以重建现实政治的秩序，而司马光面临的却是政见相左、各不相能的朋党政治。所以现实中的朋党之争时而作用于他对史料的取舍和对历史的评论，或者说在对史料的取舍和对历史的评论中，常常隐含其反对王安石变法的态度。熙宁二年（1069）十一月，他在讲筵宣读《资治通鉴·汉纪》中，萧规曹随以及惠、文、武、宣、元诸帝治世之史，便是直接用于反对新法的一个显例（详见第二章）。又《资治通鉴》卷一威烈王二十三年追述智伯之亡的过程后论曰：

> 臣光曰：智伯之亡也，才胜德也。……是故才德全尽谓之"圣人"，才德兼亡谓之"愚人"；德胜才谓之"君子"，才胜德谓之"小人"。凡取人之术，苟不得圣人、君子而与之，与其得小人，不若得愚人。何则？君子挟才以为善，小人挟才以为恶。挟才以为善者，善无不至矣；挟才以为恶者，恶亦无不至矣。愚者虽欲为不善，智不能周，力不能胜，譬如乳狗搏人，人得而制之。小人智足以遂其奸，勇足以决其暴，是虎而翼者也，其为害岂不多哉！①

这段通过对智伯灭亡原因进行评论的文字中，所体现的司马光的历史观和价值观，是贯穿《资治通鉴》全书的基本观点之一。其所谓德，也就是善。司马光说："见利则欲为恶，顾义则欲为善。"②利为恶之源，义为善之本。故其区分君子、小人、圣人、愚

---

① 司马光：《资治通鉴》卷一，第14—15页。
② 扬雄撰，司马光集注：《太玄集注》卷一，第5页。

人四大群体的标准,依然是儒家的伦理标准,依然是"儒者第一义"义利之说。暂且不论作为儒家完美道德的化身,圣人在现实生活中究竟有多少,司马光的这一善与恶、愚与智之论,以及"与其得小人,不若得愚人"之说,实有感于熙丰党争而发。司马光批评王安石是"聚文章之士及晓财利之人,使之讲利","各斗智巧,以变更祖宗旧法"①的小人,就是这里所谓的"小人智足以遂其奸"。其门生刘安世指出:"金陵(王安石)……后来为执政,与老先生(司马光)论议不合耳。老先生尝谓金陵曰:'介甫行新法,乃引用一副当小人,或在清要,或在监司,何也?'介甫曰:'方法行之初,旧时人不肯向前,因用一切有才力者,候法行已成,即逐之,却用老成者守之,所谓智者之行,仁者守之。'老先生曰:'介甫误矣,君子难进易退,小人反是;若小人得路,岂可去也。'"②"旧时人不肯向前",就是指以司马光为首的"老成者"不肯合作;不肯合作的原因之一,在于新法言财讲利;故王安石引用才、智之人以变法而遭司马光等"老成者"的反对和指责。司马光的反对和指责,显然基于在现实政治斗争作用下形成的"小人挟才以为恶","智足以遂其奸","其为害岂不多哉"的历史观;而其回答王安石"君子难进易退,小人反是"云云,就是"与其得小人,不若得愚人"的意思。又在评论唐文宗患朋党难去一事时,司马光云:"君子小人……犹冰炭之不可同器而处",如果君主"明不能烛,强不能断;邪正并进,毁誉交至;取舍不在于己,威福潜移于人,于是谗慝得志而朋党之议兴矣"③。这同样有感于熙丰党争而发。司马

---

① 司马光:《与王介甫书》,《司马光集》卷六〇,第2册,第1256—1257页。
② 马永卿编,王崇庆解:《元城语录解》卷上,第10b—11a页。
③ 司马光:《资治通鉴》卷二四五,第7899—7900页。

光曾弹劾王安石"朋党鳞集,亲旧星攒,或备近畿,或居重任,窥伺神器,专制福威,人心动摇,天下惊骇,……臣之与安石,犹冰炭之不可共器。"①又熙宁三年(1070)四月,"司马光读《资治通鉴》张释之论啬夫利口,光曰:'孔子曰:"恶利口之覆邦家者。"利口何至覆邦家?盖其人能以是为非,以非为是,以贤为不肖,以不肖为贤。……则邦家之覆,诚不难矣。'时吕惠卿在坐,光所论,专指惠卿也"②,则直截了当地用以抨击政敌了。因此,在绍圣以后的"绍述"中,《资治通鉴》成为"元祐学术"的一部分而遭禁,不仅因为司马光是"元祐政事"的发起人,而且还在于包含其中的反对王安石变法的态度;而司马光反对王安石变法并发起和主持"元祐更化",则与其集中体现在《资治通鉴》中以史资治的经世之学不无关系,不妨说,在一定程度上,它是司马光反对王安石变法的理论依据。范祖禹《唐鉴》被毁的最终根源亦在于此。范祖禹,范镇从孙,为元祐党人,司马光修《资治通鉴》,辟范祖禹同编修。《唐鉴序》云:"(祖禹)分职唐史,……采唐得失之迹、善恶之效,上起高祖,下终昭宣,凡三百六篇,为十二卷,名曰《唐鉴》。"③《唐鉴》于元祐元年(1086)成书。其中所陈事实,所发议论,虽没有直接涉及新法,但与《资治通鉴》一样体现了以史治世的学术思想和政治意识,所以也成了绍圣以后"遂禁史学"的对象之一。

从元祐党人因更张新法、排击新党而禁毁"荆公新学",到绍圣以后新党因"绍述"新法、排击元祐党人而全面禁毁"元祐学

---

① 司马光:《秦弹王安石表》,《司马光集》补遗卷二,第3册,第1651页。
② 李焘:《长编》卷二一〇"熙宁三年四月丁亥"条,第5115页。
③ 范祖禹:《唐鉴序》,《全宋文》卷二一四五,第98册,第256页。

术",包含了多个层面的文化际遇不断被践踏,甚至被毁的命运。这与在党同伐异中兴治文字狱,以"文字"排击政敌一样,不是某一个人的行为,也不是哪一党派故意为之。无论是新党文人还是旧党文人,他们都是在"以儒立国""重文轻武"的国策下,走上政治舞台的新一代儒者,是振兴儒学、创建北宋学术的主要力量;而无论是元祐禁毁《三经新义》,还是绍圣以后实行的"元祐学术"之禁,都是以政治干预学术的产物,亦是学术的政治化所致。北宋儒学在托古改制与援古反改制引起的党争中得到了发展,也在党争中过于实用化、政治化而失去了应有的超越精神。超越精神就是科学精神,或者说科学是文化特显其超越精神的关键所在。科学离不开实践,但它是在实践基础上的理性升华;科学不能脱离实用,却不能与实用和功利画等号,"为真理而真理",才是科学的生命。它能使人在不忽视实用与功利的同时,又能超越实用与功利的限制,进入一个周全而清澈的理性世界。文化一旦政治化,为政治功利所同化,必将导致其超越精神的失落。北宋儒者振兴儒学,在理论上取得了超越前古的成就,在主体上光大了儒学强调的经世致用、舍我其谁的精神,但由于过分偏重与政治相结合,成为党争的理论依据,甚至渗透到了党派之间的权力之争中,使之在很大程度上失去了科学精神,也自然剥蚀了文化主体在经世致用中的理性世界,自我封闭,相互轻视,喜同恶异,党同伐异,陷于不能超拔的境地,导致了学术的全面之禁。换言之,北宋的经世之学,既然成为新旧两党进行政争、相互排击的理论依据,那么在新旧两党更迭执政,使"政体屡变"的过程中,必遭践踏。因此,不妨说在朋党之争中,北宋儒者既以饱满的热情发展了儒家学术,又为其中的非理性成分所驱使自我践踏了文化,阻碍了文化的健全发展。

第五章

北宋党争与文人的分野

明胡应麟《诗薮》杂编卷五,指出"宋世人才之盛,亡出庆历、熙宁间,大都尽入欧、苏、王三氏门下",而"鲁直自为江西初祖",并罗列了分别与欧阳修、苏轼、王安石结友和入"三氏门下"的作家名单:"韩稚圭、宋子京、范希文、石曼卿、梅圣俞、蔡君谟、苏明允、余希古、刘原父、丁元珍、谢伯初、孙巨源、郑毅夫、江邻几、苏才翁、子美等,皆永叔友也。王岐公、王文公、曾子固、苏子瞻、子由、王深父、容季子直、李清臣、方子通等,皆六一徒也。王平甫、王晋卿、米元章、张子野、滕元发、刘季孙、文与可、陈述古、徐仲车、张安道、刘道原、李公择、李端叔、苏子容、晁君成、孔毅父、杨次公、蒋颖叔等,皆与子瞻善者。黄鲁直、秦少游、陈无己、晁无咎、张文潜、唐子西、李芳叔、赵德麟、秦少章、毛泽民、苏养直、邢惇夫、晁以道、晁之道、李文叔、晁伯宇、马子才、廖明略、王定国、王子立、潘大观、潘邠老、姜君弼,皆从东坡游者。荆国所交,则刘贡父、王申父、俞清老、秀老、杨公济、袁世弼、王仲至、宋次道、方子通。门士则郭功父、王逢原、蔡天启、贺方回、龙太初、刘巨济。叶致远二弟一子，俱才隽知名，妻吴国及妹、诸女，悉能诗，古未有也。"①这一概括虽不尽恰当，但总结了庆历以后文人群的基本情况。

从汉魏之际的"建安七子"到中唐的韩愈与"韩门弟子"，以文酒诗会或师弟传承为纽带的文人群体，屡有所见。至北宋，士大夫在文坛结盟的现象则日趋突出，并形成了有别于以往的"系列性"、"文学性"和"自觉性"三大特征。②然而，随着党争的展开，给宋初以来具有这三大特征的文人群体深深打上了党派的烙印，尤其是熙宁以后分别以王安石、苏轼为中心的两大文人群，在新旧党争中都具有不同的政治倾向，不少还直接分属于新旧两党。在政治上彼此对立，相互分野，具有了鲜明的政治性质。以黄庭坚为"初祖"的"江西诗派"同样既折射出浓烈的党争色彩，又明显地标志了文人的政治分野。其实，这是北宋文人士大夫的复合型主体在党争实践中的必然结果，也是北宋党争与文学发生联系的一个重要层面。

第一节　王安石与新党文人群

新党是王安石变法的产物。熙宁二年（1069），王安石除参知政事，设立制置三司条例司，"掌经画邦计，议变旧法，以通天下之利"③。由于朝中大臣都反对新法，王安石即从中下层官吏中荐

---

① 胡应麟：《诗薮》杂编卷五，第311—312页。
② 王水照：《北宋的文学结盟与尚"统"的社会思潮》，《王水照自选集》，第105—111页。
③ 陈邦瞻：《宋史纪事本末》卷三七《王安石变法》，第327页。

拔有才干的人担任政府机关的要职，以制定和推行新法。二月，荐吕惠卿为条例司检详文字；九月，擢曾布为检正中书五房公事；十一月，命韩绛制置三司条例；次年四月，又擢李定为监察御史里行、谢景温为侍御史知杂事。为此遭到反变法派的攻击，指为党人。熙宁三年（1070）四月，监察御史里行张戬劾奏"（韩）绛左右徇从安石，与为死党"①。八月，司马光入对，言青苗法"天下知其非，独安石之党以为是"②。熙宁五年（1072）八月，同知谏院唐坰极论王安石党人："安石专作威福，曾布表里擅权……元绛、薛向、陈绎，安石颐指气使，无异家奴；张璪、李定为安石爪牙，张商英乃安石鹰犬。"③由此可见，新党文人群首先是作为反对王安石变法的旧党的对立面出现在政治舞台上的。

　　熙宁八年（1075）初，王安石复相，与参知政事吕惠卿交恶，门生故旧，各就一方。因此在新党内部，又有"王党"与"吕党"之说。所谓"吕党"，蔡承禧谓"章惇、李定、徐禧之徒，皆为死党，曾旼、刘泾、叶唐懿、周常、徐申之徒，又为奔走"④。元祐四年（1089）五月，梁焘又开具王安石亲党三十人，蔡确亲党四十七人名单，并榜诸朝堂（详见第四章第一节），这表明，新党虽是王安石变法的产物，但在不同时期的内涵有所不同。熙宁变法初期，专指王安石之党；王安石与吕惠卿交恶后，又有"王党""吕党"之说；元丰年间，又有蔡确亲党之说；绍圣以后，章惇、曾布、蔡卞、蔡京之间又互相倾轧，各自为党。这些统称为新党。就

---

① 毕沅：《续资治通鉴》卷六七"熙宁三年四月壬午"条，第1678页。
② 毕沅：《续资治通鉴》卷六八"熙宁三年八月乙丑"条，第1685—1686页。
③ 毕沅：《续资治通鉴》卷六九"熙宁五年八月辛丑"条，第1729页。
④ 毕沅：《续资治通鉴》卷七一"熙宁八年十月庚寅"条，第1780页。

推行新法而言,无论是熙丰年间吕惠卿、蔡确执政,"守其成规",还是绍圣以后章惇、曾布、蔡卞、蔡京登台,倡导"绍述",都与王安石富国强兵的变法本意有所背离。

在长达半个世纪之久的新旧党争中,新党不是一个稳定的政治集团。随着新旧党争与新党内部矛盾的激化,新党人物的态度有所变化,一些人或出或入,或同或异,或敌或友,呈现出复杂的情况。但从总的政治倾向而言,新党却始终是与旧党相对立的北宋政治文人与党争群体。同时,这个以王安石及其门生故吏为主干的群体,又明显有区域性和裙带化的特征。

钱穆先生指出:王安石"新法之招人反对,根本上似乎还含有一个新旧思想的冲突。所谓新旧思想之冲突,亦可说是两种态度之冲突。此两种态度,隐约表现在南北地域的区分上。新党大率多南方人,反对派则大率是北方人"[①]。尤其是不同时期的新党党魁,几乎都来自东南地区。王安石来自江西临川,曾布来自江西南丰,陈升之来自福建建阳,吕惠卿来自福建晋江,章惇来自福建浦城,蔡确来自福建晋江,蔡卞、蔡京兄弟来自福建仙游。不唯如此,在新党文人中,相互之间多亲故关系。熙宁三年(1070),谢景温入台谏重地,司马光奏云:王安石"以姻家谢景温为鹰犬"[②]。熙宁四年(1071),杨绘弹劾曾布"不次拔用"时云:"其缘王安石姻家而进",并指责王安石"亲故则用",以塞贤道。[③]王安石还将子、婿亲故引入舆论机构,如荐举先为妹婿、后为侄婿的朱明之为崇政殿说书,与子王雱、婿蔡卞、妹婿沈括、侄婿叶涛、门生曾布弟曾

----

① 钱穆:《国史大纲》,第581页。
② 李焘:《长编》卷二一四"熙宁三年八月乙丑"条,第5202页。
③ 李焘:《长编》卷二二五"熙宁四年七月丁酉"条,第5481页。

肇、陆佃、龚原等人"夜在介斋，授口义，旦至学讲之"[①]，与王雱、蔡卞、沈括共撰《三经新义》，为变法提供理论依据。因此，不妨说，作为王安石变法的产物，新党主要是由乡党亲故组成的一个政治群体。

在这个政治群体中，大部分同时以文学为立身之业，并不乏文坛作手，其中著名的有王安石、王安礼、王雱、吕惠卿、曾布、曾肇、舒亶、陆佃、李定、沈括、蔡确、章惇、龚原、李清臣、彭汝砺、韩绛、蒋之奇、蔡卞、林希、邓润甫、蒲宗孟、安焘等人；而王安石与曾布二家，则又堪称文学世家。据尤袤《遂初堂书目》、陈振孙《直斋书录解题》、晁公武《郡斋读书志》、马端临《文献通考·经籍考》、焦竑《国史经籍志》和《宋史·艺文志》等公私书目，新党中不少撰有专集，其中主要有：王安石《临川集》一百卷；王安礼《王魏公集》二十卷；吕惠卿文集一百卷（孙觌《庆鸿居士集》卷三〇题作《东平集》）、奏议一百七十卷；曾布集三十卷；章惇《内制集》；沈括《长兴集》四十一卷；陆佃《陶山集》二十卷；元绛《玉堂集》二十卷、《玉堂诗》十卷；王雱《元泽先生文集》三十六卷（《国史经籍志》作三十四卷）；舒亶文集一百卷；龚原文集七十卷；彭汝砺《鄱阳集》四十卷；李清臣文集一百卷（《直斋书录解题》作八十卷，集名《淇水集》）、奏议三十卷；张商英文集一百卷；蒲宗孟文集七十卷；安焘文集四十卷；蔡肇文集三十卷、诗三卷；曾肇文集四十卷（《直斋书录解题》题作《曲阜集》）、奏议十二卷、《西垣集》十二卷、《庚辰外制集》三卷、《内制集》五卷；吴居厚文集一百卷；韩绛文集五十卷、《内外制

[①] 李焘：《长编》卷二二六"熙宁四年八月己卯"条注引林希《野史》，第5509页。

集》十三卷、奏议三十卷；邓绾《治平文集》三十卷、《翰林制集》十卷、《西垣制集》三卷、奏议二十卷、杂文诗赋五十卷；蒋之奇《荆溪前后集》八十九卷、别集九卷、《北扉集》九卷、《西枢集》四卷、《厄言集》五卷、《刍言》五十篇。凡二十二家。其中王安石一家保存完整，王安礼、舒亶、陆佃、沈括、彭汝砺、曾肇六家颇多散佚，其余十五家均已失传，零星篇章，今被收入《全宋诗》《全宋文》《全宋词》中。

由此可见，新党既是王安石变法的产物，是个政治集团，又是在王安石变法导致文人政治分野下的一个文人群体，具有明显的文学性。因而其文学创作也遭南渡后持不同政见者的否定。胡应麟《诗薮》杂编卷五指出："李定、舒亶，世知其为凶狡亡赖（主要指炮制"乌台诗案"），而不知其皆留意文学者。"[①]不仅李定、舒亶，除王安石外，其他新党文人的文学业绩也都沉没不彰，所以给后人造成一种错觉，新党文人主要是政治人物，且"凶狡亡赖"，多奸佞小人，不擅长文学。产生这种错觉的原因，除了新党文集大多散佚外，还在于受南渡以后对新党政治的全盘否定，以及由此引起的以人废言的影响。而以人废言的根源，则在于文人政治分野下文学批评的党争化。

文学批评的党争化，是文人政治分野的一个标志，也是北宋党争影响文学的层面之一。以诗文作为排击政敌异党的"罪证"，立案勘治，屡兴文字狱，以及绍圣以后禁毁元祐党人的诗文便是这个标志和层面的突出表现，又朱弁《风月堂诗话》卷下：

[①] 胡应麟：《诗薮》杂编卷五，第315页。

太学生虽以治经答义为能，其间甚有可与言诗者。一日，同舍生诵介甫《明妃曲》，至"汉恩自浅胡自深，人生乐在相知心。君不见咫尺长门闭阿娇，人生失意无南北"。咏其语，称工。有木抱一者，艳然不悦，曰："诗可以兴，可以怨。虽以讽刺为主，然不失其正者，乃可贵也。若如此诗用意，则李陵偷生异域不为犯名教，汉武诛其家为滥刑矣。当介甫赋诗时，温国文正公见而恶之，为别赋二篇，其词严，其义正，盖矫其失也。诸君盍不取而读之乎？"众虽心服其论，而莫敢有和之者。①

郭绍虞先生云："此则就民族气节言，木抱一之说不为无理，但非封建卫道者所得借口。大抵在道学既盛之后，自宜有本风教以论诗者，彼木抱一者，不过不事著作耳。"②朱弁于建炎二年（1128）使金通问，被拘，绍兴十三年（1143）始归，《风月堂诗话》"乃在金时作，而其所论则犹是在宋时谈论之所得也"③，但此时二程道学尚未盛行。王安石《明妃曲》二首作于嘉祐中，当时司马光及欧阳修、刘敞等均叹服其工，竞作和篇，不是因"恶之"而"为别赋二篇"，木抱一所论，显然是党争扭曲文学批评的具体表现。据《道山清话》，吕惠卿曾与神宗论司马光《明妃曲》"宫门铜环双兽面，回首何时复来见？自嗟不若住巫山，布袖蒿簪嫁乡县"诸句，神宗以为"甚佳"，"读之使人怆然"，吕惠卿却说"不无深

---

① 朱弁：《风月堂诗话》卷下，第111页。
② 郭绍虞：《宋诗话考》，第65—66页。
③ 郭绍虞：《宋诗话考》，第49页。

意",但当神宗问"有甚深意"时,记载就中断了。①联系司马光极力劝说神宗停止变法而未成,最后退闲洛阳的事实,便不难看出吕惠卿所谓的"深意"。可以说,这是在新旧党争中较早地以党派之见批评文学的例子。随着党争的渐趋尖锐,此风渐盛,甚至形诸诗话。朱弁使金,被扣不屈,体现了民族气节,在金所作《风月堂诗话》,以实录的手法,记载木抱一褒司马光而抑王安石的诗论,固然寄寓了自己的民族意识,但在政治态度上却折射出"党元祐而抑熙丰"的党争色彩。这在南渡以后其他"党元祐而抑熙丰"的文学批评中,表现得更为淋漓尽致。李壁注王安石《明妃曲》云:

> 范冲对高宗尝云:"臣尝于言语文字之间,得安石之心,然不敢与人言。且如诗人多作《明妃曲》,以失身胡虏为无穷之恨,读之者至于悲怆感伤。"安石为《明妃曲》,则曰:'汉恩自浅胡自深,人生乐在相知心。'然则刘豫不是罪过,汉恩浅而虏恩深也。今之背君父之恩,投拜而为盗贼者,皆合于安石之意。此所谓坏天下人心术。孟子曰:'无父无君,是禽兽也。'以胡虏有恩而遂忘君父,非禽兽而何?"公语意固非,然诗人务一时为新奇,求出前人所未道,而不知其言之失也,然范公傅致亦深矣。②

范冲是元祐党人范祖禹之子,在高宗面前曾赞扬元祐史官"止是尽书王安石过失,以明非神宗之意"的《神宗实录》的编修宗

---

① 亦见蒋一葵:《尧山堂外纪》卷四七,第754页。
② 李壁注见《王安石诗笺注》卷六,第217页;李心传:《建炎以来系年要录》卷七九"绍兴四年八月戊寅"条亦载范冲此论,第1290页。

旨；绍兴四年（1134）五月，范冲参与《神宗实录》的再次删修时，又主张"惟是直书安石之罪，则神宗成功圣德，焕然明白"①。南渡以后的这种被党争扭曲的文学与史学批评，基于高宗"最爱元祐"②的政治倾向。因此，元祐学术和文学成为显学，苏轼诗文更是风行海内，高宗又亲自为其文集制词："不可夺者崶然之节，莫之致者自然之名。经纶不究于生前，议论常公于身后。人传元祐之学，家有眉山之书。"③罗大经《鹤林玉露》甲编卷二"二苏"条又云："孝宗最重大苏之文，御制序赞，特赠太师，学者翕然诵读。所谓人传元祐之学，家有眉山之书，盖纪实也。"④在这种风气下，一方面王安石被视为靖康之乱的罪魁祸首，整个新党政治被全盘否定，另一方面，新党文人的文学创作也遭攻评和否定。南宋后期，真德秀认为吕惠卿、林希、蔡确等新党人物"大非端士，笔头虽写得数句诗，所谓本心不正，脉理皆邪，读之将恐染神乱志，非徒无益"⑤，此与范冲论王安石诗一脉相承，是典型的以人废言，也是党争造成的文人政治分野影响文学批评的一个显例。

当然，除上述外，在两宋笔记、诗话和选本中，也不乏首肯王安石与新党文人群的文学创作的批评。在这些批评中，有的也折射出党争色彩，魏泰《临汉隐居诗话》、叶梦得《石林诗话》则明显具有"党熙宁而抑元祐"⑥的倾向。

---

① 李心传：《建炎以来系年要录》卷七九"绍兴四年八月戊寅"条，第1289页。
② 李心传：《建炎以来系年要录》卷七九"绍兴四年八月戊寅"条，第1289页。
③ 苏轼撰，郎晔选注：《经进东坡文集事略》卷首。
④ 罗大经：《鹤林玉露》甲编卷二"二苏"条，第33页。
⑤ 罗大经：《鹤林玉露》乙编卷四"文章邪正"条，第193—194页。
⑥ 永瑢等撰：《四库全书总目》卷一九五，《临汉隐居诗话》提要，第1782页。

魏泰，字道辅，号溪上丈人，襄阳人，为新党党魁曾布妇弟，著有《临汉隐居诗话》，其论当代诗歌，以王安石与新党文人为主，只有一则论及元祐党人黄庭坚，即便是此则，也带有不满情绪：

> 黄庭坚喜作诗得名，好用南朝人语，专求古人未使之事，又一二奇字，缀葺而成诗，自以为工，其实所见之僻也。故句虽新奇，而气乏浑厚。吾尝作诗题其编后，略云："端求古人遗，琢抉手不停。方其拾玑羽，往往失鹏鲸。"盖谓是也。①

若就诗论诗，此则不无道理，也在一定程度上揭示了黄庭坚的诗风特征。但从该诗话极少论及元祐诗人的整体倾向而言，则难免有"党熙宁而抑元祐"之嫌，下则论章惇，亦体现了这一点：

> 章丞相惇自少喜修养服气，辟谷飘然，有仙风道骨。在东府栽桐竹，戏作诗云："种竹期龙至，栽桐待凤来。他年跨辽海，经此一徘徊。"②

然而，书中赞评王安石的诗歌，并称誉王安石妹、女儿、侄女"多能诗，往往有臻古人者"③，不乏客观性。又载："沈括存中、吕惠卿吉父、王存正仲、李常公择，治平中，同在馆下谈诗。存中曰：'韩退之诗，乃押韵之文尔，虽健美富赡，而格不近诗。'吉父曰：'诗正当如是，我谓诗人以来未有如退之者。'正仲是存中，公

---

① 魏泰：《临汉隐居诗话》，第327页。
② 魏泰：《临汉隐居诗话》，第328页。
③ 魏泰：《临汉隐居诗话》，第333页。

择是吉父,四人交相诘难,久而不决。"①则又反映了新党文人的文学活动和诗学思想。叶梦得,字少蕴,号石林居士,吴县人,绍圣四年(1097)进士,徽宗时为翰林学士,龙图阁学士,高宗时官尚书左丞。叶梦得出蔡京之门,又与章惇姻亲,在政治上倾向"绍述",与新党关系甚密,但他大半生及其仕履高峰在南宋。著有《石林诗话》三卷,共九十则,其中十四则论及王安石。《四库全书总目》卷一九五《石林诗话》提要云:"是编论诗,推重王安石者不一而足,而于欧阳修、苏轼诗,皆有所抑扬于其间。"②明显具有"阴抑元祐"的倾向。新旧党争对叶梦得的文学批评有着深刻的影响(《石林诗话》提及王安石皆称荆公,提及蔡京皆称鲁公),但其论诗,却基于一定的艺术标准,故四库馆臣继而指出:"梦得诗文实南北宋间之巨擘,其所评论,往往深中窾会,终非他家听声之见,随人以为是非者比。"③有关王安石十四则,有两则是刘攽、王介对他的戏谑,有三则是刘季孙、蔡肇、俞秀老兄弟受他的赏识,还有两则叙述他的题壁诗和改唐诗,其余七则均论王安石诗,表现出评论者的独到见解。书中另记蔡京御赐南园诗,章惇为鞫狱的苏轼辩护,安焘、李邦直重题《江干初雪图》诗,蔡确引杜牧诗倾汪辅之四则以及元绛罢政前后赋诗四则,为研究新党文人的文学,提供了有用的资料。

《临汉隐居诗话》与《石林诗话》,与"党元祐而抑熙丰"的文学批评一样,被深深地打上了党争的烙印,是党争造成文人政治分野的一个显著标志。不过南渡以后,也有无党派成见的文学批评,

---

① 魏泰:《临汉隐居诗话》,第323页。
② 永瑢等撰:《四库全书总目》卷一九五,《石林诗话》提要,第1783页。
③ 永瑢等撰:《四库全书总目》卷一九五,《石林诗话》提要,第1783页。

吕祖谦《宋文鉴》便是其中一例。

孝宗淳熙四年（1177），吕祖谦奉诏选编《皇朝文鉴》（即《宋文鉴》），共一百五十卷，六十一门，二千五百余篇，凡录新党文人诗文三百二十篇，占总数的八分之一。其中：王安石诗赋九十二首，文一百一十二篇；沈括诗赋六首，文四篇；林希赋一篇，文十三篇；张商英诗二首，文一篇；元绛文二十七篇；李清臣文十二篇；邓润甫文九篇；吕惠卿文三篇；曾布文二篇；曾肇文三十二篇；彭汝砺诗赋二首；蔡确、舒亶赋各一首；陆佃、蔡京文各一篇。此外，还录有旧党文人论新法新党作品若干，如司马光《与王介甫书》、韩琦《论青苗》、程颢《论新法》、吕诲《论王安石》、范纯仁《论章惇》、苏辙《论吕惠卿》、陈瓘《论蔡京》等。吕祖谦是南宋著名的理学家，主张"明理躬行"，在学术上与王安石有分歧，对王安石变法也持反对态度，但不赞成将王安石学术思想一笔抹杀，他曾谓内弟曾德宽曰："且看欧（阳修）、王（安石）、东坡三集。以养根本。"[1]又云："天下之事，最是互相讥揣，妄分清浊，为祸最大。"[2]因此，吕祖谦并没有因以司马光为首的旧党和自己反对新法新党而无视新党文人的作品，而是以八分之一的篇幅选录了他们的诗赋散文，从选学的角度昭示了新党文人群在北宋文学史上的业绩和地位。尽管这个选本因"纷纷訾议"而未入官刻[3]，但得到了叶适、朱熹等著名学者的充分肯定。叶适指出："此书二千五百余篇，纲条大者十数，义类百数，其因文示义，不徒以文……盖

---

[1] 吕祖谦：《与内弟曾德宽书 一》，《全宋文》卷五八七八，第261册，第202页。
[2] 吕祖谦：《门人集录史说》，《丽泽论说集录》卷八，《吕祖谦全集》第4册，第215页。
[3] 永瑢等撰：《四库全书总目》卷一八七，《宋文鉴》提要，第1698页。

一代之统纪略具焉。"①朱熹则云:"此书编次,篇篇有意,每卷首必取一大文字作压卷,如赋取《五凤楼》之类;其所载奏议,亦系一时政治大节,祖宗二百年规模与后来中变之意,尽在其中,非《选》、《粹》比也。"②叶适、朱熹的评论是比较公允的,也为我们认识新党文人群的文学业绩,提供了重要的启示。下面,不妨以王安石、曾布两家及被视为"凶狡亡赖"的吕惠卿、舒亶、蔡京为例,略作评述。

王安石是宋代诗文坛坫上的大家之一,其家庭也极富文学气氛,父亲、弟妹、妻子、女儿都能诗善文,父王益有歌诗百余首③,今存诗五首、词一首,见《全宋诗》卷一七五及《全宋词》。妻吴国夫人、妹长安县君、女蓬莱县君多能诗,"往往有臻古人者"(引见前文)。弟王安国"年十二,出其所为铭、诗、赋、论数十篇,观者惊焉。自是遂以文学为一时贤士大夫誉叹,盖于书无所不该,于词无所不工"④。著有《王校理集》六十卷,已佚,《全宋诗》卷六三一据《两宋名贤小集》等载籍,录其诗四十三首,残诗十九句,《全宋词》录其词三首。陈振孙《直斋书录解题》卷一七《王校理集》解题云:"安国虽安石亲弟,而意向颇不合,尤恶吕惠卿,卒为所陷。坐郑侠事,夺官归田里,亦会惠卿叛安石故也。寻复之,命下而卒。"⑤魏泰《挽王平甫二首》,其一指出:"海内文章杰,朝廷亮直闻。黄琼起处士,子夏遽修文。贝锦生迁怒,江湖久

---

① 叶适:《习学记言序目》卷四八,吕祖谦《宋文鉴》附录二,第2167页。
② 陈振孙:《直斋书录解题》卷一五,《皇朝文鉴》解题,第448页。
③ 见王安石:《先大夫集序》,《王安石文集》卷七一,第4册,第1230页。
④ 王安石:《王平甫墓志》,《王安石文集》卷九一,第5册,第1578页。
⑤ 陈振孙:《直斋书录解题》卷一七,《王校理集》解题,第498页。

离群。伤心王佐略，不得致华勋。"①对其文学与为人做了充分的肯定。弟王安礼著有《王魏公集》，清四库馆臣据《永乐大典》，辑为七卷，其中诗一卷，凡四十二首，五、七言古，近体俱备；存词三首，残词三句，见《全宋词》。子王雱"未冠，著书已数千百言。举进士，为旌德尉，作策三十余篇，极论天下事"②。熙宁四年（1071），除太子中允，崇政殿说书，受诏撰《诗义》《书义》，并解《论语》《孟子》，注《老子》和《庄子》，于"荆公新学"多所发扬，有文集三十六卷，今不传，《全宋诗》卷九七八辑录其诗七首，残诗一句。刘克庄认为王雱诗歌"殊有乃翁（王安石）思致"③。又陈善云："王元泽（雱）一生不作小词，或者笑之，元泽遂作《倦寻花慢》一首，时服其工。……此词甚佳，今人多能诵之，然元泽自此亦不复作。"④该词亦为后来词论家所推崇，沈雄以为"人不能及"⑤，贺裳则谓王安石词"平直板硬，不及其儿之饶翠"⑥。由此亦可见王雱在文学上非流俗笨伯所能比。

王安石兄弟之间的政治观点不尽相同。王安国便与王安石"意气颇不合"，但由于是王安石亲弟，在仕途上成了新党内部交相攻评的牺牲品。王安礼的政见与熙丰新党亦非全然一致，在"乌台诗案"中又竭力营救苏轼，但被元祐党人斥为"安石亲党"，遭到贬逐。王雱卒于熙宁九年（1076），一生位卑职微，无缘入新旧党争

---

① 魏泰：《挽王平甫二首》，《全宋诗》卷七八二，第13册，第9068—9069页。
② 赵希弁：《郡斋读书志附志》卷下《元泽先生文集》提要，晁公武著，孙猛校证《郡斋读书志校证》，第1191页。
③ 刘克庄：《后村诗话》续集卷四，第133页。
④ 陈善：《扪虱新话》卷九"王元泽小词"条，《全宋笔记》第47册，第306页。
⑤ 沈雄：《古今词话·词评》卷上，唐圭璋编《词话丛编》，第980页。
⑥ 贺裳：《皱水轩词筌》，唐圭璋编《词话丛编》，第716页。

的旋涡,但由于其政治和学术思想与其父相一致,招致王安石政敌的斥责或刻意诋毁。①从中可见当时以人划党、以党画线之一斑,昭示了文人士大夫在党争中无容游骑无归的事实,也体现了熙宁以后文人群体赖以形成的一个鲜明特征。而像王安石一家那样男女老少均能诗善文,满门风雅,在北宋并不多见,能与之媲美的,唯曾布一家。

  曾布是绍圣、元符新党党魁之一,有文集三十卷,又有《丹丘使君诗句》一卷,皆佚。《全宋诗》卷七八二辑录其诗十首,残诗六句,《全宋词》辑录其词八首,其中《水调歌头》七首为排遍,演绎《冯燕传》中的故事。"《冯燕传》,见之《丽情集》,唐贾耽守太原时事也。元祐中,曾文肃(布)帅并门,感叹其义风,自制《水调歌头》,以亚大曲……"②《冯燕传》为通俗文艺作品,可见曾布于文坛涉猎甚广。其兄曾巩初为熙宁变法的支持者,后与王安石在政见上发生矛盾冲突,著有《元丰类稿》《隆平集》,被后人誉为"唐宋八大家"之一。弟曾肇是王安石门生,其《上王荆公墓》云:"天上龙胡断,人间鹏鸟来。未应淮水竭,所惜泰山颓。华屋今非昔,佳城闭不开。白头门下士,怅望有余哀。"③在哀悼中,表现出真挚的师生情谊。元祐间,被打成王安石、蔡确亲党,著有《西掖集》《曲阜集》等,诗文兼擅,其"制诰温润典雅,其草兄布

---

① 详见蔡上翔:《王荆公年谱考略》卷一五,詹大和等撰《王安石年谱三种》,第443页。
② 王明清:《玉照新志》卷二,《全宋笔记》第58册,第88页。
③ 曾肇:《上王荆公墓》,《全宋诗》卷一〇三九,第18册,第11886页。

拜相制，汪玉山称之，以为得命次相之体"①。肇集均佚，清康熙年间，其裔孙曾俨掇拾遗诗遗文，为《曲阜集》四卷，《全宋诗》卷一〇三九参其他文献，辑得诗歌三十首，残诗二十一句，《全宋词》录其词一首。妻魏玩，朱熹称本朝妇人能文者，只有她与李清照。②曾燠《江西诗征》卷八五《魏玩传》："玩，字玉汝，襄阳人，道辅姊，曾文肃布妻，博涉群书，工诗，尤擅人伦鉴，累封鲁国夫人……有《魏夫人集》。"③今佚，周泳先辑有《魏国夫人词》一卷。子曾纡有《空青集》，其"诗文每出，人争诵之"④。在崇宁以后新党内部的倾轧中，因父"抵罪，徙置湖海"⑤。

与王安石一家相比，曾布一门在文学上的联系更为紧密。曾巩有《与舍弟别，舟岸间相望，感叹成咏》《喜二弟侍亲将至》等诗，写兄弟间的悲欢离合。⑥曾布与妻亦常有诗歌酬唱。陆游《老学庵笔记》卷七载："曾子宣丞相元丰间帅庆州。未至，召还；至陕府，复还庆州，往来潼关。夫人魏氏作诗戏丞相曰：'使君自为君恩厚，不是区区爱华山。'"⑦曾布、曾肇的诗歌往来，尤一时盛事。方回《瀛奎律髓》卷四十载有二人诗，曾布《布作高阳台众乐园成，被命与金陵易地，兄弟待罪侍从，对更方面，实为私门之庆，走笔寄子开弟》云：

---

① 陈振孙：《直斋书录解题》卷一七，《曲阜集》解题，第504页；其草《除曾布银青光禄大夫守尚书右仆射兼门下中书侍郎制》，见《全宋文》卷二三七五，第109册，第368页。
② 黎靖德编：《朱子语类》卷一四〇，第3332页。
③ 曾燠：《江西诗征》卷八五《魏玩传》，第3a页。
④ 陆心源：《宋史翼》卷二六引曾肇语，第620页。
⑤ 孙觌：《曾公卷文集序》，《全宋文》卷三四七五，第160册，第304页。
⑥ 详见曾巩：《曾巩集》卷四，第56、59页。
⑦ 陆游：《老学庵笔记》卷七，第98页。

> 楼台丹碧照天涯,塞北江南未足夸。
> 千里烟波方种柳,万株桃李未开花。
> 一麾同下西清路,两镇高迎上将牙。
> 回首林塘莫留恋,风光还属阿连家。

曾肇《肇谨次元韵》云:

> 文物河间信可嘉,风流江左亦堪夸。
> 水南水北千竿竹,山后山前二月花。
> 久愧迂儒怀郡绂,聊须隽老驻军牙。
> 两州耆旧无多怪,鲁卫从来是一家。

方回评云:"此事古今希有。曾布子宣守高阳,弟肇子开守金陵,两易,将吏交迎送于途,诚盛事也。后子宣相,子开当制,尤盛事也。"[1]曾布又有《江南好》词,上阕云:"江南客,家有宁馨儿。三世文章称大手,一门兄弟独良眉。藉甚众多推。"[2]对"一门兄弟"的文章之业颇多自负;而其所谓"宁馨儿",即指曾纡。曾肇文章"虽深厚不及其兄巩,而渊懿温纯,犹能不失家法"[3],曾纡亦如此,孙觌《曾公卷文集序》云:"公文章固自守家法,而学诗以母夫人鲁国魏氏为师。句法清丽,绝去刀尺,有古诗之风。"又云:曾纡"年甫八岁,南丰先生(巩)授以韩吏部诗,一览而

---

[1] 方回:《瀛奎律髓汇评》卷四〇,第1474—1475页。
[2] 曾布:《江南好》,唐圭璋编《全宋词》,第266页。
[3] 永瑢等撰:《四库全书总目》卷一五三,《曲阜集》提要,第1323页。

诵。先生喜曰:'曾氏代不乏人矣。'既冠,学成。文昭(肇)读其文,大惊曰:'文才出于天分,可省学问之半。'……公时少年,以大臣子积习名教,无一点贵游骄吝之气。属文辞,落笔千言,指事析理,命物托论,证据古今,出入经史,俊壮豪健如走阪丸,如建瓴水,疏畅条达无间断,无艰难辛苦之态,一时老师宿学、名人巨公,交口誉叹,谓公他日必以大手笔继文肃(布)、文昭(肇)之后"①。从中又可见曾布一门在当日文坛上的地位与影响。新党文人群的文学业绩,无疑以王、曾二家为最,但在其他新党人物中,亦不乏名家,吕惠卿就是其中之一。吕惠卿先后受知于欧阳修、沈遘、曾公亮、王安石。欧阳修称他"材识明敏,文艺优通,好古饬躬,可谓端雅之士"②;沈遘说他"修身高材,好学不倦。其议论文章,皆足以过人"③。吕惠卿小王安石十一岁,自称"自少以来与安石游,凡有议论,更相是正"④,相得甚洽,在王门中,吕惠卿的文学、经术,与坚定的变法立场,曾得到了王安石的赏识。王安石第一次罢相时,吕惠卿被擢为参知政事,一度主持变法,不久与王安石离心离德,反目成仇(说见第二章),《宋史》将其列入《奸臣传》。但于文学,吕惠卿不失为一作手。孙觌《东平集序》云:

观文殿学士东平吕公(惠卿),以文学政事被遇神宗皇帝

---

① 孙觌:《曾公卷文集序》,《全宋文》卷三四七五,第160册,第304—305页。
② 欧阳修:《举刘攽吕惠卿充馆职札子》,《居士集·奏议集》卷一七,《欧阳修全集》卷一一三,第4册,第1715页。
③ 沈遘:《荐胡宗愈吕惠卿札子》,《全宋文》卷一六二五,第74册,第301页。
④ 李焘:《长编》卷二六八"熙宁八年九月辛未"条,第6566页。

于熙宁、元丰间,进居从官大臣之列。……公亲逢圣主,明道术于绝学之后,续微言于将坠之余,志合言行,应期而出,不数年遂参大政。谋谟讽议,劝讲论思,典册施诸朝廷,乐歌荐之郊庙。扶衰救弊,尊主庇民之言;丰财裕德,治兵御戎之策。弥缝政事之体不胶于古,推原道德之旨不悖于今。声气相求,风动云兴,如龙吟虎啸,如凤鸣高冈之上也。辞严义密,追古作者,……某为书生时,诵习公文,知敬慕公,至于今老矣,……公所著书,又有《孝经、论语注解》、《周易大传》、《尚书、周礼义》、《毛诗集传》、《注老子道德经》、《庄子内篇》凡若干卷,皆不列于此,而《注庄子》方盛行于世。①

吕惠卿人品虽不足道,但孙觌称其擅长文学和经术,是完全可信的。熙宁二年(1069),制置三司条例司成立后,"凡所建请章奏,皆惠卿笔也"②。《宋文鉴》录其《建宁军节度使谢表》,《谢表》结尾云:"龙麟凤翼,固绝望于攀援;虫臂鼠肝,一冥心于造化。"以"虫臂鼠肝"讥刺苏轼兄弟,苏轼观后笑云:"福建子难容,终会作文字。"③吕惠卿对所撰表章亦颇为自负。陆游《老学庵笔记》卷八载:

> 吕吉甫问客:"苏子瞻文辞似何人?"客揣摩其意,答之曰:"似苏秦、张仪。"吕笑曰:"秦之文高矣,仪固不能望,子瞻亦不能也。"徐自诵其表语云:"面折(司)马光于讲筵,

---

① 孙觌:《东平集序》,《全宋文》卷三四七六,第160册,第306—307页。
② 毕沅:《续资治通鉴》卷六六"熙宁二年二月甲子"条,第1635页。
③ 王铚:《四六话》卷四,余祖坤编《历代文话续编》,第220—221页。

廷辨韩琦之奏疏。"甚有自得之色，客不敢问而退。①

又据魏泰《东轩笔录》卷一四，元丰三年（1080），吕惠卿致函退隐江宁的王安石，对二人熙宁末年的交恶做了反省，他说："然以言乎昔，则一朝之过，不足害平生之欢。以言乎今，则八年之间，亦得随数化之改。内省凉薄，尚无细故之嫌；仰揆高明，夫何旧恶之念。"王安石回书云："与公同心，以至异意，皆缘国事，岂有他哉？同朝纷纷，公独助我，则我何憾于公？……昔之在我，诚无细故之疑；今之在躬，尚何旧恶足念？……则相呴以湿，不若相忘之愈也。"②在措辞委婉、态度诚恳的通问中，双方的紧张关系有所缓解。清潘永因在指斥吕惠卿"负恩反噬，丧心厚颜"的同时，也不得不赞叹："为此曲笔，亦复委婉曲折若此。"③

吕惠卿诗歌现存五古一首、五绝一首、七绝一首、五律一首和三联残句，见《全宋诗》卷七二一，可见古、近诸体均擅。其诗亦为人所称道。《苕溪渔隐丛话》后集卷二四引《复斋漫录》：

> 子美（苏舜钦）诗云："笠泽鲈肥人脍玉，洞庭橘熟客分金。"吕吉甫诗："鱼出清波庖脍玉，菊含寒露酒浮金。"吕胜于苏：盖"人""客"两字，虽无亦可。④

又《能改斋漫录》卷八"两蜗角"条：

---

① 陆游：《老学庵笔记》卷八，第104页。
② 魏泰：《东轩笔录》卷一四，第154—155页。
③ 潘永因：《宋稗类钞》卷六"尤悔"条，第582页。
④ 胡仔：《苕溪渔隐丛话》后集卷二四，第176页。

白乐天云："相争两蜗角，所得一牛毛。"后之使蜗角事悉稽之，而偶对各有所长。吕吉甫云："南北战争蜗两角，古今兴废貉同丘。"①

以上两则均说明吕惠卿善于翻新的特点。《文献通考》卷二三八《经籍考六十五》云："考亭（朱熹）论荆公、东坡门人，宁取吕吉甫，而不取秦少游辈。其说以为吉甫犹看经书，少游翰墨而已。"②则又指出了吕惠卿诗文创作的一个总体特征。

作为熙丰"护法善神"的台谏，舒亶为了全面排击政敌的异论，与同台何正臣、李定一起炮制了"乌台诗案"，然其"文采自不可掩"③。据《乾道四明图经》卷五"人物"条，舒亶"博学强记，为文不立稿，尤长于声律"，因此受知于王安石，"授太子中允，御史里行。累迁试给事中，直学士院，制命辞令简重浑厚，有两汉风"。④可见舒亶也同时以文学、政事为立身之业，而且其文"简重浑厚，有两汉风"，其诗与词也均有创制。

元丰六年（1083），舒亶因奏事诈伪追两秩勒停，归居鄞县西湖十洲之懒堂，达十年之久，至绍圣元年（1094）复官。据《乾道四明图经》卷五，舒亶"手编《元丰圣训》三卷，并文集百卷，藏于家"⑤，可知原集出于自编，但岁久散佚。民国时，张寿镛辑有

---

① 吴曾：《能改斋漫录》卷八，《全宋笔记》第36册，第268页。
② 马端临：《文献通考》卷二三八《经籍考六十五》，第6472页。
③ 尹元炜：《溪上遗闻集录》卷二，第17页。
④⑤ 张津等：《乾道四明图经》卷五，浙江省地方志编纂委员会编《宋元浙江方志集成》第7册，第2909页。

《舒懒堂诗文存》三卷,补遗一卷,收入《四明丛书》。卷一收古体诗、近体诗一百十五首;卷二收词四十八阕①;卷三收记铭十一篇;补遗收诗赋十二篇。《全宋诗》又从他书辑得数首,共录一百三十六首。现存舒亶诗文,多记鄞县山水风土,故张寿镛《舒懒堂诗文存序》谓其作品"系于吾乡掌故者独多"②,而诗风清新隽永,别具一格。

胡应麟《诗薮》杂编卷五论舒亶《和石尉早梅诗二首》其二"横笛楼头三弄夜,前村雪里一枝香"两句,"颇自成调"。③舒亶诗多此格调,张邦基《墨庄漫录》所评尤多:

"香满钓筒萍雨夜,绿摇花坞柳风春。"舒亶信道诗也。信道清才而诗刻削有如此者。又有云:"空外水光风动月,暗中花气雪藏梅。"又云:"宿雨阁云千嶂碧,野花弄日一村香。"又云:"万壑水澄知月白,千林霜重见松高。"皆警句也。④

七言绝句……近人亦多佳句,其可喜者,不可概举。予每爱……舒亶信道《村居》云:"水绕陂田竹绕篱,榆钱落尽槿花稀。夕阳牛背无人卧,带得寒鸦两两归。"……如此之类甚多,不愧前人。⑤

---

① 录自南宋曾慥《乐府雅词》,赵万里校辑宋金元人词本《舒学士词》同;易大厂据四部丛刊涵芬楼鲍渌钦抄校本《信道词》,有五十首,《全宋词》据以录入。
② 张寿镛:《舒懒堂诗文存序》,《舒懒堂诗文存》,《丛书集成续编》第101册,第941页。
③ 胡应麟:《诗薮》杂编卷五,第315页。
④ 张邦基:《墨庄漫录》卷一,第37页。
⑤ 张邦基:《墨庄漫录》卷六,第180—183页。

精于"刻削"而不失自然清新，善于状物而不乏情致神韵。舒亶词也吐属清雅，"思致妍密，要是波澜小"①。王士禛云："'空得郁金裙，酒痕和泪痕'，舒亶语也。钟退谷评间晓邱诗，谓具此手段，方能杀王龙标。此等语乃出渠辈手，岂不可惜。仆每读严分宜《钤山堂诗》，至佳处，辄作此叹。"②"空得"二句，是舒亶《菩萨蛮》（江梅未放）③中的结拍。王士禛将舒亶为人与明代严嵩相提并论，虽不恰当，但认为舒词佳处不让唐人王昌龄的绝句神韵专美于前，洵为的评。其实，现存舒亶词中，大多"具此手段"，故丁绍仪在严斥舒亶以诗案倾陷苏轼的"小人"行径的同时，也承认其词成就"不减秦（观）、黄（庭坚）"。④

崇宁以后，蔡京禁焚包括诗文在内的"元祐学术"，但其本人既擅书法，又善文辞。其文条理清晰，温润典雅。《说郛》（宛委山堂本）载有蔡京《太清楼侍宴记》《保和殿曲宴记》各一卷，所记北宋末年宫廷侍宴情形，"殆如实录"。《全宋诗》卷一〇四三辑录其诗十七首和七残句。蔡絛《西清诗话》记蔡京论诗语曰："汝知歌行吟谣之别乎？近人昧此，作歌而为行，制谣而为曲者多矣。且虽有名章秀句，若不得体。如人眉目娟好，而颠倒位置，可乎？"⑤可见蔡京是位熟谙诗歌艺术的行家。同书又谓其《春贴子》诗中"龙烛影中犹是腊，风箫声里已吹春"一联，"荐绅类能传诵"。⑥王

---

① 王灼：《碧鸡漫志》卷二，唐圭璋编《词话丛编》，第83页。
② 王士禛：《花草拾蒙》，唐圭璋编《词话丛编》，第678页。
③ 舒亶：《菩萨蛮》（江梅未放），唐圭璋编《全宋词》，第364页。
④ 丁绍仪：《听秋声馆词话》卷二，唐圭璋编《词话丛编》，第2597页。
⑤ 吴曾：《能改斋漫录》卷一〇，《全宋笔记》第37册，第16页。
⑥ 吴曾：《能改斋漫录》卷八，《全宋笔记》第36册，第291页。

第五章　北宋党争与文人的分野

明清《挥麈后录》卷八载：

> 蔡元长（京）既南迁，中路有旨取所宠姬慕容、邢、武者三人，以金人指名来索也。元长作诗以别云："为爱桃花三树红，年年岁岁惹东风。如今去逐它人手，谁复尊前念老翁？"初，元长之窜也，道中市食饮之类，问知蔡氏，皆不肯售，至于诟骂，无所不道，州县吏为驱逐之。稍息，元长轿中独叹曰："京失人心，一至于此。"至潭州，作词曰："八十一年住世，四千里外无家。如今流落向天涯，梦到瑶池阙下。玉殿五回命相，彤庭几度宣麻。止因贪此恋荣华，便有如今事也。"①

一诗一词，既有痛苦的回忆，又有失声的忏悔，即如周煇《清波杂志》卷四"逐客"条所云："放臣逐客，一旦弃置远外，其忧悲憔悴之叹，发于诗什，特为酸楚，极有不能自遣者。"②

由上可见，蔡京并不厌弃文学艺术，而且不失为当时诗文坛坫上的一作手。他禁毁元祐党人文集，完全出于政治目的，是文人政治上分野带来的恶果，或者说，是文人政治分野恶性发展的表现。据蔡絛《铁围山丛谈》卷二，大观、政和年间，江汉、晁冲之因善词曲，而被蔡京擢为大晟府制撰。③因蔡京等人赏识，而入大晟府的还有周邦彦、徐伸、田为、姚公立、万俟咏、晁端礼等数人，他们被称为"大晟词人"，是北宋后期的主要词人群。周密《武林旧事·序》云："乾道、淳熙间，三朝授受，两宫奉亲，古昔所无。

---

① 王明清：《挥麈后录》卷八，《全宋笔记》第57册，第194页。
② 周煇撰，刘永翔校注：《清波杂志校注》卷四"逐客"条，第138页。
③ 蔡絛：《铁围山丛谈》卷二，第27—29页。

一时声名文物之盛，号'小元祐'。丰亨豫大，至宝祐、景定，则几于政（和）、宣（和）矣。"①所谓政、宣"声名文物"，就包括了"大晟词人"，其词是"政、宣风流"的组成部分，其中的佼佼者是周邦彦。在政治观点上，周邦彦与其他"大晟词人"大多倾向新党。蔡京等人赏识他们的前提，同样基于文人在政治上的分野。因此，作为"政、宣风流"的标志之一，词在北宋后期继续得到发展，蔡京等人喜好和赏识当时的"文物"，成了外部条件。沈雄云："蔡京、蔡攸（蔡京之子），各有赏识，累辟大晟府职，当不以人废言也。"②这正是针对蔡京荐用词翰之士、促使词体创作继续发展而言的。

作为王安石变法的产物，新党历时数十年之久，是个不稳定的政治集团。在不同时期，不同人物的政治态度和历史功过，也各自不同。由于新旧两党在交争中相互激化和恶化，这个集团在具体的政治实践中，对文学和学术的发展产生过严重的负面效应；而作为在党争中分野而形成的以王安石为中心、以王安石门生故吏为主干的文人群体，新党在创作上则取得了相当可观的成就。其中王安石是北宋诗文革新运动的主将之一，除王安石外，像上述吕惠卿、舒亶、蔡京这样的文坛作手，不在少数。如彭汝砺，王安石称其"文章浩渺足波澜，行义迢迢有归处"③，曹庭栋《宋百家诗存》卷七谓彭汝砺"读书为文，志于大者，言动取舍，必揆于义；风裁卓荦，为时所重"④。四库馆臣称他"在北宋诸人之中，固亦裒然一

---

① 周密：《武林旧事·序》，《全宋笔记》第97册，第5页。
② 沈雄：《古今词话》卷上，唐圭璋编《词话丛编》，第761页。
③ 王安石：《赠彭器资》，《王安石诗笺注》卷三，第118页。
④ 曹庭栋：《宋百家诗存》卷七，第1b页。

作手矣"①。又李清臣,《直斋书录解题》卷一七谓"欧阳公(修)爱其文,以比苏轼"②。他们对繁荣北宋文学也具有不可磨灭的推进之功。对此,应该做详细的专题考察。

第二节 苏轼与"苏门诸子"

王安石与苏轼都是"欧门"翘楚,也都是欧阳修"付任斯文"的人选。两人对对方的诗文均有推赏之辞,私交也不浅,元丰七年(1084)的金陵相会,早已成为文坛佳话。然而,新旧党争使他们在政坛上成为劲敌,在他们之间设置了一道不可逾越的障碍。与此相对应,以王安石门生故吏为主干的新党文人群与以苏轼为盟主的"苏门诸子"之间,也彼此对立,视若仇敌。后者在新党的倾轧下结束了政治与文学生涯;其文集也与苏轼等人的"文字"一起遭禁被毁。

嘉祐年间,欧阳修以衣钵相传的口吻,谓苏轼曰:"我老将休,付子斯文。"③后来,苏轼以同样的口吻叮嘱门下士:"方今太平之盛,文士辈出,要使一时之文有所宗主。昔欧阳文忠常以是付任与某,故不敢不勉。异时文章盟主,责在诸君,亦如文忠之付授也。"④这表明,苏轼与"苏门诸子"是以保持文学发展的持续性和后续力、繁荣文学事业为己任的,事实也证明了这一点。苏轼与"苏门诸子",成了继欧阳修与"欧门诸子"之后,对北宋文学的发

---

① 永瑢等撰:《四库全书总目》卷一五三,《鄱阳集》提要,第1322页。
② 陈振孙:《直斋书录解题》卷一七,《淇水集》解题,第508页。
③ 苏轼:《祭欧阳文忠公夫人文》,《苏轼文集》卷六三,第1956页。
④ 李廌:《师友谈记》,第44页。

展起有主导作用的文人群。然而，这一文人群的形成，已不完全是以师友为纽带、以文事为因缘，同时又与当日文人的政治分野密切相关；从"苏门"的缘起与确立的过程观之，文人的政治分野则又是其赖以形成的重要前提。

苏轼一生交游甚广，他与黄庭坚等人的交往，亦有早有迟，但开始并没有"苏门"这个说法。"苏门"的正式形成，当以元祐五年（1090）"苏门四学士"这一特定称呼的出现为标志。《郡斋读书志》卷一九《黄鲁直豫章集》提要云："黄庭坚鲁直……，元祐中，为校书郎。先是，秦少游、晁无咎、张文潜皆以文学游苏氏之门，至是同入馆，世号'四学士'。"①当然，出入苏门的并不仅此四人，王巩、王诜、李之仪、李格非、赵令畤等人亦一直被人认为是苏轼门下士，但以四人文名最高，元祐五年（1090）又同任馆职，遂有"苏门四学士"之称。吴曾《能改斋漫录》卷一一"四客各有所长"条云：

> 子瞻、子由门下客最知名者，黄鲁直、张文潜、晁无咎、秦少游，世谓之"四学士"。至若陈无己，文行虽高，以晚出东坡门，故不若四人之著。故陈无己作《佛指记》云："余以辞义，名次四君，而贫于一代。"是也。晁无咎诗云："黄子似渊明，城市亦复真。陈君有道举，化行间井淳。张侯公瑾流，英思春泉新。高才更难及，淮海一髯秦。"当时以东坡为长公，子由为少公。陈无己《答李端叔》云："苏公之门，有客四人。

---

① 晁公武著，孙猛校证：《郡斋读书志校证》卷一九《黄鲁直豫章集》提要，第1013页。

第五章　北宋党争与文人的分野

黄鲁直、秦少游、晁无咎,则长公之客也;张文潜,则少公之客也。"……然四客各有所长,鲁直长于诗辞,秦、晁长于议论。鲁直《与秦少章书》曰:"庭坚心醉于诗与楚辞,似若有得。至于议论文字,今日乃付之少游及晁、张、无己,足下可从此四君子,一一问之。"……乃知人才各有所长,虽苏门不能兼全也。①

这里所指苏门"四客",应该说于熙宁中期开始,就陆续与苏轼兄弟成交,但有些仅神交而未谋面,如黄庭坚,元祐元年(1086)才始见苏轼于都下。该年十一月,苏轼主试翰林学士院,擢黄庭坚为集贤校理、晁补之为太学正、张耒为太学录,三人后皆迁著作郎。元祐五年(1090)六月,秦观充秘书省校对黄本书籍,次年八月,任秘书省正字。②至此,四人皆得馆职。宋承唐制,置史馆、昭文馆、集贤院,总称三馆,均在崇文院内,后又增建秘阁,通称崇文院。三馆有直馆、直院、修撰、检讨、校勘等官,秘阁有直阁、校理等官,三馆、秘阁官和集贤殿修撰、直龙图阁,通称馆职。元丰五年(1082),并崇文院入秘书省,秘书省属官著作郎、校书郎、正字,亦称馆职。又据钱大昕《十驾斋养新录》卷七:"黄鲁直、秦少游、张文潜、晁无咎,称'苏门四学士'。宋沿唐故事,馆职皆得称学士,鲁直官著作郎秘书丞、少游官秘书省正字、文潜官著作郎、无咎官著作郎,皆馆职……故有'学士'之

---

① 吴曾:《能改斋漫录》卷一一,《全宋笔记》第37册,第40—41页。
② 此据李焘:《长编》卷四四三"元祐五年六月丁酉"条,第10625页;同书卷四六二"元祐六年七月己卯"条,第11034页。《全宋词·秦观小传》谓"元祐初,除秘书省正字,兼国史院编修官",不确。

称。"①因四人于元祐五年（1090）开始皆得馆职，故又有"元祐四学士"之称。原载黄䇿《黄山谷年谱》卷首《豫章先生传》云："元祐中，眉山苏公号文章伯。当是时，公与高邮秦少游、宛丘张文潜、济源晁无咎皆游其门，以文相高，号'四学士'。一文一诗出，人争传诵，纸价为高。"②"四学士"加上陈师道、李廌，世又谓之"苏门六君子"，这一名称出现较晚。《四库全书总目》卷一八七《苏门六君子文粹》提要云：

> 不著编辑者名氏，卷首凡例称，或传为陈亮所辑。然亮辑《欧阳文粹》序载《龙川集》，而此书之序无考，则未必出于亮也。《宋史》称黄庭坚、张耒、晁补之、秦观为"苏门四学士"，而此益以陈师道、李廌，称"苏门六君子"者，盖陈、李虽与苏轼交甚晚，而师道则以轼荐起官，廌亦以文章见知于轼，故以类附之也。③

上引宋人及清四库馆臣关于"苏门"表述，无不强调"苏门四学士"这个特定的标志，同时又强调了其文学性质。证诸"苏门六君子"在熙丰期间陆续与苏轼结交的因缘，亦主要是文事。

"苏门六君子"中，最早成为苏轼门下士的是晁补之。《宋史》卷四四四《晁补之传》云："十七岁从父（晁端友，字君成）官杭州，粹钱塘山川风物之丽，著《七述》以谒州通判苏轼。轼先欲有

---

① 钱大昕：《十驾斋养新录》卷七，陈文和主编《嘉定钱大昕全集》第7册，第203—204页。
② 佚名：《豫章先生传》，转引自郑永晓《黄庭坚年谱新编》附录一，第432页。
③ 永瑢等撰：《四库全书总目》卷一八七，《苏门六君子文粹》提要，第1704页。

所赋,读之叹曰:'吾可以阁笔矣!'"①熙宁三年(1070),补之十七岁,熙宁四年(1071)十一月,苏轼自京赴杭州通判任。又据补之《上苏公书》:"阁下之入吴也,……补之将首为吴人庆,而次为天下有望于阁下而化者庆也。某济北之鄙人,生二十年矣。其才力学术不足以自致于阁下之前,独幸阁下官于吴,而某亦侍亲从宦于吴也,故愿随吴人拜堂庑而望精光焉。"②又《及第谢苏公书》云:"年甫冠,先人方强仕,家固自如。在门下二年。"③知晁补之始入苏轼门下在熙宁六年(1073)。熙宁七年(1074)十一月,苏轼移知密州。该年年底,晁补之亦随父回故乡巨野。不久,其父病故,晁补之将其诗歌整理成集,苏轼为之作《晁君成诗集引》,谓自己与晁端友在杭"游三年",又称誉晁补之"于文无所不能,博辩俊伟,绝人远甚,将必显于世"。④嗣后,又在《书晁无咎所作杜舆子师字说后》中,谓晁补之文章"富于言而妙于理"⑤。元丰二年(1079),晁补之进士及第,作《及第谢苏公书》,谓苏轼对他的"教育之赐",拳拳之心,言不能数⑥,感恩不尽,而所谓"教育之赐",则主要指文事。

张耒本受教于苏辙,其《与鲁直书》云:"仆年十八九时,居陈学。"⑦此时应为熙宁四、五年(1071、1072)。当时,苏辙为陈州学官。又张耒寄苏辙的《再寄》诗云:"终期策杖从公游,更乞

---

① 脱脱等:《宋史》卷四四四《晁补之传》,第13111页。
② 晁补之:《上苏公书》,《全宋文》卷二七一七,第126册,第27页。
③ 晁补之:《及第谢苏公书》,《全宋文》卷二七一七,第126册,第32页。
④ 苏轼:《晁君成诗集引》,《苏轼文集》卷一〇,319—320页。
⑤ 苏轼:《书晁无咎所作杜舆子师字说后》,《苏轼文集》卷六六,第2057页。
⑥ 晁补之:《及第谢苏公书》,《全宋文》卷二七一七,第126册,第32页。
⑦ 张耒:《与鲁直书》,《张耒集》卷五五,第827页。

灵丸救衰疾。"①知其"居陈学"即指受教于苏辙,并因此为苏轼所知。元丰五年(1082),苏轼在《答李昭玘书》中指出:"每念处世穷困,所向辄值墙谷,无一遂者,独于文人胜士,多获所欲。如黄庭坚鲁直、晁补之无咎、秦观太虚、张耒文潜之流,皆世未之知,而轼独先知之。"②苏轼与张耒始交于熙宁八年(1075)。该年,苏轼在密州修超然台,张耒应邀作《超然台赋》。③苏轼称其人"超逸绝尘",有秀杰之气,文似苏辙,"汪洋淡泊,有一唱三叹之声"。④又据朱弁《曲洧旧闻》卷五,苏轼谓子过曰:"秦少游、张文潜才识学问,为当世第一,无能优劣二人者。少游下笔精悍,心所默识而口不能传者,能以笔传之。然而气韵雄拔,疏通秀朗,当推文潜。"⑤对于苏轼,张耒亦终身执师弟之礼。建中靖国元年(1101),张耒痛闻苏轼卒于常州的讣告,在贬所颍州"出己俸于荐福禅院为轼饭僧,缟素而哭"⑥。

《冷斋夜话》卷一云:"东坡初未识秦少游,少游知其将复过淮扬,作坡笔语题壁于一山中寺。东坡果不能辨,大惊。及见孙莘老(觉),出少游诗词数百篇,读之,乃叹曰:'向书壁者岂此郎邪?'"⑦此事秦瀛《淮海先生年谱》系于熙宁七年(1074),并指出,苏轼读孙觉所出秦观诗词,"遂结神交"。秦观首次会晤苏轼并

---

① 张耒:《再寄》,《张耒集》卷一四,第239页。
② 苏轼:《答李昭玘书》,《苏轼文集》卷四九,第1439页。
③ 张耒:《超然台赋》,《张耒集》卷二,第15页。
④ 苏轼:《答张文潜县丞书》,《苏轼文集》卷四九,第1427页。
⑤ 朱弁:《曲洧旧闻》卷五,第155页。
⑥ 黄以周等辑注:《续资治通鉴长编拾补》卷二〇"崇宁元年七月庚戌"条,第701页。
⑦ 惠洪:《冷斋夜话》卷一,第9页。

第五章 北宋党争与文人的分野

行师弟礼在元丰元年（1078）。此年四月，秦观赴京应试，途中见苏轼于徐州，离别时作《别子瞻学士》诗："人生异趣各有求，系风捕影只怀忧。我独不愿万户侯，惟愿一识苏徐州。"①熙宁十年（1077）四月，苏轼自密州徙知徐州，故称之为"苏徐州"。苏轼作《次韵秦观秀才见赠，秦与孙莘老、李公择（常）甚熟，将入京应举》，诗中有云："故人坐上见君文，谓是古人吁莫测。"并鼓励秦观"纵横所值无不可，知君不怕新书新"②。"新书新"即指王安石以《三经新义》取士的新制；而"故人坐上见君文"，则与《冷斋夜话》"及见孙莘老，出少游诗词数百篇"诸语相印证。又陈师道《秦少游字序》云："熙宁、元丰之间，眉苏公之守徐，余以民事太守，间见如客。扬秦子过焉，置醴备乐，如师弟子。"③可见，秦观虽初谒苏轼，二人却有师弟之礼。元丰七年（1084）九月，苏轼向闲居金陵的王安石介绍了秦观："今得其诗文数十首，拜呈。词格高下，固无以逃于左右，独其行义修饬，才敏过人……实不易得。愿公少借齿牙，使增重于世。"④王安石在回信中云："公奇秦君，数口之不置，吾又获诗，手之不舍。然闻秦君尝学至言妙道，无乃笑我与公嗜好过乎。"⑤施宿《东坡先生年谱（下）》元丰七年（1084）七月谓："回舟当涂，过金陵，见王介甫，留一月而去。"⑥

---

① 秦观：《别子瞻学士》，《淮海集笺注》卷四，第135页。
② 苏轼：《次韵秦观秀才见赠，秦与孙莘老、李公择甚熟，将入京应举》，《苏轼诗集》卷一六，第828页。
③ 陈师道：《秦少游字序》，《全宋文》卷二六六七，第123册，第333页。
④ 苏轼：《与王荆公二首》其二，《苏轼文集》卷五〇，第1444页。
⑤ 王安石：《回苏子瞻简》，《王安石文集》卷七三，第4册，第1277页。
⑥ 施宿：《东坡先生年谱（下）》，《苏轼文集编年笺注》附录一一，第12册，第646页。

这两位"欧门"翘楚，消除了昔日在政坛上势不两立的敌对情绪，在金陵握手话旧，成为文坛佳话，而二人对秦观的奖掖，则又共同展现了对文学后进的关爱之心。

在秦观谒苏轼，始执师弟礼的同年，黄庭坚以文为贽，亦成为苏轼门下士。元丰元年（1078），黄庭坚于北京大名府教授任上给"苏徐州"寄来《古诗二首上苏子瞻》和《上苏子瞻书》，盛赞苏轼的学问、文章和人品，表达了师事之愿，并认为苏轼"文章学问度越前辈"，"晚学之士，不愿亲炙光烈，以增益其所不能，则非人之情也"。[①]不过，对于黄庭坚，苏轼早已神交。在报以《答黄鲁直书》中，苏轼指出："轼始（指熙宁五年）见足下诗文于孙莘老之坐上，耸然异之，以为非今世之人也。莘老言：'此人，人知之者尚少，子可为称扬其名。'轼笑曰：'此人如精金美玉，不即人而人即之，将逃名而不可得，何以我称扬为？'然观其文求其人，必轻外物而自重，今之君子莫能用也。其后（指熙宁十年）过李公择于济南，则见足下之诗文愈多，而得其为人益详，意其超逸绝尘，独立万物之表，驭风骑气，与造物者游，非独今世之君子所不能用，虽如轼之放浪自弃，与世阔疏者，亦莫得而友也。"[②]孙觉是庭坚的岳父，李常是庭坚之舅，都是苏轼的知交。与秦观一样，苏轼也是通过他们了解黄庭坚的诗文与为人的，并以"莫得而友"为憾事。在"六君子"中，黄庭坚诗歌成就最高，其诗最为苏轼所赏识。元祐二年（1087），苏轼还作"效庭坚体"的《送杨孟客》一诗，转赠给他。但对于苏轼，黄庭坚自始至终以师相待。据《邵氏闻见后录》卷二一，"赵肯堂亲见鲁直晚年悬东坡像于室中，每晨作，衣

---

① 黄庭坚：《上苏子瞻书》其一，《黄庭坚全集》正集卷一八，第2册，第457页。
② 苏轼：《答黄鲁直五首》，《苏轼文集》卷五二，第1531—1532页。

冠荐香，肃揖甚敬。或以同时声实相上下为问，则离席惊避曰：'庭坚望东坡，门弟子耳，安敢失其序哉？'"①

四库馆臣认为"陈、李与苏轼交甚晚"，其实，李廌入苏轼门下亦较早。《宋史》卷四四四《李廌传》谓："谒苏轼于黄州，贽文求知。轼谓其笔墨澜翻，有飞沙走石之势，拊其背曰：'子之才，万人敌也，抗之以高节，莫之能御矣。'廌再拜受教。"②又苏轼《李宪仲哀词》云："同年友李君讳惇，字宪仲，贤而有文，不幸早世，轼不及与之游也，而识其子廌有年矣。"③这首哀词作于元丰八年（1085）五月。据此知李廌与苏轼交，在元丰前期。《宋史》所载苏轼赞李廌语，出自苏轼黄州所作《与李昭玘》。又苏轼黄州《答李方叔书》，有"惠示古赋近诗，词气卓越，意趣不凡，甚可喜也"；同时又批评其"微伤冗，后当稍收敛之"，并云："足下之文，正如川之方增，当极其所至，霜降水落，自见涯涘。"④这说明，李廌初入苏门时，诗赋尚欠成熟，故苏轼时有严肃的批评指正，同时又指导其做人。李廌《师友谈记》云："少时有好名急进之弊，……东坡尝诲之，曰：'如子之才，自当不没，要当循分，不可躁求。王公之门何必时曳裾也。'尔后常以为戒。"⑤

元丰元年（1078）三月，苏轼于徐州建成黄楼，命陈师道作《黄楼铭》，此为苏、陈始交，亦见陈师道为苏轼器重。不过，此时陈师道为曾巩门人。曾巩去世后，张耒《陈履常惠诗，有曾门一老

---

① 邵博：《邵氏闻见后录》卷二一，第162页。
② 脱脱等：《宋史》卷四四四《李廌传》，第13116—13117页。
③ 苏轼：《李宪仲哀词》，《苏轼诗集》卷二五，第1333页。
④ 苏轼：《答李方叔书》，《苏轼文集》卷四九，第1430—1431页。
⑤ 李廌：《师友谈记》，第14页。

之句，不肖二十五岁，谒见南丰舍人于山阳，始一书而褒。与过宜阳，有同途至亳之约。未以病不能如期。后八年始遇公于京师。南丰门人惟君一人而已，感旧慨叹，因成鄙句，愿勿他示》诗还云："南丰冢木已萧萧，犹有门人守一瓢。"①可见陈师道瓣香曾巩之情。故洪迈《容斋随笔·三笔》卷六"张籍陈无己"条指出：苏轼知颍州，欲参师道（时为颍州教授）于门弟子间，而师道却作《妾薄命》诗，以表不忍"师死而遂倍之"的"忠厚之心"。②陈鹄《耆旧续闻》卷二、蔡正孙《诗林广记》卷六、《宋史》卷四四四《陈师道传》，亦有类似之说；瞿佑《归田诗话》还据《妾薄命》云："陈后山少为曾南丰所知，东坡爱其才，欲牢笼于门下，不屈。"③其实，苏轼知颍州，时在元祐六年（1091）。《妾薄命》二诗，作于曾巩去世的元丰六年（1083）。陈师道门生魏衍，得此诗置于陈诗谱目之首，盖"推本其渊源所自"④；任渊注"死者恐无知，妾身长自怜"句云："彼其用意，直追骚雅，不求合于世俗。亦惟恃有东坡、山谷之知也。"⑤故师道既不忘亡师曾巩，又出入苏门。元祐二年（1087）四月，苏轼进《荐布衣陈师道状》："文词高古，度越流辈，安贫守道，若将终身，苟非其人，义不往见，过壮未仕，实为遗才。欲望圣慈特赐录用，以奖士类。"⑥师道因此得以任徐州教

---

① 张耒：《陈履常惠诗，有曾门一老之句，不肖二十五岁，谒见南丰舍人于山阳，始一书而褒。与过宜阳，有同途至亳之约。未以病不能如期。后八年始遇公于京师。南丰门人惟君一人而已，感旧慨叹，因成鄙句，愿勿他示》，《张耒集》卷二一，第379页。
② 洪迈：《容斋随笔·三笔》卷六，第493页。
③ 瞿佑：《归田诗话》卷中，丁福保辑《历代诗话续编》，第1256页。
④ 陈师道撰，任渊注，冒广生补笺：《后山诗注补笺》卷一，第4页。
⑤ 陈师道撰，任渊注，冒广生补笺：《后山诗注补笺》卷一，第5页。
⑥ 苏轼：《荐布衣陈师道状》，《苏轼文集》卷二七，第795页。

授。元祐四年（1089），苏轼出知杭州，赴杭途中，时为徐州教授的陈师道，"以知己之义求郡檄送行，守不听。以疾谒告，别于南京"①；并作《送苏公知杭州》诗："岂不畏简书，放麑诚不忍。一代不数人，百年能几见。"②苏轼远贬海南期间，又作《怀远》（即怀苏轼）诗："海外三年谪，天南万里行。生前只为累，身后更须名。未有平安报，空怀故旧情。斯人有如此，无复涕纵横。"③

上述可见，"六君子"入"苏门"，虽早晚有别，以文学为因缘，则其同者，从中亦反映了苏轼奖掖文学后进的拳拳之心。在苏轼以前，晏殊、欧阳修都以门下多士著称。苏轼就是由于欧阳修的识拔而出人头地的，苏轼继承了前辈的优良作风，更喜欢奖掖人才。这一点屡为宋人所强调。张表臣《珊瑚钩诗话》卷一云："东坡先生，人有尺寸之长，琐屑之文，虽非其徒，骤加奖借。如……仲殊之曲，惠聪之琴，皆咨嗟叹美，如恐不及。至于士大夫之善，又可知也。观其措意，盖将揽天下之英才，提拂诱掖，教栽成就之耳。"④然而，在当时文人士大夫的政治分野中，对于后学之士，苏轼未必都愿意"骤加奖借"；而后学之士亦未必都像"六君子"那样以入"苏门""亲炙光烈"为望。苏轼与周邦彦绝无通问的现象，便证明了这一点。

许多迹象表明，苏轼与周邦彦具备了相互交往、成为师友的客观条件。周邦彦叔父周邠，嘉祐八年（1063）进士。熙宁五年至七

---

① 苏轼：《复次韵谢赵景贶、陈履常见和，兼简欧阳叔弼兄弟》下施注，《苏轼诗集》卷三四，第1791页。
② 陈师道：《送苏公知杭州》，《后山诗注补笺》卷二，第68—69页。
③ 陈师道：《怀远》，《后山诗注补笺》卷九，第343—344页。
④ 张表臣：《珊瑚钩诗话》卷一，何文焕辑《历代诗话》，第453页。

年（1072—1074），苏轼通判杭州时，周任钱塘令。二人泛湖游山，诗酒酬唱，友情颇笃，因此，在"乌台诗案"中，周邠受到牵连；周邠后改任乐清令、管城令、溧水令，元丰八年（1085）后，改知吉州，一直与苏轼诗邮不绝。这就与秦观、黄庭坚受知于苏轼首先得力于孙觉、李常一样，使周邦彦入"苏门"备具了中介和桥梁，但周邦彦未曾出现在故人周邠与苏轼的交往中。同时，元丰八年（1085），苏轼还朝，元祐元年（1086），在苏轼的荐举下，黄庭坚、张耒、晁补之分别为集贤校理、太学录、太学正，元祐二年（1087），秦观亦因苏轼荐贤良方正入京，"苏门诸子"一时会聚京师，而周邦彦自元丰二年（1079）以来，一直身居太学，元祐二年（1087）才离京任庐州教授。所以，在元丰八年至元祐二年（1085—1087）的三年间，苏轼包括"今代词手，惟秦七黄九"[1]与在词学上功底深厚，且潜力甚大的后学周邦彦有着大量面交的时间和机遇，但却彼此不相知闻。这正如黄庭坚在《上苏子瞻书》中所指出的："盖心亲则千里晤对，情异则连屋不相往来，是理之必然者也……"[2]而这个必然之理便是党争造成文士在政治上分野的产物。在元丰期间，作为太学生的周邦彦虽未预党争，但在政治倾向上是主新法的。元丰七年（1084），"诏太学外舍生周邦彦为试太学正，寄理县主簿、尉。邦彦献《汴都赋》，上（神宗）以太学生献赋颂者以百数，独邦彦文彩可取，故擢之"[3]。《汴都赋》凡七千言，形式仿班固《两京赋》及左思《三都赋》，其旨却在于赞颂新法。元

---

[1] 其说见陈师道：《后山诗话》，何文焕辑《历代诗话》，第309页。
[2] 黄庭坚：《上苏子瞻书》其一，《黄庭坚全集》正集卷一八，第2册，第458—459页。
[3] 李焘：《长编》卷三四四"元丰七年三月壬戌"条，第8266页。

第五章　北宋党争与文人的分野

祐二年（1087），苏轼、黄庭坚等人纷纷回朝任职之际，周邦彦却离开朝廷，外任教授，一个重要原因是周邦彦主张新法，而"不能俯仰取容"[①]于旧党。

毋庸置疑，政治上的分野，是苏门师友与周邦彦彼此不相知闻的鸿沟。"六君子"先后以文为贽，进入"苏门"，虽以文学为因缘，但亦是在这个背景下进行的。熙宁间，晁补之在《再见苏公书》中指出："方王公大人，高门垂箔，跃马疾驱，言语咳唾，足以荣辱后生者。"而自己却"欲抱其所知以求伸，即其所慕，而愿师其言"，"以求出于阁下之门"。[②]这正是晁补之在由政见之争引起的文人分野中的一种选择。又黄庭坚《古诗二首上苏子瞻》云：

> 江梅有佳实，托根桃李场，
> 桃李终不言，朝露借恩光。
> 孤芳忌皎洁，冰雪空自香。
> 古来和鼎实，此物升庙廊。
> 岁月坐成晚，烟雨青已黄。
> 得升桃李盘，以远初见尝。
> 终然不可口，掷置官道傍。
> 但使本根在，弃指果何伤。
>
> 青松出涧壑，十里闻风声，
> 上有百尺丝，下有千岁苓。
> 自性得久要，为人制颓龄。

---

① 周邦彦：《重进汴都赋表》，《全宋文》卷二七七五，第128册，第231页。
② 晁补之：《再见苏公书》，《全宋文》卷二七一七，第126册，第29页。

小草有远志，相依在平生。
医和不并世，深根且固蒂。
人言可医国，何用太早计。
小大材则殊，气味固相似。①

  这两首古风见诸《山谷内集诗注》诸章之首，《山谷内集诗注》是黄庭坚甥洪炎所编次。洪炎序云："凡诗断自《退听》始，《退听》以前盖不复取，独取古风二篇冠诗之首，以见鲁直受知于苏公，有所自也。"②任渊《山谷内集诗注》卷一题下注云："前篇'梅'以属东坡"，"后诗'松'以属东坡。'茯苓'以属门下士之贤者，'菟丝'以自况"，"东坡《报山谷书》（即《答黄鲁直书》）云：'《古风》二首，托物引类，得古诗人之风。'其推重如此，故置诸篇首云"。又注"桃李"二句："言江梅为桃李所忌。……诗意谓东坡见嫉于当世，独为人主所知耳。"③即以"桃李"比新党人物。通篇言苏轼被新党所排挤，寄寓了作者的不平之情。下篇以"可医国"许苏轼，并以"小草"自喻，抒发其"相依"苏轼的情志，则更进一步体现了当日文人的政治分野对苏、黄的结合所起的作用。

  在"六君子"中，黄庭坚于治平四年（1067）登第入仕；张耒、晁补之、秦观分别于熙宁六年（1073）、元丰二年（1079）和

---

① 黄庭坚：《古诗二首上苏子瞻》，《黄庭坚诗集注》卷一，第47—50页。
② 洪炎：《题山谷退听堂录序》，《全宋文》卷二八七九，第133册，第289页。《王直方诗话》云："盖山谷在馆中时，自所居曰'退听堂'。"因以名集，见郭绍虞：《宋诗话辑佚》卷上，第94页。
③ 见《黄庭坚诗集注》卷一，第47—48页。

元丰八年（1085）登进士第；李廌于元祐初应试未第，以布衣终其身；熙丰中，陈师道因"王氏（安石）经学盛行"而"心非其说，遂绝意进取"①，元祐初因苏轼荐举才入仕途。他们的入仕时间与行辈，较王安石、苏轼皆晚，入仕后亦皆位卑职微，所以未能，也难以因政见国事与苏轼在政治上结党而进入熙丰新法之争的旋涡。"苏门"的缘起，主要是文事而非国事。但这不等于说"苏门诸子"无政治见解和立场，他们先后以文为贽，汇入"苏门"，为相同的政治倾向所驱使，是在党同伐异、无容游骑无归的政治分野中的一种自觉的选择。"苏门"的确立，则是新旧两党势力彼此消长的结果。

如果说"苏门"确立的标志是"苏门四学士"这个特定称呼的出现，那么其赖以确立的重要契机是"元祐更化"之治和苏轼的重新还朝。若无这个契机，就不可能化成"苏门四学士"或"苏门六君子"之实，元祐期间，苏轼与门下士黄庭坚等人的交游之欢和诗艺切磋，也就无从谈起。就在朝的"苏门四学士"而言，他们步入元祐时期的新旧党争，成为"一色元祐"②，与苏轼的师友关系固然是一个重要的条件，但这属于外部条件，更主要的是以自己的心声和言行自觉地塑造了元祐党人的形象。黄庭坚《仁宗皇帝御书记》论述"祖宗之治"的原因时云："窃尝深求太平之源，而仁祖在位时，未尝出奇变古，垂衣拱手……"③这篇作于元祐年间的记文，道出了其自觉履行"更化"之治的思想根源，也是他以检讨官的身份，与晁补之、秦观、张耒等其他元祐史官"以私意去取"神

---

① 脱脱等：《宋史》卷四四四《陈师道传》，第13115页。
② 吴坰：《五总志》，《全宋笔记》第37册，第287页。
③ 黄庭坚：《仁宗皇帝御书记》，《黄庭坚全集》正集卷一六，第2册，第421页。

宗朝的变法历史，"止是尽书王安石过失，以明非神宗之意"的思想基础。①这也充分说明了"苏门"的确立，与政见国事密不可分。《朱子语类》卷一三〇载：

> 先生看《东都事略》。文蔚问曰："此文字如何？"曰："只是说得个影子。适间偶看《陈无己传》，他好处都不载。"问曰："他好处是甚事。"曰："他最好是不见章子厚，不著赵挺之绵袄……"②

关于陈师道不肯穿赵挺之的棉袄的原因与经过，同卷有详细的说明："陈后山与赵挺之、邢和叔为友婿，皆郭氏婿也。后山推尊苏、黄，不服王氏，故与和叔不协。后山在馆中，差与南郊行礼。亲戚谓其妻曰：'登郊台，率以夜半时，寒不可禁，须多办绵（棉）衣。'而后山家止有一裘，其妻遂于邢家借得一裘以衣。后山云：'我只有一裘，已著，此何处得来？'妻以实告。后山不肯服，亟令送还，竟以中寒感疾而卒。或曰：'非从邢借，乃从赵借也。'故或人祭文有云'囊无副衣'，即谓此也。"③赵挺之、邢恕是王安石新党中人，与陈师道是连襟，但陈师道因推尊苏、黄，不服王安石而拒穿赵挺之的棉袄，结果中寒感疾，命归黄泉。朱熹认为这与不见

---

① 说详第四章第一节。按：黄庭坚虽然"以私意去取"王安石的变法历史，但对王安石本人却有相当高的评价。如其《跋王荆公禅简》云："余尝熟观其风度，真视富贵如浮云，不溺于财利酒色，一世之伟人也。莫年小诗，雅丽精绝，脱去流俗，不可以常理待之也。"（《黄庭坚全集》正集卷二六，第2册，第628—629页）。这是应予以注意的一面。
② 黎靖德编：《朱子语类》卷一三〇，第3121页。
③ 黎靖德编：《朱子语类》卷一三〇，第3121—3122页。

章惇是陈师道的"最好"表现,也得到了后世论者的称赏叫好。实际上,这是在文人士大夫党同伐异下情绪化、意气化在陈师道身上的表现,是文人的政治分野带来的悲剧。绍圣以后,"四学士"因"一色元祐"而遭贬逐和流放,给他们的文学创作带来了新变,为北宋文学史画上了新的一笔(详见第六章),而作为"江西诗派"的"三宗"之一,陈师道因意气化而过早地结束了自己的生命和创作,则不能不说是北宋文学史上的一个损失。

第三节　黄庭坚与"江西"诗人群

在北宋,自"欧门"文人群形成以后,又出现了三个最为重要的文人群体:一是王安石与新党文人群,二是苏轼与"苏门诸子",三是黄庭坚与"江西"诗人群。三者呈更替发展与递相演变之势,王安石与苏轼原属"欧门"中人,嗣后各辟一门,引众多文人分入其中,黄庭坚则又自苏门外再添疆宇,形成了"江西"诗人群,并成就了有宋一代最为盛大的"江西诗派",而"江西"诗人群同样是在新旧党争造成的文人政治分野的背景下形成的。

绍圣哲宗亲政,起用新党,贬斥元祐党人。自此以后的三十余年间,政坛主要由新党把持。至徽宗即位,蔡京擅政,新党已全面发生质变,其对元祐党人的打击,亦变得空前严厉和残酷。在此期间的作家,大致可分为"在朝"与"在野"两大群体。"在朝"的作家群,始由被元祐党人贬逐斥的熙丰新党人物组成,还包括了熙丰间主新法而位卑职微的作家如周邦彦等,后来蔡京的诸多门生如叶梦得、李光成了这一时期新党文人群中的后起之秀。其中,在"政(和)、宣(和)风流"之一的词坛上独领风骚的人物周邦彦,他在词体创作上取得了杰出的艺术成就。元丰间,周邦彦因作《汴都赋》、赞颂新法而受到神宗的赏识和擢拔,元符元年(1098),哲宗又命其重进《汴都赋》,由国子监主簿迁为秘书省正字;徽宗时,又得到了重用,至政和六年(1116),入为秘书监,进徽猷阁待制,提举大晟府。周邦彦曾作《田子茂墓志铭》,称颂新党元老吕惠卿,而斥元祐党魁之一范纯粹为"奸臣"①,政治态度十分鲜明,并不像王国维所说的"于熙宁、元祐两党,均无依附"②,其政治生涯与宦海沉浮,与新旧党争有着密切的联系。自绍圣以后,新党不仅日渐发生质变,其内部的相互倾轧较元祐时期蜀、洛、朔三党之争更为激烈,并成为营私的手段。这时期的新党文人群,亦相当复杂。周邦彦晚年就倦于其所属的新党内部的明争暗斗,取《世说新语·赏誉》所载晋山涛"清真寡欲,万物不能移"③之语意,自号"清真居士",摆脱纷争,洁身自好。但他们的政治立场是倾向于新党,与"在野"的文士判若泾渭。"在野"的文人中,阵容较大并具有文学流派性质的,是黄庭坚与"江西"诗人群。

黄庭坚与"江西"诗人群又可称为"江西诗派"。"江西诗派"正式命名,始于吕本中的《江西诗社宗派图》。胡仔云:"吕居仁(本中)近时以诗得名,自言传衣江西,尝作《宗派图》,自豫章(黄庭坚)以降,列陈师道、潘大临、谢逸、洪刍、饶节、僧祖可、徐俯、洪朋、林敏修、洪炎、汪革、李錞、韩驹、李彭、晁冲之、江端本、杨符、谢薖、夏傀(倪)、林敏功、潘大观、何觊、王直

---

① 周邦彦著,罗忼烈笺注:《清真集笺注》,第566页。
② 王国维:《清真先生遗事·尚论三》,引自周邦彦著,罗忼烈笺注《清真集笺注》,第592页。
③ 刘义庆撰,徐震堮著:《世说新语校笺》卷中,第231页。

方、僧善权、高荷,合二十五人以为法嗣,谓其源流皆出豫章也。其《宗派图序》数百言,大略云'唐自李、杜之出,焜耀一世,后之言诗者,皆莫能及。至韩、柳、孟郊、张籍诸人,激昂奋厉,终不能与前作者并。元和以后至国朝,诗歌之作或传者,多依效旧文,未尽所趣。惟豫章始大出而力振之,抑扬反覆,尽兼众体,而后学者同作并和,虽体制或异,要皆所传者一,予故录其名字,以遗来者'。"[1]明显具有为"江西诗派"树名扬帜之意。但关于《宗派图》的作年,说法不一。据范季随《陵阳先生室中语》,吕本中自称"乃少时戏作"。吕本中生于神宗元丰七年(1084),卒于高宗绍兴十五年(1145),享年六十一岁。若"乃少时戏作",当在徽宗崇宁前后。而孙觌《西山老文集序》则云:"元祐中,豫章黄鲁直独以诗鸣。当是时,江右之学诗者皆自黄氏。至靖康、建炎间,鲁直之甥徐师川、二洪(原注:驹父、玉父),皆以诗人进居从官大臣之列,一时学士大夫向慕,作为江西宗派,如佛氏传心,推次甲乙,绘而为图,凡挂一名其中,有荣耀焉。"[2]吴曾认为作于绍兴三年(1133,详后),与孙觌所言基本相同。至今尚无定说。据莫砺锋考,该图作于崇宁元年(1102)或二年(1103),即吕本中十八或十九岁时[3],孙鲲则认为莫文证据不力,不足以推翻孙觌、吴曾作于南渡初年之说。[4]但不管《宗派图》是作于崇宁初还是南渡初,以黄庭坚为"初祖"的"江西诗派",自绍圣以后逐渐形成,却为诗坛事实。吴坰《五总志》云:

---

[1] 胡仔:《苕溪渔隐丛话》前集卷四八,第327—328页。
[2] 孙觌:《西山老文集序》,《全宋文》卷三四七六,第160册,第318页。
[3] 莫砺锋:《吕本中〈江西诗社宗派图〉考辨》,《文史》第26辑,第293—302页。
[4] 孙鲲:《〈江西诗社宗派图〉写作年代献疑》,《九江师专学报》1991年第4期,第38—41页。

> 山谷老人自丱角能诗。……至中年以后，句律超妙入神，于诗人有开辟之功，始受知于东坡先生，而名达夷夏，遂有"苏黄"之称。坡虽喜出我门下，然胸中似不能平也，故后之学者因生分别。师坡者萃于浙右，师谷者萃于江右。以余观之，大是云门盛于吴，临济盛于楚。云门老婆心切，接人易与，人人自得，以为得法，而于众中求脚根点地者，百无二三焉。临济棒喝分明，勘辩极峻，虽得法者少，往往崭然见头角，如徐师川、余荀龙、洪玉父昆弟、欧阳元老，皆黄门登堂入室者，实自足以名家。噫，坡、谷之道，一也，特立法与嗣法者不同耳。彼吴人指楚人为江西之流，大非公论。①

吴坰仕履不详，据其《五总志》自序："建炎庚戌上巳前一日，避地无诸城，书于萧寺之道山亭。"②建炎是南渡后高宗的第一个年号，凡四年；又据该书所记，吴坰幼时曾亲见山谷。故其所载"彼吴人指楚人为江西之流"之说，当在南渡以前早已流行。但苏轼因与门下弟子黄庭坚齐名而"胸中似不能平"云云，则显系传闻，不足为信。吴坰的这段文字除了指出"师坡者萃于浙右，师谷者萃于江右"外，还提供了不见于《江西诗社宗派图》的两位江西诗人：余荀龙、欧阳元老。余荀龙，名爽，余良肱之子，洪州分宁人，绍圣中，"章惇憾爽不附己，乃摘其言为谤讪，以瀛州防御推官除名，窜封州"，崇宁中，与其兄卞"俱入党籍"③。苏轼自海南北归时作

---

① 吴坰：《五总志》，《全宋笔记》第37册，第300—301页。
② 吴坰：《五总志》，《全宋笔记》第37册，第281页。
③ 脱脱等：《宋史》卷三三三《余良肱传》附，第10717页。

《与欧阳元老》书,中及欧阳修族人欧阳晦夫①,想欧阳元老亦其族,为庐陵人。黄庭坚《与欧阳元老书》云:"寄示东坡岭外文字,今日方暇遍读,使人耳目聪明,如清风自外来也。"②据此知元老于苏轼谪居岭南期间,曾为苏、黄起过联络作用;又《跋欧阳元老诗》,谓其诗"入陶渊明格律,颇雍容,使高子勉(荷)追之或未能。然子勉作唐律五言数十韵,用事稳贴,置字有力,元老亦未能也"③,则又指出了元老异于另一"江西"诗人高荷的诗风特征。

不过,《五总志》所指江西诗人徐俯、四洪兄弟及余爽、欧阳元老等,主要来自江右,限于江西一域,而《江西诗社宗派图》所列,则不完全是江西籍,它以"江西"命名,已突破了江西这个地域界,因而招致后人异议,清李树滋便认为:"异哉!吕居仁之作《江西诗派图》也,吾不知其去取之意云何。……陈师道彭城人,韩驹陵阳人,潘大临黄州人,夏倪、二林蕲州人,晁冲之、江端本、王直方开封人,祖可京口人,高荷京西人,其不皆江西人也明矣。如不定以江西人为例,则同时秦少游亦为吴人,日与山谷唱和,胡不入派?如必以江西人为例,则同时曾文清赣人,又与居仁以诗往还,胡以又不入派?择焉不精,语焉不详,欲免后人之异议,难矣。"④又据《云麓漫钞》卷一四:"议者以谓陈无已(己)为诗高古,使其不死,未必甘为宗派。若徐师川则固尝不平曰:'吾乃居行间乎?'韩子苍云:'我自学古人。'均父又以在下为耻。

---

① 苏轼:《与欧阳元老》,《苏轼文集》卷五八,第1756页。
② 黄庭坚:《与欧阳元老书》,《黄庭坚全集》正集卷一八,第2册,第469页。
③ 黄庭坚:《跋欧阳元老诗》,《黄庭坚全集》正集卷二五,第2册,第669页。
④ 李树滋:《石樵诗话》卷一,转引自傅璇琮编《黄庭坚和江西诗派资料汇编》卷下,第467页。

不知居仁当时果以优劣铨次，而姑记姓名？而纷纷如此，以是知执太史之笔者，戛戛乎难哉！"①诚如异议者所云，《江西诗社宗派图》所列诗人不够全面，其"推次甲乙"亦不尽合理，但反映了"江西诗派"的基本队伍和面貌。

（一）"江西"诗人群的主干与诗风趋尚

陈师道《赠鲁直》诗云："陈诗传笔意，愿立弟子行。"②但陈师道与黄庭坚同属"苏门六君子"，真正属于黄庭坚亲传且为后学者，主要有徐俯师川、洪朋龟父、洪刍驹父、洪炎玉父、洪羽鸿父、王直方立之和潘大临邠老。四库全书本《山谷集》载有《与徐师川书》八首、《跋所写近诗与徐师川》一首、《与洪驹父》九首、《与洪氏四甥》五首、《与王立之》四首、《与王立之承奉帖》六首、《与潘邠老手书》三首、《与潘邠老帖》五首。一徐四洪乃黄庭坚甥（洪羽未入《江西诗社宗派图》），王直方曾从陈师道游，陈师道《寄答王直方》诗云："人情校往复，屡勉终不近。新诗已经年，知子不我怨。"③潘大临"蚤得诗律于东坡，盖天下奇才"④。但两人皆师事山谷，得山谷亲传。在上列诸书中，黄庭坚对他们说如何做人读书，如何创作，或对他们所取得的成就奖掖不已，对存在的不足严加指正。如《与王立之》，其三："小诗若能令每篇不苟作，须有所属乃善。"其四："若欲作楚词追配古人，直须熟读楚词，观古人用意曲折处讲学之，然后下笔。"⑤《与潘邠老帖》其三："子瞻

---

① 赵彦卫：《云麓漫钞》卷一四，第244页。
② 陈师道：《赠鲁直》，《后山诗注补笺·后山逸诗笺》卷上，第486页。
③ 陈师道：《寄答王直方》，《后山诗注补笺》卷四，第138页。
④ 黄庭坚：《书倦壳轩诗后》，《黄庭坚全集》正集卷二七，第2册，第742页。
⑤ 黄庭坚：《与王立之》其三、其四，《黄庭坚全集》外集卷二一，第3册，第1370—1371页。

论作文法,须熟读《檀弓》,大为妙论,请试详读之,如何……"①《与洪驹父》其四:"切希勤吏事,以其余从事于文史,常须读经书,味古人经世之意,宁心养气,累九鼎以自重。乃所望于甥者。一日克己,天下归仁焉,无患人不知也。潘邠老聪明强敏,相从以讲学为事,乃佳耳。"②这些表明,对于徐、洪、潘、王诸人,黄庭坚既有谆谆教诲,又表现出严肃的人生态度,堪称"黄门诸子";而黄庭坚与"黄门诸子"同时又是"江西诗派"得以形成的一支基本队伍。

组成"江西"诗人群的另一主干,是吕希哲门下士。吕祖谦《书伯祖紫微翁赠青溪先生子诗后》云:"临川耆旧汪(革,字信民)、谢(逸,字无逸;薖,字幼槃)、饶(节,字德操),皆出荥阳公之门。"③晁说之《汪信民哀辞》,亦谓汪革"以师席处元明,若幼童之仰严师然"④。吕本中《师友杂志》云:"谢无逸因汪信民(革)献书荥阳公,致师事之礼。"⑤荥阳公即吕希哲,字元明,吕本中祖父。其先吕蒙正、吕夷简、吕公著,三代为相,祖籍洛阳,为中原衣冠之族,后居安徽寿州。吕公著为元祐党魁之一,他当国时,倚程颐为"智多星",遇事必请教之(见前文)。其子希哲又入"程门",《宋史》卷三七六《吕本中传》:"祖希哲师程颐,本中闻见习熟。少长,从杨时、游酢、尹焞游……"⑥杨时、游酢和尹

---

① 黄庭坚:《与潘邠老帖》其三,《黄庭坚全集》别集卷一九,第3册,第1887页。
② 黄庭坚:《与洪驹父》其四,《黄庭坚全集》外集卷二一,第3册,第1367页。
③ 吕祖谦:《书伯祖紫微翁赠青溪先生子诗后》,《全宋文》卷五八八二,第261册,第274页。
④ 晁说之:《汪信民哀辞》,《全宋文》卷二八二〇,第130册,第352页。
⑤ 吕本中:《师友杂志》,《吕本中全集》,第1078页。
⑥ 脱脱等:《宋史》卷三七六《吕本中传》,第11635页。

焞为"程门"大弟子，是两宋之交理学的重要传人。以此观之，汪革、谢逸、谢薖、饶节和吕本中，都可称为程颐的再传弟子。但吕本中借故人语曰："吕家三相盛天朝，流泽于今有凤毛。世业中微谁料理？却收才具入风骚。"①则道出了自己已出入于"风骚"之间。其《师友杂志》又云："崇宁初，予家宿州，汪信民为州教授，黎确介然初登科，依妻家孙氏居。饶德操亦客孙氏，每从予家游。三人者，尝与予及亡弟㧑中由义会课，每旬作杂文一篇，四六表启一篇，古、律诗一篇。旬终会课，不如期者罚钱二百。"②指出了自己与汪革诸人尚理学的同时，"却收才具入风骚"的具体实践；而其"风骚"主要推崇苏轼和黄庭坚。所以，朱熹《答吕伯恭》云："向见正献公家传语及苏氏，直以浮薄谈目之，而舍人丈（本中）所著《童蒙训》，则极论诗文必以苏、黄为法，尝窃叹息，以为若正献、荥阳，可谓能恶人者，而独恨于舍人丈之微旨有所未喻也。"③对吕本中出入苏、黄文学之门表示不满。崇宁元年（1102），黄庭坚在给徐俯的信中云："自东坡、秦少游、陈履常之死，常恐斯文之将坠。不意复得吾甥，真颓波之砥柱也。"④对于徐俯的诗歌，吕本中亦钦佩之至，其《徐师川挽诗三首》，其一曰："江西人物胜，初未减前贤。独公为举首，人谁敢比肩。"其三："念昔从耆旧，公知我独深。意犹如昨日，爱不减南金。抚事思前作，于时愧

---

① 吕本中：《紫微诗话》，何文焕辑《历代诗话》，第365页。
② 吕本中：《师友杂志》，《吕本中全集》，第1078页。
③ 朱熹：《答吕伯恭》，《全宋文》卷五四八七，第245册，第163页。
④ 黄庭坚：《与徐师川书》其二，《黄庭坚全集》正集卷一九，第2册，第430页。

凤心。素琴理旧曲，无复有知音。"①但其《师友杂志》却载政和初谢逸语："当今之世，主海内文盟者，惟吾弟一人而已。"②并"自言传衣江西"，而作《宗派图》，自视"今世"文坛盟主。这也许是徐俯、韩驹等人不满此图的原因所在。其实，这既说明了在作为"风骚"者的吕希哲门人中，吕本中是个核心人物；又与黄庭坚称徐俯为文坛"砥柱"相似，是继承了欧阳修、苏轼等一向提倡的"要使一时之文，有所宗主"的思想，是对文学结盟引导和统率整个文学发展之作用的认同，体现了使文学发展保持连续性和后继力的责任感和使命感。周必大《跋抚州邹虑诗》云："临川自晏元献公、王文公主文盟于本朝，由是诗人项背相望，……南渡以来，又得寓公韩子苍、吕居仁振而作之，四方传为盛事。"③指的亦是这个意思。

不仅如此，以黄庭坚与"黄门诸子"、吕希哲门下士与吕本中为主干的"江西"诗人群，还表现出大致相同的诗风趋尚。杨万里《江西宗派诗序》指出："江西宗派诗者，诗江西也，人非皆江西也。人非皆江西，而诗曰江西者何？系之也。系之者何？以味不以形也。东坡云：'江瑶柱似荔子。'又云：'杜诗似太史公书。'不惟当时闻者哄然，阳应曰诺而已，今犹哄然也。非哄然者之罪也，舍风味而论形似，故应哄然也，形焉而已矣。高子勉不似二谢，二谢不似三洪，三洪不似徐师川，师川不似陈后山，而况似山谷乎？味

---

① 吕本中：《徐师川挽诗三首》，《东莱诗集（下）》卷一九，《吕本中全集》，第1618—1619页。
② 吕本中：《师友杂志》，《吕本中全集》，第1078页。
③ 周必大：《跋抚州邹虑诗》，《全宋文》卷五一三三，第230册，第431页。

焉而已矣。"①所谓"诗江西",就是指师尚山谷,"味"主要指诗风趋尚或创作精神。杨万里认为异议"人非皆江西而诗曰江西者",是重"形"忘"味"的表现,是颇具见地的。崇宁贬谪黔州期间,黄庭坚在答其甥洪刍的两封信中指出:

> 老夫绍圣以前,不知作文章斧斤,取旧所作读之,皆可笑。绍圣以后,始知作文章,但已老病,惰懒不能下笔也。外甥勉之,为我雪耻。《骂犬文》虽雄奇,然不作可也。东坡文章妙天下,其短处在好骂,慎勿袭其轨也。
>
> 所寄《释权》一篇,词笔纵横,极见日新之效。更须治经,探其渊源,乃可到古人耳。《青琐祭文》,语意甚工。但用字时有未安处。自作语最难,老杜作诗,退之作文,无一字无来处,盖后人读书少,故谓韩、杜自作此语耳。古之能为文章者,真能陶冶万物,虽取古人之陈言入于翰墨,如灵丹一粒,点铁成金也。文章最为儒者末事,然既学之,又不可不知其曲折,幸熟思之。至于推之使高如泰山之崇,崛如垂天之云,作之使雄壮如沧江八月之涛,海运吞舟之鱼,又不可守绳墨,令俭陋也。②

这是北宋文学批评史上著名的文章,常为后人引用,作为研究黄庭坚文学思想的重要依据。文中否定"好骂"的创作风气,主张在取古人陈言,"点铁成金"的基础上,力求"陶冶万物"的"自

---

① 杨万里:《江西宗派诗序》,《杨万里集笺校》卷七九,第3230—3231页。
② 黄庭坚:《答洪驹父书》其二、其三,《黄庭坚全集》正集卷一八,第2册,第474—475页。

作语",从而达到入乎"曲折""绳墨"——规矩法度之中,又能如"泰山之崇""沧江八月之涛"——出乎法度之外的艺术至境,而达到这一至境的途径是读书治经,"探其渊源"。在《与徐师川书》中,黄庭坚认为徐诗"未至者"的根本原因,在于"探经术未深,读老杜、李白、韩退之诗不熟耳"[①];一旦读到徐俯《上蓝庄》诗,便说"词气甚壮,笔力绝不类年少书生,意其行己读书"[②]。但这不是黄庭坚一以贯之的文学观,而是绍圣以来党祸联结、大狱屡兴、遭贬处穷的背景下形成的,是儒家诗学在党争中遭破坏后的一种重建,体现了在动辄以"文字"得罪的政治环境中忧谗畏讥的心理。吕本中《童蒙训》卷下云:"崇宁间饶德操节、黎介然确、汪信民革,同寓宿州,论文会课,时时作诗……诋及时事者。荥阳公闻之,深不以为然。时公疾病方愈,为作《麦熟》、《缲丝》等曲诗,歌咏当世,以讽止饶、黎诸公。诸公得诗惭惧,遽诣公谢,且皆和公诗,如公之意,自此不复有前作矣。"[③]吕希哲对门下士作诗"诋及时事者","深不以为然"而"讽止"之,与黄庭坚诫其甥作文不可"好骂"同出一揆。而上述黄庭坚的文学思想,既是他绍圣被贬后诗歌创作的主要追求和诗风特征,又是"江西诗派"崇尚"活法"的开端,亦即黄庭坚以后的"江西"诗人取"味"遗"形"的主要表现。吕本中《夏均父集序》云:

  学诗当识活法。所谓活法者,规矩备具,而能出于规矩之

---

① 黄庭坚:《与徐师川书》其一,《黄庭坚全集》正集卷一九,第2册,第479页。
② 黄庭坚:《题所书诗卷后与徐师川》,《黄庭坚全集》正集卷二五,第2册,第601页。
③ 吕本中:《童蒙训》卷下,《吕本中全集》,第1000页。

外。变化不测,而亦不背于规矩也。是道也,盖有定法而无定法,无定法而有定法。知是者则可以与语活法矣。谢玄晖有言:"好诗转圆,美如弹丸。"此真活法也。近世惟豫章黄公,首变前作之弊,而后学者知所趋向,毕精尽知,左规右矩,庶几至于变化不测。①

据吴曾《能改斋漫录》卷一〇"江西宗派"条:"蕲州人夏均父,名倪,能诗,与吕居仁相善。既没六年,当绍兴癸丑二月一日,其子见居仁岭南,出均父所为诗,属居仁序之。序言其本末尤详。已而居仁自岭外寄居临川,乃绍兴癸丑之夏。因取近世以诗知名者二十五人,谓皆本于山谷,图为《江西宗派》,均父其一也。然则居仁作《宗派图》时,均父没已六年矣。予近览赣州所刊《百家诗选》,其序均父诗,因及宗派之次第。且云:'夏均父自言,以在下列为耻。'殊不知均父没已六年,不及见图。斯言之妄,盖可知矣。"②绍兴癸丑即绍兴三年(1133),为南渡后的第七个年头。吕本中《跋谢幼槃文集》,自谓该年秋"自岭外北还,过临川"③;其《答钱逊叔》诗又云:"一坐临川已三月。"④据此,吴曾所记绍兴三年(1133)吕本中行迹,确切无误,对《江西诗社宗派图》的写作时地和缘起,亦言之凿凿。这就是说,"活法"是对"江西"诗人群"本于山谷"的创作实践的理论概括,是吕本中作《宗派

---

① 引自刘克庄:《江西诗派总序》"吕紫微"条,《刘克庄集笺校》卷九五,第4030—4031页。
② 吴曾:《能改斋漫录》卷一〇,《全宋笔记》第37册,第9页。
③ 吕本中:《跋谢幼槃文集》,《吕居仁文辑》,《吕本中全集》,第1779页。
④ 吕本中:《答钱逊叔》,《东莱诗集(下)》卷一四,《吕本中全集》,第1508页。

图》，为之树旗扬帜的理论依据。与此同时，由于黄庭坚主张"点铁成金"，既有"绳墨"规矩又不为"绳墨"所囿，"规矩备具"而又要"变化不测"，是一种非大手笔不能至的境界，所以"后学者"在规模山谷时，出现了入乎规矩而不能出的弊端。吕本中《童蒙训》"作诗不应只规模古人"条云："近世人学老杜多矣，左规右矩，不能稍出新意，终成屋下架屋，无所取长。独鲁直下语，未尝似前人，而卒与之合……"[①]学老杜而至于"屋下架屋，无所取长"，就是指"近世人"学山谷而不能及、"规矩"有余而"变化"不足之弊。南渡初年，吕本中再倡"活法"，亦有鉴于此。

若按现代有组织、有纲领、有宣言的文学流派的标准衡量，"江西诗派"也许称不上一个文学流派，但与以往在创作上追求不同、风格各异的文人集团如苏轼与"苏门诸子"相比，"江西"诗人群有了自己的鲜明特征，即"本于山谷"、主张"活法"，具有了共同的诗风趋尚。而其"活法"理论的形成，和以黄庭坚及"黄门诸子"、吕希哲门人及吕本中为主干的"江西"诗人群的出现，则皆与党争密切相关，都浓烈地折射出朋党政治的色彩。

(二)"江西"诗人的群体关系与政治倾向

《江西诗社宗派图》所列二十五人加上吕本中，近半数非江西籍，但在以黄庭坚与"黄门诸子"、吕希哲门下士与吕本中为主干形成的"江西"诗人群中，不仅有亲属和师友关系，还有"相亲如骨肉"的忘年之交。对此，《师友杂志》记载颇详。这里不妨先举数例，以见其一斑。

---

① 吕本中：《童蒙训》辑佚，《吕本中全集》，第1041页。

饶节，字德操，谢逸，字无逸，俱临川人。少皆有志节，相与友善。德操才高，而无逸学博。二人所为诗文，一时称重，不能优劣也。德操早去乡里，至黄州，从潘大临邠老游，后游京师。元符间，客知枢密院曾布子宣家，子宣遇之极厚。上皇（徽宗）既践阼，稍收用旧人（元祐党人）。德操上子宣书，请引用苏子瞻、黄鲁直诸公，不能，即辞去。崇宁初，客宿州，从予父祖（希哲）游。后往邓州，荥阳公使之见香岩智月师，遂悟道祝发，更名如璧。后游江淮间，与予家数相遇，相亲如骨肉也。无逸浮湛里间，虽甚困，然未尝少屈。汪革信民，少饶、谢数岁，平生敬事二人如亲父兄。

夏倪均父，先名侔，少能文乐善，其妻又贤，使均父多从贤士大夫游。饶德操每依均父，如家也。后德操作僧，所度弟子，皆令均父诸子联名。

徐俯师川，少豪逸出众，江西诸人皆从服焉。崇宁初，见予所作诗，大相称赏，以为尽出江西诸人右也。其乐善过实如此。

晁冲之叔用，文元之后。少颖悟绝人，其为诗文，悉有法度。大观后，予至京师，始与游，相与如兄弟也。[1]

"江西诗派"是两宋为时最长、阵容最大的一个文学流派，绍圣以后至南渡初年，是其形成时期。在这三十余年的形成过程中，其作家虽非皆江西人，相互之间又辈分不同，少长有别，但过从甚密，相濡以沫，有的还"相亲如骨肉""如亲父兄""如兄弟"，同

---

[1] 吕本中：《师友杂志》，《吕本中全集》，第1077—1079页。

命运，共甘苦。这是该派早期群体关系的一个显著特征。而这个特征的形成，则基于绍圣以后的朋党政治。换言之，党争造成文人士大夫在政治上的分野，是促成前期"江西"诗人群体关系的基本要素。吕希哲门下士饶节初依元符新党曾布，但因上书"请引用苏子瞻、黄鲁直诸公，不能，即辞去"，甚至祝发为僧，明显地体现了倾向元祐党人的政治立场。又晁说之《次韵师川郎中寄墨长句》云："人人垂首相公前，独子低眉古简编。江上新咏何慷慨，世间旧恨细穷研。"①在士人纷纷趋附执政党新党党魁之际，徐俯则耽于"古简编"，其根本原因并非为了恪守其舅黄庭坚的读书治经、"深其渊源"之教诲，而在于"世间旧恨"，愤恨新党东山再起后残酷迫害元祐党人的政治斗争。

新党自绍圣重新执政后，极其迫害元祐党人与倾向元祐党人者之能事，先是绍圣、元符新党做报复性的打击，其手段主要有炮制文字狱、"编类元祐臣僚章疏"和成立"管勾看详诉理所"。炮制文字狱一途，第四章已述之。"编类元祐臣僚章疏"，就是对"自元丰八年五月以后至元祐九年四月十一日终，臣僚章疏及申请事件逐名编类，修写成册"②，据以论罪，事在绍圣四年（1097）三月，其建议者和具体操作者均为中书舍人，同修国史蹇序辰。《宋史》卷三二九《蹇序辰传》云：

疏言："朝廷前日正司马光等奸恶，明其罪罚，以告中外。惟变乱典刑，改废法度，讪谤宗庙，睥睨两宫，观事考言，实

---

① 晁说之：《次韵师川郎中寄墨长句》，《全宋诗》卷一二一二，第21册，第13816页。
② 李焘：《长编》卷四八五"绍圣四年四月丁酉"条，第11534页。

状彰著。然踪迹深秘，包藏祸心，相去八年之间，盖已不可究质。其章疏案牍，散在有司，若不汇缉而藏之，岁久必致沦弃。愿悉讨奸臣所言所行，选官编类，人为一帙，置之一府，以示天下后世大戒。"遂命序辰及徐铎编类。由是缙绅之祸，无一得脱者。迁礼部尚书，与安惇看详诉理事。①

塞序辰此疏又载《续资治通鉴长编拾补》卷一四"绍圣四年三月壬午"，该条注引陈桱《通鉴续编》云："章惇遣吕升卿、董必察访岭南，将尽杀流人，帝曰：'朕遵祖宗遗志，未尝杀戮大臣，其释不治。'章惇志不快。于是中书舍人塞序辰上疏云云。"②则说明了编类元祐臣僚批评新法、攻伐新党之章疏的背景与目的，是进一步打击绍圣以来已经被贬逐的元祐党人，以及严惩在清除旧党人物过程中的漏网者，故"由是缙绅之祸，无一得脱者"。所谓"看详诉理事"，即指"管勾看详诉理所"。《长编》卷四九九"元符元年六月壬寅"条：

> 御史中丞安惇言："伏思神宗皇帝圣明妙用，固非当世俗儒之所能窥测，至于励精图治，明审庶狱，天下莫不知之。而元祐之初，陛下未亲政事，奸臣乘时议置诉理所，凡得罪于元丰之间者，咸为雪除。归怨先朝，收恩私室，意者呼吸罪党，用为己助。未审当时有司如何理雪，傥出奸意，不可不行改正。欲乞朝廷差官，将元祐中诉理所一宗公案看详，如合改

---

① 脱脱等：《宋史》卷三二九《塞序辰传》，第10606页。
② 黄以周等辑注：《续资治通鉴长编拾补》卷一四"绍圣四年三月壬午"条，第566页。

第五章　北宋党争与文人的分野

正,即乞申明得罪之意,复依元断施行。"诏蹇序辰、安惇看详,内元状陈述及诉理所看详语言,于先朝不顺者,其职位、姓名,别具以闻。①

元祐"诉理所"是元祐元年(1086)闰二月,由三省提出而设立的,旨在为熙丰时期因反对新法而被问罪的命官、诸色人昭雪平反,从而"呼吸罪党",扩大"元祐更化"的影响和阵营,其受理进状时间长达一年之久。②元符新党仿效元祐党人而成立"管勾看详诉理所",则是为了对被旧党放罪的反变法官员重新治罪。据当时曾布称,置局看详元祐诉理文字后,共"取索到诉理者,凡八百九十七人"③。实际得罪人数,无确切记载,或谓"缘诉理被祸者,凡七八百人"④。同时,元祐负责"诉理所"的刘挚、孙觉、胡宗愈和管勾文字的叶伸、苏嘉、朱光裔、吴俦、陈郛等人,再次受到惩治。⑤

更大规模、更为残酷地迫害政治上的异己分子,是徽宗亲政、蔡京擅政后的"崇宁党禁"。"崇宁党禁"的手段是多种多样的,其中互为表里的全面禁毁"元祐学术"与建立"元祐奸党碑",尤为突出,是自古以来中国政治和文化史上的一大创举。崇宁间,宋廷先后三次立党人碑,第一次在崇宁元年(1102)九月,"籍元祐及

---

① 李焘:《长编》卷四九九"元符元年六月壬寅"条,第11886页。
② 徐松:《宋会要辑稿》职官三之七五,第3092页;李焘:《长编》卷三八四"元祐元年八月辛卯"条,第9368—9369页。
③ 李焘:《长编》卷四九九"元符元年六月壬寅"条,第11887页。
④ 李焘:《长编》卷四九九"元符元年六月壬寅"条,第11886页。
⑤ 李焘:《长编》卷五〇七"元符二年三月己未"条,第12079页。

元符末宰相文彦博等、侍从苏轼等、余官秦观等、内臣张士良等、武臣王献可等凡百有二十人，御书刻石端礼门"①。第二次在崇宁二年（1103）九月。《长编纪事本末》卷一二一《禁元祐党人上》：

> （崇宁二年九月）臣像上言："近出使府界陈州，士人有以端礼门石刻元祐奸党姓名问臣者。其姓名，朝廷虽尝行下，至于御笔刻石，则未尽知也。陛下孚明赏罚，奸臣异党，无问存没，皆第其罪恶，亲洒宸翰，纪名刊石，以为天下臣子不忠之戒。而近在畿内辅郡，犹有不知者，况四远乎？欲乞特降睿旨，具列奸党，以御书刊石端礼门姓名下，外路州军，于监司、长吏厅立石刊记，以示万世。"从之。②

不知何故，这次在全国各地所立"元祐奸党碑"，人数与崇宁元年刻石于端礼门者不同，为九十八人。第三次在崇宁三年（1104）六月。这次籍定的党人，还包括了绍圣、元符新党党魁章惇、曾布及元符末上书入"邪等"者，凡三百零九人。其中"文臣曾任宰臣执政官"司马光、文彦博、吕公著、曾布等二十七人；"曾任待制以上官"苏轼、孔文仲、刘安世、朱光庭等四十九人；"余官"黄庭坚、秦观、张耒、晁补之、程颐等一百七十七人；"武臣"张巽、李备等二十五人；"内臣"梁惟简、陈衍等二十九人；"为臣不忠曾任宰臣"的王珪、章惇刊之石，置于文德殿门之东壁，"永为万世子孙之戒"，立于全国诸路州军者，则由蔡京书之。③这

---

① 脱脱等：《宋史》卷一九《徽宗纪一》，第365页。
② 杨仲良：《长编纪事本末》卷一二一《禁元祐党人上》，第2036页。
③ 杨仲良：《长编纪事本末》卷一二二《禁元祐党人下》，第2053—2058页。

实际上是蔡京用以根除一切敌对势力,试图一劳永逸地实行其统治。因而对入籍者的子弟及其血亲进行禁锢,以防"元祐奸党"后继有人,卷土重来,成了蔡京立党人碑的重要组成部分。《长编纪事本末》卷一二一《禁元祐党人上》:

> 诏:"应元祐及元符之末党人亲子弟,不论有官无官,并令在外居住,不得擅到阙下,令开封府界各据地分觉察,如当职官知而不纠,或不用心控缉,遂致容隐,别因事败露者,并重行黜责。其应缘趋附党人、罢任在外指射差遣及得罪停替臣僚,并依党人子弟施行。"①

此诏下于崇宁二年(1103)三月。绍圣章惇执政时,元祐党人子弟虽亦受到株连,然无此规定。此后,宋廷不断下诏,规定禁锢的细则,如:"不得擅到阙下"的对象,扩大到入籍者的父辈与兄弟第三代;党人子弟在地方各州军注授差遣,"并令于所在州依条审量,具官吏保明堪与不堪";其初出官者,"仍验付身,令召保二人依条式声说委保事因,各连家状,一就缴申吏部";对于这部分人在仕途上的晋升,严加控制,"其子并亲兄弟,并与宫观、岳庙差遣。内系选人者,与监当差遣,不得与改官";"宗室不得与元祐奸党人子孙及有服亲为婚姻,内已定未过礼者并改正";②"元祐奸党,五服内亲属不许保明充三卫官。亲勋、翊卫即知同保系籍元祐奸党五服内亲属而不告者处斩"③。这诸多规定,从多方面抑制了

---

① 杨仲良:《长编纪事本末》卷一二一《禁元祐党人上》,第2033页。
② 杨仲良:《长编纪事本末》卷一二一《禁元祐党人上》,第2036—2038页。
③ 杨仲良:《长编纪事本末》卷一二二《禁元祐党人下》,第2059页。

元祐党人的子弟亲属在仕途上获得发展的可能性。

从绍圣到崇宁的十余年间,党禁日趋严厉和残酷,其最终目的,在于使所有的异论者在政治上销声匿迹,以达到为所欲为的独裁统治。崇宁五年(1106)正月,宋廷虽因星变而销毁了布及全国各地的"元祐奸党碑",但以徽宗为支柱,以蔡京为魁首的新党集团,已达到了这一目的。从此以后,至靖康以前的十九年中,宋廷完全处于一边倒的腐朽的政治状态中。同时,在意识形态领域中的"党禁",并没有随着"元祐奸党碑"的销毁而解禁。政和初,韩驹因献颂召试学士院,赐进士出身,除秘书省正字,但"寻坐为苏氏学,谪监华州蒲城县市易务"①。不过,这无法泯灭"在野"士人的对立和愤恨情绪,反而使他们坚定了倾向元祐党人的政治立场。周必大《跋吕居仁帖》云:"紫薇舍人吕十一丈在政和初春秋鼎盛,且方崇尚王氏学,以苏、黄为异端,而手书立身、为学、作文之法乃如此,其师友渊源固有所自,而特立独行之操谁能及之?"②这便是一个显例。

如果说,新旧两党初因政见、始缘国事而分野,而组合,至"元祐更化"开始全面出现情绪化、意气化之争,那么,绍圣尤其是"崇宁党禁"的空前残酷的党同伐异,则导致同我者昌逆我者亡

---

① 脱脱等:《宋史》卷四四五《韩驹传》,第13140页。
② 周必大:《跋吕居仁帖》,《全宋文》卷五一二七,第230册,第329页。按:在北宋末年的政治环境中,元祐党人子弟亦有变节者,如"苏东坡子过、范淳夫子温,皆出入梁师成之门,以父事之",晁补之弟"晁以道后亦附梁师成,有人以诗嘲之曰:'早赴朱张饭,随赓蔡子诗。此回休偃强,凡事且从宜。'"(《朱子语类》卷一三〇,第3119、3122页)。"江西"诗人高荷晚年亦为"童贯客,得兰州通判以死"(《石林诗话》卷中,何文焕辑《历代诗话》,第419页),但这在"江西"诗人群中并不多见,属个别现象,无伤整体形象。

的政局，而且士大夫之间的这种恶性分野，还延伸到了第二代乃至第三代身上。"江西"诗人之间以亲属、师友，乃至"相亲如骨肉"的具有强大的向心力为特征的群体关系，正是在此背景下逐步形成的。

就仕途而言，"江西"诗人群大致可分为入仕和不与仕事二类。前者于南渡以前，或沉沦下僚，或身罹党祸。如：韩驹因师尚苏氏蜀学而坐贬。吕本中"以（曾祖）公著遗表恩，授承务郎。绍圣间，党事起，公著追贬，本中坐焉"①；后因祖父希哲入党籍，又受株连。洪炎"与兄朋、弟刍、羽俱以文词名世，号'四洪'，举进士，为谷城令，坐以兄弟罹元祐党，同贬窜"②。后者或家居，或"出世"，如前文所述谢逸"浮湛乡间"，饶节祝发为僧，又潘大临"被褐而怀才"，终"卧柯丘之林薮"③，晁补之弟冲之，喻汝砺《晁具茨先生诗集序》云："方绍圣之初，天下伟异豪爽绝特之士，离谗放逐，晁氏群从多在党中。叔用于是飘然遗形，逝而去之，宅幽阜、荫茂林于具茨（山）之下。"④无论是前者还是后者，他们在残酷的"党禁"中，无疑都经过了"江上新咏何慷慨，世间旧恨细穷研"的心理历程。就学术思想而言，"江西"诗人群主要出自苏氏蜀学和程氏洛学。蜀、洛两派在元祐时期交相攻讦，形同水火。而"江西"诗人群则多出入于蜀、洛之间，弥合了他们在元祐时期的裂缝。尤其是吕本中，明确熔铸洛、蜀两派，其《童蒙训》"论

---

① 脱脱等：《宋史》卷三七六《吕本中传》，第11635页。
② 陆心源：《宋史翼》卷二七《洪炎传》，第625—626页。
③ 谢薖：《潘邠老哀词》，《全宋文》卷二九四五，第136册，第372页。
④ 喻汝砺：《晁具茨先生诗集序》，《全宋文》卷三八八九，第178册，第5页。

诗文必以苏、黄为法",崇尚蜀学;论学"多正论格言,大抵皆根本经训",不失洛学本色。①崇宁以后,废禁蜀学与洛学是"党禁"的内容之一,亦是蔡京新党集团根除异论、实行独裁统治的重要表现。所以"江西"诗人出于蜀、洛之间,则鲜明地体现了与执政党相对立的政治倾向和立场。因此,不妨说,绍圣以后相似的生活遭遇和心理历程、共同的政治倾向和学术崇尚,是形成"江西"诗人群体关系的内在驱动力。

与此同时,赵构建立南宋政权之初,以"最爱元祐"②相号召,并学张邦昌"尊元祐皇后为宋太后"的做法,"奉元祐太后如东南",又"更号元祐太后为隆祐太后"。③建炎三年(1129)四月,"太后下诏还政,皇帝复大位。帝还宫,与太后御前殿垂帘,诏尊太后为隆祐皇太后"④。所谓"隆祐",就是指隆兴元祐学术与政事。因此,包括熙宁王安石在内的新党及新学、新法被视为"靖康之乱"的根源而遭全盘否定,元祐党人及其子弟,与倾向"元祐更化"的士人,得到了彻底平反,死者进爵,生者加官。赵构在非常时期建立南宋小朝廷之际,以此作为获取朝野支持的资本,是完全可以理解的。为元祐党人昭雪,亦是大得人心的。但其"最爱元祐"的政治倾向,在客观上又从一个极端走向了另一个极端,使北

---

① 永瑢等撰:《四库全书总目》卷九二,《童蒙训》提要,第779页。
② 李心传:《建炎以来系年要录》卷七九"绍兴四年八月戊寅"条,第1289页。
③ 脱脱等:《宋史》卷二四《高宗纪一》,第447—448页。
④ 脱脱等:《宋史》卷二五《高宗纪二》,第464页。

宋丧失理智的党论死灰复燃。①若《江西诗社宗派图》作于南渡初年，则又与赵构的这一极端化政治倾向有着因果关系，亦传递了为什么吕本中作此图时，"凡挂一名其中，有荣耀焉"的个中消息。

总之，标志"江西诗派"正式树名扬帜的《宗派图》之作年，虽说法不一，其中所列亦非皆江西人，但以黄庭坚与"黄门诸子"、吕希哲门人与吕本中为主干的"江西"诗人群，自绍圣以后已逐渐形成，而其诗风趋尚"活法"及群体关系的出现，则与朋党政治互为因果，是一个在党争造成文人分野中孕育而成的、具有浓烈的朋党政治色彩的文学流派。

---

① 脱脱等：《宋史》卷一五六《选举志二》："赵鼎主程颐，秦桧主王安石。"第3630页。同书卷三七六《吕本中传》："赵鼎素主元祐之学，谓本中公著后，又范冲所荐，故深相知。"第11637页。以"党"画线，以"党"取人，即南渡初沈与求所谓"近世朋党成风，人才不问贤否，皆视宰相出处为进退"（《宋史》卷三七二《沈与求传》，第11541页）。

第六章

北宋党争与文学创作的互动

文学创作具有自身的运行规律，但北宋党争对文学创作产生了深远的影响。这种影响不仅体现在文人士大夫以具体的文学创作参与党争，更主要的是在创作主体与党争的相互关系上，这层关系使北宋党争与文学创作明显呈现出互动的态势。

王夫之指出："宋人骑两头马，欲搏忠直之名，又畏祸及，多作影子语巧相弹射，然以此受祸者不少。既示人以可疑之端，则虽无所诽诮，亦可加以罗织。观苏子瞻'乌台诗案'，其远谪穷荒，诚自取之矣……"[①]这里所谓的"宋人"，主要是指熙宁以后的党人；他们在党争中"骑两头马"的原因，既在于怀有志在当世的参与意识，又在于怀有畏祸及身的心理。"欲搏忠直之名"，便出于强烈的参与意识。因参与意识的强烈，文人士大夫缘新法而分野，而论争不已；又因参与论争而生畏祸心理，是熙宁以后政治主体和文学主体同时具有的两大特征。参与意识促使了政治主体积极投入到因新法引起的党派之争，也深深影响了文学主体在创作中的价值和

---

① 王夫之：《姜斋诗话》卷下，王夫之等撰《清诗话》，第18页。

主题取向；而政治主体在党争中产生的畏祸及身的心理，则又使文学主体的创作，走向参与意识的反面。政治主体和文学主体所处的这种背离状态，在北宋党争中既矛盾，又统一，两者相并而行、相互促进。人的主体是关于人的本质属性的一个哲学命题。作家的创作主体，是这个哲学命题在文学领域中的一个层面或一种特殊的反映。主体的主要特征，或形成主体的关键，在于人的实践性。但"人"的构成内容是十分丰富的，既有以生命为本质的属于个人的性情、欲望、自由和价值等，又有在人与人、人与自然的关系中形成的以实践理性为主要内涵的社会秩序、伦理道德、行为规范和政治准则等。前者属于个体主体的范畴，后者则是群体主体的表现。不过，个体主体的生命，体现在非生命本质的群体主体中，或者说，有异于其他动物的人的个体生命，只有真诚地投入到非生命本质的群体实践领域，才能获得自我的"存在"感。然而，在马克思预见的人的最高阶段——"建立在个人全面发展和他们共同的社会生产能力成为他们的社会财富这一基础上的自由个性"[①]——既有真正独立自由的个体，又有在独立自由的个体基础上建立起来的高度和谐统一的类主体尚未形成以前，作为个体的主体和作为群体的主体，虽如一块硬币的两面，相互统一，不可分割，但始终处于相互矛盾、相互冲突之中。这种矛盾和冲突，在专制的中国封建社会中尤为突出。中国文士也常常因个体主体受到群体主体的抑制而悲叹，而抗争。李白高声疾呼"安能摧眉折腰事权贵，使我不得开心颜"，就是自我主体向群体主体的一次力量甚微但又十分诱人的抗争。北宋庆历以后，随着儒学的振兴，以实践理性为主要内涵的志

---

① 马克思：《马克思恩格斯全集》卷四十六（上），第104页。

在当世、舍身报国的群体精神，得到了空前的张扬，从而极大地激发了群体主体的参与意识和参与行为，而个体主体却消融于事功的、非生命本质的实践领域，而每每哀叹自我生命的失落；并且群体主体的参与意识和行为，又表现为党争形态，而党争的一个显著特征是喜同恶异、党同伐异。因此，自我生命的失落感愈为强烈，根植于个体生命的畏祸及身也成了文人士大夫在党争中的普遍心理。苏轼"作影子语，巧相弹射"，以文学创作的方式参与党争而导致的"乌台诗案"，就是宋人在党争中"欲搏忠直之名，又畏祸及"的表现之一，而"长恨此身非我有，何时忘却营营"[①]，则是苏轼待罪黄州时文学创作的价值和主题取向。这一取向显然是对参与党争、奔走营营中失落的自我生命之肯定，在悲叹自我生命的失落中，饱含着重新觅寻个体主体的满腔热情。

然而，在新旧两党更替执政的过程中，文人士大夫既因畏祸及身而不断祈取自我生命之灯应有的亮色，试图摆脱党争化的群体主体的制约而把握生命本质的实在性，又"欲搏忠直之名"而不断将自我生命依附于党争化的群体主体，参与"士大夫与士大夫分党派以争政权"的实践活动，而且，在参与中，发展成为意气倾轧，甚至你死我活之争。因而，扭曲了志在当世、舍身报国的群体主体，被扭曲的群体主体，则又进一步制约了个体的自由，摧残了个体的生命，孕育了远谪穷荒的悲剧命运。这是文人士大夫相互矛盾的双重主体在党争中的基本表现形态，也是熙宁以后创作主体的基本特征。

因此，从主体性角度观之，不妨说北宋新旧党争的历程，就是

---

① 苏轼：《临江仙》（夜饮东坡醒复醉），邹同庆、王宗堂著《苏轼词编年校注》，第467页。

文人士大夫"欲搏忠直之名，又畏祸及"的双重主体相互矛盾、相互冲突的历程。熙宁以后文学创作的发展历史，也主要是这双重主体此起彼伏的矛盾冲突的历史。从初始的政见之争，中经意气之争，最后发展成为全面的党锢，这一历史又大致可划分为三个演进阶段。

第一节　熙丰政见之争与文学创作的互动

熙宁、元丰，是神宗的两个年号，凡十八年。这十八年，在北宋政治史和文学史上都是最活跃且最绚烂的时期。就政治而言，文人士大夫因政见不同而分野，而论争，体现了中国政党政治的某些特征。就文学创作而言，肇始于庆历前后的诗文革新运动至此取得了全面的胜利，诗、词、文三方面作者林立，彩丽竞繁，代表北宋诗风的"荆公体"、"东坡体"和"山谷体"，亦在这一时期全面形成或开始形成。文学上的这一绚烂时期的到来，有其自身的必然性，是庆历以来诗文革新的必然发展，同时其必然性又深深根植于作家的创作主体。而这一时期作为创作上的主体和作为政治上的主体，是相一致的。志在当世、舍身报国是政治主体和创作主体同时具有的价值取向，其突出的标志是参与意识的全面张扬。全面张扬的参与意识，保证了政见之争的进行；而政见之争，又强化了"开口揽时事，论议争煌煌"[①]的创作倾向，致使诗文创作有时径直成为参与政争或批评时政的重要手段和方式，因而反过来，又推进了政见之争。政见之争与文学创作的这种互动关系，还体现为创作主

---

① 欧阳修：《镇阳读书》，《欧阳修全集》卷二，第1册，第35页。

体在党争中参与和畏祸的矛盾冲突，苏轼因诗文而待罪黄州时期的创作，就是一个显例；王安石晚年诗风的新变，也同样与此密切相关。

一、政见之争与"论议争煌煌"的创作倾向

在展开本节的讨论之前，有必要对北宋党争的性质做一简单的评说。关于北宋党争的性质，前人多有论述，但说法不一。梁启超指出：

> 政党之为物，产于政治进化之后，国之有政党，非其可吊者，而其可庆者也。虽然，有界说焉。一曰，政党惟能生存于立宪政体之下，而与专制政体不相容。二曰，为政党者，既宜具结党之实，而尤不宜讳结党之名。三曰，其所辨争者，当专在政治问题，而宫廷问题及个人私德问题学术异同问题等，皆不容杂入其间。若宋之所谓党，举未足以语于是也，吾故不能许以政党，仍其旧名曰朋党而已。中国前此之党祸，若汉之党锢，唐之牛李；后此之党祸，若明之东林复社，皆可谓之以小人陷君子。惟宋不然，其性质复杂而极不分明，无智愚贤不肖而悉自投于蜩唐沸羹之中。一言以蔽之，曰：士大夫以意气相竞而已。①

柳诒徵先生则云：

> 盖宋之政治，士大夫之政治也。政治之纯出于士大夫之手

---

① 梁启超：《王安石传》，第16页。

者，惟宋为然。故惟宋无女主、外戚、宗室、强藩之祸。宦寺虽为祸而亦不多，而政党政治之风，亦开于宋。……中国之有政党，殆自宋神宗时之新旧两党始。其后两党反复互争政权，讫北宋被灭于金始已。论史者恒以宋之党祸比于汉、唐，实则其性质大不相同。新旧两党各有政见，皆主于救国，而行其道特以方法不同、主张各异，遂致各走极端，纵其末流，不免于倾轧报复，未可纯以政争目之。而其党派分立之始，则固纯洁为国，初无私憾及利禄之见羼杂其间。此则士大夫与士大夫分党派以争政权，实吾国历史上仅有之事也。①

梁启超虽然承认北宋新旧党争有其复杂性，但认为其性质仍属于一般意义上的朋党相竞，而非政党之争；柳诒徵则目之为政党政治，并反复强调中国封建社会"上下数千年，惟北宋卓然有政党"②。两人所见，迥然有别。

诚如梁启超所云："政党惟能生存于立宪政体之下，而与专制政体不相容。"作为立宪政体的产物，政党是一种结构比较健全的政治团体，它具有共同的组织系统、领导机构、领袖与纲领，对党员的权利、义务和组织纪律做出规定，并为实现其政治主张和目标采取共同的行为。"宋之政治，士大夫之政治"，熙丰新旧党争为"士大夫与士大夫分党派以争政权"，只能说是文人士大夫参政的主体性的提高，而并不意味着因此改变了君主专制政体的性质，事实上，决定两党胜负进退的，依然是君权。故其政体与汉唐并无质的

---

① 柳诒徵：《中国文化史》，第516、518、519页。
② 柳诒徵：《中国文化史》，第526页。

区别，新旧党争显然不能与近代意义上的政党之争画等号。然而熙丰新旧党争，仍与汉唐党争不尽相同。

首先，如第二章所述，在"君子群而不党"和"帝王最恶者是朋党"的思想观念下，汉唐虽有结党之实，但讳结党之名。至北宋，则一反这个传统观念，在承认"小人"有党的同时，公开宣扬"君子有党论"。这种全新的见解，虽然成了文人士大夫在党争中喜同恶异、党同伐异的理论依据，但标志着北宋"士大夫与士大夫分党派以争政权"中党派意识的确立，出现了既有结党之实，又不讳结党之名的新的历史现象。

其次，在新旧党争之初，两党虽然就已经以君子自居而斥对方为小人，明显具有排他性、封闭性，但一方面，在范围上仅以文人士大夫为限，而不像东汉党锢那样表现为宦官集团与士人集团之间的冲突，亦无唐代牛李党争中士、宦相连，彼此出入的现象；[①]另一方面，新旧两党都怀有通变救弊的热望，"皆主于救国，而行其道特以方法不同、主张各异"而分野，而论争，是一次由不同政见引发的党争。

据上两端，应该认为，熙丰新旧党争具有了政党政治的某些因素或特征，或者说它是在君主专制集权下的具有封建性、处于初期状态的政党政治，代表了中国政党史上的一个阶段。正因为如此，当新旧两党分立之始，就掺杂了喜同恶异、党同伐异的不"纯洁"的因素，为了排击政敌，甚至以王安石的学术著作《淮南杂说》为攻讦诋毁之资，将苏轼的文学作品"致于法"（说详前文）；这种基

---

① 刘昫等：《旧唐书》卷一七六《李宗闵传》："裴度荐李德裕，将大用。德裕自浙西入朝，为中人（宦官）助宗闵者所沮，复出镇。寻引牛僧孺同知政事，二人唱和，凡德裕之党皆逐之。"第4552页。此即牛李党争中士、宦相连之一例。

于封建性的不"纯洁"因素,也决定了整个新旧党争的不稳定性,元祐以后,更各走极端,倾轧报复。同时,也正因为熙丰新旧两党具有因政见相左而形成的党派意识,并在党派意识下以政见之争为主,所以未尝明著党籍,诬加罪状,推治"乌台诗案",以"文字"全面排击政敌异党,也是治有确证的,况且,"乌台诗案"的炮制,并没有抑制政见之争,议论时政、批评时政的诗文作品,依然不断出现。

在党派意识下的政见之争,是熙丰新旧党争的性质所在。这一性质进一步强化宋初以来文人士大夫参政的主体性,参政的主体性的强化,势必激发其志在当世的参与意识和参与行为。与此相适应,"开口揽时事,论议争煌煌",议论政事,批评时政,也自然而然地成了与政治主体相伴而行、相互促进的文学主体的创作倾向。

"平生事笔砚,自可娱文章。开口揽时事,论议争煌煌。"①为欧阳修庆历五年(1045)所作《镇阳读书》中的诗句,是欧阳修从读书、治学到从政,在从政中通过诗文议论时事之经历的自我总结,也是庆历以来整个诗文革新运动中所呈现的一种创作倾向。这一创作倾向随着熙丰政见之争的展开,得到了进一步的张扬,并具有了鲜明的时代特征。叶梦得《石林诗话》卷中云:

> 熙宁初,时论既不一,士大夫好恶纷然,(文)同在馆阁,未尝有所向背。时子瞻数上书论天下事,退而与宾客言,亦多以时事为讥诮,同极以为不然,每苦口力戒之,子瞻不能

---

① 欧阳修:《镇阳读书》,《欧阳修全集》卷二,第1册,第35页。

听也。①

"士大夫好恶纷然",就是因政见不同而引起的论争,苏轼便是其中的一个活跃分子。熙宁四年(1071),司马光自称对于王安石新法的批评,"先见不如吕诲,公直不如范纯仁、程颢,敢言不如苏轼、孔文仲,勇决不如范镇"②,则又说明了作为新法的反对派参与论争的具体情形。而综观熙丰文人士大夫参与论争的表现方式,主要有二,一是以文论事,二是托诗以讽,从而使诗文创作具有了强烈的政争功能,有时甚至成了参与政争的重要手段和方式。试看王安石《答司马谏议书》:

> 某启:昨日蒙教,窃以为与君实游处相好之日久,而议事每不合,所操之术多异故也。虽欲强聒,终必不蒙见察,故略上报,不复一一自辨。重念蒙君实视遇厚,于反覆不宜卤莽,故今具道所以,冀君实或见恕也。
>
> 盖儒者所争,尤在于名实。名实已明,而天下之理得矣。今君实所以见教者,以为侵官、生事、征利、拒谏,以致天下怨谤也。某则以谓受命于人主,议法度而修之于朝廷。以授之于有司,不为侵官;举先王之政,以兴利除弊,不为生事;为天下理财,不为征利;辟邪说,难壬人,不为拒谏。至于怨诽之多,则固前知其如此也。
>
> 人习于苟且非一日,士大夫多以不恤国事,同俗自媚于众

---

① 叶梦得:《石林诗话》卷中,何文焕辑《历代诗话》,第417页。
② 司马光:《论王安石疏》,《司马光集》补遗卷三,第3册,第1668页。

为善。上乃欲变此,而某不量敌之众寡,欲出力助上以抗之,则众何为而不汹汹然?盘庚之迁,胥怨者民也,非特朝廷士大夫而已。盘庚不为怨者故改其度,度义而后动,是而不见可悔故也。如君实责我以在位久,未能助上大有为,以膏泽斯民,则某知罪矣。如曰今日当一切不事事,守前所为而已,则非某之所敢知。

无由会晤,不任区区向往之至。①

熙宁三年(1070),司马光以故交的身份,连写三封信给王安石,劝说王安石停止变法。二月二十七日写的第一封信长达三千四百余字,条陈新法之非;三月二日,又作第二封信,要求王安石予以答复。《答司马谏议书》,是王安石接到第二封来信后,给司马光的复信。刘熙载《艺概》卷一,认为王安石散文"取法孟、韩","兼似荀、扬",并"善用揭过法,只下一二语,便可扫却他人数大段,是何简贵"。②上列书信便突出地体现了这些特征。文章就司马光来信所提出的侵官、生事、征利、拒谏和招怨五个问题,逐一加以扼要的驳斥,最后以极为洗练的语言和高度的概括,揭示了自己与司马光"所操之术多异"的根本区别所在,理足气盛,遒峭雄直。然全文皆围绕其政治信念和理论而言,并未顾及新法不便之实,不免狡辩之嫌,故招致司马光的反驳,在回信中,他说:"今之散青苗钱者,无问民之贫富,愿与不愿,强抑与之,岁收其什四之息,谓之不征利,光不信也。至于辟邪说,难壬人,果能如是,

---

① 王安石:《答司马谏议书》,《王安石文集》卷七三,第4册,第1270—1271页。
② 刘熙载著,袁津琥笺释:《艺概笺释》卷一,第172、174、176页。

乃国家生民之福也，但恐介甫之座，日相与变法而讲利者，邪说、壬人为不少矣……"又云："盘庚遇水灾而迁都，臣民有从者、有违者。盘庚不忍胁以威刑，故勤劳晓解，其卒也皆化而从之，非谓尽弃天下人之言而独行己志也。光岂劝介甫不恤国事，而同俗自媚哉！盖谓天下异同之议，亦当少垂意采察而已。"①委婉之中不失锋利，可谓针锋相对，各不相下。

就文体而言，熙丰新旧两党在论争时事政治中，运用最多的，莫过于奏议之属。因为奏议原本具有应用功能，议论时事，陈述己见，为其长处。但运用书信、序、论诸体也不胜枚举，即便是论史，不少也具有了政争功能。陈寅恪先生云："苏子瞻之史论，北宋之政论也。"②《商鞅论》就是其中的一篇。南宋郎晔在苏轼《商鞅论》解题中指出：

> 公因读《战国策》，论商君功罪，有言："后之君子，有商君之罪，而无商君之功，飨商君之福，而未受商君之祸者，吾为之惧矣。"观此，则知此论亦为荆公发也。③

王安石《商鞅》诗云："自古驱民在信诚，一言为重百金轻。今人未可非商鞅，商鞅能令政必行。"④以商鞅自许自励之意甚明。而苏轼《论商鞅》，则视秦之商鞅变法为"豺虎毒药"，又以"论商鞅、桑弘羊之功"为司马迁之"大罪"，并云："迁之言曰：'不加

---

① 司马光：《与王介甫第三书》，《司马光集》卷六〇，第2册，第1265—1266页。
② 陈寅恪：《冯友兰〈中国哲学史〉上册审查报告》，《金明馆丛稿二编》，第248页。
③ 苏轼撰，郎晔选注：《经进东坡文集事略》卷一四，第206页。
④ 王安石：《商鞅》，《王安石诗笺注》卷四六，第1772页。

第六章　北宋党争与文学创作的互动

赋而上用足。'善乎，司马光之言也，曰：'天下安有此理。天地所生财货百物，止有此数，不在民则在官。譬如雨泽，夏涝则秋旱。不加赋而上用足，不过设法阴夺民利，其害甚于加赋也。'"①从批判商鞅变法之罪，到借司马光之言进一步驳斥，其为王安石新法而发，昭然若揭。又元丰二年（1079）十二月苏轼作《日喻》，其结尾云："昔者以声律取士，士杂学而不志于道。今者以经术取士，士求道而不务学。渤海吴君彦律，有志于学者也，方求举于礼部，作《日喻》以告之。"②就体裁观之，《日喻》是一篇寓言文，而其主题则与苏轼《议学校贡举状》③相同，即非议王安石以经义取士。由此可见，议论时事，用于政争的功能，几乎渗透到了各种文体的创作中。

元祐三年（1088）十月，苏轼在追述自己以诗文得罪的原因时指出：

> 昔先帝（神宗）召臣上殿，访问古今，敕臣今后遇事即言。其后臣屡论事，未蒙施行，乃复作为诗文，寓物托讽，庶几流传上达，感悟圣意。而李定、舒亶、何正臣三人，因此言臣诽谤，臣遂得罪。④

所谓"论事"，就是指论王安石新法之非，其代表作有《议学校贡举状》《谏买浙灯状》《上神宗皇帝书》等；"乃复作为诗文，

---

① 苏轼：《论商鞅》，《苏轼文集》卷五，第156页。
② 苏轼：《日喻》，《苏轼文集》卷六四，第1981页。
③ 苏轼：《议学校贡举状》，《苏轼文集》卷二五，第723—726页。
④ 苏轼：《乞郡札子》，《苏轼文集》卷二九，第829页。

寓物托讽"，是指熙宁四年（1071）十一月以后，外任杭、密、徐诸郡时期的文学创作。在此期间，苏轼除了继续以散文创作议论时政外，更多的则是以诗托讽，即苏辙所云："见事有不便于民者，不敢言，亦不敢默视也，缘诗人之义，托事以讽……"①其目的在于"流传上达，感悟圣意"，使其诗歌创作同样具有了批评新法、参与政争的功能，故元丰二年（1079）遭乌台之勘，获罪被贬。关于"乌台诗案"的性质与被勘的苏轼诗文的主要内容，第四章已述之，下面以未被勘治的《吴中田妇叹》为例，再作说明：

> 今年粳稻熟苦迟，庶见霜风来几时。
> 霜风来时雨如泻，杷头出菌镰生衣。
> 眼枯泪尽雨不尽，忍见黄穗卧青泥。
> 茅苫一月陇上宿，天晴获稻随车归。
> 汗流肩赪载入市，价贱乞与如糠粞。
> 卖牛纳税拆屋炊，虑浅不及明年饥。
> 官今要钱不要米，西北万里招羌儿。
> 龚黄满朝人更苦，不如却作河伯妇。②

这是苏轼揭露新法之弊的一首名作，作于熙宁五年（1072）秋杭州通判任上。"卖牛纳税"句，写朝廷推行新法以来，农民不得已"卖牛""拆屋"，以纳青苗、助役钱额之事；"官今要钱"句，写青苗法规定农民秋收后必须用钱而不能用物纳青苗钱息。对此，

---

① 苏辙：《亡兄子瞻端明墓志铭》，《栾城后集》卷二二，《苏辙集》，第1120页。
② 苏轼：《吴中田妇叹》，《苏轼诗集》卷八，第404页。

司马光在《应诏言朝政阙失事》中亦有批评："吏责其钱不已，欲卖田则家家卖田，欲卖屋则家家卖屋，欲卖牛则家家卖牛。无田可售，不免伐桑枣，撤屋材，卖其薪，或杀牛卖其肉，得钱以输官。一年如此，明年将何以为生乎？"①一为韵语，一为散语，所论却无二致。而苏诗又将此弊与"西北万里招羌儿"联系起来，揭示朝廷推行新法唯钱是求，是为了用兵西北（西夏与契丹），从而增加了农民的困苦，则从根本上否定了王安石变法。熙宁四年（1071），王安石谓神宗曰："今所以未举事者，凡以财不足，故臣以理财为方今先急。未暇理财，而先举事，则事难济。"②所谓"举事"，就是指用兵制服西夏与契丹。这里将"举事"与"理财"对举，说明了变法的最终目的在于通过理财，聚敛赋税，充实国库，壮大王师，平定"西北羌儿"的骚乱，彻底改变长期以来"外则不能无惧于夷狄"的局面。暂且不论这一富国强兵的战略决策科学与否，为此所需的支费是巨大的。据熙宁五年（1072）三月神宗与王安石的一段对话透露，王韶带兵熙河，半年有奇，共费钱粮银细绢一千二百万贯匹，其中钱缗一项计有七百余万。③半年之费，犹如此之多，随着西北包括西南战场的不断拓展，其费之巨，也就可想而知了。战争支费的增多，势必加重赋敛，增加百姓困苦。苏轼《吴中田妇叹》所揭由此带来的病民之状，即为实录。然而，强兵以制"西北羌儿"，同样是苏轼的理想和主张。熙宁以前，苏轼对"教战守、定军制、倡勇敢之类，是煞要出来整理弊坏处"④，熙宁变法后，

---

① 司马光：《应诏言朝政阙失事》，《司马光集》卷四五，第2册，第969页。
② 李焘：《长编》卷二二〇"熙宁四年二月庚午"条，第5351页。
③ 李焘：《长编》卷二三一"熙宁五年三月甲申"条，第5610页。
④ 黎靖德编：《朱子语类》卷一三〇，第3100页。

还不止一次地表达请缨赴敌的豪情壮志。熙宁八年（1075），苏轼作《祭常山回小猎》诗云："青盖前头点皂旗，黄茅冈下出长围。弄风骄马跑空立，趁兔苍鹰掠地飞。回望白云生翠巘，归来红叶满征衣。圣明若用西凉簿，白羽犹能效一挥。"①乌台之勘时，苏轼供云："意取西凉州主簿谢艾（事），文〔艾〕本书生也，善能用兵，故以此自比，若用轼为将，亦不减谢艾也。"②在矜才夸能之中，真实地表达了制服夷敌之志，与王安石富国强兵的主张和决策，并无本质上的区别。但当王安石为"西北万里招羌儿"给农民带来困苦时，苏轼却又对强兵以制夷敌之策持反对意见，并缘诗人之义，"寓物托讽，庶几流传上达，感悟圣意"。以司马光为首的旧党在熙宁以前满怀通变救弊的热望，熙宁以后却又以变法为患的矛盾心理，于此也可见一斑。而这一矛盾心理，在一定程度上影响了参政主体以文论事、以诗托讽的全面性和深刻性。

熙丰期间，以诗托讽者，以苏轼为最，但除苏轼外，缘诗人之义，批评时政，也不在少数。如苏辙《次韵子瞻山村五绝》云：

> 贫贱终身未要羞，山林难处便堪愁。
> 近来南海波尤恶，未许乘桴自在游。③

与苏轼"吴儿生长狎涛渊，冒利轻生不自怜。东海若知明主意，应教斥卤变桑田"④一诗一样，皆讥讽朝廷水利之难成。又如黄庭坚

---

① 苏轼：《祭常山回小猎》，《苏轼诗集》卷一三，第647—648页。
② 朋九万：《东坡乌台诗案》"祭常山作放鹰一首"条，第30页。
③ 苏辙：《次韵子瞻山村五绝》其五，《栾城集》卷五，《苏辙集》，第83页。
④ 苏轼：《八月十五日看潮五绝》其四，《苏轼诗集》卷一〇，第485页。

《次韵答宗汝为初夏见寄》云：

> 劝盐殊未工，追呼联缠索。
> 闻君欲课最，岂有不龟药。
> 我民六万户，过半客栖泊。
> 棘端可沐猴，且愿观其削。
> 官符昼夜下，朝播责暮获。
> 射利者谁其，登陇弯繁弱。①

熙宁期间，黄庭坚在叶县、大名府任上，作有《按田》《和谢公定河溯漫成八首》《和谢公定征南谣》等一系列批评农田水利法、用兵西北和西南之策的诗歌。《次韵答宗汝为初夏见寄》作于元丰五年（1082）太和县任上，述盐法病民之状。对盐法之弊，苏轼、苏辙在诗歌中多有揭露，如苏辙诗云："东邻十日营一炊，西邻谁使救汝饥？海边唯有盐不旱，卖盐连坐收婴儿。"②写盐法峻急，不仅使卖盐者锒铛入狱，而且连家中小孩也遭牵累。黄庭坚从"我民"的利益出发，揭示其弊。"官符昼夜下，朝播责暮获"二句，又写出了官府对因"劝盐殊未工"而出现的走运私盐者的打击，与苏辙"卖盐连坐收婴儿"句意相似。作于同时的，还有《丙辰仍宿清泉寺》诗，中云：

> 山农居负山，呼集来苦迟。
> 既来授政役，谣诼谓余欺。

---

① 黄庭坚：《次韵答宗汝为初夏见寄》，《黄庭坚诗集注》外集补卷二，第1623页。
② 苏辙：《次韵子瞻吴中田妇叹》，《栾城集》卷五，《苏辙集》，第81页。

> 按省其家赀，可忍鞭抶之。
> 恩言谕公家，疑阻久乃随。
> 縢口终自愧，吾敢乏王师。①

这里的"政役"，已不止"劝盐"一事，当包括了其他新法条款。"吾敢乏王师"，则道出了作为地方官不敢不执行新政而为军队筹饷的痛苦心情，与苏轼《吴中田妇叹》同一主题。在苏轼"乌台诗案"之后，黄庭坚仍缘诗人之义，怨刺时政，既体现了其强烈的当世之志和参与意识，又佐证了元丰二年（1079）神宗和新党虽以诗案的形式全面排击政敌，但非无故迫害，而出于不同政见之事。《苏轼诗集》卷九《山村五绝》题下"合注"谓苏辙："'似恐田家忘帝力，多差使者出催耕。'又'近来南海波尤恶，未许乘槎自在游'等句，亦系讥讽时政，而当时独免于指摘。"②苏辙讥刺新法的诗歌，远非止于此，而"免于指摘"，则又说明了新党勘治政敌非议时政的诗文，并没有扩大化，这同样是由熙丰新旧党争的性质所决定的。唯其如此，使群体主体的参与意识在熙丰时期得以成为文人士大夫的一种风尚，使"论议争煌煌"，以文论事、以诗托讽得以成为这一时期的创作倾向。

以诗文创作的方式参与政争，在庆历党争中就已出现。然而庆历党争为时不长；同时作为自称"君子党"的范仲淹新政官僚的对立面，庆历新政的反对派却讳结党之名而未形成党派意识。所以这一时期的诗文创作，作为两党交争的手段和方式并不普遍，其党争

---

① 黄庭坚：《丙辰仍宿清泉寺》，《黄庭坚诗集注》外集卷一〇，第1128页。
② 苏轼：《山村五绝》题下"合注"，《苏轼诗集》卷九，第437页。

功能也不突出。至熙宁变法，文人士大夫群体因政见相左、各不相能而分野成为新旧两党，党派双方以文交争、以诗托讽，使诗文创作深深地打上了党争的烙印，赋予了强烈的政争功能。而这一功能根植于参政主体，是参政主体志在当世的报国精神和参与意识在文学创作中的直接表现。前引王安石《答司马谏议书》和《商鞅》便体现了这一点，又苏辙熙宁二年（1069）《上皇帝书》云：

> 臣官至疏贱，朝廷之事非所得言。然窃自惟，虽其势不当进言，至于报国之义，犹有可得言者。①

据孙汝听《苏颖滨年表》，神宗阅此疏后批云："详观疏意，知辙潜心当世之务，颇得其要，郁于下僚，使无所伸，诚亦可惜。"②由此可见，无论是入参大政者，还是"郁于下僚"者，均怀有志在当世的报国精神和参与意识，使之汇合了整个文人士大夫群体的风尚和气节，甚至呈现出"披露腹心，捐弃肝脑，尽力所至，不知其它"③的态势。当然，在当时并不需要文人士大夫以肝脑涂地的代价投身到报国的行列，所谓"捐弃肝脑，尽力所至，不知其它"，就是在政见相左、各不相能的基础上，尽力展开新法是非得失之争，以"搏忠直之名"。熙宁九年（1076），苏辙在《自齐州回论时事书》中，力陈青苗、保甲、免役、市易四法之弊时，便声称基于"不胜愚忠愤懑之诚"④。元丰五年（1082），司马光自疑得风疾，

---

① 苏辙：《上皇帝书》，《栾城集》卷二一，《苏辙集》，第367页。
② 孙汝听：《苏颖滨年表》，苏辙《苏辙集》附录二，第1377页。
③ 苏轼：《上神宗皇帝书》，《苏轼文集》卷二五，第729页。
④ 苏辙：《自齐州回论时事书》，《栾城集》卷三五，《苏辙集》，第618页。

以为死期将临，乃预作《遗表》，以新法中"尤病民伤国者"青苗、免役、保甲和市易为论，"庶几陛下知臣无求于朝廷，而未尝忘国家"的心怀，并嘱托助其《资治通鉴》编写工作的范祖禹等人："此表无用，留以示子孙，欲使知吾事君区区之心耳。"[1]临终之际，犹以国事和忠直之名为念。唯其以忠直自誓、以报国自负，故在论争新法中，"尽力所至，不知其它"；从而激发了群体主体的参与意识与行为，也决定了熙丰党争的性质为政见之争。而其参与政争的主要表现方式，是以文论事、以诗托讽，故使庆历以来"开口揽时事，论议争煌煌"的创作倾向得到了进一步张扬，反过来又推进了政见之争，两者互为驱动，相辅相成。这种互动关系，无疑活跃了创作空气，促使了创作的繁荣，也使诗文作品具有了强烈的现实性和时代感。

不过，需要说明的是，议论时事，用于政争的作品不是熙丰文学创作的全部，而是一部分。这部分作品，虽然集中而又典型地体现了士大夫群体自庆历振兴儒学以来志在当世、积极参与的主体精神，但由于参政主体表现为党派之争，所以政见相左、各不相能的党派意识，不能不影响，甚至支配以文论事、以诗托讽的价值取向。元丰初，苏轼在徐州《与滕达道六十八首》其八中指出："吾侪新法之初，辄守偏见，至有异同之论。虽此心耿耿，归于忧国，而所言差谬，少有中理者。今圣德日新，众化大成，回视向之所执，益觉疏矣。若变志易守以求进取，固所不敢，若哓哓不已，则忧患愈深。"[2]"虽此心耿耿，归于忧国"，但因"辄守偏见，至有

---

[1] 司马光：《遗表》，《司马光集》卷五七，第2册，第1202页。
[2] 苏轼：《与滕达道六十八首》其八，《苏轼文集》卷五一，第1478页。

异同之论",却又不愿"变志易守"。苏轼如此,王安石亦不例外,士大夫群体在因新法而分野、论争中的矛盾心理,同样可以作如此观。在这种心理的作用下,不仅使议论时事的诗文创作成为"异同之论"的方式和手段,而且难以避免因"异同之论"而带来的"偏见"。文学创作尤其是反映国计民生的重大题材的诗文创作,需要作家深入社会生活,更需要作家跳出社会生活。唯其入,才能感受和洞察社会生活的多样性、复杂性;唯其出,才能避免"不识庐山真面目,只缘身在此山中"的局限性、片面性,全面而深刻地把握和揭示社会生活的本质。换言之,只有既能入,又能出,才能使创作主体的感性和知性并驾齐驱、兼长并美,才能使其创作具有广度、力度和深度。在熙丰新旧党争中,创作主体在党派意识的影响或支配下,囿于"辄守偏见"的"异同之论",就很难使之真正地做到这一点。所以,熙丰政见之争与文学创作的互动关系,虽然活跃了创作空气,也使庆历以来的诗文革新运动取得了全面的胜利,然而,同时充当参政主体和文学主体的文人士大夫在以文论事、以诗托讽的创作中,不仅无法产生像杜甫《自京赴奉先县咏怀五百字》《北征》那样既具有强烈的感性,又具有周全的知性且文势恢宏、大气磅礴的杰作,同时议论变法之是非、批评新法之弊端的作品,有的也"少有中理"或顾此失彼,这从上文对王安石《答司马谏议书》和苏轼《吴中田妇叹》的简析中,可见一斑。

二、政见之争与王安石、苏轼创作风格的演变

熙丰政见之争,既激发了群体主体的当世之志和参与意识,又使个体主体消融于以党争为表现形式的、非生命本质的实践领域,并极大地诱发了个体主体在群体的政争中畏祸及身的心理。群体主体的当世之志和参与意识,强化了"开口揽时事,论议争煌煌"的

创作倾向，而个体主体的畏祸心理和对自我生命价值的祈取，则又淡化了参与意识，从而又促使了议论时政的创作倾向向撼写自我生命律动的转化。这是熙丰政见之争与文学创作互动的又一表现。王安石和苏轼创作风格的演变，便典型地体现了这种转化。

（一）从"诗语惟其所向，不复更为涵蓄"，到"悲壮即寓闲淡之中"——"荆公体"的形成。

叶梦得《石林诗话》卷中云：

> 王荆公少以意气自许，故诗语惟其所向，不复更为涵蓄。如"天下苍生待霖雨，不知龙向此中蟠"，又"浓绿万枝红一点，动人春色不须多"，"平治险秽非无力，润泽焦枯是有材"之类，皆直道其胸中事。①

总结了王安石前期诗风的特征。这一特征，还表现在《省兵》《发廪》《兼并》《收盐》《河北民》《白沟行》等一系列反映民生疾苦和政治见解的作品中，并一直延续到了执政时期的创作。如《众人》云："众人纷纷何足竞，是非吾喜非吾病。颂声交作莽岂贤，四国流言且犹圣。唯圣人能轻重人，不能铢两为千钧。乃知轻重不在彼，要知美恶由吾身。"②李壁题下注："反复此诗意，意必是举朝争新法时所作。"③诗以王莽、周公旦为例，说明力排众议、不畏流言、推行新法的决心，尤能体现"诗语惟其所向"，"直道其胸中事"的风格。《石林诗话》卷上又指出：

---

① 叶梦得：《石林诗话》卷中，何文焕辑《历代诗话》，第419页。
② 王安石：《众人》，《王安石诗笺注》卷二一，第754—755页。
③ 李壁注，见《王安石诗笺注》卷二一，第754页。

> 王荆公晚年诗律尤精严,造语用字,间不容发。然意与言会,言随意遣,浑然天成,殆不见有牵率排比处。如"含风鸭绿鳞鳞起,弄日鹅黄袅袅垂",读之初不觉有对偶。至"细数落花因坐久,缓寻芳草得归迟",但见舒闲容与之态耳。而字字细考之,若经隐括权衡者,其用意亦深刻矣。①

"晚年"指熙宁九年(1076)后闲居金陵时期。由于王安石晚年诗歌表现出来的这种独特风格,史称之为"荆公体"或"半山体"。"荆公体"主要指其绝句,严羽在"以人而论"而有"王荆公体"后说:"公绝句最高,其得意处,高出苏(轼)、黄(庭坚)、陈(师道)。"②清初吴之振在"荆公体"的雅丽精工和"舒闲容与之态"中,又揭示出其"悲壮"的内涵:

> 论者谓其有工致无悲壮,读之久则令人笔拘而格退。余以为不然。安石遣情世外,其悲壮即寓闲淡之中……③

王安石闲居金陵,诗风为之一变,与前期判若两域。那么,导致这一变化的原因何在?

一个作家的创作风格的形成,有着多方面的原因,概括起来,主要有二:一是文学自身的发展规律,二是创作主体的个性特征。影响创作主体个性特征的,既有作家个人的素养、生活经历等,又

---

① 叶梦得:《石林诗话》卷上,何文焕辑《历代诗话》,第406页。
② 严羽著,郭绍虞校释:《沧浪诗话校释》,第59页。
③ 吴之振等:《临川诗钞序》,《宋诗钞》初集,第564页。

有作家所处的特定的时代背景。就创作主体而言,"荆公体"的形成,则与王安石在熙丰新旧党争中的心理历程密切相关,或者说,王安石晚年诗风的变化,是其以实践理性为主要内涵的参政主体之淡化和以生命为本质的个体主体之张扬的结果。关于创作主体的这一变化,从王安石《答韩持国芙蓉堂二首》其二中可见一斑:

乞得胶胶扰扰身,五湖烟水替风尘。
只将凫雁同为侣,不与龟鱼作主人。①

据魏泰《东轩笔录》卷六,该诗为王安石第二次罢相,以灵观使隐居钟山时作,表达了彻底摆脱官场羁縻后轻松自由的心情。"胶胶扰扰",语出《庄子·天道》,纷扰不宁貌;"胶胶扰扰身",谓羁縻于官场而身不由己,意犹"此身非吾有"。王安石素有"矫世变俗之志",执政以前,其当世之志和治世理想屡屡见诸诗文。宝元元年(1038),十八岁的王安石即以稷、契自许:"材疏命贱不自揣,欲与稷契遐相希。"②执政后,又以致君尧、舜自负,史称其"相熙宁,神祖(神宗)虚心以听,荆公自以为遭遇不世出之主,展尽底蕴,欲成致君之业,顾谓君不尧舜,世不三代,不止也"③。王安石"欲与稷契遐相希"和"君不尧舜,世不三代,不止"的宏大理想和抱负,就是叶梦得所谓"以意气自许"的内涵所在,也是其力排众议,更张法制的内在驱动力。但这种自负和自许及其更张法制的实践,却束缚了个体主体的自由,使自我生命消融于事功的

---

① 王安石:《答韩持国芙蓉堂二首》其二,《王安石诗笺注》卷四一,第1534页。
② 王安石:《忆昨诗示诸外弟》,《王安石诗笺注》卷二〇,第726页。
③ 岳珂:《桯史》卷一一"王荆公"条,第127页。

实践领域。所以,当他"乞得胶胶扰扰身",回到其第二故乡金陵,放浪山水,寄情自然时,如释重负,感到格外轻松、自由。又其《吾心》云:

> 吾心童稚时,不见一物好。
> 意言有妙理,独恨知不早。
> 初闻守善死,颇复吝肝脑。
> 中稍历艰危,悟身非所保。
> 犹然谓俗学,有指当穷讨。
> 晚知童稚心,自足可忘老。①

该诗总结了"吾心"的三个演进阶段。"中稍历艰危,悟身非所保",反映了在致君尧舜、更张法制中的畏祸及身的心理,也是因"中年许国邯郸梦"②而带来的自我生命的失落感;而晚年"邯郸梦"醒,"童稚心"回归,与"凫雁""为侣",则犹如"久在樊笼里,复得返自然",深感"自足可忘老",同时又怀有"欲辩已忘言"之感:

> 先生岁晚事田园,鲁叟遗书废讨论。
> 问讯桑麻怜已长,按行松菊喜犹存。
> 农人调笑追寻壑,稚子欢呼出候门。
> 遥谢载醪祛惑者,吾今欲辩已忘言。③

---

① 王安石:《吾心》,《王安石诗笺注》卷四,第150页。
② 王安石:《中年》,《王安石诗笺注》卷四二,第1576页。
③ 王安石:《岁晚怀古》,《王安石诗笺注》卷二六,第935页。

大美无形，无形之美，无可言状，亦无须言表。"欲辩已忘言"，指的就是既实实在在又无穷无尽的美感享受。这里借陶渊明的晚年生活，抒发了解去机务、寄情山水的心境。又其《怀古二首》其一："日密畏前境，渊明欣故园。那知饭不偬，所喜菊犹存。亦有床坐好，但无车马喧。谁为吾侍者，稚子候柴门。"①同样表达了不复"胶胶扰扰"，转益自足自适的生命意识与恬退心境。创作主体的这种生命意识和恬退心境，就是构成"荆公体""舒闲容与之态"的要素之一。试看其《南浦》：

南浦东冈二月时，物华撩我有新诗。
含风鸭绿鳞鳞起，弄日鹅黄袅袅垂。②

又《木末》：

木末北山烟冉冉，草根南涧水泠泠。
缲成白雪桑重绿，割尽黄云稻正青。③

又《千蹊》：

千蹊百隧散林丘，图画风烟一色秋。

---

① 王安石：《怀古二首》其一，《王安石诗笺注》卷二二，第797—798页。
② 王安石：《南浦》，《王安石诗笺注》卷四一，第1513页。
③ 王安石：《木末》，《王安石诗笺注》卷四一，第1517页。

> 但有兴来随处好,杨朱何苦涕横流。①

又《梅花》:

> 墙角数枝梅,凌寒独自开。
> 遥知不是雪,为有暗香来。②

无论是状春景还是写夏景,无论是抒秋兴还是咏冬梅,皆意与言会,言随意遣,生动寓于幽细,乐意见于恬静,一派"舒闲容与之态",而作用其中的,则是诗人恬退澄静的心境和自足自适的生命意识。

从以实践理性为内涵的参政主体的淡化,到以生命为本质的个体主体的张扬,标志着王安石人生经历的重大转折。然而这一转折是十分沉重的,它交织着对往事的悔恨、世情的了悟、人生的幻灭等复杂因素,是王安石世事磨难、人生历练后的自求净化和解脱。其《偶成二首》其一云:

> 渐老偏谙世上情,已知吾事独难行。
> 脱身负米将求志,勠力求田岂为名。
> 高论颇随衰俗废,壮怀难值故人倾。
> 相逢始觉宽愁病,搔首还添白发生。③

---

① 王安石:《千蹊》,《王安石诗笺注》卷四一,第1522页。
② 王安石:《梅花》,《王安石诗笺注》卷四〇,第1485页。
③ 王安石:《偶成二首》其一,《王安石诗笺注》卷三一,第1149页。

作为既志在当世又勇于作为、敢于实践的改制者，王安石对世事不易有着较他人更为切实的体验。当其议定新法之初，朝臣便群起而攻之，虽因神宗的支持，新法得以推行，但承受着巨大的心理压力。"高论颇随衰俗废，壮怀难值故人倾"，不仅遭到"衰俗"的反对，而且也招致"故人倾"。熙宁九年（1076），王安石在《与参政王禹玉书》其二中又指出："某羁孤无助，遭值大圣，独排众毁，付以宰事。苟利于国，岂辞糜殒。顾自念行不足以悦众，而怨怒实积于亲贵之尤；智不足以知人，而险诐常出于交游之厚。且据势重而任事久，有盈满之忧。"①所谓"亲贵之尤"，指曹太后、高后、神宗之弟岐王、嘉王和有策立神宗父亲英宗之功的元老重臣文彦博、韩琦、司马光等；"交游之厚"，指门下士吕惠卿等。王安石曾上书论新法："得其人而行之，则为大利，非其人而行之，则为大害；缓而图之，则为大利，急而成之，则为大害。"②可这非但没有得到"老成"之人的理解和响应，而且既遭"故人倾"，又积怨怒于"亲贵之尤"，这足以使王安石深感"吾事独难行"而悲慨不已；"而险诐常出于交游之厚"，诋毁又来于自以为可助己改制、以成大业的门下士吕惠卿等人，则更使他处于"羁孤无助"③的困境中而悲愤难禁，不仅是悲愤，而且是心灰意冷了。故叹息"行不足以悦众"，"智不足以知人"。在沉重的悔恨与了悟中，伴随着强烈的自我否定。熙宁九年（1076）十月，王安石正是怀着这悔恨、了悟和自

---

① 王安石：《与参政王禹玉书》其二，《王安石文集》卷七三，第4册，第1279—1280页。
② 王安石：《上五事札子》，《王安石文集》卷四一，第2册，第688页。
③ 李焘：《长编》卷二七八"熙宁九年十月丙午"条谓"上（神宗）亦滋厌安石所为"；同条又注引吕本中《杂说》云："王安石再相，上意颇厌之，事多不从。安石对所厚叹曰：'只从得五分时也得也。'"第6803—6804页。

我否定，一再请求解职，归隐里间的，试图在归隐中，化解执政以来的"盈满之忧"，净化往日的"胶胶扰扰身"。其《北陂杏花》就表达了屏迹金陵以后自我解脱和净化的心情：

> 一陂春水绕花身，身影妖娆各占春。
> 纵被春风吹作雪，绝胜南陌碾作尘。①

前两句写杏花临水，岸上花和池中影都占尽春光；后两句说即便被春风吹落，飘落清池，也绝胜于委身泥涂。该诗体物写志，在体物中表达了终于摆脱碾为南陌尘的命运，得以保全冰雪洁白的情操和品性的喜悦。

王安石屏迹金陵，寄情山水，自足自适，但难以彻底摒除往日"胶胶扰扰"的情景，他在《杖藜》中说：

> 杖藜随水转东冈，兴罢还来赴一床。
> 尧桀是非犹入梦，因知余习未全忘。②

《蔡宽夫诗话》记此诗本事云："荆公居钟山，一日昼寝。梦有服古衣冠相过者，貌伟甚，曰：'我，桀也。'与公论治道，反复百余语不相下。公既觉，犹汗流被体，若作气剧，因笑语客曰：'吾习气尚若是乎？'乃作小诗识之，有'尧桀是非犹入梦，因知余习未能忘'之句。"③这则本事，更具体地说明了王安石犹存旧时论事

---

① 王安石：《北陂杏花》，《王安石诗笺注》卷四二，第1558—1559页。
② 王安石：《杖藜》，《王安石诗笺注》卷四一，第1509页。
③ 蔡居厚：《蔡宽夫诗话》，郭绍虞辑《宋诗话辑佚》卷下，第407页。

的余习。又《宝应二三进士见送乞诗》云:"解玩山川消积愤,静忘岁月赖群书。"①则表达了内心深处的激愤和悲怆。虽寄情山水,但又难以泯灭对时事政治的关念和内心深处的悲怆,甚至梦回萦牵。这是论者评说"安石遣情世外,其悲壮即寓闲淡之中"的重要依据。不过,悲壮其中、闲淡其表的表现形态,主要不是建立在"身在山林,心在魏阙"的普泛化的模式上,而是源于宏图陨灭、心理幻灭之际以理遣情的心理历程。据王巩《闻见近录》:

> 王荆公领观使归金陵,居钟山下,出即乘驴。余常谒之,既退,见其乘之而出,一卒牵之而行。问其指使:"相公何之?"指使曰:"若牵卒在前,听牵卒,若牵卒在后,即听驴矣,或相公欲止,即止,或坐松石之下,或田野耕凿之家,或入寺。随行未尝无书,或乘而诵之,或憩而诵之。仍以囊盛饼十数枚,相公食罢,即遗牵卒,牵卒之余,即饲驴矣。或田野闲人持饭饮献者,亦为食之。盖初无定所,或数步复归,近于无心者也。"②

初看,很容易使人误解为"魏晋风度"的再现,其实,这与魏晋士人的生活作风有着质的区别。所谓"近于无心者",就是王安石《即事二首》所说的:"云从钟山起,却入钟山去。借问山中人,云今在何处?""云从无心来,还向无心去。无心无处寻,莫觅无心处。"③是人生的幻灭心理吸纳了佛教的空幻意识而形成的一种生活

---

① 王安石:《宝应二三进士见送乞诗》,《王安石诗笺注》卷三七,第1377页。
② 王巩:《闻见近录》佚文,《全宋笔记》第20册,第84页。
③ 王安石:《即事二首》,《王安石诗笺注》卷四,第134页。

和生命境界。

在政治上，王安石以稷、契自许，以致君尧、舜自负，但世事不易，宏图陨灭，是个悲剧人物，而熙宁九年（1076）七月爱子王雱的病死，则又悲上加悲，使之更加心灰意冷，加深了心理的幻灭；况且，在"暮年专一壑"时，"每逢车马便惊猜"①，唯恐政治上的捐客再次拨弄是非。因此，他亟须以理遣情。身当此际，佛教的空幻意识，以其特殊的优势，被引入了以理遣情的心理历程。

耽佛习禅，是王安石晚年的重要生活方式。关于这一点，宋籍多有记载。《释氏稽古略》卷四引《梅溪集》云：当时人们均不知禅宗的重要心印"拈花微笑"的出处，是王安石在阅览《大梵王问佛决疑经》时找到的，并告诉了蒋山慧泉禅师，为禅宗以心传心的印法的流播找到了文献依据。②从中可见王安石阅览佛典之广，也是其耽佛习禅的表现之一。又《续传灯录》卷一五，祖心禅师至金陵，王安石与之"剧谈终日"，并"施其第为宝坊，延师为开山第一祖"。③不仅如此，王安石还将自己在江宁府上元县的三千四百余亩连同长媳萧氏的一千亩良田，施舍佛寺，作为寺产（说见第一章第三节）。所有这些，都说明了王安石晚年幻灭心理和耽佛习禅之深，而其目的则是在禅境的酿造中，排遣经世的悲痛和人生的苦难，以禅定之乐为其生命之灯倾注燃料。惠洪《冷斋夜话》卷四"舒王（王安石）女能诗"条云：

舒王女，吴安持之妻蓬莱县君，工诗，多佳句。有诗寄舒

---

① 王安石：《偶书》，《王安石诗笺注》卷四八，第1894页。
② 觉岸编：《释氏稽古略》卷四，《大正新修大藏经》，第49册，第873页。
③ 居顶：《续传灯录》卷一五，《大正新修大藏经》，第51册，第566页。

王曰:"西风不入小窗纱,秋气应怜我忆家。极目江山千里恨,依然和泪看黄花。"舒王以《楞严经》新释付之,有和诗曰:"青灯一点映窗纱,好读《楞严》莫忆家。能了诸缘如幻梦,世间惟有妙莲花。"①

叮嘱女儿"好读"佛典,把握佛理,了断世间"诸缘",进入如幻如梦之境,做到这一点,也就无"忆家"之苦、别离之恨了。这是佛家所倡导的寂灭解脱之乐,也是王安石耽佛习禅的追求。其《读〈维摩经〉有感》也强调了这一点:

> 身如泡沫亦如风,刀割香涂共一空。
> 宴坐世间观此理,维摩虽病有神通。②

王安石晚年耽佛习禅的侧重点,便是这一空寂透彻之理,其宏图陨灭后的经世之悲和人生之难,也主要是通过该佛理来排遣的,从而使他虽怀悲壮之气和人生多难之感,但在静观山水中获得禅定之乐和澄明之境,形成了"悲壮即寓闲淡之中"的独特诗风。

如果说,以佛家的空寂透彻之理排遣内心的经世之悲,是"荆公体"创作主体的特征,那么,诗律精严、对偶工整,则是"荆公体"的文体特征,两者互为表里,融为一体。但后者却与王安石喜好"西昆体"有关。惠洪《冷斋夜话》卷四"西昆体"条云:

---

① 惠洪:《冷斋夜话》卷四,第39页。王安石诗题为《次吴氏女子韵二首》其一,见《王安石诗笺注》卷四五,第1695页。
② 王安石:《读〈维摩经〉有感》,《王安石诗笺注》卷四八,第1896页。

> 诗到李义山,谓之文章一厄。以其用事僻涩,时称"西昆体"。然荆公晚年亦或喜之,而字字有根蒂。如作雪诗曰:"借问火城将策探,何如云屋听窗知。"又曰:"未爱京师传谷口,但知乡里胜壶斗。"其用事琢句,前辈无相犯者。①

前引《石林诗话》称王安石暮年小诗"字字细考之,皆经隐括权衡者,其用意亦深刻矣",而惠洪则认为这一特征从"西昆体"中来,不无道理。"西昆"诗人专效李商隐,喜用事,好对偶,"字字有根蒂",并慕李商隐诗措意深妙。旧题尤袤《全唐诗话》卷四"李商隐"条云:

> 杨大年(亿)云:"义山诗,陈恕酷爱一绝云:'珠箔轻明覆玉墀,披香新殿斗腰肢。不须看尽鱼龙戏,终遣君王怒偃师。'叹曰:'古人措词寓意,如此深妙,令人感慨不已。'"大年又曰:"邓帅钱若水,举《贾生》两句云:'可怜半夜虚前席,不问苍生问鬼神。'钱云:'措意如此,后人何以企及?'"鹿门先生唐彦谦为《诗纂》,慕玉溪,得其清峭感怆,盖其一体也。②

杨亿等"西昆"诗人宗主李商隐,除了用事对偶外,有慕其"措词寓意,如此深妙"的一面,又叶梦得《石林诗话》卷中认为杨亿、刘筠"皆喜唐彦谦诗,以其用事精巧,对偶亲切"③,而上

---

① 惠洪:《冷斋夜话》卷四,第33页。
② 尤袤:《全唐诗话》卷四,何文焕辑《历代诗话》,第173页。
③ 叶梦得:《石林诗话》卷中,何文焕辑《历代诗话》,第416页。

述可见，杨、刘喜唐彦谦诗，还因为唐氏"慕玉溪，得其清峭感怆"。这些是王安石暮年学"西昆"的原因所在。但其最终目的却在于以"西昆"为中介，上溯李商隐，追造老杜之境。《蔡宽夫诗话》指出：

> 王荆公晚年亦喜称义山诗，以为唐人知学老杜而得其藩篱，惟义山一人而已。每诵其"雪岭未归天外使，松州犹驻殿前军"，"永忆江湖归白发，欲回天地入扁舟"，与"池光不受月，暮气欲沉山"，"江海三年客，乾坤百战场"之类，虽老杜亡以过也。①

王安石从好"西昆体"到"喜称义山诗"的用意，于此甚明。所以其晚年诗歌有"西昆体"用事对偶，"字字有根蒂"的特征，但无"西昆体"语工而意不及的弊端。换言之，王安石晚年用事精巧，对偶亲切而无碍于悲壮其中、闲淡其表的诗情的抒发，而悲壮其中、闲淡其表的诗情，最终不会掩饰精巧的用事和对偶，两者互为表里，故"读之初不觉有对偶"，"但见舒闲容与之态耳"。陈师道《后山诗话》云：

> 荆公诗云："力去陈言夸末俗，可怜无补费精神。"而公平生文体数变，暮年诗益工，用意益苦，故知言不可不慎也。②

---

① 蔡居厚：《蔡宽夫诗话》，郭绍虞辑《宋诗话辑佚》卷下，第399页。
② 陈师道：《后山诗话》，何文焕辑《历代诗话》，第304页。

王安石早年强调文学"务为有补于世"①，而反对无补于世的文字之工，晚年却用事琢句，益工益苦。所以陈师道有此感叹，而其"知言不可不慎"之叹，又明显含有指责王安石前后不一之意。其实，王安石从"直道其胸中事"到刻意求工，从"诗语惟其所向，不复更为涵蓄"到"悲壮即寓闲淡之中"，与熙丰党争密切相关。王安石《山鸡》云："文采为世用，适足累形躯。"②则又是对在党争中的参政主体和文学主体的反省，因而促使他摆脱"形躯"之累，屏迹金陵，放浪山水，以理遣情，形诸益工益苦的文字。这是党争促使创作主体的演变，绝非王安石言而不慎。陈师道以此为叹，以此为病，直乃浅薄无识耶？乃因偏狭的党派之见而责之耶？两者必居其一。

（二）从纵笔"好骂"到寓悲哀于旷达——苏轼创作风格的演变

苏辙在《亡兄子瞻端明墓志铭》中对苏轼创作风格的演变做了概述：

> 少与辙皆师先君。初好贾谊、陆贽书，论古今治乱，不为空言。既而读《庄子》，喟然叹息曰："吾昔有见于中，口未能言，今见《庄子》，得吾心矣。"乃出《中庸论》，其言微妙，皆古人所未喻。尝谓辙曰："吾视今世学者，独子可与我上下耳。"既而谪居于黄，杜门深居，驰骋翰墨，其文一变，如川之方至，而辙瞠然不能及矣。后读释氏书，深悟实相，参之

---

① 王安石：《上人书》，《王安石文集》卷七七，第4册，第1339页。
② 王安石：《山鸡》，《王安石诗笺注》卷四〇，第1468页。

孔、老，博辩无碍，浩然不见其涯也。①

此文概括了苏轼创作的四个演变阶段，其中黄州之变，尤为突出，它是苏轼一生创作主体和创作风格的重要转折点。而这一转折与熙丰党争有着直接的因果关系。熙丰党争激发了苏轼强烈的参政意识，参政意识导致了其纵笔"好骂"的创作风格；因"好骂"招致乌台之勘，乌台之勘后的黄州之贬，则使他悲哀"此身非我有"，转而祈取自我生命的实在性，寓物任真，寓悲哀于旷达，呈现出崭新的艺术境界，即所谓"少年下笔已如神，文到黄州更绝尘"，"再闻黄州正坐诗，诗因迁谪更瑰奇"。②

"好骂"是黄庭坚对苏轼创作风格的概括，其《答洪驹父书》其二云："东坡文章妙天下，而短处在好骂，慎勿袭其轨也。"③苏轼的"好骂"风格，始于熙宁初，主要是"骂"王安石和新法，如其《送刘道原归觐南康》：

> 晏婴不满六尺长，高节万仞陵首阳。
> 青衫白发不自欺，富贵在天那得忙。
> 十年闭户乐幽独，百金购书收散亡。
> 揭来东观弄丹墨，聊借旧史诛奸强。
> 孔融不肯下曹操，汲黯本自轻张汤。

---

① 苏辙：《亡兄子瞻端明墓志铭》，《栾城后集》卷二二，《苏辙集》，第1126—1127页。
② 王十朋：《游东坡十一绝》其三、其六，《全宋诗》卷二〇三八，第36册，第22880页。
③ 黄庭坚：《答洪驹父书》其二，《全宋文》卷二二八一，第104册，第301页。

虽无尺棰与寸刃，口吻排击含风霜。
　　自言静中阅世俗，有似不饮观酒狂。
　　衣巾狼藉又屡舞，傍人大笑供千场。
　　交朋翩翩去略尽，惟吾与子犹徬徨。①

该诗作于熙宁四年（1071）六月。南宋施元之注曰：王安石执政后，"权震天下，人不敢讦，而道原愤愤，欲与之校。又条陈所更法令不合众心者，劝使复旧，至面折其过。介甫怒，变色如铁。道原不以为意，或稠人广坐，对其门生，诵言得失无所忌，遂与之绝。以亲老求监南康军酒……此诗端为介甫而发。其云'孔融不肯下曹操，汲黯本是轻张汤'，盖以孔融、汲黯比道原，曹操、张汤况介甫。又云'虽无尺棰与寸刃，口吻排击含风霜'，盖著其面折之实也"②。这是苏轼在王安石变法期间诸多"怒邻骂坐"，"以快一朝之忿"③的作品之一。所以纪昀在首肯该诗"风力自健，波澜亦阔"的同时，认为"惟激讦处太多，非诗品耳"。④不过，苏轼"怒邻骂坐"，并非出于个人的恩怨，而是志在当世、参与党争、批评时政的一种表现形式；而作为其熙宁创作的一个显著特征，纵笔"好骂"不仅体现在诗歌中，同时屡屡见诸奏议、史论、寓言等文体，前举《上神宗皇帝书》《商鞅论》《日喻》，可以为证。

　　苏轼纵笔"好骂"，既是北宋文人士大夫好议论之风习的具体

---

① 苏轼：《送刘道原归觐南康》，《苏轼诗集》卷六，第258—259页。
② 施元之注，见《苏轼诗集》卷六，第257—258页。
③ 此为黄庭坚《书王知载朐山杂咏后》中语，此语亦针对苏轼熙宁创作风格而言。《黄庭坚全集》正集卷二五，第2册，第666页。
④ 曾枣庄主编：《苏诗汇评》，第193页。

表现，又是其创作个性在熙丰政争中的必然反映。《宋史》卷一七三《食货志》序论曰：

> 宋臣于一事之行，初议不审，行之未几，即区区然较其失得，寻议废格。后之所议未有以愈于前，其后数人者，又复訾之如前。使上之为君者莫之适从，下之为民者无自信守，因革纷纭，非是贸乱，而事弊日益以甚矣。世谓儒者议论多于事功，若宋人之言食货，大率然也。①

以财政为例，概括了宋代文人士大夫在对待朝廷一切事务，包括关系到国家存亡的军务大事时所表现出来的好议论的风习。如北宋末年金兵攻占开封，后人就有"宋人议论未定，兵已渡河"②的讥讽。由王安石变法引起的长达半个世纪之久的新旧党论，无疑是"议论多于事功"，喜欢议论时事、批评国政而甚于自己动手的风习的集中体现。当然，这种风气并不始于北宋。西汉桓宽《盐铁论》卷二《论儒》云："齐宣王褒儒尊学，孟轲、淳于髡之徒，受上大夫之禄，不任职而论国事，盖齐稷下先生千有余人。"③可见议论国事，干预现实，批评时政，在先儒那里早已有之，是先秦以来儒家的传统。随着赵宋文官政治的建立，文人参政主体性的凸现和儒学的复兴，这一传统得到了空前的张扬。欧阳修"开口揽时事，论议争煌煌"，曾巩"议论古今治乱得失贤不肖，必考诸道，不少贬以

---

① 脱脱等：《宋史》卷一七三《食货志》，第4156—4157页。
② 赵尔巽等：《清史稿》卷二一八《睿忠亲王多尔衮》，第9027页。
③ 桓宽著，王利器校注：《盐铁论校注》卷二，第149页。

合世"①，苏洵以"言必中当世之过"②激励苏轼，程颐"以天下自任，论议褒贬，无所顾避"③，由此等等，均体现了当时文人士大夫群体主体的价值取向。然而，由于"议论多于事功"，批评甚于实干，所以，即便怀有通变救弊的热望，也有范仲淹的庆历新政、王安石的熙宁变法，但难以行必有果。尤其是王安石变法，由于操之过急，"初议不审"，加上自信太过，用人不精，所以"高论颇随衰俗废，壮怀难值故人倾"，导致议论蜂起，訾言不断，响不绝耳。苏轼纵笔"好骂"，便是这一特定的时代风习在其文学创作中的反映。朱熹指出：

> 东坡议论大率前后不同，如介甫未当国时是一样议论，及后来又是一样议论。
>
> 东坡只管骂王介甫。介甫固不是，但教东坡作宰相时，引得秦少游、黄鲁直一队进来，坏得更猛。
>
> 东坡平时为文论利害，如主意在那一边利处，只管说那利。其间有害处，亦都知，只藏匿不肯说，欲其说之必行。④

朱熹品评本朝人物，难免偏好，尤其是对洛、蜀二学的评论，明显流露出褒洛贬蜀的倾向，但对苏轼的诸多评价中，有的不乏真知灼见。上列三则，基本上属追本之论。第一则虽然是假设，但苏

---

① 林希：《墓志》，曾巩《曾巩集》附录一，第798页。
② 苏轼：《凫绎先生诗集叙》，《苏轼文集》卷一〇，第313页。
③ 朱熹：《伊川先生年谱》，《河南程氏遗书》附录，程颢、程颐《二程集》，第343页。
④ 黎靖德编：《朱子语类》卷一三〇，第3112—3114页。

轼确实不是总揽朝政、驾驭全局的宰相之材,他参与政争,且政论煌煌,但无大政治家的见识和气质,更无政客的权术,不免沾染议论纵横的纵横家气息,而主要是"嬉笑怒骂皆成文章"的可爱的文学家。第二、三则大致合乎苏轼尚权变的性格,事实也证明了这一点。嘉祐五年(1060),苏轼应制科,以策论二十五篇献丞相富弼,认为"天下之未大治,兵之未振,财之未丰"①,故策中所论,或均户口,或较赋役,或教战守,或定军训,或倡勇敢……主张整顿弊端,富国强兵,时人誉之为"霆轰风飞,震伏天下,非真有道者,安能卓荦如此"②。这与王安石熙宁以前的救弊主张基本相同。但当王安石将救弊主张付诸实践而举朝阻之时,苏轼亦随之参与反对,在《上神宗皇帝书》中,对神宗以万乘之主而言利、王安石以天子之宰而理财,表示强烈不满,认为"国家之所以存亡者,在道德之深浅,不在乎强与弱,历数之所以长短者,在风俗之厚薄,不在乎富与贫"③。不仅不言富强的必要性和重要性,而且"富强"二字成了道德的对立面而被彻底否定了。之所以如此,固然与变法之初引起的三司与制置三司条例司等具体问题的论争(说详第一章第三节),以及新法不便有关,但从主体性角度而言,却体现了苏轼"主意在那一边利处,只管说那利。其间有害处,亦都知,只藏匿不肯说"的尚权变的特征。而这一特征的形成,还有其深刻的思想根源。苏轼在《道有升降政由俗革》一文中指出:

夫道何常之有,应物而已矣。物隆则与之偕升,物污则与

---

① 苏轼:《上富丞相书》,《苏轼文集》卷四八,第1377页。
② 李觏:《上苏祠部书》,《全宋文》卷八九三,第41册,第353页。
③ 苏轼:《上神宗皇帝书》,《苏轼文集》卷二五,第737页。

之偕降。夫政何常之有，因俗而已矣。俗善则养之以宽，俗顽则齐之以猛。自尧、舜以来，未之有改也。①

将为政之"道"概括为"应物""因俗"。所谓"应物""因俗"，就是与物、与俗沉浮。只有"应物"而治，"因俗"而革，适应事物的变化，才是治世之道。苏轼的这个"道"，是其政治实践的思想基础，也是他在党争中崇尚权变的根源所在。

苏辙《亡兄子瞻端明墓志铭》云："太夫人尝读《东汉史》，至《范滂传》慨然太息。公侍侧曰：'轼若为滂，夫人亦许之否乎？'太夫人曰：'汝能为滂，吾顾不能为滂母耶？'公亦奋厉有当世志。"②不仅如此，又以致君尧、舜自负，而且认为"致君尧舜，此事何难"③，较诸王安石，更是"以意气自许"，确切地说是充满诗人气质的自许自负。这种充满诗人气质的自许自负在与物沉浮中，使苏轼形成了独特的顺应外物，以求适性任真的处世方式。嘉祐年间，他面对积弊积弱的窘况，勇于论事，渴求通变救弊；熙宁时期，因王安石的救弊之策与己不合、与众不合，又以变法为患，并不避神宗"雷霆之威"和王安石"虎狼之怒"，上书"指陈其失"④；后因新法取得了一定的成效，又悟前非，自称"辄守偏见"，"少有中理"（引见前文）；"元祐更化"之初，为了争取保留王安石的免役法，还与司马光面争于廷。这是苏轼"应物"之道及其适性任真的处世方式在参政实践中的具体表现。当其作用于文学

---

① 苏轼：《道有升降政由俗革》，《苏轼文集》卷六，第173页。
② 苏辙：《亡兄子瞻端明墓志铭》，《栾城后集》卷二二，《苏辙集》，第1117页。
③ 苏轼：《沁园春》（青灯孤馆），唐圭璋编《全宋词》，第282页。
④ 司马光：《论王安石疏》，《司马光集》补遗卷三，第3册，第1668页。

创作时，则又表现为任性而发，纵笔"好骂"。这不仅使其熙宁时期的文学作品，尤其是诗歌具有了"骂格"和强烈的现实性，而且极大地丰富和发展了熙宁以前恣肆雄健的风格，将其艺术成就推向了高峰。

苏轼诗歌在不同时期有不同的风格特征，但就总体的艺术成就而言，熙宁诗歌无疑是其高峰期。该时期诗歌艺术的一个显著特征，是纵横驰骤，恣肆雄健。这一特征在凤翔时已露端倪，其代表作为《石鼓歌》。汪师韩评此诗云："雄文健笔，句奇语重，气魄与韩退之作相埒而研炼过之。"[①]纪昀则认为"精悍之气，殆驾昌黎而上之"[②]。不过《石鼓歌》是模仿韩愈之作，其题目、题材及基本表现手法都相同。他作于同时的《二月十六日，与张、李二君游南溪，醉后相与解衣濯足，因咏韩公〈山石〉之篇》《渼陂鱼》诸作，或次韩韵，或音韵巧押，因难见巧，均有雄健之风，学韩而不乏本色，但尚处发轫阶段。至熙宁，这一艺术特征则得到了丰富和发展，趋向老健，而且五七古、近诸体均擅，题材内容也十分丰富。但最具代表性的，当推苏轼纵笔"好骂"，和在"好骂"中反映"欲搏忠直之名，又畏祸及"的心理的七古。如其《寄刘孝叔》云：

> 君王有意诛骄虏，椎破铜山铸铜虎。
> 联翩三十七将军，走马西来各开府。
> 南山伐木作车轴，东海取鼍漫战鼓。
> 汗流奔走谁敢后，恐乏军兴污资斧。

---

① 曾枣庄主编：《苏诗汇评》，第110页。
② 曾枣庄主编：《苏诗汇评》，第111页。

保甲连村团未遍,方田讼牒纷如雨。
尔来手实降新书,抉剔根株穷脉缕。
诏书恻怛信深厚,吏能浅薄空劳苦。
平生学问只流俗,众里笙竽谁比数。
忽令独奏《凤将雏》,仓卒欲吹那得谱。
况复连年苦饥馑,剥啮草木啖泥土。
今年雨雪颇应时,又报蝗虫生翅股。
忧来洗盏欲强醉,寂寞虚斋卧空瓿。
公厨十日不生烟,更望红裙踏筵舞。
故人屡寄山中信,只有当归无别语。
方将雀鼠偷太仓,未肯衣冠挂神武。
吴兴丈人真得道,平日立朝非小补。
自从四方冠盖闹,归作二浙湖山主。
高踪已自杂渔钓,大隐何曾弃簪组。
去年相从殊未足,问道已许谈其粗。
逝将弃官往卒业,俗缘未尽那得睹。
公家只在霅溪上,上有白云如白羽,
应怜进退苦皇皇,更把安心教初祖。①

此诗作于熙宁八年(1075)密州任上,凡二十二韵,前十三韵言新法,后九韵"破题"。言新法从王安石"忽令独奏《凤将雏》,仓卒欲吹那得谱"的仓卒行事到吕惠卿的手实法,几乎涉及了新法的各个方面。乌台之勘时,苏轼供词云:"君王"四句,"是时朝廷

---

① 苏轼:《寄刘孝叔》,《苏轼诗集》卷一二,第633—637页。

遣使诸路点检军器,及置三十七将官,轼将谓今上有意征讨胡虏,以讥讽朝廷诸路遣使,及置将官,张皇不便";"南山"十句,"以讥讽朝廷法度屡更,事目烦多,吏不能晓";"况复"十二句,"意谓迩来饥馑,飞蝗蔽天之甚,以讥讽朝廷,政事阙失,新法不便之所致也";又云:"酒食无备,斋厨索然,以讥讽朝廷行法减削公使钱太甚,公事既多,旱蝗又甚,二政巨藩,尚如此窘迫,所以言山中故人,寄信令归,但轼贪禄,未能便挂衣冠而去也";"四方"二句,"以讥讽朝廷近日提举官,所至生事苛碎,故刘述乞宫观归湖山也"。① 熙宁四年(1071)十一月后,苏轼出典杭、密、徐诸州,因"见事有不便于民者,不敢言,亦不敢默视也。缘诗人之义,托事以讽"(引见前文),故多任性而发,纵笔"好骂"之作。如七律《和刘道原见寄》,以"群乌"比新党:"独鹤不须惊夜旦,群乌未可辨雌雄。"② 七古《送杭州杜、戚、陈三掾罢官归乡》,以"月咙虾蟆行复皎"③比喻新法像月食那样不会长久,与前引《送刘道原归觐南康》相同,虽"风力自健",却"非诗品",《寄刘孝叔》虽属"骂格"而难免党派之见,但绝少使气激讦之词,全诗"灏气旋转,伸缩自如,托讽处亦不甚激"④,与通判杭州所作的讥刺新党新法的七古《李杞寺丞见和前篇复元韵答之》《戏子由》《吴中田妇叹》等等,均典型地体现出了纵横驰骤、恣肆雄健的创作风格,标志着苏轼豪放诗风的成熟。又其《游金山寺》云:

---

① 朋九万:《东坡乌台诗案》"送刘述吏部"条,第12—13页。
② 苏轼:《和刘道原见寄》,《苏轼诗集》卷七,第332页。
③ 苏轼:《送杭州杜、戚、陈三掾罢官归乡》,《苏轼诗集》卷一〇,第511页。
④ 张志烈、马德富、周裕锴主编:《苏轼全集校注》诗集二,第2册,第1284页。

> 我家江水初发源，宦游直送江入海。
> 闻道潮头一丈高，天寒尚有沙痕在。
> 中泠南畔石盘陀，古来出没随涛波。
> 试登绝顶望乡国，江南江北青山多。
> 羁愁畏晚寻归楫，山僧苦留看落日。
> 微风万顷靴文细，断霞半空鱼尾赤。
> 是时江月初生魄，二更月落天深黑。
> 江心似有炬火明，飞焰照山栖鸟惊。
> 怅然归卧心莫识，非鬼非人竟何物。
> 江山如此不归山，江神见怪惊我顽。
> 我谢江神岂得已，有田不归如江水。[①]

　　这首纪游诗作于熙宁四年（1071）十一月离京赴任杭州通判途中。出生在长江上游岷江边的苏轼，对长江是有特殊感情的。他从蜀江上游宦游万里来到下游的扬子江，一见到这阔别多年的江山江水，遏止不住的思乡之情，就犹如江上波涛奔腾起来。但这不是普泛化的思乡情结。诗人认为这个"非鬼非人"的景象，是江神怪他不归的谴示，表达了既"顽"于参政，"欲搏忠直之名"，但又畏祸及身的心理；而"顽"于参政，则主要表现为与王安石争新法。苏轼请得杭州通判，就是因为与王安石议论不合，隐含了仕途险恶和命运不测之感。因此萌发了归田避祸之想，使其思乡情结注入了特定的政治内涵。当然，正如参政意识和行为早在嘉祐年间业已表现一样，这种根植于个体生命意识的畏祸或忧患心理，并非始于此

---

① 苏轼：《游金山寺》，《苏轼诗集》卷七，第307—308页。

时。嘉祐四年（1059），尚未入仕的苏轼便已感慨："人生本无事，苦为世味诱"，"今予独何者，汲汲强奔走"。①所不同的是，论争新法，奔走营营的具体的参政实践，将这一心理落到了实处，与苏轼在政争中纵笔"好骂"是相辅相成的。而该诗从江水来自故乡发端，以向江水立誓决心归乡作结，中间写长江山水，景象瑰丽，诗境从无生有，由幻入奇，虚实相生，笔意奇恣，老健精警，在苏轼熙宁七古中同样具有代表性。作于徐州的《百步洪二首》其一也是这方面的代表作。该诗前四韵一气连用兔奔、鹰击、马驰、断弦、脱箭、飞电过隙、跳珠翻荷等七个比喻，状百步洪动人心魄的惊险壮观，查慎行云："联用比拟，局阵开拓，古未有此法，自先生创之。"②而苏轼以博喻之法状险壮之景的目的，则在于说"险中得乐虽一快，何意水伯夸秋河。我生乘化日夜逝，坐觉一念逾新罗"的人生哲理。这一哲理也主要基于其参政实践，诗的最后五韵曰：

> 纷纷争夺醉梦里，岂信荆棘埋铜驼。
> 觉来俯仰失千劫，回视此水殊委蛇。
> 君看岸边苍石上，古来篙眼如蜂窠。
> 但应此心无所住，造物虽驶如吾何。
> 回船上马各归去，多言诳诳师所呵。③

"纷纷争夺"，显然是指新政之事，"荆棘铜驼"，典出《晋书·索靖传》，喻世事将变，这里反用之。虽曰"岂信"，但寄寓了世事

---

① 苏轼：《夜泊牛口》，《苏轼诗集》卷一，第10页。
② 查慎行：《初白庵诗评》卷中，《查慎行全集》，第19册，第612页。
③ 苏轼：《百步洪二首》其一，《苏轼诗集》卷一七，第892页。

已变的意思，所以但愿"此心无所住"，无所牵系。而事实上，自变法以来，苏轼不仅"多言谠谠"，而且"怒邻骂坐"，至今未改此习，因此，归后要招致参寥师的责怪了。其结语之意，正与前引《与滕达道六十八首》其八"若哓哓不已，则忧患愈深"相同，从中足以见出苏轼在参与党争中，"欲搏忠直之名，又畏祸及"的两难心理。因此，不妨说，该诗"联用比拟，局阵开拓"、恣肆雄健之格，是苏轼这一两难心理的外化形态。

郭绍虞先生在释"东坡体"时指出：

> 黄庭坚《子瞻诗句妙一世，乃云效庭坚体……故以韵道之》："我诗如曹郐，浅陋不成邦。公如大国楚，吞五湖三江。"案此语亦差说明苏、黄诗格之异。杨万里《诚斋诗话》："'明月易低人易散，归来呼酒更重看'；又'当其下笔风雨快，笔所未到气已吞'；又'醉中不觉度千山，夜闻梅香失醉眠'；又《李白画像》：'西望太白横峨岷，眼高四海空无人。大儿汾阳中令君，小儿天台坐忘身。平生不识高将军，手浣吾足乃敢嗔。'此东坡诗体也。"①

均以诗歌语言形象地概括了"东坡体"的特征，其中黄庭坚的诗作于元祐元年（1086）。这说明"东坡体"在元祐以前业已形成，而最能体现其"吞五湖三江"或"笔所未到气已吞"之特征的，是熙宁期间的创作。上述诸作，便充分地体现了这一点。

诗体的形成，关键在于体性，在于创作主体的性格特征。创作

---

① 严羽著，郭绍虞校释：《沧浪诗话校释》，第65页。

主体的性格特征的形成，主要取决于后天的实践。苏轼在参政实践中，与物沉浮，应顺外物，适性任真，表现在创作中，嬉笑怒骂，放笔快意，随物赋形。而这，在熙宁政见相左、各不相能的特定的党争环境中，得到了淋漓尽致的发挥；换言之，"纷纷争夺""主于救国"的政见之争，为"东坡体"独特的创作体性的发育和成熟，提供了一帖强有力的催促剂，从而丰富和发展了始于凤翔时期纵横驰骤、恣肆雄健的创作风格。同时，苏轼的适性任真、纵笔"好骂"，激化了党争，导致了熙丰时期的重大政治事件"乌台诗案"，而乌台之勘，则又直接造成了其创作风格的新变。

宋制："诏狱，本以纠大奸慝，故其事不常见。初，群臣犯法，体大者多下御史台狱，小则开封府、大理寺鞫治焉。"①苏轼下御史台狱，其严重性，他是十分清楚的；而且使之"梦绕云山心似鹿，魂惊汤火命如鸡"②，充满了死的恐惧。所以出狱后即反省："平生文字为吾累，此去声名不厌低。塞上纵归他日马，城东不斗少年鸡。"③这种自我反省，使苏轼大大地淡化了与生俱来的奋厉当世之志和"致君尧舜"的参与意识，来到黄州后，又深自悲叹："长恨此身非我有，何时忘却营营。"故转而竭力将自己辐辏于以生命为本质的个体主体的情感、自由和价值，开始在"岁猪鸣矣。老兄嫂团坐火炉头，环列儿女，坟墓咫尺，亲眷满目，便是人间第一等好

---

① 脱脱等：《宋史》卷二〇〇《刑法二》，第4997页。
② 苏轼：《予以事系御史台狱，狱吏稍见侵，自度不能堪，死狱中，不得一别子由，故作二诗授狱卒梁成，以遗子由，二首》其二，《苏轼诗集》卷一九，第999页。
③ 苏轼：《十二月二十八日，蒙恩责授检校水部员外郎黄州团练副使，复用前韵二首》其二，《苏轼诗集》卷一九，第1006页。

事"①中，祈取自我生命之灯应有的亮色，享受平凡人生的自由和温暖的乐趣。然而，这一乐趣是建立在经世之悲、人生多难的基础之上的。与王安石晚年的禅定之乐一样，是以理遣情的产物。

　　苏轼以其诗人气质，怀着比时人更亢奋，又似乎近于浪漫的"致君尧舜，此事何难"的淑世精神，但其人生的无常和忧患意识却比他人要强烈得多。早在嘉祐六年（1061）二十五岁时，就写下了"人生到处知何似，应似飞鸿踏雪泥""往日崎岖还记否，路长人困蹇驴嘶"②这样过于苍老的诗句。熙宁二年（1069），则又发出了"人生识字忧患始"③的感叹。如果说嘉祐以来苏轼的这种忧患意识，主要停留在知性阶段，那么在乌台之勘中，际遇"魂惊汤火命如鸡"的人生劫难，以及"乌台诗案"后的遭贬处穷，使他真真切切地体验到了人生的忧患与多难。对人生的忧患与多难的真切体验，凝结成了苏轼谪居黄州时期的沉重情累，并屡屡形诸文字。如《与滕达道六十八首》其十二：

　　　　某蒙庇如昨，废放虽久，忧畏不衰，见且杜门以全衰拙，诸不烦垂念。④

《与沈睿达二首》其二云：

　　　　某自得罪，不复作诗文，公所知也。不惟笔砚荒废，实以

---

① 苏轼：《与子安兄七首》，《苏轼文集》卷六〇，第1830页。
② 苏轼：《和子由渑池怀旧》，《苏轼诗集》卷三，第97页。
③ 苏轼：《石苍舒醉墨堂》，《苏轼诗集》卷六，第236页。
④ 苏轼：《与滕达道六十八首》其十二，《苏轼文集》卷五一，第1479页。

> 多难畏人，虽知无所寄意，然好事者不肯见置，开口得罪，不如且已，不惟自守如此，亦愿公已之。①

不仅自守如此，还以此规劝沈辽，以避"开口得罪"之祸。又《与陈朝请二首》其二云：

> 某自窜逐以来，不复作诗与文字。所谕四望起废，固宿志所愿，但多难畏人，遂不敢尔。其中虽无所云，而好事者巧以酝酿，便生出无穷事也。②

所谓"宿志"，就是指奋力当世之志。苏轼在《黄州上文潞公书》中自称："不肖之躯，未死之间，犹可以洗濯磨治，复入于道德之场，追申徒而谢子产也。"③虽未泯灭经世之志、事功之念，"但多难畏人，遂不敢尔"。而如何排遣和化解这"多难畏人"的情累，找回和把握在"奔走营营"的群体实践领域中被失落的个体主体及其生命价值，则是苏轼当日的首要任务。

综观苏轼化解悲哀、排遣情累的心理历程，明显地借助了佛道两家的思想力量，但其主要力量却来自苏轼融汇了众家思想养料后形成的与物沉浮、顺应外物、适性任真的"应物"之道。如前文所述，这一"应物"之道，是苏轼政治实践的思想基础，但同时又体现在人生实践中。当其作用于政治实践时，表现为尚权变，"主意在那一边利处，只管说那利"，并且批评臧否，不计后果，不患得

---

① 苏轼：《与沈睿达二首》其二，《苏轼文集》卷五八，第1745页。
② 苏轼：《与陈朝请二首》其二，《苏轼文集》卷五七，第1709页。
③ 苏轼：《黄州上文潞公书》，《苏轼文集》卷四八，第1380页。

患失，任性而发，"怒邻骂坐"，激讦伤人，成了政治上的败者和悲剧人物。当其作用于人生实践时，则带来了滔滔汩汩的"物乐"，较王安石晚年静寂透彻的禅定之乐，更富有积极性和主动性，因而也更具丰富性和实在性。正因为如此，苏轼虽然在新旧党争中因政见之争而第一个被打入大牢，又因相互倾轧而第一个被流放到天涯海角的琼州，坎坷曲折，九死一生，但始终能化解悲哀，排遣情累，立于不败之地，成了人生实践中的胜者和智者。黄州之贬，就是苏轼第一次在这方面的生动演示。

与对人生的无常和忧患有着深切的认知一样，与物沉浮、顺应外物的思想，苏轼也早已有之。嘉祐四年（1059），他在《出峡》诗中指出"吾心淡无累，遇境即安畅"①，便体现了这一点。随着生活阅历的不断丰富，这一思想不断成熟。熙宁十年（1077），苏轼为王诜的宝绘堂作记，记文开篇云：

> 君子可以寓意于物，而不可以留意于物。寓意于物，虽微物足以为乐，虽尤物不足以为病。留意于物，虽微物足以为病，虽尤物不足以为乐。②

所谓"留意于物"，就是指执着于外物，以志在必得之欲对待外物；"寓意于物"，即指不执着于外物，以无可无不可的态度对待外物，"譬之烟云之过眼，百鸟之感耳，岂不欣然接之，然去而不复念也。于是乎二物者，常为吾乐而不能为吾病"。达到了这种待物既不

---

① 苏轼：《出峡》，《苏轼诗集》卷一，第44页。
② 苏轼：《宝绘堂记》，《苏轼文集》卷一一，第356页。

"留意"又非"无意"的超然心境,不仅可以安时处顺,遇境即安,而且可以物物皆乐,"物乐"无尽,即所谓:"凡物皆有可观。苟有可观,皆有可乐,非必怪奇玮丽者也。餔糟啜漓皆可以醉,果蔬草木皆可以饱。推此类也,吾安往而不乐。"①

因此,林语堂称"苏东坡是个秉性难改的乐天派"②,但苏轼的"乐天"与人生的悲哀是相辅相成的。随着"乌台诗案"后苏轼对人生劫难的真切体验和悲哀情累的凝结,"乐天"的境界也更为旷远;而"知道之明者,固能达于进退穷通之理,能达于此而无累于心,然后山林泉石可以乐"③,排遣情累的"乐天"之理也随之趋向通达。就思维方式而言,苏轼既旷且达的"乐天"之理和境界,是在"常"与"无常"、"变"与"不变"的相对性的思考和体认中全面形成的,其标志是元丰五年(1082)《前赤壁赋》《后赤壁赋》的问世。

《前赤壁赋》以主客问答的形式,展现了秋月下游赤壁的心理历程。开篇描写在"白露横江,水光接天"中"夜饮乐甚"之情。接着,通过"客人""如怨如慕,如泣如诉"的箫声,引出了主、客关于人生意义的一场对话:

> 苏子愀然,正襟危坐,而问客曰:"何为其然也?"客曰:"'月明星稀,乌鹊南飞。'此非曹孟德之诗乎?西望夏口,东望武昌。山川相缪,郁乎苍苍。此非孟德之困于周郎者乎?

---

① 苏轼:《超然台记》,《苏轼文集》卷一一,第351页。
② 林语堂著,张振玉译:《苏东坡传·原序》,第1页。
③ 欧阳修:《答李大临学士书》,《居士外集》卷二○,《欧阳修全集》卷七○,第3册,第1016页。

> 方其破荆州，下江陵，顺流而东也，舳舻千里，旌旗蔽空，酾酒临江，横槊赋诗，固一世之雄也，而今安在哉？况吾与子渔樵于江渚之上，侣鱼虾而友麋鹿。驾一叶之扁舟，举匏尊以相属。寄蜉蝣于天地，渺沧海之一粟。哀吾生之须臾，羡长江之无穷。"①

借用"客"语表达了古今映照、人世苍茫和人生无常的感慨和悲怆后，导出了"宇宙永恒而人生短暂"的命题。对此，苏轼做了如下回答："盖将自其变者而观之，则天地曾不能以一瞬。自其不变者而观之，则物与我皆无尽也，而又何羡乎？"

苏轼认为："贵、贱、寿、夭，天也。贤者必贵，仁者必寿，人之所欲也。人之所欲，适与天相值实难，譬如匠庆之山而得成镰，岂可常也哉。因其适相值，而责之以常然，此人之所以多怨而不通也。"②既然人生"无常"，那么对待人生也就不能"责之以常"，否则"多怨而不通"。这里通过宇宙、人生的"变"与"不变"的相对性思考，不仅同样寄寓了只有泯灭"责之以常然"的执着之心，才能摆脱由"贵、贱、寿、夭"引起的喜怒哀乐的情累，而且进一步指出，如果人能突破自我狭隘的生命视野，将自我之心纳入宇宙之心，以宇宙之心观赏自我之心，"则物与我皆无尽"，人与宇宙都会变得永恒，其理其境，更为旷远通达。

《前赤壁赋》所体认的人生境界，乃理达之境，《后赤壁赋》则以具体的行为再次体验和论证人与宇宙的和谐。其中写道：

---

① 苏轼：《赤壁赋》，《苏轼文集》卷一〇，第6页。
② 苏轼：《邵茂诚诗集叙》，《苏轼文集》卷一〇，第320页。

> 予乃摄衣而上，履巉岩，披蒙茸。踞虎豹，登虬龙。攀栖鹘之危巢，俯冯夷之幽宫。盖二客不能从焉。划然长啸，草木震动。山鸣谷应，风起水涌。予亦悄然而悲，肃然而恐，凛乎其不可久留也。反而登舟，放乎中流，听其所止而休焉。①

在整个攀登的动作中，表现出向上探求生命意义的决心与毅力，至绝顶，"划然长啸"，则又显示了自我战胜自然的力量和豪情。但当"草木震动。山鸣谷应，风起水涌"，悠悠宇宙掩盖了充满自豪的啸声后，苏轼才猛然惊悟到个体生命在时空中的渺小，以具体的情境体验，再次论证了《前赤壁赋》提出的人生"寄蜉蝣于天地，渺沧海之一粟"的关系。因此，面对默默天地，苏轼不仅"悄然而悲，肃然而恐"，而且肃然敬畏。于是，"反而登舟，放乎中流，听其所止而休焉"。随着行动的展开，情境的演变，与自然冥合，随缘自适的主体精神，跃然纸上。最后记梦，梦中借道士之言，点出了此次游赤壁的无言之乐，展示了纵浪大化，无惧亦无喜的心境。

《前赤壁赋》《后赤壁赋》标志着苏轼人生境界的升华，也标志着其待罪黄州时期以理遣情的成功，以及寓悲哀于旷达的新的创作风格的形成。这一风格既表现在诗文包括记传、题跋、书简等文体中，又体现在词体的创作中，并且给诸种文体在体裁上带来了新的表现。如《秦太虚题名记》：

> 览太虚题名，皆予昔时游行处。闭目想之，了然可数。始

---

① 苏轼：《后赤壁赋》，《苏轼文集》卷一，第8页。

予与辩才别五年，乃自徐州迁于湖。至高邮，见太虚、参寥，遂载与俱。辩才闻予至，欲扁舟相过，以结夏未果。太虚、参寥又相与适越，云秋尽当还。而予仓卒去郡，遂不复见。明年予谪居黄州，辩才、参寥遣人致问，且以题名相示。时去中秋不十日，秋潦方涨，水面千里，月出房、心间，风露浩然。所居去江无十步，独与儿子迈棹小舟至赤壁，西望武昌，山谷乔木苍然，云涛际天，因录以寄参寥，使以示辩才，有便至高邮，亦可录以寄太虚也。①

这是一篇记传文。文以"题名"为引子，引出秦观昔时从其游处的题名，中间重申贬居黄州后辩才、参寥为"致问"而遣人"以题名相示"，最后以自己与子迈夜游赤壁的"题名"相寄。记人传事，娓娓道来，亲切动人。但记传中，明显带有题跋和书简的痕迹；而对中秋夜景的描写，与天地悠然而会，境界旷远，水月云天二景，出于天然之韵，灵动而有余味，则仿佛像一篇意境深邃而又充满诗情画意的山水游记。全文信手拈来，字里行间，体现了作者待罪闲居时的特定情感和心境。在文体上，不拘一格，随物赋形，融汇无间，实属创制。

苏轼待罪闲居，无法抹去内心深处因失去功名和人生多难而产生的悲哀。元丰五年（1082）七月，苏轼作《念奴娇·赤壁怀古》，词的下阕云："遥想公瑾当年，小乔初嫁了，雄姿英发。羽扇纶巾，谈笑间、强虏灰飞烟灭。故国神游，多情应笑我，早生华发。人间

---

① 苏轼：《秦太虚题名记》，《苏轼文集》卷一二，第398—399页。

如梦，一尊还酹江月。"①对周瑜的卓越才能和赫赫功名，充满了无限的激赏之情，而自己却年近五十，不但未及有所建树，反而待罪黄州。两相比照，不禁深自感愧和悲哀。然而，由于远离了往日"纷纷争夺"的党争旋涡，尤其是人生难题得以解开，以通达之理排遣悲哀情累，取得了成功，所以个体主体获得了自由，自我生命价值得到了充分的实现。因此，当其发而为文时，往往随着个体主体的凸现和自我生命的律动，随物赋形，"如川之方至"，冲破了体裁限制，创新了文体。或者说，无论是议论说理，还是叙事抒情，往往以生命为本质的个体主体为轴心，洋溢着自主、自适、自悦的美感。如《记承天夜游》，在记述承天寺静谧空灵的夜景后云："何夜无月，何处无竹柏，但少闲人如吾两人者耳。"②《与范子丰八首》其八云："江山风月，本无常主，闲者便是主人。"③《书临皋亭》云："东坡居士酒醉饭饱，倚于几上，白云左绕，清江右洄，重门洞开，林峦坌入。当是时，若有思而无所思，以受万物之备，惭愧！惭愧！"④由此等等，均表现了个体主体获得自由后的美好感受。又《临江仙·夜归临皋》：

　　夜饮东坡醒复醉，归来仿佛三更。家童鼻息已雷鸣。敲门都不应，倚杖听江声。　　长恨此身非我有，何时忘却营营。

---

① 苏轼：《念奴娇·赤壁怀古》，邹同庆、王宗堂著《苏轼词编年校注》，第398—399页。
② 苏轼：《记承天夜游》，《苏轼文集》卷七一，第2260页。
③ 苏轼：《与范子丰八首》其八，《苏轼文集》卷五〇，第1453页。
④ 苏轼：《书临皋亭》，《苏轼文集》卷七一，第2278页。

夜阑风静縠纹平。小舟从此逝，江海寄余生。①

该词作于元丰五年（1082）九月。词人在荒山大江的大自然的怀抱中，感到宇宙无边的安详与宁静，白天的烦恼、平时的得失荣辱，一齐被摆脱了，并决心脱离人世间的纷扰，不再为名利所用，而牢牢把握合乎自然、自由自主的个体主体的实在性。其中"此身非我有"，语出《庄子·知北游》："舜问乎丞曰：'道可得而有乎？'曰：'汝身非汝有也，汝何得有夫道？'舜曰：'吾身非吾有也，孰有之哉？'曰：'是天地之委形也；生非汝有，是天地之委和也；性命非汝有，是天地之委顺也；孙子非汝有，是天地之委蜕也。'"②而"长恨此身非我有"，则反其意而用之，表现了苏轼对自我在奔走营营中失落的悲哀和对个体主体之实在性的肯定和祈取。又作于同年的《定风波》云：

莫听穿林打叶声。何妨吟啸且徐行。竹杖芒鞋轻胜马。谁怕？一蓑烟雨任平生。　料峭春风吹酒醒。微冷。山头斜照却相迎。回首向来萧洒处。归去。也无风雨也无晴。③

该词调下有题曰："三月七日，沙湖道中遇雨。雨具先去，同行皆狼狈，余独不觉。已而遂晴，故作此词。"词借眼前经历，抒写怀抱。苏轼待罪黄州，政治上沦落失意，但不随物悲喜，改变自己的

---

① 苏轼：《临江仙·夜归临皋》，邹同庆、王宗堂著《苏轼词编年校注》，第467页。
② 郭庆藩：《庄子集释》卷七下，第739页。
③ 苏轼：《定风波》（莫听穿林打叶声），邹同庆、王宗堂著《苏轼词编年校注》，第356页。

乐观态度，在风雨中不怕风雨，在逆境中保持自我主体怡然自得的精神状态。这与《后赤壁赋》相仿佛，在具体的情境体验中，淡化悲哀，排遣情累，出之以旷达之境。诚如郑文焯《手批东坡乐府》所云："此足征是翁坦荡之怀，任天而动，琢句亦瘦逸，能道眼前景，以曲笔直写胸臆，倚声能事尽之矣。"①文人"倚声"原出"花间小径"，至苏轼才开始全面革新，为词坛指出向上一路。业师吴熊和先生指出："苏轼一面革新词体，一面又维护与保持词的特点。"又云："苏轼既'以诗入词'，正其本源；又'以词还词'，完其本色，因而他的革新才取得了惊人的成功。"②苏轼革新词体的成功，集中体现在黄州词的创作中，是苏轼贬居黄州时期随着人生境界的升华而创新文体的表现之一。

第二节　元祐意气之争与文学创作的互动

元祐是哲宗的第一个年号，凡九年。这九年，是北宋党人在政争中全面趋向情绪化、意气化的九年，也是宋廷政治开始陷入周期性反复动荡的怪圈的九年。

后世论者在评价北宋文学特别是诗歌时，往往以元祐为最。南宋严羽在"以时而论"时，便提出了"元祐体"的概念。③近人论诗，又有"诗莫盛于三元"④之说。"三元"中的上元为盛唐的开元（唐玄宗年号），是李白、杜甫的时代，中元为中唐的元和（唐宪宗

---

① 郑文焯著，孙克强、杨传庆辑校：《大鹤山人词话》，第48页。
② 吴熊和：《唐宋词通论》，第202页。
③ 严羽著，郭绍虞校释：《沧浪诗话校释》，第53页。
④ 陈衍：《石遗室诗话》卷一，第4页。

年号),是韩愈、白居易的时代,下元即北宋的元祐,是苏轼、黄庭坚的时代。然而,包括诗歌在内的北宋文学的兴盛局面,在熙丰时期就已出现,况且,最能体现苏轼诗、词、文艺术成就的,是其熙丰时期的创作,同时,体现黄庭坚诗风特征的"山谷体",也于熙丰间开始形成。[①]本节的主要任务是:从主体性的角度出发,考察元祐意气之争与文学创作的互动关系,从中总结出元祐时期文学创作的价值取向及其意义。

一、意气之争与创作主体的畏祸心理

元丰八年(1085)三月,亲自主持变法的神宗病逝,年仅九岁的哲宗即位,主张"守静"的高太后听政。宋廷内部的这一重大变故,将北宋王朝的统治推向了十字路口,使之面临着继续贯彻神宗变革图强的既定路线还是改弦易辙的选择。

经过熙宁二年至元丰八年(1069—1085)十七年的变法实践,各项新法的利弊得失愈益清楚,新法推行的结果对新旧两党人物的政治观点和态度也都产生了影响。元丰八年(1085)四月,司马光在一封奏章中,亦承认新法有"便民益国"之处,建议"为今之计,莫若择新法便民益国者存之,病民丧国者悉去之"[②]。同年六月,吕公著还具体地指出:"更张之际,当须有术,不在仓卒。且如青苗之法,但罢逐年比较,则官司既不邀功,百姓自免抑勒之患。免役之法,当须少取宽剩之数,度其差雇所宜,无令下户虚有输纳,上户取其财,中户取其力,则公私自然均济。保甲之法,止

---

① 按:黄庭坚于元祐元年(1086)作有《子瞻诗句妙一世,乃云效"庭坚体",盖退之戏效孟郊、樊宗师之比,以文滑稽耳。恐后生不解,故次韵道之(子瞻〈送杨孟容〉诗云:"我家峨眉阴,与子同一邦。"即此韵)》(《黄庭坚诗集注》卷五,第191页),由此可见,"山谷体"于熙丰间开始形成。
② 司马光:《乞去新法之病民伤国者疏》,《司马光集》卷四六,第2册,第991页。

令就冬月农隙教习,仍只委本路监司提按,既不至妨农害民,则众庶相得安业,无转为盗贼之患。如此三事,并须别定良法,以为长久之利。至于保马之法,先帝已知有司奉行之谬。市易之法,先帝尤觉其有害而无利。及福建、江南等路配卖茶盐过多,远方之民殆不聊生,俱非朝廷本意,恐当一切罢去。"①对此,司马光深表赞同,他说:"公著所陈,与臣所欲言者,正相符合。"②元祐元年(1086)二月,仍在政位的新党党魁章惇,亦认为:"保甲、保马一日不罢,则有一日害。如役法,熙宁初以雇(免役)代差(役),行之太速,故有今弊。"而今"要在讲求措置之方,使之尽善"。③这些说明,新旧两党对新法的评估有许多契合之处,如果两党尤其是即将执政的元祐党人能面对现实,求大同,存小异,除新法之弊,存新法之善,或在"讲求措置之方"的基础上,"使之尽善";或总结以往的经验教训,"别定良法",将会使熙丰时期的变革图治的实践进入一个新而良性发展的阶段。然而事态并没有朝着这一方向演进。元祐元年(1086)三月,以司马光、吕公著为首的元祐党人全面把持朝政后,废除了所有新法,彻底恢复了"祖宗"之制,在整个元祐时期,"寥寥焉无一实政之见于设施"。④其中的一个重要原因,在于元祐党人的意气化。南宋施宿已指出了这一点,他说:

> 元祐诸贤欲革弊而不思所以自善其法,欲去小人而不免于各自为党,愤嫉太深而无和平之烝,攻诋已甚而乖调复之方,

---

① 吕公著:《论更张新法当须有术奏》,《全宋文》卷一〇九五,第50册,第313页。
② 司马光:《看阅吕公著所陈札子》,《司马光集》卷四八,第2册,第1016页。
③ 李焘:《长编》卷三六七"元祐元年二月丁亥"条,第8829、8827页。
④ 王夫之:《宋论》卷七《哲宗》,第142页。

同异生于爱憎，可否成于好恶。①

元祐党人虽怀有"更张之际，当须有术"和"别定良法"的愿望，但由于"愤嫉太深""攻诋已甚"，失去了"和平之气"，而"乖调复之方"，从而使熙丰政见之争蜕变成了意气之争，而其意气之争不仅反映在"欲去小人"——排斥和倾覆新党人员上，同时还体现在"各自为党"——蜀、洛、朔三党之争中。前者是元祐新旧党争，后者属元祐党人的内讧。在"元祐更化"的八年中，这两方面的意气之争，是交错进行、不断激化的，大致经历了三个阶段：

一是元丰八年（1085）六月至元祐元年（1086）十二月。在这一阶段中，主要表现为元祐党人对新法的废除和对新党的排斥，其内部虽因个别新法如免役、以经义取士而论争，但处于相对统一的状态。

二是元祐二年至元祐三年（1087—1088）。在这两年时间里，元祐党人对新党的打击，仍在进行，但斗争的重心已转移到了内部的交攻上，主要是由苏轼、程颐因司马光丧事失欢导致的苏轼二次策题之谤，亦是因学术之争引起的政治上的相互排斥。

三是元祐四年至元祐七年（1089—1092）。在此期间，元祐党人蓄意炮制"车盖亭诗案"，借以置蔡确于死地，并榜蔡确、王安石亲党名单于朝堂，对熙丰新党进行了大规模的清除，将元丰八年（1085）以来对新党的意气倾轧推向了高潮。与此同时，其内部攻讦也日趋恶化。如元祐六年（1091），朔党刘挚因接见章惇子弟及

---

① 施宿：《东坡先生年谱（下）》，李之亮笺注《苏轼文集编年笺注》附录一一，第12册，第652页。

曾与新党邢恕通书，被指控为勾结新党，旋罢相位。[1]这也说明新党人员受到了严格的监视，而旧党中若有人冒当时之大不韪，结交新党人物，其境遇将殊难臆测。又如元祐六年（1091），继以"文字"为奇货，再造苏轼扬州题诗之谤，诬奏苏轼作吕大防左仆射麻词以神宗比周厉王[2]，必欲对方去国乃至置于死地而后快。

无论是对新党的肆意倾轧，还是其内部的肆意交攻，都体现了元祐党人愤嫉日深、攻讦日甚的意气化趋势。这一趋势的形成和发展，无疑基于喜同恶异、党同伐异的主体性格，但元祐党人的意气之争，却又与他们在积极参与"更化"之治中特有的畏祸心理相辅相成，相互促进。而其畏祸心理，则主要来自以下两个方面。

（一）来自司马光的刚愎自用与"以母改子"论

元祐党人自元丰八年（1085）相继还朝后，是怀着舍身报国的参与意识积极参与"更化"之政的。如刘安世除台谏，其母以"当捐身报国恩"训之，刘安世恪守母训，"正色立朝，扶持公道"，乃有"殿上虎"之称。[3]王岩叟"擢居谏垣，而能秉心不回，忠言屡闻"[4]。"见欺君害民者，虽前有鼎镬，必与之较，故立朝进说，无所回隐"[5]，史称他与梁焘"尽忠事上，凡有过举，知无不言，虽或从或违，而隐然有虎豹在山之势矣"[6]。苏轼也屡屡自称"今侍从之中，受恩至深，无如小臣，臣而不言，谁当言者"[7]。同时，

---

[1] 李焘：《长编》卷四六七"元祐六年十月壬午"条，第11158页。
[2] 李焘：《长编》卷四六三"元祐六年八月乙丑"条，第11056页。
[3] 脱脱等：《宋史》卷三四五《刘安世传》，第10954页。
[4] 苏轼：《王岩叟侍御史》，《苏轼文集》卷三九，第1125页。
[5] 朱熹：《三朝名臣言行录》卷一七，第10a页。
[6] 脱脱等：《宋史》卷三四二《梁焘·王岩叟传论》，第10903页。
[7] 苏轼：《大雪论差役不便札子》，《苏轼文集》卷二八，第808页。

元祐党人的这种捐身报国、舍我其谁的参与意识和参与行为，主要是通过散文创作的方式表现出来的，而其散文创作采用最普遍，也最重要的样式，即奏议等政论文，在数量上也随之剧增。以苏轼、苏辙为例，据《苏轼文集》统计，奏议凡一百七十五篇，其中自元丰八年（1085）十二月登州还朝至绍圣元年（1094）被贬之前的八年中，所作达一百五十九篇；在苏辙元祐六年（1091）自编的《栾城集》中，直接议论时事的书、状共一百五十一篇，其中作于元祐年间的为一百四十一篇。究其因，除了奏议最适合于议论时事、陈述己见外，元祐党人还朝执政，为他们创作政论文注入了一帖兴奋剂。然而，元祐党人作文论事，开启了党人的意气之争。这里不妨先以司马光争役法为例。

役法问题是宋代社会生活中的重大问题。元丰大臣蔡确、章惇，对熙宁以来免役代替差役的利弊得失，有着较为客观的认识，故当元祐元年（1086）二月始议役法时，宰相蔡确提出："此大事也，当与枢密院共之……"①章惇时知枢密院，蔡确的意思明显是想与章惇合力争免役，使之得以继续推行。但司马光却视之为害民之甚者，执意废之，除其众多议论新法病民丧国的奏议中每每论及外，还先后六次专门上疏论之。如《乞罢免役钱依旧差役札子》一文，开门见山，论列免役残民之五害，随之指出："为今之计莫若直降敕命，应天下免役钱一切并罢，其诸色役人，并依熙宁元年以前旧法（差役）人数，委本县令佐亲自揭五等丁户产簿定差，仍令刑部检会熙宁元年见行差役条贯，雕印颁下诸州。"②若孤立起来

---

① 李焘：《长编》卷三六五"元祐元年二月乙丑"条，第8760页。
② 司马光：《乞罢免役钱依旧差役札子》，《司马光集》卷四九，第2册，第1045页；李焘：《长编》卷三六五"元祐元年二月乙丑"条，第8759页。

看，此文一气贯注，既说理透辟，又充满救民于水深火热之情，可谓情理俱胜。然而，由于其论据与事实不尽相符，论点难以成立；若联系作者其他同一主题的奏议，又可见作者自己亦难圆其说。该文论及差、免优劣时指出："旧日差役之时，上户虽差充役次，有所陪备，然年满之后，却得休息数年，管治家产，以备后役。今则年年出钱（指免役），无有休息，或有所出钱数多于往日充役陪备之钱者。"即认为免役于上户不利。但在同时所作的另一奏议中却曰："彼免役钱，虽于下户困苦，上户优便。"①与上所云，恰好相反。为什么会如此自相矛盾呢？章惇认为："必是讲求未得审实，率尔而言。以此推之，措置变法之方，必恐未能尽善。"②朱熹亦指出："温公忠直，而于事不甚通晓。"如争免役，"他只说不合令民出钱，其实不知民自便之"③。这不失为原因之一，但关键恐怕在于其由"愤嫉太深"引起的刚愎自用、狭隘偏激的政治性格。据载：

> 元丰八年，神宗升遐，遗诏至洛。……兵部（韩宗师）问："今日朝廷之事如何？"宗丞（程颢）曰："司马君实（光）、吕晦叔（公著）作相矣。"兵部曰："二公果作相，当如何？"宗丞曰："当与元丰大臣同。若先分党与，他日可忧。"兵部曰："何忧？"宗丞曰："元丰大臣皆嗜利者，若使自变其已甚害民之法则善矣。不然，衣冠之祸未艾也。君实忠直，难

---

① 李焘：《长编》卷三六六"元祐元年二月丁亥"条，第8797页。
② 李焘：《长编》卷三六七"元祐元年二月丁亥"条，第8823页。
③ 黎靖德编：《朱子语类》卷一三〇，第3103页。

与议。晦叔解事，恐力不足耳。"既而皆验。①

程颢曾参与变法，不久因王安石理财"嗜利"而退出，与司马光深相知闻。他希望司马光作相后，能与元丰大臣同处一朝，共矫熙丰新法之失，正出于避免新旧两党交恶而带来"衣冠之祸"的考虑，但又深知"君实忠直，难与议"，而无法做到这一点，故预感到将会导致严重的后果。不出程颢所料，司马光执政后，一变"更张之际，当须有术"的初衷，在全面废除新法的同时，又将元丰大臣斥为小人，驱逐出朝，置于散地，体现了"难与议"的刚愎自用、狭隘偏激的政治性格。促使这一性格形成的理论基础，是其"君子小人……犹冰炭之不可同器而处"，"君子得位，则斥小人"的"自然之理"，同时又与他在熙丰时期产生的"不胜愚忠愤懑之诚"有关，即出于对熙丰新法之弊和熙丰"小人"排斥君子的愤嫉之情。换言之，司马光在与蔡确、章惇等人争役法时，注意力并不在于役法本身的是非得失，而在于这一"自然之理"和愤嫉之情驱使下的以人废言，以言废人，尽快达到排斥元丰大臣，实施"更化"之政的目的。而之所以如此，又如其门人刘挚所总结的，"政在则人存，政异则人息"②。所以利用蔡京，在五日之内强行废除了被实践证明是利大于弊的免役法，犹如将一盆洗澡水连同沐浴的婴儿一起抛弃一样，凡是新法，无论是非优劣，例皆废罢。司马光的这种意气用事使他创作了不少类似《乞罢免役钱依旧差役札子》的有损真善美的散文，同时又为元祐党人在散文创作上的意气化起

---

① 程颢、程颐：《河南程氏外书》卷一二，《二程集》，第422页。
② 李焘：《长编》卷四二三"元祐四年三月甲申"条，第10241页。

了重要的导向作用。南宋陈傅良《跋苏黄门论章子厚疏》云：

> 余每读章氏《论役法札子》，言温公有爱国爱君之心，而不知变通之术，尝叹息于此。使元祐君子不以人废言，特未知后事如何耳。至读黄门谏疏，又未尝不壮其决也。①

所谓"壮其决"，就是指对待役法问题上，苏辙虽与章惇的观点十分相似，都认为免役优于差役，但为了"更化"之政，当章惇与司马光争此法时，却上疏美誉"差役之利，天下所愿，贤愚共知"的"良法"，攻评章惇"巧加智数"，"深误国计"，乞罢其知枢密院之职②。苏辙与王岩叟、刘挚、朱光庭、刘安世等人是元丰八年（1085）八月后由司马光、吕公著引入台谏重地的。在《长编》卷三五八"元丰八年八月"至卷三七〇"元祐元年闰二月"不到八个月的纪事中，大量的篇幅就是他们的谏疏弹文。据统计，其中直接批评新法病民丧国之弊，声讨王安石、吕惠卿、蔡确、章惇、韩缜奸佞害国之罪的，达六十七篇之多。批评新法病民丧国，就是为了强调元丰大臣的奸佞害国，为去奸除害、顺利实施司马光的"更化"之政提供依据，制造舆论。元祐元年（1086）闰二月，最后一位元丰"大奸"章惇被逐出朝后，王岩叟以如释重负的口吻云："余无大奸，皆柔佞之徒，易为处置。惟在常辨之，使不可入而已。"③便一语道破了他们以散文创作的方式参与更张新法的目的和功能。对此，陈傅良予以肯定，并"壮其决"，亦是从整个"元祐

---

① 陈傅良：《跋苏黄门论章子厚疏》，《全宋文》卷六〇四〇，第268册，第14页。
② 苏辙：《乞罢章惇知枢密院状》，《栾城集》卷三七，《苏辙集》，第647—648页。
③ 李焘：《长编》卷三七〇"元祐元年闰二月辛亥"条，第8936页。

更化"的大局出发的。但不能不说这众多的谏疏弹文，在很大程度上失去了"和平之氛"而情绪化、意气化了，就其政治后果观之，验证了程颢的不安与忧虑：他日"衣冠之祸未艾"。

其实，程颢的担忧与不安，并非一己之感，而是元祐党人在意气之争中普遍具有的一种畏祸心理。这种普遍的畏祸心理还源于司马光的"以母改子"论。

元祐元年（1086）九月丙辰，也就是司马光去世的当天，左司谏王岩叟迫不及待地上疏奏论，要求"果于去奸，审于进贤"，同时又倾诉了内心的无限忧虑：

> 今不幸光薨，臣知陛下之心漠然矣。臣窃闻百姓相与忧曰："吾君能不忘光之言乎？能求其类而用之，使持循其法乎？"又忧曰："奸人无乃复将为朋，动摇正论，以欺吾君乎？无乃竟为身谋，不恤国家之急，以病斯民乎？谁复以吾君之心为心，以吾民之意为意，夙夜尽瘁，以遗其身，如光者乎？吾君方倚光以图治，而天遽夺之，其何意耶？"臣愿陛下益励乃心，益事乃事，益重所付，不可泰然以忘忧也。今宜先有以释民之忧而安其心者，惟当果于去奸，审于进贤二端而已尔。夫大忠在朝，奸人虽未去，犹有所忌而不能为也。光薨，奸人今不可少留矣，此臣所言陛下当果于去奸矣。朝廷轻重、天下安危、生灵休戚，在用人而已。今天下将观陛下用人，以卜否泰，此臣之所以言陛下当审于进贤也。去奸，进贤，皆有以协天下之望，则百姓何疑而忧哉……
>
> 贴黄称：自古人臣因妒贤嫉能之心而遂害国事者，无世无之。臣光之贤，上则见信于陛下，下则见信于百姓，人人自耻

为不及也。臣恐此后必有妒光者,阴以妄言毁短光之所为,以疏陛下之心,俟间隙一开,则将入其邪说,行其奸谋,以坏善政,陛下不可不察也……①

这里的"百姓"显然是指元祐党人。司马光的去世,引起了元祐党人普遍的不安与忧虑。据王岩叟此文称,产生这种不安与忧虑的原因有二:一是"奸人"趁司马光之死,"动摇正论",颠覆"更化"之政;一是嫉妒司马光之贤能,将来必将"阴以妄言,毁短光之所为,以疏陛下之心"。其所谓"奸人",即指熙丰新党人物。至元祐元年(1086)闰二月,蔡确、章惇、韩缜、吕惠卿等大批新党人员,已被逐置散,朝中"余无大奸",所存"柔佞之徒",仅中书侍郎张璪、同知枢密院安焘和尚书左丞李清臣而已。也就是说,目前对"更化"之政的威胁,主要来自这三人。所以王岩叟在"贴黄"中继而言之:"中外之人皆望大礼(司马光葬礼)后,罢张璪辈二三佞邪无状之人","以慰服天下之心"。事实上,向来主张"守静",反对王安石变法的高太后听政和司马光作相后,新党集团完全失去了执政的客观条件,元祐党人的"更化"之政固若金汤,张璪等人在司马光去世之际,纵然有"动摇正论"之心,亦无法重振熙丰政局,况且三人在当时皆不安其位,自请离朝。故担忧他们颠覆"更化"之政,缺乏事实依据。然而生"恐此后必有妒光者,阴以妄言,毁短光之所为,以疏陛下之心",是事出有因,情真意切的。《长编》卷三八七"元祐元年九月丙辰"条云:"(司马)光当国,悉改熙宁元丰旧事。或谓光曰:'旧臣如章惇、吕惠卿辈皆

---

① 李焘:《长编》卷三八七"元祐元年九月丙辰"条,第9416—9417页。

小人，他日有以父子之义间上，则朋党之祸作矣。'光正色言：'天若祚宋，必无此事。'遂改之不疑。君子谓光之勇，孟轲不如。若曰光参用熙、丰旧臣，共变其法，以绝异时之祸，实光所不取也。"①

"三年无改父之道"的儒家经训，在封建社会，尤其是在儒学中兴的北宋，是一项重要的道德原则和行为规范。司马光执政后，却以"以母改子"为号召，在不到一年时间里，"悉改熙宁、元丰旧事"，废除了神宗变法图强的既定路线，又贬逐神宗所用之臣。在今天看来，司马光此举，体现了不唯经典是从的开拓精神和实践理性，但暂且不论"更化"期间，"元祐诸贤议论，大率凡事有据见定底意思；盖矫熙丰更张之失，而不知坠于因循。既有个天下，兵须用练，弊须用革，事须用整顿。如何一切不为得"②，"以母改子"的理论，在观念意识上是很难为人们所接受的，特别是在朋党之争中，极易授人以柄，成为攻伐之资，祸害之源。绍圣章惇东山再起之际，实施其"司马光奸邪，所当先辨"③的既定方针，便源于此。对此，宋人多有论及，如罗从彦云："（光）曰：'以母改子，非子改父。'以此遏众议则失之矣。其后至绍圣时，排陷忠良……岂亦光有以召之耶？"④司马光去世之际，元祐党人唯恐政敌"阴以妄言，毁短光之所为，以疏陛下之心"，原因亦在于此。所以他们进入了两难境地：既竭力维护司马光发起的"元祐更化"之

---

① 李焘：《长编》卷三八七"元祐元年九月丙辰"条，第9416页。
② 黎靖德编：《朱子语类》卷一三〇，第3105页。
③ 徐自明撰，王瑞来校补：《宋宰辅编年录校补》卷一〇引《丁未录·陈瓘传》，第620页。
④ 罗从彦：《遵尧录》卷七"司马光"条，《全宋笔记》第24册，第276页。

政，又恐"他日有以父子之义间上"而身罹祸害。在司马光执政之初，元祐党人不仅深怀此忧，有的还出现了"不安其位之势"。苏轼《元祐元年二月八日，朝退，独在起居院读〈汉书·儒林传〉，感申公故事，作小诗一绝》云：

> 寂寞申公谢客时，自言已见穆生机。
> 绾臧下吏明堂废，又作龙钟病免归。①

诗咏申公、兰陵王臧与赵绾先后事楚王之子戊，及戊即位，绾、臧下狱自杀，申公以病免归的故事。纪昀评云："借题抒意，东坡此时已有不安其位之势矣。"②对于元丰乌台之勘，苏轼当然记忆犹新，但待罪黄州时"复入于道德之场"的愿望，至此已成为现实。在作此诗之前，还明确表示："臣荷先帝之遇，保全之恩，又蒙陛下（实为高太后）非次拔擢，思慕感涕，不知所报，冒昧进计。"③所谓"保全之恩"，即指其遭乌台之勘而性命得以保全之事，"进计"即奏议之属，"冒昧进计"，就是以奏议创作议论政事，陈述己见，奋力报国；在作此诗之后，又重申"此恩当以死报，不当更计身之安危，故复起就职，而职事清闲，未知死所，每因进读之间，事有切于今日者，辄复尽言，庶补万一"④。因此，"东坡此时已有不安其位之势"，往日迁谪之祸的余悸不失为原因之一，而元祐党

---

① 苏轼：《元祐元年二月八日，朝退，独在起居院读〈汉书·儒林传〉，感申公故事，作小诗一绝》，《苏轼诗集》卷二七，第1426页。
② 曾枣庄主编：《苏诗汇评》，第1169页。
③ 苏轼：《论给田募役状》，《苏轼文集》卷二六，第771页。
④ 苏轼：《论边将隐匿败亡宪司体量不实札子》，《苏轼文集》卷二九，第835页。

人因司马光"以母改子"而产生的"他日有以父子之义间上,则朋党之祸作矣"的不安与忧虑,却无疑是一个直接的动因。

司马光去世后,这种不安与忧虑更为强烈,但被转化成了排击新党的驱动力。前列王岩叟的奏议,就是一个例证,刘挚的弹文则从另一角度体现了这一点。在以司马光去世为痛斥在朝"奸佞"的机会时,刘挚数上奏议,一方面认为在朝的张璪、安焘、李清臣"臆度以谓陛下既失光之助,则前日求治之志,必稍变懈,遂可以乘便投隙,荧惑而动摇","邪谋阴计,或起而乘之",要求高太后辨邪去奸,以"保邦爱民为念";一方面当张璪等三人自请离朝时,却又认为张璪与蔡确、章惇"皆罪恶暴著,先当去之",安焘、李清臣则"须且留之",理由是"非私于二人为之游说也,但以其被先帝顾托,又今年未大祥,恐须且留之,假借二人,成就朝廷事体"。①既欲去奸,又欲留之,显为悖论。产生这一悖论的关键,则在于借"先帝顾托"之人,"成就朝廷事体",亦即用"以绝异时之祸"。"更化"之初,元祐党人畏祸及身的心理及其根源,亦于此可见一斑。

不过,元祐党人并没有实施借"先帝顾托"之人,"成就朝廷事体"的策略。在"更化"期间,苏轼、刘挚等人因"臆度"熙丰新党"虽已退处闲散",但"腹非新政"故主张严惩不贷,予以彻底清除的思想(说详第四章第一节),占据了主导地位;同时又始终忧虑"他日有以父子之义间上",而祸害及身。前者是元祐党人以散文创作的方式参与政争的动力之一,也是"冒昧进计"的重要

---

① 李焘:《长编》卷三八七"元祐元年八月癸未""元祐元年八月丙寅"条,第9422—9423、9421页。

主题；后者则是在参与中无法消却的一大心病。两者相辅相成，相互促进，构成了元祐党人既参与又畏祸的两难境地，从而催化了对新党的意气倾轧。为了试图消除这块心头之病，在高太后的支持和怂恿下，采取了极端的做法，炮制"车盖亭诗案"，置蔡确于死地，并榜蔡确、王安石亲党名单于朝堂，严加防范，以绝后患；可又十分清楚，他们的坚强后盾高太后毕竟与常人一样，难逃一死的自然规律，哲宗终会长大成人，迟早要亲政，以"三年无改父之道"的儒家经训和有违经训的"以母改子"论，离间哲宗与高太后以及哲宗与在高太后庇护下的元祐党人之关系，亦是个时日问题，故而又倍增畏祸及身之忧。在蔡确被遣新州之际，不仅范纯仁因深忧"此路荆棘七八十年矣，奈何开之？吾侪正恐亦不免耳"①，极力营救蔡确，连本来决意置蔡确于死地的"梁焘、范祖禹、吴安诗、刘安世及傅尧俞、朱光庭皆欲救之，又恐与初论相戾，且非国体，遂已"②，便透露了个中消息。

但是，为了维护所谓的"国体"，旋而又对不参与论列蔡确之罪的中书舍人曾肇、营救蔡确的右相范纯仁等八位朝臣展开了攻势，将他们一概斥为蔡确死党，逐出朝廷。③其中范纯仁时为"更化"之政的主持者之一，因反对王安石变法，深得司马光的器重，又因反对以文字狱的方式迫害蔡确，借以"傍及枝叶"，遭大臣文彦博、吕大防、刘挚等人的不满，而朔党梁焘、王岩叟、刘安世屡屡上疏攻讦范纯仁时，还责怪司马光执政时虽竭力"逐奸恶"，却

---

① 李焘：《长编》卷四二七"元祐四年五月丁亥"条，第10326页。
② 李焘：《长编》卷四二七"元祐四年五月丁亥"条，第10327页。
③ 李焘：《长编》卷四六三"元祐六年八月辛卯"条载赵君锡疏云："前日蔡确之事，坐不言与救解，自宰臣以下，罢黜者凡八人。"第11066页。

"止为不能去其根本",留有像蔡确死党范纯仁这种"内蓄奸意"的"大奸"。①当高太后否认这一说法时,刘挚则毅然为同党做辩护,认为司马光器重范纯仁是个错误。②这属于内部的意气倾轧,同时也是为消除畏祸及身的心病所致。元祐五年(1090),主张严厉打击蔡确及其死党的左、右相吕大防、刘挚,又在畏祸心理的驱使下,提出了参用元丰旧臣的"调停"设想,却被苏辙斥为"皆持两端,为自全计",遂使"参用邪正之说衰"③,彻底失去了避免"异时之祸"的可能性。至"宣仁太后崩,中外议论汹汹,人怀顾望,在位者畏惧,莫敢发言"④,唯范祖禹上书哲宗,竭力辩解:

> 今必有小人进言曰:"太皇太后不当改先帝之政,逐先帝之臣。"此乃离间之言,不可不察也。……太皇太后因天下人心欲改,故与陛下同改之,非以己之私意而改也。既改其法,则作法之人及主其法者有罪当逐,陛下与太皇太后亦以众言而逐之。其所逐者,皆上负先帝、下负万民、天下之所雠疾、众庶所欲同去者也。⑤

然而,这对于在元祐时期一直"隅坐画诺,如秉笔之内竖,奉教而行"⑥的哲宗来说,已起不了丝毫的教化作用了。

---

① 李焘:《长编》卷四二八"元祐四年五月戊戌"条,第10352—10353页。
② 李焘:《长编》卷四二九"元祐四年六月甲辰"条,第10358页。
③ 苏辙:《颍滨遗老传下》,《栾城后集》卷一三,《苏辙集》第1027、1029页。
④ 脱脱等:《宋史》卷三三七《范镇传》附子祖禹传,第10797页。
⑤ 杨仲良:《长编纪事本末》卷九一《宣仁垂帘》,第1578页。
⑥ 王夫之:《宋论》卷七《哲宗》,第140页。

"更化"期间,元祐党人始终怀有强烈的参与意识,又一直被畏祸及身的心理所纠缠。而畏祸心理首先来自司马光的刚愎自用和"以母改子"论。然而,因司马光"以母改子",坚拒"参用熙丰旧臣,共变其法,以绝异时之祸"而滋生的心病,并没有得到及时医治,反而转化成了不遗余力地倾轧新党的驱动力,激化了对新党的意气之争;意气之争则反过来又加剧了身罹"异时之祸"的心病。所以始终处于"不安其位"或"身自不安"的困境中。

(二)来自元祐党人内部的相互倾轧

元祐党人内部各分党与后,也采用了倾轧新党的手段自相倾轧,从而更加深了畏祸心理,也在"身自不安"的困境里越陷越深。元祐三年(1088)十月,苏轼作《乞郡札子》云:

> 臣闻之《易》曰:"君子安其身而后动。"又曰:"君不密,则失臣,臣不密,则失身。"以此知事君之义,虽以报国为先,而报国之道,当以安身为本。若上下相忌,身自不安,则危亡是忧,国何由报![1]

元祐知杭州期间,苏轼《与张君子五首》其五又云:

> 又自顾衰老,岂能复与人计较长短是非,招怨取谤耶?若缄口随众,又非平生本意。计之熟矣,以此不如且在外也。[2]

---

[1] 苏轼:《乞郡札子》,《苏轼文集》卷二九,第827页。
[2] 苏轼:《与张君子五首》其五,《苏轼文集》卷五五,第1649页。

第六章 北宋党争与文学创作的互动

元祐元年至二年（1086—1087），苏轼因二次策题，遭洛、朔两党人物的攻讦，"招怨取谤"，致使"身自不安"。立身未安，则报国无道，遑论"事君之义"；而补外郡，既可保全"平生本意"，又可避祸及身。元祐党人因内部自分党与，倾轧不已而导致的畏祸心理，于此可见一斑。而其内部的意气倾轧，畏祸心理亦有以致之。元祐六年（1091）的内讧，便充分地证明这一点。

可以说，元祐六年（1091）是元祐党人的内讧趋向白热化的一年。该年二月，知杭州苏轼还朝，为翰林学士承旨；御史中丞苏辙，为中散大夫、守尚书右丞。这一人事安排，立即引起了洛、朔两党人员的反响。在他们看来，苏轼还朝，苏辙跻身执政，就会给自己的政治地位带来不利和威胁。故朔党、左司谏兼权给事中杨康国，首先以中立不党的口吻，予以论奏，认为苏辙有间隙于群臣，"欲安静，则不宜用辙"，建议追寝苏辙中散大夫、守尚书右丞的成命[1]；旋而力请罢免苏辙，其疏云：

> 今豺狼当路，奸恶在朝，臣若持禄取容，畏悍缄默，不为陛下言之，则是臣有负陛下任使矣，臣何面目复见陛下乎？……臣今所言，上可以系朝廷安危，下可以系生民休戚，此事甚大，不可不虑也。[2]

次日，其同党、签书枢密院王岩叟与之唱和，于帘前进言："陛下今日进圣学者，正为要理会'邪正'两字。正人在朝廷，朝

---

[1] 李焘：《长编》卷四五五"元祐六年二月癸巳"条，第10903页。
[2] 李焘：《长编》卷四五五"元祐六年二月丁未"条，第10908—10909页。

廷安，人君无过，举天下有治平之理；一邪人进，朝廷便有不安之象，非为一人遂能致此也，盖其类应之者众，上下蒙蔽，人主无由得知，不觉养成祸患耳。"①较诸杨康国的弹文，其措辞委婉得多，但反对苏辙擢升和苏轼还朝之意甚明；其所谓"不觉养成祸患"，与杨康国所云危及朝廷、生民，表面上都是为了标榜忧国忧民，实际上是忧虑二苏得势后，遭其祸害，于己不利。也就是说，因畏祸及身，而弹劾、倾轧苏轼兄弟。更有甚者，同年八月，洛党、侍御史贾易以"文字"为奇货，诬奏苏轼扬州题诗庆幸神宗去世，大逆不道，进而弹劾"轼、辙之心，必欲兄弟专国，尽纳蜀人，分据要路，复聚群小，俾害忠良，不亦怀险诐，覆邦家之渐乎"②。然而，苏轼扬州竹西寺题诗作于元丰八年（1085）五月，自苏轼元祐元年（1086）十二月第一次策题之谤起，贾易、朱光庭与不少洛党人员联手，屡攻二苏及在朝的"苏门诸子"，并得到了当时的尚书左丞、朔党领袖刘挚的高度评价："贾易极论朋党事，甚有本末，不避仇怨，为国家分别是非，人臣所难……"③既然苏轼扬州题诗有大逆不道之罪，那么，"为国家分别是非，人臣所难"的贾易，为何在当时不予论列，而到此时才居为奇货，作为倾轧之资？认为二苏得势，"复聚群小，俾害忠良"，殃及自身的畏祸心理有以致之；同时，与苏轼、苏辙的意气之争有着因果关系。

元祐六年（1091）正月，贾易同党、左朝散郎、集贤殿修撰、知亳州朱光庭被除为给事中。御史中丞苏辙上疏表示强烈反对，其疏云：

---

① 李焘：《长编》卷四五五"元祐六年二月辛亥"条，第10910页。
② 李焘：《长编》卷四六三"元祐六年八月乙丑"条，第11057页。
③ 李焘：《长编》卷四〇六"元祐二年十月癸卯"条，第9889页。

> 窃见新除给事中朱光庭,智昏才短,心很(狠)胆薄,不学无术,妒贤害能。本事程颐,听颐驱使。方为谏官,颐之所恶,光庭明为击之。……据其人物鄙下,实污流品,况给事中专掌封驳,国论所寄,今朝廷以私光庭,上则污辱国体,下则伤害善类。伏乞追寝成命,别付闲局,以厌公议。①

如第四章第一节所述,蜀、洛两党的交争,处于相互激发的互动之中。苏辙的这篇弹文,便进一步佐证了这一点,而且言辞几同谩骂。又同年六月,苏轼上《再乞郡札子》云:

> 臣素疾程颐之奸,形于言色,此臣刚褊之罪也。而贾易,颐之死党,专欲与颐报怨。因颐教诱孔文仲,令以其私意论事,为文仲所奏。颐既得罪,易亦坐去,而易乃于谢表中,诬臣弟辙漏泄密命,缘此再贬知广德军,故怨臣弟最深。臣多难早衰,无心进取,岂复有意记忆小怨。而易志在必报,未尝一日忘臣。其后召为台官,又论臣不合刺配杭州凶人颜章等,以此,见易于臣不报不已。今既擢贰风宪,付以雄权,升沉进退,在其口吻……观其意趣,不久必须言臣,并及弟辙。辙既备位执政,进退之间,事关国体,则易必须扇结党与,再三论奏,烦渎圣聪,朝廷无由安静。②

---

① 李焘:《长编》卷四五四"元祐六年正月丙午"条,第10889—10890页。
② 苏轼:《再乞郡札子》,《苏轼文集》卷三三,第930页。

反复指出自请离朝的原因,在于深忧奸人程颐死党贾易必报旧怨,再罹诬谤之罪的畏祸心理。也正是在这一畏祸心理的支配下,这篇原本为了避弟之嫌而自乞补外的奏议,在很大程度上成了攻讦贾易之奸恶的弹文;同时又强调贾易"志在必报",危及苏辙的执政地位,则又难免为自全计而先发制人之嫌。而这,无疑为贾易深文周纳,再兴诗歌之谤,必欲去二苏而后快的意气倾轧提供了一帖催促剂。

从上述不难看出,元祐党人内部的意气之争,强化了畏祸及身的心理;而畏祸及身的心理,则又推进了内部的意气倾轧。这与他们不遗余力地倾轧新党,并在倾轧新党中始终忧虑"异时之祸"的内涵不尽相同,但其情绪化、意气化的性质和自我设置"身自不安"的困境,却无二致,也都体现了意气之争与畏祸心理的互动关系。因此,在这样的政治氛围和心态下,元祐党人虽怀志在当世的参与意识,但任何人要想有所作为,都是不可能的了。亦即苏轼所感叹的那样:"身自不安,则危亡是忧,国何由报!"①

既志在当世,积极参与,又因意气之争,而"身自不安,则危亡是忧",是元祐参政主体的矛盾心理,也是元祐文学主体所普遍具有的心态。在这种心态的作用下,元祐文学创作的价值取向和主题取向,随之呈现出相应的面貌,形成了与熙丰文学创作不尽相同的特征。

二、意气之争与元祐文学的价值取向及其意义

文学出入于审美创造,却又不尽于审美,有时,它还为被功利追逼过紧的人们营造一个可供心灵悠游的世界。在这个世界中,有

---

① 苏轼:《乞郡札子》,《苏轼文集》卷二九,第827页。

着命运的咏叹、灵魂的颤动、价值的反省和人生境界的启悟等个体主体的一系列精神活动。为后人称盛的元祐文学，便充分地体现了这一点。不过，元祐文学有着特定的时代内涵或特点。其特点是在元祐朋党间的意气之争中形成的，确切地说，是同时作为参政主体和文学主体的元祐党人在意气之争和畏祸心理的互动中形成的，因而具有了自身的价值取向与意义。

（一）元祐文学的价值取向

近人章太炎在《箴新党论》中指出：

> 宋之洛蜀，交相丑诋，程颐持正而不周于学，苏轼利口而不济于用，其所争不关政事，惟以琐细节奏之间而相侵陵。若其寄心王室，闻故主之嘉赏其文，则泫然为之流涕。使近世新党之魁摹效其状以为忠孝，周狗啼而牺牛哭者，则苏轼为之前驱也。①

近代新党"周狗啼而牺牛哭者"，是否源于苏轼，暂且不论，苏轼"闻故主之嘉赏其文，则泫然为之流涕"，却为事实。据载，高太后曾问苏轼："前年任何官职？"轼曰："汝州团练副使〔元丰七年（1084），苏轼自黄州移汝州团练副使〕。"又问苏轼今日何以官至翰林学士时，答曰："遭遇陛下（即高太后）。"高太后解释云："不关官家事。……此神宗皇帝之意。当其饮食而停箸看文字，则内人必曰：'此苏轼文字也。'神宗每时称曰：'奇才，奇才！'但未及用学士而上仙耳。"苏轼听罢，"哭失声，太皇太后与上（哲宗）

---

① 章炳麟：《太炎文录初编》别录卷一，第299页。

左右皆泣"。泣毕,高太后勉励苏轼"直须尽心事官家,以报先帝知遇"。①这不仅使苏轼受宠若惊,更让他充满激情且无怨无悔地再次步入了曾使之"身非我有"的名利之域,即如其《论边将隐匿败亡宪司体量不实札子》所云:"臣非不知陛下必已厌臣之多言,左右必已厌臣之多事,然受恩深重,不敢自同众人,若以此获罪,亦无所憾。"②苏轼如此"寄心王室",实际上是儒家淑世精神的具体体现。而儒家的淑世精神不仅为苏轼,也为整个元祐党人所普遍具有,是他们参与"更化"之治的内在动力。然而,如前文所述,"元祐更化"一开始就具有了情绪化、意气化的色彩,紧接着,元祐党人内部的蜀、洛两党,"以琐细节奏之间而相侵陵","交相丑诋",而且在整个元祐时期,元祐党人对熙丰新党的意气倾轧和内部的"交相丑诋",交错进行,延绵不断,并日趋激烈。较之熙丰党争,作为"更化"之治的共同体,元祐党人的群体主体和群体人格,不仅在"寄心王室"中,被君权所垄断,而且在自始至终的、有失理智的交相侵凌、意气倾轧中被扭曲变形;而个体主体则处于被"纷纷争夺"的名缰利锁的紧箍之中。因此,"身自不安"、畏祸及身成了元祐党人的普遍心理。这一普遍心理又驱使了个体主体对自我命运和生命价值的反省,在反省中,渴求自由、自主,祈取自我性情的怡悦。然而,与熙丰时期王安石、苏轼远离党争旋涡后的以理遣情不同,元祐党人一方面以政论文创作(元祐党人的散文以政论文创作为主)的方式,不断加固"纷纷争夺"的名缰利锁,设置"身自不安"的困境;一方面则在功名的紧逼下,在"身自不

---

① 李焘:《长编》卷四〇九"元祐三年三月辛巳"条,第9965页。
② 苏轼:《论边将隐匿败亡宪司体量不实札子》,《苏轼文集》卷二九,第835—836页。

安"的困境中,以诗歌创作的方式,为自我营造一个可供灵魂安息、心灵悠游的世界。这体现了元祐文学主体的双重性格特征,以及元祐散文和诗歌创作的不同的价值取向,而后者则又使元祐诗歌形成了具有特定时代内涵的主题,这个主题首先在题画诗中,得到了淋漓尽致的反映。试看苏辙《书郭熙横卷》:

> 凤阁鸾台十二屏,屏上郭熙题姓名。
> 崩崖断壑人不到,枯松野葛相敧倾。
> 黄散给舍多肉食,食罢起爱飞泉清。
> 皆言古人不复见,不知北门待诏白发垂冠缨。
> 袖中短轴才半幅,惨淡百里山川横。
> 岩头古寺拥云木,沙尾渔舟浮晚晴。
> 遥山可见不知处,落霞断雁俱微明。
> 十年江海兴不浅,满帆风雨通宵行。
> 投篙枊杙便止宿,买鱼沽酒相逢迎。
> 归来朝中亦何有?包裹观阙围重城。
> 日高困睡心有适,梦中时作东南征。
> 眼前欲拟要真物,拂拭束绢付与汾阳生。①

"给舍",为给事中和中书舍人的连称。元祐二年(1087),苏辙任中书舍人,该诗作于此时。郭熙为宋初著名的山水画家,他在总结山水画的创作意图时指出:"不下堂筵,坐穷泉壑,猿声鸟啼,依约在耳,山光水色,滉漾夺目,斯岂不快人意,实获我心哉!此

---

① 苏辙:《书郭熙横卷》,《栾城集》卷一五,《苏辙集》,第295页。

世之所以贵夫画山水之本意也。"①画家画山水，既可悦人，又可自悦。元祐期间，与苏轼、苏辙、黄庭坚等人过从甚密的著名画家李公麟亦云："吾为画，如骚人赋诗，吟咏情性而已。"②而诗人则通过画境怡悦性情，"食罢起爱飞泉清"，从画面上品咂"岩头古寺拥云木，沙尾渔舟浮晚晴"的真趣清味，可谓"不下堂筵，坐穷泉壑"；在品咂中，又使诗人重现往日的"江海兴"和林泉踪迹。通过对画面的品咂，调动了往日的山水体验，往日的山水体验，则加深了对画面的审美感受。然而，"归来朝中亦何有，包裹观阙围重城"，对山水的美感享受，仅是画饼充饥的心理满足。所谓"包裹观阙围重城"，就是指参与"更化"之治、参与党派间的意气之争。因此，这首题画诗所表现的，明显是诗人在被君权垄断的、党争化群体主体的羁绊中，对个体主体的自主、自由的向往。再看苏轼的《郭熙画秋山平远》：

> 玉堂昼掩春日闲，中有郭熙画春山。
> 鸣鸠乳燕初睡起，白波青嶂非人间。
> 离离短幅开平远，漠漠疏林寄秋晚。
> 恰似江南送客时，中流回头望云巘。
> 伊川佚老鬓如霜，卧看秋山思洛阳。
> 为君纸尾作行草，炯如嵩洛浮秋光。
> 我从公游如一日，不觉青山映黄发。
> 为画龙门八节滩，待向伊川买泉石。③

---

① 郭思：《林泉高致集》"山水训"条，《全宋笔记》第22册，第6页。
② 佚名：《宣和画谱》卷七，第76页。
③ 苏轼：《郭熙画秋山平远》，《苏轼诗集》卷二八，第1509—1510页。

"伊川佚老",指文彦博。王次公注"待向"句曰:"先生盖欲卜居伊川,以从潞公(文彦博)也。"该诗作于元祐二年(1087),正值苏轼满怀激情参与"元祐更化"之际;同时却因司马光的刚愎自用和"以母改子","已有不安其位之势",又首次因策题遭洛党攻讦。所以,在观郭熙《秋山平远图》时,顿生归卧秋山之想。但这是在畏祸心理驱使下的一种真实却无法实现的理想,"漠漠疏林寄秋晚""中流回头望云巘",是通过画面所经历的一次心灵远游。此时的苏轼,正以"受恩深重,不敢自同众人"的姿态,"寄心王室",舍身报国。可舍身报国必将斫伤,乃至扼杀自我主体的自由,重复熙丰时期在奔走营营中的生命悲剧。面对这一无法解决的矛盾,苏轼试图追求"平地家居仙"的处世模式。元祐三年(1088),苏轼作《王晋卿作〈烟江叠嶂图〉,仆赋诗十四韵,晋卿和之,语特奇丽。因复次韵,不独纪其诗画之美,亦为道其出处契阔之故,而终之以不忘在莒之戒,亦朋友忠爱之义也》,诗中有云:"人间何有春一梦,此身将老蚕三眠。山中幽绝不可久,要作平地家居仙。"①所谓"山中幽绝不可久",与其中秋词"我欲乘风归去,又恐琼楼玉宇,高处不胜寒"②句意相同,但这里却又包含了"寄心王室"、舍身报国的群体主体的实践理性,也表明了苏轼无意冲出"包裹观阙围重城";而"平地家居仙",则又要在"寄心王室"时,保持林下风味,满足自我性情的怡悦,实现个体的生命价值。这与

---

① 苏轼:《王晋卿作〈烟江叠嶂图〉,仆赋诗十四韵,晋卿和之,语特奇丽。因复次韵,不独纪其诗画之美,亦为道其出处契阔之故,而终之以不忘在莒之戒,亦朋友忠爱之义也》,《苏轼诗集》卷三○,第1610页。
② 苏轼:《水调歌头》(明月几时有),邹同庆、王宗堂著《苏轼词编年校注》,第173—174页。

唐代诗人王维亦官亦隐的生活模式相仿佛。元祐年间,苏辙作《题王诜都尉画山水横卷三首》,其一首赞王维"平生出入辋川上","行吟坐咏皆自见"的"飘然"高情后,自称"归来缠裹任纨绮,天马性在终难羁。人言摩诘是前世,欲比顾老疑不痴"①,则直截了当地表达了对王维亦官亦隐的生活模式的倾心。不过,既自觉自愿地"寄心王室",舍身报国,又"要作平地居家仙",在林下"行吟坐咏皆自见",对于二苏和其他元祐党人来说,犹如鱼和熊掌不可兼得那样,是无法做到的。"家居仙"的"飘然"高情,只是他们身陷"纷纷争夺"的名利之域而不能自拔时的灵魂颤动、价值反省的产物,是心理上的一种补偿。又如黄庭坚作于元祐二年(1087)的《题郑防画夹五首》中的其一、其三云:

惠崇烟雨归雁,坐我潇湘洞庭。
欲唤扁舟归去,故人言是丹青。

徐生脱水双鱼,吹沫相看晚图。
老矣个中得计,作书远寄江湖。②

第一首咏宋初画家惠崇之画,借画中"烟雨归雁"之景,抒发"扁舟归去"之意,第二首咏南唐徐熙之画,借画中"脱水双鱼",喻"远寄江湖"之思,均表达了寄迹林下的"飘然"高情。但此时,黄庭坚任《神宗实录》检讨官,"以私意去取"王安石的变法

---

① 苏辙:《题王诜都尉画山水横卷三首》其一,《栾城集》卷一六,《苏辙集》,第307—308页。
② 黄庭坚:《题郑防画夹五首》,《山谷诗集注》卷七,第174—175页。

历史，并为此与王安石门下士陆佃争辩不已，目的是为"元祐更化"制造舆论，提供依据（说详第四章第一节），体现了其积极参与"更化"之治的意识和行为。因此，黄庭坚的题画诗以及寄寓其中的"归去"之意，同样是在意气之争中，对自我价值的反省，对个体主体的自由精神的向往。

　　在元祐时期，以二苏为宗主的文人中，均或多或少作有题画诗。其中苏辙的题画诗始于元祐还朝后，据其自编的《栾城集》，题画诗凡十三题十八首，均作于元祐时期。据郑永晓《黄庭坚年谱新编》，黄庭坚于元祐元年（1086）以前作题画诗五首，元祐间作题画诗四十五题五十四首。又据孔凡礼校点《苏轼诗集》，苏轼于元祐以前近三十年间，作题画诗三十八首，元祐的八年间作题画诗三十五题四十八首。在这些众多的题画诗中，除了少量属于人物画外，主要是山水画。作为山水画境的补充，题画诗并非始于元祐诗人，但在创作频率上无疑以元祐诗人为最。而元祐诗人对山水画境的补充，并不完全是就画论画，或不完全出于纯粹的审美意识，从上文所举二苏和黄庭坚的题画诗中，不难看出画中有我的鲜明特征，是元祐诗人在意气之争与畏祸心理的互动中，为自己营造的可供心灵悠游的艺术世界，典型地体现了元祐诗人身陷"纷纷争夺"的名利之域，而渴望个体主体的自由、自悦的价值取向。

　　这一价值取向还体现在元祐诗人的群体酬唱活动和对身边琐事的吟咏中。张叔椿《坡门酬唱集序》云："诗人酬唱，盛于元祐间。自鲁直、后山宗主二苏，旁与秦少游、晁无咎、张文潜、李方叔驰骛相先后，萃一时名流，悉出苏公门下。嘻，其盛欤！"[①]在元祐诗

[①] 张叔椿：《坡门酬唱集序》，《全宋文》卷六三五四，第280册，第269页。

人中,盛行酬唱之风,是无可否认的事实。如元祐元年(1086),围绕苏轼《武昌西山》一诗唱和者,竟达三十余人之多[①],当时"能文之士,多在其间"[②],其中也包括在朝的苏轼门下士黄庭坚、张耒、晁补之[③];不唯如此,还与古人唱和,如元祐七年(1092),苏轼作《和陶饮酒二十首》[④],晁补之也随之作《饮酒二十首,同苏翰林先生次韵追和陶渊明》[⑤]。从中可见元祐诗人酬唱之盛。然而,唱和之风,并非始于元祐诗人,早在宋初就已盛行。宋初的"西昆体"就是酬唱的产物,形成于同时的"白体",也与酬唱有着因缘关系。不过,宋初以来的酬唱和元祐诗人的酬唱,不可同日而语。

宋太宗全面实施抑武右文、偃武修文的国策后,自己也性好文学,在翰墨自娱的同时,常常赐示作品,延召大臣唱和。这对朝臣来说,无疑是一种恩泽,即如田锡所云:"陛下既以文学知臣,臣敢不以文字报答陛下?"[⑥]在这种以文藻效时、以文藻相乐的心理支配下,朝臣积极投入到了群体的唱和活动中,波澜所至,朝野风靡。其酬唱的内容虽不外乎歌时颂圣,却亦真实地表达了"君臣千

---

① 苏轼有诗题曰:《西山诗和者三十余人,再用前韵为谢》,《苏轼诗集》卷二七,第1459页。
② 苏轼:《与王文甫二首》其二,《苏轼文集》卷五三,第1588页。
③ 黄庭坚诗题为《次韵子瞻武昌西山》,《山谷诗集注》卷五,第115—116页;张耒诗题为《次韵苏公武昌西山》,见《全宋诗》卷一一六五,第20册,第13150页;晁补之诗题为《次韵苏公翰林赠同职邓温伯怀旧作》,见《全宋诗》卷一一三〇,第19册,第12819页。
④ 见《苏轼诗集》卷三五,第1881—1891页。
⑤ 晁补之:《饮酒二十首,同苏翰林先生次韵追和陶渊明》,《全宋诗》卷一一二二,第19册,第12766—12768页。
⑥ 田锡:《进文集表》,《咸平集》卷二三,第236页。

载遇""寒儒逢景运"①的自幸自悦；而君臣唱和、僚属唱和，则又是尧庭多士、天下承平的象征。因此，时人把诗歌唱和与宣导王泽联系在一起。"西昆"领袖杨亿在《温州聂从事云堂集序》中指出："若乃《国风》之作，骚人之辞，风刺之所生，忧思之所积，犹防决川泄流，荡而忘返；弦急柱促，掩抑而不平。今夫聂君之诗，恬愉优柔，无有怨谤，吟咏情性，宣导王泽，其所谓越《风》《骚》而追二《雅》，若西汉《中和》《乐职》之作者乎！"②宋初君臣酬唱之风和"西昆体""白体"赖以形成的最终根源，便在于此，晏殊、夏竦、宋祁、胡宿等"后西昆体"诗人的唱和活动，其驱动力亦在于此。元祐诗人的群体唱和活动，虽然是这一"祖宗旧制"的延伸，但其前提和性质，却产生了变化。下列黄庭坚、苏轼于元祐二年（1087）所作的一组和韵诗，足可证明这一点。黄庭坚《双井茶送子瞻》：

> 人间风日不到处，天上玉堂森宝书。
> 想见东坡旧居士，挥毫百斛泻明珠。
> 我家江南摘云腴，落硙霏霏雪不如。
> 为君唤起黄州梦，独载扁舟向五湖。③

苏轼《黄鲁直以诗馈双井茶，次韵为谢》云：

> 江夏无双种奇茗，汝阴六一夸新书。

---

① 阮阅：《诗话总龟》前集卷一，第2、1页。
② 杨亿：《温州聂从事云堂集序》，《全宋文》卷二九四，第14册，第376—377页。
③ 黄庭坚：《双井茶送子瞻》，《山谷诗集注》卷六，第137—138页。

> 磨成不敢付僮仆,自看雪汤生玑珠。
> 列仙之儒瘠不腴,只有病渴同相如。
> 明年我欲东南去,画舫何妨宿太湖。①

黄庭坚又作《和答子瞻》:

> 一月空回长者车,报人问疾遣儿书。
> 翰林贻我东南句,窗间默坐得玄珠。
> 故园溪友脍腹腴,远包春茗问何如。
> 玉堂下直长廊静,为君满意说江湖。②

黄庭坚原韵咏家乡双井茶之美,旨在说明双井茶能唤起苏轼往日归隐五湖的心愿。苏轼谪居黄州时,尝有意于"小舟从此逝,江海寄余生"③。"黄州梦",所指即此。苏轼和韵不仅感谢黄庭坚惠茶,更谢其以双井奇茗触发了自己寄迹山水的美好向往,萌发出"明年我欲东南去,画舫何妨宿太湖"的意绪。而黄庭坚的继和,则又受到了苏轼和韵的启迪:"翰林贻我东南句,窗间默坐得玄珠。"要之,双方均表现了"只有病渴同相如"的心情。所谓"同病",显然寄寓了在意气之争中畏祸及身的心病;"病渴同相如",也自然反映了在"忧思之所积"下,避祸全身,祈取自我生命价值,企求个体主体的自由的心理活动。这与宋初通过酬唱,以文藻相乐,宣导王泽之间的差别,是不言而喻的。

---

① 苏轼:《黄鲁直以诗馈双井茶,次韵为谢》,《苏轼诗集》卷二八,第1482页。
② 黄庭坚:《和答子瞻》,《山谷诗集注》卷六,第138页。
③ 苏轼:《临江仙·夜归临皋》,邹同庆、王宗堂著《苏轼词编年校注》,第467页。

上列苏、黄的这组和诗,同时又是属于身边琐事的吟咏。无论是酬唱,还是吟咏身边琐事,在元祐诗人的笔下屡见不鲜,亦不胜枚举。它们与题画诗一起,成了元祐诗人创作主流,而贯穿其中的一个鲜明主题,是对林下真趣清味的渴求,对个体主体的祈取,体现了在意气之争与畏祸心理的互动下,诗歌创作的价值取向。

(二)元祐文学的意义

丹麦文学史家勃兰兑斯在《十九世纪文学主流·流亡文学》的引言中指出:"文学史,就其最深刻的意义来说,是一种心理学,研究人的灵魂,是灵魂的历史。一个国家的文学作品,不管是小说、戏剧还是历史作品,都是许多人物的描绘,表现了种种感情和思想。"[①]作为最直接、最强烈的感情表现形式,诗歌更是集中地表现了人的思想感情活动,尤其是心态史。因此,从广义上来说,诗歌的历史就是人类的心态史,是主体的心灵颤动、变化和表现的历史,它艺术地应和着创作主体在不同时期的不同心理波动,画出相应的心理曲线图。元祐文学中的诗歌,就是同时作为参政主体和文学主体在党争中的心理波动的艺术表现;元祐诗歌的历史,就是展现排他性文化心理和党同伐异的文化性格,在元祐时期发展成为意气倾轧后,参政主体和文学主体畏祸及身,"身自不安"的心态史。而这一心态史的具体表现方式,即如上文所说的大量题画、唱和和对身边琐事的吟咏,与此相适应,又形成了"元祐体"。"元祐体"的出现,在北宋诗歌发展史上,具有重要的意义,并产生了深远的影响,其代表就是黄庭坚的"山谷体"。刘克庄《江西诗派总

---

① 勃兰兑斯著,张道真译:《十九世纪文学主流》第1分册《流亡文学》引言,第2页。

序》云：

> 苏（舜钦）、梅（尧臣）二子稍变以平淡、豪俊，而和之者尚寡。至六一（欧阳修）、坡公（苏轼）巍然为大家数，学者宗焉。然二公亦各极其天才笔力之所至而已，非必锻炼勤苦而成也。豫章（黄庭坚）稍后出，会粹百家句律之长，究极历代体制之变，搜猎奇书，穿穴异闻，作为古律，自成一家。虽只字半句不轻出，遂为本朝诗家宗祖。①

苏轼以其天才笔力为诗，照理说属于创作中更高、更接近自然的一种精神，却反让勤苦锻炼、"只字半句不轻出"的黄庭坚成为有宋一代的诗家"宗祖"。这便昭示了黄庭坚诗体的意义与地位。不过，有两点必须加以说明。首先，胡仔云："元祐文章，世称苏、黄。"②意思是说，苏轼与黄庭坚共同代表了元祐诗歌的最高成就，苏黄并称，具有一种整体性的意义。后来的"江西"诗人群，虽然以黄庭坚为"宗祖"，但在观念意识上，还是苏黄并重的。吕本中《童蒙诗训》"苏黄文字之妙"条云："自古以来，语文章之妙，广备众体，出奇无穷者，唯东坡一人；极风雅之变，尽比兴之体，包括众作，本以新意者，唯豫章一人。此二者，当永以为法。"③其次，所谓"元祐文章，世称苏黄"，或黄庭坚"究极历代体制之变"，并非专指元祐时期的创作，苏轼诗歌创作的高峰期在熙宁，"山谷体"在熙丰时期已开始出现。但对于"本朝诗家宗祖"的黄

---

① 刘克庄：《江西诗派总序》"黄山谷"条，《刘克庄集笺校》卷九五，第4023页。
② 胡仔：《苕溪渔隐丛话》前集卷四九，第334页。
③ 吕本中：《童蒙诗训》，郭绍虞辑《宋诗话辑佚》，第604页。

庭坚来说，其诗体的全面成熟，却在元祐时期，而黄庭坚诗体全面成熟的标志，是诗法的形成。黄庭坚认为诗歌创作有两种造诣，即工巧与自然，他将庾信和陶渊明分别作为这两方面的代表。其《题意可诗后》云：

> 宁律不谐，而不使句弱；用字不工，不使语俗，此庾开府（信）之所长也，然有意于为诗也。至于渊明，则所谓不烦绳削而自合。虽然，巧于斧斤者多疑其拙，窘于检括者辄病其放。①

但事实上，黄庭坚的最初努力，正是庾信所长的"宁律不谐，而不使句弱，用字不工，不使语俗"的境界，他在诗法方面最先形成的，也是这一项，在具体的创作中，便是与此相适应的因难见巧，因险见工，奇崛拗硬。这一作风，在元丰年间已露端倪。从师从关系而言，黄庭坚诗法的形成，首先得助于谢师厚。据曾季狸《艇斋诗话》："山谷诗妙天下，然自谓得句法于谢师厚。"②谢师厚与梅尧臣为诗友，是黄庭坚的第二位岳父。黄庭坚续娶谢氏女，在熙宁七年（1074）。③元丰元年（1078），黄庭坚作有《和师厚接花》，诗云："妙手从心得，接花如有神。根株穰下土，颜色洛阳春。雍也本梨子，仲由元鄙人。升堂与入室，只在一挥斤。"④表达了以谢师厚为夫子，祈望登其堂而入其室的意思。据此，黄庭坚"得句法于

---

① 黄庭坚：《题意可诗后》，《黄庭坚全集》正集卷二五，第2册，第665页。
② 曾季狸：《艇斋诗话》，丁福保辑《历代诗话续编》，第299页。
③ 郑永晓：《黄庭坚年谱新编》"神宗熙宁七年甲寅"条，第58页。
④ 黄庭坚：《和师厚接花》，《山谷诗集注》卷三，第588页。

谢师厚",大概始于此时。也就在这一年的十月,黄庭坚与苏轼结交(说详第五章第二节)。自此至元丰八年(1085),苏、黄虽未谋面,但诗邮不绝,以文字相高,所以,元丰元年(1078)以后,黄诗因难见巧、因险见工的作风,明显增加,至"元祐更化",苏、黄共处一朝,得以面对面地切磋诗艺,而且二人反复叠韵、次韵,加速了黄庭坚对技巧和法度的把握。如苏轼作《送杨孟容》诗,其中有云:"但苦窗中人,寸心不自降。子归治小国,洪钟噎微撞。"①纪昀谓此诗"以窄韵见长,别无佳处"②。所谓"窄韵",就是指诗韵字少的韵部。"降""撞"即属此类。苏轼称此诗"效黄鲁直体",盖就押窄韵而言。黄庭坚闻悉,复作《子瞻诗句妙一世,乃云效庭坚体,盖退之戏效孟郊、樊宗师之比,以文滑稽耳,恐后生不解,故次韵道之》,其中有同韵二联:"句法提一律,坚城受我降。枯松倒涧壑,波涛所舂撞。"③刘埙《隐居通议》卷八引孙瑞语曰:"山谷作诗有押险韵处,妙不可言。如东坡《效庭坚体》诗云:'我诗如曹邺,……坚城受我降。'只此一'降'字,他人如何押到此。"④又胡仔云:"东坡《送子敦》诗,有'会当勒燕然,廊庙登剑履'之句,山谷和云:'西连魏三河,东尽齐四履。'或云:'东坡见山谷此句,颇忌之,以其用事精当,能押险韵故也。'"⑤类似这样竞用"险韵"的例子,在元祐苏、黄酬唱中,还可以举出很

---

① 苏轼:《送杨孟容》,《苏轼诗集》卷二八,第1480页。
② 曾枣庄主编:《苏诗汇评》,第1199页。
③ 黄庭坚:《子瞻诗句妙一世,乃云效庭坚体,盖退之戏效孟郊、樊宗师之比,以文滑稽耳,恐后生不解,故次韵道之》,《山谷诗集注》卷五,第118页。
④ 刘埙:《隐居通议》卷八,第93页。
⑤ 胡仔:《苕溪渔隐丛话》前集卷三九,第265页。

多。吕本中《与曾吉甫论诗第一帖》云:"和章固佳,然本中犹窃以为少新意也。近世次韵之妙,无出苏、黄,虽失古人唱酬之本意,然用韵之工,使事之精,有不可及者。"①所指主要是元祐苏、黄入朝后竞用险韵、见工见巧的诗作,也是黄庭坚主张"宁律不谐,而不使句弱,用字不工,不使语俗"之诗法的表现。

当然,黄庭坚诗法成熟的标志,不完全在于用韵的因难出巧、因险见工,还表现在点铁成金、脱胎换骨、调笑幽默诸方面,又方东树《昭昧詹言》卷一二云:"山谷(诗)之妙,起无端,接无端,大笔如椽,转折如龙虎,扫弃一切,独提精要之语。每每承接处,中亘万里,不相联属,非寻常意计所及。"②则又指出了"山谷体"在章法上的特点。章法也是黄庭坚诗法的重要组成部分。这些与黄庭坚"次韵之妙"一样,至元祐全面成熟。

自晚唐以来,诗歌过于圆熟软美,格调不高。至欧阳修、梅尧臣、苏舜钦,以韩愈以文为诗之法,补救圆熟软美之弊,但在补救中,却出现了过于散文化的趋势。而黄庭坚"勤苦锻炼而成"的独特诗法,既药救了宋诗革新中出现的过于散文化的趋势,又革除了圆熟软美之弊。这是"山谷体"在北宋诗歌发展史上所显示出来的意义和地位。然而,从主体性视角观之,伴随乃至驱使黄庭坚诗法成熟的,是他在党争中的心理波动。元符元年(1098),黄庭坚在戎州贬所作《书王知载朐山杂咏后》,其中有云:

诗者,人之情性也,非强谏争于廷,怨忿诟于道,怒邻骂

---

① 引自胡仔:《苕溪渔隐丛话》前集卷四九,第333页。
② 方东树:《昭昧詹言》卷一二,第314页。

坐之为也。其人忠信笃敬，抱道而居，与时乖逢，遇物悲喜，同床而不察，并世而不闻，情之所不能堪，因发于呻吟调笑之声，胸次释然，而闻者亦有所劝勉……①

这不是温柔敦厚诗教的简单学舌，而是畏祸心理在创作思想上的直接反映，其中所倡导的调笑式的幽默诗法，也在元祐时期的创作中获得成功，如本章第一节所述，熙丰时期，黄庭坚与苏轼一样，具有以诗托讽的诗人之义，直陈时事，讽喻政治，与上列诗"非强谏争于廷"的思想恰恰相反。元丰二年（1079），黄庭坚受"乌台诗案"的牵连，遭罚铜处分，同时，苏轼的遭遇，在他的心里投下了一道难以抹去的阴影，从此以后，宦情开始寥落无绪。元丰四年（1081），刚到江西太和县任，就写了《到官归志浩然二绝句》，其中表达了"敛手还他能者作，从来刀笔不如人"和"满船明月从此去，本是江湖寂寞人"②的心理与意绪。因此，在这段时期，虽仍然写了不少揭露新法之弊的作品，可是言语之间，躲躲闪闪，与在叶县、大名府任上反对新政中的农田水利法，对外用兵之策那种直截而尖锐的表达方式相比，已不尽相同了。元祐还朝后，黄庭坚虽无苏轼那样怀有"受恩深重，不敢自同众人，若以此获罪，亦无所憾"的激情，却亦是"更化"之治的积极参与者，在任《神宗实录》检讨官时，忠于职守，表现出坚定的"更化"政治立场。在参与中，黄庭坚虽难免情绪化、意气化的陋习，却远不如苏轼等其他元祐党人那样浓厚、强烈。而在意气倾轧的氛围中，黄庭

---

① 黄庭坚：《书王知载朐山杂咏后》，《黄庭坚全集》正集卷二五，第2册，第666页。
② 黄庭坚：《到官归志浩然二绝句》，《山谷诗集注》卷九，第770—771页。

坚的心理波动,则与其他元祐党人是相一致的,共同体现了畏祸及身、"身自不安"的心绪。这一心绪在题画、酬唱和对身边琐事的吟咏中,反复地做了表现。在表现中,幽默诗法十分令人注目。元祐元年(1086),黄庭坚作《奉和文潜,赠无咎,篇末多以见及,以"既见君子,云胡不喜"为韵》八首,就是其中一例,据说,黄庭坚对这八首诗很满意。①如其二、其四云:

> 谈经用燕说,束弃诸儒传。
> 滥觞虽有罪,末派弥九县。
> 张侯真理窟,坚壁勿与战。
> 难以口舌争,水清石自见。

> 北寺锁斋房,尘钥时一启。
> 晁张跫然来,连璧照书几。
> 庭柏郁葱葱,红榴罅多子。
> 时蒙吐佳句,幽处万籁起。②

"谈经"四句,指"荆公新学","张侯"四句,以武事喻学术界的争议。亦庄亦谐,戏谑而不失雅趣,锻炼而不乏清芬自然。第二首描写晁补之、张耒的来访,称"晁张跫然来,连璧照书几",口吻

---

① 黄庭坚"尝写《答邢居实》及此诗与徐师川,曰:'后八诗颇得意者,故漫录往,或与潘、洪诸友读之。'",见《山谷诗集注》卷四《奉和文潜,赠无咎,篇末多以见及,以"既见君子,云胡不喜"为韵》题下注,第91页。
② 黄庭坚:《奉和文潜,赠无咎,篇末多以见及,以"既见君子,云胡不喜"为韵》,《山谷诗集注》卷四,第92—93页。

亲切，幽默之中，极富情趣。就艺术而言，这种幽默诗法，是对精严法度的补充。黄庭坚资书为诗，以理入诗，典实横陈，义理充塞，势必会影响艺术上的平衡，使诗情、诗意相对减弱。这时出现幽默法，以幽默之趣化生典实与义理，重新达到艺术上的平衡。就幽默本身而言，是化解哀悲，取得心理和感情平衡的一种方法。黄庭坚说："情之所不能堪，因发之于呻吟调笑之声，胸次释然。"其所谓"呻吟"，也就是悲剧的表现，"调笑"则类似于喜剧的表现，而黄庭坚的幽默，便相当于这里所谓的"调笑"。因此，元祐时期，黄庭坚幽默诗法的形成，不仅与他的其他诗法互为表里，同时也是为了在意气之争与畏祸心理的互动中，保持"胸次释然"，调节心理，平衡感情，具有特定的时代内涵和明显的现实意义。

总之，至元祐，黄庭坚的"山谷体"随着其诗法的全面成熟而定型，成了宋诗自成面目的标志之一，并"遂为本朝诗家宗祖"，这是元祐文学本身所显示的具体的意义和地位。与此同时，作为元祐文学的代表，"山谷体"以其独特的诗法，表现了元祐时期参政主体和文学主体在党争中共同具有的情感活动、心理波动和价值取向，换言之，艺术地展现了排他性的文化心理和党同伐异的文化性格，在元祐时期化为意气之争后，参政主体和文学主体畏祸及身的心态史，因此，又具有了文化上的认识意义。

第三节　"绍述"党锢与文学创作的互动

高太后去世，哲宗亲政，重新起用熙丰新党，驱逐元祐党人，进行"绍述"。"绍述"就是继承和恢复熙丰法度的意思，始于哲宗绍圣元年（1094），终于徽宗宣和七年（1125），达三十二年之久。

在此期间，元祐党人虽一度还朝，但很快再遭流放，朝政主要由新党把持。而新党的"绍述"之政，实际上逐渐演变为禁锢元祐党人和其他异己分子的陪衬，终成全面的党锢。

正如一个人的罪恶建立在另一个人的错误之上一样，"绍述"党锢是对元祐意气之争的互动，来自元祐党人的"更化"之治以及在"更化"中对新党的意气倾轧，也与"建中靖国"期间元祐党人不合时宜的极端言行不无关系。这种互动关系，既使熙宁以后的政见之争全面蜕变为无视国家治体的报复行为，将北宋政治推向了灾难性的深渊；又直接驱使了创作主题的转变，使熙宁以来的文学创作进入了新的发展阶段。在党锢中，面对遭贬处穷和贬中忧生的双重情累，是自我镇定，不为所累，还是不堪其累，悲苦不振，则是这一阶段创作主体的一场激烈的心理挣扎，也是其感怀兴寄时主题取向的心理本源。

一、"绍述"党锢的历程与士人心态的演变

从哲宗绍圣元年（1094）到徽宗即位以后，"绍述"之政日渐变质，围绕"绍述"而发生的党锢，也日趋酷烈。具体地说，有以下两个演进历程。

（一）绍圣党锢（禁锢的对象主要限于元祐党人，其性质是"反元祐而实效之"）

元祐八年（1093）八月，处于弥留之际的高太后告诫吕大防、范纯仁等大臣："老身殁后，必多有调戏官家（指哲宗）者，宜勿听之。公等亦宜早求退，令官家别用一番人。"①同年十月，即高太后驾崩后的第二个月，苏轼出知定州，辟李之仪为幕僚，两人言及

---

① 杨仲良：《长编纪事本末》卷九一《宣仁垂帘》，第1577页。

哲宗亲政后必将更张元祐政治时，苏轼不禁哀叹："自是与子相从之日益难。"①高太后的临终遗言和苏轼的哀叹，并非戏言。垂帘八年有余的高太后，十分清楚自己去世后的政治态势；以高太后为倾覆熙丰新党的强大后台的元祐党人，也格外清楚当自己的后台坍塌后的政治命运。他们在深感风雨欲来，新党复起的同时，都无可奈何地等待着来自新党的报复性倾轧，准备着吞吃自己种下的苦果。

熙丰新党之所以能在沉沦八年以后，东山再起，主持"绍述"，报复元祐党人，原因是多方面的，从专制君权观之，则与哲宗密切相关。《续资治通鉴长编拾补》卷九"绍圣元年三月乙酉"条载进士策曰：

> 朕（哲宗）惟神宗皇帝躬神明之德，有舜、禹之学，凭几听断，十九年之间，凡礼乐法度所以惠遗天下者甚备。朕思述先志，拳拳业业，夙夜不敢忘。今博延豪英于广殿，策之当世之务，冀获至言，以有为也。夫是非得失之迹，设施于政，而效见于时。朕之临御几十载矣，复词赋之选而士不加能，罢常平之官而农不加富，可雇可募之说杂而役法病，或东或北之论异而河患滋，赐土以柔远也而羌夷之侵未弭，弛利以便民也而商贾之路不通，至于吏员猥多，兵备刓阙，饥馑荐至，寇盗尚蕃，此其何故也？②

这是一封"绍述"之政的宣言书，出于中书侍郎李清臣之手，

---

① 李之仪：《仇池翁南浮集序》，《全宋文》卷二四二一，第112册，第119页。
② 黄以周等辑注：《续资治通鉴长编拾补》卷九"绍圣元年三月乙酉"条，第392—393页。

但无疑代表了哲宗的心声。其中历数"元祐更化"之弊,也不乏事实依据。如"吏员猥多"一项,元祐三年(1088),苏辙以六曹的设官为例,将神宗时期与元祐之初做了比较:"先帝法唐之政,专用六曹,故虽兼置寺、监,而职业无几,量事设官,其间盖有仅存者矣。顷元祐之初,患尚书省官多事少,始议并省,郎曹所损才一二耳,而寺、监之官,如鸿胪、将作,旧不设卿、丞者,纷纷列置,更多于旧。"①元祐四年(1089),殿中侍御史孙升则以具体的数字,指出了三省冗官的情形:"旧中书提点堂后官、主事共十七人,今三省录事、都事、主事共三十人;旧录事、主书、守当官二十九人,今三省令史、书令史、守当官共一百四十三人;旧守阙守当官四十二人、私名八十五人,今三省守阙守当官二百六十四人,破食贴房近五百人,不在其数。入流之滥,近世所未有也。"②从中可见,元祐党人的"更化"政治,在一定程度上加深了宋初以来积贫积弱的窘况,所以,当门下侍郎苏辙以为上列策题"历诋近岁行事,有欲复熙宁、元丰故事之意"而上疏强谏时,哲宗怒而"责之",且"声甚厉",③表现出异常强硬的政治态度,从中也反映了因元祐弊政而起用新党,"绍述"新法的坚定决心。

然而,哲宗并不是一位贤明的君主。据蔡絛《铁围山丛谈》卷一载:

> 哲宗即位甫十岁,于是宣仁高后垂帘而听断焉。及浸长,

---

① 李焘:《长编》卷四一〇"元祐三年五月丙午"条,第9985页。
② 李焘:《长编》卷四三一"元祐四年八月是月"条,第10404页。
③ 黄以周等辑注:《续资治通鉴长编拾补》卷九"绍圣元年三月丁酉"条,第394页;苏辙疏题作《论御试策题札子二首》,见《栾城后集》卷一六,《苏辙集》,第1066—1068页。

未尝有一言。宣仁在宫中，每语上曰："彼大臣奏事，乃胸中且谓何，奈无一语耶？"上但曰："娘娘已处分，俾臣道何语？"如是益恭默不言者九年。时又久已纳后。至是上年十有九矣，犹未复辟。……宣仁登仙，上始亲政焉。上所以衔诸大臣者，匪独坐变更，后数数与臣僚论昔垂帘事，曰："朕只见臀背。"①

哲宗即位后，一直生长在党同伐异的政治氛围中，其政治性格被严重歪曲，尤其是高太后的越俎代庖，不肯撤帘和元祐党人"将太母（高太后）之令"，以"固在位"，②使他滋生了上述强烈的逆反乃至仇恨心理。因此，当他"复辟"后，发泄这一心理，找回自己被剥夺的作为封建帝王的尊严，成了他的一项重要任务。为了达到这一点，自然需要新党保驾护航，需要新党为他惩治在元祐时期漠视其存在的旧党集团；而且在惩治中，又不许存有任何同情之心。绍圣初，逢大恩礼，有人问可否牵复被贬谪的元祐党人时，哲宗应声而曰："莫不可牵复？"③绍圣四年（1097），有人建议让谪居岭南的刘挚等人"稍徙善地"，以"感召和气"，哲宗则说："刘挚等安可徙？"连在岭南就近做些调动的建议，也"极难之"。④这些足以证明，哲宗惩治元祐党人的态度之坚决，而非后来史学家所说的，"痛贬元祐党人，皆非上（哲宗）本意"⑤；同时也昭示了哲宗

---

① 蔡絛：《铁围山丛谈》卷一，第5页。
② 李之仪：《仇池翁南浮集序》，《全宋文》卷二四二一，第112册，第118页。
③ 杨仲良：《长编纪事本末》卷一〇一《逐元祐党人上》，第1750页。
④ 杨仲良：《长编纪事本末》卷一〇七《刘文书狱》，第1879页。
⑤ 徐自明撰，王瑞来校补：《宋宰辅编年录校补》卷一〇"绍圣元年三月乙亥"条，第615页。

第六章　北宋党争与文学创作的互动　　365

虽然因"元祐更化"的弊端，起用新党，进行"绍述"，但不可能以周全的理性待之，也不可能将心力倾注在救弊图治、有所作为上，因而使"绍述"之政的社会效果大打折扣。

作为辅助哲宗"绍述"的大臣章惇、曾布、蔡卞、蔡京等人，都是神宗变法时期的重要人物，但他们与哲宗之间的君臣关系和熙丰时期与神宗形成的君臣关系，已难以同日而语。经过八年的"元祐更化"，他们虽然对眼前宋廷政治的利弊得失有一定的认识，也不乏救弊图治的良好愿望，而且为了完善"绍述"之政，曾打破党派之见，吸取了元祐政治的某些长处[1]，但是，他们的政治性格在党同伐异中，也遭到严重的扭曲，其标志之一，是与哲宗一样怀有强烈的报复心理。《宋史》卷三四〇《刘挚传》云：

> 绍圣初，来之邵、周秩论挚变法（指废弃熙、丰新法）、弃地罪，夺职知黄州，再贬光禄卿，分司南京，蕲州居住。将行，语诸子曰："上用章惇，吾且得罪。若惇顾国事，不迁怒百姓，但责吾曹，死无所恨。正虑意在报复，法令益峻，奈天下何！"忧形于色……[2]

刘挚的形象并不像《宋史》所描写的那么高大，在元祐意气之争中，他是不顾国家治体，肆意倾覆熙丰党人的重要人物之一，贬

---

[1] 脱脱等：《宋史》卷一八《哲宗纪》："（绍圣二年）八月癸酉，章惇等进《新修敕令式》。惇读于帝前，其间有元丰所无而用元祐敕令修立者，帝曰：'元祐亦有可取乎？'惇等对曰：'取其善者。'"第353页。
[2] 脱脱等：《宋史》卷三四〇《刘挚传》，10857页。

居蕲州时，也曾向姻家王巩忏悔在"车盖亭诗案"中的过激行为[①]，但说章惇作相后"意在报复"，却是事实，而"意在报复"的，不仅是章惇，还包括整个新党集团。《太平治迹统类》卷二四《元祐党事本末下》云：

> 曾布具札子言："毁废先朝法度之人既已黜逐，则前日良法善政，当次第讲求增损施行，而国论未尝及。"又言："政事非得人不能举，若但以私爱憎喜怒为意，则人才必难进。今既不能公选人才，则政事何从而举？若不稍复可行之法度，则是先朝政事不可行；若不可行，则毁废之人何以得罪？"[②]

元祐党人为了实施"更化"之政，奉行"政在则人存，政异则人息"之理，排斥和倾覆新党，新党复起后，完全继承了这一点，而且按照曾布的说法，进行"绍述"，则是为了使"毁废（新法）之人"有得罪之由，在"绍述"新法与打击政敌之间，更侧重于后者，较元祐更甚。而这，无疑基于报复心理。绍圣、元符间禁锢元祐党人的大量事实，进一步证明了这一点。绍圣元年（1094），吕大防等人被贬后，曾布提出："蔡确五年不移，惠卿十年止得移居住处，吴安厚等十年不与知州军，此皆元祐中所起例，自可依此。"[③]朱熹说："元祐特立一司，名'理诉所'，令熙丰间有所屈抑

[①] 王巩：《甲申杂记》，《全宋笔记》第20册，第101页。
[②] 彭百川：《太平治迹统类》卷二四《元祐党事本末下》，第22a页。
[③] 徐自明撰，王瑞来校补：《宋宰辅编年录校补》卷一〇"绍圣元年三月乙亥"条，第614页。

者，尽来雪理，此元祐人之过也。"①绍圣新党则步其后尘，设立"管勾看详诉理所"，使在元祐昭雪者重新获罪。②元祐党人蓄意炮制"车盖亭诗案"，绍圣新党则针锋相对，罗织成"同文馆狱"……凡此种种，即如王夫之所云："绍圣之所为，反元祐而实效之。"③

"绍圣之所为"，虽然"反元祐而实效之"，但其指导思想却与元祐不尽一致。元祐党人在意气之争中，出现了置蔡确于必死之地和榜数十位新党人员的名单于朝堂的情形，却没有置整个新党集团于"自生自死"的境地，而主要是在"亲近君子，斥远小人"的实践中，履行"君子在内，小人在外""君子既得其位，可以有为。小人莫居于外，安而无怨"的荒唐不堪的"天地之常理"。④绍圣新党在仿效元祐的同时，则明显具有彻底禁锢整个旧党集团，使之在仕途上永远不得翻身的目的。因此，除了将元祐党人清除出朝外，还采取了极端的手段，其中之一就是将大批元祐党人流放到岭南远恶州军，如：

吕大防：绍圣元年（1094）三月，罢左相，出知颍州府，寻改知永兴军，七月，贬郢州居住，四年（1097）二月，责授循州安置，四月，卒于赴循州途中。⑤

---

① 黎靖德编：《朱子语类》卷一三〇，第3105页。引文中"理诉所"应为"诉理所"。
② 李焘：《长编》卷四九九"元符元年六月壬寅"条，第11886页。
③ 王夫之：《宋论》卷七《哲宗》，第141页。
④ 苏辙：《颍滨遗老传下》，《栾城后集》卷一三，《苏辙集》，第1027—1028页。见同书《栾城集》卷四三《再论分别邪正札子》，第761页。
⑤ 见黄以周等辑注：《续资治通鉴长编拾补》卷九"绍圣元年三月己亥"条，第392页；同书卷一〇"绍圣元年七月丁巳"条，第434页；同书卷一四"绍圣四年二月庚辰"条，第551页；李焘：《长编》卷四八五"绍圣四年四月己亥"条，第11534页。

刘挚：绍圣元年（1094）七月，夺职知黄州，旋贬蕲州居住，绍圣四年（1097）二月，责授鼎州团练副使，新州安置，十月，卒于贬所。①

苏辙：绍圣元年（1094）三月，出守汝州，六月，降知袁州，寻贬筠州居住，四年（1097）二月，责授化州别驾、雷州居住，六月，移循州安置。②

苏轼：绍圣元年（1094）四月，自定州黜知英州，六月，责授宁远军节度副使、惠州安置，四年（1097）闰二月，再责授琼州别驾、昌化军安置。③

梁焘：绍圣元年（1094）七月，谪鄂州居住，四年（1097）二月，责授雷州别驾、化州安置，十一月，卒于贬所。④

刘安世：绍圣元年（1094）七月，贬南安军居住，三年（1096）八月，责授新州别驾、英州安置，四年（1097）闰二月，送高州安置，元符初，移梅州安置。⑤

---

① 见黄以周等辑注：《续资治通鉴长编拾补》卷一〇"绍圣元年七月丁巳"条，第434页；同书卷一四"绍圣四年二月庚辰"条，第551页；李焘：《长编》卷四九三"绍圣四年十二月癸未"条，第11709页。

② 见黄以周等辑注：《续资治通鉴长编拾补》卷九"绍圣元年三月丁酉"条，第394页；同书卷一〇"绍圣元年六月甲戌"条，第424页；同书卷一四"绍圣四年二月庚辰"条，第552页。

③ 见黄以周等辑注：《续资治通鉴长编拾补》卷一〇"绍圣元年六月甲戌"条，第424页；同书卷一四"绍圣四年闰二月甲辰"条，第560页。

④ 见黄以周等辑注：《续资治通鉴长编拾补》卷一〇"绍圣元年七月丁巳"条，第434页；同书卷一四"绍圣四年二月庚辰"条，第552页；李焘：《长编》卷四九三"绍圣四年十一月丁丑"条，第11705页。

⑤ 见黄以周等辑注：《续资治通鉴长编拾补》卷一〇"绍圣元年七月丁巳"条，第434页；同书卷一三"绍圣三年八月庚辰"条，第521页；同书卷一四"绍圣四年闰二月甲辰"条，第560页；李焘：《长编》卷五〇〇"元符元年七月庚午"条，第11923页。

以上是元祐党人中的首要人物的经历。此外，其他元祐党人也遭到了大体相似的厄运。如范祖禹，历永州、贺州、宾州，卒于化州；黄庭坚历涪州、黔州、戎州；秦观先后徙郴州、横州、雷州，卒于藤州；郑侠贬英州；王巩编管全州……如此众多的臣僚被贬岭南等远恶州军，在以往党锢史上，是绝无仅有的。

　　如果说，绍圣新党将大批元祐党人贬往使之"自生自死"的远恶州军，是仿效元祐党人将蔡确放逐到新州之举，那么，追贬已故的元祐党人，则是其首创。如绍圣初，诏："司马光、吕公著各追所赠官并谥告及所赐神道碑。"①绍圣末，追贬吕公著昌化军司户参军、司马光朱崖军司户参军。②又王岩叟卒于元祐七年（1092），以与刘挚"同恶相济"，追夺所赠官，绍圣末，以其"资险狡之智，而济以敢为；挟凶邪之权，而为之死党"，追贬雷州别驾。③至此，"流放"一词开始具有了追贬亡者的新的内涵，为后来的崇宁党锢导夫先路。

（二）崇宁党锢（禁锢的对象扩展到了所有的异己分子，其目的是实施专横独断的统治）

　　在说明崇宁党锢之前，十分有必要了解元祐党人在"建中靖国"的"调停"局势中不合时宜的极端言行，因为在一定程度上，崇宁党锢是被元祐党人驱逼出来的。

　　元符元年（1098）正月，哲宗去世，徽宗即位，向太后同听政，十月，由韩忠彦、曾布任左、右相，并下诏云：

---

① 黄以周等辑注：《续资治通鉴长编拾补》卷一〇"绍圣元年七月丁巳"条，第433页。
② 李焘：《长编》卷四八六"绍圣四年四月辛丑"条，第11538页。
③ 杨仲良：《长编纪事本末》卷一〇二《逐元祐党人下》，第1759页。

朕于为政取人，无彼时此时之间，斟酌可否，举措损益，惟时之宜；旌别忠邪，用舍进退，惟义所在，使政事不失其当，人材各得其所，则能事毕矣。无偏无党，正直是与，体常用中，只率大体，以与天下休息，以成朕继志述事之美，不亦韪欤？若夫曲学偏见，妄意改作，妨功扰政，以害吾国是者，非惟朕所不与，乃公议之所不容，亦与众弃之而已。①

诏令中所表达的"建中靖国"的主题思想，实际上也是倡导和主持"靖国"之政的宰相曾布的主张。曾布在一次与徽宗议政时的一段话，还为此做了具体的注解，他说："陛下欲持平用中，破党人之论以调一天下，孰能以为不然。而偏见异论之人各私其党，又有报复怨仇之意纷纷不已，致圣意厌恶，此诚可罪。然元祐、绍圣两党，皆不可偏用。……缘此等人在朝，决不免怀私挟怨，互相仇害，则天下士类为之不安；士类不安，则朝廷亦不安矣。愿陛下深思熟计，无使此两党得志，则和平安静，天下无事，陛下垂拱而治矣。"②暂且不论曾布自绍圣以来时而主张报复元祐党人，时而主张元祐之政，反对章惇、蔡卞的是与非，在朋党之间"报复怨仇之意，纷纷不已"，致使"士类不安""朝廷不安"的背景下，主张"建中靖国"，对于长期陷入朋党倾轧的宋代政治来说，无疑是有积极意义的。如果朝野官僚士大夫能按照"靖国"的目标，放弃嫌

---

① 黄以周等辑注：《续资治通鉴长编拾补》卷一六"元符三年十月己未"条，第615—616页。
② 黄以周等辑注：《续资治通鉴长编拾补》卷一七"建中靖国元年七月壬戌"条，第639页。

疑，精诚协作，无论对整个政治形势的发展，还是对个人的政治命运，都是十分有利的。这也得到了某些元祐党人的认同，建中靖国元年（1101），自儋州北归的苏轼便欣慰地说："建中靖国之意，可恃以安。"①

作为"靖国"之政的核心人物，徽宗、向太后与曾布、韩忠彦确实为此做了努力。他们本着"惟时之宜""惟义所在"的原则，驱逐了"不义"的绍圣之党，如章惇，元符三年（1100）九月，罢相知越州，寻责授武昌军节度副使、潭州安置，建中靖国元年（1101）二月，责授雷州司户参军、员外置。②蔡卞，元符三年（1100）五月，落尚书左丞，出知江宁府，九月提举洞霄宫，太平州居住，十一月移池州居住。③蔡京、张商英、舒亶、董必、路昌衡、吕嘉问等人或坐章惇党，或坐蔡卞党，也先后被逐出朝廷，贬往散地。同时，也本着"惟时之宜""惟义所在"的原则，诏复司马光、文彦博等三十三人官。④其中在世的范纯仁、苏轼、苏辙、刘安世、黄庭坚、秦观、张耒、晁补之、郑侠、吕陶、吴安诗、吕希纯、吕希哲等人，先后得到量移和牵复⑤；同时，元祐党人或站在元祐党人一边的张舜民、陈瓘、任伯雨、陈师锡、丰稷、邹浩等人，陆续进入了台谏重地。经过这种努力，"建中靖国"初露曙光。

然而，这种努力并没有成功，初露的"靖国"曙光很快黯然失

---

① 苏轼：《与章致平二首》其一，《苏轼文集》卷五五，第1643页。
② 杨仲良：《长编纪事本末》卷一二〇《逐惇卞党人》，第2014、2016页。
③ 见黄以周等辑注：《续资治通鉴长编拾补》卷一五"元符三年五月乙酉"条，第593页；同书卷一六"元符三年九月甲申"条、"元符三年十一月壬申"条，第611、619页。
④ 脱脱等：《宋史》卷一九《徽宗纪》，第359页。
⑤ 彭百川：《太平治迹统类》卷二四《元祐党事本末下》，第12a页。

色。究其因，得到牵复或入朝的元祐党人根本不满元祐、绍圣两党"均为有失"①，以及各"怀私挟怨"的结论，也根本不愿安于目前"体常用中，只率大体"的现状，他们所渴望的，是重建元祐政局。建中靖国元年（1101），知舒州黄庭坚作《病起荆江亭即事十首》，其五、其七云：

> 司马丞相昔登庸，诏用元老超群公。
> 杨绾当朝天下喜，断碑零落卧秋风。
>
> 文章韩杜无遗恨，草诏陆贽倾诸公。
> 玉堂端要直学士，须得儋州秃鬓翁。②

第一首表达了对司马光的仰慕和高太后、司马光"诏用元老"之政的向往之情；第二首从"文章"的角度，提出"秃鬓翁"苏轼必须入朝为政。经过近七年的流放生涯，病魔缠身的黄庭坚，虽然宦情寥落，其政治主张却一以贯之，在诗中还明显寄寓了重建元祐政局的理想，显然有违"惟时之宜"的"调停"之策。而在朝的元祐党人，尤其是他们中的台谏，言行更为激烈，态度更为鲜明。如张舜民为谏议大夫，"居职七日，所上事六十章"③；又《长编纪事本末》卷一二〇《逐惇卞党人》自元符三年（1100）四月台谏首劾章惇至次年二月章惇被流放岭南雷州的纪事中，共摘录了台谏的弹文十九章，这些弹章在历数章惇、蔡卞之党"迷国误朝"之罪

---

① 脱脱等：《宋史》卷三一九《曾肇传》，第10394页。
② 黄庭坚：《病起荆江亭即事十首》，《山谷诗集注》卷一四，第357—358页。
③ 马端临：《文献通考》卷二三六，《经籍考六十三》，第6442页。

中，无不以元祐大臣为忠良，以元祐法度为圭臬。因此，招致徽宗的强烈不满，并归咎于曾布。曾布于建中靖国元年（1101）七月给曾肇的一封信中指出：

> 上践阼之初，深知前日（绍圣）之弊，故尽收元祐窜斥之人，逐绍圣之挟怨不逞者，欲破朋党之论，泯异同之迹，以调一士类。而元祐之人，持偏如故，凡论议于上前，无非誉元祐而非熙宁、元丰，欲一切为元祐之政。不顾先朝之逆顺，不恤人主之从违，必欲回夺上意，使舍熙、丰而从元祐，以遂其私志，致上意愤郁，日厌元祐之党。乃复归咎于布，合谋并力，诡变百出，必欲逐之而后已，上意益以不平。①

热衷于"建中靖国"的曾布，不仅因元祐党人不合时宜的极端言行，遭到徽宗的指责，同时又招致元祐党人的攻评。朱熹云："渠二人（指曾布、韩忠彦）却要和会，子宣（曾布）《日录》极见渠心迹。当时商量云：'左除却轼、辙，右除却京、卞。'此意亦好。后来元祐人渐多，颇攻其短，子宣却反悔，师朴（韩忠彦）无如之何。"又指出，"子宣初亦未尝有甚恶元祐人之意"，因遭元祐党人的攻评，"遂乘势作起徽宗攻治之"。②终成比绍圣更为酷烈的崇宁党锢。从这个意义上说，旧党集团于崇宁再遭禁锢，是自我作践的结果，咎由自取。

《续资治通鉴长编拾补》卷一八"建中靖国元年九月己未"条，

---

① 黄以周等辑注：《续资治通鉴长编拾补》卷一七"建中靖国元年七月壬戌"条，第640页。
② 黎靖德编：《朱子语类》卷一三〇，第3098、3123页。

载有徽宗与曾布的一段重要对话：

> 陈瓘既黜，上谕蒋之奇、章楶曰："瓘为李清臣所使，元祐人逐大半，尚敢如此。曾布以一身当众人挤排，诚不易。卿等且以朕意，再三慰劳之。"是日，布入对，留身面谢，慰劳加勤，且谓布曰："先朝法度，多未修举。"又曰："元祐小人，不可不逐。"布对曰："陛下初下诏，以为用人无彼时此时之异；若臣下便能将顺奉行，则必不至今日如此分别。然偏见之人，终不可率，当更缓治之。"上曰："卿何所畏？"且曰："卿多随顺元祐人。"布曰："臣非畏人者，处众人汹汹中，独赖眷属，有以自立，偏见异论之人诚不少，彼不肯革面，固当去之。然上体陛下仁厚之德，每事不敢过当，故欲从容中节耳。若言臣随顺及畏元祐人，不知圣意为如何？"上笑曰："岂有此，但人言如此，故及之。"①

当徽宗提出"元祐小人，不可不逐"时，曾布以"缓治之"相劝；当徽宗责问曾布何故"随顺及畏元祐人"时，则又以徽宗"每事不敢过当"的"仁厚之德"释之。这里，曾布明显运用了激将法，也就是朱熹所说的："遂乘势作起徽宗攻治之。"而这段君臣对话，既清楚地反映了由于"元祐小人"不肯"将顺奉行"，所以放弃"建中靖国"的目标，转而"去之"的变化，又奏响了崇宁党锢的序曲。次年五月，一位"臣僚"提出的通过禁锢元祐党人，达到

---

① 黄以周等辑注：《续资治通鉴长编拾补》卷一八"建中靖国元年九月己未"条，第657—658页。

"天下可以无为而治"①的设想,则又成了徽宗、蔡京集团以残酷的手段,铲除政敌异党势力的指导思想。

蔡京于崇宁元年(1102)七月代曾布为右相。自此以后,蔡京长期弄权擅国,新党一统天下,旧党禁锢终身。但这次党锢既与元祐有别,又与绍圣不尽相同。它首先以刻石立碑、榜之朝堂的方式,禁锢元祐党人,并且无论身亡与否,例皆予以废黜,如司马光、吕公著、文彦博、吕大防、刘挚、梁焘、王岩叟、苏轼、范祖禹、孔文仲、秦观、贾易等亡者,均被刻入"元祐奸党碑"。将政敌名单榜之朝堂,元祐党人已开其端,追贬亡者,绍圣新党业已为之。然其规模之大、程度之烈,却远非元祐、绍圣所能匹敌。其次,禁锢的对象远远超越了元祐党人。费衮《梁溪漫志》卷三"元祐党人"条:

> 盖绍圣初,章子厚、蔡京、卞得志,凡元祐人皆籍为党,无非一时忠贤,九(原作"七",据王应麟《困学纪闻》改)十八人者,可指数也。其后每得罪于诸人者,骎骎附益入籍。至崇宁间,京悉举不附己者,籍为"元祐奸党",至三百九人之多。于是邪正混淆,其非正人而入元祐党者,盖十六七也。②

自崇宁元年至三年(1102—1104),徽宗与蔡京曾三次籍定"元祐奸党碑"。第三次骤增到三百零九人。费衮所说的"忠贤"

---

① 杨仲良:《长编纪事本末》卷一二一《禁元祐党人上》,第2022页。
② 费衮:《梁溪漫志》卷三"元祐党人"条,《全宋笔记》第68册,第33页。

"正人",主要是指主持和参与"元祐更化",或肆意倾覆熙丰新党的"一色元祐";余皆得罪于章惇、蔡京、蔡卞和崇宁间不附蔡京者,可见其所禁对象之杂、范围之广。其中还包括了卒于元丰末年的王珪、元符三年(1100)被放逐的章惇,以及曾布、李清臣、蒋之奇、张商英等不少新党的头面人物。至此,"元祐"一词具有了新的内涵,成了代指所有违背徽宗、蔡京集团之意志的势力和个人的概念。同时,徽宗、蔡京集团又将禁锢的对象扩展到了"元祐及元符之末党人亲子弟"(说详第五章第三节),其目的都是根除一切敌对势力,结束纷乱之局,实施专横独断的统治。

第三次"元祐奸党碑"成于崇宁三年(1104)六月,毁于次年正月,但这并不是重新组合而成的新党集团悔过而致,而是由"星变"使然。①然而,即使碑毁人复体用,对于真正的元祐党人来说,已永远失去了回朝的可能性,如入籍时尚在人世的苏辙、黄庭坚、晁补之、张耒、王巩、郑侠、程颐等人,或在流放中丧失了生命,或在投闲置散中终其生。而以徽宗、蔡京为核心的新党集团,并没有因碑毁人复体用,改变一统天下的局面,党锢依然存在。蔡絛云:"士大夫进退之间犹驱马牛,不翅若使优儿街子,动得以指讪之。"②便是对崇宁以后党锢的真实写照,整个宋廷政治从中走向了全面的衰败。

至此,我们不禁假设:假如元祐党人在"更化"之治中,都多

---

① 黄以周等辑注:《续资治通鉴长编拾补》卷二六"崇宁五年正月乙巳"条载:"诏以星文变见,避正殿,捐常膳……又诏:'应元祐及元符末系籍人等,今既迁谪累年,已足惩戒,可复仕籍,许其自新。朝堂刻石,已令除毁,如外处有奸党石刻,亦令除毁。'"第868页。
② 蔡絛:《铁围山丛谈》卷二,第38页。

一点理性，少一点意气，能遵循国家治体，不以诗案的方式迫害和倾覆熙丰新党，也许不会有绍圣党锢的出现；假如新旧两党能放弃前嫌，精诚协作，朝着"建中靖国"的目标迈进，也许不会有酷烈的崇宁党锢。然而，假设毕竟是假设，事实终归是事实。况且，从初始的政见之争到全面的党锢，并非偶然，而是北宋文化中的封闭性、排他性和士大夫喜同恶异、党同伐异的文化性格在政治实践中不可避免的逻辑发展。如果说，这一逻辑发展造成了第四章所描述的对文学、学术、史学等多个文化层面的摧残，那么，当它作用到具体的人事关系时，则决定了上述士大夫的悲剧命运，甚至摧残了生命。因此，党锢深深影响了士人的心态，使之弥漫着一重浓烈的悲凉和凄厉的情思。

（三）士人心态的演变

在"绍述"党锢中，士大夫的心态除了延续熙丰以来畏祸及身这一点外，又有了明显的变化。这从下列叶梦得的记载中，可见一斑：

> 《江干初雪图》真迹，藏李邦直（清臣）家，唐蜡本。世传为摩诘所作，末有元丰间王禹玉（珪）、蔡持正（确）、韩玉汝（缜）、章子厚（惇）、王和甫（安礼）、张邃明（璪）、安厚卿（焘）七人题诗。建中靖国元年，韩师朴（忠彦）相，邦直、厚卿同在二府，时前七人者所存惟厚卿而已，持正贬死岭外，禹玉追贬，子厚方贬，玉汝、和甫、邃明则死久矣。故师朴继题其后曰："诸公当日聚岩廊，半谪南荒半已亡。惟有紫枢黄阁老，再开图画看潇湘。"是时，邦直在门下，厚卿在西府，"紫枢黄阁"，谓二人也。厚卿复题云："曾游沧海困惊澜，

晚涉风波路更难。从此江湖无限兴,不如只向画图看。"而邦直亦自题云:"此身何补一豪芒,三辱清时政事堂。病骨未为山下土,尚寻遗墨话存亡。"余家有此摹本,并录诸公诗续之,每出慨然。自元丰至建中靖国,几三十年,诸公之名宦亦已至矣,然始皆有愿为图中之游而不暇得,故禹玉云:"何日扁舟载风雪,却将蓑笠伴渔人。"玉汝云:"君恩未报身何有,且寄扁舟梦想中。"其后废谪流窜,有虽死不得免者,而江湖间此景无处不有,皆不得一赏。厚卿至为危词,盖有激而云,岂此景真不可得,亦自不能践其言耳。①

元丰间,王珪、蔡确等人所题《江干初雪图》,其旨与本章第二节所述元祐党人题画诗同出一辙。建中靖国元年(1101),两府大臣韩忠彦、李清臣、安焘的继题,同样表达了摆脱党争羁绊,寄迹江湖,愉悦性情,实现个体生命价值的理想,然而,其心态不能与元祐者相提并论,更不能与元丰者同日而语,"诸公当日聚岩廊,半谪南荒半已亡",是带着对死亡的恐惧和生命的忧虑,"再开图画看潇湘"的这种心态在熙丰政见之争中不曾有过,在元祐意气之争中也很难见到,它源于"曾游沧海困惊澜,晚涉风波路更难",即绍圣以来日趋险恶的宦海风波和颠簸其中的心理历程。因此,有的试图强乞罢政,归老江湖。《长编》卷五〇六"元符二年二月甲戌"条:

> 是日,尚书右丞黄履乞罢政,径出居僧舍。上遣使约拦,

---

① 叶梦得:《石林诗话》卷上,何文焕辑《历代诗话》,第411—412页。

不令迁徙；既而未闻，封还表章及宣押。翌日，曾布言："履昨求去，未闻宣召。"……布又言："履虽长于臣两岁，然极清健，无可去之理。臣疾病衰残，实有乞身归老江湖之意，非敢矫饰，如他人有怀禄固宠之心。圣恩眷怜，勉强就职，然其心无一日不在山林。"①

黄履未经"恩准"，"径出居僧舍"的原因之一，无疑在于"晚涉风波路更难"，曾布之所以"乞身归老江湖"，也心系于此。不过，曾布是个复杂的人物。建中靖国元年（1101），他自称："自熙宁立朝，以至今日，时事屡变，惟其不雷同熙宁、元丰之人，故免元祐之祸；惟其不附会元祐，故免绍圣之中伤，坐视两党之人，反覆受祸，而独泰然自若。其自处亦必粗有义理，以至处今日风波之中毅然自立。"②直言不讳地勾勒了自己作为"不倒翁"的形象，但其心态的另一部分"其心无一日不在山林"，是不必怀疑的。因为长期以来"坐视两党之人，反覆受祸"的事实本身，足以使他提心吊胆，畏惧不已，况且，身处绍圣以来危机四伏、险象环生的党锢环境中，谁也不能保证做到永远"毅然自立"，即便是曾布，也无法做到。《续资治通鉴长编拾补》卷一九"崇宁元年六月辛酉"条：

> 殿中侍御史钱遹言："伏见尚书左仆射曾布，力援元祐之奸党，分别要途，阴挤绍圣之忠贤，远投散地。……布初以韩忠彦为心膂，李清臣为爪牙，协济奸谋，共伸私忿，其趋虽

---

① 李焘：《长编》卷五〇六"元符二年二月甲戌"条，第12049—12050页。
② 黄以周等辑注：《续资治通鉴长编拾补》卷一八"建中靖国元年七月壬戌"条，第640—641页。

异,厥罪惟均……"①

于是曾布罢相,出知润州,后与韩忠彦、李清臣共入"元祐奸党碑"。钱遹所谓"力援元祐奸党",就是指为了"和平安静"而实施的"建中靖国"之政;"阴挤绍圣之忠贤",即指贬逐章惇、蔡卞、蔡京等绍圣新党。如前所述,"建中靖国"之政,是曾布、韩忠彦等人与徽宗、向太后共同创建的,但时过境迁,却罹援"奸党"、挤"忠贤"之罪而遭迫害,即使是"绍圣之忠贤"章惇,也被徽宗、蔡京集团判为"为臣不忠"之罪,入籍刻石,终老贬所。

事实充分表明,在酷烈的党锢中,身处庙堂者身履薄冰,深感朝不保夕,而黜废处野者则同样深怀恐惧,力图避祸全身。《朱子语类》卷一三〇载:

> 子由(苏辙)可畏,谪居全不见人。一日,蔡京党中有一人来见子由,遂先寻得京旧常贺生日一诗,与诸小孙先去见人处嬉看。及请其人相见,诸孙曳之满地。子由急自取之,曰:"某罪废,莫带累他元长(蔡京)去!"京自此甚畏之。②

应该这么说,苏辙之所以令蔡京"甚畏之",首先是苏辙因畏蔡京、畏惧徽宗和蔡京集团的高压政治所使然。又王明清《挥麈后录》卷七:

---

① 黄以周等辑注:《续资治通鉴长编拾补》卷一九"崇宁元年六月辛酉"条,686—687页。
② 黎靖德编:《朱子语类》卷一三〇,第3119页。

> 崇宁三年，黄太史鲁直（庭坚）窜宜州，携家南行，泊于零陵，独赴贬所。是时，外祖曾空青（纡）坐钩党，先徙是郡。太史留连逾月，极其欢洽，相予酬唱，如《江槛书事》之类是也。帅游浯溪，观《中兴碑》，太史赋诗，书姓名于诗左，外祖急止之，云："公诗文一出，即日传播，某方为流人，岂可出郊？公又远徙，蔡元长当轴，岂可不过为之防邪？"太史从之，但诗中云"亦有文士相追随"，盖为外祖而设。①

则又从另一个侧面，反映了在"士大夫进退之间犹驱马牛"，"动得以指訕之"的环境里，弥漫于士人心中的恐惧感。而对于迁谪流放者来说，伴随这种恐惧感的，还有由对生命的忧虑生发出来的浓重的悲凉与凄厉的情思。绍圣四年（1097），刘挚在《谢新州安置表》中指出：

> 尚蒙异恩，聊复远斥。此盖伏遇皇帝陛下好生以奉天地，任德以法祖宗，载加震曜之威，备示存全之泽。譬父母之谴其子，或赐矜怜；然瘴疠之逼于身，何能淹久。傥厚德之可报，誓孤忠而弗渝。②

"不杀文士"的祖宗"好生"之法，固然免除了刀斧之苦，但身处"瘴疠之逼于身，何能淹久"的险恶之境，却难免为之恐惧，为之忧生，因而免不了"寻寻、觅觅、冷冷、清清、凄凄、惨惨、

---

① 王明清：《挥麈后录》卷七，《全宋笔记》第57册，第178页。
② 刘挚：《谢新州安置表》，《忠肃集》卷二，第39页。

戚戚"。史称刘挚超然物外,"无一言及迁谪意"①,可作为参政主体并对人生深怀热恋的北宋文人,面对迁谪流放,有谁不为伤悲动容?遭际"自生自死"的厄运时,又有谁能免却内心深处的凄楚?其实,这在绍圣以后的士人群中,是一种具有普遍性的心态,也是创作主体在感怀兴寄中主题取向的心理本源。

二、"绍述"党锢与文学创作的主题取向

随着"绍述"党锢的展开和日趋酷烈,士大夫的心态从熙丰、元祐的"欲搏忠直之名,又畏祸及",发展成了对政治的恐惧,以及在令人恐惧的政治下遭贬处穷和贬中忧生。遭贬处穷和贬中忧生既是重压在士人心头的双重情累,又是这一时期创作主体在感怀兴寄中主题取向的心理本源。然而,由于士人个人性情的差异,及其对这双重情累的承受力和处理方式的不同,所以,建立在同一心理本源之上的创作主题,也呈现出不同的取向。

(一)取向之一:自我镇定的人生哲学

首先,必须加以说明的是,作为一种人生哲学,自我镇定并非始于绍圣以后,以此为底蕴的文学主题,早在北宋前期就已露端倪。儒学强调的经世致用,是北宋的时代精神,文人"感激论天下事",其参政主体也得到了空前的张扬。可是,宋人入仕,所遇多有志不可为之事。造成不可为的因素,既有国势上的,又有人事上的。赵宋定都汴京,于汉唐之盛不敢希企,连燕、云十六州也梦企不及,此为国势因素。自景祐、庆历以来,范仲淹、王安石发起以去弊兴国为目的的政治革新运动,但因统治阶级内部的党同伐异、自相倾轧而告失败,这是人事因素。因此,对于士人来说,在外物

---

① 脱脱等:《宋史》卷三四〇《刘挚传》,第10857页。

无可施于吾时,便求内向;内里功夫深,成了外事可为者少的补偿。范仲淹云:"未大用间亦处处有仁义。"①尹洙云:"退与进均有为也。"②指的便是这个意思。换言之,处于国势多忧、人生多患的北宋士人,特别需要一种自我镇定的人生哲学,以便在忧患面前,在遭贬处穷之际,能安顿人心,以心为本,处变不惊,处患不忧,不为外物所牵萦,即范仲淹所云:"不以物喜,不以己悲。"③在景祐党争中,欧阳修因言事迁谪夷陵,刚至贬所,他致书尹洙:"路中来,颇有人以罪出不测见吊者,此皆不知修心也。"并勉励被贬的同党,"慎勿作戚戚之文"④,便是"不以己悲"的具体表现。而这,必然会影响创作主题的取向。余靖的同年曾不疑"得罪去朝","诗皆讽咏前贤遗懿、当代绝境,未尝一言及于身世",原因就在于他"不以时之用舍累其心"。⑤范仲淹的《岳阳楼记》、欧阳修的《醉翁亭记》等作于逆境的名篇,也都体现了这一点。

不过,当时文士自我镇定的人生哲学,在很大程度上体现了"乐道"的信念。范仲淹"以言事凡三黜",时人称为"三光",⑥欧阳修认为:"以言被黜,便是忠臣。"⑦这就是说,因坚持"道"而损失"位",是值得高兴和钦佩的事。而这个"道",亦即石介所谓的"达也,以孔氏之道;穷也,以孔氏之道","穷达之间",皆

---

① 范仲淹:《与韩魏公书》,《范仲淹全集》尺牍卷中,第597页。
② 尹洙:《退说》,《全宋文》卷五八七,第28册,第27页。
③ 范仲淹:《岳阳楼记》,《范仲淹全集》文集卷八,第165页。
④ 欧阳修:《与尹师鲁第一书》,《居士外集》卷一九,《欧阳修全集》卷六九,第3册,第998—999页。
⑤ 余靖:《曾太博临川十二诗序》,《全宋文》卷五六七,第27册,第20页。
⑥ 文莹:《续湘山野录》,《湘山野录 续录 玉壶清话》,第77—78页。
⑦ 欧阳修:《濮议》卷一,《欧阳修全集》卷一二〇,第5册,第1852页。

"绰然有余裕",①因此,遭贬处穷,也未尝不乐,即便一生"终不起",也可"以周公、孔子之道而自乐"。②由此可见,在北宋前期,自我镇定的人生哲学,更多地体现了群体主体帷"道"是瞻的道德价值。熙宁以后,随着"得罪去朝"的人数不断增多和性质的变化,一方面,"不以时之用舍累其心"的内里工夫日深;另一方面,自我镇定的人生哲学具有了新的内涵,其新的内涵便是在贬中忧生,镇定心志,实现个体生命价值。较早体现这一点的,是蔡确。其《新兴即事》云:

> 仁义桥边杨柳斜,洗亭岗畔种桑麻。
> 龙山水绕祖师塔,夏院云埋宰相家。
> 十仙园里寻常到,恰似桃源一洞花。③

以心化物,化贬所新州的恶山恶水为桃花源式的仙境,可谓超然物外,镇定自如。而据《侯鲭录》卷二,蔡确贬新州,侍儿琵琶从焉,不久困死于瘴疬之中。蔡确作诗相悼:"伤心瘴江水,同渡不同归。"④在伤悼亡者中,明显含有自我忧生的凄厉之情。可见其《新兴即事》中的镇定心志,不仅是对一般穷愁的摆脱,更重要的是对生的渴望和对死的自抑。蔡确是新旧党争中第一位被流放到使之"自生自死"的瘴疬之地的党魁。至"绍述"党锢,大批文士被流放到了岭南远恶州军,自抑自安,自我镇定,以摆脱遭贬处穷和

---

① 石介:《送张绩李常序》,《徂徕石先生文集》卷一八,第216页。
② 石介:《上孙先生书》,《徂徕石先生文集》卷一五,第183页。
③ 蔡确:《新兴即事》,《全宋诗》卷七八三,第13册,第9078页。
④ 赵令畤:《侯鲭录》卷二,第63页。

贬中忧生的双重情累，以实现个体生命价值的人生哲学，也随之成了士大夫社会中一股不小的思潮。

传统儒学的"穷则独善""君子固穷"，无疑是迁谪流放者自我镇定的思想养料，而佛道的出世思想则对摆脱情累、镇定心志更具优势。尹洙《送浮图迥光一首》云："予闻废放之臣，病其身之穷，乃趋浮图氏之说，齐其身之荣辱穷通，然后能平其心。"①正指出了佛氏之说在士人面对百般无奈的外在世界，转而寻求内在自抑和超越过程中的作用。绍圣以后，佛道之说更成了罹祸者不可或缺的一帖止痛剂和镇静剂。如前文所述，刘挚身陷"瘴疠之逼于身，何能淹久"的境地时，忧生之情油然而起，但在新州所作《行药》诗云："是身本无有，疾病何用治。"②明显地化用了老庄"吾身非吾有""是天地之委形"的委运顺化之说，化解内心的悲凉；又作于同时的《焚香》："佛国宝芬郁，仙团（圃）花气芳。真灵格杳冥，邪厉（疠）驱幽荒。安得逍遥人，肯顾来此堂。说我无上道，德音斯不忘。"③则又在面佛焚香中，驱逐死的恐惧而成为瘴疠中的"逍遥人"。黎民表也称黄庭坚"籍名党锢疾如仇，白首黔阳作系囚。平生正得参禅力，万里危途百不忧"④。这些表明，儒道释三家思想在士人求内向中，出现了全面而又深刻的融合。这种融合，不仅体现在理论上的贯通，同时有了深厚的实践基础，从而使自我镇定的人生哲学在内涵上得到了充实和丰富，以此为底蕴的文学主题在

---

① 尹洙：《送浮图迥光一首》，《全宋文》卷五八六，第28册，第4页。
② 刘挚：《行药》，《忠肃集》卷一五，第339页。
③ 刘挚：《焚香》，《忠肃集》卷一五，第340页。
④ 黎民表：《题黄山谷书黄龙禅师开堂疏》，《瑶石山人诗稿》卷四，转引自傅璇琮编《黄庭坚和江西诗派资料汇编》卷上，第232页。

表现中，也获得了深化和拓展，并呈现出丰富的形态。

为了具体说明文学主题的这种深化和丰富形态，下面将以苏轼、黄庭坚为例。以苏、黄为例，不仅因为他们是熙宁以来文学创作的代表人物，绍圣以后，又是其创作的一个重要阶段，而且在对待遭贬处穷和贬中忧生的双重情累时，两人的态度和处理方式迥然有别，在当时的士人中，各具代表性，因而其文学创作的主题取向，也各具典型性。

苏轼从黄州经惠州，再贬儋州，地点越来越远，环境越来越险恶，年龄也越来越老大。对此，苏轼始终自我镇定，安然处之。据载，苏轼在惠州作《纵笔》诗，中有"报道先生春睡美，道人轻打五更钟"之句，执政闻之，以为"安稳"，再贬儋州。[①]"安稳"既是心境，又是诗境和表现在诗境中的主题形态。苏轼在镇定"安稳"中，最令人注目的，是其以变应变的处世哲理。

刘克庄在总结苏轼岭南时期的创作特征时说："坡公海外笔力，益老健宏放，无忧患迁谪意……"[②]所谓"无忧患迁谪意"，也就是"安稳"的意思。王文诰则以苏轼和陶诗为例，具体地指出了这一点："儋州和陶以《拟古》之'稍喜海南州，自古无战场'二句为《海外集》纲领。其意不肯说坏海南，即《海外集》不肯流入怨望之本旨。灵均（屈原）之贬，全以怨立言，公之贬，全以乐易为意。"[③]但南宋宋自逊《贺新郎·题雪堂》词云："一月有钱三十块，何苦抽身不早。又底用、北门摛藻。儋雨蛮烟添老色，和陶诗、翻

---

① 王注苏诗，注文引曾季狸《艇斋诗话》，见《苏轼诗集》卷四〇，第2203页。
② 刘克庄：《后村诗话》后集卷一，《刘克庄集笺校》卷一七五，第6772页。
③ 王文诰：《苏海识余》卷一，《苏诗总案》附，第15a页。

被渊明恼。到底是,忘言好。"①则指出苏轼并非"以乐易为意",亦即未能免却"忧患迁谪意"。那么,孰是孰非?我们认为,这两种不同的评说,说的都是苏轼,却又都不完全是苏轼。因为,苏轼的"安稳",首先是建立在不"安稳"的基础之上的。下列三篇谢表文书,便展现了苏轼三次迁谪中的不"安稳"的心理历程。《到黄州谢表》云:

> 投畀麕鼯之野,保全樗栎之生。臣虽至愚,岂不知幸。此盖伏遇皇帝陛下,德刑并用,善恶兼容。欲使法行而知恩,是用小惩而大诫。天地能覆载之,而不能容之于度外;父母能生育之,而不能出之于死中。伏惟此恩,何以为报。②

《到惠州谢表》云:

> 知臣老死无日,不足诛锄。明降德音,许全余息。故使瓬牺之马,犹获盖帷;觳觫之牛,得逭刀匕。臣敢不服膺严训,托命至仁;洗心自新,没齿无怨。但以瘴疠之地,魑魅为邻;衰疾交攻,无复首丘之望。精诚未泯,空余结草之忠。③

《到昌化军谢表》云:

> 并鬼门而东骛,浮瘴海以南迁。生无还期,死有余责。

---

① 宋自逊:《贺新郎·题雪堂》,唐圭璋编《全宋词》,第2688页。
② 苏轼:《到黄州谢表》,《苏轼文集》卷二三,第654—655页。
③ 苏轼:《到惠州谢表》,《苏轼文集》卷二四,第706—707页。

……伏念臣顷缘际会，偶窃宠荣。曾无毫发之能，而有丘山之罪。宜三黜而未已，跨万里以独来。恩重命轻，咎深责浅。……俾就穷途，以安余命。而臣孤老无托，瘴疠交攻。子孙恸哭于江边，已为死别；魑魅逢迎于海外，宁许生还。念报德之何时，悼此心之永已。俯伏流涕，不知所云。①

  谢表虽然是应酬且有固定程式的文书，但臣僚常常以此申诉被责的原委和感受，借以引起皇帝的同情与理解。苏轼的这三篇谢表文字，同样不是为了应酬而应酬，更不是夸大其词，而是和盘托出了自己的"忧患迁谪意"。而且其中的情感，一次比一次沉重，悲的成分，一次比一次浓烈，尤其是《到昌化军谢表》，更是悲泪纵横，声泪俱下，可谓动天地，泣鬼神。这种悲凉凄厉的情思，有时也寄寓于岭南诗歌。如《十一月二十六日，松风亭下，梅花盛开》："春风岭上淮南村，昔年梅花曾断魂。岂知流落复相见，蛮风蜑雨愁黄昏。"②《上元夜过赴儋守召，独坐有感》："搔首凄凉十年事，传柑归遗满朝衣。"③所有这些，都是苏轼"忧患迁谪意"的真实流露，其"安稳"的心境或"以乐易为意"，正是以此为基础的。

  在岭南瘴疠之地，苏轼无法彻底摆脱"俾就穷途"的悲凉和与子孙"死别"的凄厉，但又能"殊觉安健"④，"居之甚安"⑤，"身

---

① 苏轼：《到昌化军谢表》，《苏轼文集》卷二四，第707页。
② 苏轼：《十一月二十六日，松风亭下，梅花盛开》，《苏轼诗集》卷三八，第2075页。
③ 苏轼：《上元夜过赴儋守召，独坐有感》，《苏轼诗集》卷四二，第2301—2302页。
④ 苏轼：《与徐得之十四首》其十三，《苏轼文集》卷五七，第1724页。
⑤ 苏轼：《与郑靖老四首》其一，《苏轼文集》卷五六，第1674页。

心俱安"①。在大悲大难中,自我镇定,以心为本,深入领悟人生的底蕴。其中以变应变的处世哲理,无疑起了重要的作用。

元祐年间,苏轼在《祭龙井辩才文》中指出:"孔老异门,儒释分宫",但如"江河虽殊,其至则同",当其为人所用,则可"遇物而应,施则无穷"。②所谓"遇物而应",也就是本章第一节所描述的苏轼的"道何常之有,应物而已"的"应物"之道。道既无常,那么人生也自然无常。③以无常之人生行无常之道,也就无一律可循,无常故可主了。因此,在苏轼看来,面对无常之道和无常之人生,只有与物无著,委命顺物,以变应变,才能"玩物之变,以自娱"④,才能在"玩物之变"中,"优哉悠哉"。⑤当然,这并不是随波逐流,而是苏轼融合诸家思想养料后形成的自我镇定的人生哲学的重要特征,其作用在于淡化和超越无常人生的悲苦,确切地说,在身处逆境时,做到直面人生,处变不惊,失意不失志。在黄州时期,苏轼摆脱遭贬处穷的情累,便是这一处世哲理在无常人生的实践中首次获得的成功,迁谪岭南后,也正是这一哲理成功地化解了苏轼遭贬处穷和贬中忧生的双重情累。或者说,在日趋险恶的生活环境的体验中,深化了苏轼以变应变为特征的自我镇定的人生

---

① 苏轼:《与王定国四十一首》其四十,《苏轼文集》卷五二,第1531页。
② 苏轼:《祭龙井辩才文》,《苏轼文集》卷六三,第1961页。
③ 据王水照先生统计,自熙宁十年至建中靖国元年(1077—1101),苏轼在诗中共有九处用了"吾生如寄耳"句。"这九例作年从壮(42岁)到老(66岁),境遇有顺有逆,反复使用,只能说明他感受的深刻。在他的其他诗词中还有许多类似'人生如寄'的语句。"(《苏轼的人生思考和文化性格》,《文学遗产》1989年第5期,第90页)
④ 苏轼:《与程正辅七十一首》其五十五,《苏轼文集》卷五四,第1615页。
⑤ 苏轼:《江郊》,《苏轼诗集》卷三八,第2083页。

哲学，反过来，这一被深化的人生哲学，在苏轼大悲大难的人生实践中，被转化成了更具睿智的理性风范和更为动人的生活内容。元符元年（1098），苏轼作《书海南风土》，全文云：

> 岭南天气卑湿，地气蒸溽，而海南为甚。夏秋之交，物无不腐坏者。人非金石，其何能久。然儋耳颇有老人，年有百余岁者，往往而是，八九十者不论也。乃知寿夭无定，习而安之，则冰蚕火鼠，皆可以生。吾尝湛然无思，寓此觉于物表，使折胶之寒，无所施其冽，流金之暑，无所措其毒，百余岁岂足道哉！彼愚老人者，初不知此特如蚕鼠生于其中，兀然受之而已。一呼之温，一吸之凉，相续无有间断，虽长生可也。庄子曰："天之穿之，日夜无隙，人则固塞其窦。"岂不然哉。九月二十七日，秋霖雨不止，顾视帏帐，有白蚁升余，皆已腐烂，感叹不已。信手书。时戊寅岁也。①

"瘴疠之逼于身，何能淹久"，是流放岭南者所普遍具有的恐惧心理，事实上，正如苏轼岭南诗所云："问翁大庾岭头住，曾见南迁几个回。"②不少流放者因水土不服，葬身于瘴疠之中。《书海南风土》开篇就写出了使人"不能久"的险恶气候，但笔锋一转，转出生活其中的"年有百余岁者，往往而是"的事实，显示了其物物不齐、"寿夭无定"的相对主义的思考和论证；而只有"习而安之"，适其"物表"，"百余岁岂足道哉"，则又体现了其以变应变，

---

① 苏轼：《书海南风土》，《苏轼文集》卷七一，第2275页。
② 苏轼：《赠岭上老人》，《苏轼诗集》卷四五，第2424页。

适性任真的理性,以及"观物之极","寓物以发其辩"①的积极能动的玩物之乐。如果说,迁谪黄州,仅仅是遭贬处穷,那么,流放岭南,就意味着很有可能死于斯、葬于斯。遭贬处穷的问题容易解决,而面对着死,则很难让人若无其事。对此,苏轼却以睿智的理性,对抗死亡,挑战命运,在不安中保持"安稳";在"安稳"中,积极而充分地实现个体的生命价值。在惠州,他向世人宣布:"日啖荔支三百颗,不辞长作岭南人。"②在儋州则又云:"我本海南民,寄生西蜀州。"③之所以如此,是因"北徙已绝望,作久计矣"④,亦即"今北归无日,因遂自谓惠人,渐作久居计"⑤,"譬如元是惠州秀才,累举不第,有何不可。知之免忧"⑥。从中充分体现了苏轼在不主常故、以变应变中,追求个体生命价值的主动性与积极性,以及在自我镇定、遇境而安中的可行性与实在性。因而,以此为内涵的创作主题,也呈现出十分丰富的表现形态。绍圣四年(1097),苏轼在贬所儋州作《谪居三适三首》⑦,其一《旦起理发》云:"老栉从我久,齿梳含清风。一洗耳目明,习习万窍通。"其二《午窗坐睡》云:"神凝疑夜禅,体适剧卯酒。……谓我此为觉,物至了不受。谓我今方梦,此心初不垢。"其三《夜卧濯足》云:"瓦盎深及膝,时复冷暖投。明灯一爪剪,快若鹰辞鞲。"从理发、午睡、洗脚之类的卑琐俗事中,发掘诗意,寄托身处恶境的自我镇

---

① 苏轼:《书黄道辅〈品茶要录〉后》,《苏轼文集》卷六六,第2067页。
② 苏轼:《食荔支二首》其二,《苏轼诗集》卷四〇,第2194页。
③ 苏轼:《别海南黎民表》,《苏轼诗集》卷四〇,第2363页。
④ 苏轼:《与程正辅七十一首》其二十,《苏轼文集》卷五四,第1596页。
⑤ 苏轼:《与孙志康二首》其二,《苏轼文集》卷五六,第1681页。
⑥ 苏轼:《与程正辅七十一首》其一三,《苏轼文集》卷五四,第1593页。
⑦ 苏轼:《谪居三适三首》,《苏轼诗集》卷四一,第2285—2287页。

定,不失初心的人生之远理,其审美情感和艺术题材的拓展,及其表现形态的丰富性,也于此可见一斑。

黄庭坚一生遭有两次文字之祸:第一次是因参与编撰《神宗实录》,绍圣元年(1094)贬为涪州别驾、黔州安置;第二次因作《承天院塔记》,被罗织为"幸灾谤国"①,除名编管宜州,直至崇宁四年(1105)病逝。自绍圣元年至崇宁四年(1094—1105)的十年间,黄庭坚几乎在流放中度过。释惠洪云,在这十年中,黄庭坚心"殊坦夷","故其诗闲暇"。②而心"殊坦夷"和"诗闲暇",则与黄庭坚以不变应变的处世哲理息息相关。

作为"苏门"弟子,黄庭坚与乃师苏轼一样公开参禅悟道,明确将儒、道、释三教供入自己的人生坛坫,但由于两人的个性和气质不同,修习的侧重点和功夫也各异,所以各具风范。就参禅而言,"谈者谓子瞻是士夫禅,鲁直是祖师禅"③。"祖师禅"者,禅之嫡系也。事实上,黄庭坚的禅学功夫比苏轼更深入一层,有着更为惊人的坦然晏如的气度。如前文所述,在"乌台诗案"中,苏轼"自度不能堪,死狱中",作绝命诗,自称"梦绕云山心似鹿,魂惊汤火命如鸡",黄庭坚则不然。新党推治"神宗实录案"时,黄庭坚也以毁谤神宗罪,与其他史官"拘之畿县(陈留),以报所问,例悚息失据。独鲁直随问为报,弗随弗惧,一时慄然,知其非儒生

---

① 黄以周等辑注:《续资治通鉴长编拾补》卷二一"崇宁二年三月辛卯"条,第738页。
② 惠洪:《冷斋夜话》卷三,第30页。
③ 袁参坡:《庭帏杂录》卷下,转引自傅璇琮编《黄庭坚和江西诗派资料汇编》卷上,第231页。

文士而已也"①。那么，其因何在？待罪陈留时，黄庭坚将寓居的二阁取名为"寂住"和"深明"，各以一诗纪之。《寂住阁》云：

> 庄周梦为胡蝶，胡蝶不知庄周。
> 当处出生随意，急流水上不流。②

庄周化蝴蝶，指物我同一；"当处"句，意用《楞伽经》"一切浮尘，诸幻化相，当处出生，随处灭尽"，末句用僧肇《物不迁论》意："仲尼云：'回也见新，交臂非故。'如此，则物不相往来，明矣。既无往返之微朕，有何物而可动乎？然则旋岚偃岳而常静，江河竞注而不流，复何怪哉！"③全诗意谓物我合一的世相虽纷纭多变，其"随处灭尽"的规律却无二致；水流湍急的形象虽变化无常，其本质却根于恒静不变。物物相齐，其质又根于不变，变者仅是表象幻相而已。因此，还有什么可值得忧虑的呢？从中反映了寂住以待的心境，《深明阁》则表达了善于处置动荡巨变的功夫：

> 象踏恒河彻底，日行阎浮破冥。
> 若问深明宗旨，风花时度窗棂。④

前两句意寓时局巨变，后两句说明自己以恒静不变的深明宗旨，很快而且十分轻松地抵消了这场眩然巨变。黄庭坚面对骤然而至的文

---

① 李之仪：《跋山谷帖·一》，《全宋文》卷二四二二，第112册，第129页。
② 黄庭坚：《寂住阁》，《山谷诗集注》卷一一，第288页。
③ 任渊注，见《山谷诗集注》卷一一，第288页。
④ 黄庭坚：《深明阁》，《山谷诗集注》卷一一，第288页。

祸,用释氏的平等观,否定万物间的一切差别,以不变应变,于此可见一斑。又惠洪《跋山谷字二首》其二:

> 山谷初谪,人以死吊。笑曰:"四海皆昆弟,凡有日月星宿处,无不可寄此一梦者。"此帖盖其喜得黔戎,有过从之词,其喜气可搏掬。山谷得瘴乡,有游从,其情如此。使其坐政事堂,食箸下万钱,以天下之重,则未必有此喜也。①

黄庭坚责授涪州别驾、黔州安置,"命下,左右皆或泣,公色自若,投床大鼾","至黔,寓开元寺摩围阁,以登览文墨自娱,若无迁谪意"②,但谓其"喜气可搏掬",显系夸张之辞。自陕州至黔,路上要经历一百八盘、四十八渡,有"鬼门关""驴瘦岭""蛇倒退""胡孙愁"等地名。崇宁二年(1103),黄庭坚至贬所,其弟叔达携家及黄庭坚之子,历尽坎坷,于次年抵黔,并作《戏答刘文学》诗:"人鲊瓮中危万死,鬼门关外更千岑。问君底事向前去,要试平生铁石心。"③便道出了险恶之境中的危苦心情。黄庭坚也未能免此,其《予既作〈竹枝词〉,夜宿歌罗驿,梦李白相见于山间,曰:"予往谪夜郎,于此闻杜鹃,作〈竹枝词〉三叠,世传之不?"予细忆集中无有,请三诵乃得之》云:

> 一声望帝花片飞,万里明妃雪打围。
> 马上胡儿那解听,琵琶应道不如归。

---

① 惠洪:《跋山谷字二首》其二,《石门文字禅校注》卷二七,第4056页。
② 佚名:《豫章先生传》,黄庭坚《黄庭坚全集》附录一,第4册,第2361页。
③ 黄庭坚:《戏答刘文学》,《山谷诗集注》卷一二,第294—295页。

竹竿坡面蛇倒退，摩围山腰胡孙愁。
杜鹃无血可续泪，何日金鸡赦九州？

命轻人鲊瓮头船，日瘦鬼门关外天。
北人坠泪南人笑，青壁无梯闻杜鹃。①

借助李白的口，将内心的悲凉毫无顾忌地呼号出来。然而，这样的作品犹如昙花一现，以后很少出现，黄庭坚身处恶境的悲凉情思，被埋藏到了内心深处。取而代之的，几乎都像《次韵答斌老病起独游东园二首》之类的作品：

万事同一机，多虑乃禅病。
排闷有新诗，忘蹄出兔径。
莲花生淤泥，可见嗔喜性。
小立近幽香，心与晚色静。

主人心安乐，花竹有和气。
时从物外赏，自益酒中味。
斫枯蚁改穴，扫箨笋迸地。
万籁寂中生，乃知风雨至。②

---

① 黄庭坚：《予既作〈竹枝词〉，夜宿歌罗驿，梦李白相见于山间，曰："予往谪夜郎，于此闻杜鹃，作〈竹枝词〉三叠，世传之不？"予细忆集中无有，请三诵乃得之》，《山谷诗集注》卷一二，第290—291页。
② 黄庭坚：《次韵答斌老病起独游东园二首》，《山谷诗集注》卷一三，第316页。

这两首诗作于元符二年（1099）黔州贬所。第一首论病源，并致劝慰之意。首联用《楞严经》"虽见诸根动，要以一机抽"及《传灯录》"无多虑，无多知。多知多事，不如息意。多虑多失，不如守一"之意；"莲花"二句，"意谓花与泥俱出于一池，非泥外有花。喜与嗔俱出于一性"。①暗含人的病痛与生俱来，应随缘任远，不必过于介怀之意。第二首写病起游赏，告之以心安身乐，触景娱怀，必得物外之趣。斫去枯株而蚁为改穴，因扫荡叶而见新笋迸地，万籁发于寂中而知风雨将至，一切皆因缘而至，相随而生。与上述《寂住阁》《深明阁》一样体现了物物相齐的平等观，寄托了在遭贬处穷和贬中忧生中，以不变应变，镇定心志的立身之道。

如果说，苏轼"遇物而应"，以变应变，决定了他在不断遭贬中，时时坦露出人生的悲剧意识，又时时能自抑之、超越之；那么，黄庭坚的物物相齐，以不变应变，则决定了他不仅"若无迁谪意"，而且转于贫病见崚嶒，在十年的流放生涯中，"屹屹宇宙间"②，始终保持着心境的"坦夷"和文学主题的"闲暇"形态。建中靖国元年（1101），黄庭坚一度遇赦出黔，至岳阳楼，作《雨中登岳阳楼望君山二首》，其一云：

> 投荒万死鬓毛斑，生出瞿塘滟滪关。
> 未到江南先一笑，岳阳楼上对君山。③

---

① 任渊注，见《山谷诗集注》卷一三，第316页。
② 李之仪：《跋山谷帖·一》，《全宋文》卷二四二二，第112册，第129页。
③ 黄庭坚：《雨中登岳阳楼望君山二首》其一，《山谷诗集注》卷一六，第402页。

"投荒万死",坦然处之,遇赦生还,又无"即向巴峡穿巫峡,便下襄阳向洛阳"的狂喜之辞,而是对生死转折的命运仅报之一笑,随即转眼于滔滔无言、永恒不变的大自然中,这又从另一侧面体现了黄庭坚以不变应变练就的自我镇定的内里功夫和文学创作的"闲暇"主题。

总之,苏轼以变应变也好,黄庭坚以不变应变也罢,目的都是以理遣情,自抑和超越悲愁,以不同的特征和方式共同展现了在党锢中奉行的自我镇定的人生哲学。以此为底蕴而形成的不同形态的主题,也共同体现了北宋后期文学创作中一种重要的主题取向。而这一主题取向,同时又是北宋文化的价值取向之一,或者说,是士大夫群体在党同伐异、自相倾轧而导致的悲剧命运中,不断发展,不断成熟,并用以自救自安的产物。不过,作为一种文学创作,它却于诗、骚以外独树一帜。

在中国文学史上,以儒家为代表的"诗教"和以屈原为代表的"骚怨",是创作主题或创作价值的主要取向。北宋前期,以欧阳修为首的诗文复古运动,继承了"诗教"传统,"开口揽时事,论议争煌煌",北宋中期,王安石、苏轼等也创作了大量"务为有补于世"或"言必中当世之过"的诗文。但屈原的"骚怨"遭到了贬议。余靖批评屈原"负才矜己,一不得用于时,则忧愁恚怒,不能自裕其意,取讥通人,才虽美而趣不足尚"[①],欧阳修则认为屈原"久困不得其志,则多躁愤佯狂,失其常节"[②],甚至讥刺韩愈等古人"当论事时,感激不避诛死,真若知义者,及到贬所,则戚戚怨

---

① 余靖:《曾太博临川十二诗序》,《全宋文》卷五六七,第27册,第20页。
② 欧阳修:《与谢景山书》,《居士外集》卷一九,《欧阳修全集》卷六九,第3册,第1003页。

嗟……无异庸人"①。出现这种贬议的主要因素，在于宋人"不以物喜，不以己悲"的立身之道，北宋后期，以苏轼、黄庭坚为代表的文人，进一步充实和深化了这一立身之道，在身负遭贬处穷和贬中忧生的双重情累下，履行自我镇定的人生哲学，寻求内在的自抑和超越，既避免了屈原为"骚怨"情累所击垮的悲剧，又发展和建设了或"安稳"，或"闲暇"的文学主题。这虽然出于百般的无奈，但毕竟保全了心志，在北宋文化史上，弥补了实践儒家经世之学中被剥蚀的理性世界；在整个中国文学史上，则取得了与诗、骚鼎足而立、平分秋色的地位。

（二）取向之二：悲苦不振的人生哀叹

不过在"绍述"党锢中，并非所有的迁谪者都能做到处变不惊，失意不失志，面对着遭贬处穷和贬中忧生的双重情累，不堪其累，悲苦不振，哀叹人生者，也不乏其例。当他们以悲苦不振的人生哀叹为感怀兴寄的底蕴时，遂形成了这一时期的又一主题取向。其中，当以秦观、苏辙为代表。

秦观于元丰八年（1085）登焦蹈榜进士第，寻授蔡州教授，自此至绍圣元年（1094）春的十年间，是他的任职期，从绍圣元年至元符三年（1094—1100）病死藤州的七年，是他的迁谪期。绍圣党锢揭开了秦观流放生涯的序幕，其悲苦不振的人生哀叹的创作主题，就是在其流放生涯中渐次产生、不断发展的。其中最为典型的，莫过于元符三年（1100）作于雷州的《自作挽词》：

---

① 欧阳修：《与尹师鲁书第一书》，《居士外集》卷一九，《欧阳修全集》卷六九，第3册，第999页。

> 婴衅徙穷荒，茹哀与世辞。
> 官来录我橐，吏来验我尸。
> 藤束木皮棺，槁葬路傍陂。
> 家乡在万里，妻子天一涯。
> 孤魂不敢归，惴惴犹在兹。
> 昔忝柱下史，通籍黄金闺。
> 奇祸一朝作，飘零至于斯。
> 弱孤未堪事，返骨定何时？
> 修途缭山海，岂免从阇维？
> 茶毒复茶毒，彼苍那得知！
> 岁晚瘴江急，鸟兽鸣声悲。
> 空蒙寒雨零，惨淡阴风吹。
> 殡宫生苍藓，纸钱挂空枝。
> 无人设薄奠，谁与饭黄缁。
> 亦无挽歌者，空有挽歌辞。①

不仅表现了生前对死的悲痛感受，而且写出了死后的凄凉情景，正如该诗小序所云："昔鲍照、陶潜自作哀挽，其词哀。读予此章，乃知前作之未哀也。"关于这首挽词，有两种不同的评说。苏轼云："庚辰岁六月二十五日，予与少游相别于海康，意色自若，与平日不少异。但《自作挽词》一篇，人或怪之。予以谓少游齐死生，了物我，戏出此语，无足怪者。"②胡仔则反驳道："东坡谓太虚'齐

---

① 秦观：《自作挽词》，《淮海集笺注》卷四〇，第1323页。
② 苏轼：《书秦少游〈挽词〉后》，《苏轼文集》卷六八，第2158页。

死生，了物我，戏出此语'，其言过矣。此言惟渊明可以当之。若太虚者，钟情世味，意恋生理，一经迁谪，不能自释，遂挟忿而作此辞。"①所谓"齐死生，了物我"，就是指心道冥一，委运顺化。既然做到了心道冥一，委运顺化，就根本不存在为生命的短促而悲哀的问题，不存在这一问题，又何用自挽？庄子在妻子死后，击缶而歌，"齐死生，了物我"，应该做到这一点。自作挽词，分明无法摆脱死的纠缠，秦观如此，陶渊明也概不例外。而胡仔将秦观自作挽词的原因，归结为"钟情世味，意恋生理，一经迁谪，不能自释"，也未免太笼统。在迁谪流放者中，有谁不"意恋生理"？苏轼、黄庭坚处变不惊，自我镇定，就是为了把握"生理"，充分地实现自我的生命价值。为了处变不惊，秦观也曾做过多次努力，试看其《无题二首》：

> 君子有常度，所遭能自如。
> 不与死生变，岂为忧患渝？
> 西伯囚演《易》，马迁罪成书。
> 性刚趣和药，浅浅非丈夫。

> 世事如浮云，飘忽不相待。
> 欻然化苍狗，俄顷成章盖。
> 达观听两行，昧者乃多态。
> 舍旃勿重陈，百年等销坏。②

---

① 胡仔：《苕溪渔隐丛话》后集卷三，第21页。
② 秦观：《无题二首》，《淮海集笺注》后集卷一，第1354、1356页。

这两首无题诗，虽不知作年，但据诗意，无疑作于绍圣元年（1094）迁谪以后。诗人以"君子"的"常度"自持，修正内心，打算以不变应万变，颇有黄庭坚的气度。又《宁浦书事六首》其二云：

> 鱼稻有如淮右，溪山宛类江南。
> 自是迁臣多病，非干此地烟岚。①

宁浦在横州。元符元年（1098），秦观自郴州编管横州。诗将横州瘴烟之地比作自己的家乡秀丽的江南，颇类苏轼"日啖荔支三百颗，不辞长作岭南人"之意。然而，秦观的这些努力失败了。失败的原因与其性格和思想境界不无关系，《王直方诗话》云：

> 秦少游始作蔡州教授，意谓朝夕便当入馆，步青云之上，故作《东风解冻》诗云："更无舟楫碍，从此百川通。"已而久不召用，作《送张和叔》（全题为《送张和叔兼简鲁直》，作于元祐二年游京期间）云："大梁豪英海，故人满青云。为谢黄叔度，鬓毛今白纷。"谓山谷也。说者以为意气之盛衰，一何容易！②

"意气之盛衰，一何容易"，即指秦观的性格脆弱易变。又据

---

① 秦观：《宁浦书事六首》其二，《淮海集笺注》卷一一，第485页。
② 王直方：《王直方诗话》，郭绍虞辑《宋诗话辑佚》卷上，第28页。

《王直方诗话》，元祐五年（1090），秦观入秘书省校对黄本书籍，"有诗（题为《晚出掖门》）云：'金雀觚棱（棱）转夕晖，飘飘宫叶堕秋衣。出门尘涨如黄雾，始觉身从天上归。'识者以为少游作一黄本校勘，而炫耀如此，必不远到"①，则再次说明了秦观易为物喜、易为物忧的盛衰易变，同时又充分体现了其对仕途名利患得患失的情怀。正因为如此，秦观在骤遭打击，生活剧变时，虽然试图自我镇定，也不时地向释氏乞取镇静剂和止痛剂②，但无法真正做到处变不惊，失意不失志，因而，悲苦不振的人生哀叹也自然而然地成了他迁谪后感怀兴寄的重要主题。在这个主题中，又可分为两个层次，一是在遭贬处穷中的兴衰荣辱之叹。如《春日杂兴十首》其七，前半首回忆任职京城的情形：

> 昔我游京室，交通五陵间。
> 主客各英妙，袍马相追攀。
> 千金具饮啜，百金雇吹弹。
> 缨弁罗广席，当头舞交竿。
> 鲜妆耀渌酒，采缬生风澜。
> 灯烛暗夜艾，士女纷相班。

---

① 王直方：《王直方诗话》，郭绍虞辑《宋诗话辑佚》卷上，第36页。
② 绍圣三年（1096）在贬所处州作《题法海平阇黎》诗云："寒食山州百鸟喧，春风花雨暗川原。因循移病依香火，写得《弥陀》七万言。"（《淮海集笺注》卷一一，第491页）又《寄陈季常》云："暮年更折节，学佛得心要。……欲知山中乐，万古同一笑。"（《淮海集笺注》卷三，第123页）折节学佛，借佛自安之意甚明。

往日"交通五陵"的荣耀和红粉歌舞、缨弁满席的欢娱，令秦观醉心不已，怀恋不已，而今成为迁谪之人，荣耀已失，欢娱不再，故接着顿生哀叹："欢娱易徂歇，转盼如飞翰。亹亹负孤愿，离离衔永叹。"①亦即同题其九所云："繁华一朝去，默默惭杞梓。"②这种兴衰荣辱之叹，还表现在词的创作中，如《千秋岁》：

水边沙外，城郭春寒退。花影乱，莺声碎。飘零疏酒盏，离别宽衣带。人不见，碧云暮合空相对。　忆昔西池会，鹓鹭同飞盖。携手处，今谁在？日边清梦断，镜里朱颜改。春去也，飞红万点愁如海。③

黄苏《蓼园词评》云："按此乃少游谪虔（处）州思京中友人而作也。起从虔州写起，自写情怀落寞也。'人不见'，即指京中友，故下阕直接'忆昔'四句。'日边'，北京友也。'梦断'、'颜改'、'愁如海'，俱自叹也。"④较《春日杂兴》，其兴衰荣辱之哀叹，写得更为细腻，情思也更为凄楚。而随着贬地越来越远：自处州徙郴州编管，再诏编管横州，继移雷州，秦观悲苦不振的人生哀叹，又转入了第二个层次，即对生的忧虑和对死的悲叹。不过，秦观在悲叹客死天涯时，是将对仕途名利得失之慨联系在一起的。赴郴州途中，秦观作《自警》诗，诗中有云：

---

① 秦观：《春日杂兴十首》其七，《淮海集笺注》卷三，第104—105页。
② 秦观：《春日杂兴十首》其九，《淮海集笺注》卷三，第108页。
③ 秦观：《千秋岁》（水边沙外），《淮海居士长短句笺注》卷中，第84页。
④ 黄苏：《蓼园词评》，唐圭璋编《词话丛编》，第3059页。

> 那堪此地日昏黄，长途万里伤行客！
> 只知恩爱动伤情，岂悟区区头已白？
> 莫嫌天地少含弘，自是人心多褊窄。
> 争名竞利走如狂，复被利名生怨隙。
> 贪声恋色镇如痴，终被声色迷阡陌。
> 休言七十古稀有，最苦如今难半百。①

贪恋名利而生"怨隙"，是言人，也是言己，是自警，也是自省。面对遭贬处穷和贬中忧生，只有摆脱失去名利后的"穷"的情累，才有可能淡化死的恐惧，否则只能沿着悲苦不振的心路，越陷越深。秦观脆弱易变的性格，决定了其自警自省是暂时的，他无法摆脱兴衰荣辱的哀叹和贬后处穷的情累，因而，也就难以直面人生，难以"齐死生，了物我"，"休言七十古稀有，最苦如今难半百"，便诚实地表白了这一点。因此，自郴州以后，一个"死"字无时无刻不纠缠在他的心头。《宁浦书事六首》其三："南土四时尽热，愁人日夜俱长。安得此身作石，一齐忘了家乡。"其六云："寒暑更拼三十，同归灭尽无疑。纵复玉关生入，何殊死葬蛮夷！"②又由对死的这种恐惧，弥漫出无穷无尽且铭心刺骨的悲凉与凄厉。其《踏莎行》云：

> 雾失楼台，月迷津渡，桃源望断无寻处。可堪孤馆闭春寒，杜鹃声里斜阳暮。　　驿寄梅花，鱼传尺素，砌成此恨无

---

① 秦观：《自警》，《淮海集笺注》后集卷二，第1389页。
② 秦观：《宁浦书事六首》，《淮海集笺注》卷一一，第486、489页。

重数。郴江幸自绕郴山,为谁流下潇湘去!①

又《醉乡春》云:

> 唤起一声人悄,衾冷梦寒窗晓。瘴雨过,海棠开,春色又添多少。　社瓮酿成微笑,半缺椰瓢共舀。觉倾倒,急投床,醉乡广大人间小。②

前一首作于郴州,后一首作于横州。或写不堪孤寂,归思无托;或言不胜瘴疠,沉于醉乡。凄凉哀怨,悲苦不振。而至雷州《自作挽词》,则将这个主题推向了高潮。

秦观以其凄婉的笔触,尽情地展现了在党锢下悲苦不振的人生哀叹,苏辙的后期创作也以此为主题。苏辙是元祐党魁之一,绍圣元年(1094),贬知汝州,旋谪筠州,继贬雷州,再谪循州,凡七年,此为迁谪时期;元符三年(1100),遇赦内徙,寓居颍昌,直至去世,凡十三年,此为闲居时期。其悲苦不振,哀叹人生,主要是在这二十年间形成并不断发展的。不过,与秦观相比,苏辙的悲苦不振是以"颓然自放"、委顿自弃为特征的。而这一特征,在元丰年间就已萌芽。其《答黄庭坚书》云:"自废弃以来,颓然自放,顽鄙愈甚……"③所谓"废弃",即指因"乌台诗案",贬监筠州盐酒税务。但这次打击,并不严重,况且,当时苏辙还能借助佛道的力量,排遣贬后处穷的情累。元丰四年(1081),他在《筠州圣寿

---

① 秦观:《踏莎行》(雾失楼台),《淮海居士长短句笺注》卷中,第92页。
② 秦观:《醉乡春》(唤起一声人悄),《淮海居士长短句笺注》补遗,第215页。
③ 苏辙:《答黄庭坚书》,《栾城集》卷二二,《苏辙集》,第391页。

院法堂记》中指出：

> 余既少而多病，壮而多难，行年四十有二，而视听衰耗，志气消竭。夫多病则与学道者宜，多难则与学禅者宜。既与其徒出入相从，于是吐故纳新，引挽屈伸，而病以少安。照了诸妄，还复本性，而忧以自去，洒然不知网罟之在前与桎梏之在身，孰知夫险远之不为予安，而流徙之不为予幸也哉！①

释道的这种力量，在苏辙绍圣以后的流放生涯中，也曾起过作用。其雷州诗云："此身南北付天工，竹杖芒鞋即行李。夜长却对一灯明，上池溢流微有声。幻中非幻人不见，本来日月无阴晴。"② 循州诗云："获罪清时世共憎，龙川父老尚相寻。直须便作乡关看，莫起天涯万里心。"③ 两诗皆以人生无南北，到处即是家为旨，也即所谓"孰知夫险远之不为予安，而流徙之不为予幸也哉"。然而，这是苏辙晚年心志及其文学创作中十分次要的一面，而更为显著的，是发展和凸现了萌芽于元丰年间的"颓然自放"、委顿自弃的一面。不妨先看其《癸未生日》的前半首：

> 我生本无生，安有六十五。
> 生来逐世法，妄谓得此数。
> 随流登中朝，失脚堕南土。
> 人言我当喜，亦言我当惧。

---

① 苏辙：《筠州圣寿院法堂记》，《栾城集》卷二三，《苏辙集》，第401页。
② 苏辙：《次韵子瞻独觉》，《栾城后集》卷二，《苏辙集》，第899页。
③ 苏辙：《闰九月重九与父老小饮四绝》，《栾城后集》卷二，《苏辙集》，第903页。

我心终颓然,喜惧不入故。①

癸未为崇宁二年(1103),是其北徙居颍的第四个年头。诗中的"世法",就是指佛法。从诗意观之,苏辙已完全耽溺于佛门之中,或者说,因耽溺于佛门而导致"心终颓然"。在其居颍后的不少诗歌中,也反复地强调了这一点。如《梦中咏醉人》:"我今在家同出家,万法过前心不起。"②《和迟田舍杂诗九首》其六:"佛法见在前,我亦从此逝。"③《九日三首》其一:"登高懒不出,多酌任颓然。"④而苏辙如此悟佛,在绍圣元年(1094)便已开始,其《书〈楞严经〉后》云:

予自十年来,于佛法中渐有所悟,经历忧患,皆世所希有,而真心不乱,每得安乐。崇宁癸未,自许迁蔡,杜门幽坐,取《楞严经》翻覆熟读,乃知诸佛涅槃正路,从六根入。每跌坐燕安,觉外尘引起六根,根若随去,即堕生死道中。根若不随,返流全一,中中流入,即是涅槃真际。观照既久,如净琉璃,内含宝月,稽首十方三世一切佛菩萨罗汉僧,慈悲哀愍,惠我无生法忍,无漏胜果。誓愿心心护持,勿令退失。⑤

该文作于崇宁二年(1103),上推十年,即为绍圣元年

---

① 苏辙:《癸未生日》,《栾城后集》卷三,《苏辙集》,第911页。
② 苏辙:《梦中咏醉人》,《栾城后集》卷三,《苏辙集》,第914—915页。
③ 苏辙:《和迟田舍杂诗九首》其六,《栾城后集》卷四,《苏辙集》,第927页。
④ 苏辙:《九日三首》其一,《栾城后集》卷三,《苏辙集》,第916页。
⑤ 苏辙:《书〈楞严经〉后》,《栾城后集》卷二一,《苏辙集》,第1113页。

（1094）。该年，苏辙再贬筠州。也就是说，因不堪遭贬处穷和贬中忧生的双重情累，苏辙才"于佛法中渐有所悟"，才下定了"誓愿心心护持，勿令退失"的决心。在"绍述"党锢中，苏轼、黄庭坚、秦观都曾以佛道自释忧患，但苏轼是以自己睿智的理性为基础，借鉴佛道的某些养料的，其《和陶神释》云："莫从老君言，亦莫用佛语。仙山与佛国，终恐无是处。"①可见他对佛道的愚妄与虚伪，是坚决扬弃的；黄庭坚参禅悟道，同样是为其现实人生所用，为其在人生劫难中自我镇定、化解悲哀服务；秦观虽然"写得《弥陀》七万言"，而且还作有游仙诗②，但他"夜参半不寐，披衣涕纵横"③，为不得佛道之旨，懊恼之至。苏辙则醉心佛门，发誓要除去释氏认为罪孽的根源眼、耳、鼻、舌、身、意等六根，到佛国的涅槃"真际"中去。与此同时，又耽溺于愚妄虚伪的仙翁所住的仙山，其《立秋偶作》云："十年忧患本谁知，惭愧仙翁有旧期。度岭还家天许我，厮山种粟我尤谁！秋风欲践故人约，春气潜通病树滋。心似死灰须似雪，眼看多事亦奚为！"④因为，在他看来，"老佛同一源"⑤。

苏辙既因耽溺于佛国而"心终颓然"，又因醉心于仙山而"心似死灰"，已失去了现实生活的信心而委顿自弃，与苏轼在党锢中越遭际劫难，越热恋人生的回机向上，判若两域。而与其心颓然似死灰相应的，则是"杜门幽居"的生活方式。《朱子语类》卷一三

---

① 苏轼：《和陶神释》，《苏轼诗集》卷四二，第2307页。
② 见《淮海集笺注》卷六，第246—249页。
③ 秦观：《反初》，《淮海集笺注》卷六，第206页。
④ 苏辙：《立秋偶作》，《栾城后集》卷三，《苏辙集》，第915页。
⑤ 苏辙：《和迟田舍杂诗九首》其七，《栾城后集》卷四，《苏辙集》，第927页。

○载：

> （苏辙）后来居颖昌，全不敢见一客。一乡人自蜀特来谒之，不见。候数日，不见。一日，见在亭子上，直突入。子由无避处了，见之。云："公何故如此?"云："某特来见。"云："可少候，待某好出来相见。"归，不出矣。[①]

其实，不见外人，"杜门幽居"，几乎成了苏辙全部而又唯一的生活内容和创作题材。据《栾城后集》与《栾城三集》所收诗歌，专门写有"杜门"、"闭门"或"不出门"字样的，达四十首之多，它们是：《次韵子瞻生日见寄》："日云莫矣收桑枌，西还闭门止纷纷。"（第886页）《次韵子瞻过海》："闭门亦勿见，一嗅同香风。"（第896页）《子瞻闻瘦以诗见寄次韵》："众笑忍饥长杜门，自恐莫年还入俗。"（第898页）《次韵子瞻和渊明拟古九首》，其二："闭门不复出，兹焉若将终。"（第901页）其八："杜门人笑我，不知有天游。"（第902页）《迁居汝南》："再岁常杜门，壁观无与语。"（第909页）《颍川城东野老》："逢人不告非自珍，许我已老知闭门。"（第913页）《盆池白莲》："幽居常闭户，时听游人言。"（第921页）《见儿侄唱酬次韵五首》，其三："宇宙非不宽，闭门自为阻。心知外尘恶，且忍闲居苦。"（第922页）《和迟田舍杂诗九首》，其五："闭门具樽俎，父子相献酬。"（第927页）《施崇宁寺马》："南归闭门万事了，病卧常多起常少。"（第929页）《戏作家酿二首》，其一："嗟我老杜门，奈此平生好。"（第930页）《甲子

[①] 黎靖德编：《朱子语类》卷一三〇，第3118—3119页。

日雨》："赖有真人不饥渴，闭门却扫但焚香。"（第932页）《闲居五咏》，其一《闭门》："可怜杜门久，不觉杜门非。"（第933页）《城中牡丹推高皇庙园，迟、适联骑往观，归报未开，戏作》："老人终岁关门坐，花落花开已两亡。"（第934页）《春深三首》，其一："郊原红绿变青阴，闭户不知春已深。"（第935页）《九日独酌三首》，其一："终年闭户已三岁，九日无人共一樽。"（第939页）《初葺遗老斋二首》，其二："多病从来少宾客，杜门今复几人过。"（第1152页）《谢人惠千叶牡丹》："东风催趁百花新，不出门庭一老人。"（第1152页）《李方叔新宅》："闭门但办作诗章，好事时来置樽俎。"（第1154页）《酿重阳酒》："闭门一醉莫问渠，巷争不用缨冠救。"（第1156页）《送逊监淮西酒，并示诸任二首》，其一："相与闭门寻旧学，谁言复出理官醅。"（第1159页）《遗老斋绝句十二首》，其一："杜门本畏人，门开自无客。"（第1168页）《九日家酿未熟》："燕居渐忘我，杜门奚不乐。"（第1170页）《上元夜适劝至西禅观灯》："三年不踏门前路，今夜仍看屋里灯。"（第1172页）《程八信孺表弟剖符，单父相遇颖川，归乡待阙，作长句赠别》："老夫闭门不敢出，喜君三度乘朱轮。"（第1173页）《南斋竹三绝》，其二："新笋出墙秋雨足，闭门长与护苍苔。"（第1175页）《腊月九日雪三绝句》其一："病士拥衾催暖酒，闭门不听扫瑶琼。"（第1176页）《上元前雪三绝句》，其二："闭门不问门前事，灯火薰天自不知。"（第1177页）《闭门》："闭门颖昌市，不识颖昌人。"（第1179页）《蚕麦》："闭门差似可，忍饥有余福。"（第1180页）《冬至日作》："谁令闭户谢往还，寿酒独向儿孙举。"（第1194页）《上元》："上元车马正喧喧，老夫无聊长掩门。"（第1195页）《白须》："自顷闭门今十载，此身毕竟得如愚。"（第1196页）《游西湖》:"闭门不出十年久,湖上重游一梦回。"(第1197页)《次前韵》:"我已闭门还往绝,待乘明月过君庐。"(第1199页)《溽暑》:"十年我已不出门,可怜尚寄生死滨。"(第1200页)《种药苗二首》,其一《种罂粟》:"三年杜门,莫适往还。"(第1203页)从这些众多的"闭门""杜门"的诗句中,足以见出苏辙的"心终颓然"和"心似死灰",也不难看出诗人在创作中悲苦不振、委顿自弃的主题取向。

苏辙《还颍川》诗云:"东西俱畏人,何适可安者?"①又《闰八月二十五日,菊有黄花,园中粲然夺目,九日不忧无菊,而忧无酒,戏作》云:"门外白衣还到否,今时好事恐难遭。"②这说明,苏辙"杜门幽居",不见外人,既出于畏人,又出于畏事,所以,耽佛溺道,回避社会,回避人生,心同幽闭,身心俱闭。卒前又作《壬辰年写真赞》:"颍滨遗民,布裘葛巾。紫绶金章,乃过去人。谁与丹青?画我前身,遗我后身。一出一处,皆非吾真。燕坐萧然,莫之与亲。"③在"燕坐萧然"中,连自己一生出处去就的历史,都被否定了。不过,正与因不堪人生悲苦才耽佛溺道一样,苏辙否定自我的一切包括"紫绶金章"的历史,在于无法消却深深积淀于内心的党争情结。在寓居颍昌的第六个年头,苏辙"阅箧中旧书,得平生所为,惜其久而忘之也,乃作《颍滨遗老传》,凡万余言"④。对此,朱熹指出:

---

① 苏辙:《还颍川》,《栾城后集》卷三,《苏辙集》,第919页。
② 苏辙:《闰八月二十五日,菊有黄花,园中粲然夺目,九日不忧无菊,而忧无酒,戏作》,《栾城三集》卷三,《苏辙集》,第1183页。
③ 苏辙:《壬辰年写真赞》,《栾城三集》卷五,《苏辙集》,第1208页。
④ 苏辙:《颍滨遗老传下》,《栾城后集》卷一三,《苏辙集》,第1040—1041页。

> 子由深，有物。作《颍滨遗老传》，自言件件做得是。如拔用杨畏、来之邵等事，皆不载了。（原注：当时有"杨三变""两来"之号。）门下侍郎甚近宰相，范忠宣、苏子容辈在其下。杨攻去一人，当子由做，不做，又自其下用一人；杨又去攻一人，子由当做，又不做，又自其下拔一人。凡数番如此，皆不做。杨曰："苏不足与矣。"遂攻之。来亦攻之。二人前攻人，皆受其风旨也。①

这是指苏辙在元祐党人内部交相倾轧中的具体表现，在《颍滨遗老传》中，苏辙又自我夸耀如何恪守"君子小人不可并处"的真理，抑制了吕大防、刘挚试图兼用熙丰"小人"的"调停"建议。倘若秦观在流放生涯中，不堪贬后处穷和贬中忧生的双重情累，首先是因为对仕途名利的患得患失而无法排遣处穷的悲凉，作为元祐党魁之一的苏辙，其"颓然自放"、委顿自弃，则首先在于无法正视自己的过去。换言之，他是以"件件做得是"的终极真理的代表者的身份，"闭门幽居"、"燕坐萧然"，"歌哭任于斯"②的。

不过，无论是苏辙还是秦观，无论是苏轼还是黄庭坚，他们笔下的不同取向的创作主题和不同内涵的主题形态，都是在"绍述"党锢的同一背景下形成的，确切地说，都直接源自包括苏轼、苏辙、黄庭坚和秦观在内的北宋士大夫群体履行经世之学和舍身报国中的封闭性、排他性和党同伐异、自相倾轧所孕育的悲剧命运，也

---

① 黎靖德编：《朱子语类》卷一三〇，第3118页。
② 苏辙：《诸子将筑室，以画图相示三首》其一，《栾城后集》卷四，《苏辙集》，第937页。

第六章　北宋党争与文学创作的互动

都典型地体现了形成于熙丰时期的党争与文学创作的互动关系在"绍述"党锢中的新的内涵特征。

至此，我们基本上完成了考察自熙丰以来文人与党争、文学创作的互动关系，以及在这种关系中创作主体和创作风貌的演变轨迹；通过本章的考察，也进一步佐证了前文诸章所提出的论点。最后需要说明的是，北宋统治阶级内部的朋党之争，并没有因靖康之乱而告终，在钦宗执政时期和南宋政局中，依然存在；定型于北宋党争的正负并存、优劣交错的士大夫文化性格及其行为模式，也没有因新旧党争的结束或南宋的灭亡而消失，它作为华夏文化的一种深厚的历史积淀，不断作用于后世的政治、学术、文学等多个文化层面之中。不过，这些已超出了本书所考察的范围。

附　录

"崇宁党禁"下的文学创作趋向

在北宋，无论政治运作，还是文学演变，崇宁元年（1102）都是一个颇堪关注的时间窗。就政治运作而言，此前一年，宰相曾布出面调停新旧两党的努力彻底失败；此年，徽宗—蔡京集团开始实施严酷的党禁，至靖康元年（1126）才解禁。这一长达二十四年之久的"崇宁党禁"，将熙宁以来的新旧党争推向了恶性发展的阶段，也将北宋政权引向了覆亡之路。就文学演变来说，熙宁至元祐年间形成的文学高潮余波不再；托起这个高潮的主力作家也在此年前后作古。秦观、苏轼、陈师道于元符三年至崇宁元年（1100—1102）的三年中相继病逝；黄庭坚于崇宁四年（1105）病逝于贬所；此后不久，晁补之、苏辙、张耒等人也先后离开了人世。随着他们的离去，宋代文学终于进入了沉沦期。所谓"沉沦"，固然包含了整体创作水平下降的意思，但更重要的是在"崇宁党禁"下创作主体的沉沦；谄诗谀文的盛行，使文学首次大面积地沦落为朋党政治的"侍妾"。当然，沉沦并不等于消亡，在恶劣的党禁环境下，广大士人又以其特定的心理，孕育了新的创作趋向。

一、"救时行道"精神的消失与创作主体的沉沦

作为北宋新旧党争的一种逻辑发展,"崇宁党禁"堪称宋代政治与文化史上的一场大灾难。它摧残了士人的政治生命,也导致了参政主体与创作主体的沉沦。

北宋新旧党争大致经历了熙丰变法、"元祐更化"、绍圣以后的"绍述"三个发展阶段。绍圣元年(1094),哲宗亲政,新党回朝,章惇为相。哲宗对垂帘听政的高太后与元祐党人心怀敌意①,新党人员在元祐期间则遭旧党集团的排斥与打压。因此,仇视元祐党人及其"更化"之政,成了哲宗-章惇集团共同拥有的心理。在施政中,他们以"绍述"熙丰新法为名,行"报复"之实。②元符三年(1100)正月,哲宗去世,徽宗即位,曾布为相。有鉴于绍圣报复行为所造成的"天下士类为之不安","朝廷亦不安"的现实,在曾布的主谋下,朝廷实施了调停新旧两党的"体常用中"的方针,③将章惇、蔡卞、蔡京等人逐出朝廷,诏复司马光、文彦博、苏轼等三十三名旧党人员的官职,张舜民、陈瓘、邹浩等多名反对"绍述"的官员相继进入台谏重地。这就是"建中靖国"之政。对此,自儋州北归的苏轼欣慰地指出:"'建中靖国'之意,可恃以

---

① 蔡絛:《铁围山丛谈》卷一:"哲宗即位甫十岁,于是宣仁高后垂帘而听断焉。及浸长,未尝有一言。宣仁在宫中,每语上曰:'彼大臣奏事,乃胸中且谓何,奈无一语耶?'上但曰:'娘娘已处分,俾臣道何语?'如是益恭默不言者九年。时又久已纳后。至是上年时十有九矣,犹未复辟。……宣仁登仙,上始亲政焉。上所以衔诸大臣,匪独坐变更,后数数与臣僚论昔垂帘事,曰:'朕只见臀背。'"第5页。
② 脱脱等:《宋史》卷三四〇《刘挚传》,第10857页。
③ 黄以周等辑注:《续资治通鉴长编拾补》卷一六"元符三年十月己未"条;同书卷一七"建中靖国元年七月壬戌"条,第615、639页。

安。"①但由于多数"元祐之人持偏如故,凡议论于上前,无非誉元祐而非熙宁、元丰,欲一切为元祐之政",使徽宗恼怒不已,认为"元祐小人,不可不逐"②。崇宁元年(1102)七月,曾布罢相,蔡京取而代之,徽宗-蔡京集团始告确立,揭开了"崇宁党禁"的序幕。

崇宁元年(1102)七月,徽宗-蔡京集团以为"先帝良法美意(指神宗新法)所以再至纷更者,以故家大族未尽灭也"③,故效法绍圣时期"编类元祐臣僚章疏"之举,对元符末臣僚的章疏进行编类,并将倾向"元祐更化"的上疏者分为"邪上尤甚"者三十九人、"邪上"者四十一人、"邪中"者一百五十人、"邪下"者三百一十二人,其中除部分"已亡"和"致仕老疾"者外,余皆"永不收叙",送配远恶州军"羁管"。④为了杜绝"建中靖国"现象的再发生,自崇宁元年至三年(1102—1104),徽宗与蔡京又三次籍定"元祐党人碑",第三次多达三百零九人,由蔡京书写姓名,立石于全国诸路州军,"永为万世子孙之戒"。⑤章惇、曾布等新党人物也名列其中,表明"奸党"之禁已非限于元祐旧党,即王明清所说:凡与蔡京"异意者,人无贤否,官无大小,悉列其中,屏而弃之"⑥。与此同时,"凡系籍人子孙,不听仕宦及身至京畿"⑦,殃

---

① 苏轼:《与章致平二首》其一,《苏轼文集》卷五五,第1643页。
② 黄以周等辑注:《续资治通鉴长编拾补》卷一七"建中靖国元年七月壬戌"条;卷一八同年"九月己未"条,第639、657页。
③ 朱弁:《曲洧旧闻》卷七,第188页。
④ 杨仲良:《长编纪事本末》卷一二三《编类元符章疏》,第2061—2074页。
⑤ 杨仲良:《长编纪事本末》卷一二二《禁元祐党人下》,第2021—2060页。
⑥ 王明清:《挥麈后录》卷一,《全宋笔记》第57册,第85页。
⑦ 庄绰:《鸡肋编》卷中,第73页。

及了入党籍者的第二、三代。

崇宁五年（1106）正月，宋廷虽因星变而销毁了布及全国各地的"元祐党人碑"，但一方面"党禁"依然是徽宗政坛的主要表现形态；另一方面意识形态上的禁锢日趋严厉，其突出的表现就是禁"元祐学术"。阎若璩说："元祐学术自指司马文正一派，苏、黄一派，程子一派，为绍圣以后奸臣所厉禁。"①原因在于"王安石以新说行，学者尚同，如圣门一贯之说，僭也。先正文忠公苏轼首辟其说，是为元祐学，人谓蜀学云。时又有洛学本程颐，朔学本刘挚，皆曰元祐学，相羽翼以攻新说"②。在元祐期间，蜀、洛、朔三派因政见与学术观点不尽相同，分裂为蜀、洛、朔三党，交攻不已，但三派是"元祐更化"的重要力量。他们"相羽翼以攻新说"，是联结蜀学、洛学、朔学的纽带，也是"元祐学术"的核心所在。"元祐学术"之禁虽在绍圣年间业已开始，但作为一种政治运动，并以诏令的形式全面禁锢"元祐学术"，则始于崇宁元年（1102）。③自崇宁元年至宣和年间，朝廷屡下禁令，焚毁司马光、苏轼、黄庭坚、秦观、晁补之、张耒、程颐等人文集印板。④

始于崇宁元年（1102）的这场从组织人事到意识形态的全面禁锢，导致了"崇、宣之间所谓元祐学术者，排摈诋辱，必使无所容

---

① 阎若璩：《与戴唐器书》其十五，《潜邱札记》卷六，第39a页。
② 李石：《苏文忠集御叙跋》，《全宋文》卷四五六二，第205册，第343—344页。
③ 详黄以周等辑注：《续资治通鉴长编拾补》卷二〇"崇宁元年十二月丁丑"条，第725页。
④ 详黄以周等辑注：《续资治通鉴长编拾补》卷二一"崇宁二年四月乙亥""崇宁二年四月戊寅"条，第741、742页；脱脱等：《宋史》卷一九《徽宗本纪》，第368页；陈均：《九朝编年备要》卷二九"宣和五年七月，禁元祐学术"条，第33b页。

措其身而后已"①，以及"士大夫进退之间犹驱马牛，不翅若使优儿街子，动得以指讪之"②的局面。在这一肆意排斥与戕害异己的局面中，宋代士人的参政主体招致空前的摧残而趋向沉沦，他们原有的"自觉精神"也开始全面消解。

所谓"自觉精神"，"正是那辈读书人渐渐自己从内心深处涌现出一种感觉，觉到他们应该起来担负着天下重任"③。宋代士人的这种精神是以"救时行道"为内核的，至范仲淹、欧阳修时代全面形成。范仲淹以"先天下之忧而忧"为人生取向，"每感激论天下事，奋不顾身，一时士大夫矫厉尚风节，自仲淹倡之"④；"自欧阳子出，天下争自濯磨，以通经学古为高，以救时行道为贤，以犯颜纳说为忠。长育成就，至嘉祐末，号称多士。欧阳子之功为多"⑤。自熙宁至元祐年间，人才趋于鼎盛，每为史家所艳称。在此期间，尽管王安石变法引起的新旧党争导致士人之间"抑此伸彼，唯胜是求"，导致"天子无一定之衡，大臣无久安之计"⑥，但不乏"论天下事，奋不顾身"的忠言谠论；尽管其忠言谠论往往带有朋党偏见，却不失"救时行道"的精神。然而，在大规模、长时间的"崇宁党禁"中，士人进退失据，身自不安，甚至被驱如牛马，遑论"救时行道"！

绍圣元年（1094），因新党"绍述"新法而"绌元祐之政"，尹焞断然放弃了当年的进士考试，而邵伯温则拒召入仕；他们的举动

---

① 朱熹：《戊戌封事》，《全宋文》卷五四二九，第243册，第36页。
② 蔡絛：《铁围山丛谈》卷二，第38页。
③ 钱穆：《国史大纲》，第558页。
④ 脱脱等：《宋史》卷三一四《范仲淹传》，第10268页。
⑤ 苏轼：《六一居士集叙》，《苏轼文集》卷一〇，第316页。
⑥ 王夫之：《宋论》卷四，第87页。

得到了程颐的高度赞评。①这并非鄙视仕途所致，而是典型地体现了"天下有道则见，无道则隐"（《论语·泰伯》）的观念。程颐是元祐党人，尹焞是程颐的大弟子，邵伯温心仪"元祐之政"，他们对绍圣初年的"绍述"当然无法认同，但绍圣君臣并没有将心力完全倾注在救弊图治，有所作为上，而是以意气化的手段，报复元祐党人。如果说绍圣后的"绍述"，因君臣报复政敌而背离了熙丰新法的初衷，那么崇宁后的"绍述"则完全成了徽宗-蔡京集团迫害异己、实施党禁的借口，士人最终陷于"无所容措其身"之境；而徽宗则又"玩物而丧志，纵欲而败度"，并"疏斥正士，狎近奸谀。于是蔡京以俣薄巧佞之资，济其骄奢淫佚之志。溺信虚无，崇饰游观，困竭民力。君臣逸豫，相为诞谩，怠弃国政，日行无稽"。②所以在士人群中屡有"道丧"之叹③，"无道则隐"的现象也日趋普遍。由范仲淹倡导的为了道"宁鸣而死，不默而生"④的主体精神失去了生存空间。

当然，类似上述尹焞、邵伯温拒绝入仕的现象，并非徽宗一朝士人的主流，不少士人尤其新生代的士人依然向往入仕，跻身仕途。不过，身际党禁的出仕者同样匮乏"宁鸣而死，不默而生"的"行道"精神，其中又不乏随波逐浪者。据载，崇宁初，御史中丞朱谔有鉴于台谏官"类不知职守，言事多妄，至过天津桥，见汴堤一角垫陷，乞修葺，如许细故"的现象，上书请求："愿如神宗故

---

① 详池生春、诸星杓：《伊川先生年谱》卷六"绍圣元年三月"条，《宋明理学家年谱》第1册，第636—637页。
② 脱脱等：《宋史》卷二二《徽宗本纪·赞论》，第418页。
③ 谢逸：《祭汪伯更教授文》，《全宋文》卷二八七八，第133册，第280页。
④ 范仲淹：《灵乌赋》，《范仲淹全集》卷一，第9页。

事，听政之余，开内阁，延群臣，从容论道。"①实际上，不"从容论道"而专言修桥之类的"细故"，是整个"崇宁党禁"期间台谏的职事状态。在宋代，台谏与给舍被视为"人主之法家拂士也。人主以为是，台谏给舍以为非，人主以为可，台谏给舍以为不可，台谏给舍非敢与人主争是非可否者，顾不如是无以重其权，不重其权非所以尊朝廷而修君德也"②。魏了翁在总结北宋台谏的变化时却指出："祖宗盛时，给舍、台谏未有知而不言，言而不行；亦未有言之不行而不争，争之不胜而不去者。如论陈执中，论夏竦，论李定，论胡宗愈，论蔡确等事，至于十五六疏，十七八疏，至二十余疏，不见于施行不已也。绍圣、崇宁以后，此风遂泯。"③诚然，在北宋党争中，台谏往往充当党争的工具④，但论事像崇宁台谏"如许细故"，却是罕见的。台谏尚且如此，其他士人也就不难想象了。进而言之，在此期间，响彻政坛或文坛的，不是"从容论道"的忠言谠论，而是谄谀失道之政的梦呓之声。如郑居中《景灵宫落成应制》，李纲《明堂贺表》，陆韶之《北太一宫记》，王庭珪《明堂侍祠诗》，曹组、李质《艮岳百咏诗》，等等，就是将徽宗困竭民力而修建宫观、艮岳的臭名昭著的政绩工程，作为"丰亨豫大"的具体表征来歌颂。要之，当年范仲淹三次因持道谏议而遭贬，士人则认为一次比一次光荣的情景，⑤不再重现；朱谔请求恢复神宗时期士

---

① 脱脱等：《宋史》卷三五一《朱谔传》，第11108页。
② 卫泾：《轮对札子》，《全宋文》卷六六一二，第291册，第248页。
③ 魏了翁：《乙未秋七月特班奏事》，《全宋文》卷七〇五九，第309册，第161—162页。
④ 详前文第三章"台谏制度与台谏势力：北宋党争的催化剂"。
⑤ 详见文莹：《续湘山野录》，《湘山野录 续录 玉壶清话》，第77—78页。

人"从容论道"职能，也只能算是一种美好的愿望而已。

种种事实表明，在"崇宁党禁"期间，不仅是宋代士人固有的参政主体招致摧残而进入了沉沦期，更重要的是范仲淹、欧阳修时代建构的以"救时行道"为内核的主体精神被消解了、沉沦了；与参政主体互为一体的文学创作主体也自然难免沉沦的命运，并在具体的创作实践中做了全面的演示。文坛上谄诗谀文的蜂拥而至，以及内倾化的创作趋向，就充分证实了这一点。

二、"丰亨豫大"与谄诗谀文的盛行

徽宗－蔡京集团喜同恶异，党同伐异，在组织人事上肃清异己，在意识形态中禁锢异论，使朝野处于高度一元化的专制统治之中。为了粉饰其专制统治，他们竭力为所谓"丰亨豫大"的盛世造势。一时间，朝野四方诵声四起，响不绝耳；谄诗谀文纷至沓来，汗牛充栋。

"丰亨豫大"的造势运动始于崇宁初。《续资治通鉴》卷八八"崇宁三年正月"条：

> 帝锐意制作以文太平，蔡京复每为帝言："方今泉币所积赢五千万，和足以广乐，富足以备礼。"帝惑其说，而制作营筑之事兴矣。至是，京擢其客刘昺为大司乐，付以乐政。[1]

与此同时，蔡京又倡立了"丰亨豫大"之说。[2]此说出自《周易》。孔颖达《周易正义》："丰者，多大之名，盈足之义，财多德大，故

---

[1] 毕沅：《续资治通鉴》卷八八"崇宁三年正月"条，第2264页。
[2] 脱脱等：《宋史》卷四七二《蔡京传》，第13724页。

谓之为丰。德大则无所不容,财多则无所不济,无所拥碍,谓之为亨。"①《周易》又云:"豫,豫顺以动,故天地如之,而况建侯行师乎。天地以顺动,故日月不过,而四时不忒,圣人以顺动,则刑罚清而民服。豫之时义大矣哉。"②蔡京倡"丰亨豫大"之说,显然是在粉饰其朋党政治及其穷奢极欲的生活,并为徽宗政府发动歌功颂德运动提供经典依据。

徽宗君臣不念国危时艰,在党同伐异、禁锢士人的同时,又困竭民力、穷奢极欲,为了文过饰非,他们又刻意发动了一场"制作礼乐"的闹剧。崇宁四年(1105)三月,中书置议礼局,由刘昺主领其事,这是"制礼";同年八月,置大晟府,颁行"大晟新乐",此乃"作乐"。③大晟府除了"作乐",又兼"制词"。李昭玘说:"大晟乐既成,八音克谐,人神以和,嘉瑞继至。宜德能文之士,作为辞章,歌咏圣德,铺张宏休,以传无穷。"④王灼也说:万俟咏"召试补官,置大晟乐府制撰之职。新广八十四调,患谱弗传,雅言请以盛德大业及祥瑞事迹制词实谱。有旨依月用律,月进一曲,自此新谱稍传"⑤。所谓"制词实谱",就是按谱填词,而担任大晟府制撰的万俟咏、晁端礼、江汉、姚公立、徐申、田为等,都是词乐兼擅的"当行"词人。他们所按之谱多出"大晟新乐"。蔡絛说:"时燕乐初成,八音告备,因作《徵招》《角招》,有曲名《黄河清》《寿香明》,二者音调极韶美。"⑥现存大晟制撰所作《徵调》《三台》

---

① 王弼、韩康伯注,孔颖达正义:《周易正义》卷六,《十三经注疏》,第139页。
② 王弼、韩康伯注,孔颖达正义:《周易正义》卷二,《十三经注疏》,第61页。
③ 脱脱等:《宋史》卷二〇《徽宗本纪》,第375页。
④ 李昭玘:《晁次膺墓志铭》,《全宋文》卷二六一五,第121册,第244页。
⑤ 王灼:《碧鸡漫志》卷二,唐圭璋编《词话丛编》,第87页。
⑥ 蔡絛:《铁围山丛谈》卷二,第28页。

《舜韶新》《并蒂芙蓉》《明月照高楼》《明月鵁鶄夜慢》《安平乐慢》诸词,其调也出"大晟新乐"。不过,他们也依原有词调而作,如晁端礼《鹧鸪天》、万俟咏《醉蓬莱》等等。但无论新曲还是旧调,都是"歌咏圣德",粉饰太平。

大晟府设有大司乐一员,曲乐二员,并为长贰,大乐令一员,协律郎四员,另有提举、制撰、掌事、运谱、乐工、舞师、府吏、胥吏、贴书等人员,建制颇大,人数众多。如果说这是宋廷为支撑"丰亨豫大"之说特意建立的一个专事谄谀的重镇,当时的学校则是与大晟府相同功能的又一谄谀阵地。蔡京入相伊始就提出:"以学校为今日先务,乞天下并置学养士,如允所请,乞先次施行。"①其用意即郑居中所说:"建学校,兴礼乐以藻饰太平。"②其中就包括了贡谀的功能;而作为鼓励,凡献颂贡谀者可直赴廷试或特授、特转官职。史称"崇宁以来,类多泛赏,如曰'应奉有劳'、'献颂可采'、'职事修举'特授特转者,皆无事状可名,而直以与之"③。"泛赏"的对象之一就是学校生员。关于这一点,史籍多有记载,如宣和三年(1121),"赐第八百余人,因上书献颂,直令赴廷试者殆百人"④;宣和六年(1124),"亲试举人,赐沈晦以下八百人及

---

① 黄以周等辑注:《续资治通鉴长编拾补》卷二〇"崇宁元年八月申戌"条,第704页。
② 毕沅:《续资治通鉴》卷八九"崇宁五年十二月己未"条,第2300页。
③ 黄以周等辑注:《续资治通鉴长编拾补》卷四九"宣和七年六月乙丑"条下注,第1519页。
④ 黄以周等辑注:《续资治通鉴长编拾补》卷四三"宣和三年三月壬戌"条下注,第1325页。

第、出身有差。……以献颂上书为名而官之多至百余人"①。所谓"献颂",就是为"丰亨豫大"制造舆论的谄诗谀文。

需要说明的是,谄诗谀文并非始于徽宗朝;就北宋而言,几乎每个帝王都喜爱此类作品。如真宗为了封禅,在伙同王钦若刻意制造诸多"天瑞祥符",以副"升平"的同时,接受过不少士人的谄谀之作。然而,这些作品在北宋文学史上如流星一般,转瞬即逝;或如河流的旁支,并非主干。在"崇宁党禁"期间,谄谀之作源源不断,对"丰亨豫大"的歌颂长时间地成了主导文坛乃至整个意识形态中的一股强劲的思潮;与此同时,从"兴礼乐"到"建学校",徽宗-蔡京集团又精心建构了前所未有的一个庞大的舆论体系,保证了歌功颂德运动的展开。

譬如,徽宗与蔡京为了张扬"丰亨豫大"之说,炮制了种类繁多的所谓"天瑞祥符"。据《宋史·徽宗本纪》及其他有关载籍,自崇宁以后,几乎每年每月都有诸如甘露降、黄河清、灵芝生等"祥瑞"降临。面对"祥瑞",士人纷纷撰文作诗,按谱填词,竞相庆贺,甚至到了"日惟讲礼乐、庆祥瑞"②的痴迷境地;这些作品所虚美的无非是圣德遍照,圣恩广被,天下太平。如慕容彦逢《贺甘露降帝鼐表》:

> 祥呈夏鼎,如克享于天心。凡预荣怀,敷同庆赖。窃谓湛恩广被,协气横流,精祲于焉交通,符瑞必以类至。……爰当帝鼐之上,时乃创见,昔所未闻。恭惟皇帝陛下,体御至神,

---

① 黄以周等辑注:《续资治通鉴长编拾补》卷四八"宣和六年四月己巳"条下注,第1476页。
② 蔡絛:《铁围山丛谈》卷二,第28页。

> 道兼全于众甫;用扬独智,世用赖于九功。民俗阜康,边陲静谧。雨旸咸若,稼穑屡丰。①

认为甘露降于帝廑实乃"昔所未闻",其因唯在徽宗"湛恩广被",天下大治,国泰民安。又如晁端礼《黄河清》词:

> 晴景初升风细细。云收天淡如洗。望外凤凰双阙,葱葱佳气。朝罢香烟满袖,近臣报、天颜有喜。夜来连得封章,奏大河、彻底清泚。　君王寿与天齐,馨香动上穹,频降嘉瑞。大晟奏功,六乐初调清徵。合殿春风乍转,万花覆、千官尽醉。内家传敕,重开宴、未央宫里。②

据载,徽宗在位期间,数次出现"黄河清"。这是晁端礼为贺这一祥瑞而特意制作的大晟"新声"中的一首。此词一出,"天下无问迩遐小大,虽伟男髫女,皆争气唱之"③;同时,宋廷还将此词赐予高丽,使之传唱海外,同享中国的升平气象。④晁词取得这一社会效应,正是徽宗渴望看到的;面对"祥瑞",徽宗本人也常常亲制诗词,自我表彰:

> 大观三年四月壬子,尚书省甘露降。御笔以中台布政之所,天意昭格,致此嘉祥。因成四韵,以记其实,赐执政而

---

① 慕容彦逢:《贺甘露降帝廑表》,《全宋文》卷二九三五,第136册,第194—195页。
② 晁端礼:《黄河清》(晴景初升风细细),唐圭璋编《全宋词》,第439页。
③ 蔡絛:《铁围山丛谈》卷二,第28页。
④ 郑麟趾:《高丽史》卷七〇《乐志》,第2187页。

下,云:"政成天地不相违,瑞应中台赞万几。夜浥垂珠濡绿叶,朝凝润玉弄清辉;仙盆云表秋难比,丰草霄零日未晞。本自君臣俱会合,更嘉报上美能归。"①

这是徽宗的御制之一,诗中明言因"政成"而"瑞应",也就是说,源出"天意"的"嘉祥",正昭示了四海升平,天下大治。对此,君臣又岂有不同庆之理?在"君臣俱会合"的同庆意境中,徽宗自我表彰之意溢于言表。既然天子如此,群臣自然应之不暇,争相贡谀。以王安中为例,其《初寮集》所收,除其他题材的谄诗谀文外,专为贺祥瑞而作的就有《奏贺乾宁军黄河清表》《贺流星出柳星表》《贺宣和殿玉芝表》《贺五色云表》《贺朱草表》《次韵安喜刘簿上梁才甫瑞莲嘉禾》《拟进天应颂》等,这些作品都极尽谄谀之能事。如《奏贺乾宁军黄河清表》就将大观元年(1107)乾宁军黄河清,视为"帝王之作兴;旷世一清"的象征,据以称颂徽宗"宅心唐虞,比肩文武,无一物之失所,致万国之咸宁"②的盛大功德。

在谄谀者的心目中,"宅心唐虞,比肩文武"的徽宗是"丰亨豫大"之世的缔造者,蔡京则是徽宗的圣相贤辅。这是他们贡谀的主题词。从贺"天瑞祥符"到节序欢庆,再到贺徽宗、蔡京生日等诸多活动中,士人竞进文字,争相贡谀,题材虽然有异,主题却相一致。据载:"蔡京当国,倡为丰亨豫大之说,以肆蛊惑。其生日,天下郡国皆有馈献,号'太师生辰纲',富侈可知也。文士锦囊玉

---

① 吴曾:《能改斋漫录》卷一一"御赐甘露诗"条,《全宋笔记》第37册,第54—55页。
② 王安中:《奏贺乾宁军黄河清表》,《全宋文》卷三一五四,第146册,第261页。

轴，竞进诗词。"①如毛滂《上时相书》三篇、《绛都春·太师生日》、《清平乐·太师相公生日》，许景衡《贺时相生辰启》《上时相寿五首》，韩驹《上蔡太师生辰诗四首》《上太师公相生辰诗》十首等大量诗词与文章，均以蔡京辅助徽宗缔造"丰亨豫大"之世的相业为主题。许景衡《贺时相生辰启》径直以"成汤之相""尧舜之辅"相许。②韩驹《上蔡太师生辰诗四首》前三首渲染蔡京在崇宁至大观年间的丰功伟绩，最后一首说："天遣飞仙下九州，拟伦慎勿汉唐求。他年吕望应黄发，今日周公尚黑头。夹辅元勋归玉铉，太平余事入银钩。庆河一派莆阳水，长绕壶山滚滚流。"③赞美蔡京功比吕尚、周公，名在千秋。

在"锦囊玉轴，竞进诗词"，赞美徽宗与蔡京的活动中，大批士人表现出极大的主动性。如崇宁四年（1105）因星变，蔡京罢相；次年，郑居中"探知徽宗有复用之意"，便作诗相贺："丘壑未应容谢傅，衮衣行见命周公。"又曰："自有薰风来解愠，更无箕舌巧为谗。"④政和初，江汉进献《喜迁莺》词，将蔡京比作初唐名相房玄龄、魏徵，蔡京甚喜，"命之以官，为大晟府制撰使，遇祥瑞时时作为歌曲焉"⑤。薛昂因平时常常贡谀，其《赋蔡京君臣庆会诗》又有"逢时可谓真千载，拜赐应须更万回"⑥之句，被称为

---

① 瞿佑：《归田诗话》卷中，丁福保辑《历代诗话续编》，第1258—1259页。
② 许景衡：《贺时相生辰启》，《全宋文》卷三〇九三，第144册，第6页；参见其诗《上时相寿五首》，《全宋诗》卷一三五八，第23册，第15554—15555页。
③ 韩驹：《上蔡太师生辰诗四首》，《全宋诗》卷一四四三，第25册，第16648页。
④ 朱胜非：《秀水闲居录》，《全宋笔记》第29册，第219页。
⑤ 蔡絛：《铁围山丛谈》卷二，第28页。
⑥ 吴曾：《能改斋漫录》佚文，《全宋笔记》第37册，第273页。

"薛万回"①。王安中掌职翰林，"每草师成制，必为好辞，褒颂功德，时人谓之'王内相'"②。王安中、郑居中、薛昂等固然是新党中人，江汉则为争谀求荣之徒，但不少本来倾向元祐之政的士人或其他忠直之士，也满怀激情地加盟到了贡谀的行列。上述谄谀蔡京的毛滂、韩驹，均受知苏轼；又如李新原本忠于元祐之政，也作有《天宁节贺表》《三瑞堂记》等不少谄谀之作。其中贺徽宗生日的《天宁节贺表》先以"尧云""汤圣"赞美徽宗的功德，继以天瑞祥符"应期"而出歌颂四海升平③；《三瑞堂记》则历叙自崇宁至大观间蔡京辅助徽宗所施之"仁政"，致使天地感应，祥瑞纷现人间，就连"僻陋"之地，也屡生瑞竹、灵芝、岐麦，"以光昭太平"④。对此，清四库馆臣认为，李新早年"受知苏轼，初自附于元祐之局，故其所上书，词极切直。然一经挫折，即顿改初心，作《三瑞堂记》以颂蔡京。……其操守殊不足道"⑤。因毛滂作有大量谄谀之作，四库馆臣也认为其"人品殊不足重"；又说："故陈振孙谓其诗文视乐府颇不逮，盖亦因其人而少之。"⑥

显然，这是以文品论人品，属于道德论。然而，在当时的尚谀士风中，个人的道德已是苍白无力的了。就是因不屈于蔡京淫威而为清四库馆臣竭力称扬的忠直之臣傅察⑦，其《忠肃集》却收有

---

① 朱弁：《曲洧旧闻》卷六，第172页。
② 黄以周等辑注：《续资治通鉴长编拾补》卷四二"宣和二年十月"条下注，第1301页。
③ 李新：《天宁节贺表》，《全宋文》卷二八八一，第133册，第319页。
④ 李新：《三瑞堂记》，《全宋文》卷二八九四，第134册，第134—135页。
⑤ 永瑢等撰：《四库全书总目》卷一五五，《跨鳌集》提要，第1343页。
⑥ 永瑢等撰：《四库全书总目》卷一五五，《东堂集》提要，第1340页。
⑦ 详永瑢等撰：《四库全书总目》卷一五五，《忠肃集》提要，第1343页。

《贺朱草表》《贺黄河清表》《天宁节功德疏》等十数篇贡谀之文；李纲号为忠直，在他的《梁溪集》中也不乏《瑞芝赞》《瑞光岩立化雀》《芝轩铭》那样的作品；又如忠直之士赵鼎臣也留下了《天宁节贺表三首》《拟和元夕御诗》《拟和元夕御词》等数量可观的谄谀之作。实际上，这是具有时代特征的一种创作趋向，与其说这标志着谄谀者道德人品的堕落，倒不如说是"救时行道"的精神全面消解后出现的一种时代悲哀。再看杨时《贺正旦表》：

> 恭惟皇帝陛下圣敬日新，勇智天锡。大明继照，御六气以乘乾；百辟在庭，共众星而环极。修礼文之广备，表圣日之光华。顾惟履地而戴天，孰不咏仁而蹈德？臣叨兹眷命，附以名藩。玉陛称觞，莫厕鸾鹭之侣；虎城向日，但倾葵藿之诚。①

杨时另有《天宁节》等诗文，与上列因欢庆节序而贡谀的文字同一主题。杨时是程颐四大弟子之一，在禁"元祐学术"中，其学术活动与程颐一样受到严格控制。宣和间，因张觷进言"宗庙社稷，危在旦夕"，"宜亟引耆德老成"，"罗天下忠义之士"，"以挽物情"，蔡京"遂以杨时荐，于是召时"。②朱熹认为，朝廷若早用杨时，"也须救得一半"③。然而，面对"宗庙社稷，危在旦夕"的现实，杨时却不胜尚谀之风，以"倾葵藿之诚"来赞美徽宗"履地而戴天"的圣德。这也许是官场应酬，但此种文字毕竟于时无补，有害

---

① 杨时：《贺正旦表》，《全宋文》卷二六七六，第124册，第118页。
② 脱脱等：《宋史》卷三七九《张觷传》，第11696页；同书卷四七二《蔡翛传》谓杨时为蔡翛、蔡攸兄弟所荐，第13732页。
③ 黎靖德编：《朱子语类》卷一三〇，第3135页。

正道；或者说，这再一次昭示了在党禁下士人的适应性变异心态，以及贡谀作为具有时代特征的创作趋向对士人的巨大影响力。

诚然，"善则美，恶则刺"是中国古代文学创作的两大价值取向，对"善"进行赞美，也是作家的应有之义。但"丰亨豫大"之说，旨在粉饰太平，掩饰党禁之"恶"。这一点，徽宗也是十分清楚的。他在宣和末年的一份手诏中说："朕获承祖宗休德，托于士民之上，二纪于兹，虽兢业存于中心，而过愆形于天下。盖以寡昧之资，藉盈成之业。言路壅蔽，导谀日闻；恩幸持权，贪饕得志。缙绅贤能，陷于党籍；政事兴废，拘于纪年。赋敛竭生民之财，戍役困军伍之力，多作无益，侈靡成风。利源榷权已尽，而谋利者尚肆诛求；诸军衣粮不时，而冗食者坐享富贵。灾异谪见而朕不悟，众庶怨怼而朕不知，追惟己愆，悔之何及！"①也正是这种"缙绅贤能，陷于党籍"的朋党政治摧残了士人的参政与创作主体，"言路壅蔽，导谀日闻"消解了士人"救时行道"的自觉精神，导致大批士人奔竞于旷日持久的贡谀闹剧，制作了汗牛充栋的谄诗谀文，使宋初以来的文学首次大面积地沦落成了朋党政治的"侍妾"。

三、"转喉都是讳"与内倾化趋向

徽宗朝的文坛在长时间演奏贡谀闹剧的同时，又呈现了专注于抒写自我内心修为的内倾化创作趋向。应该说，这两者都是朋党政治的产物。

政和元年（1111），谢逸在描绘当时士风时指出："廉耻道丧，忠义气塞，乘时射利，变节从俗者，滔滔皆是；乞食墦间、舐痔得

---

① 黄以周等辑注：《续资治通鉴长编拾补》卷五一"宣和七年十二月己未"条，第1568页。

车者，面有德色。故逸邪如山，贪墨成市，而莫之救药。正人端士，无辜吁天，而无以明白。"①所谓"逸邪如山，贪墨成市"，就是指在党禁下盛行的告讦之风。徽宗-蔡京集团为了抑止异论，实施"文禁""语禁"，孕育了一批专从他人的文字或话语中寻找"罪证"，旋即告发的告讦者。因此，文字狱不断，士人因言语"不当"而得罪的事件也屡有发生。于是，在士人群中长期造成了"但觉转喉都是讳"②的紧张心理，不少人时刻保持"转喉莫犯贵人颜"③的警觉状态，从而使体现士人"救时行道"精神的"开口揽时事，议论争煌煌"或"言必中当世之过"的创作主张全面消失，荡然无存。

据载，崇宁二年（1103），吕希哲贬官废居宿州。汪革时为宿州教授，饶节、黎确也寓宿州，共拜吕希哲门下，"论文会课，时时作诗"；在诗中，他们继承了欧阳修、苏轼以来"言必中当世之过"的创作主张，"诋及时事"，批评时政。吕希哲则"深不以为然"，旋作《麦熟》《缲丝》等诗以讽，汪、饶、黎等人"得诗惭惧，遽诣公谢，且皆和公诗，如公之意，自此不复有前作"。④"时谓其师弟之间，雍容感发，有儒者气象。"⑤其实，"雍容感发，有儒者气象"者，也是当时文学创作普遍具有的主体特征；同时，吕希哲反对门下士创作"诋及时事"的诗歌，固然体现了雍容平和的审美理想，但首先为"但觉转喉都是讳"的紧张心理所使然；扩而

---

① 谢逸：《祭汪伯更教授文》，《全宋文》卷二八七八，第133册，第280页。
② 唐庚：《次勾景山见寄韵》，《唐庚诗集校注》卷二，第128页。
③ 张扩：《次韵子温偶书》，《全宋诗》卷一三九八，第24册，第16088页。
④ 吕本中：《童蒙训》卷下，《吕本中全集》，第1000页。
⑤ 黄宗羲撰，全祖望补修：《宋元学案》卷二三《荥阳学案》，第912页。

言之，徽宗时期创作主体所具有的"雍容感发"的"儒者气象"，并非完全出于文学自身的需求，而是根植于党禁环境下"转喉莫犯贵人颜"的避祸全身的现实动机。

不过，这种情形并非始于崇宁年间。绍圣四年（1097），黄庭坚在给他外甥洪驹父的一封信中就指出："老夫绍圣以前，不知作文章斧斤，取旧所作读之，皆可笑。绍圣以后，始知作文章，但已老病，惰懒不能下笔也。外甥勉之，为我雪耻。《骂犬文》虽雄奇，然不作可也。东坡文章妙天下，其短处在好骂，慎勿袭其轨也。"否定了自己绍圣以前的旧作，也否定了苏轼在"言必中当世之过"的主张下形成的"好骂"作风。那么究竟如何作诗呢？次年即元符元年（1098），黄庭坚提出："诗者，人之情性也，非强谏争于廷，怨忿诟于道，怒邻骂坐之为也。其人忠信笃敬，抱道而居，与时乖逢，遇物悲喜，同床而不察，并世而不闻，情之所不能堪，因发于呻吟调笑之声，胸次释然，而闻者亦有所劝勉，比律吕而可歌，列干羽而可舞，是诗之美也。其发为讪谤侵陵，引颈以承戈，披襟而受矢，以快一朝之忿者，人皆以为诗之祸，是失诗之旨，非诗之过也。"[①]此论源于《毛诗序》的"吟咏情性"，却屏蔽了该序同时所张扬的"以风其上"的社会政治功能。黄庭坚这一创作主体论与诗美理想的形成，取决于他对"诗之旨"或"诗之美"本身的深刻体认，但与朋党政治干涉文学创作的恶劣环境不无关系。事实上，黄庭坚目睹了太多的诗祸与各种各样的文字狱，绍圣二年（1095），

---

① 上引两文分别见《答洪驹父书》其二（《黄庭坚全集》正集卷一八，第2册，第474页）、《书王知载朐山杂咏后》（《黄庭坚全集》正集卷二五，第2册，第666页），据郑永晓《黄庭坚年谱新编》（第290、301页），两文的作年分别为绍圣四年（1097）与元符元年（1098）。

他被贬黔州，就是因为"神宗实录案"。崇宁以后，朋党之争进入了恶性发展的阶段，"文禁""语禁"日严，士人动辄以"言语""文字"得罪，忧谗畏讥的心理日趋突出，始于黄庭坚的这一创作主张得到了全面张扬，"雍容感发"的"儒者气象"成了作者在创作中刻意追求的主体素养。

徽宗时期，士人有意屏蔽儒家诗学中"以风其上"或"恶则刺"的主张，特地彰显其"吟咏情性"或"雍容感发"的"儒者气象"，既是创作主体在党禁中招致摧残后的一种无奈选择，也是儒家诗学在朋党政治中招致破坏后的一种重建。这种重建虽于崇宁以前业已开始，但崇宁以后士人所"感发"的，较诸熙宁至元祐时期的文学高峰，明显缺少了丰富性与多样性的特征。这一时期的创作主体从原来的"救时行道"全面转向了自我内省，在外事无可作为，尤其是"谗邪如山，贪墨成市"面前，以克服内心的孤愤与悲楚为务，营造一种安贫乐道的人生境界，从中获取内心的一份解脱与平静。谢逸《感白发赋》云：

> 曷以宣吾心之湮郁兮，将转喉而触讳。聊寄怀于翰墨兮，兹亦不试而故艺。字漫灭而无谁语兮，不若缄縢于篋笥。抱耿耿之壮怀兮，无蒯缑而疾视。嗟秋菊之未扫兮，俄春兰之可刈；悲床下之蟋蟀兮，又鸣蜩之嘒嘒。何羲和之不我留，驰日车而迅逝。吾固知浮沉于闾里兮，只伈伈而卒岁。非不欲洁己而澡行兮，奈托身乎鲍肆。日三沐而三薰兮，常恐同于臭味。人生一世之间兮，孰不求于适意？居悒悒而不聊兮，徒孤笑而永忾。君之闱深且远兮，曷不上书而陈事？公侯之门高而峨峨兮，亦有长裾之可曳。胡不驾言而远游兮，四海岂乏乎兄

弟？沧浪之水清兮，可以漱濯乎污人之腻。望鸿鹄之高举兮，凌赤霄之逸翅。聊以快平生之孤愤兮，虽星星而不愧。薪有所遇兮，又以谢童子之戏。

该赋小序云："谢子寓居于陈氏之馆，晞发于庭，童子见而笑曰：'先生老矣，发有白者。'取而视之，信如其言。深惧湮灭无闻而道不行于世也，乃自赋以自激。"①所谓"道不行于世"，就是对"救时行道"的主体精神全面消解而发出的失望之叹，赋作正文则具体抒发了身处"将转喉而触讳"的无道之世的内心活动，其中最为突出的是"抱耿耿之壮怀"而"浮沉于闾里"的怅触与孤愤，以及对"公侯之门高而峨峨兮，亦有长裾之可曳"的蔑视与唾弃。最后化用《孟子·离娄》所载孺子之歌"沧浪之水清兮，可以濯吾缨；沧浪之水浊兮，可以濯吾足"，表达在"无道则隐"中"洁己而澡行"之志。惠洪说，谢逸曾为"朱世英以德行荐于朝，当入学，意不欲行，不得已诣之，信宿而还。所居一堂，生涯如庞蕴"②。吕本中也指出：谢逸与其弟薖"修身厉行，在崇宁、大观间，不为世俗毫发污染，固后进之师也"③。《感白发赋》则昭示了他们拒绝入仕，在隐逸中"修身厉行"的心理本源。这一心理本源在士人群中具有普遍性。谢逸《闻徐师川自京师归豫章》云：

> 九衢尘里无停辀，君居陋巷不出游。满城恶少弋凫雁，对面故人风马牛。别后梦寒灯火夜，归来眼冷江湖秋。冯骥老大

---

① 谢逸：《感白发赋》，《全宋文》卷二八七五，第133册，第221—222页。
② 惠洪：《冷斋夜话》卷七，第59页。
③ 吕本中：《谢幼槃文集跋》，《全宋文》卷三七九七，第174册，第82页。

食不饱,起视八荒提蒯缑。①

此诗为徐俯传神,也是为作者自己,以及"江西"诗人群的集体写照。徐俯与洪驹父、洪朋、洪刍乃黄庭坚外甥,他们与谢逸兄弟、李彭、李錞、汪革、饶节、黎确、晁冲之、江端本、杨符、林敏修、祖可、夏倪、韩驹、林敏功、潘大观、善权、高荷、吕本中等均属"江西诗派"。身处难以作为的"道丧"之世,他们中除了个别诗人如韩驹不堪寂寞,加入贡谀闹剧外,余皆"修身厉行",安贫乐道,将诗文创作变成了自我内心世界的一种外化形态。喻汝砺在总结晁冲之为人与为诗的相互联系时便指出:

> 叔用(晁冲之)既以油然栖志于林涧旷远之中,遇事写物,形于兴属。味其风规,渊雅疏亮,未尝为凄怨危愤、激烈愁苦之音。予于是有以见叔用于晦明消长、用舍得失之际,未尝不安而乐之者也。②

刘克庄也说:

> 余读叔用诗,见其意度沉阔,气力宽余,一洗诗人穷饿酸辛之态。其律诗云:"不拟伊优陪殿下,相随于苪过楼前。"乱离后追叙承平事,未有悲哀警策于此句者。③

---

① 谢逸:《闻徐师川自京师归豫章》,《全宋诗》卷一三〇六,第22册,第14846页。
② 喻汝砺:《晁具茨先生诗集序》,《全宋文》卷三八八九,第178册,第5—6页。
③ 刘克庄:《江西诗派总序》"晁叔用"条,《刘克庄集笺校》卷九五,第4028页。

上引评论指出了晁冲之诗"渊雅疏亮",有雍容平和之美,"未尝为凄怨危愤、激烈愁苦之音",亦不曾有"穷饿酸辛之态";之所以如此,是因为他在"修身厉行"中一直保持"未尝不安而乐之者"的心境。反过来说,这种安贫乐道的心境就是晁冲之"雍容感发"的内涵所在。综观"江西"诗人群的创作,尽管其风格表现各自有别,但就创作主体及其"感发"的内涵特征而言,与晁冲之并无二致,即共同体现着专注于抒写自我内心修为的内倾化创作趋势。

徽宗朝的士人大致可分为两类:一是像晁冲之、谢逸那样的"无道则隐"者,一是跻身仕途,或依附权贵者。但无论哪一群体,他们的言语与创作都受到了束缚。如毛滂"上一词甚伟丽,而骤得进用"[①],却不无"每转喉,辄触人讳"[②]之叹;另一贡谀者李新也深感"言语转喉,定多触讳。当处不争之地,可蠲无妄之灾"[③]。由此可见,他们虽投身朋党政治,加盟贡谀闹剧,内心却不乏"当处不争之地"的想法;尤其当招致挫折时,更无不营造"未尝不安而乐之者"的心境与诗境。唐庚的际遇与创作便充分证明了这一点。

唐庚,字子西,眉州人,哲宗绍圣元年(1094)进士,有"小东坡"之誉。大观年间,依附时相张商英,为宗子博士。王士禛说:"予读唐庚集,尝薄其为人。……王弱生曰:'唐子西议论文章皆苏氏绪论,顾以党禁方严,而子西又附张商英以进。其著作多不及苏氏,止题《巢元修传》及之,大致讥贬。《上蔡司空书》论当世文学之士,止言尹师鲁、王深甫,其趋时也如此。然亦何救于贬

---

① 蔡絛:《铁围山丛谈》卷二,第27页。
② 毛滂:《上姜朝议论发冢狱书》,《全宋文》卷二八五六,第132册,第244页。
③ 李新:《赴庆阳司录先状》,《全宋文》卷二八八一,第133册,第332页。

谪哉!'此论亦与予言若合符节。"①但当他坐张商英党,被贬惠州后,却不失安贫乐道之志。其《寄傲斋记》云:

> 吾谪居惠州,扫一室于所居之南,号"寄傲斋"。客指而笑曰:"此非取陶渊明之语乎?子居京师时,何尝念渊明?能念渊明,当不至斥逐。今既至此,然后区区掇寄傲之语,以名其所居而见意焉。晚矣,无及也!"吾愧谢曰:子责我是矣。然岂知吾之心哉?吾官闽中时,尝考论晋宋人物,至《渊明传》,慨然有感于吾心,时年三十,便有"归欤"之兴,求田问舍,亲友皆怪之。自是以来,俯仰十年,虽未即去,然田园之乐,未尝一日不系于心,而《归去来词(辞)》未尝一日不讽于口。顷任博士,自以出处既不与隆替对,而迂愚拙直,又不能从英俊游。数恳丞相,求西南一官以归,盖将老焉。会奇祸作,以故不果。嗟乎!吾志不就,类皆如此。今虽云云,谁复信者?信与不信,此复何有?顾惟鬼神知吾此心尔!虽然,吾今适四十尔,天死吾于此乎,复何言哉?设不吾死,得脱谪籍以归,则吾将以三十年之身,穷渊明之乐。圃,吾名之以"日涉"之园;门,吾名之以"常关"之扉;林,吾名之以"欣欣"之林;谷,吾名之以"涓涓"之谷;壑,吾名之以"窈窕"之壑;丘,吾名之以"崎岖"之丘。岂特取"寄傲"

---

① 王士祯:《居易录》卷二〇,第22a页。

之语名一室而已哉?①

第一段以主客问答的形式,传达了自己本"当处不争之地"却事与愿违,而今幡然大悟却又"晚矣,无及也"的悔恨心理;第二段在心仪陶渊明中,矢志于林园丘壑之间,"洁己而澡行"。唐庚被贬以后的诗文创作,就体现了这一主体内涵,故其风格也能"一洗诗人穷饿酸辛之态":

> 屏迹舍人巷,灌园居士桥。花开不旋踵,草薙复齐腰。蛤吠明朝雨,鸡鸣暗夜潮。未能全独乐,邻里互招邀。②

唐庚在惠州作有《杂诗》二十首,这是第一首,描写岭南风土,清新自然,而"独乐"心境溢于言表。刘克庄说:"'砚田无恶岁,酒国有长春。草木疑灵药,渔樵或异人。''花开不旋踵,草薙复齐腰。''围(团)扇侵时令,方书遣昼长。''问学兼儒释,交游半士农。''国计中宵切,家书隔岁通。''关河先垄远,天地小臣孤。''山静似太古,日长如小年。'皆唐子西惠州诗也,曲尽南州景物,略无迁谪悲酸之态。"③在这些曲尽岭南景物的诗作中,洋溢着一派"雍容感发"的"儒者气象"。

---

① 唐庚:《寄傲斋记》,《全宋文》卷三〇一一,第140册,第17—18页。按:"穷渊明"至"崎岖之丘"一部分,《全宋文》标点为:"穷渊明之乐圃。吾名之以日涉之园门,吾名之以常关之扉林,吾名之以欣欣之林谷,吾名之以涓涓之谷壑,吾名之以窈窕之壑丘,吾名之以崎岖之丘。"
② 唐庚:《杂诗》其一,《唐庚诗集校注》卷三,第153页。
③ 刘克庄:《后村诗话》卷二,《刘克庄集笺校》卷一七四,第6728页。

如果说谢逸、晁冲之是徽宗一朝"无道则隐"的代表,那么唐庚的心态变化则集中反映了"崇宁党禁"时期曳尾仕途者痛苦挣扎的心路历程。但"无道则隐"者也好,曳尾仕途者也罢,都不幸际遇严酷的党禁,共处"道丧"之世;前者固然一开始就依赖"修身厉行"的道德力量,洁身自好,后者在经历了痛苦挣扎的心路历程后,也遂将注意力转向了内在的心性修为,使该时期文学创作主体全面呈现出个体化、内省化的特征,专注于抒写自我安贫乐道的内在心境,内倾化的创作日渐明显,终成"崇宁党禁"下具有时代特征的又一文学创作趋向,从而不断改变了北宋诗文革新运动以来文学精神的发展走向。

当然,这种改变并没有促使文学成就的提升,就创作主体缺失"救时行道"的精神而言,又是一种沉沦。不过,"崇宁"作家的内倾化及其关注个体命运的诗文创作,毕竟代表了宋代文学发展的新趋势,也为南渡以后的文学创作揭开了序幕。在南宋,文学主体虽不乏欧阳修、苏轼时代"救时行道"的精神,抨击和议,渴望抗金复国也一度成为南宋文学的主题之一,但一方面宋金对峙,南宋始终处于半壁江山;另一方面朋党之争依然是南宋政治运作的主要表现形态,尤其是绍兴和议期间的"绍兴党禁",以及"庆元党禁",其严酷程度并不亚于"崇宁党禁"。士人依然不断面对外事无可作为,甚至招致迫害与摧残的现实。因此,他们延伸并进一步发展了"崇宁党禁"时期内省化的主体特征与内倾化的创作。从这个意义上说,上述创作趋向,在宋代文学史上不乏承接与转折意义,对此当引起应有的重视。

(原载《文学遗产》2008年第2期)

本书主要引用书目

一、古籍

B

《包拯集校注》（宋）包拯　杨国宜校注　黄山书社1999年校点本

《碧鸡漫志》（宋）王灼　唐圭璋编《词话丛编》本　中华书局1986年版

《泊宅编》（宋）方勺　中华书局1983年校点本

C

《蔡宽夫诗话》（宋）蔡居厚　郭绍虞辑《宋诗话辑佚》本　中华书局1980年版

《沧浪诗话校释》（宋）严羽　郭绍虞校释　人民文学出版社1983年版

《陈亮集》（宋）陈亮　中华书局1987年校点本

《徂徕石先生文集》（宋）石介　中华书局1984年校点本

D

《大鹤山人词话》（清）郑文焯　孙克强、杨传庆辑校　南开大学出版社2009年版

《东都事略》（宋）王称　影印文渊阁四库全书本

《东坡乌台诗案》（宋）朋九万　中华书局1985年丛书集成初编本

《东轩笔录》（宋）魏泰　中华书局1997年校点本

E

《二程集》（宋）程颢、程颐　中华书局1981年校点本

F

《范仲淹全集》（宋）范仲淹　中华书局2020年校点本

《风月堂诗话》（宋）朱弁　中华书局1988年校点本

G

《高丽史》（朝鲜）郑麟趾　西南师范大学出版社、人民出版社2014年校点本

《古今词话》（清）沈雄　唐圭璋编《词话丛编》本　中华书局1986年版

《古今源流至论》（宋）林駉　影印文渊阁四库全书本

《归田诗话》（明）瞿佑　丁福保辑《历代诗话续编》本　中华书局2006年版

《贵耳集》（宋）张端义　《全宋笔记》本　大象出版社2019

年版

H

《汉书》（东汉）班固　（唐）颜师古注　中华书局1995年校点本

《鹤林玉露》（宋）罗大经　中华书局1983年校点本

《侯鲭录》（宋）赵令畤　中华书局2002年校点本

《后村诗话》（宋）刘克庄　中华书局1983年校点本

《后汉书》（刘宋）范晔　中华书局1987年校点本

《后山诗话》（宋）陈师道　（清）何文焕辑　《历代诗话》本　中华书局2004年版

《后山诗注补笺》（宋）陈师道　任渊注　冒广生补笺　中华书局1995年校点本

《花草拾蒙》（清）王士禛　唐圭璋编《词话丛编》本　中华书局1986年版

《淮海集笺注》（宋）秦观　徐培均笺注　上海古籍出版社2000年版

《淮海居士长短句笺注》（宋）秦观　徐培均笺注　上海古籍出版社2008年版

《黄㵎集》（宋）黄㵎　浙江古籍出版社2013年校点本

《皇宋通鉴长编纪事本末》（宋）杨仲良　黑龙江人民出版社2006年校点本

《黄庭坚全集》（宋）黄庭坚　刘琳等点校　四川大学出版社2001年版

《黄庭坚诗集注》（宋）黄庭坚　任渊、史容、史季温注　中华

书局2003年校点本

《挥麈第三录》（宋）王明清　《全宋笔记》本　大象出版社2019年版

《挥麈后录》（宋）王明清　《全宋笔记》本　大象出版社2019年版

《挥麈录余话》（宋）王明清　《全宋笔记》本　大象出版社2019年版

J

《甲申杂记》（宋）王巩　《全宋笔记》本　大象出版社2019年版

《鸡肋编》（宋）庄绰　中华书局1997年校点本

《建炎以来朝野杂记》（宋）李心传　中华书局2000年校点本

《建炎以来系年要录》（宋）李心传　中华书局1988年排印本

《江西诗征》（清）曾燠　清嘉庆九年（1804）赏雨茅屋刻本

《姜斋诗话》（清）王夫之　（清）王夫之等撰《清诗话》本　上海古籍出版社1978年版

《经进东坡文集事略》（宋）苏轼　郎晔选注　文学古籍刊行社1957年版

《经学历史》（清）皮锡瑞　周予同注释　中华书局1959年校点本

《靖康要录》（宋）汪藻　影印文渊阁四库全书本

《九朝编年备要》（宋）陈均　影印文渊阁四库全书本

《旧唐书》（五代）刘昫　中华书局1986年校点本

《旧五代史》（宋）薛居正　中华书局1987年校点本

《居易录》（清）王士禛　影印文渊阁四库全书本

《郡斋读书志校证》（宋）晁公武著　孙猛校证　上海古籍出版社1990年版

L

《老学庵笔记》（宋）陆游　中华书局1997年校点本

《冷斋夜话》（宋）惠洪　中华书局1988年校点本

《李觏集》（宋）李觏　中华书局2011年校点本

《梁溪漫志》（宋）费衮　《全宋笔记》本　大象出版社2019年版

《临汉隐居诗话》（宋）魏泰　（清）何文焕辑《历代诗话》本　中华书局2004年版

《林泉高致集》（宋）郭思　《全宋笔记》本　大象出版社2019年版

《刘克庄集笺校》（宋）刘克庄　辛更儒笺校　中华书局2011年版

《吕本中全集》（宋）吕本中　中华书局2019年校点本

《吕祖谦全集》（宋）吕祖谦　浙江古籍出版社2017年版

《论语注疏》（魏）何晏集解　（宋）邢昺疏　《十三经注疏》清嘉庆刊本　中华书局2009年影印本

M

《扪虱新话》（宋）陈善　《全宋笔记》本　大象出版社2019年版

《孟子字义疏证》（清）戴震　中华书局1982年校点本

《渑水燕谈录》（宋）王辟之　《全宋笔记》本　大象出版社2019年版

《墨庄漫录》（宋）张邦基　中华书局2002年校点本

N

《能改斋漫录》（宋）吴曾　《全宋笔记》本　大象出版社2019年版

《廿二史札记校证》（清）赵翼　王树民校证　中华书局2013年校点本

O

《欧阳修全集》（宋）欧阳修　中华书局2001年校点本

P

《萍洲可谈》（宋）朱彧　中华书局2007年校点本

Q

《齐东野语》（宋）周密　中华书局1983年校点本

《乾道四明图经》（宋）张津等　浙江省地方志编纂委员会编《宋元浙江方志集成》本　杭州出版社2009年版

《潜邱札记》（清）阎若璩　影印文渊阁四库全书本

《清波杂志校注》（宋）周煇　刘永翔校注　中华书局1994年校点本

《清史稿》赵尔巽等　中华书局1998年版

《清真集笺注》（宋）周邦彦　罗忼烈笺注　上海古籍出版社

2008年版

《曲洧旧闻》（宋）朱弁　中华书局2002年校点本

《全宋词》唐圭璋编　中华书局1986年版

《全宋诗》北京大学古文献研究所编　北京大学出版社1991年—1998年校点本

《全宋文》曾枣庄、刘琳主编　上海辞书出版社、安徽教育出版社2006年校点本

《全唐诗话》（宋）尤袤　（清）何文焕辑《历代诗话》本　中华书局2004年版

《全唐文》（清）董诰等　中华书局1983年排印本

R

《容斋随笔》（宋）洪迈　中华书局2005年校点本

S

《三朝名臣言行录》（宋）朱熹　影印文渊阁四库全书本

《山谷诗集注》（宋）黄庭坚　（宋）任渊、史容、史季温注　上海古籍出版社2003年版

《珊瑚钩诗话》（宋）张表臣　（清）何文焕辑《历代诗话》本　中华书局2004年版

《尚书正义》（汉）孔安国传　（唐）孔颖达正义　《十三经注疏》清嘉庆刊本　中华书局2009年影印本

《苕溪渔隐丛话》（宋）胡仔　人民文学出版社1984年校点本

《邵氏闻见后录》（宋）邵博　中华书局1983年校点本

《邵氏闻见录》（宋）邵伯温　中华书局1983年校点本

《渑水燕谈录》（宋）王辟之　中华书局1981年校点本

《师友谈记》（宋）李廌　中华书局2002年校点本

《诗话总龟》（宋）阮阅　周本淳校点　人民文学出版社1987年版

《诗林广记》（宋）蔡正孙　中华书局1982年校点本

《诗薮》（明）胡应麟　上海古籍出版社1979年校点本

《诗谳》（宋）周紫芝　中华书局1985年丛书集成初编本

《十驾斋养新录》（清）钱大昕　陈文和主编《嘉定钱大昕全集》江苏古籍出版社1997年版

《石林诗话》（宋）叶梦得　（清）何文焕辑《历代诗话》本　中华书局2004年版

《石门文字禅校注》（宋）惠洪　周裕锴校注　上海古籍出版社2021年版

《石遗室诗话》陈衍　辽宁教育出版社1998年校点本

《史记》（西汉）司马迁　中华书局1985年校点本

《释氏稽古略》（元）觉岸　《大正新修大藏经》本　佛陀教育基金会出版部1990年版

《世说新语校笺》（南朝宋）刘义庆撰　徐震堮著　中华书局1984年校点本

《舒懒堂诗文存》（宋）舒亶　张寿镛辑　丛书集成续编本　上海书店出版社1994年版

《司马光集》（宋）司马光　李文泽、霞绍晖校点整理　四川大学出版社2010年版

《四库全书总目》（清）永瑢等撰　中华书局1965年影印本

《四六话》（宋）王铚　余祖坤编《历代文话续编》本　凤凰出

版社2013年版

《宋百家诗存》（清）曹庭栋　影印文渊阁四库全书本

《宋稗类钞》（清）潘永因　书目文献出版社1985年校点本

《宋朝事实类苑》（宋）江少虞　上海古籍出版社1981年校点本

《宋朝诸臣奏议》（宋）赵汝愚　上海古籍出版社1999年校点本

《宋大事记讲义》（宋）吕中　影印文渊阁四库全书本

《宋会要辑稿》（清）徐松　上海古籍出版社2014年校点本

《宋论》（清）王夫之　中华书局1995年校点本

《宋诗钞》（清）吴之振等　中华书局1986年校点本

《宋史》（元）脱脱等　中华书局1985年校点本

《宋史纪事本末》（明）陈邦瞻　中华书局2015年校点本

《宋史翼》（清）陆心源　浙江古籍出版社2016年校点本

《宋文鉴》（宋）吕祖谦　中华书局1992年校点本

《宋元学案》（清）黄宗羲撰　全祖望补修　中华书局1986年校点本

《宋宰辅编年录校补》（宋）徐自明撰　王瑞来校补　中华书局1986年版

《苏诗总案》（宋）苏轼　巴蜀书社1985年影印本

《苏轼词编年校注》（宋）苏轼　邹同庆、王宗堂著　中华书局2002年版

《苏轼全集校注》（宋）苏轼　张志烈、马德富、周裕锴主编　河北人民出版社2010年版

《苏轼诗集》（宋）苏轼　（清）王文浩辑注　中华书局1982

年校点本

《苏轼文集》（宋）苏轼　中华书局1986年校点本

《苏轼文集编年笺注》（宋）苏轼　李之亮笺注　巴蜀书社2011年版

《苏舜钦集编年校注》（宋）苏舜钦　傅平骧、胡问陶校注　巴蜀书社1991年版

《苏辙集》（宋）苏辙　中华书局1990年校点本

《涑水记闻》（宋）司马光　中华书局1989年校点本

T

《太平治迹统类》（宋）彭百川　影印文渊阁四库全书本

《太玄集注》（西汉）扬雄撰　（宋）司马光集注　中华书局1998年版

《唐庚诗集校注》（宋）唐庚　唐玲校注　中华书局2016年版

《唐会要》（宋）王溥　中华书局1955版

《唐六典》（唐）李林甫等　中华书局1992年校点本

《唐律疏议》（唐）长孙无忌等　中华书局1983年校点本

《苕溪渔隐丛话》（宋）胡仔　中华书局1962年校点本

《铁围山丛谈》（宋）蔡絛　中华书局1983年校点本

《听秋声馆词话》（清）丁绍仪　唐圭璋编《词话丛编》本　中华书局1986年版

《桯史》（宋）岳珂　中华书局1981年校点本

《艇斋诗话》（宋）曾季狸　丁福保辑《历代诗话续编》本　中华书局2006年版

《童蒙诗训》（宋）吕本中　郭绍虞辑《宋诗话辑佚》本　中华

书局1980年版

W

《王安石诗笺注》（宋）王安石　李壁笺注　中华书局2021年版

《王安石文集》（宋）王安石　刘成国点校　中华书局2021年版

《王荆公年谱考略》（清）蔡上翔　（宋）詹大和等撰《王安石年谱三种》　中华书局1994年校点本

《王直方诗话》（宋）王直方　郭绍虞辑《宋诗话辑佚》本　中华书局1980年版

《闻见近录》（宋）王巩　《全宋笔记》本　大象出版社2019年版

《文献通考》（宋）马端临　中华书局2011年校点本

《文彦博集校注》（宋）文彦博　申利校注　中华书局2016年校点本

《瓮牖闲评》（宋）袁文　《全宋笔记》本　大象出版社2019年版

《武林旧事》（宋）周密　《全宋笔记》本　大象出版社2017年版

《五总志》（宋）吴坰　《全宋笔记》本　大象出版社2019年版

X

《溪上遗闻集录》（清）尹元炜辑　陈耀华主编　西泠印社出版社2005年校点本

《咸平集》（宋）田锡　罗国威校点　巴蜀书社2008年版

《湘山野录　续录　玉壶清话》（宋）文莹　中华书局1984年校点本

《新唐书》（宋）欧阳修　中华书局1986年校点本

《新五代史》（宋）欧阳修　中华书局1987年校点本

《秀水闲居录》（宋）朱胜非　《全宋笔记》本　大象出版社2019年版

《续传灯录》（宋）居顶　《大正新修大藏经》本　佛陀教育基金会出版部1990年版

《续资治通鉴》（清）毕沅　中华书局1957年校点本

《续资治通鉴长编》（宋）李焘　中华书局2004年校点本

《续资治通鉴长编拾补》（清）黄以周等辑注　中华书局2004年校点本

《宣和画谱》（宋）佚名　浙江人民美术出版社2019年校点本

Y

《盐铁论校注》（西汉）桓宽　王利器校注　中华书局1992年版

《燕翼诒谋录》（宋）王栐　中华书局1981年校点本

《杨万里集笺校》（宋）杨万里　辛更儒笺校　中华书局2007年版

《尧山堂外纪》（明）蒋一葵　中华书局2019年校点本

《艺概笺释》（清）刘熙载　袁津琥笺释　中华书局2019年版

《隐居通议》（元）刘埙　丛书集成初编本　商务印书馆1935年版

《瀛奎律髓汇评》（元）方回　李庆甲集评校点　上海古籍出版

社1986年版

《玉海》(宋) 王应麟　影印文渊阁四库全书本

《寓简》(宋) 沈作喆　《全宋笔记》本　大象出版社2019年版

《玉照新志》(宋) 王明清　《全宋笔记》本　大象出版社2019年版

《元城语录解》(宋) 马永卿编　(明) 王崇庆解　影印文渊阁四库全书本

《袁氏世范》(宋) 袁采　影印文渊阁四库全书本

《云麓漫钞》(宋) 赵彦卫　中华书局1996年校点本

《韵语阳秋》(宋) 葛立方　(清) 何文焕辑《历代诗话》本　中华书局2004年版

Z

《曾巩集》(宋) 曾巩　中华书局1984年校点本

《查慎行全集》(清) 查慎行　中华书局2017年校点本

《张耒集》(宋) 张耒　中华书局1990年校点本

《张载集》(宋) 张载　中华书局1978年校点本

《昭昧詹言》(清) 方东树　人民文学出版社1961年校点本

《直斋书录解题》(宋) 陈振孙　上海古籍出版社1987年校点本

《中山诗话》(宋) 刘攽　(清) 何文焕辑《历代诗话》本　中华书局2004年版

《忠肃集》(宋) 刘挚　中华书局2002年校点本

《周易正义》(魏) 王弼、(晋) 韩康伯注　(唐) 孔颖达正

义　《十三经注疏》清嘉庆刊本　中华书局2009年影印本

《皱水轩词筌》（清）贺裳　唐圭璋编《词话丛编》本　中华书局1986年版

《朱子语类》（宋）黎靖德编　中华书局1986年校点本

《麈史》（宋）王得臣　《全宋笔记》本　大象出版社2019年版

《庄子集释》（清）郭庆藩　中华书局1985年校点本

《资治通鉴》（宋）司马光　中华书局1956年校点本

《紫微诗话》（宋）吕本中　（清）何文焕辑《历代诗话》本　中华书局2004年版

《遵尧录》（宋）罗从彦　《全宋笔记》本　大象出版社2019年版

二、论著、学报、期刊

《北宋的文学结盟与尚"统"的社会思潮》王水照　《王水照自选集》　上海教育出版社2000年版

《北宋台谏制度之转变》梁天锡　《宋史研究集》第九辑　（台湾）1978年版

《北宋文化史述论》陈植锷　中国社会科学出版社1992年版

《国际宋代文化研讨会论文集》孙钦善等主编　北京大学古文献研究所、四川大学古籍整理研究所编　四川大学出版社1991年版

《国史大纲》钱穆　商务印书馆1994年版

《黄庭坚和江西诗派资料汇编》傅璇琮编　中华书局1978年版

《黄庭坚年谱新编》郑永晓　社会科学文献出版社1997年版

《简明宋史》周宝珠、陈振主编　人民出版社1985年版

《〈江西诗社宗派图〉写作年代献疑》孙鲲　《九江师专学报》1991年第4期

《金明馆丛稿二编》陈寅恪　上海古籍出版社1980年版

《两宋财政史》汪圣铎　中华书局1995年版

《吕本中〈江西诗社宗派图〉考辨》莫砺锋　《文史》第26辑　中华书局1986年版

《略谈宋学——附说当前国内宋史研究情况》邓广铭　《宋史研究论文集　一九八四年年会编刊》邓广铭、徐规等主编　浙江人民出版社1987年版

《马克思恩格斯全集》[德国]卡尔·马克思、[德国]弗里德里希·恩格斯　人民出版社1979年版

《十九世纪文学主流》[丹麦]勃兰兑斯　张道真译　人民文学出版社1980年版

《试论北宋科举制度的特点及其历史作用》何忠礼　《宋史研究论文集　一九八二年年会编刊》邓广铭、郦家驹等主编　河南人民出版社1984年版

《试论北宋仁、英两朝的台谏》罗家祥　《西南师范大学学报》1989年第1期

《宋初朋党与太平兴国三年进士》何冠环　中华书局1994年版

《宋代文学通论》王水照主编　河南大学出版社1997年版

《〈宋神宗实录〉朱墨本辑佚简论》胡昭曦　《四川大学学报（哲学社会科学版）》1979年第1期

《宋诗话考》郭绍虞　中华书局1979年版

《宋史选举志补正》（修订本）何忠礼　中华书局2013年版

《苏东坡传》林语堂　张振玉译　湖南文艺出版社2018年版

《苏诗汇评》曾枣庄主编　四川文艺出版社2000年版

《苏诗评点资料汇编》樊庆彦　山东人民出版社2019年版

《苏轼的人生思考和文化性格》王水照　《文学遗产》1989年第5期

《苏轼选集》王水照选注　上海古籍出版社2014年版

《太炎文录初编》章炳麟　上海人民出版社2014年校点本

《谈谈有关宋史研究的几个问题》邓广铭　《社会科学战线》1986年第2期

《唐代政治史述论稿》陈寅恪　上海古籍出版社1982年版

《唐宋词通论》吴熊和　浙江古籍出版社1985年版

《王安石变法简论》王曾瑜　《中国社会科学》1980年第3期

《王安石传》梁启超　海南出版社1993年版

《王国维遗书》王国维　上海书店出版社1983年版

《王禹偁事迹著作编年》徐规　中国社会科学出版社1982年版

《文化卮言》金克木　上海文艺出版社1996年版

《伊川先生年谱》（清）池生春、诸星杓　于浩辑《宋明理学家年谱》　北京图书馆出版社2005年版

《中国历代户口、田地、田赋统计》梁方仲　上海人民出版社1980年版

《中国文化史》柳诒徵　中国大百科全书出版社1988年版

《中华二千年史》邓之诚　中华书局1983年排印本

（初版）后记

本书原题为《北宋党争与文学》。在当初拟订写作计划时，兴趣极浓，准备考察的内容也相当广泛，既有对文学创作在党争中演变轨迹的勾勒，又有对北宋政治、经济、文化等方面的具体考察。然而，由于涉及的领域太多，论述的难度也大，自己又缺乏驾驭这诸多领域的才力，在具体的操作中，深感力不从心，故几度辍笔，欲另立选题。幸赖业师吴熊和先生的悉心指导和不断鼓励，调整了部分写作计划和论述角度，终于草就了这个原本不适合于我做的课题。因此，摆在读者面前的这本《北宋文人与党争》，不足之处，也就毋庸赘言了。

北宋党争，特别是王安石变法引起的新旧党争，是宋史研究的热点之一，这方面的成果也十分丰硕。如何在现有成果的基础上，开拓视野，有所创新，是我在主观上所刻意追求的。在广泛披览了有关文献资料后，我首先获得了关于北宋党争的整体印象，它不完全属于单一的由不同政见引发的政坛之争，同时与学术、文学等文化层面有着明显的互动关系，进而确认了形成这一互动关系的重要根源，在于北宋文人融参政、文学、学术或官僚、作家、学者三位于一体的主体性质和社会角色。在这个前提下，本着论从史出的原则和文史互证的方法，将主要笔墨用在北宋文士既志在当世而又党同伐异的矛盾特征，在这一特征的作用下出现的文字狱和文禁、文士群体的分化组合和政治命运、由此造成文学创作的价值取向和主题取向的变易等方面的考察和论辩上。因此，本书不是对限于政治范畴的北宋党争做专题研究，也不是专门介绍当时的学术思想或文学创作，而是考察党争与学术、文学在相互渗透、交互影响中的正面促进和负面效应。这也许能更全面、更深层次地把握北宋党争的特质和文学演进的轨迹，也许能使我们今天在民主化的进程和传统文化现代化的重建中，得到应有的启示。当然，这是我的主观愿望，实际效果如何，只有靠读者来审判。

苏州大学严迪昌教授在审阅本书的意见中说："党争与文学，是中国文学史以至文化史、心灵史上一大论题，梳理和阐述二者之间繁复的深层关系，揭示特定历史时期的文化原生状态，乃全面、准确地把握文学史演变心脉所必不能少的具有重要意义的一项研究。"他勉励我在目前的研究基础上，拓展范围，对中国历代党争与文学、文化之间的关系做全面的考察。吴熊和师也再三要求我做好这个题目。我将不辜负前辈的殷切期望，力争在今后的三四年时间内，完成这项工作。

除严迪昌教授外，还有复旦大学王水照教授、苏州大学杨海明教授、南京师范大学郁贤皓教授、华东师范大学马兴荣教授、湖北大学王兆鹏教授、浙江古籍出版社吴战垒编审、浙江省社会科学院陈铭研究员分别提供了许多宝贵的修改意见，使拙稿在出版时，尽量消除了一些错误。此后，我的乡贤何俊教授又将拙稿敬奉给本校历史系徐规教授。徐先生是宋史研究的专家，我早已耳濡其名，但

（初版）后记

本书原题为《北宋党争与文学》。在当初拟订写作计划时，兴趣极浓，准备考察的内容也相当广泛，既有对文学创作在党争中演变轨迹的勾勒，又有对北宋政治、经济、文化等方面的具体考察。然而，由于涉及的领域太多，论述的难度也大，自己又缺乏驾驭这诸多领域的才力，在具体的操作中，深感力不从心，故几度辍笔，欲另立选题。幸赖业师吴熊和先生的悉心指导和不断鼓励，调整了部分写作计划和论述角度，终于草就了这个原本不适合于我做的课题。因此，摆在读者面前的这本《北宋文人与党争》，不足之处，也就毋庸赘言了。

北宋党争，特别是王安石变法引起的新旧党争，是宋史研究的热点之一，这方面的成果也十分丰硕。如何在现有成果的基础上，开拓视野，有所创新，是我在主观上所刻意追求的。在广泛披览了有关文献资料后，我首先获得了关于北宋党争的整体印象，它不完全属于单一的由不同政见引发的政坛之争，同时与学术、文学等文化层面有着明显的互动关系，进而确认了形成这一互动关系的重要根源，在于北宋文人融参政、文学、学术或官僚、作家、学者三位于一体的主体性质和社会角色。在这个前提下，本着论从史出的原则和文史互证的方法，将主要笔墨用在北宋文士既志在当世而又党同伐异的矛盾特征，在这一特征的作用下出现的文字狱和文禁、文士群体的分化组合和政治命运、由此造成文学创作的价值取向和主题取向的变易等方面的考察和论辩上。因此，本书不是对限于政治范畴的北宋党争做专题研究，也不是专门介绍当时的学术思想或文学创作，而是考察党争与学术、文学在相互渗透、交互影响中的正面促进和负面效应。这也许能更全面、更深层次地把握北宋党争的特质和文学演进的轨迹，也许能使我们今天在民主化的进程和传统文化现代化的重建中，得到应有的启示。当然，这是我的主观愿望，实际效果如何，只有靠读者来审判。

苏州大学严迪昌教授在审阅本书的意见中说："党争与文学，是中国文学史以至文化史、心灵史上一大论题，梳理和阐述二者之间繁复的深层关系，揭示特定历史时期的文化原生状态，乃全面、准确地把握文学史演变心脉所必不能少的具有重要意义的一项研究。"他勉励我在目前的研究基础上，拓展范围，对中国历代党争与文学、文化之间的关系做全面的考察。吴熊和师也再三要求我做好这个题目。我将不辜负前辈的殷切期望，力争在今后的三四年时间内，完成这项工作。

除严迪昌教授外，还有复旦大学王水照教授、苏州大学杨海明教授、南京师范大学郁贤皓教授、华东师范大学马兴荣教授、湖北大学王兆鹏教授、浙江古籍出版社吴战垒编审、浙江省社会科学院陈铭研究员分别提供了许多宝贵的修改意见，使拙稿在出版时，尽量消除了一些错误。此后，我的乡贤何俊教授又将拙稿敬奉给本校历史系徐规教授。徐先生是宋史研究的专家，我早已耳濡其名，但无缘亲聆其教诲，也素无往来。而徐老却以80岁的高龄，冒着酷暑，逐字逐句地审阅了拙稿，间亦核对稿中引文，予以订正，并将拙稿推荐给人民出版社，又欣然命笔，为本书作序。这种奖掖后学的拳拳之心，我是难以忘怀的。本系陆坚教授、系主任肖瑞峰教授一直关心我的写作，浙江省教委、本校董氏基金会为本课题提供资助，人民出版社张秀平先生和该社的有关领导为本书的出版提供方便，在此一并表示谢忱！

1998年金秋记于浙江大学西溪校区中文系

（初版）重印后记

  北宋党争虽然属于政治范畴，但它所涉及的层面，却是相当广泛的，并深深影响了当时的政治运作以及文人与文化的命运。本书的目的，就是通过对北宋党争多层面的考察来揭示这种影响。自1998年出版以来，颇为学界关注，因此结识了不少前辈时贤，深得切磋之乐。这是我在写作时未尝意料的。

  北宋党争是宋史研究中的一个热点，取得了丰硕的成果。为了尽量避免重复与费辞，书中只写了个人探索的大致结论，至于像在党争中出现的人才盛衰的现象、"崇宁党争"的具体态势、在此期间文学创作的具体表现等问题，未及充分展开。现在读来，每有意犹未尽与不够畅达之感。这些不足，只能留待将来修订时再予弥补了。

  多年来，得到了人民出版社的支持，尤其是张秀平编审的鼓励；在这次重印此书的同时，又决定出版本人的新著《南宋文人与党争》，谨于此志谢！

2004年12月于浙江大学

宋代文人与党争

[修订本]

南宋篇

沈松勤 著

浙江文艺出版社
Zhejiang Literature & Art Publishing House

引　论 / 1

上编：南宋党争的背景与历程

第一章：从"靖康之乱"到"绍兴更化"
- 3　　第一节　"靖康之乱"的政局
- 17　　第二节　避让与亡命
- 30　　第三节　"最爱元祐"与"绍兴更化"

第二章：从"赵张之争"到"绍兴和议"
- 45　　第一节　"绍兴更化"与"赵张之争"
- 56　　第二节　"绍兴和议"与"赵秦之争"
- 69　　第三节　"绍兴和议"与"绍兴党禁"

第三章：从"隆兴和议"到"庆元党禁"
- 82　　第一节　"隆兴和议"的形成
- 100　　第二节　近幸势力与道学之争
- 117　　第三节　道学的崛起与"庆元党禁"

第四章：从"开禧北伐"到"端平更化"
- 148　　第一节　"开禧北伐"与"嘉定更化"
- 167　　第二节　"端平更化"以后的朋党政治

中编：南宋党争的动力与文化性格

第五章：国是之争
189　第一节　"国是"说的形成与内涵特征
203　第二节　国是之争与专制文化性格
227　第三节　余论："国是"下的皇权与相权之关系

第六章：学术之争
235　第一节　学术的经世特征
255　第二节　学术之争与排他性学术文化性格
309　第三节　余论：学术之争与"非历史化"思维方式

第七章：用人之争
314　第一节　君子小人之辨与用人之争
335　第二节　用人之争与党同伐异的政治文化性格
365　第三节　余论：党同伐异与《宋史》之失

下编：南宋党争与文学命运

第八章：文学群体的重组与文学命运的再造
376　第一节　引　子
382　第二节　"最爱元祐"与"江西诗派"的全盛
397　第三节　"崇苏热"与"苏轼词派"的兴起
428　第四节　以"吾党"行"吾道"："道学文派"的崛起

第九章：高压政治与谄谀之风：文学命运的走向之一

470　　第一节　高压政治的表现形态之一：专制文化政策与文字狱
495　　第二节　高压政治的表现形态之二：谄谀之风与谄诗谀文
527　　第三节　谄谀之风的历史与心理本源

第十章：畏祸心理与以理遣情：文学命运的走向之二

544　　第一节　党争中的文人命运与心态
571　　第二节　"朋党之恶"与"和陶拟陶"
599　　第三节　结束语

附录：南宋党争与"元祐学术""元祐叙事"

608　　一、"元祐学术"的形成与内涵
622　　二、"元祐叙事"的模式与价值取向
637　　三、由"元祐叙事"引起的几点思考

本书主要引用书目

648　　一、古籍
662　　二、论著论文

后　记 / 660

合刊后记 / 669

引　论

　　作为北宋文人的延续，南宋文人也是以参政主体为主要角色的，多数还具有了参政主体、文学主体、学术主体三合一的复合型主体特征；作为南宋政治的主要表现形态，朋党之争也不仅仅停留在单一的政治层面上，而是与文学、学术等文化层面互为驱动的。这种驱动对于文学或学术等文化层面的生成与发展来说，都可视之为一种生态环境。

　　就文学层面而言，南宋党争就是文学生态中最直接、最活跃的因素。党争犹如决定植物生态的土壤与气候，是文学生态的首要环境因子；在党争影响下的士人命运及创作心态的演变与价值维度的取舍，则如在特定土壤与气候作用下植物种群的发育与生息，是文学生态的内在因子。文学生态关涉文学的生成与繁荣、演变与衰落，它是由特定历史时空中多层面的文化活动合力营造而成的。作为环境因子的朋党之争与作为内在因子的创作主体的相互驱动，即为南宋文学生态形成的关键。它所呈现的结构性的生态互动、由互动带来的内在性的精神变化，为考察宋代文学的原生状态和把握宋代文学史程时所不容回避。

不过,"生态"是自然科学中的一个术语,文学生态的本质与自然界的生态并非一致。作为文化的一个层面,文学是"人学",文学创作是建立在作家的精神生活、生命意识之上的。所以文学生态虽然同其他生物个体、种群与其环境的关系存在着可资类比的地方,但更为本质的是精神文化领域中诸多层面的交叉与渗透、排斥与兼容。以党争为首要环境因子的南宋文学生态便是如此。当然,南宋党争与文学创作属于层面不同、规律有异的两个精神文化领域,它们之间的交叉与渗透、排斥与兼容,是需要一个中介体从中起作用的;其中介体就是文人士大夫复合型的知识结构与主体性质,也正是这个中介体赋予了文学生态所特有的结构性互动。

这个中介体在赋予文学生态所特有的结构性互动的过程中,首先是通过政治这个渠道的。因此,在我们的研究对象"南宋文人与党争"中,将会涉及一个无法回避的古老而又十分陈旧的话题,那就是作家与政治、政治与文学的关系。也许因为这话题的古老与陈旧,我们的思维对它似乎变得迟钝了;尤其是上世纪七十年代以前,由于政治长期被简单地理解为阶级斗争而被引用到文学创作与解读中,使人们对这对关系的讨论产生了相当程度的厌倦。厌倦后出现的一个常见现象,就是不少文学艺术家坚信自己的创作与政治无关,也有不少批评者倾心于文学艺术是满足人们审美需要的、超越一切功利目的的特性之中,而不愿谈论作家与政治、政治与文学之间的关系。于是,无论在古代文学的研究抑或对当代文学的解读中,作为创作主体的生命情结意义上的政治被淡漠了,甚至被忽略了。

其实,无论是古代还是当代,无论是中国还是外国,在总体上,完全不涉及政治的文学或完全不理会文学的政治都是不可想象的。不论亚里士多德所说的"人是政治动物"之命题的本来意思是什么,就每一个创作主体来说,他对政治理想的追求,对社会群体的关注,对现实政治的终极关怀,以及由此生成的政治行为,无法避免地积淀在他的生命情结之中。屈原"路漫漫其修远兮,吾将上下而求索",就表达了这一情结;范仲淹"先天下之忧而忧,后天下之乐而乐"的主要内涵,也在于此;而西方政治学家则直截了当地作了这样的判断:"政治行为和冲动是人性与其环境接触的产物","政治冲动不仅仅是对手段和目的进行考虑后所作出的理智推理,而且也是先于个人的思想和经验、尽管为思想和经验所修正的意向"。①因此,作为"人学"的文学,难以摆脱政治对它的作用;反过来说,有些文学作品的创作也会影响他的政治态度。所谓"诗可以怨""不平则鸣",说的就是这个意思。就每个民族或国家而言,掌执政权的人,总是要利用文学的形式来伸张和渲染自己的政治主张,而从事文学创作的人,也总是要利用政治机遇和氛围来观察与反映社会现实,表现自己的思想情感,这一点,古今中外似乎没有例外。而在南宋文人与党争中所显现的作家与政治、政治与文学的关系,则在这方面提供了一个典型案例。

当然,在对这个案例的解剖中,我们不会简单地停留在政治与文学关系的线性状态之上,而是将它置于以南宋文人融参政、文学、学术于一体的复合型主体为中介所赋予文学生态特有的结构性互动之中,考察其原生状态,剖析其内在理路,揭示其生成和发展的历史底蕴,总结其内在规律与特征。

---

① [英]格雷厄姆·沃拉斯:《政治中的人性》,朱曾汶译,商务印书馆1995年版,第4页(笔者按:文中所引书目的出版单位与年月,详见本书附录,注中恕不标出)。

作为参政主体，南宋文人无不具有鲜明的政治人格，而且在政治舞台上，还具有强烈的"士本位意识"，但他们所处的政治舞台充满着激烈的朋党之争。

一般认为，在南宋政治史上，朋党之争的现象并不突出，历时长久也最突出的宋金和战之争与道学反道学之争，不属于党争的范围。其实，与由王安石变法引起的"新旧党争"是北宋中后期政治的主要表现形态一样，南宋政治的主要表现形态也是朋党之争；宋金和战之争与道学反道学之争，就是以党争的形态表现出来的。而就南宋党争的历程而言，则大致经历了三个阶段。

一是建炎至绍兴，高宗在位的三十六年。这时期的文人士大夫绝大多数经历过靖康之变，饱受了剧烈的家国之痛；同时又是从北宋末年的"新旧党争"中走向南方，参与南宋政治的重建的，所以又带有无法平息的朋党意识与激烈的党争冲动。因此，这一阶段的朋党之争虽然主要围绕主战还是主和展开，但难以从北宋党争中分离出来。因为无论是主战还是主和，他们都具有以往党争的知识背景与思想意识，也都面临对靖康之变的反思；在反思中，十分自然地又燃起往日的党争情结，从而使北宋党争死灰复燃，即便是在和战之争中胜出的秦桧及其相党，在政治与学术取向上，也一反赵鼎的"党元祐"而"主王安石"。所以，可以称之为"后新旧党争"。

二是孝宗即位至宁宗开禧的近四十年。这一阶段主要表现为"道学朋党"与"反道学党"之争。"道学"一词，在后人整理的宋代学术史中，多数专指程、朱一系的学术思想，在南宋，该词的盛行却取决于党争，从很大程度上是由党争给命名的，是"反道学党"用来指斥政敌的一个专用词语。在被指斥的政敌中，既有庇护"道学"的宰执侍从，又有极富理想色彩的学术官僚。如道学的倡导者张栻、朱熹等人,在全面挖掘儒家"道统"中的"精义"后,竭力张扬"圣人"之境"天理",既"以圣人自期",又主张他人"当以圣人为准",并据以批判朝政、抨击异己。这与极度匮乏"圣人"的现实世界形成了高度紧张,而在高度紧张中出现了强烈冲突。若高宗朝的政争与学术之争虽互为驱动,但非彼此相融,那么"道学朋党"与"反道学党"之争,则使政争与学术之争表里一致、融会一体了。这一论争萌芽于乾道年间,始盛于淳熙后期,"庆元党禁"标志了"道学朋党"的终结;"开禧北伐"后韩侂胄的被诛,则宣告了"反道学党"的末日。

三是宁宗嘉定以后至度宗朝的近六十年。随着与金、蒙关系的变化,和战之争也成了这一阶段朋党之争的一个话题。但相对于以往两个阶段,这时党争中的学术之争几乎消失了,绍兴年间"党元祐"的赵鼎、胡安国以及孝宗朝"道学朋党"中的张栻、吕祖谦、朱熹等所张扬的道学,尽管无法真正落实到治国方略中,却被推上了不可动摇的正统的地位;与此同时,朋党之间虽然不时地发生正面交锋,但激烈程度似乎降低了不少,也很少见到"绍兴党禁""庆元党禁"中那种残酷的迫害。但另一方面,史弥远、史嵩之、丁大全、贾似道等权臣接二连三地出现,而且他们所实施的相党政治变得稳固多了,在稳固的相党政治下,文人士大夫的锐气却越来越少。

不过,无论哪个阶段,都表明了党争是南宋政治与文人参政的主要表现形态;同时又成了南宋文人在多层面文化活动中的一个轴心。那么,围绕这个轴心又有哪些具体表现呢?或者说,在这个轴心上,多层面文化活动又产生了哪些结构性互动?

"国是"的推行,无疑是最为显目的表现。所谓"国是",就是指"千准万确"的最高国策,也是绝不允许"异论相搅"的高度一元化的专制模式。"国是"一说,在上古便已出现,但作为政治文化运作中的一种模式,却是从熙宁年间的王安石变法开始实行的。为了排斥政敌、抑制异论,保证新法的顺利实施,神宗与王安石共同定新法为"国是";也就是说"国是"乃由新法之争引起的"新旧党争"的产物。自熙宁以后,定"国是"、持"国是",一直成了两宋文人士大夫在政治文化的运作或朋党之争中不可或缺的一个环节。因为"国是"作为最高国策而存在,绝不允许"异论相搅",所以在每个阶段的朋党之争中,党争双方都竭力争取定"国是"、持"国是"的权力。易言之,党争需要"国是","国是"激化了党争。而"国是"的推行,一方面给分朋结党与党同伐异树起了正当性与合法性的旗号,从而推进了人事上的打击与迫害、文化上的监控与禁锢,朋党之争所带来的负面效应也显得更为突出;一方面则强化了参政主体的专制文化性格,进而又与党争中的学术之争、用人之争产生了内在的互动。因此在学术层面上,呈现出极度的封闭性,形成了鲜明的排他性学术文化性格;在用人层面上,则将"顺我者昌,逆我者亡"的"法则"发挥得淋漓尽致,尽情地凸现了党同伐异的政治文化性格。

在多层面文化活动的结构性互动中,另一个不可回避的重要层面就是文学。不过文学层面上的互动,是既有正面促进,又有负面效应的。南渡以后,在对王安石新法、"新学"的批判与否定,对"新党",尤其是以蔡京为首的"绍述"朋党集团的误国之罪的声讨与清算中,长期被禁锢的"元祐党人"得到了平反昭雪,另一被严禁的包括苏轼、黄庭坚的文学在内的"元祐学术",也获得了新生,苏、黄的文学意义与价值得到了全面的阐释与张扬,文学群体随之进行了重组，从而保证了"江西诗派"与"苏轼词派"的兴盛，"道学文派"也相继崛起，各种文体的创作出现了繁荣景象，从而使文学命运从"崇宁党禁"的低谷中走了出来，得到了再造。

然而，南宋文学的繁荣是缺乏持续性的。究其原因，同样是围绕党争这个轴心所形成的多层面文化活动的结构性互动所致。譬如：歌功颂德运动此起彼伏，谄诗谀文汗牛充栋，玷污了文坛，也在相当程度上改变了文学命运的走向。但这对于执政者来说，正出于推行"国是"这一高度一元化的专制政治所需；对于创作者来说，则出于因专制政治的压迫而产生适应性变异后的表情达意之需。诚然，谄谀之作在汉代扬雄、蔡邕的笔下业已出现，但在文坛上大量出现，却始于北宋"崇宁党禁"以后而盛于南宋。其实，谄诗谀文是文学主体内在的、气质的、待时而发的心理与性格的一种外化形态，南宋党争之"时"便极大地诱发了这一心理与性格。而作为一种舆论力量，谄谀之作的盛行则十分有效地助长了在"国是"中形成的专制政治的肆虐；从创作主体的角度观之，谄谀者既成了依附在"国是"这张"皮"上之"毛"，又充当了推行专制政治的党魁之"毛"赖以生存之"皮"。

王夫之曾将高宗时期的文人士大夫概括为两大类：一是"逾其度"者"操必得之情，则必假乎权势而不能自释"，一是"阻其几"者"恒留余地以藏身，则必惜其精力而不能自坚"；前者"其志持之已盈，其气张之已甚"，后者"重抑其情而祈以自保"，二者所患虽异，但"皆本原于居心之量"，殊途同归；缺乏"居心之量"而导致"要以远于道之所宜而堕其大业"的原因，在于"不能据中道以自成"①。"中道"即"无偏无党""无淫过朋党之恶"的"大中之道"②;"不能据中道以自成"而"堕其大业",也就是因"朋党之恶"而不能成就经世济民的大事业。因此无论是"逾其度"者"假乎权势",党同伐异,甚至迫害政敌,还是"阻其几"者在党同伐异中遭贬处穷,甚至被迫害致死,都是失去"中道"后相同命运的不同表现形态。王夫之以"朋党之恶"为轴心、以主体心态即"居心"为依据所作的这一概括,其实也适合于整个南宋文人士大夫。这一命运及其表现形态,同时也是文学领域中创作主体的基本特征之一,尤其是"阻其几"者在"藏身"中的"重抑其情而祈以自保",被转化成了文学层面的主题与价值取向。该取向的功能在于淡化由政治层面的"朋党之恶"带来的悲剧命运,排遣在悲剧命运中身负的畏祸与处穷情景,镇定心志,保持初心,安顿心灵,从而形成了具有鲜明时代特征的文学意境。这是文学生态中多层面文化活动的结构性互动所呈现出来文学命运的又一个重要走向。

事实充分表明,以党争为首要环境因子的南宋文学生态,存在着多层面文化活动的结构性互动;在互动中,既有交叉又有渗透,既有排斥又有兼容,从而决定了文学的生成与繁荣,也影响了文学的演变与衰落。因此,对于南宋文学的观照,仅仅停留在文学是满足人们审美需要的、超越一切功利目的的特性之上,是远远不够的,应扩大研究视野,改变研究方法,考察其生态环境的形成,揭示其结构性互动的历史底蕴。当然,这是一种主观愿望,在即将展开的讨论中,是否具有实际效果,只有靠读者来审判了。

---

① 王夫之著、刘韶军译注《宋论》,中华书局,第732—733页。
② 《尚书正义》卷一二,《十三经注疏》本,第189页。

上编：南宋党争的背景与历程

徽宗宣和七年（1125），金兵第一次大规模南侵，民族矛盾急剧上升，替代了以往变法与反变法的矛盾而成为宋代社会的主要矛盾。靖康之乱，北宋灭亡，高宗赵构重建南宋政权后，这个主要矛盾依然没有改变。面对金兵的多次南下，摆在南宋朝廷和所有文人士大夫面前的一个重大政治问题是：坚持抗金、收复失地，抑或妥协议和、"屈膝投降"？这一点，既成了南宋政治运转中的一个轴心，又成了南宋文人士大夫政治态度和立场的分水岭。而宋金之间时战时和的局面，则一直维持到了理宗端平元年（1234）蒙古灭金，才告结束，为时一个多世纪之久。

随着南宋政权的建立，建立何种学术思想来巩固该政权的深入实施，是南宋朝廷和文人士大夫又一难以回避的重大政治问题。南渡后，士人对北宋灭亡作了痛苦的反思；在反思中，将北宋灭亡归咎于王安石变法和指导变法的"荆公新学"，成了一种主要思潮。于是，高宗在复国后作了"朕最爱元祐"的学术选择，其中主要是二程道学。但由于道学的内倾化，道学人士在高举抗金旗帜时的不合时势，高宗的学术选择并没有真正落实，道学与非道学之间的对抗相当激烈，庆元年间（1195—1200）又出现了继北宋禁"元祐学术"以来的又一次学术文化大灾难，至理宗绍定与端平年间（1228—1236），以程、朱为领袖的道学才确立了正统的地位，学术领域的长期纷争始告结束。这在时间上与和、战之争基本一致，同时，两者又常常相互关联，有时甚至是相互促进的。

长达一个多世纪中的民族矛盾和学术对抗，是南宋朋党之争的历史背景。随着这一背景在不同时期的变化，南宋党争大致经历了从"靖康之乱"到"绍兴党禁"的"后新旧党争"、从"隆兴和议"到"庆元党禁"的"道学朋党"与"反道学党"之争、从"开禧北伐"到"端平更化"后的朋党政治三个发展过程。

第一章

从"靖康之乱"到"绍兴更化"

靖康元年（1126），金国兵临汴京，京城军民奋起抗击，最终因政府和"王师"的无能，于次年沦陷，钦宗与太上皇徽宗被俘，北宋灭亡。高宗赵构受命于亡乱之际，率兵南渡，经过建炎期间（1127—1130）的四年避让与逃亡岁月。然而，在这民族命运和赵宋政权生死存亡的关键时刻，士大夫并没有齐心协力，共渡难关，而是承接了北宋后期党同伐异的恶习，在靖康之乱、亡命江南和重建政权的三个关键时刻，相互结党，攻讦不已，使造成北宋灭亡的根源之一的党论死灰复燃，开启了"后新旧党争"的序幕。

第一节 "靖康之乱"的政局

经过徽宗朝二十多年的朋党政治和腐朽统治，至宣和年间，赵宋王朝内外交困，危机重重，有随时覆灭的可能。迫于多种压力，宋徽宗"忧勤感疾"[①]，于宣和七年（1125）将皇位禅让给了长子赵桓，此为钦宗，次年改元"靖康"。

宋钦宗赵桓从父亲手中接过来的赵宋江山，可以说是千疮百孔的。数年前方腊揭竿而起，席卷东南，朝廷虽兴师动众，平息了这场"叛乱"，但全国各地的"盗贼"仍此起彼伏。最为严重的是金人驱兵南下，势不可当。宣和二年（1120），宋金签订"海上之盟"，联合对付辽国，其实际效果却使辽国彻底臣服于金国，为金国旋复南下伐宋解除了西北方面的牵制。同时，宋廷又错误地估计了自己的实力，于宣和四年（1122），由童贯、蔡攸等兴师与金交战，结果惨败于金军的铁骑之下，为金军伐宋提供了"渝盟"的口实。天会三年（宣和七年，1125）十月，金人下诏攻宋，分别由斡离不和粘罕统率东西两路人马，进攻太原和燕山，童贯自太原逃回开封；十二月，金人继续南下，宋廷急遣通直郎、陕西转运判官李邺以给事中的名义使金求和；几乎与此同时，金国也遣使赴宋，称"（金）皇帝已命国相与太子郎君吊民伐罪，大军两路俱入"，白敏中、李邦彦、蔡攸等朝臣"俱失色"；当时白敏中问及如何才能使金人"缓师"，金国使者"因大言曰：'不过割地称臣尔！'"。[②] 在其咄咄逼人的气势中，亮出了金人于宋志在必得的信心和决心。宋徽宗正是在这种情况下，"忧勤感疾"，决定禅位于太子赵桓的。

然而，金军并没有给赵桓留出举行登极大典的时间，天会四年（靖康元年，1126）正月，也就是赵桓即位的第十四天，以迅捷之势，进逼开封，兵临城下。钦宗派遣知枢密院事李棁、尚书工部侍

[①] 《皇宋通鉴长编纪事本末》卷一四六《内禅》所载徽宗禅位手诏中语，第4584页。

[②] 《皇宋通鉴长编纪事本末》卷一四四《金兵上》，第4534页。

郎郑望之赴金营议和。在议和中，宋方追忆昔日"太上皇帝（宋徽宗）与大圣皇帝（金太祖）浮海结约"时，两国的"欢盟无间"，深悔因"奸臣误国"而"遂令信誓，殆成空文"，致使"邻国兴师"，希望从今往后，新结和好，"传之无穷，共庇生灵，永同金石"①。斡离不却向宋廷提出了十分苛刻的和议条件："自新结好已后，凡国书往复，并依伯侄礼体施行；今放黄河，更不为界，可太原、中山、河间等府一带所有地，分画立疆，至将来拨属本朝。"又提出："赏军物帛并书籍下项：书五监、金五百万两、银五千万两、杂色表段一百万匹、里绢一百万匹、马牛骡各一万头匹、驼一千头。"②并要求"凡燕、云之人在汉者悉归之"③，以亲王、宰相"权且为质"④。此月，宋廷与斡离不经过反复交涉，最终答应其条件，金军才撤离开封。

宋廷答应这些和议条件，显然是一时的权宜之计。但一方面国门洞开，强兵压境，宋金之间已开战端，更大规模的战事势所难免；另一方面尊金国主为伯父，割太原、中山与河间三镇，关涉到国家主权的大事，而金方既然以此为"新结和好"的主要条件，是绝不容许宋廷食言的。事实上，金兵撤离开封后，不断以势紧逼宋廷履行割让三镇的和谈协议。那么是否真的要履行该协议？宋廷内部产生了意见分歧，钦宗也无法断然而决。在金方的再三催促下，于靖康元年（1126）十一月七日，"集文武百官于崇正殿共议存弃三关之地"：

---

① 《大金吊伐录校补》（三五）《宋主书》，第125页。
② 《大金吊伐录校补》（三八）《事目》，第131页。
③ 《续资治通鉴》卷九六，第2505页。
④ 《大金吊伐录校补》（三七）《回宋书》，第129页。

谏议大夫范宗尹以已愿弃地之策示百官,曰:"今日三镇,焉可不弃?"其言多引太王避狄去邠,不以养人者害人为言。由是请割三镇者,不胜其多,宗尹其首也。称不可与者才三十人,何㮚其首也。持两可之说者,又十数人。与者之言曰:"三镇,朝廷既尝许之,今不与,是中国失信于夷狄。不若姑且与之,纵复猖獗,则天怒人怨,师出无名,可不战而屈也。"不与者之言曰:"国家更三圣,始得河东,陵寝在焉。河北,天下之四支(肢),四支(肢)苟去,无不知其为废人。人民赋贡,乃其小尔,况天下者,太祖、太宗之天下,非陛下之天下。敬瑭之事,岂可遵乎?"耿南仲、吴开欲弃地而和,喻汝砺、梅执礼、宋齐愈、秦桧、何㮚、曹辅、陈扬庭、冯澥、孙傅、李若水等欲战。[1]

一方主张弃三镇而和,一方主张保三镇而战,两相对垒,各有说法,未决而散。故于次日又"集百官议三镇于延和殿,各给笔札,文武分列廊庑,凡百余人。惟梅执礼、孙傅、吕好问、洪刍、秦桧、陈国材等三十六人言不可与,当(自)范宗尹以下七十人皆欲与之"。终因金人"以十五日以前告割地书到,不然,以十五日渡河"的最后通牒,钦宗从范宗尹等议。[2]于同月十三日,遣知枢密院冯澥、徽猷阁学士李若水充告和使、副使,诣粘罕军前,割三

---

[1] 《三朝北盟会编》卷六二"靖康元年十一月七日"条,第466页。
[2] 《宋史全文》卷一五"靖康元年十一月己巳"条,影印《文渊阁四库全书》,第330册,第572页。

镇地界①。

如果说太原、中山、河间为赵宋"天下之四肢",那么开封则为其腹心。从靖康元年割让三镇到次年开封沦陷,构成了靖康之乱的最基本的格局。同时,围绕三镇的弃而和与存而战之争,拉开了靖康以后主战与主和的政治纷争和民族矛盾的序幕,而宋廷在议论割让三镇前后展开的新一轮政治纷争,则又为南宋朋党之争导夫先路。

在国门洞开,强敌压境的生死存亡之际,满朝文武理应精诚团结,一致对外,但这仅仅是读史者的一种奢望,靖康史实所呈现出来的,却是党论四起、内讧不已的混乱局面。此时的党论,既是以往党争的延续,又具有了新的内容。靖康元年(1126)十一月八日,中书舍人孙觌在分析造成金人割地的原因与朝臣议论弃存三关之地的心态时说:

> 臣闻蝮蛇螫手则斩手,螫足则斩足。何者?为害于身也。夷狄骄横,乘中原久安无备,倾国而至,当顺而抚之,以幸无事。而劫寨之臣猖狂妄作,挑发兵祸,以遗国家手足之害,陛下当亟去之。去之不果,为腹心之患必矣。方胡马南下,经河朔二千余里,所过州县,无一人一骑北向发一矢以抗其锋者。设欲据大河为限,孰能御之?其欲得予三关者,犹以故地为名耳。然绍圣用事者,雠复元祐诸臣,以弃地之罪削除名籍,投窜岭河,禁锢子孙,累赦不宥,可谓酷矣。今自大臣侍从与搢绅士大夫之众,非不知三关之地不得不予也,非不知予三关之

---

① 《三朝北盟会编》卷六三"靖康元年十一月十三日"条,第469页。

地可以款兵而纾祸也,而元祐覆辙在前,孰肯复为国家安危之虑,以蹈异日之悔?莫如卷舌不言,自为计耳。①

孙觌是一位坚决主张割地求和者,而且在金兵围城之际,反对一切军事行为,他曾以侍御史的身份,弹劾李纲在靖康元年(1126)二月的"劫寨之败",条陈李纲组织军民,抗击金兵,"上惊朝廷,下骇群情",犯下了"滔天之罪";并认为李纲"车裂以殉,死有余诛"。②上列奏章中的"劫寨之臣",所指即李纲。金人要求宋方"割地称臣",早在兵围开封之前就已提出,孙觌将李纲的"劫寨"之举,视作"挑拨兵祸,以遗国家手足之害"的根源所在,显然是一种偏见。这种偏见正是围绕割地与存地而形成的朋党之争的具体表现。不过,孙觌认为明知"三关之地不得不予"而坚决不予者,是因为"元祐覆辙在前",虽不尽然,却非无根之谈。"元祐党人"执政期间,曾弃安疆、葭芦、浮图和米脂四寨予西夏,绍圣新党便据以指控为"外示以弱,实生寇心",并成了他们清除与迫害"元祐党人"的一个借口。③进而言之,孙觌将这次朝臣围绕三镇的弃存而形成的对立,与元祐以来的"新旧党争"联系起来,将在新的历史背景下出现的政治纷争,看作是以往朋党之争的一种积淀与延伸,不无历史上和心理上的依据。

自神宗变法至徽宗禅位,"新旧党争"经历了长达半个多世纪

---

① 《三朝北盟会编》卷六二"靖康元年十一月八日"条,第466—467页。按:此疏题为《崇政殿集众官议合与不合弃三镇札子》,见《鸿庆居士文集》卷二七,《全宋文》,第158册,第470页。
② 《侍御史论太学诸生伏阙札子》,《鸿庆居士文集》卷二七,《全宋文》,第158册,第467页。
③ 《皇宋通鉴长编纪事本末》卷一〇一《逐元祐党上》,第3219页。

之久。在这半个多世纪中，新旧两党的意气之争，不断地将北宋政治推向灾难的深渊，尤其是蔡京集团，肆意迫害"元祐党人"及其子弟，在士人群体中形成了无法平息的对抗情绪和难以校正的畸形心态。钦宗即位后也随即消除党禁，但很难消除长期以来朋党政治的恶劣影响。对此，少数头脑清醒的官员深为忧虑，并为尽量消除这一影响，提出了良好的愿望。靖康元年（1126）三月，监察御史余应求上疏指出："今陛下克绍太上皇之美意，已赠司马光等官及遵奉祖宗法度矣。臣愚谓如党人之未没与其子孙可录用者，愿令有司录条具以闻。夫太祖、太宗与熙宁、元祐、绍圣之所行者，皆祖宗法也。损益因革，不可偏废，愿诏朝廷置司讲画，取其得于中者而行之。"①在民族矛盾急剧上升之际，主张通过调和的办法解决朝廷内部的各种矛盾，避免再出现偏执与极端的做法；同时又委婉地将蔡京所奉行的"绍述"与熙丰、绍圣所行之政区别开来，进而提出"取其得于中者"的取舍原则，和解士大夫之间由变法与反变法引起的隔阂与对立。然而，宋廷并没有朝着这一思路来考虑和处理国事，而是在强敌压境、日有变故的"宗社安危之秋"，一方面日罢兵事，"如太平无事之时"②；一方面却专注于内政的是非得失之争和内部的相互攻讦和排击。靖康元年（1126）五月三日，右谏议大夫杨时上疏云：

  蔡京用事二十余年，蠹国害民，几危社稷，人所切齿，而

---

① 《靖康要录》卷四"靖康元年三月二十五日"记事，《丛书集成初编》，第3883册，第78页。
② 李纲：《乞罢宣抚使札子》其二，《梁溪集》卷四九，《全宋文》，第169册，第198页。

论其罪者,曾莫知其所本也。盖京以绍述神宗为名,实挟王安石以图其利,故推尊安石,加以王爵,配享孔子庙庭。……然则致今日之祸者,实安石有以启之也。臣谨按:安石挟管、商之术,饰六艺以文奸言,变乱祖宗法度。当时司马光已言其为害之甚,当见于数十年之后,今日之事,若合符契。其著为邪说,以涂学者耳目,败坏其心术者,不可屡数。①

蔡京集团"蠹国害民,几危社稷",乃时所公认。然而,杨时既明白"蔡京用事二十余年",只是"以绍述神宗为名,实挟王安石以图其利",又认为"致今日之祸者,实安石有以启之";而王安石开启"今日之祸"的,一是"挟管、商之术"的"新学",一是以理财为中心的新法,两者互为表里,相互作用,变乱了祖宗法度,败坏了学者心术。杨时为程门四大弟子之一,程颐则名列"元祐奸党",晚年著述、讲学均受到严密监视与控制,杨时也受到了政治上的株连和学术上的压抑。所以此疏名为"今日之祸"正本清源,实则以"元祐党人"的代言人身份乃至极度仇恨的心理,斥责王安石新法与熙丰新党之非,其用意显然在于肯定司马光的"元祐更化"与"元祐党人"之是。在当时,与杨时相同论调、相同心理而参与论争是非得失者,并不在少数。因"累章极论"时政而获"时议归重"之誉的左正言崔鶠,便是其中之一。崔鶠曾在元符末上疏论章惇之奸,司马光之忠,被免官,投闲置散二十余年;钦宗即位后,重返朝廷,论争不断,认为"仁宗、英宗选敦朴敢言之士

---

① 《靖康要录》卷六"靖康元年五月三日"记事,《丛书集成初编》,第3883册,第115页。

以遗子孙,安石目为流俗,一切逐去。司马光复起而用之,元祐之治,天下安于泰山",基于这种偏见,又将章惇、蔡京所倡导的"绍述"之政与王安石变法相提并论,痛加指斥。①又侍御史胡舜陟奏论:"臣观今日祖宗宽大之政泯灭而未举,王安石刻急之法为害而未除,法度未得其正也。"将崇宁、大观以来蔡京集团所行之法,直接视为"王安石刻急之法"②。诸如此类的是非之争,在靖康政坛俯拾即是,不胜枚举;而其最终目的,则在于排击在朝的所谓"蔡京死党"。

值此"今日之祸",国事维艰之际,杨时、崔鶠、胡舜陟等官僚在"正本清源"、争辩是非中,若真的能顺时应变,拨乱反正,有效地处理一些实际问题,即便存在偏见,也是情有可谅的。无奈杨时等人无这方面的才干,其争辩的用意也不在于此,而在于进一步挑起政治纷争。

起居舍人胡安国曾上疏指出:"今陛下既正典刑,治(蔡)京、攸之罪,京死道途,攸窜岭表,若子若孙,悉皆编置,家财籍没于府库,地土悉归于县官,不复有蔡氏矣。则凡二十年间,昔日为京所引用者,今皆朝廷之人也。若更指为京党,则人才之废弃于艰难乏使之时众矣,且党论何时而消弭乎?以臣愚见,弃瑕舍过,消伏党与,正在今日。"③胡安国在绍兴初年的秦桧、吕颐浩之争中,扮演了党同秦桧、排斥异己的急先锋,但在这里,却理性地提出了

---

① 《宋史》卷三五六《崔鶠传》,第11213—11215页。
② 《上钦宗论反正六事》,《宋朝诸臣奏议》卷一五〇,第1723页。
③ 《历代名臣奏议》卷一四一《用人》,影印《文渊阁四库全书》,第436册,第888页。又见《缴叶梦得落职宫观词头并乞召还袁植、吕祉等人疏》,《全宋文》,第146册,第137页。

"弃瑕舍过，消伏党与"的见解，并客观地总结了蔡氏父子被贬后，官僚之间"更指为京党"的政治纷争的局面，以及靖康官僚队伍的基本状态。在这一状态下，要彻底否定王安石新法包括绍圣、崇观之政而全面肯定"元祐之治"，并非易事，众多"为京所引用"的官僚，绝大部分虽然并不与蔡京等"六贼"一丘之貉，但时刻有被"指为京党"的可能；同时，他们对于杨时等人甚嚣尘上的争辩，是绝不会袖手旁观的。靖康元年（1126）五月十日，左谏议大夫冯澥上疏痛陈"博士先生狃于党与，各自为说，无复至当，煽以成风，附王氏之学，则丑诋元祐之文，附元祐之学，则讥诮王氏之说"的"流风颓敝"。①第三日又愤而上疏：

> 臣窃听近日朝廷议论，观士大夫之趋向，骎骎复偏于元祐，鼓倡应和，渐不可解，则义理又将不得其中，而政治又将不得其平矣。臣闻道贵适中，法则随时。祖宗之法，至于今百有余年，盖有可行者，亦有不可行者。今但择其可行者行之，不可行者去之则已矣。何必祖宗之是，而熙丰之罪哉？传注之说，千有余年，其于圣经，不为无补，然要之公论，岂无浅漏未尽之处？王安石以名世之学，发明要妙，著为新经，镂板太学，颁之天下，学者翕然宗仰，然要之公论，亦有穿凿太过之弊。新经令学者择其善而从之，其不善者而改之则已矣。何必传注之是，而新经之非哉？②

---

① 《靖康要录》卷六"靖康元年五月十日"记事，《丛书集成初编》，第3883册，第126页。
② 《靖康要录》卷七"靖康元年五月十三日"记事，《丛书集成初编》，第3883册，第136页。

史称杨时上疏之后，"谏官冯澥力主王氏，上疏诋时"①，所指就是上列诸疏。不过，冯澥指责杨时等"博士先生狃于党与，各自为说"，并非虚构；他对祖宗法度的流与变、安石"新学"的得与失的表述，在理论上也无逻辑纰漏。联系"宗社安危之秋"和"昔日为京所引用者，今皆朝廷之人"的内外背景，冯澥反对"附王氏之学，则丑诋元祐之文；附元祐之学，则讥诮王氏之说"的做法，主张"道贵适中"，在主观上与前述余应求"取其得于中者"的愿望，实无二致。但在客观上，冯澥却充当了"力主王氏"的熙、丰新党乃至蔡京党的代言人，很快招致攻讦。侍御史李光便奏论："冯澥推尊王安石之学，鼓惑众心"②；指责冯澥"公肆诞慢，无复忌惮"；要求朝廷以"元祐之学"为是，以王安石"新学"为非，否则会"鼓惑民听，人心一失，不可复收，非朝廷之福"③。崔鶠则直斥冯澥："以行其邪说，以固其党与，为万世自安之计。此贼臣蔡京之术，行之至今，天下破坏，兹亦极矣！陛下尚忍使京之余党再破坏耶？"④冯澥"为文师苏轼，论西事与蔡京忤"⑤，并在"崇观奸臣用事之际，奋不顾一时之祸，以撄人主之威，当时有识之士以为美谈"⑥，在学术上并非"新学"中人，在政治上与蔡京

---

① 《宋史》卷四二八《杨时传》，第12742页。
② 《靖康要录》卷七"靖康元年六月二日"记事，《丛书集成初编》，第3883册，第142页。
③ 《上钦宗论王氏及元祐之学》，《宋朝诸臣奏议》卷八三，第901页。
④ 《靖康要录》卷七"靖康元年六月二日"记事，《丛书集成初编》，第3883册，第142页。
⑤ 《宋史》卷三七一《冯澥传》，第11522页。
⑥ 《三朝北盟会编》卷六五"靖康元年十一月三十日"记事，第491页。

集团不尽一致，只是为王安石正名，在蔡京时代"次补近官，渐当揆路"。因此，在崔鹏、李光等人眼中，自然成了"推尊王氏"的"蔡京死党"了。

蔡京执政二十余年，"蠹国害民，几危社稷，人所切齿"，故"蔡京死党"或"蔡京余党"成了唯恐朝政不乱之徒在兴造党论、排斥政敌时不可或缺的依据。不少有才干但与蔡京父子有关系的士大夫就是被打成"蔡京死党"而逐出朝廷的，李纲就是一个显例。李纲于靖康元年（1126）正月为东京留守和亲征行营使，曾组织过开封保卫战，三月间，除知枢密院事。史称"以李纲之贤，使得毕力殚虑于靖康、建炎间，莫或挠之，二帝何至于北行，而宋岂至为南渡之偏安哉"①。剔去其中的溢美夸大之辞，至少可以承认李纲在当时确实是一位人才。但言者一再予以弹劾，尤其在靖康元年（1126）九月十九日，"臣僚"轮番上疏，罗列李纲十大罪状，其中首要之罪就是"卵翼于蔡氏之门，倾心死党"；其次是在金军围城之际，置朝廷割地称臣之议而不顾，"妄意一胜"，率兵抗金；第六大罪状是在蔡氏父子被贬之际，"阴与吴敏党庇蔡氏"②。结果罢官被贬。李纲被贬，有钦宗认为他得士民心而功高震主的因素，但他曾为蔡京所引，无疑成了弹劾者的重要口实。而与李纲"党庇蔡氏"的吴敏，"自靖康元年二月拜相，至是年八月罢，入相逾半年。御史中丞李回上言：'少宰吴敏初以蔡京欲联亲议，遂以辟雍私试高等入仕，因与结为死党。在上皇朝，缙绅目之，谓在刘昺、林摅之右。上皇内禅，睿旨先定。父子授受，夫复何疑。而敏因蔡攸刺

---

① 《宋史》卷三五九《李纲传》，第11274页。
② 《三朝北盟会编》卷五五"靖康元年九月十九日"记事，第413页。

史称杨时上疏之后,"谏官冯澥力主王氏,上疏诋时"①,所指就是上列诸疏。不过,冯澥指责杨时等"博士先生狃于党与,各自为说",并非虚构;他对祖宗法度的流与变、安石"新学"的得与失的表述,在理论上也无逻辑纰漏。联系"宗社安危之秋"和"昔日为京所引用者,今皆朝廷之人"的内外背景,冯澥反对"附王氏之学,则丑诋元祐之文;附元祐之学,则讥诮王氏之说"的做法,主张"道贵适中",在主观上与前述余应求"取其得于中者"的愿望,实无二致。但在客观上,冯澥却充当了"力主王氏"的熙、丰新党乃至蔡京党的代言人,很快招致攻讦。侍御史李光便奏论:"冯澥推尊王安石之学,鼓惑众心"②;指责冯澥"公肆诞慢,无复忌惮";要求朝廷以"元祐之学"为是,以王安石"新学"为非,否则会"鼓惑民听,人心一失,不可复收,非朝廷之福"③。崔鷗则直斥冯澥:"以行其邪说,以固其党与,为万世自安之计。此贼臣蔡京之术,行之至今,天下破坏,兹亦极矣!陛下尚忍使京之余党再破坏耶?"④冯澥"为文师苏轼,论西事与蔡京忤"⑤,并在"崇观奸臣用事之际,奋不顾一时之祸,以撄人主之威,当时有识之士以为美谈"⑥,在学术上并非"新学"中人,在政治上与蔡京

---

① 《宋史》卷四二八《杨时传》,第12742页。
② 《靖康要录》卷七"靖康元年六月二日"记事,《丛书集成初编》,第3883册,第142页。
③ 《上钦宗论王氏及元祐之学》,《宋朝诸臣奏议》卷八三,第901页。
④ 《靖康要录》卷七"靖康元年六月二日"记事,《丛书集成初编》,第3883册,第142页。
⑤ 《宋史》卷三七一《冯澥传》,第11522页。
⑥ 《三朝北盟会编》卷六五"靖康元年十一月三十日"记事,第491页。

集团不尽一致,只是为王安石正名,在蔡京时代"次补近官,渐当揆路"。因此,在崔鹍、李光等人眼中,自然成了"推尊王氏"的"蔡京死党"了。

蔡京执政二十余年,"蠹国害民,几危社稷,人所切齿",故"蔡京死党"或"蔡京余党"成了唯恐朝政不乱之徒在兴造党论、排斥政敌时不可或缺的依据。不少有才干但与蔡京父子有关系的士大夫就是被打成"蔡京死党"而逐出朝廷的,李纲就是一个显例。李纲于靖康元年(1126)正月为东京留守和亲征行营使,曾组织过开封保卫战,三月间,除知枢密院事。史称"以李纲之贤,使得毕力殚虑于靖康、建炎间,莫或挠之,二帝何至于北行,而宋岂至为南渡之偏安哉"①。剔去其中的溢美夸大之辞,至少可以承认李纲在当时确实是一位人才。但言者一再予以弹劾,尤其在靖康元年(1126)九月十九日,"臣僚"轮番上疏,罗列李纲十大罪状,其中首要之罪就是"卵翼于蔡氏之门,倾心死党";其次是在金军围城之际,置朝廷割地称臣之议而不顾,"妄意一胜",率兵抗金;第六大罪状是在蔡氏父子被贬之际,"阴与吴敏党庇蔡氏"②。结果罢官被贬。李纲被贬,有钦宗认为他得士民心而功高震主的因素,但他曾为蔡京所引,无疑成了弹劾者的重要口实。而与李纲"党庇蔡氏"的吴敏,"自靖康元年二月拜相,至是年八月罢,入相逾半年。御史中丞李回上言:'少宰吴敏初以蔡京欲联亲议,遂以辟雍私试高等入仕,因与结为死党。在上皇朝,缙绅目之,谓在刘昺、林摅之右。上皇内禅,睿旨先定。父子授受,夫复何疑。而敏因蔡攸刺

---

① 《宋史》卷三五九《李纲传》,第11274页。
② 《三朝北盟会编》卷五五"靖康元年九月十九日"记事,第413页。

得密旨,乃贪天功以为己有。叨处二府,窃据相位。凡其施设,悉效蔡京。……'吴敏由是与徐处仁皆罢相"。①责受崇信军节度副使,涪州安置。徐处仁罢为观文殿大学士正议大夫中太一宫使。

靖康元年(1126)七月,徐处仁曾痛切地指出了蔡京"私党既成,公论不伸,朝政不纲,金兵内侮,流弊之极"的事实,希望朝廷吸取以往朋党政治的教训,"各所引用之人,自当革新易意,勿怀私恩,勿雠私怨,实效赤心,尽忠朝廷",同赴国难;同时向钦宗提出:

> 伏冀陛下开公正之路,塞私邪之门,实用人才,无有适莫;刑赏所加,视其功罪,而无容心于其间,使朋党之论消于未形,则朝廷有安静之理,天下有太平之期,是亦缙绅之福也。②

在"金兵内侮",国事维艰的境况下,余应求、冯澥等人提出"取其得于中者""道贵适中"的原则,和解朋党之间的纷争,徐处仁则希望通过建立新的价值准则:"刑赏所加,视其功罪",逐渐消释党同伐异的陋习。这些良好的建议非但没有实施,提出这些建议的官僚旋即被打成"蔡京死党"而遭贬斥。靖康元年(1126)九月,唐恪任宰相,只因言"蔡京、王黼、童贯之徒,其党甚众,不宜深治失人心",就被指为"三贼之党"。③这又进一步说明了在靖

---

① 《宋宰辅编年录校补》卷一三"靖康元年八月乙未"条,第856页。
② 《靖康要录》卷九"靖康元年七月二十六日"记事,《丛书集成初编》,第3884册,第182页。
③ 《宋宰辅编年录校补》卷一三"靖康元年九月戊戌"条,第860页。

康政坛上，不仅是为蔡京、王黼、童贯所引之人，一概被视为其
"余党"或"死党"，而且主张以民族命运为重而反对深治"三贼之
党"者，也难以逃此攻讦。又据胡安国说，叶梦得"郡事甚理"
"政声尤著"，"今敌患日深，所在州郡，人情震骇，设或变生仓卒，
而材具优裕，必可捍御外盗，保守一州，拥卫王室，如梦得者少
矣！此乃弃瑕责效之时，乃以蔡氏所引，而弃诸闲散"；"湖南安抚
使郭三益，前在洪府，值运司调发戍卒，不支钱粮，几至叛乱。三
益发言裁处，戍卒遂帖。而三益乃王黼之所引"，故"废其才而不
用"。①由此又可见，对"三贼余党"的清算和打击，其范围已不限
于在朝官员，而是扩大到了朝野整个士大夫队伍。

靖康元年（1126），吏部侍郎程振指出："柄臣不和，论议多
驳，诏令轻改，失于事几。金人交兵半岁，而至今不解者，以和战
之说未一故也。……今日一人言之，以为是而行；明日一人言之，
以为非而止。"②明了上述情形后，则出现这种政治局面，并不令人
感到意外。换言之，在国难当头之际，士大夫将主要精力投注到了
内部的政治纷争上，甚至置民族命运于不顾，"怀私恩""雠私忿"，
兴党论，致使"和战之说未一"，"诏令轻改，失于事几"。亦即承
务郎安尧臣论冯澥时所说：冯澥"刚毅有节"，在"国步多艰"之
际，天下之士对他寄托了"建一大计，定一大事，成一大功"的厚
望，但"与杨时是非熙宁、元祐之学而止耳，则政事阙失，生民携

---

① 《历代名臣奏议》卷一四一《用人》，影印《文渊阁四库全书》，第436册，第
887—888页。又见《缴叶梦得落职宫观词头并乞召还袁植、吕祉等人疏》，《全
宋文》，第146册，第137页。
② 《宋史》卷三五七《程振传》，第11235页。

贰"①。宋廷内部的这种纷争局面,虽有赖金军的铁骑得以平息,但这只是暂时的,高宗即位不久,旋又复起。

第二节 避让与亡命

靖康二年(1127)三月与四月,金东、西两路军分别挟走了徽、钦二宗及皇子、宗室、后妃与部分大臣及大量财物,"府库蓄积,为之一空"。徽宗第九子、时任兵马大元帅的康王赵构作为唯一幸免的皇子,无力挽回这一局势,坐视二帝被俘,并于同年五月,在南京应天府(今河南商丘)举行登极大典,为高宗,改元"建炎"。

对于赵构的即位是否合法,史学界颇有异议②,南宋不少道学人士便认为赵构不应该在这一非常时刻自即皇位,"南轩(张栻)言:'胡明仲(寅)有三大功:一,言太上(高宗)即尊位事;二,行三年丧;三,云云。'先生(朱熹)云:'南轩见得好。设使不即位,只以大元帅讨贼,徽庙升遐,率六军缟素,是甚么模样气势!后来一番难如一番。'"③赵构若不急于满足坐帝位、执皇权的欲

---

① 《三朝北盟会编》卷六五"靖康元年十一月三十日"记事,第491页。
② 按赵构未得父兄诏命而即位,故或以为非法继位者;又靖康元年闰十一月,钦宗以亲笔蜡书授其为河北兵马大元帅后,逶迤于磁、相之间,未能招勤王之师以遏金军之归,坐视二帝北去,并在相州做起了皇帝梦。《宋史全文》卷一六上载:"上(高宗)在相州,与幕府从容语曰:'夜来梦皇帝脱所御袍赐吾,吾解旧衣而服所赐,此何祥也?'"(影印《文渊阁四库全书》,第330册,第584页)则以托梦来证明即位的依据,也招致后人的异议。
③ 《朱子语类》卷一〇一《程子门人》,第2581页。按胡寅曾上疏当面指责赵构即位之失,见《崇正辩 斐然集》卷一六《上皇帝万言书》,第335—352页。

望,而是以兵马大元帅的身份,以"不共戴天"之仇相激励,以雪耻为先务,诚然可以激发士气斗志,在精神上筑起一道抗金长城,但单凭这一点是无法与金兵抗衡的。在"将不知兵,兵不知战"[①]、"军政不修几三十年矣,阙额不补者过半,其见存者皆溃散之余","来无藩篱之固,去无邀击之威"[②]的现实面前,二十余岁的赵构即便有三头六臂,也难以在率师"讨贼"中挽回颓势,收复已失之地。自继皇帝之位,以嗣赵宋香火,在避让中伺机复国,似乎成了赵构的最佳选择。

赵构即位后,率其亡命政府在长江以北东藏西躲约一年时间,最终难抵金军势如破竹的锐锋,于建炎三年(1129)初亡命扬州,而该年二月的扬州之警,则又使行在十万大军束手溃散,迫使高宗一再南亡,金兵又穷追不舍,一直追至东南沿海之地明州,谱写了四个多月(建炎三年十二月至建炎四年四月)的宋帝海上流亡史。所幸的是,由于金军不谙江南的山水形势,不堪宋军的"游击战",逐渐失去了剿灭高宗亡命政府的信心与锐气,遂于建炎四年(1130)七月立刘豫摄伪齐之政,施展以汉制汉之术。高宗因此渡过了最为艰难的亡命期;又因在建炎四年(1130)四月至绍兴元年(1131)期间,实施了析地以处群盗、建藩镇以卫淮南等政策,偏安江南的局面遂得以形成。在此期间,高宗虽然注重保存有生力量,伺机复国,整个士大夫群体也激于家仇国恨之中,但朋党之争依然不绝如缕。吕中《大事记》云:

---

① 张舜民:《上徽宗论河北边备五事》,《宋朝诸臣奏议》卷一四〇,第1586页。
② 李纲:《论不可遣罢防秋人兵札子》其一,《梁溪集》卷四八,《全宋文》,第169册,第193—194页。

> 当上（赵构）即位之初，误国之臣不可用，伪命之臣不可用，张（浚）、赵（鼎）之德望未孚，天下人望之所归者，李公（纲）一人而已。上不自内用汪（伯彦）、黄（潜善），而自外召纲，则高宗之志，主于恢复可见矣。观上未即位时，与公书云："王室多故，乘舆蒙尘，方今生民之命，急于倒垂。谅非有不世之才，何以成协济之功？"则高宗属意于公久矣。迨为汪、黄所挤，才七十五日而去位，岂天意未欲恢复耶？①

李纲于建炎元年（1127）五月甲午拜右相，同年七月转左相（该月黄潜善任右相），同年八月丁丑被罢，是高宗朝的首任宰相。李纲任宰相后，一方面起用了靖康间被贬的同党即所谓"坐党附李纲斥去"的胡安国、许景衡、刘珏、陈公辅、程瑀、余应求等人②，以为己助；一方面审度宋金双方实力，提出了一系列施政方略，认为："能守而后可战，能战而后可和，而靖康之末皆失之。今欲战则不足，欲和则不可，莫若自治，专以守为策，俟吾政事修，士气振，然后可以议大举。"③"不务战守之计，惟信讲和之说，则国势益卑，制命于敌，无以自立矣。"④为高宗政府如何转被动为主动，提出了较为切实可行的指导思想。后人在评价李纲时指出："自纲之入为右仆射也，以英哲全德勉人主，以修政攘夷为己任，抗忠数

---

① 《建炎以来系年要录》（以下简称《要录》）卷五"建炎元年五月乙未"条，第139页。
② 《要录》卷六"建炎元年六月甲子"、同月"丙寅"条，第173、175页。
③ 《建炎进退志总叙》（上），《梁溪集》卷一七四，影印《文渊阁四库全书》，第1126册，第807页。
④ 《议国是》，《梁溪集》卷五八，《全宋文》，第169册，第295页。

疏，中时膏肓。和守之议决而国是明，僭逆之罪正而士气作，幸都之谋定而人心安。他如修军政、变士风、定经制、改弊法、置检鼓院以通下情，置赏功司以伸国法，减上供之币以宽州县，修茶盐之法以通商贾，划东南官田而募民给佃，仿保甲弓箭手而官为教阅，招兵买马，分布要害，遣张所招抚河北、王燮经制河东、宗泽留守京城，西顾关、陕，南葺樊、邓，且将益据形便，以为必守中原之计。此朱文公谓'李纲入来，方成朝廷'者，正谓此也。"①但"为汪、黄所挤，才七十五日而去位"。据汪藻所作李纲贬词，李纲去位的一个重要原因，在于"欺世盗名""朋奸罔上"②；而这个罪名则是殿中侍御史张浚在秉承汪、黄旨意中炮制出来的。张浚曾屡上弹章，罗列李纲罪名，其中有云：

> （李纲）贪名自用，竞气好私，忠义日亏，浸失所守。谓蔡京之罪可略，蔡攸之才可用，交通私书，深计密约。凡蔡氏之门人，虽败事误政，力加荐引。纲之负宗庙，与夫存心险恶，抑亦有素，若不早加窜殛，臣恐非所以靖天下言者。③

这与靖康元年（1126）孙觌等言者弹劾李纲为"蔡京死党"的腔调与用意，如出一辙。事实上，李纲任相期间，曾诏命"蔡京、童贯、朱勔、李彦、孟昌龄、梁师成、谭稹及其子孙，更不收叙"，

---

① 《要录》卷六"建炎元年六月戊辰"条注引何㧑《中兴龟鉴》，第177页。按朱熹云："方南京建国时，全无纪纲，自李公入来，整顿一番，方略成个朝廷模样。"《朱子语类》卷一三一《中兴至今日人物上》，第3139页。
② 《宋宰辅编年录校补》卷一四"建炎元年八月丁丑"条，第905页。
③ 《要录》卷一〇"建炎元年十一月戊子"条，第270页。

既而又"以诬谤宣仁圣烈皇后,追贬蔡确、蔡卞、邢恕、蔡懋官"①。倒是王黼门人黄潜善执政后,以"百官坐蔡京、王黼拟授而废者,许自新复用"为名,"引多黼亲党以进"②。这一点,张浚当然心知肚明;同时,张浚与李纲在对待金人入侵和北方失地上,态度与立场又都是相同的。张浚虽然是一个成事不足、败事有余的争议人物,但抗击金军,收复失地,是他一生的主张和追求,而当时李纲与汪、黄之间在政治上的分歧便在于主战与主和,焦点则集中在要否抗击金军入侵和如何对待风起云涌的民众抗金事业上。所以,后人对张浚如此弹劾李纲,既深表遗憾,又大惑不解,吕中便说:"张浚平生忠肝义胆,不与秦桧共事,不与房俱生,而初年之见,反党汪、黄,而攻李纲不已,何哉?使其移攻李之笔而攻汪、黄,岂不快公议哉!"③其实,张浚弹劾李纲是另有动机的,其动机就是报汪、黄知遇之恩及替乡党宋齐愈复腰斩之仇,即朱熹所说:"张魏公(浚)深言宋(齐愈)甚好人。宋,蜀人,当时模样,亦是汪、黄所使人。魏公亦汪、黄荐。李纲罢,乃魏公之言罢也。"④要之,张浚是因报恩私门而党同伐异的。

何俌《中兴龟鉴》说:"(李)纲之言虽忠,纲之谤愈多。颜岐,邦昌党人也,于公未至而沮之;宗尹,尝仕邦昌者也,于公已

---

① 《宋史》卷二五《高宗纪一》,第443—444页。按其间未及王黼,盖以黄潜善为王黼门人之故。
② 《宋史》卷二五《高宗纪二》,第457页;《要录》卷一六"建炎二年七月丁亥"条,第396页。
③ 《要录》卷一〇"建炎元年十一月戊子"条小注引《大事记》,第271页。
④ 《朱子语类》卷一三一《中兴至今日人物上》,第3138页。同卷载儒用问:"魏公论李丞相章疏中,有'修怨专系'等语,似指诛宋齐愈而言,何故?"朱熹曰:"宋齐愈旧曾论李公来,但他那罪过亦非小小刑杖断遣得了。"(第3139页)。

至而沮之；宋齐愈，又尝豫立邦昌议也，及与公议国事，又从而沮之，君子难进易退也如此。加之藩邸旧人，公肆排毁"，故李纲"功未成而谤书盈箧。纲之秉政凡七十五日，而所以共治者，他有人矣。当时挽而留之者，不投之散地，则寘之极典。公之去就甚轻，而关于天下之安危者甚重也"。①指出了李纲之用舍，系一时之轻重；同时又昭示了以李纲为首与以"藩邸旧人"汪、黄为首的两大士人集团在纷争中的不同遭遇。在后者的排击下，李纲被贬，不久又流放岭南；"所与共治者"成为李纲死党，或被投诸散地，或"寘之极典"。张浚弹劾胡珵"挟谄媚之姿，躬奸回之性，沾沾可鄙。自托李纲，服童仆之役，而出入其寝室，朝夕交结，阴中善良。逮纲遭逐，营为百计，密招群小，鼓唱浮言"，认为只有"投之荒裔"，才能"永为臣子立党不忠之戒"。②胡珵旋被勒停送梧州编管，就是一例。又太学生陈东因三上奏章论"李纲不可罢，黄潜善、汪伯彦不可用"、进士欧阳澈因上书指斥黄潜善、汪伯彦、张浚等"用事者"，均被汪、黄集团所诛杀。③与此同时，对于孙觌、宋齐愈、颜岐、李会、李擢、范宗尹等，张浚又论救不已。如"降授承务郎、充徽猷阁待制孙觌复朝奉郎，试中书舍人。初，张浚因劾李纲罪，论觌不当贬，由此复用"。④孙觌与宋齐愈、李会等曾党同张邦昌，附伪逆事，但因数论李纲"误国"之罪（见前文），成了张浚论救与结党的对象，因而使"伪楚之臣，纷纷皆官于

---

① 《要录》卷八"建炎元年八月己卯"条注引，第233—234页。
② 《要录》卷一三"建炎二年二月辛未"条，第331页。
③ 《宋宰辅编年录校补》卷一四"建炎元年八月丁丑"条，第904页。
④ 《要录》卷一〇"建炎元年十一月庚寅"条，第273页。

朝"。^①由此进一步说明了汪、黄相党集团的喜同恶异、党同伐异，已全然置正义与国事于不顾，纯属发泄个人恩怨之举。张浚秉承汪、黄旨意，弹劾李纲"朋奸罔上""竞气好私"，只不过是一种自我写照罢了。

汪、黄相党集团肆意排斥异端，是有其深厚的政治基础的。在赵构未得帝位之前，作为"藩邸旧人"的汪伯彦、黄潜善，是拥立高宗为帝的主要人物，高宗即位以后，他们自然成了新朝"帝师"，宋人也指出汪、黄因待高宗"以乳妪护赤子之术"而得幸益笃。② 这就为汪、黄相党集团肆意排斥李纲及"所与共治者"，提供了保障，打下了基础。在整个建炎时期，高宗虽然以避让为先，对李纲"以修政攘夷为己任"却是十分赞赏的，曾对朝臣说："李纲真以身殉国者"③，但在汪、黄相党集团的肆意挤对下，不仅李纲为相"才七十五日而去位"，而且难保支持李纲的陈东、欧阳澈之命。朱熹在评论李纲时指出："李丞相大义分明，极有才，做事有终始，本末昭然可晓。只中间粗，不甚谨密，此是他病。然他纲领大，规模宏阔，照管得始终本末，才极大，诸公皆不及，只可惜太粗耳。"④认为李纲虽有大义和才能，只因其心不细、其行不周，所以其"纲领"与"规模"未能见效。其实，未能见效的最直接原因并不在于此，而是肆虐的党论与肆为异同的朋党政治。

以喜同恶异、党同伐异为表现特征的朋党政治，虽然使北宋政坛陷入了周期性反复动荡的怪圈之中，北宋政权也随之走上了灭亡

---

① 《要录》卷八"建炎元年八月乙亥"条，第232页。
② 《要录》卷七"建炎元年七月癸丑"条注引吕中《大事记》，第215页。
③ 《宋宰辅编年录校补》卷一四"建炎元年八月丁丑"条，第904页。
④ 《朱子语类》卷一三一《中兴至今日人物上》，第3140页。

之路，其教训是无比沉痛的，但朋党政治并没有因此有所收敛，而是犹如具有极强抗药能力的流行性病菌，继续顽固地侵蚀士大夫的肌体，不时地毒化士大夫的性格，使之成了无法根除的病灶。一经外界气候的诱发，这一病灶就会急剧地膨胀，并明显表现出类同攻击型精神病患者的病症，原本具有的正常理智变得荡然无存。和李纲一样"不与金人俱生"的张浚党同新朝"帝师"汪伯彦、黄潜善，肆意攻讦李纲及其党人，便典型地体现了这个病症的危害。在这个病症肆虐的环境里，李纲收复失地的"大纲领"自然举步维艰了；易言之，即便李纲心细而又周密，其"大纲领"完全可以用来收复已失之地，也是无法真正实施的。

建炎二年（1128）三月，坚守在东京留守的宗泽上疏"乞车驾还京"，力斥高宗流亡政府不断南逃之举，并认为这是"逊言逊行"之党排斥"危言危行"之党后的"奸邪之谋"：

> 臣闻范仲淹云："天下之事有二党焉，一党曰：'发必危言，立必危行，王道正直，何用曲为。'一党曰：'逊言易入，逊行易合，人生安乐，何用忧为。'天下之治乱，在二者胜负耳。"大抵危言危行，是欲致君于无过，置民于无怨而已，天下岂有不治者乎？若夫逊言逊行之徒，阿谀曲折，随意所向，逢迎苟合，君施恩于上，而下弗被，民怀怨于下，而上弗知，如是天下岂有不乱者乎？今之士大夫，志气每下，议论卑陋，上者不过持禄保宠，下者不过便文自营，曾不能留心恻怛，为陛下思承祖宗二百年大一统基业为可惜！[①]

[①]《要录》卷一四"建炎二年三月己亥"条，第346页。

这里所谓的"逊言逊行"之党，无疑是指汪、黄集团。宗泽是拥立高宗即位的一位老臣，但其政治态度和人格品质是不能与汪、黄之徒相提并论的。建炎元年（1127），宗泽在赴襄阳知州任时，途经应天府，朝见高宗，也与李纲会面。宗泽比李纲长一辈，但两人在饱经患难之余，互诉衷情，深以国事为忧。宗泽既公开斥责黄潜善为"闲人"，汪伯彦为"微人"①，又上奏批评"割地请和之议"，并指出"愿陛下亦赫然震怒，一洗前日之耻，未闻有所号令，作新斯民，岂可复徇奸邪之议哉"！李纲在高宗面前，力陈宗泽"卓荦有节气"，"绥集旧邦，非泽不可"。高宗便命宗泽出任开封知府、东京留守。②于是，李纲执政主内，修缮朝纲，"方成朝廷"；宗泽领兵对外，在开封指挥抗金，深得主战者的推崇。李、宗二人在开封依然为京师还是将京师徙移他处这一问题上，意见不尽一致，但均"以修政攘夷为己任"，是志同道合的主战派人士。建炎二年（1128）三月至五月，宗泽"抗疏请上还京（汴京），凡二十余上"③，上列文字即为其中之一。文中引用范仲淹的论断，在理论上概括当时朋党双方的不同行为与境界，虽从作为一个主战者的心理与立场出发，也道出了整个主战派的心声。这对于汪、黄相党来说，未必能认同，但至少揭示了在非常时期，士大夫群体内部未能齐心协力、团结一致而分朋结党、交相纷争的事实，其中对"逊

---

① 刘克庄：《宗忠简遗事》，《后村先生大全集》卷九八，《四部丛刊初编》，第1312册，第89页。
② 王柏：《宗忠简公传》，《鲁斋集》卷一四，《全宋文》，第338册，第371-381页。
③ 《要录》卷一五"建炎二年五月辛卯"条，第368页。

言逊行"之党的剖析,与汪、黄的所作所为基本一致。宗泽也正在汪、黄的百般阻挠下,所请未果而"忧愤成疾,疽发于背",致使"出师未捷身先死"。

在南宋主战人士看来,李纲去位、宗泽病故,是金人最终能占据整个中原的直接因素,用吕中的话来说,金兵"既破一州,又取一州,使忠臣义士,守孤城以待尽,非虏杀之也,实朝廷杀之也"①。这里所说的"朝廷",就是在汪、黄相党集团控制下的朝廷;该相党对外以求和避让为先,对内以党同伐异为务。建炎二年(1128)九月,殿中侍御史马伸上疏斥责汪、黄与亲旧李逭、张浚之徒结党营私,忌张悫、宗泽、许景衡等忠良之才,要求"速罢潜善、伯彦政柄,别择贤者,共图大事",但高宗非但"疏留中不出",不予理睬,而且"诏责伸言事不实,送吏部濮州监酒。潜善促使上道,竟死途中,天下冤之"②;史载高宗亡命扬州时,下"德音释诸路囚杂犯死罪以下,士大夫流徙者悉还之,惟责授单州团练副使李纲不以赦徙。盖黄潜善建陈,犹欲罪纲以谢虏也"③。李纲被贬后,汪、黄相党集团为了推行求和避让方针而排斥异己的活动及其程度,由此可见一斑;而高宗却又自欺欺人地说:"潜善作左相,伯彦作右相,朕何患国事不济。"④这正是汪、黄在党同伐异中有恃无恐的根源所在。

---

① 《要录》卷一一"建炎元年十二月甲戌"条注引《大事记》,第291页。
② 《要录》卷一七"建炎二年八月庚申"条,第406页;同卷"建炎二年九月癸未"条,第410页。《宋宰辅编年录校补》卷一四"靖康三年二月乙巳"条附,第917页。
③ 《要录》卷二〇"建炎三年二月乙丑"条,第466页。
④ 《要录》卷一八"建炎二年十二月己巳"条,第435页。

不过，高宗即位于亡乱之际，其所面临的既不是开国之主那种一往直前的煌煌之业，又不完全是守成之君所有的那种现成的江山政局，但也毕竟不是徽宗之类的亡国昏君。建炎三年（1129）二月的扬州之警，使他幡然省悟：保其身若赤子的汪、黄，不能保其身家性命之安。所以，毅然放弃了最初拥立他的朋党集团，重组其流亡政府。

可是，高宗于建炎三年（1129）二月罢去汪、黄左右相柄，其即位以来以"藩邸旧人"为亲信及汪、黄的党同伐异，却在官僚的除授上存在严重不公的现象，使人心背反，导致了苗、刘军事政变。与此同时，新的宰辅班子也并不完全以国事为重精诚合作，自建炎三年（1129）二月的扬州之警至同年三月的苗刘政变、从建炎三年（1129）十二月至次年（1130）四月的海上流亡、再到绍兴二年（1132）的政局渐趋稳定这四年时间中，相党之争从未间断过。"党与既植，同门者互相借誉，异己者力肆排摈"①，也是这一时期政治的主要表现形态。所以宰辅旋罢，如走马观灯，在位时间最长的吕颐浩、范宗尹、赵鼎、秦桧四人，均在一年之内被罢去，致使相党更迭，政出多门。也许是为了杜绝这种现象，高宗于绍兴元年（1131）十月首次下禁党论之诏：

> 党锢之论，自古病之，本朝自章惇、蔡京，首建元祐之党。至崇宁、宣和间，委任一相，则天下人材，不归蔡京，则归王黼之门矣。恭闻太上内禅之日，已自悔为奸臣蒙蔽，乃属其大臣，令辅渊圣，尽用司马光政事。逮朕嗣位以来，尊用太

---

① 《要录》卷五八"绍兴二年九月戊午"条，第1165页。

上玉音,追复元祐臣僚官职,又录用其子孙,亦欲破朋党之论也。方今国削而迫,殊乏贤能干蛊之士,与共图治,而于推择除授之际,尚以蔡京、王黼门人为嫌,似未通变。自今应京、黼门人,实有材能者,公举而器使之,庶几人人自竭,以济艰难之运。①

据载,"时吕颐浩为政,喜用才吏,以其多出京、黼之门,恐为言者所指,乃白于上,下此诏焉"②。吕颐浩于建炎三年(1129)四月任左相,八月转右相,次年(1130)四月,御史中丞赵鼎等"交论吕颐浩之失,乃以使相宫使罢左仆射"③;绍兴元年(1131)九月复左相,与右相秦桧共掌朝政。吕、秦又各荐引同己,以为党助。对此,高宗于绍兴二年(1132)四月再下戒朋党诏:

朕瘝瘝中兴,累年于兹,任人共政,治效缺然。载加考绩,登庸二相,盖欲其谋断,协济事功,倚毗眷遇,体貌惟均。凡一时启拟荐闻之士,顾朕拔擢任使之间,随其才器,试可乃已,岂有二哉?尚虑进用之人,才或胜德,心则媚奥,潜效偏私,浸成离间,将见分朋植党,互相倾摇,由辨之不早辨也,可不戒哉?继自今,小大之臣,其各同心体国,敦尚中和,交修不逮,如或朋比阿附,以害吾政治者,其令台谏论列闻奏,朕当严置典刑,以诛其意。④

---

① 《要录》卷四八"绍兴元年十月乙丑"条,第1001页。
② 《要录》卷四八"绍兴元年十月乙丑"条,第1001页。
③ 《宋宰辅编年录校补》卷一四,第949页。
④ 《要录》卷五三"绍兴二年四月癸未"条,第1089—1090页。

高宗在半年之内，两下诏书，严戒朋党，既可见当时在宰辅侍从间结党风气之盛；又似乎表现出了杜绝朋党现象的决心。而联系两下诏书的具体背景，虽然不尽相同，但都与靖康以来的朋党之争密切相关。建炎四年（1130），赵鼎等人弹劾吕颐浩之失，一个重要因素就在其所用之人"多出京、黼之门"；绍兴元年（1131）吕颐浩与秦桧同秉国政后，秦桧荐引同己，以为党助，所针对的也正是"多出京、黼之门"的吕颐浩党。赵鼎与秦桧在后来的政治活动中，虽然成了你死我活、势不两立的冤家，在建炎末、绍兴初，两人在用人态度上，则是基本一致的。赵鼎是南渡以后维护"元祐党人"，尤其是道学人士的最忠实、也最勇敢的卫士，秦桧在首入政府时，也不遗余力地荐引道学之士。而高宗第一次下诏戒朋党，是为了消解"言者"指控吕颐浩"喜用才吏，以其多出京、黼之门"之实，不过，吕颐浩最终还是因"言者"的指控而罢相。第二次则因"桧知颐浩不为时论所与，乃多引知名之士为助，欲倾颐浩而专朝权，上颇觉之，故下是诏"。①所谓"不为时论所与"，原因之一就是多用京、黼门人。而这次却以秦桧罢相，秦党数十人相继去国而告终。

当然，高宗两次下诏戒朋党，并不意味着杜绝了朋党现象，他反对在"推择除授之际，尚以蔡京、王黼门人为嫌"，也并不意味偏袒蔡、王门人而排斥"元祐党人"及其弟子。恰恰相反，当其惊魂初定，并在偏安江南的政局基本确立后，旋即实施"绍兴更化"，从中作了"朕最爱元祐"的政治与学术选择，对熙宁以来的新党之

---

① 《要录》卷五三"绍兴二年四月癸未"条，第1090页。

政进行了全面清算，而此时的士大夫也结束南渡以来流落与人伍的亡命生涯，较靖康与建炎年间，有了"宽松"的环境和充裕的时间，得以饱满的斗志投入更大规模的党同伐异的活动中来。

第三节 "最爱元祐"与"绍兴更化"

建炎末、绍兴初，由于吕颐浩、朱胜非二相在加大财政收入的同时，推行"先平内寇，然后可以御外侮"的施政纲领，至绍兴二年（1132）底，国内形势已有改观。这一年的十一月，左仆射吕颐浩屡请"举兵北向，以复中原"，其理由除了"向者邵清扰通、泰，张琪劫徽、饶，李成破江、筠，范汝为据建、剑，孔彦舟、马友、曹成等为乱于江湖，朝廷枝梧不暇，今悉已定"外，更重要的是：

> 昨自维扬之变，兵械十亡八九。未几，虏分三路入寇，江、浙兵皆散而为盗。自陛下专意军政，拣汰其冗，修饬器甲，今张浚（俊）军三万，有全装甲万副，刀枪弓箭皆备；韩世忠军四万、岳飞军二万三千、王璆军一万三千，虽不如浚（俊）之军，亦皆精锐；刘光世军四万，老弱颇众，然选之亦可得其半。又神武中军杨沂中、后军巨师古，皆不下万人。而御前忠锐，如崔增、姚端、张守忠等军亦二万。臣上考太祖之取天下，正兵不过十万，况今有兵十六七万，何惮不为！①

与此同时，吕颐浩于同年九月建请"遣使宣谕江、浙、湖、

---

① 《要录》卷六〇"绍兴二年十一月己巳"条，第1197—1198页。

广、福建诸路",以重建战乱后近于瘫痪的地方政府。①至绍兴三年至四年(1133—1134),所遣五路宣谕使相继返回,"凡五使所按吏,总七十有九人,荐士五十有七人。而刘大中所劾多大吏,(明)橐、大中、朱异所举多闻人"②。内政的有所改善,也使得高宗萌发出欲"抚师江上"之想,以至"言战"成为当时"迎合可取高位"的一个渠道。③

当然,这是政局初稳时高宗君臣和主战人士的一种良好愿望而已。事实上,正如礼部尚书洪拟所指出的,无论是将士的战斗力抑或财用方面,都不具备与金作战的条件④,宋方守有余而攻不足。所以尽管这时的抗战呼声不小,主战与主守两种意见却难以统一,更谈不上采取军事行动。而在绍兴二年(1132)八月秦桧罢相的前半个月,被拘留在金国长达五年之久的使臣王伦被遣回,高宗随即遣使报聘,并于次年(1133)五月再遵金人"欲重臣通使以取信"的条件,遣同签书枢密院韩肖胄充大金奉表通问使,与金和议。在这次和议中,金人提出的讲和条件是"画江以益刘豫"⑤,与高宗本欲取代刘豫的讲和期待不同,所以,"时房所议事,朝廷皆不从",反而"遣(章)谊等请还两宫及河南地"。⑥此时宰相朱胜非"方主和议",又"白上营宗庙于临安",以为定都计。⑦因此,高宗在一时的"抚师江上"之想后,转为对外履行和议,对内实施"更

---

① 《要录》卷五八"绍兴二年九月壬午"条,第1174页。
② 《要录》卷七三"绍兴四年二月戊子"条,第1398页。
③ 《要录》卷六〇"绍兴二年十一月壬申"条,第1200—1201页。
④ 《要录》卷六〇"绍兴二年十一月壬申"条,第1201页。
⑤ 《要录》卷七一"绍兴三年十二月己酉"条,第1380页。
⑥ 《要录》卷七二"绍兴四年正月乙卯"条,第1383页。
⑦ 《宋史》卷三六二《朱胜非传》,第11318页。

化"。

关于绍兴初"改弦更化"的内容与成效，胡寅曾作过这样的总结：

> 靖康元祀，遂撤王安石配食坐像，废《字说》勿得用，俾学者兼用先儒，收召遗老佚贤，欲改弦更化。虽狂澜既倒，捧土莫遏，而遗书幸存。出于良知者，如济贯河，终不泯没。然后益信仁者人之本心，大中至正，是是昭昭，未尝亡也，人自不求尔。今皇帝勇智中兴，灼知祸败之衅，本由王氏以其所学迷误天下，变乱宪章，得罪宗庙。于是诏三省：政事并遵至和、嘉祐。发自圣性，笃好孔子所作、安石所废之《春秋》；又于讲筵进读神祖所序司马光所纂之《通鉴》，下杨时家，取《三经义辩》，寘之馆阁；选从程氏学士大夫渐次登用，甄叙元祐故家子孙之有闻者，仍追复其父祖爵秩，将以刬削蛊蠹，作成人物。朝冀贤才之赖，国培安固之基。此绍兴五、六年间大哉王言，一哉王心，凡百臣子所宜和衷将顺，不忍违矣。①

据此，绍兴"更化"在靖康元年就已露端倪，至绍兴五、六年（1135—1136）间取得全面成功；"更化"的主要内容有二：一是为元祐党人平反，"甄叙元祐故家子孙"；一是废弃安石之学，"选从程氏学士大夫"。二者实出一途，下列君臣对话说明了这一点：

> （范）冲因论熙宁创制，元祐复古，绍圣以降，弛张不一，

---

① 《〈鲁语详说〉序》，《崇正辩　斐然集》卷一九，第404页。

本末先后，各有所因，不可不深究而详论。读毕，上顾冲云："如何？"对曰："臣闻万世无弊者，道也，随时损益者，事也。仁宗皇帝之时，祖宗之法，诚有弊处，但当补缉，不可变更。当时大臣如吕夷简之徒，持之甚坚，范仲淹等初不然之，议论不合，遂攻夷简，仲淹坐此迁谪，其后夷简知仲淹之贤，卒擢用之。及仲淹执政，犹欲伸前志，久之，自知其不可行，遂已。王安石自任己见，非毁前人，尽变祖宗法度，上误神宗皇帝，天下之乱，实兆于安石，此皆非神祖之意。"上曰："极是！朕最爱元祐。"[1]

高宗所谓的"最爱元祐"，便是这次"更化"的前提，其诏三省"政事并遵至和、嘉祐"，就是建立在这个前提之下的。也就是说，"绍兴更化"的主要目的在于更改熙、丰及绍圣以来的政治而恢复元祐政术。要恢复元祐政术，不外乎起用心仪元祐之政的官员和张扬指导元祐之政的学术两个方面。前者在建炎初就已展开，自建炎元年（1127）二月至绍兴六年（1136）五月，宋廷屡下诏书，为蔡京所立"元祐党人碑"中的官僚及元符末上书入籍之人平反，并申命其子孙"经所在自陈，尽还应得恩数"[2]。据李心传《建炎以来系年要录》记载，在这不到八年的时间里，"还其恩数"和"甄叙元祐故家子孙"，凡四十九次，三百二十余人次。对此，引起了当权者的争议：

---

[1] 《要录》卷七九"绍兴四年八月戊寅"条，第1487页。
[2] 《要录》卷三五"建炎四年七月丁巳"条，第799页。

上谓大臣曰:"元祐党人固皆贤,然其中亦有不贤者乎?"吕颐浩等曰:"岂能皆贤?"徐俯曰:"若真元祐党人,岂有不贤?但蔡京辈,凡己之所恶,欲终身废之者,必名之元祐之党,是以其中不免有小人。"①

吕颐浩时为左相,如前文所述,其所用材吏,多蔡京、王黼门人,徐俯于靖康年间致仕,由于是"一色元祐"黄庭坚的外甥而得朝廷"恩数",绍兴二年(1132)除右谏议大夫,不久知枢密院事,荣入宰辅行列,是"绍兴更化"中的受益者之一。吕颐浩认为"元祐党人"并非皆贤,无疑是针对凡是"元祐党人"及元符上书人"尽还应得恩数",以及凡是元祐故家子孙,不问贤否,例加甄叙的"更化"之举而言的;作为在此举动中的受益者,徐俯也不认为"元祐党人皆贤"。事实上,高宗曾当面对大臣说:"元祐之人虽贤,其子孙亦不必偏用,余人亦不可偏废"②;至绍兴六年(1136)正月,由于甄叙太滥,出现了其"子孙又从而藉口,侥觎恩典"的"伤教败俗"之风气,并为之"申命给、舍甄别元祐党籍"。③其实,这正是围绕"更化"展开的朋党之争的表现之一。

尽还"元祐党人"之"恩数",尽叙元祐故家之子孙,是在"朕最爱元祐"之前提下进行"更化"的一项重要内容。关于包含其中的用意,高宗曾作有这样的说明:"逮朕嗣位以来,遵用太上(徽宗)玉音,追复元祐臣僚官职,又录用其子孙,亦欲破朋党之

---

① 《要录》卷六七"绍兴三年七月甲午"条,第1315页。
② 《要录》卷六五"绍兴三年五月戊寅"条,第1281页。
③ 《要录》卷九七"绍兴六年正月癸酉"条,第1848页。

论也。"①赵构在非常时期以非常方式建立南宋政权,当然首先需要获取朝野的支持,所以他以"追复元祐臣僚官职,又录用其子孙"的方式收揽人心,是完全可以理解的。然而,南宋朝廷"最爱元祐"的极端化的政治倾向,却在客观上使党论蜂起,为现实中的朋党之争,注入了一帖兴奋剂。这在绍兴元年至二年(1131—1132)的秦桧、吕颐浩两相党之争中,就已充分表现了出来。

秦桧于绍兴元年(1131)二月任参知政事,同年八月除右仆射。当其为相后,便荐引同己,以为党助,如:绍兴元年(1131)十月,将龟山门人、吏部员外郎廖刚擢为守起居舍人,至二年(1132)二月,廖刚又为权吏部侍郎、兼侍读②;同年十一月,"右文殿修撰、提举临安府洞霄宫胡安国试中书舍人兼侍讲,秦桧荐之也"③;绍兴二年(1132)二月,"礼部员外郎王居正(按:杨时门人)试太常少卿。右修职郎陈渊(按:杨时门婿)充枢密院计议官。渊,瓘兄孙,举进士不第,秦桧荐其才而有是命"④。如此等等,不一而足。这些被秦桧所举的官僚,均为程氏洛学的重要传人,也就是前引胡寅所谓"选从程氏学"的具体表现,完全合乎"最爱元祐"的政治倾向。同时,秦桧既以这些洛学传人为党助,

---

① 《要录》卷四八"绍兴元年十月乙丑"条,第1001页。
② 《要录》卷四八,"绍兴元年十月甲戌"条,第1008页。卷五一,"绍兴二年二月癸酉"条,第1056页,"绍兴二年二月丁丑"条,第1058页。
③ 《要录》卷四九"绍兴元年十一月乙未"条,第1019页。
④ 《要录》卷五一"绍兴二年二月丁亥"条,第1063—1064页。又据《要录》卷五六"绍兴二年七月丁卯"条:"居正素与秦桧善。"第1139页。

洛学传人则也十分激赏秦桧①，在秦桧入为参知政事时，"私淑洛学而大成"、"南渡昌明洛学之功"几侔于程颐四大弟子之一杨时的胡安国竟至"喜而不寐"。②秦桧荐引洛学人士的目的，在于扩大自己的政治势力，倾陷吕颐浩之党。据载：

> 诏置修政局。时尚书左仆射吕颐浩既督军于外，右仆射秦桧乃奏设此局，命桧提举，而参知政事翟汝文同领之。又以尚书户部侍郎黄叔敖为参详官，起居郎胡世将、太常少卿王居正为参议官，尚书右司员外郎吴表臣、屯田员外郎曾统、兵部员外郎楼炤、考功员外郎张嵲并为检讨官。置局如讲议司故事。③

其中翟汝文尝"从苏轼、黄庭坚游"④，可归于苏氏蜀学，蜀学亦为"元祐学术"的组成部分；王居正为杨时门人，吴表臣为程颐门人周行己弟子，楼炤、张嵲虽皆曾为蔡京门客，但却是北宋末蔡京执政时荐用杨时者。⑤由此也可见，修政局是秦桧扩大政治势

---

① 如《朱子语类》卷一三一《中兴至今日人物上》："秦会之（桧）尝为密教，翟公巽时知密州，荐试宏词。游定夫（酢）过密，与之同饭于翟，奇之。后康侯（胡安国）问人才于定夫，首以会之为对，云：'其人类荀文若。'"又载："京城破，虏欲立张邦昌，执政而下，无敢有异议，惟会之抗疏以为不可。康侯（胡安国）亦义其所为，力言于张德远（浚）诸公之前。后会之自海上归，与闻国政，康侯属望尤切，尝有书疏往来，讲论国政。"（第3153页）
② 《宋元学案》卷三四《武夷学案序录》，《黄宗羲全集》，第4册，第449页；《朱子语类》卷一三一《中兴至今日人物上》，第3153页。
③ 《要录》卷五四"绍兴二年五月丙戌"条，第1118页。
④ 《宋史》卷三七二《翟汝文传》，第11544页。
⑤ 《宋史》卷三七九《张嵲传》，第11696页。

力的产物,是其党同伐异的一个重要基地,攻伐的对象是喜用蔡京、王黼门人与材吏的吕颐浩集团。秦桧所建请设修政局,虽"如讲议司故事",但与蔡京的讲义司正好相反,是用来探讨"省费裕国,强兵息民"的办法的,用吕颐浩的话来说,就是"以苛刻为务,事图减削,过为裁抑"。①而道学人士本以义利之辨为己任,对吕颐浩集团的敛财之举,自然不会认同而为秦桧之举推波助澜了,即正史所谓秦桧"党与既植,同门者互相借誉,异己者力肆排摈"②。作为被排摈的吕党,当然不会无动于衷,而且迅速地作了还击:

> (绍兴二年八月)观文殿学士朱胜非复知绍兴府。先是,吕颐浩自江上还,欲倾秦桧而未得其要。过平江,守臣席益谓之曰:"目为党可也,然党魁在锁(琐)闼,当先去之。"颐浩大喜,乃引胜非为助。③

所谓"党魁在琐闼",就是指身在讲筵的胡安国。吕颐浩反击秦桧是从道学家胡安国入手的,这正说明了道学人士在秦桧党同伐异中的地位与作用。而对于吕颐浩的举措,秦桧党羽立马作出反应。作为"党魁"的胡安国,历数被吕颐浩所起用的前宰相朱胜非三大罪状:一是附会黄潜善、汪伯彦,导致"南狩仓皇,国势岌岌";二是"尊用张邦昌,结好金国",又叙录张邦昌子孙,"沦灭

---

① 《要录》卷五八"绍兴二年九月戊午"条,第1165页。
② 《要录》卷五八"绍兴二年九月戊午"条,第1165页。
③ 《要录》卷五七"绍兴二年八月壬辰"条,第1149页。

三纲,天下愤郁";三是苗、刘作乱时,"贪生苟容,辱逮君父"①。朱胜非本为蔡京党人"邓洵武家婿,王黼之客"②,其所著《秀水闲居集》对"元祐党人"及南渡后推崇元祐政事与学术者多有微词,政治立场与吕颐浩相一致,但并不完全如胡安国所说的那样罪大恶极。在苗、刘军事政变中,身为宰相的朱胜非从中斡旋,由年仅三岁的皇子继位,孟太后垂帘,完全是缓兵之计;后来吕颐浩、张浚发兵勤王,没有朱胜非的配合,也是很难成功的,也即高宗当场驳斥胡安国时所说的:"昨逆傅作乱,而胜非卒调护于内,使勤王之师,得以致力。"因此,胡安国抨击朱胜非的不实之词,为吕颐浩清除秦桧党羽提供了依据。吕颐浩据以向高宗指出:"朋比之风,自蔡京始","莫可遏止",贻害至深,要求尽去"朋比"恶习,"不可再也"。③在他的不断反击下,胡安国、吴表臣、江跻等二十余个秦桧党羽被逐出朝廷,秦桧以"凭恃其党,排摈所憎","滋长奸朋"之罪罢相④,"自是台省一空矣"⑤。

秦桧相党虽然败北,但并不标志"更化"的结束。绍兴四年(1134)秋,金伪联军入侵,参知政事赵鼎力赞高宗的反击之谋,于九月迁右相,吕颐浩在赵鼎党羽的弹劾下,被罢左相。较诸秦桧,赵鼎对程颐道学私淑更勇,在其为相期间,对道学人士的荐引

---

① 《要录》卷五七"绍兴二年八月壬辰"条,第1149—1150页。
② 胡寅:《再论朱胜非》,《崇正辩 斐然集》卷一五,第329页。
③ 以上均见《要录》卷五七"绍兴二年八月壬辰"条,第1150页。
④ 《宋宰辅编年录校补》卷一五,第981页。按:《要录》卷五七"绍兴二年八月甲寅"条:"上谓(綦)崇礼曰:'桧言南人归南,北人归北。朕北人,将安归?'又桧言:臣为相数月,可使耸动天下。今无闻。'"(第1160—1161页)这是秦桧罢相的一个重要原因。
⑤ 《要录》卷五七"绍兴二年八月壬子"条,第1159页。

更是不遗余力,"选从程氏学士大夫"的政治局面,至此始告形成,"伊洛之学从此得昌"。全祖望指出:

> 中兴二相,丰国赵公(鼎)尝从邵子文(伯温)游,魏国张公(浚)尝从谯天授(定)游。丰公所得浅,而魏公则惑于禅宗,然伊洛之学从此得昌。①

张浚于绍兴四年(1134)十一月知枢密院,次年(1135)二月迁右相,与左相赵鼎共执朝政。赵鼎早在执政以前就持尊洛排王的思想,建炎三年(1129)六月,罢王安石配享神宗庙廷,就是因赵鼎建言所致,绍兴四年(1134)三月任参知政事时,荐引了一批以洛学人士为主的官员,如杨时门人王居正,许景衡门人吕祉、董弅、林季仲,谢佐良门人陈橐、朱震,伊川再传范同、吕本中等。②半个月后,又引胡寅为起居郎,尤袤为右迪功郎。而在绍兴四年(1134)九月庚午朱胜非罢相的第二天,也就是赵鼎拜相的前两天,他又急切地引用熊彦师以及杨时门人喻樗、王居修等人。在命官制词中,又特别褒扬了他们继述洛学的思想:

> (喻)樗之制曰:"自熙宁用事之臣,讬儒为奸,而斯文几丧五十余年。其间不以一时之是非毁誉动其心,而能审是其所学,以不失其正者,岂非豪杰之士欤!尔少禀异才,辅之笃学,谋道力久,卒用有成。既穷伊洛之渊源,遂见古人之大

---

① 《宋元学案》卷四四《〈赵张诸儒学案〉序录》,《黄宗羲全集》,第4册,第720页。
② 《要录》卷七四"绍兴四年三月戊午"条,第1410页。

体,蔼然令闻,达于朕闻,燕见便朝,有嘉献纳,改锡京秩,将试尔能。夫大学之道,由诚意正心,以至于治天下国家,此尔昔之所闻于师,而成已成物之要在是也。勉行汝知,无负所学。"(王)居正之词也。①

赵鼎任相后,更多的洛学人士得到了荐拔和迁升,如引胡安国门人仲并不久,又特予改为左承奉郎,张九成转太学博士,王居正转兵部侍郎,晏敦复转吏部侍郎,朱震转秘书少监后,旋改起居郎兼侍讲,范冲转直史馆后,旋改起居郎兼侍讲。如此等等,难以尽举,甚至出现了"托称伊川门人者即皆进用"的现象。②这以具体行动延伸了徐俯"元祐党人,岂有不贤"的观念,而其目的就是为了搭建以自己为核心的相党班子。

如果说赵鼎不遗余力地"甄叙元祐故家子孙",特别是伊川门人,是为当时的"更化"提供组织人事上的保障,那么彻底清算"熙宁用事之臣,讬儒为奸"之学而全面张扬元祐学术,尤其是伊川之学,则是为"更化"奠定意识形态上的基础。后者的一个重要举措,就是重修《神宗实录》。

重修《神宗实录》的计划在绍兴四年(1134)六月就已提出,但由于朱胜非、吕颐浩仍在相位,所以未能及时落实,而且在由谁来重修的问题上,出现了颇为激烈的争论。在赵鼎的安排下,范冲除宗正少卿兼直史馆,负责重修《神宗实录》,右相朱胜非却奏曰:"(范)冲谓史馆专修神宗、哲宗史录,而其父祖禹,当元祐中任

---

① 《要录》卷八〇"绍兴四年九月辛未"条,第1517页。
② 《中兴小纪》卷一八"绍兴五年二月庚子"条,《丛书集成初编》,第3859册,第214页。

谏官，后坐章疏议论，责死岭表，而《神宗实录》，又经祖禹之手，今既重修，则凡出（蔡）京、卞之意，及其增添者，不无删改。倘使冲预其事，恐其党未能厌服。"①为了给"元祐更化"提供理论依据，"元祐党人"组织馆臣首次修定了《神宗实录》，范祖禹为检讨官。绍圣以后，新党为了"绍述"王安石新法，重新修《神宗实录》，为其"绍述"之政张本；同时，当新党重返政坛之初，便首拿《神宗实录》开刀，称之为"谤书"，贬斥参与编写的元祐馆臣，范祖禹就是卒于贬所的馆臣之一。朱胜非以委婉的言语，反对范冲负责再次修《神宗实录》，原因就在于此；赵鼎极力主张自己的亲戚范冲"预其事"，目的也在于此。换言之，范祖禹因修《神宗实录》而贬死他乡，所以其子范冲心怀"不共戴天"之仇，由他负责这次重修，自然更能彻底贯彻赵鼎的意图，也使高宗在意识形态上的"更化"更具彻底性。事实上，范冲不负高宗和赵鼎的厚望。据载：

> 绍兴四年八月戊寅朔，宗正少卿兼直史馆范冲入见。冲立未定，上云："以史事召卿。两朝大典，皆为奸臣所坏，若此时更不修定，异时何以得本末。"……（范）冲对："先臣修《神宗实录》，首尾在院，用功颇多。大意止是尽书王安石过失，以明非神宗之意。其后安石婿蔡卞怨先臣书其妻父事，遂言哲宗皇帝绍述神宗，其实乃蔡卞绍述王安石。惟是直书安石之罪，则神宗成功盛德，焕然明白。"②

---

① 《要录》卷七七"绍兴四年六月丙申"条，第1460页。
② 《要录》卷七九"绍兴四年八月戊寅"条，第1487页。

范冲所说的"惟是直书安石之罪,则神宗成功盛德,焕然明白",成了这次重编《神宗实录》的宗旨。这个宗旨不仅具体体现了高宗、赵鼎君臣的"更化"意图,而且昭示了范冲对王安石及新党所怀有的极度仇恨的心理。其实,这种心理不完全是范冲一个人所有,而是"元祐故家子孙"包括像赵鼎那样的私淑道学者长期以来所普遍具有的,如前文所述,早在靖康党争中,杨时、李光、崔鶠等唯恐内政不乱之徒,业已发泄这种心理,只是当时的气候和条件尚未成熟,未能转化为左右政坛的政治倾向,至绍兴初,以高宗"朕最爱元祐"为前提的"更化",却将这一心理转化成了主导朝政的巨大的政治势力和政治动力;反过来说,这种积蓄已久的情绪,极为有效地推进了绍兴"更化",也将这次"更化"推向了意气化的境地。实际上,宰相赵鼎利用了"朕最爱元祐"的金字招牌,以"元祐学术"为旗号,为扩大其相党势力提供历史依据。

在高宗的热情支持下,《神宗实录》的重修得以按照上述范冲所提出的编修宗旨顺利展开。绍兴五年(1135)九月乙酉,左仆射、监修国史赵鼎先将已著重修《神宗实录》的五十卷上呈高宗,后三日,赵鼎进二官为左光禄大夫,主修官范冲及参与编修的张九成、李公懋、李弥正、喻樗、常同、王居正、刘大中、熊彦诗等人均进官加爵[①],至绍兴六年(1136)正月癸未,全部修成,共二百卷。

赵鼎"素重伊川程颐之学,元祐党籍子孙,多所擢用,去贼

---

① 《要录》卷九三"绍兴五年八月乙酉"条,第1785页。

吏，进正人，时号为贤相，翕然有中兴之望"①；但在另一部分"时人"中，却把赵鼎列入"伊川三魂"的行列中："鼎为真魂，居正为强魂，言其多忿也，故工部侍郎杨时为迁魂，言其身死而道犹行也"；又将这"三魂"与喻樗、张嵲一起，"以元祐中五鬼配之"。②两种评价，截然不同。暂且不论赵鼎是令人敬慕的"贤相"还是令人憎恶的"鬼魂"，其所用之人是否为"正人"，有一点却是可以肯定的，那就是赵鼎的所作所为，完全是情绪化和意气化了；而从上述范冲对"新学"的看法，以及在赵鼎领衔下重修《神宗实录》"惟是直书安石之罪，则神宗成功盛德，焕然明白"的宗旨观之，则至少可以说明，赵鼎及其所进之"正人"，严重缺乏客观地认识历史、周全地处理现实问题的诚意，意气有余而理智不足，其文化心理和政治性格是残缺不健全的，因而，在他主持下的"更化"之举，也是不可能有益于南宋中兴的。前引胡寅所谓这次"改弦更化"达到了"朝冀贤才之赖，国培安固之基。此绍兴五、六年间大哉王言，一哉王心"的效果，只不过是一种朋党之见罢了。

绍兴七年（1137）九月，自庐陵以左司召还的李弥逊，将在多年地方官任上的所见所闻上奏高宗，奏中以大量事实指陈"州郡挠弱""朝廷之势不固"的现实后说："臣愚愿慎择贤材以任帅守，假之事权，使得竭才展效，镇安一方，上宽顾忧，下销奸宄，以效臂指之用。昔董仲舒曰：'当更化而不更化，虽有大贤，不能善治。'

---

① 《要录》卷八六"绍兴五年闰二月丁未"条，第1633页。
② 《中兴小纪》卷一八"绍兴五年二月庚子"条，《丛书集成初编》，第3859册，第215页。

今政解而更张之时也。"①对于以"最爱元祐"为前提的规模不小的"更化",李弥逊自然了如指掌,他借用董仲舒的话,提醒高宗进行"更化"的必要性和重要性,主要是就"州郡挠弱"和"朝廷之势不固"的现实状况而言的,而不是那种为北宋党争的"死灰"争是非和在用人上以党划线的"更化"。这种"更化"将士大夫的精力引向了意气化的朋党之争,极大地影响了国家的"善治",推进了"今日的政解"。事实上,"最爱元祐"的极端化的政治倾向,不仅为现实中的党争注入了一帖兴奋剂,使复国不久、百废待新的南宋政治旋入内乱之中,同时又孕育了新一轮的相党之争。在李弥逊呼唤真正的"更化"之时,正值赵鼎相党与张浚相党相争犹酣之际;而赵、张两相党之争,便是这次"更化"的直接产物。

---

① 《绍兴七年自庐陵以左司召上殿札子三道》(其一),《筠溪集》卷一,影印《文渊阁四库全书》,第1130册,第589页。

第二章

从"赵张之争"到"绍兴和议"

自建炎元年(1127)至绍兴初,高宗政府经历了从居无定所的流亡到定都临安的过程。在这个过程中,对外实行了从避让到对抗的战略转变,对内则逐渐实施了"更化"。而"更化"带来的后果,并没有使内政有所"善治",相反,在很大程度上重现了北宋中后期朋党政治的格局。这种格局随着绍兴十一年(1141)"和议"战略的正式确立,又进入了一个新的发展时期,也将"后新旧党争"推向了一个高峰。

第一节 "绍兴更化"与"赵张之争"

绍兴五年(1135)二月,赵鼎与张浚并相,高宗"以边事付浚,而政事及进退人才,专付于鼎"①,一主于内,一主于外。两人相处,亲如兄弟,然而为时不长。绍兴六年(1136)十二月,在张浚的排击下,赵鼎被罢左相;绍兴七年(1137)九月,在赵鼎党

---

① 《要录》卷八五"绍兴五年二月丙戌"条,第1614页。

人的排击下，张浚被逐。赵鼎复相后，又一反张浚所为，朝政反复不已。

据赵鼎说："臣与张浚如兄弟，近因吕祉辈离间，遂尔睽异。今同相位，势不两立。陛下志在迎二圣，复故疆，当以兵事为重。今浚成功淮上，其气甚锐，当使展尽底蕴，以副陛下之志。如臣但奉行诏令，经理庶务而已。浚当留，臣当去，其势然也。"朱胜非《闲居录》则云："赵鼎、张浚争权，浚自谓有却敌之功、复兴之策，当独任国事，讽侍从台谏及其党与攻鼎，出之，于是浚专任国政。"①所谓"今浚成功淮上"或"浚自谓有却敌之功"，就是指绍兴六年（1136）十月底，张浚抚师淮上，督师击退入寇之事。在这次军事行动中，赵鼎与张浚的观点包括用人上，存在严重的分歧与冲突（说详下文）。若其分歧与冲突是导致他们从"亲如兄弟"到"势不两立"的一个契机，赵鼎在"更化"期间的所作所为，以及赵、张不同的历史观，则是赵鼎、张浚两党"肆为同异"、相互攻伐的驱动力。

如前所述，在"更化"中，赵鼎及其党人对王安石与"新学"采取一概骂倒、全盘否定的态度，张浚则不然。朱熹说："魏公（张浚）言：'元祐待熙丰人太甚，所以致祸。人无君子小人，孰不可为善？'"②认为"元祐党人"在"绍述"以后之所以遭新党的残酷迫害，与他们在元祐期间迫害熙丰新党"太甚"有因果关系，两者是互动的③；言下之意就是在目前的用人上，不能唯"元祐"是善、"熙丰"是恶，更不能以此来划分士大夫群体，采取崇尚"元

---

① 以上均见《宋宰辅编年录校补》卷十五，第1014页。
② 《朱子语类》卷一三一《中兴至今日人物上》，第3153页。
③ 关于这一点，笔者在本书的"北宋篇"中曾作有较详细的分析。

祐"者进、异议"元祐"者退的用人方针,而应该包容兼用。张浚所持的这一看法,尽管与他党同"绍述"新党汪伯彦、黄潜善的党人身份息息相关,但与赵鼎及其党人对北宋新旧两党的态度相比,在客观上,要显得平和得多、理性得多。因此,在对待以"最爱元祐"为核心的"更化"上,赵、张二人自然无法取得一致意见,也难免相互冲突。史谓"赵尊伊川之学,士大夫翕然向之。然赵公实不识伊川,故有伪称河南门人者,亦蒙进用;张公之门多才吏,赵公亦不乐之。赵公每言于上前,谓元祐之人与绍圣、崇观之党决不可合,而张公本黄英州(潜善)所荐,习闻绍述之论,数以孝悌之说陈于上前。两公所操浸异。赵公改修神、哲两朝《实录》,明著王氏及章、蔡诸人之罪,张公又不然之"[1]。故赵鼎罢相后,张浚在人事上,欲一举倾去赵鼎党羽。绍兴六年(1136)十二月,左司谏陈公辅上疏论劾伊川之学:

> 在朝廷之臣,不能上体圣明,又复辄以私意,取程颐之说,谓之伊川学,相率而从之。是以趋时竞进,饰诈沽名之徒,翕然胥效,倡为大言,谓尧、舜、文、武之道传之仲尼,仲尼传之孟轲,轲传颐,颐死无传焉。狂言怪语,淫说鄙喻,曰:"此伊川之文也。"幅巾大袖,高视阔步,曰:"此伊川之行也。"能师伊川之文,行伊川之行,则为贤士大夫,舍此皆非也。臣谓使颐尚在,能了国家事乎?取颐之学,令学者师焉,非独营私植党,复有党同之弊,如蔡京之绍述,且将见浅

---

[1] 《道命录》卷三《胡文定公乞封爵邵张二程先生列于从祀》下李心传考述,《丛书集成初编》,第3342册,第30页。

俗僻陋之习，终至惑乱天下后世矣。且圣人之道，凡所以垂训万世，无非中庸，非有甚高难行之说，非有离世异俗之行，在学者允蹈之而已。伏望圣慈，特加睿断，察群臣中有为此学，相师成风，鼓扇士类者，皆屏绝之。①

陈公辅本为范冲所荐，是赵鼎党中人，在赵鼎罢相后，却倒戈反击伊川之学，成了南宋禁道学的先锋者。不过，疏中力斥伊川之学，矛头却直指赵鼎；指斥赵鼎植党营私，肆为异同，则同样是党同张浚的伐异之举。张浚接到这份奏章后，便旋代高宗批旨："士大夫之学，宜以孔孟为师，庶几言行相称，可济时用。览臣僚所奏，深用怃然，可布告中外，使知朕意。"②表现了张浚以朋党之名，欲一举倾去赵鼎党人之意，亦即陈渊所说的"怃然之诏，特迫于尚同之论"③。

不过，在"怃然之诏"颁布不久，张浚党人吏部侍郎吕祉在建康上疏，对伊川之学作了辨析，他说："臣窃惟孔子删《诗》、序《书》、系《周易》、作《春秋》、明礼乐，……自汉至本朝，上所教，下所学，鸿儒硕学，端亮闳伟之士，接武于时，何尝不由此道，岂待程颐而后传也？臣窃详程颐之学，大抵宗子思《中庸》篇，以为入德之要。《中庸》曰：'君子之中庸，时中。'程颐之所得也。"吕祉虽然不像赵鼎及其党人视程颐为孟子的直接传人，将程颐推尊为孔孟以来的第一伟人，但对程颐不无肯定之辞。继而指

---

① 《要录》卷一○七"绍兴六年十二月己未"条，第2019页。
② 《要录》卷一○七"绍兴六年十二月己未"条，第2020页。
③ 陈渊：《与胡康侯侍读》，《默堂先生文集》卷一七，影印《文渊阁四库全书》，第1139册，第464页。

出:"近世小人,见靖康以来,其学稍传,其徒杨时辈,骤跻要近,名动一时,意欲歆慕之,遂变巾易服,更相汲引,以列于朝,则曰:'此伊川之学也。'其恶直丑正,欲挤排之,则又为之说曰:'此王氏之学,非吾徒也。'"认为这是"子思所谓'小人之中庸,而无忌惮'者也。中庸一也,然有君子之中庸,有小人之中庸,非其学之谬,乃学者之罪也"。因此,他建议:"望将前日圣旨指挥,连臣寮所论,出榜诸路州县学舍,使学者皆知旧学,而不为近世小人之所习,以补治化。"①吕祉的这一辨析和建议,较诸陈公辅将程颐的学术与后来学程颐的伊川之学一概骂倒的做法,减少了一层意气化的成分,得到了高宗与张浚的采纳。所以在禁伊川之学的过程中,张浚注意到了分寸,将程颐和伊川之学的学者区别开来,并分别对待赵鼎党中的伊川传人,如同意宣召"私淑洛学而大成"的胡安国、荐引程颐四大弟子之一的尹焞。其目的主要在于通过禁伊川之学,清除赵鼎的势力与影响,以免在打击过大中树敌过多。而吕祉之疏则为前一时期被赵鼎及其党人所打击的"新学"人士平了反,也就是说,张浚在缩小打击对象的同时,又扩大了新的同盟军。

与此同时,张浚又向赵鼎的另一重要"政绩"新修而成的《神宗实录》发难:

> 张浚奏论史事,因言"绍圣以旧史不公,故再修,而蔡卞不公又甚。每持一己褒贬之语,以骋其爱憎。今若不极天下之公,则后人将又不信"。上曰:"谓之《实录》,但当录其实,

---

① 《要录》卷一〇八"绍兴七年正月乙酉"条,第2034—2035页。

而褒贬自见,若附以爱憎之语,岂谓之《实录》?"上又曰:"今日重修两朝大典,不可不慎。"浚曰:"敢不恭承圣训。"自赵鼎去位,有言《神宗实录》改旧史非是者,故张浚奏及之。①

同年六月初,高宗"御笔"诏史馆重修《神宗实录》,并"令本馆更加研考,逐项贴说进入"。该"御笔"出自何抡所请,何抡则受张浚之意:"先是,秘书著作郎何抡面对,乞刊正新录讹谬。前三日,命抡兼史馆校勘,至是批出。抡所言,张浚意也。"此举也得到了当时辅臣的支持,如知枢密院事沈与求说:"神宗一朝史,至今纷纷未定。此盖史官各以私意去取,指为报复之资,故久而未就。但能公心实录,庶可传信。"②

元祐年间(1086—1093)所修墨本《神宗实录》、绍圣初(1094—1095)所修朱本《神宗实录》和绍兴四年(1134)所修新本《神宗实录》,均已失传,已无法知晓这三个本子的原貌,但因"各以私意去取,指为报复之资"而造成史实上的重大差异这一点,是肯定无疑的。李焘曾在一份奏章中说:"臣尝尽力史学,于本朝故事尤切欣慕。每恨学士大夫各信所传,不考诸实录、正史,纷错难信。如……熙宁之更新、元祐之图旧,此最大事,家自为说。臣辄发愤讨论,使众说咸会与一。"③这里所谓"熙宁之更新、元祐之图旧"的史事"纷错难信",主要是指神宗与哲宗两朝实录失实;所谓"发愤讨论,使众说咸会与一",即指通过《续资治通鉴长编》

---

① 《要录》卷一一一"绍兴七年五月己丑"条,第2082页。
② 《要录》卷一一一"绍兴七年六月丙申"条,第2085页。
③ 引自《文献通考》卷一九三《经籍考二十·续通鉴长编举要》,第1637页。

的编年，将这些失实的记载复原。今人胡昭曦先生曾将散见于《续资治通鉴长编》中的关于墨本、朱本和新本三种《神宗实录》的资料，辑出百余条，约数万字，并将"或此有彼无，或记载有异，或系时不同，或详略各殊"的史料分为四类：朱本删削墨本者；朱本新添入者；朱、墨两本记载不同者；新本与朱本不同者。通过对四者的比勘，胡先生指出："他们足以表明，《宋神宗实录》的三次修纂，因当政者与史官的政见不同，而记载也各有异，确乎是李心传所说'史官各以私意去取'。这样，就使得历史的真相被搅混了。从而，给后世研究王安石及其变法，乃至宋神宗朝的历史，造成了困难。"①其中就有不少新本篡改王安石变法事实、美化元祐之政的记载②。从中可见在赵鼎领衔下，范冲等人履行"惟是直书安石之罪，则神宗成功盛德，焕然明白"的重修宗旨之一斑，又说明了张

---

① 《〈宋神宗实录〉朱墨本辑佚简论》，《四川大学学报》1979年第1期。
② 如《皇宋通鉴长编纪事本末》卷一〇〇《绍述》载，哲宗绍圣元年七月壬戌，户部尚书蔡京上表指出："元祐以来，天下用度，浸以匮竭，美意良法，尽遭诋诬。"李焘在此条后引《新录》（即绍兴所修《神宗实录》）曰："元祐节用爱民，府库充实，而云'天下用度，浸以匮竭'，今删去八字。"（第3192—3193页）其实，蔡京此言是完全合乎事实的。关于这一点，元祐臣僚不止一次地谈论到。如《续资治通鉴长编》卷四一六"元祐三年十一甲辰"条载户部侍郎苏辙奏章曰："臣为户部右曹，领金、仓二部，任居天下财赋之半，适当中外匮竭不继之时，日夜忧惶，常虑败事，窃见左藏库见缗，一月出纳之数，大抵皆五十余万，略无赢余。其它金帛诸物，虽小有羡数，亦不足赖。"（第10113页）或许可以说，此为蔡京之言所祖。又《历代名臣奏议》卷二六八《理财》载范冲之父范祖禹奏章，也认为"臣窃以当今之患，在于天下空虚"。（影印《文渊阁四库全书》，第440册，第574页）又《续资治通鉴长编》卷四七三"元祐七年五月壬子"条载元祐党人苏轼语曰："帑廪日益困，农民日益贫，商贾不行，水旱相继，以上圣之资，而无善人之效，臣窃痛之。"（第11289页）范冲等人在重修《神宗实录》中，对这一基本事实妄加删改，便是美化元祐之政的一个例证。

第二章 从"赵张之争"到"绍兴和议"

浚及其党人指斥新本《神宗实录》"改旧史非是者",也非虚语造谤。

当然,张浚这次授意何抡等人纠正新本《神宗实录》中的"改旧史非是者",也难避"肆为同异"之嫌,因为其前提与禁伊川之学一样是为了清除赵鼎的势力和影响,是排击赵鼎党人的组成部分。同时,这次纠正新本"改旧史非是者",随着张浚罢相,赵鼎复相而不了了之,高宗也遭到了赵鼎"臣甫去国,已稍更改,如修史本出圣意,非群臣敢建言,而未几复修"的指责①,新本保持了原貌,存于史馆,受张浚旨意重修《神宗实录》的何抡等史馆人员也被打成张浚死党,逐出朝廷。朱熹在分析张浚罢相的原因与赵鼎复相后排击张浚的是非时说:

> 张魏公抚师淮上,督刘光世进军。是时虏人正大举入寇,光世恐惧,遂背后恳赵忠简。是时赵为相,折彦质为枢密。折助之请枢密院,遂命刘光世退军。魏公闻之,大怒,遂赶回刘光世。出榜约束云:"如一人一马渡江者,皆斩!"光世遂不敢渡江,便回淮上。枢府一面令退军,而宣府令进军淮上,然终退怯。魏公既还朝,遂力言光世巽懦不堪用,罢之,而命吕安老(祉)董其军。及安老为琼等所杀,降刘豫,魏公由是得罪,而赵忠简复相。赵既相,遂复举刘光世为将,都弄成私意。魏公已自罢得刘光世好了,虽吕安老败事,然复举能者而任之,亦足矣,何必须光世哉?此皆赵之私意。②

---

① 《要录》卷一二二"绍兴八年十月甲戌"条,第2279页。
② 《朱子语类》卷一三一《中兴至今日人物上》,第3148页。

这里所说的，均为绍兴六年（1136）十月至七年九月发生在淮西的兵变事件。该年秋天，金人大举入侵，张浚督师，组织抗击，并请高宗御驾亲临，以壮士气。九月，高宗应张浚之请，自临安前往平江府。十月底，抗击战全面告捷，张浚因此"奏车驾宜乘时早幸建康，鼎与折彦质并议回跸临安，以为守计，上许之"①。此为赵、张不和的表现之一，而他们之间的彻底决裂，则表现在罢刘光世的兵权一事上。这年十一月，张浚"乞乘胜取河南地，擒刘豫父子，又言：'刘光世骄惰不战，不可为大将，请罢之。'上问：'常与赵鼎议否？'浚曰：'未也。'浚见鼎，具道其故。鼎曰：'不可。豫，机上肉耳，然豫倚金人为重。不知擒灭刘豫，得河南地，可遂使虏不侵内乎？光世将家子，将率士卒，多出其门下，若无故罢之，恐人心不可。'浚不悦"②，遂攻之，既罢刘光世兵权，左相赵鼎与知枢密院事折彦质也随之被罢。张浚独相后，不顾群臣反对，以兵部尚书吕祉视师驻扎在庐州的刘光世旧部。"时统制官王德、郦琼二人交恶，而德乃光世爱将，遂就除德为都总制。于是，琼等大噪，列状都督府，以讼其过。吕祉至淮西抚谕诸军，琼等遂谋叛，执祉等皆北，祉遂为琼所害，于是琼以全军七万人北走降豫"③。这是张浚继"富平之败"后，又一震惊朝野、有伤南宋元气的大败事。因此，张浚罢相，赵鼎再入相位。朱熹认为"赵既相，遂复举刘光世为将，都弄成私意"。其实，赵鼎的这一"私意"与张浚的意气用事是互为驱动的。刘光世临阵退却，理应遭张浚怒

---

① 《要录》卷一〇六"绍兴六年十月癸亥"条，第1995页。
② 《要录》卷一〇七"绍兴六年十二月戊戌"条，第2009页。
③ 《宋宰辅编年录校补》卷一五，第1020页。

第二章　从"赵张之争"到"绍兴和议"

斥，赵鼎以"将率士卒，多出其门下"为由，反对罢其兵权，也不无道理；张浚因与赵鼎的政见不合，一意孤行，结果应验了赵鼎的担忧，所以赵鼎恢复刘光世兵权，也就势所必然了。综而言之，赵、张在对待淮西事件上，双方均表现出了"肆意同异"的"私意"。这种"私意"，在赵鼎排击张浚，清除张党势力的行动中，得到了进一步的发挥。

> （赵）鼎又曰："臣去国半载，今观圣意，稍异前日。"上曰："寻常造膝，每以孝悌之说相摇撼，其实绍述之谋也。"鼎曰："秦桧莫有正论？"上曰："无之。自卿去，惟朱震不改其旧。"鼎曰："臣观持中论者，皆惑圣聪，乃是沮善之术。故以为不可太分，当兼收而用，则得人之路广。臣谓君子小人并进，何以为治？与其多得小人，宁若少得君子之为愈也。盖分善恶，唯恐不严，稍宽则落其奸便。君子于小人常恕，小人于君子不恕也。"上复以为然。①

这里的"每以孝悌之说相摇撼"者，就是张浚。张浚为蔡京党人黄潜善、汪伯彦门人，"习闻绍述之论"，故任相期间，"数以孝悌之说陈于上前"（引见前文）；"持中论"，是指张浚的用人。不过在用人上，张浚比赵鼎少了一份意气，他多用蜀中人士，其间不乏

---

① 《要录》卷一一五"绍兴七年十月壬寅"条，第2151页。

习苏者①，也可谓蜀、洛、"新学"人士并取。但在赵鼎看来，这是"皆惑圣聪，乃是沮善之术"；这种"兼收而用"的做法，则使"君子小人并进"于朝，而君子与小人是水火不相容的，使之同处，必害"善治"，故必去"小人"。正是基于这样的认识，赵鼎复相后，授意台谏，弹劾张浚党人，亦即其心目中的"小人"。绍兴八年（1138）九月，"给事中兼史馆修撰勾涛充徽猷阁待制，知池州。殿中侍御史张戒论：'涛阴附张浚，四川监司守倅多出其门，及浚败事，又显立同异，反覆无耻，如何抢不端。宰执畏舆言，初不敢拟，而涛攘臂自任，欲引跻禁从，若不逐去，则涛之植党，不特一抢而已。'疏留中不出。涛闻，求去，章四上，乃有是命。上遣内侍谕令入对奏事，逾八刻，涛曰：'戒击臣，赵鼎意也。'因力诋鼎结台谏与诸将，上颇以为然"②。这就是赵鼎去"小人"的一个例证。

在张浚罢相后，赵鼎旋即展开了清除张浚党人和更改张浚措施的活动，并以带有威逼性的语言上疏指出："盖进退人才，乃其职分。今之清议所与，如刘大中、胡寅、吕本中、常同、林季仲之

---

① 《要录》卷一一五"绍兴七年十月庚子"条载赵鼎语："自张浚罢黜，蜀中士大夫皆自不安。"（第2150页）又《要录》卷一一一"绍兴七年六月乙卯"条载张浚未罢相前的一次与高宗论士："上又曰：'蜀中多士，几与三吴不殊，近日上殿如李良臣，蒲贽，极不易得。'因论士人各随所习，如蜀中之士，多学苏轼父子；江西之士，多学黄庭坚。浚等曰：'大抵耳目所接，师友渊源，必有所自。'"（第2089页）

② 《要录》卷一二二"绍兴八年九月庚寅"条，第2271—2272页。按《要录》于此条下注引《成都丁记》云："景山迁给事中，缴驳不避权贵，王庶除枢密，胡世将制置四川，皆涛所引。一日，太上（高宗）亲书'金阁清溪'四大字以赐，又面谕'当以卿为相，王庶仍佐卿西府'，因为时宰所忌，属言路弹击。景山，涛字也。"

徒,陛下能用之乎?妒贤党恶,如赵霈、胡世将、周秘、陈公辅,陛下能去之乎?陛下于此或难,则臣何敢措其手也。"疏入,"公辅等相继补外"①。这就是朱熹所说的:"淮上既败,张公既退,赵公复相,凡张公所为,一切更改。张公已迁都建康,却将车驾复归临安;张公所用蜀中人才,一皆退之。"②而被张浚所排斥的崇尚伊川之学的人士,则被赵鼎一一召回。这些道学人士在随之而来的"绍兴和议"前赵鼎与秦桧两相党之争中,又被卷入了"同门者互相借誉,异己者力肆排摈"的党争漩涡。

第二节 "绍兴和议"与"赵秦之争"

"绍兴和议"始于绍兴八年(1138),成于绍兴十一年(1141),是高宗政治也是南渡以后和战之争的一个重要转折点。围绕"绍兴和议",和战双方展开了激烈的争论,开始主要表现为赵鼎与秦桧之争,后演化为高宗—秦桧集团与整个主战派之争。赵鼎的政敌朱胜非在《闲居录》中指出:

> 赵鼎复相,植党益急,凡凶险刻薄之士,无不收录,使造虚誉而排善类,张戒其一也。鼎荐戒同为中司,同即以鼎所善,奏为台属。戒知其决去,即露章请留,以邀后福。其言狂

---

① 《要录》卷一一四"绍兴七年九月辛未"条,第2131—2132页。
② 《朱子语类》卷一三一《中兴至今日人物上》,第3150页。按《要录》卷一二二"绍兴八年九月己亥"条谓:"张浚既得罪,蜀士相继外补,惟勾龙如渊、施庭坚擢用。"(第2273页)

躁愚弄。鼎既罢，犹知泉州，盖其党与维持之力也。①

所谓"凶险刻薄之士"，就是指道学人士，而"善类"则指张浚党人。张戒"露章请留"赵鼎，在绍兴八年（1138）十一月。②该月，赵鼎在秦桧党人的排击下罢相，以奉国军节度使知绍兴府，后改除泉州。绍兴二年（1132），秦桧在吕颐浩相党的攻击下败北，六年（1136）十二月，张浚"以桧在靖康中建议立赵氏，不畏死，有力量，可与共天下事"相荐，再度入朝③，至八年（1138）三月任右相，与赵鼎共秉国政。在此期间，宋金之间的关系发生了变化，拉开了绍兴十一年（1141）全面确立和议战略的序幕。而赵、秦两相党之争，则是这一序幕中的主要节目。

绍兴四年（1134）九月与绍兴六年（1136）九月，金伪的两次联合攻宋，均以失败告终，因而导致了金国对立伪齐以制南宋的效果大为不满；同时，支持左副元帅挞懒与宋议和的宗磐领三省事，遂于绍兴七年（1137）十一月废弃伪齐，并同意南宋的议和条件：归还梓宫及河南地而令南宋称臣纳贡。一向致力于吞灭南宋的强邻突然表示愿意接受高宗为附属国主，承认其地位，这使得高宗兴奋异常，随即起用秦桧为右相，以专和议事宜，但秦桧与左相赵鼎议论不协，遂致赵、秦之争。据徐梦莘载，引起这次争论的主要原因，在于秦桧主张议和而赵鼎"坚执不可讲和之说"：

> 金人有许和之议，上与宰相议之。赵鼎坚执不可讲和之

---

① 引自《宋宰辅编年录校补》卷一五，第1035页。
② 其章详《要录》卷一二三"绍兴八年十一月己丑"条，第2288—2289页。
③ 《要录》卷一〇七"绍兴六年十二月甲午"条，第2007页。

第二章 从"赵张之争"到"绍兴和议"

说，秦桧意欲讲和。一日朝议，宰执奏事退，桧独留身奏讲和之说，且曰："臣以为讲和便。"上曰"然"。桧曰："讲和之议，臣僚之说皆不同，各持两端，畏首畏尾，此不足于断大事。若陛下决欲讲和，乞陛下英断，独与臣议其事，不许群臣干与，则其事乃可成。不然，无益也。"上曰："朕独与卿。"桧曰："臣亦恐未便，欲望陛下更精加思虑三日，然后别具奏禀。"上曰"然"。又三日，桧复留身奏事如初，知上意欲和甚坚，犹以为未也，乃曰："臣恐别有未便，欲望陛下更思虑三日，容臣别奏。"上曰"然"。又三日，桧复留身奏事如初，知坚确不移，方出文字乞决和议，不许群臣干与。上欣纳之。鼎议不协，遂罢宰相。①

自此以后，和议成了宋廷的最高国策，即所谓"国是"。据上所载，这一"国是"的确立者，唯高宗与秦桧，他人无预焉；而时为右相的赵鼎因坚决反对与金和议，则与秦桧构隙而被罢相。不过，在当时的和战之争中，赵鼎并非在主战之列。李心传指出：

（绍兴八年九月乙巳）上谕大臣曰："近张戒有章疏，论'备边当以和为表，以备为里，以战为不得已'，此极至之论也。"赵鼎等言当力守此议。

此据《日历》。盖戒本鼎客，故主守。《日历》又言，王庶与赵鼎等亦以此说为然，当力守此议。按：庶所奏，每病赵鼎、刘大中持两端，不应自叛其说。臣尝细考《日历》，绍兴

---

① 《三朝北盟会编》卷一八四"绍兴八年十月"条，第1333页。

七年八月所载和议本末,凡遣使议论,悉是赵鼎所奏。七年十二月丙子,上曰:"虏人能从朕所求,其余一切非所校。"鼎曰:"仰见陛下孝心焦劳。"桧以屈辱为愤。八年六月己酉,上曰:"馆待之礼,宜稍优厚。"鼎曰:"若用兵,不知所费多少。"八年六月戊辰,范同申虏使已到常州,群臣见人主卑屈,怀愤愤之心,此人臣之忠也。十二月戊午,秦桧札子,乞遣官往前路与金使计议,使名未正,当改江南为宋,诏谕为国信。据此则屈己之事,皆鼎赞成之,桧实无预。天下后世,果可欺哉!臣详考其故,盖绍兴十二年以前《日历》,皆成于桧子熺之手,张孝祥尝乞改之,如言王庶当力守此议,恐亦近诬。今削庶名,庶不失实。①

这里对秦熺所作《日历》进行了辨证,也澄清了赵鼎与秦桧在和战问题上的具体态度与立场。暂且不论赵鼎及其党人所持"备边当以和为表,以备为里,以战为不得已"的观点正确与否,赵鼎在和与战之间,身窜两端、摇摆不定,是无可置疑的。因此,在君臣共同商定以和议为"国是"这一重大问题上,赵鼎不仅态度暧昧,而且还直接或间接地起了推波助澜的作用。

绍兴八年(1138)六月,当和议之说初次提出,就招致朝臣的强烈反对,赵鼎则"因请间密启上曰:'陛下与金人有不共戴天之仇,今乃屈体请和,诚非美事。然陛下不惮为之者,凡以为梓宫及母兄耳。群臣愤懑之辞,出于爱君,非有他意,不必以为深罪。'陛下宜好谓之曰:'讲和诚非美事,以梓宫及母兄之故,不得已为

---

① 《要录》卷一二二"绍兴八年九月乙巳"条,第2274页。

第二章 从"赵张之争"到"绍兴和议"

之。议者不过以狼子野心不可深信,但得梓宫及母兄,今日还阙,明日渝盟,吾所得多矣,此意不在讲和也。'群臣以陛下孝诚如此,必能相谅。上以为然,群议遂息"①。从这个意义上说,赵鼎直接成了"绍兴和议"的首要谋划者,也为后来秦桧独事和议铺平了道路。事实上,当时的秦桧尚无独揽朝政的资格,无力独断和议这一"国是"。

  与此同时,在赵鼎与张浚交争时,张浚曾竭力荐引为赵鼎所不齿的秦桧,认为秦桧"在靖康中建议立赵氏,不畏死,有力量,可与共天下事"(引见前文)。无独有偶。在张浚去国、赵鼎复相之际,"上谓曰:'卿既还相位,见任执政,去留惟卿。'鼎曰:'秦桧不可令去!'浚既贬,张守、陈与义乞罢,上皆许之,桧亦留身求解机务。上曰:'赵鼎与卿相知,可以少安。'桧退至殿庐,起身向鼎谓曰:'桧得相公如此,更不敢言去。'"②若张浚荐引秦桧,目的是为挤对赵鼎;对于因张浚被罢而身自不安的秦桧,赵鼎坚持"不可令去",令秦桧心存感激之情,则同样是肆意党同的表现。淮西事变前,高宗在张浚的再三建议下,自临安临幸建康,以图抗金之业,赵鼎则坚决反对,尤其是在战事紧张之际,与同党不断鼓动高宗回临安,秦桧也力赞高宗"回跸临安"。这无疑是赵鼎固留秦桧的思想根源之一。从和战之争的历史演进观之,高宗临幸建康后,赵鼎又使之"回跸临安"之举,为秦桧在后来专主退避而乞和议打下了基础。吕中所谓"自绍兴八年,定都临安,不复进都,此秦桧为之也。六年,浚独相,乃有建康之幸;七年,鼎独相,已有

---

① 《要录》卷一二〇"绍兴八年六月丙子"条,第2243—2244页。
② 《宋史全文》卷二〇上"绍兴七年十月戊戌"条,第1515页。

驻跸临安之议,亦桧为之乎"①,说的就是这个意思。

在"驻跸临安之议"中,赵鼎不仅肆意党同,同时又大肆攻伐异己,极力将自己塑造成了主战派的对立形象,发生在绍兴七年(1137)十月的攻李事件,就充分地证明了这一点。时为江西南路安抚制置大使、兼知洪州的李纲得知高宗临幸建康而又旋复"回跸临安"后,曾上疏指出:"自昔用兵以成大业者,必先固人心,作士气,据地利而不肯先退,尽人事而不肯先屈。"李纲的上疏,触怒了赵鼎,并授意党羽侍御史石公揆上章弹劾李纲"妄自尊大,恣为苛扰,在江西尤无廉声。张浚初谪居福州,纲意复用,欲以为援,所以交欢浚者,无所不至。近闻其置将不善,致淮西之变,势必谴责,遂贻书痛诋,传布行朝,欲以欺众取誉,为进用之计。继闻已用赵鼎,其意大沮,乃自言指陈朝廷措置失当,必有抵牾。乞行黜责"。李纲初闻淮西兵变,确实批评过张浚措置失当,但绝非石公揆所诋毁的那样。所以其弹文一出,"闻者窃笑",使赵鼎处于十分尴尬的境地,故又指使其党羽殿中侍御使金安节、左正言李谊、右正言辛次膺等奏论李纲"违法虐民,毒流一路"②。李纲因此被罢江西南路安抚制置大使,从此不复出仕。

种种事实表明,赵鼎不是真正的主战者,对于秦桧,同样不是始终恶之,而是既恶之,在可利用时,则又好之;在君臣共商以和议为"国是"上,又是赵鼎主谋于前,秦桧促成于后。与秦桧不同的是,赵鼎主张和议是有一定原则的。如绍兴八年(1138)六月,在行接见金使乌陵思谋的礼节上,"上命与宰执议事于都堂,思谋

---

① 《要录》卷一〇六,"绍兴六年十月癸亥"条注引《大事记》,第1995页。
② 《要录》卷一一六"绍兴七年闰十月辛巳"条,第2163—2164页。

难之,欲宰相就馆中计议,赵鼎持不可。思谋不得已,始诣都堂,然犹欲以客礼见辅臣,鼎抑之。……鼎因与思谋议定出国书之仪,思谋气稍夺"①。这与后来秦桧跪接国书之事形成鲜明对比。又同年七月,宋廷遣王伦赴金洽谈和议事项,行前,"至都堂,禀所授使指二十余事,一议和后礼数。赵鼎答以上登极既久,四见上帝,君臣之分已定,岂可更议礼数。二割地远近,鼎答以大河为界,乃渊圣旧约,非出今日,宜以旧河为大河,若近者新河即清河,非大河也。二事最切,或不从,即此议当绝。伦授之而去"②。因此,与秦桧构隙,终至反目相仇。据载:"鼎之议不协,遂罢相,出知绍兴府。首途之日,桧奏乞备礼饯鼎之行。乃就津亭排列别筵,率执政俟于津亭。鼎相揖罢,即登舟。桧曰:'已得旨饯送,相公何不少留?'鼎曰:'议已不协,何留之有?'遂登舟,叱篙师离岸,桧亦叱从人收筵会而归。且顾鼎言曰:'桧是好意。'舟已开矣。自是,桧有憾鼎意。"③

赵鼎罢相后,其在朝的党人为之不安,并"露章请留,以邀后福"。有鉴于此,专事和议的秦桧授意其在台谏的党人,对赵鼎展开了全面的反击。反击的内容主要有二:一是"力引死党,分布要地";一是在和战之国家大议上"阴拱默睨,每持两端"。殿中侍御史赵祖信五上弹文,其一云:

> (赵)鼎罪恶滔天,不可殚记。……既专大政,威福在己,内则潜与姻家阴结密援,以谋固其根株,外则力引死党,分布

---

① 《要录》卷一二〇"绍兴八年六月丁丑"条,第2245页。
② 《要录》卷一二一"绍兴八年七月戊戌"条,第2258页。
③ 《宋宰辅编年录校补》卷一五"绍兴八年十月甲戌"条,第1035页。

要地，以共成其羽翼。下则厚饵游士谈说游扬，以助发其气焰，窃陛下之名器以为己用。擅国家之财利，以市私恩，使天下之人，惟知有鼎，不知有陛下。其初罢相也，词命之臣欺主以保交，乞不为贬责之制。其再罢相也，耳目之官附下而罔上，有陛下必悔之言。鼎能使其党出死力如此，宁负陛下，不敢负鼎，使复得志，将何所不至哉？鼎初为相，即与张浚合谋用兵，后因私隙，意遂以异，及淮南之警，浚方督师出战，鼎惧其成功，从中挠败，果代浚，遂尽以用兵之罪而加之。前日王伦再行，鼎实与遣讲和之议，不闻其辄异也。及金使再至，鼎适去国，又以不主和议，鼓惑众论。夫和战二者，国之大议，鼎为元辅，实任其责，当战则战，岂容中止；可和即和，贵在合宜。而阴拱默睨，每持两端，殊无殉国之忠，动作谋身之计，此其罪之大者也。①

所谓"每持两端"，既指赵鼎时而主战，时而主和，又指在主和时，主张有条件的讲和，后者实与秦桧在求和的同一前提下的政见分歧；而"力引死党，分布要地"，则同样是秦桧专事和议后的一个重要举动，而且如前文所述，秦桧在绍兴二年（1132）与吕颐浩之争中所依靠的力量主要是道学人士，这时排斥赵鼎，也试图以道学人士为己助。据载，"鼎既免，秦桧谓九成曰：'且同桧成此事如何？'九成曰：'事宜所可，九成胡为异议，特不可轻易以苟安耳。'他日，与吕本中同见桧。桧曰：'大抵立朝须优游委曲，乃能有济。'九成曰：'未有枉己而能正人。'桧为之变色。"并"大恶

---

① 《要录》卷一二七"绍兴九年三月癸丑"条，第2400—2401页。

之"①。张九成在当时是颇为著名的道学人士,与吕本中同为赵鼎党人。曾受到道学人士激赏和拥戴的秦桧,明显希望他们党助自己,同成和议大事,所以在他专事和议的当初,为赵鼎所引并党助赵鼎的道学人士都在朝供职。不久,秦桧却遭到他们的强烈抵触与反对。不仅如此,原先政见不一的士大夫,也共同加入了反对和议的行列,从开始的秦桧、赵鼎之争,演化成了高宗—秦桧集团与整个主战派之争。吕中《大事记》云:

> 桧虽以和议断自圣衷,而人心公议终不可遏。争之者,台谏则张戒、常同、方庭实、辛次膺;侍从则梁汝嘉、苏符、楼炤、张九成、曾开、张焘、晏敦复、魏矼、李弥逊;郎官则胡珵、朱松、张广、凌景夏;宰执则赵鼎、刘大中、王庶;旧宰执则李纲、张浚;其他如林季仲、范如圭、常明、许忻(忻)、潘良贵、薛徽言、尹焞、赵雍、王(冯)时行、连南夫、汪应辰、樊光远,交言其不可。大将岳飞、世忠亦深言其非计。而胡铨乞斩王伦、秦桧、孙近二疏,都人喧腾,数日不定,人心亦可知矣。②

在上列反对和议的官员名单中,除李纲、张浚、岳飞、韩世忠等人外,其余主要是赵鼎党羽。不过,在此以前,他们当中并非政见一致,相互攻讦者也不乏其例,这从前述赵、张之争以及张浚、赵鼎先后肆意攻讦李纲中,可见一斑。但在秦桧专事和议之后,先

---

① 《要录》卷一二三"绍兴八年十一月丙戌"条,第2287页。
② 《要录》卷一二四"绍兴八年十二月庚辰"条注引,第2350页。

前政见不一，甚至交相攻讦的士大夫却同心反对和议，而且这种反对之声响彻朝野，未被卷入朝中和战之争中心的士大夫，纷纷上疏，力阻和议，而且众心共怒，军士亦"汹汹欲变"。朱熹在为其父朱松所撰的《行状》中，就记录这种情形：

> 既而虏人亟遣使来请和，赵公（鼎）以议小不合亦罢去，而秦丞相（桧）始颛政事，遂决屈己和戎之议矣。虏使名称既不逊，而所责奉承之礼又有大可骇者，于是众心共怒，军士至汹汹欲为变，夜或揭通衢，指桧为虏谍。都人汹惧，一时忠智之士竞起而争之，公亦亟与史院同舍胡公珵、凌公景夏、常公明、范公如圭五六人者合辞抗疏言曰，……盖出公与诸公之意，而成于胡公之手。桧虽持其议不少变，然虏人狂谋因是亦有不得尽逞者，论者莫不壮之。①

面对这种情形，高宗大为恼怒。据载，绍兴八年（1138）十二月，勾龙如渊与李谊入对时，高宗"辞色俱厉"地指斥"士大夫但为身谋，向使在明州时，朕虽百拜，亦不复问矣"。②建炎年间，高宗在金兵的追赶下，从扬州逃至明州，无奈之下，多次向金人提出和议的请求。此时，金人一心要歼灭赵宋政权，没有接受高宗求和

---

① 《皇考左承议郎守尚书吏部员外郎兼史馆校勘累赠通议大夫朱公行状》，《朱熹集》卷九七，第4978—4979页。按：朱松等六人上疏，《要录》卷一二四载于"绍兴八年十二月癸酉"条（第2337页），朱松时为尚书司勋员外郎兼史馆校勘，胡珵为秘书省著作郎，张广（《行状》未标出）、凌景夏为秘书省著作佐郎，常明、范如圭为秘书省正字兼史馆校勘；而《三朝北盟会编》系于绍兴八年十一月二十一日，并谓常明为常同、张广为张慎，均误。
② 《要录》卷一二四"绍兴八年十二月戊寅"条，第2344页。

的请求，而士大夫也没有对高宗的和议之求提出异议，而今却如此大加阻拦，令之"辞色俱厉"。究其因，正如勾龙如渊在回答高宗时所说："今日之势，与在明州不同。"这就是说，此时南宋的兵力已非昔比。其实高宗也承认这一点。绍兴十年（1140），金国叛盟后四路入侵时，高宗对大臣说："中外议论纷然，以虏逼江为忧，殊不知今日之势，与建炎不同。建炎之间，我军皆退保江南。杜充书生，遣偏将轻与虏战，故虏得乘间猖獗。今韩世忠屯淮东，刘锜屯淮西，岳飞屯上流，张俊方自建康进兵前渡，虏窥江，则我兵皆乘其后。今虚镇江一路，以檄呼虏渡江，亦不敢来。"①因此，绍兴八年（1138）商量与金和议之举，遭到朝野士大夫的强烈反对，主和的高宗—秦桧集团与整个主战派之间形成了尖锐的对立。

几乎在宋廷以高宗、秦桧为首的主和力量完全抑制了主战派，并紧锣密鼓地履行和议准备的同时，敌国以宗弼为首的主战势力却彻底地战胜了完颜昌、完颜宗磐的主和之议。李成男、李大谅《征蒙记》云：

> 天眷元年（绍兴八年），都元帅、鲁国王挞懒（完颜昌）总四辅、南行府、都统河南诸路军兵公事。总副元帅大王四太子（完颜宗弼）至京，追呼四辅，谕曰："都元帅割三京还南宋，何缘不谕吾计议？其中，都元帅必有逆谋，欺罔国朝，恐与南宋别有异图，其理未当。尔等四辅，自今后，都元帅府应有行移军文字，如吾不在府第，无吾手押，不得承受回报。故

---

① 《要录》卷一三九"绍兴十一年二月丙子"条，第2615页。

来谕尔等，切宜谨守，只待吾急赴国朝，整会割还地土。"①

从中可见，金廷内部在以"割三京还南宋"为条件而与南宋和议的问题上，存在着严重的分歧，分歧主要来自宗弼。建炎三年（1129），就是宗弼率兵穷追高宗的，一次在建康，一次在明州。高宗两次乞降，宗弼都不接受，而是决意铲除高宗政权，一统天下。所以他坚决反对与宋廷讲和，无奈主和的完颜昌、完颜宗磐掌握军国大权。天眷二年（绍兴九年，1139）正月，被完颜宗磐排挤出朝的完颜希尹任右丞相，使宗弼在朝有了后台，也为其主战思想的实施，提供了有力的保障。同年，完颜宗弼在百般刁难宋廷议和使者的同时，谋划了政变。七月，完颜宗磐、完颜宗隽、完颜宗英等以"私通宋朝""谋反"之罪名被诛。八月，在祁州将完颜昌杀害。以宗弼为首的主战势力重新把持了金廷朝政，很快便撕毁了与宋的和议之约，夺还已归还南宋的陕西、河南之地。十一月，驻扎在河中府的金兵从大庆桥越过黄河，骚扰宋界同州，至次年即天眷三年（绍兴十年，1140）五月，由都元帅完颜宗弼尽率国中之兵，分四路进犯南宋。

金人的毁约渝盟，对于企图在和议中追还靖康失地和父亲"梓宫及母兄"、实现"孝道"的高宗来说，显然是当头一棒，也为主战士人反对和议提供了绝妙的口实。就是在朝野议论四起甚至有散发匿名揭帖，抨击和议的态势下，高宗被迫于绍兴十年（1140）五月下诏："昨者，金国许归河南诸路，及还梓宫母兄。朕念为人子弟，当申孝悌之意；为民父母，当兴拯救之思。是以不惮屈己，连

---

① 引自《三朝北盟会编》卷一九七"绍兴九年八月十一日"条，第1422页。

遣信使,奉表称臣,礼意备厚,虽未尽复故疆,已许每岁银绢至五十万。所遣信使,有被拘留,有遭拒却,皆忍耻不问,相继再遣。不谓设为诡计,方接使人,便复兴兵。今河南百姓休息未久,又遭侵扰,朕矗然痛伤,何以为怀!仰诸路大帅,各竭忠力,以图国家大计,以慰遐迩不忘本朝之心,以副朕委任之意。"①

诏书下达后,宋军展开了全线反攻。面对金军主力,东京副留守刘锜率领王彦八字军旧部近两万人,在顺昌力敌由韩常、完颜褒率领的三万金兵,大获全胜;旋又击溃了前来围攻顺昌的由完颜宗弼亲自率领的金军主力。在顺昌之捷的同时,韩世忠所部统制官收复海州,张俊所部王德收复宿州、亳州;在川陕的吴璘率领所部,多次击败金军的进攻,并收复扶风、醴州,彻底粉碎了金军从和尚原入川的企图;由湖北宣抚使岳飞率领的"岳家军",于安德府分路出击金兵,最后会师河南郾城,决战完颜宗弼,完颜宗弼屡战屡败,岳飞又进军距汴京只有四十五里的朱仙镇,乘胜追击,完颜宗弼又溃退汴京城中。就当时的整个战局来看,从东到西,金军都处于不利的地位,而宋军则士气大振,纷纷告捷,取得了"兵兴以来,未有今日之盛"的战绩②,也验证了高宗的话"今日之势,与建炎不同"。

然而,尽管如此,高宗、秦桧集团依然固持和议为"国是"。不过,与绍兴八年(1138)和议之争的情形不尽相同,经过金人的毁约渝盟,尤其是在宋军浴血奋战,取得辉煌战绩之后,再议屈膝讲和事宜,阻力无疑要大得多,也是主战士人所无法接受的,更是

---

① 《要录》卷一三五"绍兴十年五月戊戌"条,第2527—2528页。
② 《要录》卷一三九"绍兴十一年二月乙未"条注引,第2618页。

诸路将领所坚决反对的。在反击金军的进犯中，有的将领就已冒"矫诏之罪"，自作主张，领军击敌。岳飞在安德府誓师北伐之际，朝廷派李若虚"以面得上旨：'兵不可轻动，宜且班师。'飞不听。若虚曰：'事既尔，势不可还，矫诏之罪，若虚当任之。'飞许诺，遂进兵"①。初议讲和的阻力主要来自文臣，而今却面对既可保国又可覆国的手握兵权的将帅，这无疑是令和议者担忧的大事。在秦桧党羽范同计谋下，除韩世忠、张俊、岳飞以枢密官②，给他们加官晋爵，明升暗降，解除了三大将的兵权，并且以"莫须有"的罪名，将岳飞父子及其爱将杀害，排除了和议中最不稳定的因素，扫除了最主要障碍，最终与金正式达成协议：双方以淮河至大散关一线为界；南宋每年向金国贡银与绢各二十五万两匹；宋帝向金主称臣，由金主册封为帝。这就是令主战士人痛心万分、也为后世不少学者唾骂不已的"绍兴和议"。

第三节 "绍兴和议"与"绍兴党禁"

"绍兴和议"的确立，虽然消除了宋金之间重大的军事对抗，但对宋廷来说，是以丧权辱国和巨大的经济付出为代价的；同时，又是建炎以来宋廷和战之争包括整个政治生活的一个重要转折点，为秦桧独擅朝政，全面实施其残酷的相党政治，提供了坚实的基础，深深影响士大夫政治命运乃至生命的"绍兴党禁"也随之出现。关于秦桧擅权期间的相党政治，朱熹曾作这样的概括：

---

① 《要录》卷一三六"绍兴十年六月乙丑"条，第2548页。
② 详《宋史全文》卷二一上"绍兴十一年四月壬辰"条，第1628页。

秦太师死，高宗告杨郡王云："朕今日始免得这膝裤中带匕首！"乃知高宗平日常防秦之为逆。但到这田地，匕首也如何使得！秦在房中，知房人已厌兵，归又见高宗亦厌兵，心知和议必可成，所以力主和议。……高宗初见秦能担当得和议，遂悉以国柄付之；被他入手了，高宗更收不上。高宗所恶之人，秦引而用之，高宗亦无如之何。高宗所欲用之人，秦皆摈去之。举朝无非秦之人，高宗更动不得。蔡京们著数高，治元祐党人，只一章疏便尽行遣了。秦桧死，有论其党者，不能如此。只管今日说两个，明日又说两个，不能得了。①

暂且不论高宗因害怕秦桧的"谋逆"而常常暗带匕首的真实性，自绍兴十一年（1141）确立与金和议至绍兴二十五年（1155）秦桧去世的十五年期间，秦桧独揽朝政，权倾一世，是不争之事实。在此期间，秦桧又肆意交结朋党，不断搭建和巩固以自己为核心的、较蔡京党人更盘根错节的相党集团，造成"举朝无非秦之人，高宗更动不得"的局面；这一局面的另一表现，就是其政敌"皆摈去之"，并且欲置之死地而后快，出现了自崇宁蔡京"治元祐党人"以来的又一次残酷党祸"绍兴党禁"。

与历史上任何一次朋党之争一样，秦桧为了彻底抑制主战派的势力，消除一切危及自己的因素，首要任务是交结朋党，纠集势力，而且大有青出蓝胜于蓝之势；同时其朋党的区域性和裙带化，也为北宋"熙丰"和"绍述"期间的新党望尘莫及。综观秦桧党

---

① 《朱子语类》卷一三一《中兴至今日人物上》，第3162页。

羽，绝大多数为江东、两浙出身，其中温州士人尤为集中。《宋史全文》卷二一上"绍兴十二年三月乙卯"条"上（高宗）御射殿，引南省举人何溥以下，是举，两浙转运司秋试举人，凡解二百八人，而温州所得四十有二，宰执子侄皆预焉。溥，永嘉人也"下，引朱胜非《闲居录》云：

> 秦桧居永嘉，引用州人以为党助，吴表臣、林待聘号党魁，召为从官，实操国柄。凡乡士具耳目口鼻者，皆登要途，更相攀援，其势炎炎，日迁月擢，无复程度。是年，有司观望，所解乡士四十二名，桧与参政王次翁子侄与选者数人。前辈诗云："惟有糊名公道在，孤寒宜向此中求。"今不然矣。①

秦桧专政大约始于绍兴十一年（1141），次年三月，便利用科举取士一途，培植党羽，可见其植党的迫切性和深广度；而温州士人乐为秦桧党助，是有一定根基的。在绍兴二年（1132）与吕颐浩之争中，秦桧败北，以观文殿学士提举江州太平观的祠官身份侨居温州永嘉；绍兴五年（1135），又被任命为温州知州，任期一年一个月，在温州前后居住了整整四年，也打下了深厚的政治基础，温州县学中还在他生前设立了祠堂。因此秦桧在培植党羽的活动中，尤为注意拉拢温州士子，在科举取士上，格外予以优待，在任命官员上，又特予关注，吴表臣、林待聘就是其中的代表，并成了秦桧相党中的要员。不过，吴、林二人不是在秦桧第二次入相而是在首任宰相时，就已成了秦桧的死党。据载："（吕）颐浩自江上还，

---

① 《宋史全文》卷二一上"绍兴十二年三月乙卯"条，第1646—1647页。

谋逐（秦）桧，有教以引朱胜非为助者。诏以胜非同都督。……颐浩寻以黄龟年为殿中侍御史，刘棐为右司谏，盖将逐桧。于是江跻、吴表臣、程瑀、张焘、胡世将、刘一止、林待聘、楼炤并落职予祠，台省一空，皆桧党也。"①"绍兴和议"之初，吴表臣自贬地迁兵部侍郎，受秦桧之命为金国使臣的"馆伴使"，后累官礼部侍郎兼资善堂侍读、吏部尚书；林待聘官复原职，出任婺州知州，旋迁中书舍人兼侍讲，权直学士院，再升为给事中兼直学士院，成了秦桧的代言人。另有温州人郑仲熊党同秦桧官至参知政事，原温州判官郑亨仲也因秦桧荐引，官至资政殿学士，宣抚四川②。

尤为突出的是，秦桧党羽的裙带化。秦桧独相期间，大量起用了自己的子孙与亲朋，他们成了秦桧相党的重要组成部分和秦桧排斥政敌的一支重要力量，其子秦熺则又成了秦桧掌握高宗"起居动息"、监视皇权和控制百官的最直接的耳目。吕中《大事记》在评论秦熺兼侍读时说：

> 人君起居动息之地，曰内朝、曰外朝、曰经筵，三者而已。……独经筵之地，乃人主亲近儒生之时。桧虑其有所浸润，于是以熺兼侍读，又以巫伋为说书，除言路者，必预经筵，以察人主之动息，讲官之进说，而臣无复天子之臣矣。③

---

① 《宋史》卷四七三《秦桧传》，第13750页。
② 按：在秦桧独相期间，温州士人并非个个愿意身厕其门下，为之党助，绍兴十四年（1144），经林待聘举荐，入朝为秘书郎兼国史院检讨官的永嘉人张阐就婉言谢绝秦桧的拉拢（《宋史》卷三八一《张阐传》，第11745—11746页）。
③ 《要录》卷一五六"绍兴十七年四月辛丑"条注引，第2958页。

秦熺先由秦桧推恩补官，绍兴十二年（1142）中进士第，通判临安，两个月后，便入观为秘书郎；同年九月，升秘书少监；十月，崇政殿说书；绍兴十五年（1145）正月，除翰林学士，二月兼侍读；后迁少傅、少师，封嘉国公。秦桧晚年，欲以秦熺接替自己的相位，未果。秦熺兼侍读，"以察人主之动息，讲官之进说"，既用于监视高宗，又用于控制百官。关于后者，陆游早已有所揭示："秦会之（桧）当国时，谏官、御史必兼经筵，而其子熺亦在焉。意欲搏击者，辄令熺于经筵侍对时论之，经筵退，弹文即上。"①除了秦熺，秦桧之兄秦梓也以绍兴十一年（1141）十二月，入为秘书少监兼崇政殿说书，次年三月，又兼赞读，十月，升侍读。另有秦桧弟秦棣，兄子秦昌、秦烜，三孙秦埙、秦堪、秦坦等，均在秦桧独相期间，入朝为官。陆游指出："秦太师娶王禹玉孙女，故诸王皆用事。"②其妻党王氏一门甚众，加上其子秦熺妻党曹泳、其孙秦埙岳父高百之、其侄秦烜岳父丁篔明，有数十人之多③，他们与其他党羽一起为秦桧抑制异论，并大兴文字狱，实行"文禁"和"语禁"（说详第三章），全面实施其专横独断的相党政治，建构了一张巨大而又严密的网络。事实表明，秦桧党羽布满朝野，其党势力，坚如磐石，也即上述朱熹所说"举朝无非秦之人"，连高宗也"更动不得"！

秦桧交结朋党，起用亲信，一个重要的目的就是排击和倾轧异己，进行长时间、大规模的党禁，巩固以自己为核心的相党势力。

---

① 《老学庵笔记》卷六，第75页。
② 《老学庵笔记》卷五，第63页。
③ 详见韩酉山：《秦桧传》，第217—221页；何忠礼、徐吉军：《南宋史稿》，第139—140页。

被秦桧排击和倾轧的士大夫甚多，就重点对象而言，有赵鼎、李光、胡铨等人。据载，绍兴十五年（1145），高宗赐秦桧一宅第，中有藏书楼，赐名"一德格天之阁"。秦桧将赵鼎、李光和胡铨三人姓名写在阁内，"欲必杀之而后已"①。赵鼎在第二次入相后，虽也主张和议，但因在具体的政见上与秦桧有异，遭到秦桧的排斥，一贬再贬，从瘴疠之地岭南被贬到了环境更恶劣的海南。在对待和议上，李光与赵鼎的思想大体一致，而且因秦桧的荐举，才官至参知政事的。绍兴八年（1138），"秦桧初定和议，将揭榜，欲籍光名镇压。上意不欲用光，桧言：'光有人望，若同押榜，浮议自息。'遂用之"。因为"光本意谓但可因和而为自治之计"；因此，李光遭到了同乡杨烨的痛责，"责以附时相取尊官，堕黠虏奸计，堕平时大节"。既而秦桧议撤淮南守备，夺诸将兵权，遭到李光的强烈反对，并斥责秦桧"盗弄国权，怀奸误国"，秦桧为之大怒，将李光驱逐出朝②，后贬至岭南。胡铨于绍兴八年（1138）任枢密院编修官上，针对朝廷的屈膝和议，愤而作《上高宗封事》疏，疏中力陈屈膝求和之害，并谓秦桧、孙近和王伦"可斩也。臣备员枢属，义不与桧等共戴天。区区之心，愿斩三人头，竿之藁街"，以谢天下。③胡铨的上疏将当时反抗和议的运动推向了高潮，其疏也很快传诵遐迩，"市井间喧腾，数日不定"④，令秦桧心惊胆战，也令高宗恼羞成怒，本拟当即将胡铨处死，以"正典刑"，因"谏者以陈

---

① 《宋史》卷四七三《秦桧传》，第13764页。
② 《宋史》卷三六三《李光传》，第11341—11342页。
③ 《澹庵文集》卷二，影印《文渊阁四库全书》，第1137册，第21页。
④ 《三朝北盟会编》卷一八六"绍兴八年十一月二十五日"条，第1345页。

东启上",才"遂贬胡儋耳"。①

在"绍兴和议"之初,赵鼎、李光、胡铨三人是与秦桧面对面展开交锋的朝官,其中赵鼎在士大夫群中有"中兴贤相"之誉,具有深广的政治与社会基础,而且其二度入相,党羽甚众,对秦桧的独断专横,带来了严重的威胁;李光为秦桧所荐,但秦桧却遭其反戈之击,其大有"背信弃义"之势;胡铨虽为小官,但在大庭广众中,力阻和议,并要取秦桧之头,在朝野产生了广泛的影响,也最能代表主战派的心声。所以,秦桧在专政以后,"欲必杀之而后已"。对于这一点,被贬者也十分清楚。其中,赵鼎为了避免祸及家人,保全亲子性命,便自觉地走上了死亡之路。绍兴十七年(1147)八月,"责授清远军节度副使赵鼎卒。鼎在吉阳三年,故吏门人,皆不敢通问。广西经略使张宗元时遣使渡海,以醪米馈之,太师秦桧令本军月具鼎存亡申尚书省,鼎知之。遣人呼其子汾,谓之曰:'桧必欲杀我。我死,汝曹无患;不尔,诛及一家矣。'乃不食而卒"②。

然而,事实却并非如赵鼎所想象的那样。秦桧实施其既严又酷的党禁,最终目的不仅在于使政敌永远消失在政治舞台,还欲将政敌的亲属一网打尽。这样既可发泄一己之私愤,又可防患于未然。吕撫一案就说明了这一点。在绍兴二年(1132)的吕、秦两党之争中,秦桧败北。这是秦桧为相期间第一次也是唯一的一次成为政敌的手下败将。从这个意义上说,其对吕颐浩的怀恨程度比对赵鼎诸人还要深。但吕颐浩于绍兴九年(1139)四月就已病故,卒后又被

---

① 叶绍翁:《四朝闻见录》甲集《请斩秦桧》,第27页。
② 《要录》卷一五六"绍兴十七年八月癸卯"条,第2965页。

赠太师，封秦国公①。因此，秦桧虽然心极恨之，却失去了报复的对象，于是其便伺机拿吕颐浩之子吕摭开刀。绍兴十七年（1147）发生的一件民事纠纷案，终于使秦桧发泄了心头之恨。"右朝散郎、直秘阁吕摭除名，梧州编管。秦桧追恨颐浩不已，使台州守臣曹惇求其家阴事。会摭嫂姜氏告摭烝其庶弟之母，送狱穷治，摭惧罪阳瘖，乃以众证定罪，于是一家破矣。"②

北宋"崇宁党禁"的对象，不完全在于元祐党人，还涉及元祐党人的第二代乃至第三代。秦桧继承了蔡京的衣钵，在实施党禁时，同样祸及政敌的亲朋故旧，而且比蔡京更为残酷；尤其是在晚年，秦桧相党无端起狱，欲杀异己及其亲属，其残害异己的心理到了登峰造极的地步：

> 桧秉政十八年，富贵且极，老病日侵，将除异己者。故使徐嚞、张扶论赵汾、张祁交结事。先捕汾下大理寺，拷掠无全肤，令汾自诬与特进、永州居住张浚、责授建宁军节度副使、昌化军安置李光、责授果州团练副使致仕、新州安置胡寅谋大逆。凡一时贤士五十三人，桧所恶者皆与。狱上，而桧已病不能书矣。③

---

① 《宋史》卷三六二《吕颐浩传》，第11324页。
② 《要录》卷一五六"绍兴十七年九月甲戌"条，第2967页。
③ 《要录》卷一六九"绍兴二十五年十月辛卯"条，第3215页。按：《宋史全文》卷二四上的隆兴二年七月"是月"条载胡铨语谓"（秦）桧末年遣张常先、汪君锡网罗张浚、胡寅等三十七人，欲窜海岛。赖上天悔祸，桧即殒命，而三十七人幸脱虎口"（第1995页），兹从《要录》。

据时人吴猎说,这份"谋大逆"者的名单一旦经秦桧画押,大理寺将立马判以"极刑"。所幸的是在大理寺将此名单上呈秦桧时,"桧夫人王氏却之,语家吏曰:'太师病势如此,且休将这般文字来激恼他。'如此者再三。桧死,事遂已。故以桧之恶如此,而其子孙未尽绝灭,盖王氏此举,能全数十家性命故也"①。这里将秦桧"子孙未尽绝灭"归功于王氏拒绝大理寺将"谋大逆"者名单上呈秦桧而"能全数十家性命",虽然明显表现为因果报应的思想,但说明了秦桧党禁的残酷和时人在残酷的党禁下的畏惧心理。留正《中兴圣政》与吕中《大事记》均载:

> 甚矣,桧之忍也!不惟王庶、胡铨、赵鼎、张浚、李光、张九成、洪皓、李显忠、辛企宗之徒相继贬窜,而吕颐浩之子摭、赵鼎之子汾、王庶之子之荀、之奇,皆不免焉。盖桧之心大狼愎,尤甚于章(惇)、蔡(京)。窜赵鼎而必置之死,杀张浚而犹及其家。甚至萧振以附程氏之学而得祸,洪兴祖以序冯瑀《论语注》而得祸,末年欲杀张浚、胡寅等五十三人,而桧已病不能书。可畏哉!②

秦桧首相期间,推尊二程道学,所结党羽也基本上是道学人士;独相专政期间,则推尊王安石"新学"而严禁二程道学(说详中编)。所以萧振附程氏之学,也就自然成了其党禁的对象。洪兴祖是位主战人士,而冯瑀的《论语注》则是一部具有当代意识的发

---

① 《要录》卷一六九"绍兴二十五年十月辛卯"条小注,第3215页。
② 《要录》卷一六九"绍兴二十五年十月辛卯"条注引,第3216页。

微之作，洪氏又为此作序，这就难免引起秦桧的仇视。胡寅与其父胡安国虽然对早年的秦桧赞赏有加，对后来秦桧的所作所为也不像其他士大夫那样进行抨击，但他既在道学之列，又主张抗金，因而在秦桧的心里成了必须消失于政治舞台的"谋大逆"者。从中既昭示了秦桧用心"大狠愎"，又说明了其党禁是在和战之争与学术对抗两大领域展开的。

"绍兴和议"期间，葛立方曾要求仿效"崇宁党禁"，将与秦桧不合者立为党人碑，但遭到秦桧的拒绝。①对以蔡京集团以立"元祐党人碑"的形式禁锢政敌的做法，早已为士人所深恶痛疾，秦桧深明其得失，他所注重的是在实际行动上如何采取以比蔡京集团更有效、更残酷的手段，禁锢和迫害政敌；而与在人事上禁锢政敌相辅相成的，则是较蔡京集团更甚的以高压政治禁锢人们的言论，全面控制意识形态，其表现就是大肆兴造为"崇宁党禁"所望尘莫及的文字狱，实施文禁与"语禁"（说详下编）。

孝宗隆兴元年（1163）七月，兵部侍郎胡铨上奏痛陈绍兴年间"与敌和议有可痛哭者十"，其六"可痛哭者"即"秦桧力排不附和议之士九十余人，贤士大夫、国之元老相踵引去"。"赵鼎、王庶、李光、郑刚中、曾开、李弥逊、魏矼、高登、吴元美、杨辉、吴师古等皆死岭海，或死罪籍，怨愤之气彻天。"②总结了秦桧在"绍兴和议"期间进行党禁所造成的祸害与政局。不过，秦桧的"绍兴党禁"还表现在对自己的党羽进行不断的清洗。

史称"自秦桧专国，士大夫之有名望者，悉屏之远方。凡龌龊

---

① 《要录》卷一八二"绍兴二十九年闰六月戊午"条，第3509页。
② 《宋史全文》卷二四上隆兴二年七月"是月"条引，第1995页。

萎靡不振之徒，一言契合，率由庶僚一二年即登政府。仍止除一厅，谓之伴拜。稍出一语，斥而去之，不异奴隶，皆褫其职名，阙其恩数，犹庶官云"①。"若孙近、韩肖胄、楼炤、王次翁、范同、万俟卨、程克俊、李文会、杨愿、李若谷、何若、段拂、汪勃、詹大方、余尧弼、巫伋、章夏、宋朴、史才、魏师逊、施钜、郑仲熊等，皆不及一年或半年，诬以罪罢之。尚疑复用，多是居千里外州军，且使人伺察之"，所以时人对"得两府者，不以为荣"。②这是秦桧专政期间所采取的重要政术和手段，其目的与抑制"不附和议之士"一样，是巩固以自己为核心的相党势力，长期控制朝政，成了秦桧进行党禁的组成部分。因此，在秦桧党羽中，即便是为秦桧在专事和议或倾覆政敌中建有汗马功劳者，如在言行上稍一不慎，就遭贬斥。下列遭贬的三人，颇具代表性。

范同，建康人，秦桧乡党，绍兴十一年（1141）四月，是他向秦桧献计，解除岳飞等三大将兵权而平稳成就"绍兴和议"的。因此，他官至参知政事，但为时极短。同年十一月，"参知政事范同罢，同始赞和议，为秦桧所引，及在政府，或自奏事，桧忌之。右谏议大夫万俟卨因论：'近朝廷收天下兵柄归之宥密，而同辄于稠人之中，贪天之功以为己有，望罢其机务。'诏同以本官提举西京嵩山崇福宫"③；又据朱熹说："杀岳飞，范同谋也。胡铨上书言秦桧，桧怒甚，问范：'如何行遣？'范曰：'只莫采，半年便冷了。若重行遣，适成孺子之名。'秦甚畏范，后出之。"④前者是因为范

---

① 《宋宰辅编年录校补》卷一六"绍兴二十四年十一月丁卯"条，第1097—1098页。
② 《宋宰辅编年录校补》卷一六"绍兴二十五年十月丙申"条，第1105页。
③ 《宋史全文》卷二一上"绍兴十一年十一月己亥"条，第1639页。
④ 《朱子语类》卷一三一《中兴至今日人物上》，第3161页。

同"或自奏事",自作主张,难以控制;后者是因为范同城府甚深,心计难泯,令人生畏。无论是前者抑或后者,都触犯了秦桧结党专政之大忌,故"斥而去之"。

上疏弹劾范同的万俟卨于绍兴十年(1140)六月入朝为台谏官,他是高宗、秦桧收岳飞等三大将兵权、杀戮岳飞父子及岳飞爱将张宪的得力助手,所以民间往往将其与秦桧相提并论,而今杭州岳坟前面长跪不起的四具"白铁奸佞",其中之一就是万俟卨。万俟卨在确立"绍兴和议"及和议以后秦桧清洗政敌中,可谓功劳卓著,因此他也像范同一样获得了参知政事的美官,但因不愿在秦桧面前成为"行尸走肉"而好景不长。绍兴十四年(1144)二月,"参知政事万俟卨提举江州太平观。先是,卨使金还,太师秦桧假金人誉己数十言嘱卨奏于上,卨不可。他日奏事退,桧坐殿庐中批上旨,辄除所厚官吏,钤纸尾进。卨拱手曰:'偶不闻圣语。'却不视。桧大怒。自是不交一语。御史中丞李文会、右谏议大夫詹大方闻之,即奏卨黩货营私,窥探国是。卨再章求去,上命以资政殿学士出守,及入谢,上问劳甚悉,桧愈怒。给事中杨愿因封还录黄,乃有此命"①。

巫伋与范同均为秦桧乡党,因党同秦桧而官至签书枢密院事。巫伋在充当秦桧党羽的过程中,绝无万俟卨那种"反"心,而是谨慎从事,甚至大有"伴桧如伴虎"之感,但最终未能逃脱秦桧的猜忌和打击。绍兴二十二年(1152)四月,"端明殿学士、签书枢密院事巫伋罢。伋与秦桧居同乡。一日,桧在都堂,偶问伋云:'里中有何新事?'伋不敢对,徐曰:'近有一术士自乡里来,颇能论

---

① 《宋史全文》卷二一中"绍兴十四年二月丙午"条,第1684页。

命。'桧变色谓伋曰：'是人言公何日拜相？'伋皇恐而罢。章厦闻之，即劾伋阴怀异意，以摇国是。林大鼐亦奏伋黩货营私。于是并迁二人，而伋以本职提举江州太平兴国宫；章再上，遂落职"①。对此，留正《中兴圣政》作了这样的评论："巫伋术士之对，盖恐辄及时事以触桧之怒，故举泛言不切之事，聊以塞责云尔，而桧勃然变色，遽嗾使言路逐之，惟恐他人攘己之位，虽桧之猜狠忌刻，不近人情，然亦可以为依阿取容，谄事权贵者之戒也。"②

秦桧对待侍奉自己的党羽，虽然不像打击"不附和议之士"那样必欲置之死地而后快，但因"惟恐他人攘己之位"而"猜狠忌刻"，进行不断的清洗，甚至到了"不近人情"的地步。其实，这在秦桧看来，两者都是危及以自己为核心的相党权力的因素；就被排斥者而言，无论是"不附和议之士"，抑或"不异奴隶"的秦桧党羽，均成了"绍兴党禁"的对象。正因为如此，使得"绍兴党禁"比北宋"崇宁党禁"更具彻底性，从而保证了秦桧相党政治的坚固性；也正因为这种专横的相党政治，使得上自宰执，下至士子，"依阿取容"，几成一代风气，使宋代文人士大夫传统的"开口揽时事，议论争煌煌"和"言必中当世之过"的文学创作精神消失殆尽，形成了一个阵容壮大的"歌德派"，为"绍兴和议"摇旗呐喊，歌功颂德（说详下编）。

---

① 《要录》卷一六三"绍兴二十二年四月丙子"条，第3097页。
② 《要录》卷一六三"绍兴二十二年四月丙子"条注引，第3097页。

第三章

从"隆兴和议"到"庆元党禁"

绍兴二十五年（1155），秦桧去世。不过秦桧的去世，并没有改变高宗既定的与金和议的国策，所用执政之人，依然是秦桧党羽，他们对孝宗即位之初的政坛产生了不可忽视的影响，"隆兴和议"前后围绕主战与主和展开的朋党之争，就与此息息相关。在孝宗一朝，虽然没有出现像秦桧相党那样控制朝政的局面，但和战及学术之间的冲突却依然不断，由此引起的"道学朋党"与"反道学党"之争此起彼伏，并延伸到了宁宗朝，最终导致了自"绍兴党禁"以后的又一全面倾覆政敌的党祸"庆元党禁"。

第一节 "隆兴和议"的形成

绍兴三十二年（1162），时年五十三岁的高宗将皇位禅让给了并非己出的皇族之子赵昚，是为孝宗，次年改元"隆兴"。

作为身体尚健且享有八十一高龄的寿星，赵构为什么于五十三岁就决定退位？他自己是这样解释的："朕宅帝位三十有六载。荷天之灵，宗朝之福，边事浸宁，国威益振，惟祖宗传序之重，兢兢焉惧不克任,忧勤万几,弗遑暇逸,思欲释去重负,以介寿臧,蔽自朕心,亟决大计。皇太子睿贤圣仁孝,闻于天下,周知世故,久系民心,其从东宫,付以社稷,惟天所相,非朕敢私。……朕以澹泊为心,颐神养志,岂不乐哉!尚赖文武忠良,同德合谋,永底于治。"①这就是说,赵构是因不胜"忧勤万几""惧不克任"而自动退位的;而其中所谓"边事浸宁,国威益振",则指在虞允文的周旋下,击退金军进攻的"采石之捷"。在赵构看来,"采石之捷"成了其帝皇生涯中的一个圆满的句号,也成了他交接皇权时悦人耳目的一种谈资。不过,一方面赵构在此时内禅退位,并非心甘情愿,其深感不胜"忧勤万几"而"惧不克任",实际上是因无法控制局势而"心灰意冷"所使然,因此,"他虽然无心恋栈,但却有理由要继续关心政治"。在赵昚在位期间,他常常以凌驾在孝宗之上的家长姿态,做出种种"不法"行为,甚至插手宰执的任免和权幸的进用②;另一方面赵昚虽怀收复中原的愿望与决心,但他从高宗手中接过来的半壁江山仍然危机重重,且不说在侥幸取胜的"采石之捷"后,紧接而来的"符离之败"直接催生了继"绍兴和议"以后的又一"隆兴和议",就是从高宗手中所交接的"同德合谋,永底于治"的朝政班子,也大违孝宗的初衷。吕中《大事记》云:

> 秦桧以十八年之久,呼俦引类,盘据中外,一桧虽死,百桧尚存。……上虽亲政,而所任沈该、万俟卨、汤思退、魏良臣,即桧之党也。沈该、万俟卨本桧之鹰犬也;思退本桧之

---

① 《建炎以来朝野杂记》乙集卷一《壬午内禅志》,第509—510页。
② 详见柳立言:《南宋政治初探——高宗阴影下的孝宗》,《中央研究院历史语言研究所集刊》第57本第3分,第553—584页,1986年。

第三章 从"隆兴和议"到"庆元党禁"

客,以文衡私取桧之子孙者也;良臣即桧往来于虏定和议者也。桧之身虽死,而桧之心未尝不存。张(浚)、赵(鼎)所引之君子日少,而桧之所教之小人日多。故自桧死后,虏颇疑前盟之不坚,为之禁妄议和好以信虏,为之重窜张浚以悦虏,无以异于桧之为也。①

这段文字揭示了自秦桧去世至孝宗即位之初的政治形势大致未变,秦桧余党依然把持政坛,继续贯彻"绍兴和议"的既定"国是"。不过,继续持"和议"为"国是"而"好以信虏"的,主要在于高宗本人。因此,主和的秦桧余党才得以继续主导朝政,导致了孝宗即位之初以和战为内容的朋党之争。

秦桧去世后,高宗利用台谏的力量,对秦桧在朝党羽进行了清算,并为秦桧所迫害的士大夫正名,死者封爵,活者迁复。在绍兴二十五年(1155)秦桧去世不久,便"诏除名勒停荆门军编管人范彦辉(坐作《夏日久阴诗》)、辰州编管人王趯(坐与李光通书及借人)、夔州编管人元不伐(坐撰造行在言语)、徽州编管人苏师德(坐其子撰常同祭文,称奸人在位)、峡州编管人李孟坚(坐父光将撰小史,皆非事实)、绍兴府羁管人李孟津(坐鼓唱台州人,乞管镐为知州)、梅州编管人王之奇、容州编管人王之荀(坐怨望谤讪)、鼎州编管人阎大钧(坐依随郑刚中),并放令逐便"。又"诏处州编管人邵大受(坐朋附范同,浮言无稽)、武冈军编管人芮晔(坐赋《牡丹花诗》怨望)、万安军编管人杨炜(坐上李光书诋和议)、辰州编管人郑玘、肇庆府编管人贾子辰(坐酒后有嘲讪语),

---

① 《要录》卷一七二"绍兴二十六年三月丙寅"条注引,第3284—3285页。

并放令逐便，仍与复元官"①。因被压受害者得以平反昭雪，长期以来残酷的党禁开始解冻，所以时人也称之为"绍兴更化"。

然而，正如岳珂所说："绍兴更化，逐谗党，复纯州，还诸孤之在岭峤者，重以念先臣不忘之德意属之，孝宗皇帝嗣位之初，首加昭雪，既复其官爵，又赐之冢地，疏以宠命。"②即高宗亲政后，尽管为被秦桧迫害的士人正名，对岳飞却维持原判，岳飞"首加昭雪"是孝宗即位后的事。这昭示了高宗对于由秦桧赞助其成的和议之"国是"，丝毫未变，而且高宗一方面特为秦桧御书"决策元功，精忠全德"八字，以示其保全与恩宠秦桧的情意；一方面在"秦桧死，金国颇疑前盟不坚。会荆鄂间有妄传召张浚者，虏情益疑"之际下诏："朕惟偃兵息民，帝王之盛德；讲信修睦，古今之大利。是以断自朕志，决讲和之策。故相秦桧，但能赞朕而已，岂以其存亡，而有渝定议耶！近者无知之辈，遂以为尽出于桧，不知悉由朕衷，乃鼓唱浮言，以惑众听，至有伪造诏命，召用旧臣，献章公车，妄议边事，朕实骇之。……朕奉祖宗之明谟，守信睦之长策，自讲好以来，聘使往来，边陲绥静，嘉与宇内，共底和宁。内外小大之臣，其咸体朕意，恪遵成绩，以永治安。如敢妄议，当重置典刑。"③既向金廷表白其守盟之坚，又向国人宣布"国是"不变之意。也正因为如此，高宗在清算秦桧党羽的同时，又任用了赞助和议的沈该、汤思退、万俟卨、魏良臣等人，共执朝政。他们在执政期间，为贯彻高宗既定的"国是"，党同伐异，排斥主战人士，用

---

① 《宋史全文》卷二二上"绍兴二十五年十二月壬午"条，第1787—1788页。
② 《吁天辨诬通叙》，《鄂国金佗粹编续编校注》卷二〇，第1121页。
③ 《要录》卷一七二"绍兴二十六年三月丙寅"条，第3284页。

张浚的话来说，"桧之大罪未正于朝，致使其党复出为恶"①。但由于"绍兴更化"，不少被秦桧压制的主战人士回朝为官，尤其是入主台谏重地，他们以伸张"公议"为己任，对沈该、汤思退等人展开了无所不至的抨击。如侍御史朱倬、殿中侍御史任古联袂共奏：

> 尚书左仆射沈该天资疏庸，人品凡下，自居政地，首尾数年，曾无建明，以裨国论。惟知冒宠，黩货无厌，请托公行，贿赂坌至，纵令子弟凌轹州县，起造第宅，骚扰公私，贪鄙之迹不可毛举。上孤陛下之恩，下失四海之望，乞赐罢黜，别置典宪。②

左司谏何溥、右正言都民望同奏：

> 左仆射沈该性资庸回，志趣猥陋。自为小官，已无廉声，徒以在州县诣谀秦桧，遂蒙提挈，滥厕禁严，连帅梓、夔，略无善状，以子弟为商贾，以亲信为爪牙，污秽之踪，白简可覆。陛下比因更化之初，录其一得之虑，起之谪籍，擢在政途，俾得自新，以图报塞，首冠台席，亦既三年，举措乖方，积失人望。……伏望宸断，亟赐罢黜。③

右正言王淮上疏曰：

---

① 《宋史全文》卷二四上"隆兴元年十一月壬子"条，第1985页。
② 《要录》卷一八二"绍兴二十九年六月乙巳"条，第3503页。
③ 《要录》卷一八二"绍兴二十九年六月丙午"条，第3504页。

宰臣汤思退，……因缘秦桧，引之要途，年除岁迁，致位公宰，忘事君之大义，昧经国之远猷，窃弄威权，动循覆辙。有识之士，固已寒心，而乃进用匪人，习成朋比，排斥异己，公肆诞谩。英俊沉于下僚，耆老遗于散地，故其所得，非一时柔佞，即桀黠亡耻之徒，相与推挤，黩乱名器，虽布满中外，适足以养成祸胎。……伏望特垂英断，将思退亟赐罢免，博选耆德，以亮天工。①

侍御史汪澈、殿中侍御史陈俊卿上疏曰：

秦氏既败，朋附扫迹，独思退在焉。时有语曰："知不知问进之，会不会问思退。"进之乃思退字，盖甚言其秦党，而得免窜逐也。自登宰辅，政由己出，同列莫敢与之校。如王纶、贺允中，稍不诡随，则多方抑之，终以睚眦不协，或称疾、或挂冠而去，大抵小人胜也。明扬人才，宰相之职，思退则不然，己所喜者，立致青云；己所恶者，如视秦、越。以朴厚为山野，以巧佞为才能，专恣自用，动有猜妒之心。如孙道夫，蜀人也，虑荐其乡之人，则黜之远郡；……凡有举措，率背公营私，擅权植党，欺罔君上，凌玩搢绅。……伏望早赐处分，臣等不胜拳拳愤激之至！②

侍御史汪澈又历数汤思退姻戚同党之恶：

---

① 《要录》卷一八七"绍兴三十年十一月辛丑"条，第3626—3627页。
② 《要录》卷一八七"绍兴三十年十一月癸卯"条，第3628—3629页。

（汤思退）背公营私，专权植党。所进用者皆姻戚，所昵比者为奸邪。以林觉之庸鄙，而掌版曹；以沈介之金壬，而居省闼。叶谦亨坐外交而罢右史，方师尹由内援而擢左司。张孝祥犹有童心，听其狂说；邵大受真若鬼质，纳其阴谋。初不恤于人言，但力行其私意，至于台省之迁擢，筦库之差除，悉谕意于数日之前，欲受恩于一门之内。①

秦桧病重期间，召见时为签书枢密院事的汤思退，并赠黄金千两，"思退以为桧多疑心，他时病愈，必曰：'我以金试之，便待我以必死耶？'乃不敢受。上闻之，以思退为非桧之党。是日，以思退兼权参知政事"②。这是汤思退在高宗清除秦桧死党中成为漏网之鱼的原因。沈该则与万俟卨一样，在"绍兴和议"期间虽然党同秦桧，即遭秦桧猜忌，被逐出朝廷，"绍兴更化"之初，"起之谪籍"，"首冠台席"，为高宗清除秦桧死党，立有汗马之功，但在"国是"问题上，却与万俟卨、汤思退等合力坚守和议，所以遭到了主战派的强烈攻伐。事实上，沈该尤其是汤思退并非如上述弹文所说的大奸大恶，就是多次弹劾汤思退的陈俊卿，在私下也承认"思退未有大罪"③。秦桧余党，排斥异己，恪守和议，只不过是奉行高宗旨意罢了；而其"所昵比者"，也并非都为"奸邪"。如张孝祥于秦桧去世之初，以秘书正字召对，上疏力陈更张秦桧恶政，伸

---

① 《要录》卷一八七"绍兴三十年十二月乙巳"条，第3630页。
② 《要录》卷一六九"绍兴二十五年八月丙申"条，第3217页。
③ 《宋宰辅编年录校补》卷一六"绍兴三十一年十二月乙巳"条，第1136页。

张公议,作新人才①,但因为是汤思退门人,被列入了"背公营私"的"奸党"行列。这表明高宗亲政后,作为长期被迫害的主战人士,他们在获得政治新生之初,为了抑制主和势力,伸张自己的抗战主张,重现了"绍兴和议"之前以"党"划线、以"党"取人的痼习,在将持和议为"国是"的宰执大臣及其姻戚门人一概纳入"奸党"而大加攻伐的过程中,自己也深深染上了肆为异同之习;同时也昭示了秦桧擅权期间人人自危、万马齐喑的高压政治已宣告结束,以和战为界线的两大阵营重新展开正面较量,在政坛上不时地让人聆听到两种不同音符的声响。

在台谏的屡屡弹劾下,沈该、汤思退及万俟卨、魏良臣于绍兴二十九年至三十一年(1159—1161)间,分别被罢去相位,其他的主和人士如汤鹏举、张去为、王继恩以及汤思退的姻戚门人也均被驱逐出朝,主和势力明显在削弱;经过秦桧相党长期压抑和迫害的主战一方业已崛起,并在一时间成了政坛的主要力量。不过,这一局面的形成与当下宋金关系的变化是不无关系的。

天德元年(绍兴十九年,1149),海陵王完颜亮即位后,渐生南侵之心。正隆四年(绍兴二十九,1159)十二月,金国遣贺正旦使施宜生会晤高宗,吏部尚书张焘奉诏馆客。"宜生敬焘,颇漏房情。焘密奏之,且言宜早为之备,上(高宗)深然其说。亮又隐画工于中,即使密写临安之湖山、城郭以归。既则绘为屏,而图己之像,策马于吴山绝顶,后题以诗,有'立马吴山第一峰'之句,盖亮所赋也"②。至绍兴三十一年(1161),完颜亮则尽率国中之兵,

---

① 详《论总揽权纲以尽更化札子》《乞改正迁谪士大夫罪名札子》,《于湖居士文集》卷一六,第157、158页。
② 《要录》卷一八三"绍兴二十九年十二月丙子"条,第3545页。

挥师南下，并亲帅精锐，进驻长江北岸的采石杨林渡，其渝盟入侵之势已铁定难易。原来高宗与秦桧倾力建立的和议关系被撕破，继续议和已很难使国人信服，并且一般人又都认为恢复的时机已经来临，朝廷上下对高宗推行和议主张有所约束。在这一形势驱使下，高宗于绍兴三十一年（1161）五月，与主战派始议行礼及调兵守淮之策，又于六月初同意陈俊卿擢用张浚的建言，至十月，又手诏败盟之讨，至十二月金完颜亮被杀之讯传至后，高宗兴奋异常，对大臣说："是天赐朕也。朕当择日进临大江，洒扫陵寝，肃清京都，但戒诸将无杀掠，此朕志也。"①并很快前往建康视师。

然而，视师的结果，却大大减弱了高宗"洒扫陵寝，肃清京都"的勇气，此时金方又发出遣使议和之意，使高宗主意大变，复下罪己责亮之诏，匆匆返回临安，以待金人再次和议。何俌《中兴龟鉴》对高宗的这一变化作了分析：

> 惜夫视师之寄，不属之魏公（张浚），而属之叶义问。使魏公亟起而任其责，则观其战功，又岂止如是而已耶！……金陵，王者之宅，席我师之屡捷，为驻跸之宏规可也。未及一月，遽尔反旆，何耶？意者天道厌于西北，而黄旗紫盖应于东南耶？否则圣心倦勤，而恢复之义，将有待于后人耶？②

叶义问时为知枢密院事，虽在主战派之列，但一儒生耳。史称"命视师，义问素不习军旅，会刘锜捷书至，读之至'金贼又添生

---

① 《要录》卷一九五"绍兴三十一年十二月庚子"条，第3831页。
② 《要录》卷一九六"绍兴三十二年正月戊子"条小注引，第3856页。

兵',顾吏曰:'"生兵"何物耶?'闻者掩口。至镇江,闻瓜洲官军与敌相持,大失措,乃役民掘沙沟,植木枝为鹿角御敌,一夕潮生,沙沟平,木枝尽去。会建康留守张焘遣人告急,义问乃遵陆,云往建康催发军,市人皆嗫骂之"①。而张浚虽因陈俊卿的建言得到重新起用,却很难让高宗委以"视师"重任,就在重新起用张浚之际,高宗还特地强调"浚用兵,不独朕知,天下皆知之。如富平之战、淮西之师,其效可见。今复论兵,极为生事"②。不过,从当时主要由主战人士组成的朝官队伍的心态观之,即便是"视师之寄"属诸张浚,也扭转不了高宗返回临安,再待和议的心意。据载,"初奏言金人已犯采石,而不言东西。朝廷大惊,三省、枢密院吏皆挈家以出,都人惊移不可止。次报金人已到杨林,而不言杨林渡,朝廷莫知其在江之南北,益惧"③;"虏骑瞰江,朝臣震怖,争遣家逃匿,权礼部侍郎黄中独谓其家人曰:'天子六宫在是,吾为侍臣,若等欲安适耶?'比房退,独中与左仆射陈康伯家属在城中"④。大有闻风丧胆之嫌。朱熹说:"逆亮犯顺时,朝士皆办去,惟陈鲁公(康伯)、黄通老(中)不动。当时亦有言者令止之。太上(高宗)曰:'任之。扬州时,悔不先令其去,多坏了人。'"⑤则又指出了高宗与朝臣的内心难以抹去建炎三年(1129)扬州兵溃时的悲惨阴影。在这种恐惧心理的支配下,随高宗视师的百官对进与退久议论不决。因此,在完颜亮被部下所杀,宋军侥幸取得"采

---

① 《宋史》卷三八四《叶义问传》,第11817页。
② 《要录》卷一七五"绍兴二十六年闰十月己亥"条,第3350页。
③ 《要录》卷一九三"绍兴三十一年十月癸亥"条,第3770页。
④ 《要录》卷一九五"绍兴三十一年十二月庚子"条,第3831页。
⑤ 《朱子语类》卷一二七《高宗朝》,第3058页。

石之捷"的情况下,非但没能延续高宗"洒扫陵寝,肃清京都"的勇气,反而班师回朝,等待金人前来和议。

高宗视师建康之举是为金人的渝盟入侵和主战派的抗战思潮所驱使的,在客观上改变了其长期所持的主和主张。然而,一方面视师的结果使他在主观上坚定了一直作为"国是"的和议;另一方面在主战思潮愈演愈烈,尤其是在"采石之捷"后颇为有利的形势下,要继续坚持和议,难免倒行逆施之嫌。这时的高宗已无法顺利实现自己的愿望,所以不得不提前禅位;也正因为如此,决定了身为太上皇的高宗无法真正做到"以澹泊为心,颐神养志",而是以自己的讲和主张不时地干涉孝宗政权;并在政治权力中心,又安排了一批主和派中的要员,保留一股强劲的主和势力,成了孝宗即位后实施新政时的最大障碍。朱熹在绍兴三十二年(1162)六月孝宗践位之初上封事时指出:"臣又闻之,为天下国家者,必有一定不易之计,而今日之计不过乎修政事、攘夷狄而已矣,非隐奥而难知也。然其计所以不时定者,以讲和之说疑之也。"①便指出了以高宗为后台的主和派持和议为"国是",阻碍孝宗政府"修政事、攘夷狄"的新时政。在当时,主和势力虽非主流,但却具有与主战派相抗衡的力量和优势。这是朱熹把它作为新时政的最大阻碍的原因所在。事实上,这两股势力殊为异同,展开了激烈的朋党之争,而随着隆兴和战的反复较量,主战一方再次以失败而告终。

孝宗以庶位入宫,其启蒙教育就是在道学之士范冲、朱震指导下进行的。自继大统后,便起用了一批被秦桧长期压制的道学人士,尤其是冲破来自高宗的阻力,于隆兴元年(1163)十二月,任

---

① 《壬午应诏封事》,《朱熹集》卷一一,第441页。

命在道学人士看来是唯一能担当起"修政事、攘夷狄"大任的张浚为右相。张浚"既入辅，首奏当旁招仁贤，共济国事。上（孝宗）令公条具奏，公荐虞允文、陈俊卿、汪应辰、王十朋、张阐可备执政，刘珙、王大宝、杜莘老宜即召还。胡铨可备风宪，张孝祥可付事任，冯时行、任尽言、冯方皆可备近臣，朝士中林栗、王秬、莫冲、张宋卿议论据正，可任台谏，皆一时选也。公自太上（高宗）时即建议当驻跸建康，以图恢复。上初即位，公入对又首言之。及抚师江淮，每申前说。至是复力言于上。胡昉等还，不为虏屈。上令（张）栻谕公曰：'和议之不成，天也。自此事当归一矣。'始议以四月进幸建康"[①]。其中的"一时选也"，大多为道学人士或与道学关系密切者。这是张浚入辅之际在组织人事上的安排；而所谓"胡昉等还"，是指胡昉等人使金讲和，金以议和条件不符，先扣留胡昉，后放其归宋之事，为高宗所等待的与金和议因此破裂，这对张浚急于兴兵抗战、孝宗进幸建康，起到了有力的推动作用。主战派的主战主张开始进入令人兴奋的实施阶段。

然而，在孝宗任张浚为右相的同时，汤思退复起为左相。绍兴三十一年（1161）十二月，汤思退罢相，提举太平兴国宫，但就在同月，高宗又复其观文殿大学士之职，充醴泉观使兼侍读，旋除建康留守；这次复入中书，与张浚共执朝柄，同样出于高宗的用心，是高宗将他作为自己既定"国是"的代言人，用来制衡主战势力的一次人事安排。因此，在当时的政坛上，主和势力虽不占优势，但对急于兴兵抗战的主战派来说，却是不易克服的一大障碍；障碍既现，也就难免发生冲突。不过，冲突的性质并非单一地体现为政见

[①]《宋宰辅编年录校补》卷一七"隆兴元年十二月丁丑"条，第1166—1167页。

上的相左，更主要的是表现为朋党之争。其冲突的过程与结果也充分表明，双方都严重地受到了喜同恶异、党同伐异这一流行性病菌的侵袭，失去了应有的理智，使本来属于正常范围的政见之争，变得不正常，甚至是一派病态；既然如此，即便是隆兴北伐切合时宜，也是不可能成功的。

需要说明的是，在张浚实施其抗战主张的过程中，有些大臣对待和战的态度发生了变化。采石之战期间，"朝臣震怖，争遣家逃匿"之时，而率"家属在城中"的主战派要员陈康伯，便与汤思退、周葵、洪遵等主和者联名上疏，疏中认为由秦桧擅政期间形成的偏安陋习，导致了士风败坏，边备松懈，兵不习战，财用匮乏，故须以"讲和以苟目前之安"，待"作成人材""选将励兵""均财节用"后，再"成他日之恢复"。[1]另有孝宗的老师、隆兴元年（1163）正月任相的史浩，也主张"先为备守""缓师而自治"，反对张浚急于兴兵抗战之举，故"浚所规画，浩必沮挠"[2]；又隆兴元年（1163）前的某些主战名士李浩、刘夙、刘朔等人也转向了主和，追随汤思退。[3]这种变化固然是陈康伯、史浩等人对宋金形势的清醒认识所致，但就当时朋党之争的两大阵势而言，无疑削弱了主战势力，或扩展了主和势力的阵营。

不过，这时的孝宗意在主战，乐意听纳主战派的意见，并接纳给事中金安节、吏部侍郎凌景夏、侍御史王十朋、起居郎胡铨的弹劾，于隆兴元年（1163）五月罢去史浩的宰相之位。张浚也随之匆匆发动了越淮战役，结果谱写了其继"富平之败"与"淮西兵变"

---

[1] 《宋史全文》卷二四上"隆兴元年十一月壬子"条，第1985页。
[2] 《宋史全文》卷二三下"绍兴三十二年七月癸亥"条，第1946页。
[3] 束景南：《朱熹年谱长编》卷上，第342页。

后的第三次败绩"符离之溃"。对此,朱彝尊作诗云:

> 我思南渡后,思陵失其政。谋夫多去国,魏公执兵柄。幕府盛宾僚,子弟谈性命。弃师累十万,三败无一胜。肆将功罪淆,第许心术正。猛将反先诛,岂惟一桧横。哀哉小朝廷,自此和议定。①

张浚是道学家谯定的门人,于道学浸染不浅;谪居永州时,勉励杨万里"以正心诚意之学,万里服其教终身,乃名读书之室曰'诚斋'"②,据此则张浚又以扬道传道自任。所谓"正心诚意之学",就是指道学,朱诗中的"谈性命"之学,所指即此。针对张浚再创"符离之溃",朱彝尊慨然作诗,为整个主战派的无能遥致哀叹,并认为这一败绩是"子弟谈性命"所致。这固然夸大了道学的负面效应,也不乏以成败论英雄的思维方式之嫌,但道出了张浚才疏意广、有勇无谋、成事不足、败事有余的本相。同时,张浚隆兴北伐的主要力量的确是道学人士,也就是所谓"幕府盛宾僚,子弟谈性命";从其"子弟"们的言论观之,也确实是将兴兵抗金与张扬道学联系在一起的。绍兴三十二年(1162)六月,即孝宗刚即位之际,朱熹便上疏明确指出:"人君之学与不学,所学之正与不正,在乎方寸之间,而天下国家之治不治,见乎彼者如此之大。"人君之学的关键,则在于致知格物与正心诚意,"致知格物者,尧舜所谓精一也。正心诚意者,尧舜所谓执中也。自古圣人口授心传

---

① 《初夏重经龙洲道人墓三十二韵》,《曝书亭集》卷一七,《四部丛刊初编》,第1692册。
② 《宋史》卷四三三《杨万里传》,第12863页。

第三章 从"隆兴和议"到"庆元党禁"

而见于行事者，惟此而已"①。这就将正心诚意之学视为人君治天下的不二法门；在孝宗倾心支持下的、以张浚等道学人士为主要力量的隆兴北伐，正是这不二法门的一次具体实践。由此可见，在当时"道学"一词虽尚未作为政治术语而存在，但道学已直接渗透到了关乎国家命运的重大政治事件中。孝宗即位之初出现的朋党之争，既是政治上的主战与主和之争，又是学术上的道学与反道学之争，两者是互为表里，相辅相成的，为后来的"道学朋党"与"反道学朋党"之争拉开了序幕。而"符离小衅，本无大损于国威"，但由此"生事劳民之怨谤已喧嚣而起"②，给朋党之间的意气之争注入了强有力的催化剂。

前文已述，当时政坛明显地存在着主战与主和两势力。除了史浩在兴兵抗战之际就出来加以"沮挠"外，更有以高宗为后台、以汤思退为首的主和集团的反对。据载：

> （张浚）奏："近日外间往往谓臣与宰执议论不和，便欲陛下用兵。今日若能保守江淮已为尽善，万一机会之来，王师得胜，虏众溃散，不得不为进取之计。是时陛下须幸建康，亦望宰执协力。"汤思退奏："虏人变诈无穷，朝廷规模要先定。"周葵、洪遵奏："今日之举当量度国力。"

> 张浚复如淮视师。始议以四月进幸建康，浚又言当诏王之望等还。上从之。幸建康之议，汤思退初不与闻，乃与其党密

---

① 《壬午应诏封事》，《朱熹集》卷一一，第440—441页。
② 王夫之：《宋论》卷一一《孝宗》，第768页。

谋为陷浚计。①

指出了在张浚"视师"之际,汤思退"与其党密谋为陷浚计"。不过就从张浚"万一机会之来,王师得胜,虏众溃散,不得不为进取之计"的思想观之,不难想见其用兵并没有经过周密的布置和取胜的把握,也就是史浩在反对张浚用兵时所说的:"帝王之兵,当出万全,岂可尝试而侥幸。"②而在越淮战役之前,张浚及其党羽则在累疏和议之非的同时,大兴党论,竭力抨击作为"复出为恶"的秦桧余党汤思退等人"惟党与之是立,惟富贵之是贪",是"岂复以国事为心"的奸恶"小人"。③这无疑将当时的和战之争涂上了一层厚厚的情绪化、意气化色彩,因而也不可避免地将和与战这一"国是"之争转化成了朋党之争;而汤思退与其党密谋反对张浚用兵,正是与张浚党人的这种意气化的攻击相互驱动的结果。因此,越淮之战的败绩,必将为汤思退党人以"以生事劳民之怨谤"排斥张浚及整个主战派,提供难以反驳的依据。事实上,"符离之溃"后,不仅张浚本人随之乞请求和,"国之元老如张浚、王大宝、王十朋、金安节、黄中、陈良翰相继黜逐"④,而且汤思退、王之望、尹穑还三人"尽毁其边备山寨、水柜之类,凡险要处有备御者,皆毁之。还了金人四州,以谓可以保其和好而无事矣"⑤,以毁弃"险

---

① 《宋史全文》卷二四上"隆兴二年二月癸亥"条、"隆兴二年三月戊申"条,第1988—1989页、第1991页。
② 《宋宰辅编年录校补》卷一七"隆兴元年五月"条,第1157—1158页。
③ 《宋史全文》卷二四上"隆兴元年十一月壬子"条,第1985—1986页。
④ 《宋史全文》卷二四上隆兴二年七月"是月"附兵部侍郎胡铨疏,第1996页。
⑤ 《朱子语类》卷一三二《中兴至今日人物下》,第3169页。

要处有备御者"之举，反击主战派的用兵行为，实际上也背离了他们自己"选将励兵""均财节用"后，再"成他日之恢复"的初衷，进一步恶化了意气之争。因此，可以说"采石之捷"为宋廷带来的有利形势，就是在这种以意气化为特征的朋党之争的互动中被葬送的。

在汤思退"还了金人四州，以谓可以保其和好而无事"时，金人却以十万铁骑突至淮上，提出增加商、秦之地作为和议的筹码。孝宗闻之，急令诸将备守，又相继令汤思退、王之望都督江淮军马，并怒下抗战之诏：

> 朕以太上圣意，不敢重违，而宰辅群臣前后屡请，已尽依初式，再易国书。岁币成数，亦如其议。若彼坚欲商、秦之地，俘降之人，则朕有以国毙，不能从也。①

在此时，"太学生张观、宋鼎、葛用中等七十二人伏阙上书，乞斩汤思退、王之望、尹穑三奸臣，窜其党洪适、晁公武，而用陈康伯、胡铨为心腹，召金安节、虞允文、王大宝、陈俊卿、王十朋、陈良翰、黄中、龚茂良、刘夙、张栻、查籥，协谋同心，以济大计"②。但由于"不敢重违""太上圣意"，加上"符离之溃"是有目共睹的事实，孝宗在罢去汤、尹二人，并命陈康伯为左相的同时，保留了王之望参知政事的职位，党同汤思退的主和者周葵、钱端礼、洪遵等仍居要职，甚至还罢去了在议战期间抨击和议最为激

---

① 《建炎以来朝野杂记》甲集卷二〇《癸未甲申和战本末》，第469页。
② 《建炎以来朝野杂记》甲集卷二〇《癸未甲申和战本末》，第470页。

烈的兵部侍郎胡铨。孝宗通过这种人事处理，平衡和战两派势力，实出无奈；而其无奈既来自宋廷内部由和战引起的激烈的朋党之争，又来自宋金实力的胶着对峙。所以，孝宗于隆兴二年（1164）十二月自食其"若彼坚欲商、秦之地，俘降之人，则朕有以国毙"的誓言，与金再次签订和议协定：割商、秦之地；归被俘人；世为叔侄之国；减银绢各五万，易岁贡为岁币。是为"隆兴和议"。

如果说，"隆兴和议"是宋金实力胶着对峙的产物，那么促成"隆兴和议"的一个重要因素，则是以张浚为首的主战派和以汤思退为首的主和派两个朋党集团的意气之争及其相互攻伐，支撑相互攻伐的是皇权的拥有者孝宗与皇极的拥有者高宗，从中也标志了以道学人士为主要力量的主战派的再次失败，道学的命运也因此再次进入了被压抑的境地。"隆兴和议"之后，尽管孝宗在政府中保留部分道学人士的代言人如陈俊卿、刘珙等，但他们在政治舞台上已逐渐失去了大作为的空间。因陈俊卿举荐而入朝为武学博士的朱熹，深感和议所造成的时弊之深重，坚请奉祠，在离开临安前给陈俊卿的信中指出："盖讲和之计决而三纲颓、万事隳，独断之言进而主意骄于上，国是之说行而公论郁于下，此三者，其大患之本也。"[①] 所谓"独断之言进而主意骄于上"，就是指孝宗以"御笔处分事宜"和近幸擅权，形成了以近幸为核心的朋党集团。该集团成了包括乾道、淳熙年间（1165—1189）朋党之争的一支主要力量。

---

① 《与陈侍郎书》，《朱熹集》卷二四，第1022页。

第二节　近幸势力与道学之争

"隆兴和议"虽然使孝宗中兴国事、收复中原的志向受到挫折，但并没有让他因此而消沉。乾道五年（1169），以陈俊卿与虞允文为左、右相，由虞允文负责军事，从事备战，嗣机兴兵抗金；乾道八年（1172），孝宗又雄心勃勃地对大臣说："朕非特要建功业，如汉文、景蠲天下租赋事，亦将次第施行"①，先统一区宇再行惠政的理想，溢于言表。至淳熙元年（1174）虞允文的去世，才使孝宗恢复言行始告中辍。在士大夫中也很少像以往那样张扬主战热情，尤其是原先强烈抨击主和的道学人士转而反对主战，并对虞允文等人抨击不已；同时由于孝宗对近幸的宠信，以及不少宰执大臣对近幸的暧昧甚至是依附，又激起了道学人士的愤怒。道学人士在从攻讦虞允文的主战到抨击近幸势力的过程中，形成了一股指斥朝政的"清议"势力，引起了孝宗和近幸势力的厌恶，因而形成了"因恶道学，乃生朋党"②的局面。

在乾、淳年间，也许是有感于宋金胶着对峙的事实，士大夫对用兵之事多了一份谨慎。因为早孝宗二年登上皇位的金世宗"即位五载，而南北讲好，与民休息。于是躬节俭，崇孝弟，信赏罚，重农桑，慎守令之选，严廉察之责，……可谓得为君之道矣。当此之时，群臣守职，上下相安，家给人足，仓廪有余"，故赢得了"小

---

① 《宋史全文》卷二五下"乾道八年八月甲子"条，第2130页。
② 《道命录》卷六《刘德秀论道学非程氏之私言》文下李心传考述，《丛书集成初编》，第3342册，第53页。

尧舜"的美誉。①所以孝宗虽怀卧薪尝胆之志，但"值金世宗之立，金国平治，无衅可乘"②。宋金的这种胶着与对峙，使众多爱国之士"报国欲死无疆场"而饮恨终身。乾道三年（1167），吴璘在临终遗表中就谆谆嘱咐孝宗"无轻出兵"③。又何俌《中兴龟鉴》载：

> 考之当时端人正士如黄通老（中）、刘恭父（珙）、张南轩（栻）、朱文公（熹），最号持大义者，而黄通老入对，则谓内修政事而外观时变而已；刘恭父自枢府入奏，则谓复仇大计，不可浅谋轻举以幸其成；文公自福宫上封章则谓东南未治，不敢苟为大言以迎上意；南轩自严陵召对，则谓房中之事所不敢知，境内之事则知之详矣。是数公者，岂遽忘国耻者哉？实以乾、淳之时与绍兴之时不同，绍兴之时仗义而行可也，今再衰三竭之余，风气沉酣，人心习玩，必吾之事力十倍于绍兴而后可。不然，轻举妄动，开边启衅，恐不至迟之开禧而后见也。④

黄中、刘珙、张栻、朱熹均为高宗亲政期间和"隆兴和议"前后的主战人士，其中刘珙又是南渡后道学的重要传人刘子翚之侄；张栻为张浚之子，是孝宗以后与朱熹齐名的道学大师。在当时，持反战意见的大臣还有胡安国同调叶廷珪门人、程颐三传弟子林光朝

---

① 《金史》卷八《世宗本纪下》，第203—204页。
② 《宋史》卷三五《孝宗本纪三》，第692页。
③ 《宋史全文》卷二四下乾道三年四月"是月"条，第2044页。
④ 《宋史全文》卷二四上隆兴二年十二月"是月"条引，第2006页。按：刘珙自乾道三年十一月除同知枢密院事，乾道四年八月罢。

讲友陈俊卿、二程门人杨时的再传弟子汪应辰等。他们的反战意见至乾道五年（1169）虞允文与陈俊卿并相后，表达得尤为尖锐。虞允文与王炎因"百方劝用兵，孝宗尽被他说动"，朱熹便斥之为"乘时喜功名轻薄巧言"的、"志在脱赚富贵而已"的"小人"①，不仅表现强烈的反战情绪，而且将言战当成了道德判断或攻击他人人品的一个重要依据。

诚如何俌《中兴龟鉴》所说，道学人士从先前的主战转向反战，并非"遽忘国耻"，而"实以乾、淳之时与绍兴之时不同"；同时又关涉到"内修政事"的问题。乾道三年（1167）十一月，同知枢密院事刘珙在"上顾辅臣图议恢复"时，也明确指出："复仇雪耻，诚今日之先务。然非内修政事，有十年之功，臣恐未易可动也。"②朱熹甚至认为需要五六十年的内修政事之功，才可言恢复，他说："今朝廷之议，不是战，便是和；不和，便战。不知古人不战不和之间，亦有个且硬相守底道理，却一面自作措置，亦如何便侵轶得我！今五六十年间，只以和为可靠，兵又不曾练得，财又不曾蓄得，说恢复底，多是乱说耳。"③他们所反复要求修正的"政事"，一项重要的内容就是指孝宗的独断及其宠信近幸之积习：

> （乾道三年闰七月癸巳）刘珙自湖南召还，初入见，首论："独断虽英主之能事，然必合众智而质之，以至公，然后有以合乎天理人心之正，而事无不成。若弃佥谋，徇私见，而有独御区宇之心焉，则适所以蔽其四达之明，而左右私昵之臣，将

---

① 《朱子语类》卷一三三《本朝七·夷狄》，第3199页。
② 朱熹：《刘公（珙）行状》，《朱熹集》卷九七，第4956—4957页。
③ 《朱子语类》卷一三三《本朝七·夷狄》，第3200页。

有乘之以干天下之公议者矣。"①

孝宗"独断"的标志就是以"御笔"内批,处理朝政;"左右私昵之臣",是指孝宗的"潜邸旧人"曾觌、龙大渊等近幸。因为孝宗喜好"独断","蔽其四达之明",所以近幸得以骄恣擅权,既架空了政府的职能,又"干天下之公议"。这是以伸张"公议"为己任的道学人士所难以接受的。乾道四年(1168)十月,参知政事兼知枢密院事陈俊卿也上疏孝宗,要求限制"御笔"内批:

> 先是,禁中密旨直下诸军者,朝廷多不与闻。有某官张方者,因某事发觉,俊卿方与同列奏请:"自今百司丞(承)受御笔处分事宜,并须申朝廷奏审,方得施行(之)。"(未)报。至是,因(王)琪事复以为言,上乃悦而从之。事下两日,则又有旨收还前命。②

所谓"王琪事",即指殿前指挥使王琪"妄传圣旨,依檄边辰,增修城壁",又擅自荐引和州教授某人。这是"御笔处分事宜"所带来的弊端,也是近幸在孝宗以"御笔"内批的积习下得以擅权的表现之一。在事实大白之际,孝宗无奈同意陈俊卿"御笔处分事宜,并须申朝廷奏审,方得施行"的要求,但事隔两天,又收回前命。同知枢密院事刘珙因争此事甚急,却被孝宗"御笔"除端明殿学士补外,陈俊卿力救不果。

---

① 《宋史全文》卷二四下"乾道三年闰七月癸巳"条,第2048页。
② 《宋史全文》卷二五上乾道四年十月"是月"条,第2067页。

在整个乾、淳年间，道学人士以其"公议"，对孝宗的独断与近幸势力进行着不懈的抗争，但孝宗的这一积习始终没有得到限制，近幸势力也因此长期作用于朝政。于是，要求"内修政事"、伸张"公议"的道学势力与以近幸为核心的功利势力之间，形成了尖锐的对立，有时甚至到了势不两立、水火不能相容的地步，从而构成了这一时期朋党之争的基本框架。

与历史上其他帝王一样，孝宗并不希望在士大夫群中存有朋比现象，即位之初，就已密切关注这一点。隆兴年间（1163—1164），"龙大渊等初用事时，诸贤攻之甚力，故上（孝宗）意有朋党之疑也"①；"曾觌、龙大渊以旧恩窃宠，士大夫颇出其门，言事者语或及之，往往获罪"，乾道二年（1166），陈俊卿愤而劾之，终于"有旨出二人于外矣，中外快之"②，则又以曾、龙有朋党为疑而逐之。这些都昭示了其压制朋党的心迹，而且孝宗还常常向大臣炫耀自己压制朋党的能力：

> 上（孝宗）又泛论用人不可分别党与，须当尽公。又曰："朝廷所用，止论其人贤否如何，不可有党。如唐之牛、李，其党相攻四十余年不解，皆缘主听不明，所以至此。文宗乃言：'去河北贼易，去朝中朋党难。'朕尝笑之。为人主，但公是公非，何缘为党？"（叶）衡等同奏："文宗优柔不断，故有此语。陛下圣明英武，诚非难事。"上曰："此所谓坐而论道，岂不胜如丝竹管弦。"③

---

① 《宋史全文》卷二四上隆兴二年三月"是月"条，第1991页。
② 《宋史全文》卷二四下乾道二年十二月"是月"条，第2040页。
③ 《宋史全文》卷二六上"淳熙二年五月辛卯"条，第2163页。

淳熙五年（1178），孝宗与新任宰相史浩论朋党时又说：

> 唐文宗有言："去河北贼易，去此朋党难。"朕尝嗤其言何至于此！朋党本不难去，若人主灼知贤否所在，唯贤是进，唯不肖是退，弗问其他，则党论自消。汉唐末世，朋党皆数十年不能解，以至祸乱，朕尝叹之，其患尽在人君之无学，所以听纳之不明也。若能公是公非，惟理适从，何朋党之有哉！使胸中有诗书，有古今，则朋党何从而起。①

认为自己能压制朋党的重要经验在于"唯贤是进，唯不肖是退，弗问其他"，"公是公非，惟理适从"，而形成这一经验的最终根源则在于"胸中有诗书，有古今"。事实上，孝宗非但没有做到这一点，而且其"独断"与宠信近幸的痼习培育了为道学人士深恶痛绝的、以近幸为核心的盘根错节的朋党集团。淳熙七年（1180）四月，知南康军朱熹怀着无比愤慨的心情，抗章指出：

> 宰相、台省、师傅、宾友、谏诤之臣皆失其职，而陛下所与亲密、所与谋议者，不过一二近习之臣也。此一二小人者，上则蛊惑陛下之心志，使陛下不信先王之大道，而悦于功利之卑说，不乐庄士之谠言，而安于私媟之鄙态；下则招集天下士大夫之嗜利无耻者，文武汇分，各入其门。所喜则阴为引援，

---

① 《论朋党记所得圣语》，《邓峰真隐漫录》卷一○，影印《文渊阁四库全书》，第1141册，第612—613页。

擢寘清显；所恶则密行訾毁，公肆挤排。交通货赂，则所盗者皆陛下之财；命卿置将，则所窃者皆陛下之柄。虽陛下所谓宰相、师保、宾友、谏诤之臣，或反出入其门墙，承望其风旨。其幸能自立者，亦不过龂龂自守，而未尝敢一言以斥之。其甚畏公论者，乃略能惊逐其党徒之一二，既不能深有所伤，而终亦不敢明言，以捣其囊橐巢窟之所在。势成威立，中外靡然向之，使陛下之号令黜陟不复出于朝廷，而出于此一二人之门。名为陛之下独断，而实此一二人者阴执其柄。①

所谓"一二近习之臣"，主要是指曾觌、王抃、甘昪。淳熙元年（1174），在龙大渊死后，曾觌除开府仪同三司，王抃以知阁门兼枢密都承旨，甘昪为入押班。由于孝宗凡事均与他们"亲密谋议"，使之得以"阴执其柄"，也使大部分宰执大臣"反出入其门墙，承望其风旨"，大有一变以往"人才不问贤否，皆视宰相出处为进退"而为由近幸进退宰相、台谏等人才之势，因而形成了以近幸为中心的"宰相、师保、宾友、谏诤之臣，或反出入其门墙，承望其风旨"的"近幸党"。在朱熹看来，由于孝宗被近幸之臣所惑，"不信先王之大道，而悦于功利之卑说，不乐庄士之谠言，而安于私褻之鄙态"，所以近幸才如此大胆地结党营私，骄恣擅权，而且"公肆挤排"推行"先王之大道"的"庄士"。这里的"庄士"实际上就是指道学人士。朱熹所说近幸及其党羽"势成威立，中外靡然向之，使陛下之号令黜陟不复出于朝廷"，而出于近幸之门，也许有夸大其辞之嫌，但他所总结的在士大夫中由近幸"阴执其柄"、

---

① 《庚子应诏封事》，《朱熹集》卷一一，第456—457页。

宰执大臣依附其门的功利势力与推行"先王之大道"、伸张"公议"为己任的道学势力之间的对立与分野而言，大致上是合乎事实的。而这种对立与分野，早在乾道年间就已表现得相当充分了。

乾道三年（1167），在"公议"势力的排击下，曾觌、龙大渊被逐出朝，这本来是一件令道学人士奔走相贺的大快事。但张栻在给朱熹的信中却说："数日来闻二竖补外，第未知所以如何。若上心中非是见得近习决不可迩，道理分明，则恐病根犹在，二竖去，复二竖生；不然，又恐其覆出为恶。若得有见识者乘此时进沃心妙论，白发其奸，批根塞源，洗荡与一空之，然后善类朋来，庶有瘳乎。"①朱熹也指出："春间龙、曾皆以副帅去国，英断赫然，中外震慑，而在廷无能将顺此意者。今其党与布护星罗（指洪迈、王琪、谢廓然等人），未有一人动，奸竖在途，亦复迟迟其行，亦岂尚有反予之望耶？"②则更明确地表达了因孝宗宠信近幸之习难改，朝中又很少"乘此时进沃心妙论，白发其奸"的"有见识"之士而无法将"近幸党""批根塞源"的忧虑。这种忧虑便来自以近幸为核心的功利势力与张扬"公议"的道学势力之间的严重对立。

需要说明的是，在孝宗朝，近幸之臣除孝宗的"潜邸旧人"如曾觌、龙大渊外，还包括了如钱端礼、张说等皇亲国戚，他们往往凭借来自皇权的宠信，结党擅权，排斥异己。对此，士大夫表现出截然不同的态度或行为，一是愤起而攻之，一是或明或暗地附之。攻之者也主要是道学人士。乾道二年（1166）二月，首相陈康伯去世，孝宗长子邓王夫人之父、参知政事钱端礼为窥相位，培植党

---

① 《答朱元晦秘书》（其一六），《南轩集》卷二一，《全宋文》，第255册，第75页。
② 《答何叔京》书（一〇），《朱熹集》卷四〇，第1864页。

羽，积蓄势力，"馆阁士相与上疏排端礼，皆坐绌"；吏部侍郎陈俊卿也因抗疏"力诋其罪"，被罢去国，外放地方。①乾道七年（1171）三月，娶高宗皇后女弟为妻的张说自知阁门事、兼枢密副都承旨除签书枢密院事，"时起复刘珙同知枢密院，珙耻与之同命，力辞不拜"②；左司员外郎张栻又"夜草疏极谏其不可，且诣朝堂，质责宰相虞允文曰：'宦官执政，自京、黼始，近习执政，自相公始。'允文惭愤不堪。栻复奏：'文武诚不可偏，然今欲右武以均二柄，而所用乃得如此之人，非惟不足以服文吏之心，正恐反激武臣之怒。'孝宗感悟，命得中寝。然宰相实阴附（张）说，明年出栻知袁州"③；而前此二年的乾道五年（1169），左相陈俊卿则因反对时兼枢密副都承旨的张说为其亲戚求官，与虞允文发生矛盾，乾道六年（1170）年五月，终因反对虞允文"遣使金以陵寝为请"的建议而被罢相；吏部尚书汪应辰也因"与允文议不合，求去。俊卿数奏应辰刚毅正直，可为执政。上初然之，后竟出应辰守平江"④。这又表明了道学人士与近幸不两立的态势。虞允文因阴附近幸，遭到了他们的不满与抨击，被斥为"趋事赴功"但"心术不正""非庙廊所宜"的"猥俗小人"。⑤在当时的宰执大臣中，阴附张说的还有于乾道四年（1168）七月因母丧去相位的蒋芾，乾道五年（1169）二月除参知政事、旋即拜枢密使的王炎。⑥也就是说，道学

---

① 《宋史》卷三八五《钱端礼传》，第11831页。
② 《宋史》卷四七〇《张说传》，第13692页。
③ 《宋史》卷四二九《张栻传》，第12773页。按：张栻论张说、斥虞允文在一定程度出自朱熹的推动，见束景南《朱熹年谱长编》卷上，第450页。
④ 《宋史》卷三八三《陈俊卿传》第11788—11789页。
⑤ 朱熹：《答张敬夫书》，《朱熹集》卷二五，第1055—1056页。
⑥ 《宋宰辅编年录校补》卷一七"乾道九年正月己丑"条，第1215页。

人士是将虞允文、蒋芾、王炎等人列入近幸势力而痛加抨击的,成了被朱熹所指斥的"近幸党"的组成人员。

事实表明,在乾道年间,道学集团与近幸、宰执交互一体的功利势力之间就已出现了严重的对立和激烈的较量。在对立与较量中,以张扬"公议"为己任的道学集团虽然对近幸势力展开不懈的抗争,试图将该势力"批根塞源",但往往是以失败而告终,至淳熙年间,道学人士便以一种"清议"的形态来干预朝政,并形成了所谓"清流"与"浊流"之说。因此,被朱熹所指斥的"近幸党"和为孝宗所批评的以"清议"干预朝政的"道学党",在行迹上也更为昭著了。据载:

> 淳熙乙未(1175)岁夏五月之十日庚寅,有旨:来日曲宴宰执于观政堂。辛卯,以雨改就澄碧轩中燕。上谓大臣曰:"朝廷用人,止可论其贤否何如,不当有党。……近来士大夫又好倡为清议之说,不宜有此。此语一出,恐相煽成风,便以趋事赴功者为猥俗,以矫激沽誉者为清高,浸浸不已,如东汉杜乔之徒,激成党锢之风,殆皆由此,可不痛为之戒。况今公道大开,朝政每有缺失,虽民间亦得论之,何必更言清议。"龚实之曰:"天下有道,则庶人不议。惟公道不行于上,然后清议在下,此衰世气象,不是好事。"李秀叔曰:"惟有是非,故人得而议之。若朝廷所行皆是,自无可议。"上曰:"若有不是处,上之人与公卿却当反求诸己,惟不可更为清议之说,卿等可书诸绅。"实之曰:"唐末白马之祸,害及缙绅,至有清流浊流之说,惟大中至正之道,可以常行。"上曰:"朕常日所行,乃执其两端,用其中于民。"叶梦锡丞相以下皆拜谢。上

曰:"更饮一杯,卿等可以清议之说宣谕从班而下,使之皆知。"沈持要(枢)时为权吏部侍郎兼太子詹事,即上章称颂圣语,乞发为明诏,布之海内。上从之……而清浊流之说犹如故也。①

在澄碧轩君臣相与宴会的极为宽松的氛围中,孝宗却非常严肃地朝臣宣布了两项决议:一是消除朋党,一是抑制"清议",尤其是后者,乃以政府文件的形式,诏告天下,可见问题的严重性。其中所谓朋党,就是指"清流"与"浊流"两股势力,即以"清议"为形态干预朝政的"道学党"和以近幸为中心的"宰相、师保、宾友、谏诤之臣,或反出入其门墙,承望其风旨"的"近幸党"。但禁朋党与"清议"的"明诏"并没有起到任何效果,不仅在此以后"清浊流之说犹如故",就在此次澄碧轩之宴上,作为道学在朝势力的代表、参知政事龚茂良便抗颜相辩:"天下有道,则庶人不议。惟公道不行于上,然后清议在下。"同党李彦颖也唱和:"惟有是非,故人得而议之。若朝廷所行皆是,自无可议。"而"公道不行于上","故人得而议之"的原因,则在于近幸势力控制朝政,抑制道学"公议",可谓针锋相对。龚、李二人不仅为"清议"的出现寻找到了原因及其必然性,同时又指出了被孝宗所批评的以"清议"干预朝政的"道学党"存在的合理性与必要性。对此,孝宗也难以辩驳,故以"朕常日所行,乃执其两端,用其中于民"之类的话作答复。暂且不论孝宗的"执其两端"是出入于"清流"与"浊流"之间,各取所长,还是让"道学党"与"近幸党"各行其是,

---

① 《建炎以来朝野杂记》乙集卷三《孝宗论不宜有清议之说》,第541—542页。

至淳熙初年，道学与近幸两党势力壁垒森严、形迹昭著，这一点当无可置疑。龚茂良等在朝道学势力为"清议"作辩护，便是道学作为一个朋党集团在最高统治阶层中的具体体现。

秦桧去世后，道学解禁，其生态环境得到了改善，至乾、淳年间，逐渐转盛。在这一时期，经过从张栻、吕祖谦、朱熹之间的论学到朱熹与陆九渊、陈亮、叶适论辩的过程，道学的发展不仅在理论上被推向了高潮，也使各家思想得到了淋漓尽致的呈现，而且在形式上也推进到了一个高度清晰化的程度。这个高度清晰化的形式不是平面的，而是立体的；不是纯粹的学术问题，而始终是将学术的讨论联系到人心世道的整治上。换言之，在这个发展过程中，道学内部虽然呈现出不同的学术主张或不同的学术流派，而且因主张不同，产生过激烈的争论，但在政治上的诉求，却表现出相当的一致性，尤其是经过自乾道以来与近幸势力的抗争，使道学人士在对待人心世道的整治上结成一体，亦即道学同道有意识地成为一个团结而独特的政治集团，从而成为政治上的同党；特别是朱熹，还大力提倡为了伸张学术上的道学而在政治上结党的观念，甚至指斥提倡无党的人士："若其不分黑白，不辨是非，而猥曰'无党'，是大乱之道！"[①]淳熙八年（1181），吕祖谦去世，朱熹作文相祭。祭文又反映了强烈的朋党意识。据此，美国汉学家田浩指出："朱熹使用政治含意很深的'吾党'一辞指称道学同道，并提出他们的政治文化使命，间接向朝野其他儒生学士提出挑战，连没有参加吕祖谦葬礼的许多儒士，也会读到这篇由其执笔悼念另一位知名学者官员的祭文。其实，吕祖谦也曾经谈到'吾党'和致力于'吾道'的团

---

① 《朱子语类》卷一三二《中兴至今日人物下》，第3180页。

体，而且为他们制定学术规范，并在1172年（即乾道八年）主持科举时大胆扩充道学集团的利益。"①这就将"党"这个传统政治含意深刻的字眼引入道学发展的历程中，使道学的发展与朋党之争发生了无法摆脱的干系。

朱熹在《与刘子澄》中又指出："近年道学，外面被俗人攻击，里面被吾党作坏。婺州自伯恭（祖谦）死后，百怪都出，至如子约，别说一般差异底话，全然不是孔孟规模。"②则俨然以"道学党"党魁口吻，径直以"党内"与"党外"指称道学与非道学；并不无严肃地指出"里面被吾党作坏"。所谓"里面被吾党作坏"，就是指道学党内部不同的学术主张。吕祖谦是浙学领袖，与朱熹的学术思想不尽一致，至于浙学后起之秀的学术主张与朱熹之学差异更大，用朱熹的话来说就是"百怪都出"。但政治上的共同使命，使他们超越了学术思想上的具体差异，结成具有鲜明政治色彩的朋党集团。绍熙四年（1193），朱熹与陈亮虽然展开了意见相左的王霸之争，却并没有损害作为"吾党"所担负的使命，朱熹在给陈亮的复信中便说："若如鄙意，则须是先得吾身好，党类亦好，方能得吾君好，天下国家好。而所谓好者，又有虚实大小久近之不同，若自吾身之好而推之，则凡所谓好者，皆实皆大而又久远。若不自吾身推之，则弥缝掩覆，虽可以苟合于一时，而凡所谓好者，皆为他日不可之病根矣。盖修身事君，初非二事，不可作两般看。此是千圣相传正法眼藏，平日所闻于师友而窃守之，今老且死，不容改易。如来谕者，或是诸人事宜，非老仆所敢闻也。"③明年，陈亮去

---

① 田浩：《朱熹的思维世界》，第189页。
② 《朱熹集》卷三五，第1552页。
③ 《答陈同甫》（其一三），《朱熹集》卷三六，第1610页。

世，朱、陈论辩至此方了，双方对儒家之道的认识最终也是各持己见，谁也没有能说服对方，但朱熹却以"先得吾身好，党类亦好，方能得吾君好，天下国家好"的前提和高度，对陈亮进行循循引诱，以求共同履行政治文化使命。

事实表明，政治上的共同诉求，使朱熹、吕祖谦、陈亮、陆九渊等持不同学术观点的"道学"人士，在政治上形成了一个团结而独特的朋党集团。他们既以"党类"自勉，又以"吾党"致力于"吾道"；尤其是朱熹一派的学者，在这方面的表现更为突出，其"党类"特征也更为鲜明。据周密所载：

> 尝闻吴兴老儒沈仲固先生云："道学之名，起于元祐，盛于淳熙。其徒有假其名以欺世者，真可以嘘枯吹生。凡治财赋者，则目为聚敛；开阃扞边者，则目为粗才；读书作文者，则目为玩物丧志；留心政事者，则目为俗吏。其所读者，止《四书》、《近思录》、《通书》、《太极图》、《东西铭》、《语录》之类，自诡其学为正心、修身、齐家、治国、平天下。故为之说曰："为生民立极，为天地立心，为万世开太平，为前圣继绝学。"其为太守，为监司，必须建立书院，立诸贤之祠，或刊注《四书》，衍辑语录。然后号为贤者，则可以钓声名，致膴仕，而士子场屋之文，必须引用以为文，则可以擢巍科，为名士。否则立身如温国，文章气节如坡仙，亦非本色也。于是天下竞趋之，稍有议及，其党必挤之为小人，虽时君亦不得而辨之矣。其气焰可畏如此。然夷考其所行，则言行了不相顾，卒皆不近人情之事。异时必将为国家莫大之祸，恐不在典午清谈之下也。"余时年甚少，闻其说如此，颇有嘻其甚矣之叹。其

后至淳祐间,每见所谓达官朝士者,必愤愤冬烘,弊衣菲食,高巾破履,人望之知为道学君子也。①

这里主要是针对朱学而言的,因为对其中所描述的道学人士在朱熹学术影响下的行事或思想表现,陈亮与陆九渊生前也对朱学有所批评。②但因讲学而结党,实是南宋儒学所共有的现象,同时无论是朱子之学,还是其他学派,自乾道以后结成了共同的朋党集团,并以"清议"干预朝政,也是不争之事实,这由陈亮因道学而下狱和后来"庆元党禁"的名单即可证明。而上述道学人士一遇异议者,"其党必挤之为小人,虽时君亦不得而辨之矣。其气焰可畏如此"的情形,为吕祖谦、朱熹等人所倡导的政治文化使命设置了巨大的障碍,也招来近幸势力的反击;或者说为"反道学党"抑制道学势力、排斥道学人士提供了充足的理由。

史谓孝宗"卓然为南渡诸帝之称首"③。与南宋诸帝相比,孝宗确实是最富大志也最讲究实效的一位。在学术上,他从崇尚道学转而厌弃道学的主要原因,在于道学人士的"清议"。清议者"以趋事赴功者为猥俗,以矫激沽誉者为清高",与国事自然了无实用之处。其实,早在乾道二年(1166)四月,孝宗就不无愤慨地批评"近时儒者多高谈无实用";乾道三年(1167)正月,何逢原除金部郎官。孝宗以担忧的心情说:"恐儒者不肯留意金谷事,如吕擂,问簿籍都不知,卿等可面谕何逢原,令留意职事。"乾道三年

---

① 周密《癸辛杂识》续集卷下《道学》,第169页。
② 详见《陈亮集》卷二八《又乙巳秋书》,第351—353页;《陆九渊集》卷三五;第437页。
③ 《宋史》卷三五《孝宗纪三》,第692页。

(1167)五月,王炎奏:"近来士大夫议论太拘畏,且如近诏王琪至淮上相度城壁,朝士皆纷然以为不宜。"孝宗却云:"此何害?儒生之论,真不达时变。"①淳熙四年(1177),孝宗又指出:"近世士大夫多耻言农事,农事乃国之根本。士大夫好为高论而不务实,却耻言之。"又斥责士大夫"微有西晋风,作王衍阿堵等语"而"不以理财为务"。②这里所谓的"儒者""儒生""俗儒"或"士大夫",主要是指以伸张"公议"为己任的道学人士;而"不肯留意金谷事""议论太拘畏""耻言农事""作王衍阿堵等语",也都是"以趋事赴功者为猥俗,以矫激沽誉者为清高"的具体表现。当然并非所有的道学人士都属于这样的"俗儒",但"以趋事赴功者为猥俗"确是出乎道学的价值观。即便是朱熹,有时也难免以这一价值观来衡量具体的行政事务,如针对上引"诏王琪至淮上相度城壁"即修扬州城之事说:"上近者捐八十万缗筑扬州之城,群臣之谏不听,其附会赞成者遂得美迁。观此,边事亦不能久宁矣。根本如此,何以待之?可虑可虑!"③所论即为孝宗所批评的"不达时变"。

综而言之,乾道、淳熙年间,朝野上下形成了道学与非道学的两大势力,先前士大夫群体围绕主战与主和之间的争论与对抗,主要为道学与非道学之间的争论与对抗所替代。在这个替代过程中,朱熹虽然位卑职微,但随着在学术界的道学领袖地位的日益显著,其抨击反道学的"近幸党"的力度较其他道学人士更猛烈,成了这两大势力相互抗争时的一个焦点或关键人物,因而也常常遭到对立

---

① 以上分别见《宋史全文》卷二四下"乾道二年四月甲戌朔"条、"乾道三年正月癸丑"条、"乾道三年五月辛酉"条,第2032、2041、2045页。
② 《建炎以来朝野杂记》乙集卷三《孝宗论士大夫微有西晋风》,第543页。
③ 《答何叔京》(一一),《朱熹集》卷三九,第1866页。

势力的冲击与排斥。淳熙十五年（1188），林栗视"道学"为"浮诞"，并用以攻讦朱熹，叶适上疏为之辩护：

> 至于其中"谓之道学"一语，则无实最甚。利害所系，不独朱熹，臣不可不力辩。盖自昔小人残害忠良，率有指名，或以为好名，或以为立异，或以为植党。近创为"道学"之目，郑丙倡之，陈贾和之，居要津者密相付授。见士大夫有稍慕洁修，粗能操守，辄以道学之名归之。①

这段文字道出了"道学"一词的党争性质以及朱熹在党争中的主要角色与地位。"郑丙倡之，陈贾和之"，在淳熙十年（1183）六月。该月郑丙首倡"道学"之目，抨击"道学朋党"；陈贾也随之作《论道学欺世盗名乞摈斥》一文，指责依附道学者"常假其势以为梯媒"，庇护道学者"常获其助以为肘腋"，拉帮结派，"植党分明（朋）"。②该弹文一方面总结了乾道以来道学势力在政治上的表现形态，也昭示了"因恶道学，乃生朋党"的事实；一方面则出于淳熙后期排击道学势力的需要。淳熙八年（1181），侍讲史浩荐引薛叔似、陆九渊、叶适、袁燮等江浙道学人士十五人，"有旨令升擢，皆一时选也"③。陈贾弹文就是明显针对这一点而言的。

郑丙与陈贾均为王淮党羽。王淮于淳熙三年（1176）同知枢密使，次年任参知政事，五年（1178）改枢密使，八年（1181）任右

---

① 《辩兵部郎官朱元晦状》，《叶适集》卷二，第19页。
② 《道命录》卷五"陈贾论道学欺世盗名乞摈斥"，第44页。
③ 《宋史》卷三九六《史浩传》，第12068页，参《建炎以来朝野杂记》乙集卷八《史文惠荐十五士》，第638页。

相兼枢密使,九年至十五年(1182—1188)任左相。王淮任宰辅期间,荐引同己,组建了一个连孝宗也为之称盛的相党集团。[①]王淮相党是淳熙后期崛起的一个重要的"反道学党",因其竭力抑制道学,打击"道学朋党",所以史谓"其后庆元伪学之禁始于此"[②]。

第三节 道学的崛起与"庆元党禁"

淳熙十六年(1189)十月,杨万里有感于以往党争误国以及"近日"党论的盛行和相党之间党同伐异的事实,上疏指出:

> 近日以来,朋党之论何其纷如也!有所谓甲宰相之党,有所谓乙宰相之党;有所谓甲州之党,有所谓乙州之党;有所谓道学之党,有所谓非道学之党。是何朋党之多欤!且天下士大夫孰不由宰相而进者?进以甲宰相,一日甲罢,则尽指甲之人,以为甲之党而尽逐之;进以乙宰相,一日乙罢,则又尽指乙之人,以为乙之党而尽逐之。若夫甲州之士、乙州之士、道学之士、非道学之士,好恶殊而向背异,则相攻相摈,莫不皆然。党论一兴,臣恐其端发于士大夫,而其祸及于天下国家,前事已然矣,可不惧哉![③]

[①]《朱熹集·续集》卷四《答刘晦伯书》载孝宗语:"周(必大)有甚党?却是王(淮)党盛耳。"(第5211页)
[②]《宋史》卷三九六《王淮传》,第12072页。
[③]《己酉自筠州赴行在奏事十月初三日上殿第一札子》,《诚斋集》卷六九,《全宋文》,第237册,第109页。

这里所谓的"道学之党",并非是纯学术意义上的群体,而是与"非道学之党"一样作为相党的组成部分或相党攻讦之具;而"甲宰相之党""乙宰相之党",则主要是指淳熙末年先后形成的以王淮、周必大、留正为核心的三个相党集团;此后,又有赵汝愚与韩侂胄两相党的冲突。王淮相党以排击"道学之党"为能事,而周、留两相党则以"道学之党"为有生力量。他们之间的相互排斥,使道学势力在绍熙政坛赢得了表现空间,从而改变了乾、淳年间郁处下风的命运。但在绍熙内禅引起的"庆元党禁"中,韩侂胄及其党羽控制朝政,赵汝愚相党被禁,道学再遭打击,迎来了为乾、淳时期所无法比拟的悲惨命运。

　　王淮相党是淳熙后期形成的、以排击道学为对象的一个"反道学之党",可以视之为乾道以来"反道学党"势力的一种延续和发展。不过,王淮最初并不怎么仇视道学人士,就在淳熙八年(1181)史浩荐引十五名道学名士不久,刚任宰相的王淮还起用朱熹为浙东茶盐公事,以赴浙东赈荒。①由于朱熹在赈荒中,查得王淮姻亲、台州知州唐仲友贪赃枉法事,并由此连续六次弹劾王淮,激怒了王淮及其党羽,淳熙九年(1182)十二月,王淮党羽、唐仲友的好友吏部尚书郑丙据以上疏"诋程氏之学,以沮丧先生(朱

---

① 又据《宋史》卷四三三《杨万里传》:"王淮为相,一日问(杨万里)曰:'宰相先务者何事?'曰:'人才。'又问:'孰为才?'即疏朱熹、袁枢以下六十人以献,淮次第擢用之。"(第12868页)

熹)"①;紧接着王淮又指使党羽检察御史陈贾指斥道学,打击道学之士:

> 会先生(朱熹)劾台守不法,王丞相庇之,章十上,始罢而去。除先生江西提刑,又易江东。又以救荒功例,权直徽猷阁。江西乃填台守之阙,江东则坟墓在焉,时九年秋也。先生连引嫌求免,未报。吏部郑尚书(丙)与台守善,首以道学诋先生。监察陈御史(贾)因论近日搢绅有所谓"道学"者,大率假其名以济其伪,愿考察其人,摈斥勿用。盖阿附时宰(按:指王淮)意,专指先生也。②

从后果观之,这不仅"专指"朱熹,同时也拉开了新一轮反道学运动的序幕,陈贾指责"道学者,大率假其名以济其伪",就为庆元年间"反道学党"将道学及道学者分别定性为"伪学"与"伪党"导夫先路。那么,陈贾的这一指责是否属于毫无根据的捏造?撇开政治上的因素,类似"道学者,大率假其名以济其伪"的话,早在淳熙元年(1174)周必大那里就已出现了。该年,张栻寄书周必大,论知行先后的问题,周必大回信说:

---

① 束景南:《朱熹年谱长编》卷上,第756页。又邓广铭先生认为:"朱熹之纠弹唐氏,态度至为浚激忿厉,而其弹章中所列举的罪状却只是反复于狎昵官妓严蕊等人,以及所谓促限催税、蓄养亡命等事,甚至以官钱刊行荀、扬诸子之书也被列为罪状之一,则可见其有意周纳,盖是先已决意要加之以罪而临时摭数事以为辞者。籍可以断言,朱氏所以出此憾,必系对唐另有私憾,而此私憾之生又必系有人居间拨弄而成者。"(《朱唐交忤中的陈同甫》,《邓广铭学术论著自选集》,第564—565页)
② 《建炎以来朝野杂记》乙集卷八《晦庵先生非素隐》,第635页。

知与行之说，具晓尊意，鄙意盖有激而云。观嘉祐以前名卿贤士未极谈道德性命，而其践履皆不草草。熙宁以后论圣贤学者高矣美矣，迹其行，往往未能过昔人。至于近世，抑又甚焉。虽其间真学实能固自有人，然而上智常少，中人常多，深恐贪名弃实，相率为伪，其害有不可言者。且孔子善诱不倦，而二三子犹疑其有隐，则其诲人固有先后，未尝一概语以极致也。"子路有闻，未之能行，惟恐有闻"，则学者进德亦有次第，未敢遽以圣贤自期也。①

　　张栻原书提出："知有精粗，行有浅深，然知常在先，固有知之而不能行者矣，未有不知而能行者也。"进而强调："熙宁以来，人才顿衰于前，正以王介甫做坏之故，介甫之学乃是祖虚无而害实用者。伊洛诸君子盖欲深救兹弊也。所谓圣人诲人有先后，学者进德有次第，此言诚是也。然所谓先后次第，要须讲明，譬如适远，岂可不知路之所从？不然，只是冥行而已。至如所谓不可以圣贤自期者，则非所闻。大抵学者当以圣贤为准，而所进则当循行序，亦如致远者以渐而至。若志不先立，即为自弃，尚何所进哉！"②其中所张扬的知行观及"以圣人自期""学者当以圣人为准"，是道学倡导者的共同主张。周必大承认该主张既"高"且"美"，但认为这是极少数"上智"之人才能履行，对于占绝大多数的"中人"来

---

① 《与张钦夫左司书》（其四），《书稿》卷一，《全宋文》，第229册，第193—194页。
② 《寄周子充尚书》（其一、其二），《南轩集》卷一九，《全宋文》，第255册，第46、47—48页。

说，是很难做到的，若强行"以圣人为标准"，势必会"徇名忘实"，甚至"相率为伪"！在周必大与张栻及吕祖谦的其他书信中，也屡有"相率为伪""济其私欲"诸语。周必大不是反道学者，恰恰相反，因庇护道学，于"庆元党禁"中被列入"伪党名单"；他所谓的"相率为伪"，也非推测之辞，而是对已然事实的总结。这一点，张栻也不得不承认，他在后来给周必大的信中便说："所谓晚辈窃假先儒之论以济其私者，诚如所忧，胡文定盖尝论此。然在近日此忧为甚，是以使人言学之难，非是不告语之，正恐窃闻一言半句，返害事耳。"①由此观之，陈贾所说的"道学者，大率假其名以济其伪"，并非凭空捏造，而是言出有据的。需要指出的是，"道学者"的这一过失，不能完全归咎于"晚辈"，包括张栻在内的道学倡导者也是难逃其责的；而周必大所说的"盖有激而云"，正指出了道学的倡导者在"致君行道"的过程中与反"道学者"之间的紧张。这一紧张无疑是乾道以来逐渐形成的"道学朋党"与"反道学党"之间相互冲突的一个重要前提。淳熙九年（1182），终因唐仲友事件，"反道学党"从学术上的"假其名以济其伪"，上升到政治上的打击。淳熙十年（1183），陈亮滥膺"道学"之祸②；淳熙十一年（1184）三月春试，国子监丞彭仲刚因主张以道学为选士的标准，王淮党羽蒋继周便以"心术回邪，常识乖谬"之罪劾罢之③；同年十一月，道学家陆九渊除将作监丞，因王淮党羽论劾其"躁进

---

① 《寄周子充尚书》（其一），《南轩集》卷一九，《全宋文》，第255册，第47页。
② 陈亮《又甲辰秋书》云："如亮今岁之事（指下大理狱），虽有以致之，然亦谓之不幸可也。当路之意，主于治道学耳，亮滥膺无须之祸。"见《陈亮集》卷二八，第338页。
③ 《宋会要辑稿·职官七二》，第4971页。

第三章 从"隆兴和议"到"庆元党禁"

疆（彊）聒"而未果①；淳熙十四年（1187）十二月，衡州知州刘清之因"以道学自负"，招致王淮党羽殿中侍御史冷光世的弹劾而被罢。②由此等等，也都是由学术上的"道学"引起的政治上的打击。

淳熙十四年（1187）二月，孝宗起用周必大为右相，与王淮共执朝政。周必大虽非道学中人，但庇护道学人士，所以他任右相，为道学势力在政坛上的振起提供了保障；同时，该年十月，高宗驾崩，笼罩了孝宗政事二十六年之久的阴影终于消却，逐渐起用曾严厉指责他"独断"和抑制"公议"的道学人士以及道学的"庇护"者，也随之成了孝宗新的人事安排和一新朝政的首要任务③，这更激发了道学人士"致君行道"欲望。于是，右拾遗许及之、左补阙薛叔似等奉行孝宗旨意，开始攻劾压抑道学"公论"近六年之久的"反道学党"之魁王淮④，淳熙十五年（1188）五月，王淮罢相，为道学人士"致君"行"先王之大道"，扫除了最大的绊脚石；同年七月至十月间，周必大及其党羽又发起了声势浩大的荐士活动，共

---

① 《宋会要辑稿·职官七二》，第4971页。
② 《宋会要辑稿·职官七二》，第4994页。
③ 关于高宗去世后，孝宗起用道学人士与"庇护"道学者具体人事安排，余英时在《朱熹的历史世界——宋代士大夫政治文化的研究》（下篇）中有详细的考察；余英时又认为，淳熙末年，孝宗在人事上的"除旧布新是一次具体而微的熙宁新法"；这次"变法运动"的最终目的就是收复中原（第186—189页）。
④ 王淮为许、薛所劾罢，实出孝宗之意。《朱子语类》卷一二七《本朝一·孝宗朝》："寿皇（孝宗）最后所用宰执多是庸人。……薛补阙曾及某人（指王淮）。寿皇云：'亦屡以意导之而不去。'"（第3061页）又《宋史》卷三九七《薛叔似传》云："时仿唐制，置补阙、拾遗，宰臣启，拟令侍从、台谏荐人，上自除叔似为左补阙。叔似论事，遂劾首相王淮去位。"（第12091页）

举荐了陈傅良、刘清之、黄艾、沈焕等三十四位名士①，是清一色的道学之士，其中近三分之一是朱熹的弟子。这次荐士活动既是周必大相党势力全面形成的标志，又是周必大招致攻讦、被罢出局的一个重要因素。

由于长期以来"道学"一词成了政敌在政治上打击异己的工具，其政治声誉不佳，也就是如陆九渊门人孙应时在淳熙后期写给史浩的信中所说："惟是'道学'二字，年来上下共疾之。"②早在乾道五年（1169），朱熹就作过这样的哀叹："道学不明，无一事是当，更无开眼处，奈何奈何！"③所以道学势力在政坛振起之际，首要任务就是为"道学"正名。然而，当周必大相党中的才士尤袤请求正"道学"之名时，孝宗却回答说："道学岂不美之名？正恐假托为奸，使真伪相乱耳。"④以"假托为奸""真伪相乱"为由，拒绝了尤袤的请求，这并不表明曾深恶"清议之说"的孝宗对道学依然耿耿于怀而不能释憾，而如上所述，"道学者，大率假其名以济其伪"是一种客观实在，孝宗不想以此影响其新的人事安排。有鉴于此，朱熹于淳熙十五年（1188）十月入都，上《戊申封事》书，其中有云：

> 一有刚毅正直、守道循理之士出乎其间，则群讥众排，指

---

① 详见周必大《缴荐士奏》，《奉诏录》卷七，《全宋文》，第228册，第230页。按：这三十四人是叶适、詹体仁与袁枢共同荐的，见《叶适集》卷二七《上执政荐士书》，第555—556页。
② 《上史越王书》（五），《烛湖集》卷六，《全宋文》，第290册，第4页。
③ 《答张钦夫》，《朱熹集》卷二四，第1046页。
④ 《宋史》卷三八九《尤袤传》，第11929页。

为"道学"之人，而加以矫激之罪，上惑圣聪，下鼓流俗。盖自朝廷之上以及闾里之间，十数年来，以此二字禁锢天下之贤人君子，复如崇、宣之间所谓元祐学术者，排摈诋辱，必使无所容措其身而后已。呜呼，此岂治世之事，而尚复忍言之哉！①

对"十数年来"反道学者排斥道学、以"道学"二字"禁锢天下之贤人君子"，表示了无比痛心与愤懑，也说明了"道学朋党"为什么急于为"道学"正名的原因所在。但朱熹将"十数年来"反道学者排斥道学与北宋崇宁、宣和的朝政相提并论，显然有夸大其辞之嫌，也体现了周必大所说"盖有激而云"。朱熹为了进一步佐证这个判断的正确性，旋又在延和殿向孝宗层层分析了乾道以来二十七年间的政事之失的原因，以及今日为政之要，认为既往政事之失的原因在于排斥道学，今日为政之要便在于遵循道学的理论主张，在为"道学"的正名寻找历史的和现实的依据中，向孝宗申说道学的主张是治世的不二法门，以实现道学人士"致君行道"的政治文化使命；与此同时，朱熹还明确指出：任贤"惟恐其不专，聚之惟恐其不众，而不当忧其为党也"，去不肖"惟恐其不速，去之惟恐其不尽，而不当忧其有偏"。②所谓"不肖"就是指在朝的王淮党羽，在《戊申封事》中，朱熹便屡屡痛斥党同王淮而打击道学人士的陈贾、冷光世之流；而聚贤"不当忧其为党"，则无疑为周必大相党集团，尤其是周党所开展的声势浩大的荐士活动摇旗呐喊，

---

① 《朱熹集》卷一一，第475—476页。
② 《戊申延和奏札五》，《朱熹集》卷一四，第538—542页。

其最终目的是为了稀释孝宗作为"帝王最恶者是朋党"的芥蒂。这就是说，朱熹及其他道学人士要求为"道学"正名，以便名正言顺地"致君行道"，并非无的放矢，而是明显地出于朋党之争的需要，也进一步佐证了前述朱熹在祭吕祖谦一文中主张以"吾党"行"吾道"的政治性质。

淳熙十五年（1188）五月，王淮虽经道学人士的弹劾而被罢相位，但其党羽仍然盘踞朝廷，尤其是兵部，只是他们在群龙无首之后，渐渐转入了留正的门下。而朱熹在延和奏事的第二天，忽然降除为清显之位兵部郎官，则又大出周必大党人的意料。淳熙十四年（1187），周必大与杨万里首次共荐朱熹，次年，袁枢、叶适、詹体仁等相继屡荐朱熹入朝为官。朱熹在入都前就有将"留中讲读"的说法，孝宗在朱熹奏事之前也说"与清要差遣"，按理应作为经筵讲官"留中讲读"，除兵部郎官不仅用非所长，而且如同置之虎口。对此，束景南先生曾作有具体的分析："朱熹的激烈奏论不仅使赵眘不快，而且更激怒了王淮党羽。王淮罢相以后，众多的王淮党羽仍在朝中盘踞要津，另一不喜道学的参知政事兼同知枢密院事留正得到了赵眘的特别垂顾，骎骎有进相之势，群龙无首的王淮党羽何澹之流已开始转投到留正门下，反道学的势力并没有受挫消退，却在进行着新的集结，奏事后的朱熹已处在王淮余党的十目怒视之中。尤其使他顾忌的是，兵部恰是王淮党羽把持的地盘，兵部侍郎林栗，刚刚同他论《易》《西铭》不合结下怨毒。兵部尚书宇文价，又是高庙配享中主吕颐浩反张浚的首谋之一，王淮党中的人物。赴任兵部郎官等于是自投虎口，就在改除命下当日，他一面遣回江西提刑司的接人，辞去客将兵卒人等；一面以脚疾大发申省给假调

第三章　从"隆兴和议"到"庆元党禁"

理,暂不供职。"①林栗却以朱熹不肯供职兵部为由,上疏相攻:

> 熹本无学术,徒窃张载、程颐之绪余,以为浮诞宗主,谓之道学,妄自推尊,所至辄携门生十数人,习为春秋、战国之态,妄希孔、孟历聘之风,绳以治世之法,则乱臣之首,所宜禁绝也。盖熹邀索高价,妄意要津,傲睨累日,不肯供职,其作伪有不可掩者。陛下爱惜名器,馆学寺监久次当迁郎官者,只令兼权,其视郎选亦不轻矣,而熹乃轻之。兵部郎官,本系大宗正丞计衡兼权,以熹之故,移计衡于都官,而以兵部处熹,所以待熹亦不薄矣,而熹乃薄之。臣窃惟职制者,朝廷之纪纲。熹既除兵部,在臣合有统摄,乞将熹新旧任指挥,并且停罢。②

疏上,周必大旋即为朱熹辩护:"熹上殿之日,足疾未瘳,勉强登对。"③以明其不赴兵部任的理由;太学博士兼实录院检讨官叶适一一驳斥林文之伪④;侍御史胡晋臣则劾论林栗"狠愎自用,党同伐异,无事而指学者为党,乞黜之,以为生事者之戒"。因此,

---

① 束景南:《朱子大传》,第645页。
② 《建炎以来朝野杂记》乙集卷七《叶正则论林黄中袭伪道学之目以废正人》,第617—618页。
③ 《建炎以来朝野杂记》乙集卷八《晦庵先生非素隐》,第635页。
④ 《宋史》卷四三四《叶适传》,第12890页。

林栗被罢兵部侍郎，出知泉州。①尽管如此，朱熹依然未能立身于朝，而被除直宝文阁、主管西京嵩山崇福观。与此同时，周必大相党集团举荐陈傅良、刘清之、黄艾、沈焕等三十四位道学人士的活动，引起了王淮在朝党羽的不满，便以"党论"相攻。袁燮《絜斋集》卷一四《通判沈公（焕）行状》：

> 左丞相（指王淮）既家居矣，小人无计沮君。畴昔所与，有欲自明其非党，且因用君名，作《为党论》，复列其图为三，疏士大夫三十四人姓名于下，某已去，某犹在，已不与焉，而谓君为之，欲激众怒，合谋并力，以梗其入。谤语果喧，……②

这里所说的伪托沈焕作《为党论》《党图》的"小人"，就是朱熹在《戊申封事》中屡屡痛斥的"一二病根"冷光世、陈贾之流，前文所引朱熹向孝宗提出任贤"惟恐其不专，聚之惟恐其不众，而不当忧其为党也"的直接原因也在于此。但这无法消却自古以来"帝王最恶者是朋党"的心理，加上政敌的这种大肆攻击，更引起了孝宗的疑心与忌讳，使这次荐士活动最终以失败而告终。同时，孝宗于淳熙十六年（1189）正月，除不喜道学的参知政事兼同知枢密院事留正与周必大并相，打破了周必大独相的局面；并于同年二月下诏传位于皇太子赵惇。是为光宗，次年改元"绍熙"。绍熙元

---

① 《宋会要辑稿·职官七二》，第4972页。按：《宋会要辑稿》未明论劾林栗者姓名，据《道命录》卷六："胡侍御晋臣亦言栗'狠愎自用，党同伐异之论，乃起于论思献纳之臣，无事而指学者为党，最为人之所恶闻，所谓天下本无事，庸人扰之尔'。诏罢栗知泉州。"
② 《通判沈公行状》，袁燮《絜斋集》卷一四，《全宋文》，第281册，第331页。

年（1190）五月，周必大罢相，其刚刚形成的相党势力遭到了沉重的打击；而周必大的罢相，却与后来一起被列入"伪学党"的留正息息相关：

> 左丞相周必大罢。必大与留正并相，议论素不合。上（光宗）受禅，必大已有罢意。时罗点以奉常兼修注。上密遣访可为言事官者，点荐叶适等八人（按：另七人为吴镒、孙逢吉、詹体仁、冯震武、郑湜、刘崇之、沈清臣），皆意向与必大类者，由是不果用。于是左谏议大夫谢谔迁御史中丞，权兵部侍郎何澹除右谏议大夫。澹初与必大厚，为司业二年不迁，（留）正既相，白用澹为祭酒，故德正而怨必大。至是首上疏攻必大，必大求去，再请而遂罢，以观文殿大学士判潭州。①

由此观之，周必大罢相的主要原因有二：一是留正与他"议论素不合"，一是光宗喜留正而不喜周必大；所以党同周必大的叶适等八人"不果用"。因此，在朝的王淮余党何澹为了发泄私愤，希合留正旨意，首劾周必大得以成功。光宗不喜道学，而同样不喜道学的留正在其即位之初，便排斥周必大及道学人士叶适、詹体仁诸人，既是出于自己的相党集团的利益，又合乎光宗的心迹，呈现出十分融洽的君臣关系。其实，这一关系早在赵惇尚未受禅时就已形成了。留正于乾道年间为宰相虞允文所荐，淳熙年间擢起居舍人，寻权中书舍人。一日，"光宗（赵惇）自东宫朝，顾见（留）正，

---

① 《宋史全文》卷二八"绍熙元年五月"条，第2379页。

谓左右曰：'修整如此，其人可知。'乃请于上，兼太子左谕德。"①从此以后，光宗与留正之间形成了一种特殊的关系。所以赵惇即位后，周必大的失势与留正的得势也就不难理解了。

不过，周必大与留正的冲突，仅仅是当时政坛风波的一个方面，在其背后，还涌动着孝宗父子关于皇权与皇极的激烈冲突。淳熙十四年（1187）十一月，孝宗"内降手诏付三省枢密院，令有司讨论皇太子参决庶务"②。手诏一下，时为秘书少监兼太子侍读杨万里分别向孝宗父子上书，力陈其失，在给光宗的书中便指出：

> 某伏读今月初三日诏书，令殿下参决庶务，此主上圣孝之至、哀痛之极、无聊不平之深，而为此举、出此言也。然诏音一下，国人大惊。盖太上（高宗）升遐之初，外有大敌，内有大丧，天下皇皇，人情靡宁，而复见此非常可骇之事，安得而不惊……天下之职皆可共理，惟人主之职，非可共理之物也。何也？天无二日，民无二王。惟其无二王，故合万姓百官而宗一人。今圣主在上而复有监国，无乃近于二王乎？于此使万姓百官之心宗一人乎？宗二人乎？自古及今，未有天下之心宗父子二人而不危者。盖天下之心宗乎二人，则向背之心生；向背之心生，则彼此之党立；彼此之党立，则谗间之言必起；谗间之言起，则父子之隙必开。开者不可复合，隙者不可复全，此古今之大忧也……且词臣代言，引正（贞）观、天禧之故事，皆非美事也……尝观古人一履危机，悔之何及；与其悔之而无

---

① 《宋史》卷三九一《留正传》，第11973页。
② 周必大：《思陵录上之二》，《杂著述》卷一〇，《全宋文》，第232册，第84页。

及,孰若辞之而不居乎?某愿殿下三辞、五辞、十辞、百辞,而必不居也。①

认为"太子参决庶务"必使政出于二,政出于二则必使父子由"向背"导致"党立";"党立"后必开"父子之隙";"父子之隙"开则国无宁日!杨万里的这一苦心规谏,并没有起到任何作用,但事态的发展却很快验证了它的正确性。孝宗在手诏"太子参决庶务"尤其是在禅位以后,以太上皇的身份,"一月四朝",行使其皇极的权力,进行其新的人事部署,就宰相而言,先后起用了周必大、留正、赵汝愚;其中留正从开始"党同"光宗,排去周必大后,转向孝宗,入主相位,不久也成了道学的"庇护"者和"反道学党"的主攻对象之一。"参决庶务"且不久便受禅的光宗也随之展开了一系列"党立"活动,王淮的在朝余党陈贾、何澹、刘德秀、葛郯等反道学者纷纷投向了光宗,进行反部署活动,并成了后来韩侂胄相党排斥道学、迫害"道学伪党"的主要力量。关于这时皇权与皇极之间的冲突与原因、围绕皇权与皇极形成的道学与反道学势力的消长,余英时先生有十分详细的考察②,兹不赘言。

不过,对于皇权与皇极之间所展开的这场争斗的性质,杨万里的认识与朱熹等道学人士不尽相同。在朱熹等道学人士看来,孝宗晚年以太上皇的身份控制朝政,是为了"大更改";"大更改"的举措,就是更新人才。叶适指出:

---

① 《上皇太子书》,《诚斋集》卷六二,《四部丛刊初编》,第1198册。
② 详见余英时《朱熹的历史世界——宋代士大夫政治文化的研究》下篇,第384—587页。

> 迪惟阜陵（孝宗），载竞载勤；淳熙末年，求治愈新；不自圣智，推贤其臣。①

所谓"推贤其臣"，就是指孝宗晚年的用人宗旨与计划。朱熹认为"寿皇（孝宗）直是有志于天下，要用人"，"只是向前为所误，后来欲安静，厌人唤起事端，且如此打过"，即"所用宰执多是庸人"；直至晚年才真正要用人才，以实现其"乾坤归独御，日月要重光"——振兴国事，收复中原——的深切渴望。②诚如叶适、朱熹所言，孝宗为了"求治愈新"，格外注重人才的更新。在淳熙十四年（1187）周必大任相之际，孝宗就"谕以擢用人才及委任之意"③；同时，孝宗对留正也充满着期望，据载，"一日奏事，皇太子参决侍立，上顾谓太子曰：'留正纯诚可托。'"④因此留正也被列入了"推贤其臣"之列；绍熙四年（1193），孝宗又亲引赵汝愚入宰辅之列⑤。周必大、留正与赵汝愚先后入相，便是孝宗"推贤其臣"的重要部署；此外，孝宗晚年又亲擢"天下第一流"群贤，"故虽光庙（光宗）飨国日浅"，却"群贤挟维"；而"天下第一流"，就是道学人士或道学同调。⑥这在道学人士看来，是"得君行道"的难得机会，故以饱满的政治热情，纷纷加入到了权力世界

---

① 《施公墓志铭》，《叶适集》卷二四，第488页。
② 《朱子语类》卷一二七《本朝一·孝宗朝》，第3060—3061页。
③ 楼钥：《周公神道碑》，《攻媿集》卷九四，《全宋文》，第265册，第296页。
④ 《宋史》卷三九一《留正传》，第11974页。
⑤ 《建炎以来朝野杂记》乙集卷三《宰执恭谢德寿重华宫圣语》，第538页。
⑥ 真德秀：《刘阁学墓志铭》，《西山先生真文忠公文集》卷四三，《全宋文》，第314册，第106页。参见余英时《朱熹的历史世界——宋代士大夫政治文化的研究》下篇，第190—191页。

中,去从事"大更改"的崇高事业。杨万里不是道学家,却是道学同调,同样渴求"求治愈新",然而,在他看来,孝宗以太上皇的身份所进行的这一人事部署与围绕光宗的反道学势力所进行的反部署,其性质并不在于"求治愈新",而在于皇权与皇极各自"党立"的表现。其《感兴》诗前半首说:

> 去国还家一岁阴,凤山锦水更登临。别来蛮触几百战,险尽山川多少心。①

绍熙三年(1192),杨万里去国,任江东漕司,旋即"自江东漕司移病自免"②。诗谓"去国还家一岁阴",即指绍熙四年(1193)。"蛮触几百战",典出《庄子·则阳》,说的是蜗牛角上有两国,一为"蛮氏",一为"触氏",两者仅因寸地之争而常常伏尸数万,旷日征战,比喻孝宗父子"彼此立党"的性质。又在孝宗去世、光宗被废与宁宗新立之际,应召任经筵侍讲的朱熹致书杨万里,劝其趋召一出,联袂感化宁宗,革新朝政,杨万里在回信中,却以"元丰、元祐间纷纭事"③,比喻当下的政坛纷争,与"蛮触几百战"之比同出一意,意即自淳熙末年以来,围绕皇极与皇权的冲突而形成的"道学朋党"与"反道学党"之争,性质在于意气之争。暂且不论杨万里是否误解了孝宗进行新的人事安排的用意,或不理解道学人士"致君行道"的苦衷,从整个事态的发展以及最终以"庆元党禁"结束这场纷争观之,杨万里的看法基本上是正确

---

① 《全宋诗》卷二二九九,第26411页。
② 《和渊明归去来兮辞》,《全宋诗》卷二三一七,第26668—26669页。
③ 《答朱晦庵书》,《诚斋集》卷六八,《四部丛刊初编》,第1199册,第140页。

的；再就孝宗以为"纯诚可托"的留正而言，刚入相位，便因"议论素不合"，排斥周必大，说明了孝宗所组织的这个权力世界并不"纯诚"，在这一点上，杨万里以"蛮触几百战"为比，也是十分贴切的。进言之，在"蛮触几百战"面前，孝宗"乾坤归独御，日月要重光"的渴望，只能是画饼充饥；在道学与反道学士人各分"蛮触"、旷日相争、百战不休的态势中，"天下第一流"群贤所谓"致君行道"的大事业，也只能是纸上谈兵，甚至有自欺欺人之嫌。

周必大去国后，留正成了道学的"庇护者"。但留正原本是一位反道学者，不仅在拜相之初，以王淮在朝势力何澹、葛邲等人为党助，排斥周必大与道学人士，而且在淳熙十四年（1187）任参政兼同知时，就与葛邲同"指道学为邪气者"①。李心传又指出："留丞相为次辅，与益公（周必大）不合，擢何澹为谏长，攻益公罢之。益公之门多佳士，相继去国者众。太学博士沈有开应先，为留丞相所厚，力劝以拔用知名人士，留丞相从之。自是一时善类多聚于朝，而不得志者始侧目也。"②所谓"益公之门多佳士"，就是指包括朱熹在内的、党同周必大的道学之士。留正为固位计，利用王淮的在朝势力，攻击道学之士，击败了周必大。上述林栗弹劾朱熹、攻评道学，也正是党同留正、排斥异己的表现。但由于起用"群贤"，是业已退位却依然控制朝政的太上皇孝宗的用人计划，所

---

① 黄榦：《朝奉大夫华文阁待制赠宝谟阁直学士通议大夫谥文朱先生行状》，《勉斋先生黄文肃公文集》卷三六，《全宋文》，第288册，第440页。按：关于留正自参知政事至任右相之初，以王淮在朝势力何澹、葛邲等人为党助，急攻周必大党，并攻评道学，束景南有详考，见《朱熹年谱长编》卷下，第953—955页。

② 《道命录》卷六《刘德秀论道学非程氏之私言》文下李心传考述，《丛书集成初编》，第3342册，第54—55页。

以穿梭于皇权与皇极两端的留正，在排去周必大门下"佳士"后，旋又复用之，以为党助。留正的这一行为却得到了道学人士的积极响应。如《朱熹集》所载多封写给宰相留正的书信，引以为知己，并向留正阐述"君子结党"的必要性和重要性，鼓励他大胆以"君子"为党①。留正对朱熹这位"知己"的表白，心领神会，旋即请其出山，除其为江东转运副使，朱熹虽未立即应命赴任，但感恩戴德地向留正说："仰称吾君吾相知遇使令之意。"②那么，如何看待道学人士改换门庭，转投曾经排斥道学的留正之举？

在林栗攻讦朱熹之事后，不少道学人士或道学同调对周必大表示了强烈的不满。陈亮在给礼部侍郎尤袤的信中说："林黄中得郡之明日，朱元晦得祠，……然元晦日以老矣，世念淡然，时贤不应终置也。几仲、正则闻欲求外，周丈（必大）独当政柄，何以使贤者至此乎！"③陆九渊在给罗点的信中也说："大蠹之去（指王淮罢相），四方瞩目，惟新之政，藐未有所闻。……来书言朱、林之事，谓'自家屋里人，自相矛盾'，不知孰为他家？古人但问是非邪正，不问自家他家。……近见台端逐林之辞，亦重叹其陋。群儿聚戏，杂以猖狡，尚何所望，非国之福，恐在此而不在彼也。"④均指责周必大未能使朱熹这位道学宗师，亦即所谓"天下大老"⑤立身于朝，其因在于胆小怕事，惟恐汲引善类清流被指为"植党营私"，所以

---

① 《与留正丞相书》，《朱熹集》卷二八，第1027—1028页。
② 《与留丞相札子》，《朱熹集》卷二八，第1190页。
③ 《与尤延之侍郎》，《陈亮集》卷二九，第387页。
④ 《与罗春伯》，《陆九渊集》卷一三，第178页。
⑤ 游仲鸿语，也是道学人士对朱熹的尊称，见《宋史全文》卷二八"绍熙五年闰十月戊寅"条，第2420页。

在援救朱熹、举荐陈傅良等道学人士上，软弱无力。事实也正是如此，当王淮余党以"党论"攻讦周必大相党集团的荐士活动时，周必大为了开脱"植党"之罪，上疏极力掩饰，竟把这次荐士运动说成是偶然的巧合，甚至特地强调自己的党羽"叶适是王淮用为学官"①，所以叶适愤而上章，乞求补外。对此，作为"天下大老"，朱熹当然不会沉默不言。朱熹对周必大的批评，首先是从"大更改"的高度进行的。据载：

> 周益公（必大）参大政，朱文公与刘子澄书云："如今是大承气证，渠却下四君子汤，虽不为害，恐无益于病尔。"呜呼！以乾、淳之盛，文公（朱熹）犹恨当国者不用大承气汤，况下于乾、淳者乎！②

"大承气汤"与"四君子汤"，均属药名，前者是猛剂，后者是缓剂。面对如大病在身的朝政，周必大因不能以猛剂治之，故"无益于病尔"，也就是无法进行"大更改"。那么朱熹与其他"致君行道"的道学人士有何"大更改"的具体措施？现不得而知，唯一可知的，就是按前文所述"推贤其臣"，也即所谓起用"天下第一流"群贤。时人李心传也指出了这一点，他说："周益公既相，拱默无所预。詹体仁（元善）为太学博士，率同志者请于益公，反复极论，责以变通之理，因疏纳知名士废不用者陈傅良（君举）而下三十三人。益公虽不能用，然其后亦多所收擢。"③其中"拱默无所

---

① 《缴荐士奏》，《奉诏录》卷七，《全宋文》，第228册，第230页。
② 罗大经：《鹤林玉露》甲编卷之二《大承气汤》，第22页。
③ 《道命录》卷六，《丛书集成初编》，第3342册，第54页。

预"一语,与朱熹所说的"下四君子汤"用意相似;不能用"陈傅良(君举)而下三十三人",即指没有落实"推贤其臣"的"大更改"措施。在朱熹看来,要落实这一措施,还必须清除"非贤之臣"即"奸邪小人",两者是互为一体的。所以,朱熹不无怨恨地指出:"周公去相……某不恨其不蚤去,恨其不勇为也。天下岂有兼行正道邪术、杂用君子小人,而可以有为者?"①痛恨周必大"兼行正道邪术、杂用君子小人";而"行邪术"的"小人"则显然是指反道学势力,林栗就是其中的一个。正如陆九渊所说的"谓'自家屋里人,自相矛盾',不知孰为他家?古人但问是非邪正,不问自家他家",周必大将与朱熹同样治《易》《西铭》的林栗认作"自家屋里人",列入道学之列,故未能洞穿这位"小人"的本质而加以清除。这是朱熹和其他道学人士痛恨周必大不勇的表现之一,也是他们主张用"大承气汤"药治朝政弊病的重要内容。

周必大以道学为"肘腋",扩大自己的相党势力的事迹,昭然若揭,但因软弱无能,在排斥异己中也缺乏足够的勇气,使道学人士大为失望,并大有投错门主之感,所以当不喜道学甚至在为相之初排斥道学的留正转而以道学为"肘腋"时,道学人士便义无反顾地投入了他的门下。不过,这与道学人士对留正打击近幸的认同不无关系。光宗即位后,原先的玩伴"春坊旧人"姜特立、谯熙载"并用,恃恩无所忌惮,时谓曾(觌)、龙(大渊)再出",留正却不顾光宗的反对,毅然"列其招权预政之罪。……遂夺职与外

---

① 《答向伯元》(其一〇),《朱熹集·别集》卷四,第5426页。

祠"①，此举赢得了向来厌恶近幸的道学人士的高度认同和赞扬。朱熹在给留正的信中，就不胜喜悦地指出："抑尝听于道路，侧闻乃者相公盖尝白发左右之奸，斥之远外，所以辅君德、振朝纲者，甚慰中外之望。熹虽愚懦，亦不胜其喜幸。窃意相公必将乘此机会大有建明，以为宗社永久无穷之计。"②这不失为道学人士引留正为知己的一个重要契机。同时也表明周必大相党虽然为时不长，但道学未遭重创，转而成了留正相党扩大政治势力的"肘腋"，故在庆元党争中，留正与周必大一样成了"伪学逆党"的魁首，遭到倾陷。

庆元党争是以废光宗、拥立宁宗的内禅为导火线的。光宗以失常之资继孝宗之位，其为世所逐，乃势所必然。内禅的主事者是孝宗亲自所引的赵汝愚，内禅的名义是叶适根据道学的精神所提出的

---

① 《续资治通鉴》卷一五一"淳熙十六年五月"条，第4055页。《建炎以来朝野杂记》《两朝纲目备要》均将此事系于绍熙元年，据束景南《朱熹年谱长编》考，《续资治通鉴》所载为是。
② 《与留丞相札子》，《朱熹集》卷二八，第1190页。

以臣逐"独夫"之君①。在道学人士看来,这又是药治弊病、"致君行道"的良机。然而,内禅却借助了道学的天敌近幸如韩侂胄、赵彦逾等人的力量;内禅成功后,赵汝愚、韩侂胄之间又因权力分配不公引起了激烈的冲突。据载,"宁宗既立,侂胄欲推定策恩",但"汝愚曰:'吾宗臣也,汝外戚也,何可以言功?惟爪牙之臣,则当推赏。'乃加郭杲节钺,而侂胄但迁宜州观察使兼枢密都承旨"②。这使"欲推定策恩"的韩侂胄等人大为失望而心存芥蒂。绍熙五年(1194)八月,自谓不可言功的赵汝愚荣居宰相之位,韩侂胄却仅迁一官为观察使,赵彦逾则出为四川制置、知成都府。"于是,二人愤曰:'此事皆吾二人之力,汝愚不过蒙成耳。今既自据相位,以专其功,乃置吾辈度外邪!'于是始有逐汝愚之谋矣。"③换言之,相同的政治目的促使赵、韩齐心协力,共成废立大业;不均的权力分配则又使韩、赵分道扬镳,反目成仇。因而将"道学朋党"与"反道学党"之争,推向了一个新的阶段。托名樵川樵叟的《庆元

---

① 《荆溪林下偶谈》卷三:"绍熙末年,光庙不过重华宫,谏者盈庭,中外汹汹。未几,寿皇将大渐,诸公计无所出。水心时为司业,御史黄公度使其婿太学生王棐仲温密问水心曰:'今若更不成服,当何如?'水心曰:'如此却是独夫也。'仲温归以告黄公,公大悟,而内禅之议起于此。"(影印《文渊阁四库全书》,第1481册,第504页)"独夫"乃武王伐纣时所作《泰誓》中语(见杨柳桥《荀子诂译》卷一〇《议兵》,第381页,今传《十三经注疏》本《泰誓》无此语)。《孟子·梁惠王下》则又以桀纣等践踏仁义之人为"一夫",臣诛之不算弑君,故臣逐"独夫"之君光宗,也就合乎"先圣"所开道学之精神了。按光宗因精神失常而不能处理朝政,加上因前立太子事两宫失和,宦官陈源等又从中挑拨离间,遂至不朝重华,尤其是在孝宗去世后不为服丧,做出了大违儒道纲常之事,致使举国震惊,朝野惶惶。叶适以臣逐"独夫"之说,就是在此情境中提出来的。
② 《宋史》卷四七四《韩侂胄传》,第13772页。
③ 《齐东野语》卷三《绍熙内禅》,第43页。

党禁》指出:

> 侂胄由此自谓有定策功,且依托肺腑出入宫掖,居中用事,时汝愚方收召四方之士聚于本朝,海内引领以观新政,而事已多从出。①

一方"居中用事",一方"收召四方之士",一内一外,胶着对峙,形同水火。韩侂胄为北宋名相韩琦曾孙,神宗之女齐国长公主之孙,其父韩诚娶高宗宪圣皇后女弟,其妻乃宪圣女侄,宁宗皇后又是他的侄孙女。韩侂胄与赵宋皇室的这种源远流长的亲密关系,为其他近幸贵裆所望尘莫及,成了其"居中用事"的坚实根基。就赵汝愚而言,最为关心的也自然是召集"四方知名之士",以培植自己的相党集团,扩大其相党势力;所谓"四方知名之士",主要是道学人士。不过,对于赵汝愚,道学人士与对待其旧门主周必大一样,也有不满之处。不满的关键就是赵汝愚因存有"韩(侂胄)是好人,不爱官职"的错觉,未能善处韩侂胄等人以杜后患,也即在废立成功后的权力分配中,因没能给韩侂胄等人予高官厚禄,故

---

① 《庆元党禁》,《丛书集成初编》,第763册,第8页。

导致其怨恨，造成了"群小"得势、"君子"失利的被动局面。①但尽管如此，道学人士并没有弃之而去，恰恰相反，在绍熙五年（1194）八月留正罢相后，先党同周必大、后投留正相门的道学人士，又纷纷聚集到了赵汝愚的门下，竭力从事排击被赵汝愚错以为是"好人"的韩侂胄等近幸贵珰。

如前文所述，乾道以来，道学人士在"先王之道"的旗帜下，再三主张"内修政事"，清除近幸势力则是其"内修政事"的一项重要内容，因为在他们的观念世界中，近幸势力是履行"先王之道"的莫大障碍，近幸贵珰也是近乎天然的奸邪小人；尤其乾道、淳熙年间近幸横行、道学郁处下风的境遇，使道学人士愤慨不已。所以在人主更替、"海内引领以观新政"之际，焉能再使近幸"居中用事"而重蹈乾、淳覆辙？从当时的政坛情形看，虽然出现了近幸"居中用事"的迹象，已给"新政"的展开设置了障碍，但是作为道学人士在政治上的领袖，赵汝愚新主朝政，而且在赵汝愚的调动下，"四方知名之士"相继聚首于朝廷，形成了一股堪与近幸相对抗的新生力量。因此，尽管道学人士已充分认识到时局的严峻性而深感忧虑，但并没有因此而放弃"致君行道"、实施"新政"的信心和决心。这在朱熹身上表现得尤为突出。据载：

---

① 关于这一点，当时叶适、徐宜、游仲鸿等道学人士均有所认识，又朱熹《答黄仁卿书》说："当时大事（按：指废立）不得不用此辈（按：指韩侂胄等），事定之后，便须与分界限、立纪纲。若不能制而去，亦全得朝廷事体，不就自家手里坏却。去冬亦尝告之（按：指赵汝愚），而不以为然，乃谓韩是好人，不爱官职。今日弄得朝廷事体郎当，自家亦立不住，毕竟何益？且是群小动辄以篡逆之罪加人，置人于族灭之地，以苟自己一时之利，亦不复为国家计，此可为寒心者。惜乎此公（按：指赵汝愚）有忧国之心而无其术，以至于此也。"（《朱熹集》卷二九，第1244页）

熹发长沙，且行且辞，文略云："陛下嗣位之初，方将一新庶政，所宜爱惜名器，若使幸门一开，其弊不可复塞，至于博延儒臣，专意讲学，盖将求所以深得亲欢者为建极导民之本，思所以大振朝纲者为防微虑远之图。"盖熹在道，闻泰安朝礼尚缺，近习已有用事者，故有是言。熹行至信州，闻以内批逐首相留正，有忧色。学者问其故，熹曰："大臣进退亦当存其体貌。"或曰："此盖庙堂之意。"熹曰："何不风其请去而后许之？上新立，岂可导之轻逐大臣耶？"至六和塔，永嘉诸贤各陈所欲施行之策，熹曰："彼方为几，我方为肉，何暇议及此哉！"是时近习用事，御笔旨挥，皆有其渐，故熹忧之。①

绍熙五年（1194）七月五日宁宗即位，同月十一日便召秘阁修撰、知潭州朱熹赴行在奏事，八月五日除朱熹为焕章阁待制兼侍讲，至十月五日又"御札：卿经术渊源，正资劝讲次对之职，勿复牢辞，以副朕崇儒重道之意"②。朱熹就是遵此君命赴朝的。当然，这出于宰相赵汝愚之意，即周密《绍熙行礼记》所说，赵汝愚"以朱熹有重名，遂自长沙召入为待制，待经筵，及收召李祥、杨简……等道学君子以自庄"。其实，不仅赵汝愚需要朱熹的"重名"以"自庄"，党同赵汝愚的其他道学人士也都迫切需要这位"天下

---

① 《续编两朝纲目备要》卷三"绍熙五年八月癸巳"条，第40页。其中所谓"文略"，即朱熹《辞焕章阁待制侍讲状》，见《朱熹集》卷二三，第975—976页。
② 《宋史全文》卷二八"绍熙五年七月庚午"条、同卷"绍熙五年八月癸巳"条，第2405页、第2407页；参《道命录》卷七《晦庵先生除焕章阁待制侍讲诰词》，《丛书集成初编》，第3342册，第58页。

大老"来朝把握"致君行道"的方向。而上列记载则反映了朱熹对当下朝政的严峻形势的认识及其"明知山有虎,偏向虎山行"的精神和勇气,即在"彼方为几,我方为肉"的危境中,努力争取改革长期以来"道学不明,无一事是当"的朝政。朱熹的这一认识和努力,也是整个赵汝愚相党集团的共识和追求的目标。

不过,朱熹和赵汝愚相党实施"新政"的努力,既没有明确的纲领,更没有像王安石那样以立法的形式进行,从现存的记载观之,主要表现在朱熹的"劝讲次对"上,其内容就是向宁宗宣传道学的主张。在绍熙五年(1194)十月十四日的一次面君奏札中,朱熹便指出:

> 必使发号施令无一不出乎朝廷,进退人材无一不合乎公论,不为偏听以启私门,则圣德日新,圣治日起,而天人之应不得违,蚌孽之萌不得作矣。

> 诚能严恭寅畏,常存此心,使其终日俨然,不为物欲之所侵乱,则以之读书,以之观理,将无所往而不通;以之应事,以之接物,将无所处而不当矣。③

第一段就是针对宁宗听信近幸,"内批逐首相留正"之事而言,所以如此,是因为无"严恭寅畏"之心;无"严恭寅畏"之心的根源,却在于"为物欲之所侵乱",故第二段教之以弃"欲"明"理"的途径。这里的"欲"与"理",就是道学人士再三强调的"灭人

---

③ 《甲寅行宫便殿奏札》(其一、其二),《朱熹集》卷一四,第545、548页。

欲，存天理"的意思。接着，朱熹在进讲《大学》时，又详细申说了如何"极心之本体"而进达于"天理"的方法：遇事"深加体察"，以增"实用工夫"，其意与程颐在元祐时期欲引哲宗入圣境如出一辙；而朱熹所说"深加体察"的用意，还包括了体察忠奸邪直，近"君子"，远"小人"，所谓"奸邪小人"，就是指韩侂胄及其党羽。②十月二十三日，朱熹又向宁宗面陈四事：还内、过宫、山陵和朝纲。在讲到朝纲时特别强调：

> 今者陛下即位未能旬月，而进退宰执，移易台谏，甚者方骤进而忽退之，皆出于陛下之独断，而大臣不与谋，给舍不及议。正使实出于陛下之独断而其事悉当于理，亦非为治之体，以启将来之弊，况中外传闻，无不疑惑，皆谓左右或窃其柄，而其所行又未能尽允于公议乎？此弊不革，臣恐名为独断而主威不免于下移，欲以求治而反不免于致乱。③

其实，这个"独断"之弊，并非始于"即位未能旬月"的宁宗，早在孝宗身上就已"积习成风"了，在乾、淳年间，正是孝宗的"独断"长期抑制了道学的"公议"。所以朱熹的这一"劝讲"，不仅针对当下舞弊干政的韩侂胄近幸势力，而且带着深厚的沧桑

---

② 《经筵讲义》，《朱熹集》卷一五，第572—596页。又《续编两朝纲目备要》卷三"绍熙五年十一月戊子朔"条："熹之被召也，对于行宫便殿，首奏陈之，有曰：'发号施令无一不出乎朝廷，进退人才无一不合乎公论，不为偏听以启私门，则蝥孽之萌不得作矣。今日之计，莫大于此。'又再三面言之；又约吏部侍郎彭龟年同请对白，发侂胄之奸。"（第51页）按：彭龟年也是一位道学人士。
③ 《经筵留身面陈四事札子》，《朱熹集》卷一四，第561—562页。

第三章 从"隆兴和议"到"庆元党禁"

感。可以说，革除此弊，是朱熹也是以道学人士为主体的赵汝愚相党集团"致君行道"的一项重任。换言之，若劝新君以"严恭寅畏"和"深加体察"的工夫，去"物欲"而进达于"天理"的"圣境"，是道学追求"内圣"的表现，革除"独断"之弊则是道学对"外王"的追求。这"内圣"与"外王"，构成了赵汝愚相党集团在内禅后"致君行道"、一新朝政的基调。

然而，朱熹的"劝讲次对"不仅引起了政敌的侧目[3]，而且受到了某些相知的责难。王炎便修书与朱熹论谅暗开讲之是非，指出"大行至尊寿皇（指孝宗）梓宫在殡，复土未有定期，而开讲于清闲之燕，炎为是有疑焉。三代之礼固无所考，汉唐之事亦不足证，未审祖宗典故有是乎？炎晚生，何足以议礼，然待制乡邦之先进，后学宗之，且处经帐之长，炎为是有请焉。乞赐垂教，以开释所疑"[4]。那么朱熹是怎样开释王炎的疑虑呢？清四库馆臣说："（王）炎亦多与朱子往还之作，其交谊颇笃。及朱子为待制，侍经筵，宁宗方谅暗，择日开讲。炎贻书朱子，论其非礼，而朱子集中无答书。盖是时韩侂胄、赵汝愚衅隙方开，汝愚援道学诸人以自助，侂胄之党眈眈侧目。朱子急欲宁宗亲近士大夫。故不拘丧礼，汲汲以讲学为先，实一时权宜之计，迨一经攻驳，难以置词，遂付之于不论。岂非所持者正，虽朱子亦不能与之争欤！"[5]这就是说，

---

[3] 《四朝闻见录》丁集《庆元党》："文公（朱熹）居顷，韩（侂胄）讽伶优以木刻公像，为峨冠大袖，于上前戏笑，以荧惑上听。"(第142页)该伶优为王喜。《道命录》卷七上："有优人王喜者，时于上前效先生容止进趋以为戏，侂胄喜之。"(《丛书集成初编》，第3342册，第62页)

[4] 《与朱侍讲晦翁论谅暗中开讲事》，《双溪类稿》卷二一，《全宋文》，第270册，第99—100页。

[5] 《四库全书总目》卷一六〇《双溪集》提要，第1376页。

为了党助赵汝愚，排击近幸，朱熹违背了历来遵循不已的"三年之丧，三代之达理"的"丧礼"，所不能与王炎"所持者正"相争辩，也将自己同时勉励他人的人生箴言"克己复礼"④，置之脑后而不顾了，这无疑为眈眈侧目的侂胄之党抨击其行作伪，甚至将"道学"定为"伪学"提供了话柄。

在赵汝愚广揽道学名士，扩大其相党势力，并试图利用朱熹在讲筵席拉拢宁宗之际，以韩侂胄为首的戚幸贵珰也加快了植党的步伐和排斥异己的速度。绍熙五年（1194）九月，赵汝愚令党羽举荐御史人选，韩侂胄则针锋相对，求"内批"除其党羽刘德秀为监察御史，"其党依次而进，言路遂皆侂胄之人"；同月，又"擢京镗签书枢密院事。京镗亦韩侂胄之党，故擢用之"；十一月，朱熹被韩侂胄视作"赵党之首"，认为"谋去其为首者，则其余去之易"，故群起而攻之，朱熹被逐；十二月，"以余端礼知枢密事，京镗参知政事，郑侨同知枢密院事，皆韩侂胄之党"；陈傅良、刘光祖罢，皆"坐留朱熹"，彭龟年罢，"坐上疏攻侂胄"。⑤在该年九月至十二月的不到四个月间，宰辅要津几为韩侂胄的党羽所占，而赵党中的要员先后被逐出朝，尤其是朱熹，在朝仅四十余天。赵汝愚相党集团处于摇摇欲坠之中，其"致君行道"的"新政"也犹同昙花一现。宁宗庆元元年（1195）二月，京镗居相位，赵汝愚罢相，十一月被贬永州，次年正月猝死于赴贬所途中。然而，事态的发展并没有随着赵汝愚的被贬身亡而终结。《庆元党禁》载：

---

④ 朱熹曾为辛弃疾斋室题名为"克己复礼"，见束景南《朱熹年谱长编》卷下，第889页。
⑤ 以上见《续编两朝纲目备要》卷三，第41—54页。

盖自淳熙之末、绍熙之初也,有因为道学以媒孽之者,然犹未敢加以丑名攻诋。至是士大夫嗜利无耻或素为清议所摈者,乃教以凡相与为异者皆道学人也。阴疏姓名授之,俾以次斥逐。或又为言,名道学则何罪,当名曰"伪学"。盖谓贪黩放肆乃人真情,其廉洁好修者皆伪人也。于是憸壬险狠、猥薄无行之徒利其说之便已,扬袂奋臂,以攻伪干进,而学禁之祸自此始矣。(庆元元年六月)二十四日,刘德秀上疏,乞考核真伪而辨邪正,御史中丞何澹急欲执政,秋七月十三日,上疏论专门之学流而为伪,空虚短拙,文诈沽名。诏榜朝堂。十九日,吏部郎官糜师旦建言,请考核真伪,遂除左司员外郎。是时有张贵谟者指论《太极图说》之非。御史中丞何澹上言,在朝之臣,既熟知其邪正之迹,然不敢白发,以招报复之祸,望明诏大臣,去其当去者。七月,以御史中丞何澹疏,落赵汝愚大观文。冬十一月,监察御史胡纮奏赵汝愚唱引伪徒,谋为不轨,责授宁远军节度副使,永州安置。……二年正月,御史中丞何澹除同知枢密院事。二十四日甲辰,谏议大夫刘德秀劾留正四大罪,首论其招引伪学,以危社稷,伪学之称自此始。③

淳熙后期,王淮相党虽已指斥道学人士"假其名以济其伪",但主要是指学理与行为的不一致,至此却不仅将道学人士斥为其行作伪的"伪人",而且径直将"道学"之名界定为"伪学"。既然这样,道学人士也就自然是"伪徒"或"伪学之党"了。这给全面进行的"伪学之禁",又为彻底禁锢"伪学之党",准备了十分充足的

---

③ 《庆元党禁》,《丛书集成初编》,第763册,第14页。

"理由"或"依据";而胡纮弹劾"赵汝愚唱引伪徒,谋为不轨"、刘德秀论留正"招引伪学以危社稷",则又给"伪学之党"的性质作了基本判断。沿着这个判断再作进一步的深入挖掘,那就是庆元三年(1197)六月出自朝散大夫刘三杰之手、为当政者所听纳的"伪学之党变为逆党"之论。②这些表明,自赵汝愚被贬身亡后,韩侂胄、京镗集团在清除赵汝愚相党中,经历了易"道学"之名为"伪学"、定"伪徒"为"逆党"的准备过程。

在经过这番准备后,韩侂胄相党集团于庆元三年(1197)十二月,对政敌实施了全面的禁锢,确定和颁布了"伪学逆党"赵汝愚、留正、王蔺、周必大、朱熹、彭龟年等五十九人的党籍,诏示天下,永不叙录;庆元四年(1198)五月,又"下明诏播告天下",厉禁"伪学",并声称:"若其遂非不悔,怙终不悛,邦有常刑,必罚无赦。"③造成了自秦桧以来的又一次大"党难"与"学难"。

---

② 《宋史全文》卷二九上,"庆元三年闰六月戊寅"条,第2457页。按:《建炎以来朝野杂记》甲集卷六《学党五十九人姓名》、《续编两朝纲目备要》卷五"庆元三年闰六月戊寅"条等,"刘三杰"作"刘珏"。参《续资治通鉴》卷一五四"庆元三年闰六月甲午"条考异,第4150页。
③ 《续编两朝纲目备要》卷五"庆元四年五月己酉"条,第85页。

第四章

从"开禧北伐"到"端平更化"

由绍熙内禅引起的"庆元党禁",宣告了以反近幸为己任的"道学朋党"的彻底失败,确立了以反道学的近幸为主要力量的韩侂胄相党的专制地位。但随着"开禧北伐"的失败和"嘉定更化"的展开,韩侂胄惨遭身首异处的悲剧,也结束了以韩侂胄为核心的朋党集团长达十二年之久的专制历史,道学集团随之再度崛起;尤其是理宗的亲政与"端平更化"的实施,道学确立了不可动摇的正统地位。然而作为朋党之争的产物,"嘉定更化"与"端平更化"并没有消弭朋党现象,而是延续了以往的相党政治。"嘉定更化"以后的朋党之争,主要来自道学集团内部的分裂与组合;在由道学集团内部的分裂而形成的朋党之争中,作为体现"先王之道"的道学,并没有真正实现其理论价值,相反却成了道学集团内部进行党争的招牌。

第一节 "开禧北伐"与"嘉定更化"

李心传说:"先生(指朱熹)获罪之后,党禁益哗,稍称善类,斥逐无遗。至荐举考校，皆为厉禁。奸贪狼藉，暴慢恣肆之徒，纷纷并起，填塞要途。士知务修饬守廉隅者例取姗侮，或及于祸。一时从游，特立不顾者屏伏丘壑，依阿巽懦者更名他师，过门不入，甚至变易衣冠，狎游市肆，以自别其非党。"①指出了"庆元党禁"对士大夫身心的深远影响，用时人侯贯卿的话来说，就是"为人心祸，真酷且深也"②。不过，与"绍兴党禁"相比，"庆元党禁"为时不算太长，在排斥政敌的过程中，韩侂胄也远非秦桧那样阴险可怖。据《续编两朝纲目备要》卷七所载嘉泰二年（1202）二月"弛学禁"：

> 初，学禁之行也，京镗、何澹、刘德秀、胡纮四人者，实横身以任其责，为韩侂胄斥逐异己者，群小附之，牢不可破。庆元五年二月，纮罢吏部侍郎；七月，德秀自吏部尚书出知婺州；六年八月，镗以左相死于位；去年七月，澹罢知枢密院事，魁憸尽去。侂胄亦厌前事，欲稍示更改，以消中外意。时亦有劝其开党禁以杜他日报复之祸者，侂胄以为然。（嘉泰二年）正月癸亥，言者论近岁习伪之徒唱为攻伪之说，今阴阳已分，真伪已别，人之趋向已定，望播告中外，专事忠恪，奏可。是春，赵汝愚追复资政。于是党人之见在者，徐谊、刘光祖、陈傅良、章颖、薛叔似、叶适、曾三聘、项安世、范仲黼、黄灏、詹体仁、游仲鸿诸人，咸先后复官自便，或典州宫观。又削荐牍中"不系伪学"一节，俾勿复有言。时朱熹殁已

---

① 《道命录》卷七下《晦庵先生落秘阁修撰依前官谢表》后李心传考述，《丛书集成初编》，第3343册，第74—75页。
② 《续编两朝纲目备要》卷七，第125页。

逾年，而周必大、留正各已贬秩还政。十月，召朱熹以待制致仕。闰月，制复周必大少傅，留正少保，嗣后伪禁稍弛。然宗师既亡，义理日丧，风俗自是大坏。侂胄以专擅为当然而恣其所为，小人以无耻为常事而恬不之愧，举朝之臣知有侂胄而不复知有人主，虽往时坐党被斥之人，亦有趋赴于侂胄之门者矣。其祸极于开边而后已。①

庆元五年（1199），随着刘德秀、胡纮的罢去，"伪学之禁"始弛，至嘉泰二年（1202），又弛"逆党之禁"。自庆元三年（1197）至此，"庆元党禁"历时五年左右。韩侂胄虽"厌前事"，又惧"他日报复之祸"，先后解除了学禁与党禁，但正如"言者"所谓"近岁习伪之徒唱为攻伪之说，今阴阳已分，真伪已别，人之趋向已定"，甚至"举朝之臣知有侂胄而不复知有人主，虽往时坐党被斥之人，亦有趋赴于侂胄之门者"，有效地达到了巩固其相党地位、扩大其相党势力的目的，也为他"欲握兵权"②打下了厚实的基础，结果却导致了节节败绩的"开禧北伐"，即所谓"其祸极于开边而后已"。

韩侂胄为捞政治资本，贸然北伐，轻启边衅，始于嘉泰三年（1203）。该年冬，金地干旱灾重，又群盗四起，金廷因惧宋军乘其隙，"沿边聚粮增戍，且禁襄阳府榷场"，宋廷闻之，旋即调兵遣将，以张岩帅淮东，程松帅淮西，丘崈守四明，以防海道，辛弃疾帅浙东，又徙守镇江，并"辟置参机，皆非常制"，"其开边衅盖自

---

① 《续编两朝纲目备要》卷七，第124—125页。
② 《宋史全文》卷二九下"嘉泰元年七月己卯"条，第2489页。

此始"①。随之于镇江立韩世忠庙,追封岳飞为鄂王,既为北伐张本,又用以风厉诸将。然而,需说明的是,韩侂胄兴师北伐,是得到不少士人的支持的,其中除了其死党苏师旦、陈自强、许及之等人外,还包括了原本非属其党的士人。如:

> (嘉泰四年正月)辛弃疾入见,陈用兵之利,乞付之元老大臣,太师韩侂胄大喜,遂决意开边。②

> 邓友龙长沙人,尝从张南轩游……时金人方困于北兵,且其国岁荐饥,于是沿边不逞之徒号为"跳河子"者,时时剽猎事状,陈说利害。友龙得之以为奇货,于是献之于韩。韩用事久,思钓奇立功以自盖,得之大喜。③

> 韩侂胄亟欲兴师北伐……遣李壁因使事往伺。壁归,力以"敌中赤地千里,斗米万钱,与鞑为雠,且有内变"。韩大喜,壁遂以是居政府。④

尤其是被韩侂胄打成"伪学逆党"而入"庆元党籍"的薛叔似

---

① 《续编两朝纲目备要》卷七"嘉泰三年十二月辛酉"条,第134—135页。
② 《宋史全文》卷二九下嘉泰四年正月"是月"条,第2499页。参见《续编两朝纲目备要》卷八"辛弃疾赞开边"条,第141页;又同书卷九"御笔诏北伐"条下云:"会殿撰辛弃疾除绍兴府,过阙入见,言夷敌必乱必亡,愿付元老大臣务为仓猝可以应变之计,侂胄大喜,时(嘉泰)四年正月也。"(第162页)
③ 周密:《齐东野语》卷一一《邓友龙开边》,第203—204页。
④ 叶绍翁:《四朝闻见录》乙集《开禧兵端》,第87—88页。又《宋宰辅编年录校补》卷二〇云:"侂胄初除平章,讨论故事,尽出于壁。开边之议,壁实赞之。当兵事欲兴之时,出师已有定期,在廷缙绅皆未之闻,壁则无不与议。所颁诏命,壁亦先期撰述。"(第1346—1347页)

也因赞同北伐，得以权兵部侍郎兼国用司参计官①，筹划战事，这也就是"虽往时坐党被斥之人，亦有趑趄于侂胄之门者"的具体表现。在赞同开边的士人中，辛弃疾虽然中途退出北伐行列，但在韩侂胄轻启边衅中，无疑起了推波助澜的作用。换言之，"开禧北伐"的败绩，其咎虽然主要在于韩侂胄，但不当独归韩氏一人，赞助开边者也难辞其责，确切地说，是包括辛弃疾、邓友龙、李壁、薛叔似在内的士人"趑趄于侂胄之门"，党助其北伐的结果，是相党政治的产物！其中无论是苏师旦、陈自强、许及之，抑或辛弃疾、李壁、薛叔似，均与韩侂胄"思钓奇立功以自盖"一样，为逐于事功的欲望所驱使，而忽视当时的军政事实，失去了应有的理性。

事实上，韩侂胄开边所能依赖的"总戎三边"武将中，"吴曦特膏粱之子弟"，"郭倪、郭倬、李爽、李汝翼、皇甫斌诸人，又皆猥琐之庸才"②；同时正如开禧元年（1205）魏了翁应试学士院的策论所说："国家纪纲不立，国是不定，风俗苟偷，边备废弛，财用凋耗，人才衰弱，而道路籍籍，皆谓将有此北伐之举，人情汹汹，忧疑错出。"③面对兵无良将，边备废弛，内无善政，财用凋耗的现实，贸然北伐，必将是吕中所说的"虏之损未一二，而吾国之

---

① 薛叔似以权兵部侍郎兼国用司参计官在开禧元年，见《宋会要辑稿·职官六》，第3167页。
② 《宋史全文》卷二九下"开禧三年二月庚午"条引吕中《大事记讲义》，第2514页。
③ 《宋史》卷四三七《魏了翁传》，第12965页。该策题为《答馆职策一道》，见《鹤山先生大全文集》卷二一。按当时财政的困窘情形，汪圣铎先生有具体考述，见其《两宋财政史》，第157—158页。

丧失败亡已不可胜计矣"①。如果说，隆兴"符离之败"与朋党之间的意气相争息息相关，那么，"开禧北伐"的败绩则同样是朋党意气用事的结果。所不同的是，前者由张浚相党与汤思退相党的和战之争所致，后者是韩侂胄相党独擅朝政所致；前者以张浚罢相、重签"隆兴和议"作结，后者以韩侂胄首级换来"嘉定和议"。

开禧三年（1207）九月，宋廷"诏儆边备"，其因在于"以和议未可就，令诸大帅申儆边备"，值此之际，通书官方信孺自濠州金营归，向朝廷通报了金人同意和议的五项要求："一割两淮，二增岁币，三犒军金帛，四索陷没及归正人"，在讲到第五项时，"竟无语凝噎"，在韩侂胄的再三盘问下，终于说出了"欲太师（韩侂胄）首级"。②对于宋廷来说，向金国割地贡币，早已不是新鲜事了，第五项要求则史无前例，而且这绝非仅仅是韩侂胄个人的人头问题，更重要的是事关国体，若稍有国家尊严，是断难答应的。但在史弥远的主谋下，于该年十一月诛杀韩侂胄后，当路者果真满足了敌国的要求。据周密载：

> （王柟）及归，乃以金人欲求侂胄函首为辞，而叶时复有枭首之请。于是诏侍从两省台谏集议。先是，诸公间亦有此请，上重于施行。至是，林枢密大中、楼吏书钥、倪兵书思，皆以为和议重事，待此而决，奸凶已毙之首，又何足惜！与其亡国，宁若辱国，而倪公主之尤力；且谓在朝有受其恩，欲为之地者。盖朝堂集议之时，独章文庄良能于众中以事关国体，

---

① 《宋史全文》卷二九下"开禧三年二月庚午"条引吕中《大事记讲义》，第2515页。
② 《续编两朝纲目备要》卷一〇"开禧三年九月丁丑"条，第183页。

抗词力争。所谓欲为之地者,指章也。于是遣临安府副将尹明,斫侂胄棺,取其首,送江淮制置大使司;且以咨目谕诸路宣抚制置等以函首事。遂命许奕为通谢使。王柟竟函首以往,且增岁币之数。当时识者,殊不谓然。且当时金虏实已衰弱,初非阿骨打、吴乞买之比。丙寅之冬,淮、襄皆受兵,凡守城者,皆不能下。次年,遂不复能出师,其弱可知矣。傥能稍自坚忍,不患不和,且礼秩岁币,皆可以杀。而当路者畏懦,惟恐稍失其意,乃听其恐喝,一切从之。且吾自诛权奸耳,而函首以遗之,则是虏之县鄱也,何国之为?惜哉!……至有题诗于侍从宅曰:"平生只说楼攻愧,此愧终身不可攻。"[①]

以此观之,在是否将韩侂胄首级献媚敌国的讨论中,满朝居然只有章良能一人"以事关国体,抗词力争"。这看似一件令人费解的咄咄怪事,实际上是庆元以来韩侂胄相党与"道学朋党"之争的逻辑发展,尤其是浙东学派林大中、朱熹私淑楼钥、横浦再传倪思等著名的道学家及其他朝士在"与其亡国,宁若辱国"的信条下,不顾国体,以一国之相的首级,作为和议的信物,鲜明地反映了在这次朋党之中的仇者快、亲者痛的心理,典型地体现了两宋党争喜同恶异、党同伐异的特征。只是以一国之相的首级,换取敌国的信任,在宋代党争的历史上,尚属头一回,也为秦桧、韩侂胄相党望尘莫及。

韩侂胄被诛的第二年即嘉定元年(1208)九月,宋廷以"和议

[①] 《齐东野语》卷三《诛韩本末》,第49—50页。

成谕天下"[1]。在诛韩活动中，史弥远是个关键人物。傅伯成称"弥远谋诛侂胄，事不遂则其家先破，侂胄诛而史代之，势也"[2]。史弥远诛韩而代之后，便实施了一反韩侂胄朋党政治的"嘉定更化"，宋廷也随之进入了以史弥远为核心的相党专制时期。

与"侂胄诛而弥远代之，势也"一样，"嘉定更化"也是时势发展的必然，是经历了"庆元党禁"和"开禧北伐"后士大夫的共同心声。那么怎样"更化"？"更化"什么？嘉定元年（1208）四月，太学博士真德秀上疏指出：

> 伏观庆元以来，柄臣专制，立为名字以沮天下之善者有二，曰好异，曰好名。……于是忠良之士斥而正论不闻矣。正心诚意以为学，修身洁己以为行，士大夫常事也，柄臣则以好名嫉之，立为标榜，以遏天下趋善之门，于是伪学之论兴而正道不行矣。相煽成风，惟利是视，以慷慨敢言为卖直，以循默谨畏为当然，以清修自好为不情，以顽顿亡耻为得策。北伐之举，宗社安危所系也，雷同相从，如出一口，而争之者不数人。胥吏皂隶，稍握寸权，则辐凑其门，名义有不暇顾。流弊之极，一至于此！今日改弦更张之初，臣谓当先破尚同之习，广不讳之途，朝政得失，俾臣下各尽所怀，而不以立异为可恶，褒崇名检，明示好尚，俾人人有士君子之行，而不以沽誉为可疑，则士气伸而人心正，风俗美而治道成，更化之务，畴

---

① 《续编两朝纲目备要》卷一一"嘉定元年九月己未"条，第199页。
② 《宋史》卷四一五《傅伯成传》，第12442页。

先于此？①

"庆元党禁"摧残人才，"开禧北伐"危及社稷，但最大的流毒是钳制公议，败坏士风，而其根源则在于尚同恶异，党同伐异。所以在刘爚看来，"更化"的当务之急是"先破尚同之习，广不讳之途"。事实上，不仅是"庆元党禁"，从整个两宋朋党政治观之，造成士风败坏乃至政坛周期性反复动荡的一个突出病灶，便在于士大夫之间的这种尚同伐异之习。真德秀所论，可谓中的，堪称治本之论。但"嘉定更化"并没有朝着这一思路展开，作为主持"更化"的宰相，史弥远从一开始就失去"破尚同之习，广不讳之途"的诚意，为了坚固其政治地位，投入到了培植党羽、排斥异己的活动之中，所以，时人有"一侂胄死，一侂胄生"②"今日有更化之名，无更化之实"③之说。

史弥远在主谋诛韩的政变活动时，仅为六部侍郎之一的礼部侍郎兼资善堂翊善，政变取得成功后，骤迁为右丞相兼枢密使兼太子少傅，进开国公。在获取和巩固这一政治地位的过程中，史弥远的首要政务是全面清除反道学势力，为道学与道学人士平反昭雪。

全面清除反道学势力，将韩侂胄死党陈自强、邓友龙、张岩、郭倪、许及之、程松等流放远恶军州，得到了饱受"庆元党禁"之苦和经历"开禧北伐"后的士大夫的拥护，也是包括钱象祖、卫泾

---

① 《戊辰四月上殿奏札》（其二），《西山文集》卷二，《全宋文》，第312册，第168—169页。
② 王居安语，见《宋史》卷四〇五《王居安传》，第12252页。
③ 赵崇宪语，见真德秀《西山文集》卷四四《赵华文（崇宪）墓志铭》，《全宋文》，第314册，第136页。

在内的整个政变集团控制朝政的要务。①然而，史弥远并没有停留于此，在排斥韩侂胄相党的活动中，凡是赞同过北伐之议的士人都被列入韩党，悉与屏逐。

在"庆元党禁"中，叶适被列入"伪学逆党"之籍，学禁与党禁解除后，"方侂胄之欲开兵端也，以适每有大雠未复之言重之，适自召还"，先后任除兵部侍郎、权工部侍郎，旋改权吏部侍郎兼直学士院。韩侂胄用叶适的目的除了借以自重外，还在于"欲藉其草诏以动中外"，但叶适"力辞草（北伐）诏"，并劝韩侂胄"先宜防江，不听"。战争开始后，叶适出知建康府兼沿江制置使，以有限的兵力数袭敌营，"所向皆捷"；在金军被撤后，叶适改任江淮制置使，组织民众构筑西起历阳、东至仪真的首尾联络的防御体系，有效地减少了东线战场的损失。但在嘉定三年（1210），史弥远党羽、御史中丞雷孝友"劾适附侂胄用兵，遂夺职。自后奉祠者凡十三年"②。就连开禧元年（1205）的省试状元毛自知，因在策论中

---

① 在铲除韩侂胄和清除韩侂胄相党势力上，政变集团具有高度的一致性，但在政变成功后的权力分配上，该集团内部却冲突不已。其中张镃是诛韩的实地指挥者，史弥远虽以"将种"面赞，内心却深怀忌惮，诛韩成功后，张镃居功自傲，到处标榜，更引起了史弥远、卫泾等人忌讳。在韩侂胄被诛不到半个月，张镃被夺两官，送广德军居住，后又被流放象州（今属广西）。至嘉定元年上半年，政变集团骨干史弥远、钱象祖、卫泾渐成鼎足之势。卫泾在政变时，为礼部尚书，是史弥远的上司，诛韩后，卫泾"旋用故智，又欲去史"，故史弥远利用台谏，弹劾卫泾，卫泾旋罢参知政事，出知潭州。关于政变集团内部的矛盾冲突与相互排斥，虞云国有较为详细的论述，见《宋光宗宋宁宗》，第274—279页。
② 《宋史》卷四三四《叶适传》，第12892—12894页。

附和用兵,嘉定元年(1208)三月被"夺进士第一人恩例"①。更有甚者,"韩平原(侂胄)南园既成,遂以记属之陆务观(游),务观辞不获,遂以其'归耕'、'退休'二亭名,以警其满溢勇退之意甚婉。韩不能用其语,遂致于败;务观亦以此得罪,遂落次对太中大夫致仕";而章良能在以宁宗名义颁发的陆游落职制词还说:"山林之兴方适,已遂挂冠;子孙之累未忘,胡为改节?"②致仕家居的陆游因为韩侂胄南园作记,横罹"党韩改节"之罪而遭落职。叶适为赵橚所作《墓铭》载:"侂胄既亟败,忌者反指为党,疑似锄剥不少借。公常痛愤,谓'始坐伪学废,终用兵端斥。苟欲锢士,何患无名。而益友之类绝矣!材尽而求不获,有国之公患;怨甚而谤不息,非士之私耻也'。"③据此则不难看出"嘉定更化"之际,史弥远集团借清除反道学势力之名,排斥异己,禁锢士人的态势与程度。

若史弥远将清除韩侂胄相党势力的运动扩大化,肆意排斥异己,是为巩固其相权也为其新的相党集团控制朝政排除一切不利因素;而为道学与道学人士平反昭雪,则出于捞取政治资本及其相党集团长期控制朝政之需。

史弥远于"嘉定元年,迁知枢密院事,进奉化郡侯兼参知政事,拜右丞相兼枢密使兼太子少傅,进开国公。丁母忧,归治葬,……二年,以使者趣行急,乃就道,起复右丞相兼枢密使兼太子少师。四年,落起复。雪赵汝愚之冤,乞褒赠赐谥,厘正诬史,

---

① 《宋史》卷三八《宁宗本纪二》,第737页;同书卷三九《宁宗本纪三》,第749页。
② 周密:《浩然斋雅谈》卷上,《丛书集成初编》,第2541册,第4—5页。
③ 《故宝谟阁待制知平江府赵公墓铭》,《叶适集》卷二三,第451—452页。

一时伪学党人朱熹、彭龟年、杨万里、吕祖俭虽已殁,或褒赠易名,或录用其后,召还正人故老于外"①。在四五年内,起用了著名的"伪学"党人黄度、楼钥、袁燮、蔡幼学等,召用了道学中的新生力量真德秀、魏了翁、廖德明、刘爚、陈宓等,他们"布满中外,一时气象,人以为小庆历、元祐"②。自嘉定元年(1208)任相,至绍定六年(1233)十月因病解政(解政后第十四天便病故),史弥远控制朝政长达二十六年之久。在他的控制下,"伪学"党人被"褒赠易名,或录用其后",道学人士"布满中外",并于嘉定七年至十三年(1214—1220)间,先后为张栻、吕祖谦、陆九渊、周敦颐、二程等道学名家特诏赐谥③;又于宝庆三年(1227)诏告天下"朱熹集注《大学》、《论语》、《孟子》、《中庸》,发挥圣贤蕴奥,有补治道"④。史弥远是"陆门"之首的"甬上四先生"之一杨简门人⑤,他一改以往抑制道学的历史,在政治上为道学诸子褒赠赐谥,在学术上宣传朱熹的《四书集注》,固然表现了一个道学家张扬学术文化的责任感和使命感,两宋道学正是在他独相期间,才开始确立正统地位的。但作为宰相的史弥远,其张扬道学当非纯粹的学术行为,而是有着鲜明的政治目的,也为其"尚同之习"所左

---

① 《宋史》卷四一四《史弥远传》,第12417页。
② 吴潜:《上史相书》,《履斋遗稿》卷四,《全宋文》,第337册,第233页。
③ 详《道命录》卷八、卷九及《陆九渊集》卷三三、卷三六诸文。
④ 《宋史》卷四一《理宗本纪一》,第789页。
⑤ 全祖望《奉临川帖子四》:"读《陆子学谱》至赵与筹、袁韶传,心有疑焉。四先生之讲学吾甬、句东无不从之游者,故其中不无非种之苗。慈湖弟子则有史丞相弥远及与筹,絜斋弟子则有袁参政韶,即史嵩之亦尝与和仲讲学阁下。《学谱》于史氏二相不录,而赵、袁则衮然大书。"(见《宋元学案》卷七四《慈湖学案》,《黄宗羲全集》,第5册,第994页)

第四章 从"开禧北伐"到"端平更化"

右,即主要出于捞取资本,排斥异己,巩固其相权、强化其相党势力之需。上文所述道学的代表人物之一叶适身遭禁锢,便证明了这一点。又嘉定六年(1213),起居舍人真德秀愤而上疏,疏中有云:

> 更化之初,群贤皆得自奋。未几,傅伯成以谏官论事去,蔡幼学以词臣论事去,邹应龙、许奕又继以封驳论事去。是数人者,非能大有所矫拂,已皆不容于朝。故人务自全,一辞不措。设有大安危、大利害,群臣喑嘿如此,岂不殆哉!①

"群臣喑嘿如此",就是史弥远排斥异己的产物。其中傅伯成、蔡幼学、邹应龙、许奕均属道学中人,他们因论事时有忤于史弥远,被驱逐出朝。这不仅证明了史弥远因深染尚同伐异之习而无法"广不讳之途",同时昭示了史弥远在"更化"中召还道学人士,并非真正地为了弘扬道学思想,而是一种明显的政治行为,或者说是为其尚同伐异服务的。也正因为如此,导致了道学内部的分化与对立,而嘉定前期的和战之争与嘉定后期的废立皇极之争,则是造成道学内部分化与对立的两帖催促剂。叶绍翁《四朝闻见录》甲集《请斩乔相》:

> 文忠真公(德秀)奉使金廷,道梗不得进,止于盱眙。奉币反命,力陈奏疏,谓敌既据吾汴,则币可以绝。朝绅三学主真议甚多,史相未知所决。乔公行简为淮西漕,上书庙堂云云,谓"强鞑渐兴,其势已足以亡金。金,昔吾之雠也,今吾

---

① 《宋史》卷四三七《真德秀传》,第12958页。

之蔽也。古人唇亡齿寒之辙可覆，宜姑与币，使得拒鞑"。史相以为行简之为虑甚深，欲予币犹未遣，太学诸生黄自然、黄洪、周大同、家槙、徐士龙等，同伏丽正门，请斩行简以谢天下。①

嘉定四年（1211），蒙古人发动了大规模的南侵战争，经过两年的恶战，金军主力遭到了重创。至嘉定六年（1213）八月，金副元帅纥石烈发动军事政变，拥立金宣宗，乞和于蒙。次年（1214），宣宗为避蒙军锋芒，迁都开封，遂起南吞之心，即李心传所说："金人东阻河，西阻潼关，地势益蹙，遂有南窥淮、汉之谋，兵端复起矣。"②在这一背景下，真德秀于该年七月奉使金廷，但半途而返，回朝上疏"请绝金虏岁币"；疏中还指出："用忠贤、修政事、屈群策、收众心者，自立之本也；训兵戎、择将帅、缮城池、饬戍守者，自立之具也。"③成了主战守之议的代表人物。面对金人的南侵，宋廷出现了和、战、守三种不同意见，争论不已，其中战守合一。据《白獭髓》载，"嘉定间，鞑虏交攻，廷臣有以和、战、守三策为言者，谓战为上策，守为中策，和为下策。是时胡榘侍郎专主和议，会入朝时，四明袁燮侍郎与胡公廷争，专主战守议，仍以笏击胡公额"④。从中可见在"专主和议"者与"专主战守议"者之间的强烈冲突，太学生"请斩乔相"，以谢天下，便是这种冲突

---

① 《四朝闻见录》甲集《请斩乔相》，第23页。
② 《建炎以来朝野杂记》乙集卷一九《女真南徙》，第845页。
③ 《直前奏事札子》，《西山先生真文忠公文集》卷三，《全宋文》，第312册，第203页。
④ 《宋宰辅编年录校补·续录校补》卷六"端平元年甲午"引，第1444页。

第四章 从"开禧北伐"到"端平更化"

的集中体现。在这场论争中,史弥远始"以为行简之为虑甚深"而主张议和,最后受"仇金情绪"的影响,采取了折中的办法:既停输岁币又与金通聘如故。这次争论加深了以史弥远为核心的相党集团与以真德秀为中心的主战守派之间的裂痕。嘉定七年(1214)岁末,"德秀慨然谓刘爚曰:'吾徒须急引去,使庙堂知世亦有不肯为从官之人。'遂力请去,出为秘阁修撰、江东转运副使。山东盗起,朝廷犹与金通聘,德秀朝辞,奏:'国耻不可忘,邻盗不可轻,幸安之谋不可恃,导谀之言不可听,至公之论不可忽。'"①在再次申明自己的战守主张中,蔑视史弥远的心情和决不与史弥远合作的态度溢于言表;从中也进一步证明了不与史弥远相党合作的另一以"至公之论"自称的士人集团的存在。

主和之议与主战守之议,本来属于正常的政见之争。从当时的实际观之,以真德秀为首的主战守的议论,固然体现了不忘国耻的爱国精神,史弥远在与金通聘中保持宋金和议的状态,并在金宣宗和宋宁宗去世后,实施联金以制蒙的战略,同样不能说是误国之举。然而由于论争双方均深染"尚同之习",使之成了党同伐异的一个契机,尤其是手握相权、独擅朝政的史弥远,更具备了培植党羽、排斥异己的优势。嘉定七年(1214),监进奏院陈宓上疏指斥史弥远,"大臣所用非亲即故,执政择易制之人,台谏用慎默之士,

---

① 《宋史》卷四三七《真德秀传》,第12959页。

都司枢掾,无非亲暱"。①朱熹的高足黄榦在分析史弥远这种结党行为的原因时说:"丞相诛韩之后,所以潜消祸变者,其于大本不为无助,惟其惩意外之变,遂专用左右亲信之人,往往得罪于天下之公议,世之君子遂从而归咎于丞相;丞相不堪其咎,遂断然屏逐而去之,而左右亲信者其用愈专矣。"②为了"惩意外之变",史弥远搭建了一个盘根错节的庞大的相党集团,使心腹列于朝堂,亲信布于地方;又由于其党同伐异,塞"广不讳之途",招来"公议"的强烈谴责,故又进一步促使了史弥远坚固自己的相党势力,并指使"三凶"(梁成大、李知孝、莫泽)、"四木"(薛极、胡榘、聂子述、赵如述),抑制"公议",排斥袁燮、真德秀、洪咨夔、傅伯成、杨简、魏了翁、刘宰等持"公议"的异己分子③,形成了一种恶性循环。这种恶性循环则来自史弥远相党与"公议"集团之间的互动,造成互动的因素,既有主和议与主战守议之争,又有由废立皇极引起的争论;而史弥远废立皇位的反对势力,则又主要来由真德秀、洪咨夔、傅伯成、杨简、魏了翁等道学人士组成的"公议"集团。史载:

---

① 《宋史》卷四〇八《陈宓传》,第12310页。按:与秦桧相党相似,史弥远相党也明显具有区域特征,刘克庄《丁给事神道碑》载,史弥远"所拔之士,非鄞即婺"(《后村先生大全集》卷一四一);又《贵耳集》卷下载,史弥远在一次由杂剧献艺助兴的家宴上,一艺人扮一士人念开场白:"满朝朱紫贵,尽是读书人。"另一艺人却念道:"非也,满朝朱紫贵,尽是四明人。"在插科打诨中,包含了明显的讽刺意味,所以,从此以后,史弥远设宴,不再演杂剧。
② 《与金陵制使李梦闻书》(其九),《勉斋先生黄文肃公文集》卷一一,《全宋文》,第288册,第107页。
③ 详《宋史》卷四二二《李知孝传》,第12622—12623页;《四朝闻见录》丙集《草头古》,第128—129页。按:"三凶""四木"为史弥远排斥异己的主要力量,时人称为"鹰犬"。

嘉定十四年，帝以国嗣未定，养宗室子贵和，立为皇子，赐名竑。弥远为丞相，既信任于后，遂专国政，竑渐不能平。初，竑好琴，弥远买美人善琴者纳之，而私厚美人家，令伺皇子动静。竑嬖之，一日，竑指舆地图示美人曰："此琼崖州也，他日必置史弥远于此地。"美人以告弥远。竑又书字于几曰："弥远当决配八千里。"竑左右皆弥远腹心，走白弥远。弥远大惧，阴蓄异志，欲立他宗室子昀为皇子，遂阴与昀通。①

这是史弥远废竑立昀的缘起与动机。赵竑行为不检，沉溺耽乐，为人所不满，其师真德秀也曾严肃劝谏："皇子若能孝于慈母而敬大臣，则天命归之矣。否则，深可虑也。"②王夫之则据此认为"竑之不足以为人子，即不足以为人君，西山（真德秀）亦既知之矣"；进而为史弥远拥立赵昀作辩护："昀可继，而择之也唯其人。理宗无君人之才，而犹有君人之度。"③然而，上引史料证明，史弥远废竑立昀的动机并非完全如王夫之所说的那样是为了选贤去不肖，而主要是个人利益所系。史弥远在邀请道乡党、废除赵竑的同谋郑清之出任赵昀讲官时的一段对话，更说明了这一点："一日，弥远为其父饭僧净慈寺，独与国子学录郑清之登惠日阁，屏人语曰：'皇子不堪负荷，闻后沂邸者甚贤，今欲择讲官，君其善训迪

---

① 《宋史》卷二四三《恭圣仁烈杨皇后传》，第8657页。
② 《宋宰辅编年录校补·续录校补》卷二，"嘉定十五年壬午"条，第1402页。关于赵竑行为不检，沉溺耽乐的表现，周密有较详的记述，见《癸辛杂识》后集《济王致祸》，第86—87页。
③ 《宋论》卷一四《理宗一》，第866页。

之。事成，弥远之坐即君坐也。然言出于弥远之口，入于君之耳，若一语泄者，吾与君皆族矣。'清之拱手曰：'不敢。'乃以清之兼魏忠宪王府教授。"①又据俞德邻《佩韦斋辑闻》："穆陵（赵昀）继统，实史相弥远拥立之功。杨文元公简，史之师也，以列卿召对，上从容问曰：'闻史相幼尝受教于卿。'简对曰：'臣之教弥远者不如此。'上曰：'何谓也？'对曰：'弥远视其君如弈棋。'上默然。罢朝，上以语弥远，弥远对曰：'臣师素有心疾。'"②在这段君臣对答中，十分明显地透露了杨简对史弥远废立皇位的深深不满。对于赵竑的行为不检，杨简当然一清二楚，他不满这一做法，绝对不是难以理解自己的门生选择"贤君"的苦衷所致，而是出于对史弥远的别有用心。杨简如此，作为赵竑之师的真德秀则更难以认同了。至宝庆元年（1225），"谕旨逼竑死"③，更激起了以真德秀为首的反废立集团的愤怒，他们奋起而攻之，因而遭到史弥远相党的反击。据载：

> 弥远谋害济王，遣其客秦天锡来，且颁宣医视疾之命。时王本无疾，天锡谕上意，逼王就死，遂缢于州治。寻下诏，贬王为巴陵郡公。其后，魏了翁、真德秀、洪咨夔、潘枋相继上疏，咸言其冤。大理评事胡梦昱应诏上书，言济王不当废，引用晋太子申生、汉戾太子及秦王廷美之事，凡百余言，讦直无忌，弥远怒，窜梦昱于象州。④

---

① 《宋史》卷二四六《镇王竑传》，第8736页。
② 《佩韦斋辑闻》卷三，影印《文渊阁四库全书》，第865册，第595页。
③ 《宋史》卷四一《理宗本纪一》，第785页。
④ 《宋季三朝政要笺证》卷一，第3页。

第四章 从"开禧北伐"到"端平更化"

胡梦昱被流放远恶军州，困死贬所。其他反废立集团成员也遭到了严厉的倾轧，尤其是真德秀，在短短的半年时间内，连续三次遭贬，宝庆元年（1225）八月，"莫择言真德秀舛论纲常，简节上语，曲为济王地。诏德秀焕章阁待制、提举玉隆万寿宫"；同年十一月，朱端常弹劾"魏了翁封章谤讪，真德秀奏札诬诋。诏魏了翁落职，夺三秩，靖州居住；真德秀落职罢祠"；次年（1226）二月，"监察御史梁成大言真德秀有大恶五，仅褫职罢祠，罚轻。诏削二秩"①；洪咨夔"每以竑为言，弥远辄恶而斥远之"②；傅伯成与张忠恕也因此落职镌秩③；邓若水上封事，首言理宗应效法历史上退让皇位的泰伯、伯夷、季子之为，次数史弥远"放弑"之罪，并请剪除其肺腑、耳目、鹰犬、爪牙。邓若水本"以格当改官，奏上，弥远取笔横抹之而罢"④。《宋宰辅编年录校补·续录校补》"史弥远卒"条：

> 弥远为相二十六年，用事专且久，权倾内外。初欲返韩侂胄所为，故援召贤才老成，布于朝廷。及济王不得其死，论者纷起，遂任憸壬以居台谏，一时君子贬斥殆尽。⑤

从中也不难想见赵竑被害引起的史弥远相党与反废立集团之间

---

① 《宋史》卷四一《理宗本纪一》，第787—788页。
② 《宋史》卷二四九《镇王竑传》，第8737页。
③ 《宋史》卷四二二《李知孝传》，第12622页。
④ 《宋史》卷四五五《邓若水传》，第13379—13381页。
⑤ 《宋宰辅编年录校补·续录校补》卷五"史弥远卒"条，第1439页。

的激烈冲突。不过，如前文所述，这种冲突早在嘉定初期就已露端倪了，中经主和议与主战守议之争，加剧了两者之间冲突，最后因废立皇位之争而势不两立，形同水火。因此，"嘉定更化"之初，有识之士提出的当务之急"先破尚同之习，广不讳之途"，始终成了一句空话，也使这次"更化"更而不化，有名无实。史弥远"欲返韩侂胄所为"，但又很快地步起了韩侂胄的后尘，借"更化"之名，行党同伐异之实，也就是时人所说的"一侂胄死，一侂胄生"。事实表明，"弥远也，侂胄也，特伯仲间耳"①，在本质上，"庆历党争"培植了权相韩侂胄及其相党集团，作为党争的产物，"嘉定更化"则同样塑造了史弥远"植党营私""专权自肆"的政治形象，导致了长期的朋党之争，成了南宋朋党政治中继"庆元党争"以后的又一段重要历程。

第二节 "端平更化"以后的朋党政治

绍定六年（1233）十月，史弥远去世，次年改号"端平"，作为史弥远专擅朝政时的一颗"弈棋"，理宗开始亲政，时称"端平更化"：

> 理宗初即位，仍委旧辅史弥远，渊默十年无为，弥远薨，端平元年甲午，始亲政。相郑清之，收召一时知名士，布之朝，号称更化。②

---

① 方回：《刑部侍郎周公端朝谥忠文议》，《新安文献志》卷二六，影印《文渊阁四库全书》，第1375册，第341页。
② 黄震：《古今纪要逸编》，《丛书集成初编》，第2784册，第1页。

理宗亲政后,以郑清之为右相,驱逐史弥远死党①,并于端平元年(1234)五月诏告天下:"黄榦、李燔、李道传、陈宓、楼昉、徐宣、胡梦昱皆厄于权奸,而各行其志,没齿无怨,其赐谥、复官、优赠、存恤,乃各录用其子,以旌忠义。"②同时,又先后"召还真德秀、魏了翁、崔与之、李埴、徐侨、赵汝谈、尤焴、游似、洪咨夔、王遂、李宗勉、杜范、徐清叟、袁甫、李韶,时号'小元祐'。大者相继为宰辅,惟与之终始辞不至,遗逸如刘宰、赵蕃皆见旌异"③。这些已故的或被召还朝的"知名士",大多数与史弥远、郑清之一样,是理宗时期著名的道学人士,其中真德秀与魏了翁又堪称南宋后期道学的殿军。他们在嘉定至绍定年间(1208—1233),均先后成为史弥远相党集团的倾轧对象而离京去国的,他们的被表彰或被召还回朝,成了"端平更化"的突出标志。但这主要属于统治集团内部在人事上的变更,在实质上又将如何改变因"尚同之习"所造成的相党政治,使政治形态或政权运行的机制尽可能地得到改善,做到既更又化,在更的同时又有所张?

端平元年(1234),魏了翁应诏上封事,陈"复旧典"十论。④

---

① 《宋史》卷四一《理宗本纪一》:"(端平元年五月)乙卯,诏李知孝瑞州居住,梁成大潮州居住,莫泽南康军居住,并再降授官,寻尽追爵秩。"(第801—802页)这是对"三凶"的处罚。至于"四木",胡榘和赵汝述在理宗亲政前夕已去世,薛极于端平元年五月卒,聂子述已因帅蜀时弃关南逃而遭贬逐。另如谄附史弥远而官至参知政事的袁韶,史弥远的亲信郑损、王定、朱瑞常等也都遭贬。
② 《宋史》卷四一《理宗本纪一》,第802页。
③ 《宋史》卷四一四《郑清之传》,第12420页。
④ 《应诏封事》,《鹤山先生大全文集》卷一八,《全宋文》,第309册,第115—138页。

在具体的论述中"先引旧典，次陈时弊"，其意在于通过恢复旧的典章制度，更张时弊。这里不妨略举一二："一曰复三省旧典，以重六卿。国朝沿唐旧制，分置三省，中书取旨，门下审覆，尚书施行。凡内降文书及四方章奏至门下、中书省者，率送尚书省，尚书下六曹，六曹付诸案。关会节目既备，则以上尚书省送中书取旨，既得旨，又以送门下省审覆，迨其画可，然后翻录下尚书省，尚书省复下六曹施行。三省体统，大抵若此。"此制虽然"迂回"繁复，但既能尊重三省六卿，又能防止宰相的专制独断。然而"熙宁宰相王安石乃特置中省检正，以分三省官属之权。至元丰，又以左右司代之。是端一开，凡权在大臣，则宰掾遂为窃弄威柄之地"，而"大臣之意皆付宰掾，以专其事，为宰相窃权固位计也"。所以"后世庸贪之相何等才分，乃欲深居独运，以机务之夥，而付之一二阿谀顺指之人，自王安石倡之，章惇、蔡京、秦桧、韩侂胄效之，至近世而益甚。今天启否平之运，此弊首当更张"。在魏了翁看来，只有首改此弊，才能取消宰掾"窃弄威柄之地"，杜绝宰相"窃权固位计"。"二曰复二府旧典，以集众思"，即恢复原来中书与枢密院分职授任的制度，做到在议政时"参稽众论，各效已见"。中书与枢密院是宋代的最高权力机构，在北宋，中书主民，枢密主兵，南渡后，由于特殊需要，虽出现过宰相兼知枢密院事，然不是常制。从开禧三年（1207）始，"宰臣兼使，遂为永制"。嘉定元年（1208），史弥远与钱象祖并相，第二年开始独相，长达二十五年之久；在独相期间，一直兼枢密使，集军、政大权于一身。所以完全可以说，这一"永制"是因史弥远专制而正式形成的，是其独擅朝政、控制皇权的一个突出标志。魏了翁要求恢复二府旧制，目的也在于消除宰相"窃弄威柄之地"。"三曰复都堂旧典，以重省府"，同样是针对史弥远"窃弄权柄"而言的。宋朝常制：宰执大臣聚首政事堂，议论和处理军国大政，但史弥远"五六年间威势已成，遂至决事于房闼，操权于床第"。若在"嘉定更化"之初，刘爚、真德秀主张"先破尚同之习，广不讳之途"，是着眼从改变士大夫的党同伐异的政治品格；魏了翁要求"复旧典"，则是从制度上来考虑的，试图通过完善制度，建立起正常的政权运行机制，以抑制宰相独断朝政之弊，为实现"破尚同之习，广不讳之途"，消除朋党政治提供制度上的保障。

魏了翁所陈"复旧典"十论，是建立在多年来的政治实践所积累起来的具有切肤之痛的经验基础之上的。所以作为客体的制度，虽然不可能从根本上保证更张由"尚同之习"造成的党同伐异的政治品格，但这"复旧典"之论无疑具有强烈的针对性，对时弊不无药石作用，理宗也有所听纳。那么"复旧典"以改时弊的效果又是如何的呢？淳祐四年（1244），朱熹再传杜范回答了这一点：

> 且端平尝改绍定矣，而弊反甚于绍定；嘉熙又改端平矣，而弊益甚于端平；淳祐又重改嘉熙矣，而弊又加甚焉。何哉！盖端平失于轻动，嘉熙失于徇情，而淳祐则失于专刻。轻动者其私在喜功，徇情者其私在掠美，专刻者其私在固位。是三者同出于私，而专刻又私之尤甚者也。①

始于端平（1234—1236），中经嘉熙（1237—1240），再至淳祐

---

① 《相位五事奏札》，《清献集》卷一三，《全宋文》，第320册，第197—198页。

(1241—1252),"更化"经历了三个不同的阶段①,但不仅了无收效,反而使弊端日趋严重,其根源在于主持"更化"者的徇私,徇私的目的在于"固位"。其中"端平失于轻动"与"淳祐失于专刻",则直接与朋党之争有关。

所谓"端平失于轻动",就是指"端平入洛"。端平元年(1234)六月,理宗在准备很不充分的情况下,轻率下诏,兴师北上,试图收复"三京"(西京洛阳、东京开封、南京归德),结果以失败告终,并为蒙军的南侵提供了借口。在该年正月,在宋、蒙两军的联合进击下,蔡州城破,金哀宗自尽,金王朝随之灭亡。对于宋蒙联军的是与否,史学界虽评论不一②,但这一举动对端平以后的外交政策和边界形势产生了深远的影响,是毋庸置疑的,"端平入洛"便直接源于此。

破蔡灭金,实现了自靖康以来历代仁人志士为之奋斗不已的抗金雪耻的理想,举国上下沉浸在一片欢庆的喜悦之中,尤其是理宗,在准备北上祭扫落入敌境长达一个多世纪之久的祖宗八陵的同时,又因宰相郑清之力主边帅赵范、赵葵兄弟"守河据关,收复三

---

① 对此,胡昭曦、蔡东洲认为:"历史上把理宗亲政以后的振兴图治,称为'端平更化',即指开始于1234年(端平元年)的变革。实际上,端平只有三年(1234—1236),中经嘉熙(1237—1240)四年,再至淳祐(1241—1252)又十二年,从端平到淳祐年间的近二十年,理宗均致力于变革图治,因此确切地说:'端平更化'应为'端平—淳祐更化'。"见《宋理宗宋度宗》,第103页。
② 胡昭曦、蔡东洲指出:"持否定观点者将此举视为又一个'海上之盟',把'联蒙灭金'与'联金灭辽'相提并论,认为宋朝'借金灭辽以失中原,借元灭金以失江左'。实际上,理宗决策'联蒙灭金'是正确之举。当时金哀宗栖身蔡州,金朝的灭亡已为期不远,南宋出兵与否都是如此。南宋国力不足以御蒙,这是南宋的实际和后世人的共识。因而只要能避免或推迟宋蒙交战,则是正确抉择。"见《宋理宗宋度宗》,第56—57页。

京"的建议,于端平元年(1234)六月,下诏出师收复三京,"乃命赵范移师黄州,刻日进兵"。当月,"知庐州全子才合淮西兵万人赴汴","赵葵自滁州以淮西兵五万取泗州,由泗趋汴以会之";七月,徐敏子、张迪率军进趋洛阳。八月,"蒙古兵至洛阳城下,徐敏子与战,胜负相当。士卒乏粮,因杀马而食,敏子等不能留,乃班师。赵葵、全子才在汴京,以史嵩之不致馈,粮用不继;所复州县,率皆空城,无兵食可因;蒙古兵又决黄河寸金淀之水以灌官军,官军多溺死,遂皆引师南还"①。在这次战役中,不仅耗费了大量的财力,而且用兵河南的军民"死者十数万计",其中淮西精甲在洛阳溃败中损失一万五千人②,极大地削弱了南宋国力。对于这次败绩,南宋末年周密评论说:

是役也,乘亡金丧乱之余,中原俶扰之际,乘几而进,直抵旧京,气势翕合,未为全失。所失在于主帅成功之心太急,入洛之师无援,粮道不继,以致败亡,此殆天意。后世以成败论功名,遂以贪功冒进罪之,恐亦非至公之论也。③

明张溥亦云:

灭金之役正也,三京之复亦正也。其复而不果者,病在进之太速,守之不固,非尽始谋者过也……汴京、洛阳,寝陵是

---

① 《宋史纪事本末》卷九二《三京之复》,第813—816页。
② 魏了翁:《被召除礼部尚书内引奏事第四札》,《鹤山先生大全文集》卷一九,《全宋文》,第309册,第149—153页。
③ 《齐东野语》卷五《端平入洛》,第80页。

宅，不敢不守，非有他志。蒙古之师，其无出乎，又不然。彼兵直下，我兵坚守，赵葵等悉力捍城，史嵩之转饷无阙，持之数月，或犬羊坐困，卷甲北还；或行人陈辞画疆罢斗，皆足相当，奈何闻风即逃，不战而溃也。①

暂且不论"灭金之役"与"三京之复"的得与失、正与邪，周、张二人均指出了"入洛"之败的原因：既在于主谋者"进之太速"，又在于"粮道不继"，不无道理。不过，其根本原因不仅在于此，还在于士大夫围绕"三京之复"引起的主战与主和之争中表现出来的"尚同之习"；甚至可以说，该习性是入洛之师"不战而溃"的最终根源所在。

在边帅赵范、赵葵提出"守河据关，收复三京"的建议后，朝臣产生了严重的意见分歧。有鉴于此，理宗"诏令侍从、两省、给舍、台谏、卿监、郎官、经筵官，赴尚书省集议和战攻守事宜。在外执政、从官、沿边帅守，并实封奏闻"②。于是和战之说纷起，形成了交争不已的两大阵营，即以右相兼枢密使郑清之为首，淮东制置使赵葵、沿江制置使赵范、淮西制置使全子才以及淮西制置司属官赵楷、刘子澄为骨干的主战派；以京湖制置使史嵩之、参知政事乔行简、检查御史李宗勉、枢密副都承旨吴渊、淮西总领吴潜为

---

① 《宋史纪事本末》卷九二《三京之复》，第817页。
② 《宋史全文》卷三二《端平元年四月辛巳》条，第2686页。

主要代表的主和派。①其中吴氏兄弟多次上疏,从财力和军事实力等方面驳斥主战之非,并提出"以和为形,以守为实,以战为应"的待蒙策略。②然而,由于理宗急于建立恢复中原的不世功勋,又为郑清之与赵氏兄弟等主战人士的"鸣剑抵掌,坐谈关河"③的鼓动,置主和派意见于不顾,草率下诏,出师入洛;而郑清之虽因党同史弥远,拥立赵昀,官至宰相兼枢密使,但其权势与地位远非史弥远那样坚固,他鼓动赵昀收复"三京",目的也在于试图以恢复中原的盖世奇功,巩固其权势与地位,即所谓"出于私"而"失于轻动"。所以这次"集议和战攻守事宜"虽一改史弥远"决事于房闼,操权于床笫"的专制形式,但由于主政者因"出于私"而缺乏理性思考,独断专行,并且为了抑制反对意见,处罚主和官员,吴渊、吴潜兄弟便因竭力反对入洛而被革职,最终使"集议"流于形式,从而造成了和战双方的严重对立,也就是史嵩之所说的"和好之与进取,决不两立"④;甚至在开战后,史嵩之在筹划粮饷上抗

---

① 按:在主战派中有所谓"二贤"之一的真德秀,《古今纪要逸编》谓真德秀于"端平亲政,趣召至朝,正当时道升降安危之机,略无一语及之,乃阿时相郑清之,饰其轻举败事,谓为和扁代庸医受责;又以清之边地,建议御关,卒以府库不足犒赏,事不可行,殿前诸军质贷备衣装,无以赏,故哄,延及诸州皆哄,自是军政不复立"(《丛书集成初编》,第2784册,第8页)。主和者还有董重珍、赵汝谈、丘岳、丁伯桂、郑起潜、杜范等。关于这次和战之争的详细情形,见胡昭曦、蔡东洲《宋理宗宋度宗》,第82—85页。
② 吴潜:《上庙堂书》,《履斋遗稿》卷四,《全宋文》,第337册,第236页。
③ 刘克庄:《备对札子》(其二),《后村先生大全集》卷五一,《全宋文》,第327册,第238页。
④ 《宋史》卷四一四《史嵩之传》,第12424页。

旨不行，"不肯运粮"①，致使"入洛之师无援，粮道不继，以致败亡"。张溥认为"史嵩之转饷无阙，持之数月，或犬羊坐困，卷甲北还"，虽属推测之辞，但绝非无根之谈。若允许沿着这一思路作进一步的推测：假如主战派能"先破尚同之习，广不讳之途"，真正发挥"集议"的作用，集思广益，修正收复"三京"的战略与措施，仔细筹划，打有准备之仗，虽很难说就能实现收复"三京"、恢复北宋故土的愿望，但不会招致如此惨败；假如主和者不固执己见，放弃与主战派"决不两立"的态势，尤其是在战争打响后，能以国家与民族利益为重，紧密合作，至少不会败得如此迅速。周密将这次入洛之师的败亡归结为"天意"，其实这"天意"不是别的，正是和、战双方难以消却的"尚同之习"，是长期积淀在士大夫政治性格中喜同恶异的"天性"的又一次恶性膨胀！因此，这次主和与主战两派之争虽然为时不长，但谱写了南宋党争历程中不可忽视的一页。

在时人看来，不仅如前述杜范那样将"端平更化"的失败归结为"端平入洛"，而且还以为端平以后"兵连祸结，皆原于入洛之师轻启兵端"②。面对这一过失，理宗也曾反省自己"责治太速，知人不明"，于端平三年（1236）下罪己诏③；同时起用主张和蒙的乔行简、史嵩之、吴渊、吴潜、魏了翁、郑性之、曾从龙等人，并命乔行简为右揆，与郑清之并相。次年（1237）改元"嘉熙"。嘉熙之政一改端平的盲目用兵，在军事实施防御策略，但"嘉熙失于

---

① 《钱塘遗事校笺考原》卷二《三京之役》；《宋史》卷四一四《史嵩之传》，第12423—12424页。
② 《宋史》卷四四《理宗本纪四》，第854页。
③ 见吴泳《端平三年罪己诏》，《鹤林集》卷一二，《全宋文》，第316册，第22页。

徇情"。所谓"徇情",指乔行简在边防、财用上的过失"推脱责任"。①所以如此,与"尚同之习""朋比之风"不无关系。嘉熙元年(1237),中书舍人袁甫在分析时政时指出:

> 奈何旁蹊曲径,趋者如市,淫朋比德,习以成风。边事绎骚,一时忧窘,及其暂退,动色相贺。心志一骄,靡所不至。前日私意之不敢逞者,今则逞矣;前日幸门之不敢启者,今则启矣。至于治国之要务,御敌之至计,实政未尝讲,实备未尝修。秋风一起,忧窘又如初矣。臣恐嘉熙之误,未必不如端平之误;而嘉熙之悔,又未必不似端平之悔也。②

由于"旁蹊曲径,趋者如市,淫朋比德,习以成风",难以使国家政事步入健康向上的道路,所以袁甫深忧"嘉熙之误,未必不如端平之误"。而这种"淫朋比德"之风至史嵩之手执相柄以后,又作了全面的展示。嘉熙三年(1239)正月,"乔行简用元祐故事,平章军国重事,李宗勉左丞相,史嵩之入奏,就拜右丞相。嵩之独当国,一时正人如杜范、游似、刘应起、李韶、赵汝腾等,皆以不合逐去。三相当国,时论谓'乔失之泛,李失之狭,史失之专'"③。这里的"史失之专"也就是杜范所谓"淳祐失于专刻"。

史嵩之是已故权相史弥远之侄。对史弥远专擅独断、控制皇权的所作所为,"渊默十年"之久的理宗虽心怀不满,但毕竟是由史弥远将他扶上皇帝大宝的,故在"端平更化"之始,理宗即诏"戒

---

① 详关长龙《两宋道学命运的历史考察》,第452页。
② 《中书舍人内引第二札子》,《蒙斋集》卷七,《全宋文》,第323册,第360页。
③ 《宋季三朝政要》卷二,第114—115页。

饬臣僚无得言故相（史弥远）事"①，严禁官员清算史弥远的误国之罪；直至淳祐十二年（1252），还敕太常为史弥远立碑，由他亲自撰写碑铭，表彰史弥远"光辅两朝，备殚忠荩"②。理宗对史弥远的感恩戴德，自然会恩泽到史氏的家人。在破蔡灭金后的行赏中，对时为制置使的史嵩之的嘉奖尤为引人注目，在诸多受奖者中，唯有史嵩之由理宗亲降手诏奖谕，晋封为鄞县子爵，增加食邑③。因此史嵩之拜右相兼枢密使，都督两淮、四川、京西、湖北军马，权倾一时，便成了一件十分自然的事；后因为"公议"所难容，于淳祐六年（1246）十二月罢相。史嵩之在当国的八年中，极尽"淫朋比德"与排斥异己之能事，即为时人所指斥的"以恩旧犹子相挟势怙权"④。

史嵩之入相之初，曾"荐士三十有二人，其后董槐、吴潜皆号贤相"⑤，但事实表明，其目的首先不在于更张弊端，而是与以往权相的荐士一样是为了培植党羽，巩固相权。其排斥政府中的"一时正人"杜范、游似、刘应起、李韶、赵汝腾之举，便反证了这一点。又史璟卿在批评史嵩之的信中指出："借曰有非常之才，有不次之除，醲恩异赏"，"淫朋比德"，以固己位，使"祖宗格法，败于今日"；"自开督府，东南民力，困于供需，州县仓卒，匮于应办"，而于边备无益，此为"伯父谋身自固之计则安，其如天下苍

---

① 刘克庄：《录圣语申时政记所状》，《后村先生大全集》卷五一，《全宋文》，第327册，第248页。
② 《宋史全文》卷三四"淳祐十二年六月戊寅"条，第2815页。
③ 《宋史》卷四一四《史嵩之传》，第12423页。
④ 赵汝腾：《内引第一札》，《庸斋集》卷四，《全宋文》，第337册，第308页。
⑤ 《宋史》卷四一四《史嵩之传》，第12425页。

生何";进而力谏史嵩之"尽去在幕之群小,悉召在野之君子,相与改弦易辙,勠力王事,庶几失之东隅,收之桑榆矣"。史璟卿乃史嵩之的亲侄,在他致书斥责史嵩之不久,便"暴卒,相传嵩之致毒云"①。同时又相传:"嵩之自右揆丁父忧,优诏起复,盖援弥远例",招致朝臣如台谏刘汉弼、侍郎徐元杰、丞相杜范的反对与抵制,未几,三人又同时暴卒,"物论沸腾,直谓数公皆中毒死,徐则遍体青黑",怀疑史嵩之所为。②史嵩之是否毒死自己的亲侄及刘汉弼、徐元杰、杜范,可弃而不论,其在喜同恶异、党同伐异中的"专刻"却为不争之事实。

史嵩之在当国期间,"以恩旧犹子相挟势怙权",搭建一个自其伯父史弥远以来的又一个肆意排斥异己的庞大的相党集团。因此在淳祐前期的政坛上,形成了"党史"与"倒史"两股势力,以及两者之间的激烈冲突。其冲突因淳祐四年(1244)九月"史嵩之丁父弥忠忧,诏复起"的事件而达到高潮。"黄涛上书乞斩嵩之以谢天下;刘应起上疏谓嵩之牢笼既密,则陛下之国危;省元徐霖上书言其奸深擅权",但理宗"不之悟","亦不听"。于是"三学生"三百零五人(太学生百四十四、武学生六十七人、京学生九十四人),分别联名上书,讨伐史嵩之,掀起了声势浩大的"倒史"运动。其中黄恺伯、金九万等太学生的奏章有云:

> 彼嵩之何人哉?心术回邪,踪迹诡秘。曩者开督府,以和议堕将士心,以厚赀窃宰相位,罗天下之小人,为之私党;夺

---

① 《宋史》卷四一四《史嵩之传》,第12426—12427页。
② 刘一清:《钱塘遗事校笺考原》卷三《嵩之起复》,第82页。

天下之利权，归之私室。蓄谋积虑，险不可测，在朝廷一日，则贻一日之祸；在朝廷一岁，则贻一岁之忧。万口一辞，惟恐其去之不亟也。嵩之亡父，以速嵩之之去，中外方以为快，而陛下起复之命已下矣。陛下姑曰："大臣之去，不可不留也。"嵩之不天，闻讣不行，乃徘徊数日，牵行奸邪，布置要地，弥缝贵戚，买嘱貂珰，转移上心，衷私御笔，必得起复之礼……故里巷为十七字之谣也，曰："光祖做总领，许堪为节制，丞相要起复援例。"夫以里巷之小民犹知其奸，陛下独不知之乎！台谏不敢言，台谏，嵩之爪牙也；给舍不敢言，给舍，嵩之腹心也；侍从不敢言，侍从，嵩之肘腋也；执政不敢言，执政，嵩之羽翼也。嵩之当五内分裂之时，方且擢奸臣以司喉舌，谓其必无阳城毁麻之事也；植私党以据要津，谓其必无惠卿反噬之虞也。自古大臣不出忠孝之门，席宠怙势，至于三世，未有不亡人之国者！汉之王氏、魏之司马是也。史氏秉钧，今三世矣。军旅将校惟知有史氏，天下士大夫惟知有史氏，而陛下之左右前后亦惟知有史氏，陛下之势孤立于上，甚可惧也。天欲去之，而陛下留之。堂堂中国，岂无君子，独信一小人而不悟？是陛下欲艺祖三百年之天下坏于史氏之手而后已。①

所谓"必得起复之礼"，就是指援引其伯父史弥远在任相期间不丁父忧之例，也即里谣所说的"丞相起复要援例"；"三世"，即史家三相史浩、史弥远与史嵩之。奏章将三史相提并论，斥为祸国之根、亡国之源，难免情绪化，也不免危言耸听，但一方面反映了

---

① 《宋季三朝政要笺证》卷二，"淳祐四年九月"条，第152—154页。

当时以史嵩之为核心的相党集团与"倒史"势力之间形同水火的对立态势;另一方面,这种对立与在对立中产生的相互仇视的情绪,不但极大地阻碍了嘉熙以来更张端平弊端的进程,而且"弊益甚于端平"。

端平以来的这种愈趋严重的弊政,犹如人患顽症,既无良方可医,其病情便自然与日俱进。淳祐十一年(1251),刘克庄总结端平以来的政局发展趋势时已指出了这一点:

> 陛下慨然改号端平,一变之功,侔于元祐。不幸金灭鞑兴。适丁是时,外患之来,势如风雨。谓宜坚初志、修内治以待之。执事者方咎用贤之无益,疑更化之致寇。再变而为嘉熙,三变而为淳祐,皆求以愈于端平也,然而卒不能有所愈也,于是四变而为乙巳(淳祐五年),五变而为丁未(淳祐七年)。其间岂无贤揆,率不能久,局面随之而变。如此沉痼之人,屡汗屡下之余,难乎其处方矣。①

的确,端平以来,朝廷不乏"贤揆",即便是史嵩之,也是"陆门"之首的"甬上四先生"之一杨简的门生②,在学术上与其他的道学人士一样持有行"先王之道"理念;又自"嘉定更化"以来,道学既确立了其正统的地位,道学人士也成了操作政权的主要力量。因此从治国之道到治国之才,均具备了实现已故道学"大老"朱熹梦寐以求的理想——"内修政事"、履行"先王之

---

① 《召对札子》,《后村先生大全集》卷五二,《全宋文》,第327册,第263页。
② 详见《宋元学案》卷七四《慈湖学案》,《黄宗羲全集》,第5册,第994页。

道"——的条件。然而由于在实际运行中,背负"难乎其处方"的"沉疴",故"卒不能久",而且其弊越积越重,大有积重难返之势。造成政弊越积越重的"沉疴",固然是因多种肌体的病变引起的,但大量事实表明,积淀在士大夫身上的"尚同之习""淫朋之风",则是其主要病灶。从皇权的代表者观之,理宗并无"处方"也无心药救这一"沉疴",这不仅是因为"尚同"或"淫朋"是积淀在士大夫政治性格中无法消却的"基因",同时如前文所述,由于理宗对史弥远的定策之功深怀感激之情,对其亲侄也宠爱有加,为史嵩之"以旧恩犹子相挟势怙权"、党同伐异开具了通行证。所以当朝臣上疏弹劾史嵩之弄权误国时,理宗"不之悟","亦不听"。

值得注意的是,至淳祐中期开始,理宗随着年事与威望的浸高,并不担心因相党的存在而危及自己的皇位,所以"群臣无当意者"时,便"渐喜狎佞人"①,肆无忌惮地纵欲享乐。这给朋党政治的再生又提供肥沃的土壤。所以,淳祐中期以后,几乎重复了"嘉定更化"之初"一侂胄死,一侂胄生"的政局。贾似道便是继史嵩之以后的一个权相。贾似道于开庆元年(1259)十月拜右相兼枢密使,咸淳三年(1267)正月为平章军国重事,德祐元年(1275)二月被罢。在他当国的年间,培植党羽,形成了自二史以来的又一个恣意专擅的相党集团,可谓"一嵩之去,一嵩之入"。如果说史弥远能重操韩侂胄故技,交结朋党,排斥异己,是因为那时的理宗成为史弥远推行其相党政治的一颗"弈棋",使之有恃无恐;那么贾似道得以步史嵩之的后尘,结党营私,则与新帝度宗的

---

① 《宋史》卷四一四《董槐传》,第12432页。

无能息息相关。《宋季三朝政要》卷四云：

> 贾似道平章军国重事、魏国公，叶梦鼎为右丞相。时，似道专政，梦鼎充位而已。似道一月三赴经筵，三日一朝，赴中书堂治事。上（度宗）初政，一委大臣，似道益自专。上称之曰"师臣"，通国称之曰"师相"、曰"元老"。居西湖葛岭赐第。五日一乘湖船入朝，不赴都堂治事，吏抱文书就第呈署，宰执书纸尾而已。朝夕谋议，内则馆客廖莹中，外则堂吏翁应龙。凡台谏弹劾、诸司荐辟举削及京尹、浙漕处断公事，非关白不敢自擅。在朝之士忤意者，辄斥去。①

从中不难看出，贾似道在处理国事上的专制独断与史弥远"决事于房闼，操权于床笫"如出一辙；而其手下朝官，则犹如淳祐前期的"台谏，嵩之爪牙也""给舍，嵩之腹心也""侍从，嵩之肘腋也""执政，嵩之羽翼也"；而所谓"上初政，一委大臣，似道益自专"，则道出了度宗的无能与贾似道的专政之间的因果关系。

自理宗朝开始，南宋政权犹如一个癌症后期的病人，处于死亡的临界线。催促其死亡的原因固然是多方面的，但朋党政治不失为一个重要因素。事实表明，朋党之间的党同伐异，成了政权运转的一个轴心，即便是后妃外戚的作祟，也离不开这一轴心。在贾似道擅政之前的淳祐后期开始活跃的以阎妃为代表的后戚、以董宋臣与卢允升为代表的北司、以丁大全与马天骥为代表的近幸，相互勾结，排斥异端，就明显具有朋党特征。"宋臣居中，大全居外，表

---

① 《宋季三朝政要笺证》卷四"咸淳三年正月"条，第327页。

里作奸"，无恶不作，以至宝祐年间（1253—1258），人有"阎马丁当（按'当'为'董'的谐音），国势将亡"之叹①；后人张溥又作了这样的总结：

> 丁大全以戚里婢婿，结宠至尊，由萧山尉，累拜右司谏，怨右相董槐方严，上章劾之，檄兵围第，胁出北关，遂夺相位。程元凤谨避恐后，奸同卢杞，而横愈蔡攸，人臣无礼莫有甚焉。顾所挟持何术？以董宋臣为之根底也。理宗之季，年高怠政，阎妃色升，近幸用事，梅台兰亭，俳优鼓吹，起自宋臣，帝尤爱溺。夫雕墙峻宇，五子兴歌，白台间须，鲁公避席，人君有一，其国必亡！理宗少慕道学，尊崇濂闽，以义制欲，明训克闻，而倦勤志荡，佚豫无节，不解之惑，反甚于多欲之主。此宝祐之佑圣观，所以远不及政和之悔轮台也。②

在张溥看来，理宗因年高怠政，且肆意纵欲，连政和年间的亡国之君徽宗也望尘莫及，致使近幸用事，结党营私，"横愈"政和间的蔡攸党人，故"其国必亡"！其中的一个重要原因却在于"倦勤志荡，佚豫无节"而违背了早年"尊崇濂闽，以义制欲，明训克闻"的履行道学的精神。

然而，关于理宗与道学的关系，丘濬的认识与张溥等人并不一致，他在《世史正纲》中指出："史称帝（理宗）自继统，首黜王安石从祀，升濂洛九儒，表彰四书，丕变士习。后世以理学复帝王

---

① 《宋季三朝政要笺证》卷二"宝祐四年六月"条，第214页。
② 《宋史纪事本末》卷九七《董宋臣丁大全之奸》，第849页。

之治者自帝始,庙号'理',其殆庶乎!"又说:"然以愚观之,理宗之崇理学,亦好其名尔,非真有其实也。……假令程、朱复生,愚知其决不能用也。昔人叶公好龙之喻,理宗殆似之欤!"①认为理宗于道学始终"好其名尔,非真有其实"。从党争历程的角度又不难看出,道学所以能成为"帝王之治",并不是理宗的努力所致,而是朋党政治运行的产物。道学从被鄙视为"专门曲学"到被打成"伪学"而遭禁锢,最后成为"帝王之治"的历史,始终是与朋党之争紧密相连的,尤其是周必大、留正、赵汝愚三相党因弘扬道学而被打成"伪学逆党";韩侂胄相党在严禁"伪学逆党"中巩固了地位,扩大了势力,也因为实施酷烈的"伪学逆党"之禁而身败名裂;史弥远在清洗道学的死敌韩侂胄相党势力中因全力张扬道学,为其结党营私赢得丰厚的政治资本,也使道学获得了正统的地位;史嵩之在执政期间为了坚固自己的相权与相党而高扬道学之旗②。这一运行历程,便昭示了一个显目的事实:朋党间的此起彼落决定了道学命运的升降沉浮,道学命运升降沉浮则反过来又直接影响了朋党间的此起彼落。与此同时,理宗崇尚道学固然如"叶公好龙",但道学人士由于在具体的政治实践中因深染"尚同之习""淫朋之风",也未能真正履行道学主张与精神;换言之,不仅"理宗之崇理学,亦好其名尔,非真有其实";道学人士因喜同恶异党同伐异而使他们所张扬的道学也变得有名无实。这一点既是朋党政治侵蚀

---

① 《宋宰辅编年录校补·续录校补》卷一八,景定五年十月"帝崩"条,同书卷十二端平三年二月"翁了翁罢鉴院"条引《世史正纲》,第1675、1542页。
② 如淳祐元年正月,表彰二程等道学先驱和《中庸》《大学》《论语》《孟子》,详见《道命录》卷一〇续增《濂溪明道伊川横渠晦庵五先生从祀指挥》,《丛书集成初编》,第3343册,第117页。

道学又是道学作用于朋党政治所致,两者是相互渗透、相互驱动的。

中编：南宋党争的动力与文化性格

事实充分表明，自高宗在靖康之乱中接过皇权，亡命江南到理宗去世，"国势将亡"的一百三十余年的南宋政治，其主要表现形态就是朋党之争。初始阶段的南宋党争，是北宋党争的一种延伸，但同变法与反变法引起的北宋新旧党争不尽一致，南宋朋党之争是在士大夫面对中原沦陷产生的和战之争，以及学术之争的背景下进行的。进而言之，军事上的主和或主战是作为"一意向方"的"国论"形态而存在的，因此，和战之争也成了一种非此即彼、关乎国家命运的"国是"之争；学术领域中的孰正孰邪、孰是孰非之争，虽然体现为不同学派之间在学术上的不同崇尚与观点，实际上却是因士大夫在寻求和确立治国之道中的不同政治主张而形成的。若和战之争首先是由军事领域表现出来的"国是"之争，学术上的孰是孰非之争则表现为意识形态中的"国是"之争。伴随着"国是"之争的是由分辨"君子""小人"引起的用人之争，其分辨的理论依据是宋代学术的主题之一，而在治国中起用"君子"抑或"小人"，则直接关系到"国是"的具体实施。因此，驱使南宋文人朋党之争的三大动力即"国是"之争、学术之争与用人之争是相互联系、相辅相成的，是"国是"之争的三个组成部分。

从今天看来，"国是"之争属于正常的政见之争；然而由于当时的朋党并非是现代意义上的政党（parties），而是属于专制集权下的政治帮派或团体（factions）；同时党争的主体深深积淀着传统文化中的劣根性，所以在分朋结党的过程中不仅流露出浓厚的情绪化、意气化色彩，更主要的是在"国是"之争中，强化了专制文化性格；在学术之争中，坚固了排他性学术文化性格；在用人之争中，推进了党同伐异的政治文化性格。

第五章

国是之争

作为建立在以和战为内涵的"国论"基础上的"国是"之争，始于靖康之乱，而盛行于绍兴前期，士大夫群体因此而分化，各执"国是"，分朋结党，相互排斥。自"绍兴和议"再至"隆兴和议"，和议成了不可动摇的"国是"，而"国是"之说的盛行和"国是"的确定，则进一步强化了皇权与相权互为渗透、互为作用的高度一元化的政治机制，使士大夫在朋党中排斥和残害政敌具有了合法性，独断的专制文化性格也随之不断凸现和强化。

第一节 "国是"说的形成与内涵特征

所谓"国是"，不是一般的行政措施，而是天下"主于一说"的治国之本；"国是"取决于治国之本的大议论"国论"。"国论"与"国是"之说，始创于先秦孙叔敖，但其真正盛行却始于神宗熙宁初。南宋吕中在分析由王安石变法造成的党祸时指出：

> 国论之无所主，非也，国论之有所主，亦非也。国无定

论，固不可以为国，然使其主于一说，则人情视此以为向背，人才视此以为去就，人言视此以为是非。上之政令，下之议论，且迁就而趋之。甚矣国是一言之误国也，夫国以为是，即人心之所同是也。又安有众之所非而自以为是，使人皆不得于国是之外者，此特孙叔敖之妄论。唐虞三代之朝，孔、孟之明训，初无是也；秦、汉至五代，其言未尝用也；本朝自建隆至治平，其说未尝有也；自熙宁，王安石始有是论，而绍圣之蔡卞，崇宁之蔡京，皆祖述其说而用之。熙宁以通变为国是，则君子为流俗矣；绍圣以绍述为国是，岭表之间皆逐臣矣！蔡京之国是，又曰"丰亨豫大"之说而已，则立党刻党碑，凡所托以害君子者，皆以国是藉口，曰："此神考之意、安石之说也。"缙绅之祸，多历年所，岂非一言可以丧邦乎？①

孙叔敖倡"国是"说，见刘向《新序》卷二《杂事第二》：

楚庄王问于孙叔敖曰："寡人未得所以为国是也。"孙叔敖曰："国之有是，众非之所恶也。臣恐王之不能定也。"王曰："不定，独在君乎？亦在臣乎？"孙叔敖曰："国君骄士，曰：士非我无由贵富；士骄君曰：国非士无由安强。人君或至失国而不悟；士或至饥寒而不进。君臣不合，国是无由定矣。夏桀、殷纣不定国是，而以合其取舍者为是，以不合其取舍者为非，故致亡而不知。"庄王曰："善哉！愿相国与诸士大夫共定

---

① 《类编皇朝大事记讲义》卷二一"小人妄主国是"条，第367页。

国是。寡人岂敢以褊国而骄士民哉！"①

对此，吕中斥为"妄论"，主要不在于"国是"本身，而旨在否定王安石变法。暂且不论吕中对王安石新法的评论正确与否，他将北宋新旧党争以及党争造成"多历年所"的"缙绅之祸"的根源，总结为"国论"与"国是"之争，是合乎事实的。《续资治通鉴长编》卷二一〇"熙宁三年四月甲申"条载：

> 上（神宗）曰："今天下汹汹者，孙叔敖所谓'国之有是，众之所恶'也。"（司马）光曰："然。陛下当察其是非，然后守之。今条例司所为，独安石、韩绛、吕惠卿以为是，天下皆以为非也。陛下岂能独与三人共为天下耶？"②

这是神宗与司马光就王安石新法进行长时间论辩后的最后一段对话。这段对话也为朱熹编辑的《三朝名臣言行录》所引，并注明出于司马光《日录》。所谓"条例司"，指王安石于原来中央主管财务的三司以外另设的制置三司条例司，作为推行新法的总指挥部；"今条例司所为"，就是指实施新法的具体行为，新法也即神宗引孙叔敖语中的"国是"。神宗是倾情支持王安石推行新法的，但在议定新法的当初，就遭到了以司马光为首的恪守"祖宗法度"的官僚集团的强烈反对。于是，当年楚庄王在孙叔敖倡说下而偶发的一个心愿——"愿相国与诸侯、士大夫共定国是"——成了神宗的当务

---

① 《新序》卷二《杂事第二》，影印《文渊阁四库全书》，第696册，第201页。
② 《续资治通鉴长编》卷二一〇"熙宁三年四月甲申"条，第5114页。

之急,因为唯其如此,才能使新法具有法律上的保障而赋予不可动摇性,才能抑制反对者的异论。而司马光的回答虽然不否定"国是"本身,却认为神宗以新法为"国是",是独与"安石、韩绛、吕惠卿以为是,天下皆以为非",意思是说新法乃"国非"而不足为"国是"!熙宁推行新法之初的"国是"之争,于此可见一斑。而这一"国是"之争绝非空洞的观念之争,事实充分表明,自此以后,"国是"成了宋代政治中极为重要的内容,"国是"之争也随之成了宋代政治运行过程中的重要一环,并对朋党的生成与朋党之争产生了重大影响。神宗去世,高太后垂帘听政,起用司马光,实施"元祐更化",首先是以重定"国是"为前提的。黄庭坚说:

> 惟天下信公(司马光)不疑,惟公以天下自任。三后在上,照知赤心;两宫临朝,眷倚黄发。四海岌岌,未知息肩。公执枢机,重宗社于九鼎;公定国是,决兴丧于一言。所进忠贤,拔毛连茹;其去奸佞,迹无遗根。泾渭洞明,凛乎太平之渐。①

司马光所定之"国是",就是与新法相对立的"祖宗法度"。这一"国是",成了"元祐党人"废弃熙丰新法、排斥熙丰新党的法律武器。哲宗亲政以后的政治运作,一反"元祐更化",继以"绍述"神宗与王安石等人所定的"国是"为旗号;"绍述"期间,蔡卞、蔡京等党魁也正是以"国是"为法律依据,抑制异论,排斥政敌,甚至"立党籍,刻党碑"的。

---

① 《祭司马温公文》,《山谷全书·别集》卷一三,《全宋文》,第108册,第169页。

在高宗即位后的南宋政坛，"国是"同样发挥着关键性的功能，倡导"主于一说"的"国论"与"国是"，也成了士大夫的共同心声。建炎元年（1127）六月，李纲除尚书右仆射兼中书侍郎的第二天便上《议国是》疏，疏文的最后一段指出：

> 古语有之曰："愿与诸君共定国是。"夫国是定然后设施注措，以次推行，上有素定之谋，下无趋向之惑，天下之事不难举也。靖康之间，惟其国是不定，而且和且战，议论纷然，致有今日之祸。则今日之所当监者，不在靖康乎？臣故敢陈和、守、战三说以献。伏愿陛下断自渊衷，以天下为度，而定国是，则中兴之功可期矣。①

这里所说的"古语"，就是孙叔敖与楚庄王所谓的"国是"。疏中认为，靖康年间，由于围绕主和与主战展开的"国论"纷然，"国是"未定，故导致"今日之祸"，而今日惟有定"国是"，才可期"中兴之功"。那么，李纲需要定何种内涵的"国是"？据他后来自称："纲留身，上十议，……其一曰议国是，大略谓：今日之事，欲战则不足，欲和则不可。窃恐国论犹以和议为然，盖以二圣播迁，非和则所以速二圣之祸。臣窃以为不然。……昔金人与契丹二十余战，战必割地，厚赂以讲和。既和则又求衅以战，卒灭契丹。今又以求和惑中国，至于破都城、堕宗社，易姓改号，而朝廷犹以和议为然，是将以天下畀之敌而后已。为今之计，莫若一切罢和议，专务自守之策。建藩镇于要害之地，置府帅于大河及江淮之

---

① 《议国是》，《梁溪集》卷五八，《全宋文》，第169册，第298页。

南。修城壁,治器械,教水军,习车战,使其进无抄掠之得,退有邀击之患。则虽有出没,必不敢深入。三数年间,军政益修,甲车咸备,然后大举以讨之,报不共戴天之仇,雪振古所无之耻。"①由于"欲战则不足",所以"专务自守之策";"专务自守之策"是为了打有准备之仗,为了"报不共戴天之仇,雪振古所无之耻"。绍兴六年(1136),李纲又指出,"自靖康以来,与闻国论,独持战守之策,不敢以和议为然,今十有二年矣。孤危寡与,屡遭谤诬"②。据此可知,其"国是"说是以主战为内涵的。

李纲一即相位,就要求定"国是",固然出于国事的需要,但与朋党之争不无关系。靖康元年(1126)十月,李纲自枢密出为宣抚时,"臣僚"上疏弹劾"纲天资疏薄",认为"若不究正其罪,则非所以定国是也",旋以有违"国是"而遭贬。③入相后,面对的又是强劲的政敌汪、黄集团,所以无论是出于处理国事的考虑,还是为了排斥政敌,都需要掌握定"国是"、持"国是"的权力;其所谓"自靖康以来,与闻国论,独持战守之策"而"屡遭谤诬",正道出了因无"国是"作保障而在党争中处于被动地位的事实,从中也不难看出靖康以来"国是"之争的激烈程度。而上述李纲的"国是"说,也是"绍兴和议"确立之前主战派的共同主张。王苹在一份奏章中便说:

---

① 《要录》卷六"建炎元年六月庚申"条,第162—163页;全文见《梁溪集》卷八〇《缴进十议札子》,《全宋文》,第170册,第143页。
② 《论建中兴之功札子》,《梁溪集》卷九四,《全宋文》,第170册,第254页。
③ 《靖康要录》卷九"靖康元年十月一日"记事,《丛书集成初编》,第3884册,第214页。

  臣尝谓为治之本在于定国是，国是定则人心正，人心正则风俗厚。昔楚庄王问于孙叔敖曰："寡人未得所以为国是也。"叔敖曰："国之有是，众所恶也。"夫国之所是乃至公之理，君子之所同也，而叔敖曰"众之所恶"者，何耶？盖天下之善人少，而不善人多，此正论所以难胜也。惟能审其是非，示以好恶，使之所向，以定国是，则人孰不归于正乎？今日之国是，尚有可言者焉。①

王苹渴求定"国是"的迫切心情溢于言表。靖康至"绍兴和议"确立之前，作为"国论"的"主战"之论与"主和"之论此起彼伏，各以为是，因此作为治国之本的"国是"无法确定。反言之，"国是"不明，"国论"自然纷然无所主，也必然导致主战派与主和派的严重对立，即杨时弟子陈渊所说，"自靖康以来，朝廷上下，公卿大夫之间，以和为是者，必以战为非，以战为可者，必以和为否。二者各执所见，不能合而为一"②。王苹的奏章正是针对和战"二者各执所见"，纷争不已，人心不定的现实而言的，即其理念中的"治国之本"与李纲的"国是"说内涵相同。又理宗端平三年（1236），杜范上疏指陈"国论"未定，"国是"难明带来的弊端：

  国论者所以一意向。方今鞑虏不道，蹂躏荆蜀，震惊江淮，……而议者虑兵财之不支，则主于和；忧豺狼之难厌，则

---

① 《九月一日面对札子》（其二），《宋著作王先生文集》卷二，《全宋文》，第161册，第339—340页。
② 《绍兴十年正月上殿札子》其二，《默堂先生文集》卷一三，《全宋文》，第153册，第117页。

主于战。庙堂筹边,未有一定之见;督视开阃,未有一定之规。因循岁月,苟且施行,精神何由折冲,将士何由用命?不特此也。至于进君子矣,已有贤者无益之疑;退小人矣,复怀狙诈可使之意。使君子栫杌而自危,小人扇摇而伺隙。欲节用而或嫌其流于俭陋,欲惩恶而或谓其戾于宽仁。凡此等类,不止一端。自更化以来,所以无一事之可立,无一弊之可革者,实由于斯。臣所谓国论之未定者此也。①

杜范认为,"端平更化"之所以"无一事之可立,无一弊之可革",最终原因在于"国论"未定。"国论"未定,"国是"也就难明;"国是"不明,"国事"自然无可立、弊政自然无可革了,所以确定"一意向"的"国论"与"国是",成了当务之急。这里所谓的"国论",就是指在宋、蒙冲突中"议者虑兵财之不支则主于和,忧豺狼之难厌则主于战"之论。

无论是与金还是与蒙,主战与主和均事关国家与民族的命运,故以抗战为"国是"抑或以议和为"国是",成了每个士大夫所无法回避的论题,王苹所说的"审其是非,示以好恶,使之所向,以定国是,……尚可有言",也成了士林的共同心愿。然而,由于主战与主和"二者各执所见,不能合而为一",导致了士大夫群体的分化,并随之演化成激烈的朋党之争;反过来说,朋党之争推进了以和战为内涵的"国是"之争。

不过,需要说明的是,盛行于南宋的"国是"之说,其内涵并没有停留在主战与主和上,而是在和战之争的基础上,进一步引发

---

① 《国论主威人才札子》,《清献集》卷五,《全宋文》,第320册,第111页。

到了整个治国方略。李光《论国是札子》说：

> 臣闻楚庄王问于孙叔敖曰："寡人未得所以为国是也。"叔敖曰："国之有是，众非之所恶也。君臣不合，国是无由定也。"夫以区区之楚，欲立国定制，犹知所审，况陛下绍膺大统，抚御寰区，当中外多事之时，群趣殊方，众志异虑，可不知审所是而定之乎？伏见陛下即位以来，敌人内侮，国势抢攘，宽大之令数颁，求言之诏屡下，巨奸元恶斥逐殆尽，忠臣义士聘举无遗，凡所以收人心者，可谓至矣。而庙堂之上，所与协心图治者，不过六七执政大臣，乃复牵于浮议，各营己私，噂沓背憎，结怨嫁祸，莫肯慨然以天下为己任者。方今民劳官冗，将骄卒惰，外则边境绎骚，内则财用匮乏，此诚国家危急之时。陛下忧栗焦劳于上，而群公大夫族谈窃议于下，学校之士不务宿业，而以投匦为课程，缙绅之徒不循分义，而以捭阖为职任。自白身而登儒馆，由选调而参庙谟，祖宗以来未所有也。行姑息之政，徇苟且之习，爵禄滥冒，名器浸轻，因一夫流言，为变法易令者数矣，人主威权何时而立，祖宗法度何时而行，朝廷纲纪何时而定？此实社稷之深忧也。臣愚伏望圣慈明诏大臣，深加训敕，察其邪正，辨其臧否，熟问深思，求合理道，然后断而行之。疑其为奸则如勿任，知其可任则不必疑。奋乾刚以明黜陟，隆委任以责成功，庶几国是定而法制立矣，天下幸甚。①

---

① 《庄简集》卷一〇，《全宋文》，第154册，第80—81页。

疏中所陈各种弊端，当发生在"绍兴和议"确立之前。其中所谓"执政大臣，乃复牵于浮议，各营己私，噂沓背憎，结怨嫁祸，莫肯慨然以天下为己任者"，当时的吉州布农周南仲上书："昔也赵鼎、张浚之交攻，浚在则鼎去，鼎之门人亦去；鼎入则浚去，浚之门人亦去，岂鼎之党今皆可用，而浚之党今皆不贤？御史谏官望风希意，曾有一人诋时相之言者乎？曾有一人劾亲旧之罪者乎？执政大臣亦有如郭子仪握光弼之手而涕泣者乎？亦有如蔺相如申于秦而屈廉颇者乎？如陛下训赵鼎以周公期之，除秦桧以丙魏、姚宋望之。盖周公有大勋劳于天下，而丙魏以宽容称，姚宋以守文应变称。今鼎守不讨贼，敢望周公乎？桧阿匿取容，敢望丙魏、姚宋乎？"①而在李光看来，出现这些弊病的根源，则在于"国是"无定；因为"国是"无定，所以"人主威权"不立，"祖宗法度"不行，"朝廷纲纪"不定；易言之，李光所呼唤的"国是"，在内涵上已不局限主和与主战上，而由和与战延伸到了用于纠正所有弊病的治国方略。又据吴泳《孝宗施行王弗等所进故事》：

> 乾道元年三月丙寅，权尚书刑部侍郎王弗进故事："昔楚庄王问孙叔敖曰：'寡人未得所以为国是也。'叔敖曰：'国之有是，众所恶也。恐王不能定也。'庄王曰：'善。愿相国与诸大夫共定国是也。'臣闻国之有是，至当归一。异议不得而摇之，则庶政惟和，天下无事。国无定是，人怀异论，不顾国家之安危，不恤生民之利害，惟求己胜，以媒进取，循致危亡者多矣。楚庄王、孙叔敖，小国之君臣，其所言乃尔，可以为万

---

① 《三朝北盟会编》卷一九三"绍兴九年二月"条，第1393页。

世之法。"诏:"王弗进故事,诚有国家之大戒。今日之先务,朕当与执政大臣、凡百官僚,思其未是,以归于是,期共守之。"①

对于王弗所进楚庄王与孙叔敖定"国是"的故事,孝宗在经历了"思其未是,以归于是"的过程后,下诏宰执百官"期共守之"。孝宗即位后,起用长期谪居瘴疠之地的张浚为相,并发动了"隆兴北伐",改变了高宗朝长期实施的以和议为内涵的"国是",但这次北伐以失败而告终,故又引起一场激烈的"国是"之争,最终又回到了和议这一"国是"上来。而由孝宗所宣布的"至当归一,异议不得而摇之"的"国是",既以和议为核心,又包括了李光"国是"说的范围。

综上所述,南渡以后的"国是"说盛行于高宗朝,并经过了从以和战为内涵到以整个治国方略为内涵的发展历程;而其形成和发展的前提,则在于事关国家和民族存亡的主战与主和之争。和战之争表现最为激烈的当推高宗建炎至绍兴前期与孝宗即位初期这两个时期。第一时期论争的结果是以和议为"国是",确定了"绍兴和议";同样,第二时期也制定了继"绍兴和议"之后的又一以和议为"国是"的"隆兴和议"。至"开禧北伐"与"端平入洛",以和议为内涵的"国是"虽遭废弃,却又很快地被重新召回。这就是说,作为处理民族矛盾的"国是",和议几乎贯穿了整个南宋的历史。既然如此,必然会影响到整个国事的治理,即如朱熹在乾道元年(1165)所说,"夫沮国家恢复之大计者,讲和之说也。坏边陲

---

① 《鹤林集》卷一五,《全宋文》,第316册,第328—329页。

备御之常规者,讲和之说也。内怫吾民忠义之心,而外绝故国来苏之望者,讲和之说也。苟逭目前宵旰之忧,而养成异日宴安之毒者,亦讲和之说也。此其为祸,固已不可胜言"。这里指陈的由"讲和之说"所带来的"不可胜言"之祸,就是持和议为"国是"所造成的;而在"不可胜言"之祸中,则包括了党同伐异之祸。朱熹接着指出:

> 昔在熙宁之初,王安石之徒尝为此论矣,其后章惇、蔡京之徒又从而绍述之,前后五十余年之间,士大夫出而议于朝,退而语乎家,一言之不合乎此,则指以为邦朋邦诬,而以四凶之罪随之。盖近世主张国是之严,凛乎其不可犯,未有过于斯时者。而卒以公论不行,驯致大祸,其遗毒余烈至今未已。夫岂国是之不定而然哉?惟其所是者非天下之真是,而守之太过,是以上下相徇,直言不闻,卒以至于危亡而不悟也。《传》曰:"差之毫厘,谬以千里",况所差非特毫厘哉!呜呼,其可畏也已!奈何其又欲以是重误吾君,使之寻乱亡之辙迹而躬驾以随之也?①

这里总结了从"近世主张国是之严"到"其遗毒余烈至今未已"的历史。所谓"驯致大祸",就是指蔡京相党借"绍述"王安石新法之"国是"为名,排斥政敌,制造"崇宁党禁";"遗毒余烈至今未已",即指秦桧相党以和议为"国是",既"坏边陲备御",

---

① 《与陈侍郎书》,《朱熹集》卷二四,第1022—1024页。按:该书信的作年据束景南《朱熹年谱长编》卷上"乾道元年四月"条,第343页。

养成"宴安之毒",又残害异己,实施"绍兴党禁",以及汤思退相党用于破坏抗金大业,制定"隆兴和议",致使"公论不行""直言不闻"。要言之,自"近世"至今,"国是"说成了朋党之争的一个焦点和"误君误国"的根源。

不过,朱熹并不反对"定国是"。据其自称,有一门生问:"荆公正坐为'一道德'所误耳。予谓之曰:'一道德'者,先王之政,非王氏之私说也。"①所谓"一道德",就是"至当归一"的"国是",而王安石所倡导的"一道德而同风俗",正是他以"通变"为"国是"的思想基础。朱熹斥责"王安石之徒尝为此论",是因为其有违"天下之真是"。从其著名的《壬午封事书》观之,朱熹在当时所竭力主张的是在"格物致知""正心诚意"的思想指导下的、以主战为内容的"国是",具体地说,他所指责的"重误吾君""使之寻乱亡之辙迹"的"国是",就是指"绍兴和议"与"隆兴和议"。

"国是"的制定与推行是人;宋代士人被划分为"君子""小人"两大类,而"君子"与"小人"之争,则为南宋党争中用人之争的突出表现(说详下文)。所以在南宋士人看来,定"国是"对于用"君子"、斥"小人",以及修内政、息朋党,具有关键作用。淳熙十五年(1188),罗点上疏指出:

> 臣闻君子小人相为消长,众正进而后群枉消,群枉消而后国是定,国是定而后太平之基立。②

---

① 《读两陈谏议遗墨》,《朱熹集》卷七〇,第3666页。
② 袁燮:《端明殿学士通议大夫签书枢密院事崇仁县开国伯食邑七百户食实封一百户累赠太保罗公行状》,《絜斋集》卷一二,《全宋文》,第281册,第282页。

淳熙末年，叶适也主张：

> 先定国是于天下。然后收召废弃有名之士，斥去大言无验之臣，辟和同之论，息朋党之说；……①

罗点所说的"君子小人相为消长"，是南宋朋党之争的一个重要驱动力；叶适则主张通过"先定国是"，"辟和同之论，息朋党之说"。不过，这里所谓"国是定而后太平之基立"或"先定国是于天下"，并不是为了消弭朋党，也不是说当时无"国是"。淳熙后期，以王淮为首的相党集团把持朝政，推行隆兴年间既定的以和议为核心的"国是"，并以此为"法律"依据，兴"和同之论"，"废弃有名之士"的。罗、叶要求"先定国是于天下"，旨在变更旧"国是"，重定新"国是"。因为长期以来的政治运使他们清醒地认识到，"夫国是难变，议论难变，人材难变，法度难变，加以兵多而弱不可动，财多而乏不可动，不信官而信吏不可动，不任人而任法不可动，不用贤能而用资格不可动。故期之以功名而志愈惰，激之以志节而俗愈偷"。因此，只有"国是变，则士大夫议论之难亦变矣；群臣之在内者进而问之，在外者举而问之，其任是事者亲用之，其不任是事者，斥远之，则人材之难亦变矣。变国是，变议论，变人才，所以举大事也，其所当顺时而增损者某事耳，非轻动摇而妄更易也，则法度之难亦变矣。四难既变，则兵以多而弱者，可使少之而后强也；财以多而乏者，可使少之而后裕也；然后使官

---

① 《上西府书》，《叶适集·水心文集》卷二七，第543页。

与吏相制而不制于吏；使人与法相参而不役于法，使贤能与资格并行而不屈于资格，皆无不可动之患矣。期年必变，三年必立，五年必成，二陵之仇必报，故疆之半必复"①。这就具体而又深刻地总结了"国是"在治国之道中的重大功能与专制特征，同时也昭示了能否掌握确定"国是"、推行"国是"的权力，直接关系到在朋党之争中能否克敌制胜，立于不败之地，南渡以来的朋党政治就充分证明了这一点。联系淳熙末日趋激烈的"道学朋党"与"反道学党"之争的事实（说详上编），罗点与叶适主张"先定国是于天下"的用意，也正在于此。这也昭示了继隆兴以来孝宗朝的又一场"国是"之争。

诚如朱熹等人所说，北宋熙宁变法以来盛行的"国是"说"非天下之真是"，而是朋党间用于排斥异己、倾轧政敌的一种工具；不过，南渡以后，士大夫大力倡导"国是"，无论是主和抑或整个治国方略，并非是用来"重误"其君，而恰恰是为其君所用。换句话说，南宋"国是"说的盛行，既出于士大夫党争所需，又投君主专制所好，是专制文化性格在朋党之中的一种逻辑发展。

第二节 国是之争与专制文化性格

在南宋士林普遍认同孙叔敖"国是"说，并渴望定"国论"、行"国是"的思潮中，尚能听到与之十分不协调的音符，甚至以为"'国是'二字，乃不祥之语"②。不过，反对或抨击"国是"说

---

① 《上殿札子》（又名《上孝宗皇帝札子》），《叶适集·水心别集》卷一五，第835页。
② 《丽泽论说集录》卷九，影印《文渊阁四库全书》，第703册，第440页。

者，是有特定的语境，具有强烈的针对性的。不妨再看刘一止所进《故事》：

> 臣窃惟国是之说，不闻于尧舜三代之时。庄王之问，叔敖之对，不知何自而言，其无乃为奸人之资乎。天下之士，一是一非，宁有定哉？君子之所是，小人以为非；小人之所是，君子以为非。虽一物之是非，有不能定，况于国乎。君人者知任贤而已，任贤勿贰，去邪勿疑，君子进为，小人退听，群枉之门塞，众正之路开，君不以己之取舍病民，臣不以己之爱憎罔上，如天地四时之化，未尝有心。如是而天下不治者，未之有也，又乌取国是之名也哉？如其反是，所谓小人者，亦将立国是之名……劫持其君，使必从之，贼害善良，植其徒党……以合其取舍者为是，以不合其取舍者为非，则是私欲已胜，无所适从，尚何国是之有？"①

刘一止于绍兴初试馆职，后历官监察御史、起居郎、给事中，"居琐闼百余日，缴奏不已，用事者始忌"，故旋以"迎合李光"，"朋附（李）光，偃蹇慢上"之罪落职，后不复仕②；而李光因主张"因和而为自治计"，为秦桧所荐，官参知政事，后因责斥秦桧议撤淮南守备、夺诸将兵权，于绍兴十一年（1141）被贬藤州；绍兴十四年（1144），又因"作诗讽刺时政"，以及"纵横倾险，子弟宾客往来吴、越，诱人上书"而被判为"动摇国是"之罪，"再移谪琼

---

① 《苕溪集》卷一五，《全宋文》，第152册，第213—214页。
② 《宋史》卷三七八《刘一止传》，第11673—11675页。

海"。①据此，上列"故事"当进于秦桧业已独擅朝政之际，其中力斥"国是"说之非，视"国是"说为"奸人之资"，并非真的反对履行"天下真是"的"国是"，而是就秦桧相党借以排斥异己而言的，同样出于朋党之争的需要。据载：

> 时秦桧素主和议。于是中丞王次翁言于上曰："陛下既以和议为主，而诸将守备益严，士卒勇锐，金虽败盟，曲不在我，无能为也。前日国是，初无主议，事有小变，则更用他相。盖后来者未必贤于前人，而排黜异党，收召亲故，纷纷非累月不能定，于国事初无补也。愿陛下以为至戒，无使小人异议，乘间而入。"上深然之。②

所谓"国是初无主议"，就是指绍兴十年（1140）以前因和战"二者各执己见，不能合而为一"，导致"国是"无所主；"排黜异党，收召亲故"，则指和战双方各以己见为"国是"，分朋植党，排斥异己。王次翁是秦桧相党中的一位要员，他要求高宗"无使小人异议"，也同样是以和议为"国是"，攻伐异己的表现，"绍兴和议"确立后，则使这种攻伐具有了合理性，也合法化了，即"国是"成了秦桧相党给政敌定罪的法律依据。自绍兴十一年至二十五年（1141—1155），秦桧为了巩固和议之成果，坚持和议之"国是"，在不断坚固其相党集团的同时，就是以"动摇国是"或"扇摇国

---

① 《宋史》卷三八〇《杨愿传》，第11714页。《要录》卷一五二"绍兴十四年十一月癸酉"条"国是"作"国论"（第2881页）。
② 《中兴小纪》卷二八"绍兴十年五月己亥"条，《丛书集成初编》，第3860册，第318页。

是"为名,肆意迫害政敌的。如和议确立之初,潭州判官韩纰因"上书论和议之非",朝廷旋下责词,谓"韩纰小官,动摇国是,降官,编管循州";"及到贬所,又为将官韩京所招,举家死"。[①]尤其值得注意的是,绍兴二十二年(1152)四月,签书枢密院事巫伋在回答秦桧"里中有何新事"时,因说了一句"近有一术士自乡里来,颇能论命",使秦桧变色,以为巫伋有与自己夺相权之心,御史中丞章厦、谏议大夫林大鼎随即弹劾巫伋"阴怀异意,以摇国是",巫伋被罢去国[②];次年二月,右正言史才却又论林大鼎"狂躁欺诞",心怀异端,"若不亟去,必摇国是",林大鼎随之罢吏部尚书[③]。巫伋为秦桧同乡,党同秦桧,因受到秦桧的猜忌,林大鼎与章厦希风承旨,助秦除去巫伋;不久林大鼎也因被怀疑"必摇国是",被秦桧驱逐出朝。由此可见,作为"异议不得而摇之"的高度一元化的专制模式,"国是"不仅成了秦桧履行和议、巩固相权的根本保证,而且将其随意排击所有异己的行径纳入了法度化的运作之中,因而在"绍兴党禁"中出现的触目惊心的"缙绅之祸",也就在必然之中了。

必须说明的是,"国是"固然强化了秦桧的相权,并为其专暴的相党政治提供了"法律"保证,但这并不意味皇权的失落,因为在确定与推行"国是"的过程中,帝皇始终有着仲裁权。秦桧持和议为"国是",首先是得到高宗亲自认可的;秦桧相党依仗"国是",排斥异己,也自然与皇权有关。孝宗即位后,以和议为主要内涵的"国是"出现动摇。动摇的主要原因,就是孝宗竭力主张抗

---

① 赵彦卫:《云麓漫钞》卷八,第144页。
② 《要录》卷一六三"绍兴二十二年四月丙子"条,第3096—3097页。
③ 《要录》卷一六四"绍兴二十三年二月己巳"条,第3118页。

战,持主战为"国是"。这又证明了"国是"的确立与更易,皇权起有关键性的作用。楼钥《观文殿学士钱公(端礼)行状》说:

> 时左相(张浚)乞出,公因对,又奏:"今廷臣群居窃议,但以和战守三事为进身之资,未尝权国之利害,分朋植党,牢不可破,以惑上听。万一事变,奈何?三说不必执一,但度事力浅深,知彼己当何如耳。"上(孝宗)极然之。①

绍兴三十一年(1161),宋军侥幸取得了"采石之捷",激起了主战派收复中原的热情,甚至出现了"兵无不战,战无不胜"②的豪言壮语;同时,于次年即位的孝宗也怀着恢复之志,起用绍兴年间因反对和议、"动摇国是"而长期被流放置散的张浚为左相,一改"绍兴和议"之"国是",草率挥师北伐,结果以"符离师溃"而告终。张浚北伐之前,以张浚为首的主战派与汤思退为首的主和派围绕和战之"国是",展开了激烈的论争,导致了新一轮的朋党之争;"符离师溃"之后,"国是"之争犹酣难息,即所谓"廷臣群居窃议,但以和战守三事为进身之资,未尝权国之利害,分朋植党"。在这场党争中,钱端礼始终扮演了党同汤思退而抨击张浚的角色。据载,"思退与张浚议和战不决,浚方主战,上意甚乡之。思退诡求去,端礼请对乞留,又奏:'兵者凶器,愿以符离之溃为戒,早决国是,为社稷至计。'于是思退复留"。并指斥张浚"侥幸

---

① 《攻媿集》卷九二,《全宋文》,第265册,第244页。
② 《宋史全文》卷二三上"绍兴三十一年十一月乙未"条下注引吕中《大事记》,第1911页。

行险,轻躁出师","误国明甚"。①所以他奏请孝宗在和、战、守三说中择其一,"早决国是",是以主和为内涵的。嗣后,王弗也向孝宗进上文所引楚庄王与孙叔敖商定"国是"的故事,于是"国是"遂定。钱端礼批评张浚"轻躁出师",不无事实依据;王弗在和战纷争难靖的情况下,助孝宗建"国是"之说,也不无现实意义。但据朱熹《陈公(俊卿)行状》,"上顾公甚厚,盖有意于大用矣。会钱端礼起戚里秉政,骎骎入相,馆阁之士相与上疏斥之,皆为端礼所逐。工部侍郎王弗阴附端礼,建为国是之说,以助其势。公抗疏力诋其非"②。钱端礼倡导"国是"说的目的之一,则同样是为分朋植党寻找"法律"依据;而陈俊卿"抗疏力诋其非",则与绍兴年间刘一止全盘否定"国是"说一样,是对政敌以"国是"作为"进身之资"的抵触与反击,也是排斥异己的表现。由钱端礼倡持"国是"与陈俊卿反击"国是"引起的这场政潮,是和战之争的延伸与发展,也体现了"国是"之争作为南宋党争的重要驱动力这一基本事实。

　　士大夫群体在分朋植党、排斥异己的过程中,或以"国是"为旗号,或以反驳"国是"说为理论依据。但对于皇权的代表者来说,为了巩固其至高无上的权力,更渴望王弗所主张的"至当归一,异议不得而摇之"的"国是",尤其是高宗。高宗是在国难中继大统、登大宝的,但南渡后,其政治根基不深,政权也不稳,建炎三年(1129),胡寅在万言书中,居然严斥高宗继统之误③;同

---

① 《宋史》卷三八五《钱端礼传》,第11829—11830页。
② 《少师观文殿大学士致仕魏国公赠太师谥正献陈公行状》,《朱熹集》卷九六,第4917页。
③ 详其《上皇帝万言书》,《崇正辩　斐然集》卷一六,第335—352页。

年，又发生了令高宗心惊不安的苗、刘军事政变；随之，藩镇之权渐渐膨胀，出现了所谓"将骄卒惰"的现象。所有这些，对高宗来说，都是令之警惕不已甚至是提心吊胆的变数。所以，他比士大夫更迫切地需要确定具有严厉性与专制性的"国是"，使天下"一道德而同风俗"，以稳定其政权。绍兴十一年（1141），秦桧助高宗收兵权、诛杀爱国将领、贬逐主战官员，确立以和议为内涵的"国是"，不仅在客观上平息边火，更重要的是稀释了高宗因政治根基不深、政权不稳而产生的变数。因此"绍兴和议"以后，权相秦桧得以独擅朝政，肆意排斥异己；高宗则借助秦桧的势力，严格实施了以和议为内核的包括"人主威权""祖宗法度""朝廷纲纪"在内的"国是"，从而坚固了皇权，也形成了令人窒息的高压政治。绍兴二十五年（1155），秦桧在病重期间，因深忧死后"国论"纷起，"国是"遭变，所以在《遗表》中特别强调：

> 愿陛下益固邻国之欢盟，深思社稷之大计，谨国是之摇动，杜邪党之窥觎。[①]

高宗对秦桧后期擅权行为虽有所不满，但由于秦桧在执掌国柄期间为其皇权的巩固建立了汗马功劳，所以针对"自秦桧死，金国颇疑前盟不坚。会荆鄂间有妄传召张浚者，虏情益疑"的情况，专门下诏："讲和之策，断自朕志，故相秦桧但能赞朕而已。"[②]在重申履行以和议为"国是"的同时，又以沈该、万俟卨、汤思退、魏

[①]《要录》卷一六九"绍兴二十五年十月丙申"条，第3217页。
[②]《宋史全文》卷二二下"绍兴二十六年三月丙寅"条，第1806页。

良臣等秦桧余党辅助自己,操纵朝政,以抑制主战势力的抬头,实现秦桧"固邻国之欢盟""杜邪党之窥觎"的遗愿。这既表明了高宗在总体上对秦桧及其相党集团的高度认同,又进一步显现了其维护"至当归一"的"国是",不断巩固皇权的坚定意志。换言之,秦桧及其相党为了恪守高宗所主张的和议,以"国是"之名肆意排斥甚至残害异己,正为高宗所用,其最终效果极大地强化了皇权的专制性。对于高宗刻意强化皇权一事,朱熹曾表现出很深的忧虑,其忧虑特见于他和门人讨论"君临臣丧"的问题,他说:"这也只是自渡江后,君臣之势方一向悬绝,无相亲之意,故如此。古之君臣所以事事做得成,缘是亲爱一体。因说虏人(按:指金人)初起时,其酋长与部落都无分别,同坐同饮,相为戏舞,所以做得事。"①从称赏女真初起时酋长和部落首领"都无分别"中,深深地表现了对高宗刻意强化皇权的忧虑;而高宗刻意强化皇权的手段与途径,就是确定"国是"、推行"国是"。

评价高宗一生的功过是非,并非本文的任务。不过有一点是可以肯定的,就是他处理国事的能力为其父徽宗所望尘莫及。作为赵宋的第八代皇帝,徽宗的角色与其说是一位治国之君,倒不如说是一位颇具才华的文学艺术家。事实上,他在位期间所倾心的是诗文词赋、琴棋书画,而不是如何治理国家。对于徽宗在角色上的这种本末倒置,南宋陈长方已说得十分明白:"大抵人主之学,不在于博贯古今,知书之多;不在于错综辞藻,文字照人;不在于锻炼佳句,思侔鬼神;不在于笔札奇丽,虎卧龙跳;⋯⋯而兼有是数者,则为多材多艺,不知帝王之学,徒挟数事以为长,则既无益于国

---

① 《朱子语类》卷八九《礼六·冠昏丧》,第2284页。

事，而适足以累德。"①不仅如此，他还放浪形骸，盘游无度，全然置国事于不顾。高宗则不然，他在危乱之中自即皇位，并在亡命江南的过程中，多次化险为夷，尤其是在利用了韩世忠、岳飞等藩镇的英勇善战，击溃了金军多次进攻的同时，又利用了士大夫的普遍心理，特别是秦桧相党的势力与残酷手段，顺利地收回了兵权，去了"尾大不掉"之患；他与秦桧共同实施的高压政治，虽然制造了令士人痛恨不已的"历所多年"的"缙绅之祸"，但又及时地发起了经久不衰的歌功颂德的文化运动，让一批接一批的士人拜倒在其脚下，山呼其"中兴"之"盛德"（说详下编）。朱熹认为："高宗初见秦能担当得和议，遂悉以国柄付之；被他入手了，高宗更收不上。高宗所恶之人，秦引而用之，高宗亦无如之何。高宗所欲用之人，秦皆摈去之。举朝无非秦之人，高宗更动不得。"②秦桧在第二次任相期间，确实权倾一世，党同伐异，作恶多端，但朱熹所论，明显有为高宗讳之嫌。就用人而言，张浚是主战派中当之无愧的领袖，也是主战人士心目中的偶像和秦桧的头号宿敌，但张浚同样为高宗所弃。绍兴十年（1140）六月，主战者冯楫奏请复用张浚，高宗却说："宁至覆国，不用此人。"③绍兴三十一年（1161）六月，陈俊卿也要求起用张浚，高宗又曰："浚才疏，使之帅一路，或有可观，若再督诸军，必败事！"④这表明，在为秦桧所恶的主要人物中，也有为高宗所弃者。与此同时，在秦桧死后，高宗不仅轻松地

---

① 《历代名臣奏议》卷八《圣学》，影印《文渊阁四库全书》，第433册，第189—190页。
② 《朱子语类》卷一三一《中兴至今日人物上》，第3162页。
③ 《宋史全文》卷二〇下"绍兴十年六月丙午"条，第1602页。
④ 《宋史全文》卷二三上"绍兴三十一年六月壬寅"条，第1886页。

瓦解了秦桧的相党势力，十分平稳地完成了相权的交接，而且又有选择地继续任用秦桧余党，实现秦桧"固邻国之欢盟""杜邪党之窥觎"的遗愿。实际上，秦桧在强化相权与巩固其相党势力的同时，也强化了高宗用来履行"国是"的"人主威权"。

上述朱熹等人指责"绍兴和议"以后履行的"国是"非"天下之真是"的根据之一，就是"以合其取舍者为是，以不合其取舍者为非"，"国是"成了分朋植党、排斥异己的"法律"依据。秦桧及其相党以高宗既定的主和这一"凛乎其不可犯"的"国是"为名，倾轧政敌，残害异己，正出于高宗确立"人主威权"的需要，事实上，也正是权相秦桧及其党羽的这种努力，使高宗牢牢地掌握了"凛乎其不可犯"的专制皇权。"隆兴和议"前后，钱端礼、王弗为了排斥异己，并为自己寻找"进身之资"，建"国是"之说，也同样如此；而且孝宗在履行"国是"的过程中，较高宗更突出了皇权的专制性。关于这一点，淳熙年间（1174—1189），刘光祖已从"弃股肱而运动，废耳目而视听"两方面作了概括：

> 凡今宰相之事，不过奉行文书条理而已矣。一政事无不从中治也，一听断无不从己出也。陛下好自用，而使宰相循循而入，唯唯而退。臣不知陛下亦安赖是为哉？且君犹元首，臣犹股肱也。陛下弃股肱而运动，废耳目而视听，臣恐宰相权轻，则近习得以乘间而议政，此大不可也。①

---

① 《历代名臣奏议》卷四九《治道》，影印《文渊阁四库全书》，第434册，第372页。

这一现象还见诸其他朝臣的奏章中,如淳熙四年(1177),吕祖谦上疏:"陛下独运万机,事由中出"而"左右之臣,不过供指顾传命令,何尝假以事权"。①所谓"左右之臣",也包括了刘光祖所说的"股肱"与"耳目"。"股肱"与"耳目"分别指宰执与台谏。仁宗时期,吕公弼曾形象地说明了宰执和台谏作为国家政治生活中的两个主要实体与君子之间的相互依从关系:"谏官、御史,为陛下耳目,执政为股肱。股肱耳目,必相为用,然后身安而元首尊。"②实际上,这一相互依从的关系是赵宋"与士大夫治天下"的国策的集中体现,也是该国策赖以实施的根本保证。与此同时,宋人又将台谏与给舍(给事中与中书舍人)相提并论:"台谏给舍,人主之法家拂士也。人主以为是,台谏给舍以为非,人主以为可,台谏、给舍以为不可,台谏给舍非敢与人主争是非可否者,顾不如是无以重其权,不重其权非所以尊朝廷而修君德也。"③则补充说明了"与士大夫治天下"的具体内涵。然而,孝宗在即位不久的隆兴元年(1163),不仅指斥台谏"卖直"寻衅④,而且给台谏、给舍来了个令士人心寒的下马威。该年,孝宗除近幸龙大渊、曾觌知阁门事,台谏刘汝一、龚茂良、胡沂,给舍周必大、张震、金安节等纷纷论劾龙、曾之非,如刘汝一论云:"大渊、觌轻儇浮浅,凭恃恩宠,入则侍帷幄之谋,出则陪庙堂之议,摇唇鼓舌,变乱是非。凡

---

① 《淳熙四年轮对札子二首》(其一),《吕东莱文集》卷一,《丛书集成初编》,第2387册,第16页。
② 《宋史》卷三一一《吕夷简传》附子公弼传,第10213页。
③ 卫泾:《轮对札子》(其三),《后乐集》卷一〇,《全宋文》,第291册,第248页。
④ 《宋史全文》卷二四上"隆兴元年八月丙子"条,第1979页。

皇闱宴昵之私，宫嫔嬉笑之语，宣言于外，以自夸娉。至引北人孙昭出入清禁，为击球、胡舞之戏，上累圣德，伏望斥退。"对于这些谏议，孝宗非但没有采纳，反而将论劾龙、曾二人的谏诤之臣视为交结朋党，以"破朋党，明纲纪"为"国是"，将他们逐出朝廷，贬往散地，参知政事张忠定也因此被罢。①这是南渡以来皇权的代表者因宠信近幸而肆意抑制台谏、给舍之权的突出表现，同时表明了在孝宗的心目中，近幸的地位大于作为"人主之法家拂士"的台谏与给舍；而后来的孝宗行实，则又昭示了近幸势力并不亚于"股肱"之臣。淳熙七年（1180），朱熹在抨击近幸势力时便明确指出了这一点：曾觌、王抃、甘昪等"一二近习之臣"，"招集天下士大夫嗜利无耻者，文武汇分，各入其门。所喜则阴为引援，擢寘清显；所恶则密行訾毁，公肆挤排。交通货赂，则所盗者皆陛下之财；命卿置将，则所窃者陛下之柄。虽陛下所谓宰相、师保、宾友、谏诤之臣，或反出入其门墙，承望其风旨。其幸能自立者，亦不过龊龊自守，而未尝敢一言以斥之。其甚畏公论者，乃略能惊逐其党徒之一二，既不能深有所伤，而终亦不敢明言，以捣其囊橐巢窟之所在"（引见上编）。当然，近幸之所以如此权倾一世，并非是因为窃取了"陛下之柄"，而恰恰是孝宗利用近幸势力，削弱宰相、谏诤之权而强化皇权的表现，所谓"其囊橐巢窟之所在"，正指"陛下之柄"，故孝宗老羞成怒，给朱熹定了个"诬君"之罪。联系前引叶适《上孝宗皇帝札子》"国是难变，议论难变，人才难变，法度难变"诸语，孝宗利用近幸势力，强化皇权，无疑是在履行"国是"过程中的具体表现。

---

① 《建炎以来朝野杂记》乙集卷六《台谏给舍论龙曾事始末》，第603—607页。

作为一种新型的监察制度，台谏形成于北宋仁宗年间，该制度赋予了台谏官与给舍一样敢于论事、勇于弹劾的风格，至蔡京专权后，此风骤变。魏了翁说，"祖宗盛时，给舍、台谏未有知而不言，言而不行；亦未有言之不行而不争，争之不胜而不去者。如论陈执中，论夏竦，论李定，论胡宗愈，论蔡确等事，至于十五六疏，十七八疏至二十余疏，不见于施行不已也。绍圣、崇宁以后，此风遂泯"①。王十朋在给孝宗的上疏中指出："祖宗时台谏论事，或一章不从，至于十余章而未尝但已，言苟不行，则继之以去。""今之论事者或一再不从，遂不敢复言。"②光宗时期的彭龟年也说："臣观南渡以来，台谏忠鲠，大率不逮祖宗盛际，每有所言，亦不过三数章而止""至于全台弹击，近时罕闻"。③朱熹又进一步指出："今日言事官欲论一事一人，皆先探上意如何，方进文字。"④则明确地揭示了南宋台谏勇于言事之风萎靡的一个重要原因，在于皇权"独断"，也就是为君主"废耳目而视听"所致。君主与台谏的这一关系，至孝宗朝全面形成。

　　不过，需要说明的是，在南宋诸帝中，孝宗是最想有所作为的一位。对此连朱熹也不得不承认，并称誉"寿皇（孝宗）直是有志

---

① 《乙未秋七月特班奏事》，《鹤山先生大全文集》卷二〇，《全宋文》，第309册，第161—162页。按：绍圣、元符期间，台谏勇于弹劾之风依然，《文献通考》卷二六三《经籍考》：台谏张舜民为抨击在朝新党，"居职七日，所上事六十章"，即为显例。
② 《应诏陈弊事》，《梅溪先生奏议》卷二，《全宋文》，第208册，第184页。
③ 《论优迁台谏沮抑忠直之弊疏》《论雷雪之异为阴盛侵阳之证疏》，《止堂集》卷一，《全宋文》，第278册，第119、111页。
④ 《朱子语类》卷一一二《论官》，第2733页。

于天下"①。孝宗在位期间，也曾努力清理朝政，力排"清议"之风，追求功利实效②，企图中兴国事，尤其是有鉴于神宗以来朋党之争带来的祸害，试图竭力消除士大夫之间分朋结党的现象。绍兴三十二年（1162），刚即位的孝宗在与洪遵分析北宋党争的祸害及其原因时，就明确地树立了"国是既明，人心归一。正人必不指邪人为朋，邪人必不指端人为党"的观念。③以"国是"抑制朋党的生成，也确实是他后来帝王生涯中的一项重要内容，并且还常常向大臣炫耀自己抑制朋党的能力与成效（引见上编）；而严厉控制台谏的权限，则成了他履行"国是"、抑制朋党、强化"人主威权"的重要举措。就台谏而言，虽具敢于论事、勇于弹劾的风格，但北宋党争的事实却充分证明，每每是台谏以其特有的言事权，冲锋陷阵，开启争端，激化矛盾的；其言事又往往断以己意，多属攻讦诋毁而不干事理，从而激化了朋党之争，对北宋政治的运行和文化的发展产生了严重的负面效应。④南渡以后，台谏同样明显地继续助长了喜同恶异、党同伐异的恶习。这无疑是孝宗"废耳目而视听"的历史的和现实的动因；换言之，孝宗弱化台谏权力的一个主要意图，便在于抑制朋党之争，以推进"人心归一"、强化"人主威权"的"国是"。隆兴元年（1163），以"破朋党，明纲纪"之"国是"，贬斥论劾近幸龙大渊、曾觌的谏诤之臣，即为明证。

---

① 《朱子语类》卷一二七《孝宗朝》，第3060页。
② 详《建炎以来朝野杂记》乙集卷三《孝宗与近臣论德仁功利》《孝宗论不宜有清议之说》《孝宗论士大夫微有西晋风》，第539—544页。
③ 吴泳：《孝宗与洪遵论吕蒙正所言君子小人之失》，《鹤林集》卷一五，《全宋文》，第316册，第328页。
④ 详拙文《北宋台谏制度与党争》，《历史研究》1998年第4期。

从"破朋党,明纲纪"之"国是"的角度来看,孝宗"废耳目而视听"与"弃股肱而运动"之间,又是相互联系、相辅相成的。作为"耳目"的台谏,固然充当了朋党之争的急先锋,然而,在人员结构上,朋党的生成主要是以宰相为核心的,南渡至绍兴年间朋党的生成无一不与宰相有关,几乎都是清一色的相党;也就是说,台谏是相党排斥异己的工具,宰相是士大夫分朋结党过程中的主谋。这一点,孝宗是十分清楚的,淳熙五年(1178),便以严厉的口吻告诫新任宰相史浩:"宰相岂当有朋党!"①那么,又如何使宰相做到不分朋结党?对孝宗来说,一个直截了当的办法就是"一政事无不从中治""一听断无不从己出",抑制宰相权力,扩大皇权范围。乾道后期,宰相虞允文上疏云:

> 进退百官,亦宰相之责也。相非其人、一身孤立不足以自保有如臣者,何敢去取人材、求尽得英杰不群者为陛下用也?今日之急务,莫急于论相。臣愿陛下改图而更命之,必旁求非常之人,以应非常之运,择之于未用之前,信之于既用之后,不使议论负荷者歧而为二,则是非自定,利害自明,重轻相扼之势不分,毁誉乱真之祸不作,君宰之间道与气合,礼与情俱,聚精会神于德仁功利之用,次第而施行之,万事将无不理。②

---

① 《鄮峰真隐漫录》卷一〇《论朋党记所得圣语》,影印《文渊阁四库全书》,第1141册,第612页。
② 《历代名臣奏议》卷五一《治道》,影印《文渊阁四库全书》,第434册,第409—410页。

虞允文于乾道五年（1169）拜相，乾道八年（1172）罢相，是孝宗所喜好的一位宰相。然而，虞允文为相期间，并没有得到应有的权力，正所谓"一身孤立不足自保有如臣者，何敢去取人材、求尽得英杰不群者为陛下用"，在皇权的控制下，作为宰相却无法全面履行"宰相之责"而难以有所作为的心理，昭然若揭，也具体佐证了刘光祖所说的"弃股肱而运动"；虞允文希望孝宗在宰相问题上"择之于未用之前，信之于既用之后"，说的虽然是择相与用相的前提或方针，实则要求孝宗重视相权，使"君宰之间道与气合，礼与情俱，聚精会神于德仁功利之用"，共同治天下。虞允文在相位期间因阴附近幸张说，为道学党人朱熹、张栻等人所抨击不已（说详上编），所以十分自然地被朱熹纳入了所谓"宰相、师保、宾友、谏诤之臣，或反出入其门墙，承望其风旨"的"近幸党"的行列之中。孝宗时期，近幸势力膨胀，连宰相也"反出入其门墙，承望其风旨"，并非是一个孤立的现象，实际上，该势力已与皇权融为一体，即所谓"宰相、台省、师傅、宾友、谏诤之臣皆失其职，而陛下所与亲密、所与谋议者，不过一二近习之臣"[①]，是抑制宰相功能、削弱宰相权力的突出表现。换言之，为孝宗所宠信的近幸势力成了强化皇权的代言者，充当了"人主"抑制相权与相党生成的工具。孝宗以后出现的近幸势力及以近幸为核心的朋党集团的性质与功能，也概不例外。

事实表明，控制宰相与台谏的权限，成了孝宗履行"国是"、抑制朋党的一个重要举措；而其主要方式就是"御笔"即"内批"的运用。李心传说："本朝御笔、御制，皆非必人主亲御翰墨也。

---

① 《庚子应诏封事书》，《朱熹集》卷一一，第456—457页。

祖宗时，禁中处分事付外者，谓之内批。崇、观后，谓之御笔。其后，或以内夫人代之。近世所谓御宝批者，或上批，或内省夫人代批，皆用御宝。"①"御笔"或"内批"作为处理国事的经常性方式，至徽宗朝初露端倪。徽宗时的中书舍人曾肇在《论内降指挥不可直付有司》中便指出："伏睹内中时有批降指挥，除付三省、枢密院外，亦有直付有司者，虽陛下睿明，必无过举，然忖之事体，终有未安。盖帝王号令不可轻出，必经中书参议，门下审驳，乃付尚书省施行。不经三省施行者，自昔谓之'斜封墨敕'，非盛世之事。神宗皇帝正三省官名，其意在此。"②高宗在位期间，也不乏"御笔"现象，但为非常式。到了孝宗，"内批"逐渐成了治理政务、升降官员的主要方式。淳熙二年（1175），参知政事陈俊卿出判建康府前夕，召对垂拱殿，力斥孝宗的"内批"：

> 将帅当由公选，臣闻诸将多以贿得。曾觌、王抃招权纳贿，进人皆以中批行之。赃吏已经结勘，而内批改正，将何所劝惩？③

这里的"中批"与"内批"，词虽有异而意却相同，都是指不经中书参议，门下审驳，付尚书省施行而直付有司的"斜封墨敕"。据载，靖康元年（1126）九月，綦崇礼由"御笔除翰林学士，自靖

---

① 《建炎以来朝野杂记》乙集卷一一《亲笔与御笔内批不同》，第671页。
② 《历代名臣奏议》卷二一二《治道》，影印《文渊阁四库全书》，第439册，第113页。
③ 《宋史》卷三八三《陈俊卿传》，第11789页。

康后，从官以御笔除拜自此始"①。孝宗则继承和扩展了靖康以来的这种官员除拜方式，"进人皆以中批行之"。早在乾道三年至四年间（1167—1168），陈俊卿与刘珙等宰辅大臣曾力劝孝宗去"内批"独断之权，孝宗也一时答应，"大抵政事复归中书"，但又很快收回，而且刘珙因争之甚急，被"御笔"除端明殿学士补外②，自此以后，孝宗的"御笔""内批"就再也没有受到任何限制。朱熹在给安溪县主簿何镐的信中指出："独断之权执之益固，中书行文书，迨臣具员充位而已。其奸憸者观望迎合，至谓天下不患无财，皆欣然纳之，此则可忧之大者。"③对孝宗"内批"独断之权"执之益固"而抑制"中书"权力所产生的这一忧虑，代表了孝宗朝持"公议"者即道学人士的共同心声，也是该时期持"公议"的道学与为孝宗宠信的"奸憸"近幸两股势力之间分朋植党、相互排斥的前提。

孝宗即位之初，是深得道学人士的支持的，道学所倡导的"格物致知""正心诚意"，也得到孝宗的认同，但随着道学人士的"公议"越来越违背孝宗所追求的功利实效，其对道学的认同很快转向了强烈的反感，认为他们"好唱为清议之说"，甚至以"东汉党锢"相儆："以矫激沽誉者为清高，骎骎不已，如东汉激成党锢之风殆皆由此。深害治体，岂可不痛为之戒。"④这激起道学人士的抵触情

---

① 《宋史》卷三七八《綦崇礼传》，第11681页。
② 详《宋史全文》卷二四下"乾道三年闰七月癸巳"条，第2048页；同书卷二五上"乾道四年七月壬戌"条，第2063页；同书卷二五上"乾道四年十月辛卯"条，第2066页。
③ 《答何叔京》，《朱熹集》卷四〇，第1866页。
④ 《宋史全文》卷二六上"淳熙二年五月辛卯"条，第2163—2164页。

绪，促使他们挺身抗辩，在朝道学势力的代表陈俊卿、刘珙等宰辅大臣先后劝孝宗去"内批"，进而力斥"内批"之弊的目的，无非是为了伸张道学"公议"，这不仅会再度引起孝宗的反感，而且使他确认了道学人士的植党之实。淳熙三年（1176），宰相龚茂良、中书舍人林光朝举荐在野道学领袖朱熹入朝，以扩大在朝的"公议"势力，并竭力反对近幸曾觌"以文资禄其孙"、抵制曾觌党羽谢廓然"赐出身，除殿中侍御史"。这在孝宗看来，显然是无视"人主威权"而公然结党。故一方面以"内批"指斥朱熹为"虚名之士，恐坏朝廷"，一方面授意新除殿中侍御史谢廓然弹劾龚、林二人"擅权不公"，二人因此被逐出朝。[①]所有这些，足以证明孝宗让"中书行文书，迩臣具员充位"的一个现实动因，在于排斥道学的"清议"之风，抑制道学人士的分朋结党；而既定的"破朋党，明纲纪"之"国是"，则又极大地推进了其"独断之权执之益固"。

当然，孝宗在位期间，并没有消除朋党现象，他虽然利用近幸势力强化皇权，以遏止朋党的再生，但又亲手培育了以"一二近习之臣"为核心的宰相、师保、宾友、谏诤之臣"反出入其门"的"近幸党"，与"道学党"纷争不已；与此同时，作为维护"国是"的尊严与专制的重要方式，"内批"定型于孝宗朝，在后来的帝王中产生了深远的影响。绍熙四年（1193），孙梦观在给光宗的奏章中指出：

> 内批除吏，多戚畹之私；外闻需才，蔑重弓之备，则人才无可恃。……国纪未张，徒有重相权之说，徒有振台纲之说，

[①] 《宋史》卷三八五《龚茂良传》，第11845页。

易置或判于顷刻之间，施行颇难于缴纳之后，是恃福威之惟辟而已。夫可恃者如此，不可恃者如彼。有可恃而犹不当以自恃，环视四顾，无一可恃，以苟安，可乎？①

宁宗即位后，王介上疏云：

陛下即位未三月，策免宰相，迁易台谏，悉出内批，非治世事也。崇宁、大观间事出御批，遂成北狩之祸。杜衍为相，常积内降十数封还，今宰相不敢封纳，台谏不敢弹奏，此岂可久之道。②

理宗淳祐十二年（1252），赵汝腾上疏曰：

道途传闻，谓陛下春秋高明，习天下事，断必然中出，建明不专采丞相，吏必欲自除，启拟不专听丞相，奎笔内批，络绎至中书堂，宰相但奉行文书尔。臣以为果如所闻，陛下误矣。臣知陛下出此也，惩积年恩旧诸臣之误国，既不能收之于前，而欲收之于后也。悔恩旧之不可制，而意儒臣之可制也，而不知元首舍股肱无独运之理。三公充位，建武之失政；兼行将相，太宗之失言。若事必欲由中，则是失君人之要，掣辅相之肘，开便嬖私谒之门，韦处厚所谓"何名执政"是也。是无益于惩畴曩之误，而愈开后日之大失也。③

---

① 《癸丑轮对第一札》，《雪窗集》卷一，《全宋文》，第343册，第14页。
② 《宋史》卷四〇〇《王介传》，第12153页。
③ 《内引第二札》，《庸斋集》卷四，《全宋文》，第337册，第311页。

所谓"积年恩旧诸臣之误国",就是指史弥远因拥立理宗而恃功擅权,以及其侄史嵩之"以旧恩犹子相挟势怙权";为了"惩"此弊端,理宗以"内批"自专,"不专采丞相,吏必欲自除"。这不失为其削弱相权的一个原因,但史弥远能长期培植党羽,独擅朝政的一个重要前提或保障,在于他与理宗之间的特殊关系。理宗是完全依赖史弥远的力量才登上了本来不属于他的金銮大宝的;也正因为如此,史弥远才有恃无恐。就理宗而言,因借助了史弥远及其相党的势力,不仅意外地获得了皇权,而且不断地浇铸了作为至高无上的皇权的威严,所以一旦其"春秋高明"后,便以"内批"之权,"断必中出","舍股肱"而"独运"。进而言之,史弥远及史嵩之营造的以自己为核心的相党集团,并且恪守朋党之争中顺我者昌、逆我者亡的普遍规律,其性质与高宗以来及理宗后期的朋党之争并无二致,都是专制集权在政治实践中的一个重要环节,成了"人主"履行皇权、显现皇权威严的一种表现形态。至于后来的末世之主度宗,也同样以"内批"的方式强化皇权。咸淳三年(1267),监察御史刘黻在论"内批"降恩泽时,便充分揭示了这一点:"治天下之要,莫先于谨命令,谨命令之要,莫先于窒内批。命令,帝王之枢机,必经中书参试,门下封驳,然后付尚书省施行,凡不由三省施行者,名曰'斜封墨敕',不足效也。臣睹陛下自郊祀庆成以来,恩数绸缪,指挥烦数,今日内批,明日内批,邸报之间,以内批行者居其半,窃为陛下惜之。"[①]

　　上述不难看出,自孝宗到南宋末年,作为"斜封墨敕"的"内

[①] 《宋史》卷四〇五《刘黻传》,第12247页。

批",成了皇权的代表者"弃股肱而运动,废耳目而视听"的通行的方式。然而,如果说,孝宗以"内批"削弱"股肱"与"耳目"的权力,在主观意图上是为了"破朋党,明纲纪",那么,孝宗以后的"内批"则既是维护皇权、履行"国是"的保障,又直接成了士大夫之间分朋植党、排斥异己的常见方式。"庆元党禁"的形成就与"内批"息息相关。不妨以《续编两朝纲目备要》卷三所载为例。绍熙五年八月乙卯"谢深甫为御史中丞"条下注:

> 深甫,韩侂胄之党也。先是,侂胄恃功,意望建节,恨赵汝愚抑之,有怨言……(侂胄)遂日夜谋引其党为台谏,以摈汝愚……侂胄遂以内批除深甫御史中丞。

绍熙五年八月乙卯"黄度为右正言"条下注:

> 自监察御史迁。度在言路,未几,欲论韩侂胄之奸,侂胄知之,以内批斥去。

绍熙五年八月丙辰"留正罢"条下注:

> 以内批罢之。于是朱熹赴召至信州,闻之有忧色。未几,谏议张叔椿再劾留正擅去相位,诏落正观文大学士。

绍熙五年九月丁卯"刘德秀为监察御史"条下注:

> 时赵汝愚奏乞令近臣举御史,许之。始议除两人,诸公举

吴猎者居多，名在其首，游仲鸿次之。德秀为大理寺主簿，与侂胄深交，侂胄乃谕中司，令荐德秀，因以内批"令兼用中司举者一人"，德秀遂与吴猎并除，其党依次而进，言路遂皆侂胄之人。

绍熙五年十一月戊子"朱熹罢"条下注：

> 御批："朕悯卿耆艾，方此隆冬，恐难立讲，已除卿宫观，可知悉。"赵汝愚独袖内批还上，且谏且拜。韩侂胄必欲出之，汝愚退，求去，不许。侂胄使中使王德谦封内批以授熹，熹即附奏谢，遂行……彭龟年遂径论侂胄窃弄威柄，为中外所附，不去必贻患……既而内批："彭龟年与郡节度使。"①

以上所载，是以道学人士为主体的赵汝愚相党和以近幸势力为核心的韩侂胄相党交争的初始阶段，也是"庆元党禁"的序幕；拉开这一序幕的主要力量就是"内批"。韩侂胄通过"内批"的方式使"其党依次而进"，依仗"内批"的力量排斥政敌，削弱在朝的异己势力。"内批"成了韩侂胄相党得以生成和壮大的最直接的养料与动力，也赋予了韩侂胄相党禁锢"伪学逆党"与残害政敌、践踏学术文化的权力；而作为皇权威力的直接体现，"内批"的目的则是为了履行"国是"，维护"国是"的严厉性。下列诏书就强调了这一点：

---

① 以上引文见《续编两朝纲目备要》卷三，第41—42、51—53页。

向者权臣擅朝，伪邪朋附，叶肆奸宄，包藏祸心。赖天之灵，宗庙之福，朕获承慈训，膺受内禅，阴谋坏散，国势复安。嘉与士大夫厉精更始。凡曰淫朋比德，几其自新，而历载臻兹，弗迪厥化，缔交合盟，窥伺间隙，毁誉舛迕，流言间发，以倾国是而惑众心。甚至窃附于元祐之众贤，而不思实类乎绍圣之奸党。国家秉德康宁，不汝瑕疹。今惟自作弗靖，意者渐于流俗之失，弗可复反欤？将狃于国之宽恩，而罚有弗及欤？何其未能洗濯，以称朕意也。朕既深诏二三大臣与夫侍从言议之官，益维持正论，以明示天下矣。谕告所抵，宜各改视回听，毋复借疑似之说以惑乱世俗。若其遂非不悟，怙终不悛，邦有常刑，必罚无赦。①

该诏书乃高文虎受命而作，作于庆元四年（1198）五月，时值禁"伪学逆党"之际。诏中强调了实施党禁与学禁的理由，在于赵汝愚及其党羽"叶肆奸宄，包藏祸心"，"以倾国是而惑众心"。以"倾国是"为由，便使这次"伪学逆党"之禁具有了合法性和权威性。在此以前赵汝愚被贬时，太学生徐范、杨宏中等六人因联名上书论救，被定为"扇摇国是"之罪，"各送五百里编管。范谪临海，与兄归同往，禁锢十余年"②，则又说明了"国是"是韩侂胄党依仗"内批"，排斥政敌过程中始终紧握不放的一面大旗；也再次体现了"国是"所具有的"至当归一，异议不得而摇之"的专制性与

---

① 《宋史全文》卷二九上"庆元四年五月己酉"条，参《宋史》卷三九四《高文虎传》，第2460—2461页。
② 《宋史》卷四二三《徐范传》，第12627页；《续编两朝纲目备要》卷四"庆元元年四月丁巳"条，第60—62页。

残酷性的特征。这就皇权方面观之,延续了孝宗以维护"国是"之名,"破朋党,明纲纪",以强化"人主威权"的举措;从相权方面而言,则重演了秦桧以来以"国是"抑制异论,排斥政敌,以巩固其相党势力的惯用伎俩。

总而言之,南渡以后"国是"的法度化,既成了政治系统中不可或缺的一环,又成了士大夫之间分朋植党、排斥异己的"法律"依据;而"国是"的盛行,则又极大地推进了高度一元化的专制模式,也赋予了朋党之争的专制文化性格。

第三节 余论:"国是"下的皇权与相权之关系

二十世纪八十年代,王瑞来先生曾撰文指出:"四十多年以前,钱穆先生曾写过一篇《论宋代相权》。此后,关于宋代宰相权力问题,陆续有专文论列。但总的论点都与钱文无二致,即宋代君主专制,宰相权弱。近年来出版的一些宋史研究专著也持这种观点。因此,宋代相权减弱,在宋史学界几乎已成定论。"对此,王先生进行了反思,从军事、财权、人事权及台谏控制权等多个方面,具体论证了宋代相权如何限制皇权的事实,从中得出了"有宋一代相权强化,帝皇愈加象征化,这是历史发展的必然,也是一种历史的进步"的结论,进而指出,与这种进步相互表里的宋代士大夫"带着对唐末五代十国这部近代史的总结,汲取了儒家政治学术的精华,对君主和国家等政治观念,产生了与以往时代不同的认识,就是说整个观念变了",他们不再为笼罩在"真命天子"身上的神秘光环所迷惑，而是"把君主作为国家的象征来看待"。①于是，在对待宋代皇权与相权的关系上，形成两种截然不同的观点：皇权强而相权弱；相权强而皇权弱。这里无意就此展开系统的讨论，而是借以承接上文未尽之意，作一余论。先看下列记载：

> 时（按：指隆兴年间）孝宗屡易相，国论未定，（王）质乃上疏曰："陛下即位以来，慨然起乘时有为之志，而陈康伯、叶义问、汪澈在廷，陛下皆不以为才，于是先逐义问，次逐澈，独徘徊康伯，难于进退，陛下意终鄙之，遂决意用史浩，而浩亦不称陛下意，于是决用张浚，而浚又无成，于是决用汤思退。今思退专任国政，又且数月，臣度其终无益于陛下。夫宰相之任一不称，则陛下之志一沮。前日康伯持陛下以和，和不成；浚持陛下以战，战不验；浚又持陛下以守，守既困；思退又持陛下以和。陛下亦尝深察和、战、守之事乎？"②

这里的"国论"，就是关于"国是"的争论；"和、战、守之事"，即为"国论"的具体内容。汤思退之所以能"专任国政"，是以"国是"作保障的。上文已述，在汤思退与张浚议和战不和之际，"思退诡求去，端礼请对乞留"；"符离之败"后，钱端礼据以劾张浚，并奏请孝宗"早决国是"；同时，台谏尹穑"亦劾浚，罢都督，自此议论归一矣"。③"议论归一"，意即"国论"已定；"国

---

① "兼论宋代相权——《宋宰辅编年录》研究价值示例"，《宋宰辅编年录校补》卷首，第26—54页；又见其《论宋代相权》，《历史研究》1985年第5期。
② 《宋史》卷三九五《王质传》，第12055—12056页。
③ 《宋史》卷三八五《钱端礼传》，第11829—11830页。

论"定,则标志着以和议为内涵的"国是"再次确立。汤思退本出秦桧门下,持和议为"国是"以保全相位,是他的一贯立场,即洪适所说善于"筹帷幄""定国是"①,所以钱端礼特地提出"国是"说为他张目。又上文所引朱熹《陈公(俊卿)行状》"工部侍郎王弗阴附端礼,建为国是之说,以助其势"语,也说明了钱端礼欲通过援引"国是",取得相位。这同样为神宗以来相权的争取和维持必须以"国是"作保障这一不成文的"法规",提供了生动的例证。然而,"国是"的确立或更易,既非取决于单方面的皇权,也不是单方面的相权所能左右。《宋史》卷三三六《司马光传》载:

> 元丰五年……官制行,帝指御史大夫曰:"非司马光不可。"又将以为东宫师傅。蔡确曰:"国是方定,愿少迟之。"②

宰相蔡确以"国是方定"四字,阻止了神宗对司马光的这次任命。这看似宰相的权力大于皇权,或者说帝皇在任命朝廷要员上已无权力可言。但蔡确所谓的"国是",就是本章开篇所述的新法。新法被确立为"国是",是神宗通过使用皇权,抑制司马光等绝大多数"守成"之人反对意见,与宰相王安石共同商定的;以新法为"国是",就是通过高度一元化的专制模式,为推行新法提供政治上的绝对保障。下列记载充分说明了这一点:

> (熙宁三年七月)吕公弼将去位,上(神宗)议所以代之

---

① 《贺汤左相启》,《盘洲文集》卷六一,《全宋文》,第213册,第262页。
② 《宋史》卷三三六《司马光传》,第10767页。

者,曾公亮、韩绛极称司马光,上迟疑未决,始欲用(冯)京,又用蔡挺,既而欲并用京及光。安石曰:"司马光固佳,今风俗未定,异论尚纷纷,用光即异论有宗主;……若便使异论有宗主,即事无可为者。"绛徐以安石所言为然。公亮曰:"不当以此废光。"固请用之。上弗许,乃独用京。明日,又谓执政曰:"京弱,并用光如何?"公亮以为当。安石曰:"比京诚差强,然流俗以为宗主,愈不可胜……"公亮曰:"真宗用寇准,人或问真宗,真宗曰:'且要异论相搅,即各不敢为非。'"安石曰:"若朝廷人人异论相搅,即治道何由成?臣愚以为朝廷任事之臣,非同心同德,协于克一,即天下事无可为者。"上曰:"要令异论相搅,即不可!"……上遂不用光。①

王安石如此反对起用司马光,是因为担心司马光成为朝廷"异论"或"流俗"的"宗主",阻碍新法的实施。曾公亮虽然抬出"异论相搅"的祖训,却阻止不了王安石抑制"异论"的决心。然而为了抑制"异论"而"遂不用光"的最终决定权,并不在于王安石,而在于神宗。神宗的一句"要令异论相搅,即不可",犹如运动场上具有绝对权威的裁判,裁定了这场论辩的谁胜谁负。因此新法已不再是王安石个人的变革计划,而是成了绝不允许"异论相搅"的高度一元化的"国是"。而该"国是"的确立与推行,是相权与皇权合力的产物;神宗最终不用司马光,就是这一产物的具体表现。从个人的爱好上,神宗对司马光一直有着良好的印象和较高的评价,所以一再提出起用司马光的设想,但从"国是"的角度观

---

① 《续资治通鉴长编》卷二一三"熙宁三年七月壬辰"条,第5168—5169页。

之，司马光却是一个"异论"者。两者相较，自然要放弃个人的爱好而服从"国是"了。元丰年间，蔡确能阻止神宗对司马光的任命，同样取决于既包含相权又包含皇权的"国是"。换言之，无论是新法实施之初抑或元丰年间，神宗若执意起用司马光，无疑有违"国是"；有违"国是"，也就意味着神宗对皇权的自我否定。实际上，两次否决对司马光的任命，既维护了相权的威信，又维护了皇权的尊严。

"国是"始于熙宁新法，盛行于熙宁以后的两宋政坛。"国是"不仅在整个政治文化的运作中发挥着关键性的功能，同时也决定了相权与皇权互为作用的关系。即便是秦桧擅权时期，也不例外。在两宋政治文化史上，秦桧无疑是最令人注目的一位权相。秦桧在为相的近二十年间，肆为异同，大有一手遮天之势；而其炙手可热的相权，却来自以和议为内涵的"国是"。与持新法为"国是"的熙、丰或"绍述"政坛一样，绍兴年间这一"国是"的确立与推行的权力，来自皇权的拥有者高宗与相权的拥有者秦桧。上文所引高宗在秦桧去世后的诏书"讲和之策，断自朕志，故相秦桧但能赞朕而已"，以及秦桧临终前所写《遗表》"愿陛下益固邻国之欢盟，深思社稷之大计，谨国是之摇动，杜邪党之窥觎"，便直接说明了这一点。从中也昭示了一个无可争议的事实：作为君主，要行使皇权，必须取得相权的协作，要获取相权的协作，又须赋予行使"国是"的权力；作为宰相，要获取相权，必须以"国是"作保障，在行使相权时，又须对"国是"负责。

上述表明，自熙宁以后，在两宋政治文化的运作中出现的高度一元化的专制形态，不完全是"君主专制，宰相权弱"的产物，更不是"相权强化，帝皇愈加象征化"所致，而是君主与宰相在共同确定与履行"国是"中，皇权与相权并重且又互为作用的结果。

不过，南宋诸帝在具体处理与相权的关系时，由于个人能力或环境的不同，还表现出一定的差异性。孝宗在位的近三十年期间，君主的权重有时明显大于相权。上文所述隆兴年间"孝宗屡易相"以及后来的"弃股肱而运动，废耳目而视听"，就是控制相权、强化皇权的表现。淳熙四年（1177），吕祖谦在批评孝宗坚持"独运万机"时又指出：

> 如曰臣下权任太隆，惧其不能无私，则有给舍以出纳焉，有台谏以纠正焉，有侍从以询访焉，诚得端方不倚之人分处之，自无专恣之虑，何必屈至尊以代其劳哉？此独运万机之说不可不察也……陛下独运万机，事由中出，听其声不察其实，妄意在旁者或微有所预也。而其陪侍习熟，工于揣摩，亦能时以一二事取验于外，故人稍稍乡之。此在英主之世，本非大患，惟明扬贤隽，各还其职，公议而公行之，则人自无所疑，而为左右者亦得全其恩意，保其宠禄矣。狷介之士忿激过当，至以汉、唐权幸为比，诚非所拟。然人之关鬲经络，少有壅滞，久则生疾。陛下之于左右，虽不劳操制，苟玩而弗虑，则声势浸长，趋附浸多，过咎浸积，内则惧为陛下所谴而益思壅蔽，外则惧为公议所疾而益思诋排。及是时，忿激者之所忧将见之矣。此独运万机之说不可不察也。①

---

① 《淳熙四年轮对札子》（其一），《东莱吕太史文集》卷一，《全宋文》，第261册，第38—39页。

所谓"独运万机",即指事无巨细,事必躬亲。孝宗事必躬亲,也是控制相权、强化皇权的体现,其因却在于"臣下权任太隆,惧其不能无私"。孝宗于三十六岁即皇位,在南宋诸帝中,是最成熟也最富有理想的一位,用吕祖谦的话说,是一位"英主"。这是孝宗"独运万机"、强化皇权的个人因素。但孝宗在位期间,始终面对着皇权与皇极的矛盾冲突。作为皇极的代表,太上皇高宗不时地影响孝宗的政事。据载:"寿皇(孝宗)过南内,德寿(高宗)问近日台臣有甚章疏?寿皇奏云:'台臣论知阁郑藻。'德寿云:'说甚事?不是说他娶嫂?'寿皇奏云:'正说此事。'德寿云:'不看执柯者面?'寿皇问执柯者谁,德寿云:'朕也。'寿皇惊灼而退。台臣即时去国。"①从中不难看出皇极是如何具体作用于孝宗的日常政务的,从而使孝宗处于一种无奈之境。孝宗的无奈,还表现在屈服于皇极而放弃自己"锐意恢复"的理想,在面对"财屈兵弱,未可展布"时,"亦以德寿(高宗)圣志主于安静,不思违也"②。高宗"主于安静"的标志,就是持和议为"国是"。上文已述,隆兴年间再次以和议为"国是",也是孝宗与汤思退、钱端礼等左右之臣共同决定的。不过与"绍兴和议"赖以确立的因素相比,这次"国是"的确立与推行,除了皇权与相权的相互作用,还多了皇极的直接影响,也正因为如此,尽管孝宗内心一直激荡着"锐意恢复"的冲动,但始终没有更易既定的"国是",即所谓"不思违也"。这是孝宗所处的复杂环境;在这一复杂环境中行使手中的皇权,也自然具有了复杂性。他在"独运万机"中,"弃股肱而运动,废耳目而

---

① 张端义:《贵耳集》卷下,《丛书集成初编》,第2783册,第45页。
② 罗大经:《鹤林玉露》丙集卷四《中兴讲和》,第302—303页。

视听",固然是强化皇权、削弱相权的表现,也昭示了一位成熟帝皇的高度自信;同时却又受制于无法跨越的皇极。从这个意义上说,又是皇权的失落,其"臣下权任太隆,惧其不能无私"的心理的产生,当以此为契机。从"国是"的确立与推行的角度观之,孝宗在强化皇权方面又是有限的。因为"国是"所代表的不仅仅是皇权或皇极,其中还包括了宰相与左右之臣的权力。对于淳熙后期、也是在孝宗朝任相时间最长的王淮,孝宗并不满意,尤其是对他培植党羽,心存芥蒂,但无法止之,只是在近臣面前感叹"周(必大)有甚党?却是王(淮)党盛耳"而已。[①]究其因,在于王淮贯彻的是高宗"主于安静"思想,是一个维护"国是"者[②]。这再次昭示了在履行"国是"中皇权与相权之间的关系,其不同往常的是多了皇极的权重。

要之,熙宁以后,"国是"作为两宋新的专制模式,渗透到了政治文化的运作中,并发挥着关键性的功能,也决定了皇权与相权之间的关系。因此,在考察相权与皇权孰轻孰重时,不能离开起关键作用的"国是"。

---

① 朱熹:《答刘晦伯》(二〇),《朱熹集·续集》卷四,第5211页。
② 说详余英时《朱熹的历史世界——宋代士大夫政治文化的研究》(上篇),第466—496页。

第六章

学术之争

因学术思想或学术崇尚的不同引起的争论，是南宋党争的驱动力之一，但与由民族矛盾以及强化专制集权引起的"国是"之争不尽一致。作为"国是"之争在学术上的表现，南宋党争的前期则直接延续了北宋新旧党争中学术之争的主题，具体表现为"元祐学术"与"荆公新学"之间孰正孰邪的争论。至孝宗朝，"元祐学术"中二程道学在朱熹等学者的努力下开始盛行，遂成朝野学术的主流之一，与朝廷的功利思想产生了严重的对立与冲突，在冲突中，道学被斥为祸国之"清议"而郁处下风，至"庆元党禁"又成了"伪学"而被禁锢，"嘉定更化"后，才逐渐确立了正统的地位。不过无论"元祐学术"与"荆公新学"，抑或功利思想与程、朱道学，都具有鲜明的经世特征，相互之间所以引起激烈的争论，既在于"所学不同"或崇尚有异，又在于学术主体固有的排他性文化性格。

第一节 学术的经世特征

在中国思想史或学术史上，宋代是继汉代以来的又一个儒学中兴的时代。宋代儒学中兴始于庆历年间，其标志不仅在于"庆历之际，学统（儒学派别）四起"①，更重要的是在于欧阳修等儒者开始发明儒典精义，使汉唐注疏之学转向了理义之学。理义之学的功能在于经世，具有鲜明的经世特征；该特征一直贯穿于后来宋代儒学的发展过程中。

这一点，在北宋表现得尤为明显。熙宁初，王安石入对，神宗曰："人皆不能知卿，以为卿但知经术，不可以经世务。"王安石却回答说："经术者，所以经世务也。果不足以经世务，则经术何赖焉。"②随后，王安石为天下理财，便将儒家经典紧密联系在一起，如在解释推行免役之法的儒学依据时说："盖免役之法，出于《周官》所谓府、史、胥、徒，《王制》所谓'庶人在官'者也。"③以司马光为首的"朔学"也以经世为务，其门下士刘安世还认为："学问必见于用乃可贵，不然，即腐儒尔！"④二程道学同样主张学以致用，程颐说："语学而及政，论政而及礼乐兵刑之学，庶几善学者。"⑤其以经术治世之意甚明。苏氏"蜀学"虽纵横捭阖，变化多端，但也以儒为本，以经世为要，即苏辙在为其兄作墓志铭时所说的"奋力有当世志"⑥。要之，北宋儒者中兴儒学的目的在于经世致用。又李朴在徽宗即位之初上疏指出，"熙宁、元丰以来，政体屡变，始出一二大臣所学不同，后乃更执圆方，互相排击"⑦。

---

① 全祖望《宋元儒学案序录》，《宋元学案》卷首，《黄宗羲全集》，第3册，第28页。
② 《续资治通鉴长编拾补》卷四"熙宁二年二月庚子"条，第153页。
③ 《上五事札子》，《王文公文集》卷一，第19页。
④ 《元城语录解》卷下，《丛书集成初编》，第601册，第38页。
⑤ 《二程集·河南程氏粹言》卷一，第1196页。
⑥ 《亡兄子瞻端明墓志铭》，《苏辙集·栾城后集》卷二二，第1117页。
⑦ 《宋史》卷三七七《李朴传》，第11655—11656页。

"政体屡变",就是指政见屡变;"一二大臣",即王安石、司马光等人。李朴认为,新旧两党"更执圆方,互相排击",致使"政体屡变",始由王安石、司马光等人不同的经世之学所使然;至元祐以后,王安石的"荆公新学"与包括司马光"朔学"、苏氏"蜀学"、二程"洛学"在内的"元祐学术"之间形成了更为尖锐的对立与冲突,进一步激化了新旧党争。这一现象不仅体现了北宋学术本身的经世特征,而且已经被政治化了,赋予了政治斗争的功能。南宋党争正延伸了北宋学术之争与朋党之争相互驱动的历史。

南宋建炎至绍兴年间(1127—1162)的朋党之争,延伸了北宋后期"荆公新学"与"元祐学术"中的二程道学之间的是非之争;孝宗以后,则主要表现为以朱熹为首的道学与功利思想之争,即道学成了南宋党争的焦点之一。那么,南宋道学是否延续北宋儒学的经世特性?在回答这个问题之前,有必要对南宋道学学派的基本情况以及"道学"一词的历史内涵先作扼要的说明。

"道学"一词有狭义与广义之分。狭义的道学是专指程、朱理学,也可称之为"程系道学"。广义的道学则包含了多个不同学派。全祖望指出:"宋乾淳以后,学派分而为三:朱(熹)学也,吕(祖谦)学也,陆(九渊)学也。三家同时,皆不甚合。朱学以格物致知,陆学以明心,吕学则兼取其长,而复以中原文献之统润色之。门庭径路虽别,要其归宿于圣人则一也。"[①]就学术观点的丰富性而言,南宋道学远非朱、吕、陆三家所能囊括;若从荦荦大者观之,这三派基本上代表了南宋道学的发展趋势。南宋道学不仅"要

---

① 《同谷三先生书院记》,引自《宋元学案》卷五一《东莱学案》,《黄宗羲全集》,第5册,第7页。

其归宿于圣人则一"，而且也大都以程氏"洛学"为宗，即便是与朱熹学术思想有诸多对立的浙东事功学派的陈亮，"其于理学，则以程氏为本，尝采集其遗言为一书，以备日览，目曰《伊洛正源》"。①这里所谓的"理学"，就是指"道学"。在南宋，"以程氏为本"的理学往往以"道学"相称，或者说，"道学"是南宋理学较为通行的一个名称。

"道学"一词在北宋业已出现。据吕大临载，仁宗"嘉祐初，见洛阳程伯淳（颢）、正叔（颐）昆弟于京师，共语道学之要"②。然而，在程颐看来，这时的"道学"是相对于"文士"和"讲师"而言的，是专门研治儒家学说的一门学问，他说："今之学者，歧而为三：能文者谓之文士，谈经者泥为讲师，惟知道者乃儒学也。"③这就将传统的文学与对儒家《五经》的研习，排斥在儒学之外，惟有自己与其兄颢才是真正"知道"与"倡明道学"的儒学者。他在《祭李端伯文》中便指出："自予兄弟倡明道学，世方惊疑，能使学者视效而信从，子与刘质夫为有力矣。"④所谓"倡明道学"，也就是其《明道先生行状》"孟子没而圣学不传，以兴起斯文为己任"⑤的意思。易言之，"道学"一词是程氏用于指称儒学的一个代名词。因此，一方面北宋很少以"道学"之名称呼二程"洛学"，在新旧党争及元祐时期蜀、洛、朔三党相争中，也不以"道

---

① 刘埙：《龙川学术》，《隐居通议》卷二。此据陈亮《伊洛正源书序》，见《陈亮集》卷二三，第252—253页。
② 《横渠先生行状》，张载《横渠易说》附录，《全宋文》，第110册，第183页。
③ 《二程集·河南程氏遗书》卷六，第95页。
④ 《二程集·河南程氏文集》卷十一，第643页。
⑤ 《二程集·河南程氏文集》卷十一，第638页。

学"之目攻讦"洛学";另一方面以二程为首的道学在北宋诸多学派中,远非南宋那样人多势众;就其内部结构而言,北宋道学也不像南宋那样多宗派门户之见。那么在南宋,"道学"一词是在何时开始盛行的?

从现存的文献记载来看,尽管朱熹在乾道五年(1169)以焦虑的口吻说过"道学不明,无一事是当,更无开眼处,奈何奈何!"①之类的话,但"道学"一词的盛行,当始于淳熙后期,其契机是王淮相党对朱熹等道学人士的攻讦和排斥。据叶适为朱熹辩护的一份奏章所引林栗之言,"道学"是朱熹等人的自称,而叶适则认为是政治上的反对者们为攻击政敌而创立的。②林栗以"道学"之目攻击朱熹,在淳熙十五年(1188)。不过作为攻击政敌的一个名目,"道学"一词反而为朱熹及其学生所采纳与运用,并成了道学人士用于标举自己学派的名称。淳熙十年(1183),在郑丙用"道学"一词排斥道学人士时,朱熹非但不加回避,而且特地强调道学的意义与作用:"秦汉以来,道不明于天下而士不知所以为学,……是以天理不明而人欲炽,道学不传而异端起,……宋兴,……有濂溪先生者作,然后天理明而道学之传复续。"③后五年,也就是在林栗以"熹本无学术,徒窃张载、程颐之余绪,以为浮诞宗主,谓之道学,妄自推尊"相弹劾不久,朱熹又明确地表示了以自己能继承由周敦颐"复续"、二程开张的"道学"为荣。④其弟子陈淳又说:"所谓道学者,其所学以道为主;而所谓道者,又非有他,只不过

---

① 《答张钦夫》,《朱熹集》卷二四,第1046页。
② 《辩兵部郎官朱元晦状》,《叶适集·水心文集》卷二,第18—19页。
③ 《韶州州学濂溪先生祠记》,《朱熹集》卷七九,第4105页。
④ 《徽州州学二程先生祠记》,《朱熹集》卷八〇,第4135—4136页。

人事当然之理，天下古今所共由者而已。"①按照这个定义，"道学"就是"理学"。后来的《宋史》立《道学传》、现在宋明理学研究中的二分、三分法，以及理学与反理学的区分，实皆源于门户意识而化出。而南宋道学的兴盛和道学内部的分门立户，则始于乾道年间，其标志是朱熹《伊洛渊源录》的问世。清四库馆臣指出："《伊洛渊源录》十卷，宋朱子撰，书成于乾道癸巳（1173），记周子以下及程子交游门弟子言行。……其后《宋史》'道学'、'儒林'诸传多据此为之，盖宋人谈道学宗派，自此书始；而宋人分道学门户，亦自此书始。厥后声势攀援，转相依附。"②

据此，南宋"道学"一词的盛行，不仅是因为学术意义上的学派或学派间的"门户"之见所致，同时还与政治上的朋党之争息息相关。南宋人李心传曾概述了理宗以前南宋道学在党争中兴废沉浮的历史命运：

> 自熙宁、元丰间，河南二程先生始以道学为天下倡。二先生少学于汝南周茂叔，其后学者翕然宗之……建安胡康侯（安国）学《春秋》于伊川而不及见，以杨（时）、谢（良佐）为师友。绍兴初，秦会之（桧）为亚相，引康侯侍经席。一时善类，多聚于朝，俄为吕元直（颐浩）、朱藏一（胜非）所逐。朱、吕罢，赵元镇（鼎）相，彦明（尹焞）以布衣入侍讲，经生、学士多召用焉。元镇罢，张德远（浚）独相，陈司谏公辅首上章力排程氏之学，以为狂言怪语，淫说鄙论，镂榜下郡国

---

① 《答西蜀史杜诸友序文书》，《北溪大全集》卷三三，《全宋文》，第295册，第120页。
② 《四库全书总目》卷五七《伊洛渊源录》提要，第519页。

切禁之……会之再得政，复尚金陵（王安石之学），而洛学废矣……乾道、淳熙间，（朱熹、张栻）二人相往来，复以道学为己任，学者号曰晦庵先生、南轩先生。东莱吕恭伯（祖谦），其同志也。南轩侍经筵不久而去，晦庵屡召不起，上贤之。久之，王丞相淮当国，不喜晦翁，郑尚书丙始创为"道学"之目。王丞相（淮）又擢太府陈寺丞贾为监察御史，俾上疏言："近日搢绅有所谓'道学'者，大率假其名以济其伪，望明诏中外，痛革此习。每于除授听纳之际，考察其人，摈斥勿用。"晦翁遂得祠。又数年，周洪道（必大）为集贤相，四方学者稍立于朝。会晦翁除郎，以疾未拜，而林侍郎栗劾其欺慢，且诋道学之士，乃乱臣之首，宜加禁绝。林虽罢去，而士大夫讥贬道学之说，迄不可解，甚至以朋党诋之，而邪正几莫能辨。至绍熙末，赵子直（汝愚）当国，遂起晦翁侍经筵，而其学者益进矣。晦翁侍经筵，数十日而去位。子直贬永州。何参政澹为中执法，复上击道学之章，刘枢密德秀在谏列，又申言之，于是始有伪学之禁矣。①

道学至理宗朝确立正统地位之前，经历了上述时兴时废、时沉时浮的历史，从中呈现了道学与朋党之争紧密联系。淳熙十五年（1188），朱熹在一份奏章中也指出："十数年来，以此二字（道学）禁锢天下之贤人君子，复如崇、宣之间所谓元祐学术者，排摈诋辱，必使无所容措其身而后已。"②这又具体说明了以"道学"二字

---

① 《建炎以来朝野杂记》甲集卷六《道学兴废》，第137—138页。
② 《戊申封事》，《朱熹集》卷一一，第475页。

排斥政治上的异己,在乾、淳之交就已开始;至淳熙后期,王淮党羽郑丙以"道学"之目攻击政敌后,"道学"一词成了排斥异己时惯用的专用名称,从而赋予了特定的历史内涵。也许因为如此,朱熹、吕祖谦号召道学人士结成政治上的同盟,光大道学,即所谓以"吾党"行"吾道"(引见上编)。关于道学与党争之间的关系,周南在绍熙元年(1190)的对策中则作了具体的说明:

> 道学者,天下之所共知而夫人之所共有也。然元祐诸贤未尝立此号名,近世儒先岂曾以此标榜?中间忽有排摈异己之人,谋为一网尽去之计,遂以此名题品善士。……道学之名既立,无志者自贬以迁就,畏祸者迎合以自污,而中立不倚之人则未尝顾也。彼其出处偶同,则何害于私相往来?好恶不偏,必不肯随人毁誉。彼谮人者则又曰:"吾方绝道学,而彼则与之交通;吾方以道学为邪佞,而彼则颂言其无过行,是党道学之人也。"于是朋党之论又立矣。彼为朋党之论者曰:"小人有党固非公,君子有党亦为私。议论协同即是朋比,交相借誉岂非缔交?"于是陛下入其说,凡昔所谓中立不倚之士欲为无心之论以解释道学之疑者,陛下又以挟私好名待之,而其人又以朋党而不用矣。举国中之士,不陷于道学则困于朋党者十九矣。①

周南,字南仲,曾从叶适游②,也是道学中人,所以在对策中,

---

① 《庚戌廷对策》,《山房集》卷七,《全宋文》,第294册,第55页。
② 《姑苏志》卷五四《人物》,影印《文渊阁四库全书》,第493册,第1021页。

难免有为道学辩护的色彩，但其中所反映的"近世"以来道学与党争的关系，是完全合乎事实的。如果说在绍兴年间的朋党之争中，道学作为"专门曲说"或"专门曲学"而遭禁锢；那么自乾道年间朱熹为了分门立派而作《伊洛渊源录》以后，道学逐渐成了朋党之争的一个专用名词，乾道以后，道学与非道学的区分，也成了士大夫分朋结党的一个重要的分水岭。

上述足以表明，"道学"一词的盛行或后世学者用以指称南宋朱、吕、陆三家学术的"道学"与朋党之争有着密切的关系。在党争中，非道学者以"道学"一词排斥异己，固然出于政治斗争的需要，道学者不避"道学"之目与"朋党"之名，公开宣扬以"吾党"行"吾道"，则同样出于行使其崇高的政治使命的需要。

道学人士的政治使命集中体现在以"道学"发明尧、舜所确立的"道统"，以"道统"实现"统治"上。在他们看来，能发明"道统"的是孔、孟，孔、孟以后是周、程，周、程以后就是朱熹。下列黄榦的文字便勾勒了这一谱系：

> 道原于天，具于人心，著于事物，载于方策，明而行之，存乎其人。……尧、舜、禹、汤、文、武、周公生而道始行，孔子、孟子生而道始明。孔孟之道，周、程、张子继之；周、程、张子之道，文公朱先生又继之。此道统之传，历万世而可考也。①

在这个谱系中，黄榦用"道始行"与"道始明"两个概念区分

---

① 《徽州朱文公祠堂记》，《勉斋先生黄文肃公文集》卷一七，《全宋文》，第288册，第388页。

周公以上圣王与孔、孟之间的不同。所谓"行"与"明",就是朱熹所谓"道统"与"道学"。其《中庸·序》指出:"自是(按:指尧、舜、禹)以来,圣圣相承,若成、汤、文、武之为君,陶、伊、傅、周、召之为臣,既皆以此而接夫道统之传,若吾夫子,则虽不得其位,而所以继往圣、开来学,其功反有贤于尧、舜者。"对此,余英时先生作有透辟的阐释:"所举商、周的贤君贤臣都是有德位者,所以能'接夫道统之传'。至'若吾夫子'句则语气陡变,这是因为孔子虽'贤于尧、舜',但因'不得其位',便唯有走上'继往圣、开来学'的新路。孔子所'开'的当然非'道学'莫属。朱熹在此是以极其委婉的方式避免说孔子得'道统之传'。为什么呢?这是因为自周公以后,内圣与外王已不复合一,孔子只能开创'道学'以保存与发明上古'道统'中的精义——'道体',却无力全面继承周公的'道统'了。"①在道学家看来,"道体"作为最高的精神实有,为宇宙提供了一种本然的秩序。所以怎么样掌握这一"道体",构成了"治天下"的"大本"。这个"大本"就是朱熹所说的尧、舜等圣王用于"治天下之大法"②;将"道统"中的精义落实到"治天下"中,就是"治统",也即杨维祯所说的"道统者,治统之所在"。③

由上可知,道学既是发明上古"道统",又是恢复先王"治统"的一门"圣学",为治国平天下的不二法门,舍此无他,朱熹深感"道学不明,无一事是当",说的就是这个意思;而道学被无冕之王孔子发明后,长期坠绪不明,至周、程等人的努力,才重见天日,

---

① 余英时:《朱熹的历史世界——宋代士大夫政治文化的研究》上篇,第40页。
② 《朱子语类》卷七八《尚书一·大禹谟》,第2016页。
③ 引自陶宗仪《南村辍耕录》卷三《正统辨》,第34页。

到了朱熹，则进一步得到了发扬光大。因此南渡以后，道学人士以"吾党"行"吾道"，与非道学势力展开不懈的抗争，不只演绎了道学本身的经世意义，同时又使道学人士时刻以"治天下"的终极关怀者和终极真理的代表者的身份，投入到长期的朋党之争中。

理想化的中国古代史在现代考古学和史学面前，已失去了其赖以立足的根基而不再是信史了。不过，上古是否真的存有尧、舜等圣王的"道统"，对宋代道学家所建构的道学体系来说，并不会带来多大冲击，"托古改制"早已成了推动中国历史与文化发展的一种重要方式。这里所关心的是，道学既然是恢复先王"治统"的一门"圣学"，那么其主题是什么？它究竟有哪些经世意义？

在道学的思想体系中，"天理"无疑是一个最为显目的主题。所谓"天理"，就是"道统"中的精义——"道体"。但"天理"或"道体"都是极为形上的抽象概念，若用一个相对应的概念加以比照，便会得到较具体的印象或通俗的理解。张栻在解《孟子》时指出，"舜之所以圣者"（按：指舜之所以能"接夫道统之传"），关键在于"私欲尽而天理纯"。[①]这里既然将"天理"与"私欲"作为一对既相对立又相等应的概念，则可以理解为凡是"私欲"的对立面就是"天理"。"私欲"又是如何产生的？宋儒在回答这个问题时，会异口同声地说是因为利的作用，而利的对立面就是义，所以在他们中间十分流行"义利之说"或"义利之辨"。

张栻的"义利之辨"，深得朱熹的首肯与赞扬，并认为"孟子没，而义利之说不明于天下。中间董相仲舒、诸葛武侯、两程先生屡发明之，而世之学者莫之能信，是以其所以自为者，鲜不溺于人

---

① 《癸巳孟子说》卷七，影印《文渊阁四库全书》，第199册，第519页。

欲之私"，至张栻则对义利作了"毫厘之辨"，其辨则不仅"出于前哲之所欲言而未及究者"，而且"措诸事业，则凡宏纲大用、巨细显微，莫不洞然于胸次，而无一毫功利之杂"。①在为张栻题写的碑文中，朱熹又说："公之教人，必使之先有以察乎义利之间，而后明理居敬，以造其极。"②他高度赞扬张栻明义利之辨，目的就是为了进一步张扬和光大道学主题的"天理"。因为在他看来，"孔子所谓'克己复礼'，《中庸》所谓'致中和'、'尊德性'、'道学问'，《大学》所谓'明明德'，《书》曰'人心惟危，道心惟微，惟精惟一，允执厥中'：圣贤千言万语，只是教人明天理，灭人欲"③。即孔子"开来学"以保存与发明上古"道统"中的精义——"道体"的途径，就是"只是教人明天理，灭人欲"，所以朱熹明确地将"义利之说"提升到"儒者第一义"的高度。④

简言之，"义"与"利"相对，"利"为"人欲"所生，"人欲"则与"天理"相对，因此"义"也就是"道体"的"第一义"或内核了。同时又值得注意的是，在运用"天理""人欲"的概念区分"义利"、阐发"道体"精义的过程中，张栻"出于前哲之所欲言而未及究者"，且又身体力行，为朱熹所高度首肯并发扬光大。从这个意义上说，在程系道学的谱系或唯"理"是求的理本体论的学术体系的建构中，张栻的地位绝不可等闲视之，视之为从二程到朱熹间的一座必经之桥梁，并不过分。事实上，张栻的"义利之辨"与朱熹的"义利之说"一样，被南宋后期的道学人士奉为经典，恪守

---

① 《张南轩文集序》，《朱熹集》卷七六，第3978页。
② 《右文殿修撰张公神道碑》，《朱熹集》卷八九，第4554页。
③ 《朱子语类》卷一二《学六·持守》，第207页。
④ 《与延平李先生书》，《朱熹集》卷二四，第1019页。

不已,真德秀还明确视之为治国之"大辨":

> 南轩张氏(栻)曰:"学者潜心孔孟,必求其门而入。愚以为莫先于明义利之辨。盖圣贤无所为而然也。无所为而然者,命之所以不已,性之所以不偏,而教之所以无穷也。凡有所为而然者,皆人欲之私,而非天理之所存,此义利之分也。自未知省察者言之,终日之间,鲜不为利矣。非但名位货殖而后为利也,意之所向,一涉于有所为,虽有浅深之不同,而其为徇己自私则一而已。"……嗟乎!义利之辨大矣,岂特学者治己之所当先,施之天下国家一也。①

顺着这一思辨路线和心理定势,道学人士逻辑地将目光专注于抽象的主观心性,即张栻所谓"无所为而然者,命之所以不已,性之所以不偏,而教之所以无穷也。凡有所为而然者,皆人欲之私,而非天理所存,此义利之分也";并由此建立了一个以"天理"为万物万事之宗的"理一分殊"的理本体论形态。

作为道学的一个最基本的理论形态,"理一分殊"的语意世界是十分深广的,也可谓体大思精。就其经世意义来说,一言蔽之,在于建构三纲五常的社会关系网络。道学诸子认为,在"天理"的统辖下,整个社会关系网络中的每一个角色都必须按本分行事,"天理"规范着每一个人的每一种行为准则,即便是帝王也不能摆脱"天理"的规范,此为"分殊";每一个人的每一种行为准则又

---

① 《西山读书记》卷八,影印《文渊阁四库全书》,第705册,第241页。按:所引张栻语,见《南轩集》卷一五《孟子讲义序》,《全宋文》,第255册,第258页。

都是"天理"的具体显现，即为"理一"，也就是朱熹所说："宇宙之间，一理而已。天得之而为天，地得之而为地。而凡生于天地之间者，又各得之以为性。其张之为三纲，其纪之为五常，盖皆此理之流行，无所适而不在。"①这就将既抽象又绝对的"天理"或"道体"落实到具体可触的"治天下之大法"中，并具体地论证了"其张之为三纲，其纪之为五常"的社会关系或被称之为"治统"的网络结构的必然性和合理性。

其实，这种化抽象为具体的论证旨在强化宗法道德的政治功能，也使三纲五常的"治统"模式绝对化。所谓"三纲"就是君为臣纲、父为子纲、夫为妇纲；"五常"即仁、义、礼、智、信。朱熹说："夫所谓纲者，犹网之有纲也；所谓纪者，犹丝之有纪也。网无纲则不能以自张，丝无纪则不能以自理。故一家则有一家之纲纪，一国则有一国之纲纪。"②在这一家、一国的纲纪中，"仁莫大于父子，义莫大于君臣，是谓三纲之要，五常之本，人伦天理之至，无所逃于天地之间"③。因此"三纲五常，天理民彝之大节，而治道之本根"，亦即"人道之大经，政事之根本"④；而在三纲与五常中，君为臣纲与君臣大义则是根本中的根本，因此，人君与君权便自然成了由"宇宙之间一理"所张三纲五常的化身。

关于道学家对人君与君权的认识，有一则资料不能不引起重视。这就是在朱熹与陈亮进行"王霸之辨"后，陈傅良写给陈亮的一封信。该信在总结这场辩论的主要观点时，得出如下两种结论：

---

① 《读大纪》，《朱熹集》卷七〇，第3656页。
② 《庚子应诏封事》，《朱熹集》卷一一，第456页。
③ 《癸未垂拱奏札》（其二），《朱熹集》卷一三，第508页。
④ 《戊申延和奏札》（其一），《朱熹集》卷一四，第532页；《论语集注·颜渊》。

功到成处，便是有德；事到济处，便是有理，此老兄之说也。如此，则三代贤圣，枉作工夫。功有适成，何必有德；事有偶济，何必有理？此朱丈之说也。如此，则汉祖唐宗，贤于盗贼不远。以三代圣贤枉作工夫，则是人力可以独运；以汉祖唐宗贤于盗贼不远，则是天命可以苟得。谓人力可以独运，其弊上无兢畏之君；谓天命可以苟得，其弊下有觊觎之臣。二君子立论，不免于为骄君乱臣之地，窃所未安也。①

认为在政治后果上，陈亮的说法可以导致"上无兢畏之君"，朱熹的说法足以开启"下有觊觎之臣"。也就是说，陈亮的观点为君权张目，朱熹的观点是为了约束君权。从今天看来，前者是保守的，后者是激进的。不过，朱熹固然以发明上古先王的"道统"为己任，可不至于激进到为"乱臣"开"觊觎"之门的程度；陈亮虽然十分强调人力，但也未沦落到令"骄君"失"兢畏"之心的地步。就朱熹而言，在其观念世界中，确有约束君权的意向，他所建构的"理一分殊"的理论形态，似乎证明了这一点。"理一分殊"中的"理"既然为万物万事之宗，帝王也不能超越此"理"而行事，在经世实践中，不是隐含着约束君权的理论意义与价值吗？然而，朱熹及其他道学家在将此"理"具体落实到君与臣、父与子、夫与妇的社会关系时，却又强调君为臣纲乃"三纲之要，五常之本"而走向了它的反面，君权反而成了"理"的化身或象征。所以

---

① 《答陈同父书》（其一），《止斋先生文集》卷三六，《全宋文》，第267册，第351—352页。

难怪有学者径直认为,在"理学诸子铸就的社会关系模式中,唯有帝王君临整个社会关系网之上。'理一分殊'使三纲五常具有了先天的合理性,这就使君主的权威和地位具有了先天的至上性和绝对性。从这个意义上说,'理一分殊'是理学政治的重要理论基础;……'理一分殊'在政治上的结论是:实行宗法制、等级制和君主制"①。

如果说,张扬三纲五常的社会关系网络的必然性和合理性,强化三纲五常的宗法道德的政治功能,是道学的经世意义在"外王"实践上的主要表现,那么通过致知、格物、正心、诚意、持敬等工夫,修身养性,则是落实三纲五常、履行宗法道德的基本保障,也是其经世意义在"内圣"上的表现。

在道学人士看来,既然君为臣纲,"义莫大于君臣",那么作为"人主"的帝王能否在修身养性上率先垂范,却直接关系到三纲五常能否系立、"道统"能否延伸。朱熹就明确指出:"纲纪不能以自立,必人主之心术公平正大,无偏党反侧之私,然后纲纪有所系而立。君心不能以自正,必亲贤臣、远小人,讲明义理之归,闭塞私邪之路,然后乃可得而正也。"②意即能否系立三纲五常,全赖君主的"心术公平正大";而君主心术的正邪与否,则取决于君主在主观意识上能否"塞私邪之路"而趋"义理之归"。这就是说,纲纪能否系立,上古先圣的"道统"能否延伸,"义理"是核心,"人主"是关键;进而言之,"人主"虽然与百官黎民一样都要受"义理"的统辖,但"义理"能否畅行于天下,却首先取决于"人主"

---

① 刘泽华主编《中国政治思想史(隋唐宋元明清卷)》,第312页。
② 《庚子应诏封事》,《朱熹集》卷一一,第456页。

能否修身心、"正心术",最终进达于"义理"。这又从修身的角度,再次强调了君权是"理"的化身和象征的思想。由此可见,第二章所述的道学人士抨击君主的"独断"之习现实依据,在于其不"明义理之归"、不"塞私邪之路",抨击的目的是渴望君主在他们建构起来的"义理"世界即"道统"中,率领百官与庶人,强化宗法制、等级制和君主制。

朱熹所谓"义理之归"的"义理",就是弃利尚义之"义"和"私欲尽而天理纯"之"理"。此"义"此"理"的主要功能在于修身。在道学家看来,唯有以此修身,才能真正建立起三纲五常,才能齐家治国平天下:"自天子以至于庶人,一是皆以修身为本,而家之所以齐,国之所以治,天下之所以平,莫不由是出焉。然身不可以徒修也,深探其本,则在乎格物以致其知而已。夫格物者,穷理之谓也。盖有是物必有是理,然理无形而难知,物有迹而易睹,故因是物以求之,使是理了然心目之间而无毫发之差,则应乎事者自无毫发之缪。是以意诚心正而身修,至于家之齐、国之治、天下之平,亦举而措之耳。"①从中再次说明了穷尽与私利人欲相对立的无形的"天理",是"自天子以至于庶人"修身的最终目的和建立"治道之本根"的三纲五常的基石,也是道学家经世思想的内核所在。或者说,作为一种永恒而普遍的精神实有,道学家所构筑的至高无上的"天理",为天地万物设定了一种本然秩序,更为"帝王君临整个社会关系网之上"提供了本然依据和"治天下"的"大本"。因而朱熹包括南宋其他道学家再三强调"天理"的一个重要的目的,就是在营造等级分明、秩序井然的三纲五常中"致君行

---

① 《癸未垂拱奏札》(其一),《朱熹集》卷一三,第505页。

道"。

邓广铭先生曾一改其早年"支配两宋三百多年的哲学思想，是理学"的观点，转而强调"宋学"的地位及其与理学之间的差别，他说："因为要'致广大'，所以要经世致用，都有其治国平天下的抱负；因为要'尽精微'，所以都对儒家学说的义理进行深入的探索。这二者，可以概括为宋学家们所都具有的特点。"而二程兄弟则"把儒家学说向着抽象的方向和玄妙精深的方向以及专从事于个人身心修养的方向推进，更由其一传再传的门弟子们的推波助澜，到了南宋便形成了理学这一学术流派"①。因此，将自二程到朱熹的道学从"致广大"的经世致用的"宋学"剥离出来，区别开来。这无疑否决了道学的经世意义或经世特征。那么又如何看待这一区分呢？

首先，上述充分表明，道学虽然十分强调个人的身心修养，但不是一个与外在世界绝缘的自足系统，而是宋代儒学或"宋学"中不可分割的一个组成部分，它也是随着时代的要求而跃动的，在具体的政治实践，确切地说是在朋党政治的实践中，按照自身的需要，不断调整和推进了若干"内圣外王"的儒家学说。当然，"人能弘道，非道弘人"。就弘道的道学人士而言，他们与其他"宋学"家一样都体现出"行道不以用舍而加损"的坚忍不拔的经世精神，尽管其"行道"的效果有时十分不尽如人意，但如何使自己所建构的理论形态和主张成为个人与社会在现实生活中的向导，尤其是成为排斥政治上的异己和学术上的异端的思想武器，同样是他们所不断思考、不断追求的。经世致用的现实关怀也是道学人士的终极关

---

① 邓广铭：《略谈宋学》，《邓广铭治史丛稿》，第174页。

怀，这一点是毋庸置疑的。

其次，宋代道学包括整个"宋学"的繁荣与政治实践是有因果关系的。庆历以后的史实充分证明：学术推进了政治实践，政治实践则又推动了学术的繁荣。道学自周、程奠其基，成其形，至张栻、朱熹全面趋向成熟的过程，也是在政治与学术的互动中、在与作为官方学术的"荆公新学"的不断斗争中完成的。与此同时，"荆公新学"在元祐期间遭毁、"元祐学术"在"绍述"期间遭禁、绍兴期间的"专门曲学"之禁、庆元期间的"伪学"之禁，也都说明学术与政治之间的互动关系。实际上，宋代学术因政治而繁荣，又因政治而遭祸害，是一种历史的必然。产生这个必然性的直接原因则在于它的经学性质。经学的一个重要价值取向就是经世致用，更主要的是指导政治实践，这便决定它必须与政治紧密结合在一起。因此在"政体屡变""更执方圆，相互排击"的宋代，学术也就自然而然地首当其冲了。道学所经兴废历程或道学作为党争的专用名称而存在，其历史根源便在于此。

不过，邓先生将道学从"因为要'致广大'，所以要经世致用"的"宋学"中分离出来，区别开来，也是有一定的事实依据的。因为经过从北宋的二程到南宋的张栻、朱熹等道学代表人物的不断建构和巩固，道学确实明显呈现出抽象化、玄妙化和精深化的倾向，因而或多或少地给人"中看不中用"之嫌。

暂且不论道学所主张的以"帝王君临整个社会关系网之上"的宗法制、等级制和君主制为社会形态的三纲五常，是顺应了历史潮流的发展抑或逆历史潮流而动，或对整个社会政治的运作来说是一个开放的系统还是故步自封的沉重枷锁，就其义利之分、天理人欲之辨而言，的确因太抽象而严重失去了可操作的客观标准，尤其是道学家们为了维护"天理""道体"的纯洁性,大肆宣扬的"非但名位货殖而后为利也,意之所向,一涉于有所为",便"为徇己自私"之类的理论主张,不仅使人在具体的经世活动中无所适从,同时有碍正当的事功行为而不利于社会的发展。要言之,作为道学家经学思想的内核,"天理"显得玄妙无比,连朱熹也承认其"无形而难知",又因在围绕"天理"展开的义与利的阐释上,存在严重的片面性,无法正确地面对个人与国家事务中的多样性和复杂性。因此尽管道学有其经学性质和意义,但有时很难具体地运用到经世的实践中去,至少是缺乏活力的。就作为"内圣"的"心性"之学而言,道学所张扬的"圣人"之境"天理",也只能适用于极少数"上智"之人(说详上编),所以在严重匮乏"圣人"的现实世界里,不仅难以形成普适性,而且必将形成高度的紧张。

无可否认,以深邃精致为理论形态的道学,具有重要的学术价值与意义。但一方面,道学不是全能的,其价值与意义只能体现在某一人群或某一领域,而道学的倡导者却大有道学放之四海皆真理之想,也将自己作为终极真理的代表者,这必将导致与其他学术思想之间的冲突;在冲突中,也势必会再现北宋学术之争中业已存在的排他性学术文化性格。另一方面,精致虽然是人类在各个生活领域或文化层面中所追求的目标,但精致往往标志着象牙之塔的出现。任何一种经世之学一旦形成了象牙之塔,就无法适应多元而变化的社会现实,也很难真正地去处理纷繁复杂的人道政事;同时其发展空间自然而然地缩小了,不可能像草创时期那样生机勃勃、那样自由地吸纳对自身发展有利的各种思想养料,而是固守自身精致又坚硬的外壳,堵塞了与其他思想进行对话与交流的通道而失去了包容性。南宋道学家在学术之争中,便明显地体现了这一点,所以又强化了自先秦以来"道不同不相为谋"的排他性学术文化性格。

第二节　学术之争与排他性学术文化性格

周必大在观照自汉以来的学术史时指出："自汉以来，乃始擅专门之业，党同而伐异，欲以一说尽圣人之蕴，斯亦过矣。"①所谓"专门之业"，主要是指儒家经学；"圣人"即指儒学的代表人物孔、孟。也就是说，学者在治学过程中，只承认自己的学术观点和主张代表了孔、孟所揭示的终极真理，而自己则是终极真理的代表者，所以，抑此申彼，唯胜是求。为了求胜，以"圣人"对抗"圣人"，以儒学对抗儒学。其实，自汉以来，长期作用于学术领域的这种排他性学术文化性格，早在儒学的集大成者孔子身上就有所表现了。《论语·卫灵公》说："道不同不相为谋。"同书《为政》篇又曰："攻乎异端，斯害也已。"②所谓"异端"就是不同的学术观点或主张，亦即不同的"道"。在孔子看来，对于异端，必须加以排斥而不可存有"它山之石，可以攻玉"的心理，否则祸害毕至，道将亡焉。孔子所说的"道"，是不同于其他学派的学术思想之根本所在，排斥异端是儒家学派固其根本的关键，也是儒学的一项心理原则、一种文化性格。不过，在先秦，这一原则和性格也常为其他学派所持有。司马迁在为老子、韩非子所作传记中便说："世之学老子者则绌儒学，儒学亦绌老子。'道不同不相为谋'，岂谓是邪？"③若就学术而论学术，学派之间为了自身理论体系的建构和追求自身的存

---

① 《胡彦英〈论语集解〉序》，《省斋文稿》卷二〇，《全宋文》，第230册，第200页。
② 分别见《论语注疏》卷一五、卷二，《十三经注疏》，第2518、2462页。
③ 《史记》卷六三《老庄韩非列传》，第2143页。

在价值，排斥其他学派的观点或主张，未尝不可。然而，自先秦以后，这种排他性作为一种深厚的历史积淀，既不断作用于学术领域，又渗透到了人们的观念和行为之中，构成了传统文化心理和文化性格的一部分。一旦际遇政治上的朋党之争，这部分心理和性格就会很快地凸现出来，成为朋党之间相互排斥和倾轧的一种驱动力。南宋朋党之争就是在这方面的一个典型案例。

作为党争的驱动力之一，学术之争的内容主要表现为"荆公新学"与程系道学、道学与非道学之争。从时间上分，前者表现在高宗时期，后者则体现在孝宗朝及孝宗以后。

（一）高宗时期的"新学"与道学之争

自建炎元年至绍兴三十二年（1127—1162）高宗在位的近四十年间，是宋代学术思想的发展由王安石"荆公新学"的时代转向程系道学的关键时期，其转向却经历了此胜彼负、彼起此落的拉锯战。因为处于这一时期的"新学"虽然凭着一种巨大的惯性而存在，但远非北宋所能比，与它相对立的程系道学虽然呈现出日益上升的势头，却又未臻全面成熟[①]；"新学"在政治舞台上找不到其学术的捍卫者，程系道学也未觅得能左右政坛的人物作为它的监护人。同时道学传人不遗余力地抨击"新学"，声张"新学"的官僚将"新学"作为工具来阻止具有上升之势的道学，都出于党争之需，双方都表现出朋党相攻与学术相评互为表里的并发症。

[①] 《道命录》卷三："绍兴五年，省试举人，经都堂陈乞不用元祐人朱震等考试。盖从于新学者，耳目见闻，既已习熟，安于其说，不肯遽变。而传河洛之学者，又多失其本真，妄自尊大，无以屈服士人之心。"（《丛书集成初编》，第3342册，第28页）这便具体昭示了当时王安石"新学"与程系道学之间的关系。

南渡以后的道学传人，在政治和学术活动中都曾遭到了蔡京的残酷迫害。蔡京从事迫害政敌、禁锢包括道学在内的"元祐学术"，都是以"绍述"王安石新法和"新学"为旗号的。所以随着钦宗对道学的解禁和"靖康之乱"的出现，长期受压的道学人士怀着对蔡京祸国殃民的无比痛恨、也带着凝固不化的朋党成见，由"崇宁"上溯到熙丰，由蔡京直接王安石，展开了一系列抨击王安石、清算新学"流毒"的运动。这场运动的先驱者就是程门四大弟子之一的杨时，即史载所谓绍兴初"辟王氏（安石）经学"、"崇尚元祐学术"，"其源委脉络皆出于（杨）时"[①]；又据载：

> 五峰（胡宏）问："此章直似迂阔，何故载之？"文定（胡安国）曰："此是取王氏肝心底剑子手段，何可不书？书之，则王氏心肝悬在肉案上，人人见得，而蔽（诐）邪淫遁之辞皆破矣。"[②]

所谓"此章"，就是指杨时于靖康元年（1126）五月为了清除"新学"之"流毒"而作的奏章《上钦宗皇帝疏》（其七），因为该文"直取王氏肝心"，所以胡安国在为杨时所作的《墓志铭》中，特地作了重点介绍。"靖康之乱"以后，将王安石及其"新学"视为北宋灭亡的罪魁祸首，成了一股强劲的社会思潮；该思潮则源于杨时及其弟子王居正、陈渊，以及私淑程颐的胡安国父子等道学人

---

① 《宋史》卷四二八《杨时传》，第12743页。
② 《宋名臣言行录》外集卷八，影印《文渊阁四库全书》，第449册，第726页；参见《伊洛渊源录》卷一〇《龟山志铭辩》，影印《文渊阁四库全书》，第448册，第492页。

士的倾力倡说与鼓动。尤其是杨时,朱熹曾称誉他"长于攻王氏"[1]。作为程氏高足,杨时既念念不忘其师关于"王氏(安石)之教靡然而同,是莫大之患"[2]"如今日,却要先整顿介甫之学"[3]的谆谆教导,又"于新学极精,今日一有所问,能尽知其短而持之。介父(王安石)之学,大抵支离。伯淳(程颢)尝与杨时读了数篇,其后尽能推类以通之"[4]。这就是说,杨时擅长攻击王安石,是承其师说并经过"专门训练"的。在现存四库本《龟山集》中,"攻王氏"的篇章很多,其中有《神宗实录辨》《字说辨》,又有在国子祭酒任上所作《上钦宗皇帝疏》与有关策问,另有为高宗所称道的专攻"新学"要害的《三经新义解》[5]。既然如此,杨时又是怎样将"王氏心肝悬在肉案上"的?不妨先看其《上钦宗皇帝疏》全文:

> 臣伏见蔡京用事二十余年,蠹国害民,几危宗社,人所切齿,而论其罪者曾莫知其所本也。盖京以继述神宗皇帝为名,实挟王安石以图身利,故推尊安石,加以王爵,配享孔子庙庭。而京所为自谓得安石之意,使无得而议,其小有异者,则以不忠不孝之名目之,痛加窜黜。人皆结舌莫敢为言,而京得以肆意妄为。则致今日之祸者,实安石有以启之也。

---

[1] 《朱子语类》卷一三〇,第3099页。
[2] 《二程集·河南程氏粹言》卷一《论政篇》,第1217页。
[3] 《二程集·河南程氏遗书》卷二上,第38页。
[4] 《二程集·河南程氏遗书》卷二上,第28页。
[5] 见《宋史》卷三七六《陈渊传》,第11629页。按:该文不见于四库本《龟山集》。

臣谨按，安石挟管商之术，饰六艺以文奸言，变乱祖宗法度，当时司马光已言其为害当见于数十年之后，今日之事，若合符契。其著为邪说以涂学者耳目，败坏其心术者，不可缕数，姑即其为今日之害尤甚者一二事以明之，则其为邪说可见矣。

昔神宗皇帝尝称美汉文惜百金以罢露台，曰："朕为天下守财耳。"此谨乃俭德，惟怀永图，正宜将顺。安石乃言："陛下若能以尧舜之道治天下，虽竭天下以自奉不为过，守财之言非正理。"曾不知尧舜茅茨土阶，未尝竭天下以自奉。其称禹曰"克俭于家"，则竭天下以自奉者，必非尧舜之道。其后王黼以应奉花石之事，竭天下之力，号为享上，实安石竭天下自奉之说有以倡之也。其释《凫鹥》守成之诗，于末章则谓："以道守成者，役使群众，泰而不为骄，宰制万物，费而不为侈，孰敢敖然以爱为事！"夫《凫鹥》之五章特曰："凫鹥在亹，公尸来止熏熏。旨酒欣欣，燔炙芬芬。公尸燕饮，无有后艰。"《诗》之所言，正谓能持盈，则神祇祖考安乐之而无后艰矣。自古释之者，未有为泰而不为骄，费而不为侈之说也。安石独倡为此说，以启人主之侈心，其后蔡京辈轻费妄用，专以侈靡为事，盖祖此说耳。则安石邪说之害，岂不甚哉！

臣伏望睿断正安石学术之缪，追夺王爵，明诏中外，毁去配享之像，使淫辞不为学者之惑，实天下万世之幸。[①]

---

① 《上钦宗皇帝疏》（其七），《杨龟山先生集》卷一，《全宋文》，第124册，第96—97页。

靖康元年（1126）五月，李纲因自动组织京城军民抗击金兵来犯而被罢，激怒了太学诸生，他们纷纷伏阙上书，乞留李纲。为了"靖太学"，在宰相吴敏的提名下，杨时除国子祭酒。一上任，杨时便迫不及待地展开了声讨王安石新法和"新学"的活动，太学诸生因其"矫枉太过"，摩拳擦掌，"奋袂而竞前"；杨时束手无策，"奉头而窜避"①，可谓一波未平，一波又起，本来平息学潮的人又挑起了新的学潮；杨时也因上引奏章及其他抨击王安石的策问，很快丢了国子祭酒之职。太学生以"武力"对抗杨时，与他们的切身利益息息相关，因为长期以来王安石"新学"播诸学官，用于科场，士子们长年寒窗苦读，就是为了进身，岂可一朝告废！不过，杨时的奏章确有"矫枉太过"之处，其突出表现就是将王安石新法、"新学"与蔡京集团的所作所为相提并论，甚至反复强调了王安石的理财学说直接倡导了蔡京等人的"轻费妄用，专以侈靡为事"。其实，熙宁期间神宗和王安石君臣实施的"新法"与崇宁以后徽宗和蔡京君臣的"绍述"，并非一回事，两者之间不仅动机不同，性质也迥异；至于"新学"的主张与蔡京等人荒淫奢靡的具体行为之间，更不存在内在的逻辑关系，正如道学家高闶与程门大弟子游酢之子游损、侄游操，杨时之子杨迥，胡安国门人胡襄等不少"故家

---

① 《靖康要录》卷六"靖康元年五月五日"记事，《丛书集成初编》，第3883册，第117页。

子弟"在"绍兴和议"期间阿附秦桧①,与道学的主张并无必然联系一样。关于这一点,对王安石及"新法"极尽抨击之能事的邵博不无清醒地指出:"绍圣以来,权臣挟继述神宗为变者,必先挟王荆公。蔡氏至以荆公为圣人。天下正论一贬荆公,则曰:'非贬荆公也,诋神宗也,不忠于继述也。'正论尽废,钩党牢不可解。"②对此,杨时也是十分清楚的,所以承认蔡京"以继述神宗皇帝为名,实挟王安石以图身利",但还是硬将两者等同起来,确认王安石的"淫辞邪说"直接引导了蔡京等人的荒淫误国,开启了"今日之祸",将王安石钉在了祸国殃民的罪恶柱上。面对这种简单化的推理和意气化的攻评,难怪以"新学"为进身之资的太学生愤慨不已甚至以武力相抗了。

那么,杨时对新法与"新学"为何如此"矫枉太过"?学术观点的不同,当是其中的一个重要原因。杨时在驳斥王安石的"义利"之说时指出:"荆公云:'利者阴也,阴当隐伏;义者阳也,阳

---

① 按:关于高闶阿附秦桧,详见《中兴两朝编年纲目》卷一〇及胡宏《五峰集》卷二《与高抑充书》;游损、游操因阿附秦桧而擢官,见《要录》卷一五一"绍兴十四年五月己卯"条,第2861页;同书卷一五二"绍兴十四年七月戊午"条,第2868页;同书卷一五四"绍兴十五年闰十一月庚辰"条,第2921页。又据载:"定夫(游酢)之子不甚发扬。秦老数求乃翁《论语解序》,因循不果录呈。其侄有知之者,遂默记之。一日进见秦老及此,则举其文以对,由是喜之。后故擢至侍从,是为子(家)[蒙]尊人。"(《朱子语类》卷一三一《中兴至今日人物上》,第3153—3154页)又陈振指出,杨迥绍兴十六年"以低等'选人'在秦桧亲兼提举的敕令所人删定官,以后不断升迁,二十一年时已是高等'京官',任枢密院编修官,二十三年一月,以修注官与秦桧之子秦熺一起以进讲《尚书》而受赐"。(《略论两宋时期"宋学"的新学、理学、蜀学派》,《庆祝邓广铭教授九十华诞论文集》,第462页)

② 《邵氏闻见后录》卷二三,第208页。

当宣著.'此说源流发于董仲舒。然此正王氏心术之蔽,观其所为,虽名为义,其实为利。"①这显然与其"私欲尽而天理纯"的学术思想格格不入;而王安石变法的主观愿望是通过理财以富国强兵,而理财则正是弃义"为利"的直接体现,这一点正是熙、丰年间(1068—1085)二程及程门弟子批评新法的话题之一。杨时又说:

> 荆公云:"天使我有,是之谓命;命之在我之谓性。"是未知性命之理。其曰"使我",正所谓使然也。然使者可以为命乎?以命在我为性,则命自一物。若《中庸》言天命之谓性,性即天命也,又岂二物哉?如云在天为命,在人为性,此语似无病,然亦不须如此说。性命初无二理,第所由之者异耳!率性之谓道,如《易》所谓圣人之作。《易》将以顺性命之理是也。②

这里所指斥的"性命之理",乃"安石之精义也。有《三经》焉,有《字说》焉,有《实录》焉,皆性命之理也"。③杨时与王安石在"性命之理"上的这种不同认识,也是"新学"与道学之间的一个重要分歧。然而,如果仅仅通过学术上的评判与否定,不足于彻底消除"新学"在社会上的广泛影响。在杨时看来,只要将它与

---

① 《龟山集》卷一一《语录二·京师所闻》,影印《文渊阁四库全书》,第1125册,第213页。
② 《龟山集》卷一二《语录三·余杭所闻》,影印《文渊阁四库全书》,第1125册,第226—227页。
③ 《邵氏闻见后录》卷二三,第209页。按:陈瓘《四明尊尧集序》也认为该"性命之理"是王安石"新学"的要义,《三经新义》《字说》乃至《王安石实录》都体现了这一点。

蔡京之徒的祸国殃民直接联系起来,才能使"王氏心肝悬在肉案上,人人见得";况且蔡京之徒正冒用了王安石的主张进行其祸国殃民的罪恶勾当,比如在理财上,"京四次入相,后至盲废,始终只用'不患无财,患不能理财'之说,其原自荆公"。[①]这对经历了徽宗朝政事的士大夫来说,无疑是深恶痛绝的。所以杨时用了极其简便甚至是偷梁换柱的逻辑推理,将"崇宁"时期的"绍述"与熙宁期间的"新法"相提并论,由蔡京而上溯到王安石,从而得出"致今日之祸者,实安石有以启之"的简单化的结论。

熙宁以来,在士大夫身上深患朋党相攻与学术相诋互为表里的痼疾,杨时以"直取王氏肝心底刽子手段",清算王安石"新学"的流弊与祸害,便是这个痼疾的又一次大发作;该痼疾生成的一个重要病灶,就是为了张扬自己的学术主张而肆意排斥和攻讦不同学术思想的排他性学术文化性格。尤其是经过了徽宗朝黑暗的朋党政治,使这种学术文化性格在"自汉以来,乃擅专门之业,党同而伐异,欲以一说尽圣人之蕴"的历史进程中,更具意气化,更具攻击性。靖康(1126—1127)时期,杨时对"新学"的攻击虽然没有立竿见影,但随着宋室南渡,不少士大夫带着对蔡京相党集团长时期以推行"新法"为名,实际从事祸国殃民的勾当,最终导致北宋政权覆亡的切肤之痛,加入到了抨击王安石变法的倒"新学"运动中,道学人士的口诛笔伐尤为令人注目。他们在继承和发扬了杨时"直取王氏肝心底刽子手段"的同时,又借助了君权的力量,将声讨王安石及其"新学"的声浪推向了高潮。其中,王居正、范冲和胡寅三人对"新学"的声讨颇具特色,也最具攻击性。

[①] 《朱子语类》卷一三〇《自熙宁至靖康用人》,第3127页。

王居正乃杨时高足,"少攻《新经》(按:指王安石《三经新义》),及见龟山杨文靖公于阳羡,出所著《三经义辨》示之,曰:'吾举其端,子成吾志。'先生益感厉,首尾十年,为《毛诗辨学》二十卷,《尚书辨学》十三卷,《周礼辨学》五卷,《三经辨学外集》一卷"①。绍兴五年(1135)三月,官至兵部侍郎的王居正,又将其"论王安石父子平昔之言不合于道"的论文四十二篇,分为七卷:一曰"蔑视君亲,亏损恩义";二曰"非圣人,灭天道,诋诬孔孟,宗尚佛老";三曰"深惩言者,恐上有闻";四曰"托儒为奸,以行私意,变乱经旨,厚诬天下";五曰"随意互说,反覆背违";六曰"排斥先儒,经术自任,务为新奇,不恤义理";七曰"《三经》《字说》,自相抵牾","集而成之,谓之《辨学》",进呈高宗。下面是呈《辨学》时与高宗的一段对话:

(王居正)曰:"陛下深恶安石之学,不识圣心灼见,其弊安在?"上曰:"安石之学,杂以伯道,取商鞅富国强兵。今日之祸,人徒知蔡京、王黼之罪,而不知天下之乱生于安石。"公对曰:"诚如圣训。然安石所学,得罪于万世者,不止此。"因陈安石训释经义无父无君者一二事。上作色,曰:"是岂不害名教!孟子所谓邪说者,正谓是矣。"公退却,即序上语系于《辨学》书首,上之。②

若程门大弟子杨时"长于攻王氏"是在师传中经过"专门训

---

① 《宋元学案》卷二五《龟山学案》,《黄宗羲全集》,第4册,第220页。
② 《宋名臣言行录》别集上卷八《王居正》,影印《文渊阁四库全书》,第449册,第436—437页。

练"的，王居正对"荆公新学"批判则同样深受"师法"的浸淫，是杨门中批驳"新学"的能手。杨时以"刽子手段"，将"今日之祸"直接归咎于王安石，可谓"正本清源"，王居正则在分门别类地系统总结了"新学"的"流毒"与危害的基础上，又特地强调了其"无父无君"的大逆不道，其攻击性较杨时更强，也更显"刽子手段"。因为"无父无君"既与前述道学的经世纲要"仁莫大于父子，义莫大于君臣，是谓三纲之要，五常之本"大相径庭，又能有效地激起高宗的最大的忌讳和无比的愤怒，使之成为讨伐"新学"的坚强后台。

需要说明的是，指斥王安石学术"无父无君"，并不始于王居正，早在熙宁四年（1071），御史中丞杨绘以王安石早年训解经义的代表作《淮南杂说》中对"伊尹放君、周公用天子礼乐之事"的阐释为证据，斥责王安石无视君臣之礼，甚至心存"异志"[①]。杨绘本想以此激怒神宗，罢黜安石，终止"新法"的实施，但因纯属穿凿附会，反而引起神宗的不满，被逐出朝。不过，杨绘若与王居正同时，非但不会遭贬，定能取信于高宗，成为强有力的同盟军。因为这时的高宗也十分仇视王安石及其"新学"，只是在思想认识上不及道学人士那样深刻而已。换言之，南渡以后，学者正利用了高宗的这一心理，对王安石的新法与"新学"展开了全方位的抨击，甚至还将抨击的锋芒投向了文学领域：

[①] 《上神宗论王安石之文有异志》，《宋朝诸臣奏议》卷八三，第897—898页。按：《淮南杂说》是王安石学术的奠基作，作于仁宗嘉祐年间。该著在当时学术界引起了广泛赞评，连程颐及其弟子尹焞也称其"说话煞是"，有"粹处"。见《二程集·河南程氏遗书》卷一九，第247页，同书《河南程氏外书》卷一二录祈宽所记《尹和靖语》，第434页。

（绍兴四年八月戊寅朔）上又论王安石之奸曰："至今犹有说安石是者。近日有人要行安石法度，不知人情何故，直至如此。"（范）冲对："昔程颐尝问臣：'安石为害天下者何事？'臣对以新法。颐曰：'不然，新法之为害未为甚，有一人能改之即已矣。安石心术不正，为害最大。盖已坏了天下人心术，将不可变。'臣初未以为然，其后乃知安石顺其利欲之心，使人迷其常性，久而不自知。且如诗人多作《明妃曲》，以失身为无穷之恨，至于安石为《明妃曲》，则曰：'汉恩自浅胡自深，人生乐在相知心。'然则刘豫不是罪过也。今之背君父之恩，投拜而为盗贼者，皆合于安石之意，此所谓坏天下人心术。"①

顺着高宗既仇恨"王安石之奸"又不理解"至今犹有说安石是"的心理，范冲劈开新法与"新学"的表层，单刀直插"新学"的主体"安石心术"，解剖其"毒"其"害"。若上述王居正"陈安石训释经义无父无君者一二事"，使高宗认清了"新学"的"邪说"性质，范冲则以《明妃曲》为例，揭示王安石"背君父"亦即"无父无君"的心术及其恶劣影响，直接引导了刘豫等人"投拜而为盗贼"的卖国行径，使高宗坚固了"王安石之奸"的观念。于是从学术到文学，王安石成了无处不邪、无时不恶的国家与民族的大罪人！其实，王安石《明妃曲》作于仁宗嘉祐年间（1056—1063），

---

① 《要录》卷七九"绍兴四年八月戊寅"条，第1488页。按：类似范冲对王安石《明妃曲》的攻讦，又见诸朱弁《风月堂诗话》卷下，第111页。

当时司马光、欧阳修、刘敞等人均叹服其工，竞作和篇，无论是原韵抑或和韵，根本不存在"背君父"之意，所以李壁不无遗憾地说："范公傅致亦深矣。"①建炎三年（1129），胡安国之子胡寅代高宗所作的《追废王安石配享诏》，则从另一层面揭示了这一点，其中有云：

> 昔者世衰道微，暴行有作，孔子拨乱反正，寓王法于《春秋》，以俟后世。朕临政愿治，表章斯文，将以正人心，息邪说，使不沦胥于异学，荆舒祸本，可不惩乎？安石废绝《春秋》，实与乱贼造始。今其父子从祀孔庙，礼文失秩，当议黜之。夫安石之学不息，则孔子之道不著。②

王安石不列《春秋》于学官，相传他又诋《春秋》"断烂朝报"。但《春秋》所宣扬的"诛乱臣，讨贼子，内中国，外夷狄，贵王贱伯"③，在南渡以后国难当头之际，不仅骤然凸现出重要的思想价值，同时还具有了强烈的社会政治意义。因而王安石"废绝《春秋》"之举又成了被攻评的一大话题。绍兴六年（1136），陈公辅在秉承赵鼎旨意而抨击"新学"时便指出，"《春秋》正名分，定褒贬，俾乱臣贼子惧，安石使学者不治《春秋》"④。这既是流行于当时思想领域中的一种学术情绪，又是在特定环境下的一种社会情绪。在这种情绪的作用下，胡寅认为王安石的这一学术"过

---

① 《王荆文公诗李壁注》卷六，第143页。
② 《崇正辩 斐然集》卷一四，第313页。
③ 《朱子语类》卷八三《春秋·纲领》，第2144页。
④ 《宋史》卷三七九《陈公辅传》，第11694页。

失","实与乱贼造始",径直将它与乱臣贼子刘豫的叛国投敌联系起来。胡寅的这一评论,实源自其父胡安国。胡安国是研治《春秋》的专家,著有《春秋胡氏传》。据他自称,其研治《春秋》的原因就在于王安石废《春秋》:

> 近世推隆王氏新说,按为国是,独于《春秋》,贡举不以取士,庠序不以设官,经筵不以进读,断国论者无所折衷天下,不知所适。人欲日长,天理日消,其效使夷狄乱华,莫之遏也。噫,至此极矣!①

对此,胡寅又作了进一步说明:

> 初王荆公(安石)以《字说》训释经义,自谓千圣一致之妙,而于《春秋》不可以偏傍点画通也,则诋为"断烂朝报",废之,不列于学官,下逮崇宁,防禁益甚。公(指胡安国)自少留心此经,每曰:"先圣亲手笔削之书,乃使人主不得闻讲说,学者不得相传习,乱伦灭理,用夷变夏,殆由此乎!"于是,潜心刻意,备征先儒……②

其实,正如林希逸所说:"和靖(尹焞)曰:介甫未尝废《春秋》。废《春秋》以为'断烂朝报',皆后来无忌惮者托介甫之言也。和靖又谓:韩玉汝之子宗文,字求仁,尝上王介甫书,请六经

---

① 胡安国:《春秋传序》,《春秋胡氏传》卷首,《四部丛刊续编》,第56册。
② 《先公(胡安国)行状》,《崇正辩　斐然集》卷二五,第552页。

之旨，介甫皆答之，独于《春秋》曰：'此经比它经尤难。'盖《三传》（按：即《春秋三传》）皆不足信也。故有介甫'大段识好恶'之语；且曰：介甫亦有《易解》，其辞甚简，疑处即缺文，后来有印行者，名曰《易传》，非介甫之书。'和靖去介甫未远，其言如此，甚公。今人皆以'断烂朝报'之语，为荆公之罪，亦冤甚矣！"①意即王安石因《春秋》与《易》索解困难而不愿臆说。这是一个学术态度问题，朱熹也同样持这种态度，他说："大抵圣经惟《论》《孟》文词平易而切于日用，读之疑少而益多。若《易》、《春秋》，则尤为隐奥而难知者，是以平日畏之而不敢轻读也。"②然而，在胡安国父子的眼里，王安石的这一治学态度却为国祸开源，"与乱贼造始"！

如果说王居正、范冲指摘王安石学术及其心术中的"无君无父"，大逆不道，是分别从"训释经义"和诗歌创作出发的，具有文本上的"依据"；那么胡寅则继承了乃父衣钵，在文本以外寻找证据，作出了"因为王安石废绝《春秋》，所以出现了像刘豫那样的乱臣贼子"的推理和判断，用以证实王安石在学术价值取向中所包含着的"背君父之恩"而"乱伦灭理"、养国贼、育国祸的"心术"，依据虽然不同，用意即相一致，殊途同归，异曲同工，也共同昭示了道学人士在倒"新学"运动中所普遍采用的思维方式与逻辑推理。正是在这种思维方式与逻辑推理下，原本属于宋代新儒学的重要组成部分"荆公新学"，从学术主体的"心术"到"训释经义"的文本，均成了地地道道的"害名教"的"邪说"，因此"安

---

① 《学记》，《竹溪鬳斋十一稿续集》卷二八，影印《文渊阁四库全书》，第1185册，第839页。
② 《答赵佐卿》，《朱熹集》卷四三，第2025页。

石之学不息，则孔子之道不著"的观念也就应运而生了。而贯穿在这种思维方式、推理判断和观念意识中的一项心理原则就是：唯有自己的学术主张代表了儒家之道，与己有异的便是"淫辞邪说"；要张扬自己的学术主张，则必须清除同样是儒学但与己有异的学说！

范宗尹说："安石学术本不至是，由蔡京兄弟以绍述之说，敷衍被蔓，浸失其意。"①昭示了促使道学人士抨击"新学"的主要原因，在于清算蔡京集团的"绍述"祸国之罪。这在当时的拨乱反正中，是有一定的必要性的，也不乏现实意义。然而，就如何评价王安石所建立的"新学"本身而言，上述杨时、胡安国、王居正、范冲、胡寅等人的抨击，无疑是用意气化替代了实事求是，用朋党成见掩盖了事实依据。不过，对抨击者来说，事实与否或其抨击是否实事求是已经不重要了，重要的是如何利用一切可以利用的话题，运用一切可以运用的思维方式和逻辑推理，尽情地清算"新学"的"流毒"，尽快地消除"新学"的影响，以提升自己的学术在政治舞台上的声誉与地位，这正是在朋党相争的政治土壤中生成的、既赤裸裸又无丝毫包容空间的排他性学术文化性格的突出表现形态。但就道学的发展而言，杨时所倡导的这场倒"新学"运动，起到了一定的推进作用。建炎三年（1129）六月，"罢王安石配享神宗庙庭，以司马光配"②，绍兴元年（1131）七月，高宗谕参知政事张守、秦桧曰："程颐、任伯雨、龚夬、张舜民，此四人名德尤著，宜即褒赠。"同年八月，赠程颐直龙图阁③，绍兴四年（1134）八月，

---

① 《要录》卷三四"建炎四年六月己亥"条，第792页。
② 《宋史》卷二五《高宗本纪二》，第466页。
③ 《道命录》卷三，《丛书集成初编》，第3342册，第22页。

"毁王安石舒王告"①。这就为道学的生存提供了政治上的保障,在相当程度上改善了其生态环境。正是有了这场倒"新学"运动,才使道学开始摆脱了长期受"新学"的重压,为后来的发展赢得了第一时间和空间。

仅从上述观之,"新学"遭到了无所不至的攻击而加速了其衰亡之势,与之相对立的程系道学则在政治舞台上呈现出上升之态,且有替代以往"新学"地位的可能性。道学人士倾情清算王安石之罪及其学术之毒的一个重要目的,也正在于此。通过政治实践或利用政治势力壮大学术生命力,提升学术地位,是宋代经世之学赖以发展的一个不可或缺的因素或重要环节,但有时是得不偿失的。在朋党相攻与学术相评互为表里的宋代,政治实践或政治势力是很难真正地保障学术的健康发展的。因为在这种环境里,就同时作为参政主体的学术主体而言,为了党争的需要,已无法改变其有碍学术健康发展的、具有意气化特征的排他性学术文化性格;就学术的经世主张而言,由于它和政治的紧密联系,常常成为政治的工具而被扭曲、被异化。蔡京相党将"新学"作为他们祸国殃民与打击异己的、连王安石在地下也羞见的一面旗帜,便充分说明了这一点;就学术的命运而言,由于它和政治的相互驱动,往往随着政治方向的改变而改变,在改变中甚至还会遭到残酷的践踏,"绍述"期间的"元祐学术"之禁,以及"绍兴和议"期间道学被打成"专门曲说"或"专门曲学"而严遭禁锢的事实,也同样证明了这一点。《道命录》卷四《汪勃乞戒科场主司去专门曲说》便透露道学被禁锢前的信息:

---

① 《宋史》卷二七《高宗本纪四》,第511页。

绍兴十四年三月，尹和静（靖）既去，秦桧进呈讲筵阙官，因言士人读书固多，但少适用，或托以为奸，则不若不读之为愈。上曰："王安石、程颐之学各有所长，学者当取其所长，不执于一偏，乃为善学。"桧曰："陛下圣学渊奥，独见天地之大全，下视专门之陋，溺于所闻，真太（泰）山之于丘垤也。"桧所谓"专门"，指伊川也。自赵忠简去后，桧更主荆公之学，故上训及之。然桧非但不知伊川，亦初不知荆公也。①

这里透露了南渡以来道学地位赖以上升的重要因素发生了变化，曾经是倒"新学"运动坚强后盾的高宗开始心仪起王安石之学了。如上所述，道学人士掀起的来势凶猛的倒"新学"运动的支柱是高宗。绍兴十二年（1142）六月，"有举子上书乞用王安石《三经新义》"时，高宗还夹带有"洛学"口吻严加斥责："六经所以经世务者，以其言天下之公也。若以私意妄说，岂能经世乎？王安石学虽博，而多穿凿以私意，不可用。"②这再次表明，在"绍兴和议"确立或秦桧独擅朝政的当初，高宗依然明显地持有非"新学"而是"洛学"的学术崇尚，然而过了不到两年的时间，却一变先前"新学"是"害名教"的"邪说"观，转而认为"王安石、程颐之学各有所长"；而在认识到王安石之学"有所长"的同时，则又使他恢复了对倡行不久的程颐之学"有所短"的记忆。绍兴十四年（1144）十月，右正言何若迎合秦桧上疏奏劾程系道学："自赵鼎唱

---

① 《道命录》卷四，《丛书集成初编》，第3342册，第35页。
② 《要录》卷一四五"绍兴十二年六月癸未"条，第2741页。

为伊川之学，高闶之徒，从而和之，乃有《横渠正蒙书》、《圣传十论》，大率务为好奇立异，而流入于乖僻之域。顷缘闶为国子司业，学者争投所好，于是曲学遂行。虽然，凡试于有司者，未有不志于得也。伏望申戒内外，师儒之官，有为乖僻之论者，悉显黜之。如此，则专门曲学，不攻自破矣。"高宗回答说："若所论甚当。程颐当哲庙之初，在经筵奏曰：'陛下记得臣说否？如记得，明日可对臣说过。'是时，宣仁圣烈皇后闻之，大怒曰：'皇帝虽年少，然宫中不自（自不）废学。'惜大家不识事体如此。"①作为对攻讦"专门曲学"者的答复，高宗的这一回忆明显地包含了对整个程系道学"有所短"的看法。这种看法说明了高宗在学术选择上对程颐之学的热情开始降温，也反衬了他对王安石之学的认可。

上引李心传语曰："自赵忠简去后，桧更主荆公之学，故上训及之。"所谓"训及之"，就是高宗谓秦桧"王安石、程颐之学各有所长，学者当取其所长，不执于一偏，乃为善学"。在李心传看来，这是高宗为了制止秦桧主"荆公新学"以打击程颐之学而发。就上述高宗对何若的回答而言，实属自矫以往尊程抑王之失；从其后来的行实观之，更成了秦桧禁程颐之学的坚强后盾。秦桧党羽曹筠、郑仲熊、张震分别于绍兴二十年（1150）九月、绍兴二十三年（1153）十一月、绍兴二十四年（1154）三月、绍兴二十五年（1155）十月，上疏攻讦道学，乞行"专门曲学"之禁，都是得到

---

① 《要录》卷一五二"绍兴十四年十月甲午"条，第2877页。

高宗的认可和批准的。①

赵鼎在任相期间，为了固结朋党，倾力倡导程系道学，甚至出现了"伪称河南门人者，亦蒙进用"的现象，造成了激烈的赵、张两党之争。在这次朋党之争中，道学势力并未遭到创伤，因为张浚同意并支持同党禁伊川之学，最终目的就是为了清除赵鼎相党势力，并非针对道学本身（说详上编）；而在赵鼎倡导伊川之学的活动时，高宗则是不可或缺的有力支持者。因此，尽管赵鼎被罢相位，一些有声望的道学人士仍能在政府中操持学术，张扬道学②，使道学的地位在政治上依然呈现上升之势。但随着"绍兴和议"的确立与实施，秦桧党羽对道学也即所谓"专门曲学"进行了不断论劾与攻讦，高宗也为了战略和解时期的政治意识形态的需要，对原来厌恶"荆公新学"与亲和程系道学的心态作了相当大的调整，为秦桧"更主荆公之学"提供了根本保证。

绍兴十一年（1141），高宗在秦桧的协助下，收兵权、杀岳飞、贬逐主战官员，确定了战略和解时期的意识形态基调即与金和议，于是很快就有人附和和议，弹劾异议者，而反对和议的主流则是程

---

① 详见《要录》卷一六一"绍兴二十年九月乙酉"条，第3058页；同书卷一六五"绍兴二十三年十一月乙酉"条，第3145页；同书卷一六六，"绍兴二十四年三月丁巳"条，第3151页；同书卷一六九"绍兴二十五年十月乙亥"条，第3213页；《道命录》卷四《曹筠论考官取专门之学令御史弹劾》《张震乞申敕天下学校禁专门之学》，《丛书集成初编》，第3342册，第37、38页。

② 如程、吕门人周浮芷的弟子吴表臣为秦桧"党魁"之一，"名为（显）从官，实操国柄"；绍兴十二年，杨时门人"左奉议郎高闶守国子司业"，至绍兴十四年三月"权礼部侍郎高闶"又兼侍讲，"太学博士陈鹏飞兼崇政殿说书"。见《要录》卷一四四"绍兴十二年三月乙卯"条注引朱胜非《秀水闲居录》，第2720页；同书卷一四七"绍兴十二年十二月庚辰"条，第2788页；同书卷一五一"绍兴十四年三月癸酉"条，第2853页。

系道学中的士大夫。至绍兴十三年（1143）三月，秦桧又扩大了排异范围，进而对非议当前施政方针的人士悉行黜责，甚至对"匿情诡迹"者也不放过，从而导致了秦桧专权格局的形成。在这种情况下，以"天理"为核心的道学自然不能展志于时。从有代表性的学术现象看，程系道学仍以涵泳"存天理，灭人欲"为特征，从事其该学的士人虽能在三纲五常的经世纲领下恪守尊君要义，却不能放弃以"天理"为内核的"道体"的至高无上的价值，而王安石"新学"虽被视为北宋亡国之祸根而遭排击，但一方面其应时而变的具体言论却成了和议时期物欲诠释的学理依据①，另一方面"新学"所提出的理财主张不能不说是任何时代无法回避的重要政务。因此，早在绍兴九年（1139），权户部侍郎晁谦之针对"议者谓自古理财之臣，皆无善终，所以近世习而成风，不复以理财为言"的弊端，大声疾呼"经理常赋，以足国裕民"，并指出"今日官物多陷失，而州县寖不加省，宜有以救其弊而革之，至于劝农欲垦无遗利，督赋欲输无逾期，广储蓄之计，以备水旱，遵茶盐之法，以通贾商"。朝廷从之，同时又恢复了王安石的"常平"等法。②因此，秦桧虽然"亦初不知荆公"，但为政治需要，也为了巩固自己的权势，只能撑起自建炎以后被口诛笔伐的以理财为主题之一的"新学"这面旗子来。

不过，必须指出的是，秦桧并非完全"不知伊川"，恰恰相反，

---

① 《要录》卷一四八"绍兴十三年二月乙酉"条小注引《大事记》："秦桧始则倡和议以误国，中则挟虏势以要君，终则饰虚文以为中兴，使一世酣豢于利欲之中。"（第2799页）参见关长龙《两宋道学命运的历史考察》，第299页。
② 《要录》卷一三二"绍兴九年九月癸未"条、同月"庚寅"条，第2464页。

正与"好伊洛之学,又不大理会"①的赵鼎一样,"秦亦旧从洛学者"②,并且与伊川传人曾经有过相当亲密的关系。建炎年间,秦桧与杨时及其弟子王居正和陈渊,不仅私交甚笃,而且在学术与政治上也可谓志同道合。③除了与杨时师徒在学术与个人关系上的这层亲密外,秦桧与南北宋之交道学的另一面道学旗帜胡安国的关系非同一般。朱熹曾指出:

> 秦会之(桧)尝为密教,翟公巽时知密州,荐试宏词。游定夫(酢)过密,与之同饭于翟,奇之。后康侯(胡安国)问人才于定夫,首以会之为对,云:"其人类荀文若。"又云:"事无不会。"京城破,虏欲立张邦昌,执政而下,无敢有异议,惟会之抗疏以为不可。康侯亦义其所为,力言于张德远(浚)诸公之前。后会之自海上归,与闻国政,康侯属望尤切,尝有书疏往来,讲论国政。康侯有词掖讲筵之召,则会之荐

---

① 《朱子语类》卷一三一《中兴至今日人物上》,第3143页。
② 韩元吉:《书师说后》,《南涧甲乙稿》卷一六,《丛书集成初编》,第1982册,第322页。
③ 据杨时《龟山集》卷二二《与秦丞相书》,信中批评王安石废《春秋》不用,并赞扬秦桧说:"今得公留意于此,斯文之幸也。"对于秦桧的"见索文字",杨时虽然表示"无以应命",等到整理有序时,"当缮写托薛漕附达,以取正左右"。这就说明了一个事实,秦桧主动留意《春秋》,是在学术上区别"新学"的表现,并通过要索杨时著作的行为来表达他对洛学心仪。吕祖谦《东莱集》卷九《王居正行状》,秦桧曾对王居正慷慨"论天下事,意锐甚",表示"中国之人惟当著衣吃饭,公图中兴";而王居正也"心服其言",因而相得甚欢。又据《要录》卷五一"绍兴二年二月戊子"条:陈渊在这一年致信友人,称赞秦桧"有天下大节",而秦桧拜相后创立"修正局"一司,王居正与陈渊均被引入局中。

也。然其雅意坚不欲就，是必已窥见其微隐有难处者，故以老病辞。①

由此不难看出，胡安国是因为景仰秦桧的忠义之举而主动与之倾心相交的；而且在平时"每训子弟"，必以秦桧为榜样。②秦桧南归后，胡安国又在家书中指出："秦桧之归自虏中，若得执政，必大可观。"③绍兴二年（1132），秦桧拜相，又使胡安国"闻之喜而不寐"④。不过，朱熹说秦桧拜相不久，举荐胡安国执讲筵，"然其雅意坚不欲就"，明显为胡安国讳。事实上，胡安国欣然应荐，不避道远时艰，入行在为朝官，并且成了秦桧相党中的一个中坚分子。⑤只是秦桧对于胡安国与"伊洛之学"并非倾心相与，始终如一，在赵鼎与张浚相争、洛学面临禁锢与胡安国抗章为洛学辩护之际，时为枢密使的秦桧却坐山观虎斗，对势力正盛的张浚相党"一切无所异"⑥，不肯为洛学进一言。后来张浚被罢，赵鼎复相。复相后的赵鼎与高宗的一段对话，便说明了秦桧对洛学的态度判若两人。赵鼎说："臣去国半年余，今者再见清光，窃观圣意稍异于前日。"高宗曰："不得不然，寻常造膝之言，每以孝悌之说相摇撼，

---

① 《朱子语类》卷一三一《中兴至今日人物上》，第3153页。
② 《三朝北盟会编》卷一八七《绍兴八年十一月二十九日条》载范如圭与秦桧书，第1355页。
③ 《朱子语类》卷一三一《中兴至今日人物上》，第3155页。
④ 《朱子语类》卷一三一《中兴至今日人物上》，第3153页。
⑤ 按：秦桧荐胡安国时，胡安国正避寇于湖南，道远时艰，故至绍兴二年七月初才抵达行在，初拜中书舍人兼侍讲旋又改为给事中兼侍讲，并倾心党同秦桧排斥吕颐浩相党，详见上编。
⑥ 《道命录》卷三《胡文定公乞封爵邵、张、二程两先生列于从祀》，《丛书集成初编》，第3342册，第30页。

其实绍述之谋也。又同事者和之一词，朝夕浸淫，罔觉也。如程颐之学，每贬斥之，以为不可用。"赵鼎又问："秦桧莫为陛下说些正论？"高宗回答："并无一言。自卿去国，在廷之臣不减其旧者惟朱震一人而已。"①而随着政治意识形态中"绍兴和议"的确立和道学人士的对和议的抨击，秦桧与道学人士的亲密关系也就走到了尽头②，并视道学为"专门曲学"，进行了长达十数年的严厉禁锢，道学再次遭到了践踏，和议之初在朝的道学官僚如林季仲、潘良贵、张九成、吕本中、曾开、范如圭、晏敦复、尹焞、朱松、薛徽言、汪应辰、樊光远、凌景夏等，先后被驱逐出朝，接着全面实施了残酷的"绍兴党禁"；与此同时，秦桧将张浚在相期间的"绍述之谋"化作具体行动，王安石"新学"成了高宗与秦桧在战略和战时期所张扬的官方学术，重新恢复了其往日在政治舞台上的地位，也成了秦桧相党打击异己、迫害政敌的一种工具。

高宗和秦桧在学术上的这种重新选择，或者说他们对以往尊程黜王的学术政策的矫正，主要是基于战略和战时期的意识形态，与士大夫间的和战之争息息相关。绍兴十四年（1144），秦桧党羽杨愿在一份奏章中便指出："数十年来，士风浇浮，议论蜂起，多饰虚名，不恤国计。沮讲和之议者，意在避出疆之行；腾用兵之说者，止欲收流俗之誉。甚者私伊川元祐之说，以为就利避害之计。慢公死党，实繁有徒。今四方少事，民思息肩，惟饰诈趋利之徒，尚狃于乖谲悖伪之习，窥摇国论，讹误后生。此风不革，臣所甚忧

---

① 赵鼎：《丁巳笔录》，《忠正德文集》卷八，影印《文渊阁四库全书》，第1128册，第748页。
② 参见高纪春《秦桧与洛学》，《中国史研究》2002年第1期。

也。"①这就将禁程系道学与抑制反和议的舆论直接地联系起来了。因此，作为和议的倡导者和实施者，高宗与秦桧对反和议之士和程系道学防之越严、禁之越厉，惟恐动摇战略和议的"国是"，所以三令五申地厉行"专门曲学"之禁。绍兴十五年（1145）四月，天现彗星，这对当时人们来说是一种不祥的征兆。按照常规，朝廷往往颁诏天下，以示政府对官员与民众的宽大精神，但所下之诏却特意申明："勘会数十年来，学者党同伐异，今当崇雅黜浮，抑其'专门'"，所以，"议者以为祖宗以来未有此比，盖欲天下户知也"。②

事实上，"绍兴和议"期间，不仅学校和科场"无道程氏学"③，在民间，程氏的书籍也往往遭到查禁。《道命录》卷四就记载了这一史实："秦桧既指伊川为专门之学，士大夫争附之。太学生孙仲鳌首论书坊刊行诡僻之辞，望明示条制，更或违戾，必置之法。新知汉州蔡宙又论全蜀数道文籍山积，其间岂无诡世不经之书以惑民听，望申严法禁，不得擅自镂版，庶几异端可去，邪说不作。监鼓闻院曹绂又论建阳、邵武两县民间以印书为业，望下本州县检察，其或以非僻之书刊印，委令止绝。诏委本路提刑赵令㦷奉行。所谓诡僻不经，皆言程学。"④在高宗的纵容下，曾盛行于建炎、绍兴初年的"伊洛之学"，就这样被打入"专门曲学"的冷宫，为世大禁者达十数年之久，王安石"新学"却因而再次成为官方显

---

① 《要录》卷一五二"绍兴十四年十一月壬申"条，第2880—2881页。
② 《道命录》卷四，《曹筠论考官取专门之学者令御史弹劾》，第37页。
③ 《陆先生墓志铭》，《吕东莱文集》卷八，《丛书集成初编》，第2389册，第195页。
④ 《道命录》卷四，《丛书集成初编》，第3342册，第38—39页。

第六章　学术之争

学，统领科场。①

通过上述，不难看出，在高宗时期，程系道学与"荆公新学"之间经历了彼此消长的拉锯战。在这场拉锯战中，双方都是为了争夺在政治上的话语霸权，都是想通过政治话语霸权提升自己的地位，发挥自己的经世作用，实现自己的经世价值，无论哪一方都与政治取得了亲密无间的融合，都表现出了政治功利化的特征。因而严重地影响了学术自身的独立性，使之在很大程度上依附于政治而生存，由政治风向的变化决定其升降沉浮的命运。其实，这并非偶然，而是具有明显的历史必然性，产生这种必然性的一个直接原因，便在于学术本身。因为无论是程系道学还是"荆公新学"，其价值取向都是经世致用，都是为了指导现实社会和政治实践，甚至可以说，作为理论形态的学术，道学与"新学"已完全成了政治实践的不可分割的组成部分；而当时的政治却又属于典型的不是东风压倒西风，就是西风压倒东风的朋党政治，活动于其中的士大夫深深地积淀着难以化解的政治与学术相互驱动的党争情结，对此毫无制衡机制，连作为"人主"的帝王也深陷其中而不能自拔。因此，他们在张扬自己倡导的经世之学时，势必要紧紧抓住政治上的话语霸权，尊己排他；也正因为如此，学术地位的彰显与否，自然而然地要由政治的权力结构与运作方向来决定了。在这种学术与政治互动的生态环境中，学术主体或学术生产者又必然要在深度和广度上强化"道不同不相为谋"的排他性学术文化性格，以便在尊己排他

---

① 《要录》卷一六六"绍兴二十四年三月辛酉"条，第3152页，载该年殿试策论，明确要求士子"以师友之渊源，志念所欣慕，行何修而无伪，心何治而克诚"，秦桧孙秦埙和曹冠因在对策中攻击洛学而被考官擢置首选。从中也可见高宗、秦桧"更主荆公之学"的学术决策在士子和科场的具体表现。

的过程中更具冲击力,因而更失去了学者应具有的包容性和科学性。由杨时等道学人士发起的来势凶猛的倒"新学"运动,便集中地体现了这一点。与此相对应的学术决策者或学术消费者也不例外,所不同的是,他们在张扬排他性学术文化性格时更具自由度和灵活性,因为他们是政治权力结构的组织者和运作方向的决定者,可以根据政治发展的需要,自由地崇尚一种学术和更崇另一种学术,高宗与秦桧集团从尊程黜王到尊王黜程的学术政策的变化,也充分说明了这一点。

因此,在高宗时期,程系道学与"荆公新学"之间的拉锯战的出现,两者在政治上之所经历此起彼伏、彼沉此浮的历史命运,就不足为奇了;从中凸现出来的排他性学术文化性格,也变得既难以抗拒又在情理之中了。

(二)孝宗时期及孝宗以后的道学与非道学之争

淳熙年间,陆九渊曾指出,"新学"已不为世所讲,近世学者对"新学"的攻击"雷同一律,发言盈庭","士心不明,随声是非,无所折衷"。[①]清蔡上翔也说:"宋自南渡至于元,中间二百余年间,肆为诋毁者,已不胜其烦矣。"[②]这些说法很容易让人造成一种错觉,即南渡以后,因蔡京崇尚"新学",使"新学"的政治势力因蔡京的恶名而呈现衰亡之状;"绍兴和议"期间,因秦桧崇尚"新学",使"新学"的政治生命更因秦桧恶名而遭灭顶之灾。其实不只在高宗朝,甚至在孝宗时期,"新学"本身虽然没有发展,但它仍作为官方学术的主流而存在。这从李心传《道命录》卷四所载

---

① 《荆国王文公祠堂记》,《陆九渊集》卷一九,第232—233页。
② 《王安石年谱三种·王荆文公年谱略序》,第169页。

乾道四年（1168）魏掞之与陈俊卿的一段对话中可见一斑：

> 乾道四年，建阳魏掞之元履为太学录，释奠先圣，职当分献先贤之从祀者。先事白宰相，言王安石父子以邪说乱天下，不应祀典；河南二程唱明绝学，以幸方来，其功大，请言于上，罢安石父子勿祀，而追爵二程先生，使从食。宰相陈魏公康伯（按：当为陈俊卿）不可，且谕元履姑密之。元履曰："此事何以密为？"丞相曰："恐人笑君尔。"盖程学不为当路所知如此。①

魏掞之是程系道学中的重要一员，他入朝为官是由陈俊卿所荐拔的；陈俊卿则是当时道学在朝势力的代表，后来也曾屡荐朱熹入朝。陈俊卿不肯接受魏掞之的建议，绝非崇尚王安石学术的表现，而是因为他清楚地认识到"新学"的势力仍然支配着大批朝臣，远非程学所能抗衡。那么，至乾道四年（1168），"新学"为何仍具有如此巨大的影响力呢？一个最直接的原因，在于秦桧执政期间尊王抑程的学术政策所带来的、在短时期内无法消除的影响。一般地说，秦桧去世后，"专门之学"解禁，程系道学重见天日，但这不等于道学就登上了政治舞台而成为官方学术。绍兴二十六年（1156），叶谦亨与高宗讨论场屋之制时作了这样的判断与决定：

> 秘书省正字、兼实录院检讨官叶谦亨面对，言：陛下留意

---

① 《道命录》卷四《叶伯益论程学不当一切摒弃》李心传按语，《丛书集成初编》，第3342册，第39页。

场屋之制，规矩一新，然臣犹有虑者。学术粹驳，系于主司去取之间，向者朝论专尚程颐之学，有立说稍异者，皆不在选。前日，大臣则阴佑王安石，而取其说，稍涉程学者，一切摈弃。夫理之所在，惟其是而已。取其合于孔、孟者，去其不合于孔、孟者，可以为学矣，又何拘乎？原诏有司精择而博取，不拘一家之说，使学者无偏曲之弊，则学术正而人才出矣。上曰："赵鼎主程颐，秦桧尚安石，诚为偏曲，卿所言极当。"于是降旨行下。①

这就证明了王安石"新学"并没有随着秦桧的去世而消失于科场。事实上，秦桧去世后，高宗所继续坚持的意识形态基调，也决定了"新学"在科场的主导地位；而一种学术是否能成为官方学术的一个重要标志，在于是否能占领科举阵地。"新学"之所以能成为北宋显学，其代表作《三经新义》播诸学官是一个十分重要的因素；淳熙以后道学转盛，与程学向科场渗透同样关系极大。易言之，王安石"新学"与程系道学升沉消长的一个重要标志，是科举标准的如何确定。作为国家设立的人才选拔制度，科举考试中的标准无疑是一根非常重要的指挥棒，它决定着整个国家的读书人的兴奋点。在一般意义上讲，科举制度属于教育的范畴，但由于中国传统的科举制度的根本功能并不是实施国民教育，提高国民素质，而是作为国家的人事制度的构成部分，其根本功能是为国家选拔行政官员，或贮备政治人才，故而科举制度的本质与其说是教育活动，倒不如说是政治行为。进而言之，用何种学术思想培养出来的行政

---

① 《要录》卷一七三"绍兴二十六年六月乙酉"条，第3307—3308页。

官员或政治人才，不仅决定了其最初的或基本的知识结构，而且会或多或少地影响其政治思考，甚至是政治主张；也正因为如此，他们在成为士大夫群体的新生力量的同时，也成了再续某种学术思想的一股不可小视的潜在势力；而在因学术主张的不同而导致的朋党之争中，这一潜在势力又必将转化为朋党之争的一股强劲的驱动力。所以在经过了"绍兴和议"二十余年以"新学"取舍人才的"场屋之制"，"荆公新学"仍然保持着巨大的影响力，直至乾道年间，官僚阶层因多出身"新学"，在官方的学术取向上继续尊王排程，并用以抑制道学在政治上的势力，也就成了一件十分自然的事。魏掞之要求弃王取程、尊程黜王，实在是不识时务的表现，难怪连心底也欲竭力张扬道学的陈俊卿要以"恐人笑君"相回敬了。

不过，上述仅仅是"新学"在孝宗前期仍有巨大影响的原因之一，或者说是由"场屋之制"所带来的一种不得不然的普泛化的原因，其深层次的原因却在于"新学"对孝宗政治的某种内在联系。这种联系又导致了激烈的学术之争，争论的双方便是以孝宗为首的非道学者与以张栻、朱熹等人为首的道学集团。反言之，由于道学集团继承了其前辈倡导程学的未竟之业，承接了高宗时期以失败告终的倒"新学"运动，并在对"新学"再次发动了强烈攻势的同时，又竭力营造道学在政治实践中的思想语境，争取道学指责朝政的话语权力，促使了本来受道学熏陶的孝宗对"新学"的心仪和对道学的疏远，有时甚至是厌恶，从而又引起了道学与"新学"之间的相互排斥。

孝宗时期，道学人士对"新学"的攻讦和对道学的倡导，是从"场屋之制"开始的，或者说，占领科场是道学人士在孝宗时期倒"新学"的一项重要任务。前引魏掞之黜王尊程的建议，就反映了这一点。乾道五年（1169），朱熹在给芮烨的信中更明确地指出：

> 今日学制近出崇、观，专以月书季考为升黜，使学者屑屑然较计得失于毫厘间。而近岁之俗又专务以文字新奇相高，不复根据经之本意。以故学者益骛于华靡，无复探索根原、敦励名检之志。大抵所以破坏其心术者不一而足，盖先王所以明伦善俗、成就人材之意扫地尽矣。惟元祐间伊川程夫子在朝，与修学制，独有意乎深革其弊。而当时咸谓之迂阔，无所施行。今其书具在，意者后之君子必有能举而行之。区区愿执事少加意焉，则学者之幸也。①

所谓"今日学制近出崇、观"，就是指在科举上以"新学"取去人才。朱熹对当时执政者好"新学"而不喜程学的"场屋之制"，表示了强烈的不满，认为以"新学"取士，不仅是"不复根据经之本意"，而且极大地破坏了人才的"心术"，使科场"成就人材之意扫地尽矣"，因为在朱熹的眼中，"新学"本身就是一种心术不正的邪说；而能为国家成就人才的，唯有程颐在元祐年间所修学制，这个学制实际上就是指程学。在个别道学家那里，虽然偶发"举业妨道"的感叹，但朱熹深谙科举对提升学术的政治地位的重要性，也明白抢占科举阵地、争取考试大权是张扬道学的重要环节，所以强烈要求芮烨"少加意焉"，在学制科场上完成尊程黜王的任务。

由于朱熹，特别是道学在朝势力的代表如陈俊卿、张栻、龚茂良、吕祖谦的不断努力，淳熙以后，道学渐渐渗透到了"场屋之

---

① 《与芮国器》，《朱熹集》卷三七，第1638—1639页。

制"中。但道学人士并没有因此停止对"新学"的攻讦；或者说，他们的倒"新学"运动并没有停留在科场上。在这一时期道学家的观念世界中，"新学"作为道学独行天下、独霸思想语境的最大的障碍，必须彻底消失于人世间！张栻便格外坦诚地表白了这一点：

> 传曰：为国家见恶，如农夫之务去草焉，芟夷蕴崇之，绝其本根，勿使能殖则善者，信矣。正误国之罪，推原安石，所谓芟其本根者，绍兴诏书有曰："荆舒祸本，可不惩乎"大哉王言也！①

这与前期倒"新学"者相比，不仅更显排他性学术文化性格，同时还散发出呛人的学术霸气。当然，孝宗时期的道学人士也清楚地认识到，要将"新学"斩草除根，单靠霸气是远远不够的，还必须在学理上作出清洗。这时的道学者继承了以往杨时等人"直取王氏肝心底刽子手段"，对王学进行了全方位的驳斥，其中最集中的是"外王"与"内圣"两个方面。曾为张栻老师的胡宏上书孝宗云：

> 王安石轻用己私，纷更法令，不能兴教化、弭奸邪心，以来远人，乃行青苗，建市易，置保甲，治兵将，始有富国强兵、窥伺边隅之计，弃诚而怀诈，兴利而忘义，尚功而悖道。人皆知安石废祖宗法令，而不知其并与祖宗之道废之也。邪说既行，正论屏弃。故奸谀敢挟绍述之义以逞其私，下诬君父，

---

① 《题李光论冯澥札子》，《南轩集》卷三三，《全宋文》，第255册，第273页。

上欺祖宗，诬谤宣仁，废迁隆祐。使我国家父子君臣夫妇之间顿生疵厉，三纲废坏，神化之道泯然将灭，纲纪文章扫地尽废。遂致邻敌外横，盗贼内讧，天师伤败，中原陷没，二圣远栖于沙漠，皇舆僻寄于东吴，嚣嚣万姓，未知攸底，祸至酷也。①

王安石变法"误国"是靖康以后老生常谈的话题，而胡宏则在拉出"法祖"旗帜的同时，具体地从"王安石轻用己私，纷更法令""富国强兵"而"兴利而忘义，尚功而悖道"的角度入手，宏观地揭示"新学"的"外王"实践彻彻底底地"废坏"了以"天理"为内核的、以帝王为主宰的三纲五常的社会秩序。若前述杨时、王居正、范冲、胡安国、胡寅等人声讨"新学"的"无君无父"，大逆不道，主要是从某一点或某个局部展开的，胡宏则从整体上加以批判，既见树又见林，既从王安石变乱祖宗法度剖析"新学"的"悖道"，又从"新学"的"悖道"总结变法的"祸至酷"，极富概括力，而且其批判的重点转移到了"新学"主题"富国强兵"。胡宏的这一抨击"模式"与重点，在孝宗及孝宗以后的道学家的声讨檄文中屡见不鲜。如理宗时期的道学殿军之一魏了翁便指出："荆公常以道揆自居，而元不晓道与法不可离，如舜为法于天下，可传于后世，以其有道也。法不本于道，何足以为法？道而不施于法，亦不见其为道。荆公以法不豫道揆，故其新法皆商君之法，而非帝王之道，所见一偏，为害不小。"②意思是说，因为"新

---

① 《上光尧皇帝书》，《五峰集》卷二，见《全宋文》，第198册，第237页。
② 《周礼折衷》，《鹤山先生大全文集》卷一〇四，《四部丛刊初编》，第1261册，第149页。

学"的"外王"与"内圣"既相背离,又"非帝王之道",故"为害不小"。这里所谓的"帝王之道",实际上也就是胡宏所说的"祖宗之道"。黄震则进一步认为王安石连商鞅都不如,他说安石"尽坏祖宗法度,聚敛、毒民、生事、开边,卒乱天下",就是因为"安石之不学。与夫学者,将以明理而施之用,六经治道之根源,诸史行事之龟鉴,固非山经海志、野史小说、神仙传、天竺书、索隐务奇之为博也。……愚尝谓安石本效商鞅而才不及"①王安石效法商鞅进行变法的主要目的,就是为了"富国强兵"。

熙宁初,欲有所作为的神宗倾情支持王安石变法,是宋代的政治史包括整个文化史上的重大事件,也是历史发展的必然要求。对此,朱熹在批评元祐党人以恢复祖宗旧制为务的"更化"政治时,就已指出了这一点:"元祐诸贤议论,大率凡事有据见定底意思;盖矫熙、丰更张之失,而不知其堕于因循。既有个天下,兵须用练,弊须用革,事须用整顿。如何一切不为得?"②因为基于这种思想认识,朱熹在"外王"实践中,也尝试一些革新活动,在民间推行社仓制。尽管朱熹再三声明社仓制与王安石的青苗法不能相提并论,时人如张栻却认为两者就是一回事。③然而这并不意味着朱熹对王安石变法的认同,恰恰相反,在宋代所有驳斥与清洗王安石新

---

① 《读〈名臣言行录·王荆公〉》,《黄氏日抄》卷五〇,影印《文渊阁四库全书》,第708册,第339页。
② 《朱子语类》卷一三〇《自熙宁至靖康用人》,第3105页。
③ 朱熹在《婺州金华县社仓记》中指出,他所推行的社仓制是出借谷物,并且是以乡镇为单位,由当地土人管理,目的是稳定农民经济,而不是王安石青苗法那样出借现金,由整个国家来控制,以增加政府的收入。(《朱熹集》卷七九,第4115—4117页)但张栻认为这与王安石所推行的青苗法并无二致(《南轩集》卷二〇《答朱元晦秘书》其一一《全宋文》,第255册,第70页)。

法与"新学"的"流毒"的文字中,朱熹的评论是影响最大、也是十分深远的。事实表明,元、明、清三代对王安石的否定,主要是跟朱熹学舌的。如朱熹论王安石云:

> 公以文章节行高一世,而尤以道德经济为己任。被遇神宗,致位宰相。世方仰其有为,庶几复见二帝三王之盛。而公乃汲汲以财利兵革为先务,引用凶邪,排摈忠直,躁迫强戾,使天下之人,嚣然丧其乐生之心,卒以群奸嗣虐,流毒四海。至于崇、宣之际,而祸乱极矣。①

与南渡以来将王安石一概骂倒的思潮有所不同,这里对王安石的个人品格作了高度的评价。但其所谓"汲汲以财利兵革为先务",与前引胡宏语"始有富国强兵、窥伺边隅之计,弃城而怀诈,兴利而忘义,尚功而悖道",用意并无二致,对王安石以理财为中心的"富国强兵",作了彻底否定;同时认为王安石"引用凶邪,排摈忠直"直接导致了崇宁、宣和之乱,又与南渡以来倒"新学"运动将蔡京与王安石相提并论的逻辑思维,如出一辙。朱熹对王安石的这一评价,长时间地影响着后来学者。元代史臣所著《宋史·王安石传》,就认为朱熹此评乃"天下之公言"②。同书《沈洙传》"由王氏之学不正,害人心术,横溃烂漫,并邦家而覆之,如是其憯焉,此孟子所以必辩邪说,正人心也"③,明杨慎引罗整庵语"宋之祸

---

① 《楚辞后语》卷六《〈寄蔡氏女〉第四十七》,《楚辞集注》,第299页。
② 《宋史》卷三二七《王安石传》,第10552页。
③ 《宋史》卷三五四《沈洙传》,第11172页。

第六章 学术之争

乱本于王介甫，……王之祸宋本于学术不正"[1]，由此等等，皆本于此。又清四库馆臣指出："朱子《楚辞后语》谓安石致位宰相，流毒四海，而其言与生平行事心术略无毫发肖（似）。夫子所以有于予改是之叹，斯诚千古之定评矣。"[2]除此以外，朱熹还有诸多以自己所建构的道学主张，在学理上驳斥"新学"的檄文；换言之，这个"千古之定评"是建立在详尽的学理分析与批判之上的。这里不妨以下列文字为例：

> 其为人，质虽清介而器本偏狭，志虽高远而学实凡近。其所论说，盖特见闻臆度之近似耳。顾乃挟以为高，足己自圣，不复知以格物致知、克己复礼为事，而勉求其所未至，以增益其所不能，是以其于天下之事，每以躁率任意而失之于前，又以狠愎徇私而败之于后。此其以为受病之源……
>
> ……
>
> 若夫道德性命之于刑名度数，则其精粗本末虽若有间，然其相为表里，如影随形，则又不可得而分别也。今谓安石之学独有得于刑名度数，而道德性命则为有所不足，是不知其于此既有不足，则于彼也亦将何自而得其正耶？夫以佛老之言为妙道，而谓礼法事变为粗迹，此正王氏之深蔽。……
>
> 若其释经之病，则亦以自处太高而不能明理胜私之故。故于圣贤之言既不能虚心静虑以求其立言之本意，于诸儒之同异又不能反复详密以辨其为说之是非，但以己意穿凿附丽，极其

---

[1] 《司马温公墓铭》，《升庵集》卷五一，影印《文渊阁四库全书》，第1270册，第432页。

[2] 《四库全书总目》卷一五三《临川集》提要，第1325页。

力之所通而肆为支蔓浮虚之说。至于天命人心、日用事物之所以然，既已不能反求诸身以验其实，则一切举而归之于佛老。及论先王之政，则又聘私意、饰奸言以为违众自用、剥民兴利、斥逐忠贤、杜塞公论之地。唯其意有所忽而不以为事者，则或苟因旧说而不暇择其是非也。①

在肯定王安石为人"清介"的同时，对"新学"作了全盘否定。概括起来，主要有三点，一是王安石学术"不复知以格物致知、克己复礼为事"；二是"刑名度数"亦即王安石所创立的以"富国强兵"为主题的新法游离了"道德性命"；三是其所释经义"穿凿附丽""支蔓浮虚"，且"归之于佛老"。要言之，王安石用于指导新法的"新学"严重地违背了"先王之政"即先王的"道统"，确切地说不合乎二程以来所倡导的道学主张。故王安石在推行新法的"外王"实践时，势必"违众自用，剥民兴利，斥逐忠贤，杜塞公论之地"。其中的"道德性命"也是二程以来道学者论道的一个重要主题，或者说是形成道学内核"天理"说的一个基点；"格物致知、克己复礼"则是道学家倡导的履行"道德性命"、进达于"天理"时所必需的"工夫"或必经的过程，也是"外王"的根本保证。在朱熹看来，"道德性命之于刑名度数"，本来是"相为表里，如影随形"的，但王安石学术则将两者截然分开，则其作为"刑名度数"的新法便成了邪术，因而必然导致"群奸嗣虐，流毒四海"，其"道德性命"之说也就不是体现在先王"道统"中的"道体"，而是"聘私意、饰奸言"的异端邪道，尤其又以"佛、老

---

① 《读两陈谏议遗墨》，《朱熹集》卷七〇，第3661—3665页。

之言为妙道",更是邪上加邪,因此"格物致知、克己复礼"的履道"工夫"也就无从谈起了。

诚如朱熹所批判的,王安石不仅不排斥佛教,而且还坚决反对当时流行的"佛教乱理"的说法。熙宁五年(1072),他与神宗有一段对话:"安石曰:'……臣观佛书,乃与经合,盖理如此,则虽相去远,其合犹符节也。'上曰:'佛,西域人,言语即异,道理何缘异?'安石曰:'臣愚以为苟合于理,虽鬼神异趣,要无以易。'上曰:'诚如此。'"①则说明了王安石与神宗对释氏完全采取了开放包容的态度,这是王学与程学引发冲突的原因之一。元丰二年(1079),吕大临记程颐语云:"今异教之害,道家之说则更没可辟,唯释氏之说衍蔓迷溺至深。今日是释氏盛而道家萧索。……然在今日,释氏却未消理会,大患者却是介甫之学。……如今日,却要先整顿介甫之学,坏了后生学者。"②这一训导为程系道学者所深铭在心,如杨时指斥王安石"溺于异端,以从夷狄","是以为世大

---

① 《续资治通鉴长编》卷二三三"熙宁五年五月甲午"条,第5660页;同书卷二七五"熙宁九年五月癸酉"条载,神宗又称释氏为"妙道",禅宗为"妙法"(第6732页)。
② 《二程集·河南程氏遗书》卷二上,第38页。按:程颐并非全然排斥佛老思想,据载:"叔(傍注:'指伊川')不排释、老。"(见《二程集·河南程氏遗书》卷六,第80页)又据载:"正叔视伯淳坟,尝侍行,问佛儒之辨。正叔指坟围曰:'吾儒从里面做,岂有不见?佛氏只从墙外见了,却不肯入来做,不可谓佛氏无见处。'"(见《二程集·河南程氏外书》卷一二,第427页)这说明程颐对于释氏也有认同之处,事实上,程颐学术也吸收了佛教思想(见陈植锷《北宋文化史述论》,第357—359页)。

害"①；杨时门人陈渊批评王安石"取扬雄性恶混言之，至于无善无恶，又溺于佛，其失性远矣"，为害更甚。②张栻则从王学与程学的根本区别上进一步指责王安石溺佛的危害性：

> 王氏之说皆出于私意之凿，而其高谈性命，特窃取释氏之近似者而已。夫窃取释老之似，而济之以私意之凿，故其横流，蠹坏士心，以乱国事，学者当讲论明辨而不屑焉可也。今其于二程子所学不翅霄壤之异，白黑之分，乃欲比而同之，不亦异乎？③

由于"新学"在孝宗时期仍有广泛的影响力，故张栻有"比而同之"之说，而其言外之意则在于：熙宁以来，作为"特窃取释氏之近似者"而"济之以私意之凿"的"新学"，既"蠹坏士心，以乱国事"，又成了长期以来道学一统天下的障碍。正在这个意义上，他再次重申了程氏"整顿介甫之学"的要旨："熙宁以来，人才顿衰于前，正以王介甫作坏之故。介甫之学，乃是祖虚无而害实用者，伊洛诸君子盖欲深救兹弊也。"④这当然也成了程门再传的朱熹光大道学的一大重任。较诸杨时、张栻等人，朱熹在这方面更具广度与深度。从上引文字观之，朱熹在全面否定新法与"新学"时，

---

① 《答吴国华书》，《杨龟山先生集》卷一七，《全宋文》，第124册，第154页。陈渊：《又论龟山墓志中事》，《默堂先生文集》卷一七，《全宋文》，第153册，第217页。
② 《宋史》卷三七六《陈渊传》，第11629—11630页。
③ 《与颜主簿》，《南轩集》卷一九，《全宋文》，第255册，第52页。
④ 《寄周子充尚书》（其二），《南轩集》卷一九，《全宋文》，第255册，第47页。

第六章 学术之争

突出其以"佛老之言为妙道"之弊,又从指责"一切举而归之于佛老"之弊中,佐证新法与"新学"之非。因此,无论是局部还是全局,王安石用于"外王"的"刑名度数"即新法是异端邪道,用于"内圣"的"道德性命"之说同样是邪术乃至是"奸言",所以不仅内外皆非,而且内外皆毒了!

余英时先生根据宋代学术与政治相互驱动、相互交融的特点,将包括道学在内的宋代学术思想定性为"政治文化",并指出:"北宋儒学复兴之初,古文运动倡导者已根据他们理想中的上古三代,发出重建秩序的呼声。这一呼声的原动力则是长期混乱下民间期待文治秩序的迫切心理,初期儒学的关怀大体偏重在政治秩序方面,对于'道德性命'之说则涉及未深;易言之,'外王'为当务之急,'内圣'可且从缓。但至迟在改革运动的高潮时期,'内圣'与'外王'必须兼备的意识已出现了,王安石便是一个最典型的例子。他以'道德性命'之说打动神宗,这是他的'内圣'之学;他以《周官新义》为建立新秩序的根据,这是他的'外王'理想。道学的创始人张载、二程与王安石属于同一时期,就响应古文运动领袖重建秩序的号召而言,他们与王安石无异。但王氏的'内圣外王'系统的完成与流传毕竟抢先了一步,这便成为道学家观摩与批评的对象。所以从儒学的整体发展来说,'新学'超越了古文运动,而道学也超越了'新学',确是一层转进一层。"[①]这就是说,从古文运动到"荆公新学",再到程系道学的发展与成熟,犹如一个人不断成长的生命历程,是宋代儒学不断发展的一个过程。在这个过程

---

① 余英时:《朱熹的历史世界——宋代士大夫政治文化的研究》上篇,第79—80页。

中，前后在基本性质和最终目的上均明显具有一致性，都是宋代儒学的组成部分，也都是为了如何更好地"内圣外王"，只是不同的阶段呈现出不尽相同的主张与内涵，不同的阶段都具有相应的超越性，即所谓"一层转进一层"。

然而，这种"转进"并非都是哲学意义上"否定之否定"的螺旋式上升，从"荆公新学"到道学，尤其是南渡以后的程系道学，就不是前后继承的发展关系，而是后者全盘否定前者的关系。在这个问题上，道学家的态度是十分明确的，如朱熹在评价陈与义《无题》诗"六经在天如日月，万事随时更故新。江南丞相浮云坏（按：指"荆公新学"），洛下先生宰木春（按：指程氏"洛学"）"时指出："此诗固好，然也须与他分一个是非始得。天下之理，那有两个都是？必有一个非。"[①]因此，自杨时、胡安国到张栻、朱熹，再到魏了翁、真德秀，南宋道学家发展程系道学，是本着"推倒万古之智勇"的精神，以竭力排斥和全盘否定"新学"为前提的，不只犹同将盆中的婴儿连同洗澡水一起抛弃一般，而且始终怀着非置"新学"于死地而决不罢休的学术心态和文化性格。若从纯粹的学术活动而言，这种做法尚有可谅之处，但作为一种以朋党政治为生态环境的"政治文化"，却难免产生危害，也存在着诸多令人担忧之处。这种危害与担忧不仅会在道学本身的命运中反映出来，"绍兴和议"期间的"专门曲学"之禁、庆元党争中的"伪学"之禁，就是很好的证明；同时又会在道学自身能否健全发展或成功进行"外王"实践的过程中显现出来。

既然南宋道学是在竭力排斥和全盘否定"新学"的基础上不断

[①] 《朱子语类》卷一四〇《论文下》，第3331页。

发展起来的，那么在其发展过程中，势必要抹去"新学"中某些合理的成分，有时甚至将本该张扬的思想因在"新学"中有所体现而拒诸门外，故其肌体或多或少地会存有片面性和封闭性，使之在经世致用中带来诸多不适应性。其中的一个突出表现就是内倾化。所谓内倾化，就是指在"内圣"时强调"尽精微"，在"外王"实践时则忽视了"致广大"；或者说，道学人士在注重修身养性、张扬道义时，忽视了为"新学"所再三强调的"富国强兵"的功利效益，并在学理上将道义与功利截然地分裂开来，对立起来。张栻《癸巳孟子说》卷四指出：

> 天下有道，则道义明而功利之说息。故小德役大德，小贤役大贤，各循其理而由其分，此所谓治也。若夫无道之世，则功利胜而道义微，徒以势力相雄长而已，此所由乱也。①

同书卷六又云：

> 孟子之言曰："为今之道，无变今之俗，虽与之天下，不能一朝居也。"此圣贤拔本塞源之意。今之道，功利之道也；今之俗，功利之俗也。由是道而不变其俗，本源既差，纵使其间节目之善，亦终无以相远也。故必以不由其道为先，不由其道，则由仁义之道矣。由仁义之道变而为仁义之俗，然后名正言顺，而事可成也。所谓不能一朝居者，功利既胜，人纪隳丧，虽得天下，何以维持主守之乎？故功愈就而害愈深，利愈

---

① 《癸巳孟子说》卷四，影印《文渊阁四库全书》，第199册，第415页。

大而祸愈速。富国强兵之说，至于秦可谓获其利矣。然自始皇初并天下，固已在绝灭之中，人心内离，岂复为秦之臣也哉！孟子谓虽与天下，不能一朝居者，宁不信乎！知此义而后可以谋人之国矣。①

张栻的《癸巳孟子说》作于乾道九年（1173）。该著以流畅的古文论述《孟子》的要旨；在论述中，以胡宏为程颐的《易传》所作的注释为基础，旨在强调其政治道德的指导意义，是南宋道学人士在不断阐发上古"道统"精义，以便从学理上彻底清算王安石"新学"及其"流毒"的过程中所产生的代表性著作之一。上引关于"仁义之道"与"功利之道"的辨析，就是借孟子的言论，驳斥"新学"中"富国强兵"的功利主张。若联系当时的朝政，这一辨析则又具有明显的针对性。史称"孝宗初立，励精庶政，至于财用大计，尤所经心，或时呼版曹吏入禁中驱磨财赋，诸库皆有簿要，多自按视"，因而朝臣百官多以财赋功利为务。②这就是张栻所谓"今之道，功利之道也；今之俗，功利之俗"的具体表现。乾道七年（1171），另一位道学人士、秘书省正字林光朝为了纠正孝宗对唐太宗"德仁功利之说"的倡导和官吏"趋事赴功"之举，也上疏指出："臣闻天下有杂然功利之说，有仁义根株不可易之论。所谓功利之说，谨可以集事而不暇为他计也。孟子生于战国纵横离合之际，不肯为一毫功利之说，而其所道者，是皆生民日用之事，此所

---

① 《癸巳孟子说》卷六，影印《文渊阁四库全书》，第199册，第501页。
② 《建炎以来朝野杂记》乙集卷三《孝宗论士大夫微有西晋风》，第542—543页。

谓仁义根株不可易者也。"①与张栻的"道义明而功利之说息","功愈就而害愈深，利愈大而祸愈速"之说相比，林光朝的语气虽然缓和得多，用意却无二致。就完善政治道德、净化社会风气而言，道学的这一主张无疑具有指导意义，但对于治理国家或富国强兵来说，恐怕不只了无促进作用，甚至是有大碍的。

诚然，"新学"所主张的"富国强兵"，造成了为朱熹所批评的"剥民兴利"之弊。但这是在具体实施过程中产生的弊端，无论从经学思想抑或就"外王"实践的角度而言，富国强兵不能不说是治国的重要乃至首要任务。早在道学的发轫时期，二程等人虽然十分注重义与利的区分，认为："大凡出义则入利，出利则入义。"②但他们对公利与私利是分别对待的，程颢还态度鲜明地指出："人无利，直是生不得，安得无利。"③则又承认了利在人类生存过程中的重要性；也许因为如此，在王安石实施以理财为中心的新法之初，程颢积极参与其中。然而，由于王安石变法的失败，其"富国强兵"之说在实施中造成了严重的失误，南宋道学人士就从理论上彻底予以否定，甚至认为富强之说是"绝灭"国家的祸根所在，这固然是为了发明和建构"人欲尽而天理纯"的先圣"道体"，但难免因噎绝食之嫌；确切地说，这一先圣"道体"是他们在排斥王安石理财学说的基础上发明和建构起来的，是在倒"新学"过程中形成的片面性所致，从中典型地昭示了政治与学术互动的党争环境怎样

---

① 《历代名臣奏议》卷四九《治道》，影印《文渊阁四库全书》，第434册，第369页。按：关于该年孝宗欲倡唐太宗"德仁功利之说"而遭朝臣异议的情况，详见《建炎以来朝野杂记》乙集卷三《孝宗与近臣论德仁功利》，第539—540页。
② 程颢语，见《二程集·河南程氏遗书》卷一一，第124页。
③ 《二程集·河南程氏遗书》卷一八，第215页。

具体地孕育了学术主体中的排他性文化性格，以及该性格又怎样给学术本身的发展所带来的负面效应。

作为"政治文化"，王安石"新学"与程系道学均属经学，经学十分讲究经义。所谓经义，就是通过对儒家经典的解读来阐释和发表自己的思想。经义仅仅是个工具，自己的思想乃是根本。王安石所强调的是"先王所谓道德者，性命之理而已"；虽然"性命之理出于人心"，但"其度数在于俎豆、钟鼓、管弦之间"①，因此"惟道之在政事"②。也就是说，经学必须落实到当下的行政事务上，才能见分晓。与"新学"不尽相同，程系道学要建立的思想是先于万物与人心而存在的"天理"，"天理"又分殊于万物与人心之中，所以其首先强调的是弄清物理与成就人性，然后进达于"天理"之中，因此特别注重格物致知、涵养持敬的工夫。但这不等于抛弃了社会和政治的实践，在二程那里，经学与行政也是互为统一、相辅相成的。本章开篇所引程颐"语学而及政，论政而及礼、乐、兵刑之学，庶几善学者"，就说明了这一点；而注重财赋，讲究功利，使国富兵强，则是"及政"的一项重要任务。然而，在倒"新学"运动中，道学人士似乎惟恐不彻底，连这一特征与任务也弃而不顾了，疏离了财赋功利、富国强兵这一重要的履道环节，将人乃至整个国家从正当的功利中剥离出来，一头扎进了格物穷理和涵养仁义的内倾化的硬壳之中，消极地推行自己的经学主张，即上编所述以"清议"的形态干预朝政。因此不仅招致反道学势力的不断排斥，而且将孝宗推向了王安石"新学"的思想语境之中：

---

① 《虔州学记》，《王文公文集》卷三四，第401页。
② 《周礼义序》，《王文公文集》卷三六，第424页。

第六章 学术之争

淳熙四年夏，密院王季海、赵温叔因进呈，奏淮北近苦蝗，此却仍岁丰稔。上（孝宗）曰："今夏蚕麦甚熟，丝及米价极贱，此甚可喜。"奏曰："孟子论王道，必始于黎民不饥不寒。"上曰："近世士大夫多耻言农事，农事乃国之根本。士大夫好为高论而不务实，却耻言之。"奏曰："士大夫好高论，岂能过孟子。孟子之言，必曰：'五亩之宅，树之以桑。''百亩之田，勿夺其时。'所见诸侯，未尝离此数语。"上曰："今日士大夫微有西晋风，作王衍阿堵等语，岂知《周礼》言理财，《易》言理财，周公、孔子未尝不以理财为务。"奏曰："舍周公、孔子、孟子不学，而学王衍，士大夫之有见识者必不至此。曩时虚名之俗诚是太胜，自陛下行总核名实之政，身化臣下，顷年以来，士风为之一变。三馆、两学之士，出为郡守、监司，无不留意民事，留意财计，往往皆有能声。此圣主责实之效。"上曰："然。近年亦稍变，然犹未尽，且不独此耳。士大夫讳言恢复，不知其家有田百亩，内五十亩为人所强占，亦投牒理索否？士大夫于家事则人人甚理会得，至于国事则讳言之。"奏曰："陛下志在大有为，故深思远虑如此。臣等敢不罄竭忠力。"上曰："卿等见士大夫，可与道朕此语。"①

这里所谓"好高论"的士大夫，与淳熙二年（1175）为孝宗所指斥的"清议"者同属道学人士（说详上编）；"孟子之言，必曰：'五亩之宅，树之以桑。''百亩之田，勿夺其时。'所见诸侯，未尝

---

① 《建炎以来朝野杂记》乙集卷三《孝宗论士大夫微有西晋风》，第543—544页。

离此数语",又是对张栻、林光朝等道学人士所宣扬的孟子"不肯为一毫功利之说"的反驳;孝宗"岂知《周礼》言理财,《易》言理财,周公、孔子未尝不以理财为务"诸语,则以十足的"新学"口吻,驳斥了将仁义道德与财赋功利截然对立起来的道学理论。淳熙十年(1183)八月,孝宗与宰执王淮等人论及"封桩库见管钱物"时又说:"何以聚人?曰:财。"周以冢宰制国用。《周礼》一书,理财居其半,后世儒者尚清谈,以理财为俗务,可谓不知本矣。祖宗勤俭,方全盛时,财赋亦自不足,至变更盐法,侵及富商。朕二税之外,未尝一毫妄取,亦无一毫妄费,所以帑藏不至空虚,缓急不取之民,非小补也。"①则更为明确地转述了王安石的经学主题,也再次说明曾深受道学熏陶的孝宗因无法接受道学人士"尚清谈,以理财为俗务"的言行,转而心仪并张扬起"新学"来了。

"新学"的一个重要主张是为国立法理财。这一主张得以实施是借助了《周礼》的经典力量。王安石在驳斥时人关于立法理财为弃义逐利的议论时便说:"所以理财,理财乃所谓义也。一部《周礼》,理财居其半,周公岂为利哉?"②所以,在"熙宁中,设经义局,介甫自为《周官义》十余万字,……以其书理财者居其半,爱之,如行青苗之类,皆稽焉。所以自释其义者,盖以其所创新法尽傅著之,务塞异议者之口。"③也就是清四库馆臣所说:"安石之意,本以宋当积弱之后,而欲济之富强,又惧富强之说必为儒者排击,

---

① 《宋史全文》卷二七上淳熙十年八月"是月"条,第2282页。
② 《答曾公立书》,《王文公文集》卷八,第97页。
③ 《郡斋读书志校证》卷二《新经周礼义》,第81—82页。

于是附会经义，以钳儒者之口，实非真信《周礼》为可行。"①淳熙年间，孝宗虽然没有像神宗那样以托古改制的方式，标举立法理财的旗帜，但他反复强调"《周礼》一书，理财居其半"，却显然是对王安石"新学"的认同和张扬；其主观愿望与神宗支持王安石以理财为中心的变法一样，也是为了富国强兵。

孝宗被史家誉为"卓然为南渡诸帝之称首"②。其中的一个重要表现，当在于摈斥清议，讲究实效，即所谓"励精庶政，至于财用大计，尤所经心"；而上述表明，其"财用大计"则明显地吸纳了王安石"新学"的思想养料。但如前文所述，"靖康之乱"以后，"新学"的理财主张是作为北宋覆灭的祸根被批判的。所以孝宗的在学术上的这一价值取向，对道学人士来说，自然成了大误政事根源所在。淳熙十五年（1188）六月，朱熹在入宫奏论时政中，便明确地指出了这一点：

> 臣窃惟陛下以大有为之资，奋大有为之志，即位之初，慷慨发愤，恭俭勤劳，务以内修政事、外攘夷狄、汛扫陵庙、恢复土疆为己任，如是者二十有七年于兹矣。而因循荏苒，日失岁亡，了无尺寸之效可以仰酬圣志，下慰人望。……故尝反覆而思之，无乃燕闲蠖濩之中，虚明应物之地，所谓天理者有未纯，所谓人欲者有未尽而然欤？天理有未纯，是以为善常不能充其量；人欲有未尽，是以除恶常不能去其根。为善而不能充其量，除恶而不能去其根，是以虽以一念之顷，而公私邪正、

---

① 《四库全书总目》卷一九《周官新义》提要，第149页。
② 语见《宋史》卷《孝宗纪三》，第692页。

是非得失之几未尝不朋分角立而交战于其中。故所以体貌大臣者非不厚，而便嬖侧媚之私顾得以深被腹心之寄；所以痛瘝豪英者非不切，而柔邪庸缪之辈顾得以久窃廊庙之权；非不乐闻天下之公议正论，而亦有时而不容；非不欲圣天下之逸说殄行，而亦未免于误听；非不欲报复陵庙之雠耻，而或不免于畏怯苟安之计；非不欲爱养生灵之财力，而或未免于叹息愁怨之声。凡若此类，不一而足……窃愿陛下……自今以往，一念之萌，则必谨而察之，此为天理耶？为人欲耶？果天理也，则敬以扩之而不使其少有雍阏；果人欲也，则敬以克之而不使其少有凝滞。推而至于言语动作之间，用人处事之际，无不以是裁之。……如此则圣心洞然，中外融彻，无一毫之私欲得以介乎其间，而天下之事将惟陛下之所欲为，无不如志矣。①

该年五月，排斥和抑制道学势力的王淮罢相，朱熹入朝，向孝宗上陈政论五章，以上为第五章。王淮罢相时，道学人士、敕令所删定官沈清臣曾厉论孝宗即位以来用相之失，并屡斥其"误国有大可罪者"："私主和议，无故而弃之夷虏；骑兵，天子之宿卫也，不能进取，无故而移之金陵；汲引狂诞浮薄之流以充塞正途，擅开佞幸权嬖之门，以自固高位，而今也循习前辙，浸成欺弊。"②其中所指即汤思退、虞允文和王淮，也就是为朱熹所痛斥的"久窃廊庙之权"的"柔邪庸缪"。虞允文和王淮是都是功利派的代表人物，前者协助孝宗备战，以恢复中原；后者是孝宗在"新学"思想作用下

---

① 《戊申延和奏札》（其五），《朱熹集》卷一四，第538—542页。
② 《宋史全文》卷二七下淳熙十五年五月"是月"条，第2347页。

第六章　学术之争

形成的"财用大计"的具体执行者。这两者均有违乾道以来程系道学的经世主张,加上虞、王两人都与"佞幸权嬖"结盟,"以自固高位",更是"柔邪"不堪了。不过,朱熹在总结既往政事之失的原因时,并没有停留在虞允文、王淮等为相者的身上,而是将批评的锋芒直指孝宗。在朱熹看来,使孝宗造成这些重大失误的根本原因,却在于"天理未纯",而"天理未纯"的原因,则在于"人欲未尽";因为"人欲未尽",所以"除恶常不能去其根";"除恶常不能去其根",则政事必失!由此观之,朱熹虽然没有运用前引张栻"非但名位货殖而后为利也,意之所向,一涉于有所为",便"为徇己自私"或"功愈就而害愈深,利愈大而祸愈速"之类的话语系统,但从道学对"道体"与"治统"的终极关怀上,更加突出了这一点。换言之,道学人士在竭力排斥"新学"的基础上建构起来的以"天理"为旨归的"致君行道"的经学体系,对货殖功利有着强烈的排他性,所以在朱熹的观念世界里,孝宗为了实施"财用大计",不断强调和张扬王安石"《周礼》一书,理财居其半"的经学思想,自然而然地成了其"天理未纯"而大误政事的根源所在。

《戊申延和奏札》以道学的基本原理,解剖已然政事之失,提出未然政事之要,具体却又典型地反映了朱熹的经学主张,也集中地体现了护"道"、明"道"者张扬先圣"道统"、期待先圣"治统"的"外王"愿望。然而,这一为了维护"天理"的纯洁性而竭力排斥正当功利的愿望,并没有在以"新学"为"财用大计"的学理诠释的孝宗身上实现,事实上也不可能实现,即便是在道学获得了正统地位的理宗朝,同样无法实现。

"端平更化",理宗亲政,"首黜王安石从祀,升濂洛九儒,表彰四书",道学全面战胜了"新学",独霸官方学术坛坫,甚至成为

"帝王治道之所出"①。按理说，这为"天理""道体"的呈现、先圣"治统"的回归，提供了有力的保障，奠定了坚实的基础，朱熹等前辈道学诸子生前梦寐以求的"致君行道"的理想，就完全可以付诸实践了，但实际效果却恰恰相反。那么其原因何在？明丘濬《世史正纲》作了如下总结：

> 人心之天理无终泯之理，况此学（按：指道学即理学）乃圣人之大经大法者哉！理宗适逢其当明之会，非真有阐明恢廓之功也。而得自古帝王所未有之谥，岂非幸哉！夷考其所存所行，其与理合也盖无几，史亦言其嗜欲既多，殆于政事，权移奸臣，经筵性命之讲，徒资虚谈，固无益也。呜呼！虚之一言，其理宗膏肓之病欤！夫上以实自居，犹恐下之人应以虚也，况倡之以虚哉！人知帝之所好尚在此，往往慕而效之。处学校者，借濂洛之书以为课业；应科目者，剽濂洛之言以为程文。及其仕宦所至，立书院祠堂以为崇儒，表遗书语录以为示教，遂至天下从风而靡。凡勤政事者，即目为俗吏；固边圉者，即目为粗才。甚至读书作文者，亦目之以玩物丧志焉。一时任用者，多作伪趋时之人，同声附和。稍有议及之者，则以陈贾、胡纮目之，是以人才大坏。高谈有余，实用不足，权奸用事，知其无能为，引以为助。一时居高位、据要地者，多愦愦不事事之徒，遂至百事废弛，九庙丘墟，而与晋之清谈、梁之苦空，同一其归。是岂理学之罪哉？假之者之罪也。濂洛之传所谓明德新民之实学，全体大用之极功，博厚高明，万世无

---

① 《宋宰辅编年录校补·续录校补》卷一八"景定五年十月帝崩"条，第1675页。

弊者也，岂若是哉！①

在中国古代，任何一种指导社会与政治实践的理论体系，都无法超越其所面对的政治霸权，在南宋，同样逃脱不了在宗法世袭制下君主集权的制约。就此观之，丘濬所言理学在理宗朝的这一际遇，可谓中的之论。不过，这仅仅是一个方面。上述情形的出现，还与道学本身的理论主张不无联系。

首先，就理宗而言，他利用道学，强化皇权，畅行私欲，虽然大违"人心之天理"，使道学成为虚设的文具，但正如前文所述，道学所大力宣扬的"理一分殊"的理论形态，强调三纲五常和世袭宗法制的先天的合理性，使君主的权威和地位具有了先天的至上性和绝对性，让君权充当了"天理"的化身。这就为强化君主集权提供了坚实的理论基础；在客观上也为人主滥用君权、畅行私欲提供了保护伞。同时道学的理论主张又规范了道学诸子"致君行道"的前提与方式，即在承认"守法者有私心"的宗法世袭制"亦天下之公法"的前提下，通过内倾化的"正心诚意"的说教，来"致君"或"觉王"，而无人从根本上提出变革帝王继立之法的思想与主张。既无此主张，遑论帝王继立之法的变革实践。南渡以来道学诸子就是将自己的履道期待全部赌注在这种"致君"或"觉王"实践之上的。所以，在世袭之"王"不肯觉悟，不愿进达于"人欲尽而天理纯"的圣人之境时，其"致君"或"觉王"的实践活动，除了失败便无他路可走。因此道学虽为"明德新民之实学"，但其"全体大

---

① 《宋宰辅编年录校补·续录校补》卷一八"景定五年十月帝崩"条，第1675—1676页。

用之极功"不可能真正在"有私心"的"守法者"身上实施,而且不但不能在深患"膏肓之病"的理宗身上得到发挥,反而加重了其病情。从这个意义上说,道学在经过竭力排斥和全盘否定"新学"的艰难历程后,最终独霸官方思想语境而成为"帝王治道之所出",的确如刘子健先生所说的是个"得不偿失的胜利"[①]!

其次,就道学末流者"高谈有余,实用不足"的弊病而言,也与道学主张不无内在联系。朱熹说:"(秦桧)尝问和仲(胡宁)先世(胡安国)遗文,因曰:'先公议论好,但只是行不得。'和仲曰:'闻之先人,所以谓之好议论,政以其可以措诸行事。何故却行不得?'答曰:'公不知,便是《六经》,也有说得行不得处。'此是这老子由中之言。看来圣贤说话,他只将做一件好底事物安顿在那里。"[②]胡安国是南、北宋之交的一位重要的道学家,其对道学的贡献不亚于程颐的四大弟子杨时等人,但秦桧认为其议论虽好,却"是行不得",朱熹也不得不承认这是"由中之言"。这就说明道学的理论主张与"行事"之间的严重分离,即所谓"说得行不得",因此决定了道学家在政治文化活动中的角色。不妨以理宗时期著名的道学家真德秀为例。在为了维护先圣"道统"的纯洁性而排斥王安石"新学"方面,真德秀是南宋道学的殿军人物,其言行也得到了同类的高度赞赏:"真德秀,文行声迹独重,嘉定、宝、绍间金谓'用则即日可太平'。"[③]但当赵汝谈要求其"当思所以谋当路者,无徒议之而已"时,真德秀却回答说:"德秀不过朝廷一论思之臣

---

① 《中国转向内在:两宋之际的文化转向》,第120—144页。
② 《朱子语类》卷一三一《中兴至今日人物上》,第3154页。
③ 《宋元学案》卷八一《西山真氏学案》引黄震《两朝政要》语,《黄宗羲全集》,第6册,第192页。

耳。"[1]自称"论思之臣",并非是对道学人士的神圣使命"行道"的歪曲或贬损,而是作为一位道学的代表人物对自我角色的诚实而又确切的定位。这一定位是由道学本身的内倾化所决定的。道学既然竭力排斥"荆公新学"所张扬的财赋功利,认为"功愈就而害愈深,利愈大而祸愈速",而竭力追求以既无客观标准、又无可操作性的"天理"为指归的圣人之域,该"圣人"之域则显然属于超现实的、理想化的一种价值假设,很难令凡人进入其中,所以作为"天理"说的建构者或张扬者,不得不扮演"论思之臣",将精力倾注到在超现实的、理想化的价值假设中产生的"天理"之境,教人如何通过修身的过程,使人人成为"圣人"。这种"说得行不得"的坐而论道的习性,无疑降低了论道者的事功能力,因此"高谈有余,实用不足"之弊,也就在所难免了。

  道学的经世意义或其"外王"实践是建立在"内圣"的基础之上的,其"内圣"的方式就是通过致知、格物、诚意、持敬等工夫,修身养性,使包括帝王在内的每一个人成为"人欲尽而天理纯"的"圣人",这样就可以使整个社会"止于至善,能使天下后世无一物不得其所"[2]。然而,这仅仅是道学家所设置的一种极富想象力和理想化色彩的理论形态,在党同伐异的朋党政治中,是无法成为现实的。何况道学的理论形态是在充满意气化的朋党之争或全盘否定王安石"新学"的过程中不断建构起来的,在这个过程中,道学的主体明显呈现出封闭性和排他性的学术文化性格,源于这一文化性格的理论形态,是很难具有健全的肌体的,因而在经世

---

[1] 《宋元学案》卷六九《沧州诸儒学案》,《黄宗羲全集》,第5册,第760页。
[2] 朱熹:《四书章句集注·大学章句》,第6页。

致用中也就不可能真正地发挥其作用。

第三节　余论：学术之争与"非历史化"思维方式

赵秉文在总结"新学"与道学之弊时指出：

> 自王氏之学兴，士大夫非道德性命不谈，而不知笃厚力行之实，其弊至于以世教为俗学；而道学之弊，亦有以中为正位，仁为种性，流为佛老而不自知，其弊反有甚于传注之学，又不可不知也。①

王安石"新学"固然属于宋代儒家"心性之学"或"道德性命之学"的范畴，表现出与其他学派相同的宇宙伦理化的价值取向，造成了"不知笃厚力行之实"的弊端，但"新学"并不完全是侈谈心性，更突出的是主张经世致用，具有鲜明的事功色彩；道学家虽然也以经世致用为指归，却"以中为正位"，以反事功的、超现实的理本体论为正。所谓"中"，即朱熹所说的"正心诚意者，尧舜所谓执中"②。"正心诚意"是道学家建构理本体论学术体系的前提，也是进入其理本体论内核"人欲尽而天理纯"的"圣人"之境的最根本的保证。正是从这个意义上，赵秉文批评道学家的理论主张"流为佛老而不自知"。这一批评受到了后世学者的响应和进一步阐发，如王夫之、颜元、戴震都认为"气的主观方面的相关物

---

① 《性道教说》，《闲闲老人滏水文集》卷一，《四部丛刊初编》，第1347册，第94页。
② 《壬午应诏封事》，《朱熹集》卷一一，第441页。

'欲'是善"。"王夫之指出,只有佛教,而不是纯儒,才将天理与人欲完全分割开来";"颜元说,只有佛家或道家才像宋代理学家那样告诉人们,人生来就秉有邪恶之气,当佛将耳、眼、嘴、鼻等称为'六恶'时,含义正是如此";而戴震径直将道学家"视为佛家或道家"。①

上述评论是仅就共同的"灭人欲"这一点而言的,在性质上,道学与佛老当然不可同日而语。如前文所述,道学家主张"灭人欲"而"存天理",是为了进一步申发孔子所发明的"道学"精义"道体",而"道体"乃"治天下"的"大本"。至于道学家将天理与人欲分割开来,对立起来,致使"流为佛老而不自知",是他们在重构"道体"过程中的一个必然结果。这个结果的产生当与道学家"非历史化"的理本体论思维方式密切相关。据载:

> 浩曰:"赵书记云:'自有见后,只是看《六经》《语》《孟》,其他史书杂学皆不必看。'其说谓买金须问卖金人,杂卖店中那得金银。不必问也。"(朱熹)曰:"如此,即不见古今成败,便是荆公之学。书那有不可读者?只怕无许多心力读得。《六经》是三代以上之书,曾经圣人手,全是天理。三代以下文字有得失,然而天理却在这边自若也。要有主,觑得破,皆是学。"②

这里涉及对经、史的认识与阅读经、史的方法论。在道学家看

---

① 《儒教中国及其现代命运》,第5页。
② 《朱子语类》卷一一《学五·读书法下》,第189—190页。

来,《六经》因"曾经圣人手",故"全是天理";而史书则如"杂卖店",紊乱不堪,若停留在紊乱不堪的史实上,既"不见古今成败"之理,又无法摄取"天理"之要。故主张经与史都得读,但要以经为准绳,以史为辅助,而读史则"要有主,觑得破"。所谓"主"与"破",就是以纯粹的理念对铢积寸累的客观事件和历史现象作"形而上"的观照与阐释,从而达到更高层位的抽象的理本体论目的。要达到这一目的,需要读者"精思""格物",即程颐"每读史到一半,便掩卷思量,料其成败,然后却看有不可合之处,又更精思";在"精思"中"见圣贤所存治乱之机,圣人君子出处进退,便是格物"。①这是自二程以来道学家所普遍遵循的读史之法。程颐在教导弟子如何读书时明确指出:"凡读史,不徒记事迹,须要识治乱安危、兴废存亡之理。"②张栻则具体地阐释了读史的方法:"读史之法,要当考其兴坏治乱之故,与夫一时人才立朝行己之得失,必有权度则不差也。欲权度之在我,其惟求之《六经》乎"③;而"观史工夫,要当考其治乱兴坏之所以然,察其人之是非邪正。至于几微节目,与夫疑似取舍之间,尤当三复也。若以博文见助文辞,抑末矣"④。朱熹在强调经书的重要性的同时,甚至还认为"看经书与看史书不同,史是皮外事物"⑤;只有在经书中的义理即"天理"的指引下看史书,才能"看治乱如此,成败如

---

① 《二程集·河南程氏遗书》卷一九,第258页。
② 《二程集·河南程氏遗书》卷一八,第232页。
③ 《西汉蒙求跋》,《南轩集》卷三四,《全宋文》,第255册,第283页。
④ 《答胡季履》其一,《南轩集》卷二五,《全宋文》,第255册,第132页。
⑤ 《朱子语类》卷一一《学五·读书法下》,第189页。

此,'与治同道罔不兴,与乱同事罔不亡',知得次第"①;即便是对于经书中的圣贤之言,在不违其"本意"的前提下,又要于"精思"中进行"推究",加以演绎和引申,因为"大抵圣贤之言,多是略发个萌芽,更在后人推究,演而申,触而长,然亦须得圣贤本意。不得其意,则从那处推得出来"。②因此,他不仅批评"荆公新学"唯史是求的弊端,而且也指责"于史分外仔细,于经却不甚理会"的"浙东学派"之非,认为吕祖谦和陈亮"一生被史坏了"。③

不难看出,在程系道学那里,经书所述之"理"是"形而上"的超越一切的理念精华,史书所载,只不过是"形而下"的"皮外事物",所以只有以经书之理、确切地说以通过自我"精思"与"推究"而成的"天理"为准绳,才能在"皮外事物",且如"杂卖店"一般的紊乱不堪的历史事件和现象中获得"古今成败"之理。就读书层面而言,这是提升读史效果与效率的一种精进的方法论,该方法论赋予了道学家特有的历史洞察力,也使他们的历史观照超越了原生状态那种紊乱、模糊和多向的复杂表现,径直攫取历史演进的理念逻辑;就学术层面而言,这是史学的理学化的一个过程,作用于这个过程的便是"非历史化"的理本体论思维模式。该思维模式在很大程度上促使道学家在观照历史时陷入了唯"理"是求的主观推索之中。

程系道学家为了提升"读史"的效果与效率,大力倡导以"经"为准,且于经书"演而申,触而长"、于史书则"须要识治乱

---

① 《朱子语类》卷一一《学五·读书法下》,第195页。
② 《朱子语类》卷六二《中庸一·第一章》,第1512页。
③ 《朱子语类》卷一二二《吕伯恭》,第2951页;同书卷一二三《陈君举》,第2965页。

安危、兴废存亡之理"的方法论，便不可避免地导致了理念先行或理念真实先于历史真实；换言之，他们为了在"非历史化"的理本体论思维中提出种种理论命题，急需这一方法论作支撑。所谓"《六经》是三代以上之书，曾经圣人手，全是天理"或"圣贤千言万语，只教人明天理，灭人欲"这个关乎道学内核的重要命题的提出，便充分说明了这一点。实际上，"《六经》皆史"，而《六经》"全是天理"和圣贤"只教人明天理，灭人欲"云云，则是道学家不惜扬去历史的客观性与真实性原则而张扬自我理念的一种托辞；在这里，《六经》与圣贤成了程系道学家建构纯理本体论的学术体系的附加剂，亦即朱熹所说的"读《六经》时，只如未有《六经》，只就自家身上讨道理"。[①]按照这种理念先行和理本体论思维模式，或在该模式中产生的"天理"去认识历史，不仅表现出严重的"非历史化"倾向，而且难以真正地把握古今"治乱安危、兴废存亡之理"，有时甚至扭曲了历史发展的规律。道学家将其所阐发的"道体"中的"精义"即"天理"与一切功利完全对立起来，彻底割裂开来，就是其中的一个突出表现。因此，他们在实践层面知晓事功或富国强兵的重要性，在理论层面却反复强调"功愈就而害愈深，利愈大而祸愈速"，甚至将王安石"新学"中"富国强兵"之说视为"绝灭"国家的祸根所在，并将"新学"的主张与蔡京的祸国殃民直接等同起来，也就不足为奇了；而在竭力批评"新学"杂糅佛老之弊的同时，自己却又"流为佛老而不自知"，则同样是件十分自然之事。

---

① 《朱子语类》卷一一《学五·读书法下》，第188页。

第七章

用人之争

　　与北宋一样，南宋党争始终贯穿着激烈的用人之争。用人之争是朋党之争的基础或原动力，无论是"国是"之争抑或学术之争，其动力都源自用人之争。两宋用人之争是建立在君子小人之争的基础上的；而君子小人之争的理论依据则是义利之辨，义利之辨乃宋代儒学的"第一义"。因此，以义利之辨为理论依据的用人之争成了学术之争的一个组成部分，从而使学术之争中所固有的排他性学术文化性格，又转化成了培植朋党、排击政敌的政治文化性格。两者相辅相成、相互促进。

第一节　君子小人之辨与用人之争

　　范浚说："言朋党，不过曰君子、曰小人。"[1]真德秀说："君子小人之分，义利而已矣。君子之心纯乎为义，故其得位也，将以行

---

[1] 《朋党》，《范香溪先生文集》卷一三，《全宋文》，第194册，第99页。

其道；小人之心纯乎为利，故其得位也，将以济其欲。"①这是流行于两宋士人群中的普遍观点。这个观点的流行，既有实践价值，又有理论意义。其实践价值是在朋党之争中分辨君子与小人，指导用人之争；其理论意义则在于推进了宋代儒学的中兴。两宋士人以义利为依据的君子小人之辨，虽然属于传统儒学"君子喻于义，小人喻于利"的话题范围，但却出现了新的内容，形成了一种划时代的新的理论主张，即不仅张扬"君子有党论"，而且强调君子结党的合理性和必要性，与传统的儒学观念大相径庭。

《尚书·洪范》云："无偏无党，王道荡荡；无党无偏，王道平平。"《论语·为政》也说："君子周而不比，小人比而不周。""君子群而不党。"这些祖宗训示，深深影响了后来官僚士大夫的观念世界。所以，在汉唐时期，尽管朋党现象不断出现，人们对"朋党"二字却讳莫如深。范晔在《后汉书》中为东汉末年的士人党所作的《党锢列传序》，实际上是一篇《朋党论》，但序文认为他们仅因"清心忌恶"而"终陷党议"，并不视之为朋党。唐代李党党魁李德裕在《朋党论》中指出："今之朋党者，皆依倚幸臣，诬陷君子，鼓天下之动以养交游，窃儒家之术以资大盗。"②则显然以"君子群而不党"自居，以"朋党"之名攻击政敌"小人"。稍前的李绛却说："自古及今，帝王最恶者是朋党。"③便道出了人们为何忌讳"朋党"二字的原因。但到了宋代，士大夫的朋党观发生了重大的转变。试看欧阳修的《朋党论》：

---

① 《直前奏札》，《西山文集》卷四，《全宋文》，第312册，第210页。
② 《全唐文》卷七〇九，第7282页。
③ 《对宪宗论朋党》，《全唐文》卷六四五，第6526页。

臣闻朋党之说，自古有之，惟幸人君辨其君子、小人而已。大凡君子与君子以同道为朋，小人与小人以同利为朋，此自然之理也。然臣谓小人无朋，惟君子则有之，其故何哉？小人所好者禄利也，所贪者财货也；当其同利之时，暂相党引以为朋者，伪也。及其见利而争先，或利尽而交疏，则反相贼害，虽其兄弟亲戚不能相保，故臣谓小人无朋，其暂为朋者，伪也。君子则不然，所守者道义，所行者忠信，所惜者名节，以之修身，则同道而相益，以之事国，则同心而共济，终始如一，此君子之朋也。故为人君者，但当退小人之伪朋，用君子之真朋，则天下治矣！①

该文作于庆历四年（1044）四月。在此以前，王禹偁的笔下已有《朋党论》，在承认小人有党的同时，也毫不忌讳地提出了"君子有党论"②。然而，王禹偁并没有回答君子与小人为何各自有党、君子结党对治理天下有何作用等重大问题。对此，欧阳修从义与利的角度，作了深刻的分析，充分肯定了君子结党在义理上的必然性与在治天下中的必要性。就是在欧阳修竭力宣扬这一前所未有的朋党观的同时，正在主持庆历新政的宰相范仲淹，也毫不忌讳地向仁宗公开承认自己与君子同道而朋的行为，并理直气壮地说："苟朋而为善，于国家何害也！"③

范仲淹和欧阳修所宣扬的"君子有党论"，虽然没有为后来的

---

① 《欧阳修全集》卷一七，第297页；《长编》卷一四八"庆历四年四月戊戌"条，第3580—3581页。
② 《朋党论》，《小畜集》卷一五，见《全宋文》，第8册，第43页。
③ 《续资治通鉴长编》卷一四八"庆历四年四月戊戌"条，第3580页。

两宋士人所普遍接受，但作为政治实践中的一种重要的思想观念，一方面深深扎根到了两宋士大夫的政治文化的性格之中；一方面也为不少政坛要员和知名人士所继承和张扬。被视为"老成之人"的司马光在《越州张推官字序》中的君子小人之辨①，就与欧阳修的《朋党论》如出一辙；苏轼的《续欧阳子朋党论》、秦观的《朋党论》上下篇等，均继承了欧阳修的朋党观。在南宋，吕祖谦的《宋文鉴》、无名氏的《宋文选》、真德秀的《续文章正宗》、王霆震的《古文集成》、谢枋得的《文章轨范》等选集，均选录了欧阳修的《朋党论》，从选学的角度予以张扬。又绍兴三年（1133），常同与高宗论朋党时指出："君子之党，协心济国；小人之党，挟私害公。为党则同，而所以为党则异。"②陈耆卿则具体阐发了欧阳修的"小人无朋，惟君子则有之"，"但当退小人之伪朋，用君子之真朋"之说，并视之为"至理如圆镜"。③尤其是朱熹，不仅与吕祖谦一起在道学界公开主张以"吾党"行"吾道"（详上编第三章），而且还强烈要求宰相以同道为朋。绍熙元年（1190），朱熹在给宰相留正的信中指出：

> 熹又蒙垂谕，深以士大夫之朋党为患，此古今之通病，诚上之人所当疾也……夫杜门自守，孤立无朋者，此一介之行也。延纳贤能，黜退奸险，合天下之人以济天下之事者，宰相之职也。奚必以无党者为是而有党者为非哉？夫以丞相今日之所处，无党则无党矣，而使小人之道日长，君子之道日消，天

---

① 《司马公文集》卷六四，《全宋文》，第56册，第128—129页。
② 《宋史》卷三七六《常同传》，第11624页。
③ 《朋党论》，《筼窗集》卷一，《全宋文》，第319册，第99—100页。

下之虑将有不可胜言者,则丞相安得辞其责哉?熹不胜愚者之虑,愿丞相先以分别贤否忠邪为己任,其果贤且忠耶,则显然进之,惟恐其党之不众而无与共图天下之事也;其果奸且邪耶,则显然黜之,惟恐其去之不尽而有以害吾用贤之功也。不惟不疾君子之为党,而不惮以身为之党;不惟不惮以身为之党,是又将引其君以为党而不惮也。如此,则天下之事其庶几乎。①

在理论深度上,这段文字并没有超越欧阳修的《朋党论》,但其观点之鲜明、态度之坚决、语气之截然,却为欧阳修所莫及。欧阳修是宋代儒学中兴的先驱者,朱熹则是宋代儒学中道学的集大成者,他们一反传统儒学"君子群而不党"之说,大肆宣扬"君子有党论",以及君子结党在"共图天下之事"中的必要性和重要性,典型地展现了宋代士大夫对待君主和国家的崭新的观念世界。这种新的观念极大地强化宋代士大夫在国家政治中的"士本位意识",也为在朋党政治中的用人之争奠定了厚实的理论基础。因此,尽管北宋后期尤其是南渡以后,消弭党论的呼声不绝于耳,有些士人还对欧阳修的《朋党论》提出了尖锐的批评。叶适就不满吕祖谦在《皇朝文鉴》中选录欧阳修《朋党论》的做法,并批评"欧阳修迫切之论,失古人意,徒使人悲伤而不足以为据也"②。但这种批评是有鉴于北宋以来所产生的党祸而提出来的,在具体朋党政治的实践中,党论却依然起着十分重要的作用。留正在以"深以士大夫之

---

① 《与留正丞相书》,《朱熹集》卷二八,第1207—1208页。
② 《皇朝文鉴四》,《习学记言序目》卷五〇,第743页。

朋党为患"垂训朱熹的同时，正以宰相的身份，党同"君子"，搭建着以自己为核心的宰相班子"留正党"。而在整个南宋，无论是所谓"贤相"如赵鼎、张浚，还是背负千古骂名的"奸臣"如秦桧、韩侂胄，他们在执政期间，公然结党，倾陷政敌，在观念意识上，无不深受自欧阳修以来的朋党观的影响。

然而，需要说明的是，作为宋代"君子有党论"的倡导人，欧阳修曾是一位彻底的反朋党论者，其《唐六臣传论》说：

> 呜呼，始为朋党之论者谁欤？甚乎作俑者也，真可谓不仁之人哉！……夫欲空人之国而去其君子者，必进朋党之说；欲孤人主之势而蔽其耳目者，必进朋党之说；欲夺国而与人者，必进朋党之说。夫为君子者，故尝寡过，小人欲加之罪，则有可诬者，有不可诬者，不能遍及也。至欲举天下之善，求其类而尽去之，惟指以为朋党耳。故其亲戚故旧，谓之朋党可也；交游执友，谓之朋党可也；宦学相同，谓之朋党可也；门生故吏，谓之朋党可也。是数者，皆其类也，皆善人也。故曰：欲空人之国而去其君子者，惟以朋党罪之，则无免者矣。夫善善之相乐，以其类同，此自然之理也。故闻善者必相称誉，称誉则谓之朋党，得善者必相荐引，荐引则谓之朋党，使人闻善不敢称誉，人主之耳不闻有善于下矣，见善不敢荐，则人主之目不得见善人矣。善人日远，而小人日进，则为人主者，怅怅然谁与之图治安之计哉？故曰：欲孤人主之势而蔽其耳目者，必用朋党之说也。一君子存，群小人虽众，必有所忌，而有所不敢为，惟空国而无君子，然后小人得肆志于无所不为，则汉魏、唐梁之际是也。故曰：可夺国而予人者，由其国无君子，

空国而无君子,由以朋党而去之也。①

由此观之,欧阳修是格外痛恨"朋党论"的,认为这是"欲空人之国而去其君子者"和"欲孤人主之势而蔽其耳目者"的"杀手锏",罪大恶极。既然如此,又为何转而予以大肆宣扬?淳熙五年(1178),周必大作过这样的分析:"仁宗时,吕夷简为宰相,范仲淹为侍从。仲淹危言正论,多议朝廷得失,夷简怒而逐之。士大夫往往直仲淹而罪夷简,夷简则指以为党,或坐窜逐,而朋党之论遂成。赖仁宗圣学高明,力排群议,擢仲淹参贰政事,于是党论不攻而自破。当是时,欧阳修盖尝为夷简指为党仲淹者。故其为谏官也,首著《朋党论》"②。也就是说,欧阳修因被吕夷简"指为党仲淹者",故转而大肆宣扬"君子有党论",甚至强调君子结党的合理性和必要性。不过这里有两点需要补充说明。

首先,欧阳修《朋党论》主要不是为吕夷简而作,但与景祐三年(1036)吕夷简贬范事件有关。该年,范仲淹以言事忤宰相吕夷简,又作"四论",讥切时政,蔡襄随之作《四贤一不肖》诗,赞扬范仲淹及其同道欧阳修、尹洙和余靖。吕夷简则指斥"范仲淹越职言事,荐引朋党,离间君臣"。于是,范仲淹贬知饶州,欧阳修贬知夷陵,并准侍御史韩渎"仲淹朋党榜朝堂"之请。③吕夷简的这种攻击并不完全是捕风捉影,在这次贬范事件中,不少朝臣抱有以"希文(范仲淹)贤者,得为朋党幸矣"的心理,竟以身列范党

---

① 《新五代史》卷三五《唐六臣传》,第381—383页。
② 《东宫故事十五首·六月三日》,《承明集》卷八,《全宋文》,第231册,第189页。
③ 《续资治通鉴长编》卷一一八"景祐三年五月丙戌"条,第2784页。

为荣①，而太子中允、馆阁校勘尹洙则不仅自认为范党之人，而且"乞从降黜"②！这充分表明，"朋党"一词绝非用于攻击政敌或"欲空人之国而去其君子"的借口，而是形实俱备，同道为朋成了当时士人发自内心的自觉行为。这无疑是欧阳修张扬"君子有党论"强劲的驱动力。庆历四年（1044），在仁宗的认同与支持下，范仲淹党同富弼、韩琦、欧阳修等人，从事以改革吏治为中心的庆历新政，但招致政敌的强烈反对。为了阻止这场政治变革，政敌以"胶固朋党"的罪名，弹劾范仲淹、欧阳修结党营私，并指斥范仲淹"门下党与已无虑五六十人，使此五六十人递相提挈，不过三二年，布满要路，则误朝迷国，谁敢有言？挟恨报仇，何施不可？九重至深，万几至重，何由察知"③。为了正面驳斥政敌的弹劾，范仲淹承认自己为了治天下而与君子结党的事实；欧阳修为了从理论上彻底击败政敌的进攻，则从义与利的对立，阐释君子结党的必然性与必要性。

其次，从理论依据来看，欧阳修的朋党观是建立在义利之说与君子小人之辨的基础之上的，是"君子喻于义，小人喻于利"的儒家学说在区分政治群体时的具体表现，而"义利之说，乃儒者第一义"④，为宋代儒学的主题之一。在时间上，以君子小人与义利之辨为具体内涵的朋党观的形成，又与宋代儒学的全面中兴是相一致的。宋代儒学中兴始于庆历年间，其标志在于欧阳修等儒者开始发明儒典精义，使汉唐注疏之学转向了义理之学。朱熹指出："理义

---

① 《续资治通鉴长编》卷一一八"景祐三年五月丙戌"条，第2784页。
② 《续资治通鉴长编》卷一一八"景祐三年五月乙未"条，第2786页。
③ 《续资治通鉴长编》卷一四八"庆历四年四月戊戌"条，第3582页。
④ 朱熹：《与延平李先生书》，《朱熹集》卷二四，第1019页。

大本复明于世，固自周、程，然先此诸儒亦多有助。旧来儒者不越注疏而已，至永叔、原父、孙明复诸公，始自出议论。"①所谓"旧来儒者"，包括了庆历以前的儒者。吴曾说："庆历以前，学者尚文辞，多守章句注疏之学。"②庆历之际，学者开始跨越章句注疏之域，"始自出议论"，发明义理，已得儒典精义，也就是朱熹所说的："国初人便已崇礼义，尊经术，欲复二帝三代，已自胜如唐人，但说未透在。直至二程出，此理始说得透。"③这里的"国初人"，即其前所称欧阳修、刘敞、孙复等人。他们"崇礼义，尊经术，欲复二帝三代"，正为庆历年间发明的"道"或"理"。而将"此理始说得透"的程颐则主张："欲趋道，舍儒者之学不可。"④并认为"欲趋道"，必须首先注意个体的心性修养："凡学之道，正其心，养其性而已。中正而诚，诚则圣矣。君子之学，必先明诸心，知所往，然后力行以求至，所谓自明而诚矣。"⑤学者诚意、正心、养性，即可成就圣人人格，进而可复二帝三代之礼义。朱熹所谓"直至二程出，此理始说得透"，当即此意。程氏的"道"或正心养性的"君子之学"，是程氏洛学也是两宋儒学的基本内容，其要义与欧阳修在《朋党论》中提出的君子用于"修身"的"道义"，基本相同。也就是说，欧阳修的君子小人之辨，一反经典之说，公然宣扬"君子有党论"，认为与"所好者禄利""所贪者财货"的小人之

---

① 《朱子语类》卷八〇《诗一·论读诗·解诗》，第2089页。
② 《能改斋漫录》卷二"注疏之学"，第28页。
③ 《朱子语类》卷一二九《自国初至熙宁人物》，第3085页。
④ 《二程集·河南程氏遗书》卷一八，第187页。
⑤ 《颜子所好何学》，《十先生奥论注》后集卷一，影印《文渊阁四库全书》，第1362册，第123页。

"伪党"不同,"君子所守者道义,所行者忠信,所惜者名节",故"用君子之真朋,则天下治",这虽于义理"说未透在",但正是朱熹所谓"始自出议论"而"崇礼义,尊经术,欲复二帝三代"的表现之一。

上述可知,欧阳修从严厉抨击朋党论转而大肆宣扬朋党论,甚至格外强调"君子有党论",既出于现实政治斗争的需要,又是振兴儒学的组成部分;其朋党观虽然与"君子群而不党"的儒家经典之说背道而驰,但不是对传统儒学的背弃,而是在始兴义理之学的过程中,给传统儒学注入了新的时代内涵,体现了宋代儒学和士人的政治理想和价值取向。率先将这一理想与价值付诸实践,并成为士人之典范的是范仲淹。史称范仲淹"每感激论天下事,奋不顾身,一时士大夫矫厉风尚风节,自仲淹倡之"①;其"先天下之忧而忧,后天下之乐而乐"的献身精神,更激励了一代士风。庆历新政就是在这一背景下展开的,也就是说,庆历新政与庆历年间的儒学中兴相互表里,相互促进。但庆历新政引起了激烈的朋党之争。为此,欧阳修作《朋党论》,界说义利,严辨君子小人,宣扬君子结党的必然性与必要性,既是对范仲淹新政集团以天下为己任的精神与行为的总结,又是对中兴后的儒学作用于具体政治实践的理论阐发。

然而,正如朱熹在评论"国初人"于义理"说未透在"一样,欧阳修的君子小人之辨尚处初级阶段,或者说,为宋代儒学主题"义利之说"的全面形成及其在政治实践中的运用,建构了最初的理论框架。从古文运动的展开到"荆公新学"的出现,再到程系道

---

① 《宋史》卷三一四《范仲淹传》,第10268页。

学的全面成熟，始于欧阳修的君子小人之辨也随之日趋深入，其辨域也在不断扩大，下列陆九渊的论辨就是个明证：

> 子曰："君子喻于义，小人喻于利。"此章以义利判君子小人，辞旨晓白，然读之者苟不切己观省，亦恐未能有益也。某平日读此，不无所感。窃谓学者于此，当辨其志。人之所喻由其所习，所习由其所志。志乎义，则所习者必在于义，所习在义，斯喻于义矣。志乎利，则所习者必在于利，所习在利，斯喻于利矣。故学者之志不可不辨也。科举取士久矣，名儒钜公皆由此出，今为士者固不能免此。然场屋之得失，顾其技与有司好恶如何耳，非所以为君子小人之辨也。而今世以此相尚，使汩没于此而不能自拔，则终日从事者，虽曰圣贤之书，而要其志之所乡，则有与圣贤背而驰者矣。推而上之，则又惟官资崇卑、禄廪厚薄是计，岂能悉心力于国事民隐，以无负于任使之者哉？从事其间，更历之多，讲习之熟，安得不有所喻？顾恐不在于义耳。诚能深思是身，不可使之为小人之归，其于利欲之习，怛焉为之痛心疾首，专志乎义而日勉焉。博学审问，慎思明辨而笃行之。由是而进于场屋，其文必皆道其平日之学、胸中之蕴，而不诡于圣人。由是而仕，必皆共其职，勤其事，心乎国，心乎民，而不为身计，其得不谓之君子乎！[①]

这一论辨至少有两方面为欧阳修所未及：一是以人之"所习""所志"为依据，强调"志乎义，则所习者必在于义"与"志乎利，

---

① 《白鹿洞书院论语讲义》，《陆九渊集》卷二三，第275—276页。

则所习者必在于利"的主观性,这在欧阳修关于"君子喻于义,小人喻于利"的现象分析上,揭示出造成这一现象的主观原因。二是指出了诱导士人"志乎利"而成为小人的两个客观因素,即科举考试与"官资崇卑"制度。在陆九渊看来,科举所激发士人入仕的动机不是"志乎义"而是"志乎利";入仕后的"官资崇卑"之分,则又促使士人不断向"志乎利"的方向发展,从而进一步强调了主观心性中所积累的"习于义""志于义"对士人成为君子的重要性。

陆九渊是南宋道学中心性学派之祖,其学术观点曾多次遭到朱熹的驳难,但上述论辨,却得到了朱熹的激赏。朱熹在训导门人时说:"他(陆九渊)却说这义利分明,是说得好!如云:'今人只读书便是为利!如取解后,又要得官;得官后,又要改官。自少至老,自顶至踵,无非为利!'说得来痛快,至有流涕者!"[①]朱熹是"存天理,灭人欲"的张扬者,在其观念世界里,判断是否为君子的标准"义"已成了与一切功利相对立的一个概念,所以这种激赏也就在情理之中了,同时又昭示了其君子小人之辨的蕲向。

朱熹在批评戴肖望"洪景庐(迈)、杨廷秀(万里)争配享,俱出,可谓无党"之说时严肃指出:"不然。要无党,须是分别得君子小人分明。某尝谓,凡事都分做两边,是底放一边,非底放一边;是底是天理,非底是人欲;是即守而勿失,非即去而勿留。此治一身之法也。治一家,则分别一家之是非;治一邑,则分别一邑之邪正;推而一州一路以至天下,莫不皆然,此直上直下之道。若

---

① 《朱子语类》卷一一九《训门人七》,第2873页。

其不分黑白，不辨是非，而猥曰'无党'，是大乱之道。"①便以"天理"与"人欲"这一非此即彼、"直上直下之道"区分"君子党"与"小人党"，下面几段文字，就是其具体的辨析：

> 问"周比"。曰："君子小人，即是公私之间。皆是与人亲厚，但君子意思自然广大。小人与人相亲时，便生计较，与我善底做一般，不与我善底做一般。周与比相去不远，要须分别得大相远处。"
>
> 问"周而不比"。曰："周者，大而遍之谓；比便小，所谓两两相比。君子之于人，无一人使之不得其所，这便是周；小人之于人，但见同于己者与之，不同于己者恶之，这便是比。君子之于人，非是全无恶人处，但好善恶恶，皆出于公。用一善人于国，则一国享其治；用一善人于天下，则天下享其治；于一邑之中去一恶人，则一邑获其安；于一乡之中去一恶人，则一乡受其安，岂不是周！小人之心，一切反是。"……
>
> 比之与周，皆亲厚之意。周则无所不爱。为诸侯则爱一国，为天子则爱天下，随其亲疏厚薄，无不是此爱。若比，则只是拣择。或以利，或以势，一等合亲底，他却自有爱憎，所以有不周处……大概君子心公而大，所以周普。小人心狭而常私，便亲厚也只亲厚得一个。②

以上辨析是就其学生请教何谓"君子周而不比"时展开的。

---

① 《朱子语类》卷一三二《中兴至今日人物下》，第3180页。
② 《朱子语类》卷二四《论语六·为政篇下·君子周而不比章》，第581—582页。

"君子周而不比"与"小人比而不周",出自《论语·为政》。邢昺疏:"《正义》曰:'此章明君子小人德行不同之事,忠信为周,阿党为比。'言君子常行忠信,而不私相阿党,小人则反此。"[①]意即君子因忠信而不结朋,小人因徇私而植党。朱熹则以"亲厚"为基点、以"公私"即"义利"为标准,辨别君子之"周"与小人之"比"。认为君子"心公而大","意思自然广大",在对待他人时,"无一人使之不得其所",所以其行为体现为"周普"的特征;而小人则"心狭而常私",在对待他人时,"但见同于己者与之,不同于己者恶之",所以"亲厚也只亲厚得一个",无法做到像君子那样"周普"。所谓"周普",就是建立在"亲厚"之上的普爱。但在朱熹看来,君子的普爱,并非无原则,其原则便是"好善恶恶",进而言之,君子也有同己好恶的性格,只是其"好善恶恶",皆以"公"为标准。也就是说,君子以"善"为同、以"恶"为异,"皆出于公","公"者好之、同之,"私"者恶之、异之;而选拔"皆出于公"的"善人"即君子,用于国,"则一国享其治",用于天下,"则天下享其治"。那么这个以"公"为标准的"周普",是否属于结朋植党的表现,朱熹没有明言。不过,朱熹是一个坚决的"君子有党论"者,甚至认为"猥言'无党',是大乱之道",故其"周普"说已非传统意义上的"君子群而不党"之"周";他所强调的君子因"公"而"好善恶恶",也证明了这一点。换言之,以"公"为标准、以"好善恶恶"为特征的"周普"说,是朱熹声张"惟恐其党之不众而无与共图天下之事"的理论基础,在释"周"义上与欧阳修《朋党论》一样注入了新的时代内容,但较诸欧阳修

---

① 《论语注疏》卷二,《十三经注疏》,第2463页。

第七章 用人之争

的君子小人之辨，在"理义"上无疑要深入得多、透彻得多。

不过，无论是欧阳修、范仲淹，还是陆九渊、朱熹，无论是北宋儒者还是南宋道学家，他们喋喋不休的君子小人之辨，都是在"君子喻于义，小人喻于利"的框架下进行的，也都出于一个共同的目的。如果说"义利之说，乃儒者第一义"，是儒学关于政治理想和价值取向的一个基本理论命题；那么在该命题下展开的君子小人之辨，则是对儒学实践主体的道德评价和人格区分，其目的是为了指导用人实践。

君子既然"心公而大""所守者道义"，那么毫无疑问是实现儒学政治理想和价值的实践主体，用之"则天下治矣"；"心狭而常私""所好者禄利"的小人，用之当然是天下大乱了。但这仅仅是理论上的推断，在具体的政治实践中，却并非那么简单。

司马光《资治通鉴》卷二四五记唐大和八年（834）文宗每叹"去河北贼易，去朝廷朋党难"时，以"臣光曰"的形式发论："夫君子小人之不相容，犹冰炭之不可同器而处也。故君子在位，则斥小人；小人得势，则排君子。此自然之理。"①元祐后期，为了调停新旧两党的冲突，自称"君子"的吕大防、刘挚却提出起用被贬在外的熙丰"小人"，相与同朝为政，但遭到了苏辙的强烈抨击，认为君子小人犹如冰炭薰莸，"冰炭同处，必致交争，薰莸共器，久当遗臭"②。建炎三年（1129），胡寅上疏认为"君子小人，势不两立"；要"拨乱世，反之正"③，中兴国事，必须严斥小人。而方叔瑋致书朱熹，则"称本朝人物甚盛，而功业不及于汉唐，只缘是要

---

① 司马光《资治通鉴》卷二四五，第7899页。
② 《颖滨遗老传》（下），《苏辙集·栾城后集》卷一三，第1027页。
③ 《宋史》卷四三五《胡寅传》，第12921页。

去小人",朱熹阅后,愤然指出:"是何等议论!小人如何去不得?自是不可合之物。'一薰一莸,十年尚犹有臭。'观仁宗用韩、范、富诸公,是甚次第!只为小人所害。及韩、富再当国,前日事都忘了。富公一向畏事,只是要看经念佛,缘是小人在傍故耳。若谓小人不可去,则舜当时去'四凶'是错了!"①进而认为"古今治乱,不过进君子,退小人"而已②。由此可见,在处理"小人"的问题上,主要有两种不同的态度:一是可以与君子并处共政;一是必须坚决予以排斥!

小人既然"心狭而常私""所为者禄利",为何还有人主张君子小人并处共政,甚至还将"本朝人物甚盛,而功业不及于汉唐",归咎于排斥"小人"?据载,魏了翁曾听宰相史弥远论贤士,史弥远说:"恐相激成朋党。"魏了翁答:"朋党有君子党,有小人党。"史弥远云:"固然。"魏了翁却说:"不知谁忍作小人一党?"③这便昭示了宋儒的义利、君子小人之辨,虽有理论价值,却无现实作用,或很难指导具体的用人实践。

在学术层面上,宋代学者以义利为依据,区分君子小人,甚至张扬君子结党对治国平天下的重要性,固然是为了弘扬儒学的政治理想和价值取向,但由于其区分的学理依据仅仅停留在义利这对非此即彼、且又十分抽象而极端化的概念上,不可能客观地辨别出真正的君子小人;换言之,他们在君子小人的道德评价和人格区分上,惟有"君子喻于义,小人喻于利"的正负两极,并为这正负两

---

① 《朱子语类》卷一二九《自国初至熙宁人物》,第3092页。
② 《朱子语类》卷一一三《学七·力行》,第238页。
③ 《师友雅言》下,《鹤山先生大全文集》卷一〇九,《四部丛刊初编》,第1262册,第221页。

极构筑起了严密的逻辑系统：义为善之本，善则仁，仁则忠，忠则直；利为恶之源，恶则邪，邪则奸，奸则谀。因此，无论用以评价个体的德行人格，抑或用以划分整个士大夫群体，都处于相互对立、相互排斥的状态中，也都明显存有极端化、片面化之弊。一个人一旦被誉为"君子"，就意味着对其德行和人格的毫无保留的肯定，若被视作"小人"，即便不乏善举，饶有政绩，亦会被抹杀无遗；一旦落实到士大夫之间的朋党之争，亦只能非此即彼地划分为君子党与小人党两极。因此，这种君子小人之辨非但无法真正解决实践主体在道德人格上的多样性与复杂性，而且还会激发矛盾，甚至有碍儒家政治理想和价值的实现。

这一点，在欧阳修"君子有党论"的确立之初，就有了明显的表现。如上所述，欧阳修《朋党论》所归纳的"守道义"的"君子"与"好利禄"的"小人"，首先是以现实政治斗争为前提的，即以"君子"称包括自己在内的新政集团，以"小人"指反对新政者。在实施"庆历新政"之初，"以为难行"的论者主要有章得象、贾昌朝、宋祁、王拱辰、张方平、刘元瑜、钱明逸等人，也是他们结成一党，炮制"进奏院狱"，将范仲淹新政集团一网打尽的①，但他们并非都是为欧阳修所指斥的见利忘义的"小人"。以章得象为例，自景祐以来，"在中书八年，畏远名势，宗党亲戚，一切抑而不进"②，不乏尚义的君子风范。促使以章得象为首的所谓"小人之伪朋"倾轧以范仲淹为首的"君子之真朋"，原因是多方面的，但与欧阳修的君子小人之辨不无内在联系。史称欧阳修的君子小人

---

① 详《宋史纪事本末》卷二九《庆历党议》，第186—201页。
② 《续资治通鉴长编》卷一五五"庆历五年四月丁未"条，第3769页。

之辨,"为朋党者益恶焉"①,便指出了这一点。欧阳修严辨君子小人,固然是为了排除政敌的干扰,维护去弊图治的"庆历新政",但由于在划分君子小人中,既缺乏足够的现实依据,又以"君子"自居而斥对方为"小人",致使政敌"益恶焉",从而激化了矛盾,在一定程度上加速了"庆历新政"的失败。诚如前引叶适所批评的"徒使人悲伤"!

欧阳修以"君子""小人"正负两极区分士大夫群体,激化了庆历党争,为两宋党争中的用人之争开了一个极为不良的端绪。至于衡量个体德行与人格,也同样无法冲破这一非"君子"即"小人"的藩篱。下面不妨以南宋党争中对王伦和林栗的评价为例。

王伦党同秦桧,是"绍兴和议"的主要参与者,绍兴八年至十一年(1138—1141)间,是他充当南宋大使,前往金国洽谈和议事宜,被主战派斥为"卖国引贼入家"的罪人②;胡铨又上疏请求斩王伦与秦桧、孙近之头以谢天下,则将其与千古大奸秦桧相提并论了。但王伦被拘河间期间,"金人欲以为河间、平、滦三路都转运使,伦曰:'伦奉使而来,非降也。大宋之臣,岂受大金爵禄耶?'虏遣使来趣,伦又不受,虏人杖其使,俾缢杀之。伦厚赆使人,冠带南向,再拜恸哭,乃就死"③。这正如高宗所说的"伦虽不矜细行,乃能守节死敌。人谁无死,择死为难耳"④。就此而言,典型地体现"富贵不能淫,威武不能屈"的君子品格,但在主战派眼里,却是个十足的"奸邪小人"!

---

① 《续资治通鉴长编》卷一五五"庆历五年三月丙戌"条,第3766页。
② 王之道语,引自《要录》卷一一九"绍兴八年五月辛亥"条,第2226页。
③ 《要录》卷一五二"绍兴十四年七月戊午"条,第2868页。
④ 《要录》卷一五三"绍兴十五年正月戊辰"条,第2888页。

林栗曾党同留正，竭力排挤道学。淳熙十五年（1188），当周必大相党荐引朱熹入朝与留正收拾王淮在朝势力急攻周必大党之际，林栗上疏弹劾朱熹不学无术，并论及道学之非，致使周党荐引朱熹的活动以失败告终（说详上编），林栗因此被周党叶适等人视为"残害忠良"的"奸邪小人"[1]，遭到了无所不至的攻伐。对此，陆九渊的好友罗点将林栗与朱熹视为"自家屋里人"，规劝道学人士停止对林栗的攻伐，陆九渊则回信反驳："来书乃谓自家屋里人，不亦陋乎！来书言林、朱之事，谓'自家屋里人，自相矛盾'，不知孰为他家？古人但问是非邪正，不问自家他家。君子之心，未尝不欲其去非而就是，舍邪而适正，至其怙终不悛，则当为夬之上六矣。舜于四凶，孔子于少正卯，亦治其家人耳。"[2]罗大经进而指出："象山此论，可谓浑厚高明。且以我朝言之，自庆历以前，无君子小人之名，所谓本只一家者也，故君子不受祸。自庆历以后，君子小人之名始立，则有自家他家之分矣。故君子之受祸，一节深于一节。"[3]对于罗点的规劝，陆九渊从君子小人之别予以驳斥，并将朱熹与林栗分别比作孔子与少正卯，大有像孔子杀少正卯那样，置林栗于死地而后快之势；罗大经则在陆九渊这一"浑厚高明"之论的基础上，总结了庆历以来小人害君子"一节深于一节"的历史。然而林栗去世后，朱熹的大弟子黄榦在一篇祭文中却赞誉有加，称之为"受天劲气，为时直臣"，又说"虽当世大儒（指朱熹），或见排斥；著书立言，苟异吾趣，虽前贤笃论，亦不乐于因循。观公之过，而公之近仁者抑可见矣，论者固不可以一眚而掩其

---

[1] 详《辩兵部郎官朱元晦状》，《叶适集·水心文集》卷二，第16—20页。
[2] 《与罗春伯》，《陆九渊集》卷十三，第177—178页。
[3] 《鹤林玉露》乙编卷一《自家他家》，第126页。

大醇也。"①进而言之，林栗党同留正，抨击朱熹和道学，既然被叶适、陆九渊和罗大经斥为残害"忠直君子"的"奸邪小人"；那么，当周必大在留正党的排击下罢相去国后，原本党同周必大的朱熹及其他道学人士转而投入曾厌弃并抨击道学的留正门下，这是否可以说连"奸邪小人"林栗的德行还不如呢？

不可否认，在现实生活中，确实存在弃义逐利的奸邪小人；当其为政，也确乎有害治体。但如上所述，宋儒在学术层面所进行的君子小人之辨，对具体的用人实践并未产生积极作用，相反造成了严重的混乱。究其因，不外有二：

其一，在于"君子喻于义，小人喻于利"这一理论形态本身存在着严重的缺陷；其缺陷首先根植于不健全的思维模式。上述表明，宋代君子小人论者是停留在"义"与"利"或"君子"与"小人"的正负两极连成的一条单一的直线上进行思辨的，即朱熹所谓"直上直下之道"。其思辨的结果是非"义"即"利"，非"君子"即"小人"。这是一种线性思维模式。该模式无法使思辨者进入平面的或立体的思维空间，除了君子与小人这两极以外，并无第三者可循。所以在对个体的道德评价和对士大夫群体的区分时，不是君子，便是小人，非此即彼，非彼即此，永远处于相互对立、相互排斥的状态而不能自拔。

其二，宋代"君子喻于义，小人喻于利"之说深深扎根于朋党政治中，其功能主要为朋党双方用来排斥政敌。纵观两宋朋党政治的历史，不难发现其中的一个普遍规律，即不是东风压倒西风，就

---

① 《代祭林黄中侍郎文》，《勉斋先生黄文肃公文集》卷三六，《全宋文》，第288册，第515页。

是西风压倒东风;在这个规律基础上应运而生的却是喜同恶异、党同伐异的政治文化性格。在此规律和性格下进行义利与君子小人的学理思考与辨析,也就形成了相对应的功能特征,即一方为正极,是我的,一方为负极,是反对我的;我都是对的,所以是君子,反对我的都是错的,所以是小人;同我者君子,异我者小人,只愿有一,不愿有二。上述欧阳修与朱熹所竭力宣扬的"君子有党论",便典型地体现了这一点。

作为宋代儒学的一个重要主题,义利之说与君子小人之辨不乏理论价值,尤其是"君子有党论",更具有划时代的意义与价值。然而,宋儒建构这个理论形态的目的,并非仅仅为了理论而理论,更主要的是为了解决儒学实践主体的道德与人格问题,更好地实践儒学的政治理想与价值体系;同时,由于庆历以后的政治形态的主要表现为朋党之争,所以又被具体地运用到了朋党政治的实践中,用来指导用人之争。因此在解读与评价时,就不能也无法离开这一实践层面。就其实践层面观之,可以说是弊远大于利的。因为该理论形态本身的严重缺陷,推进了朋党政治中党同伐异的政治文化性格的生成,而党同伐异的政治文化性格,则又反过来加深了该理论形态的缺陷,两者相互作用,相互促进,造成了明显具有意气化的用人之争,在政治文化的实践中,产生了严重的负面效应。

因此,对于上引方叔珪"本朝人物甚盛,而功业不及于汉唐,只缘是要去小人"之说,若停留在理论层面,恐怕没有理由不赞同朱熹以君子小人之辨而对此所作的严厉斥责;若基于实践层面,就能避开朱熹论辨的误导而从中获取应有的启示。

第二节　用人之争与党同伐异的政治文化性格

淳熙十一年（1184），杨万里总结了长期以来朋党政治的用人特点，并揭示了在其进退人才中所积累起来的四大弊端，即四"偏党"：

> 盖执己之见之谓偏，好己之同之谓党。执己之见则必舍人之长，好己之同则必恶人之异。以此处事，皆昏昏矣，而用人者尤不可有此心也。后之用人者不然，某人进，则某人之所引其类者皆进；某人退，则某人之所引其类者皆退。如其所引之不善也，皆随某人而退也，不亦善乎？如其所引之皆善也，亦皆随某人而退也，是可惜也。人才之所以难得，其或在此欤？此偏党之一也。
>
> 古人云："非尧舜，安能每事尽善？"后世则不然，天地四时尚有易也，法令三年尚有赦也，人有百善而不幸有一过，或以一过而废其终身之百善，锢人没世，已可惜矣，其人岂无片善一能，可以济国家缓急之须乎？此偏党之一也。
>
> 人之才有短长，己之心有好恶。当其恶之也，或以有功能而废；当其好之也，或以无功能而迁。有功能而见废，则人自此惰于赴功；无功能而迁，则人自此躁于幸进。此偏党之一也。
>
> 人主之心，天之心也。何谓天心？无亲无疏，无近无远，是谓天心。后世不然，亲且近者，则举信之，疏且远者，则举疑之。信之则欺者皆以为忠，疑之则忠者皆以为欺。此偏党之

一也。①

简而言之，在"偏党"政治中，人才进退系于一人之身，一人进则其朋皆进，一人退则其党皆退；因一过或一事而废人终身，"锢人没世"；无功无能者迁，有功有能者废；以欺为忠，以忠为欺。造成这四大弊端的原因，既在于士大夫"好己之同""恶人之异"的政治文化性格，又在于"人主"即帝王"亲疏远近"的"偏心"。在两者的相互作用下，进退人才的这四大"偏党"之弊也就在所难免，无法遏止了。

杨万里从文人士大夫的政治文化性格和帝王的"偏心"两个方面，总结朋党之争在进退人才中的"偏党"现象，实际上揭示了朋党之争的一个原动力，而廖刚则又将产生这一动力的根源具体落实到"君子"和"人君"身上。

绍兴二年（1132），权吏部侍郎兼侍读廖刚根据司马光《涑水记闻》关于"庆历四年四月戊戌，仁宗皇帝与执政论及朋党事，范仲淹曰：'方以类聚，物以群分。自古以来，邪正在朝，未尝不各为党，不可禁也，在圣鉴辨之耳。诚使君子相朋为善，其于国家何害"的记载，对高宗说：

> 臣尝窃谓朋党之名实生于君子，而成于人君。何谓生于君子？盖天下有正理，凡谓之君子，则必共由是理。故其出处论议，往往不谋而同，不约而合，则其立于人之朝也，亦岂有异趣哉？是以小人指以为朋党也。何谓成于人君？夫君子小人杂

---

① 《甲辰以尚书左郎官召还上殿第三札子》，《诚斋集》卷六九，《全宋文》，第237册，第98—99页。

然相间于前，人君初不知其孰为君子，孰为小人，故婠婴而两成之。是以君子成君子之党，小人成小人之党，卒之愤惋切齿，而其牢终不可破，以致于败坏国家，与之俱亡而后已，是则人主之过也。①

在《论朋党札子》中，廖刚又进一步强调了"人主"的作用：

今夫人主以甲为朋党也，方与乙共治之，惟乙之徒是与，惟甲之徒是恶；他日以乙为朋党也，则又与丙共治之，惟丙之徒是与，惟乙之徒是恶。乃至更出迭入，亦莫不然，此朋党之弊所以至于牢不可破也。何则？利害有以怵之。彼虑其所终，则其势不得不然耳。故臣尝谓朋党之名虽生于君子小人之相斗，其实人君有以致之也。②

贯穿这两段文字的一个鲜明观点就是：君子与小人两党相斗，"生于君子，而成于人君"；"成于人君"的原因在于其"不知其孰为君子，孰为小人"；而"不知其孰为君子，孰为小人"，则为利害所系，即所谓"利害有以怵之"。在判断士大夫群体的道德行为与人格特征中，廖刚虽然没有突破君子小人之辨的藩篱，但较诸杨万里，其对朋党政治中"好己之同""恶人之异"，以及基于这一政治文化性格的人才之争或进退人的因素分析，更进了一层，也更击中

---

① 《十一月二十五日进故事》，《高峰文集》卷六，《全宋文》，第139册，第133—134页。
② 《高峰文集》卷二，《全宋文》，第138册，第377页。

要害,为史家所首肯。①下面将就其朋党的生成与朋党中的用人之争"生于君子而成于人君"说,作具体的阐释。

(一)"生于君子"

纵观两宋历史,朋党之争在宋初业已出现,但宋初党争或明或暗,也无关国事。首次围绕国事且又大鸣大放地进行朋党之争的,始于景祐而成于"庆历新政";同时庆历党争首次以"君子党"与"小人党"之名区分政敌双方,这种区分则又始于正直君子范仲淹、欧阳修。这是廖刚提出"生于君子"说的历史依据;范仲淹与欧阳修关于君子"所守者道义,所行者忠信,所惜者名节,以之修身,则同道而相益,以之事国,则同心而共济,始终如一",故"君子与君子同道为朋","其于国家何害"之说,则又是廖刚将"生于君子"的原因归为"天下有正理,凡谓之君子,则必共由是理。故其出处论议,往往不谋而同,不约而合,则其立于人之朝也,亦岂有异趣哉"的理论依据。

廖刚所谓"君子必共"的"正理",是指义理;欧阳修《朋党论》则是对"义理"内容的具体阐释。"义理"与"时势"相对,前者属于价值系统,后者则是实践范畴。但"义理"与"时势"有时并不统一,甚至是相互冲突的,而且在特定的"时势"面前,"义理"往往被士大夫用于君子小人之辨而转化为相互攻讦的武器。在"庆历新政"中,范仲淹、欧阳修以守"义理"的君子自居,指斥政敌为违"义理"的"小人",进而主张用"君子之真朋",退"小人之伪朋",就是一个明证。熙宁二年(1069)二月,王安石始与同道议新法之际,以"君子"自居的富弼便上疏一概斥之为"不

---

① 详《宋史全文》卷二十下"绍兴十年二月庚申"条,第1596页。

耻不仁,不畏不义,不见利不动"的"小人";并认为君子小人"必无两立之理",故要求屏排议新法之"小人",理由是:"君子小人,方圆不相入,曲直不相投,贪廉进退不相侔,动静语默不相应。如此而望议论协和,政令平允,安可得邪?安可幸而致邪?"①这也是在恪守"义理"的同时,用以排击王安石等变法士人。若庆历期间以范仲淹为首的"君子党"所守之"义理",与其革弊求治的新政实践互为表里,相互统一;曾积极从事庆历革弊求治的"君子党"中的一个主要成员,富弼在熙宁变法之初,对即将从事革弊实践的王安石等新法官员作如此排击,其所守之"义理"则完全与"时势"相背离,彻底成了攻讦政敌的一种武器。值得注意的是,富弼的这种攻讦与庆历党争一样激化了"君子"与"小人"之间的矛盾。熙宁四年(1071),富弼因攻讦新党,阻拦新法,被罢使相,改判汝州,被富弼视为"小人"的王安石犹未甘心,谓"弼虽责,犹不失富贵。昔鲧以方命殛,共工以象恭流。弼兼此二罪,止夺使相,何由沮奸",乃斥弼归洛。②在欧阳修《朋党论》中,鲧与共工在"四凶族",属"小人党",是欧阳修为演绎当下"小人党"时所寻找的"历史"依据。王安石以此喻富弼,正与富弼以"君子"自居而斥对方为"小人"同出一辙。

廖刚认为由于君子"必共天下正理","其出处论议,往往不谋而同,不约而合,则其立于人之朝也,亦岂有异趣哉",故"小人指以为朋党"而导致"君子成君子之党,小人成小人之党",可谓从发生学的角度总结了朋党的生成。但需要补充说明的是,在"君

---

① 《上神宗论内外大小臣不和由君子小人并处》,《宋朝诸臣奏议》卷一五,第135—136页。
② 《宋史》卷三一三《富弼传》,第10256页。

子"与"小人"两党的生成过程中,"君子党"并非处于被动的状态,在"不谋而同,不约而合"的同时,"君子"往往以"义理"先发制人,指"小人为朋党",大加攻伐。北宋庆历党争与长达半个多世纪的"新旧党争"的事实,便证明了这一点,南宋党争也不例外。易言之,在两宋,作为"天下正理"的"义理",不仅同为"君子"与"小人"攻讦政敌的武器,也成了朋党双方显现党同伐异的政治文化性格的一帖润滑剂。

南渡后,由于"义理"与"时势"有了新的时代内涵,所以在区分"君子"与"小人"时,也有了特定的标准。具体地说,其标准主要有三:一是对待王安石的态度,即吕聪问所说的"访安石之为人,有意向稍佐之者,便可见其用心之邪正"①,"意向稍佐"王安石的人,便为"用心奸邪"的"小人",反之,则为"用心忠正"的"君子";二是主战还是主和;三是对待秦桧的态度,即王质所谓"凡会之(秦桧)所昵而亲之者,世固不以为然,而会之所疏而却之者,自可知其人"②。后两个标准在多数情况下是相互关联的,因为秦桧是个彻头彻尾的屈辱求和的代表,所以士大夫的出处大节直接与其在和战中的立场相联系,也就是为秦桧"所昵者"皆"小人";为秦桧"所疏而却之者"皆"君子"。不过,其本质特征依然在于义与利,即朱熹所说:"自宣和、靖康以来,讲和之效亦可概见,房之情伪,吾之得失,盖不待明者而后知。而小人所以好为是说者,盖惟君子,然后知义理之所必当为与义理之必可恃,利害得失既无所入于其心,而其学又足以应事物之变,是以气勇谋明,无

---

① 《要录》卷七九"绍兴四年八月丙申"条,第1495页。
② 《题王承可文集后》,《雪山集》卷五,《全宋文》,第258册,第293页。

所愲惮，不幸蹉跌，死生以之。小人之心一切反是，其所以专为讲和之说者，特以便其私耳。"①诚然，君子反对讲和，要求通过战争收复失地，实现南北统一，无论从民族情感出发，还是就历史要求观之，都出乎"义理"之正。从理论层面上，以此作为区分君子小人的标准，也无可非议，但问题在于为什么以秦桧为首的主和派最终取得胜利而统治政坛。

绍兴八年（1138），宋廷始议讲和之际，遭到了在朝的赵鼎党羽，以及旧相李纲、张浚和大将岳飞、韩世忠等大批主战者的强烈反对和抨击；胡铨还上疏请斩主和者王伦、秦桧和孙近，可谓人势既众，情又愤激，然而其效果却十分有限。吕中《大事记》在分析个中原委时指出，"诸公之议，愤激恳切，而终不足以折（秦）桧者，则有说矣。谓梓宫不可还，今还矣；谓太后不可复，今复矣；谓陕西、河南之地不可得，今可得矣；谓虏不可信，今可信矣。此桧之所以能排众议"，合乎"时势"；"然不能复仇雪耻，而使吾君抱终天之痛，以为孝悌；不能自复土宇，而乃乞丐于仇雠，以立国家"②，与"义理"大相径庭。"时势"与"义理"出现了不可调和的矛盾。清代学者赵翼则认为主战派所持的"义理"不合"时势"，并以更为深广的"时势"背景为依据，肯定了高宗、秦桧集团与金和议的合理性：

> 义理之说与时势之论往往不能相符，则有不可全执义理者，盖义理必参之以时势，乃为真义理也。宋遭金人之害，掳

---

① 《癸未垂拱奏札》（其二），《朱熹集》卷一三，第509—510页。
② 《要录》卷一二四"绍兴八年十二月庚辰"条小注引吕中《大事记》，第2350页。

二帝，陷中原，为臣子者固当日夜以复仇雪耻为念，此义理之说也。然以屡败积弱之余，当百战方张之寇，风鹤方惊，盗贼满野，金兵南下，航海犹惧其追，幸而饱掠北归，不复南牧，诸将得以剿抚寇贼，措设军府，江淮以南粗可自立。而欲乘此偏安甫定之时，即长驱北指，使强敌畏威，还土疆而归帝后，虽三尺童子知其不能也。故秦桧未登用之先，有识者固早已计及于和……自胡铨一疏，以屈己求和为大辱，其议论既恺切动人，其文字又愤激作气，天下之谈义理者，遂群相附和，万口一词，牢不可破矣。然试令铨身任国事，能必成恢复之功乎？不能也。即专任韩、岳诸人，能必成恢复之功乎？亦未必能也。故知身在局外者易为空言，身在局中者难措实事。秦桧谓诸君争取大名以去，如桧但欲了国家事耳。斯言也，正不能以人而废言也。其后隆兴又议恢复矣。吕本中言，大抵献言之人，与朝廷利害绝不相关，言不酬，事不济，则脱身去耳。朝廷之事，谁任其咎？汤思退亦云，此皆利害不切于己，大言误国，以邀美名。宗社大计，岂同戏剧！斯二人者，虽亦踵桧之故智，然不可谓非切中时势之言也。①

绍兴年间和战之争孰是孰非，尚无定论。自古至今，首肯前者而抨击后者虽然占了主流，但以"主和"为是者，也代不乏人。明代郎瑛便指出："先正邱文庄公濬尝云：'秦桧再造南宋，岳飞不能恢复……'时以为确论也，……邱盖原其情而论其时，知其必难矣，非以少岳也。"而"知其必难"的依据在于"钱谷兵甲之无所

---

① 《廿二史札记校证》卷二六《和议》，第552—553页。

出",进而作了具体分析:"以桧再造南宋,此则计孝宗之时,算其犒军之费止得十有三番,故难恢复,……夫以孝宗之时尚财用之不足,高宗草创固可知矣,使急于用兵,徒促沦亡,故南渡以来虽多良将,帝常为贼驱,和议之后敌缓民养,国方有久立之规,是桧之心虽私而和之事则当,岂非鬼神阴有以成宋家之天下耶?邱盖原其事而究其理,非以右桧也。"①近人胡适在重申南宋前期军费匮乏是"不能不和议的主要原因"的同时,又再次强调"秦桧有天功,而世人唾骂他至于今日,真是冤枉"。②秦桧纵然有"再造南宋"的"天功",在独相期间,玩弄权术,大兴文字狱,肆意残害士人,实乃罪不可赦,恶不可恕;至于能力排众议,与金通和,在赵翼看来,却并非全然出于其一己之力,而主要是"时势"所使然。赵翼以"时势"为依据,充分肯定和议的必要性与合理性,并认为因"时势"不得不然,"故秦桧未登用之先,有识者固早已计及于和",意思是说,即便秦桧不主和议或世无秦桧此人,迟早会有他人审时度势,主持和议政局。这一"时势论"在当时后世产生了不小的影响。与赵翼同时的钱大昕认为宋廷与金讲和,"以时势论之,未为失算"③;近人吕思勉说"高宗处艰难之际,内勘定群盗,收诸将

---

① 《七修类稿·续稿》卷三《武穆不能恢复秦桧再造南宋》,第563页。按:关于高宗与孝宗两朝的财政困境,汪圣铎《两宋财政史》有详细的论述;并指出:"和议以后,战争大为减少,军费随之减少,赋入基本上维持战时数额,于是财计状况较之和议前有明显好转,其状况最佳阶段大约在乾道、淳熙年中。"又说:尽管如此,"并没有解决那些造成财政困难的根本性问题"。(第116—154页)
② 《南宋初年的军费》,《胡适文集》,第10册,第120页。
③ 《十驾斋养新录》卷八《宋季耻议和》,第164页。

兵权；外成和议。虽云屈辱，亦势所不得不然"①；今人何忠礼也指出："'绍兴和议'的签订是"双方军事和经济力量达到某种平衡的产物"，"那种认为绍兴前期南宋有力量收复北方失地的看法，是对宋、金两国的国情缺乏正确了解的结果"。②由此等等，均与赵翼"时势论"一脉相承。近人周谷城则在进一步阐发赵翼"时势论"的基础上提出，就和战两种态度而论，南宋士人可分为"义理"与"时势"两派。③赵、周二人所论虽不尽一致，却共同指出了一个事实，即南渡以后的和战之争，造成了士人的政治分野，出现了守"义理"的主战派与重"时势"的主和派，两相对立，视同仇敌。率先激化这一分野和对立的是"义理"，也就是赵翼所说的"自胡铨一疏，以曲己求和为大辱，其议论既恺切动人，其文字又愤激作气，天下谈义理者，遂群相附和，万口一词，牢不可破矣"。主战派所谈"义理"的一个重要主题，就是君子小人之辨，其目的在于通过这一论辨，进"君子"，退"小人"，争夺定"国是"，持"国是"的权力，为实现抗金战略，提供人事上的保障。胡铨疏文便指出：

> 王伦本一狎邪小人，市井无赖，顷缘宰相无识，遂举以使虏。专务诈诞，欺罔天听，骤得美官，天下之人切齿唾骂。今者无故诱致虏使，以诏谕江南为名，是欲臣妾我也，是欲刘豫我也……秦桧以腹心大臣而亦为之。陛下有尧舜之资，桧不能致陛下如唐虞，而欲导陛下如石晋……孙近附会桧议，遂得参

---

① 《吕思勉遗文集》（下），第416页。
② 《南宋史稿》，第132页。
③ 《中国通史》，第456页。

知政事。天下望治有如饥渴，而近伴食中书，漫不可否一事。桧曰虏可和，近亦曰可和；……臣备员枢属，义不与桧等共戴天，区区之心，愿斩三人头，竿之藁街，然后羁留虏使，责以无礼，徐兴问罪之师，则三军之士，不战而气自倍。不然，臣有赴东海而死耳，宁能处小朝廷求活耶！①

　　该文作于绍兴八年（1138）十一月，正值宋廷议和之际。所谓"义不与桧等共戴天"之"义"，即廖刚所说的君子"必共"的"天下正理"，而此时的"义理"，则赋予了国家与民族命运的内涵。胡铨为了维护该"义理"的尊严，以"赴东海而死"相声明，确实表现了"无所慑惮""死生以之"的君子之大勇；王伦、秦桧与孙近无视国家与民族命运而屈己与虏敌求和，自然成了无与伦比的"小人"，不仅理当退位，而且罪当该斩了！然而，一方面如上节所述，王伦在被金拘留时，不惜以自我的生命履行了"义理"的尊严，赢得了"富贵不能淫，威武不能屈"的君子品格。同时，作为主持议和的秦桧，无论是第一次入相期间抑或再相之际，都得到了如胡安国等大批洛学君子的高度赏识，在议和之初，其小人的行为与品格尚未呈现，况且在当时主张和议乃属政见范畴；另一方面如吕中所言，反对和议者不能有先见之明，"不足以折秦桧者"，赵翼则从整个"时势"出发，直言"试令铨身任国事，能必成恢复之功乎？不能也。即专任韩、岳诸人，能必成恢复之功乎？亦未必能也"。当然，这是一种推测。既然是推测，同样可以设想：当时主战诸公有

---

① 《戊午上高宗封事》，《胡澹庵先生文集》卷七，《全宋文》，第195册，第47—49页。

战胜主和者的可能性，专任韩世忠、岳飞诸将，日后也完全有可能成就恢复大业！但"谈义理者"在"愤激作气"的驱使下所进行的君子小人之辨，从主观上将所有的可能化作了乌有，至少激化了论争双方的矛盾，极大地激怒了主和者而成了其非和不可的助推器。绍兴九年（1139）七月，高宗以命令的口吻对秦桧说：

> 朝廷惟要辨君子小人。君子小人既辨，则治道无不成矣。①

自绍兴初年建立南宋小朝廷以来，高宗在主和与主战的抉择上是彷徨不定的，虽心仪讲和，却又生恐招致世人的非议。绍兴八年（1138），高宗公布讲和主张，交付朝官商议，是以赵鼎为他所拟"讲和诚非美事，以梓宫及母兄之故，不得已而为之"的口号作掩护的②，但并未起到预期成效，加上赵鼎与秦桧在讲和问题上产生了严重的分歧，赵鼎被迫离朝，由秦桧独主议和事项。正当此际，"谈义理"者以"君子"自居，对讲和"小人"大加攻伐，甚至以取秦桧等三人首级谢天下相震慑，这无疑激怒了主和者。秦桧便心怀"大恨"③，并愤而批旨：胡铨"狂妄上书，语言凶悖，仍多散副本，意在鼓众，劫持朝廷。可追毁出身以来文字，除名勒停，送昭州编管，永不收叙"④。同时在"义理派"的攻伐中，虽未明指高宗，实则已置诸其中。高宗谓秦桧"朕本无黄屋心，今横议若

---

① 《要录》卷一三〇"绍兴九年七月甲午"条，第2443页。
② 《要录》卷一二〇"绍兴八年六月丙子"条，第2244页。
③ 《要录》卷一二三"绍兴八年十一月甲辰"条，第2303—2304页。
④ 《要录》卷一二三"绍兴八年十一月辛亥"条，第2313页。

此!据朕本心,惟应养母耳"①云云,就表现了受到攻击后的心态。和议行成后,反和之声依然高涨难平,有的干脆将矛头直指高宗,如秘书省正字汪应辰上疏抨击高宗"出于独断"而"轻天下之士",排"忠臣正士"而进"阿谀小人"。②这更使高宗不胜羞怒;羞怒之下,便亲手承接"义理派"的攻伐模式,再燃辨君子小人之焰,明确要求秦桧"惟要辨君子小人",将辨君子小人上升到"治道"要务的高度。高宗所说的"小人",显然是指主战的"义理派"。这与"义理派"的痛斥,可谓针锋相对,各不相让。

以和议为内涵的"国是",确立于绍兴八年(1138)年底,正式实施于绍兴十一年(1141)。该"国是"赖以确立与实施的一个重要支撑点,就是上述吕中与赵翼所分析的"时势"。高宗将"义理派"判为"小人",并严斥"言恢复者,皆虚辞,非实用"③,正是以"时势"为依据的。然而,在持和议为"国是"的过程中,高宗与秦桧并没有停留在"排众议"或斥责"小人"所散布的"非实用"的"虚辞"上,更主要的是在组织人事上,以党禁的方式,全面贯彻和实施"朝廷惟要辨君子小人"的"道治"要务。绍兴十三年(1143)三月,秦桧党羽、起居舍人兼侍讲兼权中书舍人程敦厚上疏指出:

> 臣昨侍经筵,恭闻圣训,以通和之初,异议者甚众,今皆退听。盖异议小人,初不为陛下、社稷计,务于不靖,以售其奸。今事既大定矣,固不容不退。然而其所以退听者,则不可

---

① 《要录》卷一二三"绍兴八年十一月辛亥"条,第2313页。
② 《要录》卷一二五"绍兴九年正月己巳"条,第2045页。
③ 《宋史全文》卷二一上"绍兴十一年五月壬子"条,第1629页。

不察。臣观异议小人，其罪恶显白者，陛下虽已为社稷弃之，而其党犹众，匿情诡迹，布于中外，既不得于其前，则将害于其后。故今朝廷一有所成，尚相与诋曰："是堕邻谋也，是非国福也。"一有所作，又相与诋曰："是不节财也，是重困民力也。"曾莫知悛，至于甚者，辄更肆险诐，以中伤善类；欲惑移上意，以规取显美，期于必胜而已。幸陛下明良胥契，镇以一德，然风俗如此，臣实寒心。臣益愿陛下谨察其微，而大明赏罚焉。庶使异议绝息，风俗归厚，永固丕图，臣不胜拳拳之心。①

从中可知，在和议之"国是"实施的当初，"义理派"的反和之声依然此起彼伏，不绝于耳，对和议之政带来了严重的威胁。因此在组织人事上，通过严辨君子小人，进用"君子"，禁锢"小人"，对履行以和议为内涵的"国是"，保证"镇以一德""永固丕图"，是至关重要的。就程敦厚的疏文观之，以秦桧为首的"时势派"担心高宗淡化"要辨君子小人"的意识，放弃退"义理派"即"小人邪党"的行动，故上疏予以警示。其实作为主和的发起者，高宗何尝忘怀于此。绍兴十四年（1144），高宗顾谓秦桧："朕任台谏，正要分别君子小人，若小人者，但时察而去之，斯不害治矣。"②再次强调了在区分君子小人中进"君子"、退"小人"，作为其不变的"治道"要务；绍兴十六年（1146），高宗在阅览由秦桧所举荐任命的一份官员名单后又说："人材须广访而选用之。所荐者君子，其人自君子；所荐者小人，其人自小人。观所荐，其人可

---

① 《要录》卷一四八"绍兴十三年三月丙辰"条，第2802—2803页。
② 《要录》卷一五一"绍兴十四年六月丙午"条，第2864页。

知矣。"①则又将鉴别"君子"与"小人"的权力,彻底下放给了秦桧相党集团。所以使秦桧得以放开手脚,长时间地展开了排击和迫害主战"小人"的活动,铸就了较"崇宁党禁"更为残酷的"绍兴党锢"。

上述表明,在和战之争的当初,持"义理"的主战君子所进行君子小人之辨,指斥重"时势"的讲和"小人",严重激化了论争双方的矛盾。换言之,绍兴党争赖以形成的一种动力,在于主战士人率先以"君子"自居,以"义理"发难,对主和者以"小人"相斥,从而导致了主和者的愤恨,也使之以相同的方式作反击,并将君子小人之辨上升到"治道"要务的高度,倾力加以排击,致使"君子"与"小人"各自为党。这一过程再次印证了廖刚所提出的朋党之争"生于君子"的论断。

如果说,形成绍兴党争的最终根源在于和战之争或"义理"与"时势"之争,那么孝宗以后的朋党之争及"生于君子"的具体表现,则更多的是出于固守"义理"者在学术上的门户之见。这从乾道年间陈俊卿为首的道学集团与以虞允文为首的"功利派"之争中可见一斑。不妨先看朱熹对于虞允文等人的态度:

> 孝宗即位,锐意雪耻,然事已经隔,与吾敌者,非亲杀吾父祖之人,自是鼓作人心不上。所以当时号为端人正士者,又以复仇为非,和议为是。而乘时喜功名轻薄巧言之士,则欲复仇。彼端人正士,岂故欲忘此虏?盖度其时之不可,而不足以激士心也。如王公明炎、虞斌父(允文)之徒,百方劝用兵,

---

① 《要录》卷一五五"绍兴十六年八月戊戌"条,第2939页。

孝宗尽被他说动。其实无能，用著辄败，只志在脱赚富贵而已。所以孝宗尽被这样底欺，做事不成，盖以此耳。①

这里对虞允文等人因"志在脱赚富贵"而"百方劝用兵"的"小人"行径的抨击，虽是朱熹晚年的事，却说明了道学人士对以虞允文为代表的"功利派"痛恨至深，难以释怀。作为"采石之战"的实际指挥者，虞允文于乾道元年（1165）拜参知政事兼知枢密院事，乾道五年（1169）为右相兼枢密使，直至淳熙元年（1174）去世。虞允文执政期间，以恢复为己任，曾两度入蜀，整顿军政，得到了孝宗的赏识。孝宗曾谓"丙午之耻（按：指"靖康之乱"），当与丞相共雪之"②，并相与"密计而深筹之，然犹不欲诵言其事"③，即时为侍讲、中书舍人周必大所说"臣伏见陛下选将练兵，大修边备，深谋远略，固非外庭所能窥测"④。这就是朱熹所说的"孝宗只尽被这样底欺"。在当时，一方面因"允文主恢复，朝臣多迎合"⑤，形成了所谓以"乘时喜功名"为价值取向、以"轻薄巧言"为特征的"功利派"；一方面遭到了在朝道学人士即所谓"端人正士"的强烈反对，形成了以道学人士为主干的"反功利派"，两相对立，各不相左。

需要说明的是，虞允文虽然不属于道学的任何门派，但在执政之初，却并不厌弃道学人士，相反，对朱熹、张栻等人敬爱有加。

---

① 《朱子语类》卷一三三《本朝七·夷敌》，第3199页。
② 《宋史》卷三八三《虞允文传》，第11800页。
③ 《廷对》，《叶适集·水心别集》卷九，第761页。
④ 《论诸路帅臣将副札子》，《周文忠公奏议》卷二，《全宋文》，第228册，第1页。
⑤ 《宋史》卷三八四《梁克家传》，第11812页。

乾道七年（1171），虞允文便向孝宗盛赞朱熹不在程颐之下，遂召之；朱熹却"以素论不同，力辞者四"，终不赴[①]；又乾道五年（1169），张栻新除严州，虞允文"以恢复自任，且谓栻素论当与己合，数遣人致意，栻不答"，原因是其"所以求者类非其道"[②]；同年，为虞允文所举荐的杨时再传弟子、"吏部尚书汪应辰与允文议事不合，求去"；程颐三传林光朝讲友、左相陈俊卿"数奏应辰刚毅正直，可为执政。上初然之，后竟出应辰守平江。如是上意乡允文，而俊卿亦数求去"。[③]由此等等，均反映了道学人士与虞允文"道不同不相为谋"的心理。那么其不同之道表现何在？

乾道六年（1170），张栻自严州赴任吏部郎中兼起居郎。到任后，朱熹在给他的一封信中，以"决然不为小人邪说所乱，不为小利近功所移，然后可以向前担当，鞠躬尽力，上成圣主有为之志，下究先正忠义之传"相勉励。从接下来的一段文字看，其所谓"小利近功"的"小人"之首是虞允文：

> 虞公能深相敬信否？颇闻尚有湖海之气，此非庙廊所宜。愿从容深警切之，使知为克己之学，以去其骄吝之私，更进用诚实沉静之人，以自辅其所不足，乃可以当大任而成大功。不然，锐于趋事而昧于自知，吾恐其颠踬之速也。[④]

---

① 《建炎以来朝野杂记》乙集卷八《晦庵先生非素隐》，第633页；《宋史》卷三八三《虞允文传》，第11798页。
② 《宋史全文》卷二五上"乾道五年十二月是月"条，第2078页；《宋史》卷四二九《张栻传》，第12771页。
③ 《宋史》卷三八三《陈俊卿传》，第11789页。
④ 《答张敬夫书》，《朱熹集》卷二五，第1052页。

"尚有湖海之气""骄吝之私""锐于趋事"和"非庙廊所宜",就是对虞允文"志在脱赚富贵"、心术不正的"小人"行为与品格的注脚,虞允文既然如此,以"端人正士"即"君子"自居的道学人士,自然是"类非其道"而不相为谋了;而"小利近功"的"小人邪说",则指虞允文之徒"百方劝用兵"。虞允文用兵的策略之一是"建遣泛使,往请陵寝",旨在求衅,激敌败盟在先,然后出兵讨伐,范成大、赵雄、张子颜和汤邦彦等,曾先后奉命使金求衅,但遭到陈俊卿、张栻、汪应辰诸人士的强烈反对。张栻说:"臣窃谓陵寝隔绝,言之至痛。然今未能奉辞以讨之,又不能正言以绝之,乃欲卑词厚礼以求于彼,则于大义为已乖,而度之事势,我亦未有必胜之形。"①如何具备"必胜之形"?张栻认为,须"以其胸中之诚足以感格天人之心而与之无间",也就是"当以明大义、正人心为本"。②这与朱熹的恢复之说如出一辙。朱熹在孝宗即位后曾上疏指出:"圣帝明王之学,必将格物致知以极夫事物之变,使事物之过乎前者,义理所存,纤微毕照,了然乎心目之间,不容毫发之隐,则自然意诚心正,而所以应天下之务者,若数一二",也是建立恢复之功的"大根本"。③乾道六年(1170),朱熹再次强调这一点,并建议"请罢祈请之行",所遣使者应"追还而显绝之"。④由此可见,虞允文用兵,严重违背了道学家"正心诚意""格物致知"的理论主张。这是陈俊卿、张栻等人反对虞允文"百方劝用兵"的关键,也是他们视以虞允文为首的"功利派"为"小人"的

① 《宋史全文》卷二五上"乾道六年六月乙亥"条,第2090页。
② 朱熹:《右文殿修撰张公神道碑》,《朱熹集》卷八九,第4547页。
③ 《壬午应诏封事》,《朱熹集》卷一一,第440页。
④ 《答张敬夫》,《朱熹集》卷二五,第1054—1055页。

理论依据。

若秦桧独相初期的朋党之争基于主和与主战两种截然不同的性质,乾道年间的这场论争则出于要求恢复的相同前提下而出现的不同主张。就道学人士而言,其恢复中原的主张是建立在"正心诚意""格物致知"的学说之上的,故认为"欲复中原之地,当先有以得其百姓之心。欲得中原之心,当先有以得吾百姓之心。而求所以得吾民之心者,岂有它哉,不尽其力,不伤其财而已矣"①,意思是说只要心正意诚,才能得南北百姓之心;得南北百姓之心,不用财力,即可收复中原。虞允文用兵恢复,既"志在脱赚富贵",又"锐于趋事",竭力伤财,这显然与道学人士的恢复主张背道而驰。与此同时,虞允文等人排斥政敌,致使陈俊卿、汪应辰、张栻等人纷纷去国。又乾道八年(1172),张栻再被召入朝时,"论恢复固当,第其计非是,即奏疏。孝宗大喜,翌日以疏宣示,且手诏云:'恢复当如栻所陈方是。'即除侍讲,云:'且得直宿时与卿论事。'虞允文与雄之徒不乐,遂沮抑之"②。同年,虞允文阴附近幸张说,助其出任签书枢密院事,为张栻诸人所斥责,"于是宰相(虞允文)益惮公(张栻),而近幸尤不悦,遂合中外之力以排

---

① 张栻语,见朱熹《右文殿修撰张公神道碑》,《朱熹集》卷八九,第4547页。
② 《宋史》卷三九六《赵雄传》,第12074—12075页。按:赵雄乃虞允文门人,淳熙初,因虞允文的推荐而官至宰相,在其为相期间,对张栻"事事沮之"(《朱子语类》卷一〇三《胡氏门人·张敬夫》,第2609页);"上所以知公者愈深,而恶者忌之亦愈力"(《右文殿修撰张公神道碑》,《朱熹集》卷八九,第4554页)。所谓"恶者"之首,也是指赵雄。由此可见,始于乾道六年的这场朋党之争,并没有随着虞允文的去世而告结束,同时也昭示了双方结怨之深。

之"①。这在道学家看来,虞允文之徒无疑党同了近幸势力,成了"近幸党"的组成部分,不仅典型地表现了"小人"的品行,而且其所作所为严重地阻碍了道学的发展。为了维护学统的纯正,争取道学的正统地位,道学家非予痛加鞭挞不可了。

虞允文主张遣使求衅以制造恢复时机的策略,固然不可取,道学人士主张以"正心诚意""格物致知"成就恢复大业,同样不切实际。不过,虞允文等人则并非如朱熹所斥的那种"志在脱赚富贵"的"小人",这一点,史载昭昭,无须赘言。道学人士因其主张与自己的学说不合,俨然摆出"道不同不相为谋"之势,严邪正与君子小人之辨,以"端人正士"自居,指斥对方为"小人",迫使对方与之为敌,终致各自为党,势不两立,交相排斥,显然出于学术上的门户之见。

类似乾道年间的这场朋党之争,在后来的党争中时有所见。如淳熙后期王淮相党与"道学党"相争之前,双方并无隔阂,而且王淮与虞允文一样起用朱熹等人,后因"唐仲友事件"而交恶相争,视若仇敌;而在道学家的政治后台赵汝愚与近幸之首韩侂胄相争之前,双方更是紧密合作,配合无间,共同成就了废旧立新之业,因新帝即位后双方在权力分配上的不均而深结怨仇,终成继"绍兴党锢"以来又一次残害"谈义理"者的"庆元党禁"。自绍兴至庆元,各阶段的朋党之争,内容虽然不尽相同,但无一不是"谈义理"者率先以"义理"发难,以"君子"自居,痛斥对方为"小人",导致各自为党,相互排斥,这也就是廖刚所说的朋党之争"生于君子"。在相互排斥中,尽管"谈义理"者的人品并不差,为人正直,

---

① 朱熹:《右文殿修撰张公神道碑》,《朱熹集》卷八九,第4548页。

不乏君子风范，且又每每以失败而告终，有时甚至惨遭人身迫害，但与迫害者一样具有"好己之同""恶人之异"的陋习；易言之，在双方各自具有的这种陋习的互动中，都明显地体现出喜同恶异、党同伐异的政治文化性格。

（二）"成于人君"

帝王对于朋党，正如綦崇礼所说："人君最恶者朋党，而人臣之得罪，亦无大于此。其故何也？为其不忠也，为其不正也，为其不公也。夫不忠则欺，欺则必党而后售；不正则邪，邪则必党而后立；不公则私，私则必党而后成。"①也正因为如此，景祐至"庆历新政"期间范仲淹与"君子同道为朋"的行实，招致仁宗的强烈不满。欧阳修进《朋党论》的前一月，仁宗在迩英阁出御书十三轴，凡三十五事，"辨朋比"即为其中之一②；被欧阳修视为"小人党"中的台谏秉承仁宗旨意，弹劾范仲淹"胶固朋党""递相提挈""误朝迷国"。在台谏的弹劾下，范仲淹托河东有警而请求离开朝廷，仁宗未予固留，任其一走了之；继而专门下诏："朕闻至治之世，元凯共朝，不为朋党。君明臣哲，垂荣无极，何其德之盛也。朕旰食厉志，庶几古治，而承平之弊，浇竞相蒙，人务交游，家为激讦，更相附离，以沽声誉，至或阴招贿赂，阳托荐贤。……自今委中书门下、御史台采察以闻。"③这实际上彻底反驳了范仲淹、欧阳修的"君子有党论"，也给范仲淹为首的"君子党"及其所从事的"庆历新政"，作了最后的判决。在多数情况下，南宋帝王也同样心恶朋党，如上编所述，高宗与孝宗为了抑止朋党，曾多次下禁朋党

---

① 《论赵盾举韩厥事》，《北海集》卷二一，《全宋文》，第168册，第7页。
② 《续资治通鉴长编》卷一四七"庆历四年三月乙卯"条，第3566页。
③ 《续资治通鉴长编》卷一五三"庆历四年十一月己巳"条，第3718页。

之诏。既然如此,廖刚为何称朋党"成于人君"呢? 不妨以高宗朝的用人之争为例证。

建炎元年(1127)五月,高宗刚即位便下诏:"宣仁圣烈皇后保佑哲宗,有安社稷大功。奸臣怀私,诬蔑圣德,著在史册。可令国史院差官摭实刊修,播告天下。"①其目的是为了在士大夫队伍中,清算"奸臣"之罪,清除"小人"邪党。对此,有臣僚认为,在大敌当前,国祚叵测之际,诏修宣仁"谤史",分辨朋党邪正,实乃"不急之务",但吕中却另有解释,其《大事记》说:

> 当靖康元年二月,敌退之后,士大夫争法新旧、辨党邪正,识者讥其治不急之务。今高宗即位,首诏改宣仁谤史,不几复蹈前辙耶? 曰:"不然!"张敬夫(栻)谓此乃拨乱反正之宏纲,古今人心之天理。盖我朝之治,元祐为甚;母后之贤,宣仁为最。当熙、丰小人相继用事之后,使非继以元祐,则中原之祸不待靖康而后见。当京师失守之时,使非元祐之治在人耳目,又何以开(建)炎、(绍)兴之运哉?②

从北宋党争的历史观之,元祐是其中的一个发展阶段。在这个阶段中,宣仁高太后与"元祐党人"并没有在治国之道上有所成就,而且为了迫害蔡确,彻底根除熙丰新党势力,高太后怂恿台谏,蓄意炮制"车盖亭诗案",将蔡确贬往新州,并开具王安石"亲党"蔡确、章惇等三十人和蔡确"亲党"安焘、章惇等四十七

---

① 《要录》卷五"建炎元年五月辛卯"条,第134页。
② 引自《要录》卷五"建炎元年五月辛卯"条,第134页。按:其中张栻之语见《南轩集》卷三三《题赵鼎家光尧御笔》,《全宋文》,第255册,第274页。

人名单"榜之朝堂",严加防范,以绝后患①,从而彻底改变了始于熙宁时期围绕变法与反变法的政见之争,将新旧党争全面推向了意气化的境地。对此,头脑较清醒的"元祐党人"也不无忧虑,就在蔡确被遣新州之际,范纯仁便深忧"此路荆棘,七八十年矣,奈何开之,吾侪正恐亦不免耳"②。绍圣期间,"熙丰小人相继用事之后",肆意排斥和迫害"元祐君子",在很大程度上便出于报复心理。"元祐君子"与"熙丰小人"之间的这种互动,实属五十步笑百步!同时在"元祐君子"内部,又因"私憾"导致了蜀、洛、朔三党之争,加深了"身自不安"的困境,严重地影响了治国之道。苏轼在洛党的百般攻讦下所作的《乞郡札子》便明确指出了这一点:"报国之道,当以安身为本。若上下相忌,身自不安,则危亡是忧,国何由报!"③张栻与吕中对这些史实视而不见,称"元祐党人"为"君子",斥"熙丰党人"为"小人",并认为"我朝之治,元祐为甚",显然基于不健全的君子小人之辨,是党同伐异的政治文化性格在评价历史时的一种显现;不过称高宗诏修宣仁"谤史",分辨朋党邪正之诏为"拨乱反正之宏纲",并指出"元祐之治"为高宗"开炎、兴之运"的基础,却真实地道出高宗的用人原则。绍兴四年(1134),高宗自称"最爱元祐",即为此作了很好的注脚。事实上,高宗即位后,其用人的一个重要原则就是"党元祐",对"意向稍佐"王安石者或蔡京党人,往往视为"奸邪小人",斥而不用。尤其是南渡以后,王安石与蔡京是靖康之乱的罪魁祸首,几乎成了士林的普遍思潮,作为在危难之际自即皇位的高宗,要想取得

---

① 《续资治通鉴》卷八一"元祐四年五月丙戌"条,第2053页。
② 《续资治通鉴长编》卷四二七"元祐四年五月丁亥"条,第10326页。
③ 《苏轼文集》卷二九,第827页。

士林的信任，获取政治资本，巩固自己的权力与地位，"开炎、兴之运"，在用人上就不得不顺应这一思潮而坚持"党元祐"的原则。

不过，对于高宗来说，该原则并非一成不变。在其在位的前后三十六年里，为了皇权利益的需要而灵活使用，甚至始持终弃。根据上编关于高宗时期党争历程的叙述，其用人之争大致划分为三个时期：

一是以"党元祐"，间杂新党时期

建炎年间（1127—1130），高宗是在流亡中度过的。绍兴元年（1131），在金军停止了对高宗的追击，实行以汉制汉的策略后，高宗才惊魂初定，其政府也开始得以正常运行。在此期间，一方面始于建炎元年"旌擢党元党籍"、"尽还恩数"、贬斥蔡京余党的活动与声讨王安石与蔡京等新党祸国殃民之罪的热潮相并而行，成了高宗政权运行中的主旋律；另一方面，先后任相的李纲、黄潜善、汪伯彦、朱胜非、吕颐浩、范仲尹和秦桧，都是在蔡京时代入仕的官员，与蔡京及其党人有着或近或疏的关系，所以他们虽然作为高宗"党元祐"原则的具体执行者，但在用人上难免露出恶元祐而姑息新党的态度，有时为高宗所认同，甚至唯此是与。

黄潜善、汪伯彦待高宗"以乳姬护赤子之术"，是助高宗即位的两位铁杆人物，他们在用人上的"好己之同""恶人之异"，常常左右着高宗。众望所归的首相李纲被黄、汪集团视为"蔡京死党"中的"大奸"，在位仅七十五天即被罢去，就是一个显例。其实，党同蔡京新党之迹最为明显的，不是李纲而是黄、汪。建炎二年（1128），在黄潜善的斡旋下，高宗诏告天下："近缘臣僚论列，乞以崇宁以来无状之人，编为一籍。已降指挥，候谏官、御史具到，令三省、枢密院参酌施行。然念才行难以兼全，一眚不可终废，当宏大度，咸俾图新。除参酌到罪恶深重，不可复用人外，并许随材选任。如显有绩效，可以补前行之失者，因事奏陈，特与湔洗，乃许擢用。"①同年六月，又"御笔：'国步多艰，人才为急。如蔡京、王黼当国日久，孰不由其拟授？果贤且才，岂可不用？自今毋得分别，使自奋忠义。仰三省遵行之。'时宰相黄潜善本王黼门人，故多引黼亲党以进，议者非之"②。于此可见，黄潜善是在"才行难以兼全，一眚不可终废"的幌子下行党同之实，而高宗不以为非，实乃"以李纲为朋党也，方与黄潜善共治之，惟黄潜善之徒是与，惟李纲之徒是恶"。

  在这一时期的宰相中，惟有秦桧成了高宗既定的"党元祐"原则的忠实执行者。绍兴元年（1131）八月，秦桧与吕颐浩并相后，荐引并提升了包括大儒胡安国在内的大批"党元祐"的君子。不过，这是秦桧用来排斥吕颐浩相党集团的，是秦、吕两相党集团用人之争的突出表现。与秦桧相反，吕颐浩喜用新党材吏，并在相当程度上左右了高宗的用人思想。绍兴元年十月，高宗下诏曰："方今国削而迫，殊乏贤能干蛊之士，与共图治，而于推择除授之际，尚以蔡京、王黼门人为嫌，似未通变。自今应京、黼门人，实有材能者，公举而器使之，庶几人人自竭，以济艰难之运。"时吕颐浩为政，喜用材吏，以其多出京、黼之门，恐为言者所指，乃白上下此诏焉。"③绍兴二年（1132）十二月，高宗谓大臣"近引对元祐臣

---

① 《要录》卷一二"建炎二年正月辛亥"条，第318页。
② 《要录》卷一六"建炎二年六月丁亥"条，第396页。
③ 《要录》卷四八"绍兴元年十月乙丑"条，第1001页。按：当时常同愤而上疏："今在朝之士，犹谓元祐之政不可行，元祐子孙不可用"而"宗（蔡）京、（王）黼等倾邪不正之论。朋党如此，公论何自出"（《宋史》卷三七六《常同传》，第11624页），所指即此。

第七章　用人之争

僚子弟，多不逮前人，亦一时迁谪，道路失教。元祐人才，皆自仁宗朝涵养，燕及子孙。自行经义取士，往往登科后再须修学，所以人才大坏，不适时用"①。这一反省，则又与吕颐浩喜新党才吏而恶元祐臣僚子弟不无因果联系，从而为吕颐浩相党在排击秦桧及其党人中大获全胜，提供了保障；并在吕党指陈秦桧植党之罪的"行词"上，高宗又御批"其未相时，说得作相数月可以致治；既相，皆无所建明"②。此乃"以秦桧为朋党也，方与吕颐浩共治之，惟吕颐浩之徒是与，惟秦桧之徒是恶"。

二是全面起用元祐党人时期

在即位后的近八年中，高宗虽然没有放弃既定的"党元祐"的用人原则，但在用任宰相的作用下，有时不得不作出一些让步，形成了以"党元祐"为主，间杂新党的用人局面。绍兴四年至十一年（1134—1141），赵鼎、张浚和秦桧先后并相或独相，则彻底改变了这一局面，进入了全面起用"党元祐"之"君子"的时期。

赵鼎是南渡后大臣中反王安石新法与"新学"的一面旗帜，也是全面贯彻"党元祐"的用人原则，肆意排斥投向王安石、蔡京之"小人"的极端分子。史称赵鼎"夙有此志，以身任之"③。所谓"以身任之"，主要表现为三个方面：一是组织党羽并亲自领衔重修《神宗实录》，重修的宗旨是"直书王安石之罪"，彻底否定新法与"新学"，为"党元祐"、非新党的用人原则提供历史依据；二是"素重伊川程颐之学，元祐党籍子孙，多所擢用"，甚至出现了"托

---

① 《要录》卷六一"绍兴二年十二月甲辰"条，第1217页。
② 《朱子语类》卷一三三《中兴至今日人物上》，第3156页。
③ 《要录》卷九〇"绍兴五年六月丙寅"条，第1744页。

称伊川门人者即皆进用"的现象①;三是在对新党门人及其子弟悉屏而不用的同时,对主张新旧人才并用的朝官也予以严厉打击。绍兴六年(1136),监察御史刘长源因上书认为"系元符以前人臣之子孙皆可用,臣恐其失近于官人以世,而其人未必皆贤";"系崇宁以后人臣之子孙皆不可用,臣恐其失近于罚及其嗣,而其人未必皆愚",被"送吏部与监当差遣"。②这同样是"方与赵鼎共治之,惟赵鼎之徒是与"。

赵鼎与张浚并相,但由于张浚门下"多才吏",赵鼎"不乐之";又"赵公每言于上前,谓元祐之人与绍圣、崇观之党决不可合,而张公本黄英州(潜善)所荐,习闻绍述之论,数以孝悌之说陈于上前。两公所操浸异。赵公改修神、哲两朝《实录》,明著王氏及章、蔡诸人之罪,张公又不然之"③。于是各植朋党,相互排击。在张浚相党的排击下,赵鼎去位。赵鼎被罢相后,张浚又听从其党人陈公辅、吕祉的主张,于绍兴七年(1137)禁伊川之学。不过张浚虽也表现出党同伐异的政治文化性格,但并不像赵鼎那样极端化,在起用了主张新旧人才并用的刘长源,及因与章惇有姻亲关系而被赵鼎驱逐出朝的谢祖信等人的同时,还部分保留了为赵鼎所荐的洛学人士如张嵲、高闶等人。但张浚罢相,赵鼎复相后,不仅重操"党元祐"的故技,而且"张公所用蜀中人才,一皆退之"④。

---

① 《中兴小纪》卷一八"绍兴五年二月庚子"条,《丛书集成初编》,第3859册,第214页。
② 《要录》卷一〇四"绍兴六年八月己未"、同月"庚申"条,第1963、1964页。
③ 《道命录》卷三《胡文定公乞封爵邵张二程先生列于从祀》下李心传考述,《丛书集成初编》,第3342册,第30页。
④ 《朱子语类》卷一三一《中兴至今日人物上》,第3150页。

这又是"以赵鼎为朋党也,方与张浚共治之,惟张浚之徒是与,惟赵鼎之徒是恶;他日以张浚为朋党也,方与赵鼎共治之,惟赵鼎之徒是与,惟张浚之徒是恶,乃至更出迭入"。

三是秦桧专权时期

张浚及其党羽被逐后,赵鼎与秦桧并相,这时朝廷的三省六部几为"党元祐"者所占据。秦桧在第一次任相时唯"党元祐"之"君子"是用,故再相时,既得到了赵鼎的首肯,也为其他朝廷官员所拥护,绍兴八年(1138)三月,秦桧守尚书右仆射,"制下,朝士皆相贺"①,便充分说明了这一点。可以说,在当时朝士的眼中,赵、秦并相是适合自己发展的最佳契机。在赵、秦并相之初,"党元祐"中的道学人士继续得到引拔奖用,如征召刘勉之、挽留尹焞、褒赠胡安国等。由于在如何和议的问题上,二相之间产生了不可愈合的矛盾,导致赵鼎去国。赵鼎罢相后,虽然引起了赵鼎党羽的愤慨,但秦桧未立即予以排斥,"党元祐"者被视为"小人党"而遭摧残,是在秦桧专权以后。

绍兴十一年(1141),随着和议的正式确立,进入了秦桧专权时期,高宗也彻底放弃了先前"党元祐"的用人原则。朱熹在回答学生所问秦桧"何故不就攻战上做"时指出:"他是见得这一边难成功,兼察得高宗意向亦不决为战讨计。"②意即秦桧竭力主和的原因,不仅觉得主战难以成功,更主要的是高宗的意向也不在于此。而"党元祐"的洛学之士却坚决主战,成了当时文官中反对和议的主干力量。因此高宗一改以往"拨乱反正之宏纲",在学术取向上,

---

① 《要录》卷一一八"绍兴八年三月壬辰"条,第2204页。
② 《朱子语类》卷一三一《中兴至今日人物上》,第3155页。

极大地降低了对洛学的热情而转向了王安石之学，秦桧也一改先前其所认同的"赵鼎主程颐"的局面而转"主王安石"，被赵鼎等人钉在"祸国殃民"的"罪恶"柱上的王安石"新学"重新获得了政治上的霸权地位，伊川之学却被视为"专门曲学"而打入冷宫。在用人上，秦桧也随之一变以往执行"党元祐"原则的立场，站到了新党一边，与高宗一起开始全面排斥包括洛学人士在内的主战派，并如前文所述，将辨君子小人上升到"治道"要务，视主战派为"小人党"，大加排击。这一点，高宗在秦桧去世后丝毫未变。绍兴二十五年（1155），秦桧临终之前，因忧死后和议之"国是"遭变，在《遗表》中强调："愿陛下益固邻国之欢盟，深思宗社之大计，谨国是之摇动，杜邪党（主战派）之窥觎"①，高宗听之不渝，以"杜邪党之窥觎"为务，继续起用在他看来是"君子"的秦桧余党主持和议政局，用于抑制主战"小人"，直至其禅位为止。这同样是"以主战者为朋党也，方与秦桧共治之，惟秦桧之徒是与，惟主战之徒是恶"。

上述不难看出，高宗在对待"君子党"与"小人党"的问题上所表现的"亲疏远近"的"偏心"，而产生这一"偏心"的关键在于"利害有以怵之"。"利害有以怵之"，则根源于政治利益。所以，尽管在舆论上，高宗多次下诏禁朋党，但在皇权的实际运作中，非但不恶朋党，甚至默认朋党，有意利用朋党。绍兴三年（1133），常同与高宗谈及如何破"小人党"时，高宗却认为"君子、小人皆有党"，故"朋党亦难破"。②这便透露了皇权的拥有者对待朋党的

---

① 《要录》卷一六九"绍兴二十五年十月丙申"条，第3217页。
② 《宋史》卷三七六《常同传》，第11624页。

真实态度,也充分证实了廖刚所谓的"朋党之名虽生于君子小人之相斗,其实人君有以致之"。

实际上,不仅是高宗,南宋诸帝对待朋党问题也无不如此。据载:"(杨)万里读《通鉴》,至魏太武诛崔浩多所连及事,极论魏法之虐。既就坐,詹事葛邲曰:'历代仁厚,未有如本朝者。因及小人欲害君子,必指为朋党为诽谤,祖宗未尝罪焉,不过窜谪而已,惟陈东以谏死,既而光尧悔之。'万里曰:'此事非光尧之意,盖权臣汪、黄之意也。汪、黄恶其发己之奸而诛之,而其谤及光尧尔。'太子曰:'所谓党者,即类之谓也。君子小人各有其类,岂得以党为罪哉!'"①这里所指的太子,就是后来的光宗赵惇。如上编所述,赵惇自"参决庶务"后,就已培植党羽,为即位后巩固皇权做准备。其"所谓党者,即类之谓也。君子小人各有其类,岂得以党为罪哉"的论调,正是他培植党羽的思想基础。至于孝宗,虽未曾公开流露"君子小人各有其类,岂得以党为罪哉"之意,而且既将"破朋党"作为"国是"而屡下禁朋党之诏,又常向大臣炫耀自己禁朋党的能力与"功绩",但在操作皇权的实际行动中,却充分利用了朋党的力量。淳熙二年(1175),被朱熹所指斥的"近幸党"和为孝宗所批评的以"清议"干预朝政的"道学党"相争正酣之际,孝宗在澄碧轩之宴上,一方面下禁"清议"之诏,并以"东汉党锢"相儆尤;一方面却在"近幸党"与反功利的"道学党"之间,奉行"执其两端,用其中于民"之策(说详上编)。这一"执

---

① 《东宫劝读杂录》,《诚斋集》卷一一二,《四部丛刊初编》,第1210册,第120—121页。

其两端"之策，正契合于"异论相搅"的家法①，让政见相左，乃至怀有怨恨的"君子党"与"小人党"同生共存于政治舞台，使之相互纠评，相互牵制，以达到控制臣僚、巩固皇权的目的。这是孝宗也是南宋诸帝所共同拥有的驾御臣僚、巩固皇权的心术。

因此，在南宋士大夫中，无论是"君子"抑或"小人"，无论是崇"义理"尚"清议"者，还是重"时势"趋"功利"者，他们分朋结党，相互攻讦和排击，都没有逃脱帝王的这一驾驭术；反言之，他们在"好己之同""恶人之异"中的交相攻讦和排击，成了巩固皇权的一种表现方式和形态，也决定了其喜同恶异、党同伐异的政治文化性格的本质。

第三节　余论：党同伐异与《宋史》之失

南宋士大夫在分朋结党的过程中，以义利之说、君子小人之辨为理论依据，评骘北宋新旧两党，排斥当下政敌异己，不仅凸现了喜同恶异、党同伐异的政治文化性格，而且对后人观照宋代历史和人物产生了深远的影响，其中最为突出的是《宋史》的编撰者。他们在编撰《宋史》，尤其是其中的人物列传时，延续了南宋士大夫"好己之同""恶人之异"的陋习，确切地说，他们"党同"南宋道学家，褒贬历史人物，从而歪曲了历史真相，降低其作为正史的可信度，在后世造成了严重的混乱。

在元朝所置《宋史》史局中，主要编撰者与南宋道学家有着

---

① 按："异论相搅"一语出于真宗之口，见《续资治通鉴长编》卷二一三"熙宁三年七月壬辰"条，第5169页。

"血缘"关系，尤其是朱熹→黄榦→何基一支拥有很大的势力，总裁官欧阳玄、揭傒斯、吕思诚等就是该势力的核心人物。其中欧阳玄虽为虞允文的后裔虞汲的门人和虞集的挚友，但在理宗以后，随着道学的兴盛，虞允文之后纷纷皈依道学之门，如其孙虞刚简为张栻私淑弟子，虞刚简曾孙虞汲乃朱熹四传、黄榦三传、饶鲁再传吴澄的讲友，虞汲之子虞集则为吴澄门人，欧阳玄曾称自己与他"有奕世之契"，又说"最先受知参政公（虞汲）。博士之召，公实荐之朝。同朝十年，奖借非一"。①又揭傒斯为朱熹再传、黄榦门人何基的再传弟子许谦的门人，欧阳玄说"玄与公（揭傒斯）三为同寅，相知为深。公死，为之哀痛逾月不能忘"②。另一总裁吕思诚则为朱熹继传萧斛的门人。除此以外，参与编修《宋史》的史官中，不少也属这一势力范围。如李齐为朱熹门人辅广的四传弟子、泰不华为何基的四传弟子。③他们在具体的编撰过程中起了决定性的作用。史称"纂修其间，予夺议论，不无公私偏正，必须交总裁官质正是非，裁决可否"④。欧阳玄又"立三史凡例，又为便宜数十条，俾论撰者有所据依。史官中有悻悻露才，议论不公者，公不以口舌争，俟其呈稿，援笔窜正，其论自定。至于论、赞、表、奏，皆公

---

① 《元故奎章阁侍书学士翰林侍讲学士通奉大夫虞雍公（集）神道碑》，《圭斋集》卷九，《四部丛刊初编》，第1471册，第124页。
② 《元翰林侍讲学士中奉大夫知制诰同修国史同知经筵事豫章揭公（傒斯）墓志铭》，《圭斋集》卷一〇，《四部丛刊初编》，第1472册，第52页。
③ 以上《宋史》的主要编撰者与南宋道学的渊源关系，参见周生春《虞允文晚年事迹述论》，《岳飞研究——岳飞暨宋史国际学术研讨会论文集》，第122—123页。
④ 《辽史》卷末所附《修三史诏》，第1554页。

属笔"①。揭傒斯在其总裁过程中,也"毅然以笔削自任,凡政事得失,人才之贤否,一切委以是非之公。至于物论之不齐,必与之辩,求归于至当而止";又于"先代故事臧否,奋笔书之,身任劳责,不以委人"。②由此不难看出,《宋史》主要是按照他们的评判标准编撰而成的;而其评判标准则明显为其师门先人臧否本朝人物的成见所左右。试看《王安石传论》:

> 朱熹尝论安石"以文章节行高一世,而尤以道德经济为己任。被遇神宗,致位宰相,世方仰其有为,庶几复见二帝三王之盛。而安石乃汲汲以财利兵革为先务,引用凶邪,排摈忠直,躁迫强戾,使天下之人,嚣然丧其乐生之心。卒之群奸嗣虐,流毒四海,至于崇宁、宣和之际,而祸乱极矣"。此天下之公言也。③

显然,这以朱熹之言作为评价王安石的定论,也为评价其他新党人物设定了基调。如叶祖洽、时彦、蔡崶等人的《传论》云:

> 自太宗岁设大科,致多士,居首选者躐取华要,有不十年至宰相,亦多忠亮雅厚,为时名臣。治平更三岁之制,继以王安石改新法,士习始变。哲、徽绍述,尚王氏学,非是无以得

---

① 《大元故翰林学士承旨光禄大夫知制诰监修国史圭斋先生欧阳公(玄)行状》,《危太朴文集·续集》卷七,《元人文集珍本丛刊》,第7册,第564页。
② 《揭公(傒斯)墓志铭》,《圭斋集》卷一〇,《四部丛刊初编》,第1472册,第62页。
③ 《宋史》卷三二七《王安石传》,第10553页。

高第。叶祖洽首迎合时相意,擢第一,自是靡然,士风大坏,得人亦衰,而上之恩秩亦薄矣。熙宁而后,讫于宣和,首选十八人,唯何栗、马涓与此五人有传,然时彦、端友觊觎,祖洽、俞栗、蔡薿憸邪小人。由王氏之学不正,害人心术,横溃烂漫,并邦家而覆之,如是其憯焉,此孟子所以必辩邪说、正人心也。①

这里所举的叶祖洽、时彦、蔡薿等人,分别是熙宁至宣和年间的新党人员,在《宋史》的编撰者看来,他们都是在"王氏之学不正,害人心术,横溃烂漫"的环境下进入仕途的,也就自然心术不正了;换言之,由于王安石"新学"盛行,导致真风浩逝,大伪斯兴,"憸邪小人"层出不穷。这无疑是以具体的人物传论,一一论证朱熹所说的因王安石"汲汲以财利兵革为先务,引用凶邪,排摈忠直,躁迫强戾"而"卒以群奸嗣虐,流毒四海"的"天下之公言"。不妨说,朱熹的这一"天下之公言"之于欧阳玄等人的传论写作,犹如唐代科举考试中的"省题诗",属于命题作文;同时《宋史》编撰者在为其师门先人所尊所好之人树传立碑时,也概不例外,《张浚传》就是其中的一个显例。

众所周知,《宋史》中的《张浚传》是从朱熹《张浚行状》②脱胎而出的;该《行状》则又本自张浚之子张栻私记。作为传记文学,《张浚行状》不失为名篇;就真实性的角度观之,却扬善隐恶,

---

① 《宋史》卷三五四《蔡薿传》,第11172页。
② 详见《朱熹集》卷九五,第4798—4901页。

忌言史实，又多"干蛊"之论，殊不可信。①据元人袁桷说，朱熹晚年感到有"不加审核"之失，并"归咎南轩（张栻），然亦无及矣"。②朱熹在回答学生提问时，也指出了这一点，"某向来（作）《张魏公行状》，亦只凭钦夫（张栻）写来事实做将去。后见《光尧实录》，其中煞有不相应处"③。这固然体现了朱熹勇于承认失实的勇气，但其中的失实不能完全"归咎南轩"，朱熹也难逃其责。因为这不仅是《张浚行状》冠其大名而广为流传，已具有了"文责自负"的"法律责任"，更重要的是，朱熹后来发现与史实"煞有不相应处"，先前并非全然不知。如《行状》在记述张浚发动"富平之战"时，非但不言其刚愎自用，草率出兵，而且反复强调其如何周密布置，谨慎行事；非但只字不言战争惨败之事及其危害性，反而强调其大破敌寇的战绩，以及张浚在关、陕"以形势牵制东南，江淮赖以安"的历史意义。"富平之战"是南渡后宋军第一次大规模正面接触金军的大战役，其惨败导致宋军元气大伤，斗志不振，对后来的抗金事业造成了严重的负面影响。这一点，无论在绍兴前期还是在孝宗时代，是路人皆知的，作为时刻关注国家命运、又善于洞察"古今成败之理"的"大儒"，朱熹当然不会置若罔闻。又隆兴年间张浚不顾朝臣反对，鼓动孝宗，轻率用兵而导致的"符离之败"，朱熹更是一个直接的见证人，但《行状》不言其败，反而渲染张浚此次用兵如何使"虏人益惧"。要之，朱熹对于张浚生平

---

① 方健：《再论张浚——兼答阎邦本同志》，《岳飞研究——岳飞暨宋史国际学术研讨会论文集》，第130—151页。
② 《跋外高祖史越王尺牍》，《清容居士集》卷五〇，《四部丛刊初编》，第1426册，第121页。
③ 《朱子语类》卷一三一《中兴至今日人物上》，第3149—3150页。

行实中的具体细节不甚知晓,是令人可信的,但如果说对"富平之败""符离之败"之类大是大非且又成败分明、世人皆知的历史事件尚且不知,却无法令人信服。实际上,朱熹在作《张浚行状》的过程中,并非因什么也不知而处处陷于被蒙蔽的状态,相反,在大是大非的关节问题上,是一清二楚的。他之所以任张栻"写来事实做将去",显然出于"尊尊亲亲之义"和"为尊者讳";"为尊者讳"则基于现实中的朋党政治,为党争中"好己之同""恶人之异"的党同伐异的政治文化性格所驱使。

张浚不仅是为朱熹敬重的道学家张栻之父,而且在隆兴年间再相时,为了排击主和派,积蓄主战力量,落实抗金行动,举荐了一批同己者入朝,其中就有朱熹。在高宗去世后由配享问题引起的朋党之争中[①],洪迈主张"以吕颐浩、赵鼎、韩世忠、张浚配享高宗庙庭",杨万里则"乞用(张)浚",皆不采纳,且"诏洪迈、杨万里并予郡"。[②]对于朝廷未用杨万里的主张,且又不辨"君子小人",不分忠奸邪正,一并将"忠直君子"杨万里和"奸邪小人"洪迈逐出朝廷之事,朱熹直到晚年仍愤慨不已。[③]暂且不论张浚该不该配享高宗庙庭,这至少证明了以张浚为同己、为尊者,是朱熹一以贯之的,而他在配享问题上所体现的这种"君子小人观",则进一步证明了朱熹好同恶异的性格至死丝毫未变。至于他晚年承认《张浚行状》有失实之处,一方面是因与史实相去太远,"干蛊"之论太甚;另一方面仅在其学生私下提问时将失误归咎未见《光尧实录》,

---

① 这次党争的具体情形,详见(宋)刘时举撰,王瑞来点校《续宋编年资治通鉴》卷十"淳熙十五年"条,第235—237页。
② 《宋史》卷三五《孝宗纪三》,第689页。
③ 详《朱子语类》卷一三二《中兴至今日人物下》,第3180页。

明显有避重就轻之嫌,也未能正式撰文声明和具体条理其误所在。因此,这不足以说明朱熹在《行状》问题上已表现出对历史负责的态度,或纠正了对张浚的"尊尊亲亲之义",事实上,朱熹不可能予以纠正,因为这不是个人行为所能左右的,而是整个时代的政治文化性格决定了这一点。同样,以"公正"自誉的朱熹续传欧阳玄、揭傒斯等史官,尽管对《张浚行状》所载与史实"煞有不相应处"了然于心,然而在编撰《张浚传》时,也难以正视史实,依然不愿以真实可信的史料为依据,唯朱熹忌言史实的《张浚行状》是从。这与前列人物传论一样,重演了宋代士大夫在君子小人之辨中"同我者君子、异我者小人;只愿有一,不愿有二"的思维模式和性格特征,也重复了其师门先人因"为尊者讳"而导致的"干蛊"之论。

类似上述人物传论和列传,在《宋史》中俯拾皆是,不胜枚举。一般认为,在二十五史书中,《宋史》是最不令人满意的一种。个中原委,清四库馆臣早有分析:"其书仅一代之史,而卷帙几盈五百,检校既已难全,又大旨以表彰道学为宗,余事皆不措意",故"前后复沓抵牾""史传亦不具首尾"等"舛谬不能殚数"。[①]"大旨以表彰道学为宗"一语,既在一定程度上道破了造成"舛谬不能殚数"的根源所在,又揭示了欧阳玄等道学家领衔编撰《宋史》的最终目的;其目的则不仅在于以正史的形式表彰师门先人及其道学思想,而且通过对已故师门先人的表彰,抬高自己在学术史上的地位。这对道学自身来说,是不无历史价值和意义的,因为道学自南宋后期始盛至明代得到进一步发展的过程中,《宋史》至少

---

① 《四库全书总目》卷四六《宋史》提要,第412—413页。

起了巨大的推动作用，其功不可没。然而，就史德而言，其严重地践踏了真实性原则和"秉笔直书"的优良传统，也为后世解读有宋一代的历史，造成了严重的混乱。再从欧阳玄等人的撰史行为观之，实际上延伸了宋代士大夫的朋党之争和党同伐异的政治文化性格，只不过其表现形态不同罢了，也没有了先前朋党双方相互排斥的场景，而是由"道学党"一方独霸判断君子小人的权力，将已故的异己者判为"小人"，钉在历史的罪恶柱上，供后人指责唾骂；将已故的同己者判为"君子"，为之树碑立传，供后人顶礼膜拜。如果说诸如"前后复沓抵牾""不具首尾"之类的舛谬，属于技术性问题，完全可以纠正，那么要纠正造成这种舛谬的最终根源，即编撰者建立在好同恶异的文化性格之上的畸形的史德，却难上加难了。

近人严复从政治史的角度指出："古人好读前四史，亦以其文字耳！若研究人心政俗之变，则赵宋一代历史，最宜究心。中国所以成为今日现象者，为善为恶，姑不具论，而宋人之所造就什八九，可断言也。"①这与上世纪二十年代日本汉学家内藤虎次郎所提出的宋代"近世说"（宋元为"近世"前期、明清为"近世"后期）②，有异曲同工之处。如果他们的说法能成立，那么在影响"近世"或"今日"的宋元人"所造就"的"人心政俗"中，则无疑包括了宋人在朋党政治中全面发展起来的、元人在不惜践踏"秉笔直书"的史德中巩固下来的"好己之同""恶人之异"的性格陋习。

---

① 《严几道与熊纯如书札节钞》（其三九），《学衡》第十三期。
② 《概括的唐宋时代观》，载《内藤湖南全集》，转引自徐规《南宋史稿·序言》，《南宋史稿》，第2页。

下编：南宋党争与文学命运

在内涵层次及其影响上，南宋党争并非是单一的政治斗争，它与北宋党争一样，既是统治阶层内部权力之争的产物，又涉及多个文化层面，其中便包括了学术与文学。这是由党争主体的性格类型和社会角色所决定的。在朋党政治中的文人士大夫，既然具有官僚、学者和作家三位一体的性格类型和社会角色，于政争、学术和文学这三个层面，则必有内在联系，三者是个有机的统一体。诚然，文学具有自身的发展规律，而且南宋文学与党争的关系，也不如学术那样来得直接和紧密，但事实充分表明，南宋党争决定了文学命运的走向；而在文学命运的走向中，则又反映了党争的历程和脉搏。因此要全面把握南宋文学史程，无法离开党争这一特具认识意义的历史视野；同样，要全面了解南宋党争的具体内涵，也不能不关注文学命运的走向。

北宋党争与文学明显具有互动关系，尤其是在徽宗朝，文学成了朋党政治的一个不可或缺的组成部分，控制文学的创作和传布，是徽宗和蔡京集团党同伐异的重要手段。作为北宋党争的一种延伸，南宋朋党之争也毫不例外地保持了这一关系。确切地说，南宋党争与文学之间的关系主要表现为：（一）党争促使了文学群体的重组和文学命运的再造；（二）高压政治孕育了大量的谄诗谀文，改变了文学命运的走向；（三）"朋党之恶"孕育"重抑其情而祈以自保"的创作心态与以理遣情的创作倾向，体现着文学命运的又一走向。本编将就这三个方面展开论述。

第八章

文学群体的重组与文学命运的再造

在政治领域内，因政争而分化、在分化中组合，是宋代士大夫群体在党争中常见的现象；在文学领域中，作为以参政主体为主要角色的文人，随着朋党政治的演变而分化，在分化中进行重组，在重组中形成创作倾向基本一致的文学群体或"流派"，也成了宋代政治文化中的一个普遍现象。士大夫群体在政治领域内的分朋结党是以政治人物为核心，或以共同政治倾向为契机，或以师承和讲友为纽带；文学群体的重组也大致离不开这些方面的因素。南渡后，文学命运得以再造的主要标志是：在崇尚苏轼、黄庭坚的风气中，"江西诗派"与"苏轼词派"的再振，在道学发展的坎坷进程中，"道学文派"的崛起。这三个文学群体的形成就与党争息息相关。其中"江西诗派"与"苏轼词派"的再振，就是以"党元祐"的朋党政治为主要生态环境的，"道学文派"的崛起，则主要是"道学朋党"以"吾党"行"吾道"的政治实践在散文创作中的反映。

第一节 引　子

近人陈衍在《石遗室诗话》中提出了"三元说",即"上元"(开元)、"中元"(元和)与"下元"(元祐),认为这"三元"是唐宋诗歌史上的三大高峰。其中"下元"以苏轼和黄庭坚为代表,以苏辙和"苏门六君子"张耒、晁补之、秦观、陈师道和李廌为骨干,属于"苏黄时代"。然而这个高峰是在激烈的新旧党争中形成的,难免受到党争的干扰。事实上,在元祐以后的"绍述"中,苏、黄等人的诗文遭到了严厉的禁锢。

新旧党争大致经历了"熙丰新政""元祐更化"和绍圣以后的"绍述"三个阶段。"元祐更化"期间,"元祐党人"在彻底废除熙丰新法和排斥乃至迫害熙丰新党的同时,又焚毁王安石《三经新义》。绍圣以后,新党重返朝廷,重执朝政。重新执政后的新党对"元祐党人"进行了报复性的打击,尤其是崇宁以后的徽宗、蔡京集团,不仅在全国各地设立"元祐奸党碑",同时又对"元祐学术"实施了全面的禁锢。所谓"元祐学术",包括了"元祐党人"创作的诗歌及其史学著作和表达政见、反映学术思想的文字。葛立方《韵语阳秋》卷五云:

> 绍圣初,以诗赋为元祐学术,复罢之。政和中,遂著于令,士庶传习诗赋者,杖一百。畏谨者至不敢作诗。[①]

---

① 《韵语阳秋》卷五,第67页。

周密《齐东野语》卷一六《诗道泰否》也指出："诗为元祐学术。"又云：政和中，御史中丞李彦章"上章论渊明、李（白）、杜（甫）而下皆贬之，因诋黄（庭坚）、张（耒）、晁（补之）、秦（观）等，请为科禁。何清源至修入令式，诸士庶习诗赋者，杖一百。闻喜例赐诗，自何文缜后，遂易为诏书训戒。"①不仅如此，大凡"元祐党人"所著文字，均被列入"元祐学术"而遭禁锢。如崇宁元年（1102）十二月下诏："诸邪说诐行，非先圣之书，并元祐学术政事，不得教授学生，犯者屏出。"②次年四月又下诏："焚毁苏轼《东坡集》并《后集》。""三苏（洵、轼、辙）集及苏门学士黄庭坚、张耒、晁补之、秦观及马涓文集、范祖禹《唐鉴》、范镇《东斋纪事》、刘攽《诗话》、僧文莹《湘山野录》等印版，悉行焚毁。"同月因"程颐学术颇僻"，并"专以诡异，聋瞽愚俗"，下诏："追毁出身以来文字，除名。其入山所著书，令本路监司常切觉察。"③同年十月又下诏："以元祐学术政事聚徒传授者，委监司举察，必罚无赦。"④此为崇宁"元祐学术"之禁的基本情形。二十年后，其禁仍严。如宣和五年（1123）七月诏告天下："毁苏轼、司马光文集版，已后举人习元祐学术者，以违诏论。明年又申禁之。"⑤所谓"明年又申禁之"，即指宣和六年（1124）十月庚午之

---

① 《齐东野语》卷一六《诗道否泰》，第292页。
② 《续资治通鉴长编拾补》卷二〇"崇宁元年十二月丁丑"条，第725页。
③ 详《续资治通鉴长编拾补》卷二一"崇宁二年四月丁巳"、同月"乙亥""戊寅"诸条，第739、741、742页。
④ 《续资治通鉴》卷八八"崇宁二年十一月庚辰"条，第2261页。
⑤ 《续资治通鉴长编拾补》卷四七"宣和五年七月己未"条引《续宋编年资治通鉴》，第1456页。

诏。《宋史·徽宗纪》录此诏云："有收藏习用苏、黄之文者,并令焚毁,犯者以不恭论。"这是因为民间不顾朝廷禁令,"复尊事苏轼、黄庭坚"。又据史载徽宗语："朕自初服废元祐学术,比岁至复尊事苏轼、黄庭坚;轼、庭坚获罪宗庙,义不戴天,片纸只字,并令焚毁勿存,违者以大不恭论。"①所谓"获罪宗庙",就是指苏轼、黄庭坚在元祐时期拥护与从事全面废弃熙丰新法的"元祐更化",故其文集与司马光等人的文字成了"元祐学术"的组成部分而长期被禁。

自绍圣至宣和的三十余年中,"绍述"王安石法度的新党集团"以诗赋为元祐学术",长期禁毁元祐党人尤其是苏轼、黄庭坚的诗文集子,其原因固然在于苏、黄是"元祐更化"的参与者,并在熙丰时期创作了不少讥刺新法的诗文作品,更重要的是以苏轼为主要代表的元祐党人一变王安石以经义取士的国策,重新恢复了以诗赋取士的科举制度。

王安石在主持新法期间,"专用经义、论策取士",并于熙宁八年(1075)颁布《三经新义》,作为科场和学官的教科书。这一新的变革,引起了旧党人员的不同反响,有的对以策论与经义取士的制度,基本持肯定态度,有的则竭力予以反对,如苏轼上疏说:"近世士大夫文章华靡者,莫如杨亿,使杨亿尚在,则忠清鲠亮之士也,岂得以华靡少之。通经学古者,莫如孙复、石介,使孙复、石介尚在,则迂阔之士也,又可施之于政事之间乎?自唐至今,以诗赋为名臣者,不可胜数,何负于天下,而必欲废之?"②所以在

---

① 《长编拾补》卷四七"宣和五年七月己未"条引《九朝编年备要》,第1456页。
② 《议学校贡举状》,《苏轼文集》卷二五,第724页。

"元祐更化"前期，对"科场"一事，"议论不一"，"久而不定"，"礼部请置《春秋》博士，专为一经；尚书省请复诗赋与经义兼行"；司马光则认为"神宗专用经义、论策取士，此乃复先王令典，百王不易之法。但王安石不当以一家私学，令天下学官讲解"①。最后苏轼等人以诗赋取士的主张占据了上风，自元祐四年至八年（1089—1093），逐步废除了熙丰科举之制，"乃立经义、诗赋两科"，"复用祖宗法，试诗赋、论、策三题"；哲宗亲政，"群臣多言元祐所更学校、科举制度之非"，绍圣初"乃诏进士罢诗赋，专习经义"②，"自绍圣后，举人不习词赋者近四十年"③。这是"绍述"新党"以诗赋为元祐学术"的缘由。至徽宗朝，则因"元祐党人"，特别是苏轼等复用诗赋取士的"祖宗法"而迁怒于文学，长期以诗赋作品为禁科，并累及古人诗歌，在将政治领域中的政争与文学领域中的诗歌强行地捆绑在一起的同时，以一种专制文化政策遏止与践踏文学的生命，甚至采取了"士庶传习诗赋者，杖一百"之举，致使"畏谨者，至不敢作诗"。这对文学来说，无疑是一种厄运！

不过，徽宗与蔡京集团虽然以高压的朋党政治和专制的文化政策禁锢诗赋，尤其是苏轼和黄庭坚诗文，但文学活动并没有因此而终止。就禁锢的主谋而言，徽宗、蔡京在文学艺术上，均具有不错的资质和造诣，也有着难以抑制的创作冲动。所以，他们一方面采取了"士庶传习诗赋者，杖一百"的举措，一方面却又咏诵不已，并组织起了一阵容不小的文学群体"大晟府词人"，群相唱和，热

---

① 《宋史》卷一五五《选举志一》，第3620页。"百王"，《温国文正公文集》卷五二《起请科场札子》作"百世"。
② 《宋史》卷一五五《选举志一》，第3620—3622页。
③ 《要录》卷一五"建炎二年五月丙戌"条，第367页。

闹异常，只不过其主旋律是围绕"丰亨豫大"的虚幻光环编织而成的，故人多"文丑"，文多谄谀之作。就被禁者而言，也并没有因禁锢的严厉而消失于人间，费衮《梁溪漫志》卷七《禁东坡文》所载，便说明了这一点：

> 宣和间，申禁东坡文字甚严。有士人窃携坡集出城，为阍者所获，执送有司，见集后有一诗云："文星落处天地泣，此老已亡吾道穷。才力谩超生仲达，功名犹忌死姚崇。人间便觉无清气，海内何曾识古风。平日万篇谁爱惜，六丁收拾上瑶宫。"京尹义其人，且畏累己，因阴纵之。①

这是苏轼诗文在一般士人中体现出来的生命力。又周必大称誉吕本中于"政和初春秋鼎盛，且方崇尚王氏学，以苏、黄为异端，而手书立身、为学、作文之法乃如此，其师友渊源固有所自，而特立独行之操谁能及之"②。这是苏、黄对著名士人的感召力。两者都说明了同一事实：苏、黄诗文申禁虽严却又"青山遮不住，毕竟东流去"。

然而，尽管如此，对文学发展来说，依然是枷锁重重，也无法使"三元"中"苏黄时代"的典范意义与力量在士人群体中起到应有的作用。家诚之在跋文同《丹渊集》时指出："间有诗与坡（苏轼）往还者，辄易其姓字，如杭州凤咮堂，坡所作也，则易以胡侯（按：所指即《丹渊集》卷一〇《寄题杭州胡学士官居四首》，首句

---

① 《梁溪漫志》卷七《禁东坡文》，第82页。
② 《跋吕居仁帖》，《省斋文稿》卷一八，《全宋文》，第230册，第329页。

为'胡侯外补来钱塘')。诗中凡及子瞻者,率以子平易之。盖当时党祸未解,故其家从而窜易,斯文厄至于如此,可胜叹哉!"①文同与苏轼是表兄弟,在高压的朋党政治和专制的文化政策下,其家人生恐招来祸害,改去《丹渊集》中出现的苏轼姓名字号。从中不难想见禁"元祐学术"的严厉及其对文学的残害程度,故家诚之不胜悲哀地说:"斯文厄至于如此,可胜叹哉!"这一"胜叹",不仅显现了作为"异端"的苏黄这座诗歌高峰的悲惨际遇,而且也昭示了该高峰过后文学的多舛命运。

在南渡以后的朋党政治中,虽然不时地重复了北宋的高压政治和专制文化政策,对文学命运的走向同样产生了严重的负面影响,尤其是有碍文学健康发展的"文丑"的繁殖较北宋更猛烈,但随着对以王安石、蔡京为首的新党集团的声讨,在高宗"最爱元祐"的导向下新一轮党争的展开,于徽宗朝倾心歌颂"丰亨豫大"的"文丑"遭到了贬斥②,"元祐学术"中苏、黄的文学意义与二程道学却得到了张扬,崇尚苏、黄遂成文坛风气,振兴道学则成了道学人士的奋斗目标。文人群体随之出现了分化与重组,"江西诗派"与"苏轼词派"再次振起,道学人士在振兴道学中遂成"道学文派",

---

① 《丹渊集拾遗跋》,《丹渊集》卷末,《全宋文》,第292册,第145页。
② 如建炎四年六月,"大晟府"词人"通直郎万俟咏者,工小词,尝为大晟府制撰得官,至是因所亲携书入禁中,乞进官二等。上(高宗)览而掷之"(《要录》卷三四"建炎四年六月辛未"条,第777页);绍兴二年四月,大晟府词人"朝奉郎江汉者,初以本乐府撰词曲得官,宣和末,为明堂司令。至是除通判郴州,言者以为不可,罢之"(《要录》卷五三"绍兴二年四月庚辰"条,第1089页);又成藻"以白衣充大晟府制撰,满岁得官",南渡后,"以罪废",绍兴五年四月,"乃诏藻不许再叙"(《要录》卷八九"绍兴五年五月丁丑"条,第1712页)。

文学命运得到了再造。

第二节 "最爱元祐"与"江西诗派"的全盛

"江西诗派"的正式命名,始于吕本中的《江西诗社宗派图》。南宋胡仔说:"吕居仁近时以诗得名,自言传衣江西,尝作《宗派图》,自豫章(黄庭坚)以降,列陈师道、潘大临、谢逸、洪刍、饶节、僧祖可、徐俯、洪朋、林敏修、洪炎、汪革、李锜、韩驹、李彭、晁冲之、江端本、杨符、谢薖、夏倪(倪)、林敏功、潘大观、何觊、王直方、僧善权、高荷,合二十五人以为法嗣,谓其源流皆出豫章也。"①这一以黄庭坚为宗尚对象而形成的"江西诗社",实际上是以苏轼为盟主的"苏门文人群"的一种延伸。且不说黄庭坚、陈师道在"苏门六君子"之列,其中的重要诗人韩驹,因于政和初献颂,召试学士院,赐进士出身,除秘书省正字,但"寻坐为苏氏学,谪监华州蒲城县市易务"②;饶节因上书"请引用苏子瞻、黄鲁直诸公,不能,即辞去",削发为僧③;而吕本中"所著《童蒙训》,则极论诗文必以苏、黄为法"④,在"自言传衣江西(黄庭坚)"的同时,又极其效法苏轼为能事。

关于《江西诗社宗派图》的作年,至今说法不一。南渡文人范季随所作《陵阳先生室中语》认为是吕本中"少时戏作"。今人莫砺锋先生以此为据,详细考证了作于崇宁元年(1102)或二年

---

① 《苕溪渔隐丛话》前集卷八四,第327页。
② 《宋史》卷四四五《韩驹传》,第13140页。
③ 《东莱吕紫薇师友杂志》,《丛书集成初编》,第629册,第1页。
④ 朱熹:《答吕伯恭书》,《朱熹集》卷三三,第1413页。

(1103)，即吕本中十九或二十岁时。①同样是南渡文人孙觌则说："元祐中，豫章黄鲁直独以诗鸣。当是时，江右人学诗者皆自黄氏，至靖康、建炎间，鲁直之甥徐师川（俯）、二洪［驹父（刍）、玉父（炎）］，皆以诗人进居从官大臣之列，一时学士大夫向慕，作为江西宗派，如佛氏传心，推次甲乙，绘而为图，凡挂一名其中，有荣耀焉。"②据此，《江西诗社宗派图》则作于南渡以后，该诗人群的形成及为人所向慕，与"党元祐"的用人政策密不可分；吴曾又将具体的作年断为绍兴三年（1133）③，与孙觌所言基本相同。今人孙鲲先生认为孙、吴之说难以推翻④；黄宝华先生则直接从吴曾之说，具体指出了"少时戏作"不可信⑤。但无论《江西诗社宗派图》作于崇宁初抑或绍兴初，以黄庭坚为祖的"江西诗派"，自绍圣以后逐渐形成，却为诗坛事实；进而言之，其群体关系的出现无论在绍圣后还是绍兴初，均与党争息息相关，是一个在党争造成文人分野中孕育而成的、具有浓烈的朋党政治色彩的文学群体。⑥

在北宋，这个文学群体虽然共同具有"党元祐"的政治倾向，但在学术渊源上，却由两支基本队伍所组成：一是出于"苏门"或"蜀学"。黄庭坚、陈师道、韩驹、潘大临、王直方及黄庭坚诸甥徐俯、二洪即是，尤其是黄庭坚，在"元祐更化"时期，党同苏轼，

---

① 《吕本中〈江西诗社宗派图〉考辨》，《文史》第26辑。
② 《西山老文集序》，《鸿庆居士文集》卷三〇，《全宋文》，第160册，第318页。
③ 《能改斋漫录》卷一〇《江西诗派》，第280页。
④ 《〈江西诗社宗派图〉写作年代献疑》，《九江师专学报》1991年第4期。
⑤ 《〈江西诗社宗派图〉的写定与〈江西诗派〉总集的刊行》，《文学遗产》1999年第6期。
⑥ 徽宗时期"江西诗人群"与党争的关系，详见本书"北宋篇"第五章第三节，第244—266页。

为"蜀党"人员，成了以程颐为首的"洛党"攻击的对象。一是源自"洛学"或为吕希哲门下士。《宋史·吕本中传》："祖希哲，师程颐，本中闻见习熟。少长，从杨时、游酢、尹焞游。"据此可知，为"江西诗派"扬名树帜、并在南渡后成为领袖该派群伦者之一吕本中为"洛学"中人，又谢逸、谢薖、饶节等"皆出荥阳公（吕希哲）之门"①。元祐时期，蜀、洛两党相互攻击，视若仇敌，既为不同的学术观点所致，又出于不同的政治主张。随着"崇宁党禁"和"元祐学术"之禁的全面展开，"元祐党人"及其第二代共同际遇了悲惨的政治命运，也随之化解了昔日的宿怨，"江西诗人群"的出现，就是从先前的分化走向重组的具体表现。然而在徽宗朝，这种重组犹如杨万里所说"人非皆江西而诗曰江西者，何系之也？系之者何？以味不以形也"②，主要基于高压政治和专制文化政策下的政治况味，而不是依赖于任何有组织的形式；这也就是晁说之在给徐俯的一首诗所言"人人垂首相公前，独子低眉古简编。江上新吟何慷慨，世间旧恨细穷研"③，是在士人纷纷交接"相公"蔡京的政治环境里，深怀蔡京集团残害"元祐党人"带来的"世间旧恨"而重组起来的一个以心灵感应、心脉相连为主要特征的文学群体。所以，该群体不仅作为蔡京集团的异类和政治上的被迫害者而存在，其文学创作也因蔡京集团所实施的高压政治而顾忌重重，并

---

① 吕祖谦：《书伯祖紫薇翁赠清溪先生子诗后》，《东莱吕太史文集》卷七，《全宋文》，第261册，第274页。
② 《江西宗派诗序》，《诚斋集》卷七九，《全宋文》，第238册，第209页。
③ 《次韵师川郎中寄墨长句》，《全宋诗》卷一二一二，第13816页。

为了避祸全身，不惜抑制甚至扭曲自我的创作个性[①]；同时又因"人人垂首相公前"而难以为广大士人所关注，更谈不上令人向慕。南渡后，"最爱元祐"的政治导向，大大地改变了"江西诗人群"的政治命运，促使了士人对这一群体的学术、文学成就的普遍关注，甚至出现了所谓"一时学士大夫向慕"，以及"凡挂一名其中，有荣耀焉"的局面，从而改变了他们的政治与文学命运。

如果说，徽宗时期是"江西诗派"发展的初始阶段，那么高宗朝则是其鼎盛时期；而鼎盛时期的到来，一个不可或缺的驱动力，就是"党元祐"的朋党政治；其中的重要标志是该群体的政治地位空前高涨。据载：

> 右奉直大夫、主管亳州明道宫徐俯试右谏议大夫。俯之母，黄庭坚从妹也，避乱抵昭州。上始因阅庭坚文集，见其名，而胡直孺在经筵，称其行义文采，汪藻在翰苑又荐之。上赐吕颐浩手诏曰："朕比观黄庭坚集，称道其甥徐俯师川者，闻其人在靖康中立节可嘉，今致仕已久，想不复存，可赠右谏议大夫。或尚在，即以此官召之。"颐浩奏俯避地广中，乃诏俯文学行义有闻于时，除右谏议大夫，赴行在。俯入朝未数月，遂执政。[②]

[①] 这从吕本中《童蒙训》卷下所载，可见一斑："崇宁间，饶德操节、黎介然确、汪信民革同寓宿州，论文会课，时时作诗，亦有略诋及时事者，荥阳公闻之，深不以为然。时公疾病方愈，为作《麦熟》《缲丝》等曲诗，歌咏当世，以讽止饶、黎诸公。诸公得诗惭惧，遽诣公谢，且皆和公诗，如公之意，自此不复有前作矣。"（影印《文渊阁四库全书》，第698册，第532页）这与黄庭坚诫其诸甥作文写诗"不可好骂"，同出一揆。

[②] 《要录》卷五一"绍兴二年正月丙辰"条，第1051页。

如上编所述,建炎以后,宋廷为了拨徽宗、蔡京集团的"绍述"之乱,长时间地褒恤和旌擢"元祐党籍及元符上书人",是南渡后"最爱元祐"的朋党政治在用人政策上的具体体现。徐俯就是这一政策下的平步青云者。面对这种"火箭式"的旌擢,中书舍人程俱曾规劝高宗说:"俯虽才俊气豪,然所历尚浅。今以前(往)任省郎遽除谏议,自元丰更制以来,未之有也。考之古今,非卓然杰出如阳城、种放,则未尝不循资望而进。"并进而指出:"近传其与中官唱和,有鱼须之句,名曰警策。恐外人不知陛下所以得俯之由,以此为疑,仰累圣德。"高宗对此非但不以为然,反而依从台谏的弹劾,以"谄附蔡攸"和"在秀州弃城而遁"为由,将程俱贬为提举江州太平观。① 程俱所说的"陛下所以得俯之由",意思就是高宗旌擢徐俯的理由在于看重"一色元祐"的黄庭坚和爱好作为"元祐学术"的组成部分黄庭坚诗歌。又《要录》在"进士李康仲特补将仕郎。康仲之母,黄庭坚女也。始上诏庭坚子相赴行在,至荆渚而死,黄氏请以其夫已命未调之官禄康仲,上(高宗)特许之"的记载下,又注引朱胜非《闲居录》云:

> 黄庭坚,豫章人,善诗律、书法……绍兴初,今上偶喜其字画,吕相颐浩因荐渠族弟叔敖,径登琐闼,终于版书。其甥洪炎以瞑疾久废,亦降诏命,至不能对,除中书舍人,行词乖缪,改授待制。有徐俯者,亦黄出也,尝任省郎,附内臣郑

---

① 《要录》卷五一"绍兴二年二月甲申"条,第1062页;《宋史》卷四四五《程俱传》,第13137页。

谌，入拜大谏，又拜内相，又拜签书枢密院事。黄氏亲族以至外姻，或迁官，或白身命官，殆无遗余，皆云以黄庭坚之故也。①

作为蔡京新党势力在南渡后的代言人，朱胜非对"党元祐"的徐俯难免微辞，所谓"附内臣郑谌，入拜大谏，又拜内相，又拜签书枢密院事"，就是表现之一。对此，高宗也再三驳斥，"召用徐俯，外议谓谌所荐，朕何尝容内侍荐人？徐俯之召，止缘洪炎进《黄庭坚文集》"②。但尽管如此，无论黄庭坚诸甥是否具有政治才能，唯因其舅为"一色元祐"，一概不遗余力地予以封官加爵，却是不争的事实。

除了上述黄庭坚诸甥，存世的"江西诗人"在新一轮的党争中，也均从先前的党锢中解脱出来，获得了政治上的新生乃至飞黄腾达。如韩驹在徽宗朝"因元祐学"，三次被黜，绍兴初，也"因元祐学"，超擢为中书舍人，所以，曾几称他"三黜本因元祐学，一飞合在中兴时"③；吕本中因属元祐党魁之一吕公著之后，宰相赵鼎将他从散地超拔为起居舍人，赐进士出身，旋擢为中书舍人，兼侍读，权直学士院；与此同时，因愤于"绍述"新党政治而不与仕事的去世者，也得到了高宗政府的嘉奖。《藏一话腴》内编卷下载：

> 蕲州林敏功，字子仁，学既高明，而服膺中庸，故发于言

---

① 《要录》卷六二"绍兴三年正月辛未"条注引，第1228页。
② 《要录》卷一一〇"绍兴七年四月戊戌"条，第2061页。
③ 《挽韩子苍待制》，《全宋诗》卷一六五六，第18562页。

行，不为险怪奇靡，守节令终，圭璧无玷，杜门不出二十年。吕居仁录能诗者二十六人（按：本为二十五人，此处曰"二十六人"，包括了吕本中），号"江西宗派"，昆仲咸在选中。名达九重，玺书嘉奖，赐号"高隐处士"，视朝散大夫。告词曰："尔好学博古，遂志山林，萧然无为，恬不愿仕，朕所嘉尚，贲以令名。"①

这又鲜明地昭示了南渡以后的"江西诗人"，已不完全以单纯的诗人形象而主要因"党元祐"的朋党政治扬名于世，其诗歌也绝非仅仅作为文学意义上的作品而存在，更主要的是被染上浓烈的政治色彩，赋予了鲜明的政治功能；换言之，"江西诗人"的诗歌因"最爱元祐"的极端化政治倾向而得到了高度的张扬。吕本中《赠汪信民之子如愚》诗云：

四海同门一信民，近淮往来七经春。生平坎壈不如意，死去声名多误人。②

汪革，字信民，"绍圣四年试礼部第一，遂登甲科。蔡京当国，召为宗子博士，力辞不就，年财四十卒"③。吕本中所说的"死去声名多误人"，除了其诗歌创作的影响外，更重要的是在政治上不与蔡京合作的声名。这种因政誉人、因人及诗的现象进一步昭示了"江西诗人"及其诗歌扬名于世的党争因素。

---

① 《藏一话腴》内编卷下，影印《文渊阁四库全书》，第865册，第552页。
② 《全宋诗》卷一六二四，第18224页。
③ 陈振孙：《直斋书录解题》卷一七《〈清溪集〉解题》，第520页。

以上种种，又不难看出南渡后"最爱元祐"的朋党政治的运行与吕本中为"江西诗派"扬名树帜之间的因果关系。由此观之，吴曾将《江西诗社宗派图》的作年断为绍兴三年（1133），不乏可信性，同时更真实地传递了孙觌所说吕本中作此《宗派图》时"凡挂一名其中，有荣耀焉"的个中消息。

郑天锡在《江西宗派》一诗中指出："西江一水活春茶，寒谷春灯夜拨花。人比建安多作者，诗从元祐总名家。"①联系"江西诗人"的生存环境及其文学命运的走向，"诗从元祐总名家"意含有二：凡是受"下元"即以苏、黄为代表的"元祐诗歌"的遗泽与示范者，无论成就高低，总会成为"名家"而饮誉天下；"总名家"又"因元祐学"。郑天锡从文学与政治相辅相成的视角，总结了"江西宗派"中"人比建安多作者"的繁盛原因。

在南宋，与"诗从元祐总名家"的文学现象相并而行的，是政坛上的"政从元祐总名世"。绍兴前期，"赵鼎在相位，以招贤才为急务，从列要津，多一时之望，百执事奔走效职，不敢自营，人号为'小元祐'"②；隆兴元年（1163），孝宗以张浚为左相，张浚则起用"众贤"，助其北伐，故将隆兴之政"比于庆历、元祐"③；"乾道、淳熙间，三朝授受，两家奉亲，古昔所无。一时声名文物之盛，号'小元祐'"④；"庆元初，众贤盈庭，人称为'小元

---

① 《全宋诗》卷三七四七，第45188页。
② 《三朝北盟会编》卷一七八"绍兴七年五月九日"条，第1286页。
③ 刘克庄：《跋陈丞相家所藏御书二》，《后村先生大全集》卷一〇四，《全宋文》，第329册，第334页。
④ 周密：《武林旧事序》，《武林旧事》卷首，第1页。

祐'"①；理宗亲政，"召真德秀、魏了翁诸君子于朝，号端平，为'小元祐'"②。所有这些，均以"元祐"相标榜。从中不难看出，"元祐"一词已非单纯的年号，而是成了天下大治的一个代名词。

然而，如前文所述，"元祐"是宋代党争史上的一个发展阶段，在这个阶段中，并没有在治国之道上有所成就，而是与其他党争阶段一样因党同伐异而有损于治国之道。这一点，南宋人无疑是一清二楚的，他们以"元祐"相标榜的真正目的，实出于党争的需要。赵鼎为相，"招贤才为急务，从列要津"的实质，不就是以倡导"元祐学术"中的"洛学"为急务而培植党羽，致使"有伪称河南门人者，亦蒙进用"吗？无怪乎其政敌以"非独营私植党，复有党同之弊"相指斥！张浚于隆兴再相，起用"众贤"的目的同样是为了培植党羽，排击以汤思退为首的主和派；"庆元初，众贤盈庭"，也同样是赵汝愚为了排击以韩侂胄为首的"近幸党"，党同"洛学"传人朱熹等道学"众贤"的表现；在端平号"小元祐"的背后，不也是道学内部郑清之、真德秀、魏了翁诸君子之间尽情演出党同伐异的闹剧吗？由此等等，足以表明"元祐"是一个具有特殊政治内涵或被涂上浓烈朋党政治色彩的词语。南宋人习于"元祐"相标榜，无非是为了显示党同"众贤"、排斥政敌的合理性与正义性，因为在他们的观念世界中，"元祐更化"是相对于熙宁、元丰及绍圣以后的变法乱国而言的。"江西诗派"固然属于文学史的范畴，但其生存及其文学命运无法摆脱当下这种朋党政治的影响，或者说无法超越与"元祐政治"同进退、共荣辱的命运，故郑天锡总结为

---

① 真德秀：《蜀人游监簿〈庆元党人家乘〉后跋》，《西山文集》卷三五，《全宋文》，第313册，第228页。
② 《钱塘遗事校笺考原》卷五《理宗升遐》，第154页。

"诗从元祐总名家"。这一总结绝非无稽之谈，上述"江西诗人"因"党元祐"而改变了其政治与文学命运，并声誉鹊起的事实，就充分证明了这一点；南渡后，"江西诗派"的阵容不断壮大的生态环境，也在于此。

吕本中《宗派图》所列仅二十五人，但随着时间的推移，"江西诗派"的阵容得到了不断的扩展。傅璇琮先生《黄庭坚和江西诗派卷》便搜集了作为"江西诗人"的吕本中、陈与义和曾几的大量资料；杨万里《江西续派二曾居士诗集序》则认为曾纮、曾思父子"诗源委山谷先生"，故"命之曰'江西续派'而书其右，以补吕居仁之遗"[①]；刘克庄又将杨万里归入"江西诗社"中[②]，杨万里也承认自己于"吉甫（曾几）波澜并取将"[③]；戴复古有"茶山（曾几）衣钵放翁诗"之说[④]，视陆游为"江西诗派"的续传，陆游《追怀曾文清公呈赵教授赵近尝示诗》也有"忆在茶山听说诗，亲从夜半得玄机"的表白，其《赠应秀才》又云"我得茶山一转语，文章切忌参死句"[⑤]。由此等等，不一而足。有人认为明人李维桢《郭生诗题辞》"吕居仁、胡元任、马端临辈所称江西诗派，人且满百"之说，"恐非纯为虚誉之词"[⑥]。这也是郑天锡所谓"人比建安多作者"的现实依据。

在这个庞大的文学群体中，方回又指定五人为领袖群伦者：

---

① 《诚斋集》卷八三，《全宋文》，第238册，第255、256页。
② 《茶山诚斋诗选序》，《后村先生大全集》卷九七，《全宋文》，第329册，第157页。
③ 《题徐衡仲西窗诗编》，《全宋诗》卷二二九七，第26378页。
④ 《读放翁先生剑南诗草》，《全宋诗》卷二八一八，第33570页。
⑤ 《全宋诗》卷二一五五、卷二一八四，第24298页、24893页。
⑥ 许总：《宋诗史》，第542—546页。

第八章　文学群体的重组与文学命运的再造

"老杜之后,有黄(庭坚)、陈(师道),又有简斋(陈与义),又其次则吕居仁(本中)之活动,曾吉甫之清峭,凡五人焉"①,进而提出了"一祖三宗"之说:"呜呼!古今诗人当以老杜、山谷、后山、简斋四家为一祖三宗,余可预配飨者有数焉。"②暂且不论在"古今诗人"中,是否唯杜甫、黄庭坚、陈师道、陈与义四家为最,从语源学观之,"一祖三宗"原本是个政治术语,为清明盛世的代称。唐人李德裕说:"一祖三宗,成汤为始祖,太甲为太宗,太戊为中宗,武丁为高宗。刘歆曰:'天子七庙,苟有功德则宗之,所以劝帝者,功德博矣。'"③宋人则称唐代与本朝前四位皇帝为"一祖三宗,皆号盛世"④。这也表明,"一祖三宗"并非是数学意义上的统计,而是犹同中国传统数字中的"三"表示多数、"九"表示极数,是用于标示功德之盛,表达"有功德则宗之"之意。方回移作标榜"江西诗派",同样取其昌盛与"宗之"的意思,故于领袖"江西宗社"之群伦者中既有"三宗说"又有"五人说"。而在"五人说"中,于北宋没世的黄庭坚与陈师道为"一色元祐",其余三家也都是立场坚定的"党元祐"者,并均与上述徐俯等人一起在高宗朝扬名于政坛和诗坛。其中除了在绍兴前期早早离开人世的陈与义,吕本中与曾几在和战之争中,又属于主战的"君子党",为秦桧相党的政敌;而如上编所述,绍兴年间和战之争在学术上的表现是"元祐学术"与"荆公新学"之争,即所谓"赵鼎主程颐,秦桧

---

① 《瀛奎律髓汇评》卷二四陈与义《送熊博士赴瑞安令》诗评注,第1091页。
② 《瀛奎律髓汇评》卷二六陈与义《清明》诗评注,第1149页。
③ 《请尊宪宗章武孝皇帝为不迁庙状》,《会昌一品集》卷一〇,影印《文渊阁四库全书》,第1079册,第170页。
④ 陆游:《上殿札子三首》(其三),《陆游集·渭南文集》卷三,第1998页。

主王安石"。这就是说，南渡以后，黄庭坚诸甥及陈与义、吕本中等人不仅因"党元祐"，获得政治与文学的双重声誉，在秦桧主持和议期间，存世的"江西诗人"同样具有文学主体与党争主体的双重身份，并在反对和议、崇尚"元祐学术"中，赢得了政治上的名声。所以方回用于标榜"江西诗派"昌盛的"五人说"，在客观上具有了鲜明的政治色彩。不妨以曾几为例。

曾几属于所谓"后江西诗派"的执牛耳式的人物。关于其政治、学术与文学上的取向，陆游《曾文清公墓志铭》有载：

> 故太师秦桧用事，与虏和，士大夫议其不可者，辄斥。公兄为礼部侍郎，争尤力，首斥，而公亦罢……避乱寓南岳，从故给事中胡安国推明子思、孟子不传之学。后数年，时相（赵鼎）倡程氏学，凡名其学者，不历数岁取通显，后学至或矫托干进。公源委实自程氏，顾深闭远引，务自晦匿。及时相去位，为程氏学者益少，而公独以诚敬倡导学者，吴越之间，翕然师尊，然后士皆以公笃学力行、不哗世取宠为法。公治经学道之余，发于文章，雅正纯粹，而诗尤工，以杜甫、黄庭坚为宗……初与端明殿学士徐俯、中书舍人韩驹、吕本中游。诸公继没，公肖然独存。道学既为儒者宗，而诗益高，遂擅天下。①

据此可知：首先曾几在学术思想上以程颐为祖，在诗歌创作上以黄庭坚为宗。前者以程颐私淑弟子、"湖湘学派"的创始人胡安

---

① 陆游：《曾文清公墓志铭》，《陆游集·渭南文集》卷三一，第2303—2306页。

国为中介,后者以徐俯,尤其是韩驹、吕本中等前辈为媒体①,其"道学既为儒者宗,而诗益高,遂擅天下",在"江西诗派"中,是继吕本中以后的又一位学出伊川、诗源鲁直而弥合元祐时期蜀、洛之隙的代表人物。其次在政治上,反对与金通和。曾几在赵鼎以"洛学"人士为力量而培植相党期间,虽"深闭远引,务自晦匿",但在和战之争中,却与赵鼎相党的立场相同,反对和议,因而与赵鼎死党吕本中等人一同遭秦桧相党的罢黜。曾几的这一政治立场和诗学取向,则又是得以领袖"后江西诗派"的基本要素。众所周知,自称"忆在茶山听说诗,亲从夜半得玄机"的陆游,不仅因科举考试损害秦桧之孙的利益而遭到迫害,而且在政治上是一个终生不渝的主战者;于"吉甫波澜并取将"的杨万里,既心仪"元祐学术"中的"洛学",并从张浚"正心诚意"的训示,将自己的读书之室取名为具有浓烈道学意味的"诚斋"②,同时在绍兴后期与隆兴时期,也与陆游一样是位坚决的主战者。这就是说,陆游与杨万里前期师从曾几、诗学"江西",既取决于曾几诗"擅天下"的典范力量,更与曾几"党元祐"与反和议的政治立场密不可分。

诚然,"江西诗派"的昌盛,离不开文学自身的运行规律,刘克庄在分析为什么是黄庭坚而不是欧阳修或苏轼成为"江西诗派"之宗祖时指出:"六一(欧阳修)、坡公(苏轼),巍然为大家数,学者宗焉。然二公亦各极其天才笔力之所至而已,非必锻炼勤苦而成也。豫章(黄庭坚)稍后出,会粹百家句律之长,究极历代体制

---

① 周紫芝《竹坡老人诗话》卷三谓曾几"以子苍为一字师";曾几《挽韩子苍待制》也云:"忽惊地下修文去,太息门边问字谁?"又方回云有"曾茶山得吕紫薇诗法"之说,见《桐江续集》卷一五《次韵赠上饶郑圣予沂·序》。
② 《宋史》卷四三三《杨万里传》,第12863页。

之变，蒐猎奇书，穿穴异闻，作为古律，自成一家，虽只字半句不轻出，遂为本朝诗家宗祖，在禅学中比得达摩，不易之论也。"①认为黄庭坚虽无欧阳修与苏轼那样的"大家数"，但由于其诗"锻炼勤苦而成"，又"会粹百家句律之长，究极历代体制之变"，使后来学者有规可循，故成"本朝诗家宗祖"。这就从诗学本身指出了黄庭坚成为"江西诗派"之宗的原因所在，也总结了南渡以后新的宋诗风格形成与发展的历程。不过，以黄庭坚为宗的"江西诗派"在文学命运的走向及其阵容与影响上的不断扩大，并不完全取决于诗学上的取向。

许总先生指出，在《江西诗社宗派图》以外"陆续增补的诗派成员，本身情况甚为复杂，有的甚至不应硬性纳入诗派，但是，其共同的基点及其与吕本中《宗派图》中诗人之间的密切关系却是客观存在的。可以说，这些新成员名单的出现，标志着江西诗派的规模及影响的不断扩大与延伸，而这种扩大与延伸的本身，又使得以《宗派图》为主体的江西诗派的地位更为强化而巩固"②。如陆游与杨万里，虽自言曾经师从曾几，但其诗学的主要取向并非走"江西"一路，后人却将他们硬性纳入"江西诗派"。不唯像陆游、杨万里这样的增补成员，即便是在《宗派图》所列二十五人中，也明

---

① 《江西诗派序》，《后村先生大全集》卷九五，《全宋文》，第329册，第108页。
② 《宋诗史》，第543页。

显存在这种现象,对此,南宋以后的学者多有论述。①而事实充分表明,作为促使并不完全取决于共同诗学取向的"江西诗派"的阵容,以及其影响不断扩大与延伸的重要因素,"诗人之间的密切关系"赖以形成的驱动力,不在于别的,而在于朋党政治;确切地说,既出于"党元祐"的政治情结,又基于"诗从元祐总名家"与"政从元祐总名世"的时代风气。

不妨说,倘若吕本中为"江西诗派"扬名树帜的《宗派图》作于绍兴初,而其驱动力又在于孙觌所指的"党元祐"的用人政策,那么文学史上的"江西诗派"之名则源自政治史上的朋党之争,也即若无南渡后"党元祐"这一政治上的助推器,就很难有"江西诗派"之名的出现;进而言之,倘若"绍述"新党"以诗赋为元祐学术"的专制文化政策不终止,也无南渡后"党元祐"或以"元祐"相标榜的朋党政治,很难设想作为文学史上的"江西诗派"能有长足发展而出现"人比建安多作者"的盛况。

---

① 如宋赵彦卫《云麓漫钞》卷一四:"议者以谓陈无己为诗高古,使其不死,未必甘为宗派。若徐师川则固尝不平曰:'吾乃居行其间乎?'韩子苍云:'我自学古人。'……"(第244页)则指出了诗风或诗学主张的不同;又清李树滋《石樵诗话》卷一则从诗人占籍的角度指出:"异哉!吕居仁之作《江西诗派图》也,吾不知其去取之意云何。……陈师道彭城人,潘大临黄州人,夏倪、二林蕲州人,晁冲之、江端本、王直方开封人,祖可京口人,其不皆江西人明矣。如不定以江西人为例,则同时秦少游亦为吴人,日与山谷唱和,胡不入派?如必以江西人为例,则同时曾文清赣人,又与居仁以诗往还,胡又不入派?择焉不精,语焉不详,欲免后人异议,难矣!"(《黄庭坚和江西诗派资料汇编》,第467页)

第三节 "崇苏热"与"苏轼词派"的兴起

南渡以后，在黄庭坚被"江西"文学群体所崇尚的同时，苏轼也成了士人顶礼膜拜的对象，而且对苏轼的膜拜，几乎进入了一种狂热的境地。不过，与"江西诗人"崇尚黄庭坚如出一辙，造成膜拜苏轼的历史根源，既在于苏轼文学的典范力量，又在于"党元祐"的政治情结；而苏轼文学地位的再次彰显与以苏轼为宗祖的"苏轼词派"的再振，与黄庭坚及"江西诗派"一样，首先依赖于最高统治者的大力倡导。乾道九年（1173），孝宗作《苏文忠公赠太师制》云：

> 朕承绝学于百圣之后，探微言于六籍之中，将兴起于斯文，爰缅怀于故老。虽仪刑之莫觏，尚简策之可求。揭为儒者之宗，用锡帝师之宠。故礼部尚书端明殿学士、赠资政殿学士、谥文忠苏轼，养其气以刚大，尊所闻而高明。博观载籍之传，几海涵而地负。远追正始之作，殆玉振而金声。知言自况于孟轲，论事肯卑于陆贽？方嘉祐全盛，尝膺特起之招，至熙宁纷更，乃陈长治之策。叹异人之间出，惊谗口之中伤，放浪岭海，而如在朝廷，斟酌古今，而若斡造化。不可夺者，巍然之节；莫之致者，自然之名。经纶不究于生前，议论常公于身后。人传元祐之学，家有眉山之书。朕三复遗编，久钦高躅，王佐之才可大用，恨不同时；君子之道暗而彰，是以论世。倘九原之可作，庶千载以闻风。惟而英爽之灵，服我衮衣之命，

可特赠太师，余如故。①

　　据《四部丛刊》本郎晔《经进东坡文集事略》卷首，该文为高宗作，四川大学中文系所编《苏轼资料汇编》从之，但史称"乾道六年九月壬辰，赐苏轼谥'文忠'"②，又"乾道末，苏文忠特赠太师"③，据此则《苏文忠公赠太师制》当出于孝宗之手。但这并非意味高宗不重视苏轼。李日华《六研斋笔记·三笔》卷三载："宋思陵（高宗）得李伯时画人参、地黄二药，装潢之，御书东坡二赞，笔法浑厚纯美……竹懒曰：'思陵极爱苏公文词，力购全集，刻之禁中。此二诗应所熟诵而出之笔端者，且坡语二物皆北产而移之南土，遂尔蕃茂。时当绍兴南迁之初，尤所感而欣然也。'"④从中可见赵构喜好苏轼之一斑；而且在高宗时期，朝野掀起了一股崇拜苏轼的文化热。其标志之一，即赵昱《南宋杂事诗》卷五所说："风骚散佚罕流传，力购开雕读御前。空废元嘉诗禁密，纷纷笺释斗新编。"⑤该诗昭示了"元祐学术"解禁以后民间崇尚苏轼的盛况；而其所谓"力购开雕读御前"，即指南渡不久，高宗购苏轼全

---

① 《苏轼资料汇编》（上编二），第610页。
② 《宋史》卷三四《孝宗本纪二》，第648页。
③ 李心传：《建炎以来朝野杂记》甲集卷八《苏文忠赠官》，第162页。
④ 《六研斋笔记·三笔》卷三，影印《文渊阁四库全书》，第867册，第715页。
⑤ 《南宋杂事诗》卷五，影印《文渊阁四库全书》，第1476册，第587页。按：在高宗朝，掀起了研究刊刻苏轼作品的第一次高潮，如南宋初赵夔在北宋末苏诗"五家注"的基础上，增添了师尹、孙倬及自己的注释，遂成"八家注"本；不久，又有人据"八家注"本增补了傅藻与胡某的注释，定格为"十家注"本。至孝宗朝，出现了第二次高潮。在这次高潮中，苏轼的诗、词、文都得到了全面的注释与整理，详刘尚荣《苏诗版本源流考述》（《文史》第61辑）、曾枣庄《南宋苏轼著述刊刻考略》（《中华文史论丛》第61辑）。

集,"刻之禁中"之事。换言之,民间"纷纷笺释斗新编"的热潮与高宗对苏轼的喜好互为因果。这一热潮,至孝宗朝愈演愈烈。据载,"东坡先生学术文章,忠言直节,不特士大夫所钦仰,而累朝圣主宠遇皆厚。……今上皇帝(孝宗)犹爱其文。梁丞相叔子,乾道初,任掖垣,兼讲席。一日,内中宿直召对,上因论文,问曰:'近有赵夔等注轼诗甚详,卿见之否?'梁奏曰:'臣未之见。'上曰:'朕有之。'命内侍取以示之"①;"阜陵(孝宗)独曰:'气高天下,乃克为之。'呜呼!阜陵之言,可谓尽坡公(苏轼)之平生"②;"孝宗最重大苏之文,御制序赞,特赠太师,学者翕然诵读"③。由此等等,不难看出孝宗对苏轼情有独钟,爱之成癖,同时也可知在新一轮的"崇苏热"中,孝宗与高宗一样扮演了重要角色,而且特赠太师之位予苏轼,并倾情制作敕文,将高宗时期掀起的"崇苏热"彻底转化成了政府行为。文中"玉振而金声"一语,出于《孟子·万章下》"孔子之谓集大成。集大成也者,金声而玉振之也",将苏轼在文化上的建设和贡献与孔子相提并论,定为"集大成者"。这在孝宗同年御书《苏轼文集序》中又具体地作了说明:"穷理尽性,贯通天人。山川风云,草木华实,千汇万状,可喜可愕,有感于中,一寓之于文。雄视百代,自作一家,浑涵光芒,至此而大成矣。"④

---

① 陈肖岩:《庚溪诗话》卷上,影印《文渊阁四库全书》,第1479册,第60—61页。
② 刘克庄:《诗境集》,《后村先生大全集》卷九七,《四部丛刊初编》,第1312册,第60页。
③ 罗大经:《鹤林玉露》甲编卷二《二苏》,第33页。
④ 《苏轼资料汇编》(上编二),第611页。

从高宗与孝宗二帝对苏轼的褒赞来看，南渡后出现的"崇苏热"，并非是单一的文学现象，而是像一面多棱镜，折射出多个文化层面的内涵。

其一，在政治层面上，是"党元祐"的产物。

南渡以后，在高宗"最爱元祐"政治导向下，已故的苏轼与其他元祐党人一并从"崇宁党禁"中解脱出来，其政治地位不断提升：建炎二年（1128）五月，"诏：苏轼立朝履历，最为显著，追复端明殿学士，尽还合得恩数"[1]；绍兴元年（1131）八月，"故追复端明殿学士、降授奉议郎苏轼特赠资政殿学士、朝奉大夫"[2]；绍兴九年（1139）九月，"诏：汝州郏城县故资政殿学士苏轼坟寺，以旌贤广惠为名"[3]；至孝宗朝，则既谥"文忠"，又特赠为太师，到了无以复加的地步。自高宗到孝宗，对苏轼的褒赞追赠，可谓与日俱增，与时俱进，尤其是孝宗，更是不遗余力。就孝宗而言，固然出于对苏轼特有爱好，但其最终根源，却同样在于自高宗以来"最爱元祐"的政治情结，其敕文表彰苏轼"经纶不究于生前，议论常公于身后。人传元祐之学，家有眉山之书"，就足以证明这一点。

陆游《玉局观拜东坡先生海外画像》："整衣拜遗像，千古尊正统。"[4]周必大《跋三苏画像赞》："侍读公赞苏氏父子兄弟之盛，游、夏不能措辞矣。英彦以示省斋周某，乃续一转语云：'是家一

---

[1]《要录》卷一五"建炎二年五月乙未"条，第374页。
[2]《要录》卷四六"绍兴元年八月庚辰"条，第978页。
[3]《要录》卷一三二"绍兴九年九月丙申"条，第2468页。
[4]《全宋诗》卷二一六二，第24440页。

瓣香,并为文忠公.'此图盛行于庐陵宜也。"①徐鹿卿《史君赠所临蜀本三苏入京图诗以谢之》"岷峨一气钟三杰,欧富诸公知异材。后百余年拜遗像,凛然高节尚崔嵬"②,杨王休守镇江,郡有二苏画像,"旦望必率子弟拜之"③,如此等等,则又反映了盛行于士林的"崇苏"热潮。士林的"崇苏热"同样包含了"党元祐"的政治情结。这从晁公武的《毗陵东坡祠堂记》中可见一斑。

乾道八年(1172),晁子健知毗陵,始筑东坡祠堂"于郡学之西,塑东坡像其中,又于士大夫家广摹画像,或朝服、或野服,列于壁间,而晁侍郎公武为之记",记云:

> 公武闻诸世父景迂生,崇宁间,贼臣擅国,颠倒天下之是非,人皆畏祸,莫敢庄语。公之葬也。少公黄门铭其圹,亦非实录。其甚者以"赏罚不明"罪元祐;以"改法免役"坏元丰;指温公"才智不足",而谓公之斥逐出其"遗意";称蔡确谤讟"可赦",而谓公之"进用"自其"迁擢";章子厚之贼害忠良,而谓公"与之友善";林希之诋诬善类,而云公"尝汲引之"。呜呼!若然,则公之《上清储祥》、《忠清粹德》二碑,及诸奏议著述,皆诞谩欤?公武因子健之请,伏自思念,岁月滋久,耆旧日益沦丧,存者皆邈然后进,则绪言将零落不传。于是,不敢以不能为解,而辄载其事。惟公当元祐时,起于谪籍,登金门玉堂,极礼乐文章之选,及章、蔡窜朋党于岭表,

---

① 《省斋文稿》卷一六,见《全宋文》,第230册,第263页。
② 《全宋诗》卷三〇九三,第36958页。
③ 楼钥:《文华阁待制杨公行状》,《攻媿集》卷九一,《全宋文》,第265册,第223页。

而公独先,朝廷追复党人官爵,而公独后。立朝本末,彰明较著如此,岂有他哉!惜陈仲弓送中常侍父之葬,非以为贤;从者詈楚公子曰"隶也不力",非以为不肖,皆有为而发。岂少公之意,或出于此,非耶?后世不知其然,惟斯言是信,则为盛德之累大矣。①

所谓"少公黄门铭其圹",就是指苏辙《亡兄子瞻端明墓志铭》,晁公武则认为其中关于苏轼对免役法的态度及与章惇、蔡确等人关系的记载,皆"非实录"。那么事实的真相究竟是怎样的呢?元祐元年(1086),司马光在主持废除新法的"更化"之政中,遇到了不小的阻力,在废除免役法时尤其如此。由于在王安石所实施的新法中,免役法利多于弊,故部分元祐党人要求保留此法,苏轼为此与司马光面折于廷,争之不得,乃连呼之为"司马牛,司马牛"②。在朝的新党蔡确、章惇也为之据理力争,特别是章惇,朱熹说,司马光"被他一一捉病痛,敲点出来"③。最终是蔡京力助司马光,在五日之内强行地废除了该法,重新恢复了被废除了近二十年之久的差役之法,致使监司"迎合争先,不校利害,一概差定,一路为之骚动"④,造成了不良后果。司马光去世后,元祐党人内部风波迭起,分裂成为蜀、洛、朔三党,交相攻讦。在攻讦中,苏轼罹"诽谤"罪离开朝廷。对此,苏轼曾作过这样的解释:因反对司马光废除免役法,便为朱光庭、王岩叟、贾易等人"攻击

---

① 费衮:《梁溪漫志》卷七《毗陵东坡祠堂记》,第40—41页。
② 蔡絛:《铁围山丛谈》卷三,第60页。
③ 《朱子语类》卷一三〇《自熙宁至靖康用人》,第3126页。
④ 《宋史》卷三四〇《刘挚传》,第10855页。

不已,至于罗织语言,巧加酝酿,谓之诽谤"①。这就是说,苏轼于元祐期间罹"诽谤"罪而遭斥逐,虽与司马光无直接关系,但为洛、朔两党台谏发挥司马光"遗意"所致。同时在"元祐党人"以"车盖亭诗案"迫害蔡确时,苏轼确曾认为"可赦"而上疏营救。②至于苏轼与章惇的"友善"关系,也是不争的事实。在现存《苏轼文集》中,有多封写给章惇的书信,就是苏、章二人交情深厚的见证。建中靖国元年(1101),苏轼自海南北归,途中曾给章惇之子章援写有一信,信中又指出:"某与丞相(章惇)定交四十年,虽中间出处稍异,交情固无所增损也。"③由此可见其与章惇深厚的交情至死未变。苏轼卒于建中靖国元年七月,葬于次年即崇宁元年(1102)闰六月;该年,正是建中靖国元年宋廷调解新、旧两党之间的矛盾失败后,徽宗与蔡京集团全面打击和迫害元祐党人的开始。晁公武认为因时局之变,苏辙在《墓志铭》中不得已为此曲笔而"非实录",但事实并非如此。不过,所有这些事实,并不需要作任何考证,粗览苏轼文集便可知晓。晁公武是位著名的藏书家,著有《郡斋读书志》,苏轼的集子也被著录其中。那么这是否可以说晁氏在著录苏轼文集时虽阅其文,却不解其意,故引起了诸多误会?回答当然是否定的!抑或在作《东坡祠堂记》时,因苏轼文集的难觅而还从未接触?但自高宗以来,"人传元祐之学,家有眉山之书",苏轼文集广布士林,随处可见,随时可阅。事实上,他对于苏轼文集中借道家"清心省事"的思想,斥责王安石变法肇事的

---

① 详《与杨元素》(其十七),《苏轼文集》卷五五,第1655—1656页;《皇宋通鉴长编纪事本末》卷一〇三《台谏言苏轼》。
② 详苏轼《论行遣蔡确札子》,《苏轼文集》卷二九,第833页。
③ 《与章子平》(其一),《苏轼文集》卷五五,第1643页。

《上清储祥》①等文，早已熟谙于心，也成了其纠正《墓志铭》"非实录"的"铁证"。晁公武于历史真相视而不见，并以故作纠谬求真的姿态，为东坡祠堂作记，是在特定的心理定势下，出于塑造苏轼作为"元祐党人"的完美形象之需。因为在他看来，废除免役、恢复差役，是"元祐更化"的重要步骤，而"元祐更化"则是"天下大治"的范例；至于蔡确与章惇属于新党党魁，是"贼害忠良"的奸诈小人。若苏轼反对废除免役、论救蔡确、与章惇友善，岂不是与司马光主持下的"更化"之政背道而驰而与蔡、章同流合污了吗？而这一点，正是南渡后士大夫所普遍具有的历史观和认识论。质言之，晁公武是怀着弥漫于广大士林之中的浓重的"党元祐"情结撰写这篇《东坡祠堂记》的。高宗以来的"崇苏热"赖以形成和日趋高涨的内在驱动力，也正在于此。

　　将苏轼从"崇宁党禁"中解放出来，使之获得新生，为全面阐发苏轼在文学上的经典意义提供了保障。但上述表明，这一保障基于政治上的"拨乱反正"；而"拨乱反正"的原动力则来自"党元祐"的朋党政治，其性质与压制以苏轼、黄庭坚为代表的"元祐文学"的"崇宁党禁"一样，都是党争的产物。自熙宁变法以后的两宋历史充分表明，在压制什么或提倡什么的过程中，最见效果的是朋党之争。党争既可以将某人、某一士人群体或某一极富生命力的文化成果打压下去，禁锢起来；也可以使之在禁锢中很快地站立起来，并被高高树起，奉若"神明"。苏轼自北宋哲宗亲政以来的际遇，就充分地表明了这一点。不过"崇苏热"并不仅仅停留在政治层面，同时具有重大的文学意义，他对南宋文学的发展具有不可忽

---

① 按：原题为《上清储祥宫碑》，《苏轼文集》卷一七，第502—504页。

视的推进之功。

其二，在文学层面上，由于苏轼的典范意义得到了广泛的认同，形成了主导南宋词坛的"苏轼词派"，对词学的发展产生了正面影响。

弥漫于士林的"党元祐"情结与愈演愈烈的"崇苏"热潮，对文学命运的走向产生了直接的影响。其中的一个重要标志，就是作为"以诗赋为元祐学术"的主要对象，苏轼的典范意义得到了身份不一、政见有异的作家的广泛认同，形成了一个以"崇苏"为荣的庞大的文学群体。在认同中形成的所谓"苏轼词派"，则从正面推进了宋词的发展。

苏轼生前，在词坛"指出向上一路，新天下耳目"，具体表现为：提高了词品、扩大了词境、改变了词风、推进了词律。[①]这些"新天下耳目"的表现，得到了时人与后人的响应，形成了阵容壮大的"苏轼词派"。王灼就认为"晁无咎、黄鲁直皆学东坡，韵制得七八。……后来学东坡者，叶大蕴、蒲大受亦得六七"[②]；元好问则又将苏派传人一直举到辛弃疾："坡以来，山谷、晁无咎、陈去非、辛幼安诸公，俱以歌词取称，吟咏情性，流连光景，清壮顿挫，能起人妙思。亦有语意拙直，不自缘饰，因病成妍者，皆自坡发之。"[③]不过其中除黄庭坚、晁补之外，绝大多数为南渡以后的词人。事实上，在北宋，苏轼词虽然"新天下耳目"而得到同时代某些词人的响应，但较之徽宗朝的"大晟府词人"，其阵容并无优势

---

① 详吴熊和《唐宋词通论》，第201—215页。
② 《碧鸡漫志》卷二，《词话丛编》，第83页。
③ 《新轩乐府引》，《遗山先生文集》卷三六，《四部丛刊初编》，第1369册，第88页。

可言,占词坛主流也是"大晟府词人"围绕"丰亨豫大"的虚幻光环编织而成的诿谀之词。苏轼词的典范意义广为士林所认同及"苏轼词派"的壮大,是在南渡以后的事;而其认同与壮大,则是在"党元祐"的政治背景下进行的。

王灼所提及的叶梦得,原本不是苏轼词派中人,在北宋却又"阴抑苏、黄"。清四库馆臣指出:"梦得著《石林诗话》,主持王安石之学,而阴抑苏、黄,颇乖正论。乃其为词,则又挹苏氏之余波。所谓是非之心,有终不可澌灭者耶。"①叶梦得虽为"苏门四学士"之一晁补之的外甥,但于绍圣四年(1097)中进士,徽宗时为翰林学士、龙图阁学士,出于蔡京之门,在政治上倾向"绍述",在文学上"推重王安石者不一而足"。四库馆臣将他从"阴抑苏、黄"到转"挹苏氏之余波",归源为创作主体"是非之心"的重新发现;冯煦则认为:"叶少蕴主持王学,所著《石林诗话》,阴抑苏、黄,而其词顾挹苏氏之余波,岂此道与所问学,固多歧出邪?"②谭莹又将其"多歧出"视作为人上的"狡狯":"轻诋苏黄太刻深,倚声一事却倾心。流莺不语啼莺语,狡狯真怜叶石林。"③实际上,促使叶梦得从前期"阴抑苏、黄"与词"婉丽有温、李之风"转化到后期崇尚苏轼,使其词"落其华而实之,能于简淡时出雄杰"而"不减东坡之妙"④的动因,既是南渡以后时代精神所使然,又是"党元祐"下的"崇苏热"改变了其先前所持之"道与所问学",终成苏轼在词坛上的传人。

---

① 《四库全书总目》卷一九八《石林词》提要,第1812页。
② 《蒿庵论词》,《词话丛编》,第3587页。
③ 《论词绝句一百首》,《乐志堂诗集》卷六,见《唐宋人词话》,第430页。
④ 关注:《石林词跋》,《宋代词学资料汇编》,第210页。

南渡以后，争羡元祐，崇尚苏黄，以获时荣，是一种具有鲜明时代特征的士风；改变先前所持之"道与所问学"，转崇东坡，也成了文坛的普遍现象。蒋璨因交结蔡京党人梁师成，曾为徐俯弹劾而罢官①，但蒋氏将"平生所蓄东坡诗文、杂言、长短句、残章断稿、尺牍游戏之作，尽椟藏其中"，并于绍兴后期将自己的藏书室命名为"景坡堂"，以表示对苏轼的景仰②；其仅存的一首《青玉案》，因与苏轼词风十分相近，故曾慥收入《东坡词》中，由此可以想见，蒋璨生前词体创作也是"自东坡发之"的。又李纲与李光在蔡京执政期间身处近要，被视为蔡氏死党而遭弹劾③，但他们在高宗即位后，不仅在政治上表现出鲜明的"党元祐"的立场，在词体创作中也步苏轼为词坛所指出的"向上一路"，成了"苏轼词派"的过渡词人。他们在政治上的这种转变和文学上的崇尚与上述叶梦

---

① 《要录》卷六〇"绍兴二年十一月己未"条，第1193—1194页。
② 孙觌：《绍兴壬子，某南迁过疏山，一览亭，见〈拟东坡煨芋〉诗刻龛之壁间，诗律句法良是，殆不能辨，乃宣卿侍郎守临川时所拟作也。后数日，道次安仁县，一士人吴君出宣卿诗数十解示余，奇丽清婉，咀嚼有味，如啖蔗然，读之惟恐尽于是，抚卷三叹，而后知公置力于斯文久矣。又二十年，宣卿筑室荆溪山，别营一堂，以平生所蓄东坡诗文、杂言、长短句、残章断稿、尺牍游戏之作，尽椟藏其中，号"景坡"，自书榜，乃为记刻之。某欲具小舟造观，而宣卿召用，今以集撰守吴门，乃赋诗为之先》。《全宋诗》卷一四八六，第16988页。
③ 如建炎元年张浚弹劾李纲党同蔡京，"谓蔡京之罪可略，蔡攸之才可用，交通私书，深计密约，凡蔡氏之门人，虽败事误政，力加荐引"（《要录》卷一〇"建炎元年十一月戊子"条，第270页）。建炎二年，李光因"附蔡攸以擢要近，及吴敏为相，引蔡党为助"，罢知州为祠禄官而主管西京嵩山崇福宫（《要录》卷一四"建炎二年三月丙申"条，第345页）；绍兴二年，李光因言者弹劾"顷为御史，不言蔡京之罪"，从知建康府任上落职（《要录》卷五八"绍兴二年九月丙戌"条，第1176页）。

得一样,都是"崇苏热"造成文学群体重新组合的具体表现。

至于在北宋末心仪"元祐学术",南渡后更加坚固了"党元祐"的立场的文人,不少又一改南渡以前的词风,加入到了"苏轼词派"的行列,其中向子諲颇具代表性。大观四年(1110),张元幹在一篇跋文中指出:"往在豫章,问句法于东湖先生徐师川,是时洪刍驹父、弟炎玉父、苏坚伯固、子庠养直、潘淳子真、吕本中居仁、汪藻彦璋、向子諲伯恭,为同社诗酒之乐。余既冠矣,亦获攘臂其间。"①由此可见,向子諲早在北宋就与"元祐系列"的士人有着密切的关系;南渡以后,又受到了"元祐学术"中的洛学传人胡安国、张九成的赏识与举荐,官至户部侍郎,因"金使议和将入境,子諲不肯拜金诏",终忤秦桧,致仕家居,号芗林居士②,自始至终体现了"党元祐"的政治立场。在南渡以后的文学活动中,则又与徐俯、范冲等元祐子弟及陈与义等人交往甚密,以词唱和、以词寄情。如绍兴七年(1137),向子諲"遍走浙东诸郡","时拜御书芗林之赐,因成长短句,寄朱子发(震)、范元长(冲)、陈去非(与义)"③;又据《林泉野记》,绍兴七年,"(张)浚罢,召(赵)鼎复尚书左仆射,因请上还临安,召用常同、张九成、傅崧卿、向子諲,委王庶督军政",次年,向子諲出守平江,见官署中岩桂盛开遂赋《满庭芳》,约徐俯、苏庠、陈与义等人同赋。④不过南渡前后,向子諲在政治与文学活动中和"元祐后人"的这一密切

---

① 《苏养直诗帖跋尾六篇》,《芦川归来集》卷九,《全宋文》,第182册,第415页。
② 《宋史》卷三七七《向子諲传》,第11642页。
③ 向子諲:《西江月·序》,《全宋词》,第959页。
④ 引自《三朝北盟会编》卷二一六,第1554页;向子諲《满庭芳·序》,《全宋词》,第951页。

关系，并不意味其词风前后一以贯之。他的《酒边词》由南渡前的《江北旧词》与南渡后的《江南新词》两部分组成。《江北旧词》主要承柳、晏、欧、秦之绪，基本不出"歌场舞榭之生涯"；《江南新词》则呈现出崭新的艺术风貌，胡寅认为其新风貌的成因在于"步趋苏堂而哜其蔽者"。①这就表明了南渡以前，向子䛒虽然与"元祐后人"有着融洽无间的"同社诗酒之乐"，但他在词坛上"步趋苏堂"而成为"苏派词人"，却是渡江以后开始的；年长于向子䛒并曾与徐俯、向子䛒等人相酬唱的另一位"苏派"传人朱敦儒词风转变的历程也基本如此。②这也具体佐证了在北宋苏轼虽为词坛指出了"向上一路"，但因徽宗时期的"元祐学术"之禁而很少有人问津的事实。又值得注意的是：

第一，在《江南新词》中，颇多"次东坡先生韵"之作。如《点绛唇》"重九戏用东坡先生韵"三首；同调"重阳后数日，菊墩始有花，与诸友再登，赋第四首"；《卜算子》"中秋欲雨还晴，惠力寺江月亭用东坡先生韵示诸禅老，寄徐师川（俯）枢密"；同调"重阳后数日，避乱行双源山间，见菊，复用前韵，时以九江郡恳

---

① 《向芗林〈酒边集〉后序》，《崇正辩 斐然集》卷一九，第403页。
② 朱敦儒生于元丰八年（1085），卒于绍兴二十九年（1159），现存《樵歌》二百四十五首，加上后人辑佚，共二百五十首。其中南渡以前之作的基调是纵乐狎妓。南渡后，在崇尚苏轼的时风下，其词的内容和词的风格都产生了变化。关于其词风的变化，邓之勉先生指出："以诗为词，以文为词，以议论为词，是苏轼首自大声势、新天下耳目的，而苏轼在词创作领域开辟的新天地，却因其诗文被禁而削弱了影响"，"加上北宋末以周邦彦为代表的格律词盛行，使得苏轼开辟的新天地少有人问津。朱敦儒却能从中吸取所需，为己所用"，"形成明显的散文化现象。而更突出的是讲道理、发议论"（《樵歌校注·前言》，第9—10页）。这种"以文为词，以议论为词"的风格，主要表现在南渡以后的创作中。

辞，未报"；同调"督战溠水，再用前韵第三首示青草堂"；同调"复自和赋第四首"。南渡以后，和东坡韵者并非向子諲一人，现存王之道《相山居士词》中，就有十五首这样的和韵，饶宗颐先生《词集考》卷三则指出："今观其词，如《石州慢》、《望海潮》、《念奴娇》诸阕，并能曲传抑郁怀抱，亦所谓'自苏黄门庭中来'者，不仅和东坡韵至十余首也。"这些和东坡韵却是王之道步趋苏轼门庭而成为"苏派词人"的具体表现。王之道生于元祐八年（1093），于宣和六年（1124）中进士，绍兴年间因极力反对和议，大忤秦桧，坐是论废二十年之久，卒于乾道五年（1169）。在年龄上，向子諲大于王之道八岁，早卒于王之道十六年，据此其"次东坡先生韵"或当早于王之望，但无论先后，都表现出崇尚苏轼的词学取向。

第二，向子諲自称："始为诗以数百计，一见师川，快说诗病，尽焚其稿。"[①]据此则知师从徐俯，当入"江西诗派"。在南渡前后的文人中，既为"江西诗人"又属"苏轼词派"者，是常见的现象，即便是"江西诗派"之宗的黄庭坚、陈与义及韩驹和曾几，也具有这种"双重身份"。向子諲在诗学"江西"与词宗苏轼的过程中，又出现了以"江西诗句"入词的现象，如《江南新词》中的《水调歌头》序谓："绍兴戊辰再闰，感时抚事，为之太息。因取旧诗中师川（徐俯）一二语，作是词。"又《浣溪沙》序载："东坡诗云：'老去怕看新历日，退归拟学旧桃符。'古今绝唱也。吕居仁（本中）诗有'画角声中一岁除，平明更饮屠苏酒'之句，政用以为故事耳。芗林退居之十年，戏集两公诗，辄以鄙意足成《浣溪

---

① 《徐东湖诗集后序》，引自楼钥《芗林居士文集序》，《攻媿集》卷五二，《全宋文》，第264册，第105页。

沙》。"这仅仅是词序所标记之作，无词序说明而词中用"江西诗句"的作品也不乏其例。夏承焘先生在论述姜夔的诗与词相通时说："白石的诗风是从江西派走向晚唐的，他的词正复相似，也是出于江西和晚唐的，是要用江西派诗来匡救晚唐温、韦及北宋柳、周的词风。"[①]姜夔的诗以晚唐的绵邈风神补救"江西诗派"末流的槎枒乾枯之失，他的词则以"江西诗派"清劲瘦硬的健笔改造晚唐以来温庭筠、韦庄、柳永、周邦彦词的靡曼软媚，两者都不失为对当时诗风与词风的改革。向子諲以"江西诗句"入词，虽不如姜夔那样具有全面性，在创作意识上也许没有姜夔那样具有自觉性，但无疑为姜夔开了端绪。

不消说，向子諲《江南新词》中"次东坡先生韵"与用"江西诗句"入词，正是其"步趋苏堂"的具体途径；而他从南渡前承柳、晏、欧、秦之绪的《江北旧词》发展到南渡后"步趋苏堂而哜其胾者"的《江南新词》，首先是一个从一种旧的创作风格到一种新的艺术崇尚的转化过程，属于在"文变染乎世情，兴废系乎时序"的规律下的一种艺术实践，但这个转化过程与艺术实践，却离不开在"党元祐"的朋党政治中形成的"崇苏热"，何况南渡后的"党元祐"，本身就在驱使"文变"的"世情"中占据着不可忽视的地位。

驱使南渡后"文变"的"党元祐"与"崇苏热"的"世情"，规范了叶梦得、朱敦儒、向子諲、王之道等作为"苏派"传人的艺术实践，同时又拓宽了苏轼为词坛所指出的"向上一路"。换言之，苏轼为词坛所开辟的"向上一路"，在"崇苏热"的引领下，得到

[①] 《姜夔的词风》，《夏承焘集》，第2册，第306页。

了不断的拓展和延伸,从而加快了词风的转变,也孕育了新一代"苏派词人"。张孝祥就是在这一词学命运新走向中脱颖而出的、苏轼在高宗后期与孝宗前期词坛的重要传人。乾道七年(1171),汤衡为张孝祥词集序,序云:

> 昔东坡见少游《上巳游金明池》诗,有"帘幕千家锦绣垂"之句,曰:"学士又入小石调矣。"世人不察,便谓其诗似词,不知坡之此言,盖有深意。夫镂玉雕琼,裁花剪叶,唐末词人非不美也。然粉泽之工,反累正气。东坡虑其不幸而溺乎彼,故援而止之,惟恐不及。其后元祐诸公,嬉弄乐府,寓以诗人句法,无一毫浮靡之气,实自东坡发之也。于湖紫微张公之词,同一关键。……衡尝获从公游,见公平昔为词,未尝著稿,笔酣兴健,顷刻即成,初若不经意,反复究观,未有一字无来处。如《歌头》、《凯歌》、《登无尽藏》、《岳阳楼》诸曲,所谓骏发踔厉,寓以诗人句法者也。自仇池(苏轼)仙去,能继其轨者,非公其谁与哉![1]

汤衡将苏轼在词坛所指出的"向上一路"的表现特征总结为"寓以诗人句法,无一毫浮靡之气",并从"寓以诗人句法"的"骏发踔厉"的"元祐词风"的角度,指出了张孝祥得苏轼真传之所在;并特地强调了能继苏轼之真传者,非张孝祥莫属,即所谓"非公其谁与哉"。从张孝祥作于乾道二年(1166)的《念奴娇·过洞庭》观之,汤衡所言,并不过当。该词"写月、湖、人三俱冰雪晶

---

[1] 《张紫微雅词序》,引自金启华等编《唐宋词集序跋汇编》,第164页。

莹,表里澄彻,词品、人品,堪与苏轼争雄"①。张孝祥生于绍兴二年(1132),卒于乾道五年(1169),虽天不假年,也无南渡文人那样对"元祐学术"有着耳濡目染的亲身经历与感受,但对于作为"元祐学术"的组成部分苏轼在文学上的典范意义的领悟与汲取,却是十分全面和深入的。他的门下士谢尧仁又指出,张孝祥不仅于词,同时在诗歌上"与东坡相先后者已十之六七。而乐府之作,虽但得于燕笑咳唾之顷,而先生之胸次笔力皆在焉。今人皆以为胜东坡,但先生当时意尚未能自肯"②。据叶绍翁载,以为张孝祥词胜于苏轼词的,就是其门下士:"(孝祥)尝慕东坡,每作为诗文,必问门人曰:'比东坡何如?'门人以'过东坡'称之。"③从中又昭示了在举国上下的"崇苏热"中,张孝祥不仅自觉地以"步趋苏堂"为荣,而且还体现了以比肩苏轼为务的艺术精神。

在汤衡所谓"镂玉雕琼,裁花剪叶"的传统词风下,苏轼"寓以诗人句法",一变"浮靡之气"为"骏发踔厉","新天下耳目"。然而,由于在"绍述"期间实施的近三十年之久的"元祐学术"之禁,加上为徽宗与蔡京集团的"绍述"政治歌功颂德的"大晟府词"大面积地掩盖词坛,严重障碍甚至封闭了这条"新天下耳目"的"向上一路",南渡后,在"党元祐"的朋党政治中形成的"崇苏热",却消解了路障,扫除了尘封,使之重现天下,吸引大批词人步趋其间,并且呈现出新老交替,前仆后继的情形;同时由于这"向上一路"呈现出四通八达的开放体系,步趋其间的词人可以各取所需,汲取其中的典范意义,化作自己的创作实践,从而又使之

---

① 吴熊和:《唐宋词通论》,第248页。
② 《张于湖先生集序》,《于湖居士文集》卷首,第2页。
③ 《四朝闻见录》乙集"张于湖",第72页。

得到了不断的拓宽与发展,也赋予了"苏轼词派"的再生性而变得源源不断,经久不衰。如张孝祥词虽然与苏轼"同一关键",但绝非对苏词风的自然演化,而是在比肩苏轼中的再创造,形成了介于苏轼与辛弃疾之间的新词风,并且又由"张于湖一传而得吴敬斋(潜),再传而得郭遁斋(应祥)"[①]。同样为元好问所认定的另一位后来居上的"苏派词人"辛弃疾与苏轼的关系,也主要表现在"意不在于作词,而其气之所充,蓄之所发,词自不能不尔"上[②],也就是说"自东坡发之"的辛词,并没有停留在对苏词章句形态上的追摹,而更主要是在创作精神上的崇尚。因此,论者或将苏、辛相提并论,称为"苏辛词派",或将辛弃疾单独立派,视刘过、黄机、刘克庄、文天祥、刘辰翁等为"辛派"传人,都不乏历史依据,也都表现为"元祐学术"解禁后词学命运的新走向。

要之,南渡以后经久不衰的"崇苏热",孕育了经久不衰的"苏轼词派",使苏轼在词学上的典范意义得到了全面的阐释与发挥,从而改变了"绍述"以后词学命运的走向,也给以"镂玉雕琼,裁花剪叶"为美的词体注入了新的艺术生命力,使之朝着多元化方向发展。但由于"崇苏热"是在"党元祐"的朋党政治中形成的,这一新的艺术生命力却被厚厚地蒙上了所谓"雅正"的教化之雾。

第三,在学术层面上,苏轼和"苏派词人"的文学意义,被纳入了非艺术化的"雅正"理论的范畴之内,赋予了具有时代特征的教化功能,因而淡化甚至泯灭了词原有的本体特征和审美色彩。

---

① 滕仲因:《笑笑词后记》,《宋代词学资料汇编》,第233页。
② 范开:《稼轩词序》,《稼轩词编年笺注·附录二》,第596页。

上引汤衡所言源自苏轼的"寓以诗人句法"的"元祐词风"，就是相对于有累"正气"的"粉泽之工"而言的。所谓"正气"即为南渡以后盛行的"雅正"论的另一种说法。何谓"雅正"？《毛诗》指出："言天下之事，形四方之风，谓之雅。雅者，正也，言王政之所由兴废也。"①那么，南宋学者又是怎样以"雅正"衡词？不妨先看鲖阳居士《复雅歌词》对苏轼《卜算子》(缺月挂疏桐)的阐释：

> "缺月"，刺明微也；"漏断"，暗时也；"幽人"，不得其志也；"独往来"，无助也；"惊鸿"，贤人不安也；"回头"，爱君不忘也；"无人省"，君不察也；"拣尽寒枝不肯栖"，不偷安于高位也；"寂寞吴江冷"，非所安也。与《考槃》诗相似。②

苏轼的这首词作于元丰五年（1082）贬居黄州时期，鲖阳居士认为"与《考槃》诗相似"。关于《考槃》的主旨，《毛诗·国风·考槃序》有说明："《考槃》，刺庄公也。不能继先公之业，使贤者退而处穷。"③程颐则以为："《考槃》，观其名早已可见君子之心，处之已安，知天下决然不可复为，虽然如此退处，至于其心，寤寐闲永思念，不得复告于君，畎亩不忘君之意。"④鲖阳居士就是用程颐之说来诠释苏词的，以揭示苏轼词的"雅正"性质。但黄庭坚评此词云："语意高妙，似非吃烟火食人语。非胸中有万卷书，笔下

---

① 《毛诗正义》卷一，《十三经注疏》本，第272页。
② 引自黄昇《唐宋诸贤绝妙词选》卷二，《四部丛刊初编》，第2092册。
③ 《毛诗正义》卷一，《十三经注疏》本，第321页。
④ 《二程集·河南程氏外书》卷一，第355页。

无一点尘俗气,孰能至此!"①杨时也指出:苏轼诗文"殊无恻怛爱君之意"②,即无"雅正"的表现。作为程颐的"四大弟子"之一,杨时虽然因苏轼在元祐时期与程颐交恶而对苏轼心存芥蒂,但苏轼在诗词创作中,确无鲖阳居士所说的那种"雅正"性。不过在提倡"雅正"这一点上,杨时与鲖阳居士并无二致,他主张诗文要有以"恻怛爱君"为内涵的"温柔敦厚之气",即与鲖阳居士的"雅正"论相同;他在论音乐时以"今乐"郑、卫之音为乱世的"淫邪"之乐,以"古乐"《咸》《英》《韶》《濩》为治世的"雅正"之乐③,则为鲖阳居士的《复雅歌词序》所本。《复雅歌词序》在严辨音乐的"雅正"基础上,又将新兴的音乐文学样式词接绪"止乎礼义"的"《诗》三百五篇"与汉代的"古乐府",继而以此为标准,将自温庭筠至北宋词概括为:在音乐上表现为"淆糅华夷,焦杀急促,鄙俚俗下,无复节奏";在文本上"率然抒一时情致,流为淫艳猥亵不可闻之语";在"雅正"与"淫邪"的比例上"韫骚雅之趣者,百一二而已"④,惟有包括上述《卜算子》在内的苏轼词,即在"百一二"的"骚雅"之列,是合乎治世的"雅正"之作。

对于鲖阳居士的这种论词方法,王士祯《花草蒙拾》称之为"村夫子强作解事,令人作呕"。但类似这种"村夫子强作解事",在南宋的词学界并非绝无仅有。道学家曾丰在《知稼翁词序》中便

---

① 《跋东坡乐府》,《黄庭坚全集》卷二五,第660页。
② 《龟山语录》,《龟山集》卷一〇,影印《文渊阁四库全书》,第1125册,第191页。
③ 《龟山集》卷八"今乐犹古乐"条,影印《文渊阁四库全书》,第1125册,第170页。
④ 引自谢维新《古今合璧事类备要》外集卷一一《音乐门·乐章类》,影印《文渊阁四库全书》,第941册,第511页。

指出"本朝太平二百年,乐章名家纷如也。文忠苏公,文章妙天下,长短句特绪余耳。犹有与道德合者"。并指斥黄庭坚对苏轼"缺月疏桐"一词的评论之谬:"仅尘外语,于礼仪遑计欤。"进而认为黄公度"凡感发而输写,大抵清而不激,和而不流,要其情性则适,揆之礼义而安,非欲为词也。道德之美,腴于根而盎于华,不能不为词也"①。即与苏词一样,也是典型的"雅正"之作。可见曾丰的学术思想体系与銅阳居士同一源流;反过来说,銅阳居士与曾丰一样是位道学家。

由于銅阳居士不知为何人,其学术思想与曾丰相同,故张德瀛认为銅阳居士就是曾丰。但銅阳居士的"《复雅歌词》成书于绍兴中,曾丰为乾道五年进士,且尝为真德秀启蒙,年代未免稍后。张德瀛视銅阳居士即为曾丰,并不可信"②。与此同时,以经义释词,以"雅正"衡词,并不限于銅阳居士与曾丰。胡寅也将词的源头直指《诗经》与汉乐府,认为唐人与柳永偏离了这个源头,失去了"发乎情而止乎礼义"的原则,至苏轼才"一洗绮罗香泽之态,摆脱绸缪婉转之度",归源复正,向子諲就是在这个正统的源头上,"步趋苏堂而哜其胾"的③;陆游《长短句序》说:"雅正之乐微,乃有郑卫之音。郑卫虽变,然琴瑟笙磬犹在也。及变而为燕之筑、秦之缶,胡部之琵琶、箜篌,则又郑卫之变矣。风、雅、颂之后,为骚、为赋、为曲、为引、为谣、为歌,千余年后,乃有倚声制辞,起于唐之季世。则其变愈薄,可胜叹哉!"④韩元吉《焦尾集

---

① 《缘督集》卷一七,《全宋文》,第277册,第314—315页。
② 吴熊和:《关于銅阳居士〈复雅歌词序〉》,《吴熊和词学论集》,第97页。
③ 《向芗林〈酒边集〉后序》,《崇正辩 斐然集》卷一九,第403页。
④ 《陆游集·渭南文集》卷一四,第2101页。

序》则以为:"汉魏以来,乐府之变,《玉台》诸诗,已极纤艳。近代歌词杂以鄙俚,间出于市廛俗子,而士大夫有不可道者,惟国朝名辈数公所作,类出雅正,殆可以和心而近古。"①詹效之《燕喜词跋》认为曹冠词:"旨趣纯深,中含法度,使人一唱而三叹,盖其得于六义之遗意,纯乎雅正者也。"②张镃《梅溪词序》承袭鲖阳居士之说,将史达祖词上接"《关雎》而下三百篇"的《诗经》,故"未易以小伎言也"。③如此等等,与鲖阳居士的词学观一样,无不打上了道学的思想烙印,也表明了以道学为思想基础的"复雅崇正",成了南宋盛行的词学思潮。

综观南渡以后所盛行的"雅正"论,其实质是以诗教衡词,其功能在于教化,即詹效之《燕喜词跋》在提出"雅正"论后接着所说的:"足以感发人之善心,将有采诗者播而飏之,以补乐府之阙,其有助于教化,岂浅浅哉!"然而,这一具有教化功能的"雅正"论所张扬的,并非是属于一般意义上的儒家诗教理想,更不是"诗教理想的中和之美在词学中的体现",而是特定时代的产物,被深深打上了南宋政治与学术思想的烙印;确切地说,是在南渡以后"党元祐"的朋党政治中运行而生的,带有严重的政治与学术偏见。

鲖阳居士《复雅歌词》所辑"迄于宣和之季";其序文严辨"雅正"的内容之一是"夷夏"之辨,并严厉指斥唐明皇"溺于夷音,天下熏然成俗",导致了"王政"的荒芜,国运的衰落。实际上,这首先是针对宣和词风和孕育宣和词风的腐败政局而言的。在南宋,士人常常将宣和年间徽宗君臣荒佚声色,视为北宋沦亡的原

---

① 《焦尾集序》,《南涧甲乙稿》卷一四,《丛书集成初编》,第1982册,第260页。
② 张惠民编《宋代词学资料汇编》,第220页。
③ 金启华等编《唐宋词集序跋汇编》,第238页。

因之一。刘辰翁所谓"铜驼故老,说著宣和似天宝"①,说的就是这个意思。陆游在高扬"雅正"论的同时,对唐末五代"花间词人"不念国家安危而纵情声色深致感慨②,也旨在对北宋末年政坛与词坛风气的批判。同时又将"大晟乐"视为一种亡国之音:"不幸崇、观小人用事,倡为'丰亨豫大'说,以文太平。虽能作大晟乐,置大司乐,要亦不过崇虚文以饰美观而已,亦奚救于宣、靖之弊哉!"③所谓"小人",即指蔡京。蔡京于崇宁元年(1102)任相,大观元年(1107),又被晋封为魏国公加太尉,权倾天下。为了粉饰太平,蔡京置大晟府,颁行大晟新乐,发起了一场"制礼作乐"的闹剧;而"大晟词人"则以歌功颂德为务,制作了大量诣谀之词。不过就"大晟乐"而言,其"八音克谐",是"崇雅复古"的表现④;"大晟词人"在创作上也以排斥俚俗、倡导典雅为宗旨,成了"宋词发展史上第一次集体自觉的复雅"活动。⑤因此南渡以后生成的"复雅崇正"的思潮,针对的并不是"大晟乐"或"大晟词"的艺术本身,而是蔡京弄权导致北宋沦亡的沉痛历史。然而,在南宋"党元祐"者看来,北宋沦亡的根源,并不仅仅在于蔡京的弄权,更重要的是王安石变乱祖宗法度,南渡以后"党元祐"的朋党政治,便是以拨王安石学术与变法之乱为旗号的。

建炎三年(1129),胡寅上书认为,"中兴"国事的要务在于

---

① 《减字木兰花》,《全宋词》,第3196页。
② 《跋〈花间集〉》,《陆游集·渭南文集》卷一四,第2100页。
③ 谢维新:《古今合璧事类备要》外集卷一〇《音乐发挥》,影印《文渊阁四库全书》,第941册,第499页。
④ 李昭玘:《晁次膺墓志铭》,《乐静集》卷二八,《全宋文》,第121册,第244页。
⑤ 详诸葛忆兵《徽宗词坛研究》,第56—91页。

"拨乱世,反之正";而"乱世"则源自王安石。王安石"乱世"的标志之一是用人不"正",即"斥绝君子,一去而不还;崇信小人,一任则不改。故其败当时之政,为后世之害者,皆小人也","所以误国破家,至毒至烈,以致二圣屈辱,羿、莽擅朝"。①标志之二在于学术不"正",尤其是"废绝《春秋》",不辨"夷夏"的学术思想,"与乱贼造始",为乱更甚,即胡寅为高宗代草诏书所谓"昔者世衰道微,暴行有作,孔子拨乱反正,寓王法于《春秋》,以俟后世。朕临政愿治,表章斯文,将以正人心,息邪说,使不沦胥于异学,荆舒祸本,可不惩乎?安石废绝《春秋》,实与乱贼造始。今其父子从祀孔庙,礼文失秩,当议黜之。夫安石之学不息,则孔子之道不著"。②标志之三在于心术不"正",也即赵鼎死党范冲引其师程颐语所说的,"安石心术不正,为害最大,盖已坏了天下人心术,将不可变";并认为"安石顺其利欲之心,使人迷其常性,久而不自知。且如诗人多作《明妃曲》,以失身为无穷之恨,至于安石为《明妃曲》,则曰'汉恩自浅胡自深,人生乐在相知心'。然则刘豫不足罪过也。今之背君父之恩,投拜而为盗贼者,皆合于安石之意。此所谓坏天下人心术"(引见中编)。这又从心术的不"正"揭发到文学上的不"正"。南宋后期真德秀在论及新党吕惠卿、林希、蔡确等人的文学作品时所说的"大非端士,笔头虽写得数句诗,所谓本心不正,脉理皆邪,读之将恐染神乱志,非徒无益"③,与范冲所论如出一辙,也就是胡宏所概括的王安石之"邪"导致了

---

① 《宋史》卷四三五《胡寅传》,第12919页。
② 胡寅:《追废王安石配飨诏》,《崇正辩 斐然集》卷一四,第313页。
③ 《鹤林玉露》乙编卷四《文章邪正》,第193—194页。

本朝"纲纪文章扫地尽废"。①

王安石在政治、学术、心术和文学上的不"正",导致了"王政"的荒废,国运的衰落,至蔡京则全面倾覆;同时又殃及文学领域,不仅使文学的"雅正"性丧失殆尽,甚至还以诗歌诱导士人"背君父之恩","坏天下人心术",其毒甚烈。这种攻伐虽然存在着明显的偏见,却普遍成了南宋士大夫在反思北宋沦亡过程中的逻辑起点。因此,拨王安石之"邪"所造成的"乱世",救"乱世"中"纲纪文章扫地尽废"之弊,自然成了"中兴"国事的要务,同样也成了鲖阳居士与其他士人张扬"雅正"论的历史本源和现实动因;或者说政治与词学上的"拨乱世,反之正",是相并而行、相辅相成的。不妨再以胡安国《春秋胡氏传》与鲖阳居士《复雅歌词序》为例。

《春秋胡氏传》成书于绍兴五年(1135)。据胡寅说,胡安国因王安石废弃《春秋》,至崇宁则又"防禁益甚",致使"人主不得闻讲说,学士不得相传习,乱伦灭理,用夷变夏,殆由此乎",所以"潜心刻意",著成《春秋传》。②胡安国《春秋传》自序也称其旨在于"尊君父,讨乱贼,辟邪说,正人心,用夏变夷",以"拨乱世而反正",即通过"华夷之辨","尊王攘夷",清洗由王安石废弃《春秋》造成的"乱伦灭理"之毒。在具体的"华夷之辨"中,则将作为外在的地域层面的含义夷狄与作为内在的伦理层面的含义君子小人糅合为一体,径直将《春秋》视为"圣人"用于远"小人"的"倾否之书",认为"戎狄举号,外之也。……《春秋》天子之

---

① 《上光尧皇帝书》,《五峰集》卷二,《全宋文》,第198册,第237页。按:类似范冲对王安石《明妃曲》的攻讦,又见诸朱弁《风月堂诗话》卷下,第111页。
② 《先公(胡安国)行状》,《崇正辩 斐然集》卷二五,第552页。

事,何独外戎狄乎?曰:中国之有戎狄,犹君子之有小人。内君子外小人为泰,内小人外君子为否。《春秋》,圣人倾否之书。内中国而外四夷,使之各安其所也"①,因为在胡安国看来"中国之为中国,以其有父子、君臣之大伦也,一失则为夷狄"②。所谓内失"君臣大伦"而质变为"外夷"的"小人"之魁首,就是指王安石。这给传统的《春秋》学注入了一个极为奇特的主题,用清四库馆臣的话来说"于经义不尽相符"③。

《复雅歌词序》作于绍兴十一年至二十四年(1141—1154)间。④《序》中表明,鲖阳居士深感于"夷音"风行、"雅音"不作而造成的"王政"荒废、国运衰落的历史;其宗旨在于通过"华夷之辨""雅俗之别",辟夷音,崇雅正,正人心,在词坛上"拨乱世而反正"。同时其辨也从内、外两个层面进行:外则"五胡之乱华,北方分裂,元魏、高齐、宇文氏之周,咸以戎敌强种,雄居中夏,故其讴谣,淆糅华夷,焦杀急促,鄙俚俗下,无复节奏,而古乐府之声律不传",至唐玄宗"尤溺于夷音,天下熏然成俗";内则"郑卫之音作,诗之声律废","句之长短,各随曲度,而愈失古之声依永之理也。温、李之徒,率然抒一时情致,流为淫艳猥亵不可闻之语。我宋之兴,宗工巨儒,文力妙天下者,犹祖其风,荡而不只所止",致使词作"韫骚雅之趣者,百一二而已"。为了拨外"夷"内

---

① 《春秋胡氏传》卷一"隐公二年二月春会戎于潜"条,《四部丛刊续编》,第56册,第30页。
② 《春秋胡氏传》卷一一"僖公五年秋八月诸侯盟于首止"条,《四部丛刊续编》,第57册,第63页。
③ 《四库全书总目》卷二七《春秋传》提要,第219页。
④ 详吴熊和《关于鲖阳居士〈复雅歌词序〉》,《吴熊和词学论集》,第92页。

"郑"交织而成的词坛之"乱",将词纳入了《诗经》与汉乐府的"雅正"轨道;并具体倡导像苏轼《卜算子》那样"畎亩不忘君"的"温柔敦厚之气",适成《春秋胡氏传》所谓"中国之为中国,以其有父子、君臣之大伦也,一失则为夷狄"的翻版。

《春秋胡氏传》是阐释儒家经典的经学专著,《复雅歌词序》则为阐述词体发展的词学专论,但在写作前提与宗旨上,两者却并无二致;前者"于经义不尽相符",后者有"村夫子强作解事"之嫌;或者说,作者在对不同文本的解析上,都显现出不甘牛后的精神或"托古改制"的倾向。而这些相同,绝非是偶然的巧合。胡安国是南北宋之交的重要道学家,鲖阳居士虽不知为何人,其论词文字却充满了道学味,两人在学术取向上同出一辙。如中编所述,南宋道学的发展是建立在倒王安石"新学"的基础之上的,词学上的"复雅",又是以道学为思想基础的,两者有着难分难解的内在联系。学术上的倒"新学",旨在拨由王安石及其新党造成的"乱世",是"党元祐"的朋党政治在学术中的直接反映,词学上的"复雅",针对的也是孕育宣和词风的"绍述"王安石新法的朋党政治,两者在现实动因上,又是相互一致的。质言之,词坛上的"复雅"与学坛上对道学的张扬,都是以"党元祐"这一朋党政治为轴心的,是由这一轴心生成的结构性互动中出现的两种形态各异、性质却一的政治文化运动。

既然"拨乱世"所拨的是王安石及"新党"之"乱","反之正"所反的目标则自然是元祐之"正"。事实上,在南宋士人的观念世界中,普遍以变法"新党"为"邪",以反变法的"元祐党人"为"正";以"荆公新学"为"邪",以"元祐学术"为"正";以"新党文学"为"邪",以"元祐文学"为"正"。正是在这一历史观的作用下,政治上每每以"元祐"相标榜,文学上则"诗从元祐总名家"(说详前文)。"崇苏热"便是其中的一个突出表现。而在"崇苏热"中,苏轼成了"千古尊正统"的"神明",苏词成了"复雅崇正"的范式。

诚然,"崇苏热"使苏轼在文学上的典范意义得到了全面的阐释,形成了阵容壮大且经久不衰的"苏轼词派",拓展了由苏轼在词坛所指出的"向上一路",给词体注入了新的艺术生命力;以苏轼为崇尚对象的"崇雅复正"的思潮及其"雅正"说的理论体系,其旨也在为词坛立堂堂之阵、正正之旗。但由于在这一理论体系是"拨乱世,反之正"和"党元祐"的政治思潮在词学上的反映,所以难免政治上的偏见,也导致了严重的理论缺陷。

缺陷之一:在主体论中,片面强调"正气"而忽视了创作主体的多重性特征,呈现出简单化的倾向。"雅正"说不仅认为"声音之道与政通",词的雅俗、正邪与词人的品格也是相对应的范畴。因为词的"雅正"是基于创作主体"所养者大,所言者真",故"表里相符,声实相应","类出雅正,殆可以和心而近古"。换言之,君子必得"正气",小人必得"邪气";得"正气"者,其词必"雅",得"邪气"者,其词必"郑"。苏轼因"养其气以刚大",故其诗词"千古尊正统";詹效之《燕喜词跋》认为曹冠词"纯乎雅正"的根源就在于作者"廉介有守,既和且正"。这是"雅正"说的理论体系赖以建构的主体性依据。然而"文章纯古,不害其为邪;文章艳丽,亦不害其为正。然世或见人文章铺陈仁义道德,便谓之正人君子;若言及花草月露,便谓之邪人,兹亦不尽也"[①]。

---

① 吴处厚:《青箱杂记》卷八,第81—83页。

如韩琦《点绛唇》(病起厌厌)、司马光《阮郎归》(渔舟容易如春山)与《西江月》(宝髻松松梳就),都"流为淫艳猥亵不可闻之语",即便是"千古尊正统"的苏轼,在向词坛指出"向上一路"的同时,也留下了数量不少的"淫艳猥亵"之词。但他们在人品上均"不害其为正"。因此支撑"雅正"说理论体系的主体论无法全面解释词人在创作实践中的多重性主体特征;换言之,"雅正"说作为一种理论体系是残缺不全的,以此观照宋词的创作实践,就难免削足适履之弊;而其非"正"即"邪"的主体观,表面上是传统的人品与文品的统一论在评判词人中的体现,实质上具有了特定的时代内涵,即以"元祐党人"与"党元祐"者为"正",反之则"邪";同时又明显地延伸了士大夫为了排斥异己而在君子小人之辨中形成的非"君子"即"小人"的线性思维模式。

缺陷之二:在以诗教衡词中,片面夸大词的教化功能而淡化了其审美意义与价值,"止乎礼义"的"道德之美"成了衡量词体的存在意义与价值的首要的或唯一的标准,维系词体生命的基本要素审美活动,却被降低到次要的或可有可无的地位。"雅正"论者所谓"韫骚雅之趣,百一二而已"或以为"唐末词人非不美也,然粉泽之工,反累正气",显然不属于审美评价,而是出于以教化为目的的功能原则。该功能原则的义理规范是"与道德合者",循此规范便"腴于根而盛于华,不能不为词";而其功能的显现则要具有苏轼词那样的"恻怛爱君"之诚,或朱熹在论张孝祥词时所说的"读之使人奋然有擒灭仇虏、扫清中原之意"。[①]联系当时的历史环境,这一主张出于时代需求,合乎时代精神。但以此衡词,却将具

---

① 《书张伯和诗词后》,《朱熹集》卷八四,第4358页。

有自身审美风范的词体当作了"时代精神的传声筒",将美的三大层面的属性"真""善""美"狭隘地抽定为"善"的单一层面的内涵,即属于伦理层面的"善"掩盖了人性层面的"真"与"美","真"与"美"成了一种异质遭到了伦理的抵触乃至排斥。因此,"雅正"论者在评价词人的创作时,出现了严重的偏见。如对"花间词人"与"花间词"、柳永与柳永词的彻底否定,甚至对李清照及其词极其丑诋之能事:"再嫁某氏,讼而离之,晚节流荡无归,作长短句,能曲折尽人意,轻巧尖新,姿态百出,闾巷荒淫之语,肆意落笔",甚于陈后主时期为人为词均淫艳不堪的"女学士"[①]。诸如此类的否定与诋毁,是张扬"雅正"论的必然结果,因为自温庭筠至北宋词在人性上的"真"与"美"远大于伦理上的"善",严重地违背了"雅正"说的理论体系;而这种唯"善"是从的批评观和价值取向,则使"雅正"说无视词体流变的多向性而陷入了庸俗社会学所特有的教条化与肤浅化的泥潭。

缺陷之三:在"尊体"中,片面强调诗词同体而有意淡化了词应有的本体特征。"雅正"论者在挖掘苏轼词合乎"道"的"微言大义"的同时,又将词的源头直指《诗经》与汉乐府,以达到词学领域中"崇道尊体"的目的。诚然,词是一种新诗体,其属性在诗歌范畴之内。苏轼就明确主张"诗词本一律",其具体创作也"既'以诗入词',正其本源;又'以词还词',完其本色"[②]。"雅正"说则既从"与道德合者"的原则,又从崇"古雅乐"贬"今郑声"的倾向,以诗衡词,正其本源,旨在将词纳入像《诗经》一样载道

---

① 王灼:《碧鸡漫志》卷二,《词话丛编》,第88页。
② 吴熊和:《唐宋词通论》,第202页。

传道的"雅正"轨道中来。众所周知,词是新兴的音乐文学样式,其音乐和配乐方式与《诗经》或汉乐府均属不同的系统,具有自身的特征,这是词之为词的重要标志。但前引陆游《玉局观拜东坡海外画像》称苏轼诗词"千古尊正统"的依据之一,就在于具有"秕糠《郊祀歌》,远古《清庙颂》"的"雅正"性,曾丰《知稼翁词集序》认为苏轼与黄公度所以能作"雅词",原因之一乃上承"商那周清庙等颂、汉郊祀等歌是也",均将词、词乐与上古雅乐、雅诗相提并论。王灼则通过"古歌变为古乐府,古乐府变为今曲子,其本一也"而"世之士大夫,亦多不知歌词之变"的推理与判断,斥责元稹关于音乐文学"由乐以定词"与"选词以配乐"的区分,以为"按谱填词"违背了"古歌""古乐府"的音乐原则,进而又否定词"别是一家"的观点,严斥"为此论者,乃遭柳永野狐涎之毒。诗(词)于乐府同出,岂当分异"[①]?这种以"古雅乐""古雅歌"与"古乐府"衡词的做法,泯灭了词体生成和发展的历史真实性及其体性特征,表现出明显的泥古倾向。

综上所述,不难看出,在"崇苏热"中形成的"雅正"说是典型的伦理"批判型"而不是"艺术型"理论体系,其本质是政治上"拨乱世而反正"的翻版,被打上了缺乏健全理性的政治色彩,所以其排他性的批判大于甚至掩盖了包容性的批判。换言之,在"党元祐"中形成的"崇苏热"虽然改变了北宋"绍述"以来的词学命运,使词朝着多元的、健全的方向发展,但由此演衍而成的"雅正"说理论体系却阻碍了词向主体的多重性、功能的多样性和流变的多向性的发展之路,在一定程度上促成了宋词最终走向衰亡的

[①] 《碧鸡漫志》卷一、卷二,《词话丛编》,第73—74页、83页。

命运。

第四节　以"吾党"行"吾道":"道学文派"的崛起

在宋代诸多文学"流派"中,"道学文派"是历时最长却很少为人注意的一个,即便有所提及,也语焉不详。其实,"道学文派"不仅是客观存在,而且在南宋散文史上具有不可忽视的地位;同时该文派的崛起同"江西诗派""苏轼词派"一样,与朋党之争有着千丝万缕的联系,或者说是"道学朋党"在以"吾党"行"吾道"中的产物。本节将通过以下三个方面的考察,揭示"道学文派"形成的原因及其基本风貌。

(一)"道学文派"与"道学诗派"的关系

在考察"道学文派"崛起的朋党因素之前,有必要率先说明它与"道学诗派"之间的内在联系。清四库馆臣在为金履祥《濂洛风雅》所作的提要中指出:

> 是编乃至元丙申履祥馆于唐良端家齐芳书舍所刻。原本选录周子、程子以至王柏、王侃等四十八人之诗,而冠以《濂洛诗派图》,但以师友渊源为统纪。……自真德秀《文章正宗》出,始别为谈理之诗……自金履祥是编出,而道学之诗与诗人之诗,千秋楚越矣。[①]

[①] 《四库全书总目》卷一九一《濂洛风雅》提要,第1737页。按:"唐良端"原作"韩良端",兹从丛书集成初编本《濂洛风雅》改。又现存《濂洛风雅》有二,一为金履祥同人唐良端所分诗体并刻于良端书舍的六卷本,所收四十八人之诗;一为清张伯行订的九卷本,所收十七人之诗。

真德秀的《文章正宗》是一部诗文选,刻于绍定五年(1232)。其选编的宗旨与基本内容是:"后世文辞多变,欲学者识其源流之正。集录《春秋》内外传,止唐元和长庆之文,以明义理、切世用为主,否则辞虽多亦不录。其目有四,曰辞命、曰议论、曰叙事、曰诗赋,名《文章正宗》,凡二十余卷。"①刘克庄说,其中诗赋一门由他初选,终由真德秀亲自删补而定:"《文章正宗》初萌芽,西山先生以诗歌一门属余编类,且约以世教民彝为主,如仙释、闺情、宫怨之类,皆勿取。余取汉武帝《秋风词》,西山曰:'文中子亦以此词为悔心之萌,岂其然乎!'意不欲收,其严如此。然所谓'携佳人兮不能忘'之语,盖指公卿群臣之扈从者,似非为后宫设。凡余所取而西山去之者大半,又增入陶诗甚多,如三谢之类,多不入。"②据此,四库馆臣认为刘克庄"若有所不满于德秀者";又说"盖道学之儒与文章之士各明一义,固不可得而强同也"③。与真德秀相同,"(金)履祥者,真所谓道学之儒哉!履祥之学得之何基,基之学得之王柏,柏之学得之黄榦,而榦之学则亲炙朱子,而得其传者也,其学固有自矣。宋之将亡,履祥绝意仕进,屏居穷山,著书明道,羽翼遗经,以待后之学者"④。其《濂洛风雅》承接真德秀《文章正宗》"欲学者识其源流之正"的意绪,选录两宋四十八

---

① 刘克庄:《西山真文忠公行状》,《后村先生大全集》卷一六八,《全宋文》,第330册,第408页。按:影印《文渊阁四库全书》所收《文章正宗》,凡二十四卷。
② 《后村诗话》前集卷一,第4—5页。
③ 《四库全书总目》卷一七八《文章正宗》提要,第1699页。
④ 何乔新:《兰溪处士金履祥卒》,《椒丘文集》卷八,影印《文渊阁四库全书》,第1249册,第127页。按:此处道学之传的表述有误,应是"履祥之学得之王柏,柏之学得之何基,基之学得之黄榦……"

位"道学之儒"的"道学之诗",就是"著书明道,羽翼遗经,以待后之学者"的表现之一。该诗选以师友渊源为统纪,冠以《濂洛诗派图》,不仅在真德秀《文章正宗》"始别为谈理之诗"的基础上,使"道学之诗与诗人之诗,千秋楚越",而且与吕本中《江西诗社宗派图》同出一辙,为"道学诗派"扬名树帜,也为后世专论所谓"以朱熹为领袖"的"道学诗派"①,提供了最直接的文献依据。

不过,真德秀在《文章正宗》中"始别为谈理之诗",虽然为金履祥选编《濂洛风雅》,区分"道学之诗与诗人之诗"提供了理论上的依据,但他以"源流之正"的"义理"为准绳,区分"道学之儒与文章之士",并非专指诗歌,而是诗文并举的。他在《文章正宗·纲目》中便指出:

> 正宗云者,以后世文辞之多变,欲学者识其源流之正也。自昔集录文章者众矣,若杜预、挚虞诸家,往往埋没弗传。今行于世者,惟梁昭明《文选》、姚铉《文粹》而已,由今视之二书,所录果皆得源流之正乎?夫士之于学,所以穷理而致用也。文虽学之一事,要亦不外乎此。故今所辑,以明义理、切世用为主,其体本乎古,其指进乎经者,然后取焉。否则,辞虽工亦不录。②

所谓"明义理、切世用为主,其体本乎古",是他选编"词命"

---

① 梁章钜:《退庵随笔》,《清诗话续编》,第1980页。
② 《文章正宗·纲目》,影印《文渊阁四库全书》,第1355册,第5页。

"叙事""议论""诗赋"四门时所共同遵循的标准；也就是说，这个标准既用来衡量"道学之文"，又用于界定"道学之诗"，是诗与文所共同具有的体性特征。"道学之文"就是"鸣道之文"。在真德秀看来，"道学之儒"的"鸣道之文"与"文章之士"所为之文即"文人之文"是不能相提并论的。他说：

> 汉西都文章最盛，至有唐为尤盛。然其发挥理义、有补世教者，董仲舒氏、韩愈氏而止尔。国朝文治猬兴，欧、王、曾、苏以大手笔追还古作，高处不减二子。至濂、洛诸先生出，虽非有意为文，而片言只辞，贯综至理，若《太极》、《西铭》等作，直与六经相出入，又非董、韩之可匹矣。然则文章在汉唐未足言盛，至我朝乃为盛尔。忠肃彭公以濂洛为师者也，故见诸著述，大抵鸣道之文，而非复文人之文。①

这里提出的"大抵鸣道之文，而非复文人之文"，显然是为"道学之儒"的文章之学张目，其用意与其《文章正宗》并无二致，都是为了张扬所谓"明义理、切世用为主，其体本乎古"的"源流之正"。由此可知，真德秀在"始别为谈理之诗"的同时，也明显在"别为谈理之文"了，两者是互为一体的。其实，真德秀的这种区分，是建立在南渡以来"道学之儒"创作主张与实践基础之上的。淳熙三年（1176），张栻作《五峰集序》：

> 先生非有意于文者也，其一时咏歌之所发，盖所以舒

---

① 《跋彭忠肃文集》，《西山文集》卷三六，《全宋文》，第313册，第258页。

（抒）写其性情，而其他述作与夫答问往来之书，又皆所以明道义而参异同，非若世之为文者，徒从事于言语之间而已也。又惟先生自早岁服膺文定公之教，至于没齿，惟其进德之日新，故其发见于辞气议论之间者亦月异而岁不同。虽然，以先生之学，而不得大施于时，又不幸仅得中寿，其见于文字间者复止于如此，岂不甚可叹息！至其所志之远，所造之深，纲领之大，义理之精，后之人亦可以推而得焉。①

胡宏号五峰，是文定公胡安国之子、张栻的老师，卒于绍兴三十二年（1162）。在这篇序文中，张栻从胡宏"进德之日新"的主体活动，总结了其诗文创作"舒（抒）写性情""以明道义"的基本特征，以及"其所志之远，所造之深，纲领之大，义理之精"的境界，因此在具体的创作中，与"有意于文"和"徒从事于语言之间而已"的"世之为文者"形成了明显的区别。而"写性情""明道义"，则不只是胡宏而是南渡以来"道学之儒"在诗文创作实践中共同具有的特征。这一特征正是真德秀区分"鸣道之文"与"文人之文"的历史依据。若结合"道学之儒"的诗文创作实践与主张，真德秀所提出的"鸣道之文"与"文人之文"的区别主要表现在以下两个方面。

在功能上，是否像胡宏那样"舒（抒）写性情""以明道义"即"发挥理义、有补世教"，做到了这一点，"其体本乎古"而合乎"源流之正"，属于"鸣道之文"，其作者也就是"道学之儒"；反之，则是"文人之文"与"文章之士"。关于"文章之士"为文的

---

① 《南轩集》卷一五，《全宋文》，第255册，第262页。

功能特征，朱熹有过说明："小儿子教他做诗对，大来便习举子业，得官，又去习启事、杂文，便自称文章之士。然都无用处，所以皆不济于事。""文章之士"因专志举业与得官而非"有志于求道"，故难以创作出"发挥理义、有补世教"之诗即"鸣道之文"。①这又从创作主体上为"鸣道之文"与"文人之文"的区别作了具体的界定。

在创作精神上，"道学之儒"是"非有意为文"；"文章之士"则"有意为文"。"非有意为文，而片言只辞，贯综至理"，文与道合而为一；"有意为文"则使文与道彼此分离。胡宏的诗文创作便体现了以道为根本而"非有意为文"的精神，朱熹又从理论上作了具体阐释："道者，文之根本；文者，道之枝叶。惟其根本乎道，所以发之于文，皆道也。三代圣贤文章，皆从此心写出，文便是道。今东坡之言曰：'吾所谓文，必与道俱。'则是文自文而道自道，待作文时，旋去讨个道来入放里面，此是它大病处。"②苏轼之文乃"文人之文"的典范，朱熹以苏文和"圣贤文章"做比较，意在说明"非有意为文"的"鸣道之文"却无"文人之文"固有的文与道分离的"大病处"。

诚如真德秀所说，两宋的"鸣道之文"源于北宋"濂洛诸先生"。然而，"濂洛诸先生"并没有将其《太极》《西铭》等专著列入文章之学，而且公开宣称"文以害道"，在他们那里，文与道是作为不可调和的两种异质而存在的。"濂洛诸先生"不是以文学而是以"倡明道学"自任，尚未有意于文坛扬旗树帜，以争取文学上

---

① 《朱子语类》卷三四《论语十六·述而篇·志于道章》，第867页。
② 《朱子语类》卷一三九《论文上》，第3319页。

的地位。南渡以后，随着道学的兴盛，"道学之儒"不仅在学术与政治领域，而且在文学坛坫上竭力为其"义理"之学争取正统地位，故往往以"濂洛诸先生"为宗尚，以"义理"标榜诗文体性与派别。朱熹辨析"鸣道之文"与"文人之文"的差别，真德秀继而选编《文章正宗》，宣扬诗文的"源流之正"，为"道学之诗"与"鸣道之文"张目，用意均在于此。于是，"道学之儒"为诗为文的派别意识日趋鲜明，其诗派与文派也应运而生。金履祥虽仅从诗歌入手，作《濂洛风雅》与《濂洛诗派图》，使"道学诗派"正式闻名于世，但"道学文派"实已包含其中，即《濂洛诗派图》所列，同时也是"道学文派"的基本阵容。不过，需要说明的是：

首先，《濂洛诗派图》所收四十八位"道学之儒"与《宋史》所传不尽相同。在四十八人中，见诸《宋史》各传的有三十三位，其中列入《道学传》的有周敦颐、张载、程颢、程颐、邵雍、游酢、杨时、尹焞、张绎、谢良佐、罗从彦、李侗、张栻、朱熹、黄榦、陈淳等十六人；列入《儒林传》的有胡安国、刘子翚、胡寅、胡宏、林之奇、吕祖谦、真德秀、蔡元定、何基、王柏等十人；列入《文苑传》的有赵蕃一人；列入其他列传的有吕大临、吕希哲、陈瓘、邹浩、吕本中、曾几等六人（《宋史》无传的有徐存、朱松、徐侨、杨与立、刘炎、方士繇、范念德、曾极、李仲贯、巩丰、时润、蔡渊、叶采、刘圻、王侃等十五人）。由此可见《宋史》与《濂洛诗派图》对于"道学"范围的把握有宽严之别。前者仅将周敦颐等十六人列入《道学传》，是以程、朱"性理之学"为标准的，区分较严，属于狭义上的"道学之儒"；后者则以师友渊源为依据，取径较宽，属于广义的"道学之儒"。两者各有依据，都可以成立。若从狭义上的学术体系观之，高宗时期的胡安国与孝宗时期的吕祖谦，他们的学术成就主要体现在史学上而不在于程朱的"性理之学"，而如中编所述，程系道学家在探索"古今成败"之理的过程中，注重的是经而不是史，朱熹还将史比作"皮外物事"和"杂卖店"，他批评"荆公新学"的弊端之一是唯史是求，并指责"于史分外仔细，于经却不甚理会"的吕祖谦、陈亮等人"一生被史坏了"；又在对待苏轼等"文人之文"上，从杨时到朱熹的程系"道学之儒"有过激烈的抨击，而吕祖谦、叶适等人则竭力主张熔程氏之"理"与苏氏之"文"于一炉，这同样表现出"道学"与非"道学"之别。若从广义上的"道学之儒"或"理学群体"来把握，《濂洛诗派图》所收四十八人，不仅有着昭然若揭的师友渊源，在学术的价值取向上也具有一致性，即中编引谢山语所谓孝宗时期形成的"朱（熹）学也、吕（祖谦）学也、陆（九渊）学也"，虽"门庭径路虽别，要其归宿于圣人则一"，因此广义的"道学之儒"在"鸣道"实践中，表现出高度的同一性。但他们为了共同"归宿于圣人"而在文坛上的"鸣道"实践，并非是单一的学术或文学行为。事实表明，道学在南渡后渐次兴盛与朋党之争相并而行，"道学文派"的崛起与朋党之争相辅相成，即便是程系"道学之儒"对苏轼等"文人之文"的抨击，也充满着强烈的朋党意识。又据全祖望说："乾、淳诸老既殁，学术之会，总会朱、陆两派，而水心（叶适）龂龂其间，遂称鼎足。"[1]叶适乃"永嘉学"的集大成者。"永嘉学"与程朱"性理之学"也有着很深的渊源关系，在价值取向上与朱学、陆学殊途同归，即"要其归宿于圣人则一"；同时在党争中，永嘉学者既与朱、陆两学派同舟共济，荣辱与共，表现出

---

[1] 《宋元学案》卷五四《水心学案上》，《黄宗羲全集》，第5册，第106页。

高度的凝聚力，又具有共同的"鸣道"使命，是"道学文派"的一支重要力量。

其次，"道学文派"中人不是生活在同一时空中，除周敦颐、程颢、程颐、张载等第一代"道学之儒"在北宋时就已去世外，余皆活动在南渡以后的各个时期。其中谢良佐、游酢、杨时、尹焞、胡安国与胡寅、胡宏等第二代与第三代"道学之儒"，主要是高宗时期的"鸣道"者，张栻、吕祖谦、朱熹与陈傅良、叶适、真德秀等第四代与第五代"道学之儒"，则主要先后"鸣道"于孝宗、宁宗与光宗三朝。因此促使"道学之儒"为了"鸣道"而形成诗派与文派重要契机的朋党意识，也有阶段性。在高宗朝，"道学文派"所参与的主要是"后新旧党争"，其对立面是新党与"荆公新学"。作为"元祐学术"的组成部分，源自"濂洛诸先生"的道学和以苏、黄为代表的文学，在"崇宁党禁"中，共同遭受了新党的严厉禁锢；在高宗"最爱元祐"的政治取向下出现的新一轮党争中，一并进入了新生期，即"道学文派"的崛起与"江西诗派""苏轼词派"全面兴盛的重要保障，均在于"党元祐"的朋党政治；尤其是"道学文派"，在这方面更为突出。因为"道学之儒"所从事的"鸣道之文"，不是单纯的文学行为，其"道"也不是私学，而是典型的官方之学；或者说在道学渐次兴盛的过程中，自程颐至朱熹，无不竭力使之成为官方政治文化的指导者。南渡以来，"道学之儒"始终不懈地与王安石新法与"新学"争是非得失，无非就是为了达到这个目的。所以从事"鸣道之文"的"道学之儒"也就无法避开政治上的朋党之争，即便是终身未仕的胡宏也不愿与党争绝缘。中编所引其《上光尧皇帝书》，目的就是在政治上清算王安石之罪，在学术上张扬其"义理"之学。文中指斥王安石使"三纲废坏"的

"三纲"，正是道学家所张扬的政治伦理秩序；被王安石"尽废"的"纲纪文章"，即指传达政治伦理秩序之文即"鸣道之文"。胡宏要求在政治伦理中重立被王安石"废坏"的"三纲"，在文坛重振被王安石"尽废"的"纲纪文章"，是当时所有"道学之儒"所孜孜以求的，也是"道学文派"在文坛上的重要实践。但随着以"和议"为内涵的"国是"的确立与实施，"道学"被打成"专门曲学"，遭到禁锢，至孝宗即位后，才开始趋盛。在其趋盛的过程中，"道学之儒"相与对抗的主要是王淮相党集团及其后续力量，直至宁宗朝的"庆元党禁"。这一阶段的朋党之争，促使广义的"道学之儒"在政坛上形成了阵容庞大的"道学朋党"，在文坛的"道学文派"也随之进入了全盛时期。

要之，南宋的"道学文派"既有广义与狭义之分，又经历了不同的发展阶段。但无论是广义还是狭义，"道学文派"在不同的发展阶段中，都与朋党之争息息相关，可以说它的崛起是南渡以后党争的产物，具有政治上的"党派"与文坛上的"流派"的双重身份。

（二）"道学文派"对待苏轼等"文人之文"的态度

"道学文派"的崛起虽然离不开"党元祐"的政治环境，但"元祐党人"并非是一个统一的政治群体，在"元祐更化"期间，其内部分裂为蜀、洛、朔三党，相争不已，而以"文章之士"苏轼为首的蜀党与以"道学之儒"程颐为首的洛党之间相争的激烈程度，则不亚于"元祐党人"与熙丰新党之间的冲突。南渡后"党元祐"的政治虽然使包括蜀党与洛党在内的整个"元祐党人"获得了新生，但其内部的冲突与仇隙却依然存在。因此"道学文派"相与论争的对象不仅仅是"荆公新学"，同时还包括了以苏轼为首的

"文人之文",尤其是在朱熹那里,全面遥承了洛党的意绪,将苏轼之文的危害性与安石之学相提并论,一并成了其全力批判的对象。与中编所述道学人士倾力批判王安石"新学"一样,对苏轼之文的危害性的整肃是其发扬道学的体现,反映了"道学文派"的一个基本特征。罗大经说:

> 朱文公云:"二苏以精深敏妙之文,煽倾危变幻之习。"又云:"早拾苏张之绪余,晚醉佛老之糟粕。"余谓此文公二十八字弹文也。自程苏相攻,其徒各右其师。孝宗最重大苏之文,御制序赞,特赠太师,学者翕然诵读。所谓人传元祐之学,家有眉山之书,盖纪实也。文公每与其徒言,苏氏之学,坏人心术,学校尤宜禁绝。编《楚辞后语》,坡公诸赋皆不取,惟收《胡麻赋》,以其文类《橘颂》。编《名臣言行录》,于坡公议论,所取甚少。①

元祐年间的那场蜀、洛党争,虽然早已成为历史,但并没有随着时间的推移而被尘封起来,在南渡以后程颐门人的心目中依然清晰可辨,犹如发生在昨天,而且非要再辨出个是非曲直不可。朱熹对其学生说:"当时诸公之争,看当时如此,不当论相容与不相容。只看是因甚么不同,各家所争是争个甚么。东坡与荆公固是争新法。东坡与伊川争个甚么?只看这处,曲直自显然可见,何用别商量?只看东坡所记云:'几时得与他打破这"敬"字!'看这说话,只要奋手捋臂,放意肆志,无所不为,便是。只看这处,是非曲直

---

① 《鹤林玉露》甲编卷二《二苏》,第33页。

自易见。"①所谓"敬",就是敬诚格物,以致天理。在程系道学家看来,这是进入圣人之境的一个根本保证。苏轼不仅不"敬",甚至要打破这个"敬"字,岂不是乱"道"而"坏人心术"!朱熹认为,苏轼等人所以如此,是因为与欧阳修一样,"大概皆以文人自立。平时读书,只把做考究古今治乱兴衰底事,要做文章,都不曾向身上做工夫,平日只是以吟诗饮酒戏谑度日"②。既然"以文人自立",不"向身上做工夫",也就不可能从事"纯乎儒者之学",更为严重的是又将其无"敬"之学寓于"雄深敏妙之文煽其倾危变幻之习,以故被其毒者沦肌浃髓而不自知",对此,"今日正当拔本塞源,以一学者之听,庶乎其可以障狂澜而东之"③,即必须彻底予以整肃,清除其沦人肌肉、浃人骨髓之毒!

事实上,与拨"荆公新学"之乱一样,整肃苏轼诗文"煽倾危变幻之习",清除其沦肌浃髓之"毒",成了"道学文派"中专事"性理之学"的"道学之儒"在文坛唯道是鸣中的一个重要环节;同时又与绍兴前期排熙丰"新学"、崇元祐洛学之"原委脉络皆出于杨时"相同步,排击苏轼的"原委脉络"也出于杨时。杨时说:

> 为文要有温柔敦厚之气,对人主语言及章疏文字,温柔敦厚尤不可无。如子瞻诗多于讥玩,殊无恻怛爱君之意。荆公在朝,论事多不循理,惟是争气而已,何以事君。君子之所养,要令暴慢衰僻之气不设于身体。④

---

① 《朱子语类》卷一三〇《自熙宁至靖康用人》,第3110页。
② 《朱子语类》卷一三〇《自熙宁至靖康用人》,第3113页。
③ 朱熹:《答芮国器》,《朱熹集》卷三七,第1639页。
④ 《龟山集》卷一〇《语录》,影印《文渊阁四库全书》,第1125册,第191页。

这从创作主体所具有的"暴慢亵僻之气"到诗文文本的"多不循理，惟是争气"与"殊无恻怛爱君之意"，对"以文人自立"的苏轼及"文人之文"的苏轼诗文，作了清算与彻底否定。杨时曾亲炙程颐的教诲，也亲历过蜀、洛两党之争，所以他对蜀党党魁苏轼的批判难免意气化。被《宋史》列入《儒林传》的胡宏也以护道者的身份，从为学的特点上，指出苏轼等"文章之士"不足于鸣道传道的事实：

大宋之兴，经学倡明，卓然致力于士林者，王氏也，苏氏也，欧阳氏也。王氏盛行，士子所信属之王氏乎？曰：王氏支离。支离者，不得其全也。曰：欧阳氏之文典以重，且韩氏之嗣矣，属之欧阳氏乎？曰：欧阳氏浅于经。浅于经者，不得其精也。曰：苏氏俊迈超世，名高天下，属之苏氏乎？曰：苏氏纵横。纵横者，不得其雅也。然则属之谁乎？曰：程氏兄弟，明道先生、伊川先生也。[1]

其语气较诸杨时，无疑要平和得多，而且在排比中，给人予"证据确凿"之感。一言蔽之，惟有程氏之学才是真"经学"，惟有"程学"才是终极真理的代表者。这里虽然未及文章之学，但对于从事"根本乎道德"的"鸣道之文"的胡宏来说，欧阳修及其弟子王安石、苏轼的这种"支离""不雅"或"浅于经"，在文章上是无法创作"道学文派"所主张的"其体本乎古"而合乎"源流之正"

---

[1] 《程子雅言前序》，《五峰集》卷三，《全宋文》，第198册，第300页。

的作品的,与前引朱熹指斥苏轼时所说"文自文而道自道,待作文时,旋去讨论个道来入放里面,此是他大病处"之语,用意基本相同。从中也可见,作为广义的"道学之儒"在对待苏轼的态度上的一致性。

朱熹对苏轼与苏轼诗文的排击,在继承和发扬了杨时的批判风格的同时,又具有了杨时、胡宏所不具备的深刻性与系统化特点。这是因为在高宗与孝宗两朝,"人传元祐之学,家有眉山之书",苏轼诗文具有空前广泛的消费市场和影响力,对朱熹的所崇之道,带来了更深的危害,对"道学文派"的鸣道传道,造成了更大的阻力。所以整肃苏轼其人其文,成了一项不容松懈的任务,而且在朱熹看来,这比清算王安石"荆公新学"之"毒",更具艰巨性。他给汪应辰的信中指出:

> 王氏、苏氏,则皆以佛老为圣人,既不纯乎儒者之学矣,而王氏支离穿凿,尤无义味,至于甚者,几类俳优。本不足以惑众,徒以一时取合人主,假利势以行之,至于已甚,故特为诸老先生之所排诋。在今日则势穷祸极,故其失人人得见之。至若苏氏之言,高者出入有无而曲成义理,下者指陈利害而切近人情。其智识才辨,谋为气概,又足以震耀而张皇之,使听者欣然而不知倦,非王氏之比也。然语道学则迷大本,论事实则尚权谋,炫浮华,忘本实,贵通达,贱名检,此其害天理、乱人心、妨道术、败风教,亦岂尽出王氏之下也哉?[1]

---

[1] 《答汪尚书》(其四),《朱熹集》卷三〇,第1272页。

认为在"害天理、乱人心、妨道术、败风教"上，王安石与苏轼虽然相同，但由于苏轼之文"高者出入有无而曲成义理，下者指陈利害而切近人情"，具有极大的迷惑性，所以为害更大。对此，同为"道学之儒"的汪应辰觉得有点过分，认为王氏与苏氏之学不同，其为害也不能相提并论，故朱熹又回信予以驳斥："苏氏之学虽与王氏若有不同者，然其不知道而自以为是则均焉。学不知道，其心固无所取则以为正，又自以为是而肆言之，其不为王氏者，特天下未被其祸而已"，故其所害者，"不在王氏之下"。①

对于苏轼以"雄深敏妙"之诗文"乱人心、妨道术"的危害性，朱熹保持着极为强烈的排斥与批判意识，在晚年与门下士的谈学中，也反复予以论斥②，而且对于学苏轼诗文或喜好苏文者，也严词相斥，不加稍贷。他在给吕祖谦的一封信中便说："向见正献公家传语及苏氏，直以浮薄谈目之，而舍人丈（按：指吕本中）所著《童蒙训》，则极论诗文必以苏、黄为法，尝窃叹息，以为若正献、荥阳，可谓能恶人者，而独恨于舍人丈之微旨有所未喻也。然则老兄今日之论，未论其它，至于家学，亦可谓蔽于近而违于远矣。更愿思之，以求至当之归，不可自误而复误人也。"③

钱穆先生说："朱子上溯北宋诸儒，自欧阳永叔、刘原父之俦，凡能越出注疏范围，出己意说经者，皆谓于周、程道学之理义复明有助。若专就解经工作言，如东坡之于《书》，子由之于《诗》，成绩皆远超伊川之上。此尤见朱子之胸襟扩大，心怀持平。"又说："轻薄艺文，实为宋代理学家通病。惟朱子无其失。其所悬文道合

---

① 《答汪尚书》（其五），《朱熹集》卷三〇，第1276页。
② 详《朱子语类》卷一三〇《自熙宁至靖康用人》中有关言论。
③ 《答吕伯恭》，《朱熹集》卷三三，第1413—1414页。

一之论,当可悬为理学、文学双方所应共赴之标的。"①诚然,朱熹不仅对苏轼兄弟的某些解经成就有所肯定,并主张"文道合一之论",而且还承认"东坡文字明快,老苏文雄浑,尽有好处",故认为"岂可不看"②;同时在创作实践中,又诗文兼善,后世还有"乾淳诸人,朱文公诗第一"之说。③但就上述不遗余力地排击苏轼等"文人之文"观之,是有失持平之心的。

在对待苏轼等"文人之文"上,朱熹既"心怀持平",又缺乏持平之心,陷于十分矛盾之中。缺乏持平之心的原因,既有历史的又有现实的。其历史原因在于元祐时期的蜀、洛党争,他竭力指摘苏轼等"文人之文"的"乱人心、妨道术"的危害性,旨在为其先师程颐及其"性理之学"争是非,体现了党同伐异的朋党意识;其现实动因是为了让"性理之学"在当下的政治文化领域中获取话语上的霸权,扫除一切障碍,同时也为源自"濂洛诸先生"的"道学文派"正名,在政坛与文坛均具有强烈的现实意义。扩而言之,从杨时到朱熹那里,"以文人自立"的苏轼等"文人之文"与王安石"新学"一样,是作为程系道学的异质和对立面而存在的;排除这一异质与肃清"荆公新学"之"毒",都是他们在政坛与文坛上的重要实践。能"心怀持平",承认东坡等人的"文字"有"好处",

---

① 《朱子新学案》,第838、1700页。按:朱熹对二苏解经的赞扬文字有:"东坡解经,莫教说着处直是好,盖是他笔力过人,发明得分外精神。"(《朱子语类》卷一三〇第3113页)"东坡《书解》却好,他看得文势好。"(《朱子语类》卷七八,第1986页)"子由《诗解》好处多,欧公《诗本义》亦好。"(《朱子语类》卷八〇,第2090页)
② 《朱子语类》卷一三九《论文上》,第3306页。
③ 方回:《恢大山西山小稿序》,《桐江续集》卷三三,影印《文渊阁四库全书》,第1193册,第683页。

并主张在"看"其"文字"中汲取营养,则为文学无界限这一点所致,也就是说,朱熹等"道学之儒"痛斥"文人之文",主要是由不同学术主张引起的朋党意识在作祟,因为朱熹的"文道合一之论"并不排斥文学本身,若从文学成就观之,朱熹也是一位出色的"文章之士",兼具"道学之儒与文章之士"的双重身份。

从朋党意识出发,以自己的学术主张为标准,将以苏轼为首的"文人之文"与"荆公新学"一并视为异质和对立面,是"道学文派"所持有的基本态度,但必须指出的是,像杨时、朱熹那样苛刻的斥责与意气化的攻伐,并非所有"道学之儒"的做法。因为在"道学文派"内部,对苏文的认识是不尽一致的。刘埙说:

> 永嘉有言"洛学起而文字坏"。此语当有为而发。闻之云卧(吴)先生曰:"近时水心(叶适)一家欲合周程、欧苏之裂。"又言:"先儒谓欧文粹如金玉,又以为有造化在其胸中,而未有以道视之者,然《答吴充秀才》一书,则其知道可见矣。南丰说理,则精于其师,如曰'及其心有所得而下'二三百言,非所诣之至,何以发明透彻。东坡雄伟,固所不逮,伊洛微言,或有未过也。"予详此言,似谓欧、曾可以合周、程,而苏自成一家,未知然否。反复绅绎,虽以道许六一,以说理许南丰,终是未曾深入阃域,而千载唯以文章许二公也。况晦翁(朱熹)诋斥苏文不遗余力,水心虽欲合之以矫俗,然其地位亦只文章家尔,终不见其往复讲辨如吕、陆也。①

---

① 《隐居通议》卷二《合周程欧苏之裂》,《丛书集成初编》,第212册,第17页。

在朱熹"斥苏文不遗余力"的同时,叶适则试图弥合"周程、欧苏之裂",这就昭示了他们之间对苏文的不同认识。不过,刘埙所强调的是朱、叶之异,在对待"苏氏之学"与苏文上,他们之间还存在着同的一面。诚如上文所述,朱熹固然不遗余力地指斥学术层面上的苏文,但并不全盘否定在文学意义上的苏文成就。叶适固然竭力弥合"周程、欧苏之裂",但对在"苏文熟,吃羊肉;苏文生,吃菜羹"①的"崇苏热"中,苏轼的"以文为论"侵入科场的现象,是持批判态度的:

> 苏轼用一语、立一意,架虚行危,纵横倏忽,数百千言,读者皆如其所欲出,推者莫知其所自来,虽理有未精,而词之所至莫或过焉,盖古今议论之杰也。轼自以为"如万斛泉源,不择地而出,在平地一日千里无难,及其与山石曲折,随物赋形而不可知"。嗟夫!古人岂必有此文而后能有此论哉?以文为论,自苏氏始,而科举希世之学,烂漫放逸,无复实理,不可收拾矣。②

认为苏文具有独特的风格特征,并称之为"古今议论之杰",但却成了士子在科举中的模仿对象,造成了科场"烂漫放逸,无复实理,不可收拾"的局面。这里的"无复实理,不可收拾",也就是朱熹所谓"妨道术"的意思,也同样具有"学校宜禁绝"的思想。由此可见,叶适虽然不以为苏文对世人具有"沦肌浃髓"之

---

① 陆游:《老学庵笔记》卷八,第100页。
② 《习学记言序目》卷五〇,第744页。

"毒",但在对待"道术"意义上的"苏氏之学"和主张文章的"实理"上,与朱熹不乏相通之处。在具体的创作实践中,叶适则通过"史氏之文"与"圣哲之文"的融会,实现了其"欲合周程、欧苏之裂"的主张。赵汝谠在总结叶适为文的特征时指出:

> 以词为经,以藻为纬,文人之文也;以事为经,以法为纬,史氏之文也;以理为经,以言为纬,圣哲之文也;本之圣哲而参之史,先生之文也,乃所谓大成也。①

所谓"圣哲之文",也就是前引朱熹所云"根本乎道"的"圣贤文章",即"鸣道之文";而"本之圣哲而参之史",则兼取"鸣道之文"与"史氏之文",为经史相长、入经出史之文。叶适与薛季宣、陈傅良等人为永嘉学派,年岁大于叶适的吕祖谦在治学上也一定程度地体现了出入于经史、经史并重的特色,在为文的主张上也与叶适基本相同;吴子良又将吕、叶二人的为文风格与成就相并而论,他说:

> 自元祐后,谈理者祖程,论文者宗苏,而理与文分为二。吕公(祖谦)病其然,思会融之,故吕公之文早葩而晚实。逮至叶公(适),穷高极深,精妙卓特,备天地之奇变,而只字半简无虚设者。②

---

① 《水心文集序》,《叶适集》卷首,第1页。
② 《筼窗续集序》,陈耆卿《筼窗集》卷首,《全宋文》,第341册,第19页。

吕祖谦与朱熹、陆九渊分别为南宋三大学派的领袖，与程氏之学有着很深的渊源关系，三人在政治上也都是典型的"党元祐"者，在为文上却因力纠"谈理者祖程，论文者宗苏，而理与文分为二"之病而"思会融之"，所以其文"早葩而晚实"，则早在叶适之前就以自己的创作实践弥合了"周程、欧苏之裂"，达到了"鸣道之文"与"文人之文"的交融，与叶适一样取得了杰出的成就。

就散文的创作成就而言，吕祖谦、叶适与朱熹既是"道学文派"也是整个南宋文坛的佼佼者，而上述表明，在对待苏轼的"文人之文"上，他们之间的态度不尽一致，况且对于吕祖谦，朱熹也有批评。朱熹不仅批评吕祖谦在治学中"一生被史坏了"，而且指责他在为文上"有个文字腔子，才作文字，便将来入个腔子做"；甚至认为吕祖谦虽然"是个宽厚底人，不知如何做得文字，却似个轻儇底人"。[①]这与批评"以文人自立"的苏轼有几分相同了。不过朱熹对吕祖谦的批评，属于同一文派内部的意见分歧，主要是同道而不同的学术体系相互摩擦所致。这种摩擦与他们在当下朋党政治实践中所共同具有的"鸣道"重任与朋党意识是无法相比的。如果说，杨时、朱熹等人从朋党意识出发，竭力批判苏轼等"文人之文"是狭义的"道学文派"的一个标志，该标志源于蜀、洛党争而不在于文学本身；那么在现实朋党政治中共同的"鸣道"意识，则使广义的"道学文派"抛弃了学派体系中存在的具体分歧，求大同，存小异，同舟共济，合力共振。事实上，在孝宗、光宗与宁宗三朝，朱熹与吕祖谦包括其他"道学之儒"在政治上结成了荣辱与

---

① 分别见《朱子语类》卷一三九《论文上》，第3321页；同书卷一二二《吕伯恭》，第2953页。

共的"道学朋党",从而在文坛上推进了"鸣道之文"的创作与繁荣。

(三)"道学文派"在党争中的"鸣道"实践

道学在南宋的命运是多舛的,在理宗时期被确立正统地位之前,先后经历了"专门曲学"之禁与"伪学之禁"的厄运;将道学视为"曲学"与"伪学"而禁之,则是南宋党争的一个重要表现。这与道学作为政治文化的学术性质密切相关。李心传《道命录序》说:

> 元祐道学之兴废,系乎司马文正(光)之存亡;绍兴道学之兴废,系乎赵忠简(鼎)之用舍;庆元道学之兴废,系乎赵忠定之去留。①

司马光的存亡、赵鼎的用舍与赵汝愚的去留,处于三个不同时空之中,却共同决定了道学的兴与废。究其因,主要在于道学对政治权力的依赖性。不可否认,学术是公器,其有用与无用、有价与无价、存在与消亡,并不取决于某一个人的爱憎或张扬与否。但作为公器的学术,往往是私学而不是官方之学,官学大都与公器绝缘,因为其价值往往取决于某一个人的权力或政治群体的好恶,其兴废也常常取决于某种政治的需要与否。或者说要使作为官学的道学全面兴盛而获取政治文化中的正统地位,使"鸣道之文"替代"文人之文"而主宰文坛,还需要持"道"者加盟官僚机构,从中取得实际的政治权力,借助政治资源和权力这块魔方"鸣道"传

---

① 《道命录》卷首,《丛书集成初编》,第3342册,第1页。

道，这比上述胡宏不谋其位而鸣其道，无疑更具效果。绍兴前期的宰相赵鼎虽非"道学之儒"，却钟情于道学；钟情于道学，并非出于纯学术，而是为了"党元祐"的政治需要，也是为了扩大自己的相权、巩固其相党政治的需要。于是道学成了其相党政治中的有机体，一时间成为一种显学，长期遭受新党压制的程系道学在政治领域中开始显山露水，甚至呈现出取代"荆公新学"之势；但由于其所依赖的政治权力的代表赵鼎的罢相去国和秦桧实施的"专门曲学"之禁，该势头也就随之消失。不过，李心传"绍兴道学之兴废，系乎赵忠简之用舍"之说并不全面，也有为道学讳之嫌。因为南渡以后道学在政治运作中发挥作用，始于"系乎秦桧之用"，即秦桧首次入相时，起用了护道与"鸣道"的干将胡安国。楼钥在总结胡安国《春秋传》的学术地位时指出：

> 自王荆公安石之说盛行，此道几废，建炎、绍兴之初，高宗皇帝复振斯文，胡文定公安国承伊洛之余，推明师道，劝讲经筵，然后其学复传，学者以为标准。[①]

这又说明了胡安国著《春秋传》的目的是为了肃清王安石"废绝《春秋》，实与乱贼造始"的误国之罪。而清算王安石学术之毒，则是胡安国以后的第三代至第五代"道学之儒"胡寅、胡宏、张栻、朱熹、吕祖谦、真德秀等人的共同任务。又据《宋史》本传，绍兴初，胡安国除中书舍人兼侍讲，"专讲《春秋》"；绍兴五年

---

① 《春秋后传左氏章指原序》，陈傅良《春秋后传》卷首，影印《文渊阁四库全书》，第151册，第596页。

(1135)，高宗"令纂修所著《春秋传》。书成，高宗谓深得圣人之旨，除提举万寿观兼侍读"，并以"他人通经，岂胡安国比"相誉；在此之前，胡安国遭受新党的后续力量吕颐浩相党集团的排挤时，"右相秦桧三上章乞留之"。①所以如此，原因有二：一在于胡安国《春秋传》积极配合了高宗"最爱元祐"的政治取向，为清算王安石乱国之罪的政治运作，提供了学术和思想上的依据；二是胡安国在"讲《春秋》"时，考古验今，张扬"兵权不可假人"之说，"从思想上、学术上配合呼应了高宗—秦桧集团收夺兵权的政策"②。与此同时，胡安国又身体力行，为程系道学争夺正统地位。绍兴二年（1132），当"非元祐"的台谏弹劾二程学术之际，胡安国竭力为之辩护，称誉程颐"有经天纬地之才"，并对程氏兄弟对《中庸》的诠释作了全面的肯定与张扬："夫圣人之道，所以垂训万世，无非中庸，非有甚高难行之说，离世异俗之行，此诚不可易之至论也。然中庸之义不明久矣，自颐兄弟始发明之，然后其义可思而得也。不然，则或谓高明所以处己，中庸所以接物，本末上下，析为二途，而其义愈不明矣。士大夫之学，宜以孔孟为师，庶几言行相称，可济时用，此亦不易之至论也。然孔孟之道不传久矣，自颐兄弟始发明之，而后其道可学而至也。不然，则或以《六经》、《语》、《孟》之书，资口耳、取世资，以干利禄，愈不得其门而入矣。"③这也就是楼钥所谓"承伊洛之余，推明师道"的具体表现。

胡安国说："壬子年（绍兴二年），臣尝至行阙，有仲并者言伊

---

① 《宋史》卷四三五《胡安国传》，第12912—12915页。
② 漆侠：《宋学的发展和演变》，第518页。
③ 《道命录》卷三《胡文定公乞封爵邵张二程先生列于从祀》，《丛书集成初编》，第3342册，第28页。

川之学,进日盛行。臣语之曰:'伊川之学,不绝如线,可谓孤立,而以为盛行,何也?岂以其说满门,人人传写,耳纳口出,而以为盛乎?'"①既客观地指出了绍兴初年道学落寞孤立的态势,又暗示了因自己在政坛上的"鸣道"实践,使道学始改落寞孤立之势而显示出"致用"的功能。若绍兴前期程系道学开始获得新生及"朱熹、张栻之学得程氏之正,其原委脉络皆出于杨时",胡安国则是绍兴前期继杨时以后最为杰出的护道与"鸣道"者。若为胡安国称道不已的杨时"取王氏肝心"的"鸣道之文",在理论上对"荆公新学"极具颠覆性(详中编),胡安国的《春秋传》虽属于史学而不在程朱"性理之学"的行列,但在政治实践中则以其独特的"义理",给长期压制"伊川学"的"荆公新学"予最切合事宜、也最具有煽动力的打击,赢得了高宗政权的高度认同,为道学在孝宗年间的兴盛奠定了不可忽视的基石,也为"道学文派"的"鸣道"实践,作出了极为重要的贡献。

高宗时期,是道学与"道学文派"发展的第一阶段。其代表人物为杨时与胡安国,羽翼者有胡寅、胡宏等;而上述胡安国的"鸣道"实践昭示了"道学文派"与朋党之争的密切关系。这一关系,在"道学文派"发展的第二阶段孝宗、光宗与宁宗三朝,同样表现得淋漓尽致。不过,在高宗时期,无论是"绍兴和议"确立之前还是确立之后,均未出现"道学朋党"之词。作为一个群体,"道学之儒"被正式命名为"道学朋党"而遭政敌攻击的,始于淳熙十年(1183)。该年,王淮相党集团中的台谏陈贾上"禁伪学"疏:

---

① 《二程集·河南程氏遗书》附录胡安国《奏状》,第348页。

> 臣伏见近世缙绅士夫，有所谓道学者。……其说以谨独为能，以践履为高，以正心诚意、克己复礼为事。若此之类，皆学者所当然，而其徒乃谓己独能之。夷考所为，则又大不然，不几于假其名以济其伪者邪！是以己之所甚欲者，爵位也；其语人则曰："吾常泥滓冠冕而不顾。"己之所甚爱者，货贿也；其语人则曰："吾能粪土千金而弗受。"又其甚者，道先生之语，而行如市人；窃处士之名，而窥取显位，轻视典宪，旁若无人。故上焉者得以遂其奸，次焉者得以护其短，下焉者得以掩其不能，相与造作语言，互为标榜。有善虽小，必交口称誉，以为他人所难办。有过虽大，必曲为辞说，以为其中实不然。故附之者，常假其势以为梯媒；庇之者，常获其助以为肘腋；植党分明，渐不可长。夫朋党之始，不过相与为媒，彼此矛盾而已。万一有是人而得用也，则必求有以相胜，欺君罔上，其术遂行，利害不在其身，而在天下也。①

所谓"是人"，就是指朱熹。据俞文豹《吹剑录·外集》载："淳熙九年，晦庵为浙东提举，按台州唐仲友不法，丞相王淮与唐姻，故使察院陈贾弹之，侍郎郑丙目为伪学，遂以祠去。"在这一奏章中，首次运用了"道学朋党"的概念；而以"道学朋党"指斥"道学之儒"，并非向壁虚构。在此前的淳熙八年（1181），吕祖谦去世，朱熹作文相祭，文中将吕氏视为传"吾道"的领袖，又公开宣扬以"吾道"结"吾党"、以"吾党"行"吾道"（详下文），便

---

① 《道命录》卷五《陈贾论道学欺世盗名乞摒斥》，《丛书集成初编》，第3342册，第43—44页。按：《道命录》谓此疏"淳熙十五年上"，误。此从《宋史全文》与《宋史·孝宗纪》，为淳熙十年作。

昭示了"道学之儒"的结党之迹。这就是说，在陈贾的奏文首次以"道学朋党"之名相排斥之前，"道学之儒"虽无"道学朋党"之名，却有结党之实。至王淮相党集团把持朝政时期，道学势力有了长足的发展。不过，王淮原本并不厌恶"道学"，而且起用被"道学之儒"视为"天下大老"的朱熹为浙东提举。由于朱熹在浙东提举任上弹劾王淮姻故"唐仲友不法"，导致尖锐的冲突。在冲突中，王淮相党集团为了将道学势力一网打尽，把"附之者"与"庇之者"一并纳入"道学朋党"之中，其结果却进一步强化了本来属于不同学术体系的"道学之儒"在政治上的凝聚力，扩大了"道学朋党"的势力范围。至绍熙五年（1194），赵汝愚入主中书，"道学朋党"又发展成为左右朝政的一支重要力量，在朋党政治中占据了半爿天的地位，俨然与"反道学党"相抗衡。随着庆元元年（1195）赵汝愚的罢相，以及随之而来的"庆元党禁"，道学与"道学朋党"分别被打成"伪学"与"伪党"，招致严厉的禁锢，这也就是上引李心传所谓"庆元道学之兴废，系乎赵忠定之去留"，再次证明了作为官学的道学之兴废与政治的内在联系。

在这一过程中，陈贾所指的"附之者"与"庇之者"，包括了两个方面的文人士大夫，一是虽非"道学之儒"却能为道学的发展创造良好生态环境的执政者如周必大、留正、赵汝愚，即所谓"庇之者"；一是与程系道学有渊源关系却不属"性理之学"的"道学之儒"如薛叔似、陈傅良、叶适，即所谓"附之者"。"庆元党禁"所列五十九位"伪党名单"[①]，便证实了这一点。这里不妨以"附之者"中的叶适为例，说明不同学术体系的"道学之儒"在朋党政

---

① 《建炎以来朝野杂记》甲集卷六《学党五十九人姓名》，第139页。

治中所呈现出来的高度凝聚力。

叶适与薛叔似、陈傅良均属"永嘉学派"。"永嘉学"乃程颐弟子周行己开其源,薛叔似叔父薛季宣导其流;薛季宣叔侄又与朱熹往来甚密,史称薛叔似"雅慕朱熹,穷道德性命之旨"①,"然朱子喜谈心性,而季宣则兼重事功,所见微异。其后陈傅良、叶适等递相祖述,而永嘉之学遂别为一派"②。其中叶适又怀疑"道学"的概念在儒学史上是否有成立的根据,故反对用"道学"一词③,这表明了"永嘉学派"虽与程朱学术有渊源却非"性理之学"的事实,但在"庆元党禁"中,叶适、薛叔似、陈傅良都作为"道学"的"附之者"与朱熹一起被列为"伪学党人",严遭禁锢。叶适等人遭禁锢,并非出于政敌"欲加之罪"的无事生非,而是事出有因的。淳熙十五年(1188),"道学之士"荐举朱熹入朝,遭到林栗的弹劾,并丑诋"道学",引发了一场不小的政潮。在这场政潮中,身为太学博士兼实录院检讨官的叶适愤而上疏,力驳其非,发生了激烈的冲突(说详上编),扮演了"道学朋党"的重要角色,因此成了反道学势力攻击的一个重要对象。下列记载从另一侧面生动地昭示了"附之者"叶适是如何与"道学"凝聚在一起的:

> 会治山陵于绍兴,朝议或欲他徙。丞相留公正会朝士议于其第,刘(德秀)亦往焉。是早至相府,则太常少卿詹体仁元善、国子司业叶适正则先至矣。詹、叶亦晦翁(朱熹)之徒,而刘之同年也。二人方并席交谈,攘臂笑语,刘至,颜色顿

---

① 《宋史》卷三九七《薛叔似传》,第12092页。
② 《四库全书总目》卷一六〇《浪语集》提要,第1379页。
③ 详叶适《答吴明辅书》,《叶适集·水心文集》卷二七,第554页。

异。刘即揖之,叙寒温,叶犹道即日等数语,至詹则长揖而已。揖罢,二人离席默坐,凛然不可犯,刘知二人之不吾顾也,亦移席别坐。须臾,留相出,詹、叶相顾,厉声而前,曰:"宜力主张绍兴非其地也。"乃升阶力辩其非地。留相疑之曰:"孰能决此?"二人曰:"此有蔡元定者深于郭氏之学,识见议论无不精到,可决也。"刘知二人之意在蔡季通(元定),则独立阶偶,默不发一语。留相忽顾之曰:"君意如何?"刘揖而进曰:"不问不敢对,小子何敢自隐?某少历宦途,奔走东南,湖、湘、闽、广、江、浙之间,历览尽矣。山水之秀,无如越地,盖甲于天下者也,宅梓宫为甚宜。且迁易山陵,大事也,况国步多艰,经费百出,何以堪此?"公慨然曰:"君言是也。"诸公复向赵汝愚第议之。至客次,二人忽视刘曰:"年丈何必尔耶?"刘对曰:"愚见如此,非敢异也。"既而刘辨之如初,易地之议遂格。刘因自念曰:"变色而离席,彼自为道学,而以吾为不知臭味也。虽同年如不识矣。至枢府而呼年丈,未尝不知也。矜己以傲人,彼自负所学矣,而求私援故旧,则虽迁易梓宫勿恤也。假山陵以行其私意,何其忍为也!曰曾、曰詹、曰叶,皆以道学自名,而其行事若此。皆伪徒也,谓之伪学何疑?"未几,刘迁御史,于是悉劾朱氏之学者而尽逐之,伪学之名自此始。①

这是湘人乐曷根据刘德秀的口述记载下来的,其中既记录了朝士商议孝宗梓宫葬于何地的具体情形,又真实而生动地描绘了"道

---

① 《四朝闻见录》丁集《庆元党·考异》,第151—152页。

学之儒"的情态。绍熙五年（1194）六月，孝宗逝世，是按原计划葬其梓宫于绍兴还是另觅葬地？留正与赵汝愚发生了意见分歧，留正主张前者，赵汝愚与朱熹、蔡元定等因绍兴陵地多水石而要求改卜山陵。①留正为了尽快决定孝宗梓宫下葬地点，召集刘德秀、詹体仁、叶适等朝士于自己宅第，进行商议。据《宋史·留正传》，"刘德秀自重庆入朝，未为正所知，谒正客范仲黼请为言，正曰：'此人若留之班行，朝廷必不静。'乃除大理簿，德秀憾之"。但在这次商议中，刘德秀却站到了留正一边，并且从"山水之秀"与"国步多艰，经费百出，何以堪此"两方面，进行辩护。留正与赵汝愚在孝宗葬地上的不同主张属于"道学朋党"内部处理具体事务中的分歧，又"自庆元以后，侂胄之党立伪学之名，以禁锢君子，而必大与赵汝愚、留正实指为罪首"。②刘德秀则是庆元年间"攻伪学"的急先锋，这次改卜山陵之议，就成了他在庆元党争中整治"伪学党人"的重要罪证，蔡元定就是因此被贬而死的③；所以，他指斥赞同改卜山陵的詹体仁、叶适为"求私援故旧，则虽迁易梓宫勿恤"，并斥其学为"伪学"、其人为"伪徒"，显然不是出于留正之意，只是借助留正的主张攻讦"道学之儒"罢了。在其"自念"之词中，"以道学自名"的"伪徒"曾氏即曾撙，字节夫，曾游于张栻之门，后又从朱熹问学。④在上引文字前，还记载了刘德秀于

---

① 详黄榦《朝奉大夫华文阁待制赠宝谟阁直学士通议大夫谥文朱先生行状》，《勉斋先生黄文肃公文集》卷三六，《全宋文》，第288册，第443页。
② 《宋史》卷三九一《周必大传》，第11971页。
③ 《宋史》卷四三四《蔡元定传》，第12875页。
④ 张栻：《与曾节夫抚干》（其八），《南轩集》卷二八，《全宋文》，第255册，第177—178页。

湖南衡山与曾撙相遇一事。在相遇中，曾撙也与叶适、詹体仁一样因"自负所学"而"矜己以傲人"，令刘德秀不胜叹息："此所以为道学也欤！"其中詹体仁师从朱熹，深得朱熹之学的"指要"[①]；刘德秀将其"同年"叶适也列入"晦翁之徒"，与曾撙、詹体仁一并视为"伪徒"，则显然属于陈贾所说的"附之者"。不过，关于詹体仁、叶适"二人方并席交谈，攘臂笑谈，刘至，颜色顿异。刘即揖之，叙寒温，叶犹道即日等数语，至詹则长揖而已。揖罢，二人离席默坐，凛然不可犯"等细节描写，可谓情态毕肖、形神兼备。淳熙十三年（1186），陈亮在给朱熹的一封信中说："比见陈一之《国录》，说张（詹）体仁太博为门下士，每读亮与门下书，则怒发冲冠，以为异说；每见亮来，则以为怪人，辄舍去不与共坐。"[②]据此可证，刘德秀所述詹体仁因"自负所学"而"矜己以傲人"情态，是真实可信的；叶适随之作此状，也无可置疑！孤立地看，叶适的这次随人"作秀"，只不过是一个小小的细节，微不足道，但联系整个背景，却是"附之"的必然结果，是共同的朋党意识，促使叶适在行为与情态上也趋同于"晦翁之徒"。若从淳熙十五年（1188）因荐举朱熹引发的政潮到庆元三年（1197）的"伪党"之禁这段经历，反映了叶适与整个"道学朋党"同舟共济、荣辱与共的政治命运；叶适的这一看似"东施效颦"的"矜己以傲人"状，则深刻地反映了"道学朋党"与反道学势力之间严重的心理隔阂与不可逾越的鸿沟，也生动地昭示了朱熹与"附之者"在政治上的高度凝聚力。

[①] 详叶适《詹公墓志铭》，《叶适集·水心文集》卷一五，第285—288页。
[②] 《丙午复朱元晦秘书书》，《陈亮集》卷二八，第355页。

从上述叶适的党争经历与行为中，不难看出孝宗、光宗、宁宗三朝，朱熹及其门下士与"附之者"之间互为一体的关系。这一关系不仅体现了"道学朋党"在政治斗争中的高度凝聚力，而且决定了其"鸣道"的高度一致性，即为了朋党之争，"道学文派"虽由分属不同学术体系的"道学之儒"组成，但在文坛上的"鸣道"成了他们的共同使命。下列渊源相同而体系不一的三个学派的代表人物吕祖谦、朱熹、叶适分别创作的"鸣道之文"，便充分说明了这一点。

吕祖谦《白鹿洞书院记》，是一篇著名的记叙文，作于淳熙六年（1179）。文章记叙了知南康军州事朱熹"得白鹿洞书院废址"，重加修建，招生办学的经过与用意；在艺术上，程千帆、吴新雷两位先生以为是最能体现吕祖谦散文成就与地位的范文之一，因为该文"郑重其事地历述理学的源流，昭示朱熹兴学的本意，风格详整，极有义法，颇能显示吕文的特色"[①]。其中有云：

> 至于河南程氏、横渠张氏，相与倡明正学，然后三代孔孟之教，始终条理，于是乎可考。熙宁初，明道先生在朝，建白学制教养考察宾兴之法，纲条甚悉，不幸王氏之学方兴，其议遂格。有志之士，未尝不叹息于斯也！建炎再造，典刑文宪，浸还旧观，关、洛绪言，稍出于毁弃剪灭之余。晚进小生骤闻其语，不知亲师取友以讲求用力之实，躐等凌节，忽近慕远，未能窥程、张之门庭，而先有王氏高自贤圣之病。如是洞之所

[①] 程千帆、吴新雷：《两宋文学史》，第270页。

传习道之者，或鲜矣。①

这是叙述朱熹办学前提与本意的一段文字，也是全文的中心所在；作者痛惜"王氏之学"阻程张"正学"、"坏人心术"与渴望接踵"关、洛绪言"、重振"正学"之情，也跃然纸上，其"党元祐"而"非新学"的朋党意识同样溢于言表。在此前的淳熙二年（1175），吕祖谦与朱熹"相与读周子、程子、张子之书，叹其广大宏博，若无津涯，而惧初学者不知所入"，共同著成被称为"后来性理读书之祖"的《近思录》。②《近思录》与《白鹿洞书院记》，一为学术名著，一为散文名篇，但两者都出于共同的"鸣道"之要务，其目的也都是为了张扬所谓"正学"即"性理之学"。

乾道与淳熙年间是"性理之学"发展的一个关键时期。一方面如陈亮所说：乾道二年至三年（1166—1167），"广汉张栻敬夫，东莱吕祖谦伯恭，相与上下其论，而皆有列于朝"，使"道德性命之学"有了"渐开"而趋盛的机遇③，至淳熙初年，该学术体系又被引进到了科场，"道学文派"所谓"穷理而致用"的功能日趋彰显；一方面反道学势力也不甘示弱，而且孝宗在其中起有不可低估的作用，淳熙三年（1176）六月，以龚茂良为首的在朝"道学之儒"汲汲荐引朱熹入朝，以增道学之势，孝宗却"手诏付茂良，谓：'虚名之士，恐坏朝廷。'熹迄不至"④；淳熙四年（1177），宰相龚茂良、中书舍人林光朝因"清议之说"，被罢出朝；淳熙五年

---

① 《吕东莱文集》卷六，《丛书集成初编》，第2388册，第139页。
② 《四库全书总目》卷九二《近思录》提要，第780页。
③ 《钱叔因墓碣铭》，《陈亮集》卷三六，第483页。
④ 《宋史》卷三八五《龚茂良传》，第11845页。

(1178)，党同曾觌、王抃、甘昇的户部员外谢廓然进而攻击"程氏之学则务为虚诞"，并提出不得"私徇"于此，竟也得到了孝宗的同意，以诏令的名义打击"程氏之学"①；淳熙七年（1180），朱熹在南康军愤然抗疏，痛斥近幸在孝宗的庇护下的结党营私，排斥异己，又引起了孝宗的恼怒："是以我为妄也。"并欲令其分析。②面对这一态势，"道学之儒"在"鸣道"实践上，呈现出高度的一致性。其中吕祖谦无论在朝抑或在野，无论在文坛还是在学坛，唯道是鸣，唯道是传，在"鸣道"传道上，成了与当时"伊川学"的嫡系张栻相并举的一面赤帜。因此，朱熹平时虽因吕祖谦的学术门径与自己不同而多有批评，甚至不乏意气化的攻讦，但因吕祖谦的一系列"鸣道"实践而引起了发自内心的共鸣与赞同。在淳熙八年（1181）所作《祭吕伯恭著作文》中，朱熹还将吕祖谦视为行"吾道"的领袖。祭文的开篇说：

呜呼哀哉！天降割于斯文，何其酷耶！往岁已夺吾敬夫，今者伯恭胡为又至于不淑耶？道学将谁使之振，君德将谁使之复？后生将谁使之诲，斯民将谁使之福耶？经说将谁使之继，事记将谁使之续耶？若我之愚，则病将孰为之箴而过将谁为之督耶？然则伯恭之亡，曷为而不使我失声而惊呼，号天而恸哭耶！③

---

① 《宋史全文》卷二六下"淳熙五年三月辛酉"条，第2214页。
② 《道命录》卷五《晦庵先生辞免进职状》后李心传考述，《丛书集成初编》，第3342册，第42页。
③ 《祭吕伯恭著作文》，《朱熹集》卷八七，第4482页。

朱熹认为吕祖谦所作"祭南轩文，都从小狭处说来"①，不足以反映张栻一生的成就与功绩。该文则每每从吕祖谦一生的"大纲处"着笔；篇幅不长，却文势沛然，正如李淦《文章精义》总结朱熹散文特征时所说的"如长江大河，滔滔汩汩"。开篇一气运用八个问句，在仰天长号、沛然莫御的悲泪伤情中，传达了吕祖谦作为振"道学"、诲"后生"与箴"我病"、督"我过"的长者与领袖形象。全文以此为纲领，盛赞其"德宇宽洪，识量闳廓"，"海纳而川停"的宽广胸襟与"矫涵濡于先训，绍文献于阙家"，"不惟传道以著书，抑亦后来之程准"的重大贡献；并称吕祖谦溘然长逝"极吾党之哀恸"，使"吾道之衰，乃至此耶"！尽管朱熹在年龄上大于吕祖谦七岁，学术声名也隆于吕祖谦，但祭文中对吕祖谦的推崇与痛悼，绝非一般的虚委之词，而是发自肺腑的真心告白；称吕祖谦为"吾党"，也不是停留在一般意义的"乡党"或"学党"上，而是赋予了现实政治的内涵。淳熙十五年（1188），朱熹在一篇奏章中愤然指出："十数年来，以此二字（道学）禁锢天下之贤君子，复如崇、宣之间所谓元祐学术者，排摈诋辱，必使无所容措其身而后已。"②话虽有夸张之嫌，但也昭示了自乾道入淳熙以来，"道学"与"道学之儒"被政敌视为一股敌对势力而招致排斥与禁锢的事实，前述朱熹被斥为"虚名之士"、"程氏之说"被斥为"虚诞"而招致排斥，便证实了这一点；反之，也促使吕祖谦与朱熹等"道学之儒"结成了坚固的政治同盟，以"吾道"结"吾党"，以"吾党"行"吾道"。正是从这个意义上，朱熹对吕祖谦的去世，视为政治

---

① 《四库全书总目》卷一五九《东莱集》提要，第1370页。
② 《戊申封事》，《朱熹集》卷一一，第475页。

上的"吾党"与学术上的"吾道"的一大损失而表现出莫大的悲痛;"道学将谁使之振"云云,则又表达了对将来"吾党"与"吾道"命运的深深忧虑。这一忧虑在王淮相党排斥朱熹与"道学朋党"的一系列事件中得到了应验。

王淮相党排斥"道学朋党"的事件,除上文已提及的陈贾上疏"禁伪学"、林栗弹劾朱熹并诋毁"道学",还有王淮罢相不久出现的震动一时的"荐士风波"。淳熙十四年(1187),长期左右朝政的太上皇高宗去世,使孝宗从高宗的阴影中走出来,试图一新朝政,在淳熙十五年(1188)五月,罢免了为相整整七年之久的王淮,由周必大主持政务。这为"道学朋党"在政治上的有所作为与"道学文派"实现"穷理而致用"的主张提供了良机。淳熙十五年(1188)七月,叶适与詹体仁等联名向右相周必大举荐包括朱熹、陆九渊、永嘉三大学派在内的三十四位"道学之儒"。其中叶适的《上执政荐士书》"丁宁周至,气象博大,虽切陈利害,而不为危耸之言,颇有两汉奏章风格"[①]。正文说:

> 国家之用贤才,必如饥渴之于饮食,诚心好之,求取之急惟恐不至,口腹之获惟恐不尽。及其醉饱之余,嗜好衰息,方复调适众味,和剂八珍,祈恳而后进,勉强而后餐,其不弃去者寡矣。故上有失士之患,而士有不遇时之悲,至使官职旷阙,治功陵夷,雅俗隳坏,遗风不接,由其始用之非诚心,善人之类遭厌薄而散漫也。
>
> 窃以近岁海内方闻之士,志行端一,才能敏强,可以卓然

---

① 程千帆、吴新雷:《两宋文学史》,第281页。

当国家之用者，宜不为少。而其间虽有已经选用，不究才能，当预荐闻，未蒙旌擢；亦有已罹忧患，恐致沉沦，既得外迁，因不复入。以一疑而伤众信，用浮华而伤实能。又况其自安常分，无所扳援，复贻颓年，永绝荣进者乎！每一思之，深切痛悼！①

文中"士有不遇时之悲""善人之类遭厌薄""有已罹忧患，恐致沉沦"云云，绝非泛泛之论，而是针对在王淮相党集团党同伐异下"道学之儒"的遭遇而言的。叶适在为詹体仁所作《墓志铭》中，明确地交代了这次荐士活动的缘起："自赵丞相去，士久失职。公率同志请于周丞相，反覆极论，责以变通之理。因疏纳知名者三十余人。"②所谓"赵丞相"，即赵雄。淳熙八年（1181）八月，王淮继赵雄为右相。"士久失职"，指王淮执政期间，培植相党，抑制"道学之儒"、排斥"道学朋党"。淳熙十年（1183）陈贾上疏"禁伪学"、淳熙十五年（1188）六月林栗弹劾朱熹，即为显例。这是叶适所谓"善人之类遭厌薄""有已罹忧患，恐致沉沦"的内涵所在，也是他为之"深切痛悼"的真正原因。在文学上，该文与《白鹿洞书院记》《祭吕伯恭著作文》都是南宋散文中的名篇；就现实功能观之，则均出于"鸣道"传道。不过《上执政荐士书》旨在举荐"道学之儒"，而并没有言及"道学"本身。但正如前文所述，"道学"要在政治文化中取得话语上的霸权，需要政治做后盾，也需要持"道"者加盟官僚机构，从中获取能决定其命运的政治权

---

① 《叶适集·水心文集》卷二七，第555页。
② 《司农卿湖广总领詹公墓志铭》，《叶适集·水心文集》卷一五，第287页。

力。尤其是在振兴道学与反道学的激烈党争中,更需要如此!叶适举荐"道学之儒",目的就是为了扩大"道学朋党"的势力范围,在政坛积聚足以抵御与压制反道学势力的能量,从根本上以保证"鸣道"与履道的展开。也正因为如此,遭到了王淮在朝势力的猛力攻击,激起了一场轩然大波,以致孝宗用"御笔"过问其事,也将"道学"的"庇护者"周必大推向了"四面楚歌"的境地。他在解答孝宗"御笔"的《回奏》中指出,"自王淮去国,凡所迁除多是婺人。其间如范嗣蠡两为谦攻击,臣不免竭力救解,正欲消弭争端耳。……去春为陈贾迎头论列王谦,意在逐臣"[1]。但其"消弭争端"的做法,却又引起了"道学之儒"的强烈不满,甚至连旁观者陈亮也指斥"周丞相之护其身,如狐之护其尾,然终不免,则智果未可卫身矣"[2]。所谓"智果未可卫身",就是指周必大于次年即淳熙十六年(1189)五月罢相去国,"道学之儒"也因此终结了与他的政治关系。

通过对吕祖谦、朱熹、叶适的三篇不同体裁与题材却同属"鸣道之文"的创作背景与功能的分析,可以看出主道学与反道学之间的激烈较量,也昭示了在较量中分属不同学术体系的"道学之儒"抛弃了因学术门径的不同而产生的摩擦,在"鸣道"上达成了共同使命。正是这一共同使命,成了"道学之儒"既在政治上凝聚为"道学朋党"又在文坛上结集为"道学文派"的内在驱动力和基本出发点,鲜明地表现出"党派"与"文派"的双重意识与角色,两者相互依存、相并而行,有时甚至相互驱动,相辅相成,即"道学

---

[1] 《陆游除郎并朝士荐人御笔回奏》,《奉诏录》卷七,《全宋文》,第228册,第228页。
[2] 《复吕子约》,《陈亮集》卷二七,第329页。

之儒"的"鸣道之文"直接用于朋党之争，朋党之争则又促进了其"鸣道之文"的创作。《白鹿洞书院记》《祭吕伯恭著作文》与《上执政荐士书》，都是极具说服力的证据。

南渡以后，"道学文派"的"鸣道"实践及其发展阶段，大致如上所述；从中也清楚地呈现了其"鸣道"实践与朋党之争的内在关系。一言以蔽之，"道学文派"的崛起，乃政治上的朋党之争在文坛上的直接体现，其性质是学术、政治与文学相交融的一个混合体。

这个混合体发轫于高宗时期，全盛于孝宗、光宗与宁宗三朝；而"道学文派"自发轫到全盛的历程，则又与道学及党争的演进相同步。就学术上的道学而言，如叶适所说："昔周、张、二程考古圣贤微义，达于人心，以求学术之要，世以其非笺传旧本，有信有不信。百年之间，更有盛衰者再三焉。乾道五、六年，始复大振，讲说者被闽、浙，蔽江、湖，士争出山谷，弃家巷，赁馆贷食，庶几闻之"[①]，并由此衍为分别以朱熹、吕祖谦、陆九渊为首的三大学派，吕祖谦去世后，叶适继出，又与朱学、陆学鼎足而三。就政治上的党争观之，在高宗朝尽管"赵鼎主程颐，秦桧主王安石"，也导致了秦桧的"专门曲学"之禁，然而，"绍兴党争"的核心却是和战之争，至孝宗时期，"道学"之争则渐成朋党之争的主题，"道学朋党"的势力也随之发展壮大，在孝宗末年至宁宗初期，以其壮大了的势力与"反道学党"展开一系列正面冲突，致使政争不断，政潮汹涌，成了这一时期政治的主要表现形态。要言之，在道学"始复大振"的过程中，主道学与反道学的朋党之争也日趋激

---

① 《郭府君墓志铭》，《叶适集·水心文集》卷一三，第246页。

烈，两者互为因果，相互推进，同时也推进了"道学文派"在文坛上的"鸣道"实践，使该文派的散文创作进入了一个繁盛期。

自孝宗朝至宁宗初期，"道学文派"的创作进入繁盛期的一个重要标志是其"鸣道之文"在振兴道学中起有关键作用；同时兼善"文章之学"的张栻、朱熹、吕祖谦与叶适等人的散文几乎都作于这一时期。张栻卒于淳熙七年（1180），享年仅四十七岁，但在学术上与朱熹齐名，在为文上尚理务实，即朱熹称所谓"始皆极于高远，而卒反就于平实"①。从现存《南轩集》卷九至卷一三所编作品观之，其寓"高远"于"平实"的"鸣道之文"，绝大部分作于乾道至淳熙年间。在"道学文派"中，张栻是位自具特色、成就颇高的散文作家，吕祖谦、朱熹与叶适则不仅是"道学文派"的代表作家，同时与陈亮堪称南宋散文史上成就最为突出的"四大家"。吕祖谦的散文向以"闳肆博辨，凌厉无前"著称②；朱熹享有"文词之工，虽左、史、韩、柳之徒无以过"的美誉③，叶适之文则有"集大成者"的评价（引见前文）。三人的作品主要作于孝宗、光宗与宁宗三朝。

综观吕祖谦、朱熹、叶适三人众体兼备的散文作品，数量最多、也最富现实性的当推政论文。在政论文中，既典型地体现了"道学文派"提倡的"明义理、切世用为主"的主张，又最见作者为文的功力。而由主道学与反道学引起的朋党之争，既然是这一时期政治的主要表现形态，那么他们的这些政论文，也就难免朋党意识。事实上，大多与《白鹿洞书院记》《祭吕伯恭著作文》与《上

---

① 《张南轩文集序》，《朱熹集》卷七六，第3979页。
② 《四库全书总目》卷一五九《东莱集》提要，第1370页。
③ 周大璋：《〈朱子古文读本〉序》，《朱子古文读本》卷首。

执政荐士书》有相通之处，具有明显的政争功能。如吕祖谦《淳熙四年轮对札子》其一，在畅论君权独断之弊与用人之失中：指陈"左右者"唯"保其宠禄"而"诋排"异己，使"明扬贤隽，各还其职"的用人方针成了一纸空文。①所谓"左右者"，即指以近幸为核心的反道学势力，联系前文所述淳熙三年（1176）朱熹被斥为"虚名之士，恐坏朝廷"的事件，文中"贤隽"，指向甚明，全文的政争功能也昭然若揭。朱熹《戊申封事》作于淳熙十五年（1188）十一月。该年六月，作者被荐入朝，爆发了上述林栗攻"道学"事件，使之重回江西提刑之任，同年九月孝宗再召见并任命崇政殿说书，朱熹在屡辞不准的情况下，于十月再次返朝，次月便写了这篇平生最长、也是最为重要的政论文。文章将"今日天下之势"比作"人之重病，内自心腹，外达四肢，盖无一毛一发不受病者"；在朱熹看来，造成"天下之势"如人患重病的原因，在于义理不明，致使"纲纪坏于上，风俗坏于下"；纲纪、风俗均坏的原因，在于"贤人必不得用，而所用者皆庸缪憸巧之人"②。文章虽未明言坏纲纪和风俗的"庸缪憸巧之人"，但非王淮及其相党莫属，堪称"道学朋党"反击王淮相党的纲领性文件。叶适《上光宗皇帝札子》"贤能遂至于无用矣，其无用也，故今之修饰廉隅者，反以行见异；研玩经术者，反以学见非；志尚卓荦者，反以才见嫉，伦类通博者，反以名见忌"云云③，则与朱熹《戊申封事》的用意与功能同出一辙。

---

① 《东莱吕太史文集》卷三，《全宋文》，第261册，第39页。
② 《朱熹集》卷一一，第463—487页。
③ 《上光宗皇帝札子》又题《应诏条奏六事》，《叶适集·水心别集》卷一五，第837页。

日趋激烈的朋党之争，促使了"道学文派"的代表作家吕祖谦、朱熹、叶适的政论文创作，成了他们参与政争的不可或缺的工具。诚然，这些政论文既非纯文学作品，又具有明显的朋党意识，但一方面生动地展现了当时的政潮实况，一方面集中地体现了该文派"明义理、切世用为主"主张，使北宋"开口揽时事、论议争煌煌""言必中当世之过"的文学精神得到了再次张扬，南渡以来的散文命运在他们的笔下也得到了再造，成了"道学文派"散文创作走向繁盛的又一重要标志。在此前的高宗朝，尽管胡寅、胡宏及其他作家创作了不少极富现实性的作品，如胡寅的《上皇帝万言书》，深得朱熹等人的高度赞赏，可是在长期的"绍兴和议"中，高宗—秦桧集团实施残酷的高压政治与专制文化政策，文人士大夫普遍患上了怔忡症与失语症，散文坛坫大面积地处于荒凉之中；宁宗以后，"道学文派"的后继力量黄榦、真德秀、王柏等人也堪称作手，史谓真德秀"立朝不满十年，奏疏无虑数十万言，皆切当世要务，直声震朝廷。四方人士诵其文，想见其风采"[①]，但同样遭遇了类同"绍兴和议"期间的高压政治与专制文化政策。在这一政治文化生态环境中，他们与绍兴士人同样产生了适应性的变异，掀起了旷日持久的歌功颂德运动，以发扬"义理"为务的真德秀、王柏也无法自绝于此而投身其中。

[①] 《宋史》卷四三七《真德秀传》，第12964页。

第九章

高压政治与谄谀之风：文学命运的走向之一

南渡后"党元祐"的政治倾向，改变了北宋"绍述"期间新党所实施的高压政治与专制文化政策，分别以"元祐党人"黄庭坚、苏轼和程颐为宗主的"江西诗派""苏轼词派"与"道学文派"崛起于文坛，使宋代文学命运得到了再造，但这并不意味着全面改变或优化了文学的生态环境。在本质上，"绍述"期间与南渡以后的朋党之争并无二致，喜同恶异、党同伐异是两宋党争的通病，重现为了排斥与迫害政敌而实施党禁的高压政治、为了控制舆论与禁锢思想而兴造文字狱的专制文化政策，也是南宋朋党之争的必然。事实上，"绍兴党禁""庆元党禁"等政治禁锢以及由大量文字狱所编织的文网，其严厉程度有时为"绍述"期间所不及，从而在相当长的时期内使得到再造的文学命运重陷困境。在困境中，创作主体产生了适应性变异，文坛掀起了一股空前强劲的谄谀之风，构成了以歌功颂德为内涵的话语系统，创作了数量众多的谄诗谀文，尤其在秦桧实施"绍兴党禁"与贾似道专政弄权期间，谄诗谀文成了文学创作的一个主流。这一创作主流助长了高压政治的肆虐，推进了专制文化政策的实施，而无文学价值与成就可言，但对宋代政治文化与文学发展史程而言，却特具认识意义。

第一节　高压政治的表现形态之一：专制文化政策与文字狱

在中国历史上，文字狱始盛于北宋；北宋文字狱的盛行是党争的产物。庆历党争期间，王拱辰、张方平等人以王益柔《傲歌》为奇货，蓄意炮制"进奏院案"，将以范仲淹为首的新政的官员一网打尽；熙丰新政期间，新党为了全面抑制政敌异论，以苏轼讥刺新法的诗文为罪证，勘治"乌台诗案"；"元祐更化"期间，元祐党人在禁毁王安石《三经新义》与《字说》不久，为了防止新党卷土重来，又以蔡确《夏日登车盖亭》为奇货，蓄意炮制"车盖亭诗案"；绍圣以后的"绍述"新法期间，重新执政的新党为了彻底清除"元祐党人"及其他政敌的势力，屡屡兴造文字狱，实施一系列"文禁"。作为党同伐异与高压政治的突出表现形态，文字狱与"文禁"在有效抑制异论与禁锢政敌上，发挥了极为重要的作用，为南宋士大夫的党争积累了丰富的历史经验，而且在高宗以后各朝的朋党之争中，不只是秦桧、史弥远之类的权相或奸邪小人，连一般的士人或正直君子也以文字狱的形式打击异己、迫害政敌。这从下列诸案中可见一斑。

"曲端诗案"。高宗建炎四年（1130）九月，主战派领袖、宣抚处置使张浚发动富平之战。在谋划战役时，部将曲端持有不同意见，与张浚产生冲突。富平惨败不久，即绍兴元年（1131）四月，与曲端有隔阂的主战官员利夔制置使王庶与忠州防御使、知渭州吴玠共同指陈曲端有"反心"，以曲端旧作题柱诗句"不向关中兴事业，却来江上泛渔舟"为奇货，深加诠释，以为"指斥乘舆"，投献张浚。张浚据以立案勘治，并借以罗织其他罪名，将曲端杀于狱中。①

"刻朱熹《感兴》诗案"。孝宗乾道八年与九年间（1172—1173），朱熹作《斋居感兴》二首组诗，宣扬道学思想，淳熙十一年（1184），建昌学官刻之，"遂为诸生注释，以为谤讟而纳之台谏，此教官几与林子方俱被论列"。②

"太学生上书案"。宁宗庆元元年（1195），韩侂胄党与赵汝愚党相争之际，太学生杨宏、周端朝、张衎、林仲麟、蒋傅、徐范等六人联名上书，为赵汝愚作辩护，韩侂胄则以"妄乱上书，扇摇国是"之罪，"各送五百里外编管"。③

"江湖诗案"。案发时间为理宗宝庆元年（1225）。④时值"史弥远废立之际，钱塘书肆陈起宗之能诗，凡'江湖'诗人皆与之善。宗之刊《江湖集》以售，《南岳稿》与焉。宗之赋诗有云：'秋雨梧桐皇子府，春风杨柳相公桥。'哀济邸而诮弥远，本改刘屏山句也。敖臞庵器之为太学生时，以诗痛赵忠定（汝愚）丞相之死，韩侂胄下吏逮捕，亡命。韩败，乃始登第，致仕而老矣。或嫁'秋雨'、'春风'之句为器之所作，言者并潜夫（刘克庄）《梅》诗论列，劈《江湖集》板，二人皆坐罪。初弥远议下大理逮治，郑丞相清之在琐闼，白弥远中辍，而宗之坐流配。于是诏禁士大夫作诗。……绍

---

① 《要录》卷四三"绍兴元年四月丁亥"条，第930页。
② 详束景南《朱熹年谱长编》，第482页。
③ 《续编两朝纲目备要》卷四"庆元元年四月庚申"条，第60—62页。
④ 在今人的成果中，勘治"江湖诗案"的时间有二说：一为宝庆元年，见张宏生《江湖诗派研究》，第361页；一为宝庆二年至三年间，见程章灿《刘克庄年谱》，第101页。兹从前说。

定癸巳，弥远死，诗禁解"。①

"《脱靴返棹二图赞》案"。炮制者为理宗朝权相丁大全。牟存叟端明守当涂日之时，据黄庭坚《荆州承天院塔记》，"遂作《返棹》一图以为对。各系以赞，未几流传中都。时相丁大全、内侍董宋臣闻而恶之……驯至开庆之祸焉"②。

"陈文定诗案"。理宗景定初，陈文定为广东提刑，曾于韶州皇冈虞帝庙题诗，其颈联云："存古尚瞻虞衮冕，抚时几换禹山河。"当时"鄂围初解，江淮甫定，贾师宪（似道）挟勋入相。有虞虑者为监察御史，摘'几换山河'之语笺注，'几'字作平声，上疏劾公谤讪。又吴丞相潜为师宪所嫉，贬之循州。公（陈文定）行部过循，与吴赓和，有曰'山川半为蛮烟累，人物多因谪籍香'。虑并评其诗。师宪怒，为取旨镌其官，责居永州"③。

在高宗及高宗以后诸朝尤其是秦桧、韩侂胄、史弥远、丁大全、贾似道等权相执政期间，是屡兴文字狱，以"文字"整肃异己，迫害政敌的。上列诸案，仅举例而已。不过从中可以窥见南宋文字狱的一般情形。在程度上，既有祸及人员多、禁锢时间长的"江湖诗案"，又有专门针对一人或以杀戮政敌为目的的"曲端诗案"；在打击对象上，既有像曲端与陈文定这样的政府官员，又有郡学教官或陈起之类的布衣：其打击对象有异，程度也各有不同，目的却无二致，都是为了控制异论。同时表明了盛行于南宋的众多文字狱，并非仅是韩侂胄、史弥远之类的权相或奸邪小人所为，也

---

① 《瀛奎律髓汇评》卷二〇评刘克庄《落梅》，第843—844页。
② 周密：《齐东野语》卷一〇"脱靴返棹二图赞"条，第175—176页。
③ 刘埙：《隐居通议》卷九"陈文定公诗句"，《丛书集成初编》，第213册，第102页。

成了如郡学诸生或张浚之类的正人君子清除政敌的有效形式。或者说作为高压政治的产物,南宋文字狱的盛行已非个人行为或偶然现象,而是士大夫群体所普遍具有的一种政治文化行为,是他们在党争中所共同遵循的专制文化政策的直接体现。这对理解南宋文人所处的文化环境与影响南宋文学命运走向的生态环境,显得至为重要。下面将以"绍兴和议"期间的文字狱为例,作具体的分析。

"绍兴和议"期间,秦桧为了实施严厉的党禁,大肆兴造文字狱,其数量之多、范围之广、手段之恶劣,为北宋"崇宁党禁"的实施者蔡京所望尘莫及,在两宋专制政治文化史上具有典型性,为历来治史者所重视。关于秦桧兴造文字狱的具体动机或目的,清代史学家赵翼业已指出:"秦桧赞成和议,自以为功,惟恐人议己,遂起文字之狱,以倾陷善类。"①那么秦桧自绍兴八年(1138)第二次入相至二十五年(1155)去世的十七年间,究竟炮制了多少起文字狱?钱建状博士的学位论文在赵翼所统计的三十八起、祸及四十七人的基础上,作了更全面的统计,共计四十七起,被害人员达六十八人之多;在这些人员中,下层官员、寺僧、下武官、宦官等为数居多。②若作进一步考察,其数量与迫害人数当不止于此。如绍兴十二年(1142),"左通议大夫、提举临安府洞霄宫王庶责授向德军节度副使,道州安置。庶罢政,行至九江,闻再夺职之命,乃买田于敷浅原之上,徙家居焉。至是殿中侍御史胡汝明论'庶寄居德安,诡占逃田,强市民宅;其讥讪朝政之语,形于诗篇,殆未可悉

---

① 王树民:《廿二史札记校证》卷二六"文字之祸",第566页。
② 赵翼的统计见王树民所校《廿二史札记校证》卷二六"文字之祸",第566—568页;钱建状的统计见《文化版图的重组与文学命运的再造——宋南渡文坛的历史文化考察》,第96—99页。

数。伏望重行窜逐，以慰一方士民之心，而为万世臣子之戒'。故有此命"①。此案便不在四十七起之列。但该统计足以说明秦桧擅政期间文字狱之繁盛，士人所处政治文化环境之恶劣。而综观秦桧炮制文字狱及以文字狱打击政敌或议己者的过程，有三点特别引人注目。

第一，在欲置要敌于死地的同时，连逮数人乃至数十人，使文字狱的连逮范围具有了开放性的特征。

中编已述，秦桧在主持和议、实施党禁的过程中，最主要的政敌是胡铨、张浚、赵鼎、李光、王庶，曾书其中胡、赵、李三人姓名于"一德格天阁"，必欲杀之。"盖此数人者，名愈高，桧忌之愈甚，故不惟使之身受窜谪，屡濒于死，而凡与之交际者，亦必被祸不少贷"；而"被祸"者首先是"被"文字之祸，如"江西运判张常先注前帅张宗元与张浚书上之，连逮数十家，将诬以不轨，此因浚而连及者也"②。又据杨万里《诚斋诗话》：

> 吾州诗人泸溪先生安福王民瞻名庭珪，弱冠贡入京师太学，已有诗名。……绍兴间宰相秦桧力主和戎之议，乡先生胡邦衡名铨，时为编修官，上书乞斩桧，谪新州。民瞻送行诗："一封朝上九重关，是日清都虎豹闲。百辟动容观奏议，几人回首愧朝班。名高北斗星辰上，身落南州瘴海间。不待百年公议定，汉庭行召贾生还。""大厦元非一木支，要将独力拄倾危。痴儿不了公家事，男子要为天下奇。当日奸谀皆胆落，平

---

① 《要录》卷一四五"绍兴十二年六月辛未"条，第2738—2739页。
② 王树民：《廿二史札记校证》卷二六"文字之祸"，第567页。

生忠义只心知。端能饱吃新州饭,在处江山足护持。"有欧阳安永上飞语告之,除名窜辰州。①

胡铨上疏乞斩秦桧,在绍兴八年(1138)十一月,疏上,即遭贬斥,但迫于时论,仅贬为福州威武军签书判官公事。绍兴十二年(1142),秦桧以其"文过饰非,益唱狂妄之说;横议纷纷,流布遐迩。若不惩艾,殆有其甚者"为由,将胡铨除名亭勒,发配新州。②这是"绍兴和议"确立之初影响深远的一起"奏疏案"。胡铨"既以乞斩秦桧,掇新州之祸,直声振天壤。一时士大夫畏罪钳舌,莫敢与立谈,独王卢溪庭珪诗而送之"③。王庭珪诗题为《送胡邦衡之新州》,其作年当为绍兴十二年(1142),作者时为衡州茶陵县丞。据载,绍兴十九年(1149)六月,在告讦者欧阳永安的告发下,秦桧以"谤讪朝政"罪,命"江西帅司兴诏狱名,捕先生,叔雅(庭珪子)泣以从,父子俱系狱";结案后,"左迪功郎王庭珪特勒停,送辰州编管",与此同时,江西所属的赣、吉两州守臣曾慥、王珉,两州通判吴温彦、杜师伋以及已奉祠的江西提刑李芝、在任提刑林大声等六位官员,由于对王庭珪之诗"不切究之"或"寝其事",均受降官一级的处分④,与王庭珪之子一起成了该诗案的连逮者。

综观南宋各时期的权相,往往以指陈其失或赞美其政敌的诗文

---

① 吴文治:《宋诗话全编》,第5939—5940页。
② 《要录》卷一四六"绍兴十二年七月癸巳"条,第2745页。
③ 岳珂:《桯史》卷一二《王卢溪送胡忠简》,第133页。
④ 杨万里:《王叔雅墓志铭》,《诚斋集》卷一二七,《全宋文》,第240册,第250页。《要录》卷一五九"绍兴十九年六月丁巳"条,第3021页。

第九章 高压政治与诡谲之风:文学命运的走向之一

为大忌，监督与查禁这些忌讳文字，成了巩固其朋党集团政治利益的重要环节。庆元六年（1200），当韩侂胄与何澹构隙，以及何澹因助韩侂胄排斥道学而太学生于斋生题名中削去何澹名字之际，太学生敖陶孙作诗吊赵汝愚："左手旋乾右转坤，诸公相顾尚流言。狼胡跋疐伤姬旦，渔父沉沦吊屈原。一死固知公所欠，孤忠赖有史长存。九原若遇韩忠献，休说如今几世孙。"韩侂胄阅后"大怒"，立马"捕治之"，又"移送大理劾其事，掠治无完肤。狱竟不就，犹坐不应削澹名，送岭南编管"。① 诸如此类，在秦桧执政期间表现得更为突出，也更具彻底性。在"王庭珪诗案"中，不只作者因诗罹祸，被流放编管，同时又祸及其子，使"父子俱系狱"，并累及众多官员。就历时性观之，对胡铨及与胡铨来往者，秦桧党羽实施了"全天候"式的监控，一有议己文字，便起狱整治，严惩不贷：

> 新州编管人胡铨移吉阳军编管。先是，太师秦桧尝于"一德格天阁"下书赵鼎、李光、胡铨三人姓名。时鼎、光皆在海南。广东经略使王铁问右承议郎、知新州张棣曰："胡铨何故未过海？"铨尝赋词云："欲驾巾车归去，有豺狼当辙。"棣即奏铨不自省循，与见任寄居官往来唱和，毁谤当涂，语言不逊，公然怨望朝廷，鼓唱前说，犹要惑众，殊无忌惮。于是送海南编管。命下，棣选使臣游崇部送，封小项筒过海。铨徒步赴贬，人皆怜之。至雷州，守臣王趯廉得崇以私茗自随，械送狱，且厚饷铨。……海上无薪粲百物，趯辄津置之。其后，卒

---

① 《宋史全文》卷二九上"庆元六年九月"条，第2472页。

以此得罪。①

　　这对胡铨而言，是再次因文字罹祸，可谓"二进宫"；就雷州知州王趯而言，因善待胡铨而获罪，可见当政者监控与排斥异己的力度之大。而胡铨流放海南期间，祸及人数远不止王趯一人。胡铨被遣送海南不久，太府寺丞陈刚中以启贺之："屈膝请和，知庙堂御侮之无策；张胆论事，喜枢庭经远之有人。身为南海之行，名若泰山之重。"又云："谁能屈大夫之志，宁忍为小朝廷之谋。知无不言，愿请尚方之剑；不遇故去，聊乘下泽之车。"因而被"贬安远宰"②。据王兆鹏先生《张元幹年谱》："（绍兴）十九年三月，尝作启送胡铨编新州之郑（陈）刚中，秦桧深恨不已，遂遣大理寺捕其子及其将吏宾客鞠（鞫）治，狱成，同遭除名者三人，刚中移封州安置，其子贷死，送柳州。刚中至贬所，守臣赵成之希秦桧意，每窘辱之，刚中竟卒于贬所。"其连逮范围与"王庭珪诗案"如出一辙。同年九月，汀州通判李璪因与胡铨有文字来往，守臣张棣据以弹劾，指斥李璪与胡铨相互交结，"凌蔑州县"，李璪因此"特放罢"。③绍兴十二年（1142），胡铨被贬新州时，寓居三山的张元幹作《贺新郎·送胡邦衡待制》，至绍兴二十一年（1151），秦桧"始

---

① 《要录》卷一五八"绍兴十八年十一月己亥"条，第3003页。按：《独醒杂志》卷八又载，胡铨"在新州，偶有'万古嗟无尽，千生笑有穷'之句，新守亦讦其诗云：'无尽'，指宰相。盖张天觉自号无尽居士；'有穷'，则古所谓有穷后羿也。于是再迁儋耳。"（第75—76页）
② 《鹤林玉露》甲编卷三《幸不幸》，第47页。
③ 《要录》卷一六〇"绍兴十九年九月癸巳"条，第3030页。

闻仲宗（元干）之词。仲宗挂冠已久，以它事追赴大理削籍焉"①。绍兴二十四年（1154）十一月，"通判武冈军方畴坐与流人胡铨通书，为守臣李若朴所告，令江西提刑张常先鞫之，送永州编管"②。

在北宋新旧党争中，朋党双方为了排斥政敌，各起文字狱，但对于案主被贬后与人相交往的文字，还是网开一面的。在"绍兴党禁"中，凡是与被贬的秦桧要敌相交往的文字，则均在文网的控制之中。从围绕胡铨而出现的一系列文字狱观之，这张文网既严密又极具开放性，在网中横遭迫害的，不仅有直接以文字与流人胡铨相交往者如王庭珪、陈刚中、张元干等，同时又有与这些交往文字本身并无联系的"第三者"如王庭珪之子、陈刚中之子及曾慥、王趯等，呈现出一网打尽之势。下列记载更典型地证明了这一点：

> 尚书祠部员外郎胡宁、秘书省著作佐郎刘章并罢。章有士望，太师秦桧疑其不附己，而宁本因其父兄与桧厚，故召用之。至是，桧知宁兄徽猷阁直学士致仕寅之贫，因其往剑州省觐世母，遗以白金。寅报书曰："愿公修政任贤，勿替初志；

---

① 《挥麈录·后录》卷一〇，第209页。按：《后录》将胡铨贬新州与张元干作词相送视为绍兴八年之事，余嘉锡已辨其误，详见《四库提要辨证》卷二四。但《辨证》未明张元干因词而"削籍"的具体时间，此从王兆鹏《张元干年谱》，而王《谱》将该词的作年也定为绍兴二十一年，惜无证据，故从《后录》作于胡铨贬新州时之说。据《宋史》卷三〇《高宗纪》载："绍兴十二年秋七月壬辰朔，福州签判胡铨除名，新州编管。"此与词题《送胡邦衡待制》相符；而胡铨于绍兴十八年十一月己亥，则已从新州移至吉阳军编管，故张元干不可能在绍兴二十一年作词送胡铨赴新州贬所了。"张元干词案"当与前述"王庭珪诗案"相同，是在作品创作数年后才被立案勘治的。
② 《中兴小纪》卷三六绍兴二十四年十一月"是月"条附，《丛书集成初编》，第3860册，第415页。

安内攘外,以开后功。"秦以为讥己,始怒之。寅尝游岳麓寺,大书壁间云:"是何南海之鳄鱼,来作长沙之鹏鸟。"于是,帅臣刘旦方欲捃摭张浚诸人之罪,而旦潮阳人也,亦大怒,复讼寅于桧。侍御史曹筠即奏:"宁兄阿附赵鼎,章居衢州,与鼎宾客交通,故二人私相朋比,众所指目,不知每怀异意,欲以何为?若不罢斥,无以安众心!"乃以章通判均州,而宁充夔州路安抚司参议。①

胡宁之父胡安国是秦桧两次入相的坚决拥护者,其兄胡寅又是秦桧第二次入相后的吹捧者(说详下文)之一。然而,因胡寅出于对秦桧赠送白金的感激之心,在回信中说了"愿公修政任贤,勿替初志;尊王攘狄,以开后功"之类的话,引起了秦桧的猜忌与愤怒,刘旦因胡寅题词而提出的诉讼与曹筠的弹劾,为秦桧发泄心头之愤提供了"证据",胡氏兄弟横罹"阿附赵鼎"之罪,胡宁无辜被贬,胡寅后被列入了必杀的五十三人名单之中,也肇始于此。从中又昭示了作为秦桧的又一大政敌,赵鼎成了秦桧集团在编织文网中随时可用来定人之罪的"罪证"。"高登策问案"也是诸多以赵鼎为主要"罪证"的文字狱中的一例。绍兴十四年(1144),高登"校文潮阳,出《则将焉用彼相赋》,《直言不闻深可畏论》,策问水灾。桧闻之大怒,谓其阴附赵鼎,削籍流容州,死焉"②。赵鼎曾二度为相,党羽甚众,具有深厚的政治基础,这对秦桧相党集团的政治利益构成了巨大的威胁,所以监督赵鼎与赵鼎势力自然更严

---

① 《要录》卷一六〇"绍兴十九年十二月丁丑"条,第3037页。
② 《鹤林玉露》甲编卷六"容南迁客"条,第102页。

密,甚至将既非与赵鼎来往、又与赵鼎毫无关联的胡寅的书信与高登的策问文字,强行与赵鼎联系在一起,视为赵鼎势力的表现。因此较诸围绕胡铨产生的文字之祸,以"阿附赵鼎""阴附赵鼎"为罪证的文字狱,在炮制上更具随意性,在范围上也更具开放性。

第二,在以诗词书信中的异议文字排斥政敌的同时,又大肆实行"文禁"与"语禁",使文字狱的种类具有了多样性的特征。

在两宋党争中,"文禁"始于"元祐党人"禁毁《三经新义》,盛于"绍述"新党的"元祐学术"之禁。秦桧相党集团延伸了这一专制文化政策,大肆实行"文禁"。不过,北宋"文禁"首先基于思想层面上的禁锢,在其禁锢过程中,与具体的人事无关,如禁毁《三经新义》,并非同时整治《三经新义》的作者,禁毁包括三苏及"苏门四学士"文集在内的"元祐学术",也非同时起狱捕治文集的作者,苏轼、黄庭坚等人遭禁锢与流放,与他们的文集无直接联系,故北宋"文禁"是"文"与"人"相分离的,不在文字狱之列。"绍兴党禁"期间的"文禁",既出于禁锢人们的思想,又出于在人事上排斥异己,"文禁"与"人禁"同时进行,互为一体。

不妨先以绍兴二十四年(1154)禁毁程瑀《论语说》等著作为例。该年十二月,右正言王珉奏称:已故龙图阁学士程瑀"本实妄庸,见识凡下。昨在闲废,辄取先圣问答之书,肆为臆说(按:指《论语说》四卷等著),至引王质《断狱》以释'弋不射宿',全失解经之体。于周公谓(闻)鲁公之语而流涕,不无怨望之意。此等乖缪,不可概举。其子弟又私结父之党与,以窃世之誉。如洪兴祖者,则为文以冠其首。魏安行者,则镂板以广其传。朋比之恶,盖极于此,不可不虑也"。疏上,刑部迅即立案稽查,将流布州军的《论语说》等著悉行毁弃;与此同时,左朝散郎魏安行送钦州编管,左朝散大夫洪兴祖送昭州编管，程瑀之子右承事郎程宏济罢新差监通州金沙盐场，次子右承务郎程宏靖，孙右承务郎程有功、程有孚今后并不与堂除差遣。①程瑀受"李光私史案"牵连被降职，仍勤于著述，为时人推重，绍兴二十三年（1153）去世后，其著作广为流传。据胡铨说，程瑀《论语说》等著作流传后，"或以示桧，桧顾门下士曰：伯寓（程瑀）乃著书相谤，后世信其言为是，而议我为何人？"②则又进一步表明《论语说》之禁直接源自具体的人事关系，"文禁"与"人禁"合二为一，给传统"文禁"注入了新的内涵。

在实施"文禁"中，最突出的是禁私史。禁私史的动机在于控制史官的写史权，确立官史的合法性，其目的则在于维护当权者的政治文化的权威性。秦桧第二次为相不久，便指使中书省提出："昨修《执政拜罢录》，详略失中，本末差舛，诏史官重行编修。"秦桧之初免相也，上以御札斥其罪，而一时制诏，《拜罢录》具焉。桧欲灭其迹，故有是请。于是史官言罢免后事迹，乞更不编载。奏可，其后书不克成。③因官修《执政拜罢录》录有秦桧第一次为相时的过失，故阻拦史官据实重修，最终以不果了之。这是秦桧为了维护自身形象的权威性而左右官史的具体表现。然而，控制官史容易，使民间私史都合乎当权者的意图，却难上加难。下面君臣的一段对话，就表明了对野史的忧虑：

---

① 《要录》卷一六七"绍兴二四年十二月丙戌"条，第3178—3179页。
② 《龙图阁学士广平郡侯程公墓志铭》，《胡澹庵先生文集》卷二三，乾隆胡氏练月楼刊本。
③ 《要录》卷一二七"绍兴九年三月丙申"条，第2391页。

上因论史事,秦桧曰:"是非不明久矣!靖康之末,围城中失节者,相与作私史,反害正道。壬子之后,公肆挤排,不遗余力,然岂知人臣遭变,夫岂得已?"上曰:"卿是时独不推戴异姓,围城中人,自然不容。"(杨)愿曰:"桧非独是时不肯雷同,宣和间,耿延禧为太学官,以其父在东宫,势倾一时,士皆靡然从之,以徼后福。独桧守正,虽延禧倾害,略不为之易节。"①

正是出于这种忧虑和维护当权者"守正"形象的目的,绍兴十四年(1144),秦桧首次提出禁野史,高宗深表赞同,并说:"此尤为害事,如靖康以来,私记极不足信。"②在高宗与秦桧的这一思想指导下,一场全面禁弃野史的运动迅速展开。而禁毁野史与禁锢异己是相并而行,互为一体的,与禁程瑀《论语说》等著作一样,是传统文字狱的一种延伸。如绍兴十五年(1145),"秘书省正字黄公度罢。侍御史汪勃言:'李文会居言路日,公度辄寄书喻之,俾其立异,且谓不从则当著野史议讪。其意盖欲为赵鼎游说,阴怀向背,岂不可骇!伏望特赐处分。'故公度遂罢"③。黄公度是禁野史运动中第一个罹祸者,其罪证既是以"野史议讪",又是"为赵鼎游说",可谓双罪并罚,或可列入以"阴附赵鼎"为"罪证"的系

---

① 《要录》卷一五四"绍兴十五年八月丙子"条,第2907页。
② 《要录》卷一五一"绍兴十四年四月丁亥"条,第2855页。
③ 《要录》卷一五四"绍兴十五年十一月己酉"条,第2917页。按:汲古阁本黄公度《知稼翁词》所载《好事近》词序云:"公到阙,除秘书省正字,未几,言者迎合秦益公意,腾章于上,谓公尝贻书台官,欲著私史以谤时政。盖公之泉幕也,尝有启贺李侍御文会云:'虽莫陪宾客后尘,为大厦之贺,固将绩山林野史,记朝阳之鸣。'"

列文字狱之中。

自禁野史运动开展以来,连逮范围最广、迫害异己最为惨烈的,当推发生在绍兴十九年(1149)十二月的"李光私史案"。绍兴十七年(1147)八月,秦桧的头号政敌赵鼎死于海南后,李光却成了秦桧最大的心腹之患。因此,在大肆打击赵鼎与赵鼎势力的同时,通过禁野史运动,将整肃的矛头转向了李光及其党人。

早在绍兴十四年(1144),"杨愿言藤州安置李光之罪。先是,知藤州周某者,诱(李)光唱和,其间言及秦桧和议,有讽刺者,积得数篇,密献于桧。桧怒,令言者论之,乃移光琼州安置"①。这是以诱人唱和的方式,起狱整治,欲置李光于死地而后快。为了穷治其罪,使之"永不检举",继而炮制了"私史案"。该案由秦桧党羽、秘书省著作佐郎林机首发其端,称"访闻有异意之人,匿迹近地,窥伺朝廷,作为私史,以售其邪谋伪说。欲望密加搜索,严为禁绝"。高宗据林机的弹劾,"谓秦桧曰:'此事不应有,宜行禁止,许人陈告,仍令州县觉察,监司按劾,御史台弹奏,并取旨优加赏罚。'于是李光之狱遂起"。经过近两个月的勘治,"诏责授建宁军节度副使、昌化军安置李光永不检举。右承务郎李孟坚(李光之子)特除名,峡州编管。先是,孟坚以小史事系狱,至是狱成,故有是命。于是,前后从官及朝士连坐者八人。徽猷阁直学士致仕胡寅坐与光通书,朋附交结,特落职"②。

在这起"私史案"中,李光受尽折磨,其家人也几乎株连殆尽。绍兴二十五年(1155)三月,刘景知台州前,"台州阙守,州

---

① 《宋史全文》卷二一中"绍兴十四年十一月癸酉"条,第1694页。
② 《宋史全文》卷二一下"绍兴十九年十二月壬子""绍兴二十年三月丙申"条,第1738、1740页。

人诣御史台，举右朝请大夫、通判州事管镐。……侍御史董德元奏罪人李光之子名孟津者，其继母乃镐之妹，故鼓率士民，举镐为知州，镐纵而不禁，望将镐先次放罢，以破其奸计，并议孟津鼓唱之罪。辛卯，诏镐放罢，孟津令绍兴府羁管。李光之得罪也，其弟宽亦被罗织，除名勒停。长子孟传、中子孟醇皆侍行死贬所，仲子孟坚以私史事对狱，掠治百余日，除名编管。孟津，其季子也，至是亦抵罪，田园居第，悉皆籍没，一家残破矣"①。同时与李光有书信来往的友人，不少也受到了该案的牵连。据李光给胡铨的一封书信说，"父子蹈此大祸，固无可言，而累及平生知友，如张焘、程瑀二尚书，潘良贵舍人各降三官（原注：坐尝通书），胡寅侍郎镌职（原注：坐通书扇摇经略），余人贺（允中）、许（忻）二郎官凡五六人各降两官，使人不能不怅然也。诸友自知无益，各已相忘久矣。架空造此，不知其因。盖此数人一向投闲，此其罪也"②。一人祸罪，株连家人，再累及众多无辜友人，这再次佐证了文字狱在炮制上的灵活性和在连逮范围上的开放性特征。

薛季宣在向喻樗请求补述赵鼎事迹时指出："私史之禁，仿佛焚书。告讦之风，不几削迹。公之功业泯没，殆亡传焉。"③认为禁私史犹如秦始皇的"焚书坑儒"运动；促使该运动全面展开的"告讦之风"与当权者"许人陈告"的政策互为因果。换言之，"绍兴党禁"期间所出现的"文禁"，不仅其祸惨烈，而且深深影响了一代士风。据载，"右承务郎、新添差浙东安抚司干办公事司马伋言：'建安近刊行一书，曰《司马温公记闻》（按：即《涑水记闻》），

---

① 《要录》卷一六八"绍兴二十五年三月己丑"条，第3191页。
② 《与胡邦衡书》其八，《庄简集》卷一五，《全宋文》，第154册，第201页。
③ 《与喻郎中书》，《浪语集》卷二三，《全宋文》，第257册，第256页。

其间颇关前朝故事。缘曾祖平日论著，即无上件文字，显是妄借名字，售其私说。伏望降旨禁绝，庶几不惑群听。'诏委建州守臣，将不合开板文字，尽行毁弃，傀特迁一官"①。司马伋建请"禁绝"建州新刊行的《涑水记闻》，虽没有发生具体的"人禁"，却属告讦之举，有辱家风。不过，这反映了士大夫在私史之禁中所普遍具有的畏祸心理，也昭示了当权者在禁毁私史、控制异论上的成效。但对于当权者来说，惟恐"文禁"与"人禁"不足以彻底控制异论、清除异己，又兴起了一种新的文字狱样式"语禁"：

> （绍兴十四年六月丙申）右武大夫、华州观察使、提举佑神观白锷特刺面，配万安军。时闻、浙大水，锷乃自北方从太后归者，宣言"燮理乖缪，洪皓名闻中外，顾不用"，太师秦桧闻之，奏系锷大理寺。锷馆客张伯麟尝题太学壁曰："夫差，尔忘越王之杀而父乎！"伯麟亦下狱。狱具，锷坐因伯麟尝问"何故不用廉访使？"锷答以"任内臣作耳目，正是祖宗故事，恐主上不知。"因出言指斥。案奏，乃有是命。伯麟亦杖脊，刺配吉阳军。御史中丞詹大方即奏皓与锷为刎颈交，更相称誉，诳惑众听。时皓以徽猷阁直学士、知饶州。丁酉，诏皓提举江州太平观。②

《尚书·周官》有"兹惟三公，论道经邦，燮理阴阳"之说，后来人们遂将此作为宰相之职事，若阴阳失调，宰相应该引咎辞

---

① 《要录》卷一五四"绍兴十五年七月丙午"条，第2903页。
② 《要录》卷一五一"绍兴十四年六月丙申"条，第2862—2863页。

位。白锷因水涝而言"燮理乖缪"的用意,也在于此,所以触怒了秦桧;又因秦桧任宰相而为洪皓鸣不平,加上与张伯麟关于"何故不用廉访使"的一段对话,则属"指斥乘舆",所以三大"语罪"并罚,并累及洪皓,使之无辜获罪,横遭罢逐。

绍兴十五年(1145),高宗赐宅第予秦桧,"诏就第赐燕,假以教坊优伶,宰执咸与。中席,优长诵致语,退,有参军者前,褒桧功德。一伶以荷叶交倚从之,恢语杂至,宾欢既洽,参军方拱揖谢,将就倚,忽堕其幞头,乃总发为髻,如行伍之巾,后有大巾环,为双叠胜。伶指而问曰:'此何环?'曰:'二胜环。'遽以朴击其首曰:'尔但坐太师交倚,请取银绢例物,此环掉脑后可也。'一座失色,桧怒,明日下伶于狱,有死者。于是语禁始益繁"①。"二胜"是"二圣"(徽、钦二宗)的谐音;"请取银绢例物,此环掉脑后可也",是指一味屈膝求和而将恢复中原之事置之脑后。优伶的戏语,既招致杀身之祸,更引起了秦桧对"防民之口,甚于防川"这一座右铭的高度认同。于是,作为文字狱的又一种新的表现形式,"语禁始益繁"。

第三,为了及时控制异论,鼓励士人告发异论文字与语言,导致告讦者无处不在,告讦之风无时不兴,使文字狱的炮制具有了群众性的特征。

告讦之举在北宋党争中业已出现,"车盖亭诗案"就是因吴处厚的告讦而酿成的,但告讦在北宋尚未形成风气。就吴处厚而言,当他向朝廷进呈笺释蔡确《夏日登车盖亭》诗的奏章不久后,便

---

① 岳珂:《桯史》卷七《优伶诙语》,第81页。

"悔悟"其非,并"遣数健步赍给缗钱追之"。①在"绍兴党禁"期间,当权者却"许人陈告",在京城布满"察事之卒",专事阴察人们的文字语言,"小涉讥议,即捕治,中以深文"②;在地方则"轻儇之子,辄发亲戚箱箧私书,讼于朝廷,遂兴大狱,因得美官。缘是之后,相习之风,虽朋旧骨肉,亦相倾陷。收尺牍于往来之间,录戏语于醉饱之后,况其间固有暧昧而傅致其罪者。薄恶之风,莫此为甚"③。从京城到地方,告讦者无处不在;从士大夫到市井轻儇之子,告讦之风无时不兴。告讦成了一种群众运动,使文字狱的炮制具有了鲜明的群众性特征。

对于这种"薄恶之风",尚未丢失正直之心的士大夫不禁扼腕叹息,却又不敢言语,一旦秦桧去世后,便上书力陈其害。其中左奉议郎、知大宗正丞、兼工部员外郎王珪的奏章,还讲述了告讦之风危害官员身心、阻碍地方"善治"的严重性:"县令之职,于民尤亲。近年以来,告讦成风。善于其治,或遭诬诉,有司极其锻炼,故作邑者惧祸之及,一切因循苟且,为自全之计。责其尽绥抚之方,势有不可。欲望圣慈付之有司,略为措置,申严行下。不惟以绝冤滥,亦使能者知勉,以副陛下责成之意。"④基于这种状况,高宗不得不下诏:

> 近岁以来,士风浇薄,持告讦为进取之计,致莫敢耳语族谈,深害风教。可戒饬在位及内外之臣,咸悉此意,有不悛

---

① 王明清:《挥麈录·三录》卷一,第236页。
② 《宋史》卷四七三《秦桧传》,第13765页。
③ 《要录》卷一七〇"绍兴二十五年十一月辛未"条,第3229页。
④ 《要录》卷一六九"绍兴二十五年八月丁丑"条,第3205页。

者，令御史台弹奏，当重置于法。①

诏下，对参与告讦的在职官员进行了严肃的处分。绍兴二十五年（1155）十二月，"执政进呈刑部状，开具到前后告讦人：右朝奉郎张常先，先任江西运判，告讦知洪州张宗元与张浚书并寿诗；右通直郎、直秘阁汪召锡，左从政郎莫汲，并告讦衢州寄居官赵令衿有谤讪语言；右朝散郎范洵，告讦和州教授卢傅霖作雪诗，称是怨望；左朝奉郎、提举两浙路市舶陆升之告讦亲戚李孟坚，将父光所作文集告人，及有讥谤语言；左从政郎、福建路安抚司干办公事王洯任两浙转运司催纲日，告讦知常州黄敏行不法等事；追官勒停人、前右通直郎、明州鄞县丞王肇诬告程纬慢上无人臣之礼等语言，致兴大狱，并是虚妄；降授承信郎雍端行先任监潭州湘潭县酒税，告讦本县丞郑玘、主簿贾子展因筵会酒后，有嘲讪语言，致兴大狱；福建进士郑炜告吴元美讥谤等事。上曰：'此等须痛与惩艾。近日如此行遣，想见人情欢悦，感召和气。'于是并除名勒停"。编管远恶军州。②

不过，从数量上来看，上述被处分者在庞大的告讦群中只是冰山一角，绝非全部。事实上，高宗不可能对所有参与告讦活动的官员进行处分；若将凡是告讦者均"除名勒停"，当时的官僚队伍将面临崩溃的危险，这是高宗所不愿看到的。尤其是高宗以"戒饬在位及内外之臣"与"感召和气"为由，下诏禁告讦之风，杜绝文字之狱，并非意味其反对告讦及以"文字"整肃异议者；恰恰相反，

---

① 《要录》卷一七〇"绍兴二十五年十一月庚午"条，第3228页。
② 《要录》卷一七〇"绍兴二十五年十二月壬午"条，第3236—3237页。

在秦桧请禁私史的当初，高宗便深表赞同。绍兴十五年（1145），太学生孙仲鳌提出："民间书坊收拾诡僻之说，不经裁定，辄自刊行，汩荡正真，所当深虑，乞行禁止。"①高宗同样表示赞同。如上文所述，在勘治"李光私史案"之际，高宗又嘱咐秦桧"许人陈告"。绍兴二十五年（1155），知汉州蔡宙上书指出："乃者监司、郡守，妄取诡世不经之说，轻费官帑，近因臣僚论列，已正其罪，重加窜责矣！臣愚窃谓全蜀数道，素远朝廷，岂无诡世不经之书，以惑民听？欲望申严法禁，非国子监旧行书籍，不得辄擅镂板。如州郡有欲创新刊行文字，即先缴纳副本看详，方行开印。庶几异端可去，邪说不作。"对此，高宗非但欣然同意，还作了补充说明："如福建、四川多印私书，俱合禁止，可令礼部措置行下。"②这就是说，包括"文禁"在内的文字狱及告讦之风的盛行，并非仅仅因为秦桧的擅权，同时与高宗的政治利益息息相关。

秦桧去世后，汪应辰在一份奏章中指出，"秦桧用事，专权自恣，恶天下之议。已而陛下得闻之也，乃始严刑峻罚，以钳天下之口。词色之间，稍涉疑似，进退之际，或被顾盼，辄皆有不测之祸，长告讦之俗而亲戚为仇，起罗织之狱而道路以目。人不自保"。又说："原桧之所以至此者，彼其为说必不自以为拒谏也。以为不如是则国论不一，君上不尊。由今观之，岂其然乎？"③表面上将文字狱与告讦之风的盛行归咎于秦桧，实则向人们昭示了高宗在其中所起的不可推卸的责任。所谓"国论不一，君上不尊"，正是高宗支持秦桧大兴文字狱，并倡导"许人陈告"之风的前提；而通过

---

① 《要录》卷一五四"绍兴十五年十一月丁巳"条，第2923页。
② 《要录》卷一六八"绍兴二十五年三月戊辰"条，第3188—3189页。
③ 《应诏言弭灾防盗事》，《文定集》卷一，《全宋文》，第214册，第334—335页。

"许人陈告",全面抑制异论,使"国论定一",唯"国是"是从,"君上有尊",相权有威,强化中央集权的绝对性和当权者的权威性,则既是高宗又是秦桧的追求和目的。因而在具体的实施过程中,高宗与秦桧不惜以败坏士风、阻碍"善治"为代价,以其绝对的政治权力笼罩与涵盖士大夫的文化权力,以"定一"的"国论"、不容"异论相搅"的"国是",控制士人的思想即所谓"诡世不经之说",于是与高压政治相辅相成的专制文化政策应运而生。扩而言之,作为高压政治的重要表现形态,专制文化政策并非是高宗与秦桧的特产,而是宋代党争的必然产物。孝宗以后,文字狱依然盛行,就表明了这一点。据李心传载:"秦相死,遂弛语言律。近岁私史益多,郡国皆锓本,人竞传之。嘉泰二年春,言者因奏禁私史,且请取李文简《续通鉴长编》、王季平《东都事略》、熊子复《九朝通略》、李丙《丁未录》及诸家传等书,下史官考订,或有裨益于公论,乞即存留,不许刊行,其余悉皆禁绝,违者坐之。"并"命诸道帅、宪司察郡邑书坊所鬻书,凡干国体者,悉令毁弃"①。宁宗与韩侂胄为了抑制"干国体者"所进行的这场禁私史运动,同样证明了这一点。

诚然,这一专制文化政策赖以运行的前提,是当权者以其绝对的政治权力所实施的严刑与峻罚,即通过严刑与峻罚,迫使士人就范。但这是一个方面,另一方面还需要士人的积极响应与主动配合。不妨以"李光私史案"为例。据载,"左承务郎李坚孟省记父光所作小史,语涉讥谤,诏送大理寺。初,光在贬所,尝作私史,孟监间为所亲新诸王宫大小学校教授陆升之言之,升之讦其事,命

---

① 《建炎以来朝野杂记》甲集卷六"嘉泰禁私史"条,第149—150页。

（曹）泳究实申省，及是进呈"①。林机以"作为私史，以售其邪谋伪说"为由，弹劾李光，便是以陆升之的告讦为依据的，陆升之成了"李光私史案"的直接引发者。陆升之既非台谏官，亦非李光的政敌，况且又是李光之子孟坚的亲友，是完全不应该从事这起告讦勾当的，但"因得美官"，却主动地加入了告讦行列之中。周南《山房集》卷四《康伯可传》则具体记载了康氏于"朋旧骨肉，亦相倾陷"的经过，尤为发人深省，而且别具史学价值。抄录如下：

> 康与之，字伯可，家宛丘，与常子正（同）相邻，又相好也……宛丘介乎颍洛之间，当崇、观间，嵩山晁以道四丈方闲居，伯可尝往学焉。又尝从涧上丈人游。涧上，阳翟陈恬叔易也。两公名行尊，所谓中朝之遗民。伯可操几杖，侍谈麈，固尝亲闻正始之音一二矣。尤强记，熟诵《左氏》千言，不遗一字。子正绝爱之……其后兵火飘转，方相与求生于草莽之中，而溺于旧染，至于中伤善类，兴苏玭之狱，卒为名论所废，是知风俗之移人可畏也已。因具录之，以为世戒云。
>
> 初，伯可监杭州太和楼酒，盗库钱，饰翠羽为妓金盼履，坐免官，落魄无所与归。会子正自中司出守吴兴，与伯可固通家子弟也，又尝偕行入广，遂奉夫人氏以往。子正创检察御书，月赋缗钱三万。伯可费辄随手尽，不及甘旨供也。其后子正将去郡，探取数月，辇致其夫人氏所。伯可心不乐也，则去而之姑苏，依周彦恭（三畏）。彦恭，东平人。虽法家，而北客例收恤南来旧族，解带换衣，待之如骨肉然。伯可又挟秦氏

---

① 《宋史全文》卷二一下"绍兴二十年正月丙午"条，第1739—1740页。

子弟为重，请得出乐妓赵芷籍携去。彦恭未有以显拒之也。倅苏仁仲（师德）尝监奏邸，兼官密院计议，与胡澹庵有同僚之契。仁仲间白事造堂中，秦丞相骤问："铨书有斩桧语，信乎？"仁仲实未见书，冲口以不闻对。桧疑以为党，衔之。其后请外，得知广德军，复论罢之。久之起丞郡姑苏。彦恭迫伯可请不已，因相与谋之。仁仲，丹阳魏公孙，子正女婿也，颇能道子正爱赏伯可语。谓是举也，且为伯可终身累，果爱之，则如勿与仁仲。非特难一妓也，实爱惜伯可，然不知伯可已携妓去而之松江矣。彦恭寻亦悔，因追还之，具道贰车相爱语。伯可溺一妇人，不得则无聊，因惆怅失绪，日夜求所以逞憾于仁仲者，未得也。未几子正卒于海盐，遂诬彦恭赙子正钱二百万，且属仁仲为文以祭，有"奸人在位，公弃而死"之语。当路震怒，立命中丞俞尧弼核彦恭，镌职，且罢其郡丞，命提举浙西茶盐事王珏鞫之。于是仁仲与其子玭之狱起矣。狱上，卒无验，坐玭将遣祭，持纸入其家，显为文有实而已。于是削仁仲籍，投临汀，玭亦停官，窜吏十余辈，子正妻方氏务德经略女弟也。子弟尚幼。传闻祸且及已，将录其家，遂尽鬻所有，一簪不留，窃载旅榇之聚坞黄氏，葬之水滨，归以待南荒之命。实绍兴庚午事也。其后当柄者死，诸尝告密兴罗织之狱者次第论罪。伯可仕于闽，过其帅李如冈座。责命至，如冈固匿之，且问前事，犹谩辞以对，如冈叱起之。后还三衢，或云竟取芷为俪云。

伯可初以小词行，世号康伯可，故不著其名。论曰：自太史公传佞幸，后世因之，盖嫉夫盗言之孔甘而至于乱国也。而谗诬为尤甚，迹其中伤污蔑如蝮蝎然，至使忠善受诬，君子无措足之所,而史氏不表出之。何哉?予录汪召锡、陆升之、莫汲、姚聘诸尝告密者为《谗夫传》,以著小人咀毒起秽之因,以补史氏之阙遗焉。

呜呼!当秦氏之末年,道路以目相视,而杯酒失意者,辄肆其忿恨,以起大狱,原其端,则自康伯可肇之也。呜呼!若伯可者,又可胜诛哉!①

南渡前,康与之从名流学,"亲闻正始之音",建炎初,又上《中兴十论》,可谓充满血性的志士;南渡后,却投身"告密者"的行列,充当了政治上的"谗夫",造成了祸及十数人的大狱。其中常同是康与之的"相邻"兼恩师,常同之婿苏师德与康与之情同手足,周三畏则又是康与之"落魄无所与归"时的依靠。然而为了一个风尘女子,康与之却告"彦恭赗子正钱二百万"、苏师德祭常同文有"奸人在位,公弃而死"之语,用以发泄私憾②,故令周南深

---

① 《康伯可传》,《山房集》卷四,《全宋文》,第294册,第168—170页。
② 按:陆游《陆游集·渭南文集》卷三九《吏部郎中苏君(玭)墓志铭》:"适中丞常公同卒于海盐,公为文歊之,语颇及时相,(王)晌得之曰:'此奇货,可以逞。'即为告密之举,时相大忿。"此所谓"奇货",即祭文中"奸人在位,公弃而死"之语。据此,终成这起告密事件的是秦桧妻舅王晌,但不言具体的告密人。韩元吉《南涧甲乙稿》卷二〇《故中散大夫致仕苏公(师德)墓志铭》:"公(师德)之为计议也,与端明殿学士胡邦衡为僚,邦衡上书论和议,诋执政为可斩,公谓之宜婉也。后邦衡谪岭外,用事者罪公尝预其稿而不以言,遂罢广德矣。至是王晌守平江,议多不侔,而晌移建康,公适摄府事,有小人之甚者,干公以私而不得逞,会公友婿常中丞子正没于邻邑,遂相与谮公。曾与郡守周三畏持官钱二千缗致赗,且父子共为祭文,有指执政语,实皆无也,并以邦衡之事为证,秦丞相大怒,讽御史劾奏公,遂削籍,投汀州。"(《丛书集成初编》,第1983册,第407—408页)其所谓"小人之甚者",就是指具体告密人康与之。

叹"是知风俗之移人可畏也"！并作《逸夫传》，以警世人。周南于淳熙庚戌（1190）中进士，现存其《山房集》是清四库馆臣从《永乐大典》中辑录而成的，已非完璧；《逸夫传》仅存《康伯可传》。作者为了"著小人咀毒起秽之因"，特设《逸夫传》，"以补史氏之阙遗"而独创一体，在司马迁以来史家所设诸多人物传记中，显得格外令人醒目，它充分昭示了高压政治下"告密"之风"莫此为甚"的历史事实。这里所说的"告密"之风，也就是前述所谓"辄发亲戚箱箧私书""收尺牍于往来之间，录戏语于醉饱之后""讼于朝廷，遂兴大狱"的"薄恶之风"。该告讦风气的形成，固然基于当权者所倡导的"许人陈告"的专制文化政策，出于严刑与峻罚所造成的威慑力，但离不开诸如康与之、汪召锡、陆升之、莫汲、姚聘等大批士人的主动而又积极的参与。换言之，高宗与秦桧正利用了士人群体在政治上固有依从性格或立身之术，才倡导并畅通无阻地实施了专制文化政策，两者是相互依存的；否则再严厉的酷刑与峻罚，也不可能使告讦成为一种轰轰烈烈的群众运动。

  高宗与秦桧集团用来抑制士人异论、禁锢士人思想的专制文化政策得以全面实施的基础，不在于别的，正是广大的士人群！同时盛行于士人群的告讦之风极大地助长了严刑与峻罚的高压政治，而严刑与峻罚的高压政治，则又使"文禁"具备了空前的广泛性和彻底性。赵鼎死后，归葬衢州常山县，郡将章杰"希桧旨"，乘机"搜捕"赵鼎生前文书，常山县尉翁蒙之"即密告赵氏，夜取诸文书悉烧之，无片纸在。翌旦，乃往为搜捕者，而以无所得告"[①]。秦桧当局实施"文禁"的彻底性，于此可见一斑。这给多个层面的

[①] 朱熹：《司农寺丞翁君墓碣铭》，《朱熹集》卷九一，第4667页。

文化带来了惨遭践踏的命运。绍兴十七年（1147），"言者论会稽士大夫家藏野史，以谤时政，于是李光家藏书万余卷，其家皆焚之"①；王庭珪"学无不通，而尤邃于《易》"，朱震、胡安国等知名学者"见其解，皆叹赏，以为必传"，然"会诗狱兴"，惨遭劫难，王庭珪悲叹："天厄吾书！"②张广《芦川词序》说："绍兴末，（张元幹）怍时相意，语及讥刺者悉搜去，掇其余，得二百余首。"张震在秦桧死后痛叹"文禁"之祸时说："将近世名公文集，尽行毁板，不问是非，玉石俱焚。"③诸如此类的记载，在南宋载籍中不胜枚举。这对文化的发展产生了严重的负面影响，也污浊了文学的生态环境从而直接影响了文学命运的走向；与专制文化政策下的告讦之风相并而行的谄谀之风，以及由谄谀之风孕育的汗牛充栋般的谄诗谀文，则是在被污浊了的生态环境中文学命运走向的具体表现。

第二节　高压政治的表现形态之二：谄谀之风与谄诗谀文

在以专制文化政策抑制异论、禁锢思想的同时，执政的朋党集团尤其是党魁，为了使其党同伐异的行为获得广泛的舆论支持，还需要赞美诗，特别在朋党政治日趋残酷时，更是如此。于是，谄谀之风与谄诗谀文应运而生。谄诗谀文与告讦之风互为表里，相辅相成，成了高压政治又一种表现形态。

---

① 《要录》卷一五六绍兴十七年"是岁"条，第2977页。
② 周必大：《左承奉郎直敷文阁主管台州崇道观王公庭珪行状》，《卢溪文集》附录，《全宋文》，第232册，第207页。
③ 《要录》卷一七一"绍兴二十六年正月辛未"条，第3265页。

在宋代党争中，谄诗谀文的创作成为一种风气，始于"崇宁党禁"。元符三年（1100），徽宗即位，起用蔡京为相。崇宁三年（1104），徽宗与蔡京确立了三百零九人的党人碑，次年又建立了用于粉饰太平的大晟府。据《宋史·蔡京传》："京每为帝言，今泉币所积，赢五千万，和足以广乐，富足以备礼。于是铸九鼎，建明堂，修方泽，立道观，作大晟乐。"①又据载，"大晟乐既成，八音克谐，人神以和，嘉瑞继至。宜德能文之士，作为辞章，歌咏盛德，铺张宏休，以传无穷。士于此时，秉笔待命，顾备撰述，以幸附托"②。于是，一个阵容不小的、以"歌咏盛德"为务的"大晟词人群"随即形成，诸如晁次膺《金人捧露盘》（天锡禹圭尧瑞）、晁端礼《黄河清》（晴景初升风细细）以歌颂徽宗与蔡京集团之"盛德"及太平盛世为主题的谄谀之词连篇累牍地出笼，终成徽宗在位期间文学创作的主流。

"崇宁党禁"将北宋朋党之争推向了意气化的顶峰，也是北宋党争史上党同伐异、迫害政敌最为残酷的一页，由此带来的谄谀之风表现得最为突出。在南渡以后的"绍兴党禁""庆元党禁"等时期，延伸并发展了这一士风。据载：

> 侂胄用事十四年，威行宫省，权震天下。初以预闻内禅为己功，窃取大权，中则大行窜逐，以张其势。始则朝廷施设，悉令禀命，后则托以台谏大臣之荐，尽取军国之权，决之于己。裒引奸邪，分布要路，陵悖圣传，以正学为伪学，横诬元

---

① 《宋史》卷四七二《蔡京传》，第13726页。
② 李昭玘：《晁次膺墓志铭》，《乐静集》卷二八，《全宋文》，第121册，第244页。

老,以大忠为大逆。私意既行,凶焰日炽……视公卿如奴仆,宰相以下匍匐趋走。一则恩王,二则恩王,甚者尊之以圣,呼以"我王"。除太师麻词,有"圣之清"、"圣之和"等语;除平章麻词,有"超群伦"、"洞圣域"等语。高文虎之子似孙为秘书郎,因其诞日献诗九章,每章用一"锡"字,侂胄当之不辞。辛弃疾因寿词赞其用兵,则用司马昭假黄钺异姓真王故事,由是人疑其有异图。自知积失人心,中外嗟怨,乃为始祸之计,蓄无君之心,谋动干戈,图危宗社。①

用司马昭假黄钺、异姓真王故事寿韩侂胄的辛词,调名《清平乐》,其上阕是:"新来塞北,传到真消息。赤地居民无一粒,更无单于争立。"下阕说:"维师尚父鹰扬,熊罴百万堂堂。看取黄金假钺,归来异姓真王。"辛弃疾另有《六洲歌头》(西湖万顷)、《西江月》(堂上谋臣帷幄),也为歌颂韩侂胄的功业而作。在以道学人士为基本力量的赵汝愚党与以近幸为骨干的韩侂胄党相争之际,辛弃疾闲居铅山,不与政事,对韩侂胄实施"庆元党禁",迫害赵汝愚、朱熹等人,心中却抱有不平之气。庆元六年(1200)三月九日,朱熹在党禁中去世后,辛弃疾作《感皇恩·读〈庄子〉闻朱晦庵即世》,深深地表达对生前好友朱熹的哀悼之情,也包含了对韩侂胄迫害异己的愤慨。然而,在韩侂胄"势焰熏灼","宰相以下匍匐趋走"的环境中,也加入到了歌功颂德的行列之中;退而言之,辛弃疾是带着梦寐以求的恢复中原、实现统一的情结,歌颂韩侂胄和赞其用兵的,与高似孙等人不可相提并论,但其《清平乐》等词的创

---

① 《续编两朝纲目备要》卷十"开禧三年十一月乙亥"条,第186—187页。

作实践，却表明他也难免谄谀之习。①被时人誉为"前身诸葛"和"青兕"的辛弃疾尚且如此，其他士人也就可想而知了。

在史弥远擅权的二十六年中，谄谀之声同样不绝于耳，"习谀踵陋"的风气②，长时期地弥漫于广大士人群中。如李廷忠谄其"学洞圣几，道跻民极。再世而登辅弼，伟勋阀之相辉；百辟之仰宗师，正朝纲而不紊。社稷赖以安固，乾坤为之清夷"③。卫泾谄其"道大擎天，功高夹日。讦谟定命，开社稷无疆之休；谈笑折冲，磨崖石中兴之烈"；"识穷今古，身佩安危，独运朝堂，得蚤正素定之策，再扶社稷，增重熙累洽之休。国无危疑，人用静一"。④李刘《四六标准》卷一五所载《贺史丞相除少师》《贺史丞相除太傅》《贺史丞相除少保》等十一篇谄谀之文，从多视角美化了史弥远"道大擎天，功高夹日"的丰功伟绩。理宗在赐史弥远生日诏中

---

① 按：辛弃疾歌颂韩侂胄的《清平乐》等词，或以为他人伪托。吴师道《吴礼部诗话》："'新来塞北……''堂上谋臣尊俎……'世传辛幼安寿韩侂胄词也……近读谢叠山文，论李氏《系年录》、《朝野杂记》之非，谓乾道年间幼安以金有必亡之势，愿诏大臣预修边备，为仓卒应变之计，此忧国远猷也。今摘数语而曰'赞开边'，皆江西刘过、京师小人词，曰：'此幼安作也。'忠魂得无冤乎！"不过这纯粹是一种推测。就辛弃疾晚年的际遇而言，嘉泰三年夏，应韩侂胄之召，起知绍兴府兼浙东安抚使，结束了长期投闲置散的生活；次年入觐，"陈用兵之利，乞付之元老大臣。韩侂胄大喜，遂决意开边。"(《续编两朝纲目备要》卷八"嘉泰四年正月乙亥"条，第141页)故同年受命差知前沿要地镇江，积极备战（详邓广铭《辛稼轩年谱》）。这从心境与境遇上均佐证了《清平乐》等歌功颂德之词为辛弃作；再说歌颂权相是南渡以来常见的士风，不必为辛弃疾讳。
② 魏了翁：《论士大夫风俗》，见《鹤山先生大全文集》卷一六，《全宋文》，第309册，第95页。
③ 《贺史丞相进书加恩》，《橘山四六》卷一八，《全宋文》，第284册，第334页。
④ 分别见《贺史丞相生日启》《贺史丞相除少师启》，《后乐集》卷一六，《全宋文》，第292册，第28页。

所说的"决和戎之议,勋庸甚伟,夷夏具瞻。揆初度于孟陬,允协灵均之赋;保眉寿于鲁国,方赓凫绎之诗"[①],道出了史弥远专政期间士人谄谀之风的状况及谄诗谀文的主题。与此同时,将史弥远比作"周公",视为"神明",置诸策问,用于各类考试。如淳祐九年(1249)策试宗室,策题问:"神明之胄,国家所恃,以维藩维翰也。藩者国之屏,翰者国之干。以文治欤?以武功欤?……与周公并称,藩翰之责,固如此欤?"淳祐十一年(1251)策试州学,策题以当下为"小康之世",其中有问:"夫子之所谓'小康',则禹、汤、文、武、成王、周公之盛际也。此六君子者,莫不谨于礼,以致隆平,谓之'小康'。何邪?"[②]将史弥远比作"周公",视为"神明"。这与谄谀韩侂胄功德相比,在程度上又大大地向纵深迈进了一步。

通过党禁、文字狱等形式,抑制异论,迫害异己,同时迫使士人就范,力颂"功德",谄谀成习,这既是北宋"崇宁党禁"以来朋党政治的一个突出表现,又是南渡以后文学史上不可忽视的一种走向。韩侂胄、史弥远擅政时期的士人在政治生活与文学创作中的"习谀而踵陋",便是这一走向的具体体现。该走向在"绍兴党禁"与贾似道擅政时期,表现得更突出、也最具代表性。下面将分别述之。

(一)"绍兴党禁"期间的谄谀之风

在高宗与秦桧实施"绍兴党禁"的近二十年间,歌功颂德的谄

---

① 真德秀:《赐史丞相生日诏》,《西山文集》卷二二,《全宋文》,第312册,第135页。
② 阳枋:《策问》,《字溪集》卷八,影印《文渊阁四库全书》,第1183册,第374—375页。

诗谀文泛滥成灾，其作者也几乎覆盖了当时整个文士群。为此，王曾瑜先生在《宋高宗》一书中专设《文丐奔竞》一节，从高压政治与个人名节的角度指出："高宗和秦桧以严刑和峻罚摧残正论，又以赏官和赠禄招徕文丐，成为绍兴黑暗政治相辅相成的两大特色。值得注意者，是某些尚有血性的士大夫，也迫于权势或其他原因，而参加到皇帝和宰相歌功颂德的行列。在令人窒息的高压政治下，要维护古代儒家十分强调的名节，确是难乎其难。他们既然留下了违心之笔，也不免成为他们个人历史上的污点。"[①]需要补充说明的是，包括有血性在内的士大夫之所以投身到歌功颂德的行列，与上述大批士人参与告讦活动一样，不仅仅是个人名节的问题，而是既为高压政治下的畏祸心理所驱使，更是中国传统文化性格在特定历史环境下的一种自然流露。

"绍兴党禁"是令人恐怖的。张浚谪居永州时，因生恐惹祸及身，"杜门不通人，惟穴墙以通薪水"[②]；毛昭德以"大骂剧谈"称著于世，但在临安酒肆遇唐锡，唐锡谓"君素号敢言，不知秦太师如何"时，毛昭德听后却大骇不已，亟起掩耳，连声："放气！放气！"疾走而去。[③]一是位及宰相的主战勇士，一是论时事毫无忌讳狂狷之士，尚且避之犹恐不及，一般人的恐惧心理也就不难想见了。这从高宗和秦桧方面而言，收到了预期的效果，即通过从人事上禁锢政敌到舆论上倡兴文字狱，成功地实施了"绍兴党禁"，保证了"绍兴和议"的实施及其高压政治的运行；就文学生态而言，却产生了严重的负面效应，其突出表现就是导致了创作主体的心灵

---

① 《宋高宗》，第205页。
② 《要录》卷一七〇"绍兴二十五年十一月戊申"条按语，第3223页。
③ 陆游：《老学庵笔记》卷一，第11页。

畏怯，呈现出集体怔忡症与失语症，长期积淀下来的"开口揽时事，议论争煌煌"或"言必中当世之过"的创作锐气和精神，失去了赖以生存的环境而丧失殆尽，取而代之的是以歌功颂德为内涵的话语系统。

高宗和秦桧为了推行和议国策，在以严刑和峻罚摧残正论，禁锢政敌的同时，需要强大的舆论作后盾，所以掀起了旷日持久的歌功颂德的文化运动；而在高压政治下深患怔忡症与失语症的文学群落，则以固有的耐受性与变异性，顺应了这一需求，即便是在起初反对和议的士人，后来也纷纷投身其中，出现了所谓"文丐奔竞"的现象。可以说，"绍兴和议"期间的"文丐"利用了一切可以利用的时机，运用了一切可以运用的文体，在文坛营造了一个占主导地位的、以歌功颂德为内涵的话语系统，制作了汗牛充栋的谀诗谀文。其歌颂的对象是高宗与秦桧，歌颂的类型有临时性和经常性两类，但均体现了歌颂高宗和秦桧"共图中兴"的"盛德"的主题趋向。

所谓"临时性"，是指随时随地，遇事而歌，即兴而颂。

首次大规模的临时性歌功颂德是在绍兴十二年（1142）。该年，金人按照和议协定，放还高宗生母皇太后韦氏。为此，臣僚上言："皇太后北征淹留沙漠者十有六年，尚赖陛下圣明，虚心屈己，上天悔过，和好克成，归我太后。此诚国家莫大之庆，社稷无疆之福，乞令词臣作为歌诗，勒之金石，奏之郊庙，扬厉伟绩，垂之无穷。"朝野文士纷纷响应，作者达千余人之众；同时"有司"奉诏展开了评奖活动，在一千余人的颂词中评出四百首为优等，其中吴栗为第一，张昌次之，范成大的作品也在被奖之列。对优等颂词的

作者奖励是:"有官人进一官,进士免文解一次。"①这些颂词的具体内容或主题从吴栗的《皇太后回銮颂》中可知一斑:

> 于皇睿明,运符中兴。绵宇肃清,乾夷坤宁。孝思兢兢,交三圣灵。惟我文母,远征朔土。苍旻眷顾,显持阴护……皇帝曰咨,命尔辅臣。朕有大计,储思唯亲。辅臣稽首,对扬圣志。惟断乃成,愿破群议……②

全诗长达四十四联,前有序文,"辅臣稽首"四句是全篇的中心所在。所谓"辅臣"即指秦桧;"圣志"即为高宗与金和议的主张;"惟断乃成,愿破群议"二句,就是指绍兴十一年(1141)高宗与秦桧不顾朝野反对,收兵权,杀岳飞,与金签订和约。对于这一"盛德"之举的内涵,其序文表述得更为明确:"窃谓隆古帝王有盛德事,必见于歌诗。下至有唐肃宗清奸臣,且有元结之颂,宪宗平淮,且有柳宗元之雅,使一时丰功伟绩,照映万世,赫赫如前日事。以今大庆,较其重轻,固已万万畴昔,其可无文字以述盛美乎!"③早在去年,曾惇作《书事十绝句》,献投秦桧,其三云:"吾君见事若通神,兵柄收还号令新。裴度只今真圣相,勒碑十丈可无人。"④唐宪宗时,藩镇割据,吴元济在淮西,为患尤甚。宰相裴度奉旨平定了淮西,韩愈作《平淮西碑》,褒扬裴度的功绩,李商隐

---

① 《三朝北盟会编》卷二二三,第1612页;《要录》卷一四七"绍兴十二年十一月己亥"条,第2781—2782页。
② 《全宋诗》卷二三三四,第26839页。
③ 《三朝北盟会编》卷二二三,第1613页,按:此序文《全宋诗》未收。
④ 《能改斋漫录》卷十一"曾郎中献秦益公十绝句"条,第339页。

作《韩碑》诗,中有"帝得圣相相曰度,贼斫不死神扶持"句,以"圣相"誉裴度,曾诗则以裴度比秦桧,吴栗的比喻又从曾诗化出,其中虽未出现"圣相"之词,其赞颂的力度却大大加强了。在他看来,秦桧辅助高宗,贬逐主战官员,诛杀主战将领,"虚心屈己","和好克成",不仅不让唐代"肃宗清奸臣""宪宗平淮"专美于前,而且"较其轻重,固已万万畴昔"成了"于皇睿明,运符中兴"的突出标志。这显然是出于高宗与秦桧统一和议认识的政治需要而作的赞美词;出于这一政治需要而赞美高宗与秦桧"共图中兴"的"盛德",也显然成了该诗包括范成大在内的其他颂词所共同具有的主题。

如果说这次歌功颂德的文化运动是由政府组织的,具有明显的指令性质,因而对于参与者来说,或多或少带有受指性或被动性;那么自此以后,歌颂秦桧辅助高宗推行和议之策,成了文士在文学创作中经常表现的一个主题和一种自觉行为。而在表现这一主题的作者中,还包括了不少南渡前辈和正直君子。绍兴十八年(1148),敷文阁待制张嵲就进献了长达一百五十韵的《绍兴中兴上复古诗》,其序文有云:

> 臣伏观皇帝陛下,以天明地德,绍覆载之功,迎善气,启兴运,继统业,拯民命,拨衰乱,制大定。自天地剖判以后,书契以来,中兴复古之君,比德较功,莫有望其仿佛者。……乃临御之九年,起大丞相太师益国公秦桧于闲废之中,明年复相之,与之共图中兴之事。君臣一德,如鱼之有水,声音之相和,盐梅之相济,不动声气而神化密运,天下莫可测知。至于圣孝日跻,是崇是赞,所以感通庶类、逆厘三神者,虽夫妇之

愚，咸知其有善应矣！是以内之则戾夫悍将颡首听命，而无项领之虞；远之则恶吏奸氓勉于承化，而无凌犯之变。风移而益淳，刑轻则几措。于以风德于远方，而异类为之革面；达孝于绝党，而敌国为之改图……①

将高宗誉为"自天地剖判以后，书契以来"无与伦比的中兴之主，并力赞高宗、秦桧君臣"共图中兴之事"的美政与盛德。若绍兴十二年（1142），秦桧迫害政敌的残酷手段尚未充分展现，六年后则已暴露无遗了。这里却称"迎善气"，"风移而益淳，刑轻则几措"，谄谀之味刺人眼鼻；而所谓"内之则戾夫悍将颡首听命，而无项领之虞"，则指秦桧辅助高宗，收兵权归朝廷，"销祸于未然"，得以"共图中兴"大业。张嵲《紫微集》另有《绍兴圣孝感通诗》等五首、《贺秦内翰启》文一篇，也以此为主题。又南渡以后理学的重要传人刘子翚赞美秦桧"嘉猷允契于宸衷，流庆大敷寰海""如天所授，何谋不成"②；"湖湘学派"中的胡寅称誉秦桧"命世大贤，兴邦元佐""一登揆路，大振邦荣""秦汉已还，勋庸莫二，盖以伊周之术业，赓陪尧舜之都俞"③，说的同样是这个意思，也均与绍兴十二年士人创作颂词的主题如出一辙。朱熹之父朱松尝托孤于张嵲，张嵲成了朱熹的启蒙老师，朱熹对这位前辈的为人与诗歌推崇之至④；作为南宋前期的著名理学家，刘子翚对朱熹成为理学的集大成者，具有栽培之恩；胡寅以直言敢谏闻名于世，其在建

---

① 《全宋诗》卷一八三六，第20446—20447页。
② 《永乐大典》（残卷）卷九一七《刘屏山集·代贺秦太师启》。
③ 《代张子期上秦太师启》，《崇正辩 斐然集》卷八，第194页。
④ 详束景南《朱熹年谱长编》，第123页。

炎初批评高宗不该即位称帝的奏章，也深得朱熹的赞赏①。朱熹的这些前辈，在当时堪称正直君子，他们尚且如此竭力歌颂，怎能不使范成大这样的小辈或趋利小人趋之若鹜？又焉能遏止这场经久不衰的颂德热潮？

从长辈到小辈，从正直君子到趋利小人，遇事而歌，即兴而颂，纷纷加入了歌功颂德的运动之中，他们所创作的汗牛充栋的颂诗颂文，不少已散佚无存，但在现存的别集、正史、笔记小说以及诸如《五百家播芳大全文粹》之类选集中，仍比比皆是，不胜枚举。这些作品还来自"文丐"经常性的创作。

所谓"经常性"，是指有时间的规定性，按照指定的日期、规定的题材，歌功颂德。

经常性歌功颂德的表现之一就是贺秦桧生日。贺秦桧生日作为具有鲜明政治目的的一个盛大节日，始于"绍兴和议"确立后的第二年。该年十二月二十五日，"以太师秦桧生辰，赐宴于其第，自是岁为例"②。高宗又为此专门下《赐太师秦桧生日诏》："宣王拨乱，岳降甫申，炎德复辉，勋高寇邓。稽诸载籍，岂若师臣独斡化枢。再安王室，明谟高世，成绩格天。属兹载诞之辰，特厚匪颁之宠，用昭恩眷，益介寿祺。"③这里以周宣王自称，但其所谓"拨乱"，当然不是指拨靖康之乱而恢复中原；谓"师臣"秦桧"独斡化枢，再安王室"，其意无他，唯指助己"削尾大之势，以革积岁倒持之患"，从而使"庆夫悍将頫首听命，而无项领之虞"，使祖宗

---

① 胡寅奏章题为《上皇帝万言书》，见《崇正辩　斐然集》卷一六，第335页；朱熹赞语见《朱子语类》卷一○一，第2581页。
② 《宋史全文》卷二一上"绍兴十二年十二月癸未"条，第1657页。
③ 刘才邵：《㮈溪居士集》卷六，影印《文渊阁四库全书》，第1130册，第501页。

"炎德复辉"。高宗的诏书为秦桧生日之贺也为号召"文丐"歌颂自己，设定了基调，规定了题材。自此以后，年复一年的秦桧生辰之日，一批接一批的"文丐"就是据此赋诗作文，竞相献投的。据载，每遇秦桧生日，四方"献投书启者，以皋、夔、稷、契为不足比，拟必曰'元圣'，或曰'大圣'"①。"元圣"或"大圣"就是对高宗诏书的高度概括。辅助皇室的秦桧为"元圣"，皇室之主的高宗当然成了"元帝"；故在歌颂秦桧的同时，高宗的"盛德"也就包含其中了。

现存周紫芝《太仓稊米集》收有九组共五十九首为秦桧生日而作的诗歌。其第一组《时宰生日乐府》序文指出："岁十有二月二十有五日，太师魏国公之寿日也。凡缙绅大夫之在有位者，莫不相与作为歌诗，以纪盛德而归成功。篇什之富，烂然如云，至于汗牛充栋，不可纪极。所以祈赞寿龄，无所不至，猗欤盛哉，昔未有也。"所记即为绍兴十二年（1142）祝秦桧生日时，赞美其"成功"赵宋皇室之"盛德"的空前盛况。周紫芝于绍兴十二年以廷对第三释褐，自此年始，一直在朝任官，至绍兴二十一年（1151），出知兴国军②，在朝时间恰好九年。也就是说，其九组诗歌分别作于在朝期间一年一度的举朝贺秦桧生辰之时。这一创作实绩也具体证明了每遇秦桧生日，"凡缙绅大夫之在有位者，莫不相与作为歌诗"的事实。以此推算，每年以秦桧生日为题材而创作的诗歌，当不下千首；自绍兴十二年至绍兴二十五年（1142—1155）秦桧去世的十四年间，其总数也就远在万首之上了。

---

① 《三朝北盟会编》卷二二〇，第1580页。
② 《全宋诗》卷一四九八《周紫芝小传》，第1708页。

当然，对于这些数以万计的赞美诗，秦桧并非都来者不拒，而在"士人投献，必躬自批阅"中①，以自己的审美趣味作精心选择，对于那些誉之太过又无韵味之作，是坚决嫌弃的。这从下列记载中可见一斑：

> 光尧（高宗）赐御书秦益公"一德格天之阁"牌，一时缙绅献诗以贺。惟孙仲鳌一联，为秦桧所赏云："名向阿衡篇里得，书从复古殿中来。"生日，四方贺诗尤多，尝取其三联云："朝回不入歌姬院，夜半犹看寒士文"；"友邦争问年今几，天子恨无官可酬"；"建业三公今始有，靖康一节古来无"。盖取其亲切耳。蜀人李善诗："无穷基有无穷闻，第一人为第一官。"其后言者以为过，有旨禁之，仍著令。②

值得注意的是，在这些为秦桧"躬自批阅"的作品中，还包括了张元幹的词：

> 宝历祥开飞练上，青冥万里光。石城形胜，秦淮风景，威凤来翔。腊余春色早，兆钧璜、贤佐兴王。对熙旦，正格天同德，全魏分疆。　荧煌。五云深处，化钧独运斗魁旁。绣裳龙尾，千官师表，万事平章。景钟文瑞世，醉尚方、难老金浆。庆垂芳。看云屏间坐，象笏堆床。③

---

① 张世南：《游宦纪闻》卷六，第51页。
② 吴曾：《能改斋漫录》卷十一《秦益公赏孙仲鳌诗》，第338页。
③ 《全宋词》，第1097页。

该词调名为《瑶台第一层》,其中的寿主为"千官师表"的"万事平章"。故这首寿词虽没有注明寿主的姓名,但非秦桧莫属。其中的"石城形胜,秦淮风景",正切合秦桧的诞生地;"腊余春色早",合乎秦桧十二月二十五日这一贺诞时令;"对熙旦,正格天同德,全魏分疆",也完全符合秦桧的身份,《宋史·秦桧传》:"(绍兴)十二年九月,加太师,进封魏国公。……十五年十月,帝亲书'一德格天'扁其阁。……十七年,改封桧益国公。"据此,该词当作于绍兴十五年至十六年(1145—1146)间。张元幹另有《瑞鹤仙·寿》:

> 倚格天峻阁。舞庭槐阴转,盆榴红烁。香风泛帘幕。拥霞裾琼佩,真珠璎珞。华阳庆渥。诞兰房、流芳秀萼。有赤绳系足,从来相门,自然媒妁。　游戏人间荣贵,道要元微,水源清浊。长生大药。彩鸾韵,凤箫鹤。对木公金母,子孙三世,妇姑为寿满酌。看千龄,举家飞升,玉京更乐。①

该词与上述《瑶台第一层》的创作用意以及是否为贺秦桧生日而作,学界有不同的看法。冯煦说:"芦川居士以《贺新郎》一词,送胡澹庵谪新州,致忤贼桧,坐是除名,与杨补之之屡征不起,黄师宪之一官远徙,同一高节。然其集中寿词实繁,而所寿之人,则或书或不书,其《瑞鹤仙》一阕首云:'倚格天峻阁。'疑即寿桧者。盖桧有'一德格天阁'也。意居士始亦与桧周旋,至秽德彰

---

① 《全宋词》,第1096页。

闻，乃存词而削其名邪？"①则以为张元幹作此词意在"与桧周旋"。夏承焘先生《瞿髯论词绝句·张元幹》说："格天阁子比天高，万阋投门悯彼曹。一任纤儿开口笑，堂堂晚盖一人豪。"吴闻先生注云："秦桧当权时，文人纷纷献诗词奉承。宋本张元幹《芦川集·瑞鹤仙》词，有'倚格天峻阁'句，当是献给秦桧或秦桧家人祝寿的词。"②但有学者以为："此词当非芦川所作，或系后人伪托或羼入。盖芦川绍兴八年曾痛斥秦桧等主和派为'群羊'，绍兴十二年又作词支持胡铨反秦桧，芦川不可能作词贺秦桧这位专主和议的'肉食'者。"③那么这是否出于张元幹之手？首先看词中的寿主。据下片"对木公金母，子孙三世"句，当献寿秦桧妻王氏，这就从《瑶台第一层》歌颂秦桧的功德转向了对秦桧家人的赞美，扩大了谄颂的范围。其次，这两首寿词均为宋本《芦川居士词》所收录。《芦川居士词》乃张元幹子张靖所裒集，刊于淳熙六年（1179）④，故"系后人伪托或羼入"说难以成立。最后，张元幹始作词支持胡铨反秦桧，后作词歌颂秦桧及其家人，固然有污人品，但这不是个别现象，歌颂秦桧与高宗"共图中兴"的"盛德"，是当时盛行的士风，也是文坛的一个普遍现象。如刘一止开始坚决反对和议（详中编），后进《绍兴中兴盛德》诗，对和议大加赞美；同时，秦桧与高宗诛杀岳飞，与金通和，是出于赵宋政权的运作之需，合乎南

---

① 《蒿庵论词》，《词话丛编》，第3591页。
② 《夏承焘集》，第2册，第534—535页。按："晚盖"说不确，段熙仲有辨正，见《张元幹"晚盖"质疑》，《文史》第十辑。
③ 王兆鹏：《张元幹年谱》，第169页；又见段熙仲《张元幹"晚盖"质疑》，《文史》第十辑。
④ 详蔡戡《芦川居士词序》，《定斋集》卷一三，《全宋文》，第276册，第275页。

渡后士大夫群体的心理本源（说详下文）。因此，无须为张元幹讳，也不必以"与桧周旋"为由，解释张元幹为何创作歌颂秦桧及其家人的寿词。

张元幹《芦川词》以《贺新郎·寄李伯纪丞相》、同调《送胡邦衡待制》为压卷之作。前阕所寄即为建炎首相并历遭汪伯彦、秦桧等权相排斥的抗金领袖李纲；后阕于绍兴十二年送别因抗章取秦桧首级以谢天下而被贬的胡铨。在这两首压卷之作中，强烈谴责了高宗与秦桧主和行为，得到了词学研究者的高度赞赏。然而随着时间的推移，张元幹却创作了上述与寄、送李纲和胡铨的《贺新郎》截然不同的寿词。

在秦桧生日献投赞歌的，基本上是"缙绅大夫之在有位者"，至于尚未入仕途的举子，即便要想作颂相献，恐怕也未必能"下情上达"，定期的科举考试，则为他们提供了机会。而"科场尚谀佞，试题问中兴歌颂"①，也为举子应试规定了题材和主题。

从和议的确立到秦桧去世，共有五榜正奏名进士，王曾瑜先生在对每榜的策论内容作了提要说明后指出："绍兴十二年为398人，绍兴十五年为374人，绍兴十八年为353人，绍兴二十一年为422人，绍兴二十四年为419人，合计1966人。这仅是撰写歌颂高宗君臣降金政策而科举过关者，而更有特奏名进士，还有大量虽亦撰写了歌颂文字，却仍未过登科关者，用成千上万的成语估算，是不过分的。"分别于绍兴十八年（1148）、二十四年（1154）中第的朱熹与张孝祥也在其中，"依朱熹的文化修养只是登同榜中的第五甲第

---

① 《宋史》卷四五九《徐中行传》附徐筠传，第13458页。

九十人,也可推知其违心之论说得不重"①。然而,较诸"大量虽亦撰写了歌颂文字,却仍未过登科关者",其"违心之论"无疑要重得多。朱熹的策论已散佚,这里不妨以张孝祥的作品为例:

> 往者数厄阳九,国步艰棘。陛下宵衣旰食,思欲底定。上天祐之,畀以一德元老,志同气合,不动声色,致兹升平。四方协和,百度具举,虽尧、舜、三代无以过之矣……今朝廷之上,盖有"大风动地,不移存赵之心;白刃在前,独奋安刘之略",忠义凛凛,易危为安者,固已论道经邦,燮和天下矣!臣辈委质事君,愿视此为标准。②

"一德元老",语出高宗为秦桧私宅的题词"一德格天之阁";"盖有"四句,为熊彦诗献媚秦桧并为秦桧格外喜好的骈文。"不移存赵之心"是指靖康二年(1127)二月,秦桧所上"请存赵氏"的议状;"独奋安刘之略"将秦桧比作安刘氏天下的周勃与陈平,说的也是秦桧辅助高宗收兵权、诛岳飞、定和议,以"削尾大之势,以革积岁倒持之患"。或以为张孝祥巧妙地借用了熊氏的文句,"强调以对待'存赵'、'安刘'的态度,来考察'修行'、'治心'是否'无伪'和'克诚'",不乏正义感。③但从整篇观之,用了他人成句,却能"点铁成金",其"违心之论"既重又透,所以后世流传的《于湖居士文集》弃之不收。不过该集卷一却收了为其父亲代作的《寿芝颂》,颂词的开篇就说"上既专任一德,方内底定,眷江

---

① 《绍兴和议与士人气节》,《中国史研究》2001年第3期。
② 《要录》卷一六六,"绍兴二十四年三月辛酉"条,第3152页。
③ 韩西山:《秦桧传》,第237页。

北昔为战墟,生聚教训,十年于兹矣",与策论中的"升平""协和"同一意思。张孝祥与朱熹都具有强烈的民族责任感,收复中原是其终生不渝的志向,但也不免谄谀之习,加入到这场歌功颂德的运动之中。

(二)贾似道擅权期间的谄谀之风

在南宋士人看来,秦桧是"中兴宋室"的"元佐",贾似道则为"再造宋室"的"周公":南宋前期,秦桧主持的"绍兴和议"使社会"升平""协和",南宋后期,贾似道的"鄂州之功"(又称"白鹿之功")则"重开宇宙,活人万万",两者异曲同工。较诸"神明之胄"的史弥远,秦桧与贾似道更成了士人心中超常的"神明",令人叩拜不已、歌颂不止。所以在贾似道专政的十七年间,士人群又掀起了继秦桧以后又一次规模浩大的"造神""拜神"运动,将谄谀之风再度推向了高峰。

与"绍兴和议"时期的歌功颂德运动基本相同,士人在歌颂贾似道的"神明"中,利用了一切可利用的文体,其类型也可以划分为临时性和经常性两类。所不同的是,"绍兴和议"期间大规模的歌功颂德运动,开始是由政府组织的,具有明显的指令性质;贾似道则善于借鉴历史,深谙歌功颂德对于巩固自己相权与相党地位的重要性,所以在取得"鄂州之功"后,率先做起了自我宣传,鼓动士人填词赋诗,赞美自己的丰功伟绩。试看贾似道门人廖莹中的《木兰花慢·寿贾师宪》:

请诸君著眼,来看我、福华编。记江上秋风,鲸鲵涨雪,雁徼迷烟。一时几多人物,只我公、只手护山川。争睹阶符瑞象,又扶红日中天。　因怀下走奉橐鞬。磨盾夜无眠。知重开宇宙，活人万万，合寿千千。凫鹥太平世也，要东还、赴上是何年。消得清时钟鼓，不妨平地神仙。①

"福华编"即《开景福华编》。据载，"贾师宪常刻《奇奇集》，萃古人用兵以寡胜众如赤壁、淝水之类，盖自诧其援鄂之功也。……廖群玉（莹中）诸书，则始《开景福华编》，备载江上之功"②。由此可见，贾似道自刊《奇奇集》，意在自立"功德碑"，"备载江上之功"的《福华编》，便是廖莹中响应《奇奇集》的用意编写而成的。两书旨在为士人创作谄诗谀文提供素材和便利。"请诸君著眼，来看我、福华编"云云，就清楚地说明了这一点，是一种典型的政治叫卖；整首词犹如动员士人歌颂贾似道功德的宣传品。

贾似道的这一用意，很快得到了理宗的认同。在贾似道班师回朝不久，"吴益为院辖官日，因轮对上殿，理宗忽问曰：'白鹿之功，何如淮、淝？'奏曰：'不同。'又问所以不同，奏曰：'淮、淝之功，成于已济。'上首肯之。贾师宪以此喜之"③。所谓"白鹿之功"，就是指贾似道的"援鄂之功"。在理宗与吴益看来，"援鄂之功"超越了东晋谢安所指挥的"淝水大捷"。这为贾似道的自我宣扬和造神运动的开展，提供了强有力的支撑，难怪令之"喜之"不已了。

开庆元年（1259），蒙军三路攻宋，蒙哥汗亲率主力攻四川，忽必烈率东路军攻鄂州，兀良哈台由云南攻广西、湖南。在三面受

---

① 《全宋词》，第3318页。
② 《癸辛杂识》后集《贾廖刊书》，第84—85页。
③ 《癸辛杂识》后集《吴益登对》，第107页。

敌的情况下，理宗任命贾似道为右丞相，驻军汉阳，率诸路军援鄂州。宋蒙两军在鄂州相峙数月，难分胜负。正当此际，蒙哥汗猝死军中，消息传至鄂州，忽必烈无心恋战，撤军北归。贾似道便奏上捷报，称鄂州江上蒙军已被肃清。理宗大喜，亲率百官出郊，远迎贾似道凯旋归朝，景定元年（1260）四月，理宗以贾似道为少师、右丞相兼枢密使，封卫国公，并手诏："贾似道为吾股肱之臣，任此旬宣之寄，殷然疹患，奋不顾身，戎乘一临，士气百倍。吾民赖之，而更生王室，有同于再造。"①次年十二月，又下诏："惟我朝褒表功德，具有彝典，如赵普有翊戴之元勋，则赐第宅于建隆；文彦博有弼亮之伟绩，则赐家庙于至和。今丞相贾似道身佩安危，再造王室，其元勋伟绩，不在赵普、彦博下，宜赐第宅家庙，令有司条具以闻。"②理宗的这一高度评价与极度信任，使贾似道"重开宇宙，活人万万"的"神明之胄"的地位得到了皇权的鉴定与确认，也为士人轰轰烈烈的造神、拜神运动搭建了坚固的平台。

景定五年（1264）十月，理宗去世，度宗即位。就在这皇权易人之际，贾似道所考虑的是，能否在新主与士人心中继续保持"神明"之位。于是略施伎俩，以作试探。咸淳元年（1265）正月，贾似道"请为总护山陵使，不允，寻下诏奖谕。癸酉，直学士院留梦炎疏请留似道。甲戌，谏议大夫朱貔孙等亦请改命，不报"③。对此，贾似道心疑将失宠于度宗，就在当年三月办完理宗安葬事务后，径直从绍兴回到了天台老家，并唆使亲信大将吕文德谎报军情，称蒙军大举来攻，以此要挟度宗，使度宗与满朝文武不知所

---

① 《宋史全文》卷三六"景定元年四月癸卯"条，第2891页。
② 《宋史全文》卷三六"景定二年十二月丁巳"条，第2907—2908页。
③ 《宋史》卷四六《度宗纪》，第892页。

措,急催贾似道还朝。四月,"加贾似道太师,封魏国公。帝之为太子也,似道有功焉,及即位,似道每朝,帝必答拜称之曰'师臣'而不名,朝臣皆称为'周公'"①。所谓"每朝",就是指贾似道在首次挟君邀誉成功以后,"每二三岁,必一求去,内以要君,外邀名誉。每一求去,披猖矫饰,使上下皇扰,久而后定,甚至使人主仓皇迫遽,匍匐恸哭";群臣则"惟恐师相之一日而去此位",每每上疏以"周公"相求、以"周公"相留,也每每声称"群工百执愿其留,至于六军万姓,莫不愿留,则留者,人心之所同然也"。②因此,咸淳三年(1267)二月,在已封为太师的贾似道再次奏请归乡养老之际,度宗生恐失去这位"周公",特赠授为"平章军国重事,魏国公、叶梦鼎为右丞相。时似道专政,梦鼎充位而已。似道一月三赴经筵,三日一朝,赴中书堂治事。上初政,一委大臣,似道益自专。上称之曰'师臣',通国称之曰'师相',曰'元老'"③。度宗在位共十年。在这十年中,贾似道就是通过挟君邀誉的伎俩,不断获取宠渥,以巩固其相权和"神明"之位,听取来自士人群的、令之悦耳怡神的赞美之声的。

贾似道的这一伎俩,为秦桧、韩侂胄、史弥远等权相所无。同时,在理宗与度宗两朝擅权的十七年中,贾似道又软硬兼施。所谓

---

① 《通鉴续编》卷二四"咸淳元年四月"条,影印《文渊阁四库全书》,第332册,第947页。
② 高斯得:《书咸淳五年事》,《耻堂存稿》卷五,《全宋文》,第344册,第179页。
③ (元)佚名编,王瑞来点校《宋季三朝政要》卷四,第327页。按:宋朝特设"平章军国重事"之职,以宠渥德高望重的元老之臣。贾似道之前,任此职的唯元祐年间的文彦博、吕公著与嘉泰年间的韩侂胄。韩侂胄以"平章军国事"总领军务,是为了应付与金作战的紧急军情,但嘉定以来,儒臣一直以为这是韩侂胄破坏祖宗旧制。

硬，就是与秦桧等权相一样，实施高压政治与专制文化政策，排斥异己，控制异论；所谓软，指施以小恩小惠，笼络舆论，竭力为其歌功颂德。这在处理太学问题上可见一斑。

咸淳三年（1267），彗星现，叶李与同舍生康棣等人据以上书，抨击贾似道"变乱纲纪，毒害生灵，神人共怒，以干天谴"。贾似道大怒，命其党羽临安尹刘良贵逮捕上书人，下临安狱，立案勘治，"欲杀之"，在给事中牟子才的劝说下，才放弃杀戮，将叶李等上书人流窜漳州。①这就是以强硬手段，起狱整肃太学，另一方面贾似道又"以术笼络"太学：

> 三学之横，盛于景定、淳祐之际。凡其所欲出者，虽宰相台谏，亦直攻之，使必去权，乃与人主抗衡。或少见施行，则必借秦为喻，动以坑儒恶声加之，时君时相略不敢过而问焉，其所以招权受赂，豪夺庇奸，动摇国法，作为无名之谤，扣阍上书，经台投卷，人畏之如狼虎。若市井商贾，无不被害，而无所赴愬。非惟京尹不敢过问，虽一时权相如史嵩之、丁大全，不恤行之，亦未如之何也。大全时极力与之为敌，重修丙辰监令，榜之三学，时则方大猷实有力焉。其后诸生协力合党以攻大全，大全终于得罪而去。至于大猷，实有题名之石，磨去以为败群之罚。自此之后，恣横益甚。至贾似道作相，度其不可以力胜，遂以术笼络。每重其恩数，丰其馈给，增拨学田，种种加厚，于是诸生啖其利而畏其威，虽目击似道之罪，

---

① 《宋史》卷四一一《牟子才传》，第12361页；《元史》卷一七三《叶李传》，第4047页。

而噤不敢发一语。及贾要君去国,则上书赞美,极意挽留,今日曰"师相",明日曰"元老",今日曰"周公",明日曰"魏公",无一人敢少指其非。直至鲁港溃师之后,始声其罪,无乃晚乎!盖大全之治三学,乃惩嵩之之不敢为;似道之不敢轻治,乃鉴大全之无能为。①

南渡以来,人多势广的太学是个舆论重镇,其议论朝政、评骘官员,直接影响到官员的毁誉、人才的升降和朝政的得失。对此,即便是权相,"亦未如之何"。史嵩之对太学的忍让,导致罢相不起;丁大全强行压制太学舆论,结果遭到贬斥。贾似道鉴于这一历史教训,除了在必要时采取强硬手段,更多地实施了怀柔政策,通过"丰其馈给,增拨学田"等恩惠,感化太学,使太学生成了其相党政治的舆论工具和歌颂其"神明"的一支基本队伍。贾似道挟君邀誉之举所以能成功,就与太学生的"上书赞美"不无关系。

要言之,从贾似道"自托其援鄂之功"的《奇奇集》的出笼,到廖莹中"备载江上之功"的《开景福华编》的响应,从理宗以"再造王室"相誉,到度宗以"师臣"相许,从太学生的"上书赞美",到举国上下以"师相""周公"相呼,一场以贾似道"重开宇宙,活人万万"为主题的造神与拜神运动,如同开闸之水,汹涌而至,其势既猛,且又经久不衰,长时间地主导文坛,成了贾似道专政十七年间诗文创作的主旋律。从具体的创作观之,在这些诗文中倾注了作者相当大的心力。刘埙《隐居通议》卷二二《范去非诸作》:

---

① 《癸辛杂识》后集《三学之横》,第66—67页。

贾师宪自江上入相，去非作贺启，有曰："命珪相印，瞻骑火之西来；羽扇纶巾，赋大江之东去。"两股各共一脉，殊精也。贾后辞相位，径渡浙江，归绍兴，诏遣朝士中使，宣押入朝，络绎于道，越二日，复造阙，诏以为平章事，待以成王尊事周公之礼。去非作贺启，有曰："居一二日，上喜萧何之复来，以亿万年，王敬周公而勿替。"尤切当。①

从中可见，范去非在歌颂贾似道的主旋律中，并非应景而已，在艺术创作上，可谓精益求精，殚思竭虑；在创作的热情上，可谓自始至终，歌颂不止。其实，追求艺术上的"殊精""切当"，又始终保持歌颂不止的热情，远非范去非一人！从现存时人的文集观之，类似范氏贺启之作比比皆是，如林希逸《竹溪鬳斋十一稿续集》，仅贺启就收有《贺丞相进封魏国公札子》《贺丞相除太师》《贺魏国公再拜相》《贺贾平章》《丁卯贺平章生日》（均见卷一四）等五篇，又据周密《齐东野语》卷一二《贾相寿词》："贾师宪当国日，卧治湖山，作堂曰'半闲'，又治圃曰'养乐'。然名为就养，其实怙权固位，欲罢不能也。每岁八月八日生辰，四方善颂者以数千计。悉俾翘馆誊誊，以第甲乙，一时传颂，为之纸贵，然皆谄词呓语耳。"②除此以外，还有寿贾似道之母胡氏之作，如陈著《真珠帘·代寿秋壑母》、郭居安《木兰花慢·寿贾秋壑母两国夫人》、丁察院《万年欢·寿两国夫人胡氏》、黄右曹《卜算子·寿两国夫人

---

① 《隐居通议》卷二二《范去非诸作》，《丛书集成初编》，第214册，第229页。
② 《齐东野语》卷一二《贾相寿词》，第221页。

胡氏》等等。这些数以千计的寿词,尽管大多已失传,但从存词观之,可以想见其盛。其中有大词人吴文英的《宴清都·寿秋壑》《木兰花慢·寿秋壑》《金盏子·赋秋壑西湖小筑》等。现存张矩《云窗词》,凡五十首,四十三首为应酬之作;在应酬之作中,有五首寿贾似道,二首寿贾母,余者也大抵为"谄词呓语"。在艺术上,这些寿词也经过了词人的苦心经营。如郭居安《声声慢·寿贾师宪》:

> 捷书连昼,甘洒通宵,新来喜沁尧眉。许大担当,人间佛力须弥。年年八月八日。长记他、三月三时。平生事,想只和天语,不遣人知。 一片闲心鹤外,被乾坤系定,虹玉腰围。阊阖云边,西风万籁吹齐。归舟更归何处,是天教、家在苏堤。千千岁,比周公、多个彩衣。①

词将贾似道的功业、地位与赐第、舫斋联系起来,用俳谐的笔调出之,寓庄于谐,不乏生动性,联系该词小序,更是如此。据黄震《古今纪要逸编》:"贾似道始生之日,钱塘郭应酉(居安)以词贺之。序语云:'峻极于天,诞弥厥月。彩衣廊庙,昔无一品之曾参;衮秀山林,今有半闲之姬旦。'盖贾有所生母,朝命封两国,赐号'寿贤',而筑新亭于葛岭私第,扁曰'半闲'故也。其结联云:'日长门馆,坐对南北峰之高;时游庙堂,尽付东西厅之间。'贾甚称赏,遂除官告院。既而语客曰:'此词固佳,安得有著彩衣周公乎?'识者谓晋楚之富,不可及也。曾子犹曰:'我以吾仁,我

---

① 《全宋词》,第3317页。

以吾义。'是岂较一品者？周公思兼三王，坐以待旦，又岂志'半闲'哉？'东西厅'见韩魏公《传》。若'南北峰'，殆俗语耳。岂一时偶阿其所好耶？词云：'捷书连昼……'。'三月三'，盖颂庚申岁草坪之捷，'归舟'，乃舫斋名也。"①由此印证了周密所说的"善颂"二字。若郭词以轻快生动见长，陈合《宝鼎现·寿贾师宪》则以庄重醇雅见胜，同样是"善颂"的表现：

> 神鳌谁断，几千年再，乾坤初造。算当日、枰棋如许，争一着、吾其衽左。谈笑顷、又十年生聚，处处齱风葵枣。江如镜，楚氛余几，猛听甘泉捷报。　天衣细意从头补，烂山龙、华虫黼藻。宫漏永、千门鱼钥，截断红尘飞不到。街九轨，看千貂避路，庭院五侯深锁。好一部、太平六典，一一周公手做。　赤舄绣裳，消得道、斑斓衣好。尽庞眉鹤发，天上千秋难老。甲子平头才一过，未说汾阳考。看金盘、露滴瑶池，龙尾放班回早。②

从"几千年再，乾坤初造"到"太平六典，一一周公手做"，再回到祝寿主题，可谓极尽谄谀之能事，但结构严谨，章法缜密，于法度之中见醇雅。尤其值得一提的是，与歌颂秦桧的作者群一样，在歌颂贾似道丰功伟绩的庞大队伍中，也多"磊落有奇节"者。如景定元年（1260）五月，姚勉作《贺丞相贾秋壑启》：

---

① 《古今纪要逸编》，《丛书集成初编》，第2784册，第2页。
② 《全宋词》，第2989页。

>帝舜班师，乃干羽舞；周公入相，以衮衣归。福被生灵，功在社稷。天开钜宋，代有元勋。寇莱公澶渊之功，成章圣太平之治；张忠献江上之捷，定光尧再造之基。虽措国于泰山磐石之中，尚挫虏于长江大河之外。未有坐缚逾樊之虎，尽驱入室之蚊。前无古人，有若今日。恭惟大丞相枢使国公先生经文纬武之略，出将入相之才，身佩安危，力侔造化……天下拜更生之赐，上心宽孔疚之忧。日月重明，乾坤再立。①

清四库馆臣称姚勉为"磊落有奇节"的"奇士"，并指出，在丁大全专权期间，"其所上封事奏札以及廷对诸篇，论时政之谬，辨宰相之奸，皆侃侃不阿。惟二十二卷载《贺丞相贾秋壑》一启……与其攻丁大全封事，若出两手，殊为白璧微瑕。……固视刘克庄、王柏之谀颂，差有间矣"②。不过，姚勉《雪坡文集》中的"白璧微瑕"，并非止于此启，其《沁园春·寿贾丞相》：

>章武中兴，淮蔡欲平，晋公已生。信天生英杰，正为国计，擎天著柱，要自支撑。万里长江，古称天险，去岁里风涛忽震惊。公谈笑，把云腥霓翳，一日都清。　归来莫枕于京。有辉焕明堂前一星。称衮衣廊庙，枫宸眷宠，彩衣公府，萱砌春荣。著片公心，辨双明眼，长与群贤扶太平。无它愿，植万年宗社，万古功名。③

----

① 《雪坡舍人集》卷二二，《全宋文》，第351册，第353—354页。
② 《四库全书总目》卷一六四《雪坡文集》提要，第1407页。
③ 《全宋词》，第3095页。

该词与《贺丞相贾秋壑启》相同,尽情歌颂了贾似道的"丰功伟绩"。据上片"去岁"云云,当作于景定元年(1260)。姚勉卒于景定三年(1262)。也就是说,在诏谀贾似道的"造神"与"拜神"运动开始不久,姚勉便去世了,故其"诏词呓语"的内容虽然达到了相当的深度,在数量上却自然不及王柏、刘克庄之徒。王柏《寿秋壑》诗云:

> 皇天分四序,春生而秋成。春风焕九野,秋气呈清明。万物一以实,物物含生生。我公秉元化,全体涵金晶。义概包宇宙,智略吞群英。五行互相制,自昔谁去兵。狂酋干帝纪,赤舄司专征。神谋运玉帐,灵旗绕毡营……归来辅皇极,一稔舒群情。翼翼周鼎重,亹亹宸虑轻。前星耀垣象,德星萃神京。旂常伟实纪,前史辞虚声。当此秋正中,角亢迎长庚。于赫衮绣瑞,绵绵彩绶荣。玉露滴鸧鹒,珥貂宣宝觥,陛下千万岁,与公同太平。①

王柏从何基学,以教授为业,曾受聘主丽泽、上蔡等书院,是继承和张扬"道统"的道学家,前述其门人金履祥所编《濂洛诗派图》,将他作为朱熹一系的重要道学诗人收入《濂洛风雅》之中。上列寿诗既多道学语气,又不乏道学诗派所张扬的合乎仁义的"真性情"。只是其"真性情"倾注到了诏谀权相的运动之中。

刘克庄在众多诏诗谀文中,还经历了将贾似道比作诸葛亮,再比为周公,进而认为其功德远在周公之上的变化。在变化中不断提

---

① 《全宋诗》卷三一六六,第38002页。

升和拔高,将贾似道塑造成了史无前例的"伟人"。刘克庄第一组歌颂贾似道的作品当为《凯歌十首呈贾枢密》。其一云:

> 孔明筹笔即天威,谢傅围棋亦事机。武骑散群望洋退,佛狸忍渴饮溲归。①

这里将贾似道比作诸葛亮与谢安。其十又云:"自古勋名勒鼎彝,老于文学即今谁。腐儒尚可军马司。试作平淮第二碑。"所谓"第二碑",与上文曾惇谀颂秦桧《书事十绝》中的"裴度之今真圣相,勒碑十丈可无人"同一意思。孔明的"天威"、谢安的运筹帷幄与裴度的"真圣相"融于一身,贾似道的才能与功绩,也就远在秦桧之上了。又其《沁园春·平章生日丁卯》二首,为贺贾似道生辰而作,第一首云:

> 载籍以来,于宇宙间,有功者谁。自唐尧咨禹,水行由地,宗周微管,夏变为夷。谢傅棋边,莱公骰畔,淝水澶渊送捷旗。天不偶,生堂堂国老,真太平基。　雅怀厌倦台司。新天子殷勤留帝师。向朝堂衮绣,万羊非泰,湖山绦褐,两鹤相随。寿过磻溪,德如淇澳,进了丹书作抑诗。蒯缑客,愿年年岁岁,来献新词。②

据题中"丁卯"及下片"新天子殷勤留帝师"云云,作于度宗

---

① 《全宋诗》卷三〇六二,第36522页。
② 《全宋词》,第2596页。

咸淳三年（1267）。该年正值贾似道因挟君邀誉而被封为"平章军国重事"之际。全词竭力歌颂了贾似道再造赵宋王室及其子民的"丰功伟绩"。若景定元年（1260），刘克庄遥闻"鄂州之捷"，作《凯歌十首呈贾枢密》，颂扬贾似道的"神明"，尚情有可谅，在度宗朝尚且如此谄颂，就不免令人作呕了。刘克庄还有《汉宫春·丞相生日乙丑》、《满江红·傅相生日癸亥》、同调《傅相生日甲子》、《贺新郎·傅相生日壬戌》等等，其主题与上列《沁园春》相同，均谀颂贾似道这位"堂堂国老"。由此也可见，刘克庄真的满怀创作激情，在有生之年（刘克庄卒于咸淳五年正月）实现了"年年岁岁，来献新词"的愿望。

姚勉在丁大全擅政期间，"论时政之谬，辨宰相之奸"而"磊落有奇节"；王柏一身追求"道统"与"道真"，为宋元之际道学的重要传人，刘克庄是南宋后期诗坛翘楚，又是所谓"辛派词"的殿军人物。然而在谄谀贾似道的造神与拜神运动中，均成了较为突出的谄谀者和拜神者，重蹈了"绍兴和议"期间张嵲、刘子翚、朱熹、张元幹、张孝祥等人的谄颂之迹，从中也证明了这场运动的广泛性与深入性。

在结束本节之前，还需一提的是，对于刘克庄投献贾似道的谄词谀语，前人既有严词相斥的，又有为之辩护的。这不仅是一个如何评价刘克庄的问题，而且关涉如何看待整个谄谀风气。王士禛说：

> 后村（刘克庄）论扬雄《剧秦美新》及作《元后诔》，言"天之所废，人不敢支；历世运移，属在新圣"云云；蔡邕《代作群臣上表》言卓"黜废顽凶，援立圣哲"云云；又论阮籍跌宕，弃礼法，晚为《劝进表》，志行扫地。词严义正。然

其《贺贾相启》略云:"像画云台,令汉家九鼎之重;手扶日毂,措天下泰山之安。昔茂弘叹丘墟百年,孔明欲宫府一体,彼徒怀乎此志。公允践于斯言。"《贺贾太师复相》云:"孤忠贯日,双手擎天。闻勇退则眉攒杜陵老之愁,睹登庸则心动石徂徕之喜。"《再贺平章》云:"屏群阴于散地,聚众芳于本朝,无官可酬。爰峻久虚之位,有谋则就,所谓不召之臣。"诔词谄语,连章累牍。岂真以似道为伊周武乡之比哉?抑蹈雄、邕之覆辙而不自觉耶?按后村作此时,年已八十。惜哉![①]

文中对刘克庄的严厉指斥溢于言表。但张钧衡却指出:"后村殁于咸淳五年,致仕于景定四年,似道虽当国,尚未至咸淳之盛。君子与人为善,即颂非其实,未尝不望其从善盖愆,况真西山(德秀)于史相(弥远)诔词谄语不亚于后村,何宽于真(德秀)而严于刘(克庄)耶?"[②]认为对于刘克庄的这种谄谀习气,要怀有"与人为善"君子气度,不应予以指斥。那么如何看待王士禛与张钧衡这一严一宽的评论?

就刘克庄本人而言,对扬雄、蔡邕等人的谄谀之习是深恶痛绝的,故撰文相斥,且义正词严,其目的显然在于儆尤世人,净化士风,然而自己在权相面前,却又"蹈雄、邕之覆辙",这未免令人遗憾不已。诚然,贾似道的"援鄂之功"无论怎样取得,在客观上对当时宋蒙之间的紧张局势,毕竟有所缓和,刘克庄献诗颂捷,无

---

① 《居易录》卷二《刘克庄〈后村大全集〉》,影印《文渊阁四库全书》,第869册,第330页。按:类似这种微词还见《乾隆兴化府莆天县志·文苑传》、《四库全书总目》卷一六三《后村集》提要等。
② 《后村题跋·张钧衡跋》,《适园丛书》第三集。

可厚非；但另一方面，无论刘克庄与贾似道有多深的私人交情，至刘克庄去世时，贾似道为相已有十年之久，在此期间，其培植相党、党同伐异、挟君邀誉、弄权误国的行径，是路人皆知的，刘克庄仍然连续不断、连篇累牍地谄颂贾似道这位"堂堂国老"的"丰功伟绩"，就无法以"囿于官场礼仪，社交习俗"来解释了。对于刘克庄的这一习气，正如刘克庄严斥扬雄、蔡邕一样，理应受到后人义正词严的指斥。

当然，金无足赤，人无完人；同时在评价历史人物时，还必须遵循"知人论世"的准则。刘克庄的谄谀习气无疑是时代的产物，是朋党政治所造成的一种普遍的士风。故尔对于作为个体的刘克庄，应怀着"与人为善"的态度相待，也就是说，不能因此而否定其一生及其文学创作；即便是批评，也不能"宽于真而严于刘"。因为这种在汉代扬雄、蔡邕那里就有明显表现的谄谀习气，是中国知识分子所共同具有的一种内在的、气质的、待时而发的政治文化心理与性格使然。该心理与性格在南宋党争之"时"的诱发与催促下，表现得异常活跃和明显，所以谄谀之风与谄诗谀文特别盛行。因此毫无必要为刘克庄讳，实事求是地考察造成包括刘克庄在内的南宋士人的谄谀习气及其心理本源与性格，不仅为把握南宋文学命运的走向所必需，也是全面解读中国知识分子所不容回避的一个课题。

第三节　谄谀之风的历史与心理本源

　　本章前引王曾瑜《宋高宗》中《文丐奔竞》，称"绍兴和议"期间的歌功颂德者为"文丐"。所谓"文丐"，顾名思义，以文讨乞，以谄诗谀文乞取官禄。在绍兴十二年（1142）以皇太后回归为契机的歌功颂德的活动中，四百名优胜者"有官人进一官，进士免文解一次"，便是一个显例。又如绍兴十一年（1141），曾惇因作《书事十绝句》，称秦桧为"圣相"，"以郡守处之"；熊彦诗"坐赵鼎客，闲废累年"，绍兴十二年，秦桧除太师，以启贺之，启中有上述"大风动地"四句，"复录用"；绍兴十七年（1147），施谔一连进《中兴颂》和《行都赋》各一首、《绍兴雅》十篇，"诏永免文解"①；绍兴十八年（1148），敷文阁待制张嵲献《绍兴中兴复古诗》，诏嘉奖；同年黄友端进《绍兴圣统诗》一篇，诏免解；程端厚献《绍兴中兴盛德诗》，除直徽猷阁；刘一止进《绍兴中兴盛德》，除敷文阁待制，钱周材进《绍兴中兴盛德诗》，除集英殿修撰。②绍兴二十一年（1151），李如冈因作百韵诗贺秦桧生辰，由大理少卿超升为权吏部侍郎。③由此等等，都可以为"文丐"的内涵作具体的注释。在以贾似道为对象的谄谀者中，同样也有"文丐"的某些特征，周密所说的"每岁八月八日生辰，四方善颂者以数千

---

① 以上分别见《宋史全文》卷二一上"绍兴十二年十二月丙子"条、同书卷二一中，"绍兴十四年六月辛巳"条、同书卷二一下"绍兴十七年十二月癸卯"条，第1657、1689、1724页。
② 以上均见《玉海》卷五九，影印《文渊阁四库全书》，第944册，第565页。
③ 《要录》卷一六二，"绍兴二十一年二月乙卯"条，第3066页。

计。悉俾翘馆耆考，以第甲乙"，就说明了创作谄颂之词的目的所在，尤其是道学家杨栋，因善于谄谀贾似道，位至执政。

不过，士人群在以歌颂高宗与秦桧"共图中兴"的"盛德"和贾似道"重开宇宙，活人万万"为主题的话语系统中奔竞不息，并不完全或主要不是为官禄所驱使，而是在高压政治下所产生的一种无法回避的适应性变异。这种变异不仅适应了当时的高压政治，同时又为特殊的心理本源所驱使，也是中国传统文化性格在特定环境中的一种自然流露。

就"绍兴和议"期间谄诗谀文而言，现存数量最多的作者，当推南渡文人周紫芝，除了前文所提及的贺秦桧生日的五十九首诗歌外，他的《太仓稊米集》还收录了歌颂"中兴"大业和秦桧勋德的《大宋中兴颂》《绍兴十九年秋九月丙辰皇帝以太师秦益公像御制赞文称赞勋德……》等诗三首、赞美秦桧的《贺秦太师贺辛赐第启》等文八篇。故清四库馆臣怒斥为"老而无耻，贻玷汗青"①。周紫芝固然如其所斥，但"无耻"者何止周紫芝一人。事实证明，这是群体的"无耻"！张浚在审视"绍兴和议"期间士大夫群体的政治实践时，就不无悲哀地感叹说："秦太师专柄二十年，只成就得一胡邦衡。"②意思是说，秦桧的"专柄"，给胡铨威武不屈，屹屹独立的人格提供了表现的舞台；也只有胡铨，才能如此。那么，这是否标志了胡铨的人格高尚，而投身于歌功颂德运动的大批士人就低劣不堪了呢？假如当时士人都能像胡铨那样威武不屈，屹屹独立，不是既不会惹来"无耻"的恶名而能垂范来者，又能使秦桧的"专

---

① 《四库全书总目》卷一五九《太仓稊米集》提要，第1366页。
② 罗大经：《鹤林玉露》甲编卷六《斩秦桧》，第105页。

柄"独断失去基础而不至于人人自危了吗？同样，假如在贾似道的擅权过程中，姚勉及其他众多谄谀者，若能继续保持在丁大全擅政期间那种"论时政之谬，辨宰相之奸，皆侃侃不阿"的"磊落奇节"，不是既不会给后人留下"人格污点"，更不会让贾似道长期擅权误国了吗？理论上应该如此，但事实上不能作这样简单的推论和设想，因为这里还关涉谄谀者的历史与心理本源。

先看"绍兴和议"期间的谄谀之风。

这一时期士人群所千歌万颂的秦桧辅助高宗"共图中兴"的"盛德"，主要表现在通过贬逐主战官员，解除诸将兵权，诛杀爱国将领而换来的与金和议。对于诛杀岳飞的"盛德"是否值得歌颂？屈膝和议是否标志了南宋的中兴？张元幹、张嵲、胡寅、范成大、朱熹、张孝祥以及其他颂德者，当然一清二楚，也十分明白自己笔下的颂词是违心之作。既然如此，又为何奔竞其中，使之生生不息？这首先与高压政治所维护的"绍兴和议"本身息息相关。

秦桧辅助高宗收回韩世忠、张俊和岳飞三大将的兵权，并以"莫须有"的罪名，杀害岳飞父子及其爱将，是以极端的手段，张扬了朱熹所总结的"本朝鉴五代藩镇之弊，遂尽夺藩镇之权"的统治术[1]；该统治术也是当时文人士大夫的共同企求。早在建炎元年（1127），高宗朝首相李纲一方面认为，在"今夷狄猾夏坏吾边防，以扰腹心之地，盗贼乘时蜂起蚁结"之际，急需恢复藩镇之制；一方面却又担忧因此会重复"唐方镇之弊"，重现"尾大不掉"之患。[2]南渡后，随着抗敌的需要，藩镇之制越来越变得须臾不能离

---

[1] 《朱子语类》卷一二八《本朝二·法制》，第3073页。
[2] 《乞于沿河沿江沿淮置帅府要郡札子》，《梁溪集》卷六一，《全宋文》，第169册，第320页。

去,三大将的兵权也变得越来越大,甚至以姓名军,盛行"韩家将""张家将""岳家将"之称。因此"尾大不掉"的担忧在文人士大夫的心中变得越来越浓重。绍兴元年(1131),尚书户部侍郎柳公约在与高宗的一次谈话中,就再三强调了"诸大将提兵入觐,各召其家将,有尾大不掉之患"[①];同年,中书舍人汪藻专论武将的种种骄横之迹,并深表"今诸将悍骄已成,虽朝廷有法,果能一一治之乎"的担忧。[②]绍兴二年(1132),御史中丞沈与求奏曰:"今图大举,而兵权不在朝廷,虽有枢密院及三省兵房、尚书兵部,但奉行文书而已,愿诏大臣,讲求利害而举行之,使人情不骇,而兵政益修,助成经理中兴之志。"[③]同年,连黄州布衣吴伸也上疏指出:"今陛下亲御之众,不如藩镇之多,臣窃忧之。"[④]诸如此类的议论与担忧,在南渡文人的文集与南渡后的史籍中还有很多,恕不一一列举。还值得一提的是,胡安国又在学术上论述收夺兵权的重要性,其《春秋胡氏传》卷三"鲁隐公十年夏翚师师会齐人、郑人伐宋"条下,自述"义理"说:"夫乱臣贼子积其强恶,非一朝一日之故,及权势已成,威行中外,虽欲制之,其将能乎?故去其公子,以戒兵柄下移,制之于未乱也。"类似阐发这一"兵权下移"之祸的"义理",在他的《春秋传》中不止一次地提及。对此,漆侠先生指出,胡安国在《春秋传》中"左一个兵权,右一个兵权,一再强调兵权之重要,而不能为乱臣贼子所窃据",实乃考古验今,

---

① 周必大:《左朝议大夫充敷文阁待制致仕柳公约神道碑》,《省斋文稿》卷二九,《全宋文》,第232册,第214页。
② 《行在越州条具时政》,《浮溪集》卷一,《四部丛刊初编》,第1039册,第26页。
③ 《要录》卷五一"绍兴二年正月壬子"条,第1050页。
④ 《要录》卷六一"绍兴二年十二月丁亥"条,第1209页。

"从思想上、学术上配合呼应了高宗—秦桧集团收夺兵权的政策，对这个集团打击抗金力量、卖国投降不是'小有补'，而是'大有补'"①。不过，担忧"兵权下移"之祸，要求收夺岳飞等三大将的兵权，在当时并非出于胡安国一个人的内心，而是来自士大夫群体，是具有普遍性的。文人的这种担忧与请求，则引起了武将的强烈不满，曾大造"今日误国者，皆文臣"的舆论，并从绍兴元年开始，文、武各自为党，致使"文武二途若冰炭之不合"。②因此，张浚为相时，曾设置由文人掌管的督府，试图用以控制兵权；赵鼎为相时，又专置总领司，"盖缘韩、岳统兵权重，方欲置副贰，又恐启他之疑，故特置此一司，以总制财赋为名，却专切报发御前兵马文字，盖欲阴察之也"③。但张、赵两相的这些努力并没有减弱藩镇的权力，反而形成了文、武之间的对立，绍兴七年（1137），还出现了武将杀害文臣的"淮西师变"。

当然，最为担忧"尾大不掉"的是皇室的主人高宗。靖康之乱后，高宗饱尝了包括"苗刘军事政变"在内的四年有余的惊吓与亡命生涯，虽于绍兴初建立了南宋小朝廷，但其根基不深，政权不稳，隐伏着令其警惕不已的变数。绍兴二年（1132）八月，当秦桧建议"南人归南，北人归北"时，高宗便十分敏感地责问："朕北人，将安归？"④其实，秦桧所说的"北人归北"指的是伪齐刘豫，但却触及了同样作为北人的高宗的神经，反映了其南渡初期因根基不深、政权不稳时特有的忧虑心态；而"尾大不掉"则是高宗所忧

---

① 《宋学的发展和演变》，第517—518页。
② 《三朝北盟会编》卷一四五，第1054页。
③ 《朱子语类》卷一二八《本朝二·法制》，第3077页。
④ 《要录》卷五七"绍兴二年八月甲寅"条，第1160页。

虑的变数中最为关键的一点。所以在绍兴十一年（1141）宋军抗击金兵取得节节胜利之际，高宗"乃密与秦桧削尾大之势，以革积岁倒持之患"，"销祸于未然"；当秦桧助其成时，便喜悦万分地对说："唐藩镇跋扈，盖由制之不早，遂至养成。今兵权归朝廷，朕要易将帅，承命奉行，与差文臣无异也。"①这一喜悦，也是深忧"尾大不掉"之患的文人士大夫所共同具有的。

由于共同存在这一深忧"尾大不掉"的心理，以及秦桧能辅助高宗"削尾大之势"，得到了广大忠于皇室的文人士大夫的认同。或者说，他们违心地将以收兵权、杀爱国将领换来的屈己和议当作南宋"中兴"的"盛德"之举，大加歌颂，并认同高宗对秦桧"一德格天""独斡化枢，再安皇室"的表彰，津津乐道于"内之则戾夫悍将颓首听命，而无项领之虞"的功效，盛情赞美其"格天同德，全魏分疆"的"映照万世"的"丰功伟绩"，就是基于与高宗、秦桧意向一致的心理活动。因此，不妨说出自这一心理活动的汗牛充栋的谀诗谀文，虽然成了中国文学史上的一大谎言，却又是发自肺腑的真实之声；也正是在这一心理活动的作用下，他们一方面目睹了秦桧的专横与误国，一方面又将他视为"命世大贤，兴邦元佐"，掩盖了秦桧作为民族罪人的一面，凸现了其"中兴皇室"的"元佐"形象。

与此同时，如前文所引张孝祥《灵芝颂》所说"上既专任一德，方内底定，眷江北昔为战墟，生聚教训，十年于兹矣"，"绍兴和议"的确立，在客观上减轻了百姓因战争带来的负担而有利于他

---

① 《要录》卷一四六"绍兴十二年八月己丑"条，第2760页；同书卷一四七，"绍兴十二年十二月己卯"条，第2787—2788页。

们的"生聚"。建炎以来,在以武力恢复失地的同时,如何保证百姓的"生聚",始终处于鱼与熊掌不可兼得的矛盾之中,有些官员主张"轻捐州郡之租赋,乃以重保朝廷之土疆"①,但由于战争的原因,"轻捐州郡之租赋"而"宽民力"成了一纸空言,尤其是处在战争前沿的川蜀地区,百姓更受其苦。宋廷为了与金交战,经常搜刮当地财赋以供支用,导致了"蜀之民力尽"的局面。②休兵和议,必将缓解这一局面,人民的负担也自然有所减轻。以四川为例,"绍兴和议"后,"减四川科敷虚额钱岁二百八十五万缗,两川布估钱三十六万五千缗,夔路盐钱七万六千缗,坊场、河渡净利抽贯税钱四万六千余缗,又减两川米脚钱四十二万缗"③。绍兴十七年(1147),"朝廷既罢兵,又命监司、郡守将宽剩钱拨充月桩,以宽民力。其后遂减江东、西月桩钱二十二万七千缗有奇"④。当然,这种减免无法从根本上解决人民的生活问题,但较诸战期屡遭搜刮,无疑是一种改善。绍兴十一年(1141),黄州知州曾惇作《书事十绝》,其用意虽然在于献媚秦桧,但其六所云:"田父今年作社频,边头闻见一番新。官军不斫人家树,各自持钱去买薪。"又其八说:"村村准拟十分禾,老稚扶携笑且歌。租税况今黄纸放,阳城元自拙催科。"⑤却或多或少地反映了黄州百姓在休兵息战后的真实心态。从这个意义上说,周紫芝在谄谀秦桧时所说的"朝廷修两

---

① 《孙繁重刊翟氏公巽埋铭》,《忠惠集》附录,影印《文渊阁四库全书》,第1129册,第309页。又见翟汝文《越州谢降官降职表》,《全宋文》,第149册,第146页。
② 详汪圣铎《两宋财政史》,第123—127页。
③ 《宋史》卷一七四《食货志·赋税》,第4225—4226页。
④ 《建炎以来朝野杂记》甲集卷一五《月桩钱》,第322—323页。
⑤ 《全宋诗》卷一九四七,第21765页。

国之好，结百年之盟，休兵息战，使各保其骨肉父子之亲。公之阴德，岁所全活者不可以巨万计"①，未尝不含有实情。

尚需说明的是，随着休兵讲和的持续，人民"生聚"环境的不断巩固，所谓"中兴"的表象也变得突出起来，使得不少渴求恢复故土的抗金志士怀着矛盾的心理，对以和议为内涵的"国是"燃起了赞美之情。如张元幹于靖康年间，协助李纲发动抗击金军的京城保卫战，南渡以后，是一位坚决的主战派，在为胡铨被贬新州而作的《贺新郎》中，对朝廷的和议路线表示了极大愤慨，但至绍兴十四年（1144），他在祝贺好友富直柔生日的寿词中却称："中兴，方庆会，再逢甲子，重数天元。"又说："早梅长醉芳尊。况中兴盛际，宥密宗臣。"②王庭珪的政治立场始终与主和派相对立，又因作诗赞美胡铨主张抗金的"忠义心"，于绍兴十九年（1149）锒铛入狱，然而就在前此一年，欣然作上元词，词中说："到如今井邑，歌吹喧阗。花下红妆卖酒，时相遇、曲水桥边。谁知道，山城父老，重见中兴年。"③朱敦儒为洛阳人，靖康之乱后，流寓江南，故国之痛，家乡之思，一直萦绕其心，但到了晚年，一方面怀着"极目江湖水浸云。不堪回首洛阳春"的沉痛心情，一方面却又唱起了"如今远客休惆怅，饱向皇都见太平""幸遇太平年，好时节"与"圣治中兴。直须听歌按舞，任留香、满酌杯深。最好是，贺丰年、天下太平"的赞歌。④由此等等，足以表明，随着休兵讲和的持续，

---

① 《时宰生日乐府四首·序》，《全宋诗》卷一五二〇，第17291页。
② 分别见《满庭芳·寿富枢密》《望海潮·为富枢密生朝寿》，《全宋词》，第1096—1098页。其作年据王兆鹏《张元幹年谱》，第166页。
③ 《满庭芳·戊辰上元黄子余席上，时未有月》，《全宋词》，第820页。
④ 分别见《鹧鸪天》《蓦山溪》《胜胜慢·雪》，《全宋词》，第844、845、839页。

人民"生聚"环境的巩固,既难忘收复故土,又认同由和议带来的"中兴"表象,成了士人越来越普遍具有的一种矛盾心理。而这,无疑是"绍兴和议"期间大批士人奔竞于谄颂运动,竞相创作谀诗谀文的又一心理本源。

如果说,"绍兴和议"属于屈膝投降,甚至以杀戮爱国将领为代价,在情感上令当初大多数士人所难以接受,所以士人对和议"削尾大之势,革积岁倒持之患"的成效及由和议带来的"太平"与"中兴",有一个由少到多、由浅入深的认识过程,歌颂高宗与秦桧"共图中兴"的"盛德",也同样经历从不自觉到自觉的过程;那么贾似道抗击蒙军的"鄂州大捷",则一开始便使士人从正面享受到由这一"丰功伟绩"带来的喜悦,尽管这是"似道自诡,以为己功"[①],但正如他们的前辈尽情欢呼虞允文侥幸取得的"采石大捷"一样,尤其是贾似道的这一功绩,对于时时处于蒙军威胁之中的士人来说,更是一帖安慰剂和兴奋剂,给他们带来了一种莫大的安全感。因此,贾似道也就很快成了士人心目中"重开宇宙,活人万万"的救世主。除此以外,贾似道在弄权误国的同时,又不乏令士人为之赞美的政绩:

> 似道误国之罪,上通于天,不可悉数。然其制外戚、抑北司、戢学校等事,亦是所不可及者,固不可以人而废也。外戚诸谢,惟堂最深崄,其才最颉颃难制。似道乃与之日亲狎而使之不疑,未几不动声色,悉皆换班,堂虽知堕其术中,然亦未如之何矣。北司最无状者董宋臣、李忠辅,前是当国者,虽欲

---

① 《元史》卷一七三《叶李传》,第4047页。

除之，往往反受其祸。似道谈笑之顷，出之于外，余党慑伏，惴惴无敢为矣。学舍在当时最为横议，而啖其厚饵，方且讼盛德，赞元功之不暇，前虎一得罪，则黥决不少贷，莫敢非之。福邸，帝父也，略不敢以邪封墨敕以丐恩泽，内庭无用事之人，外阃无怙势之将，宫中、府中俱为一体，凡此数事，世以为极难，而似道乃优为之，谓之无才可乎？其所短者，专功而怙势，忌才而好名，假崇尚道学、旌别高科之名，而专用一等委靡迂缓不才之徒，高者谈理学，卑者矜时文，略不知兵财政刑为何物。垢面弊衣，冬烘昏愦，以致糜烂斩尽而不可救药，此皆不学而任术，独运而讳言之罪也。呜呼！古人以集众思、广忠益为相业，真万世之名言也欤！①

上引文字是对贾似道弄权期间得与失、正与负的客观总结。这一点，对于媚贾崇贾者来说，无疑是心知肚明的，而其中的得与失，则是继其"援鄂之功"后文人士大夫诒颂贾似道的又一心理依据，犹同绍兴年间的诒谀者既清楚地看到和议导致边备松懈，抗金斗志涣散，却又专情于由和议带来的"太平"与"中兴"。

不过，无论是绍兴年间的媚秦者，还是理宗与度宗两朝的崇贾者，都为习于造神与拜神的心理所驱使。该心理的一个鲜明特征是：严重缺乏超越精神而将客观世界绝对化，因而在面对现实生活中突发的或重大而复杂的事件时，往往会失去周全的理性和合乎客观规律的判断力，转而凸现出浓烈的、带有宗教色彩的情绪，将某一方面无限止地夸大和提升，有时甚至提升到可以使自己的精神彻

---

① 周密：《癸辛杂识》后集《贾相制外戚抑北司戢学校》，第67—68页。

底交付其中的"神明"境界。产生这一心理的一个重要契机,便是由"镇以一德"的高度一元化思想模式孕育而成的高压政治对士人的异化,以及在异化中士人对一元化思想模式的习惯性认同与对高压政治的无条件顺从的文化性格。于是一个个无事不能的、超现实的"神明"应运而生。秦桧与贾似道之所以成为士人群千歌万颂、叩拜不已的"中兴宋室"或"再造宋室"的"神明之胄",在此期间谄谀秦桧与贾似道的诗文之所以生生不息,汗牛充栋,一个主要的因素便在于此。反过来,正由于在士人群中普遍存有这一文化心理和性格,以及在这一心理驱使下所创作的大量谄诗谀文的支撑,为秦桧与贾似道所热衷的个人崇拜提供了强大的动力,也为他们成功地控制士人的思想奠定了厚实的基础。

同时,就谄诗谀文的创作本身而言,是建立在儒家诗学基础之上的;或者说,作为士人在政治实践中的立身之本,儒家诗学中"善则美"的创作主张,进一步强化了造神与拜神的文化心理与性格,从而使谄诗谀文的创作更趋繁盛。

前文所述绍兴十二年(1142)以皇太后回归为契机的颂德运动的依据就是"此诚国家莫大之庆,社稷无疆之福。乞令词臣作为歌诗,勒之金石,奏之郊庙,扬厉伟绩,垂之无穷";又张嵲《绍兴中兴上复古诗》序:"臣虽固陋,日尝以文字从词臣之后,生恐徒老于外,无片言以歌咏盛德成功,少佐盛治之光明,臣终且不瞑。"[①]周紫芝《时宰生日诗三十绝》序:"小诗之三十章,姑以伸颂愿之情而已。倘欲叙述功德之美,载之简册之间,虽累千万言而

---

① 《全宋诗》卷一八三六,第20447页。

不尽也，况于八百有四十言乎？"①由此等等，均体现了儒家诗学主张"美刺"中的"美"。自先秦以来，特别是到了宋代，儒家诗学的"美刺"不仅是文学创作的两大理论主张，而且也是创作主体在政治实践中赖以立身的根本。宋学的先驱者之一欧阳修在《诗本义》卷一四《本末论》中便明确地指出：

> 作此诗，述此事，善则美，恶则刺，所谓诗人之意者本也。正其名，别其类，或系于此，或系于彼，所谓太师之职者末也。察其美刺，知其善恶，以为劝戒，所谓圣人之志者本也。求诗人之意，达圣人之志者，经师之本也。讲太师之职，因其失传而妄自为之说者，经师之末也。今夫学者得其本而通其末，斯尽善矣；得其本而不通其末，阙其所疑可也。虽其本有所不能通者，犹将阙之，况其末乎？……若诗之所载，事之善恶，言之美刺，所谓诗人之意，幸其具在也。然颇为众说汩之，使其义不明，今去其汩乱之说，则本意灿然而出矣。今夫学者，知前事之善恶，知诗人之美刺，知圣人之劝戒，是谓知学之本而得其要，其学足矣，又何求焉！②

"作此诗，述此事，善则美，恶则刺"为诗人之本；"察其美刺，知其善恶，以为劝戒"为圣人之本；"求诗人之意，达圣人之志"为经师之本，所以学诗者不必求"谋于太师"之末，唯知"前事之善恶""诗人之美刺""圣人之劝戒"，便得"作诗之本""诗人

---

① 《全宋诗》卷一五二四，第17333页。
② 《诗本义》卷一四《本末论》，影印《文渊阁四库全书》，第70册，第291页。

之意"。在这一本末论中,十分强调了"美刺"的政教职能和诗人以"美刺"为政治实践的立身之本。欧阳修以后的北宋士大夫,便以自己的创作实践履行了这一点。"绍兴和议"与贾似道擅权期间,士人所创作的汗牛充栋的赞美诗,同样基于这一立身之本;何况赞美高宗和秦桧"共图中兴"的"盛德",也非完全违背"善则美"的原则而毫无伦理标准,其标准就是前文所述的"削尾大之势,以革积岁倒持之患"。在家天下的宋代,这无疑是一个重要的伦理标准!而歌颂贾似道率军"抗击"外族入侵的"援鄂之功",则更合乎这一标准。在构成"绍兴和议"与贾似道擅权期间文学生态的过程中,这一伦理标准和"善则美"的诗学主张与其他环境要素一样,其作用是不可忽视的,成了文学群落在高压政治下产生适应性变异的又一生态因子。

当然,在"崇宁党禁"之前,北宋士人在坚持儒家诗学的理论主张的过程中,并没有以谄诗谀文作为在政治实践中的立身之本,而主要表现出"开口揽时事,议论争煌煌"或"言必中当世之过"的创作倾向,重点突出了"美刺"中的"刺"。与此相反,"绍兴和议"与贾似道时代的士人群弃"刺"尚"美",唯"德"是颂,形成了以歌颂高宗和秦桧"共图中兴"的"盛德"与贾似道"重开宇宙,活人万万"的主题趋向。同时就前者而言,从整个国家和民族利益出发,其主题又是十分荒悖的!其实,在高宗和秦桧的内心世界中,以收兵权、杀爱国将领换来的屈己和议,是否真的属于"中兴""盛德"之举,是十分清楚的,高宗在退位之前向臣僚所说的"朕在位失德甚多,更赖卿等掩覆"[①],就昭示了这一点;就后者来

---

① 周必大:《亲征录》,《杂著述》卷一,《全宋文》,第231册,第300页。

说,不仅"援鄂之功"是一个被神化了的主题,而且贾似道执政的十七年中,其误国之迹远远超越了治理政事的功绩。高宗与秦桧一起倡导的这场歌功颂德的运动,是自欺欺人;理宗、度宗与贾似道共同掀起的那场谄颂运动,也概不例外。这种自欺欺人的做法,是心虚的表现,因为心虚,所以需要经久不衰的千歌万颂来提神壮胆。当然,这需要士人的响应和参与。令被歌颂者欣慰不已的是,大批士人以近乎狂热的姿态参与其中,并在以歌功颂德为内涵的话语系统中,掩盖了秦桧作为民族罪人的一面而凸现了其"中兴宋室"的"元圣"形象,掩盖了贾似道的误国之罪而凸现了其"再造宋室"的"元老"形象;凸现了"善则美"的一面而掩盖了"恶则刺"的应有功能。这与欧阳修、王安石、苏轼等北宋诗人相比,虽然方向迥异,反差则甚大,但正如《晏子春秋·杂下》所说:"橘生淮南则为橘,生于淮北则为枳;叶徒相似,其实味不同。所以然者何?水土异也。今民生长于齐不盗,入楚则盗,得无楚之水土使民善盗耶",是相同的立身之本在不同文学生态中的不同表现形态;换言之,是儒家的诗学主张和创作主体的立身之本在以高压政治为气候特征的环境要素催化下的一种逻辑发展。

作为宋代儒学思想的组成部分,欧阳修所阐发的"美刺"主张,将文学与政治紧密地联系在一起,在为文学创作的价值取向进一步明确了理论指南的同时,也为使政治异化创作主体的人格夯实了理论基础,尤其是在"绍兴和议"期间的文学生态环境中,更容易付诸实践而凸现出创作主体文化人格的变异性与劣根性。上述表明,高宗与秦桧及贾似道也正利用了这一点,才得以使士人在以歌功颂德的话语系统中奔竞不息的,从而十分有效地维护了"绍兴和议"与贾似道排斥异己的朋党政治,推进了高压政治的生成与进行。

　　高宗和秦桧在推行和议国策中，所以能以严刑摧残正论，推行高压政治，除了手握专制集权外，离不开该集权赖以生成的土壤；或者说，秦桧在人事上党同伐异、排斥和禁锢政敌，在舆论上大肆兴造文字狱，成功地搭建了以自己为核心的、坚如磐石的相党集团，必须具备两个基本条件：一是能辅助高宗"削尾大之势"而获取独揽朝政的大权；一是在士人群中有着党同其相党集团的广泛基础。毋庸赘言，若大批士人均如前述胡铨那样威武不屈，屹屹独立，秦桧相党或高压政治，是断难生成和进行的；同样，若大批士人均如姚勉在丁大全弄权期间时"磊落有奇节"，贾似道也绝不可能长时间实施其顺者昌、逆者亡的高压政治，即所谓"皮之不存，毛将焉附"？而在以歌功颂德为内涵的话语系统中奔竞不息的士人群，无论是违心抑或真心，都既成了高度一元化的专制政治这张"皮"上之"毛"，又充当了推行专制政治的秦桧与贾似道之"毛"赖以生存之"皮"。

　　诚然，在谄谀群中，并非个个都能进入高压政治的权力中心。以"绍兴和议"期间的谄颂者为例，其中有像周紫芝那样长期厕列秦桧之门，又有像胡寅那样始颂秦桧终为秦桧所弃，甚至成为秦桧必杀的对象。但他们在歌功颂德的过程中，都成了高宗和秦桧的高压政治或秦桧相党集团赖以生成的坚实基础和坚强后盾。事实充分表明，正是阵容壮大的谄颂群以经久不衰的赞美之声，为极度心虚的擅权者提神壮胆，因而在客观上十分有效地助长了高压政治的肆虐，甚至党助了秦桧与贾似道，排斥了其政敌。

　　综上所述，不难发现，"绍兴和议"期间与贾似道时代的高压政治是该时期文学生态的首要环境要素，这一要素所以能产生效应的关键，则在于文学生态最终赖以形成的创作的主体。作为既是创作主体又是参政主体的谄谀者，在残酷的党禁中，虽遭心灵畏怯，呈现出集体的怔忡症与失语症，但由于积淀着极易被政治异化的文化性格，又很快地适应了以高压政治为气候特征的生存环境，自觉地营造了以歌功颂德为内涵的话语系统，创作了汗牛充栋的谄诗谀文。尽管这些诗文具有一定的伦理标准和儒家诗学的理论依据，但就创作主体而言，却锐气顿失，灵光耗散，卓识幽闭，使"绍兴和议"与贾似道误国期间的文坛呈现出一派"弥望皆黄茅白苇"之势，成了宋代文学史上的一个重要流程，也成了宋代文学命运中一个令人为之悲叹的走向。不过，这绝非偶然现象，也不是某一个体名节的表现，而是中国传统文化在特定生态环境中的必然显现。

第十章

畏祸心理与以理遣情：文学命运的走向之二

　　作为文学生态的环境因子，一元化的高压政治与专制文化政策固然培育了士人的谄谀风气，并由该士风孕育了汗牛充栋的谄诗谀文，但这不是南宋文学命运的唯一走向。在以谄谀为特征的歌功颂德运动此起彼伏、经久不衰的同时，文坛又呈现出以"气方动而遽求静"为精神、以理遣情为目的的创作走向，两者相并而行。后者使南宋文学走向了悠静却痛苦的内心世界，其所呈现出来的境界，虽然严重缺乏一种大气，也无法给人以恢宏壮阔的审美享受，但较诸谄谀之作，却有了明显的清浊之别。不过，这清与浊是同根同源的，是根植于同一文学生态的两种不同表现。高压政治与专制文化政策既孕育了谄谀之风与谄谀之作，又决定了士人的政治命运，使之油然生起强烈的畏祸与外事无可施于我的心理；在畏祸与哀叹无可为之际，便"重抑其情而祈以自保"。追拟晋、宋人物，用以排遣情累，自我镇定，保持初心，就是创作主体"抑情自保"的表现形态。

第一节　党争中的文人命运与心态

王夫之在评论高宗时期士人的去就行藏时指出：

> 人之欲有所为者，其志持之已盈，其气张之已甚，操必得之情，则必假乎权势而不能自释。人之欲有所止者，其志甫萌而即自疑，其气方动而遽求静，恒留余地以藏身，则必惜其精力而不能自坚。二者之患，皆本原于居心之量，而或逾其度，或阻其几，不能据中道以自成，要以远于道之所宜而堕其大业，皆志气之一张一弛者为之也。夫苟弛其志气以求安于分量之所可胜，则于立功立名之事，固将视为愿外之图，而不欲与天人争其贞胜。故严光、周党、林逋、魏野之流，使出而任天下之重，非徒其无以济天下也，吾恐其于忠孝之谊，且有所推委而不能自靖者多也。诚一弛而不欲固张，则且重抑其情而祈以自保，末流之弊，将有不可胜言者矣。①

在认识南宋参政主体与文学主体的内涵特征时，这段评论是值得引起高度重视的。文中将高宗时期士大夫的主体形态概括为两类：一是"逾其度"者，"操必得之情，则必假乎权势而不能自释"，一是"阻其几"者，"恒留余地以藏身，则必惜其精力而不能自坚"，二者所患虽异，但"皆本原于居心之量"，殊途同归；而导致士人缺乏"居心之量"的重要原因，则在于"不能据中道以自

---

① 《宋论》卷一〇，第732—733页。

成"。那么，何谓"中道"？按照正统的说法，"中道"乃"皇极"。"皇极"说源自《尚书·洪范》。相传《洪范》是箕子在回答周武王关于如何治理天下的提问时所作，其中有云：

次五曰：建用皇极。

《洪范》在论如何治理天下时，提出了应引起重视的九个方面，"皇极"被列为第五，适居其中，故后世衍生出"九五至尊"的说法。孔安国《传》则释"皇极"为："皇，大也；极，中也。凡立事，当用大中之道。"《洪范》又云：

凡厥庶民，无有淫朋；人无有比德，惟皇作极。

在这一段话的后面，又有为历代统治者奉为经典而常常用来训导宰执百官的"无偏无党，王道荡荡；无党无偏，王道平平"。故孔安国《传》释上四句之意为："民有安中之善，则无淫过、朋党之恶，比周之德，为天下皆大为中正。"孔颖达《正义》也说："民有安中之善，非中不与为交。安中之人则无淫过、朋党之恶，无有比周之德。朋党比周，是不中者。善多恶少，则恶亦化而为善，无复有不中之人。惟天下皆大为中正矣。"《洪范》又云：

会其有极，归其有极。

"会"又是指什么呢？孔安国《传》曰："言会其有中而行之，则天下皆归其有中矣。"孔颖达《正义》则又作了更具体的阐释：

"'会'谓集会,言人之将为行也,集会其有中之道而行之,行实得中,则天下皆归其为有中矣。天下者,大言之。《论语》云:'一日克己复礼,天下归仁焉。'此意与彼同也。"①总而言之,"皇极"就是"无淫过、朋党之恶"的"大中之道"。惟有此道,才能"集会"士人,使士人在"集会"中团结一致,齐心协力,发挥积极进取的力量,去从事"立功立名"的大事业。这是王夫之所谓"中道"的内涵所在。在王夫之看来,高宗朝因有"朋党之恶",故士人"不能据中道以自成";既然无"中正之道",那么士人即便有经世奇才与回天之力,也必将"远于道之所宜而堕其大业",最终也就无人才可言了,所剩惟有"逾其度"者"操必得之情"与"阻其几"者"恒留余地以藏身";无论是"假乎权势"而"操必得之情",抑或"恒留余地以藏身"而"重抑其情而祈以自保",都是失去"中道"后的相同命运的不同表现形态。王夫之以"朋党之恶"为轴心,以主体的心态即"居心"为依据,对高宗朝士大夫所概括的这一政治命运及其表现形态,同时也是文学领域中创作主体的基本特征,尤其是"阻其几"者在"藏身"中"抑情自保"的心态,便明显地被转化成了具有时代特征的文学创作的一个主题取向。

然而,在宋代,并非所有学者都认同孔安国、孔颖达对"皇极"的解释,尤其是朱熹,对此曾作有严厉的斥责。这就关涉上述王夫之的批判在理论上能否成立或在南宋是否具有普适性的问题,故有必要稍作辨析,庆元二年(1196),朱熹撰《皇极辨》,其中有云:

---

① 《尚书正义》卷十二,《十三经注疏》本,第189—190页。

先儒（指孔安国）未尝深求其意，而不察乎人君所以修身立道之本，是以误训皇极为大中。又见其词多为含洪宽大之言，因复误认中为含胡苟且、不分善恶之意。……以误认之中为误训之极，不谨乎至严至密之体，而务为至宽至广之量，其弊将使人君不知修身以立政，而堕于汉元帝之优游，唐代宗之姑息，卒至于是非颠倒、贤否贸乱而祸败随之，尚何敛福锡民之可望哉？呜呼，孔氏则诚误矣！然迹其本心，亦曰姑以随文解义，为口耳占毕之计而已，不知其祸之至此也。[1]

认为"皇极"乃"人君所以修身立道之本"，孔安国却不从此立论，故误导了"人君"，导致了"是非颠倒、贤否贸乱而祸败随之"。自绍熙以后，朱熹常常谈论"皇极"，而无不以"人君"立论。如郑可学所记辛亥（绍熙二年，1191）朱熹言论："皇极非大中，皇乃天子，极乃极至，言皇建此极也。东西南北，到此恰好，乃中之极，非中也。但汉儒虽说'中'字，亦与今不同，如云'五事之中'，是也。今人说'中'，只是含胡依违，善不必尽赏，恶不必尽罚。如此，岂得谓之中？"[2]汉儒所说的"五事"，即《汉书·五行志》所载："'皇之不极，是谓不建'，皇，君也；极，中也；建，立也。人君貌、言、视、听、思，心五事皆失，不得其中，则不能立万事。"这为朱熹释"皇极"的主体为"人君"所取，但关于"五事"的内容，朱熹重新释定为"'格物、致知、诚意、正心、修身'五个"[3]，即"人君所以修身立道之本"的五种表现。

---

[1] 《朱熹集》卷七二，第3747页。
[2] 《朱子语类》卷七九《尚书二·洪范》，第2042页。
[3] 《朱子语类》卷七九《尚书二·洪范》，第2042页。

朱熹对"皇极"的这一解释，固然与他要求皇帝从"正心诚意"做起的思想相吻合，但他对孔安国将"皇极"训为"无淫过、朋党之恶"的"大中之道"表现出如此大的愤懑，却不能不说与他的"君子有党论"有着最直接联系。如前章所述，淳熙八年（1181），朱熹在祭吕祖谦一文中，公然提出以"吾道"结"吾党"，以"吾党"行"吾道"；为了强化道学势力的"庇护者"的朋党意识，绍熙元年（1190），朱熹又写信给刚任宰相不久的留正，竭力鼓励他"不惟不疾君子之为党，而不惮以身为之党；不惟不惮以身为之党，是又将引其君子以为党而不惮也"。既然如此，当然不会同意孔安国对"皇极"的"误训"而严斥不贷了。从这个意义上说，朱熹的"皇极辨"实为其"君子有党论"作辩护。关于宋人的朋党论的严重缺陷，中编已有阐释。朱熹对孔安国"皇极"说的斥责，再次证实了宋人朋党意识的坚固性，也体现了王夫之所说的"不能据中道"的"居心之量"。诚然，朱熹为了固守"君子有党论"而重新界定"皇极"的内涵，在主观愿望上出于辨别现实党争中"是非""贤否"的"至严至密之体"。但对于孝宗至宁宗三朝的"道学朋党"与"反道学党"之争的性质，朱熹的同调杨万里与政敌洪适，都以无谓的"蛮触相争"为喻（引见下文），其相争又以大规模的"庆元党禁"而告终，将高宗时期的"朋党之恶"再次推向了高峰。由此观之，王夫之关于"不能据中道以自成"之论，不但完全可以成立，而且是相当深刻的；不但切合于高宗朝的士大夫，整个南宋士人也大致可以作如此观。

不过，南宋士人因"朋党之恶"而"不能据中道以自成"，并不完全取决于自身的"居心之量"，同时与"国是"这个高度一元化的政治与文化制度息息相关。"逾其度"者就是依仗"国是"，

"假乎权势",排斥异己的;"阻其几"者也同样是在以"国是"为依据的党同伐异中受阻遭斥后,才"重抑其情而祈以自保"的。如中编所述,作为一种新型的政治与文化制度,宋代"国是"在君权与"与士大夫治天下"的"士本位意识"合力共振中产生,既切合于君权的运作,又出于"士本位意识"所需,但在"国是"的具体运行中,滋生了严重的"朋党之恶",使士人"不能据中道以自成"而分裂成为"逾其度"者与"阻其几"者两大同根同源却不同表现的主体形态。主体的这两大表现形态既取决于"居心之量",又受制于高度一元化的"国是",两者互为因果,相辅相成。在此互动中,若以"国是"为法律依据的党同伐异,深深影响了士人的政治命运,士人在党同伐异中的"居心之量"则决定了其特有的心态。那么其命运与心态是怎样表现在文学创作中呢?不妨先以《梁溪漫志》卷八《韩蕲王词》为例:

> 绍兴间,韩蕲王自枢密使就第,放浪湖山,匹马数童,飘然意行。一日,至湖上遥望,苏仲虎尚书宴客,蕲王径造其席,喜甚,醉归。翼(翌)日,折简谢,饷以羊羔,且作二词,手书以赠,苏公缄藏之,亲题其上云:"二阕三纸,勿乱动。"淳熙丁未,苏公之子寿父山丞太府携以示蕲王长子庄敏公,庄敏以示予,字画殊倾欹,然其词乃林下道人语。庄敏云:"先人生长兵间,不解书,晚年乃稍稍能之耳。"其一词《临江仙》云:"冬看山林萧疏净,春来地润花浓。少年衰老与山同。世间争名利,富贵与贫穷。 荣贵非干长生药,清闲是不死门风。劝君识取主人公。单方只一味,尽在不言中。"其一《南乡子》云:"人有几何般。富贵荣华总是闲。自古英雄

都如梦,为官。宝玉妻男宿业缠。 年迈衰残。鬓发苍浪骨髓干。不道山林有好处,贪欢。只恐痴迷误了贤。"①

韩世忠是位行伍出身且又久经沙场的大将军,晚年不仅学起书法,而且涉足本是文人所专所擅的填词事业来,可见"文治"对士人知识结构与文化品位的渗透力,但韩世忠绝非是为了填词而填词。绍兴十一年(1141)春,金兀术以铁骑十余万渡淮南下,直逼长江,宋将刘锜等部阻击金兵于柘皋,韩世忠与岳飞及时来援,驱赶金兵渡淮北去。时值高宗—秦桧集团决意实施和议之际,生恐将帅不服,故借柘皋之捷,密诏韩世忠、张俊与岳飞三大将入朝"行功论赏",任韩世忠、张俊为枢密使,岳飞为副使,明升官职,实夺兵权。同年十月,岳飞父子下狱,不久遇害;韩世忠则因"惧桧阴谋,乃力求闲退",脱去枢密使之职,"自此杜门谢客,绝口不言兵。时跨驴携酒,从一二童奴,游西湖以自乐。平时,将佐罕得见其面"。②这一畏祸及身与避祸全身的心态的生成,固然源于秦桧的"阴谋",但秦桧使用"阴谋"却是为了履行早在绍兴八年(1138)业已达成的与金和议的"国是"。面对这一不可逾越的"国是",以及为国抗敌的岳飞父子没有倒在疆场却反而成为"国是"的刀下冤魂的大不公,韩世忠的内心无疑是十分痛苦的;痛苦之余,又难免丛生畏祸之情。他的《临江仙》《南乡子》二词,就是在既痛苦又畏祸的双重心态下写成的。唐代诗人曹唐《小游仙诗》(其八十四)

---

① 《梁溪漫志》卷八《韩蕲王词》,第90页。
② 《要录》卷一四二"绍兴十一年十月癸巳"条,第2677页。

有云:"紫微深锁敞丹轩,太帝亲谈不死门。"①与此相比,韩词中的"荣贵非干长生药,清闲是不死门风",似乎更显"林下道人"的风采,作者无须亲临"紫微"之殿,也不必聆听"太帝亲谈",在"冬看山林萧疏净"的一片"清闲"中,足以轻松地履行"长生"要旨!同时又劝人在"清闲"与"荣贵"中作出正确的抉择:切莫求取"荣贵",也切莫争做英雄,因为"富贵荣华总是闲,自古英雄都如梦"!这就对世间争功名、求富贵作了彻底的否定。韩世忠从先前不仅"言兵"而且率兵驰骋疆场到后来"绝口不言兵"、非但"绝口不言兵"且又心仪"不死门"的转化过程,典型地体现了王夫之所说的"阻其几"者"弛其志气以求安于分量之所可胜,则与立功立名之事,固将视为愿外之图,而不欲与天人争其贞胜"。然而,这是一种百般无奈!这无奈固然是"不能据中道"所致,但"不能据中道",乃"国是"所为。"国是"不仅是高宗或秦桧相党集团所求,从"靖康之乱"到"绍兴和议"未出笼之前,即新的"国是"尚未形成期间,包括主战首领李纲在内的士人不也多次上疏要求定"国是",争取在朋党之争中的主动权吗?(说详中编)只是"国是"最后倾向了和议,深深地眷顾了高宗—秦桧集团,也为该集团行使"朋党之恶"提供了有力的"法律"依据。这就决定了本欲建立收复失地之大事业者了无用武之地,甚至笼罩在畏祸及身的阴影之中。岳飞父子的被害,对于曾经与之联袂作战、共击金兵的韩世忠来说,就是近在咫尺且又散发着血腥味的"前车之辙"。《临江仙》结拍"单方只一味,尽在不言中",正寄托了作者畏祸及

---

① 洪迈:《万首唐人绝句》卷六一,影印《文渊阁四库全书》,第1349册,第537页。

身的心态，以及因无法改变自我命运而产生的无奈与哀叹。

身处"绍兴党禁"中的仁人志士，既然无法改变自己的命运，且又笼罩在畏祸及身的阴影中，那么必然会采取避祸全身之举；要避祸全身，韩世忠的不与时事，与"清闲"为伍，无疑是行之有效的，因而在士人群中具有了普适性。在议和时，张焘因持反对态度而被罢官，绍兴十三年（1143）冬，"始命提举江州太平观。时旧人往往以异同得罪，公家居绝口不言世事"①；"自秦桧用事，士大夫平日少失其意，祸辄不测，当始议和时，（魏）矼与桧异论，桧尝欲除近郡，矼逊辞不就，奉祠十余年，寓居常山僧舍，一室萧然，卒免于祸焉"②。"秦桧之初相也，（王）居正时为修注，尝白上：以桧作相前所言皆不雠。桧憾之。及桧专国，居正畏祸，屏居常州，时事一不挂口，桧犹夺其职，奉祠十余年"③。高闶在"绍兴和议"实施后，"退居明州，太师秦桧欲卜其向背，因其乡人姚孚者达意于闶，欲以弟之女予其子。闶辞之，遂致其仕，绝口不言时政，杜门观书，卒免于祸"④。如此等等，与韩世忠同出一辙。要言之，在与"清闲"为伍中"抑情自保"，是"绍兴党禁"期间士人所普遍具有的行为模式与心态特征。因此，使上述韩世忠词中的主题在文学创作中具有了普泛化、共通性的特征。再看李弥逊《寄傲轩》：

---

① 周必大：《资政殿大学士左太中大夫参知政事赠太师张忠定公焘神道碑》，《平园续稿》卷二一，《全宋文》，第232册，第319页。
② 《宋史全文》卷二二上"绍兴二十一年二月壬戌"条，第1752页。
③ 吕祖谦：《王公行状》，《东莱集》卷九。《行状》关于这一内容的记载文字较长，此据《要录》卷一六二"绍兴二十一年十月是月"条，第2647页。
④ 《要录》卷一六四"绍兴二十三年正月己亥"条，第3117页。

男儿骛功名，浪起四方志。辙环百年间，正足消两髀。
达人坐进此，妙处不容喙。卷舒周古今，俯仰小天地。
南窗有余清，松菊爽朝气。岂独傲世怀，吾生真可寄。①

李弥逊于绍兴七年（1137）试中书舍人，次年试户部侍郎。绍兴九年（1139），因反对和议忤秦桧，出知漳州，次年奉祠，归隐福建连江西山而终。《寄傲轩》当作于奉祠归隐期间。诗题取陶渊明《归去来兮辞》中"倚南窗以寄傲"之意，诗中的"达人"就是指在彭泽县任不到三月便"自免去职"的陶渊明。这首诗虽无"林下道人语"，却与韩世忠《临江仙》《南乡子》二词之旨同出一辙，都表现了对功名的否定，也同样将自己的命运寄托到了"南窗有余清""松菊爽朝气"的"清闲"之中了。

如上章所述，"绍兴党禁"是令人恐怖的。曾位极人臣的主战勇士张浚谪居永州时，惟恐惹祸及身，"杜门不通人，惟穴墙以通薪水"；论时事毫无忌讳的狂狷之士毛昭德以"大骂剧谈"著称于世，但在临安酒肆遇唐锡，唐锡谓"君素号敢言，不知秦太师如何"时，毛昭德听后却大骇不已，亟起掩耳，连声"放气！放气！"疾走而去。这进一步表明了在以"国是"为依据的"绍兴党禁"下，王夫之所说的"重抑其情而祈以自保"，不仅盛行于士大夫群体，而且也成了一种社会现象。这不仅决定了文学的创作心态及其"清闲"主题的普泛化、共通性的特征，同时使士人的锐气顿失，精神萎靡。《宋史全文》"绍兴二十二年（1152）六月"条载：

---

① 《筠溪集》卷一一，影印《文渊阁四库全书》，第1130册，第701页。

尚书礼部侍郎陈诚之以母忧去。先是，秦桧尝谕诚之曰："事有所闻，可以片纸见谕。"盖桧方用告讦以擢人材，诚之不领其意，以此颇忤桧。左朝散郎张九成时谪居南安军，或问九成曰："近日士大夫气殊不振，曾无一言及天下事者，岂皆无人材耶？"九成曰："大抵人才在上之人作成。若摧折之，则此气亦索。有道之士不任其事，安肯自辱哉。秦公方斥异己，大起告讦，此其势欲杀贤者，然未必不反激人之言。子姑俟之。"①

张九成从气焰灼烈的告讦之风的角度，总结了"士大夫气殊不振"、导致人才丧失殆尽的原因。那么秦桧死后，人才是否真的复生了？在"藏身"中"抑情自保"的创作主体是否出现了新变？绍兴二十五年（1155）秦桧的去世，对长期被"摧折"的士人来说，无疑是生机的来临，也使他们一改"绝口不言时政"的状态，纷纷上书，力斥秦桧的误国之罪，即张九成所谓的"激人之言"。远在贬所的谪居者也按捺不住内心的激动，作诗抒怀。因诗祸被贬辰州的王庭珪在初闻"秦太师病死"与"圣上慨然施旷荡之恩，尽放流人"的消息，便惊喜自己"始获生还"而"感恩出涕"，旋作《赠别陈君授》二首，其一云："十载投荒坐献书，忽闻飞诏下荆巫。归来好上升平颂，已死奸谀不足诛。"同时又作《辰州僻远，乙亥十二月方闻秦太师病，忽蒙恩自便，始知其死，作诗悲之》云："辰州更在武陵西，每望长安信息稀。二十年兴缙绅祸，一朝终失

---

① 《宋史全文》卷二二上"绍兴二十二年六月戊子"条，第1759页。

相公威。外人初说哥奴病,远道俄闻逐客归。当日弄权谁敢指,如今忆得姓依稀。"①生还时的兴奋与兴奋中的希望,交并而至。可以说,王庭珪的诗表达了当时士人群体在命运发生转机后的共同心态。然而,秦桧去世后,并没有像他们预料的那样"上之人作成"人才,高宗依然有选择地任用秦桧余党,继续履行秦桧"固邻国之欢盟""杜邪党之窥觊"的临终遗愿(引见中编),和议也依旧作为令士人无法逾越的"国是",继续被推行;"绍兴党禁"虽然消解了,但主战与主和的尖锐对立一如既往。相对来说,士人命运有所转机,人才有所"作成",文学有所"中兴",是孝宗即位后的事。

相对于高宗朝,孝宗自绍兴三十二年(1162)即位至淳熙十六年(1189)禅位的二十七年间,政治上的"朋党之恶"减少了,士人的政治命运也始为改观;文学上的陆游、杨万里、范成大、尤袤四大"中兴诗人","苏辛词派"与"道学文派",也在此期间全面崛起,将南宋文学推向了高峰。然而,这并不意味着士人真的有了用武之地;不唯士人,孝宗也没有完全拥有实现自己抱负的时空。孝宗虽满怀"锐意恢复"的激情与壮志登上皇位,其帝王生涯却几乎是在高宗的阴影下度过的。在时间上,高宗去世后的第三年,孝宗便禅位于光宗。从皇权的具体运作观之,高宗则以家长身份凌驾于孝宗之上,不断钳制着孝宗的意识与行为,甚至干涉宰相的任免与权幸的进用。关于这一点,宋元史料与当代学者多有论述。②下列记载则又昭示了在"国是"问题上,高宗依然有着决定权:

---

① 《全宋诗》卷一四七四,第16853页;同书卷一四六七,第16817页。
② 详柳立言《南宋政治初探——高宗阴影下的孝宗》,《中研院史语所集刊》第57本第3分;余英时《朱熹的历史世界——宋代士大夫政治文化的研究》(下册)第十二章《皇权与皇极》。

绍兴辛巳（三十一年，1161），金主亮南侵，高宗下诏亲征……次年壬午内禅，孝宗即位。锐意规恢，起张魏公（浚）督师。南轩以内机入奏，引见德寿宫（指高宗）……上（高宗）曰："只是说与卿父，今日国家须更量度民力国力，早收拾取。闻契丹与金相攻，若契丹事成，他日自可收下庄子刺虎之功。若金未有乱，且务恤民治军，待时而动可也。"高宗惩于变故，意不欲战，且闻金人议欲尊我为兄，故颇喜之。孝宗初年，规恢之志甚锐，而卒不得逞者，非特当时谋臣猛将凋丧略尽，财屈兵弱未可展布，亦以德寿圣志主于安静，不思违也。①

孝宗的"锐意规恢"，在他一即位便起用张浚，率师北伐中就表现得淋漓尽致，这也彻底颠覆了长达二十多年之久的以和议为内容的"国是"。无奈张浚向来有勇无谋，成事不足，败事有余，"隆兴北伐"很快以失败告终。这给高宗继续推行既定的以"主静"为指导思想的和议"国是"提供了口实，孝宗难以违拗。张浚"符离之败"后，孝宗在下诏责己的同时，亲自确定了"至当归一，异议不得而摇之"的和议"国是"，并诏令宰执百官"期共守之"（引见中编）。当然，孝宗并没有因此彻底放弃"锐意规恢"之志，乾道年间，起用虞允文的目的就是为了实现此志，并在虞允文侥幸取得"采石之捷"后，又萌发出"非特要建功业，如汉文、景蠲天下租

---

① 《鹤林玉露》丙编卷四《中兴讲和》，第301—302页。

赋事,亦将次第行之"①的勃勃雄心。可是,由于"德寿圣志主于安静,不思违也",又据载"上(孝宗)每侍光尧(高宗),必力陈恢复大计以取旨。光尧至曰:'大哥,俟老者百岁后,尔却议之。'上自此不复敢言"②;与此同时,除"当时谋臣猛将凋丧略尽"外,比孝宗早一年继承皇位而与孝宗同年去位的金世宗,颇有明主风范,世有"小尧舜"之誉,其时代出现了"时和岁丰,民物阜庶,鸣鸡吠犬,烟火万里,有周成康、汉文景之风",使孝宗"无衅可乘"。③宋金对峙、南北胶着这一客观状态,为高宗"主静",推行既定"国是"提供了强有力的现实支撑,也使孝宗的"锐意规恢"之志仅仅作为一种美好的憧憬而存在;因而决定了孝宗一朝政治运作的方向。朱熹指出:

> 盖讲和之计决而三纲颓、万事隳,独断之言进而主意骄于上,国是之说行而公论郁于下,此三者,其大患之本也。④

在"隆兴和议"确定后的一个多月后,因左相陈康伯和吏部侍郎陈俊卿的举荐,朱熹以武学博士赴诏,在入都接触了一些省部官员后,深感和议造成的时弊之深,故坚请奉祠。上面所引,就是他离都之前写给陈俊卿信中的一段话。所谓"讲和之计决"与"国是之说行",就是指张浚"符离之败"后,孝宗在太上皇的干预下,

---

① 《宋史全文》卷二五下"乾道八年八月甲子"条,第3130页。
② 《四朝闻见录》乙集《孝宗恢复》,第58页。
③ 张金吾:《金文最序》,《金文最》卷首,《宋史》卷三五《孝宗本纪三》,第692页。
④ 《与陈侍郎书》,《朱熹集》卷二四,第1022页。

重新恢复绍兴年间所推行的和议之"国是";"独断之言"即指孝宗在处理政事时,跨越中书,以"御批"或"内批"的形式独自专断(说详中编)。朱熹将重新推行和议这一"国是"与"独断"视为天下"大患之本",是针对当下的政治之弊而言,更多的是带有预言成分,但后来政治运作的方向与态势,却基本上证实了这一点。其标志不仅在于和议在孝宗禅位之前一直作为"国是"而存在,同时孝宗在位听政期间,始终没有离开过"独断之言";"国是之说行而公论郁于下",则又为后来"道学朋党"与"反道学党"之争拉开了序幕。

因此,在孝宗时期的政治运作过程中,虽未发生危及士人生命的重大党争,士人的仕途与文学创作也有了相对宽松的环境,但由于和议仍然作为"国是"而存在,使士人无法实现至死不渝的"规恢"之志。辛弃疾"把吴钩看了,栏杆拍遍,无人会,登临意""却将万字平戎策,换得东家种树书"等词句,便形象地总结了一代爱国志士"报国欲死无疆场"而饮恨终身的命运;而"国是之说"则又孕育了以"主静"为务、盘根错节的官僚势力,并为他们抑制"公论"、党同伐异提供了法律依据。"郁于下"的"公论"者虽然不时地与抑制"公论"者作抗争,但一方面在抑制与反抑制中,双方都表现出意气化的"朋党之恶",一方面抗争者由于无法跨越"国是"的障碍,常常流露出"气方动而遽求静"的心理与精神状态。这种状态在淳熙后期至绍熙年间表现得尤为明显,至"庆元党禁",则全面重现了绍兴时期士人的命运与心态,也重现了绍兴期间形成的"抑情自保"的创作主体及其"清闲"主题。这从下列杨万里的行迹中可见一斑:

杨诚斋自秘书监将漕江东,年未七十,退休南溪之上。老屋一区,仅庇风雨。长须赤脚,才三四人。徐灵晖赠公诗云:"清得门如水,贫唯带有金。"盖纪实也。聪明强健,享清闲之福十有六年。宁皇初元,与朱文公(熹)同召。文公出,公独不出。文公与公书云:"更能不以乐天知命之乐,而忘与人同忧之忧,毋过于优游,毋决于遁思,则区区者,犹有望于斯世也。"然公高蹈之志,已不可回矣。尝自赞云:"江风索我吟,山月唤我饮。醉倒落花前,天地为衾枕。"又云:"青白不形眼底,雌黄不出口中。只有一罪不赦,唐突明月清风。"①

宁宗即位的当初,可谓"道学朋党"与"反道学党"决一"死战"的关键时刻。绍熙五年(1194),在"道学朋党"的政治领袖赵汝愚的主持下,废弃了患有严重精神病的光宗,另立宁宗,随即召前朝元老杨万里与道学"大佬"朱熹赴朝。五月,朱熹应召入宫,侍讲经筵,杨万里却辞而不赴。六月,朱熹致书杨万里,劝其趋召一出,联袂感化宁宗,用于战胜"反道学党"的势力。杨万里的回信则以古文笔法,创造了一个寓意深远的梦境:

某昨日入城修州民之敬,夜宿城外一茅店,通昔展转不寐。五更忽梦至一岩石之下,见二道士对弈,意以为仙也。问某何自至此,答以仆弃官游山今四年矣,独未至此山,故来。且谈且弈,二人皆敌手。至末后有一著,其一人疑而未下,其一人决焉,径下一子,疑者颓颓。某默自念,仙家亦有争。颓

---

① 《鹤林玉露》甲编卷四《诚斋退休》,第63页。

者觉,笑曰:"君子无所争,必也弈乎"。忽青童自外来曰:"有客"。二仙趋而出,肃客而入,云:"二客盖东坡、山谷也。"既啜茶,二仙谢二客曰:"局不可不竟,请寓目焉。"复且弈且谈。二客侍谈寖远,若未忘前事者,似颇及元丰、元祐间纷纭事,且叹且泣。二仙起曰:"何两先生相语之悲也?"二客吐实,一仙笑顾东坡曰:"先生之诗不云乎:'惟有主人言可用,天寒欲雪饮此觞。'"又顾山谷云:"'南山朝来似有意,今夜傥放新月明',非先生诗乎?"客主俱大笑。某一笑而寤,追忆其事,莫晓其故,天已明矣。①

这一梦境实际上是个寓言。"莫晓其故"是假,以此寓言拒绝朱熹的规劝是真。文中所述二仙对弈的状态,寓含了对当下朋党之争的性质与情形的认识;苏轼、黄庭坚的出场及其谈论"元丰、元祐间纷纭事"时的"且叹且泣"的悲哀,则旨在预示这场朋党之争将给士大夫所带来的悲剧命运。在淳熙十四年(1187)十一月,孝宗决定"皇太子参决庶务"之际,身为秘书监兼太子侍读的杨万里,分别给孝宗与太子即后来的光宗上书,直言无忌地痛陈"皇太子参决庶务"将使"天下之心宗乎二人"而"彼此党立","彼此党立"则"父子之隙必开","父子之隙必开"则国无宁日的危害性。②"当时诸公,皆甚其言。至绍熙甲寅,始服见先见"③。同样,上引书信中的预言不久也变成了现实,朱熹立朝四十六天,就

---

① 《答朱晦庵书》,《诚斋集》卷六八,《全宋文》,第237册,第367页。
② 《上寿皇论东宫参决书》《上皇太子书》,《诚斋集》卷六二,《全宋文》,第237册,第80、87页。
③ 《鹤林玉露》甲编卷六《太子参决》,第105页。

被驱赶出朝,等待他的便是"伪学""伪党"之禁,并在严酷的党锢中告别了人世。由此观之,杨万里不愧为出色的预言家。也正因为如此,能避祸全身,在"藏身"中"抑情自保",在"江风索我吟,山月唤我饮。醉倒落花前,天地为衾枕"中,做"清闲"之人,吟"清闲"之诗,"享清闲之福十有六年"。

高宗去世后,孝宗在"乾坤归独御,日月要重光"①的理想冲动下,试图改变长期以"主静"为指导思想的"国是",先后起用道学势力的"庇护者"周必大、留正、赵汝愚,以新朝政。以理想主义者朱熹为"大佬"的"道学朋党",也随之一变先前视孝宗为"大患之本"的成见,深感"得君行道"的时机已成熟,放弃原来以"公论"抨击朝政的消极斗争模式,纷纷进入了权力世界。但由于孝宗父子的交隙,使王淮的在朝势力"反道学党"有机可乘,他们利用光宗,重新聚集力量,重构反击阵势。光宗的被废,似乎给"道学朋党"的胜出带来了希望。所以,朱熹规劝杨万里趋召一出,感化宁宗,争取新君的支持,并将此视为"宗社生灵之计"②。但杨万里的回信在认识上却无这种高度,信中借二仙对弈状态,暗示了这场政治斗争的性质只不过是好强争胜而已。当然,这并不意味杨万里是个中立者,在乾、淳年间,其政治立场是偏向"道学朋党"的,他无视历史的真实性而赞美张浚"一言能定国"③,以及高宗去世后力主以张浚配飨高宗庙庭,与张栻和朱熹合作的隐恶夸善、严重缺乏史德的《张浚行状》同样表现了鲜明的党派之见,即

---

① 《朱子语类》卷一二七《孝宗朝》,第3060—3061页。
② 《答向伯元》(其四),《朱熹集·别集》卷一,第5345页。
③ 《近故太师左丞相魏国文忠京公挽歌》(其一),《全宋诗》卷二三一四,第26627页。

王夫之所说的在"朋党之恶"下的"居心之量"。但与朱熹相比，杨万里对党争的热情要低得多，有时呈现出冷眼旁观的姿态，因而面对党争多了一份理性的观察，对党争趋势的判断也具有了相当的精确性，所以避免了遭禁被害的悲剧命运。而杨万里的"冷眼"与理性观察，则源于对"世路风涛"的畏惧。他在给周必大的信中说：

> 独世路风涛真可畏耳。近有读邸报感事诗："去国还家一岁阴，凤山锦水更登临。别来蛮触几百战，险尽山川多少心。何似闲人无籍在，不妨冷眼看升沉。荷花政闹莲蓬嫩，月下松醪且满斟。"①

淳熙十五年（1188），杨万里为张浚争配飨，削去直秘阁，诗谓"去国还家一岁阴"，当指淳熙十六年；"别来蛮触几百战"一句，就是指令诗人"真可畏"的当下"世路风涛"；其寓意则与前引《答朱晦庵书》中的寓言相同，比喻"道学朋党"与"反道学党"之争的性质。杨万里托病辞官，原因便在于此。又其《答湖州虞察院》说："某伏自壬子（按：绍熙三年）之秋谢病西归，即反关荆扉，扫轨世路，遂决终焉之计。姓名不出州间，书问不至通贵，有如门下同朝知己之旧，诗社论文之契，亦复作疏。非意也，势也。"②也道出了畏祸之深，避世之切。这就为他以寓言拒绝朱熹的规劝，作了全面的注解。其实，这种畏祸心态不只为杨万里所独

---

① 《与周子充少保书》，《诚斋集》卷六六，《全宋文》，第237册，第327页。按：《读邸报感事诗》一题《感兴》，见《全宋诗》卷二二九九，第26411页。
② 《诚斋集》卷一〇四，《全宋文》，第237册，第385页。

有。《道南源委》卷三载朱熹门人方士繇语曰：

> 绍兴（熙）间，朱子门人有至行在者，公卿延致恐后，公闻之，叹曰：'异时必为学祸。'又尝劝朱子少著书，以教人读《集注》为未妥。未几，果有伪学之禁。①

方士繇终身未仕，了无政潮风波的亲身体验，却认为朱熹应召入宫，侍讲经筵，"异时必为学祸"，可见畏惧"世路风涛"的心理已弥漫于广大士人群体中；尤其是对朱熹"教人读《集注》"的评论，与杨万里一样具有预见性。《集注》是《论语集注》《孟子集注》《大学章句集注》和《中庸章句集注》的合称，是朱熹精心构撰而成的集中体现道学思想的著作，完成于淳熙四年（1177）六月。②从方士繇的言论观之，朱熹著《集注》并"以教人读《集注》"，并不囿于"鸣道"传道的范围，而与乾道以来道学与反道学的朋党之争紧密地联系在一起了。事实上，《集注》中的观点，是朱熹批评朝政、评骘人物、抨击异己的思想依据，所以方士繇以为"异时必为学祸"；而方氏的这一判断，就是以对"朋党之恶"的清醒认识与畏惧心理为依据的。事实正如其所料，在庆元"伪学之禁"中，《集注》成了首禁的对象。至于朱熹，虽然毅然决然地应召赴讲筵，但内心也不乏恐惧感，他在赴朝行至六和塔时，便对迎接他的同党说："彼方为几，我方为肉"（引见上编），就鲜明地体现了这一点。孙应时在朱熹厕身讲筵不久，也来信指出：

---

① 《道南源委》卷三，《丛书集成初编》，第3345册，第95页。
② 束景南：《朱熹年谱长编》卷上，第585页。

> 中夏抵家，则闻先生亦已视事长沙。入秋，又闻命召，固知先生必不得辞……窃计今兹日侍经纬，格心正本之业，天实启之，宗社幸甚……今岁国家事体之变，亦亘古所未有。臣子痛哭流涕之余，逢嗣皇圣德日新，宗臣身任天下，求谏进贤，如恐不及，我宋列圣垂休累德，中兴之运，意其在兹。然而哀敬危惧之心，正未可顷刻释也。深思长虑，厥惟艰哉！①

相对于杨万里与方士繇，孙应时可谓是朱熹的真正知音，他虽对当下"厥惟艰哉"的政治局势充满了"危惧"之感，并告诫朱熹"深思长虑"，但对朱熹"与人同忧之忧"及其战斗性格表示了认同与敬仰。若杨万里与方士繇因畏惧"世路风涛"而"冷眼看升沉"；朱熹与孙应时则如王夫之在分析宋代士人心态时所说的"欲搏忠直之名，又畏祸及"②。前者因畏祸而退却，后者明知"畏祸及"而偏向祸中行。可以说，这两者集中代表了在"朋党之恶"中士人的两种心态及其行为方式，因而带来了两种不同的命运：朱熹身处党争旋涡而惨遭祸害；杨万里远离祸害而"享清闲之福"。不过，因"朋党之恶"而"堕其大业"则一，"堕其大业"后以"清闲"为伍的心路历程与以理遣情的文学实践，也无二致。

"道学朋党"与"反道学党"之争的激化，始于淳熙后期；至宁宗即位，进入了白热化的阶段；庆元元年（1195），赵汝愚被贬（次年卒于贬所）与"伪学之禁"，标志了"道学朋党"的彻底失

---

① 《上晦翁朱先生书》（其九），《烛湖集》卷五，《全宋文》，第289册，第463页。
② 《姜斋诗话》卷下，《清诗话》，第18页。

败;庆元三年(1197),五十九名"学党"人员被立党籍,"与闲慢差遣"①,宣告了"反道学党"的全面胜利,长达十五六年之久的"道学朋党"与"反道学党"之争也因此暂告一段落。这是在南宋政治史上朋党双方相互对峙、正面交争的时间最长的一次朋党之争。这场党争,不仅耗尽了在朝士大夫的精力,乾道以来开始"中兴"的人才也因此未能竭尽其才,而且在士人群中普遍产生了不安情绪与畏祸心理,并深深影响了他们的政治命运。不在"学党"之列的孙逢吉因为朱熹辩护而遭贬后,"杜门深居,时事一不挂口"②,便与上述杨万里一样,体现了该时期士人在多舛命运中"抑情自保"的心理与精神状态。

然而,尤可哀叹的是,作为这场党争的胜利者,韩侂胄相党集团为自己设计了更为悲惨的命运。韩侂胄及其党羽将"道学朋党"一网打尽后,草率发动了"开禧北伐"。这是继张浚"隆兴北伐"后的又一次以实际行动颠覆了与金和议的"国是"。但因"开禧北伐"以失败告终,韩侂胄的首级成了政敌献媚金人、换取和议的礼物,其党羽也随之被贬。在此之前,北伐失败的例子并不少,张浚一人就有三次大败绩的记录,却依然被其党羽视为"中兴贤相",甚至是"一言能定国"的天才与伟人。何独韩侂胄遭此下场?淳熙以来,"道学朋党"以不屈不挠的斗志,反击"反道学党"的最终目的,不也就是为了助孝宗实现"规恢"——"乾坤归独御,日月要重光"——的理想?韩侂胄身首异处的惨剧,无疑是"朋党之恶"所致,是朋党之争中同恶相济的结果。韩侂胄既然可以作厉禁

---

① 《建炎以来朝野杂记》甲集卷六《学党五十九人姓名》,第140页。
② 楼钥:《宝谟阁待制献简孙公神道碑》,《攻愧集》卷九六,《全宋文》,第265册,第335页。

"伪学"、残害"伪党"之恶,那么恨之者也就完全可以杀戮相报了。这是在同恶相济的恶性循环中生成的一种逻辑思维,事实也证明了其客观存在。作为诛杀韩侂胄的主谋、为"道学"争得正统地位的功臣,史弥远就是怀着这一逻辑思维,开始其腾达的政治生涯的,并在另立太子的阴谋中进一步强化了其相权,长时期实施其相党政治。那么在史弥远的相党政治下,士人的生态环境与政治命运又是怎样的呢?不妨先看下列记载:

> (嘉定十七年,魏了翁)论士大夫风俗之弊,谓:"君臣上下同心一德,而后平居有所补益,缓急有所倚仗。如人自为谋,则天下之患有不可终穷者。今则面从而腹诽,习谀而踵陋,臣实惧焉。盖亦察人心之邪正,推世变之倚伏,开拓规模,收拾人物,庶几临事无乏人之叹。"其言剀切,无所忌避,而时相始不乐矣。①

所谓"时相",即指史弥远。在上列这文字之前,魏了翁还具体指陈了史弥远执政以来士风之弊及其成因:"进焉而柔良,退焉而刚方;面焉而唯唯否否,背而戚戚嗟嗟;成焉而挟其所尝言以夸于人,不成焉而托于所尝料以议其上。"而"进焉"与"成焉"者"大率应故事、徒文具,而无恻怛忠敬之实,而诿曰'恶讦以近名也,讳激以败事也'。其号为谠直,亦不过先为称赞之词,而后微致规劝之意。"其因则在于史弥远的"尚同恶异"。这重复了上引张

---

① 《宋史》卷四三七《魏了翁传》,第12967页。其题目为《论士大夫风俗》,见《鹤山先生大全文集》卷一六,《全宋文》,第309册,第94—95页。

九成所论"绍兴和议"期间"士大夫气殊不振"的人才格局，所以使魏了翁既哀叹不已，又畏惧重重。在这样的政治环境下，士人的命运与心态也就不难想见了。"江湖诗人"的际遇便为此提供了充分的证明。

在"江湖诗人"群中，除刘克庄等少数士人外，多数已不与仕事了。不与仕事并不是说与政治绝缘，他们仍然不失对现实政治的终极关怀，只不过他们所关怀的政治是令人丛生畏惧的"朋党之恶"，而且在不断的同恶相济中，其环境变得越来越恶劣。因此虽不与仕事，却也难免类似其前辈的舛命厄运。宝庆元年（1225），史弥远相党集团蓄意炮制的"江湖诗案"，就验证了这一点。在这起诗案中，《江湖集》被毁，陈起被贬，曾极与赵汝迕先后贬死，一时间诗祸的阴影笼罩着众多的"江湖诗人"，并在他们的作品中得到了不断的反映。林尚仁《春日偶成》："懒说江湖十年事，近来平地亦风波。"①徐集孙《公无渡河》："争如平地有风波，人心之险险于河。"②周弼《戴式之垂访村居》："獬豸峨冠岂无事，不触奸邪触诗士。虽当圣世尚宽容，滔滔宁免言为讳。"③又刘克庄作《病后访梅九绝》（其一）云："梦得因桃数左迁，长源为柳忤当权。幸然不识桃并柳，却被梅花累十年。"④该诗作于端平元年（1234），自宝庆元年至端平元年，恰好十年。由此可见，诗祸长时间地萦绕在诗人的心头。关于"江湖诗案"的起因、祸及人员及"江湖诗人"的畏祸心态，张宏生先生已有详细的考察，并指出"二十多年后，

---

① 《全宋诗》卷三二七〇，第38983页。
② 《全宋诗》卷三三九〇，第40328页。
③ 《全宋诗》卷三一四六，第37736页。
④ 《全宋诗》卷三〇四二，第36276页。

江湖诗祸的余威仍在"①。下面不妨以刘克庄的几篇散文为依据，从另一侧面解读"江湖诗人"在不幸命运中的复杂心态。刘克庄《除潮倅谢丞相启》：

> 夹日元臣，擎天老手。处伊尹、周公未尝处之事，力量有余；为赵普、韩琦不能为之功，声色弗动。广搜罗于夹袋，尤轸念于绋袍。谓先人忝更化之都司，而贱息亦翘材之未至，因其恳请，宠以便安。某再世衔知，三生图报。②

在台谏梁成大、李知孝奉史弥远旨意勘治"江湖诗案"中，因郑清之的解救，刘克庄幸免一难。③绍定元年（1228）秋解任建阳后，次年又得以除承议郎、通判潮州。上引启文作于赴任潮州通判之际，也就是勘治"江湖诗案"的第四个年头。文中所颂扬的才华与功绩远在伊尹、周公与赵普、韩琦之上的"擎天老手"，就是指史弥远。然而据林希逸《后村刘公状》说："得倅潮阳，赵至道犹以嘲咏谤讪弹之，毒由梁、李也，刑寺下所属究实。……主管仙都观。"④由此可见，尽管刘克庄搜肠刮肚地献上了为权相所最爱听的赞美词，但史弥远因对刘克庄的幸免而耿耿于怀，不领其情，在"得倅潮阳"之际，仍"以嘲咏谤讪弹之"。刘克庄罹祸后，再作

---

① 详见《江湖诗派研究》，第358—368页。
② 《后村先生大全集》卷一一七，《全宋文》，第328册，第54页。
③ 刘克庄《祭郑丞相文》云："曩遭诗祸，几置台狱。公在琐闼，力解当轴。"见《后村先生大全集》卷一三八，《全宋文》，第332册，第211页。按：郑清之是史弥远废立帝王的同谋，故能"力解当轴"。
④ 《竹溪鬳斋十一稿续集》卷二三，《全宋文》第336册，第33—34页。

《除仙都观谢丞相启》,其中有云:"巍乎立伊、周之功,魁然有韩、富之量。谓风宪若雷霆之于物,宁无击搏之威;而庙堂体天地以为心,常主发生之德,遂捐闲廪,俾奉高堂。某敢不衔戢陶容,精勤香火?"与此同时,刘克庄又先后作《谢台谏启》,投于史弥远的爪牙梁成大、李知孝,后一篇说:

> 抨弹罪大,宜不齿于缙绅;扶拭恩深,俾栖身于香火。惊魂返干,感涕沾衿。伏念某甫脱字民,躐求丞郡,惟不安于愚分,遂自速于危机。每平心诵擢发之文,无一字非切身之过。父生师教,下愚至老而不移;诗癖酒狂,二罪同时而俱发。而又负涣涣涉溱之谤,有孳孳为跖之疑。殆丧心之使然,虽噬脐而何及!①

与两首《谢丞相启》相比,这段文章却少了一份赞美与感激之情,多了一份自遣自责之心。当然,谢表启文属于应酬性的文书,不完全出于作者的真情实感,但在宋代,并没有规定赴任者或获罪者必须向宰相与台谏投献感谢文字,何况刘克庄所感谢的对象是无故迫害他的政敌,在感谢中又将史弥远说成是前无古人的德才兼备的"贤相"。孤立起来看,这四篇文章极尽谄谀之能事,也具体佐证了魏了翁所总结的士人"习谀而踵陋"之风的真实性;从具体的境遇观之,则是作者屈于相党政治的淫威而无法主宰自己命运的表现。换言之,刘克庄既痛恨"要路"不顾"国体","组织言语,横

---

① 《除仙都观谢丞相启》《谢台谏启》,均见《后村先生大全集》卷一一七,《全宋文》,第328册,第56—57、57页。

肆中伤"①,又惟恐触怒"要路",转而跪拜在其脚下,通过赞美状、感激状与自遣自责状,感化其怒,以达到避祸全身的目的,尽管"要路"丝毫不领其情,却依然执着为之,典型地体现了"衰世文风感时运"的内涵特征,以及士人在衰世中特有的心态与气格。

"江湖诗人"是南宋后期阵容最大的一个文学群落,也是该时期文学史的主要构筑者之一。在这个群落中,刘克庄年辈虽小,声誉却隆,为其他"江湖诗人"所崇尚,是占领袖地位、起领袖作用的人物。②领袖人物如此,崇尚该领袖者的气格当然不能例外。易言之,由于"江湖诗人"共处以"朋党之恶"为重要标志的衰世中,具有了相同的命运,也形成了相同的心态特征与"江湖习气"。诚然,其中不与仕事者无须像上述刘克庄那样在相党政治的淫威面前作跪拜状,但他们赖以生存的主要方式干谒③,无疑是与刘克庄相同习气的另一种表现形态。如果允许将"江湖诗人"判为一个文学流派,那么该流派的主要标志似乎并不在于相同或大致相同的创作主张与风格特征,而在于创作主体所拥有的相同秉性与气格。事实表明,维系这一文学流派的纽带,主要在于"江湖习气"。这习气使"江湖诗人"的创作主体有了相当的"开放性"与复杂性:既具有对现实政治的终极关怀,又具有为"君子"所耻的干谒与诏谀陋习;既具有向往仕途的一面,又具有因畏祸及身而渴望山林江湖、与"清闲"为伍的一面。这也就是上引王夫之评论所谓"阻其几"者的"末流之弊"。当然,产生此弊的最终根源不在于"江湖诗人"本身,而在于以"朋党之恶"为标志的衰世,是衰世给他们

---

① 《与郑丞相书》,《后村先生大全集》卷一二九,《全宋文》,第328册,第370页。
② 详张宏生《江湖诗派研究》,第24—28页。
③ 关于这一点,张宏生有详细的考察,见其《江湖诗派研究》,第323—351页。

带来的舛命厄运的一种复合型表现形态。

第二节 "朋党之恶"与"和陶拟陶"

创作主体既然笼罩在畏祸及身的阴影中,背负着沉重的畏祸情累,那么必然要寻求"重抑其情而祈以自保"的途径。在人拟晋、宋间人物中,"和陶拟陶"便是"抑情自保"的途径的突出体现。

南渡以后,在士人群中出现令人瞩目的现象:一是在品评人物时,习于追拟晋、宋间人物。如刘一止称吴橐"风度夷旷,如晋、宋间人物"[①];杨万里称范成大"萧然如晋、宋间人物"[②];周必大"亟称"赵平仲居士"信厚温恭,如晋、宋人物"[③];曹彦约称萧必简"凛然晋、宋间人物"[④];包恢称徐致远"有晋、宋间人物风度"[⑤];刘宰称陈莹中"杯酒间任情逸,又仿佛晋、宋间人物"[⑥];戴复古称赵紫芝为"东晋时人物,晚唐家数诗"[⑦];刘过则自称为"晋、宋间人物"[⑧];刘克庄也自谓"玄咏易流西晋学,苦吟不脱晚

---

① 《吴亦虚(橐)墓志铭》,《苕溪集》卷四九,《全宋文》,第152册,第265页。
② 《石湖先生大资参政范公文集序》,《诚斋集》卷八二,《全宋文》,第238册,第235页。
③ 引自杨万里《澹然居士赵公平仲墓表》,《诚斋集》卷一二二,《全宋文》,第240册,第145页。
④ 《朝奉大夫主管崇禧观萧君墓志铭》,《昌谷集》卷一八,《全宋文》,第293册,第104页。
⑤ 《远斋记》,《敝帚稿略》卷四,《全宋文》,第319册,第366页。
⑥ 《陈文莹哀辞》,《漫塘集》卷三六,《全宋文》,第300册,第377页。
⑦ 《哭赵紫芝》,《全宋诗》卷二八一四,第33482页。
⑧ 引自张世南《游宦纪闻》卷一,第4页。

唐诗"[1]。一是形成了几乎无人不追和追拟陶渊明的局面；同时又出现了大量和陶专集。吴芾有《和陶诗》三卷[2]；周必大《文忠集》卷五二有《刘彦纯和陶诗后序》，同书卷三四《武昌判官尚宗簿大伸墓志铭》谓尚大伸有《和陶诗》一卷；杨万里《诚斋集》卷八一有《西溪先生和陶诗序》；孙应时《烛湖集》卷一八有《李简夫知易用其父韵见贻且示和陶一编》；杜范《清献集》卷一七有《题何郎中和陶诗后》；李曾伯《可斋续稿》前卷六有《题覃怀吕充隐和陶诗卷》；真德秀《西山文集》卷三六有《跋黄瀛甫拟陶诗》；刘克庄《后村先生大全集》卷二三有《赵寺丞和陶诗序》，同书卷三一有《跋宋吉甫和陶诗》；陈著《本堂集》卷五〇《梅逸林隐居祠堂记》谓梅泽有《和陶诗》一卷；舒岳祥《阆风集》卷一〇有《刘正仲和陶集序》。

若在追拟"晋、宋间人物"中，昭示了创作主体的精神祈向，和陶则是其精神祈向的具体表现形态。需要说明的是，追拟"晋、宋人物"并非始于南宋文人，在中国文学史上第一个倾心"和陶拟陶"的是苏轼。关于追拟"晋、宋间人物"的现实动因，唐庚《寄傲斋记》作了最直白的说明：

> 吾谪居惠州，扫一室于所居之南，号"寄傲斋"。客指而笑曰："此非取渊明之语乎？子居京师时，何尝念渊明？能念渊明，当不至斥逐。今既至此，然后区区掇寄傲之语，以名其所居而见意焉。晚矣，无及也！"

---

[1] 《自勉》，《全宋诗》卷三〇三六，第36195页。
[2] 其《和陶诗》三卷已佚，现存《湖山集》仅58首。

吾愧谢曰：子责我是矣。然岂知吾之心哉？吾官阆中时，尝考论晋宋人物，至《渊明传》，慨然有感于吾心。时年三十，便有"归欤"之兴，求田问舍，亲友皆怪之。自是以来，俯仰十年，虽未即去，然田园之乐，未尝一日不系于心，而《归去来词》，未尝一日不讽于口。顷任博士，自以出处既不与隆替对，而迂愚拙直，又不能从英俊游。数恳丞相，求西南一官以归，盖将老焉。会奇祸作，以故不果。

嗟乎！吾志不就，类皆如此。今虽云云，谁复信者？信与不信，此复何有？顾惟鬼神知吾此心尔！虽然，吾今适四十尔，天死吾于此乎，复何言哉？设不吾死，得脱谪籍以归，则吾将以三十年之身，穷渊明之乐圃。吾名之以日涉之园门，吾名之以常关之扉林，吾名之以欣欣之林谷，吾名之以涓涓之谷壑，吾名之以窈窕之壑丘，吾名之以崎岖之丘，岂特取"寄傲"之语名一室而已哉？①

唐庚生于熙宁四年（1071），于北宋新旧党争开始全面走向恶化的绍圣元年（1094）进士及第，政和元年（1111），在新党内部的倾轧中，因党同张商英坐贬惠州。其《斗茶记》云："政和二年三月壬戌，二三君子相与斗茶于寄傲斋。"则知上引记文作于初到贬所时。文中强调了他早在三十岁时，就对陶渊明等"晋、宋间人物"产生了向往之情。三十岁以后的十年间，"虽未即去，然田园之乐，未尝一日不系于心，而《归去来词》，未尝一日不讽于口"；惠州之贬，使他未能履行此志而悔恨不已，并在对死的恐惧与对生

---

① 《唐先生文集》卷五，《全宋文》，第140册，第17—18页。

的渴望中,表达了矢志做"晋、宋间人物"尤其是陶渊明的心声。唐庚在十年前心仪"晋、宋间人物",是因为"朋党之恶";十年后矢志做"晋、宋间人物","穷渊明之乐",更是因为"朋党之恶"直接危及了自己的生命。在唐庚以前,苏轼就已追拟陶渊明,并在追和陶渊明中,"自谓不甚愧渊明"①,其因同样在于"朋党之恶"。从苏轼到唐庚,追拟"晋、宋间人物",挖掘陶渊明的当下意义与价值,实际上是在"朋党之恶"中身负畏祸情累的士人,用以排遣情累,自我镇定,追求个体自由与生命价值。南渡以后,陶渊明普遍成了文人安身立命的精神资源。绍兴九年(1139),张元幹所作《跋赵祖文贫士图后》,又从伦理品格、自由与性情等层面,全面揭示了这一资源的当下意义与价值:

> 晋、宋间人物风流,如陶渊明环堵萧然,不蔽风日,短褐穿结,箪瓢屡空,卧北窗下,凉风时至,自谓羲皇上人。此诗独不显姓字,要是当时隐君子耶?抑自况也。贫者士之常,胸次所养果厚,必无寒饿憔悴色,故能安于青松白云之下,而操孤鸾别鹤之音,优哉游哉,聊以卒岁,宜其渊明愿留而保岁寒也。向使望尘雅拜者稍知金谷园中竟不免祸败,讵肯相率以诒事人耶?②

陶渊明虽"不蔽风日,短褐穿结,箪瓢屡空",但因"所养故厚",所以既信厚温恭又萧然夷旷,与"望尘雅拜"而"竟不免祸

---

① 引自苏辙《子瞻和陶渊明诗集引》,《苏辙集·栾城集》卷二一,第1110页。
② 《芦川归来集》卷九,《全宋文》,第182册,第411页。按:该文后段有"绍兴己未(九年)中秋"的记载。

败"者相比，何啻天壤之别！在这里，张元幹高度赞美了陶渊明"君子固穷"的品格，又对陶渊明"白云鸾鹤"般的自由自在，以及"优游卒岁"的性情与生命之境表现出深深的仰慕之情。从李纲《沙阳和归去来辞》"归去来兮，负罪远谪何时归？……愿良朋之与游，备万物于我身"①、王十朋《归去来赋》"归去来兮，终日思归今已归。……食韭盐而无味兮，悟蜗角之真非。泛季卿之竹叶兮，咏晨光之熹微"②、喻良能《和归去来辞》"归去来兮，乐莫乐于公之归。欣故里之可还，何去国之可悲？……嗟彼士人，乃竞乃奔，修容饰词，伺候权门，长裾日曳，成性莫存"③等连篇累牍的和陶之作观之，张元幹对陶渊明的赞美与仰慕，并非是个人的而是群体的；他对陶渊明这一精神资源的挖掘，也非属于一己之得而是时代精神的显现。该时代精神是建立在"不免祸败"的沉痛教训与"负罪远谪"的悲惨境遇之上的，是"悟蜗角之真非"与感"成性莫存"的产物。也就是说，南宋文人追拟"晋、宋间人物"尤其是陶渊明的驱动力，在于"朋党之恶"和在"朋党之恶"中产生的畏祸及身与避祸全身的心理活动。这就决定了他们在追拟中，并非是为了复制"晋、宋间人物"的原型，而是在身处"朋党之恶"时，用以构筑自我的精神家园；以此为底蕴的文学创作，也就具有了鲜明的时代特征。

其一，在功能上，用于排遣由"朋党之恶"带来的沉重情累。

---

① 《梁溪集》卷一四二，《全宋文》，第169册，第33—34页。
② 《梅溪先生文集》卷一一，《全宋文》，第208册，第147页。按："蜗角"一句，典出《庄子·则阳》，谓蜗牛角上有两国，一为"蛮氏"，一为"触氏"，两者仅因寸地之争而旷日征战。此喻朋党之争及其性质。
③ 《香山集》卷一，《全宋文》，第241册，第439页。

在丰富的精神资源库中，有的从它产生的那一刻起，就绵延不绝地影响后世；有的则犹如沉睡在川流不息的历史长河中的闪光体，其"影响"是否能重新闪耀在人们眼前，取决于被"影响"者的现实处境是否需要并足以唤醒这部分历史记忆。对于南宋士人来说，"朋党之恶"以及在"朋党之恶"下的多舛命运，就是这样一个现实"触媒"。这个"触媒"激活了他们对陶渊明这一精神资源的历史记忆，并倾心用于排遣在多舛命运中身负的沉重情累，从中获取个体的自由，实现自我的生命价值。李光《庚午春，予得罪，再贬昌化，琼士饯送者皆怅然，有不忍别之意，严君锡、魏介然追路至儋耳。兹事当求之古人。感叹成古风二百言送行》后段指出：

> 世情逐炎凉，万古同一轨。对境心数役，何以敌生死。南窗可寄傲，散帙忽盈几。松林十里间，移植颇易致。赫日资繁阴，且复宥老楮。夜凉得深禅，日永常晚起。恨君不少留，伴我读书史。①

诗题中的"庚午"，即绍兴二十年（1150）。绍兴九年（1139）十一月，李光因上疏指斥秦桧为了与金和议而毁弃边防之举，被罢去国，绍兴十一年（1141），被贬藤州，次年，移贬琼州，绍兴二十年，又自琼州再贬儋州。"兹事当求之古人"中的"兹事"，即指由"送者皆怅然，有不忍别之意"引发的"对境心数役，何以敌生死"之事，也就是因数次遭贬而郁积于心的遭贬处穷与贬中忧生的双重情累；"古人"是指"南窗可寄傲"的陶渊明，陶渊明《归去

---

① 《全宋诗》卷一四二二，第16391页。

来兮辞》有"倚南窗以寄傲,审容膝之易安"句,李光在贬居琼州时期所作之诗也说:"卜居牛斗墟,筑室瓦砾中。依然植五柳,仿佛余四松。南窗有幽意,寄傲膝可容。"①"求之古人",就是借助陶渊明的力量,以"敌生死"。李光自藤州移琼州,从琼州再贬儋州,贬地越来越远,环境也越来越恶劣。据载,"岭南天气卑湿,地气蒸溽,而海南为甚。夏秋之交,物无不腐坏者。人非金石,其何能久"②。在北宋"崇宁党禁"期间,不少流放岭南的党人,因水土不服,葬身于此,即苏轼所谓"问翁大庾岭头住,曾见南迁几个回"③。李光在重蹈前人的这一覆辙时,受到的不仅是屡遭处穷之苦的冲击,更重要的是面临着越来越严峻的生死考验。因此虽然不时地以陶渊明的"南窗幽意"排遣情累,但情累时袭心头。所以"何以敌生死"成了其儋州之贬的最大"心役"。上列古风,就是以"南窗幽意"为精神武装,攻克"心役"的表现形态;而其功能显然在于化解情累,做到处变不惊,保持初心,即在恶劣的环境中,不为外物牵萦,从中获取自由,创造实现自我生命价值的心理空间。

在"绍兴党禁"中,李光九死一生,受尽折磨,而且其子也被迫害而死,际遇了家破人亡的惨剧,这就是他"对境心数役"的具体内涵。现存其《庄简集》中的诗歌,绝大部分作于被贬的十五年间,这些诗歌的功能,主要表现为在"求之古人"陶渊明中,排遣情累,战胜"心役",自我镇定。而李光的这一"心役"并非是个

---

① 《杜子固参议累觅南窗诗,勉成鄙句。子固谓杜氏古无二族,祈公其近属也》,《全宋诗》卷一四二一,第16378页。
② 《书海南风土》,《苏轼文集》卷七一,第2275页。
③ 《赠岭上老人》,《苏轼诗集》卷四五,第2424页。

别现象,在"绍兴党禁"期间,无论像李光那样被重点禁锢的对象,抑或一般的受斥者,都不同程度地背负着畏祸情累,也都需要攻克这一"心役"。朱松《效渊明》云:

> 人生本无事,况我麋鹿姿。一堕世网中,永与林壑辞。此行独何事,岂不为寒饥。弱岁慕古人,颇觉世好卑。那知齿发迈,终然此心违。春风到山泽,鱼鸟亦知时。吾行何日休,流目瞻长岐。且用陶翁言,一觞聊可挥。①

朱松是朱熹的父亲,以诗文鸣于南渡前后。绍兴二年(1132),因胡世将举荐,任泉州石井镇监税,开始了仕途生涯。绍兴七年(1137)六月,在张浚的举荐下,入朝为秘书省校书郎,从此被卷入了党争的旋涡,在身厕朝廷的近三年间,先后经历了赵鼎与张浚两相党之争、主战与主和之争。据朱熹记载,绍兴十年(1140)三月,"国是已定,言无所入。由是公(朱松)之求去愈力,而(秦)桧之怒公愈甚","遂使言者论公,独以'怀异自贤,阳为辞逊'为罪,而出之外郡"。不久便"自请为祠官,屏居建溪之上","放意于尘垢之外,有以自澹如也"②。《效渊明》一诗,虽不言具体作年,但诗中所反映的,无疑是作者入仕以后的心情。"一堕世网中,永与林壑辞",意谓本来心仪陶渊明的"林壑境",但因"为寒饥"所驱使,入仕为官,堕入"世网"。产生这一心情的原因,当然不是入仕本身,而是入仕后所际遇的"朋党之恶",是"朋党之恶"

---

① 《全宋诗》卷一八五三,第20694—20695页。
② 朱熹:《朱公行状》,《朱熹集》卷九七,第4980—4981页。

使他萌发对"堕世网"的悔恨,更使他在"朋党之恶"中身负畏祸情累。"春风到山泽,鱼鸟亦知时。吾行何日休,流目瞻长岐。且用陶翁言,一觞聊可挥",则显然是通过追拟和仿效陶渊明,远离"世网",重复"麋鹿姿",重现"林壑境",从中化解情累,攻克"心役",安顿自我。朱松另有《寄题陈国器容膝斋》说:"渊明乃畸人,游戏于尘寰。南窗归徒倚,宇宙容膝间。岂不为斗米,折腰谅匪安。是非无今昔,飞倦会须还。"[①]其用意与这首《效渊明》相同。据此,该诗当作于被劾请祠之际。自绍兴九年(1139)十二月,参知政事李光因反对主和而被罢去国,凡为李光所荐以及与李光相好者,一一斥逐,使士人普遍笼罩在畏祸及身的阴影中,与朱松同时遭排斥的张焘就是因为"旧人往往以异同得罪"而"绝口不言世事"的(引见上节)。朱松也同样经历了这一畏祸及身的"心役";反言之,他在"且用陶翁言,一觞聊可挥"的效渊明中,排遣情累,以保持人生之"初心",体现了当时"得罪"者共同的精神追求与创作底蕴。

在绍兴年间,李光与朱松,一位在去国后历遭贬斥、受尽折磨,一位在遭排斥后请祠归乡,避祸全身,两者所受打击虽有轻重之别,遭打击后生成的"心役",也程度有异,但性质却并无二致;尽管他们的"和陶拟陶"建立在各自不同的政治际遇上,但都代表了当时士人在"朋党之恶"中排遣情累的途径与表现形态。在"道学朋党"与"反道学党"之争中,杨万里虽以潜身而退的方式避祸全身,陶渊明则同样是其攻克畏祸"心役"的精神力量。他的《和渊明归去来兮辞》说:

---

① 《全宋诗》卷一八五三,第20702页。

予倦游半生，思归不得。绍熙壬子，予年六十有六，自江东漕司移病自免。蒙恩守赣，病不能赴，因和《归去来兮辞》以自慰。其辞曰：

归去来兮，平生怀归今得归。有未归而不怿，岂当怿而更悲。愧一陶之不若，庶二疏兮可追。肖令威之归辽，喟物是而人非。捐水苍兮今佩，反芰制兮昨衣。恋岂谖夫太紫，分敢逾于少微。如鹿得草，望绿斯奔。如鹤出笼，岂复入门。履虽未得，而趾故存。谓予不信，有如泰樽。月喜予之言归，隤清辉而照颜。山喜予以出迎，相劳苦其平安。江喜予而舞波，系碎雪于云关。纷邻曲之老稚，羌堵墙以来观，沸里巷之犬鸡，亦喜翁之茧还。惊鬓鬓之两霜，尚赳赳而桓桓。归去来兮，半天下以倦游。饥予驱而予出，奚俟饱而无求。观一箪之屡空，躬自乐而人忧。暨一区之草玄，娱羲画与箕畴。岂慕胥靡，济川作舟。矧先人之敝庐，有一壑兮一丘。后千寻兮茂林，前十里兮清流。耿靡羡而载营，塞何骛而不休。

已矣乎！用舍匪吾，行止匪时。何至啜醨如渔父，何必乎誓墓兮如羲之。吾行可枉涂，吾止可预期。应耘耔而端委，犹端委而耘耔。对天地而一哂，酢风光以千诗。抵槁茎与朽壳，岂复从詹尹而决疑。①

序中的"绍熙壬子"，即绍熙三年（1192）。杨万里托病辞官，改变了"倦游半生，思归不得"的心路历程，即从仕途的"倦游"

---

① 《全宋诗》卷二三一七，第26668—26669页。

转向了"一壑兮一丘"的"清闲",在与陶渊明的神交中,消除了身心的疲惫,安顿了不安的心灵。然而,其"倦游半生,思归不得"的真正原因,并不在于政事本身的艰辛,也不完全在于年事已高,而主要在于"朋党之恶",是"朋党之恶"使他身惫心倦,"心役"难息。淳熙十一年(1184),杨万里在论"偏党"一疏中,从国事的角度,对人才进退系于一人之身,一人进则其朋皆进,一人退则其党皆退,以及因一过或一事而废人终身,"锢人没世"的现象,表示了深切的忧虑(引见中编)。又如上节所述:杨万里对孝宗下诏"太子参决庶务"将造成"父子开隙"与"彼此党立"的动荡政局,表示了莫大的震惊与恐惧;他与周必大的书信,则又从个人的角度,对"世路风涛"也即"朋党之恶",深表"可畏"之情。淳熙十五年(1188),杨万里因上疏驳政敌洪迈关于太庙高宗室配飨议而遭贬斥,出知筠州,则使他切身体验了"可畏"情累的冲击。其《观水叹二首》又云:

> 我方卧舟中,仰读渊明诗。忽闻滩声急,起视惟恐迟。八月溅飞雪,清览良独奇。好风从天来,翛然吹我衣。凉生固足乐,气变亦可悲。眷然慨此水,念我年少时。迄今四十年,往来几东西。此日顺流下,何日溯流归。出处未可必,一笑姑置之。

> 乱石厄江水,要使水无路。不知石愈密,激得水弥怒。回峰打别港,勇往遮不住。我舟历诸滩,阅尽水态度。一闻一喜观,屡过屡惊顾。不是见不多,观览不足故。舟人笑我痴,痴

黠未易语。①

淳熙十六年（1189）秋，杨万里从筠州被召为秘书监。该年的二月，光宗即位。光宗在以太子身份"参决庶务"时，皇权开始分裂；同时"在孝宗展开部署、准备援引大批理学之士入朝的时候，官僚集团——'王党'——的主要成员也开始包围'参决庶务'的太子，进行他们的反部署了"；孝宗禅位后，却以太上皇的身份干预朝政，并履行"一月四朝"之制②，使这一部署与反部署更趋激烈，在光宗即位后的三个月，"道学"的"庇护者"周必大罢相，尤袤也随之被指为周必大党去国，杨万里曾预言的"父子开隙"后"彼此党立"的动荡政局，得到了全面的呈现。正是在这种背景下，杨万里被召回京的，并在回京途中，写下了《观水叹二首》。诗中借江水湍急、乱石阻水、水路难行及气候变化，暗示时局的动荡与仕途的凶险，"屡过屡惊顾"，便昭示了身处动荡时局与凶险仕途中的惊恐与畏祸心理。这进一步证明了杨万里在"道学朋党"与"反道学党"之争中，虽然未尝遭受像李光那样的迫害，但同样经历了"对境心数役"心路历程，用他自己的话来说就是"别来蛮触几百战，险尽山川多少心"（引见上节）；而在"对境心数役"中，则同样"求之古人"，借助陶渊明的精神力量，战胜"心役"。所谓"仰读渊明诗""何日溯流归"，就在追拟陶渊明中，坚定了其归隐之心；也正因为胸有陶"意"，所以面对眼前凶险的仕途和难测的命运，"一笑姑置之"，畏祸及身的情累犹如微风一缕，悠然而来又飘

---

① 《全宋诗》卷二三〇〇，第26426页。
② 余英时：《朱熹的历史世界——宋代士大夫政治文化的研究》下篇，第393、509页。

然而去，吹起内心几丝涟漪又很快复归平静。绍熙三年（1192），"移病自免"，便使他在追拟渊明却又"思归不得"中，真正实现了"避世"的渴望，故欣然作《和渊明归去来兮辞》，以明心志。"如鹿得草，望绿斯奔。如鹤出笼，岂复入门"，就表达了"久在樊笼里，复得返自然"的自由心境，也昭示了"避世"之志的坚定不移；"月喜予之言归，隤清辉而照颜。山喜予以出迎，相劳苦其平安。江喜予而舞波，系碎雪于云间。纷邻曲之老稚，羌堵墙以来观。沸里巷之犬，鸡亦喜翁之蚤还"，又倾情表达了获取自由心境后的无限喜悦；"惊鬓髯之两霜，尚赳赳而桓桓"，则呈现了在"避世"中个体的生命意态。在同时所作的《归去来兮引》中，杨万里再度和陶，强调其"寓形宇内几何时。岂问去留为。委心任运无多虑，顾皇皇、将欲何之。大化中间，乘流归尽，喜惧莫随伊"。"富贵本危机。云乡不可期。趁良辰、孤往恣游嬉。独临水登山，舒啸更哦诗。除乐天知命，了复奚疑。"[1]以陶渊明"南窗幽意"中的"委心任运"，排遣"久在樊笼里"所累积而成的恐惧，以维系内心的自由与平和；所谓"舒啸更哦诗"，正是以此为功能特征的。

李纲《次韵和渊明〈饮酒〉二十首》（其二十）说："我读古人诗，独与渊明亲。"[2]胡寅《和钱孙叔委心亭二绝》（其二）说："寄傲羲皇以上人，古今虽隔意常亲。"[3]赵蕃《三月十三日夜五更闻杜鹃，时成父欲入浙，因赋六章，章四句，以送之》（其二）说："归去来兮，斯言可师。"[4]均表明了与陶渊明的特殊关系。上述李光、

---

[1] 《全宋词》，第1665页。
[2] 《全宋诗》卷一五五〇，第17601页。
[3] 《全宋诗》卷一八七三，第20968页。
[4] 《全宋诗》卷二六一八，第30410页。

朱松与杨万里的"和陶拟陶"实践则充分证明，这种与渊明"独亲""常亲"的关系的建立，是以"朋党之恶"为契机，以排遣情累为功能特征的。吴可《吴秀才出示孙尚书诗求鄙作》"奇怀寄南窗，幽花撷东篱。是亦差可乐，去此将何为"①、王之道《渔家傲》"穷通得丧都忘了。坐对瑶觞看舞妙。携窈窕。南窗聊得渊明傲"②、刘才邵《题容安阁》"岂知高人心独远，不觅赢余但容膝。寄傲南窗一事无，时见归云度晴碧"③、晁公溯《答前夔路宪李敷文启》"林下优游，乃获南窗之寄傲，其失何有？所得实多，无毁于后，无忧于心"④、洪适《容膝斋上梁文》："坐看蛮触干戈息，……南窗翘足傲孤松"⑤、周必大《茶园王琰求清暑堂诗，次王民瞻敷文胡邦衡资政二公旧韵》"早遮西日觅王官，晚倚南窗审膝安"⑥、李曾伯《减字木兰花》下阕"知仁观过。浑沌翻怜谁凿破。寄傲南窗。堪羡渊明滋味长"⑦，由此等等，也都昭示了作者身际"朋党之恶"时，以陶"意"排遣情累、安顿心灵的功能特征。

  进而言之，与陶渊明的这种"独亲""常亲"的关系，并不局限于直接际遇"朋党之恶"或罹祸遭贬的士人，而是渗透到了整个士人群。不妨以辛弃疾为例，从其南归后的仕履观之，并没有直接加入朋党之争，投闲置散二十年，与党争也无直接联系，但他创作

---

① 《全宋诗》卷一一五三，第13013页。
② 《全宋词》，第1157页。
③ 《全宋诗》卷一六八一，第18844页。
④ 《嵩山集》卷二二，《全宋文》，第211册，第173页。
⑤ 《盘洲文集》卷六八，《全宋文》，第214册，第127页。
⑥ 《全宋诗》卷二三二九，第26797页。
⑦ 《全宋词》，第2807页。

了不少亲近渊明、追拟陶"意"的作品，据统计，"江、淮、两湖之什共88首，与陶有关的10首，占1／9；此期又有与陶有关的文1篇。带湖之什共228首，与陶有关的17首，约占1／13.4；此期又有与陶有关的诗7首。七闽之什36首，与陶有关的5首，约占1／7.2；此期又有与陶有关的诗1首。瓢泉之什共225首，与陶有关的共50首，约占1／4.5；此期又有与陶有关的诗4首。两浙、铅山之什共24首，与陶有关的5首，占1／4.8，此期又有与陶有关的诗6首。"[1]又在"江湖诗人"中，"大都或多或少地与陶渊明联系在一起。其中学陶甚力者，有陈造、叶茵、黄文雷、方乐、薛嵎、赵崇嶓、赵寺丞、宋吉甫、邵英甫、陈子宽、付子渊等人。他们大多有和陶、学陶之作，在遣词造句、风格意趣等方面有同陶诗一致之处"[2]。这些足以表明，在南宋文坛上，"拟陶学陶"成了普泛化的一种走向。不过形成这一走向的原因，首先不在于或不停留在包括遣词造句、风格意趣在内的审美层面上，而是以思想层面的"独与渊明亲""古今虽隔意常亲"或"归去来兮，斯言可师"为原动力的。不妨说，亲近渊明，追拟陶"意"，是南宋文人在"朋党之恶"的作用下掀起的一场经久不衰的思想运动。

以参政主体为主要角色的南宋文人，是以现实政治为终极关怀的，但"朋党之恶"使他们"远于道之所宜而堕其大业"。在他们中间，有的在直接加入"蛮触几百战"中，或耗尽精力，或遭贬受禁，甚至丧失生命；有的虽然没有加盟其间，也无遭贬处穷之累，但无法脱离以"朋党之恶"为气候特征的生态环境，对"蛮触几百

---

[1] 李剑锋：《元前陶渊明接受史》，第362—363页。
[2] 李剑锋：《元前陶渊明接受史》，第390页。

战"的战氛不能不身受同感,与直接参与党争者一样具有外物无可施于吾而难尽经世济民之才的无奈。因此,无论是前者还是后者,都不同程度地经历了无法避免的"心役"。正是这一现实"媒触",共同唤醒了他们对陶渊明这一精神资源的历史记忆,与之建立了"独亲""常亲"的关系,遂成一场经久不衰的思想运动。这场运动所要解决的,主要是以陶渊明"南窗幽意"中的"委心任运"为精神资源,排遣情累,攻克"心役",在自我镇定中,安顿心灵;在安顿心灵中,修炼内功;以内里功夫深,作为外事可为者少的补偿。从这个意义上说,也许可以称之为一场"心学"运动;以此为底蕴的文学创作,不仅具有了特定的功能特征,同时也形成了特有的意境。

其二,在意境上,为个体人生营造一个"乐意相关"的泊位。

南宋文人士大夫在与陶渊明所建立的"独亲""常亲"的关系中,以陶"意"排遣情累,攻克"心役",是心灵活动的一个过程;在过程的终结处,必将出现一个结果。这个结果就是创作主体在自我镇定中赖以安顿心灵的一个泊位和意境;而其内涵特征,用宋人自己的话来说,就是"乐意相关"。

"乐意相关"原为石延年《金乡张氏园亭》诗中的一个意境。程颢论此诗说:"石曼卿诗:'乐意相关禽对语,生香不断树交花。'明道曰:'此语得浩然之气。'"[1]又朱熹在回答李尧卿"'乐意相关禽对语,生香不断树交花'此语形容得浩然之气。莫是那相关不断底意,可以见浩然者本自联属?又'交花'、'对语',便是无不慊与不馁底意否"的提问时说:"只是大意如此,难似此逐字分析也。"[2]阳枋《临江仙·涪州北岩玩〈易〉有感》又云:"乐意相关

---

[1] 《二程集·河南程氏外书》卷一一,第413页。
[2] 《答李尧卿》,《朱熹集》卷五七,第2893页。

莺对语,春风遍满天涯。生香不断树交花。个中皆实理,何处是浮华。"①综合诸家的解析,"乐意相关"所包含的意思主要有二:一是"形容得浩然之气";一是"相关不断底意"。所谓"相关不断底意",即"生生不已""体化日新"之意。此"气"此"意",则基于一个"实理"。这个"实理",实含道学家所谓"理一分殊"的内容。要之,"乐意相关"是以"实理"扫却"浮华"后形成的一种生命境界。该境界是道学的理论形态之一,也是士人在"和陶拟陶"中所竭力追求的实践形态。也就是说,陶渊明之所以能与南宋士人建立起"独亲""常亲"的关系,除了士人在"朋党之恶"中的现实境遇外,还取决于自身的特有之"意";他们的"和陶拟陶"并非是复制陶渊明,而是根据现实处境的需要,用己"意"对陶渊明进行了重新诠释和构建。不妨先看刘克庄对苏轼和陶的评论:

> 和陶自二苏公始,然士之生世鲜不以荣辱得丧挠败其天真者。渊明一生惟在彭泽八十余日涉世故,余皆高枕北窗之日,无荣乌乎辱,无得乌乎丧,此其所以为绝倡而寡和也。二苏公则不然,方其得意也,为执政、为侍从;及其失意也,至下狱过岭。晚更忧患,始有和陶之作。二公虽惓惓于渊明,未知渊明果印可否。②

暂且不论陶渊明是否完全具有刘克庄所说的"无荣乌乎辱,无得乌乎丧"那般"天真",仕途失意后的"忧患",以及苏轼自己所

---

① 《全宋词》,第2649页。
② 《跋宋吉甫和陶诗》,《后村先生大全集》卷一〇一,《全宋文》,第329册,第236页。

倾说的贬谪海南时"俾就穷途"与"生无还期"的凄厉情累①,的确是促使苏轼"和陶拟陶"的动因。也正因为如此,在"惓惓于渊明"时,无须考虑"未知渊明果印可否"。王文诰说,苏轼"儋州和陶,以《拟古》之'稍喜南海州,自古无战场'二句为《海外集》纲领。其意不肯说坏海南,即《海外集》不肯流入怨望之本旨。灵均(屈原)之贬,全以怨立言,公之贬,全以乐易为意"②。这正是苏轼"和陶拟陶"的目的所在。所谓"全以乐易为意",就是经过化解情累,攻克"心役"后而呈现出来的安顿自我心灵的泊位与表现自我生命的境界。形成这一境界的过程,是陶渊明所未尝经历的;其中的内涵,也已经不是原来的陶"意"了,而是作为参政主体在遭贬处穷中镇定心志的安身立命之道。与此同时,苏轼的这一"乐易"之境虽与道学家所说的"个中皆实理,何处是浮华"不尽相同,即"乐易"的生成并非基于道学家所张扬的"理一分殊"之"理",但他的"乐易"同样是以"实理"扫却"浮华"后出现的,"乐易"之境的表现形态即苏轼在海南的一首和陶诗中所说的"胸中有佳处,海瘴不能腓""悠悠含山日,炯炯留清辉"③,在本质上实与道学家所追求的"乐意相关"有诸多暗合之处;其胸中的这个"佳处",既回荡着"浩然之气",又具有了"相关不断底意",在"悠悠含山日,炯炯留清辉"的物境与心境的交融中,不就是呈现了一派"生生不已""体化日新"的景象吗?因此苏轼虽非道学家,但在"乐意相关"之境的追求与创建上,却与道学家殊途同归。而苏轼在"和陶拟陶"中重新建构陶渊明的成功实践,则

---

① 《到昌化军谢表》,《苏轼文集》卷二四,第707页。
② 《苏海识余》卷一,《苏文忠公诗编注集成总案》附。
③ 《和陶王府军座送客》,《苏轼诗集》卷四二,第2326页。

为南宋士人对陶渊明这一精神资源的历史记忆赋予了具象化与生动性的特征，也为他们在亲和渊明、追拟陶"意"中排遣情累、营造"乐意相关"的生命之境，提供了可行性与实在性的"范式"；何况在后人的拟陶中，往往是陶、苏并拟的。比如李纲《读东坡〈和渊明贫士〉诗寄诸子侄云"重九俯迩，尊俎萧然"。今余亦有此叹。因次其韵，将录寄梁溪诸弟，以发数千里一笑》七首其三：

> 何处写我意，寄之朱丝琴。钟期久已死，千古无知音。弃置不复弹，调家难绎寻。东篱采青蕊，浊酒聊孤斟。千驷所不顾，一斗诚可钦。陶然又复醉，谁识渊明心。①

李纲是南渡前后"和陶拟陶"数量最多的诗人之一，现存于《梁溪集》中的和陶渊明原作的有：和陶《归去来兮辞》二篇，和陶诗六十七首。据《梁溪集》中的诗歌编年，李纲和陶诗文始作于宣和年间（1119—1125）被贬南剑州沙县时。其中四十一首作于建炎以前，二十八首作于建炎以后。上列陶、苏并和之作写于谪居沙县期间。苏轼《和陶贫士七首》作于惠州贬所，其三云："谁谓渊明贫，尚有一素琴。心闲手自适，寄此无穷音。佳辰爱重九，芳菊起自寻。疏巾叹虚漉，尘爵笑空斟。忽饷二万钱，颜生良足钦。急送酒家保，勿违故人心。"②观其意，是在和陶中镇定心志，也表现了身处瘴疠却"全以乐易为言"的心境。李纲和韵，用意也在于此。"谁知渊明心"，自称是陶渊明的知音，但诗中的这位"贫士"，

---

① 《全宋诗》卷一五五八，第17699页。
② 《苏轼诗集》卷三九，第2138页。

显然是经过苏轼重构后的陶渊明,即李纲用于排遣被贬处穷之情累的陶渊明,被融入了苏轼旷达超越的精神气质。又李光《东坡〈载酒堂〉二诗,盖用渊明〈始春怀古田舍〉韵,遂不见于后集。予至儋,始得真本,因追和其韵》(其一)云:

> 荒园草木深,樵牧不敢践。虽无南国爱,正以东坡免。平泉与金谷,视此颜有腼。至今儋耳民,里巷多乐善。胜游倘可继,杖策敢辞远。燕谈有佳侣,永日可忘返。酒酣任歌呼,此兴吾不浅。①

这是和陶与和苏相交融的又一例证,或者说,李光这里的和陶,是经过苏轼重新诠释和构建后的陶"意"。李光谪居海南,与当年的苏轼一样受到了"俾就穷途"与"生无还期"的凄厉情累的侵袭,而他用以排遣这一情累的"实理",则已融入苏轼的处穷哲学。"虽无南国爱,正以东坡免",说的正是这个意思。"胜游倘可继,杖策敢辞远。燕谈有佳侣,永日可忘返。酒酣任歌呼,此兴吾不浅"云云,就是在陶、苏并拟中,排遣"浮华"即遭贬处穷与贬中忧生的双重情累而形成的"生生不已""体化日新"的"乐易"之境。李光在海南创作的另一首诗歌的题目说:

> 海外气候,每岁三四月间,已如剧暑。客有自吉阳至者,寓馆间汉亭,累日且言吉阳气候,昼夜如炊,因叹此邦之胜。乃知人生无有足时。不经热恼,岂知平日之清凉乎?故古之达

---

① 《全宋诗》卷一四二二,第16392页。

者,每以此对释氏云:"推落大火坑,火坑变成池。皮鞋和尚以为即时清凉也。"苏公亦云:"岭南瘴毒地,有此江月寒。乃知天壤间,何人不清安。"予谪居岭海逾十五年,见闻习熟,不以为异,因作此诗以自慰,以警世之贱丈夫,一不快,即愁叹怨愤,或讥谤怒骂,如柳、刘之徒,盖未足以语此也。①

这里借对过客因难以适应海南环境之恶而唠叨埋怨的批评,揭示了两宋士人所普遍张扬的一种人生哲学。"柳、刘之徒",即指唐代柳宗元与刘禹锡。李光斥之为"贱丈夫",理由是"一不快,即愁叹怨愤,或讥谤怒骂",即"柳、刘之徒"在遭贬处穷时,不能保持"乐易"心境。其实,对古人的这种贬议,早在北宋前期就已出现。如余靖批评屈原"负才矜己,一不得用于时,则忧愁恚憨,不能自裕其意,取讥通人,才虽美而趣不足"②。司马光因屈原"行吟恚怼,形于色词",又"沉渊,盖非圣人之中道",故其《资治通鉴》不载《离骚》。③欧阳修则认为屈原"久困不得其志,则多躁愤佯狂,失其常节"④,韩愈"当论事时,感激不避诛死,真若知义者,及到贬所,则戚戚怨嗟,有不堪之穷愁,形于文字",都是"庸人"。⑤产生这种贬议的主要原因,在于宋人所特有的"不以物喜,不以己悲"的立身之道。北宋后期的"朋党之恶",促使以苏轼为代表的文人进一步充实和深化了这一立身之道,在身负遭贬

---

① 《全宋诗》卷一四二五,第16438页。
② 《曾太傅临川十二诗序》,《武溪集》卷三,《全宋文》,第27册,第20页。
③ 费衮《梁溪漫志》卷五"《通鉴》不载《离骚》"条,第57页。
④ 《与谢景山书》,《欧阳修全集·居士外集》卷一八,第495页。
⑤ 《与尹师鲁书》,《欧阳修全集·居士外集》卷一七,第491页。

处穷和贬中忧生的双重情累的压迫下，履行自我镇定的人生哲学，寻求内在的自抑与超越。在这个过程中，陶渊明以其特有的亲和力与感召力，进入了他们的精神世界，为之提供了可资利用的财富，从而推进和强化了"不以物喜，不以己忧"的立身之道；反过来，该立身之道重新诠释和构建了陶渊明。南渡以后，随着"朋党之恶"的不断演进，并不断地作用于士大夫的政治命运，经苏轼重新诠释与构建后的陶渊明，则继续成了士人保全心志，弥补在实践儒家经世之学中被剥蚀的理性世界的精神资源，也成了创作主体在文学领域中营造"乐意相关"之境的重要元素。

需要指出的是，在宋代，以己"意"重新诠释与构建陶渊明的，除以苏轼为首的"文章之士"外，还有以朱熹为首的"道学之儒"。在与陶渊明的关系上，朱熹与苏轼虽然同样具有深厚的"常亲"之情，但在认同陶渊明的侧重点上却不尽一致。朱熹指出：

>《归去来辞》者，晋处士陶潜渊明之所作也。潜有高志远识，不能俯仰时俗。尝为彭泽令，督邮行县，且至，吏曰："当束带见之。"潜叹曰："吾安能为五斗米折腰，向乡里小儿耶？"即日解印绶去，作此词以见志。后以刘裕将移晋祚，耻事二姓，遂不复仕。宋文帝时，特征不至。卒谥靖节征士。欧阳公言："两晋无文章，幸独有此篇耳。"然其词义夷旷萧散，虽托楚声，而无其尤怨切蹙之病云。①

朱熹以其独特的视野，将陶渊明的《归去来兮辞》看作是屈原

---

① 《楚辞集注·楚辞后语》卷四，第262页。

《楚辞》的变体,并视之为变体中的代表作之一,所以在完成《楚辞集注》后,"又修《楚辞》"时,将《归去来兮辞》列入《楚辞后语》中。《楚辞集注》始于庆元二年(1196),成书于庆元四年(1198)。据时人称,"(赵)汝愚永州安置,至衡州而卒。朱熹为之注《离骚》以寄意焉"①。但从立身之道或人生哲学的角度,朱

---

① 周密:《齐东野语》卷三《绍熙内禅》,第45页。又杨楫《跋〈楚辞集注〉》:"庆元乙卯,治党人方急。赵公谪死于道,先生忧时之意,屡形于色。一日,示学者以所释《楚辞》一篇。"按:在宋代,屈骚虽遭贬斥,但其精神尚存。宋人对屈原"负才矜己,一不得用于时,则忧愁憔悴,不能自裕其意"而"行吟憔悴,形于色词",虽深表不满,但对屈原的忠直人格,却充满仰慕之情。如李纲《梁溪集》卷二《拟骚》:"昔屈原放逐,作《离骚经》,正洁耿介,情见乎辞。然而托物喻意,未免有谲怪怨怼之言,故识者谓'体慢于三代,而风雅于战国,乃雅颂之博徒,而词赋之英杰',不其然欤!予既以愚触罪,久寓谪所,因效其体,撼思属文,以达区区之志。取其正洁耿介之义,去其谲怪怨怼之言,庶几不诡于圣人,目之曰《拟骚》。"(《全宋文》,第169册,第11页)同书卷三《仲辅赋西郊见寄次韵作南征赋报之》又云:"承嘉惠以南征兮,动去国之离愁。远故园而回首兮,惊岁华之再秋。览庐阜之环秀兮,俯大江之东流。……惧夫妬者之瞋。顾戎马之崩腾兮,方四郊之多事。临洞庭而伤怀兮,望九疑而增思。乱湘流而适澧兮,灵均岂其前身?续《离骚》而赋《远游》兮,愿承芳于尘尘。与日月而争光兮,庶此道之弥新。"(《全宋文》,第169册,第22—23页)对屈原忠直而被贬的境遇产生了共鸣,并用于表达"以愚触罪,久寓谪所"时的情志。李纲创作了大量和陶之作,同时又不乏拟屈之作。前者用来表达自我镇定、不为外物牵萦的人生哲学,体现了"不以物喜,不以己悲"的立身之道;后者则以屈原比喻自身在"朋党之恶"中的政治命运,表达"正洁耿介之义",体现了屈骚精神,只是在体现这一精神时,"去其谲怪怨怼之言"。这一创作现象,在南宋文坛上是具有普遍性的。楼钥《攻媿集》卷一一《题桃源王少卿占山亭》云:"纳纳乾坤一草亭,西山尽见若秋屏。霜余远水呈天碧,雨过遥空现帝青。逸叟真成陶令隐,高怀长似屈原醒。肯堂固赖贤孙子,精爽犹疑尚有灵。"则在屈、陶并拟中体现了这一点。朱熹晚年作《楚辞集注》,同时又心仪陶渊明《归去来兮辞》的"夷旷萧散",也同样典型地体现了这一点。

熹则更注重陶渊明《归去来兮辞》，认为该文"词义夷旷萧散"，绝无屈原《楚辞》"尤怨切蹙之病"，这与上述欧阳修等"文章之士"对屈原的贬议并无二致。不过，朱熹对陶渊明的认同，是建立在道学所张扬的价值标准之上的。首先，以儒家的"大伦大法"为标准，将陶渊明视为明"君臣大义"而"耻事二姓"的忠义之士；其次，以心性修养的最高境界为标准，将陶渊明视为得孔颜之乐的清高脱俗之士。①若前者是南渡以来"道学之儒"抨击王安石废弃《春秋》、无君臣大义的思潮在评价历史人物中的一种折射②；后者则以道学的内核"天理"为依据。朱熹的"和陶拟陶"，便是以此为基础的。其拟陶诗云：

予生千载后，尚友千载前。每寻《高士传》，独叹渊明贤。及此逢醉石，谓言公所眠。况复岩壑古，缥缈藏风烟。仰看乔木荫，俯听横飞泉。景物自清绝，优游可忘年。结庐倚苍峭，举觞酹潺湲。临风一长啸，乱以《归来篇》。③

高人结屋乱云边，直面群峰势接连。车马不来真避俗，箪瓢可乐便忘年。移筇绿幄成三径，回首黄尘自一川。认得渊明千古意，南山经雨更苍然。④

---

① 详李剑锋《元前陶渊明接受史》，第348—350页。
② 按：朱熹在评论本朝人物时，也往往以此为依据，其《跋洪刍所作〈靖节祠记〉》云："读洪刍所撰《靖节祠记》，其于君臣大义不可谓憛然无所知者。而靖康之祸，刍乃纵欲忘君，所谓悖逆秽恶有不可言者。"（《朱熹集》卷八一，第4200页）
③ 《陶公醉石归去来馆》，《全宋诗》卷二三八九，第27612页。
④ 《题郑德辉悠然堂》，《全宋诗》卷二三八六，第27537页。

除此以外，朱熹尚有《石马斜川之集分韵赋诗得灯字》、《挽沈菊山》、《题霜杰集》、《题秀野刘丈二首》（其一）、《简寂观》等诗，均为拟陶之作。上列两诗，则昭示了其拟陶的原因所在，即陶渊明身上的"千古意"。这一"千古意"的存在，主要是因为陶渊明心有"箪瓢可乐"；因为有"箪瓢可乐"，所以心境明净；心境明净则观景"自清丽"、处世"真避俗"。所谓"箪瓢可乐"，就是指"不以箪瓢陋巷改其乐"的"颜子之乐"。在朱熹看来"颜子私欲克尽，故乐"；"惟是私欲既去，天理流行，动静语默日用之间无非天理，胸中廓然，岂不可乐！""颜子之乐，亦如曾点之乐"。①"曾点见得事事物物上皆是天理流行。良辰美景，与几个好朋友行乐。他看那几个说底功名事业，都不是了。他看见日用之间，莫非天理，在在处处，莫非可乐。"②而"晋、宋间人物，虽曰尚清高，然个个要官职，这边一面清谈，那边一面招权纳货。渊明却真个是能不要，此其所以高于晋、宋人也"③，所以陶渊明也能像颜子那样做到了"箪瓢可乐便忘年"，同样具有了穷尽"天理"后的最高道德境界。另一道学家张栻在《采菊亭·引》中说："陶靖节人品甚高，晋、宋人物所未易及。读其诗，见其胸次洒落，八窗玲珑，岂野马游尘所能栖集？"其诗又云：

> 陶公千载人，高标跨余子。岂无济时念，敛荫独知止。归来卧衡门，无愠复何喜。九日天气佳，东篱撷芳蕊。举头见南

---

① 《朱子语类》卷三一《雍也篇二·贤者回也章》。第795—799页。
② 《朱子语类》卷四〇《先进篇下·子路曾晳冉有公西华侍坐章》，第1026页。
③ 《朱子语类》卷三四《〈论语〉十六〈述而篇〉》，第874—27864页。

山，佳处政在此。地偏心则远，意得道岂否。①

这首拟陶诗与朱熹对陶渊明所怀"千古意"的认同如出一辙。也正因为有了这一认同，才使"道学之儒"与陶渊明建立了特有的亲和关系，也使之油然起"予生千载后，尚友千载前"的崇尚之情。而这一认同则显然是建立在以"克尽私欲"的"天理"对陶渊明所作的重新诠释与构建的基础之上的。上引两首拟陶诗所呈现的意境，就是通过重新诠释与构建后创造的，具有了"个中皆实理，何处是浮华"的"乐意相关"的内涵特征。然而从"临风一长啸，乱以《归来篇》"观之，体现在"乐意相关"之境中的"实理"，已不完全用于指导"日用之间"的心性修养。寿昌在记录朱熹于庆元二年（1196）以后的生活形态时说：

先生每观一水一石，一草一木，稍清阴处，竟日目不瞬。饮酒不过两三行，又移一处。大醉，则趺坐高拱。经史子集之余，虽记录杂记，举辄成诵。微醺，则吟哦古文，气调清壮。某所闻见，则先生每爱诵屈原《楚骚》、孔明《出师表》、渊明《归去来》并诗、并杜子美数诗而已。②

庆元二年正月，赵汝愚死于被贬途中；紧接着，道学被定为"伪学"，朱熹及其他"道学朋党"被视为"伪党"，惨遭禁锢。寿昌所记录的这种生活形态就是在"庆元党禁"中形成的。如果说朱

---

① 《全宋诗》卷二四一四，第27863—27864页。
② 《朱子语类》卷一〇七《朱子四·内任·杂记言行》，第2674页。

熹"每爱诵屈原《楚辞》、孔明《出师表》",既是因赵汝愚被贬死"以寄意焉",隐含有"出师未捷身先死"的悲哀,又出于包括自己在内的政治群体——"道学朋党"——为了实现"宗社生灵之计"(见前引)却遭禁锢的愤慨之情;那么"每爱诵渊明《归去来》并诗",则借助陶渊明《归去来兮辞》中"南窗幽意",排遣这一悲愤情累,使个体人生不失"乐意相关"的境界。

朱熹从创作众多的拟陶诗到"每爱诵渊明《归去来》并诗",并非出于偶然,也不仅仅停留在"词义夷旷萧散"的审美层次上,而与同时代的其他"和陶拟陶"者一样,首先是以"朋党之恶"为契机、以排遣情累为功用的。作为参政主体的朱熹,其政治生涯与朋党之争有着千丝万缕的联系,尤其是在乾道以后日趋激烈的"道学朋党"与"反道学党"之间的冲突中,朱熹既被同党视为"天下大老",又成了政敌攻击的主要对象,并在严厉的党禁中,身负沉重的悲愤之情,离开了人世。所以他的一生与前述李光、杨万里等众多党人同样经历了"对境心数役"的心路历程,也同样需要深厚的内里功夫,用来攻克这种"心役",镇定心志,安顿心灵;而陶渊明则为他深化内里功夫提供了精神资助。所不同的是,他在认同并重构陶渊明的过程中,融入了道学家所特有之"意"与精神,也即蔡元定《谪春陵别诸友》所说的"断不负所学":

> 天道固溟漠,世路尤险巇。吾生本自浮,与物多瑕疵。此去知何事,生死不可期。执手笑相别,无为儿女悲。轻醉壮行色,扶摇动征衣。断不负所学,此心天所知。[①]

---

① 《全宋诗》卷二五〇一,第28924页。

蔡元定是朱熹最为得意的门生之一，在庆元党争中，他紧随朱熹，与"反道学党"展开了顽强的斗争。《谪舂陵别诸友》诗作于庆元三年（1197）。据《庆元党禁》，在该年所展开的"伪党"之禁时，"郡县捕蔡元定甚急，元定色不为变，毅然上道。（朱）熹与诸所从游百余人送别萧寺，坐客感叹，有泣下者。熹微视元定，不异平时，因曰：'朋友相爱之情，季通不挫之志，可谓两得之矣。'"朱熹又说："季通之行，浩然无几微不适意。"①蔡元定的这种"浩然之气"就是源自他的"断不负所学"，也即为"下学工夫"②所养成。这一平生"所学"与"下学工夫"，便是朱熹为首的"道学之儒"在"予生千载后，尚友千载前"中重新诠释与构建陶渊明的基石。

然而，无论是"文章之士"，抑或"道学之儒"，他们重新诠释与构建陶渊明的功能与目的并无二致。其功能在于排遣由"朋党之恶"带来的情累，镇定心志；其目的为个体生命营造"乐意相关"的境界，安顿心灵。以此为底蕴的文学创作，也就自然具有了相对应的功能与意境，并集中体现了南宋文学命运的一个重要走向。而这一功能与意境，则生动地展现了士大夫所持有的文化价值取向之一；易言之，这是士大夫群党同伐异、自相倾轧而导致的悲剧命运中，不断发展，不断成熟，并用于自救自安的产物，用上节开篇所引王夫之语来说，就是在"不能据中道以自成"而"堕其大业"后，"重抑其情而祈以自保"。

---

① 《答储行之》（其四），《朱熹集·续集》卷六，第5259页。
② 《次晦庵韵》，《全宋诗》卷二五〇一，第28926页。

第三节　结束语

事实表明，始于苏轼、盛行于南宋文坛的"和陶拟陶"，是以"朋党之恶"为契机、以排遣情累为功用的；"和陶拟陶"者也成功地构筑了"乐意相关"的精神家园。在这个精神家园里，却又深深地积淀着创作主体的"为己之学"。

> 何谓为己之学？以吾有孝悌也则学，以吾有忠信也则学。学乎内者也，养其德者也。故为己而学者，必有为人之仕矣。何谓为人之学？人以我为多闻也则学，人以我为多能也则学。学乎外者也，利其闻者也。故为人而学者，必有为己之仕矣。①

这是程颐弟子周行己对"为己之学"的解说。朱熹也指出："大抵为己之学，于他人无一毫干预。"②所谓"学乎内者也，养其德者也"，就是指个体内在的心性修养，用于修炼"内圣"功夫。据此，"为己之学"与"内圣之学"同一范畴；或者说，"内圣"乃"为己之学"的精义所在。

"内圣"与"外王"是宋代学术的基本形态，也是宋代文人士大夫的两大价值取向，两者相互联系，互为表里，即所谓"幽明通

---

① 周行己：《从弟成己审己直己存己用己字说》，《浮沚集》卷六，《全宋文》，第137册，第143页。
② 《朱子语类》卷八《学二·总论为学之方》，第133页。

以性命顺,内圣由来贯外王"①,但何者为"第一序"?何者为"第二序"?目前学界有不同的意见。②不过,"内圣"的首要任务或最终目的,在于个体的安身立命,而且只要努力,便可到达这一目的;"外王"则有待于际遇,也就是宋代学者经常强调的"居易以俟命"。程颐《伊川易传》卷一疏解《象》辞"云上于天,需君子以饮食宴乐"时便说:

> 云气蒸而上升于天,必待阴阳和洽,然后成雨。云上(方)上于天,未成雨也,故为须待之义。阴阳之气交感而未成雨泽,犹(君)子畜其才德而未施于用也。君子观云上于天,需而为雨之象,怀其道德,安以待时,饮食以养其气体,宴乐以和其心志,所谓居易以俟命也。③

"怀其道德""养其气体""和其心志",就是在履行"为己之学"中,实现"内圣"或独善其身的具体表现;"待时""俟命",就是等待时机,从事"外王",兼济天下。淳熙末年,陆九渊在京城获得第一次轮对后,写信给朱熹说:"某对班或尚在冬间,未知能得此对否?亦当居易以俟命耳。"④然而,当他满怀希望等待第二次轮对时,因"小人窥视"得逞,失去了再向孝宗进言也就是"道学朋党"所谓的"行道"机会。对此,陆九渊以无奈的口吻向同党

---

① 《御制题宋版周易程传》,《伊川易传》卷首,影印《文渊阁四库全书》,第9册,第155页。
② 详余英时《朱熹的历史世界——宋代士大夫政治文化的研究》,第170、251页。
③ 《伊川易传》卷一,影印《文渊阁四库全书》,第9册,第177页。
④ 《与朱元晦》,《陆九渊集》卷七,第94页。

哀叹："吾人之遇不遇，道之行不行，固有天命。"①这里所说的"俟命"或"天命"，即指"吾人"不能左右自己命运之"命"。陆九渊以自己的切身经历，为"行道"或"外王"事功须"居易以俟命"的学说，作了生动的注脚。诚然，谋事在人，成事在天，"外王"事功，当"居易以俟命"，不能有非分之想，但在宋代文人士大夫那里，无论外在的境遇如何，都不会放弃"为己之学"，而且境遇越险恶越坚持不懈。对于《象》辞"云上于天，需君子以饮食宴乐"，李光《读易详说》卷二便作了这样的阐释：

> 今云既上于天而未为雨，则疑未释而难未解，故为需，须也，待也。物有所须，则有所待。君子处此时，则当饮食宴乐以俟几（机）会，不可亟也。饮食者，宴乐之具。宴乐必资于饮食，此君子从容避祸，以礼自娱乐之时也。②

李光"为刘安世门人，学有师法。绍兴庚申，以论和议忤秦桧，谪岭南，自号读《易》老人。因摅其所得，以作是书，故于当世之治乱、一身之进退，观象玩辞，恒三致意"③。因此，其《读易详说》成了"《易》学"史上别开生面的著作。上列文字，就是李光罹祸处忧而"摅其所得"后，阐释"为己之学"的，在以往学者所强调的"居易""养气""怀德"等"内圣"功夫上，专门赋予了"从容避祸"的任务。他在昌化贬所写给流放者胡铨的一封书信，更为详细地说明了这一点：

---
① 《与朱子渊》，《陆九渊集》卷一三，第174页。
② 《读易详说》卷二，影印《文渊阁四库全书》，第10册，第284页。
③ 《四库全书总目》卷二《读易详说》提要，第8页。

相望不远，而风涛汹然，久不承问动止，此心倾仰，何可胜言！仲夏酷暑，起居佳胜。某老病如故，日夕汛扫，此心时至即行，非如吾友盛壮之年，前程万里，惟祝乘此闲放，尽为己之学，至处忧患之际，则当安之若命，胸中浩然之气未尝不自若也，邦衡岂俟鄙言？仲尼作《易》，亦专论此事："《困》，刚揜也，险以说，困而不失其所亨，其惟君子乎！"剥必有复，否终则倾。邦衡素明此道，《需》之时，则当以饮食燕乐。仆之顽鄙，又垂尽之年，惟知生死事大，无常迅速，故汲汲耳。①

这就将"为己之学"的任务具体落实到了如何"从容避祸"上，明确强调了身"处忧患之际"，必须排遣情累，净化心性，保持个体的"浩然之气"，营造"安之若命"的生命境界。换言之，越是身处"忧患"之境，越是要"尽为己之学"，以保证丝毫无损自我的生命意义与价值；胡铨虽然正当"盛壮之年前程万里"，但这仅仅是向往事功的一种理想，何况目前被"闲放"瘴疠之地，"至处忧患"之境。因此，"尽为己之学"，以修身为本，做到处变不惊，处困不忧，不为外物牵引，从而坚定自我的生命意识，实现自我的生命价值。由此观之，在"内圣"与"外王"的这对关系中，竭尽"为己之学"，强化"内圣"功夫，是核心所在，在这方面的努力可谓责无旁贷，属于"第一序"；"外王"事功，是个体所向往的理想目标，要实现这个目标，则有待于际遇，而天命既不可预

---

① 《与胡邦衡书》（其一七），《庄简集》卷一五，《全宋文》，第154册，第207页。

测,君子所能做的便只能是"居易以俟命",属于"第二序"。那么在"处忧患之际",如何"尽为己之学"?李光在另一封给胡铨的信中说:

> 相望隔小海,风波汹然,宜相忘于无相忘也。杪秋气爽,伏惟道体超胜。患难至此,正是着力处。想宴居有以自娱,动则观书以广智,静则息念以存诚。赋诗一首,弹琴一曲,古人困而能通,用此道也。①

"宴居有以自娱,动则观书以广智,静则息念以存诚",是"尽为己之学"的具体方法与内容;"赋诗一首,弹琴一曲",则是"尽为己之学"后"自娱""广智""存诚"的表现形态。在李光看来,这是"古人"身处困境时的"通用"之"道"。暂且不论是否"古人"都是如此,但至少是南宋文人所普遍拥有的。南宋文坛流行的"和陶拟陶"的创作思潮,就充分表明了这一点。

李光所说的这个"通用"之"道",实际上揭示了身处困境中士人的心灵活动及其与文学创作的关系。文学是心灵的创造,而每一个创作的心灵都不可能脱离具体的渗透政治影响的时空,尤其是处于政治旋涡或遭到政治牵连的文人,其文学创作不能不受政治所投影于心灵的支配和影响。本章所述在"朋党之恶"中的文学创作,就与文人的政治际遇和创作心态的演变有着密切的关系。当然,这种关系是间接的,必须通过创作者心灵的中介;也就是说,朋党政治不是作为逼迫或压制创作的外在压力,而是通过作家的遭遇,化为沦肌浃骨的生活感受,引起心灵的震撼和抒发的渴望。在

---

① 《与胡邦衡书》(其一八),《庄简集》卷一五,《全宋文》,第154册,第208页。

南宋,"朋党之恶"直接或间接地影响了文人的政治命运与生活状态,或被卷入其中,身负遭贬处穷之累;或虽未被卷入其中,但因此难尽"外王"事功之才,饮恨终身。这种际遇进一步促使他们在"断不负所学""尽为己之学"中,"重抑其情而祈以自保";在"抑情自保"的生活感受中,不时地震撼着他们的心灵,也不断地引发着他们以文学样式进行抒发的渴望。

需要说明的是,"朋党之恶"固然是士大夫群体因"不能据中道"而党同伐异所致,但当他们面对"为己之学"时,却又不断地进行着自我反省。杨时《检田》:

> 齐魏两蜗角,况复三家村。举世竞豪末,薄俗宁足论。吾衰过元亮,欲辨已忘言。①

胡寅《和洪秀才八首》(其五):

> 栽花为事业,种秫是谋猷。不羡两蜗角,从教双鬓秋。登楼山抹黛,垂钓水澄眸。此乐应谁侣,雩风昔从游。②

王十朋《前中秋一日舟过山阴,晚稻方熟,忽动乡思,呈先之》:

> 五年倦来往,争此蜗角名。未知得失间,奚辱亦奚荣。何

---

① 《全宋诗》卷一一四四,第12925页。
② 《全宋诗》卷一八七五,第21003页。

当毕所愿，同归及春耕。①

范成大《蛮触》：

蛮触纷拏室未虚，心知悉忿欠工夫。腹须空洞方容物，事过清凉已丧吾。万仞我山高不极，一团心火蔓难图。从今立示寒灰观，笑看苍黄走郑巫。②

周必大《送七兄监庙赴南宫兼呈大兄知县二首》：

河梁曾诵送行篇，蜗角牛毛十五年。毕竟中间皆梦尔，只今相对各苍然。萧萧暂隔连床雨，荡荡初行万斛船。谁近上林看跃马，东阳诗句定先传。③

陆游《自咏》：

孤艇渺烟波，衡门暗薜萝。衣冠醉学究，毛骨病维摩。抚几时长唶，临觞亦浩歌。无劳问蜗角，蛮触正横戈。④

姜特立《浣溪沙》下片：

---

① 《全宋诗》卷二〇一八，第22623页。
② 《全宋诗》卷二二七一，第26032页。
③ 《全宋诗》卷二三二一，第26705页。
④ 《全宋诗》卷二一七四，第24727页。

蜗角虚名真误我,蝇头细字不禁愁。班超何日定封侯。①

辛弃疾《哨遍·秋水观》:

蜗角斗争,左触右蛮,一战连千里。君试思、方寸此心微。总虚空、并包无际。喻此理。何言泰山毫末,从来天地一稊米。嗟大少相形,鸠鹏自乐,之二虫又何知。……贵贱随时。连城才换一羊皮。谁与齐万物,庄周吾梦见之……②

魏了翁《题谢耕道一犁春雨图》:

床头夜雨滴到明,村南村北春水生。老妇携儿出门去,老翁赤脚呵牛耕。一双不借挂木杪,半破夫须冲晓行。耕罢洗泥枕犊鼻,卧看人间蛮触争。③

吴潜《千秋岁》下片:

回首看朝市。名利人方醉。蜗角上,争荣悴。大都由命分,枉了劳心计。归去也,白云一片秋空外。④

高翥《自赋》:

---

① 《全宋词》,第1604页。
② 《全宋词》,第1916页。
③ 《全宋诗》卷二九二四,第34870页。
④ 《全宋词》,第2734—2735页。

蜗角蝇头总是虚，何须留恋市朝居。老于亲戚情当密，贫与公卿分合疏。小涧草荒元种菊，故山尘满旧抄书。几时归去重料理，啸月眠云得自如。①

"蛮触"或"蜗角"出于《庄子·阳则》，说的是蜗牛角上有蛮氏与触氏两国，两国因寸地之争，旷日征战。这个典故盛行于南宋的诗词与散文中，成了南宋文人用以反省"朋党之恶"的一个常用词，故不胜枚举，上列仅举例而已。值得注意的是，在他们中间，不仅有各个时期党争的参与者如杨时、胡寅、王十朋、周必大、魏了翁等人，而且还有党争的旁观者如辛弃疾、陆游，甚至是未尝入仕途的江湖诗人高翥。这也佐证了"朋党之恶"对南宋士人政治命运及其心灵的影响，不是个别的，而是具有群体性的，不是局部的，而是具有全面性的。反省使他们产生了共同的感受——"虚名真误我"，有负"为己之学"；共同的感受给了他们相同的去处——"白云一片秋空外"，从中履行"为己之学"。这也就是李光所说的"宴居有以自娱，动则观书以广智，静则息念以存诚。赋诗一首，弹琴一曲"的"通用"之"道"。

这个"道"，在身陷新旧党争的苏轼、黄庭坚等人的作品中业已形成，在南宋的"朋党之恶"下，则广为士人所遵循，具有了共通性的特征，从而既推进了南宋"为己之学"的发展，又深深影响了南宋文学的演进。

---

① 《全宋诗》卷二八五八，第34124页。

附　录

南宋党争与"元祐学术""元祐叙事"

"元祐学术"是宋代文献中出现频率较高的一个词语，它包含了文学、学术、史学、政事等多个层面的内容。"绍述"期间，不断禁锢"元祐学术"，是熙宁以后新旧两党意气之争的一个环节；南渡以后，士大夫出于对"元祐学术"的偏执认同而形成的"元祐叙事"，同样是一种意气化了的活动。从"元祐学术"的形成到"元祐学术"的被禁，再到"元祐叙事"的展开，是北宋中期以后政治运作的一种逻辑发展，典型地体现了宋代政治文化的本质特征，以及士人的文化性格，因而成了考察宋代政治文化得失时难以回避的一个话题。本文将从三个方面，就此展开粗浅的考察。

一、"元祐学术"的形成与内涵

何谓"元祐学术"，历来说法不一，也向无定义。通行的说法，大致有二：一是"以诗赋为元祐学术"，或"言诗为元祐学术"；一是以为"元祐学术自指司马文正一派，苏、黄一派，程子一派，为绍圣以后奸臣所厉禁"①，或谓"王安石以新说行，学者尚同，如圣门一贯之说，僭也。先正文忠公苏轼首辟其说，是为元祐学，人谓蜀学云。时又有洛学本程颐，朔学本刘挚，皆曰元祐学，相羽翼以攻新说"②。"元祐学"是"元祐学术"的又称；"新说"就是王安石"新学"；刘挚本出司马光之门，属于"司马文正一派"。在"元祐更化"期间，三派因政见与学术观点不尽相同，分裂为蜀、洛、朔三党，交攻不已，但三派均为元祐党人，是"元祐更化"的三支重要力量。他们"相羽翼以攻新说"，是联结蜀学、洛学、朔学的纽带，也是"元祐学术"的核心所在。然而，"元祐学术"是否仅仅停留在三派的学理层面？又如何理解"诗赋为元祐学术"或"诗为元祐学术"？

元祐是哲宗的第一个年号，凡历八年（1086—1093）。在此期间，并没有出现"元祐学术"之说。作为政府文件中的一个专门术语，"元祐学术"始于崇宁元年。《续资治通鉴长编拾补》卷二〇"崇宁元年十二月丁丑"条载：

> 诏：诸说诐行非先圣之书，并元祐学术、政事，不得教授学生，犯者屏出。③

又《宋史》卷一九《徽宗本纪》：

---

① 阎若璩：《与戴唐器书》三九其十五，《潜邱札记》卷六，影印《文渊阁四库全书》，第859册，第533页。
② 李石：《苏文忠集御叙跋》，《全宋文》，第205册，第343—344页。
③ 《续资治通鉴长编拾补》卷二〇"崇宁元年十二月丁丑"条，第725页。

> （崇宁二年）十一月庚辰，以元祐学术政事聚徒传授者，委监司察举，必罚无赦。①

这与同时刊立的"元祐奸党碑"互为表里，是蔡京集团禁锢政敌的重要举措。那么，上述两次诏禁令中的"元祐学术"又包含了何种内容？《续资治通鉴长编拾补》卷二一"崇宁二年四月"记事：

> 丁巳，诏：焚毁苏轼《东坡集》并《后集》印板。
> 乙亥，诏：三苏（洵、轼、辙）集及苏门学士黄庭坚、张耒、晁补之、秦观及马涓文集、范祖禹《唐鉴》、范镇《东斋记事》、刘攽《诗话》、僧文莹《湘山野录》等印板，悉行焚毁。
> 戊寅……诏：程颐，追毁出身以来文字，除名；其入山所著书，令本路监司常切觉察。②

由上可知，所禁有苏轼蜀学与程颐洛学二派的文集，以及《唐鉴》等史书。《唐鉴》是范祖禹参与司马光主编《资治通鉴》时，"分掌唐史，以其所自得者，著成此书"③，其史学思想与《资治通鉴》同出一辙。从这个意义上说，范祖禹属司马光一派；同时，昭示了史学也成了"元祐学术"的组成部分，招致禁锢。又据《续资治通鉴长编拾补》卷四七"宣和五年七月己未"条：

---

① 《宋史》卷一九《徽宗本纪》，第368页。
② 《续资治通鉴长编拾补》卷二一"崇宁二年四月"条，第739—742页。
③ 《四库全书总目》卷八八《唐鉴》提要，第751页。

> 诏：毁苏轼、司马光文集板，已后举习元祐学术者，以违诏论。明年，又申禁之。①

所谓"明年，又申禁之"，指宣和六年（1124）十月庚午之诏，见《宋史·徽宗本纪》：

> 有收藏习用苏、黄之文者，并令焚毁，犯者以大不恭论。②

关于个中消息，《九朝编年备要》卷二九宣和五年七月，"禁元祐学术"条有详细说明：

> 中书省言：福建路印造苏轼、司马光文集。诏令毁板，今后举人传习元祐学术者，以违制论。明年又申严之，冬，诏曰："朕自初服，废元祐学术，比岁至复尊事苏轼、黄庭坚。轼、庭坚获罪宗庙，义不戴天，片文只字，并令焚毁勿存，违者以大不恭论。"③

据此，自崇宁至宣和（1102—1125）年间，政府禁"元祐学术"的重点为"司马文正一派，苏、黄一派，程子一派"的经学思想。这三派之间的经学思想虽存在诸多抵牾，但都是宋代新儒学的组成部分，也均从各自的经学主张，反对王安石新法与"新学"，并形诸

---

① 《续资治通鉴长编拾补》卷四七"宣和五年七月己未"条，第1455页。
② 《宋史》卷二二《徽宗本纪》，第414页。
③ 《九朝编年备要》卷二九，影印《文渊阁四库全书》，第328册，第799页。

自己的诗文及其他文字,所以其文集印板"悉行焚毁"。不过,上列政府的召禁令,并没有停留在学术思想层面,而往往将"元祐学术"与"元祐政事"相提并论,其中"举人传习元祐学术者,以违制论",就涉及"元祐政事"中的科举取士。元祐时期以诗赋取士之制,早在宣和前就被列入"元祐学术"了,所以又有了"以诗赋为元祐学术"或"诗为元祐学术"的说法。关于这一说法的起始时间,宋人记载不一,表述模糊,有必要作一清理。阮阅《诗话总龟·讥诮门》指出:

> 荆公以诗赋决科,而深不乐诗赋,《试院中五绝》其一云:"少年操笔坐中庭,子墨文章颇自轻。圣世选才终用赋,白头来此试诸生。"后作详定官,复有诗云:"童子常夸作赋工,暮年羞悔有杨(扬)雄。当年赐帛倡优等,今日论(抡)才将相中。细甚客乡(卿)因笔墨,卑于《尔雅》注鱼虫。汉家故事真当改,新咏知君胜弱翁。"熙宁四年,既预政,遂罢诗赋,专以经义取士。盖平日之志也。元祐五年,侍御史刘挚等谓:"治经者专守一家,而略诸儒传记之学;为文者惟务训释,而不知声律体要之词。"遂复用诗赋。绍圣初,以诗赋为元祐学术,复罢之。政和中,遂著于令,"士庶传习诗赋者杖一百"。畏谨者至不敢作诗。①

叶梦得《避暑录话》卷下则云:

---

① 《诗话总龟》后集卷三七《讥诮门》,第236页。

> 政和间,大臣有不能为诗者,因建言诗为元祐学术,不可行。李彦章为御史,承望风旨,遂上章论陶渊明、李、杜而下,皆贬之。因诋黄鲁直、张文潜、晁无咎、秦少游等,请为科禁。故事,进士闻喜燕例赐诗以为宠。自何丞相文缜榜后,遂不复赐,易诏书以示训戒。何丞相伯通适领修敕令,因为科云:"诸士庶传习诗赋者杖一百。"①

阮阅,字闳休,元丰八年(1085)进士。《诗话总龟》原名《诗总》,成书于宣和五年(1123),刻于绍兴年间(1131—1162)。叶梦得(1077—1148),字少蕴,绍圣四年(1097)进士。《避暑录话》作于南渡以后。由此观之,阮阅与叶梦得都是禁"元祐学术"的见证人,而且两人都记载了政和年间(1111—1117)的禁诗赋令。但阮阅认为,绍圣(1094—1097)初,元祐时期以诗赋取士之制就已被斥为"元祐学术,复罢之",至政和中,"遂著于令";葛立方《韵语阳秋》卷五袭用此说。②叶梦得却认为,政和年间,由于一"大臣"不会作诗,建言"诗为元祐学术,不可行",所以黄庭坚、张耒、晁补之、秦观等人的诗歌被列为"科禁",连"陶渊明、李、杜而下皆贬之";周密《齐东野语》卷一六《诗道否泰》与此说相同。③叶梦得所载,更具体地强调了"元祐学术"之禁的严厉,但给人一种印象:以诗或诗赋为"元祐学术",是政和年间某一大臣的好恶所致。他所说的这位大臣的"建言",载于《宋会要辑稿》:

---

① 《避暑录话》卷下,《全宋笔记》第二编,第10册,第309页。
② 《韵语阳秋》卷五,第66页。
③ 《齐东野语》卷一六《诗道否泰》,第292—293页。

（政和元年十一月十五日）臣僚言："伏睹神宗皇帝以声律偶对之文，雕虫篆刻，不足以发辉（挥）圣人之余蕴，遂罢诗赋，崇经术。元祐中，曲学陋儒自售其私，请以诗赋取士，仍争为篇章，更相酬唱，欲鼓天下之众而从之。哲宗皇帝深悯其弊，俄即废革，尽复熙丰科举之法。陛下兴学养士，增光前烈，亲洒宸翰，训迪多方，元祐学术政事，悉禁毋曾（习）。然缙绅之徒，庠序之间，尚以诗赋私相传习。或辄投进，仰渎聪（圣）聪。盖义理之学高明而难通，声偶之文美丽而易入，喜易而恶难者，世俗之常情也。倘非重行禁约，为之矫拂，恐复流而为元祐之学矣。"诏榜朝堂，委御史台弹劾。①

据考，这位"臣僚"就是王安石的门生薛昂，"曾与王安石弈棋赌梅花诗而不能赋，在士林传为笑柄"②。然而，上列文字是针对"缙绅之徒，庠序之间，尚以诗赋私相传习"的现象而发的，其目的是为了防止"以诗赋取士"的制度死灰复燃；换言之，没有叶梦得所说的"建言诗为元祐学术"的痕迹，据"恐复流而为元祐之学"云云，既非专指诗歌，又明确地昭示了"以诗赋为元祐学术"是早已形成了的概念。那么，这一概念究竟始于何时？诗赋又何以成为"元祐学术"？不妨简单回顾一下熙宁以后科举制度的演变历程。熙宁四年（1071）二月，中书门下省奏：

---

① 《宋会要辑稿·选举四》，第5320页。
② 萧瑞峰、刘成国：《"诗盛元祐"说考辨》，《文学遗产》2006年第2期。

> 伏以古之取士，皆本于学校，故道德一于上而习俗成于下，其人材皆足以有为于世。自先王之泽竭，教养之法无所本，士虽有美材，而无学校师友以成就之，此议者之所患也。今欲追复古制，以革其弊，则患于无渐。宜先除去声病偶对之文，使学者得以专意经义，以俟朝廷兴建学校，然后讲求三代所以教育选举之法于天下，则庶几可复古矣。①

该年是王安石新法开始全面实施的一个年头。"去声病偶对之文，使学者得以专意经义，以俟朝廷兴建学校"，就是新法的一个重要组成部分，也即阮阅所说的王安石"既预政，遂罢诗赋，专以经义取士"。初议这项新法时，曾招致朝中某些官员的强烈反对，如苏轼上疏驳斥："近世士大夫文章华靡者，莫如杨亿。使杨亿尚在，则忠清鲠亮之士也，岂得以华靡少之。通经学古者，莫如孙复、石介，使孙复、石介尚在，则迂阔矫诞之士也，又可施之于政事之间乎？自唐至今，以诗赋为名臣者，不可胜数，何负于天下，而必欲废之！"②王安石却坚持认为："今人材乏少，且其学术不一，异论纷然，不能一道德故也。一道德则修学校；欲修学校，则贡举法不可不变。"③这就是说，变"以诗赋取士"为"专以经义取士"，并非仅仅为了选拔人才，更重要的是为了实现"一道德"，达到"道德一于上而习俗成于下"的效果，从而统一思想，平息"异论纷然"的局面；"异论纷然"，就是指来自政敌对新法的各种反对意见。由此可见，"专以经义取士"是王安石为了保证新法的顺利实

---

① 《宋会要辑稿·选举三》，第5308页。
② 苏轼：《议学校贡举状》，《苏轼文集》卷二五，第724页。
③ 《宋史》卷一五五《选举志》，第3617页。

施所采取的一项重要举措，也是"新学"的重要组成部分。为了将这一经学主张落实到具体的行动之中，王安石又组织写作班子，撰写《周礼义》《诗义》《尚书义》，合称《三经新义》。熙宁八年（1075）六月，全部修成；同月，送国子监镂板颁行；次月，"诏以新修经义赐宗室、太学及诸州府学"①，成为法定教科书。元丰五年（1082），王安石又上《字说》，虽未颁行天下，却有司据以取士，故天下士子争传，用以科场。②

元丰八年（1085），神宗去世，哲宗继位，高太后垂帘听政，旧党回朝，于次年即元祐元年（1086）实施了"更化"之政，"专以经义取士"之制也成了"更化"的对象之一。不过，刘挚上疏要求恢复"以诗赋取士"的旧制，并非阮阅所说的在元祐五年，而是在元祐元年闰二月。当时，刘挚为侍御史，上《论取士并乞复贤良科疏》，"乞贡举进士，添试诗赋"。疏中数陈以往"专诵熙宁所颁《新经》、《字说》，而佐以庄、列、佛氏之书"之弊，并具体建议"进士第一场试经义，第二场试诗赋，第三场试论，第四场试策。经义以观其学，诗赋以观其文，论以观其识，策以观其材。前二场为去留，后二场为名次，其解经应许通用先儒传注，或己之说，而禁不得引用字解及释典。庶可以救文章之弊而适乎用，革贡举之弊而得其人"。③在具体实施中，又新添了《春秋》左氏、公羊、穀梁三传。④这一取士之制被称为"元祐法"⑤。"元祐法"的性质与熙

---

① 《续资治通鉴长编》卷二六五"熙宁八年六月甲寅"条、同书卷二六六"熙宁八年七月癸酉"条，第6514、6525页。
② 见晁说之《元符三年应诏封事书》下，《全宋文》，第129册，第409页。
③ 刘挚：《忠肃集》卷四，第93—94页。
④ 《宋会要辑稿·选举三》，第5312页。
⑤ 《宋会要辑稿·选举四》，第5327页。

丰"专以经义取士"之制相同，是元祐党人的经学思想在科举取士中的具体体现。

随着元祐八年（1093）高太后去世，哲宗亲政，熙丰新党还朝，"绍述"王安石新法与"新学"，"元祐法"旋即被罢。绍圣元年（1094）五月，朝廷下诏"进士罢试诗赋，专治经术"。六月，"太学博士詹文言：'《元祐贡举敕令》，进士不得引用王安石《字说》，乞除其禁。'从之。"①阮阅所说"绍圣初，以诗赋为元祐学术，复罢之"，就是指罢"元祐法"而恢复熙丰科举取士之制；李纲所谓"方绍圣、元符间，摈斥元祐学术"②，也首先是指摈斥元祐时期"诗赋经术兼将之制"。因为朝廷以诏令的形式，公开摈弃包括蜀学、洛学、朔学在内的"元祐学术"，是崇宁元年的事情；或者说，因"诗赋为元祐学术"，所以黄庭坚、张耒、晁补之、秦观等人之诗被禁，连同他们的文集"悉行焚毁"，始于崇宁，而非叶梦得所说的迟至政和年间才开始。至政和年间，由于"缙绅之徒，庠序之间，尚以诗赋私相传习"，朝廷才颁布"诸士庶传习诗赋者杖一百"的"科禁令"。

事实表明，"元祐学术"的最初内涵是元祐时期实施的"诗赋经术兼将之制"；"以诗赋为元祐学术"的概念，在绍圣元年业已形成。王安石实施"专以经义取士"的新制，是为了"道德一于上，而习俗成于下"，以保证新法的推行与深入；既然如此，势必成为元祐党人以恢复"祖宗旧法"为目的的"更化"对象；绍圣以后，新党集团在以"绍述"新法为务时，也势必禁止以诗赋取士的"元

---

① 《宋会要辑稿·选举三》，第5314—5315页。
② 李纲：《跋东坡小草》，《全宋文》，第172册，第59页。

祐法"。质言之，这一反复是熙宁以后变法与反变法或新旧两党相争的一种必然，也是新旧两党不同经学思想的一种较量。

另一需要考察的是"元祐学术"中以司马光一派的史学内容。在上列召禁令中，只提及司马光文集与范祖禹《唐鉴》，而无《资治通鉴》之目，其实，《资治通鉴》被视为"元祐学术"而招致禁锢，在绍圣四年（1097）就开始了。《续资治通鉴长编》卷四八五"绍圣四年四月乙未"条载：

> （陈）瓘为太学博士。薛昂、林自之徒为正录，皆蔡卞之党也，竞推尊安石而挤元祐，禁戒士人不得习元祐学术。卞方议毁《资治通鉴》板，瓘闻之，用策士题，特引序文，以明神考有训。于是林自骇异，而谓瓘曰："此岂神考亲制耶？"瓘曰："谁言其非也。"又曰："神考少年之文尔。"瓘曰："圣人之学，根于天性，有始有卒，岂有少长之异乎？"林自辞屈愧歉，遽以告卞。乃密令学中置板高阁，不复敢议毁矣。瓘又尝为别试主文，林自复谓蔡卞（卞）曰："闻陈瓘欲尽取史学，而黜通经之士，意欲沮坏国事，而动摇吾荆公之学。"卞（卞）既积怒，谋将因此害瓘，而遂禁绝史学。①

因《资治通鉴》有神宗的序文，故"绍述"新党不敢毁之，也始终不敢将它列入召禁令中。但为什么《资治通鉴》被视为"沮坏国事"、动摇"荆公之学"而遭"禁绝"呢？

《资治通鉴》始撰于治平年间，成书于元丰七年（1084），历时

---

① 《续资治通鉴长编》卷四八五"绍圣四年四月乙未"条，第11531页。

十九年之久。司马光在主持编修这部史学巨著时，继承了中国史学经世致用的传统，其《乞令校定〈资治通鉴〉所写〈稽古录〉札子》就明确提出："治天下者，安可不以师古哉！"[①]可见其编撰动机是为现实政治提供历史依据，或将历史作为现实政治的参照系。在《资治通鉴》中，司马光对史料的选择排比，尤其是大谈名分纲纪的史论，目的就是通过对历史的叙述与评价，重建现实政治的秩序；而司马光所面临的，却是因王安石变法引起的政见相左的朋党政治，所以他在对史料的取舍和对历史的评价中，常常隐含对新法的态度。熙宁二年（1069）十一月，司马光在经筵时解读《资治通鉴·汉纪》"至曹参代萧何为相国，一遵何故规"一节的"措意"，就是"以国家近日多更张旧政，因此规讽"[②]；也就是说，司马光选编这段历史，旨在伸张"祖宗旧法"；而神宗与王安石"更张旧政"，推行新法，是从"国是"的高度来进行的；王安石新学则为"国是"的理论形态，故林自指斥陈瓘以司马光史学取士为"沮坏国事，而动摇吾荆公之学"。又《资治通鉴》卷一"威烈王二十三年"追述智伯之亡的过程后，有如下评论：

> 臣光曰：智伯之亡也，才胜德也……是故才德全尽谓之"圣人"，才德兼亡谓之"愚人"；德胜才谓之"君子"，才胜德谓之"小人"。凡取人之术，苟不得圣人、君子而与之，与其得小人，不若得愚人。何则？君子挟才以为善，小人挟才以为恶。挟才以为善者，善无不至矣；挟才以为恶者，恶亦无不至

---

① 《全宋文》，第55册，第270页。
② 《宋朝事实类苑》卷一五，第182—183页。

矣。愚者虽欲为不善，智不能周，力不能胜，譬如乳狗抟人，人得而制之。小人智足以遂其奸，勇足以决其暴，是虎而翼者也，其为害岂不多哉！夫德者人之所严，而才者人之所爱；爱者易亲，严者易疏，是以察者多蔽于才而遗于德。自古昔以来，国之乱臣，家之败子，才有余而德不足，以至于颠覆者多矣，岂特智伯哉！故为国为家者苟能审于才德之分而知所先后，又何失人之足患哉！①

这里所体现的历史观，是贯穿《资治通鉴》全书的主要观点之一。"德"即"善"。司马光说："见利则欲为恶，顾义则欲为善。"②利为恶之源，恶则邪、则奸，也就无仁无德；义则善，善则忠、则直，也就有仁有德，万变不离其宗。所以"君子小人之分，义利而已矣。君子之心，纯乎为义，故其得位也，将以行其道；小人之心，纯乎为利，故其得位也，将以济其欲"③。而"义利之说，乃儒者第一义"④，是宋代儒学的一个重要主题。司马光将士人群体分为圣人、君子、小人与愚人四大类的伦理标准便在于此，也具有鲜明的针对性。熙宁二年（1069），司马光批评王安石"聚文章之士及晓财利之人，使之讲利"，"各斗智巧，以变更祖宗旧法"，属于弃"义"逐"利"的"小人"行为⑤，显然基于"小人挟才以为恶""智足以遂其奸""其为害岂不多哉"的历史观，所以说"与其

---

① 《资治通鉴》卷一，第14—15页。
② 《太玄集注》卷一，第5页。
③ 真德秀：《直前奏札》，《全宋文》，第312册，第210页。
④ 《与延平李先生书》，《朱熹集》卷二四，第1019页。
⑤ 司马光：《与王介甫书》，《全宋文》，第56册，第19页。

得小人,不若得愚人";反言之,这一历史观,就是在现实政治斗争的作用下形成的。又《资治通鉴》卷二四五记唐太和八年(834)文宗每叹"去河北贼易,去朝廷朋党难"时,以"臣光曰"的形式发论说:"夫君子小人之不相容,犹冰炭之不可同器而处也。故君子得位则斥小人,小人得势则排君子。此自然之理也。"[①]这同样是针对熙丰新旧党争而发的。当司马光入朝发起"元祐更化"时,这一"自然之理"便成了其施政的基本思路,也成了元祐党人恪守不移的经世法则。他们为了恢复"祖宗旧法",既尽废熙丰新法,又全力排斥熙丰"讲利小人",成了"元祐政事"两大表现形态。

由上可知,《资治通鉴》招致禁锢,不仅因为司马光是"元祐政事"的发起人,而且还在于包含其中的反对新法的态度;进而言之,体现在《资治通鉴》的以史资治的经世之学,是司马光废弃熙丰新法、排斥熙丰"小人"的理论依据,为"元祐学术"的重要组成部分。

通过以上所述,不难看出"元祐学术"的性质、内容及其功能。在性质上,它作为北宋后期新旧党争的产物,不是某一学派的自称,而是具有敌意的他称,是"绍述"新党排斥政敌所使用的一个专门术语;在内容上,它通过蜀、洛、朔三党"相羽翼以攻新说",黏合了蜀学、洛学、朔学三大学派中某些相通的经学思想,并辐射到了文学、史学、制度等多个文化层面;在功能上,它是"元祐政事"的理论形态,具体表现为排斥"荆公新学"、废弃熙丰新法、打击变法"小人",最终恢复"祖宗旧法"。因此,"元祐学术"虽然是一个十分驳杂和庞大的概念,但它作为对元祐时期政治

---

① 《资治通鉴》卷二四五,第7899页。

与文化的总称，却具有完整的内涵与体系。

二、"元祐叙事"的模式与价值取向

熙宁以后，赵宋王朝因王安石变法步入了周期性反复的怪圈，给士大夫群体带来了悲剧性的政治命运，尤其是"绍述"新党在历禁"元祐学术、政事"、迫害元祐党人的过程中，又将北宋政权推向了覆亡之路，所以南渡后，"元祐学术"的整体价值与意义被格外地烘托出来；士人在痛苦反思北宋新旧党争的历史中，也以一种过于偏执的认同，展开了以"元祐学术"为判断标准的历史叙事。对此，我们称之为"元祐叙事"。

"元祐叙事"的出发点是让士林注意和了解熙宁以后形成的周期性反复的怪圈，反省和检视谁应对此负责。然而，由于受"靖康之乱"这场国家与民族的双向灾难的巨大冲击，叙事者的道德义愤掩盖了理性认知，偏执认同战胜了客观叙事，他们以简单的二分法与柔性叙事的手段，虚拟叙事的整体性，呈现了一切以元祐为"正"、非元祐为"乱"的叙事模式。

建炎元年（1127），即位不久的高宗下诏："宣仁圣烈皇后保佑哲宗，有安社稷之大功，奸臣怀私，诬蔑圣德，著在史册，可令国史院差官摭实刊修，播告天下。"并以此清算"奸臣"之罪，"辨党邪正"。对此，吕中认为：

> 当靖康元年二月，敌退之后，士大夫争法新旧、辨党邪正，识者讥其治不急之务。今高宗即位，首诏改宣仁谤史，不几复蹈前辙邪？曰："不然！"张敬夫谓此乃拨乱反正之宏纲，古今人心之天理。盖我朝之治，元祐为甚；母后之贤，宣仁为最。当熙、丰小人相继用事之后，使非继以元祐，则中原之祸

不待靖康而后见。当京师失守之时，使非元祐之治在人耳目，又何以开炎、兴之运哉？此宣仁之功也。章、蔡初意不过欲去元祐之人耳，而至于变元祐之法；又虑元祐之人复用也，而至诬以废立之罪，谤及宣仁。一念之私，燎原滔天，可畏哉！①

张栻所谓"正"，就是指"元祐学术、政事"；"乱"即指"荆公新学"与熙丰新法，以及绍圣以后的"绍述"。元祐所历八年，是高太后垂帘听政的八年，所以吕中说："盖我朝之治，元祐为甚；母后之贤，宣仁为最。"将元祐的"极盛"归结为高太后的"最贤"；进而认为，假如没有"元祐之治"，不仅北宋政权早亡而"不待靖康而后见"，而且"又何以开炎、兴之运"。作为北宋新旧党争和造成北宋政治周期性反复的一个环节，"元祐之治"被涂上了一层无事不能的神奇色彩。既然如此，高宗"诏改宣仁谤史"的必要性与迫切性就不言而喻了。其实，这是借助皇权，强化"元祐学术、政事"之"正"、熙丰变法与绍圣后"绍述"之"乱"的叙事模式的权威性与合法性；绍兴四年（1134），由高宗发起、宰相赵鼎领衔重修《神宗实录》，则标志了其权威性与合法性的全面确立。

绍兴重修《神宗实录》，是政府组织的一次具有系统性的"元祐叙事"，始于绍兴四年八月，成于绍兴六年（1136）正月，共二百卷。在宋代，《神宗实录》有三个版本：元祐时期首修的墨本、绍圣年间重修的朱本、绍兴四年再修的新本。这三个版本的《神宗实录》虽然都已失传，无法详知其间的面貌，但编修者均各自出于

---

① 吕中《大事记》，引自李心传《要录》卷五"建炎元年五月辛卯"条，第134页；张栻之语见其《题赵鼎家光尧御笔》，《全宋文》，第255册，第274页。按："古今人心之天理"，张栻《题赵鼎家光尧御笔》作"天下古今之公理"。

政治需要,"各以私意去取,指为报复之资"①,却是不争之事实。下列记载也具体佐证了这一点:

> (绍兴四年八月戊寅朔)范冲入见,冲立未定,上云:"以史事召卿。两朝大典,皆为奸臣所坏,若此时更不修定,异时何以得本末。"冲因论熙宁创制、元祐复古,绍圣以降,张弛不一,本末先后各有所因,不可不深究而详论。……王安石自任己见,非毁前人,尽变祖宗法度,上误神宗皇帝。天下之乱,实兆于安石,此皆非神祖之意。"上曰:"极是,朕最爱元祐。"上又论史事,冲对:"先臣修《神宗实录》,首尾在院,用功颇多。大意止是尽书王安石过失,以明非神宗之意。其后安石婿蔡卞怨先臣书其妻父事,遂言哲宗皇帝绍述神宗。其实,乃蔡卞绍述王安石。惟是直书安石之罪,则神宗成功盛德,焕然明白。……"②

这里的"先臣"指范祖禹。范祖禹是墨本《神宗实录》的主编官,范冲则是新本《神宗实录》的主编官,他与高宗的这段论述,就是重修的宗旨。熙宁法度由王安石具体策划,得到了神宗的倾力支持,而且王安石对内变法,神宗对外用兵,互为倚重,是神宗一朝

---

① 沈与求语,引自《要录》卷一一一"绍兴七年六月丙申"条,第2085页。
② 《要录》卷七九"绍兴四年八月戊寅"条,第1487页。

新政的两个重要侧翼。①可是，范冲却以为神宗与变法无关，主张在元祐墨本"止是尽书王安石过失，以明非神宗之意"的基础上，进一步以"惟是直书安石之罪"叙事手段，昭示神宗的"成功盛德"，显然有违历史事实；其目的就是摆脱以往皇权的代表神宗对叙事的束缚，达到"天下之乱，实兆于安石"、至"绍述"而大乱的叙事效果；有了这一效果，就能树立"元祐学术、政事"之"正"，纠正蔡卞等绍圣乱臣所修《神宗实录》中的"私意去取"。在这样的宗旨规范下，他们的叙事也难免过于"私意去取"的偏执，这从《续资治通鉴长编》的有关记载中，可见一斑。如《皇宋通鉴长编纪事本末·绍述》载，绍圣元年（1094）七月，户部尚书蔡京上书指出："元祐以来，天下用度，复（浸）以匮竭，美意良法，尽遭诋诬。"李焘在该条下注引《新录》（按：指绍兴新本《神宗实录》）所记："元祐节行爱民，库府充实，而云'天下用度，

---

① 王铚《默记》卷中云："神宗初即位，慨然有取山后之志。滕章敏（元发）首被擢用，所以东坡诗云：'先帝知公早，虚怀第一人。'盖欲委滕公以天下之事也。"（第20页）自熙宁三年始，为了复河湟，取西夏，连年发兵西征。十余年的西边战事，神宗还对前线将帅亲自一一发令指挥。陈师道《古墨行》："睿思殿里春夜半，灯火阑残歌舞散。自书细字答边臣，万里风云入长算。"任渊注："元祐中，苏辙等上所编《神宗皇帝御制集》。内四十卷，皆赐中书密院及边臣手札，言攻守密计。哲宗为之序曰：其指授诸将，应变制宜，虽在千万里外，而尽得其形势之要。先后缓急之机，皆如在目前，而无遗画云。"（《后山诗注补笺》，第186—187页）。按：元祐二年，苏辙、刘攽编次神宗御制。苏辙《进御集表》："凡著录九百三十五篇，为九十卷，目录五卷。内四十卷，皆赐二府及边臣手札，言攻守秘计，先被旨录为别集，不许颁行。"（《苏辙集·栾城集》卷四七，第825页）绍圣中，由章惇再加编次，比元祐所编增多八千七百三十道，分文词、政事、边机三门，元符三年成书，总二百卷，建中靖国元年，诏以文辞四卷，政事一百五十卷镂板颁赐，边机一门未刊。（《郡斋读书志校正》卷一九，第955页。）

浸以匮竭',今删去八字。"①实际上,关于元祐期间"天下用度"这一点,绍圣朱本《神宗实录》所载蔡京之言不无依据,元祐臣僚也不止一次地强调了这一点。元祐三年(1088)十一月,户部侍郎苏辙的一份奏章有"中外匮竭不继"②之语;元祐七年(1092)五月,苏轼上书疾呼:"帑廪日益困,农民日益贫,商贾不行,水旱相继,以圣上之资而无善人之效,臣窃痛之。"③范冲之父范祖禹也指出:"臣窃以当今之患,在于天下空虚。"④绍兴新本《神宗实录》的编撰者却不顾这一历史事实,改"天下用度,浸以匮竭"为"节行爱民,库府充实",就是"私意去取"的表现之一,从中不难想见他们是怎样通过这一叙事手段,全面树立"元祐学术、政事"之"正"、系统指摘熙丰新法与"绍述"之"乱"的。

绍圣后的"绍述",背离了神宗与王安石的变法初衷,葬送了变法事业,最后将北宋政权推向了覆亡之路。高宗为了巩固十分脆弱的南宋小朝廷,重修经过"绍述"乱臣"私意去取"的《神宗实录》,进行全面系统的"元祐叙事",在意识形态领域中"拨乱反正",是时势使然。但是,在这种"正"与"乱"的二分法的叙事中,却充满了政治偏见,因而也决定了其叙事必然是出于"私意"而非"公心",必然是柔性的而不可能是客观的,熙宁以后半个多世纪的历史仿佛成了雕塑家手中的泥巴,被随意拿捏与塑造。随着这种柔性叙事的进一步展开,又必将涉及一个核心问题,那就是熙

---

① 《皇宋通鉴长编纪事本末》卷一〇〇《绍述》,第3192—3193页。
② 《续资治通鉴长编》卷四一六"元祐三年十一月甲辰"条,第10113页。
③ 《续资治通鉴长编》卷四七三"元祐七年五月壬子"条,第11289页。
④ 《历代名臣奏议》卷二六八《理财》,影印《文渊阁四库全书》,第440册,第574页。

宁以后为什么会产生"正""乱"两极的历史现象,造成周期性反复的怪圈。在"元祐叙事"者看来,其最终根源在于"君子"与"小人"的彼此消长。杨万里《初读三朝宝训》云:

> 自王安石相神宗,有"祖宗不足法"之论,创为法度,谓之新法,天下大扰。幸而得司马光相哲宗,首罢新法,复祖宗之旧,天下大悦。元祐七八年间,号为盛治,比隆庆历。既而小人章子厚欲倾元祐诸君子以取富贵,倡为复新法之说,谓之绍述。曾布和之,蔡京、王黼又和之,而祖宗之法变更尽矣。……祖宗之法亡而中国之祸酷矣。①

历史的主体是人。无论导致"天下大扰"的熙丰新法与绍圣后的"绍述",抑或开创"天下盛治"的"元祐更化",都是人为的。杨万里也坚信,司马光清除熙丰"小人",起用"君子",所以开创了"天下盛治";"绍述"征用"小人",倾陷元祐"君子",所以使"中国之祸酷"。如果说,以更改"祖宗旧法"为"乱"、恢复"祖宗旧法"为"正",属于柔性的事件叙事,同样基于二分法的"小人"致"乱"、"君子"树"正",则属更为柔性的道德叙事,因而进一步凸现出"元祐叙事"的简单化。再看王十朋《观国朝故事四首》其三:

> 昔在元祐初,朝廷用老成。元恶首窜殛,贤隽皆汇征。帘帏八年政,内外咸清明。四夷各自守,天下几太平。绍圣党论

---

① 《诚斋集》卷一一二,《全宋文》,第239册,第256—257页。

起,宵人坏典刑。二蔡倡继述,曲学尊金陵。忠良投海岛,党籍编姓名。春秋亦获罪,学者专三经。心术遂大坏,风俗从此倾。养成前日祸,中原厌膻腥。我欲著一书,善恶深劝惩。奸谀诛朽骨,潜德发幽馨。六贼未足罪,祸端首熙宁。①

所谓"元恶首窜殛",即指元祐党人以文字狱的形式迫害蔡确、根除新党势力之事。元祐四年,元祐党人蓄意炮制"车盖亭诗案",将元丰新党党魁蔡确流放新州,并开列王安石与蔡确"亲党"七十七人名单,"榜之朝堂",严加防范,以绝后患,严重恶化了北宋新旧党争。②王十朋却认为,这是元祐"清明"之治、"太平"之世赖以形成的重要保证。不过,当时个别头脑清醒的元祐党人非但不以为这是"清明"之举,反而视之为灾难之源。在北宋人看来,将士人贬往新州,无异于极刑,因为新州瘴疠密布,身处其中,必死无疑。宋初寇准被贬新州,不久就与世长辞;自寇准以后,蔡确是第二位困死新州的高官。在高太后与朝臣决议蔡确贬新州令时,范纯仁就表示坚决反对,而且不顾高太后的"盛怒",反复申言:"不宜置确死地!"退朝后,他又深怀忧虑地提醒吕大防:"此路荆棘八十年矣,奈何开之?吾曹正恐不免耳!"③"绍述"新党执政后,将"忠良投海岛",正验证了范纯仁的这一忧虑,即朱熹所说"后治元祐诸公,皆为蔡报怨也"④;换言之,从"元恶首窜殛"到"忠良投海岛",是新旧两党意气之争的一个必经过程。在此过程中,尽

---

① 《全宋诗》卷二〇一五,第22586页。
② 关于"车盖亭诗案"的本末,详见"北宋篇",第166—174页。
③ 《类编皇朝大事记讲义》卷一九《哲宗皇帝》,第343页。
④ 《朱子语类》卷一三〇《自熙宁至靖康用人》,第3107页。

管双方窜殛政敌的程度有别，性质却无二致；而开其端者，恰恰是元祐"君子"。对此，"元祐叙事"者当然心知肚明，他们之所以厚此薄彼，既受制于"君子"与"小人"的二分法的叙事框架，又出于塑造元祐党人的完美人格之需，渲染元祐"太平盛治"赖以形成的主体根源。

"元祐更化"之所以为"正"而开创"太平盛治"，因为其主体是"君子"；熙丰变法与绍圣以后的"绍述"之所以为"乱"而导致"中国之祸酷"，因为其主体是"小人"，这种政治事件与道德人品互为表里的双重柔性叙事，在南宋士林大行其道，也在诗文中反复出现。那么，同样是在"以士大夫治天下"的国策下步入仕途的士人，为何出现"君子"与"小人"两大黑白分明的阵营？这又是"元祐叙事"者所津津乐道的一个问题。对此，他们充分注意到了学术思想与道德人品之间的内在联系，王十朋就将"小人"产生的思想根源归结为"春秋亦获罪，学者专三经"——"荆公新学"。于是，在非此即彼的二分法的叙事框架下，叙事者进一步完善了叙事的形式逻辑，最终虚拟了叙事的整体性，这就是：因"元祐学术"为"正"学，所以培养了"君子"，因有"君子"，所以才有"太平盛治"；而"荆公新学"为"邪"学，所以孕育了"小人"，因有"小人"，所以"中国之祸酷"。"正"学与"邪"学之辨的目的，同样在于通过对"邪"学的辨识，有的甚至极尽诋毁之能事，夸大其作用与祸害，反衬"正"学的历史价值与典范意义。在这方面，"元祐叙事"者以强烈的道德义愤，投注了莫大的心力，不惜连篇累牍地大肆渲染。试看下列记载：

（王居正）曰："陛下深恶安石之学，不识圣心灼见，其弊安在？"上（高宗）曰："安石之学，杂以伯道，取商鞅富国强兵。今日之祸，人徒知蔡京、王黼之罪，而不知天下之乱生于安石。"公对曰："诚如圣训。然安石所学，得罪于万世者，不止此。"因陈安石训释经义无父无君者一二事。上作色，曰："是岂不害名教！孟子所谓邪说者，正谓是矣。"公退，即序上语系于《辨学》书首，上之。①

王居正是杨时的学生。杨时"长于攻王氏"②，靖康元年五月强敌压境时，身为国子祭酒的他不顾国家生死存亡，上疏痛斥"荆公新学"之非，力陈"元祐学术"之是③，试图重煽党争余焰，并相继著有《三经新义解》（又称《三经义辨》）、《字说辨》等批驳王安石新学的专论；同时，他又着意培养自己的学生专批王安石"新学"的意识。据载，王居正"少攻《新经》（即王安石《三经新义》），及见龟山杨文靖公于阳羡，出所著《三经义辨》示之，曰：'吾举其端，子成吾志。'先生益感厉，首尾十年，为《毛诗辨学》二十卷，《尚书辨学》十三卷，《周礼辨学》五卷，《三经辨学外集》一卷"④。绍兴五年（1135），他又将自己"论王安石父子平昔之言不合于道"的四十二篇论文，分为七卷，"集而成之，谓之《辨学》"，上列就是呈《辨学》时与高宗的一段对话。在《辨学》中，

---

① 《宋名臣言行录》别集上卷八《王居正》，影印《文渊阁四库全书》，第449册，第437页。
② 《朱子语类》卷一三〇《自熙宁至靖康用人》，第3099页。
③ 《靖康要录》卷六"靖康元年五月三日"记事，《丛书集成初编》，第3883册，第115—116页。
④ 《宋元学案》卷二五《龟山学案》，《黄宗羲全集》，第4册，第220页。

王居正分门别类地系统总结了"荆公新学"的流毒与危害。毋庸赘言,他所强调的王安石"无父无君"的学术思想,分明是"莫须有",也为前述柔性叙事注入了强烈的仇恨情绪。在南宋,类似这种叙事是十分常见的。如胡寅《先公(胡安国)行状》:

> 王荆公(安石)以《字说》训释经义,自谓千圣一致之妙,而于《春秋》不可以偏傍点画通也,则诋为"断烂朝报",废之,不列于学官。下逮崇宁,防禁益甚。公自少留心此经,每曰:"先圣亲手笔削之书,乃使人主不得闻讲说,学者不得相传习,乱伦灭理,用夷变夏,殆由此乎!"于是潜心刻意,备征先儒,虽一义之当,片言之善,靡不采入。①

《春秋》宣扬"诛乱臣,讨贼子,内中国,外夷狄,贵王贱伯"②。可是,王安石"废之,不列于学官",其学之"邪",不辨自明;元祐党人拨乱反正,援《春秋》入学官,用于科举取士,为"元祐学术"的重要内容,其学之"正",昭然若揭;至"绍述",则又"防禁益甚",废绝不行。这引起了士林的极大愤慨。愤慨之中,胡安国"潜心刻意,备征先儒",著成《春秋胡氏传》。他自称研治《春秋》,就是因为"近世推隆王氏新说,按为国是,独于《春秋》,贡举不以取士,庠序不以设官,经筵不以进读,断国论者,无所折衷,天下不知所适。人欲日长,天理日消,其效使夷狄乱华,莫之遏也"③。故试图通过对《春秋》经义的传释,佐证"元祐学术"

---

① 《崇正辩 斐然集》卷二五,第552页。
② 《朱子语类》卷八三《春秋·纲领》,第2144页。
③ 《郡斋读书志校正》卷三,第119页。

之"正",消除"王氏新说"灭"天理"、助"人欲"之"邪",以及"使夷狄乱华"的祸国之害。胡寅为高宗代作的《追废王安石配享诏》又指出:"昔者世衰道微,暴行有作,孔子拨乱反正,寓王法于《春秋》,以俟后世。朕临政愿治,表章斯文,将以正人心,息邪说,使不沦胥于异学。荆舒祸本,可不惩乎?安石废绝《春秋》,实与乱贼造始。今其父子从祀孔庙,礼文失秩,当议黜之。夫安石之学不息,则孔子之道不著。"①径直将"荆公新学"与乱臣贼子刘豫的叛国投敌联系起来。

在经历了"靖康之乱"的士林中,宣扬"王法"的《春秋》受到如此重视,不足为奇。然而,"和靖曰:介甫未尝废《春秋》。废《春秋》以为'断烂朝报',皆后来无忌惮者托介甫之言也。和靖又谓:韩玉汝之子宗文,字求仁,尝上王介甫书,请六经之旨,介甫皆答之,独于《春秋》曰:'此经比它经尤难。'盖《三传》皆不足信也。故有介甫'大段识好恶'之语;且曰:'介甫亦有《易解》,其辞甚简,疑处即缺。文后来有印行者,名曰《易传》,非介甫之书。'和靖去介甫未远,其言如此,甚公。今人皆以'断烂朝报'之语,为荆公之罪,亦冤甚矣"②。意即王安石是因《春秋》索解困难而不愿臆说,"不列于学官"的,属于治学态度问题。朱熹也认为:"大抵圣经惟《论》、《孟》文词平易,而切于日用,读之疑少而益多。若《易》、《春秋》,则尤为隐奥而难知者,是以平日畏之而不敢轻读也。"③但在"元祐叙事"者的笔下,王安石的这一治

---

① 《崇正辩　斐然集》卷一四,第313页。
② 《学记》,《竹溪鬳斋十一稿续集》卷二八,影印《文渊阁四库全书》,第1185册,第839页。
③ 《答赵佐卿》,《朱熹集》卷四三,第1025页。

学态度却为国祸开源,"与乱贼造始"! 这种叙事的锋芒又投向了王安石的文学创作:

> (绍兴四年八月戊寅)上又论王安石之奸……(范)冲对:"昔程颐尝问臣:'安石为害于天下者何事?'臣对以新法,颐曰:'不然,新法之为害未为甚,有一人能改之即已矣。安石心术不正,为害最大。盖已坏了天下人心术,将不可变。'臣初未以为然,其后乃知安石顺其利欲之心,使人迷其常性,久而不自知。且如诗人多作《明妃曲》,以失身为无穷之恨,至于安石为《明妃曲》,则曰:'汉恩自浅胡自深,人生乐在相知心。'然则刘豫不是罪过也。今之背君父之恩,投拜而为盗贼者,皆合于安石之意,此所谓坏天下人心术。"①

范冲继承程颐的观念,劈开新法与"新学"的表层,单刀直插"新学"的主体"安石心术",解剖其"毒害"。若上述王居正"陈安石训释经义无父无君者一二事",使高宗认清了"新学"的"邪说"性质,范冲以《明妃曲》为例,阐释王安石"背君父"的心术及其恶劣影响,直接引导了刘豫等人"投拜而为盗贼"的卖国行径,则更使高宗痛恨王安石为人为学的"奸"与"邪"。在范冲看来,"荆公新学"与王氏文学,相辅相成,无一不邪,因为他"心术不正",其学自然为"邪",其心其学皆不"正",其文学也必然贻害无穷。既然如此,深受王安石"邪学"浸淫的"小人",他们的文学也都

---

① 《要录》卷七九"绍兴四年八月戊寅"条,第1488页。按:类似范冲对王安石《明妃曲》的攻评,又见《风月堂诗话》卷下,第111页。

必然是有害无益的。南宋后期的真德秀就严肃指出，吕惠卿、林希、蔡确等新党人员"大非端士，笔头虽写得数句诗，所谓本心不正，脉理皆邪，读之将恐染神乱志，非徒无益"[①]。于是，政治与道德叙事又被转化成了文学叙事。其实，王安石《明妃曲》作于嘉祐年间，当时司马光、欧阳修、刘敞等人均叹服其工，竞作和篇，无论是原韵抑或和韵，根本不存在"背君父"之意；从现存新党人员的诗歌观之，也并非"脉理皆邪"。"元祐叙事"者的这种阐释，绝非对文学的无知所致，而是不胜内心强烈的道德义愤。

不过，需要说明的是，上述叙事虽然出于叙事者强烈的道德义愤，但不仅仅是为了发泄义愤而已。他们为了美化"元祐学术"，不惜对"荆公新学"进行无情抨击乃至诋毁，是建立在自身的价值取向之上的。进而言之，在二分法的叙事框架中，他们展开的学术、政治、道德与文学等多个层面"正"与"乱"或"正"与"邪"的一系列辨识，都是出于自身的现实需要。尤其是南渡后参与南宋政治重建的叙事者，他们既饱受了"靖康之乱"带来的丧家失国之痛，又在北宋末年的新旧党争中，直接或间接地蒙受了党禁之害，两者交织而至，无法释怀，所以规范了他们叙事的心理定势与价值取向。如杨时为"元祐学术"之一洛学领袖程颐的大弟子，在"绍述"期间，他与程颐的学术活动都受到了严格控制；胡安国私淑程颐，与杨时同为南渡前后洛学的重要传人；范冲因父亲范祖禹于元祐年间参与编撰《神宗实录》，被"绍述"新党贬死他乡，又心怀不共戴天之仇。因此，杨时师生、胡安国父子与范冲等人以主观好恶替代实事求是，诋毁王安石"新学"或文学，也就在所难

[①] 引自《鹤林玉露》乙编卷四"文章正邪"条，第193—194页。

免了。不过，对于他们来说，是否实事求是已经不怎么重要了，重要的是如何利用一切可以利用的话题，利用一切可以利用的叙事手段，尽情地清算"新学"的"流毒"，尽快地消除"新学"的影响，以提升"元祐学术"在政治舞台上的声誉与地位。事实上，不乏效果。自建炎三年（1129）到绍兴四年（1134）的五年多时间内，朝廷相继"罢王安石配享神宗庙庭，以司马光配"、赠程颐直龙图阁、颁布"毁王安石舒王告"。①这就为"元祐学术"的组成部分二程洛学的生存，摆脱了长期受"新学"的重压而拥有了政治上的保障，也为后来的发展赢得了第一时间与空间。

不仅如此，"元祐叙事"在整个南宋政治的运作中，也具有十分重要的现实意义。南渡前期，高宗出于建立与巩固南宋小朝廷之需，提出了"最爱元祐"的战略思想，而全面"甄叙元祐故家子孙"，则是该思想在用人策略上的具体体现，得了各位执政者的积极响应。绍兴五年出任宰相的赵鼎"素重伊川程颐之学，元祐党籍子孙，多所擢用"②，便是一个例证。不过，这需要人们在观念上的认同，"元祐叙事"的"正""乱"之分、"君子""小人"之辨，正为此树立了这样一种观念："元祐学术"为"正"学，元祐党人为"正人君子"，其"故家子孙"自然是为学为人皆正的、德行高尚的贤才，可以像元祐党人那样再创"太平盛治"。这尽管是建立在难以适应复杂历史的形式逻辑之上的观念，却成了当时政治评论的公式。赵鼎为相期间，政绩乏善可陈，在擢用"元祐党籍子孙"

---

① 分别见《宋史》卷二五《高宗本纪二》，第466页；同书卷二七《高宗本纪四》，第511页；李心传《道命录》卷三，《丛书集成初编》，第3342册，第22页。
② 《要录》卷八六"绍兴五年闰二月丁未"条，第1633页。

时，还出现了"托称伊川门人者，即皆进用"的现象。①然而，时论却以为"赵鼎在相位，以招贤才为急务，从列要津，多一时之望，百执事奔走效职，不敢自营，人号为'小元祐'"②，再现了元祐时期的"太平盛治"。他们以"小元祐"自许，固然出于对"元祐学术、政事"的偏执认同，但更重要的是为了肯定自身的历史地位，认同自我的历史价值。也正因为如此，在高宗以后的诸多历史阶段中，人们几乎无不以元祐相标榜。譬如：孝宗即位后，一改绍兴年间所确立的与金和议的"国是"，以张浚为相，召用主战"众贤"，在隆兴元年，挥师北伐；尽管北伐失败，时人却将隆兴之治"比于元祐"③。孝宗"乾道、淳熙间，三朝授受，两家奉亲，古昔所无。一时声名文物之盛，号'小元祐'"④。庆元初，宰相赵汝愚为了抑制以韩侂胄为首的反道学势力，起用朱熹等道学人士，"众贤盈庭，人称为'小元祐'"⑤。理宗亲政，"召真德秀、魏了翁诸君子于朝，号端平，为'小元祐'"⑥。由此等等，不难看出，无论治世的得失与否，人们习惯以元祐为标签，用以提升自身的历史地位，凸现自身的历史价值。"元祐叙事"的最终的价值取向，也正在于此。

---

① 《中兴小纪》卷一八"绍兴五年二月庚子"条，《丛书集成初编》，第3859册，第214页。
② 《三朝北盟会编》卷一七八，第1286页。
③ 刘克庄：《跋陈丞相家所藏御书二》，《全宋文》，第329册，第334页。
④ 《武林旧事》卷首《武林旧事序》，第1页。
⑤ 真德秀：《蜀人游监簿〈庆元党人家乘〉后跋》，《全宋文》，第313册，第228页。
⑥ 《钱塘遗事校笺考原》卷五《理宗升遐》，第154页。

三、由"元祐叙事"引起的几点思考

"元祐叙事"在分辨神宗、哲宗与徽宗三朝"正""乱"两极的历史的同时,又将笔触指向了整个历史长河,将"元祐学术、政事"置于上古以来的坐标系中,确立了"后三代"的坐标点:

> 呜呼!道之不明,亦既千载。宋兴用儒,涵育数世,故经术盛于伊洛,而王化行乎元祐之际。秦汉而下,庶几三代。①

> 恭惟吾宋二百余年,文物之盛跨绝百代,盖其始盛于庆历、嘉祐、治平,而后一振于元祐,文采述作、论议术学众多繁伙,又非汉、唐之所可几及矣。……千百年之间,其盛不过汉与唐与吾宋三而已。②

类似这种判断,在"元祐叙事"中并不少见。作为治世的一种理想,超越汉、唐,踵武前三代夏、商、周,在仁宗朝的士大夫中业已形成,也就是朱熹所说"国初人便已崇礼义,尊经术,欲复二帝三代,已自胜如唐人,但说未透在"③;王安石在仁宗嘉祐五年(1060)所上《言事书》中提出的"当法其(三王)意"的主张④,又成了熙宁变法的一种响亮口号。但仁宗朝尚处"欲复二帝三代"的阶段,王安石变法则为"天下大扰",至元祐才出现"盛治"而"跨绝百代",真正进入了"后三代"的行列。他如"元祐初,异人

---

① 陈傅良:《祭郑龙图伯熊文》,《全宋文》,第268册,第319页。
② 史尧弼:《策问》,《全宋文》,第217册,第328页。
③ 《朱子语类》卷一二九《自国初至熙宁人物》,第3085页。
④ 王安石:《上仁宗皇帝言事书》,《全宋文》,第63册,第329页。

辈出，盖本朝文物全盛之时也"①"国朝极盛之时，莫过于元祐""本朝之治，以哲宗皇帝元祐为称首"②等大量雷同的叙事，又反复强调了元祐之治及其文物之盛是宋代成为"后三代"之一的标志，也为后世所认同。元陈栎说："汴之治，至元祐而极，学问、诗文亦至元祐而极。学问造极，程氏是已；诗文造极，苏、黄、陈氏是已。"③从治世、学问、文学诸方面，具体指证了元祐媲美汉、唐，追踪"前三代"的成就。清康熙说："抑观元祐学术，通天地，质鬼神，辟奸邪，扶正直，为上，为德，为下，为民，万世仰如山斗，所谓无间然者也。"④以"元祐学术"统称元祐时期的政治文化，并奉之为"万世仰如山斗"，则元祐一朝不仅远超汉、唐，而且不让夏、商、周专美于前了。

　　宋代与汉、唐鼎足而三，交相辉映，在后世几乎成了一种定论。《宋史·太祖本纪赞》说："遂使三代而降，考论声明文物之治，道德仁义之风，宋于汉、唐，盖无让焉。"⑤认为能继夏、商、周之治的，是汉、唐、宋三代。元末赵汸云："世谓汉、唐、宋为后三代。"⑥则特地说明了宋为"后三代"，不是个别舆论，而是世人的普遍认同。明代李贽也指出："后三代，汉、唐、宋是也。"⑦

----

① 汪藻：《呻吟集序》，《全宋文》，第157册，第230页。
② 魏了翁：《应诏封事》，《全宋文》，第309册，第131—132页。
③ 《吴端翁诗跋》，《定宇集》卷三，影印《文渊阁四库全书》，第1205册，第189页。
④ 康熙：《禁元祐学术》，《御批续资治通鉴纲目》卷一〇，影印《文渊阁四库全书》，第693册，第393页。
⑤ 《宋史》卷三《太祖本纪赞》，第51页。
⑥ 赵汸：《观舆图有感》"空忆后三元"句下注，《东山存稿》卷一，影印《文渊阁四库全书》，第1221册，第167页。
⑦ 《四库全书总目》卷五〇《藏书》提要，第455页。

其实，这个历史定位早已出现在"元祐叙事"中，它本身就是南宋士人在对"元祐学术、政事"的偏执认同中，所表达的对自身历史地位的一种判断。那么，如何看待这个判断？

余英时先生认为，宋为"后三代"所表达的基本判断，并非基于"汉、唐作为大一统王朝的特征，如国力强盛、疆域开拓之类"，而是建立在"声明文物之治，道德仁义之风"的基础之上的；其具体表现就是顾炎武《日知录·宋朝家法》所谓"人君宫中，自行三年之丧""外言不入于阃""未及末命，即立族子为皇嗣""不杀大臣及言事官"，以及王夫之《宋论》所说"宋分教于下，而道以大明"等方面，其中"文化成分重于政治成分，大致可以断定。宋代在政治史上虽不能和汉、唐争辉，但在文化史上则有超越汉、唐的成就"。①诚然，宋代推行文官政治，既极大地推进了文化的发展，取得了令人注目的成就；又使人才辈出，"文物"兴盛，尤其是北宋熙宁至元祐间人才之盛，每为史家艳称。然而，宋代人才与世运并不成正比。元人方回《左史吕（午）公家传》云：

> 回尝谓："人才消长，世运之消长系焉。"近世乃人才日长，世运日消，则何故？前三代，夏、商、周也；后三代，汉、唐、宋也。文章之盛，宋不愧汉、唐；问学之盛，则过之。熙丰邪党以元祐学为禁，程氏之学与苏、黄为禁，遂失中原。学禁一弛，光尧以是中兴，迤及乾、淳，苏、黄诗文，学者所尚，独朱文公续伊洛之学，未有能深好之者。庆元党论复

---

① 余英时：《朱熹的历史世界——宋代士大夫政治文化的研究》上篇，第255—260页。

起,又以为禁。孽韩殂死,嘉定以来,不及见文公,而能续其脉者,真、魏两公,亦其人也……元祐人才非不盛,而符、观、宣、靖世运衰,以章、蔡消之也;庆元、嘉定、淳祐亦尚有人才,而世运愈衰,不可药,如文公,如真、魏,如公,以侂、远、清、嵩消之也。大抵宋之人才非不长,而宋之权臣消之。消人才,所以消世运。①

这就明确揭示了"人才日长,世运日消"的矛盾。方回以为产生这一矛盾的根源在于"权臣消之",譬如元祐人才,就被章惇、蔡京等权臣"消之",所以元祐以后"世运日消","遂失中原"。但令人追问的是,章惇、蔡京为何能"消"元祐人才?南宋郭印说:"国家有祸源,王氏变新法。元祐壅其流,旧防无敢越。逮至崇宁初,阴霾蔽日月。溃彼千仞堤,横波不可遏。"②元祐人才堵截熙丰"祸源"后构筑而成的"千仞堤",为何不堪"绍述"权臣掀起的"横波"一击?南宋吕中的评论值得引起我们的思考:

> 国论之无所主,非也;国论之有所主,亦非也。国无定论,固不可以为国,然使其主于一说,则人情视此以为向背,人才视此以为去就,人言视此以为是非,上之政令,下之议论,且迁就而趋之。甚矣!"国是"一言之悞国也。夫国以为是,即人心之所同是也,又安有众之所非而自以为是,使人皆不得于"国是"之外者?此特孙叔敖之妄论,唐虞三代之朝,

---

① 吕午:《左史谏草》附,影印《文渊阁四库全书》,第427册,第408页。
② 郭印:《宋元绘挽词》,《全宋诗》,第29册,第18657页。

孔孟之明训，初无是也。秦汉至五代，其言未尝用也。本朝自建隆至治平，其说未尝有也。自熙宁，王安石始有是论，而绍圣之蔡卞、崇宁之蔡京，皆祖述其说而用之。熙宁以通变为"国是"，则君子为流俗矣；绍圣以"绍述"为"国是"，岭表之间皆逐臣矣。蔡京之"国是"，又曰"丰亨豫大"之说而已，则立党刻党碑，凡所托以害君子者，皆以"国是"借口，曰此神考之意、安石之说也。缙绅之祸，多历年所，岂非以一言可以丧邦乎！①

孙叔敖倡"国是"说，见刘向《新序》卷二《杂事二》，神宗与王安石"以通变为'国是'"，时在熙宁三年（1070），原因是新法实施后"天下汹汹"②。无可否认，熙宁初，围绕变法形成的新旧党争，都有其存在的理由。揭开变法序幕的王安石上神宗《本朝百年无事札子》③，高屋建瓴，势如破竹，一扫北宋近百年来停滞沉闷的空气，但力持异议与之抗衡的众多名臣奏议，也不乏忠言谠论，劲气直节。这是宋代政治史也是文化史上的精彩一幕。但神宗与王安石在"天下汹汹"面前，为了使天下"一道德"，却推行了用于抑制异论的高度一元化的专制模式"国是"，新旧两党初始的精彩表演随之降下帷幕，两党之间的政见之争也逐渐越出常轨，演变为双方始料未及的后果。

吕中论"国是"在宋代的危害，仅言熙丰与绍圣后的"绍述"，实际上，自熙宁至南宋，"国是"成了宋代政治运作的一个轴心，

---

① 《类编皇朝大事记讲义》卷二一"小人妄主国是"条，第367页。
② 《续资治通鉴长编》卷二一〇"熙宁三年四月甲申"条，第5114页。
③ 《全宋文》，第64册，第14—16页。

争夺把握"国是"的权力，也成了士大夫经世的第一要务。神宗去世，高太后起用司马光，实施"元祐更化"，其前提就是重立以"祖宗旧法"为"国是"①，为废除熙丰新法、排斥熙丰"小人"提供"法律"依据；哲宗绍圣后，新党集团再以熙丰新法为"国是"，借以迫害元祐党人、禁锢"元祐学术"；在高宗、孝宗、光宗、理宗诸朝的政坛上，持不同政见之间也都以争立与更替"国是"为先，他们均以"'国是'之尊严，凛乎其不可侵犯"，致使"直言不闻""公论不行"，每每"驯致大祸"。②且不说"绍述"期间"缙绅之祸，多历年所"与"元祐学术"之禁、绍兴和议期间的"党禁"与"曲学"之禁、庆元期间的"伪党"与"伪学"之禁，在熙丰与元祐时期，"国是"对人才与文化的摧毁力就有了演示。元丰二年（1079）的"乌台诗案"与元祐四年（1089）的"车盖亭诗案"，足以证明这一点。

"乌台诗案"的重要罪证，就是苏轼通判杭州任上所刊行的讽刺新法的《钱塘集》。其实，《钱塘集》中讽刺新法的罪证，并没有超越苏轼于熙宁四年（1071）所上皇帝书中的内容③，御史中丞李定、御史舒亶、何正臣等台谏却据以奏请"用治世之重典，付轼有司，论如大不恭"。④"大不恭"即大不敬，为"十恶"之一，宜坐斩。中国的文字狱历来为帝王发动。"乌台诗案"却由党争而起，

---

① 黄庭坚《祭司马温公文》："惟天下信公不疑，惟公以天下自任。三后在上，照知赤心。两宫临朝，眷倚黄发，四海㤚㤚，未知息肩。公执枢机，重宗社于九鼎；公定国是，决兴衰于一言。所进忠贤，拔毛连茹；其去奸佞，迹无遗根。泾渭洞明，凛乎太平之渐。"（《全宋文》，第108册，第169页）
② 《朱熹集》卷二四《与陈侍郎书》，第1022—1023页；又本书第五章《国是之争》。
③ 详《上神宗皇帝书》，《苏轼文集》卷二五，第729—742页。
④ 朋九万：《东坡乌台诗案》，《丛书集成初编》，第785册，第2页。

而且对苏轼"论如大不恭",表明了党争的严酷性;而其严酷性正来自高度一元化的"国是",是"国是"赋予了李定等台谏以"诗案"惩治苏轼的政治职责。"车盖亭诗案"也是推行"国是"的产物。元祐三年(1088)十二月至次年五月间,诸如"缙绅之间,在职之吏,不与王安石、吕惠卿,则与蔡确、章惇者,率十有五六",均"腹诽新政";"(蔡)确之朋党大半在朝,夙夕引领,以俟复用",王安石新法"必有时而复",须如"宰草除根",使"其不复生"①之声,此起彼伏,不绝于耳。其中的"新政",即在以"祖宗旧法"为"国是"下的"更化"之政。"车盖亭诗案"的炮制就是元祐党人为维护"国是"的尊严而采取的一次行动。然而,"车盖亭诗案"的罪证《夏日登车盖亭》十绝句,并没有诬蔑高太后或讽刺朝政,只是蔡确在安陆车盖亭午睡醒后的即兴之作,元祐台谏却据以论劾蔡确"包藏祸心,合党诞妄。上欲离间两宫,下欲破灭忠义",实属"不道不敬"②;勘治的结果,蔡确被流放必死之地新州,王安石与蔡确亲党七十七人名单被"榜之朝堂",较诸"乌台诗案"结案后将苏轼贬往黄州、苏轼同党司马光等二十五人受罚铜处分,严酷程度不可以道里计。

不过,这两起文字狱的炮制,都是新旧两党在"国是"的支撑下,为摆脱各自所处的困境作出的一种色厉内荏的努力,最终徒劳无功。神宗后期,包括新法在内的所有努力,已成强弩之末,失去了变法初期的锐进势头,因而旧党以"祖宗旧法"为"国是",进

---

① 《续资治通鉴长编》卷四二二"元祐四年二月己巳"条,第10223页;同书卷四二三"元祐四年三月甲申"条,第10241页;苏轼:《论周穜擅议配享自劾札子二首》其二,《苏轼文集》卷二九,第833页。
② 《续资治通鉴长编》卷四二五"元祐四年四月壬子"条,第10273—10274页。

行"元祐更化",并没有遭遇多大阻力。元祐后期,"更化"政局四面楚歌,内部的散乱也日益严重,连听政的高太后也彻底失去了信心,甚至规劝近臣吕大防、范纯仁等人"宜早求退"①,所以面对哲宗亲政,"绍述"熙丰"国是",旧党毫无还击之力。随着这种"声明文物之治"的进一步发展,"绍述"期间"立党籍,刻党碑"与禁"元祐学术",也就势在必然了。

上述足以表明,宋代"消人才"与"消世运"的关键在于"国是",而非方回所说的权臣。既然如此,在"国是"的控制下,宋代人才之盛与世运、文化之间又处于何种关系?元虞集论及熙宁至元祐时期的人才现象时说:

> 当时君子之多,近古所未有。同为君子,而为道不同,亦古所未有。故贲然文明错着,曾见于一日,而天下尠福,卒莫睹。夫久大之德业,胥为摧败沦丧,而终不可复,皆天也耶?泰之初九,以拔茅茹为吉;而九二即以朋亡为戒。诚有忧患者之所为乎!昔者君子,皆尝学之矣,悲夫!②

一面是人才之盛,创立了"久大之德业";一面是分裂之剧,摧败了"久大之德业"。究其原因,在于人才之间"为道不同",不相为谋,进而分朋结党,相互排斥。虞集的这一"朋亡"论,绝非无稽之谈!徽宗时期,李朴在一份奏章中说:"熙宁、元丰以来,政体

---

① 《皇宋通鉴长编纪事本末》卷九一《宣仁垂帘》,第2902页。
② 虞集:《题刘贡父苏子瞻兄弟邓润甫曾子开孔文仲兄弟赓和竹诗墨迹》,《道园学古录》卷一一,《四部丛刊初编》,第300册,第115页。

屡变，始出一二大臣所学不同，后乃更执圆方，互相排击。"①"所学不同"与"为道不同"，用语虽异，内涵却一。"道"即前述王夫之所谓"宋分教于天下，而道以大明"之"道"，其理论形态就是新儒学。在仁宗朝，儒学出现中兴局面，一个重要的标志是"学统（儒学派别）四起"②；不同学派之间都以经世致用为本，在具体主张上却不尽相同。至熙宁以后，不同的经学主张被转化成不同的政见，这本为文官政治注入了内涵与活力，但由于"国是"的确立与推行，"使人皆不得越'国是'之外"，并随着帝王与"国是"的更迭，不同的经学主张却成了"更执方圆，相互排击"的依据，即周必大所说的"擅专门之业，党同而伐异，欲以一说尽圣人之蕴"③，这助长了士人在经世实践中党同伐异的政治性格，也诱发了他们在学术上的排他性文化性格，作为熙丰新政的理论形态"荆公新学"与作为元祐政事的理论形态"元祐学术"，正是以此为根基的；当以"国是"为助长器的这种政治与文化性格作用于具体实践时，则又强化了"国是"，保证了"国是"的推行，两者互为依存，相互驱动。在这种互动中，以周期性反复为表现形态的"世运"与"德业"的"沦丧"，也就在所难免了。

仁宗时期儒学的中兴，赋予了士大夫强烈的历史使命感与社会责任感，范仲淹提出的"先天下之忧而忧"，成了士人所普遍追求的精神境界。这在人才鼎盛的熙宁至元祐间，又得到了全面的展示，并在政治、学术、文学等层面呈现出繁荣景象。在政坛上，士

---

① 《宋史》卷三七七《李朴传》，第11655—11656页。
② 全祖望：《宋元儒学案序录》，《宋元学案》卷首，《黄宗羲全集》，第3册，第27页。
③ 周必大：《胡彦英〈论语集解〉序》，《全宋文》，第230册，第200页。

人的参政意识异常强烈,"开口揽时事,议论争煌煌"的议政风气空前高涨。在学术上,王安石新学、二程洛学、司马光朔学、苏轼蜀学等丰富多彩的学术思想,蜂拥而至,宋代新儒学的支架"外王"与"内圣",始告确立。在文坛上,始于欧阳修的诗文革新运动取得了全面胜利,标志宋诗特色与最高成就的"荆公体""东坡体""山谷体",也在熙丰年间先后成熟;与此同时,苏轼又在词坛"指出向上一路",迎来了宋代文学史上的最高峰。所有这些,构成了虞集所说的"久大之德业"。然而,由于在"国是"控制下的朋党之争,助长了士人党同伐异的政治与文化性格,反过来又摧败了业已创立的"德业",造成了"多历年所"的"缙绅之祸"。这种性格一旦形成,就很难"消之"。事实上,它成了像人体中的某种基因,在南宋士人中代代相传,不时地作用于政治与文化活动,盛行于南宋士林的"元祐叙事",就是一个明显的例证;南宋道学家为了排斥"荆公新学",张扬始于上古诸圣、并经二程等人阐发而明的"道统",将道义与正常的功利分裂开来,对立起来,甚至彻底否定王安石"富国强兵"之说[①],使本来以经世致用为本的道学犯了严重的"偏食症",也同样是这一性格作用的结果。

总之,宋代人才以强烈的责任感与旺盛的创造力,在政治与文化领域中创立了"久大之德业";也因其"古所未有"的党同伐异的政治与文化性格,摧败了自己创立的"德业",也影响了"德业"的健康发展,两者背道而驰,却又互为一体。因此,无论在纵向上谈论宋代文化超越汉、唐的历史地位,抑或在横向上考察宋代的文

---

① 详张栻《癸巳孟子说》卷四、卷六,影印《文渊阁四库全书》,第199册,第415页、501页。按:关于这一点,本书第六章《学术之争》有详细的论述。

化或文明成就,都应将两者联系起来,予以兼顾和权衡。

(原载《中华文史论丛》2007年第4期)

本书主要引用书目

一、古籍

B

《避暑录话》,(宋)叶梦得著,《全宋笔记》第二编,郑州：大象出版社,2006年。

《碧鸡漫志》,(宋)王灼撰,《词话丛编》本,北京：中华书局,1986年。

C

《藏一话腴》,(宋)陈郁著,影印《文渊阁四库全书》本,台北：商务印书馆,1986年。

《陈亮集》(增订本),(宋)陈亮著,邓广铭点校,北京：中华书局,1987年。

《诚斋集》,(宋)杨万里著,《四部丛刊初编》本,上海：商务印书馆,1922年。

《崇正辩　斐然集》,(宋)胡寅撰,容肇祖点校,北京：中华书局,1993年。

《楚辞集注》,(宋)朱熹集注,上海:上海古籍出版社,1979年。

《春秋胡氏传》,(宋)胡安国著,《四部丛刊续编》本,上海:商务印书馆,1934年。

D

《大金吊伐录校补》,(金)佚名编,金少英校补、李庆善整理,北京:中华书局,2017年。

《道命录》,(宋)李心传编,《丛书集成初编》本,北京:中华书局,1985年。

《道南源委》,(明)朱衡撰,《丛书集成初编》本,北京:中华书局,1985年。

《道园学古录》,(元)虞集著,《四部丛刊初编》本,上海:商务印书馆,1922年。

《定宇集》,(元)陈栎著,影印《文渊阁四库全书》本,台北:商务印书馆,1986年。

《东莱吕紫薇师友杂志》,(宋)吕本中著,《丛书集成初编》本,北京:中华书局,1985年。

《东坡乌台诗案》,(宋)朋九万撰,《丛书集成初编》本,北京:中华书局,1985年。

《东山存稿》,(元)赵汸著,影印《文渊阁四库全书》本,台北:商务印书馆,1986年。

《独醒杂志》,(宋)曾敏行著,上海:上海古籍出版社,1986年。

E

《鄂国金佗稡编续编校注》，（宋）岳珂编，王曾瑜校注，北京：中华书局，2018年。

《二程集》，（宋）程颢、程颐著，王孝鱼点校，北京：中华书局，2006年。

F

《范香溪先生文集》，（宋）范浚著，《四部丛刊续编》本，上海：商务印书馆，1934年。

《风月堂诗话》，（宋）朱弁撰，北京：中华书局，1988年。

《浮溪集》，（宋）汪藻著，《四部丛刊初编》本，上海：商务印书馆，1922年。

G

《姑苏志》，（明）王鏊撰，影印《文渊阁四库全书》本，台北：商务印书馆，1986年。

《古今合璧事类备要》，（宋）谢维新著，影印《文渊阁四库全书》本，台北：商务印书馆，1986年。

《古今纪要逸编》，（宋）黄震撰，《丛书集成初编》本，北京：中华书局，1985年。

《圭斋集》，（元）欧阳玄著，《四部丛刊初编》本，上海：商务印书馆，1922年。

《龟山集》，（宋）杨时著，影印《文渊阁四库全书》本，台北：商务印书馆，1986年。

《癸巳孟子说》，（宋）张栻著，影印《文渊阁四库全书》本，台北：商务印书馆，1986年。

《癸辛杂识》，（宋）周密撰，吴企明点校，北京：中华书局，1988年。

《贵耳集》，（宋）张端义著，《丛书集成初编》本，北京：中华书局，1985年。

H

《蒿庵论词》，（清）冯煦著，《词话丛编》本，北京：中华书局，1986年。

《浩然斋雅谈》，（宋）周密著，《丛书集成初编》本，北京：中华书局，1985年。

《鹤林玉露》，（宋）罗大经撰，王瑞来点校，北京：中华书局，1983年。

《横渠易说》，（宋）张载撰，影印《文渊阁四库全书》本，台北：商务印书馆，1986年。

《后村诗话》，（宋）刘克庄著，王秀梅点校，北京：中华书局，1983年。

《后村先生大全集》，（宋）刘克庄著，《四部丛刊初编》本，上海：商务印书馆，1922年。

《后汉书》，（南朝宋）范晔著，北京：中华书局，1987年。

《后山诗注补笺》，（宋）陈师道撰，（宋）任渊注，冒广生补笺，北京：中华书局，1995年。

《皇宋通鉴长编纪事本末》，（宋）杨仲良编，影印《宛委别藏》本，南京：江苏古籍出版社，1988年。

《黄氏日抄》，（宋）黄震编，影印《文渊阁四库全书》本，台北：商务印书馆，1986年。

《黄庭坚全集》，（宋）黄庭坚著，刘琳、李勇先、王蓉贵校点，成都：四川大学出版社，2001年。

《挥麈录》，（宋）王明清撰，田松清校点，上海：上海古籍出版社，2012年。

《会昌一品集》，（唐）李德裕著，影印《文渊阁四库全书》本，台北：商务印书馆，1986年。

J

《稼轩词编年笺注》（增订本），（宋）辛弃疾撰，邓广铭笺注，上海：上海古籍出版社，1993年。

《建炎以来朝野杂记》，（宋）李心传撰，徐规点校，北京：中华书局，2000年。

《建炎以来系年要录》，（宋）李心传编撰，胡坤点校，北京：中华书局，2013年。

《椒丘文集》，（明）何乔新著，影印《文渊阁四库全书》本，台北：商务印书馆，1986年。

《金史》，（元）脱脱等著，北京：中华书局，1975年。

《金文最》，（清）张金吾编，光绪二十一年江苏书局本。

《荆溪林下偶谈》，（宋）吴子良著，影印《文渊阁四库全书》本，台北：商务印书馆，1986年。

《靖康要录》，（宋）汪藻著，《丛书集成初编》本，北京：中华书局，1985年。

《九朝编年备要》，（宋）陈均撰，影印《文渊阁四库全书》本，台北：商务印书馆，1986年。

《居易录》，（清）王士禛著，影印《文渊阁四库全书》本，台北：商务印书馆，1986年。

《郡斋读书志校证》，（宋）晁公武撰，孙猛校证，上海：上海古籍出版社，1990年。

L

《老学庵笔记》，（宋）陆游著，李剑雄、刘德权点校，北京：中华书局，1979年。

《历代名臣奏议》，（明）黄淮、杨士奇编，影印《文渊阁四库全书》本，台北：商务印书馆，1986年。

《丽泽论说集录》，（宋）吕乔年编，影印《文渊阁四库全书》本，台北：商务印书馆，1986年。

《梁溪集》，（宋）李纲著，影印《文渊阁四库全书》本，台北：商务印书馆，1986年。

《梁溪漫志》，（宋）费衮撰，金圆校点，上海：上海古籍出版社，1985年。

《辽史》，（元）脱脱等著，北京：中华书局，1974年。

《六研斋笔记》，（明）李日华著，影印《文渊阁四库全书》本，台北：商务印书馆，1986年。

《陆九渊集》，（宋）陆九渊著，钟哲点校，北京：中华书局，1980年。

《陆游集》，（宋）陆游著，北京：中华书局，1976年。

《论语注疏》，影印《十三经注疏》本，北京：中华书局，1986年。

《吕东莱文集》，（宋）吕祖谦著，《丛书集成初编》本，北京：中华书局，1985年。

《类编皇朝大事记讲义　类编皇朝中兴大事记讲义》，（宋）吕中撰，张其凡、白晓霞整理，上海：上海人民出版社，2014年。

M

《毛诗正义》，影印《十三经注疏》本，北京：中华书局，1986年。

《鄮峰真隐漫录》，（宋）史浩著，影印《文渊阁四库全书》本，台北：商务印书馆，1986年。

《默记》，（宋）王铚撰，朱杰人点校，北京：中华书局，1981年。

N

《南村辍耕录》，（元）陶宗仪撰，李梦生校点，上海：上海古籍出版社，2012年11月。

《南涧甲乙稿》，（宋）韩元吉著，《丛书集成初编》本，北京：中华书局，1985年。

《南宋杂事诗》，（清）赵昱等著，影印《文渊阁四库全书》本，台北：商务印书馆，1986年。

《能改斋漫录》，（宋）吴曾撰，上海：上海古籍出版社，1979年。

《廿二史札记校证》，（清）赵翼著，王树民校证，北京：中华书局，1984年。

O

《欧阳修全集》,(宋)欧阳修著,李逸安点校,北京:中华书局,2001年。

P

《盘洲文集》,(宋)洪适著,影印《文渊阁四库全书》本,台北:商务印书馆,1986年。

《佩韦斋辑闻》,(宋)俞德邻著,影印《文渊阁四库全书》本,台北:商务印书馆,1986年。

《曝书亭集》,(清)朱彝尊著,《四部丛刊初编》本,上海:商务印书馆,1922年。

Q

《七修类稿》,(明)郎瑛著,上海:上海书店出版社,2001年。

《齐东野语》,(宋)周密撰,张茂鹏点校,北京:中华书局,1983年。

《钱塘遗事校笺考原》,(元)刘一清撰,王瑞来校笺,北京:中华书局,2016年。

《樵歌校注》,(宋)朱敦儒著,邓子勉校注,上海:上海古籍出版社,2010年。

《青箱杂记》,(宋)吴处厚撰,李裕民点校,北京:中华书局,1985年。

《清容居士集》,(元)袁桷著,《四部丛刊初编》本,上海:商务印书馆,1922年。

《清诗话》,(清)王夫之等撰,北京:中华书局,1963年。

《清诗话续编》,郭绍虞编选,富寿荪校点,上海:上海古籍出版社,1983年。

《庆元党禁》,(宋)樵川樵叟编,《丛书集成初编》本,北京:中华书局,1985年。

《全宋词》,唐圭璋编,北京:中华书局,1988年。

《全宋诗》,北京大学古文献研究所编,北京:北京大学出版社,1998年。

《全宋文》,曾枣庄、刘琳主编,上海辞书出版社、安徽教育出版社,2006年。

《全唐文》,(清)董诰等编,北京:中华书局,1983年。

S

《三朝北盟会编》,(宋)徐梦莘撰,上海:上海古籍出版社,2008年。

《三朝名臣言行录》,(宋)朱熹编,《四部丛刊初编》本,上海:商务印书馆,1922年。

《橵溪居士集》,(宋)刘才邵撰,影印《文渊阁四库全书本》,台北:商务印书馆,1986年。

《尚书正义》,影印《十三经注疏》本,北京:中华书局,1980年。

《邵氏闻见后录》,(宋)邵博撰,刘德权、李剑雄点校,北京:中华书局,2017年。

《升庵集》,(明)杨慎著,影印《文渊阁四库全书》本,台北:商务印书馆,1986年。

《诗本义》，（宋）欧阳修著，影印《文渊阁四库全书》本，台北：商务印书馆，1986年。

《诗话总龟》，（宋）阮阅编，北京：人民文学出版社，1987年。

《十驾斋养新录》，（清）钱大昕著，陈文和、孙显军校点，南京：江苏古籍出版社，2000年。

《适园丛书》，（清）张钧衡辑，乌程张氏适园刻本。

《十先生奥论注》，（宋）佚名编，影印《文渊阁四库全书》本，台北：商务印书馆，1986年。

《史记》，（汉）司马迁著，北京：中华书局，1963年。

《四朝闻见录》，（宋）叶绍翁撰，沈锡麟、冯惠民点校，北京：中华书局，1989年。

《四库全书总目》，（清）永瑢等撰，北京：中华书局，1965年。

《四书章句集注》，（宋）朱熹撰，北京：中华书局，1983年。

《宋朝事实类苑》，（宋）江少虞撰，上海：上海古籍出版社，1981年。

《宋朝诸臣奏议》，（宋）赵汝愚编，北京大学中国中古史研究中心校点整理，上海：上海古籍出版社，1999年。

《宋会要辑稿》，（清）徐松辑，刘琳、刁忠民、舒大刚、尹波等校点，上海：上海古籍出版社，2014年。

《宋季三朝政要笺证》，（元）佚名撰，王瑞来笺证，中华书局，2010年。

《宋论》，（清）王夫之著，刘韶军译注，北京：中华书局，2013年。

《宋名臣言行录》，（宋）李幼武编，影印《文渊阁四库全书》本，台北：商务印书馆，1986年。

《宋诗话全编》，吴文治主编，南京：江苏古籍出版社，1998年。

《宋史》，（元）脱脱等著，北京：中华书局，1977年。

《宋史纪事本末》，（明）冯琦原编，（明）陈邦瞻纂辑，张溥论正，北京：中华书局，1955年。

《宋史全文》，（宋）佚名编，汪圣铎点校，北京：中华书局，2016年。

《宋元学案》，（明）黄宗羲编，《黄宗羲全集》，杭州：浙江古籍出版社，1986年。

《宋宰辅编年录校补》，（宋）徐自明著，王瑞来校补，北京：中华书局，1986年。

《苏轼诗集》，（宋）苏轼著，孔凡礼点校，北京：中华书局，1982年。

《苏轼文集》，（宋）苏轼著，孔凡礼点校，北京：中华书局，1986年。

《苏文忠公诗编注集成总案》，（清）王文诰撰，成都：巴蜀书社，1985年。

《苏辙集》，（宋）苏辙著，陈宏天、高秀芳点校，北京：中华书局，1990年。

T

《太玄集注》，（汉）扬雄撰，（宋）司马光集注，刘韶军点校，北京：中华书局，1998年。

《苕溪渔隐丛话》，（宋）胡仔著，北京：人民文学出版社，1984年。

《铁围山丛谈》,(宋)蔡絛撰,冯惠民、沈锡麟点校,北京:中华书局,1997年。

《通鉴续编》,(元)陈桱撰,影印《文渊阁四库全书》本,台北:商务印书馆,1986年。

W

《王安石年谱三种》,(宋)詹大和等撰,裴汝诚点校,北京:中华书局,1994年。

《王荆文公诗笺注》,(宋)王安石著,李壁笺注,高克勤点校,上海:上海古籍出版社,2010年。

《王文公文集》,(宋)王安石著,上海:上海人民出版社,1974年。

《危太朴文集》,(元)危素著,《元人文集珍本丛刊》本,台北:新文丰出版公司,1985年。

《文献通考》,(宋)马端临撰,北京:中华书局,1986年。

《文章正宗》,(宋)真德秀编,影印《文渊阁四库全书》本,台北:商务印书馆,1986年。

《武林旧事》,(宋)周密著,上海:古典文学出版社,1956年。

X

《西山读书记》,(宋)真德秀著,影印《文渊阁四库全书》本,台北:商务印书馆,1986年。

《习学记言序目》,(宋)叶适著,北京:中华书局,1977年。

《闲闲老人滏水文集》,(金)赵秉文著,《四部丛刊初编》本,上海:商务印书馆,1922年。

《小畜集》，（宋）王禹偁著，《四部丛刊初编》本，上海：商务印书馆，1922年。

《新安文献志》，（明）程敏政编，影印《文渊阁四库全书》本，台北：商务印书馆，1986年。

《新五代史》，（宋）欧阳修撰，北京：中华书局，1974年。

《新序校释》，（汉）刘向著，石光瑛校释，北京：中华书局，2001年。

《续编两朝纲目备要》，（宋）佚名编，汝企和点校，北京：中华书局，1995年。

《续宋中兴编年资治通鉴》，（宋）刘时举撰，王瑞来点校，北京：中华书局，2014年。

《续资治通鉴》，（清）毕沅编著，北京：中华书局，1957年。

《续资治通鉴长编》，（宋）李焘撰，上海师范大学古籍整理研究所、华东师范大学古籍研究所点校，北京：中华书局，2004年。

《续资治通鉴长编拾补》，（清）黄以周等辑注，顾辰吉点校，北京：中华书局，2004年。

Y

《叶适集》，（宋）叶适著，刘公纯等点校，北京：中华书局，2010年。

《伊川易传》，（宋）程颐撰，影印《文渊阁四库全书》本，台北：商务印书馆，1986年。

《伊洛渊源录》，（宋）朱熹撰，影印《文渊阁四库全书》本，台北：商务印书馆，1986年。

《遗山先生文集》，（金）元好问著，《四部丛刊初编》本，上海：商务印书馆，1922年。

《隐居通议》，（元）刘壎著，《丛书集成初编》本，北京：中华书局，1985年。

《桯史》，（宋）岳珂撰，吴企明点校，北京：中华书局，1981年。

《瀛奎律髓汇评》，（元）方回选评，李庆甲集评校点，上海：上海古籍出版社，1986年。

《游宦纪闻》，（宋）张世南撰，张茂鹏点校，北京：中华书局，1981年。

《于湖居士文集》，（宋）张孝祥著，徐鹏校点，上海：上海古籍出版社，1980年。

《玉海》，（宋）王应麟撰，扬州：广陵书社，2016年。

《御批续资治通鉴纲目》，（明）商辂撰，影印《文渊阁四库全书》本，台北：商务印书馆，1986年。

《元城语录解》，（宋）刘安世著，《丛书集成初编》本，北京：中华书局，1985年。

《元史》，（明）宋濂等著，北京：中华书局，1977年。

《云麓漫钞》，（宋）赵彦卫撰，傅根清点校，北京：中华书局，1996年。

《韵语阳秋》，（宋）葛立方撰，上海：上海古籍出版社，1984年。

Z

《张载集》，（宋）张载著，章锡琛点校，北京：中华书局，1978年。

《直斋书录解题》，（宋）陈振孙撰，徐小蛮、顾美华点校，上海：上海古籍出版社，1987年。

《中兴小纪》，（宋）熊克编，《丛书集成初编》本，北京：中华书局，1985年。

《忠肃集》，（宋）刘挚撰，裴汝诚、陈晓平点校，北京：中华书局，2002年。

《朱熹集》，（宋）朱熹著，郭齐、尹波点校，成都：四川教育出版社，1996年。

《朱子语类》，（宋）黎靖德编，王星贤点校，北京：中华书局，1986年。

《资治通鉴》，（宋）司马光编著，北京：中华书局，1976年。

二、论著论文

陈植锷：《北宋文化史述论》，北京：中国社会科学出版社，1992年。

程千帆、吴新雷：《两宋文学史》，上海：上海古籍出版社，1991年。

程章灿：《刘克庄年谱》，贵阳：贵州人民出版社，1993年。

邓广铭：《邓广铭学术论著自选集》，北京：首都师范大学出版社，1994年。

邓广铭：《邓广铭治史丛稿》，北京：北京大学出版社，1997年。

段熙仲：《张元幹"晚盖"质疑》，《文史》第十辑，北京：中华书局，1980年。

傅璇琮编《黄庭坚和江西诗派资料汇编》，北京：中华书局，

1978年。

高纪春：《秦桧与洛学》，《中国史研究》2002年第1期。

［英］格雷厄姆·沃拉斯著，朱曾汶译：《政治中的人性》，北京：商务印书馆，1985年。

关长龙：《两宋道学命运的历史考察》，上海：学林出版社，2001年。

韩酉山：《秦桧传》，上海：上海古籍出版社，1999年。

何忠礼、徐吉军：《南宋史稿》，杭州：杭州大学出版社，1999年。

胡适：《胡适文集》，北京：北京大学出版社，1998年。

胡昭曦、蔡东洲：《宋理宗宋度宗》，长春：吉林文史出版社，1996年。

胡昭曦：《〈宋神宗实录〉朱墨本辑佚简论》，《四川大学学报》1979年第1期。

黄宝华：《〈江西诗社宗派图〉的写定与〈江西诗派〉总集的刊行》，《文学遗产》1999年第6期。

金启华等编《唐宋词集序跋汇编》，南京：江苏教育出版社，1990年。

李剑锋：《元前陶渊明接受史》，济南：齐鲁书社，2002年。

［美］列文森著，郑大华、任菁译：《儒教中国及其现代命运》，北京：中国社会科学出版社，2000年。

刘泽华主编《中国政治思想史（隋唐宋元明清卷）》，杭州：浙江人民出版社，1996年。

［美］刘子健著，赵冬梅译：《中国转向内在：两宋之际的文化转向》，南京：江苏人民出版社，2012年。

柳立言：《南宋政治初探——高宗阴影下的孝宗》，《中央研究院历史语言研究所集刊》第57本第3分，1986年。

吕思勉：《吕思勉遗文集》，上海：华东师范大学出版社，1997年。

莫砺锋：《吕本中〈江西诗社宗派图〉考辨》，《文史》第26辑，北京：中华书局，1986年。

漆侠：《宋学的发展和演变》，石家庄：河北人民出版社，2002年。

钱建状：《文化版图的重组与文学命运的再造——宋南渡文坛的历史文化考察》，浙江大学2003年博士论文。

钱穆：《朱子新学案》，成都：巴蜀书社，1986年。

沈松勤：《北宋台谏制度与党争》，《历史研究》1998年第4期。

束景南：《朱熹年谱长编》，上海：华东师范大学出版社，2001年。

束景南：《朱子大传》，福州：福建教育出版社，1992年。

四川大学中文系唐宋文学研究室编《苏轼资料汇编》，北京：中华书局，1994年。

孙克强编著《唐宋人词话》，郑州：河南文艺出版社，1999年。

孙鲲：《〈江西诗社宗派图〉写作年代献疑》，《九江师专学报》1991年第4期。

［美］田浩《朱熹的思维世界》，台北：允晨文化实业股份有限公司，1996年。

田余庆主编《庆祝邓广铭教授九十华诞论文集》，石家庄：河北教育出版社，1997年。

汪圣铎：《两宋财政史》，北京：中华书局，1995年。

王曾瑜：《绍兴和议与士人气节》，《中国史研究》2001年第3期。

王曾瑜：《宋高宗》，长春：吉林文史出版社，1996年。

王瑞来：《论宋代相权》，《历史研究》1985年第5期。

王兆鹏：《张元幹年谱》，南京：南京出版社，1989年。

吴熊和：《唐宋词通论》，杭州：浙江古籍出版社，1985年。

吴熊和：《吴熊和词学论集》，杭州：杭州大学出版社，1999年。

夏承焘：《夏承焘集》，杭州：浙江古籍出版社、浙江教育出版社，1998年。

萧瑞峰、刘成国：《"诗盛元祐"说辨》，《文学遗产》2006年第2期。

许总：《宋诗史》，重庆：重庆出版社，1992年。

余英时：《朱熹的历史世界——宋代士大夫政治文化的研究》，台北：允晨文化实业股份有限公司，2003年。

虞云国：《宋光宗宋宁宗》，长春：吉林文史出版社，1997年。

岳飞研究会编《岳飞研究——岳飞暨宋史国际学术研讨会论文集》，北京：中华书局，1996年。

张宏生：《江湖诗派研究》，北京：中华书局，1995年。

张惠民编《宋代词学资料汇编》，汕头：汕头大学出版社，1993年。

周谷城：《中国通史》，上海：上海人民出版社，1957年。

诸葛忆兵：《徽宗词坛研究》，北京：北京出版社，2001年。

后 记

从1995年春天开始，我在吴熊和先生指导下攻读博士学位。熊和师以研治词学名世，在授课或论文谈学中，却多史学话题，对中国古代诸多历史现象又有着超乎常人的见识与观点；其谈史的目的之一，是引导我们深入研究文学，平时也经常强调从史学入而从文学出的治学门径。在他的诱导和指点下，我对宋代历史产生了浓厚的兴趣，并选择了《北宋党争与文学》作为博士学位论文的题目，考察北宋政治史的主要表现形态党争与文学之间的相互驱动。由于思维的惯性作用，在学位论文出版（出版时书名为《北宋文人与党争》）不久，思考的对象很自然地延伸到了南宋，试图按照北宋党争的内在逻辑和历史轨迹，进而研究南宋文人与党争。

《南宋文人与党争》虽然是《北宋文人与党争》的续篇，难度却明显比北宋篇大。北宋党争尤其是新旧党争，历来是史学研究的一个重点，考察这一历史现象与其他文化层面的关系，可以有所依傍；至于南宋党争，学界仅有若干分散的个案研究而向无专书，以此为研究对象，在学术积累上，几乎是无复依傍的。因此在酝酿过程中，首先遇到如何看待南宋政治的表现形态的问题，具体地说，除了人们熟知的"庆元党禁",南宋政治的运转是否像北宋熙宁以后那样主要表现为党争形态。搜集材料、梳理脉络之后,发现南宋党争与南宋政权共时并生,并与北宋党争有着不可割断的历史联系;而长期不息的宋金和战之争、道学与反道学之争的表现形态就是朋党之争。当我带着这一尚未成熟的想法向熊和师讨教时,得到了他的首肯,并认为把这两种论争从传统的已有模式中提到党争层面进行研究,将是南宋历史和理学研究的一个创新点,可以开拓原先不免局限的学术视野。这一鼓励与期望增强了我深入探索的信心与决心,也时时提醒我必须以翔实的史料为依据,作出令人信服的论述。不过,奉献给读者的最终成果是否达到了这一点,我并不是很自信,甚至有"是非得失两茫茫"的感觉。

南宋党争是南宋政治的主要表现形态,围绕党争这个轴心又产生了多层面文化活动的结构性互动。这种互动既决定了文人士大夫的文化性格与政治命运,又深深地影响了学术与文学发展,内容十分丰富,也极为错综复杂。要深入地把握它,并尽可能地作出合理的解析,难度之大是不言而喻的。所以呈现在读者面前的框架结构及其所表述的观点是否能成立,特别是其中对南宋士大夫在党争中所显现的政治与学术文化性格、南宋道学与朋党之争互动中的得与失、在党争历程中南宋文学的命运与走向等重大问题的考察,是否让人信服,心中更无把握。其实,这是一种尝试;而尝试则往往为"恐步齐梁后尘"的治学心态所驱使。明乎此,读者对其中的不足也许会投以理解的目光。当然,更为欢迎的是对本书的批评。

本书脱稿后,熊和师带病审阅了全部书稿,并提出了不少修改意见,其提携后辈之心,令人无法忘怀。在写作过程中,还承蒙傅璇琮编审、张秀平编审、王水照教授、陈伯海教授、杨海明教授、莫砺锋教授、赵敏俐教授、张兴武教授、胡可先教授等前辈时贤始终不渝的关怀；在出版前，又获浙江省社科联的出版资助。在此一并表示衷心的谢忱！

       2005年3月1日于浙江大学西溪校区

合刊后记

《北宋文人与党争》由人民出版社1998年初版，2004年重版，自初版至今，整整二十五年了；《南宋文人与党争》由人民出版社2005年出版，至今也近二十年。浙江文艺出版社鉴于两书早已售罄，建议合刊再版，定名《宋代文人与党争》，以飨读者。

回想二十五年前，笔者在杭州大学师从吴熊和先生攻读博士学位的情景，历历在目，最令人印象深刻的是刚入学时，先生开了一张不用记录但难以尽阅的书单：《丛书集成初编》。一听这个书目，心顿时发怵，面带难色。先生却不无严肃地说：做文史研究，先须大量阅读文献；只有在大量阅读文献的基础上，才能发现问题，做出可靠学问来。在攻读博士学位的三四年间，怎能全部读完《丛书集成初编》？所以采取"偷工减料"的办法，完成这项阅读任务。不过，由于我攻读的方向是唐宋文学，故就其中的唐宋部分，一本一本地读，无论阅读理解的深浅与否，自我感觉是认真的；同时还傍及其他相关文献。在阅读时，发现系里所藏《丛书集成初编》的不少本子上，有两位老师的批语，一是导师吴先生的，一是郭在贻先生的。这才知道前辈是如何做学问的。经过近三年时间的文献阅读,先生提出:在中国历史文化中,宋代文化固然是先秦以来的又一个高峰,但在宋代文化基因中有个明显的"自损因子",这个"因子"在朋党之争中暴露无遗。问我能不能以《北宋党争与文学》作为博士学位论文的题目,进行研究。当时,比我高一级的同门萧庆伟君也做这个题目,我也写此题,不是重复了吗?先生笑着说:同一题目为什么不可以多人来做?何况目前学界尚未有人关注这个话题,创新的可能性极大。由于有了近三年的阅读经历,心中不乏底气,所以欣然接受,加上当时刚进入中年,精神旺盛,记忆力尚好,在三个多月的时间内完成了近三十万字的博士学位论文。论文中的某些篇章发表在《历史研究》《文学遗产》《杭州大学学报》,并于1998年6月顺利通过答辩,后来被教育部评为"2000年全国优秀博士学位论文"。

这是我学术研究的起步,也奠定了我学术研究的基础与习惯,习惯将古代作家置于由各种制度、思潮与实践活动构成的历史世界中,考察他们创作个性与创作取向的形成。顺着这一习惯,并利用已有的阅读积累,继而从事"南宋文人与党争"的研究。关于北宋党争,历来学者多有关注,但侧重在政治、经济层面的讨论。《北宋文人与党争》则从文人融官僚、学者、作家于一身的复合型知识结构与社会角色的视域,考察他们直接或间接参与党争活动,在党争中所呈现的政治命运与不同性格,以及政治运作、学术思想和文学创作三者之间的互动。到了南宋,政治的运转是否像北宋庆历以后那样主要表现为党争形态,学界并未提及。《南宋文人与党争》则将长期不息的宋金和战之争、道学与反道学之争提到朋党之争的层面来研究,率先提出南宋政权与朋党之争共时并生的观点,并具体揭示了南宋党争与学术思想、文学创作之间直接的互动或间接的联系，从中也昭示宋代文化中的"自损因子"在南宋的继续及其活动轨迹。

二十余年来，随着学界相关研究与本人思考的深入，发现两书存在诸多缺陷。对此，我撰写并发表了十余篇论文。这些论文或对原书的某些论述进行深化，或对原书未及但颇为关键的内容作补充论述。合刊所附的两篇文章属于后者。倘若条件允许，我将按照新的思考，吸纳学界新的相关研究成果，在现有两书的基础上，再写一部《宋代政治、学术与文学》。

2023年1月18日于杭州师范大学